Wertorientierte Berichterstattung (Value Reporting) aus theoretischer und empirischer Perspektive

Europäische Hochschulschriften
Publications Universitaires Européennes
European University Studies

**Reihe V**
**Volks- und Betriebswirtschaft**

Série V Series V
Sciences économiques, gestion d'entreprise
Economics and Management

**Bd./Vol. 3166**

PETER LANG
Frankfurt am Main · Berlin · Bern · Bruxelles · New York · Oxford · Wien

Julia Wenzel

# Wertorientierte Berichterstattung (Value Reporting) aus theoretischer und empirischer Perspektive

PETER LANG
Europäischer Verlag der Wissenschaften

**Bibliografische Information Der Deutschen Bibliothek**
Die Deutsche Bibliothek verzeichnet diese Publikation in der Deutschen Nationalbibliografie; detaillierte bibliografische Daten sind im Internet über <http://dnb.ddb.de> abrufbar.

Zugl.: Leipzig, Handelshochsch., Diss., 2005

15
ISSN 0531-7339
ISBN 3-631-53981-9



www.peterlang.de

## Geleitwort

Zahlreiche Unternehmen richten ihre strategische, operative und finanzwirtschaftliche Steuerung an dem Ziel einer nachhaltigen Steigerung des Unternehmenswertes aus. Als Konsequenz ist eine wertorientierte Berichterstattung gefordert, um den Adressaten einen Einblick in die geplante und realisierte Wertschaffung des Unternehmens zu ermöglichen. Vor diesem Hintergrund widmet sich die von J. Wenzel vorgelegte Dissertationsschrift einem Thema, das durch eine gleichermaßen intensive wissenschaftliche Diskussion und hohe Relevanz in der Unternehmenspraxis gekennzeichnet ist.

Durch akribische Analyse des Schrifttums wurde ein umfassender Bezugsrahmen für die inhaltliche und formale Gestaltung der wertorientierten Berichterstattung entwickelt.

Dieser bildet die Basis für die im deutschsprachigen Raum bislang umfassendste empirische Untersuchung zu diesem Thema. Zunächst wurde in einer schriftlichen Befragung von Erstellern und Adressaten die Relevanz von einzelnen Elementen der wertorientierten Berichterstattung erhoben und hinsichtlich vorhandener Unterschiede (sog. „Berichtslücken“) analysiert. Weiter wurden durch Auswertung von Geschäftsberichten der DAX 100-Unternehmen in den Jahren 1999 – 2002 (branchen-)spezifische Gap-Analysen durchgeführt und sog. Value Reporting Scores entwickelt, um den tatsächlichen Umfang der wertorientierten Berichterstattung seitens der Ersteller mit den inhaltlichen Anforderungen der Adressaten abgleichen zu können. Die umfangreiche Dokumentation der Ergebnisse belegen den Detaillierungsgrad der von Frau Wenzel durchgeführten Untersuchung.

Schließlich wurde erstmalig für börsennotierte deutsche Unternehmen die Qualität der wertorientierten Berichterstattung gemessen: Auf Basis der Value Reporting Scores für die wertorientierte Berichterstattung der DAX 100-Unternehmen in den Jahren 1999 – 2002 wurde ein Kausalmodell für Kapitalmarktwirkungen von wertorientierter Berichterstattung entwickelt und getestet. Dabei werden u.a. folgende Fragestellungen überprüft:

Durch welche unternehmensbezogenen Faktoren wird der Umfang der wertorientierten Berichterstattung beeinflusst?

Welche Auswirkungen am Kapitalmarkt werden durch eine wertorientierte Berichterstattung induziert?

Ich wünsche der Arbeit von J. Wenzel eine erfolgreiche Aufnahme am Markt und bin sicher, dass hierdurch die Diskussion zum Aufbau der wertorientierten Berichterstattung in Theorie und Praxis wesentliche Impulse erhalten wird.

Ingolstadt, im Juli 2005 Thomas M. Fischer

# Vorwort

Die vorliegende Dissertation wurde von August 1999 bis Dezember 2004 an der Handelshochschule Leipzig unter Anleitung von Herrn Prof. Dr. Thomas M. Fischer angefertigt.

Meinem akademischen Lehrer und Mentor, Herrn Prof. Dr. Thomas M. Fischer, danke ich für sein stetes Interesse an dieser Arbeit und für die Unterstützung, die ich während der gesamten Zeit der Erstellung der Dissertation, insbesondere auch nach seiner Berufung an die Katholische Universität Eichstätt, erfahren habe. Darüber hinaus bedanke ich mich für wesentliche inhaltliche Impulse im Rahmen der Erstellung meiner Dissertation sowie für eine sehr lehrreiche Zeit als wissenschaftliche Mitarbeiterin an seinem Lehrstuhl für Unternehmensrechnung und Controlling, Revisions- und Treuhandwesen an der Handelshochschule Leipzig.

Besonders danke ich auch Herrn Prof. Dr. Bernhard Schwetzler und Herrn Prof. Dr. Manfred Kirchgeorg für die Übernahme des Zweit- bzw. Drittgutachtens.

Weiterer Dank gilt meinen Lehrstuhlkollegen, Dipl.-Kffr. Sabrina Becker, Constanze Giller, Dr. Petra Schmöller und Dr. Uwe Vielmeyer, für die kollegiale und freundschaftliche Zusammenarbeit sowie für zahlreiche Anregungen im Rahmen des wissenschaftlichen Arbeitens.

Frau Prof. Dr. Annette G. Köhler und den Mitarbeitern des Lehrstuhls für Rechnungswesen, Wirtschaftsprüfung und Controlling an der Handelshochschule Leipzig danke ich für ihre Unterstützung im Rahmen der Fertigstellung meiner Dissertation. Viele weitere Mitarbeiter der Handelshochschule Leipzig haben mich durch ihre Ratschläge und ihre Diskussionsbereitschaft unterstützt. Hierfür bedanke ich mich sehr.

Besonderer Dank gilt darüber hinaus Dipl.-Kffr. Daniela Regner, Dipl.-Kffr. Constance Riedel und Dipl.-Kffr. Anja Vinz, die mir bei der Aufbereitung des Datenmaterials für die empirische Untersuchung zur wertorientierten Berichterstattung börsennotierter deutscher Unternehmen geholfen haben.

Schließlich möchte ich den Personen danken, die von den Anfängen bis zum Abschluss in bedeutender Weise zum Gelingen meines Promotionsvorhabens beigetragen haben.

Herrn Dr. Uwe Vielmeyer danke ich für seine stete Bereitschaft, mit mir in zahlreichen Diskussionen inhaltliche Fragestellungen im Rahmen meiner Dissertation zu vertiefen sowie Ansätze zur Strukturierung und Lösung der aufgeworfenen Fragen zu erörtern.

Weiterhin bedanke ich mich bei Herrn Dr. Julian zu Putlitz für die fortlaufende, kritische Auseinandersetzung mit dem Aufbau und der Strukturierung der Inhalte meiner Arbeit sowie für zahlreiche Anregungen zur Ausweitung des betriebswirtschaftlichen Betrachtungsfokus in meiner Dissertation.

Meinem Vater, Herrn Dipl.-Ing. Fred Wenzel, danke ich für die kritische Durchsicht der Dissertation und seine weiterführenden Anmerkungen zu meiner Arbeit.

Meinen Eltern, Fred und Lotte Wenzel, gilt darüber hinaus der größte Dank, denn sie haben mich bei der Umsetzung meines Promotionsvorhabens in jeder nur erdenklichen Weise gefördert und unterstützt. Ihnen möchte ich daher diese Arbeit widmen.

Leipzig, im Juli 2005 Julia Wenzel

# Inhaltsverzeichnis

# Abbildungsverzeichnis

## Abkürzungsverzeichnis

| | |
|---|---|
| Abb. | Abbildung |
| ABlEG | Amtsblatt der Europäischen Gemeinschaft |
| AcSEC | Accounting Standards Executive Committee |
| A.d.V. | Anmerkung des Verfassers |
| AER | American Economic Review *(Zeitschrift)* |
| a.F. | alte Fassung |
| AG | Aktiengesellschaft/Die Aktiengesellschaft *(Zeitschrift)* |
| AHK | Anschaffungs- oder Herstellungskosten |
| AIA | American Institute of Accountants |
| AIN | AICPA Accounting Interpretations |
| AICPA | American Institute of Certified Public Accountants |
| AktG | Aktiengesetz |
| ANOVA | Analysis of Variance |
| APB | Accounting Principles Board |
| AR | The Accounting Review *(Zeitschrift)* |
| ARB | Accounting Research Bulletin |
| Art. | Artikel |
| Aufl. | Auflage |
| | |
| BAFin | Bundesanstalt für Finanzdienstleistungsaufsicht |
| Banz. | Bundesanzeiger |
| BAWe | Bundesaufsichtsamt für den Wertpapierhandel |
| BB | Betriebs-Berater *(Zeitschrift)* |
| BBK | Buchführung, Bilanz, Kostenrechnung *(Zeitschrift)* |
| BCG | Boston Consulting Group |
| BFH | Bundesfinanzhof |
| BFuP | Betriebswirtschaftliche Forschung und Praxis *(Zeitschrift)* |
| BGBl. | Bundesgesetzblatt |
| BGH | Bundesgerichtshof |
| BilReG | Gesetz zur Einführung internationaler Rechnungslegungsstandards und zur Sicherung der Qualität der Abschlussprüfung (Bilanzrechtsreformgesetz) |
| BIP | Basis Information Package |
| BJE | The Bell Journal of Economics *(Zeitschrift)* |
| BMJ | Bundesministerium der Justiz |
| BörsG | Börsengesetz |
| BörsZulV | Börsenzulassungs-Verordnung |

| | |
|---|---|
| bspw. | beispielsweise |
| bzw. | beziehungsweise |
| | |
| C&L | Coopers&Lybrand |
| CAP | Committee on Accounting Procedures |
| CAPM | Capital Asset Pricing Model |
| CAR | Contemporary Accounting Research *(Zeitschrift)* |
| CFPS | Cash Flow Per Share |
| CFROI | Cash-flow Return on Investment |
| c.p. | ceteris paribus |
| CVA | Cash Value Added |
| | |
| DAI | Deutsches Aktieninstitut |
| DAX | Deutscher Aktienindex |
| DB | Der Betrieb *(Zeitschrift)* |
| DBW | Die Betriebswirtschaft *(Zeitschrift)* |
| DCF | Discounted Cash Flow |
| DCGK | Deutscher Corporate Governance Kodex |
| ders. | derselbe |
| dies. | dieselben |
| DiskE | Diskussionsentwurf |
| d.h. | das heißt |
| DIHK | Deutscher Industrie- und Handelskammertag |
| DIN | Deutsches Institut für Normung e.V./Deutsche Industrienorm |
| DIRK | Deutscher Investor Relations Kreis |
| DiskE | Diskussionsentwurf |
| Diss. | Dissertation |
| DLR | Deutsches Zentrum für Luft- und Raumfahrt |
| DRS | Deutscher Rechnungslegungsstandard |
| DRSC | Deutsches Rechnungslegungsstandards Committee |
| DSR | Deutscher Standardisierungsrat |
| DStR | Deutsches Steuerrecht *(Zeitschrift)* |
| DSWR | Datenverarbeitung Steuer Wirtschaft Recht *(Zeitschrift)* |
| DVFA | Deutschen Vereinigung für Finanzanalyse und Anlageberatung e.V. |
| | |
| EAR | The European Accounting Review *(Zeitschrift)* |
| EBIT | Earnings before interest and taxes |
| EBITA | Earnings before interest, taxes and amortization |

| | |
|---|---|
| EBITDA | Earnings before interest, taxes depreciation and amortization |
| E | Entwurf |
| ED | Exposure Draft |
| EDGAR | Electronic Data Gathering, Analysis, and Retrieval |
| EITF | Emerging Issues Task Force |
| EMAS | Eco-Management and Audit Scheme |
| EN | Europäische Norm |
| EP | Economic Profit |
| EPS | Earnings Per Share |
| ESt | Einkommensteuer |
| EStG | Einkommensteuergesetz |
| EU | Europäische Union |
| e.V. | eingetragener Verein |
| EVA | Economic Value Added |
| EWG | Europäische Wirtschaftsgemeinschaft |
| EWR | Europäischer Wirtschaftsraum |
| | |
| f. | folgende |
| FAJ | Financial Analysts Journal *(Zeitschrift)* |
| FASB | Financial Accounting Standards Board |
| FB | Finanz Betrieb *(Zeitschrift)* |
| ff. | fortfolgende |
| FIN | FASB Interpretations |
| FinDAG | Finanzdienstleistungsaufsichtsgesetz |
| Fn. | Fußnote |
| FRR | Financial Reporting Releases |
| FS | Festschrift |
| | |
| ggf. | gegebenenfalls |
| GmbHG | Gesetz betreffend die Gesellschaften mit beschränkter Haftung |
| GoB | Grundsätze ordnungsmäßiger Buchführung |
| GSt | Gewerbesteuer |
| GuV | Gewinn- und Verlustrechnung |
| | |
| HBM | Harvard Business Manager *(Zeitschrift)* |
| HBR | Harvard Business Review *(Zeitschrift)* |
| HFA | Hauptfachausschuss |
| HGB | Handelsgesetzbuch |
| h.M. | herrschende Meinung |

| | |
|---|---|
| Hrsg. | Herausgeber |
| | |
| IAS | International Accounting Standards |
| IASB | International Accounting Standards Board |
| IASC | International Accounting Standards Committee |
| IC | Intellectual Capital |
| ICAEW | The Institute of Chartered Accountants in England & Wales |
| ICAS | The Institute of Chartered Accountants of Scottland |
| IDW | Institut der Wirtschaftsprüfer in Deutschland e.V. |
| i.e.S. | im engeren Sinne |
| IFAC | International Federation of Accountants |
| IfM | Institut für Mittelstandsforschung |
| Ifo | Institut für Wirtschaftsforschung |
| IFRIC | International Financial Reporting Interpretations Committee |
| IFRS | International Financial Reporting Standards |
| imug | Institut für Markt-Umwelt-Gesellschaft |
| IN | Introduction |
| InsO | Insolvenzordnung |
| IöW | Institut für ökologische Wirtschaftsforschung |
| IOSCO | International Organization of Securities Commissions |
| i.S.d. | im Sinne der/des |
| i.S.e. | im Sinne einer/eines |
| ISO | International Organization for Standardization |
| i.S.v. | im Sinne von |
| i.V.m. | in Verbindung mit |
| iwp | Institut Österreichischer Wirtschaftsprüfer |
| i.w.S. | im weiteren Sinne |
| | |
| JA | Journal of Accountancy *(Zeitschrift)* |
| JACF | Journal of Applied Corporate Finance *(Zeitschrift)* |
| JAE | Journal of Accounting & Economics *(Zeitschrift)* |
| JAR | Journal of Accounting Research *(Zeitschrift)* |
| JFE | Journal of Financial Economics *(Zeitschrift)* |
| JFQA | Journal of Financial and Quantitative Analysis *(Zeitschrift)* |
| JFSA | Journal of Financial Statement Analysis *(Zeitschrift)* |
| Jg. | Jahrgang |
| JoA | Journal of Accountancy *(Zeitschrift)* |
| JoF | The Journal of Finance *(Zeitschrift)* |

| | |
|---|---|
| KapAEG | Kapitalaufnahmeerleichterungsgesetz |
| KonTraG | Gesetz zur Kontrolle und Transparenz im Unternehmensbereich |
| KoR | Kapitalmarktorientierte Rechnungslegung *(Zeitschrift)* |
| krp | Kostenrechnungspraxis *(Zeitschrift)* |
| KSt | Körperschaftsteuer |
| | |
| MD&A | Management`s Discussion and Analysis of Financial Condition and Results of Operations |
| MDAX | Mid Cap DAX |
| MERITUM | MEasuRing Intangibles To Understand and improve innovation Management |
| m.w.N. | mit weiteren Nennungen/mit weiterer Nennung |
| MVA | Market Value Added |
| | |
| NEMAX | Neuer Markt Index |
| n.F. | neue Fassung |
| NOA | Net Operating Assets |
| NOPAT | Net Operating Profit after Taxes |
| | |
| o.Jg. | ohne Jahrgang |
| OFR | Operating and Financial Review and Prospects |
| o.S. | ohne Seite |
| | |
| Par. | Paragraph |
| PS | Prüfungsstandard |
| PwC | PricewaterhouseCoopers |
| | |
| QJE | Quarterly Journal of Economics *(Zeitschrift)* |
| | |
| RAROC | Risk Adjusted Return on Capital |
| RefE | Referentenentwurf |
| RegE | Regierungsentwurf |
| resp. | respektive |
| RESt | Review of Economic Studies |
| rev. | revised |
| RGBl. | Reichsgesetzblatt |
| RIW | Recht der Internationalen Wirtschaft *(Zeitschrift)* |
| ROA | Return on Assets |
| ROCE | Return on Capital Employed |

| | |
|---|---|
| ROE | Return on Equity |
| RONA | Return on Net Assets |
| RORAC | Return on Risk Adjusted Capital |
| RS | Stellungnahme zur Rechnungslegung |
| Rz. | Randziffer(n) |
| | |
| S. | Seite |
| SA | Securities Act |
| SAB | Staff Accounting Bulletins |
| sbr | Schmalenbach Business Review |
| SDAX | Small Cap Index/DAX |
| SEA | Securities and Exchange Act |
| SEC | Securities and Exchange Commission |
| SFAC | Statements of Financial Accounting Concepts |
| SFAS | Statements of Financial Accounting Standards |
| SIC | Standing Interpretations Committee |
| SMAX | Small Cap Exchange |
| SMJ | Strategic Management Journal *(Zeitschrift)* |
| SOP | Statement of Positions, Statement of Principles |
| Sp. | Spalte |
| StuB | Steuern und Bilanzen *(Zeitschrift)* |
| SVA | Shareholder Value Added |
| SVR | Shareholder Value Return |
| | |
| TecDAX | Technology Index/DAX |
| TransPuG | Transparenz- und Publizitätsgesetz |
| | |
| u.a. | und andere; und andernorts; unter anderem |
| UMAG | Gesetz zur Unternehmensintegrität und Modernisierung des Anfechtungsrechts |
| UNEP | United Nations Environment Programme |
| US-GAAP | United States-Generally Accepted Accounting Principles |
| | |
| VaR | Value-at-Risk |
| VerkProspG | Wertpapier-Verkaufsprospektgesetz |
| VFE-Lage | Vermögens-, Finanz- und Ertragslage |
| vgl. | vergleiche |
| VO | Verordnung |

| | |
|---|---|
| WISU | Das Wirtschaftsstudium *(Zeitschrift)* |
| WM | Wertpapier-Mitteilungen, Zeitschrift für Wirtschafts- und Bankrecht |
| WPg | Die Wirtschaftsprüfung *(Zeitschrift)* |
| WpHG | Wertpapierhandelsgesetz |
| WPK | Wirtschaftsprüferkammer |
| WpÜG | Wertpapiererwerbs- und Übernahmegesetz |
| www | World Wide Web |
| XBRL | Extensible Business Reporting Language |
| z.B. | zum Beispiel |
| ZfB | Zeitschrift für Betriebswirtschaft |
| zfbf | Schmalenbachs Zeitschrift für betriebswirtschaftliche Forschung |
| zfo | Zeitschrift für Organisation |
| ZGR | Zeitschrift für Unternehmens- und Gesellschaftsrecht |
| Ziff. | Ziffer |
| ZIP | Zeitschrift für Wirtschaftsrecht |

# 1. Einleitung

Seit Mitte der 80er Jahre hat das Konzept der wertorientierten Unternehmensführung sowohl aus der Perspektive der betriebswirtschaftlichen Forschung als auch aus Sicht der Unternehmenspraxis zunehmend an Bedeutung gewonnen.[1] „Als Leitbegriff moderner Unternehmensführung hat sich Wertorientierung heute weitestgehend durchgesetzt."[2]

Diese Entwicklung ist u.a. auf die wachsende Bedeutung der Finanzierung über Kapitalmärkte, die Liberalisierung der Finanzmärkte und den zunehmenden Wettbewerb um die verfügbaren Finanzressourcen zurückzuführen.[3] Um für Kapitalgeber attraktiv zu sein, ist es für Unternehmen eine unabdingbare Voraussetzung, sich an deren Interessen und Erwartungen zu orientieren. Der Erwartungshaltung der Kapitalgeber entspricht die Unternehmensleitung dann, wenn sie im Rahmen der Unternehmensführung das Ziel einer langfristigen Steigerung des inneren bzw. fundamentalen Unternehmenswertes und damit verbunden der Realisierung von Renditen oberhalb der risikoadäquaten Kapitalkosten anstrebt.[4] Bei börsennotierten Unternehmen repräsentiert der Börsenwert die Einschätzung des Kapitalmarktes hinsichtlich des Wertes des Unternehmens. Der innere Unternehmenswert „sollte [...daher, A.d.V.] auch die Zielgröße für die Börsenbewertung darstellen [... ‚da A.d.V.] die alleinige Ausrichtung der Unternehmensführung an den Erwartungen des Kapitalmarktes mit der Zielsetzung der (oft-

---

1 In der Literatur wird zumeist die Veröffentlichung von Rappaport aus dem Jahr 1986 „Creating Shareholder Value" als grundlegendes Werk hervorgehoben. Vgl. Rappaport (1986).

2 Coenenberg/Salfeld (2003), S. 3. Diese Aussage wird auch durch empirische Untersuchung belegt. Vgl. z.B. Pellens/Tomaszewski/Weber (2000), S. 1825 ff.; Roland Berger (Hrsg.) (2001), S. 5.

3 Vgl. Ruhwedel/Schultze (2992), S. 602.

4 Vgl. Freidank (2000), S. 19; Schwetzler (2000), S. 81. Dies wird auch durch empirische Untersuchungen belegt. So führte eine Untersuchung von Price Waterhouse zu dem Ergebnis, dass die Ausrichtung der Unternehmensführung am Unternehmenswert von Investoren und Analysten als wesentliches Kriterium für die Anlageentscheidung angesehen wird. Vgl. Price Waterhouse (Hrsg.) (1998), S. 4. Aders/Hebertinger/Wiedemann (2003), S. 356, führen diesbezüglich an, dass „auch Fremdkapital [...] in zunehmendem Maße nur jenen Unternehmen offen [steht, A.d.V.], die erfolgreich und kontinuierlich Wert für die Kapitalgeber schaffen". In ihren Ausführungen beziehen sie sich auf den inneren Unternehmenswert und weisen auf die gemeinsame Interessenslage von Eigen- und Fremdkapitalgebern in Bezug auf die Wertorientierung hin. In diesem Zusammenhang ist auf die Basel II-Richtlinie des Baseler Ausschusses für Bankenaufsicht hinzuweisen, die Ende 2006 in Kraft treten soll und sich an international tätige Kreditinstitute wendet. Vgl. Schulte-Mattler (2003), S. 386, sowie. zu sämtlichen Veröffentlichungen des Baseler Ausschusses für Bankenaufsicht im Internet: www.bis.org (Stand: 03.10.2004). Im Rahmen dieser Richtlinie ist vorgesehen, die Anforderungen an die Eigenkapitalunterlegung für Kreditinstitute zu erhöhen, indem diese künftig an die Bonität des Kreditnehmers zu koppeln ist. Zur Quantifizierung des Kreditrisikos und der damit verbundenen Eigenkapitalunterlegung können die Banken einen auf externen Ratingergebnissen basierenden Standardansatz und ein institutseigenes internes Ratingverfahren einsetzten. Vgl. Winkeljohann (2003), S. 385f. sowie ferner z.B. Gänßlen/Meissner (2002); Hofmann (2002); Ott/Böing (2002); Steiner/Starbatty (2003).

mals kurzfristigen) Maximierung des Aktienkurses letztlich zu Wertvernichtung führen kann“[5].

## 1.1 Einführung in das Thema

In der Literatur wird vielfach „die Kommunikation mit dem Kapitalmarkt [als, A.d.V.] ein wichtiges Instrument der wertorientierten Unternehmensführung“[6] angesehen. Durch eine entsprechend gestaltete Berichterstattung soll den Kapitalgebern ein Einblick in die Wertentwicklung des Unternehmens gegeben werden. Fraglich ist jedoch, wie sich diese Forderung tatsächlich begründen lässt.

Unter der Annahme informationseffizienter Kapitalmärkte entspricht der Börsenwert dem inneren Unternehmenswert.[7] Da sämtliche kursrelevanten Informationen gemäß der Modellannahme auf dem Kapitalmarkt verfügbar sind und sich unabhängig von der Unternehmensberichterstattung ein „der effektiven internen Wertgenerierung des Unternehmens folgender Kursverlauf“[8] einstellt, ergibt sich grundsätzlich keine Notwendigkeit für eine (zusätzliche) Unternehmensberichterstattung. Wird von der Annahme eines effizienten Kapitalmarktes abstrahiert und werden Informationsasymmetrien auf den Kapitalmärkten zugelassen, entspricht der Börsenwert i.d.R. nicht dem inneren Unternehmenswert. In diesem Fall ergibt sich folglich die Notwendigkeit, die externe Berichterstattung an der wertorientierten Unternehmensführung auszurichten und Unternehmenswert steigernde Maßnahmen den Kapitalmarktakteuren zu kommunizieren, damit die Steigerung des internen Unternehmenswertes sich auch in Kurssteigerungen am Kapitalmarkt niederschlägt.[9] Eine entsprechende Ausgestaltung der Informationsbereitstellung wird unter dem Begriff der wertorientierten Berichterstattung in Wissenschaft und Praxis diskutiert.

Die Notwendigkeit einer umfassenderen, über das bis dato häufig übliche Maß an Informationsbereitstellung hinausgehenden, Berichterstattung leitet sich unmittelbar aus den gestiegenen Informationsbedürfnissen der Adressaten der Berichterstattung im Allgemeinen bzw. der Investoren im Besonderen ab.[10] Denn

---

5 Aders/Hebertinger/Wiedemann (2003), S. 356.

6 Achleitner/Bassen/Pietzsch (2001a), S. 1.

7 Vgl. zum Begriff der Kapitalmarkteffizienz sowie zu Informationsasymmetrien ausführlicher Abschnitt 2.2.2.

8 Volkart (1998), S. 92.

9 Vgl. Ruhwedel/Schultze (2002), S. 602; Ruhwedel/Schultze (2004), S. 492. In diesem Zusammenhang stellt PwC (Hrsg.) (2000), S. 48 fest: „To all intents and purposes, management has failed in its responsibilities if value is created inside the organization, but not fully reflected in the stock price.“

10 Vgl. Zemelka (2002), S. 1.

Adressaten der Berichterstattung benötigen fundierte Informationen, die ihnen als Grundlage für die Beurteilung eines Unternehmens dienen und damit eine geeignete Informationsbasis für Investitionsentscheidungen darstellen können. In diesem Zusammenhang wird gefordert, Angaben offen zu legen, die einen direkten Bezug zum Unternehmenswert aufweisen oder indirekt Aussagen bzw. Prognosen über dessen Entwicklung ermöglichen.[11] Zur Abschätzung der zukünftigen Unternehmensentwicklung wird dabei insbesondere nichtfinanziellen Angaben eine besondere Bedeutung beigemessen. KRAWITZ/HARTMANN stellen in diesem Zusammenhang fest, dass „die Bilanzskandale der letzten Zeit [...] deutlich gezeigt [haben, A.d.V.], dass Zahlenwerke allein nicht ausreichen, um die tatsächliche Lage des Unternehmens oder Konzerns zu beschreiben, da es sich dabei teilweise um subjektiv ausgewählte Punktwerte handelt, die ein objektives Bild nur vortäuschen. Erst die Ergänzung um verbale Ausführungen und Bandbreiten, deren Subjektivität und Ungewissheit deutlicher zu Tage tritt, kann dem Ziel einer angemessenen Informationsvermittlung auf Dauer gerecht werden."[12]

Die in der Literatur angeführte Informationslücke zwischen den Anforderungen der Adressaten an die Berichterstattung als Grundlage für Investitionsentscheidungen auf der einen Seite und der verpflichtenden Informationsveröffentlichung auf der anderen Seite ist seit längerem Gegenstand der Diskussion in Theorie und Praxis.[13] Zur Verringerung dieser Lücke hat der deutsche Gesetzgeber in der Vergangenheit mit verschiedenen Gesetzesänderungen reagiert.[14] Ebenso wurden seit Mitte der 90er Jahre verschiedene Vorschläge von Standardsettern, rechnungslegungsbezogenen Organisationen sowie aus der Unternehmenspraxis vorgelegt, um die Berichterstattung aussagekräftiger zu gestalten.[15] Darüber hinaus ist seit einigen Jahren verstärkt zu beobachten, dass Unternehmen zusätzlich zu der verpflichtenden Berichterstattung freiwillig Informationen publizieren.[16] In diesem Zusammenhang kam WAGENHOFER bereits zu Beginn

---

11 Vgl. Müller (1998), S. 124.

12 Krawitz/Hartmann (2003), S. 303.

13 Vgl. hierzu Fey/Siegler (2000), S. 4.

14 Vgl. z.B. die Änderungen durch das Kapitalaufnahmeerleichterungsgesetz (KapAEG), das Gesetz zur Kontrolle und Transparenz im Unternehmensbereich (KonTraG), das Transparenz- und Publizitätsgesetz (TransPuG), das Bilanzrechtsreformgesetz (BilReG), das Bilanzkontrollgesetz (BilKoG), den Regierungsentwurf eines Gesetzes zur Unternehmensintegrität und Modernisierung des Anfechtungsrechts (RegE-UMAG) sowie den Regierungsentwurf eines Gesetzes über die Offenlegung der Vorstandsvergütungen (Vorstandsvergütungs-Offenlegungsgesetz – RegE-VorstOG). Vgl. hierzu Abschnitt 2.2.1 und 2.3.

15 Vgl. hierzu Abschnitt 3.1.2.

16 Vgl. hierzu z.B. Fischer/Becker/Wenzel (2001), S. 2002ff.; Fischer/Becker/Wenzel (2002), S. 19ff; Fischer/Wenzel/Kühn (2001), S. 1211; Pellens/Hillebrandt/Tomaszewski (2000), S. 188ff.; Ruhwe-

der 90er Jahre zu dem Ergebnis, dass insbesondere für börsennotierte Unternehmen ein Anreiz besteht, freiwillige Publizität über die gesetzlichen Anforderungen hinaus zu betreiben.[17] Hieraus ergibt sich die Frage, welche Divergenzen zwischen den Informationsansprüchen der Adressaten und den bereitgestellten Informationen der Unternehmen tatsächlich bestehen.

FEY sieht voraus, „dass der Druck der Kapitalmärkte in der näheren Zukunft zu standardisierten, branchenspezifischen Formen und Inhalten für die freiwillige Unternehmensberichterstattung führen wird."[18] Die sich in diesem Zusammenhang ergebenden Fragestellungen, ob eine Notwendigkeit für branchenspezifische Formen der wertorientierten Berichterstattung besteht und inwiefern Unternehmen bereits über eine standardisierte Berichterstattung verfügen, ist weitgehend ungeklärt.

Die vorangegangenen Ausführungen zeigen, dass trotz der hohen Popularität, die das Thema in der Wissenschaft und Praxis genießt, immer noch zahlreiche grundlegende Fragestellungen offen sind. Einige dieser Forschungslücken sollen mit der vorliegenden Arbeit geschlossen werden.

## 1.2 Themenabgrenzung und Zielsetzungen der Arbeit

Die vorliegende Arbeit befasst sich mit der wertorientierten Berichterstattung aus theoretischer und empirischer Perspektive. Angesichts der Breite des skizzierten Themenspektrums gilt es jedoch, nachfolgend verschiedene Eingrenzungen hinsichtlich des Untersuchungsgegenstandes vorzunehmen.

In der Literatur existieren verschiedene Definitionen für den Begriff der wertorientierten Berichterstattung, die zum Teil unterschiedliche Aspekte thematisieren und verschiedene Schwerpunkte setzen. Ebenso werden für im Wesentlichen identische Inhalte neben den Bezeichnungen „wertorientierte Berichterstattung" und „Value Reporting" Begriffe wie „Business Reporting", „kapitalmarktorientierte Berichterstattung", „Kapitalmarktkommunikation" und „Wertkommunikation" verwendet.[19] In Anbetracht des divergierenden Verständnisses zu den Inhalten und zur Ausgestaltung der wertorientierten Berichterstattung sowie zur Nomenklatur ist daher zunächst eine sämtliche relevanten Aspekte umfassende Definition der wertorientierten Berichterstattung erforderlich. Eine relativ weit

---

del/Schultze (2002), S. 615ff. Vgl. ferner ausführlich die empirischen Ergebnisse zu dem Stand der wertorientierten Berichterstattung der DAX 100-Unternehmen in Kapitel 5.

17 Vgl. Wagenhofer (1990), insbesondere die Zusammenfassung auf S. 322ff.

18 Fey (2000), S. 1102.

19 Vgl. hierzu z.B. Kötzle/Niggemann (2001), S. 634; Ruhwedel/Schultze (2002), S. 606.

gefasste und für die vorliegende Arbeit daher zunächst grundlegende Definition ist die von LABHART, der unter einer wertorientierten Berichterstattung die „offizielle, externe Berichterstattung eines Unternehmens [versteht, A.d.V.], die (1) geeignet ist, die Informationsasymmetrie zwischen interner und externer Sicht des Value Based Management zu reduzieren und (2) selbst Teil des Value Based Management ist."[20] Analog zu dieser Definition liegt der Fokus der vorliegenden Arbeit nicht auf der gesamten Unternehmenspublizität, sondern auf der externen Berichterstattung.[21] Vergleichbar mit dem Begriff des 'reporting' wird hierunter der Teil der Unternehmenspublizität verstanden, der regelmäßig zu erfolgen hat.[22]

Ein weiterer Aspekt, der zur Präzisierung des Untersuchungsgegenstandes einer näheren Betrachtung bedarf, bezieht sich auf die Abgrenzung der betrachteten Unternehmen. Die vorliegende Arbeit fokussiert sich auf die Berichterstattung börsennotierter deutscher Unternehmen. Diese Auswahl wurde aus verschiedenen Gründen gewählt. Erstens haben börsennotierte Unternehmen entsprechend der gesetzlichen Vorschriften in Deutschland umfangreichere Offenlegungspflichten als nicht börsennotierte Unternehmen.[23] Zweitens erlangt die wertorientierte Berichterstattung insbesondere für börsennotierte Unternehmen Relevanz, da diese verstärkt in der Öffentlichkeit und insbesondere im Blickpunkt

---

20 Labhart (1999), S. 30f. Im Original kursiv. Für die wertorientierte Ausrichtung der Unternehmensführung finden sich in der Literatur verschiedene Begriffe, wie wertorientierte Unternehmensführung, Value Based Management und Wertmanagement. Diese werden im Folgenden synonym betrachtet.

21 Da im Rahmen der wertorientierten Berichterstattung die Informationsversorgung der Kapitalmarktteilnehmer im Fokus steht und die interne Berichterstattung von Unternehmen daher keinen Betrachtungsgegenstand der vorliegenden Arbeit darstellt, wird der Begriff der Berichterstattung als Synonym für die externe Berichterstattung verwendet.

22 Vgl. ähnlich Ruhwedel/Schultze (2002), S. 609. Aus einer Vielzahl möglicher Definitionen der Berichterstattung wurde diese ausgewählt, da hierdurch die Möglichkeit der inhaltlichen Abgrenzung und Vergleichbarkeit besteht. Vgl. zu einer anderen Abgrenzung zwischen Unternehmenspublizität und Berichterstattung z.B. Vielmeyer (2004), S. 11ff.

23 Vgl. hierzu insbesondere Abschnitt 2.2.1. Mit der Festlegung auf die Berichterstattung deutscher Unternehmen liegen nicht nur die handelsrechtlichen Vorschriften, sondern auch internationale Rechnungslegungsvorschriften (IAS/IFRS; US-GAAP) im Fokus der Betrachtungen. Unter börsennotierten Unternehmen werden gemäß § 3 AktG solche Unternehmen verstanden, „deren Aktien zu einem Markt zugelassen sind, der von staatlich anerkannten Stellen geregelt und überwacht wird, regelmäßig stattfindet und für das Publikum mittelbar oder unmittelbar zugänglich ist." Unter kapitalmarktorientierten Unternehmen werden entsprechend der Definition der EU Unternehmen verstanden, deren Wertpapiere zum Handel an einem geregelten Markt i.S.d. Art. 1 XIII der Wertpapierdienstleistungsrichtlinie (Richtlinie 93/22/EWG vom 10.05.1993) zugelassen sind. Vgl. IAS-Verordnung, Art. 4 sowie Bieker/Schmidt (2002), S. 206. Wertpapiere sind gemäß § 2 I S. 1 WpHG „Aktien, Zertifikate, die Aktien vertreten, Schuldverschreibungen, Genussscheine, Optionsscheine und [...] andere Wertpapiere, die mit Aktien oder Schuldverschreibungen vergleichbar sind, wenn sie an einem Markt gehandelt werden können". Dementsprechend umfasst die Definition kapitalmarktorientierter Unternehmen mehr Unternehmen als die Definition börsennotierter Unternehmen.

(potenzieller) Kapitalgeber an den organisierten Kapitalmärkten stehen. Drittens ist die Berichterstattung börsennotierter Unternehmen i.d.R. einfacher zugänglich als die nicht börsennotierter Unternehmen.[24] Insbesondere mit Blick auf die umfangreichen empirischen Untersuchungen, die im Rahmen der vorliegenden Arbeit angestellt wurden, war dies ein wesentliches Argument, den Fokus zu Gunsten einer höheren empirischen Qualität der Resultate einzuschränken.

Mit der vorliegenden Arbeit zur wertorientierten Berichterstattung aus theoretischer und empirischer Perspektive sind verschiedene Zielsetzungen verbunden. Im Rahmen der theoretischen Ausführungen werden im Wesentlichen vier Fragestellungen untersucht:

Ausgangspunkt der Arbeit sind die Ansatzpunkte zur Berichterstattung, die eine wertorientierte Unternehmensführung als Bezugsrahmen bietet. In diesem Zusammenhang sind die konstituierenden Merkmale der intern ausgerichteten wertorientierten Unternehmensführung zu erarbeiten. Hieraus lässt sich ableiten, welche Informationen den Kapitalgebern zur Verfügung gestellt werden sollten, um ihnen eine Beurteilung der wertorientierten Unternehmensführung und damit einen ausreichenden Einblick in die Wertentwicklung der Unternehmen zu ermöglichen.

Im Rahmen der zweiten Fragestellung wird aus theoriegeleiteter Perspektive untersucht, welche Notwendigkeit besteht, neben der intern ausgerichteten wertorientierten Unternehmensführung auch die externe Berichterstattung wertorientiert auszurichten. Aus der Beantwortung dieser Fragestellung lassen sich somit die Zielsetzungen und Aufgaben der wertorientierten Berichterstattung sowie deren grundsätzliche inhaltliche Ausrichtung ableiten.

Drittens ist die Frage zu beantworten, welches Fundament die verpflichtende Berichterstattung von Unternehmen für deren wertorientierte Berichterstattung bietet. In diesem Zusammenhang ist insbesondere zu untersuchen, welche Informationen Unternehmen obligatorisch bereitstellen müssen und inwieweit die verpflichtende Berichterstattung damit den Anforderungen, denen sie aufgrund der eingangs skizzierten veränderten Umfeldbedingungen unterliegt, genügt. Aufgrund der aktuellen Diskussion im Zusammenhang mit der Kritik an der verpflichtenden Berichterstattung und den Vorschlägen zur Weiterentwicklung der Berichterstattung ist zu erwarten, dass gewisse Defizite und Grenzen der verpflichtenden Berichterstattung in Bezug auf eine wertorientierte Berichter-

---

24 Neben den gesetzlichen Publikationspflichten erstellen börsennotierte Unternehmen i.d.R. einen Geschäftsbericht in gedruckter Form, der auch in elektronischer Form über die Unternehmenshomepage zur Verfü-

stattung identifiziert werden können. Hieraus lässt sich ableiten, welche Informationen im Rahmen einer wertorientierten Berichterstattung daher freiwillig zusätzlich publiziert werden sollten.

Im Rahmen der vierten Fragestellung gilt es, einen geeigneten Bezugsrahmen im Hinblick auf die Ausgestaltung der wertorientierten Berichterstattung zu entwickeln. Hierzu erfolgen zunächst die Charakterisierung der wertorientierten Berichterstattung sowie eine Darstellung von Perspektiven und Ansätzen zur wertorientierten Berichterstattung. Ferner werden Leitlinien für die inhaltlichen und formalen Anforderungen an eine wertorientierte Berichterstattung abgeleitet.

Mit den inhaltlichen Anforderungen für die wertorientierte Berichterstattung wird dargelegt, welche Informationen im Einzelnen relevant erscheinen, um die Kommunikationsprobleme zwischen Unternehmen und Kapitalmarkt zu entschärfen. In diesem Sinne sind den Adressaten der Berichterstattung Informationen bereitzustellen, die ihnen eine Beurteilung der Wertentwicklung des Unternehmens erleichtern. Es ist zu vermuten, dass diese Anforderungen über die gesetzlich verpflichtenden Berichterstattungsinhalte hinausgehen. Die in diesem Zusammenhang relevant werdende Fragestellung, inwieweit die gesetzlichen Vorschriften entsprechend angepasst werden sollten bzw. ob eine Regulierung der wertorientierten Berichterstattung erfolgen sollte, ist nicht Bestandteil des Untersuchungsgegenstandes der vorliegenden Arbeit.[25] Die formale Ausgestaltung der wertorientierten Berichterstattung bezieht sich auf die Darstellung der zu publizierenden Inhalte sowie auf die Medien bzw. die Instrumente zur Vermittlung der wertorientierten Informationen.

Im Unterschied zu den bisherigen Beiträgen zur wertorientierten Berichterstattung aus theoretischer Sicht erfolgt mit den genannten Zielsetzungen eine sys-

---

gung gestellt wird. Vgl. zu den gesetzlichen Publikationspflichten insbesondere Abschnitt 2.2.1, zur Geschäftsberichtspublizität Abschnitt 3.3.2.

25 Damit wird die Frage, ob der Staat die Inhalte der wertorientierten Berichterstattung durch zwingendes Recht verbindlich regulieren muss oder ob diesbezüglich privatautonome Regelungen durch die Marktakteure zugelassen werden sollten, im Rahmen der vorliegenden Arbeit nicht betrachtet. Diese Fragestellung ist Gegenstand der „ökonomischen Regulierungstheorie, die sich in ihrem normativen Teil mit Marktversagen beschäftigt. Liegt Marktversagen z.B. aufgrund externer Effekte, öffentlicher Güter oder Informationsasymmetrien vor, so kann eine geeignete staatliche Intervention in den Marktprozess wohlfahrtssteigernd sein. Eine zwingende Regulierung von Unternehmenspublizität und Bilanzierungsstandards wäre demnach dann ökonomisch zu befürworten, wenn der Markt für Rechnungslegungsinformationen und -normen durch Marktversagen gekennzeichnet ist. Ist dies nicht der Fall, kann eine Deregulierung von gesetzlichen Rechnungslegungsvorschriften die Wohlfahrt der Beteiligten verbessern.“ Watrin (2001), S. 933f. Unabhängig von dieser Einschränkung des Untersuchungsgegenstandes werden jedoch im Rahmen der vorliegenden Arbeit (vorgesehene) Änderungen der gesetzlichen Vorschriften im Hinblick auf die Bereitstellung wertorientierter Informationen berücksichtigt. Vgl. zur Regulierung der Rechnungslegung bzw. Berichterstattung z.B. Feldhoff (1992); Hax (1988); Picot/Dietl (1994); Schildbach (1986).

tematische Ableitung der Inhalte der wertorientierten Berichterstattung auf Basis der wertorientierten Unternehmensführung. Darüber hinaus beinhaltet die vorliegende Arbeit im Vergleich zu anderen Beiträgen eine detailliertere Auseinandersetzung mit den Möglichkeiten und Grenzen, welche die verpflichtende Berichterstattung als Fundament für die wertorientierte Berichterstattung bietet.

Neben den theoretischen Ausführungen zur wertorientierten Berichterstattung widmet sich die vorliegende Arbeit der wertorientierten Berichterstattung aus empirischer Perspektive. Auch in diesem Zusammenhang stehen vier übergeordnete Fragestellungen im Fokus der Betrachtungen.

Im Rahmen der ersten Fragestellung wird den Anforderungen zur Ausgestaltung der wertorientierten Berichterstattung aus Sicht von Adressaten und Unternehmen als Ersteller der wertorientierten Berichterstattung nachgegangen. Hierzu wird untersucht, inwiefern den einzelnen, aus theoretischer Sicht ermittelten, Inhalten der wertorientierten Berichterstattung tatsächlich Bedeutung beigemessen wird und welche Unterschiede in der Beurteilung der Inhalte der wertorientierten Berichterstattung von Adressaten und Unternehmen bestehen. In diesem Zusammenhang ist auch zu analysieren, inwiefern branchenspezifische Leitlinien für die wertorientierte Berichterstattung abgeleitet werden können.

Im Rahmen der zweiten Fragestellung gilt es, die Umsetzung der wertorientierten Berichterstattung börsennotierter deutscher Unternehmen zu analysieren. Hierzu werden die Geschäftsberichte der DAX 100-Unternehmen über einen Untersuchungszeitraum von vier Jahren anhand der aus theoretischer Perspektive abgeleiteten und empirisch überprüften Inhalte der wertorientierten Berichterstattung ausgewertet.

Drittens wird untersucht, inwiefern der derzeitige Stand der wertorientierten Berichterstattung börsennotierter deutscher Unternehmen den Anforderungen an die wertorientierte Berichterstattung aus Sicht der Adressaten und der Ersteller entspricht. Dieser Frage wird anhand der Beurteilung der Qualität der wertorientierten Berichterstattung aus Sicht der Adressaten sowie der Ersteller nachgegangen. Hieraus lässt sich ableiten, in welchen Bereichen der wertorientierten Berichterstattung zurzeit noch ein Bedarf zur Weiterentwicklung in der Praxis besteht.

Die vierte Fragestellung bezieht sich schließlich auf mögliche Wirkungszusammenhänge zwischen der wertorientierten Berichterstattung und bestimmten unternehmensspezifischen Kennzahlen. In diesem Zusammenhang werden zum einen unternehmensspezifische Merkmale als mögliche Einflussfaktoren auf die wertorientierte Berichterstattung untersucht, um hieraus das Publizitätsverhalten der Unternehmen hinsichtlich der wertorientierten Berichterstattung erklären zu können. Zum anderen wird analysiert, inwieweit die wertorientierte Berichterstattung auf dem Kapitalmarkt zu Auswirkungen für die Unternehmen führt.

Mit den beschriebenen Fragestellungen hebt sich die vorliegende Arbeit von den bisherigen empirischen Untersuchungen zur wertorientierten Berichterstattung in zwei wesentlichen Punkten ab. Zum einen werden nicht nur einzelne Aspekte der wertorientierten Berichterstattung, wie bspw. deren Ausgestaltung oder Umsetzung, untersucht. Vielmehr werden im Rahmen der vorliegenden Untersuchung verschiedene Aspekte der wertorientierten Berichterstattung einbezogen sowie in kombinierter Form analysiert. Zum anderen beschränkt sich die vorliegende empirische Untersuchung nicht auf eine einzelne Branche. Vielmehr umfasst sie eine branchenübergreifende Betrachtung und zusätzlich eine differenzierte Betrachtung einzelner Branchen.

## 1.3 Gang der Untersuchung

Die vorliegende Arbeit gliedert sich in acht Kapitel. Abb. 1 zeigt einen Überblick über den Gang der Untersuchung.

Nach der Einleitung erfolgt in Kapitel 2 die Aufarbeitung der Fundierung der wertorientierten Berichterstattung. Ausgangspunkt für diese Betrachtung bildet die wertorientierte Unternehmensführung als theoretischer Bezugsrahmen für die wertorientierte Berichterstattung. Im Rahmen dieser Ausführungen wird dargestellt, wie eine Steigerung des Unternehmenswertes gemessen werden kann, welche Faktoren maßgeblich für die Wertschaffung im Unternehmen sind und wie die Strategien und Prozesse von Unternehmen zu gestalten sind, um eine Wertsteigerung zu realisieren. Das Ziel der wertorientierten Berichterstattung liegt in der umfassenden Darstellung des Unternehmens aus einer wertorientierten Perspektive, um die Informationsasymmetrien zwischen Unternehmen und Kapitalgebern zu reduzieren. Daher kommt der (wertorientierten) Unternehmensführung eine wesentliche Bedeutung bei der Ausrichtung der Berichterstattung zu. Sie bildet das theoretische Fundament für die (wertorientierte) Berichterstattung.

Ferner wird in Kapitel 2 dargelegt, wie sich die Notwendigkeit für die wertorientierte Berichterstattung begründen lässt. Nach der Darstellung der theoretischen Grundlagen für die Notwendigkeit einer wertorientierten Berichterstattung werden die Zielsetzungen und Aufgaben der wertorientierten Berichterstattung dargestellt.

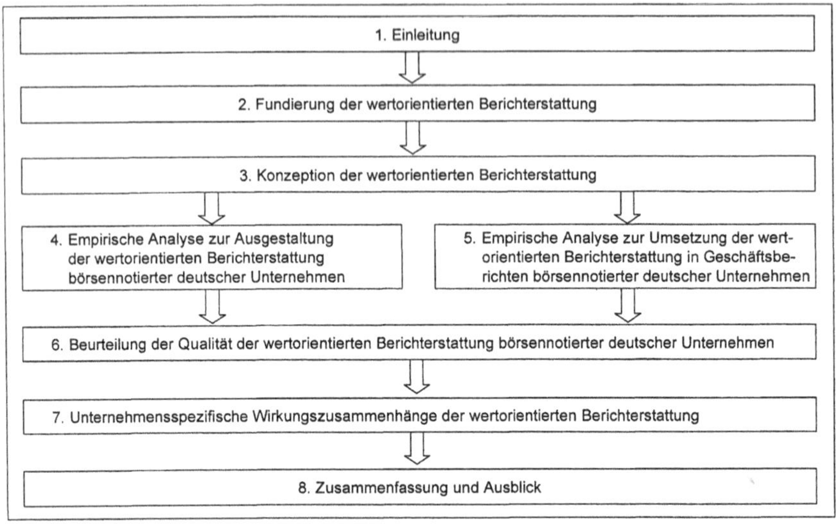


*Abb. 1: Aufbau der Arbeit und Gang der Untersuchung*

Schließlich wird die verpflichtende Berichterstattung börsennotierter deutscher Unternehmen als rechtlich-regulatorisch vorgegebener Bezugspunkt für die wertorientierte Berichterstattung darstellt, da börsennotierte deutsche Unternehmen bereits zahlreichen Informationspflichten unterliegen. Durch die Darstellung der verpflichtenden Berichterstattung wird Auskunft darüber gegeben, welchen Anforderungen börsennotierte deutsche Unternehmen aufgrund gesetzlicher Vorschriften und privatrechtlich verbindlicher Regelungen internationaler Standard-Setter sowie sonstiger Institutionen im Einzelnen nachkommen müssen und welche Informationen dementsprechend auf Basis der verpflichtenden Berichterstattung bereitgestellt werden müssen. Hieraus können schließlich die Grenzen und die Defizite der verpflichtenden Berichterstattung und die Anforderungen an die über die verpflichtende Berichterstattung hinausgehende wertorientierte Berichterstattung abgeleitet werden.

Kapitel 3 der Arbeit beinhaltet die Konzeption der wertorientierten Berichterstattung, die sowohl die inhaltliche als auch die formale Ausgestaltung der wertorientierten Berichterstattung umfasst. Zunächst wird, aufbauend auf den vorher gewonnenen Erkenntnissen, der Begriff der wertorientierten Berichterstattung abgegrenzt und ein Überblick über Perspektiven und Ansätze zur wertorientierten Berichterstattung gegeben, die sowohl in der Wissenschaft als auch in der Praxis entwickelt wurden. Abschließend werden die einzelnen Inhalte der wertorientierten Berichterstattung abgeleitet. Der inhaltlichen Ausgestaltung folgt die Darstellung der formalen Anforderungen an eine wertorientierte Berichterstattung. Hierdurch soll die Transparenz der Berichterstattung erhöht und eine Vergleichbarkeit der bereitgestellten Informationen erreicht werden.

Die Kapitel 4 bis 7 umfassen umfangreiche empirische Analysen zur wertorientierten Berichterstattung börsennotierter deutscher Unternehmen.

Kapitel 4 der Arbeit widmet sich der empirischen Analyse zur Ausgestaltung der wertorientierten Berichterstattung börsennotierter deutscher Unternehmen. Hierfür werden die Anforderungen an die wertorientierte Berichterstattung aus der theoriegeleiteten Perspektive mit der Ausgestaltung der wertorientierten Berichterstattung aus Sicht der Adressaten und der Unternehmen als Ersteller der Berichterstattung verglichen. In diesem Zusammenhang werden auch wesentliche Unterschiede hinsichtlich der Ausgestaltung der wertorientierten Berichterstattung aus Sicht der Adressaten der wertorientierten Berichterstattung sowie der Unternehmen analysiert und dargestellt. Schließlich werden branchenspezifische Besonderheiten der wertorientierten Berichterstattung anhand einer differenzierten Analyse der Ausgestaltung der wertorientierten Berichterstattung aus Sicht der Unternehmen untersucht.

In Kapitel 5 wird der derzeitige Stand der wertorientierten Berichterstattung börsennotierter deutscher Unternehmen sowie deren Entwicklung über die vergangenen Jahre analysiert. Dies erfolgt anhand einer Auswertung der Geschäftsberichte der DAX 100-Unternehmen für die Geschäftsjahre 1999 bis 2002.[26]

Aufbauend auf Kapitel 4 und 5 wird in Kapitel 6 abgeleitet, inwiefern die wertorientierte Berichterstattung der Unternehmen mit den Anforderungen aus Adressaten- und Unternehmenssicht übereinstimmt. Aus dem Vergleich der verschiedenen Perspektiven lässt sich eine Aussage über die Qualität der wertorientierten Berichterstattung börsennotierter deutscher Unternehmen aus Adressaten- und Unternehmenssicht ableiten. Eine Gegenüberstellung von Berichterstattung mit den Anforderungen von Adressaten und Unternehmen auf Kriterienebene ermöglicht ferner einen detaillierten Einblick in bestehende Informationslücken bei der wertorientierten Berichterstattung. Dadurch lassen sich konkrete Ansatzpunkte zur Verbesserung der wertorientierten Berichterstattung identifizieren.

Schließlich wird in Kapitel 7 der Fragestellung nachgegangen, inwiefern Zusammenhänge zwischen der Qualität der wertorientierten Berichterstattung und unternehmensspezifischen Merkmalen bestehen. Zum einen wird untersucht, ob

---

26 Stichtag für die Zusammensetzung der DAX 100 bildete der 16.04.2002. Die DAX 100-Unternehmen wurden gewählt, da es sich hierbei um die größten deutschen Unternehmen, gemessen an Marktkapitalisierung und Börsenumsatz, handelt.

unternehmensspezifische Einflussfaktoren auf die Qualität der wertorientierten Berichterstattung identifiziert werden können. Zum anderen wird analysiert, ob die Qualität der wertorientierten Berichterstattung zu veränderten Bewertungen der Unternehmen auf dem Kapitalmarkt führt.

Kapitel 8 fasst die wesentlichen Untersuchungsergebnisse der Arbeit zusammen und gibt Ausblicke auf die zukünftige empirische Forschung sowie die Gestaltung von künftigen Rahmenempfehlungen zur Prüfung und Regulierung der wertorientierten Berichterstattung.

## 2. Fundierung der wertorientierten Berichterstattung

Im Zentrum der wertorientierten Berichterstattung steht die Kommunikation von Informationen, die Relevanz für die Unternehmensbewertung haben,[27] an die unternehmensexternen Kapitalmarktakteure. Die wertorientierte Berichterstattung ist somit ein wichtiges Instrument der wertorientierten Unternehmensführung mit dem Ziel, den Kapitalgebern einen adäquaten Einblick in die Wertentwicklung des Unternehmens zu ermöglichen.

Die voranstehenden Aussagen umschreiben den Kern der wertorientierten Berichterstattung sowie deren wesentliche Zielsetzung. Zugleich werfen sie jedoch eine Reihe von Fragen auf, die im Rahmen der Fundierung der wertorientierten Berichterstattung zu beantworten sind.

Erstens ist der Frage nachzugehen, welche Ansatzpunkte zur Berichterstattung die wertorientierte Unternehmensführung als Bezugsrahmen bietet. Um ermessen zu können, welche Informationen den Kapitalgebern für diesen Einblick bereitzustellen sind, bedarf es der konstituierenden Merkmale der intern ausgerichteten wertorientierten Unternehmensführung, da sich hieraus die Wertentwicklung des Unternehmens bestimmt.

Zweitens ist zur Fundierung der wertorientierten Berichterstattung darzulegen, welche Notwendigkeit einer wertorientierten Berichterstattung aus theoriegeleiteter Perspektive grundsätzlich besteht. So wurde einleitend darauf hingewiesen, dass sich unter der Annahme informationseffizienter Kapitalmärkte grundsätzlich keine Notwendigkeit für eine (zusätzliche) Unternehmensberichterstattung ergibt. Werden hingegen Informationsasymmetrien auf den Kapitalmärkten zugelassen, ergibt sich die Notwendigkeit, die externe Berichterstattung an der wertorientierten Unternehmensführung auszurichten.

Drittens ist zu untersuchen, welches Fundament die bestehenden Regelungen zur verpflichtenden Berichterstattung börsennotierter deutscher Unternehmen für die wertorientierte Berichterstattung bietet. Dabei soll insbesondere herausgearbeitet werden, welche Informationen und Inhalte, die aus theoriegeleiteter Perspektive Bestandteil der wertorientierten Berichterstattung sein sollten, bereits durch die verpflichtende Berichterstattung berücksichtigt sind, und welche darüber hinausgehenden Angaben aus Sicht der wertorientierten Berichterstattung freiwillig bereitgestellt werden sollten.

---

27 Vgl. zur Bestimmung des Unternehmenswertes Abschnitt 2.1.3.1.1.

Zur systematischen Aufarbeitung der dargestellten Fragen ist das vorliegende Kapitel in drei Abschnitte gegliedert: zunächst wird in Abschnitt 2.1 die wertorientierte Unternehmensführung als Bezugsrahmen für die Berichterstattung dargestellt. Abschnitt 2.2 widmet sich der Frage nach der Notwendigkeit einer wertorientierten Berichterstattung. In diesem Zusammenhang werden auch die Zielsetzungen und Aufgaben einer wertorientierten Berichterstattung abgeleitet. Abschnitt 2.3 widmet sich den Ausführungen zur verpflichtenden Berichterstattung deutscher börsennotierter Unternehmen als Ausgangspunkt der wertorientierten Berichterstattung.

## 2.1 Wertorientierte Unternehmensführung als Bezugsrahmen

Allgemein ist unter der wertorientierten Berichterstattung die externe Berichterstattung eines Unternehmens zu verstehen, die geeignet ist, die Informationsasymmetrie zwischen interner und externer Sicht der wertorientierten Unternehmensführung zu reduzieren und die dabei selbst Teil der wertorientierten Unternehmensführung ist.[28]

Das Ziel der wertorientierten Berichterstattung liegt, wie bereits angesprochen, in der umfassenden Darstellung des Unternehmens aus einer wertorientierten Perspektive. Der Unternehmensführung kommt dabei eine wesentliche Bedeutung bei der Ausrichtung des Unternehmens nach wertorientierten Aspekten zu und sie bildet das theoretische Fundament für die wertorientierte Berichterstattung. BÖCKING/DUTZI weisen in diesem Zusammenhang auch darauf hin, dass eine wertorientierte Unternehmensführung die Grundvoraussetzung für eine wertorientierte Berichterstattung bildet.[29]

Zur Präzisierung der Terminologie des vorliegenden Untersuchungsgegenstandes wird nachfolgend zunächst der Begriff Wert näher betrachtet (Abschnitt 2.1.1). In diesem Zusammenhang werden die Leitlinien der Entwicklung des ökonomischen Wertbegriffs skizziert sowie der Einfluss anderer Wertbegriffe auf den ökonomischen Wertbegriff dargelegt. Des Weiteren erfolgt in Abschnitt 2.1.2 eine Darstellung der hier relevanten Grundlagen der Unternehmensführung. Schließlich wird der Prozess der wertorientierten Unternehmensführung skizziert, der Aufschluss darüber gibt, was unter der Wertorientierung als Leitgedanke in der Unternehmensführung zu verstehen ist, wie die Wertentwicklung

---

28 Vgl. bereits Abschnitt 1.2.

29 Vgl. Böcking/Dutzi (2003), S. 222. Für die grundlegenden Ausführungen hierzu wird auf Kü-ting/Hütten/Lorson (1995a) und (1995b) verwiesen.

im Unternehmen gemessen werden kann und welche Ansatzpunkte zur Wertschaffung bestehen (Abschnitt 2.1.3).

### 2.1.1 Inhaltliche Abgrenzung des Begriffs Wert

Innerhalb der Wirtschaftswissenschaften erfolgt seit langer Zeit eine Auseinandersetzung mit dem Begriff Wert, der ursprünglich kein ökonomischer Fachterminus ist.[30] Dennoch gibt es in der ökonomischen Literatur bis heute keine eindeutige Auffassung über dessen Bedeutung.[31] „Einigkeit herrscht [lediglich, A.d.V.] darüber, dass der Wert der Maßstab für die Knappheit eines Gutes ist, nicht aber darüber, wie die Knappheit zu messen ist."[32]

Die Bedeutung des Begriffs Wert wird jedoch nicht allein in der Wirtschaftswissenschaft, sondern auch in der Psychologie, der Pädagogik, der Philosophie oder der Ethik diskutiert.[33] Häufig geschieht dies im Zusammenhang mit anderen Begriffen wie Transparenz, Integrität oder Vertrauen. Obgleich nun der Begriff Wert im Zusammenhang mit der wertorientierten Unternehmensführung oftmals als finanziell quantifizierbare Größe interpretiert wird, ist „eine Tendenz zur Integration ökonomischer Auffassungen von Wert mit anderen Auffassungen dieses Begriffs, die mit Worten wie intangibel, nichtgreifbar, nicht-ökonomisch, nicht-monetär, nur schwer quantifizierbar oder immateriell bezeichnet werden"[34], zu beobachten. Nachfolgend werden zunächst wesentliche Leitlinien der Entwicklung des ökonomischen Wertbegriffs skizziert und anschließend der Einfluss anderer Wertbegriffe auf den ökonomischen Wertbegriff aufgezeigt.

#### 2.1.1.1 Leitlinien der Entwicklung des ökonomischen Wertbegriffs

Hinsichtlich der Entwicklung des ökonomischen Wertbegriffs sind zum einen zwei Werttheorien, die objektive und die subjektive, und zum anderen zwei Wertbegriffe, der Gebrauchs- und der Tauschwert, zu unterscheiden.[35] Nach der objektiven Werttheorie geht man davon aus, dass der Wert eines Gegenstandes eine bestimmte Eigenschaft des Gutes darstellt. Demzufolge bemisst sich der Wert unabhängig von den Wertschätzungen oder Präferenzen einzelner Indivi-

---

30 Vgl. hierzu und im Folgenden Hirsch (2002), S. 9; Schneider (2001), S. 668ff.

31 Vgl. hierzu und im Folgenden Moll (2002), S. 25.

32 Moll (2002), S. 25. Vgl. hierzu auch Helling (1994), S. 35; Honecker (1993), Sp. 1257; Peemöller (2001), S. 3.

33 Vgl. hierzu und im Folgenden Barnes Städler/Bircher/Streiff (2000), S. 7.

34 Barnes Städler/Bircher/Streiff (2000), S. 7.

35 Vgl. z.B. Ott (1975), S. 116; Schneider (2001), S. 669.

duen, d.h. der Wert wird als Objekt-Objekt-Beziehung aufgefasst und ist objektiv bestimmbar.[36] Demgegenüber bestimmt sich der Wert eines Gegenstandes nach der subjektiven Werttheorie nach den individuellen Wertvorstellungen. Demnach ergibt sich der Wert aus einer Subjekt-Objekt-Beziehung entsprechend der subjektiven Einschätzung eines Individuums.[37] Der Gebrauchswert eines Gegenstandes ergibt sich aus dessen Möglichkeit zur Bedürfnisbefriedigung.[38] Demgegenüber handelt es sich beim Tauschwert um eine monetäre Größe, d.h. um den Preis für einen bestimmten Gegenstand, der sich aus Angebot und Nachfrage ergibt.[39]

Die geschichtlich ältere Werttheorie, die objektive Werttheorie, geht zurück auf Aristoteles (384 – 324 v. Chr.). Dieser hat bereits zwischen einem objektiven Gebrauchs- und einem objektiven Tauschwert unterschieden.[40] Nachdem die Wertlehre von Aristoteles in der Hochscholastik von Thomas von Aquin (1225 – 1274) im Zusammenhang mit der Frage nach dem „gerechten Preis“ neu aufgegriffen wurde, wurden bereits in der Spätscholastik erste Einwände gegen die objektive Werttheorie deutlich (später Wertantinomie, d.h. Wertparadoxon[41], genannt).[42] Die Unterscheidung zwischen Gebrauchs- („Value in Use“) und Tauschwert („Value in Exchange“) ist auch bei den Klassikern der Nationalökonomie wieder zu finden.[43] Adam Smith (1723 - 1790) hält allein den Tauschwert für den maßgeblichen Wert am Markt.[44] Auch bei Smith sind wiederum Hinweise auf das sog. Wertparadoxon, d.h. Kritikpunkte an der objektiven Werttheorie,

---

36 Vgl. Helling (1994), S. 35; Ott (1975), S. 116; Schneider (2001), S. 669.

37 Vgl. Helling (1994), S. 34; Ott (1975), S. 116; Schneider (2001), S. 670.

38 Vgl. Peemöller (2001), S. 4.

39 Vgl. Peemöller (2001), S. 4; Schneider (2001), S. 669f.

40 Vgl. Ott (1975), S. 116; Schneider (2001), S. 673. Dabei stellt der objektive Gebrauchswert ein Wesensmerkmal eines Gegenstandes losgelöst von individuellen Wertvorstellungen der Anbieter und Nachfrager dar; als objektiver Tauschwert wird hingegen ein gerechter Preis für einen Gegenstand gehalten. Vgl. Schneider (2001), S. 669.

41 Ott (1975), S. 117, zum Begriff der Wertantinomie: „Manche Güter, wie etwa Wasser, besitzen einen hohen (objektiven) Gebrauchswert, aber einen niedrigen Tauschwert. Andere Güter haben einen niedrigen (objektiven) Gebrauchswert, wie z.B. Diamanten, aber einen hohen Tauschwert. Dieses Dilemma, dieser Widerspruch ist auf der Basis der objektivistischen Wertlehre, bei objektivistischer Fassung des Begriffs des Gebrauchswertes nicht lösbar."

42 Vgl. Hansmeyer (1975), S. 476; Schinzinger (1994), S. 25f.; Schneider (2001), S. 673f.; Ziegler (1998), S. 75f. So ging bspw. Antonin von Florenz (1389 – 1459) davon aus, dass der Gebrauchswert eines Gutes nicht nur durch dessen Nützlichkeit und Seltenheit, sondern auch durch die subjektiven Einschätzungen der verschiedenen Individuen bestimmt wird. Vgl. Schinzinger (1994), S. 28.

43 Vgl. Hansmeyer (1975), S. 485.

44 Der „natürliche“ Preis eines Gutes bestimme sich nach den Produktionskosten, d.h. Lohn, Profit und Rente, während sich der kurzfristige Preis als Marktpreis aus Angebot und Nachfrage ergeben kann. Auf Dauer nähere sich der Marktpreis jedoch dem natürlichen Preis an. Vgl. Hansmeyer (1975), S. 485.

zu finden.[45] Wenig später wendete sich David Ricardo (1772 – 1823) der Frage nach der Bestimmung des objektiven Tauschwertes eines Gutes zu.[46] Als Vertreter der Arbeitswertlehre[47] ging Ricardo davon aus, dass sich der Tauschwert nach den Arbeitskosten, d.h. der zur Produktion verwendeten Arbeit, gemessen an der Zeit, bestimmt. Karl Marx (1818 – 1883) greift die Arbeitswertlehre von Ricardo im Zusammenhang mit der Entwicklung seiner Theorie des Mehrwertes wieder auf.[48]

In der zweiten Hälfte des 19. Jahrhunderts vollzog sich mit der Grenznutzenlehre eine Neuorientierung in der Wertlehre, weg von einer objektiven und hin zu einer subjektiven Wertlehre.[49] 1870 bereiteten der Engländer William Stanley Jevons (1835 – 1882), der Österreicher Carl Menger (1840 – 1921) und der Franzose Léon Walras (1834 – 1910) unabhängig voneinander dem Begriff des Grenznutzens den Weg, wenn auch der Nutzenbegriff von den Autoren unterschiedlich verwendet wurde. Die Autoren vertraten ungeachtet der unterschiedlichen Nomenklatur jedoch einheitlich die Meinung, dass sich der Wert eines Gegenstandes entsprechend der subjektiven Nutzeneinschätzung der verschiedenen Individuen ergibt. Hierbei ist jedoch nicht der Gesamtnutzen entscheidend, sondern der Nutzen der zuletzt verbrauchten Gütereinheit, d.h. der Grenznutzen.[50] Auf diese Weise ließ sich auch das Wertparadoxon lösen.[51]

---

45 Vgl. Ziegler (1998), S. 105.

46 Vgl. hierzu und im Folgenden Ziegler (1998), S. 115.

47 In der Literatur wird William Petty (1623 – 1687), der zu den Vorläufern der klassischen Nationalökonomie zählt, als Begründer der Arbeitswertlehre bezeichnet, vgl. Ziegler (1998), S. 86. Petty ging davon aus, dass die menschliche Arbeit ein Maßstab für den Wert von Gütern und von Geld sei.

48 Auch nach Marx ergibt sich der Wert eines Gegenstandes entsprechend der zu seiner Produktion „gesellschaftlich notwendigen Durchschnittsarbeit“, wiederum gemessen an der Zeit. Hierbei ist jedoch die Unterscheidung zwischen Gebrauchs- und Tauschwert entscheidend. Der Gebrauchswert der Arbeit entspricht dem Wert, der durch die Arbeit produziert wird, während der Tauschwert dem Lohn des Arbeiters entspricht. Nach Marx hat auch die Arbeitskraft einen Warencharakter. Der Tauschwert der Arbeitskraft ergibt sich aufgrund der gesellschaftlich notwendigen Arbeitszeit für dessen Erhaltung bzw. Reproduktion, d.h. durch den Wert der Güter, wie z.B. Lebensmittel, die ein Arbeiter zur Existenzsicherung benötigt. Der Kapitalist zahlt dem Arbeiter einen Lohn in Höhe der Reproduktionskosten. Der Gebrauchswert der Arbeitskraft, d.h. der Wert des produzierten Gegenstandes, liegt über dem Tauschwert, wodurch ein Mehrwert geschaffen wird. Die Differenz zwischen Gebrauchs- und Tauschwert ergibt den Mehrwert, der den Kapitalisten zufließt. Vgl. hierzu Hansmeyer (1975), S. 495f.; Schumann (1994), S. 167; Ziegler (1998), S. 131.

49 Vgl. hierzu und im Folgenden Hansmeyer (1975), S. 501f.; Ott (1975), S. 117; Schumann (1994), S. 168; Ziegler (1998), S. 149ff. Gedanken zur Grenznutzentheorie lassen sich bereits in früheren Arbeiten, wie z.B. von Johann Heinrich von Thünen (1783 – 1850), Hermann Heinrich Gossen (1810 – 1858) und Antoine Augustin Cournot (1801 – 1877) finden.

50 Zum einen nimmt der Nutzen, den ein Gut stiftet, ab, je mehr von dem Gut zur Verfügung steht und zum anderen ist der Nutzen unterschiedlicher Güter abhängig von der jeweiligen Verwendung.

51 Ein reichlich vorhandenes Gut wie Wasser hat zwar einen hohen Gebrauchswert, jedoch ist der Grenznutzen, d.h. der Tauschwert gering. Umgekehrt hat ein knappes und nicht vermehrbares Gut wie ein Diamant

Alfred Marshall (1842 – 1924), Vertreter der neoklassischen Nationalökonomie, versuchte später die objektive mit der subjektiven Werttheorie zu verbinden. Er ging davon aus, dass nicht allein die Angebotsseite, wie in der objektiven Werttheorie, oder allein die Nachfrageseite, wie in der subjektiven Werttheorie, den Wert eines Gutes bestimmen, sondern sich der Preis eines Gutes aus der Kombination von Produktionskosten und Konsumentenpräferenzen ergibt.[52] Der Gleichgewichtspreis auf einem Markt mit einer großen Zahl von Anbietern und einer großen Zahl von Nachfragern ergäbe sich demzufolge als Schnittpunkt der steigenden Angebots- und der fallenden Nachfragekurve.[53]

Innerhalb der Betriebswirtschaftslehre kommt dem Wertbegriff heute v.a. in der Unternehmensbewertung eine besondere Bedeutung zu.[54] So ist in der neoliberalen Denkrichtung die objektive Werttheorie wieder zu finden.[55] Gestützt auf die Hypothese der Markteffizienz, wonach der Markt alle für die Preisbildung relevanten Informationen enthalte, spiegele sich der Unternehmenswert im Börsenwert wider. Für die wertorientierte Unternehmensführung würde das bedeuten, dass sich die Zielsetzungen der Maximierung des Börsenwertes und der Maximierung des (rechnerisch ermittelten) Fundamentalwertes des Unternehmens entsprechen.[56]

Die Hypothese der Markteffizienz, „die seit Mitte der achtziger Jahre im Zentrum zahlreicher Debatten steht und einen Paradigmenwechsel zur Diskussion stellt“[57], ist jedoch wissenschaftstheoretisch nicht haltbar.[58] Sie wurde weitestgehend von der Neuen Institutionenökonomik abgelöst, die Informationsasymmetrien auf den Märkten zulässt. Demzufolge ist nicht von einer vollständigen Reflexion sämtlicher Informationen in den Wertpapierpreisen auszugehen. Vielmehr begründet sich der Börsenwert – als Referenzgröße der wertorientierten

---

einen geringen Gebrauchswert, jedoch ist der Grenznutzen und damit der Tauschwert hoch. Vgl. Schumann (1994), S. 169; Ziegler (1998), S. 153.

52 Vgl. hierzu und im Folgenden Hansmeyer (1975), S. 505f.; Ott (1975), S. 117; Schumann (1994), S. 173f.; Ziegler (1998), S. 159ff.

53 Ferner bediente sich Marshall für seine Analysen zur Preisbildung der Partialanalyse. Hiermit untersuchte er – im Gegensatz zu den Totalmodellen – die Preisbildung auf einzelnen Märkten, während er die restlichen ökonomische Bedingungen als konstant betrachtete (sog. Ceteris-Paribus-Klausel).

54 Vgl. Köppl (2003), S. 14.

55 Vgl. hierzu und im Folgenden Moll (2002), S. 28.

56 Vgl. Labhart (1999), S. 21, der an dieser Stelle jedoch nicht von einer Maximierung des Fundamentalwertes des Unternehmens, sondern von einer Maximierung des Eigenkapitals spricht. Vgl. zur Übereinstimmung der Zielsetzung der Maximierung des Börsenwertes und der Maximierung des Fundamentalwertes des Unternehmens, die an das Vorliegen der strengen Informationseffizienz gebunden sind auch Damodaran (1997), S. 11f.; Milgrom/Roberts (1992), S. 477.

57 Labhart (1999), S. 21.

58 Vgl. ausführlicher Abschnitt 2.2.2.

Unternehmensführung – größtenteils aufgrund subjektiver Erwartungen.[59] So stellt MOLL fest: „Die subjektiven Werteinschätzungen vermischen sich, und das Resultat manifestiert sich als (vermeintlich) objektiver Wert an der Börse."[60] In diesem Zusammenhang ist (a priori) nicht von einer Übereinstimmung des Börsenwertes und des Fundamentalwertes des Unternehmens auszugehen. Bei Letzterem handelt es sich, wie beim Börsenwert, nicht um eine objektive Größe, sondern entsprechend dem heutigen Verständnis des Wertbegriffs „in der Ökonomie [...] [um das, A.d.V.] Resultat einer Subjekt-Objekt-Beziehung"[61].

Die Wertdimension beschränkt sich dabei im Rahmen der Bestimmung des (rechnerischen) Unternehmenswertes aus Praktikabilitätsgründen regelmäßig auf finanziell messbare Größen.[62] So stellt DIEHM mit Bezug auf die traditionellen Ansätze der Unternehmensbewertung fest, „dass Unternehmensbewertung im Kern die Prognose zukünftiger finanzieller Vorteile bedeutet"[63].

Diese Wertdimension kommt auch hinsichtlich der in der Bilanz enthaltenen Vermögensgegenstände zum Ausdruck. Grundsätzlich sind in der Bilanz alle materiellen, finanziellen sowie immateriellen Vermögensgegenstände eines Unternehmens zu erfassen.[64] Aufgrund von Objektivierungsgründen sind selbst erstellte immaterielle Vermögensgegenstände jedoch vielfach von der Aktivierung

---

59 Vgl. z.B. Haller/Dietrich (2001a), S. 165 m.w.N. Vgl. ausführlicher zu Börsenkurstheorien mit Erklärungsansätzen zur Kursbildung Hachmeister (1999), S. 38ff. m.w.N.

60 Moll (2002), S. 28.

61 Ballwieser (2002c), S. 71. Vgl. hierzu auch Peemöller (2001), S. 3. Entsprechend schafft ein Unternehmen nach dieser Wertdefinition keinen Wert per se, sondern ausschließlich für Personen, die in irgendeiner Weise mit dem Unternehmen verbunden sind. Subjekte können im Rahmen der Subjekt-Objekt-Beziehung „eine Person, eine „homogene" Gruppe verschiedener Personen, viele Personen oder viele Gruppen darstellen." Ballwieser (2002c), S. 71. Da für eine Wertermittlung eine Zielidentität bzw. eine Homogenität der Gruppen vorauszusetzen ist, wird die Ermittlung des Wertes mit steigender Personen- bzw. Gruppenanzahl zunehmend unkonkreter und weniger operationalisierbar. Das Objekt, welches Wert stiftet, können Unternehmen oder andere Institutionen darstellen. Vgl. Ballwieser (2002c), S. 71.

62 Vgl. hierzu und zur weiteren Fn. Ballwieser (2002c), S. 71f. m.w.N. Ballwieser weist darauf hin, dass eine Beschränkung auf finanziell messbare Größen als zu eng empfunden wird, weitere Wertdimensionen aber nicht komplett und überschneidungsfrei ausgemacht und für Dritte nur schwer nachvollziehbar gemessen werden können. Auch der mögliche Ausweg, sämtliche Wertdimensionen im Nutzen eines Gegenstandes zu vereinen, wird verworfen, da nicht geklärt ist, ob und auf welche Weise Nutzen gemessen werden kann. Der Unternehmenswert kann – als finanziell messbare Größe verstanden - rechnerisch bspw. über das Discounted Cash-flow-Verfahren (DCF-Verfahren) ermittelt werden. Vgl. ausführlicher hierzu Abschnitt 2.1.3.1.1.

63 Diehm (2003), S. 1. Als traditionelle Verfahren der Unternehmensbewertung nennt Diehm z.B. das Ertragswert- und das Discounted Cash-flow-Verfahren.

64 Immaterielle Werte lassen sich gegenüber materiellen Werte durch ihre fehlende körperliche Substanz abgrenzen. Von finanziellen Werten, die ebenfalls über keine körperliche Substanz verfügen, unterscheiden sich immaterielle Werte dadurch, dass sie nicht monetär sind. Demzufolge kann unter einem immateriellen Wert ein nicht monetärer Wert ohne körperliche Substanz verstanden werden, der „für den operativen Bereich eines Unternehmens einen wirtschaftlichen Vorteil dar[stellt, A.d.V.]." V. Keitz (1997), S. 6.

ausgeschlossen.[65] Die objektive Quantifizierung in Form eines finanziell quantifizierbaren Wertes erweist sich bei diesen Vermögensgegenständen oftmals als problematisch, da sich der eigentliche Wert dieser Vermögensgegenstände nach deren subjektivem Einsatz bestimmt. In der Bilanz sind daher bei weitem nicht alle Werte eines Unternehmens erfasst, was bei börsennotierten Unternehmen regelmäßig zu der Beobachtung führt, dass die Marktkapitalisierung den bilanziellen Wert des Eigenkapitals um ein Vielfaches übersteigt.[66]

Seit einigen Jahren treten jedoch verstärkt immaterielle Werte in das wissenschaftliche Interesse, was auf den zu beobachtenden Wandel von einer Industrie- zu einer Wissensgesellschaft zurückzuführen ist.[67] Diese Entwicklung führt zu einer allmählichen ökonomischen Wertverschiebung. Neben materiellen und finanziellen Ressourcen treten verstärkt das Wissen bzw. immaterielle Ressourcen in den Fokus des unternehmerischen Wertschöpfungsprozesses.[68] Dabei werden immaterielle Werte als eine wesentliche Voraussetzung für den zukünftigen ökonomischen Erfolg eines Unternehmens und damit als zunehmend bedeutende Determinante des finanziellen Unternehmenswertes interpretiert.[69]

#### 2.1.1.2 Einfluss anderer Wertbegriffe auf den ökonomischen Wertbegriff

Die bisherigen Ausführungen haben dargelegt, dass der Wertbegriff in der Ökonomie typischerweise auf eine finanziell messbare Größe fokussiert wird, immaterielle Werte, die größtenteils nicht finanziell messbar sind, jedoch zunehmend an Bedeutung erlangen. Vor dem Hintergrund eines veränderten Unternehmensumfeldes wird in Theorie und Praxis darüber hinaus zunehmend diskutiert, inwieweit es für Unternehmen erforderlich ist, neben ökonomischen Werten auch Werte, die Gegenstand anderer Wissenschaften sind, zu berücksichtigen.

---

65 Vgl. hierzu und im Folgenden Günther/Beyer (2001), S. 1628. Nach § 248 II HGB besteht für alle selbst erstellten Vermögensgegenstände des Anlagevermögens ein Aktivierungsverbot. Nach internationalen Rechnungslegungsvorschriften, d.h. den US-GAAP und den IAS/IFRS, setzt die Aktivierung selbsterstellter immaterieller Vermögensgegenstände die Erfüllung bestimmter restriktiv formulierter Bedingungen voraus, wodurch es gleichermaßen nur in Ausnahmefällen zu einer Aktivierung kommt. Vgl. ausführlicher hierzu Abschnitt 2.3.1.

66 Vgl. z.B. Pellens/Fülbier/Sellhorn (2001), S. 82.

67 Vgl. Arbeitskreis „Immaterielle Werte im Rechnungswesen“ der Schmalenbach-Gesellschaft für Betriebswirtschaft e.V. (Hrsg.) (2001), S. 989.

68 In diesem Zusammenhang ist zu erwähnen, dass immaterielle Werte nicht nur für Unternehmen des Dienstleistungssektors, sondern auch für Unternehmen des primären und sekundären Sektors zunehmend an Relevanz gewinnen. Vgl. Günther/Günther (2003), S. 192.

69 Vgl. Haller/Dietrich (2001b), S. 1045.

VON MUTIUS spricht davon, dass es „an der Zeit [sei, A.d.V.], das Verhältnis zwischen Unternehmenswert und bestimmten Unternehmenswerten im Sinne einer „Wertebalancierten Unternehmensführung“ (Balanced Values Management) neu zu bestimmen.“[70] Es erscheint mithin nicht mehr zeitgemäß, die Führungs- und Rechnungssysteme im Unternehmen eindimensional auszurichten und eine erforderliche Orientierung an den sog. weichen Werten, wie z.B. Integrität, Umweltbewusstsein oder soziale Verantwortung (unabhängig davon) allein im Rahmen der Unternehmenskultur zu verankern und in einem Leitbild niederzuschreiben.[71]

Vor dem Hintergrund einer vernetzten, wissensbasierten Wirtschaft agieren Unternehmen nicht losgelöst, sondern in Abhängigkeit von ihrem Umfeld, sei es von Infrastrukturen, Forschungs- und Bildungsstätten oder der Umwelt in ihrer Region.[72] Um im globalen Wettbewerb und in diesem Zusammenhang nicht zuletzt im Wettbewerb um qualifizierte Mitarbeiter bestehen zu können, ist es daher für Unternehmen unerlässlich, sich für das Gemeinwesen bzw. das gesellschaftliche Umfeld zu engagieren, um langfristig ihr Ansehen bzw. ihre Glaubwürdigkeit in der Gesellschaft zu sichern.[73] In diesem Zusammenhang erscheinen allgemein die folgenden Entwicklungen hinsichtlich des Unternehmensumfeldes relevant:[74]

- Soziale Herausforderungen, die auf den zunehmenden Arbeitsplatzabbau in westlichen Industrienationen zurückzuführen sind und sich insb. auf die zukünftig zu gestaltende Arbeitswelt beziehen,
- ethische Herausforderungen, die auf ein unterschiedliches ethisch-moralisches Verständnis auf den Märkten global agierender Unternehmen zurückzuführen sind,
- global ökonomische Herausforderungen, die sich auf die Erschließung neuer Märkte und der damit zusammenhängenden Auseinandersetzung mit den sozio-politischen und kulturellen Besonderheiten anderer Länder zurückführen lassen,
- politische Herausforderungen, welche die Unternehmenspolitik erweitern können, wie bspw. Deregulierung oder Privatisierung, oder einschränken können, wie bspw. religiöse oder ethnische Konflikte,

---

70 V. Mutius (2002), S. 9.

71 Vgl. v. Mutius (2002), S. 10.

72 Vgl. hierzu und im Folgenden v. Mutius (2002), S. 11f.

73 Diese Tatsache wird insbesondere vor dem Hintergrund der jüngsten Unternehmenszusammenbrüche bestärkt.

74 Vgl. Welge/Al-Laham (2001), S. 101ff. mit Verweis auf Post u.a. (1999), S. 18ff.

- ökologische Herausforderungen, die sich aufgrund irreversibler (negativer) Auswirkungen der ökonomischen Unternehmenstätigkeit für die Umwelt ergeben und eine daraufhin orientierte Unternehmenstätigkeit bedingen.

Vor dem Hintergrund der aufgezeigten Entwicklungstendenzen werden zunehmend die sog. ethischen Werte zum Gegenstand der ökonomischen Diskussion. In der Literatur sind mit dieser Auseinandersetzung Schlagworte wie 'Corporate Citizenship', 'Corporate Social Responsibility' oder auch 'Sustainability' assoziiert. Abb. 2 zeigt eine mögliche Abgrenzung der verschiedenen Begriffe.[75]

| Ethischer Wertbegriff | Bedeutung |
|---|---|
| Corporate Citizenship | • 'Corporate citizenship' macht es erforderlich, dass eine Organisation zum „Anführer" einer Gemeinschaft wird, welcher der Gemeinschaft zu dienen hat. Dabei hat sich dieser positiv an der Diskussion um die zukünftige Entwicklung sowie die Rollen und Verantwortlichkeiten der einzelnen Beteiligten zu engagieren. |
| Corporate Social Responsibility | • Der Begriff der 'corporate social responsibility' wird in der Literatur oftmals als die ständige Verpflichtung eines Unternehmens verstanden, sich ethisch zu verhalten sowie zur ökonomischen Entwicklung beizutragen, während die Lebensqualität der Arbeitskräfte, deren Familien, der Gemeinschaft sowie der gesamten Gesellschaft erhöht wird (d.h. ähnlich dem Begriff der 'triple bottom line').<br>• Unter Berücksichtigung der Tatsache, das die 'corporate social responsibility' einer Entwicklung unterliegt, könnte unter diesem Begriff allgemeiner das Engagement der Unternehmen in der Debatte um die Rolle von Unternehmen in der Gesellschaft verstanden werden. |
| Triple Bottom Line | • Der Begriff des ESD wurde allmählich durch den Begriff der nachhaltigen Entwicklung (sustainable development) abgelöst.<br>• In diesem Sinne haben sich Unternehmen an drei Wertdimensionen zu orientieren (triple bottom line): wirtschaftliche, soziale und ökologische Aspekte.<br>• In diesem Sinne werden die Ausdrücke 'sustainability' und 'triple bottom line' heute oftmals als synonym betrachtet. |
| Sustainability (Nachhaltigkeit) | • Nachhaltige Entwicklung bedeutet, die Bedürfnisse der Gegenwart befriedigen zu können, ohne die zukünftigen Bedürfnisse zu riskieren. In diesem Sinne sollte sich die Nachhaltigkeit auf soziale, ökonomische sowie ökologische Faktoren beziehen.<br>• Dennoch hat sich der Begriff der Nachhaltigkeit während der letzten 20 Jahre oftmals auf ökologische Aspekte fokussiert (Schlagwort 'ecologically sustainable development' (ESD)). |

*Abb. 2: Abgrenzung verschiedener ethischer Wertbegriffe in der ökonomischen Diskussion*
*(Quelle: Eigene Darstellung mit Bezug auf Hanson (2002))*

'Corporate Citizenship' repräsentiert den weitesten Begriff, der letztendlich die anderen ethischen Begriffe beinhaltet. Verstanden als „good corporate citizen"[76] ist es allgemeines Ziel des Unternehmens, dessen Image zu pflegen und die Glaubwürdigkeit[77] gegenüber den verschiedenen Anspruchsgruppen des Unter-

---

[75] Jedoch ist darauf hinzuweisen, dass die vorgenommene Kategorisierung weder den Anspruch auf Vollständigkeit noch den Anspruch auf Überschneidungsfreiheit erhebt.

[76] Schremp zitiert nach Papendick (2003), S. 117.

[77] Die Betonung der Glaubwürdigkeit wird v.a. vor dem Hintergrund der Skandale in jüngster Vergangenheit, wie Bilanzmanipulationen, Gehaltsexzesse sowie Umweltvergehen, betont. Vgl. Papendick (2003), S. 117.

nehmens zu dokumentieren.[78] In diesem Zusammenhang ergab eine jüngst durchgeführte Umfrage des Instituts für Mittelstandsforschung Bonn, „dass die Vorstellung, bürgerliches Engagement erfolge rein aus Überzeugung und wider jede ökonomische Vernunft, unzutreffend ist“[79]. Ziel führend ist dieses Engagement nach PAPENDICK allerdings nur, wenn Unternehmen hierbei bestimmte Grundsätze befolgen:[80]

- Gezielt helfen, d.h. das Engagement muss einen klaren Bezug zum Unternehmen haben,[81]
- Dialog suchen, d.h. Kontakte zu Interessengruppen helfen, Gefahren zu vermeiden,[82]
- Anreize bieten, d.h. Mitarbeiter sollten angespornt werden, sich zu engagieren,[83]
- offensiv kommunizieren, d.h. die guten Taten dürfen nicht geheim gehalten werden,[84]
- Grenzen kennen, d.h. öffentliche Aufgaben obliegen dem Staat und nicht den Firmen.[85]

---

78 Papendick (2003), S. 120 weist auf eine Untersuchung der Sponsoring Trends 2002 hin, nach der deutsche Konzerne vornehmlich in den folgenden fünf Bereichen gesellschaftliches Engagement zeigen: Sport (46,3% des Gesamtbudgets), Kunst/Kultur (25,9% des Gesamtbudgets), Soziales (14,2% des Gesamtbudgets), Wissenschaft (7,4% des Gesamtbudgets), Ökologie (2,7% des Gesamtbudgets), Sonstiges (3,5% des Gesamtbudgets). Zu leicht abweichenden Ergebnissen kommt eine Umfrage unter 4.000 Unternehmen des Instituts für Mittelstandsforschung Bonn. Am häufigsten wurde hier hinsichtlich der Maßnahmen in Unterstützungsbereichen der Bereich Soziales genannt (86,7%), gefolgt von Kultur/Bildung (76,0%), Sport (65,8%), Wissenschaft (42,2%) und Umwelt (31,1%). Vgl. IfM Bonn (Hrsg.) (2002), S. 7 und ausführlich zu den Ergebnissen der Studie Maaß/Clemens (2002). Vgl. zu einer Studie zu reputations- und kommunikationsbezogenen Aspekten der 'Corporate Social Responsibility' in sechs verschiedenen Ländern Echo (Hrsg.) (2001). Vgl. ferner zur 'Corporate Responsibility' z.B. Kothes Klewes (Hrsg.) (2001).

79 IfM Bonn (Hrsg.) (2002), S. 1.

80 Vgl. hierzu und im Folgenden Papendick (2003), S. 117ff.

81 Als ein Positivbeispiel wird das Unternehmen DaimlerChrysler genannt, das sich u.a. für Umweltprojekte in Brasilien und der Verkehrserziehung von Kindern in Osteuropa einsetzt. Ein Negativbeispiel repräsentiert das Unternehmen Deutsche Post, das die Unterstützung der Post-Sportvereine zu Gunsten eines Sponsoring des Formel-I-Rennstalls Jordans senkte.

82 Als ein Positivbeispiel wird das Unternehmen Beiersdorf genannt, das die Anwohner des Stadtteils zu Kulturveranstaltungen in die Werkshallen einlädt und die Firmenparkplätze nach Feierabend kostengünstig zur Verfügung stellt. Negativ wird das Unternehmen Düsseldorfer WestLB hervorgehoben, das aufgrund des Baus einer Ölpipeline im südamerikanischen Ecuador heute der Kritik von Naturschützern ausgesetzt ist.

83 Als ein Positivbeispiel wird das Unternehmen Otto-Versand genannt, in dem der Einsatz umweltschonender Materialen überwacht wird und eine Anbindung der Vergütung an das Erreichen von Nachhaltigkeitszielen zur Diskussion steht.

84 Als Positivbeispiel wird das Unternehmen Shell genannt, das auf die desaströsen Vorwürfe hinsichtlich der Versenkung der Ölplattform „Brent Spar“ mit entsprechendem Verhalten und offensiver Kommunikation gegenüber der Öffentlichkeit reagiert hat. Entgegengesetztes Verhalten ist bei dem Unternehmen Exxon Mobile zu beobachten.

Die konkreteste Abgrenzung der verschiedenen ethischen Begriffe bezieht sich auf den Begriff der 'Sustainability' (Nachhaltigkeit), der zunächst auf ökologische Aspekte fokussiert wurde (Nachhaltigkeit i.e.S.). Als Auslöser der Diskussion um die Nachhaltigkeit gilt der 1983 vorgelegte Brundtland-Bericht der Weltkommission für Umwelt und Entwicklung.[86] Des Weiteren wird der in Rio de Janeiro 1992 abgehaltene Weltgipfel der Weltkommission für Umwelt und Entwicklung als wesentlicher Meilenstein in der Diskussion um Sustainability angesehen.[87] In diesem Rahmen wurde die sog. Agenda 21 vorgelegt, die auf ein Handlungsprogramm für das 21. Jahrhundert zielt. Konkretisiert wurde die Agenda 21 auf dem zweiten Weltgipfel von Johannesburg im Jahr 2002, auf dem ein Plan zur Umsetzung der Agenda 21 verabschiedet wurde.

Die Nachhaltigkeit, nach SAITZ/HORST verstanden als die „Ausrichtung der Unternehmensstrategie an den Umfeldanforderungen unter Berücksichtigung von Chancen und Risiken gleichermaßen“[88], sollte sich jedoch nicht ausschließlich auf ökologische Aspekte beziehen. Vielmehr wird hierunter heute ein Zusammenspiel ökologischer, ökonomischer sowie sozialer Aspekte verstanden (sog. triple bottom line; Nachhaltigkeit i.w.S.), womit dieser ethische Wertbegriff für die vorliegende Arbeit von besonderer Bedeutung ist.[89]

Ziel der vorangegangenen Ausführungen war es, sowohl den ökonomischen Wertbegriff darzustellen, als auch den Einfluss anderer Wertbegriffe auf den ökonomischen Wertbegriff zu skizzieren. Damit sollte verdeutlicht werden, dass es nicht ausreichend erscheint, das Wertverständnis lediglich auf eine finanzielle Größe, wie den Unternehmenswert, zu beschränken. Die unternehmerische Zielsetzung, langfristig Wert zu schaffen bzw. den finanziellen Unternehmenswert zu erhöhen, wird dabei nicht in Frage gestellt. Vielmehr erscheint es erforderlich, die zunehmende Bedeutung der oftmals nicht finanziell messbaren immateriellen Werte als Determinante des finanziellen Unternehmenswertes zu berücksichtigen. Darüber hinaus kann auch die nachhaltige Ausrichtung des wirtschaftlichen Handelns, die, wie an späterer Stelle ausgeführt werden wird, nicht unab-

---

85 Nicht der Einsatz für die Gesellschaft, sondern die Versorgung des Marktes mit Gütern und Dienstleistungen repräsentieren die vornehmliche Aufgabe eines Unternehmens. In diesem Sinne lehnte das Unternehmen Otto-Versand eine Bitte des Landes Sachsen-Anhalt ab, mittels der Michael Otto Stiftung die Gewässer in den öffentlichen Parks zu sanieren.

86 Vgl. hierzu und im Folgenden Berberich (2002), S. 2f.; Loew (2001), S. 10.

87 Vgl. Hediger (1997), S. 16 sowie ferner hierzu Meffert/Kirchgeorg (1998), S. 33ff.

88 Saitz/Horst (2001), S. 35.

89 Eine Möglichkeit zur Konkretisierung der sozialen Dimension wurde mit der freiwilligen Zertifizierungsinitiative Social Accountability (SA) 8000 vorgelegt. Vgl. ausführlicher hierzu z.B. Gilbert (2001); Lorie (2001).

hängig von den immateriellen Werten gesehen werden sollte,[90] langfristig zum finanziellen Erfolg beitragen.

### 2.1.2 Grundlagen der Unternehmensführung

Der Begriff der Unternehmensführung oder „des eingedeutschten Synonyms Management"[91] ist in der betriebswirtschaftlichen Literatur nicht eindeutig abgrenzt. Aufgrund des fehlenden einheitlichen inhaltlichen Verständnisses wurden im Laufe der wissenschaftlichen Diskussion verschiedene Ansätze, Empfehlungen und Modelle zur Unternehmensführung entwickelt, die teilweise stark divergieren, vielfach theoretisch unzugänglich und empirisch ungeprüft bzw. teilweise sogar widerlegt sind.[92] Ebenso wird der Begriff der Unternehmensführung in der Praxis uneinheitlich und teilweise unreflektiert verwendet, wodurch sich auch hier keine einheitliche Definition etabliert hat.[93]

Ungeachtet der begrifflichen Vielfalt in Literatur und Praxis wird im Rahmen der vorliegenden Arbeit unter Unternehmensführung allgemein die „Steuerung des Gesamtsystems"[94] Unternehmen verstanden, deren Aufgabe es ist, „den gesamten Leistungsprozess und den damit verbundenen Gütereinsatz so zu koordinieren, dass die Ziele des Unternehmens erreicht werden können"[95]. Unter einem Ziel kann dabei allgemein die Darstellung eines künftigen Zustands des Unternehmens verstanden werden, der durch entsprechende Vorgehensweisen erreicht werden soll.[96] Als oberstes Ziel der Unternehmensführung wird mehrheitlich die nachhaltige Existenzsicherung des Unternehmens angesehen.[97]

Ausgehend von der obersten Zielsetzung der Existenzsicherung erstreckt sich die Unternehmensführung nach GÄLWEILER sowohl auf strategische als auch auf operative Aspekte.[98] Die strategische Unternehmensführung zeichnet sich durch

---

90 Vgl. hierzu Abschnitt 2.1.3.1.3.

91 Macharzina (1999), S. 30. Vgl. hierzu auch z.B. zu Knyphausen-Aufseß (1995), S. 15; Rühli (1996), S. 68; Staehle (1991), S. 66. Demzufolge basieren die folgenden Ausführungen gleichermaßen auf Literatur zur Unternehmensführung als auch zum Management.

92 Vgl. Macharzina (1999), S. 30.

93 Vgl. Steinmann/Schreyögg (1997), S. 5.

94 Macharzina (1999), S. 35.

95 Hungenberg (2004), S. 20.

96 Vgl. Heinen (1966), S. 45.

97 Vgl. Welge/Al-Laham (2001), S. 127. Nach Welge/Al-Laham (2001), S. 121 m.w.N., herrscht weitgehende Übereinstimmung über die oberste Zielsetzung der Existenzsicherung.

98 Vgl. Gälweiler (1990), S. 27ff. Teilweise wird neben der strategischen und der operativen die normative Ebene als dritte Ebene der Unternehmensführung genannt. Vgl. zu dieser Dreiteilung z.B. Hungenberg (2004), S. 23ff.; Hinterhuber (1996), S. 67; Bleicher (1999), S. 71ff.; Ulrich/Fluri (1995), S. 18ff. Innerhalb der normativen Ebene wird der Rahmen für die strategische Ebene der Unternehmensführung vorgegeben.

einen mittel- bis langfristigen Zeitbezug aus. Strategische Entscheidungen determinieren die „Position [des Unternehmens, A.d.V.] im Markt und die Ausgestaltung seiner Ressourcenbasis mit dem Ziel, Vorteile gegenüber Wettbewerbern zu erlangen und auf diesem Weg den langfristigen Erfolg des Unternehmens zu sichern".[99] Die strategische Unternehmensführung bestimmt demnach die grundlegende Richtung der Unternehmensentwicklung und gibt den Handlungsrahmen für die operative Unternehmensführung vor.[100] So geht es hier um die Konkretisierung und Quantifizierung der strategischen Pläne anhand geeigneter Steuerungsgrößen. Dabei fokussiert sich die operative Unternehmensführung auf die Steuerung des Leistungsprozesses, d.h. auf die Koordination innerhalb und zwischen den verschiedenen Funktionsbereichen.[101]

Um die Umsetzung der strategischen Unternehmensführung zu konkretisieren, werden spätestens seit Beginn der 80er Jahre verschiedene Theorien bzw. theoretische Perspektiven der strategischen Unternehmensführung – mit zuweilen unterschiedlicher Schwerpunktsetzung - entwickelt.[102] Zwei wesentliche theoretische Perspektiven stellen in diesem Zusammenhang der marktorientierte Ansatz (market-based view) und der ressourcenorientierte Ansatz (resource-based view) dar, die sich aus unterschiedlichen Perspektiven der Erklärung von Wettbewerbsvorteilen und den damit verbundenen Erfolgswirkungen widmen. Während der marktorientierte, im Wesentlichen durch die Industrieökonomik und die neue Industrieökonomik geprägte Ansatz, auf die Positionierung des Unterneh-

---

Die zentrale Aufgabe liegt darin, „das Selbstverständnis des Unternehmens zu definieren", Hungenberg (2004), S. 23. Ausgangspunkt hierfür stellt die Unternehmensvision dar, welche die grundsätzliche Ausrichtung des Unternehmens festlegt und die Grundlage für die Unternehmenskultur bildet. Durch die Unternehmenspolitik und deren schriftliche Fixierung im Unternehmensleitbild werden die Inhalte von Unternehmensvision und -kultur konkretisiert, woraus die grundlegenden Unternehmensziele abgeleitet werden. Ferner werden in der Literatur bspw. die Unternehmensphilosophie und die Unternehmensverfassung genannt, die der normativen Ebene zugerechnet werden können. Vgl. hierzu z.B. Hahn (1997), S. 33; Hungenberg (2004), S. 26ff.; Macharzina (1999), S. 114ff. Im Gegensatz zu der oben genannten Dreiteilung ordnen z.B. Welge/Al-Laham (2001), S. 96ff. die normative Ebene der strategischen Ebene der Unternehmensführung zu.

99 Hungenberg (2004), S. 6. Unter einem (strategischen) Wettbewerbsvorteil kann nach Simon „eine im Vergleich zum Wettbewerb überlegene Leistung [verstanden werden, A.d.V.], die drei Kriterien erfüllen muss: 1. Sie muss ein für den Kunden wichtiges Leistungsmerkmal treffen. 2. Der Vorteil muss vom Kunden tatsächlich wahrgenommen werden. 3. Der Vorteil darf von der Konkurrenz nicht schnell imitierbar sein, d.h. er muss eine gewisse Dauerhaftigkeit aufweisen." Simon (1988), S. 464f.

100 Vgl. Hungenberg (2004), S. 24. Zu dem Verhältnis von strategischer und operativer Unternehmensführung merkt Hardtmann (1996), S. 6, an: „Operative und strategische Unternehmensführung nutzen zwar unterschiedliche Instrumentarien, sie bedingen einander aber auch und können erhebliche Wechselbeziehungen aufweisen".

101 Vgl. Ulrich/Fluri (1995), S. 20.

102 Vgl. zu Knyphausen-Aufseß (2000), S. 40; Welge/Al-Laham (2001), S. 20. Vgl. ausführlich zu den verschiedenen Theorien z.B. zu Knyphausen-Aufseß (1995), S. 50 ff; Macharzina (1999), S. 30ff.

mens am Markt abstellt, um den Erfolg von Unternehmen zu erklären und Handlungsempfehlungen zu geben, (Outside-in-Perspektive) rückt der ressourcenorientierte Ansatz die internen Ressourcen in den Mittelpunkt der Betrachtung (Inside-out-Perspektive).[103] „Die Bedeutung, die beide Ansätze erlangt haben, ist nicht zuletzt damit zu erklären, dass sie eine theoretisch fundierte Antwort auf die Kernfrage des strategischen Managements bieten, die in der Erklärung der Ursachen und Hintergründe langfristiger Erfolgsunterschiede zwischen Unternehmen zu sehen ist."[104]

Die Grundlage des marktorientierten Ansatzes bildet das 'Structure-Conduct-Performance-Paradigma' von MASON (1939) und BAIN (1968).[105] Diesem Paradigma folgend beeinflusst die Branchenstruktur (Industry Structure) das Verhalten der Unternehmen in der Branche (Conduct) und das Verhalten hat wiederum Einfluss auf den ökonomischen Erfolg der Unternehmen (Performance). Auf diesem Grundgedanken bauten die Arbeiten von PORTER im Bereich der 'Industrial Organization'-Forschung Anfang der 80er Jahre auf.[106] Nach dem Konzept der 'Five Forces' hängt die Branchenstruktur und damit das Verhalten der Unternehmen von fünf Wettbewerbsdeterminanten ab: der Bedrohung durch neue Anbieter bzw. Ersatzprodukte, der Verhandlungsmacht von Lieferanten bzw. Kunden und dem Wettbewerb in der Branche.[107] Eine Branche ist umso attraktiver und die Erzielung von Wettbewerbsvorteilen umso leichter, je geringer die Bedrohung durch die Wettbewerbskräfte und die Wettbewerbsintensität ist. Da die Branchenstruktur den erzielbaren Unternehmenserfolg bestimmt, ist für Unternehmen eine Analyse der Branchenstruktur anhand der Wettbewerbskräfte (sog. Chancen-Risiken-Analyse) erforderlich, um dementsprechend erfolgreich sein zu können. Nach dem Verständnis des marktorientierten Ansatzes sind Marktunvollkommenheiten auf den Märkten auszunutzen und zu vergrößern, da

---

103 Vgl. z.B. Börner (2000a), S. 689; Börner (2000b), S. 817.

104 Jenner (1998), S. 145. Im Original teilweise kursiv.

105 Vgl. hierzu und im Folgenden z.B. Hungenberg (2004), S. 61 und S. 494f.; Welge/Al-Laham (2001), S. 36.

106 Vgl. in aktueller Aufl. Porter (1995); Porter (1999).

107 Neue Anbieter stellen eine Bedrohung für bereits in der Branche tätige Unternehmen dar. So werden durch neue Anbieter die Kapazitäten der Branche erhöht und die Preise gesenkt, wodurch die Rentabilität innerhalb der Branche und folglich die Branchenattraktivität sinkt. Wesentlicher Einflussfaktor für den Bedrohungsgrad durch neue Anbieter stellen Markteintrittsbarrieren dar. Ersatzprodukte, d.h. Produkte, die grundsätzlich die gleichen Funktionen erfüllen können wie bereits in der Branche vorhandene Produkte, können zu einer Minderung der Rentabilität führen, wenn Kunden anstelle des ursprünglichen Produktes auf das Ersatzprodukt ausweichen. Lieferanten, die den Unternehmen die für die Leistungserstellung erforderlichen Ressourcen bereitstellen, können die Rentabilität innerhalb der Branche durch Preiserhöhungen oder Qualitätsminderungen senken. Ebenso wirkt es sich im Allgemeinen negativ auf die Rentabilität der Branche aus, wenn Kunden niedrigere Preise oder höhere Qualität durchsetzen können. Ebenso kann die Rivalität unter den bestehenden Wettbewerbern in Form von Preis- und Qualitätswettbewerben c. p. die Rentabilität innerhalb einer Branche senken und somit zu einem Verlust der Branchenattraktivität führen.

hierin die Quelle nachhaltiger Wettbewerbsvorteile gesehen wird.[108] Die Anforderungen an das Verhalten der Unternehmen werden somit durch die (gegebene) Branchenstruktur, d.h. durch unternehmensexterne Faktoren, bestimmt.

Die Branchenzugehörigkeit scheint jedoch nicht (allein) ausreichend für die Erklärung von Unterschieden in der Unternehmensperformance. Untersuchungen, die den Erfolg verschiedener Unternehmen analysierten, kamen zu dem Ergebnis, dass Unternehmen innerhalb einer Branche nicht ebenso erfolgreich sein müssen.[109] Als Folge der Erkenntnis, dass Unternehmenserfolg nicht allein anhand der in der Industrieökonomik im Mittelpunkt stehenden Determinanten erklärbar ist, wurde seit Mitte der 80er Jahre der ressourcenorientierte Ansatz weiter entwickelt, der auf die Arbeiten von PENROSE aus dem Jahr 1959 zurückgeht,[110] und der insbesondere durch PRAHALAD/HAMEL an Popularität gewonnen hat.[111]

Im Unterschied zum marktorientierten Ansatz basiert der ressourcenorientierte Ansatz auf der Grundannahme, dass sich Wettbewerbsvorteile und unternehmerischer Erfolg nicht allein durch die Branchenstruktur und die Positionierung eines Unternehmens am Produktmarkt erklären lassen, sondern vielmehr durch die verschiedenen unternehmerischen Kompetenzen, d.h. die Ressourcen und Fähigkeiten eines Unternehmens.[112] Unter Ressourcen kann dabei die Ausstattung von Unternehmen mit allen materiellen sowie immateriellen Faktoren verstanden werden, während Fähigkeiten auf die Möglichkeit zur Nutzung der Ressourcen abzielen.[113] Nach dem Verständnis des ressourcenorientierten Ansatzes führen jedoch nicht sämtliche Ressourcen und Fähigkeiten zu Wettbewerbsvorteilen, sondern ausschließlich die strategisch relevanten Kompetenzen, die sog.

---

108 Durch die Ausnutzung und Vergrößerung der Marktunvollkommenheiten erhält das Unternehmen schließlich eine monopolartige Stellung. Vgl. Osterloh/Frost (2000), S. 166f.

109 Vgl. zu einer aktuellen Untersuchung Burmann (2002), S. 227f.

110 Vgl. zu Knyphausen-Aufseß (1995), S. 82f. Teilweise wird der ressourcenorientierte Ansatz in der Literatur bis auf ein Werk von Ricardo im Jahr 1817 zurück geführt. Vgl. z.B. Lattwein (2002), S. 15.

111 Vgl. Prahalad/Hamel (1990). Vgl. ferner ausführlich zum ressourcenorientierten Ansatz z.B. Bamberg/Wrona (1996); Collis/Montgomery (1996); dies. (1998); Duschek/Sydow (2002); zu Knyphausen (1993); Rühli (1994).

112 In diesem Zusammenhang wird auch von dem 'Resource-Conduct-Performance-Paradigma' gesprochen. Vgl. Rühli (1994), S. 42. Nach dem marktorientierten Ansatz werden Ressourcen hingegen implizit als homogen und mobil angesehen, was bedeutet, dass alle Unternehmen Zugriff auf die gleichen Ressourcen haben. Vgl. Osterloh/Frost (2000), S. 170f.

113 Vgl. Schmid/Kutschker (2002), S. 1239; Diehm (2003), S. 83; Hungenberg (2004), S. 135. In der Literatur sind verschiedene Definitionen zum Ressourcenbegriff zu finden. Vgl. zu einer leicht abweichenden Abgrenzung z.B. Collis/Montgomery (1995), S. 123.

Kernkompetenzen.[114] In Abgrenzung zu den herkömmlichen Kompetenzen zeichnen sich Kernkompetenzen durch drei Merkmale aus: Wertgenerierung aus Sicht der Kunden, Nicht-Imitierbarkeit bzw. Nicht-Substituierbarkeit, Nutzbarkeit in verschiedenen Unternehmensbereichen.[115] Für den Aufbau von Wettbewerbsvorteilen und den unternehmerischen Erfolg ist es demnach erforderlich, bestimmte Ressourcen aufzubauen und zu erwerben sowie Fähigkeiten zur entsprechenden Nutzung der Ressourcen zu entwickeln.[116]

Weder allein der marktorientierte Ansatz noch allein der ressourcenorientierte Ansatz vermögen jedoch die Schaffung von Wettbewerbsvorteilen und den daraus resultierenden Unternehmenserfolg zu erklären. Vielmehr ist es erforderlich, die zwei Konzepte, denen zunächst unterschiedliche Perspektiven zugrunde liegen, miteinander zu verbinden.[117] Erst die integrative Betrachtung der zwei Konzepte vermag den Unternehmenserfolg zu erklären und die Wettbewerbsfähigkeit der Unternehmen zu sichern.

Neben der Unterscheidung der Unternehmensführung nach strategischen und operativen Aspekten kann zur Systematisierung der Unternehmensführung eine institutionelle, eine funktionale und eine prozessuale Dimension unterschieden werden.[118] Die institutionelle Dimension bezieht sich auf Träger, Organe und

---

114 In diesem Sinne ist es erforderlich, dass die Ressourcen zum einen bestimmte Merkmale aufweisen und sie zum anderen in der richtigen Art und Weise kombiniert werden müssen. Die Kombinationstätigkeit wird in diesem Zusammenhang auch als Kern der organisationalen Fähigkeiten beschrieben. Vgl. Burmann (2002), S. 229. „Die Fragen, wie organisationale Fähigkeiten aufgebaut oder wie die Ressourcenausstattung eines Unternehmens an Veränderungen der Marktumwelt angepasst werden kann, bleiben [in der klassischen Ressourcentheorie, A.d.V.] offen." Burmann (2002), S. 229. Dieser Kritik an der statischen Ausrichtung des ressourcenorientierten Ansatzes begegneten Teece/Pisano/Shuen mit der Entwicklung eines 'Dynamic Capabilities'-Ansatzes. Diesem Ansatz zufolge begründen sich Wettbewerbsvorteile in „managerial and organizational processes, shaped by its (specific) asset position, and the paths available to it. Managerial and organizational processes, we refer to the way things are done in the firm, or what might be referred to as its routines, or patterns of current practice and learning. By position we refer to its specific endowments of technology, intellectual property, complementary assets, customer base, and its external relations with suppliers and complementors. By paths we refer to the strategic alternatives available to the firm, and the presence or absence of increasing returns and attendant path dependencies." Teece/Pisano/Shuen (1997), S. 518. Des Weiteren ist in an dieser Stelle der wissensbasierte Ressourcenansatz als Weiterentwicklung des 'Dynamic Capabilities'-Ansatzes zu nennen. Vgl. ausführlicher hierzu z.B. Burmann (2002), S. 232ff.

115 Diese Charakterisierung stimmt im Wesentlichen mit der eines Wettbewerbsvorteils überein. Vgl. hierzu Fn. 99.

116 Vgl. Becker/Fallgatter (2002), S. 39. Diesem Verständnis zufolge beruhen Wettbewerbsvorteile nicht länger auf Monopolrenten, sondern auf Effizienzrenten, womit die effiziente Ausnutzung der Ressourcenvorteile gemeint ist. Vgl. Osterloh/Frost (2000), S. 167.

117 Vgl. Bamberger/Wrona (1996), S. 146ff.; zu Knyphausen (1993), S. 785f.; Rühli (1994), S. 54. Darüber hinaus ist der Erklärungsgehalt der beiden Ansätze vor dem Hintergrund der unterschiedlichen situativen Gegebenheiten, wie z.B. der Branche, in der das Unternehmen operiert, zu betrachten. Vgl. ähnlich Rühli (1994), S. 51f.

118 Vgl. hierzu und im Folgenden Macharzina (1999), S. 31f.; Pape (2004), S. 11f. m.w.N.

Personen, welche die Funktionen der Unternehmensführung ausüben, und demzufolge auf die strukturellen Beziehungen in einem Unternehmen.[119] Demgegenüber stellt die funktionale Dimension auf die inhaltlichen Aufgaben bzw. die Funktionen der Unternehmensführung ab. In der Literatur finden sich verschiedene Funktionskataloge,[120] nach denen Planung, Steuerung und Kontrolle zu den wesentlichen Führungsaufgaben (Kernaufgaben) zählen.[121] Im Sinne der Koordinationsaufgabe des Leistungsprozesses und des damit verbundenen Gütereinsatzes erstrecken sich die einzelnen Führungsfunktionen auf die verschiedenen Sachfunktionen bzw. Funktionsbereiche, wie z.B. F&E, Beschaffung und Logistik sowie Absatz.[122] Schließlich stellt die prozessuale Dimension eine Erweiterung der funktionalen Dimension der Unternehmensführung dar, in der „die Funktionen [der Unternehmensführung, A.d.V.] in Abhängigkeit von der Zeit als Phasen des Managementprozesses betrachtet werden“[123]. In der vorliegenden Arbeit wird auf die prozessuale Sichtweise der Unternehmensführung zurückgegriffen, da diese eine geordnete und systematische Darstellung der verschiedenen Aufgaben der Unternehmensführung ermöglicht.[124]

### 2.1.3 Prozess der wertorientierten Unternehmensführung

Erst die Prozessperspektive der wertorientierten Unternehmensführung erlaubt ein genaues Verständnis über den strukturierten, systematischen Ablauf der Unternehmensführung und damit auch über die Unternehmensführung als Bezugsrahmen für die wertorientierte Berichterstattung. Anhand des Prozesses der

---

119 Macharzina (1999), S. 31f. weist darauf hin, dass bei einer Aktiengesellschaft der Vorstand und der Aufsichtsrat als vornehmliche Träger der Entscheidungen der Unternehmensführung und demzufolge als Institution „Unternehmensführung“ angesehen werden können. Darüber hinaus können für das Ausüben von Unternehmensführungsentscheidungen die drei Ebenen des Top, Middle und Lower Management unterschieden werden. Vgl. Staehle (1991), S. 82ff.

120 Vgl. Steinmann/Schreyögg (1997), S. 8.

121 Vgl. z.B. Hungenberg (2004), S. 21. Als weitere Führungsaufgaben werden u.a. Organisation, Personalführung und Koordination genannt. Vgl. Pape (2004), S. 12 m.w.N.; Macharzina (1999), S. 31 beschränkt die zentralen Führungsaufgaben bspw. auf die Planung, Organisation und Kontrolle. Steinmann/Schreyögg (1997), S. 8f. sprechen von einem „klassischen Fünferkanon von Managementfunktionen“, die sich aus Planung, Organisation, Personaleinsatz, Führung und Kontrolle zusammensetzen. Nach Küpper (1999), S. 15 und Weber (1999), S. 25ff. setzt sich das Führungsgesamtsystem bspw. aus den Führungsteilsystemen Planungssystem, Kontrollsystem, Informationssystem, Personalführungssystem sowie der Organisation zusammen.

122 Vgl. Steinmann/Schreyögg (1997), S. 7. Während sich die operative Unternehmensführung auf einzelne Funktionsbereiche bzw. auf die Koordination zwischen den einzelnen Funktionsbereichen beschränkt, nimmt die strategische Unternehmensführung „eine Perspektive ein, die über [...] [die Funktionsbereiche, A.d.V.] hinweg geht“. Hungenberg (2004), S. 44.

123 Staehle (1991), S. 75.

124 Vgl. auch Welge/Al-Laham (2001), S. 95.

wertorientierten Unternehmensführung erschließen sich somit verschiedene Aspekte, wie eine wertorientierte Unternehmensführung zu gestalten ist. Abb. 3 zeigt den Prozess der wertorientierten Unternehmensführung, dessen einzelne vier Phasen, d.h. die wertorientierte Zielplanung, die wertorientierte Analyse, die wertorientierte Strategieformulierung und -bewertung sowie die wertorientierte Implementierung, nachfolgend skizziert werden.[125]

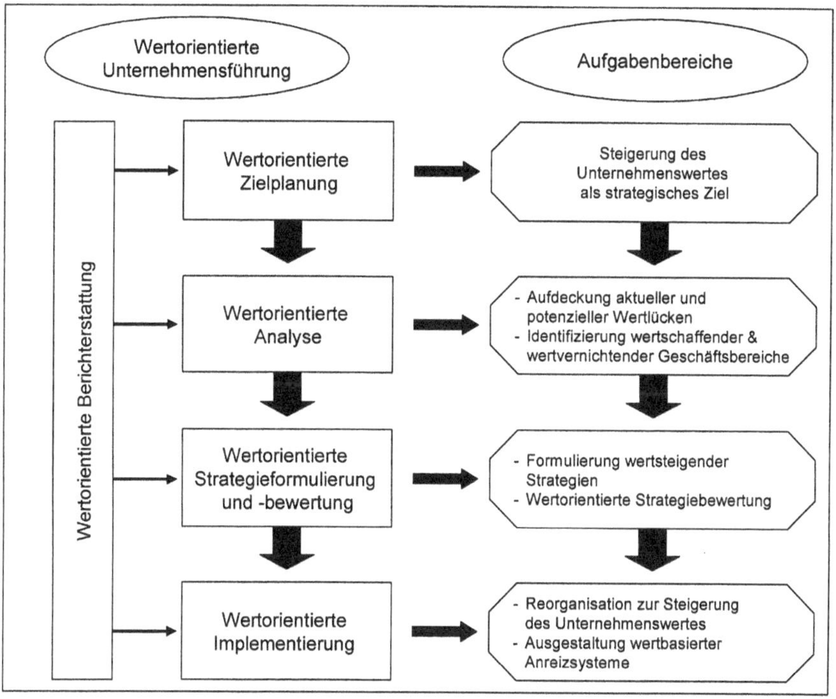


*Abb. 3: Prozess der wertorientierten Unternehmensführung*
*(Quelle: In Anlehnung an Welge/Al-Laham (2001), S. 145)*

Mit diesen Ausführungen wird das Ziel verfolgt, die konstituierenden Merkmale der wertorientierten Unternehmensführung herauszuarbeiten und damit die Grundlage für die Ausgestaltung einer wertorientierten Berichterstattung zu legen. Zusätzlich zu den vier Phasen ist in Abb. 3 die wertorientierte Berichterstattung enthalten, der sich die Ausführungen in den nachfolgenden Abschnitten widmen. Durch die Aufnahme in den Prozess der wertorientierten Unterneh-

---

[125] Vgl. zu den Ansatzpunkten der wertorientierten Unternehmensführung auch Gomez (1998), S.62.

mensführung soll jedoch bereits an dieser Stelle verdeutlicht werden, dass die wertorientierte Berichterstattung einen integralen Bestandteil der wertorientierten Unternehmensführung darstellt und sich dabei über alle Phasen der wertorientierten Unternehmensführung erstreckt.

Der Abschnitt hat, der beschriebenen Zielsetzung entsprechend, folgenden Aufbau: In Abschnitt 2.1.3.1 wird die Phase der wertorientierten Zielplanung erläutert. In diesem Zusammenhang wird dargelegt, was unter der Wertorientierung als Leitgedanke der Unternehmensführung zu verstehen ist. Ferner werden verschiedene wertorientierte Messkonzepte vorgestellt. Hieran schließt sich Abschnitt 2.1.3.2 zur Phase der wertorientierten Analyse an. Hier wird ausgeführt, welche Ansatzpunkte zur Wertsteigerung im Unternehmen bestehen. Ferner werden in Abschnitt 2.1.3.3 die Phase der wertorientierten Strategieformulierung und -bewertung und in Abschnitt 2.1.3.4 die Phase der wertorientierten Implementierung skizziert.

#### 2.1.3.1 Wertorientierte Zielplanung

In den einleitenden Einführungen zur Unternehmensführung wurde bereits ausgeführt, dass die nachhaltige Existenzsicherung des Unternehmens das oberste Ziel der Unternehmensführung darstellt, das sich auf strategischer Ebene in der Erzielung eines langfristigen Erfolges konkretisiert. In der klassischen betriebswirtschaftlichen Zieldiskussion repräsentierten Ausprägungen der kaufmännischen Gewinnkonzeption den Erfolgsmaßstab. Seit der zweiten Hälfte der 80er hat die Verwendung des Unternehmenswertes als interne Ziel- und Steuerungsgröße stetig an Bedeutung gewonnen,[126] die im Rahmen der wertorientierten Unternehmensführung als Erfolgsmaßstab angesehen wird.[127] Diese Entwicklung ist auf verschiedene Ursachen zurückzuführen:[128]

---

126 Vgl. Knorren (1998), S. 5. Dem Unternehmenswert wurde bis Mitte der 80er Jahre - vornehmlich im Rahmen von Kauf- oder Verkaufstransaktionen - eine Bedeutung als externe Bewertungsgröße beigemessen. Als Ziel- und Steuerungsgröße fand der Unternehmenswert hingegen sowohl in der betriebswirtschaftlichen Forschung als auch in der Unternehmenspraxis kaum Berücksichtigung. Vgl. Lattwein (2002), S. 109; Raster (1995), S. 6.

127 Vgl. Welge/Al-Laham (2001), S. 129ff. Unter dem Unternehmenswert wird hier der Wert für die Anteilseigner, d.h. der Shareholder Value, verstanden. Dem Shareholder Value-Ansatz wird in der Literatur teilweise der Stakeholder Value-Ansatz gegenüber gestellt. Vgl. hierzu Abschnitt 2.1.3.1.4.

128 Vgl. hierzu und im Folgenden z.B. Günther (1997), S. 5ff.; Günther/Landrock/Muche (2000), S. 69f.; Hardtmann (1996), S. 42ff; Raster (1995), S. 7ff.

- die Aufdeckung von Wertlücken durch M&A-Transaktionen und Entstehung eines Marktes für Unternehmenskontrolle,[129]
- die wachsende Bedeutung der Finanzierung über Kapitalmärkte und in diesem Zusammenhang der zunehmende Wettbewerb um die verfügbaren Finanzressourcen,[130]
- die Kritik an „traditionellen" gewinnorientierten Steuerungsgrößen.[131]

#### 2.1.3.1.1 Steigerung des Unternehmenswertes als zentrale Zielsetzung

Als wesentlicher Auslöser für die Diskussion der wertorientierten Unternehmensführung in der betriebswirtschaftlichen Literatur sowie der unternehmerischen Praxis wird die Veröffentlichung von RAPPAPORT „Creating Shareholder Value" angesehen.[132] Im Sinne des Shareholder Value Ansatzes hat sich die Unternehmensführung konsequent an den Interessen der Anteilseigner zu orientieren. Ziel der Anteilseigner ist eine höchst mögliche Rendite bei gegebenem Risiko für das zur Verfügung gestellte Kapital. Die seitens der Anteilseigner geforderte Rendite als Verzinsung auf ihr eingesetztes bzw. einzusetzendes Kapi-

---

129 Zunächst ist diesbezüglich der Anstieg der z.T. feindlichen Unternehmensübernahmen zu nennen. „Ein zentraler Motivationsaspekt, der dieser M&A-Euphorie zugrunde lag, ist in der Identifikation von Wertlücken bei den Akquisitionsobjekten zu sehen." Lattwein (2002), S. 110. So lag der errechnete Unternehmenswert der Käufer oftmals deutlich über dem Marktpreis des Unternehmens. Mehrere M&A-Wellen führten in den vergangenen 30 Jahren nicht zuletzt zu einer deutlichen Zunahme der Aktivitäten auf dem Markt für Verfügungsrechte an Unternehmen (market for corporate control). „Die Existenz eines Marktes für Verfügungsrechte eröffnet Dritten die Möglichkeit, Unterschiede zwischen dem aktuellen oder dem potenziellen Wert von Unternehmen zu nutzen und nach erfolgreicher Restrukturierung entsprechende Wertsteigerungen zu realisieren." Baum/Coenenberg/Günther (2004), S. 260. Vor diesem Hintergrund trat der Unternehmenswert verstärkt in den Fokus der Unternehmensführung, um diesen steigern und hierdurch (feindliche) Übernahmen verhindern zu können.

130 Vgl. z.B. Böcking/Nowak (1999), S. 281. In diesem Zusammenhang ist insbesondere die zunehmende Bedeutung institutioneller und internationaler Anleger zu nennen. Vgl. zum zunehmenden Wettbewerb um internationales Anlagekapital und der steigenden Bedeutung institutioneller Anleger z.B. Bergmann/Butzlaff (1998), S. 204. Um langfristig Eigenkapital zu erhalten und damit eine Existenzgefährdung des Unternehmens abzuwenden sind die Interessen der Anleger, d.h. eine höchstmögliche Rendite bei gegebenem Risiko für das zur Verfügung gestellte Kapital, daher zunehmend in den Fokus bei der Ausrichtung der Unternehmensaktivitäten gerückt. Die höchstmögliche Rendite manifestiert sich in der Steigerung bzw. Maximierung des Unternehmenswertes.

131 Die Kritik richtet sich v.a. gegen eine unzureichende Korrelation zwischen jahresabschlussorientierten Kennzahlen und der Wertentwicklung am Kapitalmarkt, die mangelnde Berücksichtigung von Risiken, keine Abbildung des Kapitalbedarfs zur Wachstumsfinanzierung, Vernachlässigung ökonomischer Wirkungen nach dem Betrachtungszeitraum, Vergangenheitsorientierung. Vgl. ausführlicher zu den einzelnen Kritikpunkten Günther (1997), S. 50ff. Vgl. ferner Bischoff (1994), S. 12ff. Nach Günther/Landrock/Muche (2000), S. 70, kann die Kritik an den „traditionellen" Steuerungsgrößen als „Hauptgrund für die Entstehung des unternehmenswertorientierten Managements" gesehen werden.

132 Vgl. Rappaport (1986) sowie in aktueller Aufl. Rappaport (1998). Für den deutschen Sprachraum kann Bühner als ein Vorreiter des Shareholder Value-Gedankens angesehen werden. Vgl. z.B. Bühner (1990).

tal, die sich aus Dividenden und Kursänderungen einer Aktie zusammensetzt, lässt sich aus der Perspektive der Unternehmen als Eigenkapitalkosten interpretieren, die langfristig gedeckt werden müssen.[133]

Um ihre Konsumausgaben decken zu können, möchten Anteilseigner für das von ihnen zur Verfügung gestellte Kapital ein Einkommen in Form von Ausschüttungen und Kursgewinnen erzielen.[134] Dabei gilt es, diesen Zahlungsstrom nach den individuellen Präferenzen hinsichtlich Breite, zeitlicher Struktur sowie Risikogehalt zu optimieren. Dies wird für das Unternehmen indes problematisch, wenn nicht nur ein Anteilseigner, sondern mehrere Anteilseigner am Unternehmen beteiligt sind, deren Präferenzen i.d.R. voneinander abweichen. In diesem Fall ist ein Individualkalkül nicht anwendbar und die Orientierung an einer bestimmten Präferenz unbestimmt. In der Literatur wird daher empfohlen, dass Unternehmen die Zielsetzung der Marktwertmaximierung der Anteile, d.h. die Marktwertmaximierung des Eigenkapitals, verfolgen sollten, die „unter Beachtung des damit verbundenen Risikos auch realen Bedingungen unvollkommener Märkte als eine angemessene Vereinfachung akzeptiert werden kann. Sie ist zwar nicht mehr in der Lage, die Konflikte zwischen Anteilseigner einwandfrei zu lösen, sie kommt jedoch der Zielerreichung der Eigentümer am besten entgegen. Dadurch stellt sie ein grundsätzlich akzeptiertes und sinnvolles Kriterium dar."[135]

---

133 Vgl. Freidank (2000), S. 19; Vgl. Küting/Heiden/Lorson (2000), S. 3. Dabei lässt sich die Rendite eines Anlegers, der eine Aktie eines Unternehmens ein Jahr hält, aus der Summe der Kursänderung einer Aktie und der vereinnahmten Dividende, die in das Verhältnis zu dem Kurs zu Beginn des Betrachtungszeitraums gesetzt wird, ermitteln. Küting/Heiden/Lorson weisen darauf hin, dass es sich hierbei um eine überschlägige Ermittlung handelt, da die Dividenden i.d.R. nicht am Jahresende gezahlt werden und daher eine Aufzinsung und somit die Wiederanlageprämisse getroffen werden müsste. Diese Rendite kann als Performance i.e.S. bezeichnet werden. Zur besseren Erfolgsbeurteilung von Kapitalanlagen sollte die Performance i.w.S. herangezogen werden, die sich als risikoadjustierte Rendite berechnet. Hierzu wird die Differenz aus der erzielten Rendite und einer Vergleichsrendite gebildet und zur Standardisierung in das Verhältnis zu einem Risikomaß gesetzt. Vgl. Steiner/Bruns (2000), S. 49f.

134 Vgl. hierzu und im Folgenden Moxter (1966), S. 37f. und S. 58.

135 Mengele (1999), S. 12. Vgl. ferner hierzu und zur weiteren Fn. z.B. Hachmeister (1999), S. 13ff. m.w.N.; Hebertinger (2002), S. 10ff. m.w.N.; Wilhelm (1983). Unter der Annahme eines vollkommenen Kapitalmarktes unter Sicherheit ist die Zielsetzung der Marktwertmaximierung des Eigenkapitals – unabhängig von den individuellen Präferenzen - für die Anteilseigner optimal, da diese durch den Anteilshandel ihre individuellen Konsumpotentiale erzielen können. Diese Annahme beruht auf dem sog. Separationstheorem von Fisher, nach dem auf einem vollkommenen Kapitalmarkt Investitions-, Finanzierungs- und Konsumentscheidungen unabhängig voneinander betrachtet werden können. Vgl. grundlegend Fisher (1930), S. 129ff. sowie z.B. Perridon/Steiner (2002), S. 20. Das Separationstheorem von Fisher wurde von Arrow und Debreu um unsichere Erwartungen erweitert. Vgl. grundlegend Arrow (1964); Debreu (1959). Hiernach gelten die zuvor dargestellten Zusammenhänge auch für einen vollkommenen Kapitalmarkt unter Unsicherheit, wenn dieser zugleich vollständig ist. Kann diese Annahme nicht aufrecht erhalten werden, müssen auf einem vollkommenen Kapitalmarkt verschiedene andere Annahmen erfüllt sein. Nach der ersten Annahme (sog. 'spanning') müssen sich die Zahlungsströme bestimmter Aktionen durchgehandelte Wertpa-

Der Erwartungshaltung der Anteilseigner entspricht die Unternehmensleitung nach dem Shareholder Value Ansatz demnach dann, wenn sie das Ziel der Steigerung des Wertes der Anteile der Anteilseigner und damit des Marktwertes des Eigenkapitals verfolgt, um für die Anteilseigner Wertbeiträge zu generieren.[136] Zur Umsetzung des Shareholder Value Ansatzes ist es daher erforderlich, den Marktwert des Eigenkapitals, der durch einen Unternehmenswert repräsentiert wird,[137] rechnerisch zu ermitteln.[138]

Die Bestimmung dieses Unternehmenswertes im Sinne des Marktwertes des Eigenkapitals erfolgt in aller Regel anhand des Barwertes der Zukunftserfolge (= Zukunftserfolgswert).[139] In Abhängigkeit von den zugrunde liegenden Zu-

---

piere nachbilden lassen, nach der zweiten Annahme (sog. 'competivity') dürfen die Entscheidungen der Marktteilnehmer die Marktpreise nicht verändern, die Marktteilnehmer agieren als Mengenanpasser. Zudem wird in der Literatur eine dritte Annahme genannt (sog. 'information'), nach der Marktteilnehmer im vorhinein Kenntnis über die unternehmerischen Aktionen haben. Wird im Unterschied zu den vorangegangenen Ausführungen von einem unvollkommenen Kapitalmarkt ausgegangen, stimmen die Präferenzen der Anteilseigner nicht mehr notwendigerweise mit der Zielsetzung der Marktwertmaximierung überein. „Inwiefern reale Kapitalmärkte den geforderten Bedingungen [...] entsprechen, muss" nach Hebertinger (2002), S. 12 „strittig bleiben". Daher wird nachfolgend von der Marktwertmaximierung des Eigenkapitals als vereinfachte Zielsetzung ausgegangen. In diesem Zusammenhang kommt auch Ballwieser (1994), S. 1404, zu dem Schluss: „Marktwertmaximierung und Nutzenmaximierung der Eigentümer sind nur unter engen Bedingungen äquivalent. Im Sicherheitsmodell reicht ein vollkommener Kapitalmarkt. Im Unsicherheitsmodell müssen auf dem Markt beliebige zustandsabhängige Zahlungsansprüche zu unveränderlichen Preisen gehandelt werden können. Diese Bedingungen sind in der Realität nicht erfüllt. Da Nutzenmaximierung aber kein operationales Ziel für Mehrpersonenunternehmen ist, muss man diesen Mangel akzeptieren." Vgl. ausführlich zu dem Beweis, dass sich das Wohl der Aktionäre nicht notwendigerweise im Marktwert des Eigenkapitals manifestiert, auch Kürsten (2000), S. 363ff. und S. 367ff.

136 Vgl. Freidank (2000), S. 19. Nach diesem Verständnis wird die Steigerung des Shareholder Value zur Handlungsmaxime der Unternehmen. Darüber hinaus kann der Shareholder Value als Finanzgröße interpretiert werden, wonach dieser den (rechnerischen) Wert des Eigenkapitals repräsentiert. Des Weiteren bewertet der Shareholder Value als Bewertungsverfahren Unternehmen durch das Diskontieren erwarteter Cashflows. Vgl. zu den verschiedenen Begriffsinhalten des Shareholder Value Figge (2002), S. 2 m.w.N.

137 Im Rahmen der vorliegenden Arbeit werden die Begriffe Shareholder Value, Marktwert des Eigenkapitals und Unternehmenswert damit gleichgesetzt. So entspricht der Wert der Anteile dem Marktpreis für das anteilige Eigenkapital und damit dem Marktwert des Eigenkapitals. Der Marktwert des Eigenkapitals wiederum entspricht dem Unternehmenswert, da dies „der Preis für die vollständige Verfügungsmacht über ein Unternehmen ist". V. Düsterlho (2003), S. 5. Demzufolge ergibt der Marktwert des Eigenkapitals (Shareholder Value; Unternehmenswert) zusammen mit dem Marktwert des Fremdkapitals den sog. Unternehmensgesamtwert. Vgl. zu einer analogen Begriffsverwendung z.B. Copeland/Koller/Murrin (1998), S. 158; v. Düsterlho (2003), S. 5; Hebertinger (2002), hier insbesondere S. 13 und S. 65; Herter (1995), S. 965; Küting/Heiden/Lorson (2000), S. 13; Schierenbeck/Lister (2001), S. 77. Andere Autoren verwenden hingegen den Begriff Unternehmenswert für die Summe von Marktwert des Eigenkapitals (Shareholder Value) und Marktwert des Fremdkapitals. Vgl. hierzu z.B. Figge/PwC (Hrsg.) (2001), S. 13; Rappaport (1999), S. 39f.; Steiner/Wallmeier (1999), S. 3.

138 Vgl. Ballwieser (1994), S. 1383.

139 Die Verfahren zur Bestimmung des Zukunftserfolgswertes zählen zu den sog. Gesamtbewertungsverfahren der Unternehmensbewertung. Zu den Gesamtbewertungsverfahren werden darüber hinaus sog. Multiplikatorverfahren und Ansätze der Optionspreistheorie gezählt. Neben den Gesamtbewertungsverfahren existieren sog. Einzelbewertungsverfahren wie den Substanz- oder den Liquidationswert. Vgl. hierzu Coenen-

kunftserfolgen können verschiedene Verfahren zur Zukunftserfolgsbewertung herangezogen werden, die auf die Ermittlung des fundamentalen inneren Unternehmenswertes zielen. Aus Sicht der Wertverteilung lässt sich der Zukunftserfolgswert über die Diskontierung von Dividenden bestimmen (sog. Dividend-Discount-Modell). Aus der Perspektive der Wertgenerierung kommen Cashflows (Discounted Cash-flow-Methode) sowie Residualgewinne (sog. Residualgewinnmodell) als Zukunftserfolge in Betracht.[140]

Aus dem Blickwinkel der Wertverteilung lässt sich der Unternehmenswert über das Dividend-Discount-Modell bestimmen.[141] Hiernach ergibt sich der Unternehmenswert aus dem Barwert der künftigen (Netto-)Ausschüttungen an die Anteilseigner, die sich aus Dividenden und Verkaufserlösen zum Zeitpunkt des Verkaufs der Aktie zusammensetzen. Da sich der Aktienkurs am Ende der Halteperiode wiederum als Funktion der nach dem Verkaufszeitpunkt gezahlten Dividenden ausdrücken lässt, ermittelt sich der Unternehmenswert wie folgt:[142]

$$(1) \qquad UW_0 = \sum_{t=0}^{\infty} \frac{D_t}{(1 + r_{EK})^{t+1}}$$

mit: $UW_0$ = Unternehmenswert am Ende von Periode 0
$D_t$ = in t (nachschüssig) gezahlte (Netto-)Dividende
$r_{EK}$ = Eigenkapitalkostensatz

Problematisch erweist sich hinsichtlich der Bestimmung des Unternehmenswertes anhand des Dividenden-Discount-Modells, dass eine Identifizierung der unternehmensinternen Quellen der Werterzeugung nicht möglich ist und die Not-

---

berg/Schultze (2002), S. 601; Hebertinger (2002), S. 65f. m.w.N. Die vorliegende Arbeit beschränkt sich zur Bestimmung des Unternehmenswertes auf die im Rahmen der wertorientierten Unternehmensführung vorherrschende Zukunftserfolgsbewertung.

140 Vgl. Coenenberg (2003), S. 167; Coenenberg/Schultze (2002), S. 603ff. Die drei genannten Methoden zur Bestimmung des Zukunftserfolgswertes sind, wenn bestimmte Bedingungen erfüllt sind, äquivalent. Vgl. hierzu Günther (1997), S. 86ff.; Labhart (1999), S. 113ff. Als weitere Methode zur Bestimmung des Zukunftserfolgswertes nennen Coenenberg/Schultze das sog. Ertragswertverfahren, in dem aus Ertragsüberschüssen abgeleitete Ausschüttungen als Zukunftserfolge herangezogen werden. Auf die Darstellung der Ertragswertmethode wird nachfolgend jedoch nicht explizit eingegangen, da „innerhalb der DCF-Verfahren [...] der Equity-Approach grundsätzlich der Ertragswertverfahren [entspricht, A.d.V.]". Hebertinger (2002), S. 65.

141 Vgl. hierzu Labhart (1999), S. 112.

142 Vgl. Küting/Heiden/Lorson (2000), S. 8. Damit beruht das Dividend-Discount-Modell „auf der Annahme einer Welt ohne Steuern, Transaktionskosten und Möglichkeiten zur Außenfinanzierung (Kapitalerhöhungen bzw. Fremdkapitalaufnahme)." Günther (1997), S. 79. Da in Gleichung (1) die künftigen (Netto-)Ausschüttungen berücksichtigt werden, müssten entsprechend die Erwartungswerte der (Netto-)Ausschüttungen berücksichtigt werden. Aus Vereinfachungsgründen wird in dieser und den folgenden Formeln auf den Einbezug des Erwartungswert verzichtet.

wendigkeit zur Schätzung der zukünftigen Ausschüttungspolitik des Unternehmens besteht.[143] Nach BUSSE V. COLBE ist „der Barwert der künftigen Ausschüttungen oder der daraus abgeleitete Marktwert des Eigenkapitals des Unternehmens [... daher, A.d.V.] direkt für die Ausrichtung der Unternehmensstrategie kaum verwendbar.“[144]

Es ist somit erforderlich, den Wert des Eigenkapitals aus der Perspektive der Wertgenerierung zu ermitteln.[145] Ein in diesem Zusammenhang bedeutendes Verfahren stellt die Discounted Cash-flow-Methode (DCF-Methode) dar.[146] Hiernach ermittelt sich der Unternehmenswert aus dem Barwert der künftigen Free-Cash-flows, welche die Zahlungsüberschüsse aus der operativen Tätigkeit nach Investitionen repräsentieren.[147] In Abhängigkeit von den berücksichtigten Größen in Zähler und Nenner können zunächst zwei Varianten der DCF-Methode, der Nettoansatz (equity approach) und der Bruttoansatz (entity approach), unterschieden werden.[148]

Beim Nettoansatz wird der Marktwert des Eigenkapitals (Unternehmenswert) direkt ermittelt, indem die zur Ausschüttung an die Eigentümer verfügbaren Zahlungsüberschüsse mit den Eigenkapitalkosten diskontiert werden:[149]

$$UW_0 = \sum_{t=0}^{\infty} \frac{FCf(n.Z.)_t}{(1 + r_{EK})^t} \qquad (2)$$

mit: $UW_0$ = Unternehmenswert am Ende von Periode 0
$FCf(n.Z.)_t$ = Free-Cash-flow nach Zinsen der Periode t
$r_{EK}$ = Eigenkapitalkostensatz

143 Vgl. Pape (2004), S. 102f.

144 Busse v. Colbe (1996), S. 18. Vgl. ähnlich Coenenberg/Schultze (2002), S. 604, die darauf hinweisen, dass „das Dividenden-Diskontierungs-Modell [...] in der Praxis regelmäßig nur in der Aktienbewertung zum Einsatz [kommt, A.d.V.]. ... Eine detaillierte Unternehmensanalyse leitet hingegen die künftigen Ausschüttungen aus einer umfangreichen Abschätzung der künftig vom Unternehmen erwirtschafteten Zahlungsüberschüsse bzw. Ertragsüberschüsse ab.“

145 Vgl. Labhart (1999), S. 112.

146 Bei dem DCF-Ansatz handelt es sich um eine Kapitalwertmethode, die zu den Verfahren der dynamischen Investitionsrechnung zählt. Vgl. Rolfes (1998), S. 9.

147 Der Begriff Free-Cash-flow wird in der Literatur nicht eindeutig verwendet. Vgl. Ballwieser (1995), S. 121. „Vereinfacht definiert ist der Free Cash Flow das operative Ergebnis nach angepassten Steuern, zuzüglich der Abschreibungen sowie abzüglich der Investitionen in Sachanlagen und Nettoumlaufvermögen.“ Coenenberg/Salfeld (2003), S. 40.

148 Vgl. z.B. Ballwieser (1998), S. 81.

149 Vgl. Ballwieser (1998), S. 82 und Ballwieser (1995), S. 122.

Demgegenüber umfassen die zukünftigen Cash-flows im Rahmen des Bruttoansatzes die auf die Eigen- und Fremdkapitalgeber entfallenden Zahlungen, wodurch bei der Diskontierung mit dem gewogenen Kapitalkostensatz der Unternehmensgesamtwert bestimmt wird.[150] Der Marktwert des Eigenkapitals (Unternehmenswert) ergibt sich schließlich, indem der Marktwert des Fremdkapitals vom Unternehmensgesamtwert abstrahiert wird. In Abhängigkeit davon, wie die Steuerersparnis der Fremdfinanzierung (sog. tax shield) berücksichtigt wird, werden im Rahmen der Unternehmensgesamtwertermittlung nach dem Bruttoansatz der Weighted Average Costs of Capital (WACC)-Ansatz mit 'tax shield' im Nenner (sog. Lehrbuchformel), der WACC-Ansatz mit 'tax shield' im Zähler (sog. Total Cash-flow-Ansatz) und der Adjusted Present Value (APV)-Ansatz unterschieden.[151] Aufgrund der in der Literatur hervorgehobenen Bedeutung des WACC-Ansatzes nach der sog. Lehrbuchformel,[152] wird die hierauf basierende Ermittlung des Unternehmenswertes in Formel (3) nachfolgend skizziert:[153]

$$(3) \qquad UW_0 = UGW_0 - FK_0 = \sum_{t=0}^{\infty} \frac{FCf\,(v.Z.)_t}{(1 + r_{WACC})^t} - FK_0$$

mit:
$UW_0$ = Unternehmenswert am Ende von Periode 0
$UGW_0$ = Unternehmensgesamtwert am Ende von Periode 0
$FK_0$ = Marktwert des Fremdkapitals am Ende von Periode 0
$FCf\,(v.Z.)_t$ = Free-Cash-flow vor Zinsen der Periode t
$r_{WACC}$ = durchschnittlicher gewogener Kapitalkostensatz

Da im Rahmen der Berechnung von (3) zur Bestimmung der Free-Cash-flows von einem fiktiv eigenkapitalfinanzierten Unternehmen ausgegangen wird, die damit um eine zu hohe Steuer gemindert sind, wird das 'tax shield' im Rahmen der Kapitalkostenberechnung durch Minderung des Fremdkapitalkostensatzes berücksichtigt. Der durchschnittliche gewogene Kapitalkostensatz ergibt sich damit gemäß (4). Während der Fremdkapitalkostensatz aus Finanzierungsverträgen bzw. aktuellen Marktkonditionen abgeleitet wird, stehen zur Ermittlung des Eigenkapitalkostensatzes verschiedene Modelle zur Verfügung, von denen das Capital Asset Pricing Modell (CAPM) am weitesten verbreitet ist.[154] Mit Hilfe

[150] Vgl. ausführlicher Ballwieser (2001c), Sp. 2090f. Vgl. zu den verschiedenen Varianten der Bruttomethode Ballwieser (1998), S. 81 und S. 84ff.; Hachmeister (1996), S. 357f.

[151] Vgl. z.B. Hebertinger (2002), S. 65ff.

[152] Vgl. hierzu z.B. Hebertinger (2002), S. 73; Pape (2004), S. 99.

[153] Vgl. zur Berechnung des DCF nach dem Total Cash-flow-Ansatz und dem Adjusted Present Value-Ansatz z.B. Küting/Heiden/Lorson (2000), S. 13f.

[154] Schierenbeck/Lister (2001), S. 92ff. nennen neben dem CAPM, die Arbitrage Pricing Theory (APT), die Option Pricing Theory (OPM), das Dividend Discount Model (DDM) und Income Capitalization Model

des CAPM lässt sich der risikoangepasste Eigenkapitalkostensatz als Summe von risikolosem Zinssatz und einem Risikozuschlag ermitteln.[155] Der Risikozuschlag ergibt sich wiederum aus der Multiplikation der Marktrisikoprämie[156] und dem unternehmensspezifischen Beta-Faktor[157].

$$(4) \qquad r_{WACC} = \frac{EK}{GK} r_{EK} + \frac{FK}{GK} r_{FK} (1-s)$$

mit: $r_{WACC}$ = durchschnittlicher gewogener Kapitalkostensatz
EK = Marktwert des Eigenkapitals
FK = Marktwert des Fremdkapitals
GK = Marktwert des Gesamtkapitals
$r_{EK}$ = Eigenkapitalkostensatz
$r_{FK}$ = Fremdkapitalkostensatz
s = Steuersatz (zusammengesetzt aus Gewerbeertrag-, Körperschaftsteuer, Solidaritätszuschlag)

Neben Zahlungsüberschüssen können ferner Periodenerfolge die Basis der Ermittlung des Unternehmenswertes aus der Perspektive der Wertgenerierung darstellen, da die Diskontierung von Zahlungsüberschüssen und die Diskontierung von Periodenerfolgen nach dem sog. Lücke- bzw. Preinreich-Lücke-Theorem[158] unter bestimmten Bedingungen zum gleichen Ergebnis führt. Zum einen ist es erforderlich, sog. Residualgewinne zu ermitteln, indem die Periodengewinne um kalkulatorische Zinsen auf das zu Periodenbeginn gebundene Kapital bereinigt werden. Zum anderen muss, über alle Perioden betrachtet, die Summe der Zahlungsüberschüsse der Summe der Periodengewinne entsprechen (sog. Kongruenzprinzip oder 'clean surplus relation'[159]).

Analog zu den DCF-Verfahren kann auch bei den auf Periodenerfolgen aufbauenden Verfahren zur Bestimmung des Unternehmenswertes zwischen einem

---

(ICM) und die Coherent Market Hypothesis (CMH). Vgl. ausführlicher zur Bestimmung des Eigenkapitalkostensatzes mittels des CAPM Schwetzler (2000), S. 83ff.

155 Vgl. z.B. Uzík/Weiser (2003), S. 705.

156 Die Marktrisikoprämie entspricht der Differenz aus dem Erwartungswert der Rendite des Marktportefeuilles und dem risikolosen Zinssatz.

157 Der Beta-Faktor stellt ein Maß für das systematische Risiko (Marktrisiko) des zu bewertenden Unternehmens dar. Vgl. Mandl/Rabel (2001), Rz. 456f. Während das systematische Risiko durch Diversifikation nicht eliminiert werden kann, dann das unsystematische Risiko in einem effizienten Portefeuille wegdiversifiziert werden. Vgl. Perridon/Steiner (2002), S. 276.

158 Vgl. grundlegend Lücke (1955), S. 310ff.; Preinreich (1936). Vgl. ferner und im Folgenden Küpper (1999), S. 126ff.

159 Das sog. 'clean surplus accounting' (CSA) hat insbesondere durch die Arbeiten von Ohlson (neue) Bedeutung erlangt. Vgl. grundlegend Ohlson (1990) und (1995). „Das CSA basiert auf der sogenannten clean surplus relation (CSR), nach der sämtliche Änderungen im buchmäßigen Eigenkapital, die nicht aus direk-

Nettoansatz (equity approach) und einem Bruttoansatz (entity approach) unterschieden werden. Formel (5) zeigt den Nettoansatz, nach dem sich der Unternehmenswert aus der Summe des Buchwertes des Eigenkapitals und dem Barwert der künftigen Residualgewinne, ermittelt:

$$(5) \qquad UW_0 = EK_0^B + \sum_{t=0}^{\infty} \frac{G_t - r_{EK} EK_{t-1}^B}{(1+r_{EK})^t}$$

mit: $UW_0$ = Unternehmenswert am Ende von Periode 0
$EK_0{}^B$ = Buchwert des Eigenkapitals am Ende von Periode 0
$G_t$ = Ergebnis der Periode t
$EK_{t-1}{}^B$ = Buchwert des Eigenkapitals am Ende von Periode t-1
$r_{EK}$ = Eigenkapitalkostensatz

Nach dem Bruttoansatz bestimmt sich der Unternehmenswert gemäß (6) aus der Differenz von Unternehmensgesamtwert und Marktwert des Fremdkapitals. Zur Ermittlung des Unternehmensgesamtwertes werden dabei auf Eigen- und Fremdkapitalgeber bezogene Kapital- und Ergebnisgrößen sowie der durchschnittlich gewogene Kapitalkostensatz herangezogen.[160]

$$(6) \qquad UW_0 = UWG_0 - FK_0 = GK_0^B + \sum_{t=0}^{\infty} \frac{G(v.Z.)_t - r_{WACC} GK_{t-1}^B}{(1+r_{WACC})^t} - FK_0$$

mit: $UW_0$ = Unternehmenswert am Ende von Periode 0
$UGW_0$ = Unternehmensgesamtwert am Ende von Periode 0
$FK_0$ = Marktwert des Fremdkapitals am Ende von Periode 0
$GK_0{}^B$ = Buchwert des gesamten investierten Kapitals am Ende von Periode 0
$G(v.Z.)_t$ = Ergebnis vor Zinsen der Periode t
$GK_{t-1}{}^B$ = Buchwert des gesamten investierten Kapitals am Ende von Periode t-1
$r_{WACC}$ = durchschnittlicher gewogener Kapitalkostensatz

Im Zusammenhang mit den vorgestellten Ansätzen wird in der Literatur diskutiert, ob der Brutto- oder der Nettoansatz zur Bestimmung des Unternehmenswertes im Rahmen der wertorientierten Unternehmensführung besser geeignet erscheint.[161] Da der Brutto- und der Nettoansatz nur unter bestimmten Bedingun-

---

ten Transaktionen zwischen Eignern und Unternehmen resultieren, in der Erfolgsrechnung erfasst werden müssen." Wagenhofer/Ewert (2003), S. 125. Im Original teilweise kursiv.

160 Vgl. z.B. Coenenberg/Schultze (2002), S. 606; Ballwieser/Coenenberg/Schultze (2002), Sp. 2426ff.

161 Vgl. z.B. v. Düsterlho (2003), S. 68ff.; Günther (1997), S. 107 f.; Hardtmann (1996), S. 129ff.; Knorren (1998), S. 40f.; Pape (2004), 157.

gen den gleichen Marktwert des Eigenkapitals ermitteln,[162] ist grundsätzlich der letztere Ansatz zu bevorzugen, da „die Eigenkapitalmethode [...] aufgrund ihrer Vorgehensweise den Grundüberlegungen (eigentümer-)wertorientierter Ansätze besser [entspricht, A.d.V.] als die Gesamtkapitalmethode, da sie die den Eigenkapitalgebern zur Verfügung stehenden Cash Flows in den Mittelpunkt der Betrachtung stellt und aus diesen den Eigenkapitalwert ableitet"[163]. Gleichwohl wird in der Literatur zur wertorientierten Unternehmensführung der Bruttoansatz präferiert.[164] Begründet wird diese Präferenz v.a. damit, dass die Bestimmung des Wertes bzw. des Wertbeitrages von einzelnen Geschäftsbereichen auf Basis des Nettoansatzes zumeist nicht problemlos möglich ist.[165] Ferner wird das Argument angeführt, dass nicht nur das dem Eigenkapital auf der Aktivseite gegenüber stehende Vermögen, sondern das dem Gesamtkapital gegenüber stehende „Gesamtvermögen als eigentliche Quelle für die Wertschaffung des Unternehmens zu betrachten"[166] ist.

Mit den vorangegangenen Ausführungen wurden Methoden zur rechnerischen Ermittlung des Marktwertes des Eigenkapitals skizziert. Demgegenüber stellt

---

162 Vgl. zu einem Vergleich der zwei Methoden z.B. v. Düsterlho (2003), S. 71ff.; Hachmeister (1999), S. 118ff.

163 Knorren (1998), S. 40f. Vgl. hierzu auch Ballwieser (1995), S. 126.

164 So weist Pape in diesem Zusammenhang darauf hin, dass „der Nettounternehmenswert als rechnerische Näherungsgröße für den Marktwert des Eigenkapitals die Zielgröße von Shareholder Value-Ansätzen [ist, A.d.V.]. Als wertorientierte Ziel- und Steuerungsgröße für das strategische Management ist dagegen vor allem der Bruttounternehmenswert von Interesse." Pape (2004), S. 101. An späterer Stelle weist Pape darauf hin, dass als Zielgröße für die wertorientierte Unternehmensführung grundsätzlich der Brutto- als auch der Nettounternehmenswert geeignet sind, er aber dem Bruttounternehmenswert den Vorzug gibt. Vgl. Pape (2004), S. 157. Ferner wird argumentiert, dass die Zielsetzung der Steigerung des Shareholder Value mit der Zielsetzung der Steigerung des Unternehmensgesamtwertes identisch sind. Hierbei wird unterstellt, dass die Maßnahmen keinen Einfluss auf den Wert des Fremdkapitals haben. Vgl. z.B. Spreemann/Pfeil/Weckbach (2001), S.28. Ebenso weist Schwetzler (2000), S. 95, für den Fall ohne Steuern darauf hin, dass „die finanzielle Vorteilhaftigkeit von Investitionsprojekten und die Höhe des erzielten Unternehmenserfolges [...] davon unabhängig [sind, A.d.V.], ob die Vorteilhaftigkeitsprüfung bzw. Erfolgsmessung auf Entity- oder Equity-Ebene stattfindet, wenn der lineare Zusammenhang zwischen Verschuldungsgrad und Eigenkapitalkosten beachtet wird." Vgl. in diesem Zusammenhang zu den Modellannahmen und Thesen von Modigliani/Miller z.B. Perridon/Steiner (2002), S. 499ff. Kürsten (2000), S. 367, kommt hingegen zu folgendem Ergebnis: „Für das Shareholder Value-Prinzip bleibt die Erkenntnis, dass die Beurteilung von Geschäftsplänen anhand des damit verbundenen Zuwachses an Unternehmensgesamtwert grundsätzlich gegen das Aktionärswohl verstoßen kann, wenn neben dem Anspruch der Aktionäre weitere (z.B. Gläubiger-) Ansprüche an das Unternehmen bestehen und der Wert dieser weiteren Ansprüche vom Geschäftsplan abhängt." Im Original teilweise kursiv.

165 So ist es schwer einem Geschäftsbereich bestimmte Fremdkapitalzinsen zuzurechnen und das gebundene Kapital in Eigen- und Fremdkapital aufzuteilen. Ferner können Finanzierungsentscheidungen von den Geschäftsbereichen i.d.R. nicht beeinflusst werden. Vgl. hierzu insbesondere Günther (1997), S. 107f. sowie Pape (2004), S. 157.

166 Günther (1997), S. 108.

der Börsenwert einen „aktuellen, realisierten Marktpreis"[167] dar. Obgleich „letztendlich [...] der Börsenwert das Spiegelbild des Barwertes der für die Zukunft erwarteten Ausschüttungen" [168] ist, wird dieser in seiner Verwendung als Zielgröße für die (interne) Unternehmensführung kritisiert. In der Literatur wird diesbezüglich angeführt, dass der Börsenwert[169] eines Unternehmens i.d.R. nicht mit dem richtigen rechnerischen Unternehmenswert – der auch als Fundamentalwert bezeichnet wird – übereinstimmt, was auf verschiedene Ursachen zurückgeführt wird.[170] Gleichwohl ist es zwingend erforderlich, Unterschiede zwischen dem Börsenwert und dem fundamentalen Unternehmenswert zu analysieren und auszugleichen, damit sich die interne Wertgenerierung auch in Kurssteigerungen der Aktien wiederspiegelt.[171]

#### 2.1.3.1.2 Wertorientierte Messkonzepte

Zur Umsetzung des Shareholder Value-Ansatzes in der Unternehmensführung wurde in den vergangenen Jahren eine Vielzahl von Konzepten entwickelt. Grundsätzlich zeichnen sich alle diese wertorientierten Konzepte dadurch aus, dass sie sich (bekannter) Verfahrensweisen der Investitionsrechnung sowie der strategischen Planung bedienen und Methoden sowie Erkenntnisse der modernen Kapitalmarkttheorie nutzen.[172] Mit den wertorientierten Konzepten stehen verschiedene Kennzahlen einer am Wert der Investoren orientierten Unternehmensführung zur Auswahl. Anhand dieser wertorientierten Kennzahlen soll sowohl eine prospektive Planung und Bewertung von Strategien als auch die retrospektive Messung und Kontrolle der Zielsetzung der Unternehmenswertsteigerung ermöglicht werden.[173] Ziel der wertorientierten Kennzahlen ist es, die Wertgenerierung in einer bestimmten Periode zu ermitteln.

---

167 Hachmeister (1999), S. 37.

168 Busse v. Colbe (1996), S. 17. Im original teilweise kursiv.

169 Der Börsenwert entspricht der Börsen- bzw. Marktkapitalisierung eines Unternehmens, die sich aus der Multiplikation der Anzahl der Aktien und dem Aktienkurs ergibt.

170 In diesem Zusammenhang werden bspw. die folgenden Ursachen genannt: Bestimmung des Börsenkurses von spekulativen, markttechnischen sowie allgemeinwirtschaftlichen Einflüssen; Vernachlässigung von sog. Paketzuschlägen im Rahmen der Börsen- bzw. Marktkapitalisierung, da der Börsenkurs nur den Preis einer Aktie darstellt; Absicht zur Erzielung von Spekulationsgewinnen und damit irrationale Verhaltensweise der Anteilseigner; Informationsverarbeitung bzw. Informationsverfügbarkeit am Kapitalmarkt. Vgl. ausführlicher z.B. Hachmeister (1999), S. 37ff.; Hebertinger (2002), S. 68f.; Mengele (1999), S. 16ff.

171 Vgl. Hachmeister (1999), S. 48, sowie zu einer möglichen Wertlücke zwischen Börsenwert und rechnerischem Unternehmenswert insbesondere Abschnitt 2.2.3.1.

172 Vgl. Knorren/Weber (1997), S. 7f.

173 Vgl. Pape (2000), S. 714.

Die verschiedenen wertorientierten Kennzahlen können nach EWERT/WAGENHOFER anhand von zwei Kriterien systematisiert werden (vgl. Abb. 4).[174] Die Unterscheidungskriterien richten sich zum einen nach der zugrunde liegenden Basis für die Berechnung der Kennzahlen. Als Basis kann sowohl eine Zahlungsgröße als auch eine Ergebnisgröße dienen.[175] Zum anderen wird danach unterschieden, ob eine absolute Kennzahl (i.S.e. Wertbeitrags) oder eine relative Kennzahl (i.S.e. Rentabilität) vorliegt. Bei den relativen Kennzahlen handelt es sich dabei streng genommen noch nicht um wertorientierte Kennzahlen. So erlaubt erst der zusätzliche Vergleich mit den entsprechenden Kapitalkostensätzen und die hieraus ermittelte Überrendite eine Aussage über die Wertschaffung bzw. –vernichtung.[176]

| Basis für Kennzahlen | Wertbeitrag (absolute Kennzahl) | Rentabilität (relative Kennzahl) |
|---|---|---|
| Zahlungsgröße | SVA<br>CVA | CFROI<br>SVR |
| Ergebnisgröße | EVA<br>EP | RONA<br>ROCE |

Legende:

| | | |
|---|---|---|
| SVA = Shareholder Value Added | CFROI = Cash-flow Return on Investment |
| CVA = Cash Value Added | SVR = Shareholder Value Return |
| EVA = Economic Value Added | RONA = Return on Net Assets |
| EP = Economic Profit | ROCE = Return on Capital Employed |

*Abb. 4: Systematisierung und Beispiele von wertorientierten Kennzahlen (Quelle: In Anlehnung an Ewert/Wagenhofer (2000b), S. 7)*

Neben den in Abb. 4 dargestellten Wertbeitrags- und Rentabilitätskennzahlen sind in der Literatur sog. risikoorientierte Kennzahlen zu finden.[177] Diese Kennzahlen, im Einzelnen sind hier z.B. der Return on Risk Adjusted Capital (RORAC) sowie der Risk Adjusted Return on Capital (RAROC) zu nennen, haben ihren Ursprung im Bankenbereich und wurden speziell zur Risikosteuerung

---

174 Vgl. hierzu und im Folgenden Ewert/Wagenhofer (2000b), S. 7. Vgl. zu einzelnen Konzepten auch Ballwieser (2000) und ausführlich Hebertinger (2002), S. 112ff. Vgl. zu einer empirischen Untersuchung zu in den DAX 100-Unternehmen verwendeten Shareholder Value Kennzahlen KPMG (Hrsg.) (2003a), S. 15.

175 Dabei gehen die meisten in der Praxis verwendeten Konzepte weder von einer Zahlungs- noch von einer Ergebnisgröße aus, sondern stellen einen kombinierten Ansatz dar. Die Unterteilung in auf Zahlungsgrößen oder auf Ergebnisgrößen beruhende Kennzahlen ist daher nach Ewert/Wagenhofer (2000b), S. 7, als „zwei typische Fälle eines Kontinuums“ zu verstehen.

176 Vgl. Fischer (2002), S. 163.

177 Vgl. hierzu und im Folgenden Ewert/Wagenhofer (2000b), S. 8 und S. 38ff. m.w.N.; Wagenhofer/Hörmann (2001), S. 241f.

entwickelt.[178] Methodischer Ausgangspunkt stellt bei beiden Kennzahlen der sog. Value-at-Risk (VaR) dar. Dieser gibt „einen möglichen hohen Verlustbeitrag an, der nach einer bestimmten Halteperiode (z.B. einem Tag) nur mit einer vorgegebenen geringen Wahrscheinlichkeit p (1%; 5%) überschritten wird."[179] Der RORAC (RAROC) berechnet sich schließlich, indem eine Ergebnisgröße (eine um die risikoadjustierten Kosten des VaR bereinigte Ergebnisgröße) ins Verhältnis zum VaR gesetzt wird.[180]

Nachfolgend werden zwei wertorientierte Konzepte zur Operationalisierung des Shareholder Value-Ansatzes kurz vorgestellt. Hierbei handelt es sich um die Konzepte von STEWART und LEWIS, die den Economic Value Added (EVA) und den Cash-flow Return on Investment (CFROI) bzw. den Cash Value Added (CVA) als wertorientierte Kennzahlen verwenden.[181]

Im Fokus des Ansatzes von STEWART steht die Ermittlung des periodenbezogenen Economic Value Added (EVA)[182], der Anhaltspunkte dafür liefern soll, ob in der jeweiligen Periode Wert geschaffen wurde.[183] Der EVA wird dabei nicht auf der Basis von Cash-flows, sondern aus einer Ergebnisgröße ermittelt.[184] Er errechnet sich nach Formel (7) aus der Multiplikation der sog. 'Spreads', die sich aus der Differenz zwischen der Gesamtkapitalrendite und dem Gesamtkapitalkostensatz ergibt, mit den Net Operating Assets (NOA) als der Kapitalbasis.[185]

---

178 Grundsätzlich können die risikoorientierten Kennzahlen nicht nur im Bankenbereich eingesetzt werden, sondern kommen auch zunehmend für die risikoorientierte Steuerung in Industrieunternehmen zur Anwendung. Vgl. hierzu Ewert/Wagenhofer (2000b), S. 8.

179 Rudolph (1999), S. 719. Im Original teilweise kursiv.

180 Damit stellt der VaR „nun die Kapitalbasis dar, die bei den risikoorientierten Kennzahlen an die Stelle der Kapitalbasis der klassischen Renditekennzahlen tritt." Ewert/Wagenhofer (2000b), S. 40. Vgl. zur Berechnung der risikoorientierten Kennzahlen ausführlicher Ewert/Wagenhofer (2000b), S. 40f.; Wagenhofer/Hörmann (2001), S. 242.

181 Das von Stewart (1991) vertretene Konzept wurde von der Unternehmensberatung Stern Stewart & Co. und das von Lewis (1995) vertretene Konzept von der Unternehmensberatung Boston Consulting Group (BCG) entwickelt. Vgl. zum Shareholder Value Added (SVA) Rappaport (1999), S. 60ff., zum Economic Profit (EP) Copeland/Koller/Murrin (1999), S. 171ff. und S. 199ff., die das von der Unternehmensberatung McKinsey & Company entwickelte Konzept vertreten, zum Return on Capital Employed (ROCE), zum Return on Net Assets (RONA) sowie zu, Shareholder Value Return (SVR) z.B. Ewert/Wagenhofer (2000), S. 26f. und S. 30f.

182 Bei dem EVA handelt es sich um einen geschützten Begriff von Stern Stewart & Co., weshalb man diesen korrekterweise mit EVA® bezeichnen müsste. Vgl. hierzu Volkart/Labhart/Suter (1998), S. 356.

183 Vgl. auch Küting/Heiden/Lorson (2000), S. 32.

184 Nach dem bereits skizzierten Lücke-Theorem lassen sich zur Bestimmung des Unternehmenswertes rein rechentechnisch anstelle der Cash-flows auch kalkulatorische Ergebnisgrößen verwenden. Vgl. auch Volkart/Labhart/Suter (1998), S. 355.

185 Vgl. Stewart (1991), S. 136. Der Gesamtkapitalkostensatz wird dabei auf Basis des WACC errechnet. Vgl. Hostettler (1997), S. 53. Die Eigenkapitalkosten können über das Capital Asset Pricing Model (CAPM) oder, bei nicht börsennotierten Unternehmen, über einen vergleichbaren Algorithmus ermittelt werden. Vgl. Stewart (1991), S. 434ff. und S. 451ff. Die beschriebene Ermittlung des EVA korrespondiert mit dem Brut-

Die Rendite des eingesetzten Gesamtkapitals ergibt sich wiederum aus dem Verhältnis des operativen Ergebnisses vor Zinsen und nach Steuern (Net Operating Profit after Taxes (NOPAT)) zum eingesetzten Anfangskapital (Kapitalbasis), weshalb sich der EVA auch als Differenz von NOPAT und den Kosten für die NOA ermitteln lässt.[186] Um zu der in Formel (7) dargestellten Ergebnis- bzw. Kapitalgröße zu gelangen und damit eine „streng betriebswirtschaftliche und aktionärsorientierte Sichtweise“[187] zu erreichen, sind die entsprechenden Jahresabschlussdaten anhand von vier verschiedenen Anpassungen zu modifizieren.[188]

(7)
$$EVA_t = (r_t - k_{GK})\ NOA_{t-1}$$
$$= NOPAT_t - k_{GK}\ NOA_{t-1}$$

mit:
$EVA_t$ = Economic Value Added der Periode t
$r_t$ = Rendite des eingesetzten Gesamtkapitals vor Abzug der Kapitalkosten
$k_{GK}$ = Gewichteter Gesamtkapitalkostensatz
$NOA_{t-1}$ = Net Operating Assets zu Beginn der Periode t
NOPAT = Net Operating Profit After Taxes

Der EVA lässt sich demzufolge auch als Differenz zwischen dem (bereinigten) operativen Ergebnis vor Zinsen und nach Steuern und den Kosten des eingesetzten (bereinigten) Gesamtkapitals berechnen.[189] An dieser Stelle wird ersichtlich, warum der EVA bisweilen auch als Übergewinn oder Residualgewinn bezeichnet wird: er ermittelt den Gewinn, der über die Kapitalkosten hinaus erwirtschaftet wurde. Ein positiver buchhalterischer Gewinn allein bedeutet hingegen noch keinen positiven Wertbeitrag.[190]

Neben der Abschätzung der Wertentwicklung einer vergangenen Periode kann der EVA auch zur prospektiven Planung und Bewertung von Strategien eingesetzt werden.[191] Der Barwert der zukünftigen EVA ergibt den sog. Market Value

toansatz der DCF-Methode. Ebenso ist eine Berechnung des EVA über einen Nettoansatz möglich. Vgl. hierzu Ballwieser (2002c), S. 78.

186 Vgl. Stewart (1991), S. 85f. und S. 742.

187 Hostettler (1995), S. 309.

188 In diesem Zusammenhang wird von folgenden vier sog. 'conversions' gesprochen: 'operating conversions' (Bereinigung des NOPAT sowie der Bilanzsumme um nicht betriebliche Elemente), 'funding conversions' (Erfassung sämtlicher Finanzierungsmittel), 'tax conversions' (Ermittlung der tatsächlichen Steuerbelastung des operativen Ergebnisses), 'shareholder conversions' (Anpassungen an die Sicht des Anteilseigners). Vgl. hierzu Hostettler (1995), S. 309ff.; Hostettler (1997), S. 97ff.

189 Vgl. Stewart (1991), S. 137.

190 Vgl. Hostettler (1997), S. 38; Bühner (1994), S. 45; Hachmeister (1999), S. 148.

191 Vgl. Küting/Heiden/Lorson (2000), S. 33; Pape (2004), S. 137. Ewert/Wagenhofer (2000b), S. 16, konstatieren hinsichtlich der Abschätzung der Wertsteigerung anhand eines Residualgewinns wie des EVA, dass dieser, wenn zwei bestimmte Bedingungen nicht erfüllt sind, „grundsätzlich nicht die gesamte Wertsteige-

Added (MVA) als periodenübergreifende Größe. Dieser ergibt zusammen mit der Kapitalbasis den Unternehmensgesamtwert, woraus sich durch Subtraktion des Marktwertes des Fremdkapitals wiederum der Marktwert des Eigenkapitals ermitteln lässt.[192]

Zentrale Kennzahl im Konzept nach LEWIS stellt die Renditekennzahl Cash-flow Return on Investment (CFROI) dar. Dieser wird als interner Zins für ein aus Jahresabschlussdaten ermitteltes Investitionsprofil ermittelt und zeigt für das insgesamt in einem Unternehmen bzw. in einer Geschäftseinheit investierte Kapital auf, in welcher Höhe Einzahlungsüberschüsse im Verhältnis zum eingesetzten Gesamtkapital zurückfließen.[193] Zur Berechnung des CFROI wird dazu ein „fiktives“ Cash-flow-Profil ermittelt. Dieses ergibt sich - analog der Anfangsauszahlung einer Investition - aus den Anschaffungskosten der Aktiva im Betrachtungszeitpunkt (Bruttoinvestitionsbasis), die den jährlich konstanten Einzahlungsüberschüssen (Brutto-Cash-flow) gegenübergestellt wird.[194] Zusätzlich werden die nicht abschreibbaren Aktiva in der letzten Betrachtungsperiode dem Brutto-Cash-flow zugeschlagen (Residualwert).[195] Formel (8) zeigt das beschriebene Cash-flow-Profil, anhand dessen sich durch Umformung der CFROI ermitteln lässt.

$$(8) \qquad BIB_0 = \sum_{t=1}^{n} \frac{BCf_t}{(1+CFROI)^t} + \frac{NAA_n}{(1+CFROI)^n}$$

mit:
$BIB_0$ = Bruttoinvestitionsbasis
$BCf_t$ = Brutto Cash-flow der Periode t
CFROI = Cash-flow Return on Investment
$NAA_n$ = Nicht abschreibungsfähige Aktiva

---

rung des Unternehmens in der Periode anzeigt“. Im original teilweise kursiv. Ebenso stellen Richter/Honold (2000), S. 265, fest: „Der Zusammenhang besteht zwischen MVA und allen zukünftigen, diskontierten EVA's und nicht zwischen MVA und den EVA's einzelner Perioden.“

192 Vgl. Stewart (1991), S. 153f. und Knorren/Weber (1997), S. 22f.

193 Vgl. Küting/Heiden/Lorson (2000), S. 33; Hillebrand (1991), S. 131; o.V. (1991), S. 132. Damit basiert das CFROI-Konzept nicht auf einer kapitalwertorientierten Ermittlung, sondern auf der internen Zinssatzmethode. Vgl. Pape (2000), S. 716; Hoffmann/Wüest (1998), S. 188 und Lewis/Stelter (1993), S. 108. Bei dem internen Zinssatz, der zu den dynamischen Verfahren der Investitionsrechnung zählt, handelt es sich um jenen Zinsfuß, bei dem der Kapitalwert einer Zahlungsreihe Null ist, vgl. Franke/Hax (1995), S. 172.

194 Ausgangspunkt für die Ermittlung der BIB stellten die mit Buchwerten angesetzten Aktiva dar, die um bestimmte Positionen, z.B. die kumulierten Abschreibungen, erhöht sowie um bestimmte Positionen, z.B. das unverzinsliche Fremdkapital, vermindert werden. Ausgangspunkt für die Ermittlung des BCf stellt das Ergebnis nach Steuern dar, dass ebenfalls um bestimmte Positionen, z.B. Abschreibungen und Fremdkapitalzinsen, verringert wird. Vgl. hierzu und im Folgenden Lewis (1995), S. 40ff.

195 Vgl. hierzu auch Lewis/Lehmann (1992), S. 10f.; Knorren/Weber (1997), S. 23f.; Hoffmann/Wüest (1998), S. 188.

Da der Ansatz in Formel (9) zur Bestimmung des CFROI vielfach kritisiert wurde, schlägt die Boston Consulting Group (BCG) in neueren Veröffentlichungen eine modifizierte Methodik zur Ermittlung des CFROI vor. Hiernach wird der CFROI nicht mehr als interner Zins ermittelt, sondern aus dem Verhältnis von dem um die sog. „ökonomische Abschreibung" verminderten Brutto-Cash-flow und der Bruttoinvestitionsbasis:[196]

(9) $$CFROI_t = \frac{BCf_t - Ab^{ök}}{BIB_0}$$

mit:
CFROI = Cash-flow Return on Investment
$BCf_t$ = Brutto Cash-flow der Periode t
$BIB_0$ = Bruttoinvestitionsbasis
$Ab^{ök}$ = Ökonomische Abschreibung

Zur Bestimmung des periodenbezogenen Wertbeitrages kommt dabei der Cash Value Added (CVA) zur Anwendung, der sich nach Formel (10) aus der Multiplikation des sog. 'Spreads' mit der Bruttoinvestitionsbasis errechnet. Die 'Spreads' ergeben sich wiederum aus der Differenz zwischen dem CFROI und dem realen Gesamtkapitalkostensatz.[197] Grundsätzlich werden nach dem CFROI-Ansatz jene Strategien als vorteilhaft bzw. förderungswürdig angesehen, deren CFROI über den unternehmensspezifischen realen Gesamtkapitalkosten liegt.[198]

(10) $$CVA_t = (CFROI_t - k_{GK})\ BIB_{t-1}$$

mit:
$CVA_t$ = Cash Value Added der Periode t
CFROI = Cash-flow Return on Investment
$k_{GK}$ = Gewichteter Gesamtkapitalkostensatz
$BIB_{t-1}$ = Bruttoinvestitionsbasis zu Beginn der Periode t

---

196 Vgl. hierzu BCG (Hrsg.) (1999), S. 61; BCG (Hrsg.) (2000), S. 51. Dabei werden im Rahmen der neuen Ermittlungsmethodik die Berechnung von BCF und BIB nahezu vollständig übernommen. Eine Ausnahme stellt die Berücksichtigung der Pensionsrückstellungen dar, die der BIB zugerechnet werden und den BCf erhöhen. Vgl. zu dem modifizierten CFROI-Ansatz Hebertinger (2002), S. 166ff.

197 Vgl. BCG (Hrsg.) (1999), S. 61. Der Gesamtkapitalkostensatz wird über den WACC-Ansatz ermittelt. Die Eigenkapitalkostensätze werden jedoch nicht über das CAPM, sondern empirisch aus einem Portfolio börsennotierter Aktiengesellschaften ab. Vgl. ausführlicher Lewis/Stelter (1993), S. 111f.; Lewis (1995), S. 81.

198 Vgl. Ballwieser (1996), S. 155; Hoffmann/Wüest (1998), S. 189.

Den Ausgangspunkt zur Bestimmung des Unternehmensgesamtwertes stellt, analog zur Berechnung des MVA, der Barwert der zukünftigen CVA dar, der um die Bruttoinvestitionsbasis zu Beginn der Periode t zu erhöhen ist.[199]

#### 2.1.3.1.3 Zusammenhang zwischen Erfolgspotenzialen, Erfolgsfaktoren und Unternehmenswert

Im Rahmen der Ausführungen zu den Grundlagen der Unternehmensführung wurde bereits skizziert, dass die oberste Zielsetzung der Unternehmensführung in der Existenzsicherung des Unternehmens liegt.[200] Dieses Globalziel wird auf strategischer Ebene durch die Erzielung von Wettbewerbsvorteilen für die Sicherung eines langfristigen Erfolges konkretisiert, den im Rahmen der wertorientierten Unternehmensführung der Unternehmenswert repräsentiert. Die Voraussetzung zur Erzielung von Wettbewerbsvorteilen und damit zur Erreichung der obersten Zielsetzung stellen wiederum die sog. Erfolgspotenziale dar, die es im Rahmen der strategischen Unternehmensführung aufzubauen und zu erhalten gilt.[201]

Unter dem von GÄLWEILER geprägten Begriff des Erfolgspotenzials kann „das gesamte Gefüge aller jeweils produkt- und marktspezifischen erfolgsrelevanten Voraussetzungen [verstanden werden, A.d.V.], die spätestens dann bestehen müssen, wenn es um die Erfolgsrealisierung geht. Alle dazu gehörenden Voraussetzungen haben vor allem die gemeinsame Eigenschaft, dass für ihre Schaffung eine lange Zeit gebraucht wird, die grundsätzlich nicht beliebig verkürzt werden kann."[202] Vor dem Hintergrund der Ausführungen zur markt- und ressourcenorientierten Perspektive scheint diese Begriffsdefinition von GÄLWEILER jedoch zu kurz zu greifen, da sich diese vornehmlich auf unternehmensexterne Faktoren zur Erklärung des langfristigen Unternehmenserfolges fokussiert. So sind neben den marktlichen Chancen (bzw. den Marktpotenzialen) ebenso die Ressourcen und Fähigkeiten eines Unternehmens zu berücksichtigen, die in der Gesamtbetrachtung das Potenzial zur Nutzung möglicher marktlicher Chancen repräsentieren (Leistungspotenziale bzw. unternehmerische Stärken).[203] „Erfolgspotenziale entstehen [demzufolge, A.d.V.], indem unternehmerische Akti-

---

199 Vgl. Strack/Villis (2001), S. 70.

200 Vgl. hierzu Abschnitt 2.1.2.

201 Vgl. Gälweiler (1990), S. 28.

202 Gälweiler (1990), S. 26.

203 Vgl. Jenner (1998), S. 147. Ähnlich äußert sich Pape (2004), S. 14, hierzu: „In integrativer Sichtweise können Erfolgspotenziale aufgebaut werden, indem Umwelt- und Marktveränderungen antizipiert und die notwendigen Ressourcen des Unternehmens zeitgerecht mobilisiert werden."

vitäten hinsichtlich Produkten, Märkten und Ressourcen so gestaltet werden, dass das Unternehmen eine vorteilhafte Position im Wettbewerb erhält, die es zulässt, langfristig überdurchschnittliche Erfolge zu erwirtschaften. Die „Höhe“ bzw. Stärke eines Erfolgspotenzials ergibt sich aus dem Marktpotenzial [externe Erfolgspotenziale, A.d.V.] und dem Kosten-/ Leistungspotenzial [interne Erfolgspotenziale, A.d.V.] eines Unternehmens.“[204] Damit Erfolgspotenziale zu der gewünschten Erfolgswirkung führen, müssen sie zur Generierung von Wettbewerbsvorteilen führen. Verfügt ein Unternehmen im Hinblick auf die verschiedenen Erfolgspotenziale über kostengünstigere oder leistungsstärkere Faktorausprägungen als seine Konkurrenten, so stellt dies einen Wettbewerbsvorteil dar.[205] Dabei verfügt jedes Unternehmen über verschiedene Erfolgspotenziale, die für den Aufbau von Wettbewerbsvorteilen von zentraler Bedeutung sind.

Erfolgspotenziale nehmen jedoch keinen unmittelbaren Einfluss auf den langfristigen Unternehmenserfolg, sondern sie übernehmen vielmehr eine Vorsteuerfunktion für die operativen Größen Erfolg und Liquidität.[206] Aufgrund der Vorsteuerfunktion der Erfolgspotenziale „schlägt sich das Erfolgspotenzial eines Unternehmens in Erfolgen bzw. Cash Flows späterer Perioden nieder“,[207] welche die Grundlage zur Ermittlung des Unternehmenswertes darstellen.[208] Nach BAUM/COENENBERG/GÜNTHER kann daher „im Kontext einer unternehmenswertorientierten Steuerung [...] das Erfolgspotenzial als Barwert aller zukünftigen Rückflüsse (= „Erfolge“) verstanden werden. Da dieser Barwert als Unternehmenswert betrachtet werden kann, lässt sich der weiche Begriff des „Erfolgspotenzials“ monetär als Unternehmenswert („Shareholder Value“) abbilden“[209].

In diesem Sinne schaffen Erfolgspotenziale nur Voraussetzungen, aber keine Gewissheit für spätere Erfolge, wobei ein hohes und sicheres Erfolgspotential eine bessere Voraussetzung für den späteren Erfolg darstellt als ein kleines und unsicheres Erfolgspotenzial. Ebenso repräsentieren Erfolgspotenziale Obergrenzen für den realisierbaren Erfolg. Eine höhere Obergrenze bedeutet folglich einen größeren Spielraum für die Erfolgssteuerung, der jedoch durch falsche Ent-

---

204 Fischer (2000), S. 72 mit Verweis auf Pfohl (1988), S. 815.

205 Vgl. hierzu und im Folgenden Fischer (2000), S. 84 mit Verweis auf Porter (1985), S. 11f.; Bieker (1989), S. 24; Simon (1988), S. 464; Welge/Al-Laham (2001), S. 121. Ein Wettbewerbsvorteil ist aus Unternehmenssicht jedoch nur dann wertvoll, wenn der erzielte Preis für die Leistung die Kosten zur Erstellung der Leistung übersteigt. Vgl. Hungenberg (2004), S. 173.

206 Vgl. hierzu und im Folgenden Gälweiler (1990), S. 29ff.

207 Günther (1997), S. 71.

208 Vgl. hierzu Diehm (2003), S. 27; Günther (1997), S. 71.

209 Baum/Coenenberg/Günther (2004), S. 6. Im Original teilweise fett.

scheidungen auf der operativen Ebene der Unternehmensführung ungenutzt bleiben kann.

Erfolgspotenziale sind allerdings nicht eindeutig messbar und immer wieder von verschiedenen Faktoren abhängig. Daher wird zur Konkretisierung bzw. Operationalisierung von Erfolgspotenzialen typischerweise auf das Konzept der strategischen Erfolgsfaktoren zurück gegriffen.[210] Strategische Erfolgsfaktoren, d.h. die direkten „zentralen, unternehmens- und umweltbezogenen Erfolgseinflussgrößen“[211], nehmen wesentlichen Einfluss auf und sind maßgeblich für die Ermittlung der Höhe der Erfolgspotenziale.[212] Andererseits können Erfolgspotenziale durch eine Beeinflussung der Erfolgsfaktoren im Rahmen der Unternehmensführung aufgebaut werden.[213]

In der Literatur existiert in verschiedenen Forschungsrichtungen eine Vielzahl an Kategorisierungen für Erfolgspotenziale und die diese konkretisierenden Erfolgsfaktoren.[214] Abb. 5 gibt einen zusammenfassenden Überblick zur systematischen Darstellung interner und externer Erfolgsfaktoren sowie der korrespondierenden Erfolgspotenziale. Legt der marktorientierte Ansatz „zunächst die theoretischen Grundlagen in Bezug auf die Erklärung beziehungsweise Entwicklung externer Erfolgspotenziale [...], so dominiert der Ressourcenansatz in Bezug auf die theoretische Fundierung interner Wertpotenziale. [...] Der Ressourcenansatz leistet seinerseits auch einen Beitrag in Bezug auf externe Erfolgspotenziale, indem er aufzeigt, inwieweit eine Unternehmung aufgrund ihrer Ressourcenausstattung überhaupt in der Lage ist, in attraktive Branchen/Märkte – also in solche mit überdurchschnittlicher Rentabilität – einzutreten [... Ebenso liefert der marktorientierte Ansatz] über die Merkmale von Branchen und Märkten die Grundlage [...] für die in einer Branche/einem Markt wettbewerbsrelevanten Ressourcen und damit auch die Ansatzpunkte für die Bestimmung von Wettbewerbsstrategien“[215] und internen Erfolgspotenzialen. Der Aufbau und die Entwicklung von Erfolgspotenzialen ist daher nicht in einem der zwei Ansätze begründet, sondern vielmehr in deren wechselseitiger Ergänzung.

---

210 Vgl. Breid (1994), S. 35 m.w.N.; Fischer (2000), S. 73f.; Welge/Al-Laham (2001), S. 123ff.

211 Breid (1994), S. 35.

212 Neben der isolierten Kenntnis der Erfolgsfaktoren ist für die Abschätzung der Entwicklung der Erfolgspotenziale die Kenntnis über die Wirkungsrelationen sowie die Kausalstrukturen der Erfolgsfaktoren erforderlich. Vgl. Welge/Al-Laham (2001), S. 124ff.

213 Vgl. Welge/Al-Laham (2001), S. 124.

214 Vgl. hierzu Diehm (2003), S. 108ff.

215 Bamberger/Wrona (1996), S. 146f.

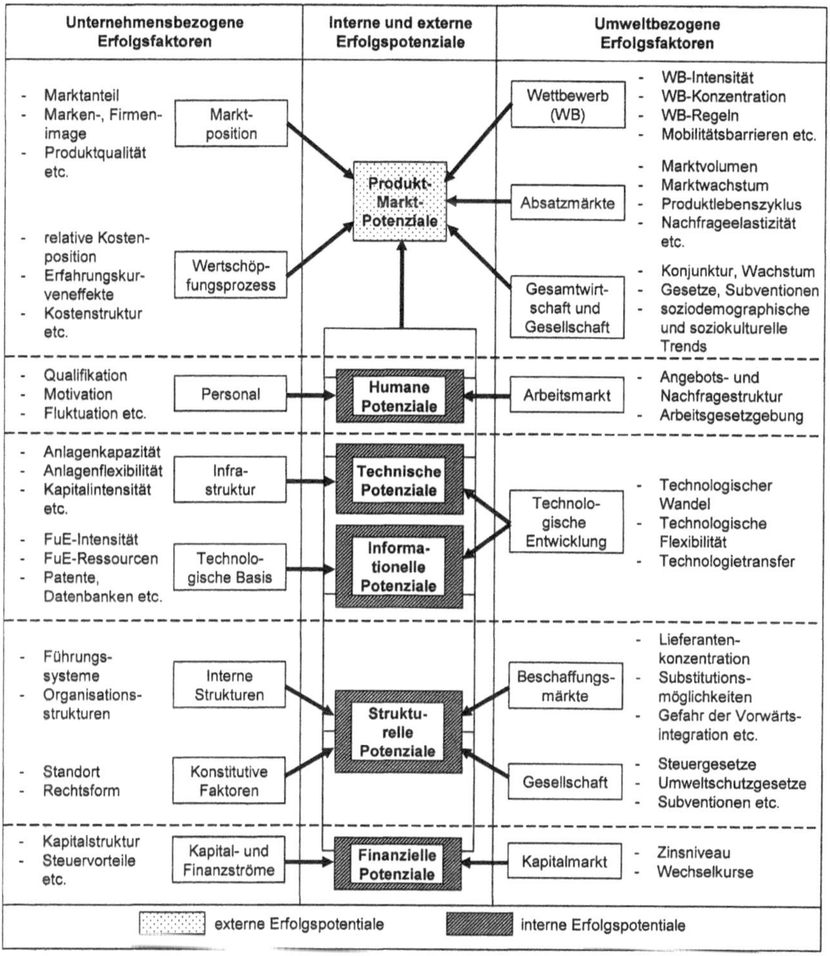


*Abb. 5: Interne und externe Erfolgsfaktoren und Erfolgspotenziale (Quelle: Breid (1994), S. 37)*

„Wichtiges zukünftiges Erfolgspotenzial für das Unternehmen"[216] können dabei die immateriellen Werte darstellen, die grundsätzlich in ihrer Gesamtheit das Intellektuelle Kapital[217] eines Unternehmens repräsentieren,[218] „aus dem die

---

216 Arbeitskreis „Externe Unternehmensrechnung" der Schmalenbach-Gesellschaft für Betriebswirtschaft e.V. (Hrsg.) (2002b), S. 2338.

217 In der Literatur werden die Begriffe immaterielle Güter, immaterielle Vermögensgegenstände, immaterielle Werte, Intellectual Capital, Intellektuelles Kapital, Intellectual Property, Intellectual Assets, Knowledge-

Wettbewerbsvorteile von morgen hervorgehen."[219] Ein Systematisierungsvorschlag für immaterielle Werte, der für den Kontext der vorliegenden Arbeit zweckdienlich erscheint,[220] wurde vom ARBEITSKREISES „IMMATERIELLE WERTE IM RECHNUNGSWESEN" DER SCHMALENBACH-GESELLSCHAFT FÜR BETRIEBSWIRTSCHAFT E.V. entwickelt.[221] Zur Systematisierung des Intellektuellen Kapitals werden sieben Kategorien von immateriellen Werten herangezogen (vgl. Abb. 6).

Während im 'Innovation Capital' immaterielle Werte im Bereich der Produkt-, Dienstleistungs- und Verfahrensinnovationen eines Unternehmens zusammengefasst werden, beinhaltet das 'Human Capital' immaterielle Werte eines Unternehmens im Personalbereich.[222] Das 'Customer Capital' und das 'Supplier Capital' umfassen immaterielle Werte eines Unternehmens im Absatz- und Beschaffungsbereich. Unter dem 'Investor Capital' werden immaterielle Werte im Finanzbereich eines Unternehmens zusammengefasst. Das 'Process Capital' umfasst immaterielle Werte im Organisationsbereich und das 'Location Capital' immaterielle Werte eines Unternehmens, die aus dessen Standort resultieren.

---

based Assets sowie Wissenskapital oftmals synonym verwendet, weshalb im Rahmen der vorliegenden Arbeit aus Vereinfachungsgründen auch keine Unterscheidung zwischen diesen Begriffen vorgenommen wird. Vgl. Arbeitskreis „Immaterielle Werte im Rechnungswesen" der Schmalenbach-Gesellschaft für Betriebswirtschaft e.V. (Hrsg.) (2001), S. 990; Maul (2000), S. 2011. Vgl. ausführlich zum Intellektuellen Kapital z.B. Edvinsson/Brünig (2000); Edvinsson/Malone (1997); Lev (2001); Sveiby (1997); Sveiby (1998).

218 Vgl. Haller/Dietrich (2001b), S. 1045.

219 V. Mutius (2002), S. 11.

220 So verweist der Arbeitskreis „Externe Unternehmensrechnung" der Schmalenbach-Gesellschaft für Betriebswirtschaft e.V. (Hrsg.) (2002b), S. 2338f. im Rahmen der Darstellung der Grundsätze für das Value Reporting explizit auf diese Systematisierung des Intellektuellen Kapitals. Ebenso bezieht sich DRS 15 auf diese Systematisierung. Vgl. hierzu Abschnitt 3.1.2.1.

221 Vgl. hierzu und im Folgenden Arbeitskreis „Immaterielle Werte im Rechnungswesen" der Schmalenbach-Gesellschaft für Betriebswirtschaft e.V. (Hrsg.) (2001), S. 990f. Vgl. ferner Arbeitskreis „Immaterielle Werte im Rechnungswesen" der Schmalenbach-Gesellschaft für Betriebswirtschaft e.V. (Hrsg.) (2003), zu freiwilligen externen Berichterstattung über immaterielle Werte. Vgl. ähnlich auch Maul/Menninger (2000), S. 529ff. m.w.N. Es ist jedoch darauf hinzuweisen, dass diese Systematisierung nicht überschneidungsfrei ist. Eine von PwC und der TU Dresden durchgeführte Studie in Industrien der „New Economy" führt zu dem Ergebnis, dass in diesen Unternehmen nach Einschätzung des Management dem Human Capital eine herausragende Bedeutung für den Unternehmenserfolg zukommt. Vgl. PwC (Hrsg.)/Günther/Beyer (2003), S. 16.

222 Vgl. hierzu und im Folgenden Arbeitskreis „Immaterielle Werte im Rechnungswesen" der Schmalenbach-Gesellschaft für Betriebswirtschaft e.V. (Hrsg.) (2001), S. 990f.

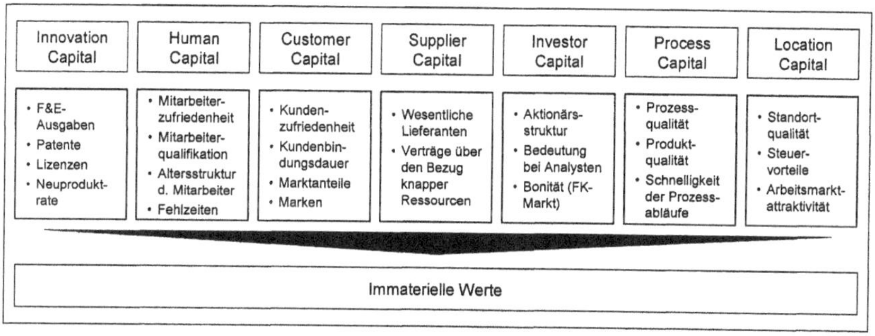


*Abb. 6:* *Kategorisierung immaterieller Werte*
*(Quelle: In Anlehnung an Arbeitskreis „Immaterielle Werte im Rechnungswesen" der Schmalenbach-Gesellschaft für Betriebswirtschaft e.V. (Hrsg.) (2001), S. 990f.; Arbeitskreis „Immaterielle Werte im Rechnungswesen" der Schmalenbach-Gesellschaft für Betriebswirtschaft e.V. (Hrsg.) (2003), S. 1236f.)*

Verschiedene empirische Untersuchungen bestätigen den Einfluss von immateriellen Werten im Sinne von Erfolgspotenzialen auf den (finanziell messbaren) Unternehmenserfolg.[223] In diesen Untersuchungen wird allerdings nicht der Einfluss sämtlicher immaterieller Werte untersucht, sondern typischerweise der Zusammenhang zwischen einzelnen immateriellen Werten, wie bspw. Investitionen in F&E, und dem Unternehmenserfolg, wie bspw. dem Gewinn oder dem Shareholder Value.[224] ZEMELKA und STAUBER geben einen Überblick über verschiedene Untersuchungen zur Wertrelevanz von immateriellen Werten, auf Basis derer sie die empirische Evidenz zur Wertrelevanz immaterieller Werte konstatieren.[225]

Neben den dargestellten immateriellen Werten kann auch die Nachhaltigkeitsorientierung der Unternehmensführung als eine Voraussetzung für zukünftigen (finanziellen) Erfolg interpretiert werden.[226] Dem Grundgedanken der 'triple bottom line' folgend, kann ein Unternehmen nur dann auf lange Sicht zum Unternehmenswert beitragen, wenn es ebenso soziale wie ökologische Werte schafft.[227] Die Berücksichtigung sozialer und ökologischer Aspekte kann mithin die Reputation des Unternehmens verbessern und zu erheblichen Wettbewerbs-

---

223 Vgl. stellvertretend z.B. Aboody/Lev (1998); Deng/Lev/Narin (1999).

224 Vgl. Zemelka (2002), S. 210.

225 Vgl. hierzu Stauber (2003), S. 272f.; Zemelka (2002), S. 210ff.

226 Vgl. Arnold/Freimann/Kurz (2003), S. 394, die in diesem Zusammenhang von strategischen Erfolgspotenzialen der Nachhaltigkeitsorientierung sprechen. Vgl. zur Nachhaltigkeit bereits Abschnitt 2.1.1.2.

227 Vgl. Eccles u.a. (2002), S. 201.

vorteilen führen.[228] Letzteres begründen ARNOLD/FREIMANN/KURZ damit, „dass Nachhaltigkeit wesentliche Aspekte der Veränderungen der Umfeld- bzw. Erfolgsbedingungen (Stakeholder-Ansprüche) unternehmerischer Aktivität bündelt und die Nachhaltigkeitsdebatte eine Art Frühindikator-Funktion erfüllt."[229]

Die nachhaltige Ausrichtung der Unternehmensführung sollte dabei nicht losgelöst von den immateriellen Werten betrachtet werden.[230] Zum einen können ökologische und soziale Leistungen einen Einfluss auf immaterielle Werte, wie bspw. das Markenimage und das Wohlwollen der Kunden, nehmen, die für die Reputation des Unternehmens und das Vertrauen als zentral angesehen werden. Zum anderen können einzelne Indikatoren, wie bspw. die Kundenzufriedenheit, sowohl einer Dimension der Nachhaltigkeit (soziale Dimension) als auch einer Kategorie des Intellektuellen Kapitals (customer capital) zugeordnet werden.

Abschließend stellt sich die Frage, inwieweit nachhaltigkeitsorientierte Unternehmen tatsächlich erfolgreicher sind als nicht-nachhaltigkeitsorientierte Unternehmen. Nach einer jüngst von Oekoradar beauftragten und vom Ifo-Institut durchgeführten Befragung zum Stand der Entwicklung der Nachhaltigkeit in 5.788 deutschen Unternehmen lassen sich in diesem Kontext Untersuchungsergebnisse anführen, die diesen Zusammenhang untermauern.[231] Während 41,1%

---

228 Vgl. Brebeck/Horst (2002), S. 21.

229 Arnold/Freimann/Kurz (2003), S. 394.

230 Vgl. hierzu und im Folgenden Eccles u.a. (2002), S. 307; GRI (Hrsg.) (2002), S. 66ff. Günther/Günther (2003), S. 194, stellen im Hinblick auf die Gemeinsamkeiten von ökologischen und immateriellen Ressourcen fest, dass „beide Ressourcentypen [...] Komponenten der Nachhaltigkeit [...], d.h. eine an den in Zukunft benötigten Ressourcen ausgerichteten Unternehmenssteuerung dar[-stellen, A.d.V.]. Wird diese mit den drei Ausprägungen ökonomisch, ökologisch und sozial gemessen, so fließen sowohl immaterielle als auch ökologische Ressourcen ein."

231 Oekoradar ist ein Verbundprojekt unter der Leitung des Deutschen Kompetenzzentrums für Nachhaltiges Wirtschaften der privaten Universität Witten/Herdecke (dknw) und des Lehrstuhls für Umweltmanagement der Universität Hohenheim. Vgl. zu den Ergebnissen der Studie Ifo-Institut (Hrsg.) (2002); Gutterer/Geßner/Sprenger/Rave (2002). Als ein weiteres Ergebnis dieser Studie konnte 43,1% der Unternehmen ein umweltmanagementorientiertes (25,2%) oder ein nachhaltigkeitsorientiertes (17,9%) Bewusstein zugeordnet werden. Ferner gingen 58% der Befragten davon aus, dass sowohl die Bedeutung sozialer und ökologischer Verantwortung als auch das in diesem Zusammenhang geforderte Engagement der Unternehmen steigen wird. „Und dieser äußere Druck wird in den nächsten Jahren noch merklich zunehmen. Dafür sorgen zahlreiche gesellschaftliche Organisationen, schnell wachsende supranationale und nationale Netzwerke und ganz spezielle Initiativen, wie zum Beispiel der „Global Compact" der Vereinten Nationen, die „Global Agenda" des World Economic Forum, das europäische Unternehmensnetzwerk „Corporate Social Responsibility" (CSR), die Initiative „Freiheit und Verantwortung" der vier Dachverbände der deutschen Wirtschaft und der „Wirtschaftswoche" sowie das „Econsense-Forum Nachhaltige Entwicklung" führender deutscher Unternehmen wie Allianz, BMW, Deutsche Bank, Siemens und VW, das in seinen Leitlinien „die Balance ökonomischer und sozialer Ziele" explizit als Handlungsmaxime formuliert hat." V. Mutius (2002), S. 11f. Darüber hinaus können weitere nachhaltigkeitsbezogene Initiativen aufgeführt werden, wie bspw. der Dow Jones Sustainability Group-Index und spezielle ethische und/oder ökologische Fonds. Vgl. im Internet: http://www.sustainability-index.com (Stand: 04.03.2004). und ausführlicher zur Sustainability im Zusammenhang mit Kapitalmärkten z.B. Schoenheit (2001); DAI (Hrsg.) (2002). Vgl. außerdem im In-

der nachhaltigkeitsorientierten Unternehmen eine positive Umsatzentwicklung in den letzten zwei Jahren bestätigen, sind es unter den passiven Unternehmen nur 18,8%. Des Weiteren bewerten 41,6% der nachhaltigkeitsorientierten Unternehmen ihre Wettbewerbsposition in den letzten Jahren als verbessert, bei den passiven Unternehmen sind es nur 18,8%. Zu ähnlichen Ergebnissen führte eine von ARTHUR D. LITTLE durchgeführte empirische Befragung unter knapp 481 Vorständen, Geschäftsführern und Verantwortlichen für Umwelt, Sicherheit und Gesundheit. So gingen 82% der Befragten davon aus, dass Nachhaltigkeit zu einer Steigerung des Unternehmenswertes führen kann.[232]

Zu weniger eindeutigen Ergebnissen kommen hingegen empirische Untersuchungen zum Zusammenhang zwischen der Nachhaltigkeitsorientierung von Unternehmen und deren finanziellen Erfolg. RAUSCHENBERGER stellt fest, dass entgegen der oftmals vertretenen Meinung, „nachhaltige Unternehmen würden langfristig einen höheren Unternehmenswert generieren als andere Unternehmen, [...] dies noch nicht mit ausreichender Sicherheit bewiesen werden“[233] konnte.[234] ZIEGLER/RENNINGS/SCHRÖDER kommen zu dem Ergebnis, „dass eine hohe ökologische Nachhaltigkeit [...] der Branche, in der eine Aktiengesellschaft tätig ist, einen signifikant positiven Effekt auf die durchschnittliche monatliche Aktienrendite besitzt. [...] Dagegen besitzt eine hohe soziale Nachhaltigkeit der Branche, in der ein Unternehmen wirtschaftet, einen negativen Einfluss auf die durchschnittliche monatliche Aktienrendite.“[235] Damit liegen – zumindest bisher – noch keine empirisch gesicherten Erkenntnisse über den positiven Zusammenhang der nachhaltigen Ausrichtung des wirtschaftlichen Handelns und dem finanziellen Erfolg von Unternehmen vor.

---

ternet: www.ethisches-investment.de (Stand: 04.03.2004). Des Weiteren wurde z.B. die European Data-Bank Sustainable Development, eine Internetdatenbank mit europäischen Institutionen und Experten zum Thema Sustainability, eingerichtet. Vgl. im Internet: www.sd-eudb.net (Stand: 05.03.2004).

232 Vgl. hierzu Hardtke/Prehn (2001), S. 85.

233 Rauschenberger (2002), S. 223.

234 Eine in diesem Zusammenhang durchgeführte Untersuchung des Corporate Governance Research Centers der Organisation „The Conference Board" bestätigte den positiven Zusammenhang, den Daum (2002), S. 148, wie folgt kommentiert: „Nicht nur ließen sich keine negativen Effekte durch entsprechende Aktionen eines Unternehmens auf den Shareholder Value nachweisen, sondern es zeigten sich sogar positive Auswirkungen."

235 Ziegler/Rennings/Schröder (2002), S. 33. Orlitzky/Schmidt/Rynes (2003), S. 427 kommen im Rahmen einer Metaanalyse zu dem Schluss, „(1) across studies, CSP (Corporate Social/Environmental Performance, A.d.V.] is positively correlated with CFP [Corporate Financial performance, A.d.V], (2) the relationship tends to be bidirectional and simultaneous, (3) reputation appears to be an important mediator of the relationship, and (4) stakeholder mismatching, sampling error, and measurement can explain between 15 percent and 100 percent of the cross-study variation in various subsets of CSP-CFP correlations. Corporate virtue in the form of social and, to a lesser extent, environmental responsibility is rewarding in more ways than one“.

Zusammenfassend ist jedoch festzuhalten, dass sich eine ganze Reihe von Anzeichen und Indikatoren anführen lassen, die auf einen positiven Zusammenhang zwischen der nachhaltigen Ausrichtung des wirtschaftlichen Handelns und dem finanziellen Erfolg in Form des Unternehmenswertes hinweisen.

Abschließend sei erwähnt, dass Erfolgspotenziale nicht nur in positiver Ausprägung, sondern ebenso in negativer Ausprägung vorliegen können.[236] In der Literatur werden sie dann meist unter dem Begriff Risikopotenzial oder schlicht als Risiken umschrieben. Allgemein kann unter dem Begriff Risiko eine mögliche Zielabweichung verstanden werden.[237] Während das reine Risiko im Hinblick auf die Zielabweichung ausschließlich die Schadensgefahr darstellt, schließt das spekulative Risiko sowohl das Verlustpotenzial als auch Chancen ein.[238]

Wird im Rahmen der wertorientierten Unternehmensführung auf den Ausbau sowie den Erhalt von Erfolgspotenzialen in der positiven Ausprägung abgezielt, ist es zusätzlich erforderlich, Risiken, die eine erfolgreiche Unternehmensentwicklung gefährden können, zu erkennen sowie anhand geeigneter Maßnahmen zu bewältigen.[239] FALTER/MICHEL interpretieren „Risiko und Chance [... als, A.d.V.] zwei Seiten derselben Medaille. Als Unternehmen muss man [...] Risiko als Chance verstehen, um Möglichkeiten auszuschöpfen, die Grenzen auszuloten, Wettbewerber zu schlagen, Werte zu schaffen und Investoren anzuziehen. Gleichzeitig gilt es, Verlustmöglichkeiten zu reduzieren, Werte zu schützen, mit den Wettbewerbern mitzuhalten und Vertrauen im Umfeld zu schaffen. So verstanden zielt Risikomanagement auf die (Wert-)Erhaltung und Wertsteigerung von Unternehmen ab und ist damit ein wichtiger Baustein eines umfassenden Wertmanagements im Unternehmen“[240].

---

236 Vgl. zu dem Begriff des Risikopotenzials Oepping/Siemes (2003), S. 229. Risikopotenziale beziehen sich auf längerfristige und damit strategische Risiken. Neben strategischen Risiken können operative Risiken bestehen, die sich, vergleichbar dem Begriff der Erfolgsfaktoren, auf einen kürzeren Betrachtungszeitraum beziehen. Vgl. Wolf (2003b), S. 41f.

237 Vgl. hierzu und im Folgenden Wolf (2003b), S. 38ff.

238 Vgl. zu einer möglichen Risikokategorisierung Abschnitt 2.3.2.1.

239 Vgl. ähnlich Oepping/Siemes (2003), S. 229. Nach Gleißner/Meier (2000), S. 8 können vier Formen der Risikobewältigung unterschieden werden: 1. Risikovermeidung; 2. Risikoreduzierung; 3. Überwälzen von Risiken; 4. Risiko selbst tragen).

240 Falter/Michel (2000), S. 475. Vgl. hierzu auch Gleißner/Meier (2000), S. 10.

### 2.1.3.1.4 Shareholder Value versus Stakeholder Value

Einer am Shareholder Value orientierten Unternehmensführung wird – insbesondere in der europäischen Literatur – zuweilen mit Kritik begegnet. Gegner des Shareholder Value werfen diesem einen Interessenmonismus vor und fordern die Ausrichtung der Unternehmensführung an den Interessen der verschiedenen Stakeholder.[241] In Abkehr von einer als zu eng empfundenen, einseitigen Ausrichtung des Shareholder Value Gedankens zielt der Stakeholder Value auf eine mehrdimensionale Zielsetzung im Sinne der Verfolgung interessensbezogener Ziele. Im Fokus steht die Nutzenstiftung für die verschiedenen Anspruchsgruppen. Diese Forderung wird in der Literatur auch mit der eingangs skizzierten Entwicklung bzgl. der veränderten Wertvorstellung – weg von rein ökonomischen Werten – begründet. Wesentliche Stakeholder eines Unternehmens sowie deren Interessen sind in Abb. 7 dargestellt.

| | Hauptziele | Ansprüche und Erwartungen gegenüber dem Unternehmen |
|---|---|---|
| Aktionäre | • Steigerung des eingesetzten Kapitals | • Realisierung von Kursgewinnen<br>• Ausschüttung von Dividenden<br>• Einfluss auf Unternehmensführung |
| Mitarbeiter | • Existenzsicherung, Lebens- und Arbeitsqualität | • Möglichst hohes Einkommen bei geg. Freizeit<br>• Arbeitsplatzsicherheit & -qualität, Fortbildung<br>• Information & Mitbestimmung |
| Fremdkapitalgeber | • Verzinsung und Rückzahlung des eingesetzten Kapitals | • Verzinsung und termingerechte Rückführung des Kapitals<br>• Information |
| Kunden | • Bedürfnisbefriedigung | • Adäquates Preis-/Leistungsverhältnis<br>• Guter Service |
| Lieferanten | • Gewinne und Wertsteigerung | • Angemessene Margen<br>• Unabhängigkeit<br>• Langfristige und sichere Lieferbeziehungen |
| Staat/ Gesellschaft | • Gesamtwirtschaftliche Wohlfahrt, Gerechtigkeit | • Information, ggf. Mitbestimmung<br>• Wirtschaftswachstum/Arbeitsplätze<br>• Steuern und Abgaben<br>• Umweltschutz |

*Abb. 7: Stakeholder und ihre Ansprüche und Erwartungen (Quelle: Bötzel/Schwilling (1998), S. 49)*

Wie aus Abb. 7 ersichtlich ist, verfolgenden die unterschiedlichen Stakeholder in der Regel verschiedene Zielsetzungen, die teilweise sogar zu Zielinkompatibilitäten bzw. -konflikten führen. Vor diesem Hintergrund ergibt sich die Frage-

---

241 Vgl. z.B. Janisch (1993), S. 103ff.

stellung, wie die Ansprüche der einzelnen Stakeholder zu bewerten und zu gewichten sind, um hieraus eine messbare Zielgröße für die Unternehmensführung ableiten zu können.[242] Obgleich inzwischen erste Ansätze zur Messung eines Stakeholder Value entwickelt wurden,[243] ist weiterhin davon auszugehen, dass die „Steuerung von Unternehmen [...] durch die Abwägung und Befriedigung der unterschiedlichen Stakeholder-Interessen zu einem politischen Prozess [mutiert, A.d.V.], der nicht länger einen rein wirtschaftlichen Charakter aufweist."[244] Vor diesem Hintergrund ist bislang ungeklärt, inwiefern der Stakeholder Value in der Praxis überhaupt zu operationalisieren ist.[245]

Dass trotz der vorgebrachten Kritik an der Orientierung der Unternehmensführung am Shareholder Value eine Notwendigkeit hierfür besteht, lässt sich – im Rahmen der hier skizzierten Ausführungen – im Wesentlichen auf zwei Punkte fokussieren. Zum einen liegt die Kompetenz der Entscheidungsbefugnis in einem marktwirtschaftlichen Wirtschaftssystem vornehmlich bei den Eigentümern. „Die Eigentümer haben bei diesem Unternehmenstyp [d.h. bei sog. kapitalgeleiteten Unternehmen, A.d.V.] das Recht auf den Residualerfolg und die Veräußerung der Anteile. Insbesondere das erste Recht wäre ohne Bedeutung, wenn die Eigentümer nicht in der Lage sind, Entscheidungen über die Entwicklung des Unternehmens direkt oder über Beauftragte zu treffen."[246] Der Shareholder Value ergibt sich als Residualgröße für die Anteilseigner, die nach Befriedigung der Ansprüche der anderen Stakeholder übrig bleibt. Dieser Tatsache folgend handelt es sich nicht um eine einseitige Ausrichtung der Unternehmensführung i.S.e. Vernachlässigung der Interessen der anderen Stakeholder. Vielmehr werden die Interessen der übrigen Anspruchsgruppen bereits vor den Interessen der Anteilseigner ergebnisbezogen berücksichtigt. Zum anderen wird mit dem Shareholder Value eine eindeutige und messbare Zielgröße für die Unternehmensführung bereitgestellt, anhand derer die verschiedenen Aktivitäten beurteilt und Entscheidungen getroffen werden können. „Im Verständnis wertorientierter Unternehmensführung bildet [daher, A.d.V.] der Unternehmenswert das höchste strategische Finanzziel, das hierarchisch unterhalb des Oberziels der langfristigen Existenz[...]sicherung angeordnet ist."[247] Sämtliche strategischen

---

242 In diesem Zusammenhang führt die im Fokus stehende Nutzenstiftung für die verschiedenen Anspruchsgruppen zu Problemen der Quantifizierbarkeit. Nutzenwerte repräsentieren jedoch vornehmlich qualitative, subjektive Werte, die nicht in monetären Größen messbar sind. Vgl. Lattwein (2002), S. 116ff.

243 Vgl. Figge (2002); Figge/Schaltegger (2000).

244 Lattwein (2002), S. 116.

245 Vgl. Hungenberg (2004), S. 30.

246 Hachmeister (1999), S. 36f.

247 Pape (2004), S. 145.

und operativen Entscheidungen und Maßnahmen sind somit an der Zielsetzung der Steigerung des Unternehmenswertes auszurichten. In diesem Sinne steht die wertorientierte Unternehmensführung „für die Gesamtheit aller Aktivitäten zur Steigerung des Unternehmenswertes."[248]

Die Wertschaffung im Unternehmen basiert dabei in wesentlichem Maße auf der Schaffung und Ausnutzung von Wettbewerbsvorteilen. Für einen langfristigen Bestand des Unternehmens und die Schaffung von Wert ist somit erforderlich, neben den Interessen der Aktionäre auch die Interessen der (strategisch relevanten) Stakeholder angemessen zu berücksichtigen.[249] „Die langfristige Missachtung der Anspruchsgruppen (bspw. in Form von Produkten, die zur Unzufriedenheit der Kunden führen, der Ausbeutung von Zuliefererunternehmen oder der Demotivation von Mitarbeitern) kann zu bedrohlichen Sanktionshandlungen einzelner Gruppen gegenüber dem Unternehmen führen und damit die Wettbewerbsfähigkeit des Unternehmens nachhaltig gefährden."[250] Dies bewirkt langfristig wiederum eine Existenzgefährdung des Unternehmens.

Die verschiedenen Interessen können in Form eines mehrstufigen sowie mehrdimensionalen Zweck- bzw. Zielsystems berücksichtigt werden (vgl. Abb. 8).[251]

Auf der obersten Stufe sind verschiedene Zweckkategorien enthalten, die sich aus den Nutzenerwartungen der Stakeholder ableiten. Dabei steht die Frage im Vordergrund, wie die im Unternehmen generierten Mittel zu verwenden sind.[252] Demgegenüber repräsentieren die zweite und dritte Stufe die internen Ziele des Unternehmens. Dabei wird die oberste Zielgröße, der Unternehmenswert, durch die untergeordnete Zielsetzungsstufe, d.h. durch Wert-, Sach- bzw. Leistungs- sowie Sozial- bzw. Humanziele konkretisiert. In diesem Sinne erfolgt eine Berücksichtigung der Stakeholderinteressen in der Form, dass mögliche Sanktionshandlungen aufgrund nicht adäquat berücksichtigter Interessen, die auf Dauer in einem Verlust von Wettbewerbsvorteilen und damit in einer Minderung des Unternehmenswertes resultieren, vermieden werden.

248 Gomez (1998), S. 62.

249 Vgl. Welge/Al-Laham (2001), S. 174.

250 Lattwein (2002), S. 119. Im Original teilweise fett.

251 Vgl. ausführlich hierzu und im Folgenden Lattwein (2002), S. 120ff. m.w.N.

252 Vgl. Lattwein (2002), S. 120.

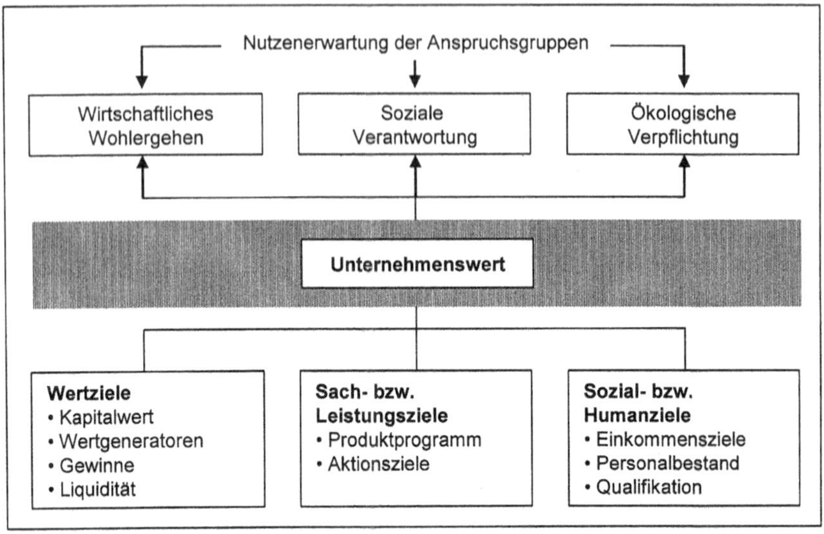


*Abb. 8: Zweck- und Zielsetzungen in der wertorientierten Unternehmensführung (Quelle: In Anlehnung an Lattwein (2002), S. 121)*

### 2.1.3.2 Wertorientierte Analyse

Mit den vorangegangenen Ausführungen wurde anhand der Bedeutung des Unternehmenswertes als oberste Zielgröße einerseits und der - gleichzeitig darin implizit enthaltenen - Berücksichtigung der Stakeholderinteressen andererseits skizziert, was unter der Wertorientierung als Leitgedanke in die Unternehmensführung zu verstehen ist. In diesem Zusammenhang wurde ferner dargelegt, wie der Unternehmenswert ermittelt werden kann. Weiterhin wurden verschiedene wertorientierte Messkonzepte zur Umsetzung des Shareholder Value-Gedankens in der Unternehmensführung skizziert.

Somit wurden noch keine Aussagen darüber getroffen, wie Unternehmen geeignete Strategien konzipieren und umsetzen können, um letztlich das angestrebte Ziel des Aufbaus von Erfolgspotenzialen und damit der Unternehmenswertsteigerung zu erreichen. „Voraussetzung für die Entwicklung wertsteigernder [...] Strategien ist, dass im Rahmen einer strategischen Analyse der Umwelt und des Unternehmens Informationen über die Erfolgsfaktoren und Erfolgspotenziale gesammelt werden, die es dem Unternehmen ermöglichen, langfristige Wettbewerbsvorteile und Überrenditen zu generieren."[253] Ziel der Umfeld- und Unternehmensanalyse ist daher die Erarbeitung einer für die zielorientierte Strategieentwicklung erforderlichen Informationsbasis.[254] Zusätzlich ist eine sog. Wertlückenanalyse durchzuführen, die ebenfalls Anhaltspunkte zur Ableitung von Strategien liefert.[255] Die beschriebenen Zusammenhänge werden in Abb. 9 skizziert und nachfolgend erläutert.

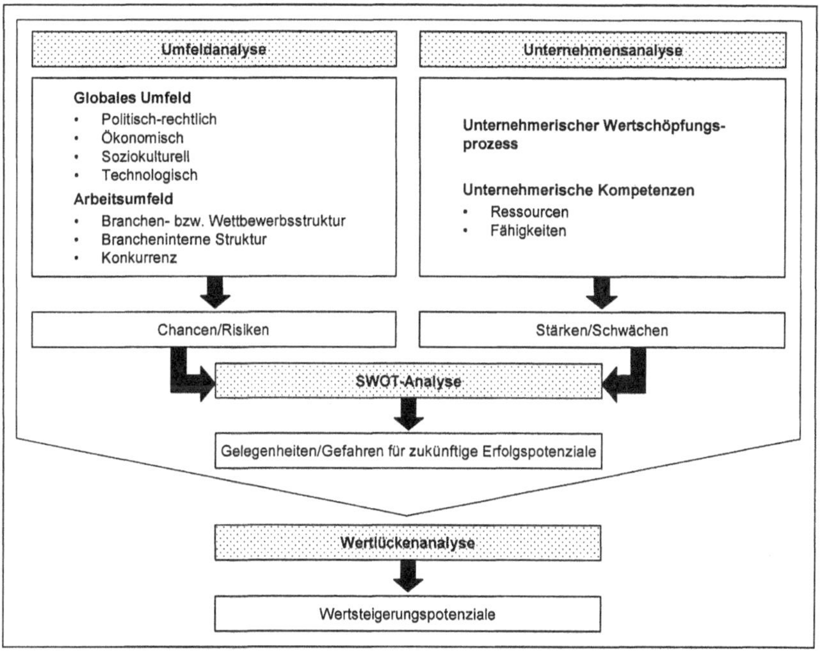


*Abb. 9: Konzeption der wertorientierten Analyse (Quelle: In Anlehnung an Aders/Hebertinger/Wiedemann (2003), S. 364; Coenenberg (2003b), S. 175; Welge/Al Laham (2001), S. 185)*

Da Unternehmen nicht losgelöst von deren Umfeld agieren, sondern darin „eingebunden" sind, stellt die *Umfeldanalyse* eine erforderliche Voraussetzung dar,

253 Aders/Hebertinger/Wiedemann (2003), S. 363. Vgl. ähnlich z.B. Becker/Fallgatter (2002), S. 63; Hungenberg (2004), S. 84f.; Welge/Al-Laham (2001), S. 183.

254 Hierauf basierend können anschließend mögliche Strategien formuliert werden, von denen diejenigen ausgewählt werden, die am geeignetsten für die Zielerreichung des Unternehmens erscheinen. Vgl. hierzu Abschnitt 2.1.3.3. Anschließend bedarf es zur Realisierung der angestrebten Ziele der Umsetzung der dafür gewählten Strategien. Vgl. hierzu Abschnitt 2.1.3.4.

255 Vgl. Aders/Hebertinger/Wiedemann (2003), S. 363.

um ein Unternehmen erfolgreich am Markt positionieren zu können.[256] Ziel der Umfeldanalyse ist es, Informationen zu Chancen und Risiken über das unternehmerische Umfeld zur Verfügung zu stellen, die „für die Erreichung der Unternehmensziele von Bedeutung sind“[257]. Das Umfeld des Unternehmens kann durch eine hohe Komplexität gekennzeichnet sein, da das Unternehmen einer Vielzahl verschiedener Einflussfaktoren ausgesetzt ist.[258] Zur Systematisierung dieser Einflussfaktoren kann vereinfachend ein globales Umfeld und das Arbeitsumfeld (sog. Wettbewerbsumfeld) unterschieden werden (vgl. Abb. 9). Während das globale Umfeld nur in indirekten Bezug zur Unternehmensaufgabe steht, hat das Arbeitsumfeld eine direkte Beziehung zu den Sachzielen eines Unternehmens.[259]

Die Analyse des *globalen Umfeldes* bezieht sich auf allgemeine Bedingungen, denen sämtliche Wettbewerber in gleicher oder ähnlicher Weise ausgesetzt sind und die von den Unternehmen nur in einem geringen Maße beeinflussbar sind. Ziel dieser Analyse ist es zu ermitteln, welche Chancen und Risiken sich aufgrund der derzeitigen Ausprägungen bzw. möglicher zukünftiger Entwicklungen der verschiedenen Faktoren für das Unternehmen ergeben.[260]

Im Gegensatz zur globalen Analyse bezieht sich die Analyse der Branchenstruktur als oberste Analyseebene des *Arbeitsumfeldes* auf Faktoren, die nur für Unternehmen einer bestimmten Branche relevant und zudem stärker von diesen beeinflussbar sind. Das bekannteste Modell zur Branchenanalyse stellt das bereits skizzierte Konzept der 'Five Forces' von PORTER dar.[261] Ziel dieses Modells ist es, die Wettbewerbssituation eines Unternehmens innerhalb einer bestimmten Branche i.S.d. strukturellen Merkmale einer Branche zu analysieren, um hieraus mögliche Erfolgspotenziale für das Unternehmen zu ermitteln. Durch die Ab-

---

256 Vgl. Hungenberg (2004), S. 84.

257 Welge/Al-Laham (2001), S. 184.

258 Vgl. Hungenberg (2004), S. 86.

259 Vgl. Becker/Fallgatter (2002), S. 65; Welge/Al-Laham (2001), S. 184.

260 Hinsichtlich der in Abb. 9 aufgeführten politisch-rechtlichen (z.B. Steuerrecht oder Vorschriften zum Umweltschutz), ökonomischen (gesamtwirtschaftliche Einflussfaktoren, wie z.B. Wirtschaftswachstum), soziokulturellen (z.B. Bevölkerungsstruktur, gesellschaftliche Werte und Einstellungen) sowie technologischen Umfeldfaktoren (Entwicklung des technischen Fortschritts) können keine allgemeingültigen Aussagen für alle Unternehmen getroffen werden. Vielmehr sind die verschiedenen einflussnehmenden Umfeldfaktoren im Einzelfall individuell zu ermitteln. Vgl. ausführlich zur Analyse des globalen Umfeldes Welge/Al-Laham (2001), S. 185ff.

261 Vgl. hierzu Abschnitt 2.1.2. Neben dem Modell von Porter wurden weitere Modelle zur Analyse der Branchenstruktur und demzufolge zur Systematisierung der wichtigsten Determinanten entwickelt. Vgl. zu weiteren Modellen z.B. Hungenberg (2004), S. 105ff.

schätzung der Chancen und Risiken aus dem Markt ist es möglich, die Rentabilitätspotenziale der Branche richtungsweisend einzuschätzen.[262]

Da die Branchenstrukturanalyse aufgrund ihrer branchenbezogenen Undifferenziertheit die Vielfalt der Ausprägungs- und Erscheinungsformen von Aktivitäten innerhalb einer Branche nur unzureichend erfasst,[263] wird die Analyse des Arbeitsumfeldes auf der zweiten Analyseebene durch die Analyse der brancheninternen Strukturen und der diese bestimmenden strategischen Gruppen ergänzt.[264] Diese Analyse ermöglicht eine differenzierte Betrachtung der Wettbewerbsintensität und folglich der Rentabilitätspotenziale.[265]

Zusätzlich ist es erforderlich, die einzelnen Konkurrenten des Unternehmens gezielt zu analysieren.[266] Die Konkurrenzanalyse bildet somit die unterste Analyseebene des Arbeitsumfeldes. Ziel der Konkurrentenanalyse ist es, wettbewerbsrelevante Informationen über Konkurrenten einer strategischen Gruppe oder auch der gesamten Branche zu generieren.[267]

Informationen über die Fähigkeiten der Konkurrenten sind ebenso von Bedeutung für die *Unternehmensanalyse*. Ziel der Unternehmensanalyse ist es, die unternehmenseigenen Stärken und Schwächen – absolut sowie im Vergleich zu

---

262 Insgesamt ermöglicht die Branchenstrukturanalyse damit ein systematisches Verständnis der relevanten Wettbewerbsfaktoren einer Branche. Basierend hierauf lassen sich Anhaltspunkte für mögliche Wettbewerbsstrategien ableiten.

263 Vgl. McGee/Thomas (1986), S. 141ff.

264 Vgl. Welge/Al-Laham (2001), S. 221f. Unter einer strategischen Gruppe einer Branche können Unternehmen verstanden werden, die sich bezüglich gewisser strategischer Dimensionen entsprechen. Vgl. Porter (1995), S. 177, der die Auswahl von zwei strategischen Dimensionen vorschlägt. Konstituierendes Merkmal für die Auswahl der Dimensionen ist, dass hierdurch Mobilitätsbarrieren (sog. gruppenspezifische Eintrittsbarrieren) entstehen, die sich nur mit erheblichen Kosten sowie Unsicherheiten überwinden lassen. Für die Entstehung von Mobilitätsbarrieren können marktbezogene Aspekte (z.B. Markennamen), Rahmenbedingungen der Wertschöpfung der Branche (z.B. Fertigungsverfahren) sowie Strukturmerkmale des einzelnen Unternehmens (z.B. Aufbau- und Ablauforganisation) herangezogen werden. Vgl. Homburg/Sütterlin (1992), S. 639. Bezogen auf die skizzierte Branchenstrukturanalyse nach Porter bedeutet das Vorhandensein der Mobilitätsbarrieren, dass die verschiedenen Wettbewerbskräfte einen ungleichmäßigen Einfluss auf die strategischen Gruppen haben. Vgl. Welge/Al-Laham (2001), S. 223. Dementsprechend ist von gruppenspezifischen Unterschieden bezogen auf die Verhandlungsmacht der Lieferanten und der Abnehmer, sowie der Bedrohung durch Ersatzprodukte auszugehen.

265 Ferner können durch die Annahme der Mobilitätsbarrieren Rentabilitätsunterschiede innerhalb einer Branche erklärt und wichtige Anhaltspunkte für die Strategieformulierung abgeleitet werden.

266 Vgl. Becker/Fallgatter (2002), S. 79; Welge/Al-Laham (2001), S. 225.

267 Vgl. Becker/Fallgatter (2002), S. 79. In diesem Sinne zielt die Konkurrenzanalyse jedoch nicht ausschließlich auf eine Auflistung verschiedener Kriterien. Vielmehr ist es erforderlich, aus den erhobenen Informationen die künftigen Strategien der Konkurrenten i.S.e. Reaktionsprofils prognostizieren zu können. Zu diesem Zweck wurde von Porter ein konzeptioneller Rahmen zur Konkurrenzanalyse entwickelt. Ausgehend von der Kenntnis von vier Elementen, d.h. Zielen für die Zukunft, gegenwärtige Strategie, Annahmen sowie Fähigkeiten, wird die Erstellung eines Reaktionsprofils der Konkurrenten ermöglicht. Vgl. Porter (1995), S. 80.

den Konkurrenten – zu ermitteln. „Aufgabe der Unternehmensanalyse ist die Beschreibung und vor allem Bewertung der Ressourcenposition des Unternehmens aus strategischer Sicht mit dem Ziel, aus den ermittelten Stärken und Schwächen Ansatzpunkte für die Schaffung eines strategischen Wettbewerbsvorteils aufzuzeigen.“[268] Zur Ermittlung der unternehmensinternen Stärken und Schwächen lassen sich im Wesentlichen zwei Ansatzpunkte ausmachen, um unternehmerische Potenziale und mögliche Wettbewerbsvorteile identifizieren zu können: zum einen der unternehmerische Wertschöpfungsprozess, zum anderen die Kernkompetenzen des Unternehmens, die auf dem Zusammenwirken unternehmerischer Ressourcen und Fähigkeiten basieren (vgl. Abb. 9).[269]

Der *Wertschöpfungsprozess* eines Unternehmens kann anhand der sog. Wertkette (bzw. Wertschöpfungskette) von PORTER systematisch dargestellt und analysiert werden, indem die verschiedenen wertschöpfungsbezogenen Aktivitäten in einer bestimmten Reihenfolge angeordnet werden.[270] Durch die Darstellung in Form einer Wertkette wird eine kundenbezogene Analyse ermöglicht, indem die einzelnen Aktivitäten auf ihren Beitrag zum Nutzen aus Sicht des Kunden ermittelt werden (Wertaktivitäten). Die Nutzen der einzelnen Aktivitäten ergeben zusammen mit der Gewinnspanne den Gesamtwert der unternehmerischen Tätigkeit (d.h. den Preis der Leistung).[271] Der Vergleich der eigenen Wertkette mit der von Wettbewerbern „eröffnet dann weitergehende Einblicke in Quellen von Erfolgspotenzialen“[272]. Insgesamt ermöglicht die Einteilung des Wertschöpfungs-

268 Steinmann/Schreyögg (1997), S. 177.

269 Vgl. z.B. Welge/Al-Laham (2001), S. 231ff.; Steinmann/Schreyögg (1997), S. 179ff., die jedoch jeweils eine Dreiteilung der Ansätze vornehmen. Welge/Al-Laham unterscheiden klassische Ansätze, wertorientierte Ansätze, die sich auf den unternehmerischen Wertschöpfungsprozess fokussieren, sowie ressourcen- und kompetenzorientierte Ansätze. Steinmann/Schreyögg unterscheiden die Ressourcen im engeren Sinne, die Wertschöpfungsprozesse sowie übergreifende Fähigkeiten und Kompetenzen als Ebenen der Stärken-Schwächen-Analyse. Zur Ermittlung der unternehmerischen Stärken und Schwächen bedarf es ferner einer Bewertung der identifizierten Potenziale, was einen Vergleich mit den umfeldbezogenen Anforderungen verlangt. Vgl. Welge/Al-Laham (2001), S. 275, die an dieser Stelle drei Formen des Vergleichs unterscheiden: erstens den Wettbewerbsvergleich (eigene Potenziale versus Potenziale der direkten Konkurrenz), zweitens den branchenübergreifenden Vergleich (eigene Potenziale versus Potenziale der sog. „Best-Practice-Unternehmen“), drittens den kundenorientierten Vergleich (eigene Potenziale versus Anforderungen der Kunden).

270 Dabei erfolgt eine grundsätzliche Unterteilung der Wertaktivitäten in primäre Aktivitäten, welche unmittelbar der Herstellung sowie dem Vertrieb eines Produktes bzw. einer Dienstleitung dienen (z.B. Marketing & Vertrieb), und unterstützende Aktivitäten, welche für das Ausführen der primären Aktivitäten erforderlich sind (z.B. Personalwirtschaft). Vgl. Porter (1996), S. 65ff.

271 Vgl. Porter (1996), S. 63ff.

272 Becker/Fallgatter (2002), S. 106.

prozesses in einzelne Wertaktivitäten nach PORTER die Analyse von Wettbewerbsvorteilen.[273]

Ausgehend von der 'resource-based view' bestimmen sich Wettbewerbsvorteile und demzufolge Unternehmenserfolge aufgrund der unternehmerischen *Kompetenzen*, d.h. der verschiedenen Ressourcen und Fähigkeiten eines Unternehmens.[274] Da jedoch nicht sämtliche Kompetenzen zu Wettbewerbsvorteilen führen, sondern nur die sog. Kernkompetenzen, gilt es diese durch den Aufbau und die Nutzung entsprechender Ressourcen zu generieren.

Umfeld- und Unternehmensanalyse sind nicht unabhängig voneinander zu sehen, sondern stehen in einer Beziehung zueinander.[275] Daher ist eine Synthese dieser zwei Analysebereiche erforderlich, um eine informationelle Basis für die Bestimmung der Wettbewerbsposition sowie der Erfolgspotenziale zu schaffen. Um den Deckungsgrad zwischen Chancen und Risiken des Umfeldes und Stärken und Schwächen des Unternehmens festzustellen, können diese im Rahmen der sog. *SWOT-Analyse* (*S*trengths, *W*eaknesses; *O*pportunities, *T*hreats) gegenüber gestellt werden.[276] Dies ermöglicht, ein unternehmensspezifisches *Gelegenheiten-Gefahren-Profil* abzuleiten, das ein Ausgangspunkt für die Strategieentwicklung ist.[277]

Für die Ableitung Wert steigernder Strategien bildet ferner die Identifizierung von *Wertsteigerungspotenzialen* im Unternehmen einen Ausgangspunkt.[278] BAUM/COENENBERG/GÜNTHER sprechen in diesem Zusammenhang davon, dass sich das Management aufgrund des Shareholder Value Ansatzes auch an der Zielgröße Unternehmenswert auszurichten hat, und der Unternehmensführung neben der bisherigen Aufgabe, Erfolgspotenziale als Bündel von strategischen Erfolgsfaktoren aufzudecken, gleichzeitig die Aufgabe zu[kommt, A.d.V.], stra-

---

273 Der Theorie der 'Industrial-Organization'-Forschung folgend „muss eine Unternehmung zur Erlangung eines Wettbewerbsvorteils die Wertschöpfungsaktivitäten strategisch relevanter Funktionsbereiche entweder zu niedrigeren Kosten als die Konkurrenz ausführen oder sie so gestalten, dass sie zu einer Produktdifferenzierung bzw. zu größerem Kundennutzen führen". Becker/Fallgatter (2002), S. 105. Vgl. zur Theorie der Industrial-Organization-Forschung Abschnitt 2.1.2.

274 Vgl. zum ressourcenorientierten Ansatz Abschnitt 2.1.2.

275 Vgl. Becker/Fallgatter (2002), S. 63. Um sich die ermittelten Chancen nutzbar machen oder sich den Risiken entziehen zu können, bedarf es bestimmter unternehmerischer Stärken. Andererseits fördern unternehmerische Schwächen die Bedrohung durch externe Risiken.

276 Vgl. hierzu und im Folgenden Baum/Coenenberg/Günther (2004), S. 72f.

277 Vgl. Aders/Hebertinger/Wiedemann (2003), S. 363, die jedoch die hier verwendeten Begriffe anders verwenden. So sehen sie das Ziel der Umfeldanalyse in der Ermittlung der Gefahren und Gelegenheiten und das Ziel der Synthese von Umfeld- und Unternehmensanalyse in der Ermittlung der Chancen und Risiken.

278 Vgl. z.B. Hachmeister (1999), S. 9.

tegische Erfolgsfaktoren ausfindig machen, die in der Lage sind, den Unternehmenswert zu steigern (Wertsteigerungspotenziale).“[279]

Wertsteigerungspotenziale basieren wiederum auf dem Vorhandensein von *Wertlücken*, die es zur Steigerung des Unternehmenswertes zu schließen gilt. In der Literatur wird der Begriff der Wertlücke dabei zumeist in zweifacher Hinsicht verwendet:[280]

- Zum einen für die Differenz zwischen dem derzeitigen (rechnerischen) Unternehmenswert, der ermittelt wird, wenn das Unternehmen seine bisherigen Aktivitäten zukünftig unverändert fortschreibt, und dem potenziellen (rechnerischen) Unternehmenswert, den ein Unternehmen erwartungsgemäß erreichen könnte, und
- zum anderen für die Differenz zwischen dem (rechnerischen) Unternehmenswert und der (niedrigeren) Börsenkapitalisierung.

Die zweite der aufgeführten Wertlücken ist durch ein entsprechendes Informationsverhalten des Unternehmens gegenüber dem Kapitalmarkt zu schließen und wird an späterer Stelle ausführlich dargelegt.[281] Demgegenüber gilt es die Wertlücke zwischen dem aktuellen und einem potenziell erreichbaren (höheren) (rechnerischen) Unternehmenswert durch Maßnahmen im Rahmen der (internen) wertorientierten Unternehmensführung abzubauen.

---

279 Baum/Coenenberg/Günther (2004), S. 271.

280 Vgl. z.B. Hachmeister (1999), S. 49ff. Eine tiefergehende Unterscheidung von möglichen Differenzen ist bei Copeland/Koller/Murrin zu finden, die in ihrem sog. Restrukturierungspentagon die zwischen dem Börsenwert und dem Unternehmenswert nach potenzieller Restrukturierung bestehende Wertlücke in vier Teillücken unterteilen. Zunächst kann hiernach zwischen dem gegenwärtigen Marktwert und dem gegenwärtigen Unternehmenswert eine Wahrnehmungslücke bestehen, die auf eine unzureichende Informationsversorgung des Kapitalmarktes oder eine mangelnde Informationsverarbeitung auf dem Kapitalmarkt zurückgeführt werden kann. Darüber hinaus unterteilen sie die Differenz zwischen dem derzeitigen (rechnerischen) Unternehmenswert und dem potenziellen (höheren) (rechnerischen) Unternehmenswert jedoch in drei Teillücken, in der mögliche Wertsteigerungsstrategien, die im Rahmen der vorliegenden Arbeit in Abschnitt 2.1.3.3 skizziert werden, bereits erfasst sind. So ist erstens zwischen dem gegenwärtigen Unternehmenswert und dem potenziellen Wert nach internen Verbesserungen eine interne Restrukturierungslücke zu identifizieren, die durch strategische und operative Maßnahmen auf Geschäftsfeldebene geschlossen werden kann. Zweitens kann eine externe Restrukturierungslücke zwischen dem potenziellen Wert nach internen Verbesserungen und dem potenziellen Wert nach externen Verbesserungen bestehen, die durch die strategische Umgestaltung des Unternehmensportfolios zu schließen ist. Drittens kann die Differenz zwischen dem potenziellen Unternehmenswert nach externen Verbesserungen und dem optimierten Unternehmenswert nach Umstrukturierung als finanzielle Restrukturierungslücke bezeichnet werden, die bspw. durch eine finanzielle Umgestaltung des Unternehmens durch Rückkauf eigener Aktien geschlossen werden kann. Vgl. Copeland/Koller/Murrin (1998), S. 68; Günther (1997), S. 339f.

281 Vgl. hierzu insbesondere Abschnitt 2.2.3.1.

Zur Identifizierung von Wertsteigerungspotenzialen ist eine Analyse der verschiedenen Bewertungskomponenten des Unternehmenswertes sowie deren Werttreiber[282] erforderlich. Hierfür wurden in der Literatur verschiedene Werttreibermodelle entwickelt, anhand derer die Wertbeiträge oder unmittelbar der Unternehmenswert „in funktioneller Abhängigkeit der als maßgeblich erachteten finanziellen Schlüsselvariablen dargestellt"[283] werden. Hierdurch wird eine vereinfachte Darstellung der Zusammenhänge zwischen den unternehmerischen Entscheidungen und dem Unternehmenswert ermöglicht.[284]

Abb. 10 zeigt das von RAPPAPORT entwickelte Shareholder Value-Netzwerk, in welchem er sieben finanzielle Werttreiber für den Shareholder Value definiert.[285] Aus der Abbildung wird ersichtlich, dass Führungsentscheidungen in verschiedenen Bereichen des Unternehmens die Werttreiber und damit die Höhe des Unternehmenswertes beeinflussen können.[286] Operative Entscheidungen haben bspw. Einfluss auf das Umsatzwachstum, die betriebliche Gewinnmarge sowie den Gewinnsteuersatz und beeinflussen den Unternehmenswert „durch eine Effizienzsteigerung des unternehmerischen Leistungserstellungsprozesses"[287]. Während Investitionsentscheidungen die Investitionen in das Umlauf- und das Anlagevermögen steuern, beeinflussen Finanzierungsentscheidungen über die Höhe des Kapitalkostensatzes den Unternehmenswert.[288] Wert steigernde Strategien können demzufolge basierend auf leistungswirtschaftlichen Wertpotenzialen (d.h. operativer und investiver Bereich) oder basierend auf finanzwirtschaftlichen Wertsteigerungspotenzialen abgeleitet werden.

---

282 Synonym zu dem Begriff Werttreiber werden in der Literatur auch die Begriffe Wertgeneratoren oder Value Driver verwendet.

283 Diehm (2003), S. 34f.

284 Vgl. Zemelka (2002), S. 44f.

285 Das Working Capital (Nettoumlaufvermögen) entspricht der Differenz aus Umlaufvermögen und kurzfristigen Verbindlichkeiten. Vgl. ausführlicher Brealy/Myers (2000), S. 123 und S. 856ff. Vgl. zu einem anderen Werttreiber-Modell, das sich ebenso auf den DCF bezieht, Copeland/Koller/Murrin (2000), S. 97ff. Vgl. z.B. Verwendung von Werttreibern im Zusammenhang mit dem EVA Hostettler (1995), S. 310; Stewart (1991), S. 299f. und im Zusammenhang mit dem CFROI Lewis (1995), S. 63ff.

286 Grundsätzlich bestehen zwei idealtypische Ansatzpunkte, um den Unternehmenswert zu erhöhen: zum einen die Erhöhung des betrieblichen Cash-flows, zum anderen die Senkung der Kapitalkosten.

287 Pape (2004), S. 161.

288 Vgl. Pape (2004), S. 161.

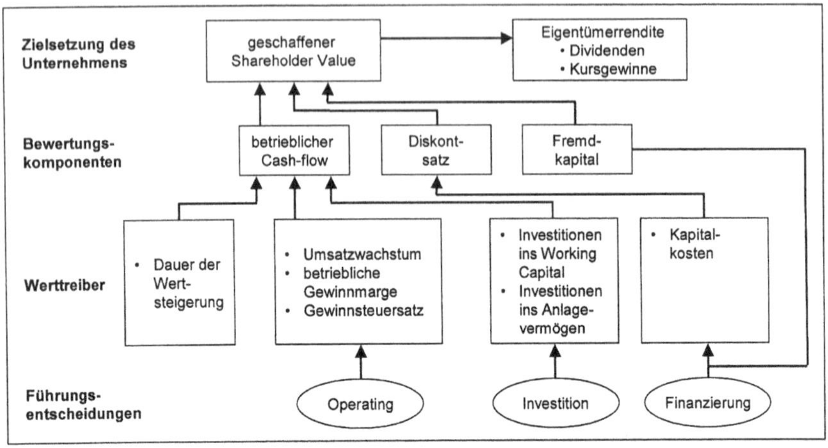


*Abb. 10: Das Shareholder Value-Netzwerk*
*(Quelle: In enger Anlehnung an Rappaport (1999), S. 68)*

Zur besseren Prognostizierbarkeit der zukünftigen Cash-Flows nimmt RAPPAPORT eine weitere Disaggregation vor, indem er die Werttreiber in Abb. 10 als Makro-Werttreiber bezeichnet und diese weiter auf sog. Mikro-Werttreiber herunter bricht (vgl. Abb. 11). Wie aus der Abbildung ersichtlich ist, kann es sich bei den Mikro-Werttreibern sowohl um finanzielle als auch um nichtfinanzielle Indikatoren handeln.

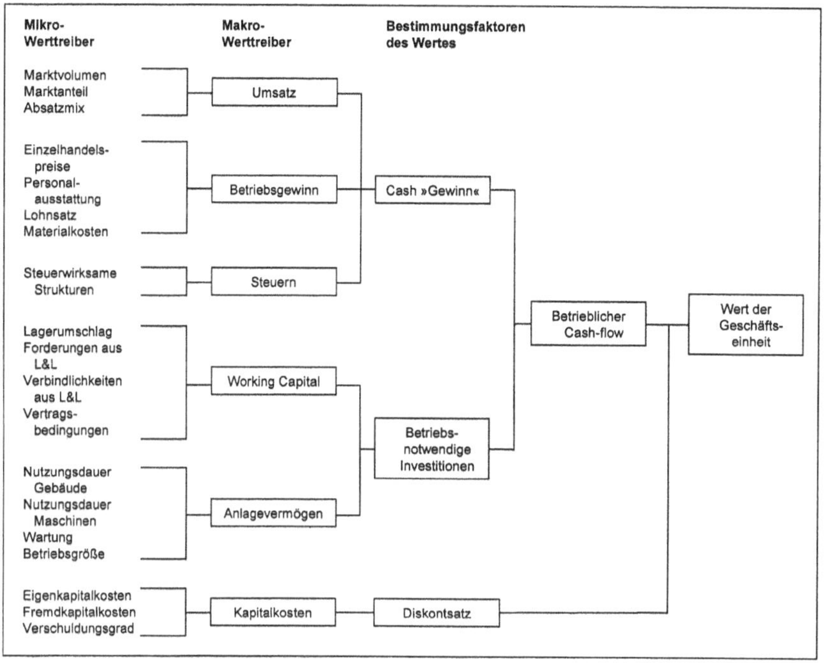


*Abb. 11: Makro- und Mikro-Werttreiber*
*(Quelle: In enger Anlehnung an Rappaport (1999), S. 201)*

### 2.1.3.3 Wertorientierte Strategieformulierung und -bewertung

Ziel der Phase der wertorientierten Strategieformulierung und -bewertung ist es, die für das Unternehmen optimale(n) Strategie(n) zu entwickeln. Als Strategien bezeichnen SCHMID/KUTSCHKER „das geplante Maßnahmenbündel eines Unternehmens zur Erreichung der langfristigen Ziele als auch das sich emergent, d.h. ungeplant, ergebene Entscheidungs- und Handlungsmuster eines Unternehmens. Mit seinen Strategien versucht das Unternehmen, Wettbewerbsvorteile zu erzielen. Wettbewerbsvorteile wiederum beruhen auf Erfolgspotenzialen. Das Unternehmen berücksichtigt bei seinen Strategien damit bei Aufbau, Pflege und Nutzung von Erfolgspotenzialen und Wettbewerbsvorteilen sowohl die eigenen Ressourcen, Fähigkeiten und Kompetenzen als auch die Charakteristika der Umwelt.“[289]

---

289 Schmid/Kutschker (2002), S. 1238 m.w.N.

Zur Steigerung des (rechnerischen) Unternehmenswertes bedarf es, wie bereits erwähnt, der Schließung der Wertlücke. Vor dem Hintergrund dieser Zielsetzung sind wertorientierte Strategien auf Basis von real- und finanzwirtschaftlichen Wertpotenzialen zu entwickeln und anschließend zu bewerten. Abb. 12 gibt einen Überblick über verschiedene real- und finanzwirtschaftliche Wertsteigerungsstrategien sowie deren Einfluss auf die bewertungsrelevanten Komponenten des Unternehmenswertes.

Realwirtschaftliche Wertsteigerungsstrategien können sich entweder auf das Gesamtunternehmen oder auf einzelne Unternehmensbereiche beziehen. „Gesamtunternehmensbezogene realwirtschaftliche Wertsteigerungsstrategien steuern die grundlegende Positionierung des Unternehmens sowie die Effizienz der Unternehmensprozesse, während dezentrale Wertsteigerungsstrategien Effizienzverbesserungen hinsichtlich des unternehmerischen Ressourceneinsatzes anstreben.“[290]

Die Unternehmensgesamtstrategie zielt auf die langfristige Ausrichtung des Unternehmens im Sinne der Gesamtheit der verschiedenen Geschäftsfelder (sog. ‘corporate strategy’).[291] Dieser Zielsetzung folgend bilden Entscheidungen zum Portfolio der Geschäftsfelder einen wesentlichen Bestandteil der Betrachtungen.[292] „Methodischer Mittelpunkt“[293] der Unternehmensgesamtstrategien ist daher die Portfolio-Analyse, die der „Auswahl, Priorisierung und Ausrichtung der verschiedenen Geschäftsfelder“[294] dient.

Vor dem Hintergrund der obersten Zielsetzung der wertorientierten Unternehmensführung gilt es, das Geschäftsportfolio zu ermitteln, welches den Unternehmenswert bestmöglich steigert. In diesem Sinne müssen die klassischen Ansätze der Portfolioanalyse „durch eine wertorientierte Fundierung der Ressourcenallokation ergänzt werden. Ihr Ziel muss es sein, dass (erstens) nur in solche Geschäftsfelder investiert wird, die den Wert des Unternehmens vergrößern, und (zweitens) die Ressourcenallokation in Summe zu einer bestmöglichen Entwick-

---

290 Pape (2004), S. 217.

291 Vgl. z.B. Hungenberg (2004), S. 371f.; Welge/Al-Laham (1992), S. 181. Voraussetzung für eine Unternehmensgesamtstrategie nach diesem Verständnis bildet folglich das Vorhandensein verschiedener Geschäftsfelder. Dementsprechend erfolgt die Strategieformulierung im Fall eines Ein-Produkt-Unternehmens basierend auf den an späterer Stelle dargestellten Geschäftsfeldstrategien. Vgl. ähnlich Steinmann/Schreyögg (1997), S. 200.

292 Vgl. Hungenberg (2004), S. 371f.; Steinmann/Schreyögg (1997), S, 203.

293 Baum/Coenenberg/Günther (2004), S. 174.

294 Hungenberg (2004), S. 423.

lung des Unternehmenswertes führt. Wertorientierte Portfoliokonzepte können hier helfen."[295]

Ausgangsbasis der Portfolio-Analyse bildet grundsätzlich die Definition bzw. Abgrenzung der verschiedenen Geschäftsfelder.[296] Dabei kann unter einem Geschäftsfeld ein (Teil-)Markt verstanden werden, der sich durch spezifische Wettbewerbsbedingungen einerseits und durch bestimmte Aktivitäten des Unternehmens andererseits auszeichnet. Dementsprechend ist ein Geschäftsfeld in sich homogen, während verschiedene Geschäftsfelder sich durch heterogene Bedingungen unterscheiden.[297] Durch die Einteilung eines Unternehmens in selbständige Geschäftsfelder kann ein wesentlicher Teil der Strategieentscheidungen dezentral getroffen werden, während sich die Aufgabe auf Gesamtunternehmensebene auf Entscheidungen zum Geschäftsfeldportfolio beschränkt. Letztere beziehen sich neben der Zusammensetzung des Portfolios auch auf die

---

295 Hungenberg (2004), S. 439.

296 Zu Visualisierungszwecken von Portfolios werden die verschiedenen Geschäftsfelder häufig in einer Matrix positioniert. Da die Strategieformulierung auf den im Rahmen von SWOT-Analysen ermittelten Erfolgsfaktoren basiert, besteht die Matrix typischerweise aus einer extern und einer intern orientierten Dimension. Den wohl bekanntesten Portfolio-Ansatz stellt das von der Boston Consulting Group (BCG) entwickelte (vier Felder) Marktanteils-Marktwachstums-Portfolio dar. Der Marktanteil errechnet sich als relativer Marktanteil aus dem Verhältnis des eigenen Marktanteils zu dem Marktanteil des stärksten Konkurrenten. Das Marktwachstum bestimmt sich über die Marktwachstumsrate eines bestimmten Geschäftsfeldes. Hintergrund des BCG-Portfolios stellen die Erfahrungskurve sowie der Produkt- bzw. Marktlebenszyklus dar. Vgl. ausführlicher z.B. Hungenberg (2004), S. 424ff; Steinmann/Schreyögg (1997), S. 204ff.; Welge/Al-Laham (2001), S. 340. Die zwei Dimensionen Marktanteil und Marktwachstum werden jeweils durch eine Trennlinie unterteilt, was eine Einordnung der Geschäftsfelder in vier Felder ermöglicht. Diese Einteilung erlaubt - den Bezeichnungen der einzelnen Felder folgend (Question Marks, Stars, Poor Dogs, Cash-Cows) - Rückschlüsse auf die strategische Situation der einzelnen Geschäftsfelder sowie auf die Ausgewogenheit des Unternehmensportfolios. Grundsätzlich ist ein ausgewogenes Unternehmensportfolio i.S.e. ausgewogenen Verhältnisses zwischen jungen, risikoreichen Geschäften (Question Marks; Stars) und reifen, risikoarmen Geschäften (Cash-Cows) erstrebenswert. Hierauf basierend können Strategieempfehlungen (sog. Normstrategien) für die verschiedenen Geschäftsfelder abgeleitet werden (Offensiv-, Investitions-, Desinvestitions-, Abschöpfungsstrategie). Vor dem Hintergrund der Wertorientierung lassen sich idealtypisch den vier Quadranten Free Cash-flow-Positionen, die durch empirische Studien bestätigt werden konnten, zuordnen und demzufolge erste Schlussfolgerungen für derzeitige und zukünftige Wertbeiträge ableiten. Vgl. ausführlich hierzu Baum/Coenenberg/Günther (2004), S. 181ff.; Günther (1997), S. 343ff.; Günther (2000), S. 76. Vgl. zu weiteren wertorientierten Konzepten z.B. Günther (1997), S. 341ff. Neben dem Marktanteils-Marktwachstums-Portfolio der BCG wurden weitere absatzmarktorientierte Portfoliokonzepte entwickelt, die sich im Wesentlichen hinsichtlich der verwendeten internen und externen Dimension sowie hinsichtlich der Anzahl der Felder unterscheiden. Darüber hinaus existieren sog. kompetenzorientierte Konzepte, in deren Fokus nicht die verschiedenen Geschäftsfelder, sondern die hinter den Geschäftsfeldern stehenden Ressourcen bzw. Kompetenzen stehen. Vgl. ausführlicher Welge/Al-Laham (2001), S. 357ff.

297 Vgl. z.B. Hungenberg (2004), S. 416. In diesem Sinne kann die Geschäftsfeldsegmentierung auf Basis der Marktaufgabe (d.h. Kunden, Produkte, Konkurrenten), der eingesetzten Ressourcen oder der bedienten Regionen erfolgen. Für gänzlich homogene Einheiten müssten alle drei Perspektiven gleichzeitig berücksichtigt werden. Da dies in der Realität meistens nicht möglich ist, hat eine Orientierung an dem dominierenden Kriterium zu erfolgen, was zumeist die Marktaufgabe darstellt. Vgl. Hungenberg (2004), S. 418.

Ressourcenausstattung der einzelnen Geschäftsfelder, um hierdurch die Ziele des Unternehmens optimal erreichen zu können.

| | | Bewertungsrelevante Komponenten | | | | |
|---|---|---|---|---|---|---|
| | | Betriebliche Einzahlungen ⇑ | Betriebliche Auszahlungen ⇓ | Betriebsnot-wendiges Vermögen ⇓ | Nicht betriebs-notwendiges Vermögen ⇓ | Kapitalkosten ⇓ |
| Realwirtschaftliche Wertsteigerungsstrategien | **Positionierung des Gesamtunternehmens** | | | | | |
| | Überprüfung der Sachziele | • | • | • | | • |
| | Portfoliosteuerung | • | • | • | | • |
| | Akquisition | • | • | | | • |
| | Desinvestition | • | • | • | • | • |
| | **Effizienzsteigerung der Gesamtunternehmung** | | | | | |
| | Ressourcenallokation | | • | • | | |
| | Strategische Allianzen | • | • | • | | |
| | Restrukturierungskonzepte | • | • | • | | |
| | Konzentration auf Kernkompetenzen | • | • | • | • | • |
| | **Effizienzsteigerung des dezentralen Ressourceneinsatzes** | | | | | |
| | Wettbewerbsstrategien | • | • | | | |
| | Asset Management | | | • | • | • |
| Finanzwirtschaftl. Wertsteigerungsstrategien | **Finanzielle Wettbewerbsvorteile** | | | | | |
| | Corporate Finance | • | • | • | • | • |
| | Corporate Banking | • | • | • | • | • |
| | Eigen- und Fremdkapitalbeschaffung | | • | • | • | |
| | Nutzung von Finanzinnovationen | • | • | • | • | |
| | **Risikomanagement** | | | | | |
| | Portfoliomanagement | | | | • | |
| | Dividendenpolitik | | | | • | |
| | Kapitalstrukturpolitik | | | • | • | |

*Abb. 12: Implikationen real- und finanzwirtschaftlicher Wertsteigerungsstrategien (Quelle: Pape (2004), S. 219 und S. 246)*

Neben der Formulierung von Gesamtunternehmensstrategien zur Zusammenstellung des Geschäftsfeldportfolios im Unternehmen steht auf der Ebene der einzelnen Geschäftsfelder die Formulierung von Geschäftsfeldstrategien. Auf Geschäftsfeldebene wird festgelegt, wie die einzelnen Geschäftsfelder strategisch auszurichten sind, um sich im Wettbewerb erfolgreich zu behaupten (sog. 'business strategy'). „Damit ein Geschäftsfeld dauerhaft erfolgreich ist, muss es ihm gelingen, Wettbewerbsvorteile gegenüber Konkurrenten aufzubauen und zu erhalten."[298] Im Zusammenhang mit dem Aufbau und der Erhaltung von Wettbewerbsvorteilen wird insbesondere den generischen Wettbewerbsstrategien von PORTER erhebliche Relevanz zugewiesen, die jeweils an den zwei Ansatzpunkten zur Erreichung eines Wettbewerbsvorteils, nämlich Kosten- bzw. Leistungsvorteile, anknüpfen.[299]

Im Unterschied zu den skizzierten realwirtschaftlichen Wertsteigerungsstrategien beziehen sich finanzwirtschaftliche Wertsteigerungsstrategien ausschließlich auf das Gesamtunternehmen. „Das finanzwirtschaftliche Wertsteigerungsmanagement zielt vor allem auf eine Reduzierung der unternehmensspezifischen Kapitalkosten, indem einerseits finanzielle Wettbewerbsvorteile aufgebaut werden und andererseits das realwirtschaftliche ebenso wie das finanzwirtschaftliche Unternehmensrisiko gezielt reduziert wird."[300]

Die verschiedenen Strategiealternativen sind abschließend vor dem Hintergrund der Unternehmensziele zu bewerten, um hierauf aufbauend die Strategie auszuwählen, welche die Unternehmensziele bestmöglich erfüllt. Vor diesem Hintergrund wird nachfolgend ein Modell von PESCHKE zur wertorientierten Strategiebewertung skizziert (vgl. Abb. 13).

Ausgangspunkt des Modells bildeten in der Unternehmenspraxis zu beobachtende Umsetzungsprobleme bzgl. einer wertorientierten Strategiebewertung.[301] Hierauf aufbauend wurde ein bewertungsmethodischer Rahmen erarbeitet, der neben finanziellen Werttreibern und dem Shareholder Value als Zielgröße des Unternehmens die verschiedenen strategischen Einflussfaktoren berücksich-

---

298 Hungenberg (2004), S. 16.

299 Porter unterscheidet zwischen den drei Wettbewerbsstrategien Kostenführerschaft, Produktdifferenzierung und Konzentration auf Schwerpunkte. Vgl. Welge/Al-Laham (2001), S. 377f. Zur Ableitung wertorientierter Geschäftsfeldstrategien kann eine Integration des Ansatzes der generischen Wettbewerbsstrategien von Porter und des Ansatzes der Nutzenpotenziale von Pümpin herangezogen werden. Vgl. Günther (2000), S. 80. Unter Nutzenpotenzialen können nach Pümpin (1992), S. 19ff. attraktive Konstellationen verstanden werden, die zum Nutzen der Bezugsgruppen vom Unternehmen erschlossen werden können, und im Umfeld, Markt oder Unternehmen vorhanden sein können und den Unternehmen die Erlangung von Wettbewerbsvorteilen ermöglichen. In diesem Zusammenhang weist Günther darauf hin: „Werden Wertsteigerungspotenziale etwas verkürzt auf die beiden wesentlichen Werttreiber Rentabilitätsspanne und Wachstum zurückgeführt, ergeben sich Wertsteigerungspotenziale einerseits, wenn über Kostenvorteile höhere Rentabilitätsspannen erzielt werden und dieser Kostenvorteil auch zu Zugewinnen beim Marktanteil (=Wachstum) verwandt wird, und andererseits, wenn der höhere Kundennutzen über höhere Preise ebenfalls die Rentabilitätsspanne erhöht und/oder aufgrund der Vorteile beim Kundennutzen das Umsatzwachstum steigt." Günther (1997), S. 383.

300 Pape (2004), S. 217 und ausführlich zu den verschiedenen finanzwirtschaftlichen Wertsteigerungsstrategien S. 244ff.

301 Vgl. ausführlich Peschke (1997), S. 83ff.

tigt.[302] Die strategischen Einflussfaktoren bauen auf der problemspezifischen Präzisierung und Ergänzung des Branchenstrukturmodells von Porter, einer kundenwertbezogenen Präzisierung des Wettbewerbsvorteils sowie der Präzisierung und Erweiterung der ressourcenbezogenen Perspektive auf.[303]

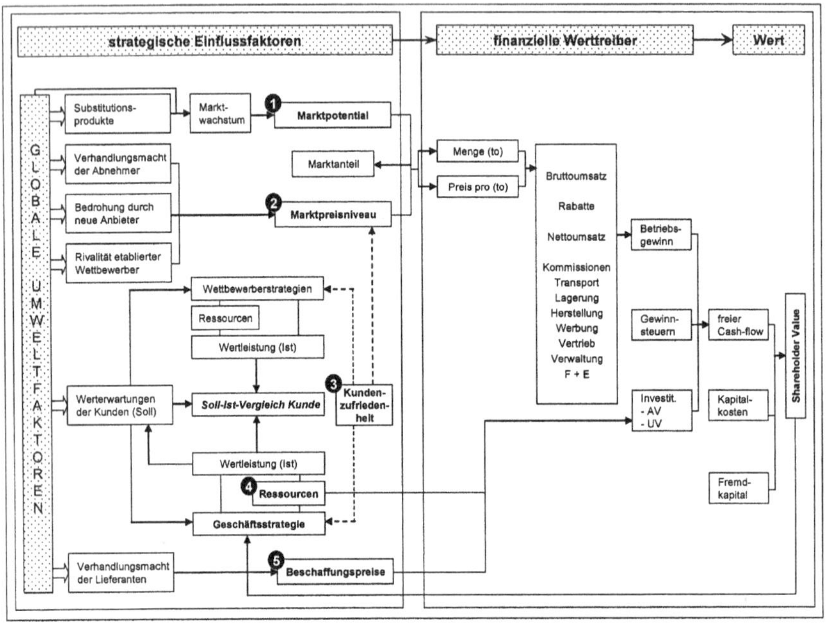


*Abb. 13: Wertorientierte Strategiebewertung*
*(Quelle: Peschke (1997), S. 146)*

Unter Bezugnahme auf das in Abb. 13 dargestellte Modell ist anschließend eine umfassende Strategiebewertung durchzuführen, die sich aus den drei Phasen der

---

302 Das Bewertungsmodell von Peschke ist in Kritik an den Werttreibermodellen entstanden, da diese auf der Annahme beruhen, dass sich die strategischen Entscheidungsalternativen letztendlich auf die von ihnen verursachten Zahlungswirkungen reduzieren lassen. Die hinter den Werttreibern stehenden Erfolgspotenziale, d.h. die Ursachen der Werttreiber, werden im Bewertungskalkül hingegen nicht explizit berücksichtigt. Vgl. Breid (1994), S. 137. Die Entscheidungsträger müssen nach Peschke (1997), S. 85 daher die „Auswirkungen von Strategien auf die freien Cash-flows ohne methodische und modellmäßige Unterstützung direkt schätzen, wodurch die Wirkungsprognosen mit einer großen Ungewissheit behaftet sind". Ähnlich äußert sich Zemelka (2002), S. 66, der darauf verweist, dass im Werttreibermodell von Rappaport „unternehmerische Strategien nicht in ihrer gesamten bewertungsrelevanten, d.h. quantitativen und qualitativen Wirkungsdimension in die modellgestützte Berechnung des Free Cash Flow einbezogen werden [können, A.d.V.], wodurch sich die Prognosegenauigkeit bzw. Aussagekraft des Modells deutlich verringert". Im Original teilweise kursiv.

303 Vgl. Peschke (1997), S. 127ff.

Prognose und Entwicklung strategischer Einflussfaktoren, der Ermittlung der Wertbeiträge von Geschäftsstrategien und der Ergebniszusammenfassung und Strategieauswahl zusammensetzt.[304]

#### 2.1.3.4 Wertorientierte Implementierung

Die Phase der Implementierung betrifft die Umsetzung der im Rahmen der strategischen wertorientierten Planung ausgewählten Strategiealternative, um die angestrebten Ziele zu realisieren.[305] Dies erfolgt durch eine Konkretisierung und Operationalisierung der verschiedenen wertorientierten Strategien sowie durch die Ausrichtung aller Erfolgsfaktoren auf die Strategie. Ziel hierbei ist es, strategische Planungen umzusetzen indem deren Inhalte konkretisiert und quantifiziert sowie mit Maßnahmen und Verantwortlichkeiten unterlegt werden.[306]

Für die Konkretisierung und Operationalisierung der Strategien bedarf es operativer Maßnahmen, weshalb die Implementierung eine Schnittstelle zwischen strategischer und operativer Planung darstellt. Einen ersten Ausgangspunkt für die Implementierung stellt die Formulierung von funktionalen Strategien dar, die wiederum durch mittel- und kurzfristige Planungen zu konkretisieren sind. Wurden im Rahmen der strategischen Unternehmensführung Erfolgspotenziale als die zentralen Steuerungsgrößen herausgestellt, so werden daraus auf der operativen Ebene Erfolgs- und Liquiditätsziele abgeleitet sowie ggf. die nichtmonetären Zielgrößen verfeinert. Dabei zielt die „operative Planung [...] im Sinne einer effizienten Leistungserstellung auf den unter Kosten-, Erfolgs- und Liquiditätsgesichtspunkten optimalen Ressourceneinsatz. Das Ergebnis der operativen Planung bilden die aus den strategischen Plänen abgeleiteten operativen Funktionsbereichspläne bzw. -budgets.“[307]

---

304 Auf einem ähnlichen Grundgedanken basiert das von Diehm entwickelte Modell zur Unternehmensbewertung. So stellen in diesem „die Erfolgspotenziale im Sinne von Generatoren des Zukunftserfolges und nicht, wie konventionell, Cash-Flows als Symptome des Erfolges [...] den Anknüpfungspunkt der Bewertung dar“. Diehm (2003), S. 2. Diehm verweist in diesem Zusammenhang jedoch explizit darauf, dass die Zielgröße seines Ansatzes zur Unternehmensbewertung weiterhin nur ein „Unternehmenswert im Sinne des Barwertes zukünftiger finanzieller Netto-Vorteile sein“ kann. Zur Kategorisierung der Erfolgspotenziale greift er dabei auf den in Abschnitt 2.1.3.1.3 vorgestellten, vom Arbeitskreis „Immaterielle Werte im Rechnungswesen“ der Schmalenbach-Gesellschaft für Betriebswirtschaft e.V. (Hrsg.) (2001) entwickelten Systematisierungsvorschlag für immaterielle Werte zurück. Vgl. Diehm (2003), S. 111.

305 Teilweise wird in der Literatur hinsichtlich der Implementierung zwischen der sachorientierten Umsetzung und der verhaltensorientierten Durchsetzung unterschieden. Vgl. ausführlich zur Durchsetzung strategischer Maßnahmenprogramme Welge/Al-Laham (2001), S. 540ff. m.w.N.

306 Vgl. Gälweiler (1990), S. 28f.; Hungenberg (2004), S. 10; Pape (2004), S. 21f.; Welge/Al-Laham (2001), S. 527.

307 Pape (2004), S. 25f.

Neben der Planung sind weitere Erfolgsfaktoren auf die Strategie auszurichten. Die strategische Stimmigkeit zwischen der Strategie und den damit verbundenen Maßnahmen, d.h. den relevanten Erfolgsfaktoren, kann als eine wesentliche Voraussetzung für die Strategieimplementierung angesehen werden. Diesbezüglich wurde in der Literatur eine Vielzahl an Systematisierungen für die Erfolgsfaktoren einer Strategieimplementierung vorgelegt. Ein bedeutendes Kriterium stellt die Organisationsstruktur dar. Zwischen der Strategie und der Organisationsstruktur ist eine Stimmigkeit in der Gestalt erforderlich, als bestimmte Strategien eine Veränderung der Aufbaustruktur des Unternehmens bedingen können. Als ein weiterer wesentlicher Erfolgsfaktor wird das Managementsystem herausgestellt. Informations-, Kontroll-, Kommunikations- und Führungssysteme, die wiederum Anreizsysteme beinhalten, sind als wesentliche Elemente des Managementsystems so auszurichten, dass die erforderlichen Informationen für eine Beurteilung der Strategieimplementierung vorhanden sind und ein strategiekonformes Verhalten der Manager gefördert wird. Schließlich stellen Personal und Führungskräfte einen dritten relevanten Erfolgsfaktor zur Strategieimplementierung dar. Diesbezüglich ist zu überprüfen, ob der zur Realisierung einer Strategie erforderliche Personalbedarf mit dem Ist-Bestand übereinstimmt. Des Weiteren sind die für die Umsetzung der Strategie qualifizierten Führungskräfte zu identifizieren.

Die Erfolgsfaktoren Organisationsstruktur, das Management sowie Personal und Führungskräfte sind vor dem Hintergrund einer Wertorientierung adäquat zu gestalten. Nach RASTER ist die Unternehmensorganisation so zu gestalten, dass die Wertbeiträge der verschiedenen Unternehmensbereiche ermittelt und gesteigert werden können.[308] Des Weiteren wird in der Literatur die Einführung eines wertorientierten Anreizsystems für das Management gefordert, um deren mit den Unternehmenszielen konformes (Entscheidungs-)Verhalten sicherzustellen. Grundgedanke ist hierbei die Schaffung von Anreizkompatibilität[309] zwischen dem Management der Unternehmen und den Anteilseignern in einer klassischen Prinzipal-Agenten-Konstellation mit Informationsasymmetrien. Der vertraglich vereinbarte Teil des Anreizsystems wird auch als Belohnungs- oder Vergütungssystem bezeichnet, welches sich durch die Art der Entlohnung, der Bemes-

---

308 Vgl. ausführlich Raster (1995), S. 179ff.

309 „Anreizkompatibilität verlangt, dass der Entscheidungsträger dann und nur dann einen Vorteil aus dem Belohnungssystem erzielen darf, wenn durch sein Handeln auch die Instanz einen Vorteil erzielt. Mit anderen Worten: Es sollen Anreize für „gute" Entscheidungen gesetzt werden. Grundvoraussetzung ist zunächst die Identifikation eines Unternehmensziels". Hebertinger (2002), S. 30.

sungsgrundlage sowie der Belohnungsfunktion konkretisiert.[310] Als wertorientierte Bemessungsgrundlage kommen dabei grundsätzlich interne Kennzahlen (z.B. EVA) oder Aktienkurse in Betracht.[311]

Ein Konzept zur Strategieimplementierung stellt die Anfang der 90er Jahre von KAPLAN/NORTON entwickelte Balanced Scorecard dar (vgl. Abb. 14).[312] Ausgangspunkt der Entwicklung der Balanced Scorecard war die Erkenntnis, dass die meisten Kennzahlen- bzw. Managementsysteme rein finanziell ausgerichtet sind und dass sich im Rahmen der Strategieimplementierung hieraus Probleme ergeben, da eine Umsetzung in operative Maßnahmen nicht möglich ist. Im Rahmen ihres Konzeptes beziehen KAPLAN/NORTON neben der finanziellen Perspektive auch nichtfinanzielle Perspektiven mit ein, um ein ausgewogenes Konzept für die adäquate Beurteilung der gesamten Wertschaffung eines Unternehmens zu erhalten.[313] Im ursprünglichen Konzept der Balanced Scorecard sind die in Abb. 14 aufgeführten vier Perspektiven enthalten, die jedoch in Abhängigkeit von den branchen- bzw. unternehmensspezifischen Gegebenheiten anzupassen sind. Ebenso ist die Ergänzung einer fünften Perspektive, bspw. der Lieferantenperspektive, möglich. Von der Unternehmensleitung sind dann Ziele für die verschiedenen Perspektiven vorzugeben, die aufgrund der verschiedenen Ursache-Wirkungs-Zusammenhänge aufeinander abzustimmen sind. Aus den Zielen werden wiederum Kennzahlen abgeleitet, für die entsprechende Vorgaben definiert werden. Den letzten Schritt der Implementierung stellt die Formulierung von konkreten Maßnahmen dar, die dazu geeignet sind, die formulierten Ziele zu erreichen.

---

310 Hinsichtlich der Art der Belohnung können (finanzielle und nichtfinanzielle) materielle und immaterielle Belohungen unterschieden werden, wobei die finanziellen Belohungen bevorzugt werden. Hinsichtlich der Bemessungsgrundlage kommen grundsätzlich der vom Manager geleistete Input oder der von ihm erzielte Output in Betracht. Da der Input jedoch nur mit unverhältnismäßig großem Aufwand zu überprüfen ist, sollte sich die Bemessungsgrundlage nach dem erzielten Output richten. Schließlich wird anhand der Belohungsfunktion jeder Ausprägung der Bemessungsgrundlage eine entsprechende Belohung zugeordnet. Vgl. Hebertinger (2002), S. 25ff. m.w.N.

311 Vgl. hierzu und zur weiteren Fn. ausführlich Pellens/Crasselt/Rockholtz (1998), S. 11ff. Wird der Aktienkurs als Bemessungsgrundlage herangezogen, so kann weiter danach differenziert werden, ob echte oder virtuelle Eigenkapitalinstrumente eingesetzt werden. Bei der Verwendung echter Eigenkapitalinstrumente erfolgt die Entlohnung über Belegschaftsaktien (restricted stock) oder Aktienoptionen (stock option). Mit Hilfe virtueller Eigenkapitalinstrumente erfolgt die Entlohnung über virtuelle Aktien (shares of phantom stock) oder virtuelle Optionen (stock appreciation rights).

312 Vgl. Kaplan/Norton (1997). Vgl. zur Verwendung der Balanced Scorecard zur Strategieimplementierung z.B. Hammer (2003), S. 266ff. Ebenso kann die Balanced Scorecard in weiteren Bereichen angewendet werden. Vgl. zur Anwendung der Balanced Scorecard im Rahmen der Strategiebewertung z.B. Hungenberg (2004), S. 278ff.

313 Vgl. Horvath & Partner (Hrsg.) (2001), S. 9.

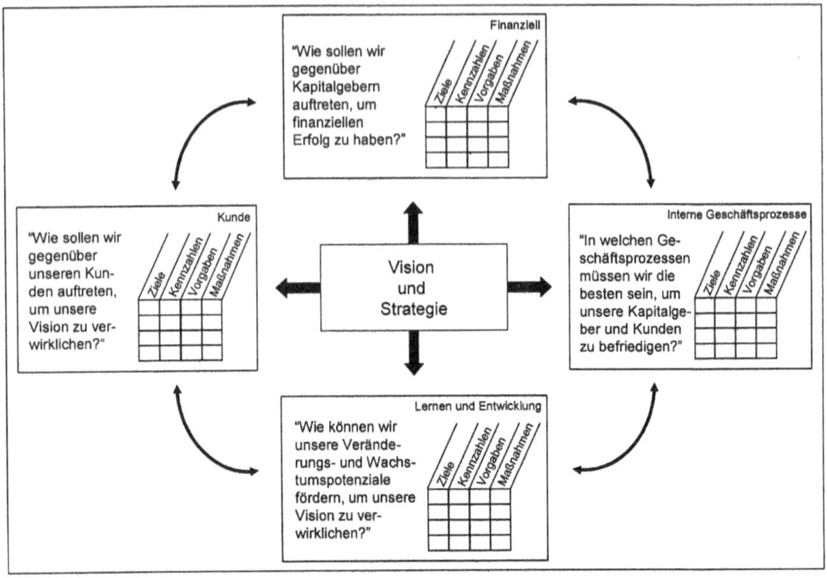


*Abb. 14: Die vier Perspektiven der Balanced Scorecard (Quelle: In Anlehnung an Kaplan/Norton (1997), S. 9)*

## 2.2 Notwendigkeit der wertorientierten Berichterstattung

Im vorangegangenen Kapitel wurde dargelegt, wie eine Steigerung des Unternehmenswertes gemessen werden kann, welche Faktoren maßgeblich für die Wertschaffung im Unternehmen sind und wie die Strategien und Prozesse dementsprechend zu gestalten sind. Während sich diese Ausführungen somit auf die unternehmensinterne Umsetzung der wertorientierten Unternehmensführung bezogen, widmet sich das vorliegende Kapital der Frage nach der Notwendigkeit einer unternehmensexternen, wertorientierten Berichterstattung.

Eingangs wurde bereits skizziert, dass die Kommunikation mit dem Kapitalmarkt als ein bedeutendes Instrument der wertorientierten Unternehmensführung angesehen wird, um den Kapitalgebern einen ausreichenden Einblick in die vergangene und zukünftige Wertentwicklung zu ermöglichen.[314] Die Notwendigkeit, die externe Berichterstattung an der wertorientierten Unternehmensführung auszurichten, wird damit begründet, dass sich die Steigerung des inneren Unter-

[314] Vgl. Abschnitt 1.1.

nehmenswertes andernfalls nicht in Kurssteigerungen am Kapitalmarkt niederschlägt.[315]

Unabhängig davon, wie die wertorientierte Berichterstattung im Einzelnen inhaltlich auszugestalten ist, soll im vorliegenden Kapital daher der Frage nachgegangen werden, warum Unternehmen grundsätzlich (freiwillig) wertorientierte Informationen bereitstellen sollten und worin demzufolge die Zielsetzungen der wertorientierten Berichterstattung liegen.

Zur Beantwortung dieser Frage erfolgt in Abschnitt 2.2.1 zunächst eine Charakterisierung des Begriffs Berichterstattung. Zur terminologischen und inhaltlichen Abgrenzung der Berichterstattung erfolgt eine Einordnung der Berichterstattung in das Publizitätssystem börsennotierter Unternehmen sowie eine Kategorisierung der verschiedenen Formen der Berichterstattung. Ferner wird anhand einer Reflexion der theoretischen Perspektiven der Neoklassik und der Neuen Institutionenökonomik die grundsätzliche Notwendigkeit für die Bereitstellung freiwilliger, wertorientierter Informationen untersucht (Abschnitt 2.2.2). Hierauf aufbauend werden in Abschnitt 2.2.3 die Zielsetzungen und Aufgaben der wertorientierten Berichterstattung abgeleitet. In diesem Zusammenhang wird auch dargelegt, welche Informationen grundsätzlich im Rahmen einer wertorientierten Berichterstattung gefordert werden.

### 2.2.1 Einordnung der Berichterstattung in die Unternehmenspublizität und Formen der Berichterstattung

Für die Einordnung der Berichterstattung in das Publizitätssystem börsennotierter deutscher Unternehmen ist es zunächst erforderlich, den Begriff der Unternehmenspublizität zu definieren sowie zu systematisieren. Allgemein kann unter Unternehmenspublizität die Offenlegung bzw. Veröffentlichung unternehmensbezogener Daten bzw. Informationen durch das Unternehmen verstanden werden.[316] Während sich die Unternehmenspublizität über verschiedene Medien an eine Vielzahl von Adressaten richtet, begrenzt sich der Kreis der Publizierenden auf die Wirtschaftsunternehmen.

Nach PELLENS/FÜLBIER/GASSEN lässt sich die Unternehmenspublizität anhand von drei Kriterien systematisieren (vgl. Abb. 15). Die Unterscheidung nach Zeitraum und –punkt der Veröffentlichung sowie nach dem Grund der Veröffentli-

315 Vgl. Ruhwedel/Schultze (2002), S. 602.

316 Vgl. hierzu und im Folgenden Alvarez/Wotschofsky (2000a), S. 3 m.w.N.; Merkt (2001), S. 22; Pellens (2001a), Sp. 1742.

chung stellen Kriterien dar, die den Rahmen der zu publizierenden Angaben abstecken. Mit der Unterscheidung nach dem Inhalt der Veröffentlichung werden die zu publizierenden Angaben charakterisiert.

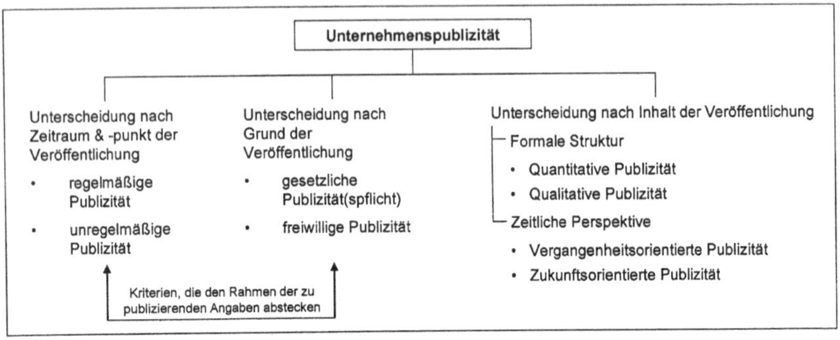


*Abb. 15: Systematisierung der Unternehmenspublizität (Quelle: In Anlehnung an Pellens/Fülbier/Gassen (2004), S. 798)*

Für die Einordnung der Berichterstattung in das Publizitätssystem börsennotierter deutscher Unternehmen ist die *Unterscheidung nach Zeitraum und –punkt der Veröffentlichung*, d.h. die Systematisierung der Publizität nach der Regelmäßigkeit der Veröffentlichung, von zentraler Bedeutung. Während die regelmäßige Publizität in zeitgleichen Abständen, bspw. jährlich oder quartalsweise erfolgt, handelt es sich bei der unregelmäßigen Publizität um eine situationsgebundene Publizität, für die bestimmte Auslöser vorliegen. Bezug nehmend auf diese Systematisierung wird unter der Berichterstattung hier der Teil der Unternehmenspublizität verstanden, der regelmäßig zu erfolgen hat.[317]

Ferner kann eine *Unterscheidung nach dem Grund der Veröffentlichung* erfolgen. In diesem Zusammenhang unterscheidet man zwischen der gesetzlichen Pflichtpublizität und der freiwilligen Publizität.[318]

Die verschiedenen gesetzlichen Publizitätspflichten ergeben sich aus der Rechtsform der Unternehmen, aus deren Größe sowie aus weiteren Merkmalen, wie bspw. der Branche, in der das betrachtete Unternehmen tätig ist. Relevante gesetzliche Publizitätsvorschriften knüpfen sich darüber hinaus an das Vorliegen einer Börsennotierung.[319] Durch die Einschränkung des Untersuchungsfokus der

---

317 Vgl. bereits Abschnitt 1.2.

318 Vgl. hierzu und im Folgenden Alvarez/Wotschofsky (2000a), S. 3ff.; Kirchner (2002), Sp. 1938ff.; Merkt (2001), S. 23f.; Pellens (2001a), Sp. 1743ff.

319 Vgl. Pellens (2001a), Sp. 1744f.

vorliegenden Arbeit ergeben sich damit auch Auswirkungen auf die relevanten Regelungen:[320] Zum einen sind handels- bzw. gesellschaftsrechtliche Regelungen für große Kapitalgesellschaften in der Rechtsform einer AG oder einer KGaA relevant.[321] Zum anderen kommen für börsennotierte Unternehmen zusätzlich Vorschriften der Kapitalmarktpublizität in Betracht.[322]

Abb. 16 gibt eine Übersicht über die gesetzlichen Publizitätspflichten börsennotierter deutscher Unternehmen unterteilt nach handelsrechtlicher Publizität sowie Kapitalmarktpublizität.[323] Wie der Abbildung zu entnehmen ist, erstreckt sich die verpflichtende Berichterstattung als der regelmäßige Teil der Publizität auf die Rechnungslegungs- und die Konzernrechnungslegungspublizität sowie auf den Zwischenbericht.[324] Diese regelmäßigen Bestandteile der Unternehmenspublizität werden nachfolgend skizziert, um abgrenzen zu können, auf welchen Teil der verpflichtenden Berichterstattung sich die späteren Ausführungen

---

320 Vgl. zur Offenlegungspflicht von nicht börsennotierten Kapitalgesellschaften, Personengesellschaften sowie von Banken und Versicherungen z.B. Noack (2002), S. 47ff.

321 So sind Kapitalgesellschaften, die einen organisierten Markt i.S.d. § 2 V WpHG in Anspruch nehmen oder die Zulassung zum Handel an einem organisierten Markt beantragt haben, gemäß § 267 III S. 2 HGB stets als große Kapitalgesellschaften einzustufen. Unter einem organisierten Markt wird gemäß § 2 V WpHG ein Markt verstanden, der von staatlich anerkannten Stellen geregelt und überwacht wird, regelmäßig stattfindet und für das Publikum unmittelbar oder mittelbar zugänglich ist.

322 Wesentliche Zielsetzungen der Kapitalmarktpublizität sind der Anlegerschutz und die Gewährleistung der Funktionsfähigkeit der Kapitalmärkte. Zum einen soll Anlegern durch die zusätzliche Publizität Rechenschaft gegeben werden, zum anderen soll sowohl Anlegern als auch potenziellen Anlegern die Möglichkeit eröffnet werden, sich über die (zukünftige) Kapitalanlage zu informieren. Die wesentlichen Vorschriften zur Kapitalmarktpublizität sind im BörsG, in der BörsZulV sowie dem WpHG geregelt. Vgl. Kirchner (2002), Sp. 1938 und Sp. 1943f.; Pellens (2001a), Sp. 1747.

323 Vgl. zur Systematisierung der gesetzlichen Publizität in handelsrechtliche Publizität und Kapitalmarktpublizität ähnlich Merkt (2001), S. 23f. Ferner nennt Merkt die Insolvenz-, die Branchen- und die Kartellpublizität als Erscheinungsformen der Unternehmenspublizität, die nicht unter den Untersuchungsfokus der vorliegenden Arbeit fallen. Darüber hinaus werden branchenspezifische Regelungen in der vorliegenden Arbeit aus Praktikabilitätsgründen nicht explizit betrachtet. Vgl. ausführlicher zur Kartell-, zur Branchen- und zur Insolvenzpublizität in Deutschland Merkt (2001), S. 168, S. 176f. und S. 178ff. m.w.N.

324 Zusätzlich zu den drei in der Abbildung aufgeführten Teilen der verpflichtenden Berichterstattung erstreckt sich die handelsrechtliche Beteiligungspublizität auch auf die regelmäßige Publizität. Der regelmäßige Teil der Beteiligungspublizität wird an dieser Stelle jedoch nicht gesondert ausgewiesen, da die regelmäßige Beteiligungspublizität im (Konzern-) Anhang zu erfolgen hat und folglich im Rahmen der (Konzern-)Rechnungslegungspublizität erfolgt. Vgl. §§ 160 Nr. 8 AktG, 285 Nr. 11, § 286 I und II, und 313 II Nr. 4 HGB. Vgl. zur handelsrechtlichen situationsgebundenen Beteiligungspublizität § 20 i.V.m. § 16 AktG, zur Register- und Firmenpublizität §§ 8ff. HGB sowie ausführlich z.B. Merkt (2001), S. 149f.; Kögel (1998), zur Hauptversammlungspublizität § 131 AktG, zur Prospektpublizität §§ 36 III Nr. 2 und 73 I Nr. 2 BörsG; §§ 13ff. und 43 I S. 1 BörsZulV; § 1 VerkProspG, zur allgemeinen Auskunftspflicht §§ 44 I Nr. 3 und 44c II S. 1 BörsG, zur kapitalmarktrechtlichen Beteiligungspublizität §§ 21ff. WpHG sowie ausführlich z.B. Merkt (2001), S. 172. Vgl. zur Ad-hoc-Publizität § 15 WpHG sowie ausführlich z.B. Feldhaus (2001); Fülbier (1998); Gutzy/Märzheuser (2003); Kleinmann (1999); Rudolph (2002), hier insbesondere S. 1039f.; Schruff/Nowak/Feinendegen (2001); Strieder (2002). Vgl. zum Spannungsfeld zwischen Ad-hoc-Publizität und Regelberichterstattung Feinendegen/Nowak (2001).

beziehen.[325] Da börsennotierte Unternehmen ferner zusätzlichen Publizitätsvorschriften unterliegen können, die sich aus spezifischen Anforderungen von Kapitalmärkten ergeben, werden im Anschluss zusätzliche Bestimmungen der Deutschen Börse AG aufgezeigt, welche die regelmäßige Kapitalmarktpublizität in bestimmten Teilen erweitern.

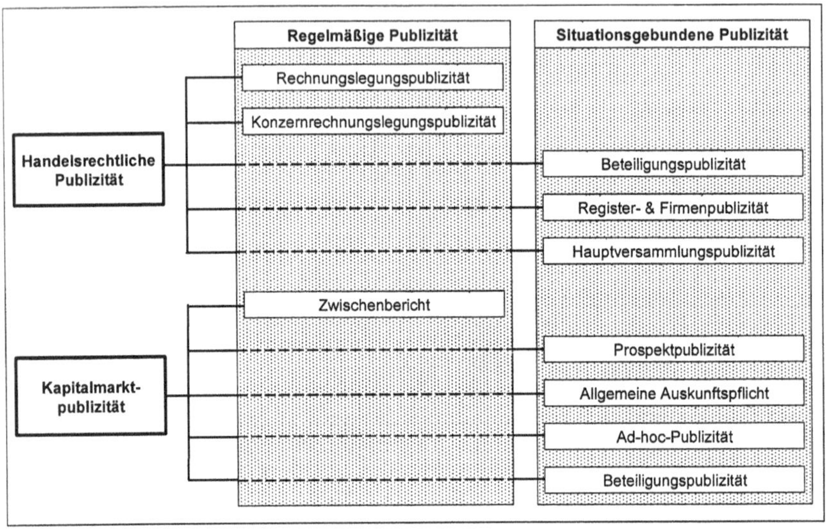


*Abb. 16: Gesetzliche Publizitätspflichten börsennotierter deutscher Unternehmen (Quelle: Eigene Darstellung mit Bezug auf Merkt (2001), S. 23f.; S. 148ff.)*

Im Rahmen der Rechnungslegungspublizität haben große Kapitalgesellschaften einen Jahresabschluss, bestehend aus einer Bilanz, einer Gewinn- und Verlustrechnung (GuV) und einem Anhang, sowie einen Lagebericht aufzustellen (§ 264 I S. 1 HGB).[326] Zusammen mit dem Bericht des Aufsichtsrates[327], den Anga-

---

325 Vgl. hierzu Abschnitt 2.3.

326 Für den Einzelabschluss von Unternehmen wird hier der im HGB verwendete Begriff Jahresabschluss verwendet.

327 Die Pflicht zur Erstellung des Berichts des Aufsichtsrates ergibt sich aus § 171 AktG. Im Rahmen des BilReG wurde § 171 IV neu in das AktG eingefügt, wonach die bestehenden Vorschriften künftig auch hinsichtlich der Offenlegung eines nach internationalen Vorschriften erstellten Jahresabschlusses nach § 325 IIa HGB gelten. Das BilReG (Gesetz zur Einführung internationaler Rechnungslegungsstandards und zur Sicherung der Qualität der Abschlussprüfung - Bilanzrechtsreformgesetz) wurde im Dezember 2004 verabschiedet. Dabei wurden der am 29.10.2004 vom Bundestag verabschiedete Entwurf (E-BilReG) sowie der zuvor am 21.04.2004 vorgelegte Regierungsentwurf (RegE-BilReG) mit wenigen Änderungen angenommen. Im bilanzrechtlichen Teil des BilReG geht es vornehmlich um die Anpassung des nationalen Bilanzrechts an vier EG-Rechtsakte (1. sog. IAS-Verordnung; 2. sog. Modernisierungsrichtlinie; 3. sog. Schwellenwertrichtlinie; 4. sog. Fair-Value-Richtlinie). Mit dem BilReG wurde ein Teil des am 25.02.2003 von

ben zur Ergebnisverwendung[328], dem Bestätigungsvermerk bzw. dem Vermerk über dessen Versagung[329] und der nach § 161 AktG vorgeschriebenen Erklärung[330] sind der Jahresabschluss und der Lagebericht innerhalb von zwölf Monaten im Bundesanzeiger bekannt zu geben und anschließend beim Handelsregister des Sitzes der Kapitalgesellschaft einzureichen (§ 325 I und II HGB).[331]

Neben der Rechnungslegungspublizität unterliegen Mutterunternehmen von Konzernen grundsätzlich der Konzernrechnungslegungspflicht und -publizität (§§ 290 – 315 HGB).[332] Unabhängig von den Größenbefreiungen in § 293 HGB haben Mutterunternehmen, die selbst oder durch ein in den Konzernabschluss einbezogenes Tochterunterunternehmen am Abschlussstichtag einen organisierten Markt i.S.d. § 2 V WpHG in Anspruch nehmen, nach § 293 V HGB einen Konzernabschluss sowie einen Konzernlagebericht aufzustellen. Der Konzernabschluss setzt sich seit der Verabschiedung des BilReG gemäß § 297 I S. 1

---

der Bundesregierung vorgelegten Maßnahmenkataloges „Unternehmensintegrität und Anlegerschutz" (sog. 10-Punkte-Programm) umgesetzt. Da mit dem BilReG nur die obligatorischen Teile der Modernisierungs- und der Fair-Value-Richtlinie in nationales Recht umgesetzt wurden, werden die Ausübung der weiteren Mitgliedstaatenwahlrechte in einem gesonderten Änderungsgesetz (Bilanzrechtsmodernisierungsgesetz) geregelt, dessen Entwurf voraussichtlich noch 2005 erscheinen soll. Vgl. ausführlicher zum Referentenentwurf des BilReG (RefE-BilReg) z.B. Ernst (2003); Hüttemann (2004); Seibert (2003); Wendlandt/Knorr (2004).

328 Die Vorschriften zur Gewinnverwendung sind im Aktiengesetz kodifiziert. Vgl. hierzu insbesondere §§ 58 IV, 119 I, § 170 II, § 171 I S. 1, 174 AktG.

329 Vgl. zum Bestätigungsvermerk § 322 HGB sowie z.B. Klein/Voss (2002), Sp. 906.

330 Nach § 161 AktG erklären „Vorstand und Aufsichtsrat [...] jährlich, dass den vom Bundesministerium der Justiz im amtlichen Teil des elektronischen Bundesanzeigers bekannt gemachten Empfehlungen der „Regierungskommission Deutscher Corporate Governance Kodex" (DCGK) entsprochen wurde und wird oder welche Empfehlungen nicht angewendet wurden oder werden. Die Erklärung ist den Aktionären dauerhaft zugänglich zu machen" und entsprechend § 285 Nr. 16 HGB bzw. § 314 I Nr. 8 HGB in den Anhang bzw. den Konzernanhang aufzunehmen. Vgl. Strieder (2002), S. 736 sowie ausführlicher zur Corporate Governance Abschnitt 2.2.3.3.

331 Entsprechend dem DCGK Ziff. 7.1.2 wird eine Veröffentlichungsfrist von 90 Tagen empfohlen. Des Weiteren ist an dieser Stelle die im Dezember 2004 verabschiedete Transparenz-Richtline der EU zu nennen. Entsprechend Art. 4 haben Wertpapieremittenten in der EU künftig einen Jahresfinanzbericht zu erstellen, der sich zusammensetzt aus einem geprüftem Abschluss, einem Lagebericht und einer Erklärung der verantwortlichen Personen, in der sie unter Nennung ihres Namens und ihrer Stellung nach bestem Wissen versichern, dass der im Einklang mit den maßgeblichen Rechnungslegungsstandards aufgestellte Abschluss ein den tatsächlichen Verhältnissen entsprechendes Bild der Vermögenswerte und Verbindlichkeiten sowie der Finanz- und Ertragslage vermittelt und der Lagebericht den Geschäftsverlauf, das Geschäftsergebnis und die Lage so darstellt, dass ein den tatsächlichen Verhältnissen entsprechendes Bild entsteht, und dass er die wesentlichen Risiken und Ungewissheiten beschreibt. Der Jahresabschluss entspricht grundsätzlich dem konsolidierten Abschluss, es sei den, dass der Emittent keine Tochterunternehmen hat. Der Jahresfinanzbericht ist spätestens vier Monate nach Ablauf des Geschäftsjahres zu veröffentlichen. Vgl. mit Bezug auf den im März 2003 verabschiedeten Entwurf für eine EU-Transparenz-Richtline (E-Transparenz-Richtlinie) Buchheim (2003).

332 Ferner verlangt das Konzernrecht, dass Aktiengesellschaften, die eine andere Gesellschaft aufgrund eines Beherrschungs- oder Gewinnabführungsvertrages beherrschen, diese Tatsache im Handelsregister einzutragen und bekannt zu machen. Vgl. § 294 I AktG i.V.m. § 10 HGB.

HGB n.F. aus einer Konzernbilanz, einer Konzern-GuV, einem Konzernanhang, einer Kapitalflussrechnung sowie einem Eigenkapitalspiegel zusammen.[333] Der Konzernabschluss, der Konzernlagebericht sowie der Bestätigungsvermerk bzw. der Vermerk über dessen Versagung ist grundsätzlich von den gesetzlichen Vertretern einer Kapitalgesellschaft, die einen Konzernabschluss aufzustellen haben, innerhalb von zwölf Monaten nach Ende des Geschäftsjahres im Bundesanzeiger bekannt zu geben und anschließend im Handelsregister einzureichen (vgl. § 325 III S. 1 HGB).[334]

Hinsichtlich der Aufstellung eines Konzernabschlusses bzw. -lageberichts kommt neben deutschen Rechnungslegungsvorschriften auch internationalen Normen eine immer stärkere Bedeutung zu. Nach § 292a HGB waren Mutterunternehmen, die selbst oder durch eines ihrer Tochterunternehmen einen organisierten Markt in Anspruch nehmen, unter bestimmten Bedingungen von der Aufstellung eines Konzernabschlusses sowie -lageberichts nach den Vorschriften des HGB befreit, wenn sie stattdessen einen Konzernabschluss sowie Lagebericht nach international anerkannten Rechnungslegungsstandards aufstellen.[335] Unter international anerkannten Rechnungslegungsstandards sind in diesem Zusammenhang die US-GAAP sowie die IAS/IFRS zu verstehen.[336] Diese zunächst bis Ende 2004 begrenzte Befreiungsvorschrift wurde mit Verabschiedung des

---

333 Zunächst wurden mit der Verabschiedung des Transparenz- und Publizitätsgesetzes (TransPuG) die Bestandteile des Konzernabschlusses sowie der Anwendungskreis in § 297 I S. 2 HGB erweitert. Vor Verabschiedung des TransPuG wurde allein die Aufstellung einer Kapitalflussrechnung und eines Segmentberichts als Bestandteile des Konzernanhangs und nicht als eigenständige Bestandteile des Konzernabschlusses gefordert. Ferner bezog sich die Verpflichtung nur auf börsennotierte Mutterunternehmen und nicht auf Mutterunternehmen, die selbst oder durch eines ihrer Tochterunternehmen einen organisierten Markt i.S.d. § 2 V WpHG in Anspruch nehmen. § 297 I S. 2 HGB n.F. (TransPuG) war für nach dem 31.12.2002 beginnende Geschäftsjahre anzuwenden. Eine weitere Änderung von § 297 I HGB wurde durch das BilReG umgesetzt. Mit § 297 I S. 1 HGB n.F. wurde die Differenzierung zwischen Kapitalmarktunternehmen und sonstigen Unternehmen aufgehoben werden und für alle Unternehmen sowohl eine Kapitalflussrechnung als auch ein Eigenkapitalspiegel als verpflichtende Bestandteile des Konzernabschlusses eingeführt werden. Der Segmentbericht bildet fortab lediglich einen optionalen Bestandteil des Konzernabschlusses aller Unternehmen.

334 Die Vorschriften in Fn. 331 zur Veröffentlichungsfrist von 90 Tagen entsprechend dem Deutschen Corporate Governance Kodex (DCGK) gelten entsprechend für die Konzernrechnungslegungspublizität. Vgl. außerdem die Anmerkungen zur EU-Transparenz-Richtlinie in Fn. 331.

335 Nach der Öffnungsklausel in § 292a HGB a.F. waren zunächst börsennotierte Mutterunternehmen unter bestimmten Voraussetzungen von der Aufstellung eines Konzernabschlusses und -lageberichtes nach HGB befreit, wenn sie anstelle dessen einen Konzernabschluss und -lagebericht nach internationalen Rechnungslegungsstandards, d.h. den IAS oder den US-GAAP, erstellen. Im Rahmen des Kapitalgesellschaften und Co.-Richtliniengesetz (KapCoRiLiG) wurde der Adressatenkreis des § 292a auf Mutterunternehmen, die entweder selbst oder durch eines ihrer Tochterunternehmen einen organisierten Markt in Anspruch nehmen, erweitert. Die in § 292a HGB genannten Bedingungen wurden durch „DRS 1 Befreiender Konzernabschluss nach § 292a HGB“ konkretisiert. Vgl. Baetge/Kirsch/Thiele (2002b), S. 108.

336 Vgl. BT-Drucksache 13/9909, S. 16f.; DRS 1.10.

BilReG aufgehoben.[337] Zurückzuführen ist dies auf die Verordnung der Europäischen Gemeinschaft betreffend die Anwendung internationaler Rechnungslegungsstandards vom 19.07.2002 (sog. IAS-Verordnung). Nach dieser Verordnung sind alle kapitalmarktorientierten Unternehmen in der EU dazu verpflichtet, für ab dem 01.01.2005 beginnende Geschäftsjahre ihren Konzernabschluss in Übereinstimmung mit den IAS/IFRS aufzustellen.[338] „Damit wird - aus deutscher Sicht – die Übergangsvorschrift des § 292 a HGB abgelöst, die deutschen Muttergesellschaften bereits seit einigen Jahren gestattet, befreiende Konzernabschlüsse nach international anerkannten Rechnungslegungsvorschriften anzufertigen."[339] Neben der Pflicht zur Erstellung eines Konzernabschlusses nach IAS/IFRS für kapitalmarktorientierte Unternehmen enthält die IAS-Verordnung ein Wahlrecht für die Mitgliedstaaten, Jahresabschlüsse bzw. Konzernabschlüsse nicht kapitalmarktorientierter Unternehmen nach IAS/IFRS zuzulassen.[340]

---

[337] Vgl. § 292a HGB, Fn. 1. Gemäß dem BilReG (Art. 58 III S. 4 EGHGB n.F.) ist § 292a HGB letztmalig auf vor dem 01.01.2005 beginnende Geschäftsjahre anzuwenden.

[338] Vgl. hierzu den im Rahmen des BilReG eingefügten § 315a HGB, der den Konzernabschluss nach internationalen Rechnungslegungsstandards entsprechend der sog. IAS-Verordnung der EU regelt. In der IAS-Verordnung war vorgesehen, dass der jeweilige Mitgliedstaat den Unternehmen, die nach US-GAAP oder anderen internationalen Standards bilanzieren und in einem Drittstaat notiert sind, eine Übergangsfrist bis zum 01.01.2007 einräumen kann. Dieses war ebenso für die Unternehmen vorgesehen, die nach den Vorschriften des HGB bilanzieren und allein Schuldtitel am geregelten Markt zum Handel zugelassen haben. Vgl. Arbeitskreis Bilanzrecht der Hochschullehrer Rechtswissenschaft (Hrsg.) (2002), S. 2372; Busse v. Colbe (2002b), S. 1530. Nach Art. 57 EGHGB n.F. ist für Mutterunternehmen, von denen lediglich Schuldtitel zum Handel an einem geregelten Markt eines Mitgliedstaates der EU oder des EWR zugelassen sind, oder von denen Wertpapiere zum öffentlichen Handel in einem Drittstaat zugelassen sind und die daher seit dem vor dem 11.09.2002 begonnen Geschäftsjahr einen Konzernabschluss nach international anerkannten Rechnungslegungsstandards erstellen, eine Übergangsfrist bis zum 01.01.2007 vorgesehen.

[339] Arbeitskreis Bilanzrecht der Hochschullehrer Rechtswissenschaft (Hrsg.) (2002), S. 2372.

[340] Vgl. zur Diskussion über die Anwendung der IAS/IFRS bei der Erstellung von Jahresabschlüssen bzw. Konzernabschlüssen nicht-kapitalmarktorientierter Unternehmen z.B. Arbeitskreis Bilanzrecht der Hochschullehrer Rechtswissenschaft (Hrsg.) (2002); Arbeitskreis „Externe Unternehmensrechnung" der Schmalenbach-Gesellschaft für Betriebswirtschaft e.V. (Hrsg.) (2003); Bieker/Schmidt (2002); Böcking (2001a); Böcking (2002); Haller (2003); Hüttche (2002); Peemöller/Spanier/Weller (2002); Schildbach (2002); Zabel (2002). Vgl. zu einer empirischen Umfrage hinsichtlich der Anwendung von IAS/IFRS für mittelständische Unternehmen Mandler (2003a). Mit § 315a III HGB wurde durch das BilReG für nicht-kapitalmarktorientierte Mutterunternehmen ein Wahlrecht zur Erstellung des Konzernabschlusses nach IAS/IFRS geschaffen. Des Weiteren ist ein Konzernabschluss gemäß § 315a II HGB verpflichtend nach den Vorschriften der IAS/IFRS zu erstellen, wenn die Konzernmutter bis zum Bilanzstichtag die Zulassung eines Wertpapiers zum Handel am inländischen amtlichen oder geregelten Markt beantragt hat. Die Pflicht bzw. das Wahlrecht zur Erstellung eines Jahresabschlusses nach den Vorschriften der IAS/IFRS wurde durch das BilReG nicht in das HGB eingefügt. Jedoch ergibt sich für große Kapitalgesellschaften gemäß § 325 IIa HGB die Möglichkeit, unter bestimmten Bedingungen anstelle eines Jahresabschlusses nach HGB einen nach den in § 315a I HGB bezeichneten internationalen Rechnungslegungsstandards erstellten Jahresabschluss im Bundesanzeiger bekannt zu machen.
Ein weiterer Diskussionspunkt im Zusammenhang mit der verabschiedeten IAS-Verordnung betrifft die Einführung eines (internationalen) Enforcement der Rechnungslegung. Demzufolge sollte die Finanzberichterstattung von Unternehmen der Überprüfung durch eine Institution, vergleichbar mit der SEC, unter-

Schließlich stellt die Zwischenberichterstattung einen Bestandteil der verpflichtenden Berichterstattung dar.[341] Ziel der Zwischenberichterstattung ist die regelmäßige und zeitnahe Informationsversorgung der Anleger und potenziellen Anleger über die Entwicklung einer unterjährigen Berichtsperiode sowie die voraussichtliche Entwicklung des laufenden Geschäftsjahres.[342] Hierdurch soll den Anlegern eine unterjährige Beurteilung ihrer Anlage ermöglicht werden. Grundsätzlich haben börsennotierte Unternehmen nach § 44b I BörsG mindestens einen Zwischenbericht innerhalb eines Geschäftsjahres zu veröffentlichen, der gemäß § 53 S. 1 BörsZulV die ersten sechs Monate des Geschäftsjahres zu umfassen hat.[343] Gemäß § 61 I S. 1 BörsZulV ist der Zwischenbericht innerhalb von zwei Monaten nach Ende der Berichtsperiode in mindestens einem Börsenpflichtblatt, dem Bundesanzeiger oder als Druckschrift zu veröffentlichen.[344]

Neben der Rechnungslegungs- und der Konzernrechnungslegungspublizität sowie der Pflicht zur Zwischenberichterstattung können börsennotierte deutsche Unternehmen den Bestimmungen der Deutschen Börse AG unterliegen, die hinsichtlich des Umfangs sowie der Durchsetzungskraft durch das Vierte Finanz-

---

liegen. Zur Einführung eines (internationalen) Enforcement vgl. ausführlicher Arbeitskreis „Externe Unternehmensrechnung" der Schmalenbach-Gesellschaft für Betriebswirtschaft e.V. (Hrsg.) (2002a); Küting/Wohlgemuth (2002). Die Einrichtung eines Enforcements ist Gegenstand des im Dezember 2004 verabschieden Gesetzes zur Kontrolle von Unternehmensabschlüssen (Bilanzkontrollgesetz – BilKoG). Dabei wurden der am 29.10.2004 verabschiedete Regierungsentwurf (RegE-BilKoG) sowie der am 21.04.2004 vorgelegte Referentenentwurf (RefE-BilKoG) mit wenigen Änderungen angenommen. Vgl. ausführlicher zum Referentenentwurf des BilKoG (RefE-BilKoG) Hommelhoff/Mattheus (2004).

341 Vgl. ausführlicher zur Zwischenberichterstattung z.B. Alvarez/Wotschofsky (2000a); Alvarez/Wotschofsky (2000b); Alvarez/Wotschofsky (2000c); Baetge/Schlösser (1993); Coenenberg/Henes (1995); Knorr (2001). Vgl. zur möglichen Zwischenberichterstattung nicht börsennotierter Unternehmen Knief/Nöthen (2002).

342 Vgl. hierzu und im Folgenden Alvarez/Wotschofsky (2000a), S. 5; Busse v. Colbe/Reinhard (1989), S. 1; Coenenberg/Henes (1995), S. 969.

343 Darüber hinaus schreibt der 2001 verabschiedete DRS 6 sämtlichen zur Zwischenberichterstattung verpflichteten Unternehmen nach Par. 11 die Erstellung und Veröffentlichung von Quartalsberichten vor. DRS (Deutsche Rechnungslegungs Standards) werden vom Deutschen Standardisierungsrat (DSR) verabschiedet. Vgl. hierzu Abschnitt 2.3. Der Informationsgehalt des Zwischenberichts wurde durch DRS 6 gegenüber den bisherigen Berichterstattungserfordernissen in §§ 53 – 62 BörsZulV deutlich erweitert. Vgl. Alvarez/Wotschofsky (2001), S. 396 sowie zu den Inhalten insbesondere DRS 6.13. Ferner sind Wertpapieremittenten in der EU nach Art. 5 der EU-Transparenz-Richtlinie künftig zu einer Halbjahresfinanzberichterstattung und nach Art. 6 in der ersten und der zweiten Hälfte des Geschäftsjahres jeweils zu einer Zischenmitteilung der Geschäftsführung verpflichtet. Vgl. zur EU-Transparenz-Richtlinie auch Fn. 331 und zur Quartalsberichterstattung Merkt/Göthel (2003). Vgl. grundsätzlich kritisch zur Quartalsberichterstattung Collingwood (2001a).

344 Art. 5 der EU-Transparenz-Richtlinie sieht vor, dass Emittenten in der EU einen Halbjahresbericht spätestens zwei Monate nach Abschluss des Berichtszeitraums zu veröffentlichen haben. Für Emittenten, deren Aktien zum Handel auf einem geregelten Markt zugelassen sind, hat die nach Art. 6 jeweils in der ersten und der zweiten Hälfte des Geschäftsjahres vorgesehene Zwischenmitteilung in einem Zeitraum zwischen zehn Wochen nach Beginn und sechs Wochen vor Ende des betreffenden Sechsmonatszeitraums zu erfolgen.

marktförderungsgesetz eine wesentliche Neuerung erfahren haben.[345] Durch eine umfassende Reform des Börsenrechts wurde den Börsen die Möglichkeit eröffnet, sich in stärkerem Maße an den Bedürfnissen der Kapitalmarktteilnehmer zu orientieren. In diesem Zusammenhang beschloss die Deutsche Börse AG in der Börsenordnung vom November 2002 eine Neusegmentierung des Aktienmarktes, die „gleichzeitig auf höhere Integrität und Attraktivität des Kapitalmarktes für Emittenten und Investoren"[346] zielt.[347] Während die zusätzlichen Publizitätsvorschriften der Deutschen Börse AG vor Verabschiedung des Vierten Finanzmarktförderungsgesetztes in privatrechtlichen Regelwerken und Indexleitfäden kodifiziert waren, sind die Standards somit fortan im öffentlichen Recht der Börsenordnung festgeschrieben.[348] Hierdurch soll sich dessen „Durchsetzbarkeit verbessern und damit für die erforderliche Rechtssicherheit [...] [gesorgt, A.d.V.] sowie das Vertrauen der Investoren"[349] gestärkt werden.

Während nach der Börsenordnung für Unternehmen des 'General Standard' weiterhin die gesetzlichen Transparenzanforderungen gelten, erweitern sich die An-

---

345 Vgl. hierzu und im Folgenden Neufeld (2003), S. 18ff. Das Vierte Finanzmarktförderungsgesetz ist am 01.07.2002 in kraft getreten.

346 Neufeld (2003), S. 18.

347 Die Börsenordnung wurde im November 2002 verabschiedet. Die neue Börsenordnung trat zum 01.01.2003 in Kraft. Vgl. Börsenordnung für die Frankfurter Wertpapierbörse (Stand 01.01.2003), § 96. Die Umsetzung der Veränderungen der Indexzusammensetzung erfolgte jedoch erst zum 24. März 2003. Vgl. Neufeld (2003), S. 21. Entsprechend der Neusegmentierung sind zwei Börsensegmente, der 'General Standard' und der 'Prime Standard', zu unterscheiden. Der 'Prime Standard' setzt sich aus den Indizes DAX, MDAX, SDAX, TecDAX, NEMAX50 sowie weiteren Unternehmen zusammen. Der DAX besteht, entsprechend seiner Beschaffenheit vor der Neustrukturierung des Aktienmarktes, aus den 30 nach Marktkapitalisierung größten sowie umsatzstärksten deutschen börsennotierten Unternehmen. Unterhalb des DAX sind der MDAX sowie der TecDAX angesiedelt, wobei die Zuordnung der Unternehmen zu einem dieser Indizes von deren Industriegruppenklassifikation und deren Sektorenzuordnung abhängt. Seitens der Deutschen Börse AG werden 62 Industriegruppen unterschieden, die sich wiederum auf 18 Prime-Sektoren verteilen. Die 18 Sektoren werden in klassische Sektoren, Technologiesektoren sowie gemischte Sektoren unterteilt. Unternehmen der klassischen Sektoren sind im MDAX enthalten (50 Werte), der TecDAX setzt sich aus Unternehmen der Technologiesektoren (30 Werte) zusammen. Der TecDAX wird den NEMAX50, der voraussichtlich bis Ende 2004 berechnet wird, als Leitindex für Technologiewerte ablösen. Die 30 größten Werte des NEMAX50 sind identisch mit dem TecDAX. Vgl. zu einer empirischen Untersuchung hinsichtlich der Qualitätsunterschiede zwischen dem TecDAX und dem NEMAX50 Karsch (2003). Die DAX-, die MDAX- und die TecDAX-Werte bilden zusammen den sog. HDAX, der damit dem Nachfolgerindex des DAX 100 entspricht. Schließlich liegt hinsichtlich Größe und Umsatz unterhalb des MDAX der SDAX, der 50 Werte der klassischen Sektoren enthält. Seit März 2003 bezieht sich der SDAX nicht mehr auf die größten Werte des SMAX-Segmentes, das seitens der Deutschen Börse AG eingestellt wurde, sondern enthält die 50 größten Werte aus dem Prime Standard unterhalb vom MDAX. Vgl. Deutsche Börse AG (Hrsg.) (2003), S. 6. Vgl. ferner ausführlicher Mitenthal/Anders (2003), S. 1897; Neufeld (2003), S. 18ff.

348 Die zusätzlichen Anforderungen der Deutschen Börse AG betrafen bis März 2003 insbesondere Unternehmen des Neuen Marktes sowie des SMAX, die den jeweiligen Regelwerken der Deutschen Börse AG unterlagen. Vgl. hierzu Regelwerk Neuer Markt der Deutschen Börse AG (Stand 01.07.2002); SMAX-Teilnahmebedingungen der Deutschen Börse AG (Stand 01.07.2002).

349 Neufeld (2003), S. 18.

forderungen an die Unternehmen des 'Prime Standard'. So haben Unternehmen des 'Prime Standard' fortan einen konsolidierten Abschluss nach IAS/IFRS bzw. US-GAAP zu erstellen. Dabei wird eine Überleitungsrechnung von den nationalen Rechnungslegungsvorschriften auf die IAS/IFRS oder die US-GAAP anerkannt.[350] Mit der im Rahmen der Reform des Börsenrechts erfolgten Neusegmentierung des Aktienmarktes wurde auch die Pflicht zur Quartalsberichterstattung erweitert. Fortan sind alle Unternehmen des 'Prime Standard' zur Erstellung von Quartalsberichten verpflichtet.[351]

Hinsichtlich der gesetzlichen Publizitätspflichten bleibt festzuhalten, dass die verpflichtende Berichterstattung nach der hier gewählten Abgrenzung die Zwischenberichterstattung ebenso wie die Rechnungslegungs- und die Konzernrechnungslegungspublizität umfasst. Die Zwischenberichterstattung als unterjähriges, regelmäßiges Berichtsinstrument kann für die späteren Ausführungen jedoch vernachlässigt werden, da die jährliche Berichterstattung zum einen sämtliche Pflichtinhalte der Zwischenberichterstattung enthält und zum anderen weitere Pflichtinhalte impliziert.[352] Ebenso kann die Rechnungslegungspublizität weitgehend außer Acht gelassen werden, womit sich die verpflichtende Berichterstattung im Rahmen der vorliegenden Arbeit auf die Konzernrechnungslegungspublizität, d.h. den Konzernabschluss sowie den Konzernlagebericht, fokussiert.[353] Dies wird damit begründet, dass der Jahresabschluss eines Mutterunternehmens die wirtschaftliche Einheit Konzern i.d.R. nur unzureichend abbildet und der Konzernabschluss nach internationalen Rechnungslegungsvorschriften als maßgeblicher Abschluss angesehen wird.[354] Letzteres Argument ist v.a. vor

---

350 Der Abschluss ist der Börse in elektronischer Form unmittelbar nach der Billigung durch den Aufsichtsrat, spätestens jedoch vier Monate nach Ende der Berichtsperiode einzureichen. Vgl. Börsenordnung für die Frankfurter Wertpapierbörse (Stand 01.01.2003), § 62 Abs. 1 und Abs. 3.

351 Die Erstellung hat in Übereinstimmung mit den internationalen Rechnungslegungsgrundsätzen zu erfolgen, die für den Jahresabschluss angewendet wurden. Die Quartalsberichte sind der Börse in elektronischer Form unverzüglich nach der Fertigstellung, spätestens zwei Monate nach Ende des Berichtszeitraums der Börse zu übermitteln. Vgl. Börsenordnung für die Frankfurter Wertpapierbörse (Stand 01.01.2003), § 63 § 63 Abs. 1 und Abs. 8.

352 Vgl. Coenenberg/Alvarez (2002), Sp. 2758. Im Rahmen der Zwischenberichterstattung werden weniger Angaben in aggregierterer Form und nicht segmentbezogen gefordert.

353 Der Bestätigungsvermerk bzw. der Vermerk über dessen Versagung als Bestandteil der Konzernrechnungslegungspublizität kann nachfolgend außer Acht gelassen werden, da es sich hierbei nicht um originäre Informationen des Konzerns handelt.

354 Der Jahresabschluss enthält keine Informationen über konzerninterne Verflechtungen, wodurch die gesetzliche Informationsfunktion nicht mehr erfüllt wird. Vgl. Busse v. Colbe u.a. (2003), S. 22f.; §§ 264 II S. 1 und 297 II S. 2 HGB. Vgl. zur Bedeutung des Konzernabschlusses nach den US-GAAP und den IAS Pellens/Fülbier/Gassen (2004), S. 122f. und S. 136. Diese Einschränkung ist ferner damit zu rechtfertigen, dass in Deutschland mittlerweile ein Großteil der Unternehmen konzerniert bzw. von der Konzernrechnungslegung betroffen ist. Vgl. z.B. Küting/Weber (2003), S. 72f. m.w.N. Vgl. außerdem Klein/Voss (2002), Sp. 905. Nach einer Studie von Görling waren von den deutschen Aktiengesellschaften, die an einer Wertpa-

dem Hintergrund relevant, dass neben den handelsrechtlichen Vorschriften für kapitalmarktorientierte deutsche Mutterunternehmen ferner internationale Rechnungslegungsvorschriften für die Erstellung des Konzernabschlusses sowie des Konzernlageberichts relevant sind.

Neben den gesetzlich geforderten Publizitätspflichten können Unternehmen auch freiwillig Informationen publizieren. Grundsätzlich können drei Formen der freiwilligen Publizität unterschieden werden:[355]

- die zusätzliche Publikation der zu veröffentlichenden Angaben über andere Medien bzw. Publikationsformen,
- die Publikation mittels vollkommen eigenständiger, gesetzlich nicht vorgeschriebener Publikationsformen, und
- die freiwillige Publikation von nicht gesetzlich geforderten Angaben innerhalb oder außerhalb der vorgeschriebenen Offenlegung.

Die erste Form der freiwilligen Publizität bezieht sich allein auf die Veröffentlichungsform der gesetzlich zu publizierenden Informationen. Ein freiwilliges Medium der Publizität sowie der Berichterstattung stellt der Geschäftsbericht dar, der entsprechend gesetzlicher Vorschriften nicht verpflichtend anzufertigen ist.[356] Dementsprechend stellt die Erstellung eines Geschäftsberichtes in Deutschland einen Fall der freiwilligen Publizität gemäß § 328 II HGB dar. Gleichwohl ist es bei börsennotierten Unternehmen üblich, neben der regelmäßigen Pflichtpublizität einen gedruckten Geschäftsbericht zu erstellen.[357] Typischerweise wird der Geschäftsbericht dann dazu verwendet, bestimmten gesetzlichen Informationspflichten nachzukommen. Ferner ist in diesem Zusammenhang die freiwillige Publizität über das Internet zu nennen, die zunehmend an Bedeutung gewinnt.[358]

Demgegenüber bezieht sich die zweite Form der freiwilligen Publizität auf die zusätzliche Publizität im Rahmen gesetzlich nicht vorgeschriebener Publikationsformen. Ein Beispiel hierfür stellt die freiwillige Quartalsberichterstattung dar, die nur für bestimmte börsennotierte Unternehmen verpflichtend ist.[359] Da

---

pierbörse in Deutschland im amtlichen Handel und/oder im geregelten Markt im Jahr 1993 gehandelt wurden, 96,96% konzerniert. Vgl. Görling (1993), S. 544ff.

355 Vgl. hierzu ähnlich Merkt (2001), S. 423f.; Henes (1995), S. 49.

356 Vgl. Klein/Voss (2002), Sp. 899f.

357 Vgl. Schmidt (2000), S. 51.

358 Vgl. ausführlich zur Bedeutung und zu möglichen Inhalten eines Geschäftsberichtes sowie zur Bedeutung des Internet Abschnitt 3.3.2.

359 Nach der Börsenordnung für die Frankfurter Wertpapierbörse sind Unternehmen des sog. 'Prime Standard' zur Erstellung von Quartalsberichten verpflichtet.

die verpflichtende Berichterstattung im Rahmen der vorliegenden Arbeit auf die jährliche Berichterstattung begrenzt wurde, stellt diese zweite Form der freiwilligen Publizität keinen Betrachtungsgegenstand der vorliegenden Arbeit dar.

Die dritte Form der freiwilligen Publizität bezieht sich auf die inhaltliche Komponente der Offenlegung. In diesem Zusammenhang geht es um die Bereitstellung von Informationen, die gesetzlich nicht gefordert werden.[360] Veränderte Umfeldbedingungen von Rechnungslegungssystemen führen zu veränderten Anforderungen an die Inhalte der Berichterstattung.[361] Diese können im Rahmen einer freiwilligen Publizität sowie einer Berichterstattung bereitgestellt werden.

Schließlich kann eine *Unterscheidung nach dem Inhalt der Veröffentlichung* erfolgen. In diesem Zusammenhang kann hinsichtlich der formalen Struktur der Inhalte zwischen quantitativer und qualitativer Publizität und hinsichtlich der zeitlichen Perspektive zwischen vergangenheits- und zukunftsorientierter Publizität unterschieden werden. Die Systematisierung der Publizität nach dem Inhalt der Veröffentlichung lässt sich auf die Berichterstattung übertragen. So werden auch im Rahmen der Berichterstattung quantitative und qualitative sowie zukunftsbezogene und vergangenheitsbezogene Informationen bereitgestellt.[362]

Zusammenfassend bleibt festzuhalten, dass unter dem Begriff Berichterstattung im Rahmen der vorliegenden Arbeit der Teil der Unternehmenspublizität verstanden wird, der regelmäßig erfolgt. Dabei kann die freiwillige von der verpflichtenden Berichterstattung unterschieden werden, wobei die verpflichtende Berichterstattung hier auf die Konzernrechnungslegungspublizität, d.h. den Konzernabschluss und den Konzernlagebericht, eingegrenzt werden kann. Darüber hinaus können im Rahmen der Berichterstattung sowohl quantitative und qualitative als auch vergangenheits- und zukunftsbezogene Informationen bereitgestellt werden.

Nachdem damit der dieser Arbeit zugrunde liegende Begriff der Berichterstattung charakterisiert wurde, widmen sich die nachfolgenden Ausführungen der Frage nach der grundsätzlichen Notwendigkeit für die Bereitstellung (freiwilliger) wertorientierter Informationen im Rahmen der Berichterstattung.

---

360 Vgl. zu den im Rahmen der verpflichtenden Berichterstattung zu publizierenden Inhalte Abschnitt 2.3.

361 Vgl. hierzu z.B. Küting (2001), S. 462ff.

362 Auf die Inhalte der Veröffentlichung wird an dieser Stelle nicht ausführlicher eingegangenen, da diesem Systematisierungskriterium für die Einordnung der Berichterstattung in das Publizitätssystem börsennotierter deutscher Unternehmen eine nachrangige Bedeutung zukommt und eine weiterführende Betrachtung der Inhalte der Berichterstattung in den nachfolgenden Abschnitten der Arbeit erfolgt.

### 2.2.2 Implikationen der Neoklassik und der Neuen Institutionenökonomik für die wertorientierte Berichterstattung

In Bezug auf das Verhältnis von Kapitalgebern und Kapitalnehmern erschließen sich wesentliche Aussagen in der Finanzierungstheorie aus der Neoklassik und der Neuen Institutionenökonomik.[363] Den zwei Forschungszweigen liegen divergierende Prämissen zugrunde, wodurch sich unterschiedliche Implikationen für die Berichterstattung ergeben. Vor diesem Hintergrund zielen die nachfolgenden Ausführungen auf die Beantwortung der Frage, warum Unternehmen durch die Bereitstellung von Informationen Auswirkungen am Kapitalmarkt bewirken können, und wie sich die Notwendigkeit zur Bereitstellung von Informationen damit auf Basis der Finanzierungstheorie grundsätzlich begründen lässt.

Bevor dieser Frage im Einzelnen nachgegangen wird, soll vorab die Grundkonstellation von Finanzierungsbeziehungen skizziert werden, die durch das Vorhandensein von Unsicherheiten geprägt ist.[364]

„Gegenstand einer Finanzierungsbeziehung sind nicht nur das angebotene Geldanlageprodukt und der dafür überlassene „Geldbetrag", sondern auch Informations- und Risikokomponenten."[365] Da eine Finanzierungsbeziehung von einer Vielzahl an Faktoren geprägt ist, ist diesbezüglich grundsätzlich von Unsicherheit auszugehen. Unsicherheit kann zum einen in Form von sog. exogenen Unsicherheiten oder Umweltunsicherheiten bestehen. Exogene Unsicherheiten sind auf unvollständige Informationen über Umweltzustände (z.B. neue Gesetze, Wirtschaftskrisen) zurückzuführen. Diese Unsicherheiten betreffen alle Marktteilnehmer und sind nicht von den Unternehmen beeinflussbar. Zum anderen können sog. endogene Unsicherheiten oder Marktunsicherheiten vorliegen. Diese Form der Unsicherheit bezieht sich auf die Tatsache, dass Unternehmen und die ihnen gegenüber stehenden Marktteilnehmer über einen unterschiedlichen Informationsstand verfügen.[366] So können bspw. Kapitalgeber die Entscheidungen des Unternehmens nicht beobachten. In diesem Sinne sind die Märkte in einem marktwirtschaftlichen Wirtschaftssystem durch eine asymmetrische Informationsverteilung geprägt.[367]

---

363 Vgl. ausführlicher Perridon/Steiner (2002), S. 16ff. Neben der Neoklassik und der Neuen Institutionenökonomik beinhaltet die Finanzierungstheorie die klassische Finanzierungslehre, die für die vorliegende Untersuchung jedoch nicht von Relevanz ist.

364 Vgl. hierzu und im Folgenden ausführlich Sänger (2001), S. 136ff. m.w.N.; Weidekind (1994), S. 45f.

365 Weidekind (1994), S. 45.

366 Unterschiedliche Informationsstände können sich dabei nicht nur zwischen Unternehmen und Marktteilnehmern, sondern allgemein zwischen verschiedenen Marktpartnern ergeben.

367 Vgl. hierzu z.B. Merkt (2001), S. 190; Pellens (2001a), Sp. 1743f.; Pellens (2001b), S. 9f.

Markt- und Umweltunsicherheiten sollen nachfolgend am Beispiel des Aktienmarktes beschrieben werden, da diesbezügliche Investoren eine wesentliche Zielgruppe der wertorientierten Berichterstattung darstellen. Diese sind aus Nachfragersicht in Abb. 17 vereinfachend dargestellt.[368] Die Unsicherheiten seitens des Investors beziehen sich auf die ertragsbezogenen Leistungen aus einer Aktienanlage, die sich in Kursgewinne aus dem Verkauf einer Aktie über dem Kaufpreis einerseits und in Zuwendungen zwischen dem Kauf und dem Verkauf einer Aktie (Dividenden; ggf. Bezugsrechte) andererseits unterteilen lassen. Bezüglich der exogenen Unsicherheiten bzw. Umweltunsicherheiten, die nicht durch das (Aktien anbietende) Unternehmen beeinflusst werden können, hat der Investor einen unvollständigen Informationsstand. Die endogenen Unsicherheiten bzw. Marktunsicherheiten, die sich durch die Aktionen des (Aktien anbietenden) Unternehmens bestimmen, führen zu einer asymmetrischen Informationsverteilung zwischen Investor und Unternehmen, die durch eine entsprechende Berichterstattung des Unternehmens abgebaut werden kann.

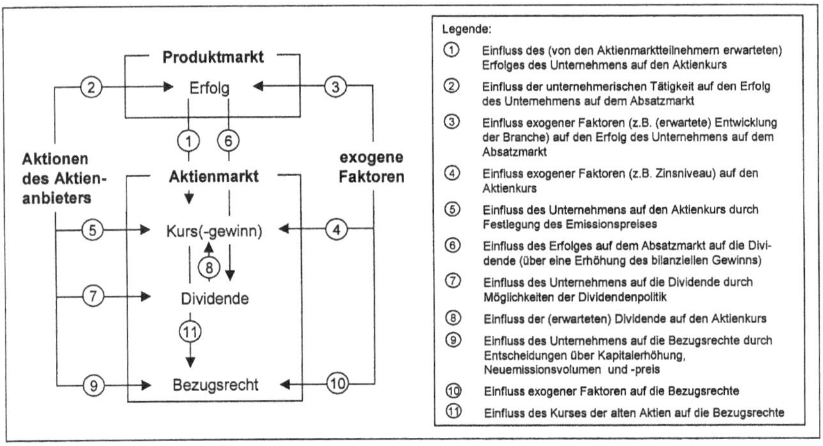


*Abb. 17: Einflüsse auf die ertragsbezogenen Leistungskomponenten der Aktie (Quelle: In Anlehnung an Sänger (2001), S. 139)*

---

[368] Neben nachfragerseitigen Unsicherheiten können auch anbieterseitige Unsicherheiten bestehen, die in Abb. 17 nicht berücksichtigt sind. Des Weiteren stellt die Fokussierung auf den Aktienmarkt aus Gründen der Veranschaulichung eine Vereinfachung der Realität dar. So können Unsicherheiten nicht nur auf dem Aktienmarkt, d.h. zwischen dem Unternehmen als Aktienanbieter und den Investoren, sondern auch zwischen dem Unternehmen und weiteren am Unternehmen beteiligten Stakeholdern bestehen.

### 2.2.2.1 Neoklassik und die Hypothese der Kapitalmarkteffizienz

Gegenstand der Forschung zur Markteffizienz bzw. Informationseffizienz des Kapitalmarktes ist die Beziehung zwischen Informationen und Marktpreisen von Wertpapieren.[369] Konkreter geht es darum, auf welche Weise Informationen im Allgemeinen und Informationen der Finanzberichterstattung im Speziellen auf dem Kapitalmarkt und bei der Bildung von Wertpapierpreisen verarbeitet werden.[370] „Die Preise enthalten Erwartungen der Anleger über künftige Erfolgsniveaus und Risiken. Sie sind Ausdruck der für ein Unternehmen relevanten Kapitalkosten und beeinflussen daher die Investitionstätigkeit.“[371] Ist es Ziel des Unternehmens, durch zusätzliche Informationsbereitstellung die Wertpapierpreise zu seinen Gunsten zu beeinflussen, erfordert dies die Kenntnis über die Art der Informationsverarbeitung seitens des Kapitalmarktes.[372] Hierbei steht die Frage im Vordergrund, ob eine zusätzliche Berichterstattung Ziel führend oder vielmehr hinfällig ist.

Allgemein ist ein "securities market defined to be efficient with respect to a particular information system if and only if the securities prices act as if everyone observes the signals from that information system"[373]. Dieser Definition zufolge verfügen sämtliche Marktteilnehmer über vollständige Information, wodurch die auf dem Markt bestehenden Unsicherheiten auf exogene Risiken beschränkt und endogene Risiken ausgeschlossen werden.[374] Unter der Annahme eines effizienten Kapitalmarktes ergäbe sich grundsätzlich keine Notwendigkeit für eine (zusätzliche) Unternehmensberichterstattung, da sämtliche kursrelevanten Informationen auf dem Kapitalmarkt verfügbar wären und es sich unabhängig von der Unternehmensberichterstattung ein „der effektiven internen Wertgenerierung des Unternehmens folgender Kursverlauf einstellen"[375] müsste.[376] Den Investoren

---

369 Dabei liegen im Rahmen der Neoklassik die folgenden, sehr restriktiven Prämissen zugrunde: vollkommener Kapitalmarkt; risikoscheue Investoren; hohe Informationseffizienz i.S.e. reibungslosen Zugänglichkeit und vollständigen Berücksichtigung aller Informationen. Vgl. Perridon/Steiner (2002), S. 21.

370 Vgl. hierzu und im Folgenden Beaver (1998), S. 125ff.; Moll (2002), S. 55ff.; Wagenhofer/Ewert (2003), S. 104ff.

371 Wagenhofer/Ewert (2003), S. 104.

372 Die Informationseffizienzhypothese ist regelmäßig Ausgangspunkt von empirischen Kapitalmarktstudien. Bspw. wird mit sog. Ereignisstudien getestet, ob durch bestimmte (unerwartete) Informationen i.S.v. bestimmten Ereignissen Überrenditen über die am Kapitalmarkt erwarteten Renditen erzielt werden können. Als Ergebnis der Studien soll eine Aussage darüber ermöglicht werden, ob den Informationen aus Kapitalmarktsicht ein besonderer Informationsgehalt zukommt. Vgl. Schremper (2002), S. 687. Demzufolge ist es für eine effiziente Informationsbereitstellung seitens der Unternehmen erforderlich, dass die Informationen tatsächlich in der Preisbildung berücksichtigt werden.

373 Beaver (1998), S. 125.

374 Vgl. Siersleben (1999), S. 30f.

375 Volkart (1998), S. 92.

wäre es nicht möglich, durch eine individuelle Informationsauswertung sog. Überrenditen zu erzielen, d.h. Renditen, die über den durchschnittlichen Gleichgewichtsrenditen liegen.[377] Dieser Argumentation liegt die Prämisse zugrunde, dass sich alle Marktteilnehmer vollkommen rational verhalten und der Markt als Ganzes demzufolge effizient ist, wenn jeder einzelne Akteur rational handelt.[378]

Nach FAMA ist ein Kapitalmarkt dann effizient, wenn alle verfügbaren Informationen vollzählig in die Wertpapierpreise einfließen. So schreibt er: „A market in which prices always 'fully reflect' all available information is called 'efficient'."[379] Die Eigenschaft des Kapitalmarktes, sämtliche Informationen in den Wertpapierpreisen zu reflektieren, ist dabei an die folgenden Voraussetzungen geknüpft:[380] (1) keine Transaktionskosten, (2) kostenloser und gleichzeitiger Zugang aller Marktteilnehmer zu den Informationen, (3) richtige Wahrnehmung der Informationen durch alle Marktteilnehmer.[381]

Bei den bisherigen Ausführungen wurde allgemein von einer verfügbaren Informationsmenge ausgegangen. Basierend auf den Arbeiten von FAMA (1970) werden, in Abhängigkeit von der Art der zugrunde liegenden Informationen und der entsprechenden Informationsverarbeitungskapazität des Aktienmarktes drei Formen der Informationseffizienz unterschieden:

- Schwache Form der Informationseffizienz (return predictability tests)[382]: Die Wertpapierpreise reflektieren sämtliche Informationen, die auf vergangenen Wertpapierpreisen basieren. Eine Zeitreihenanalyse vergangener

---

376 Nach Merkt (2001), S. 208, „definierte [... die neoklassische Wirtschaftstheorie, A.d.V.] die Informationsproblematik kurzerhand hinweg."

377 Vgl. Wagenhofer/Ewert (2003), S. 106.

378 Rational handelnde Marktteilnehmer können durch folgende Charakteristika beschrieben werden: vollkommene Kenntnis der eigenen Präferenzstruktur, Nutzenmaximierung als Zielsetzung, vollständige Markttransparenz, unbegrenzte Kapazität der Informationsverarbeitung, keine zeitlichen, sachlichen oder räumlichen Präferenzen, keine Beeinflussung durch andere Personen resp. frühere Erfahrungen. Vgl. Weiber/Adler (1995), S. 46.

379 Fama (1970), S. 383.

380 Vgl. Fama (1970), S. 387.

381 Diese Annahmen stellen hinreichende, aber keine notwendigen Bedingungen dar. Vgl. hierzu und im Folgenden Wagenhofer/Ewert (2003), S. 107. So ist die Annahme, dass alle Anleger rational handeln, nicht notwendig, da mindestens die Arbitragemöglichkeiten Wertpapierpreise stützen, die dem Konzept der Markteffizienz gerecht werden.

382 Die Bezeichnung 'return predictability' stellt eine neuere Bezeichnung für die schwache Form der Informationseffizienz dar. Diese Bezeichnung wird auch von Fama (1991) verwendet, der mit der Veröffentlichung „Efficient Capital Markets: II" auf die in den 80er Jahren aufgekommene Kritik gegenüber der Hypothese der Markteffizienz reagierte. Explizit bezieht er sich auf empirische Tests zu den verschiedenen Graden der Informationseffizienz. Diesbezüglich spricht er im Zusammenhang mit den Tests zur schwachen Form der Informationseffizienz von den 'tests for return predictability'. Vgl. Fama (1991), S. 1576.

Kurse (sog. technische Analyse) ist demzufolge irrelevant für Kursprognosen und ermöglicht keine Erzielung von Überrenditen.

- Halb- bzw. mittelstrenge Form der Informationseffizienz (event studies)[383]: Die Wertpapierpreise reflektieren sämtliche öffentlich zugänglichen Informationen.[384] Im Mittelpunkt steht hier die externe Rechnungslegung der Unternehmen, da diese „zum Prototyp von Informationen zählt, die man als öffentlich verfügbar ansieht“[385]. Durch eine Analyse öffentlich zugänglicher Daten (sog. Fundamentalanalyse) können keine Überrenditen erzielt werden.[386]
- Strenge Form der Informationseffizienz (tests for private information)[387]: Die Wertpapierpreise reflektieren sämtliche öffentlich zugänglichen sowie privaten Informationen.[388] Selbst durch Insiderwissen sind keine Überrenditen zu erzielen.

Im Zusammenhang mit der Frage nach der Informationsverarbeitung auf dem Aktienmarkt war die Überprüfung der Hypothese der Markteffizienz Betrachtungsgegenstand diverser empirischer Untersuchungen, die jedoch nicht zu eindeutigen Ergebnissen führten.[389] Diese Uneindeutigkeit kann nicht zuletzt darauf zurückgeführt werden, dass die Kapitalmarkteffizienz per se nicht überprüfbar ist.[390] Denn Kapitalmarkteffizienz kann nicht losgelöst von einem Preisbil-

---

383 Die Bezeichnung ‘event studies’ stellt eine neuere Bezeichnung für die halb- bzw. mittelstrenge Form der Informationseffizienz dar. Vgl. Fama (1991), S. 1577 sowie die Ausführungen in Fn. 382.

384 Von öffentlich verfügbaren Informationen sind private Informationen zu unterscheiden. „Während private Information nur einem begrenzten Adressatenkreis zur Verfügung steht, ist öffentliche Information in ihrem Adressatenkreis unbeschränkt, was nicht heißt, dass öffentlich verfügbare Information tatsächlich der gesamten Welt bekannt ist, sondern lediglich, dass aus Sicht des Informationsemittenten der ganzen Welt bekannt werden könnte.“ Gassen (2000), S. 11. Da die öffentlich zugänglichen Informationen die Zeitreihen vergangener Wertpapierpreise beinhalten, stellt die schwache Form der Informationseffizienz einen Spezialfall der halb- bzw. mittelstrengen Form der Informationseffizienz dar. Vgl. Wagenhofer/Ewert (2003), S. 108.

385 Wagenhofer/Ewert (2003), S. 110.

386 In der Literatur ist diese Definition der halb- bzw. mittelstrengen Form der Informationseffizienz nicht ohne Kritik geblieben. Diese richtet sich vornehmlich gegen die Abgrenzung der öffentlich zugänglich Informationen, da diese nicht nur frei verfügbare i.S.v. kostenlosen Informationen beinhalten, sondern auch Informationen, die für einen bestimmten Preis erworben werden können. Demzufolge ergibt sich die Fragestellung, bis zu welchem Preis Informationen als öffentlich zugänglich bezeichnet werden können. Vgl. hierzu Wagenhofer/Ewert (2003), S. 108; Schremper (2002), S. 688f. m.w.N.

387 Die Bezeichnung ‘private information’ stellt eine neuere Bezeichnung für die strenge Form der Informationseffizienz dar. Vgl. Fama (1991), S. 1577 sowie die Ausführungen in Fn. 382.

388 Da die der strengen Form der Informationseffizienz zugrunde liegende Informationsmenge die öffentlich zugänglichen Informationen beinhaltet, stellt die halb- bzw. mittelstrenge Form der Informationseffizienz wiederum einen Spezialfall der strengen Form der Informationseffizienz dar.

389 Vgl. z.B. Krämer (2001), Sp. 1270ff.; Kötzle/Niggemann (2001), S. 635.

390 In der Literatur sind weitere Kritikpunkte zu finden. Vgl. z.B. Sapusek (1998), S. 43ff.

dungsmodell, das die Veränderung eines Wertpapierpreises zwischen zwei Zeitpunkten i.S.e. Konkretisierung der kapitalmarkttheoretischen Normalrenditen beschreibt, getestet werden, sondern lediglich in Zusammenhang mit diesem Modell (sog. Joint-Hypothesis Problem).[391] Treten abnormale Renditen auf, so lässt sich folglich nicht eindeutig eruieren, ob diese auf eine Kapitalmarktineffizienz oder auf das verwendete Referenzmodell zurückzuführen sind.

Zur Untersuchung der Markteffizienz wurden in Abhängigkeit von dem Grad der Markteffizienz verschiedene Modelle und Verfahren entwickelt. Ein Überblick hierüber sowie über die Ergebnisse hinsichtlich der Gültigkeit der verschiedenen Effizienzgrade für den deutschen Kapitalmarkt zeigt Abb. 18.

| Grad der Informationseffizienz | Untersuchungsmethode/ Auswertungsverfahren | Gültigkeit für Deutschland |
|---|---|---|
| Schwache Form | Autokorrelationstests<br>Runs-Tests<br>Spektralanalysen<br>Vergleich verschiedener Tradingstrategien | (Tendenziell) Gültigkeit |
| Halbstrenge Form | Ereignisstudien<br>Performance von Investmentfonds | Bisher keine gesicherte Aussage möglich |
| Strenge Form | Untersuchung von Insider-Aktivitäten | Keine Gültigkeit |

*Abb. 18: Untersuchungsmethoden und Ergebnisse zur Informationseffizienz (Quelle: Schremper (2002), S. 690)*

Während die Ergebnisse der Tests der schwachen sowie der strengen Form der Informationseffizienz für den deutschen und US-amerikanischen Kapitalmarkt übereinstimmen,[392] ergeben sich Unterschiede hinsichtlich des Testes der halb- bzw. mittelstrengen Form der Informationseffizienz.[393] Für den US-amerikanischen Kapitalmarkt wird diese durch empirische Untersuchungen im Wesentlichen bestätigt, für den deutschen Kapitalmarkt ist bisher keine gesicherte Aussage möglich.[394] „Zusammenfassend lassen die empirischen Untersuchungen keine eindeutige Aussage hinsichtlich des Grades an Informationseffizienz zu. [...] Ferner scheinen die Ergebnisse dafür zu sprechen, dass der Grad an Informationseffizienz sich im Zeitablauf tendenziell verbessert. Dies kann als Konsequenz aus der zunehmenden Integration der Kapitalmärkte sowie der stei-

---

391 Vgl. Ballwieser/Kuhner (1994), S. 28.

392 Vgl. für den deutschen Kapitalmarkt auch Schulz (1999), S. 56.

393 Vgl. hierzu und im Folgenden Schremper (2002), S. 690f. m.w.N.

394 Allerdings existieren auch Untersuchungen, die dem deutschen Kapitalmarkt zumindest in jüngerer Zeit die halb- bzw. mittelstrenge Form der Informationseffizienz testieren. Vgl. z.B. Schmidt/May (1993), S. 83f.; Schulz (1999), S. 56.

genden Vernetzung und des größeren Volumens des Wertpapierhandels angesehen werden."[395]

Hinsichtlich der (wertorientierten) Berichterstattung bleibt festzuhalten, dass eine strenge Form der Informationseffizienz eine Berichterstattung obsolet erscheinen lassen würde, da hierdurch keine Aktienkursänderungen erzielt werden könnten.[396] Wie ausgeführt wurde, ist in der Realität jedoch nicht von der strengen Form der Informationseffizienz des Kapitalmarktes auszugehen. Vielmehr wird in der Literatur angenommen, dass allenfalls die halb- bzw. mittelstrenge Form der Informationseffizienz vorliegt.[397] Für diesen Fall erscheint eine zusätzliche Berichterstattung zur verpflichtenden Berichterstattung sinnvoll, um private in öffentlich zugängliche Informationen zu transformieren und die Informationseffizienz des Kapitalmarktes zu erhöhen.[398]

### 2.2.2.2 Neue Institutionenökonomik und Informationsasymmetrien

Nach MOLL setzt die „Denkrichtung [der neuen Institutionenökonomik..., A.d.V.] dort an, wo das Erklärungsvermögen der Neoklassiker aufhört."[399] Dieser Theorie folgend wird von Marktineffizienzen und einer asymmetrischen Informationsverteilung ausgegangen. Demzufolge erweitert „sich der Blick um Aspekte wie beispielsweise unvollständige Information, opportunistisches Verhalten, Transaktionskosten"[400].

---

395 Schremper (2002), S. 691. Vgl. ferner zu empirischen Untersuchungen der verschiedenen Formen der Informationseffizienz Sapusek (1998), S. 204ff. Diehm (2003), S. 53 geht davon aus, dass „nationale Regelungen zum Wertpapierhandel [sicher, A.d.V.] stellen [...], dass zumindest eine mittel-starke Informationseffizienz gewährleistet ist. Für sämtliche international bedeutsamen Börsenplätze bestehen, zum deutschen § 15 WpHG, äquivalente Vorschriften."

396 Vgl. z.B. auch Achleitner/Bassen (2001), S. 30.

397 Volkart/Labhart (2001), S. 138, weisen im Zusammenhang mit der halb- bzw. mittelstrengen Form der Informationseffizienz darauf hin, dass „obwohl die Aktienkursbildung Informationen meist befriedigend reflektiert, [...] sowohl in der kurzen als auch in der langen Frist verschiedene Handelsstrategien Überrenditen zu[lassen, A.d.V.]. Die Profitabilität von Strategien, die auf Fundamentalanalysen beruhen, ist erwiesen." In ähnlicher Weise kommen Kötzle/Niggemann (2001), S. 636, 78 dem Schluss, „dass von einem modifizierten, durch Informationskosten relativierten Verständnis der halbstrengen Informationseffizienz des Kapitalmarktes auszugehen ist."

398 Zu ähnlichen Schlüssen kommt Fischer (2003), S. 44, der dies wie folgt begründet: „Erstens ist mit der Effizienzthese vereinbar, dass ein Wertpapierkäufer zutreffendere Schlüsse aus der Veränderung der Informationslage zieht und damit überdurchschnittliche Renditen am Kapitalmarkt erzielen kann. Zweitens würde die Effizienzthese zum Informationsparadoxon, wenn nicht zumindest ein Teil der Adressaten einen die Kosten übersteigenden Nutzen in der Auswertung von Informationen sieht, weil es ansonsten nicht zu einer sofortigen Kursanpassung an neue Informationen und damit nicht zu informationseffizienten Preisen kommen kann." Im Original teilweise kursiv.

399 Moll (2002), S. 69.

400 Sänger (2001), S. 140. Vgl. ausführlich zur Neuen Institutionenökonomik z.B. Richter/Furubotn (1996).

Entsprechend werden die Beziehungen zwischen den Marktteilnehmern im Rahmen der Neuen Institutionenökonomik nicht nur durch exogene Unsicherheiten, sondern auch durch endogene Unsicherheiten charakterisiert. Die verschiedenen Marktteilnehmer verfügen über unterschiedliche Informationsstände und wissen dies auch.[401] Für den Fall eines Finanzierungsverhältnisses ist davon auszugehen, dass Unternehmen als Kapitalnehmer einen besseren Informationsstand bezüglich ihrer Gesellschaft haben als Kapitalgeber.[402] Dies kann zu einem opportunistischen Verhalten der Unternehmen führen. Andererseits können sich Kapitalgeber im Bewusstsein um dieses Risiko dagegen entscheiden, den Unternehmen Kapital zur Verfügung zu stellen oder eine höhere Risikoprämie verlangen. Vor diesem Hintergrund kommt der Bereitstellung von Informationen seitens des Unternehmens im Rahmen der Neuen Institutionenökonomik eine wesentliche Bedeutung zu. Erhalten die Kapitalgeber mehr Informationen, können sie die Situation des Unternehmens besser einschätzen und die bestehenden endogenen Unsicherheiten aufgrund des Abbaus von Informationsasymmetrien einschränken.[403]

Innerhalb der Neuen Institutionenökonomik erstrecken sich die wichtigsten Theorieansätze auf die Property-Rights-Theorie, die Transaktionskostentheorie sowie die Agency- bzw. Prinzipal-Agenten-Theorie.[404] Im Kontext der vorliegenden Arbeit kommt der Transaktionskostentheorie sowie insbesondere der Prinzipal-Agenten-Theorie eine wesentliche Bedeutung zu.[405] Denn diese stellen die theoretische Grundlage für die Notwendigkeit der Bereitstellung von Informationen und den Abbau von Informationsasymmetrien dar.

Mit der Transaktionskostentheorie wird der Tatsache Rechnung getragen, dass zum einen Informationen nicht ohne Ressourcenaufwendungen zugänglich sind und zum anderen die Marktteilnehmer nur über eine begrenzte Fähigkeit der Informationsverarbeitung verfügen.[406] Demzufolge zeichnen sich die Teilnehmer durch eine begrenzte Rationalität aus und agieren nicht notwendigerweise effizient i.S.v. rational.[407] In diesem Zusammenhang steht im Rahmen der Transak-

---

401 Vgl. Tiemann (1997), S. 108.

402 Vgl. hierzu und im Folgenden Tiemann (1997), S. 110.

403 Vgl. auch Siersleben (1999), S. 33.

404 Vgl. zu einem Überblick z.B. Suter (2000), S. 36ff.; Picot (1991), S. 144ff.

405 Die Property-Rights-Theorie basiert auf dem Grundgedanken, dass Verfügungsrechte (property rights) sowohl das Verhalten der Marktteilnehmer als auch die Ressourcenallokation in einer Volkswirtschaft erheblich beeinflussen. In diesem Sinne zielt die Property-Rights-Theorie auf verschiedene Fragestellungen im Zusammenhang mit Verfügungsrechten, wie bspw. deren optimale Zuteilung. Vgl. grundlegend zur Property-Rights-Theorie z.B. Alchian/Demsetz (1972).

406 Vgl. grundlegend zur Transaktionskostentheorie z.B. Coase (1937); Williamson (1987).

407 Vgl. Richter/Furubotn (1996), S. 45.

tionskostentheorie die Fragestellung nach einer effizienten Koordinationsform langfristiger wirtschaftlicher Beziehungen durch Verträge im Vordergrund.[408] Dabei lassen sich zwei Arten der Transaktionskosten unterscheiden: Zum einen die externen Transaktionskosten, die sich aus der Inanspruchnahme des Marktes ergeben, zum anderen die internen Transaktionskosten, die aus der Organisationsnutzung resultieren.

Ansatzpunkt hinsichtlich der Notwendigkeit zur Bereitstellung von Informationen bilden im Rahmen der Transaktionskostentheorie die Informationskosten, die einen wesentlichen Teil der Transaktionskosten darstellen.[409] Führen bspw. Investoren Fundamentalanalysen zur Beurteilung einer Aktienanlage durch, entstehen ihnen hierdurch Informationskosten.[410] Diese Kosten werden sie jedoch nur akzeptieren, wenn sie hierdurch tatsächlich Überrenditen erzielen können.[411] Eine transparentere und erweiterte Berichterstattung kann nun dazu führen, dass die Informationskosten seitens der Investoren verringert und die Verarbeitung der Informationen erleichtert werden. In diesem Zusammenhang wird in der Literatur auch die Bedeutung von Finanzintermediären erklärt.[412] Bei einer erhöhten Offenlegung von Informationen seitens des Unternehmens wird davon ausgegangen, dass die Aktie zunehmend in das Interesse der Analysten rückt und vermehrt bewertet wird (sog. analyst following bzw. analyst coverage[413]).[414] Analysten „fungieren als informationstechnischer Mittler zwischen Kapitalgebern und -nehmern und spielen im Entscheidungsprozess institutioneller und individueller Investoren eine maßgebliche Rolle. [...] Der Finanzanalyst transformiert [...] mittels seines Know-hows allgemein zugängliche Daten in entscheidungsre-

---

408 Grundsätzlich lassen sich im Rahmen der Transaktionskostentheorie die Governance-Richtung und die Measurement-Richtung unterscheiden. Im Rahmen von ersterer geht es um Fragestellungen zu Vertragsbeziehungen und Koordinationsstrukturen, die durch opportunistisches Verhalten der Vertragspartner bedingt werden. Die Measurement-Richtung fokussiert sich auf die Messung und Bewertung von innerbetrieblichen Faktorleistungen.

409 Vgl. Richter/Furubotn (1996), S. 76.

410 Durch empirische Untersuchungen wurde bestätigt, dass Jahresabschlussinformationen eine Entscheidungsgrundlage von Investoren darstellen. Vgl. z.B. Glaum/Mandler (1996), S. 49. Ebenso führte eine seitens C&L Deutsche Revision durchgeführte empirische Untersuchung unter Führungskräften der deutschen Wirtschaft und Universitätsprofessoren zu dem Ergebnis, dass Jahresabschlussinformationen für Investoren von Bedeutung sind. Vgl. C&L Deutsche Revision (Hrsg.) (1995), S. 5f.

411 Vgl. hierzu und im Folgenden Kötzle/Niggemann (2001), S. 636.

412 Vgl. z.B. Achleitner/Bassen/Pietzsch (2001a), S. 47f. m.w.N.

413 „Unter Analysten-Coverage wird die regelmäßige Informationsbeschaffung und Bewertung börsennotierter Unternehmen durch Finanzanalysten mit anschließender Veröffentlichung von Anlageurteilen an die Kapitalmarktteilnehmer verstanden." Achleitner/Bassen/Pietzsch/Wichels (2002), S. 32.

414 Vgl. hierzu die Ergebnisse bei Lang/Lundholm (1996), S. 490. Neben einer besseren Bewertungsmöglichkeit seitens der Analysten führt eine transparentere Berichterstattung u.U. auch zu einem verbesserten Rating. Vgl. ähnlich Ballwieser (2001a), S. 644.

levante Informationen und verschafft sich und seinen Kunden [...] dadurch einen Informationsvorsprung am Kapitalmarkt. Durch ihre Tätigkeit reduzieren Finanzanalysten die wahrgenommene Komplexität und Unsicherheit auf dem Kapitalmarkt und erhöhen somit die Informationseffizienz."[415]

„Gedanklicher Ausgangspunkt [der Prinzipal-Agenten-Theorie, A.d.V.] ist die heute zumindest in größeren Unternehmungen übliche Trennung von Eigentums- und Verfügungsrechten."[416] Im Fokus der Prinzipal-Agenten-Theorie steht eine Auftragsbeziehung zwischen einem Auftraggeber (Prinzipal) und einem Auftragnehmer (Agent), die auf der Delegation von Verfügungsrechten basiert und sich durch verschiedene Charakteristika auszeichnet.[417] So engagiert der Prinzipal den Agenten, damit dieser Leistungen im Sinne des Prinzipals erbringt. Da im Rahmen der Prinzipal-Agenten-Theorie jedoch die Annahme der individuellen Nutzenmaximierung zugrunde gelegt wird, ist der Modelllogik folgend davon auszugehen, dass der Agent seinen Eigennutzen maximieren und damit u.U. nicht vollständig im Interesse des Prinzipals handeln wird. Aufgrund der asymmetrischen Informationsverteilung zwischen Prinzipal und Agent ist der Leistungsinput und ggf. der Leistungsoutput des Agenten nicht bzw. nicht ohne Kosten der Informationsbeschaffung durch den Prinzipal beobachtbar, was zu opportunistischem Verhalten des Agenten führen kann.[418] Die Entscheidungen des Agenten beeinflussen jedoch nicht nur den eigenen Nutzen, sondern auch den des Prinzipals. Vor dem Hintergrund des resultierenden Interessenkonfliktes zwischen Prinzipal und Agent ist es Ziel der Prinzipal-Agenten-Theorie, Verträge und Finanzierungsbeziehungen so zu gestalten, dass eine weitest gehende Übereinstimmung der Interessen der Vertragspartner erzielt wird.[419] Effizienzkriterium für die Gestaltung von Prinzipal-Agenten-Beziehungen und damit die Reduzierung von Konflikten stellen die sog. Agency-Kosten dar.[420]

Nach ARROW können zwei Formen von Informationsasymmetrien unterschieden werden.[421] Im Fall einer Informationsasymmetrie vor Vertragsabschluss liegt ei-

415 Achleitner/Bassen/Pietzsch (2001a), S. 48.

416 Glaum (1996), S. 76. Im Original teilweise kursiv. Vgl. grundlegend zur Prinzipal-Agenten-Theorie z.B. Jensen/Meckling (1976).

417 Vgl. Perridon/Steiner (2002), S. 528.

418 So hängt der Leistungsoutput des Auftragnehmers nicht nur von dessen Leistung ab, sondern auch von exogenen Faktoren.

419 Vgl. Perridon/Steiner (2002), S. 528f.

420 Zu unterscheiden sind die seitens des Agenten entstehenden 'bonding costs' (Garantieausgaben), die seitens des Prinzipals entstehenden 'monitoring costs' (Überwachungsausgaben) sowie der 'residual loss' (Wohlfahrtsverlust), der aus einer suboptimalen Lösung für den Prinzipal resultiert. Vgl. Jensen/Meckling (1976), S. 305.

421 Vgl. hierzu und im Folgenden Arrow (1985), S. 38ff.

ne sog. 'hidden information' vor. Diese kommt darin zum Ausdruck, dass dem Agenten bestimmte Informationen vorliegen, die Einfluss auf die Vertragsbeziehung haben, dem Prinzipal jedoch nicht bzw. nicht kostenlos zugänglich sind. Die Informationen des Agenten können sich dabei auf verschiedene Qualitätsmerkmale, wie bspw. seine Managementfähigkeit, beziehen.[422] Folglich ist es dem Prinzipal nicht möglich, Agenten verschiedener Qualität zu unterscheiden. Dies führt dazu, dass von einer Durchschnittsqualität der Agenten und einer entsprechenden durchschnittlichen Bewertung ausgegangen wird. Agenten mit guten Qualitätsmerkmalen werden versuchen, den Markt zu verlassen, wodurch die Durchschnittsqualität der verbliebenen Agenten sinkt. Da dieser Mechanismus den Prinzipalen bekannt ist, wird es zu einer Anpassung der durchschnittlichen Bewertung kommen, was weitere Agenten veranlasst, den Markt zu verlassen. Das Resultat ist die sog. 'adverse selection'. Im Gegensatz zur 'hidden information' liegt im Fall einer Informationsasymmetrie nach Vertragsabschluss eine sog. 'hidden action' vor. Hierbei wird davon ausgegangen, dass die zwei Vertragspartner vor Abschluss des Vertrages den gleichen Informationsstand haben, nach Vertragsabschluss das Verhalten des Agenten jedoch nicht bzw. nicht kostenlos seitens des Prinzipals zu beobachten ist. Da das Ergebnis der Entscheidungen des Agenten jedoch nicht nur von dessen Verhalten, sondern auch von einem exogenen Risiko abhängt, ist es dem Prinzipal nicht möglich, das Verhalten des Agenten eindeutig zu beurteilen. Hierdurch eröffnet sich für den Agenten ein Handlungsspielraum, seinen eigenen Nutzen durch opportunistisches Verhalten zu maximieren. Da dieses Verhalten nicht notwendigerweise auch den Nutzen des Prinzipals maximiert, resultiert für den Prinzipal das Risiko des 'moral hazard'. In der Realität ist davon auszugehen, dass die zwei Formen der Informationsasymmetrien nicht getrennt voneinander, sondern in kombinierter Form vorliegen.[423]

Auch die Prinzipal-Agenten-Theorie wird im Zusammenhang mit Aspekten zur Finanzierung von Unternehmen herangezogen. Die Beziehung zwischen den Aktionären und dem Management kann als typische Prinzipal-Agenten-Beziehung interpretiert werden.[424] Dem Management (Agent) werden von den Eigentümern (Prinzipal) die Entscheidungsbefugnisse für das Unternehmen übertragen. Durch sein Handeln determiniert der Agent die Gewinnansprüche

422 Vgl. Perridon/Steiner (2002), S. 529.

423 Vgl. z.B. Swoboda (1994), S. 163.

424 Ferner können Prinzipal-Agenten-Beziehungen bspw. zwischen dem Management und Fremdkapitalgebern bestehen. In Abhängigkeit davon, ob aufgrund des veränderten Verhaltens des Managers der Marktwert des Eigenkapitals oder des Fremdkapitals gemindert wird, werden Agency-Kosten des Fremdkapitals und des Eigenkapitals unterschieden. Vgl. hierzu z.B. Perridon/Steiner (2002), S. 531ff.

des Prinzipals, die sich auf einen Residualgewinn beschränken. Aufgrund der vorliegenden Informationsasymmetrie zwischen Agent und Prinzipal kann der Agent seinen Handlungsspielraum zu Gunsten des eigenen Nutzens und zu Lasten des Nutzens der Prinzipale ausnutzen. „Da die Kapitalgeber wissen, dass sie aufgrund der asymmetrischen Informationsverteilung bzw. aufgrund ihres Informationsnachteils besonderen Risiken unterliegen und weniger gut über die künftige Ertragsentwicklung informiert sind, müssen sie bei der Überlassung ihres Vermögens damit rechnen, dass der Kapitalnehmer seinen Informationsvorsprung ausnutzt und eigennützig handelt.“[425] Um dieser mangelnden Kontrollmöglichkeit zu begegnen, werden die Prinzipale Risikoprämien als Bestandteil ihrer erwarteten Rendite auf das eingesetzte Kapital verlangen.[426]

Um das Risiko und damit die verlangte Risikoprämie seitens der Kapitalgeber gering zu halten, gilt es die bestehenden Informationsasymmetrien abzubauen. Grundsätzlich ist hinsichtlich der Lösungsmöglichkeiten zum Abbau von Informationsasymmetrien danach zu differenzieren, ob sie sich auf Informationsasymmetrien vor oder nach Vertragsabschluss beziehen und ob sie vom Prinzipal oder vom Agenten ausgehen.[427] Dabei stellt das sog. ‘signaling’ eine Lösungsmöglichkeit dar, die auf die Initiative des Agenten zurück zu führen ist. In diesem Zusammenhang kommt einer transparenten (glaubhaften) Informationspolitik besondere Bedeutung zu, um hierdurch die Vertrauensbasis zu den Kapitalgebern zu erhöhen.[428]

---

425 Siersleben (1999), S. 37.

426 Vgl. Kötzle/Niggemann (2001), S. 637. Alternativ werden die Prinzipale Verträge zu einem ‘incentive alignment’ verhandeln.

427 Vgl. Siersleben (1999), S. 117. So kann dem Risiko der ‘adverse selection’ durch die drei Maßnahmen ‘screening’, 'self selection' und ‘signaling’ und dem Risiko des ‘moral hazard’ mit Anreiz- und Kontrollsystemen gegengesteuert werden. Vgl. ausführlicher z.B. Perridon/Steiner (2002), S. 530ff.

428 Kötzle/Niggemann (2001), S. 637 weisen in diesem Zusammenhang darauf hin, dass vornehmlich solche Informationen relevant sind, „welche für die [zukünftige, A.d.V.] Unternehmensentwicklung von erheblichem Einfluss sind“. Diese Argumentation ist auf Informationsasymmetrien zwischen Finanzintermediären und dem Management übertragbar. Nach der Klassifizierung in Fn. 427 stellt das ‘signaling’ grundsätzlich eine Lösungsmöglichkeit für vor dem Vertragsabschluss bestehende Informationsasymmetrien dar. Die nachfolgenden Ausführungen sind jedoch auf beide Formen der Informationsasymmetrien übertragbar, da diese, wie weiter oben bereits ausgeführt wurde, in der Realität typischerweise in kombinierter Form vorliegen. Zudem kann angenommen werden, dass sich die Informationsinteressen potenzieller und gegenwärtiger Eigentümer nicht unterscheiden, sondern sich lediglich Unterschiede im Hinblick auf die Wirkung auf die Eigentümer ergeben. Während die Informationen bei dem potenziellen Eigentümer „einen Beitrag zur Verringerung der Qualitätsunsicherheit [...] leisten, werden sie beim aktuellen [...Eigentümer, A.d.V. ...] eher kontrollierenden Charakter besitzen in der Weise, dass dieser die erhaltenen Informationen zur Bestätigung der zuvor erhaltenen Informationen nutzen wird“. Siersleben (1999), S. 118. In diesem Zusammenhang weisen auch Achleitner/Bassen/Pietzsch (2001a), S. 6f., darauf hin, dass das „Moral-Hazard-Risiko [...] in der Wahrnehmung der externen Adressaten durch eine transparente Kapitalmarktkommunikation [...] gemindert“ werden kann.

Die Grundidee des 'signaling' besagt, dass das besser informierte Management den schlechter informierten Kapitalmarktteilnehmern mittels Maßnahmen (Signalen) implizit versichert, dass es bestimmte Informationen besitzt.[429] Dieser Grundidee folgend ist es nicht ausreichend, dass Informationen direkt übermittelt werden, sondern es Bedarf zusätzlicher Signale, um die Glaubwürdigkeit der Informationen zu gewährleisten. „Die Signaling Theorie betont [...] den Wert, den die Weitergabe einer Information für den Informationsbesitzer haben kann. [...] Der Wert der Informationsweitergabe besteht darin, dass der Zugang der Information beim Empfänger zu einer veränderten Entscheidung führt und diese neue Entscheidung gegenüber der Entscheidung vor Informationszugang einen Nutzenzuwachs bei demjenigen bewirkt, der die Information weitergegeben hat."[430]

Damit durch Signale wirksam Glaubwürdigkeit aufgebaut werden kann, müssen zwei Voraussetzungen erfüllt sein. Zum einen muss die Erzeugung der Signale mit Kosten für das Unternehmen verbunden sein. Die Unternehmen werden jedoch nur zur Aufbringung der Kosten bereit sein, wenn diese „nicht höher liegen [...] als die Einsparungen, die die Unternehmung durch die Reduktion der Risikoprämie erzielt"[431]. Zum anderen muss die Replikation der Signale für Unternehmen von geringerer Qualität mit prohibitiv hohen Kosten verbunden und damit nutzlos sein.[432]

Im Rahmen der vorliegenden Arbeit stellt sich die Frage, ob mit einer wertorientierten Berichterstattung ein 'signaling' betrieben bzw. ob die wertorientierte

---

429 Vgl. Perridon/Steiner (2002), S. 530; Wagenhofer/Ewert (2003), S. 247. In der Literatur werden bspw. Dividendenzahlungen, Rating und Aktienrückkaufprogramme als Signale angesehen. Vgl. grundlegend zur Theorie des 'signaling' Spence (1973); Spence (1976); Ross (1977).

430 Feldhoff (1992), S. 109.

431 Zemelka (2002), S. 94.

432 Vgl. Labhart (1999), S. 204. Das signaling stellt, ebenso wie die Reputation eines Unternehmens, grundsätzlich ein Instrument dar, mit dem nicht verifizierbare Informationen glaubwürdig übermittelt werden können. Vgl. Wagenhofer/Ewert (2003), S. 334. Unter nicht verifizierbaren Informationen sind solche zu verstehen, deren Wahrheitsgehaltsprüfung unmöglich oder mit sehr hohen Kosten verbunden ist. Vgl. Wagenhofer/Ewert (2003), S. 332. Zu den nicht verifizierbaren Informationen sind insbesondere Prognoseinformationen und qualitative Informationen zu zählen, die, wie später ausführlicher gezeigt werden wird, einen nicht unerheblichen Umfang der wertorientierten Berichterstattung ausmachen. Darüber hinaus wird ein informativer Ausweis nicht verifizierter Informationen in sog. 'Cheap Talk' -Modellen analysiert. Grundannahme dieser Modelle ist ein Zielkonflikt des Unternehmens hinsichtlich der Auswirkungen des Ausweises bestimmter Informationen. Gleichen sich die verschiedenen positiven und negativen Auswirkungen in etwa aus, so besteht ein Gleichgewicht, in welchem die Unternehmen freiwillig wahrheitsgemäß Informationen offen legen. Bei den Informationen handelt es sich jedoch nur um unpräzise Angaben. Im Unterschied zu den 'Cheap Talk'-Modellen verursacht der Ausweis von freiwilligen Informationen in den Signaling-Modellen (direkte) Kosten und das Signal beeinflusst meistens direkt den Nutzen des Senders. Vgl. ausführlicher zu den 'Cheap Talk'-Modellen Wagenhofer/Ewert (2003), S. 334ff.; Verrecchia (2001), S. 143ff.

Berichterstattung seitens des Kapitalmarktes als Signal aufgenommen werden kann. Da mit einer wertorientierten Berichterstattung Kosten verbunden sind, ist grundsätzlich davon auszugehen, dass das Management sich hiervon eine Steigerung des Unternehmenswertes erhofft, die über die Kosten hinausgeht.[433]

Ein kompetentes Management sollte einen komparativen Vorteil in der Bereitstellung von Informationen über das Unternehmen haben. Folglich ist es zweckmäßig, dass die Vergütung des Managements auch von dessen Fähigkeit abhängt, Investoren mit Informationen über die zukünftige Unternehmensentwicklung zu versorgen.[434] „Es erscheint daher sinnvoll, die Aufnahme von Value Reporting als Signal der Bereitschaft einer verbesserten Informationsversorgung des Kapitalmarktes zu deuten. Daraus kann ein hoher komparativer Vorteil des Managements abgeleitet werden, der Zeichen einer guten Managementkompetenz ist."[435] In diesem Sinne können mit der Aufnahme der wertorientierten Berichterstattung andere Signale, wie bspw. die Dividendenzahlung, substituiert werden.[436]

Darüber hinaus ist zu berücksichtigen, dass den 'signaling'-Modellen sehr strenge Prämissen zugrunde liegen, wie die oben angesprochene Unwirksamkeit einer direkten Informationsübermittlung. Diese Prämisse wird mit der fehlenden Glaubwürdigkeit der Informationen begründet, die „auf die Zugrundelegung eines einperiodigen Betrachtungszeitraums in den Signalling-Modellen zurückgeführt wird"[437]. Die Prämisse des einperiodigen Betrachtungszeitraums ist jedoch nicht ohne weiteres auf die wertorientierte Berichterstattung übertragbar. So kann diese nicht in einem einperiodigen Betrachtungszeitraum im Sinne eines einmaligen Ereignisses gesehen werden, sondern sollte einen kontinuierlichen Bestandteil der Unternehmensberichterstattung darstellen.[438] In diesem Sinne

---

433 Vgl. Labhart (1999), S. 204. Kötzle/Niggemann (2001), S. 637 weisen jedoch darauf hin, dass von geringen Informationskosten zur Reduzierung der Informationsasymmetrien auszugehen ist, da Manager und Aktionäre grundsätzlich ähnliche Informationsbedürfnisse aufweisen.

434 Vgl. ähnlich Labhart (1999), S. 205 mit Bezug auf Holthausen (1990), S. 208. Labhart bezieht sich hier jedoch namentlich auf die Bereitstellung von Informationen über zukünftige Free Cash-flows.

435 Labhart (1999), S. 205. Im Original teilweise kursiv. Des Weiteren weist Labhart (1999), S. 63 darauf hin: „Die Publikation eines Informationselements im Rahmen des Value Reporting kann beispielsweise eine wertrelevante Einstellung des Managements signalisieren, selbst wenn das Element keinen zusätzlichen Informationsgehalt besitzt." Vgl. ähnlich Böcking/Wesner (2004), S. 105; Kötzle/Niggemann (2001), S. 634. Umgekehrt dürften Unternehmen mit einem unterdurchschnittlichen Informationssystem und vergleichsweise schlechten Prognosefähigkeiten aufgrund der prohibitiv hohen Kosten eine wertorientierte Berichterstattung nicht einführen. Vgl. Labhart (1999), S. 205.

436 Vgl. Labhart (1999), S. 205.

437 Siersleben (1999), S. 125.

438 Vgl. z.B. Böcking/Dutzi (2003), S. 223, die den einmal eingeschlagenen Weg der wertorientierten Berichterstattung als „Einbahnstraße" bezeichnen.

kann die wertorientierte Berichterstattung nach SIERSLEBEN zumindest als Quasi-'signaling' bezeichnet werden, dessen Gegenstand der Aufbau von Reputation und/oder Vertrauensbeziehungen ist.[439] Beim Quasi-'signaling' wird die Prämisse des einperiodigen Betrachtungszeitraums zu Gunsten eines mehrperiodigen aufgegeben, wodurch die Vertragsbeziehung zwischen Management und Kapitalmarkt als langfristige Kooperationsbeziehung interpretiert werden kann. Basierend auf dieser Argumentation kommt SIERSLEBEN zu dem Schluss, „dass die Signalwirkung, die dem Rating und der Dividendenpolitik für die Glaubwürdigkeit der übermittelten Informationen zugesprochen wird, innerhalb des Quasi-Signalling [...] durch den Aufbau einer Vertrauensbeziehung substituiert wird. Grundsätzlich zeigt sich somit, basierend auf dem Denkgerüst der Signalling-Hypothese, dass der Aufbau einer Vertrauensbeziehung geeignet erscheint, eine dauerhafte und vertrauenswürdige Kooperation zwischen [... Management und Kapitalmarkt, A.d.V.] zu generieren, um damit das Problem der Glaubwürdigkeit nachhaltig zu reduzieren."[440]

Zusammenfassend ist zu konstatieren, dass sich aus dem Theoriegerüst der Neuen Institutionenökonomik allgemein Ansatzpunkte für die Begründung der Bereitstellung von freiwilligen wertorientierten Informationen ergeben. Für den Abbau von Informationsasymmetrien und eine damit verbundene bessere Möglichkeit zur Beurteilung des Unternehmens seitens der Kapitalmarktteilnehmer im Allgemeinen und der Investoren im Speziellen, ergibt sich für die Unternehmen die Notwendigkeit, diese hinreichend mit Informationen zu versorgen. Neben gesetzlich geforderten Pflichtinformationen können auch freiwillige wertorientierte Informationen zum Abbau von Informationsasymmetrien beitragen. Der Abbau von Informationsasymmetrien kann – insbesondere vor dem Hintergrund der angestrebten Unternehmenswertsteigerung – als zentrale Zwecksetzung der (wertorientierten) Berichterstattung angesehen werden.[441]

Den Ausführungen, dass die wertorientierte Berichterstattung als Signal für eine glaubwürdige, transparente Berichterstattung angesehen werden kann, liegt dabei die Annahme zugrunde, dass Adressaten der Berichterstattung im Allgemeinen und Kapitalmarktteilnehmer im Speziellen ein Interesse an Unternehmensinformationen haben, um hierauf basierend ihre Entscheidungen treffen zu können. Andererseits haben diese Entscheidungen wiederum tatsächliche oder potenzielle Rückwirkung auf das Unternehmen, da diese ansonsten keine freiwilli-

---

439 Vgl. ausführlicher Siersleben (1999), S. 127ff. m.w.N.

440 Siersleben (1999), S. 129.

441 Vgl. hierzu Pellens/Fülbier/Gassen (2004), S. 3, die sich an dieser Stelle explizit auf die Rechnungslegung beziehen und deren Metazweck in dem Abbau einer asymmetrischen Informationsverteilung sehen.

ge Berichterstattung betreiben würden.[442] Das Vorliegen von Informationsasymmetrien und ein gegenseitiges Beeinflussen der Entscheidungen von Unternehmen und Adressaten der Berichterstattung bilden den Grundgedanken des sog. 'unraveling'-Prinzips, „das die Grundlage der meisten Erklärungen freiwilligen Ausweisverhaltens bildet."[443]

Ausgangspunkt des 'unraveling'-Prinzips bilden rationale Adressaten der Berichterstattung, die im Wissen über den Informationsvorsprung des Unternehmens die Anreize des Unternehmens, Informationen selektiv bereitzustellen, in ihren Entscheidungen berücksichtigen werden.[444] Die Erwartungen der Adressaten wird das Unternehmen jedoch wiederum berücksichtigen und seine Ausweisstrategie entsprechend anpassen müssen. Die Änderung der Ausweisstrategie hat eine Erwartungsänderung der Adressaten zur Folge, die abermals zu einer Änderung der Ausweisstrategie führt. Dieser Prozess setzt sich solange fort, bis sich ein Gleichgewicht einstellt, in dem die Adressaten ihre Einschätzungen und das Unternehmen seine Ausweisstrategie nicht mehr ändert (sog. 'unraveling'-Prinzip).[445] Im Extremfall stellt sich ein Gleichgewicht ein, in dem das Un-

---

442 Vgl. hierzu und im Folgenden Wagenhofer/Ewert (2003), S. 287.

443 Wagenhofer/Ewert (2003), S. 332. In Anlehnung an Wagenhofer/Ewert (2003), die im Zusammenhang mit dem 'unraveling'-Prinzip den Begriff der Bilanzadressaten verwenden, wird nachfolgend von Adressaten der Berichterstattung gesprochen, obgleich sich das 'unraveling'-Prinzip streng genommen auf die Beziehung zwischen Unternehmen und Eigenkapitalgebern bezieht. Vgl. ähnlich Vielmeyer (2004), S. 173.

444 Voraussetzung für das 'unraveling'-Prinzip ist, dass Unternehmen wahrheitsgetreu Bericht erstatten. Eine externe Überprüfung könnte hier durch die Wirtschaftsprüfer erfolgen. Voraussetzung für die Gewährleistung der Wahrheitstreue von Informationen ist jedoch, dass die Informationen auch tatsächlich überprüfbar sind. Diese Überprüfung ist jedoch für viele Informationen, insbesondere Prognoseinformationen, nicht immer möglich. Vgl. Wagenhofer/Ewert (2003), S. 288.

445 Vereinfacht dargestellt ist davon auszugehen, dass ein Unternehmen ungünstige Informationen eher nicht publiziert. Wissen die Adressaten, dass das Unternehmen diese Informationen besitzt, werden sie die Ausweisstrategie des Unternehmens antizipieren. Einen Nichtausweis werden sie als ungünstige Informationen interpretieren und diese Tatsache entsprechend in ihren Entscheidungen bzw. Erwartungen bzgl. des Unternehmens berücksichtigen und den Marktpreis revidieren. Diese Reaktion wird das Unternehmen wiederum berücksichtigen und seine Ausweisstrategie entsprechend den veränderten Erwartungen anpassen, d.h. auch negative Informationen bereitstellen. Dieser Prozess der Erwartungsänderungen seitens der Adressaten und der Änderung der Ausweisstrategie seitens des Unternehmens wird sich so lange fortsetzen, bis sich die Adressaten in ihren Einschätzungen nicht mehr irren und die Ausweisstrategie des Unternehmens unverändert bleibt. Vgl. zu diesem Beispiel ausführlich Wagenhofer/Ewert (2003), S. 287ff. Der beschriebe Prozess ergibt sich jedoch nicht nur für das einzelne Unternehmen, sondern für alle Unternehmen. Publizieren einige Unternehmen (freiwillig) Informationen, da sie ein gewisses Verhalten der Adressaten antizipieren, werden die Adressaten ihr Reaktionsverhalten bzgl. der nicht publizierenden Unternehmen anpassen. Es ist davon auszugehen, dass der Adressat sein Verhalten nicht mehr an einem durchschnittlichen Unternehmen ausrichtet, sondern am Durchschnitt sämtlicher verbliebener Unternehmen. Dies erkennend, werden die nicht publizierenden Unternehmen auch dazu übergehen, freiwillig Informationen bereitzustellen. Dies führt im Extremfall dazu, dass sämtliche Unternehmen ihre Informationen publizieren. Vgl. Korn/Lengsfeld/Schiller (2002), Sp. 552f.

ternehmen freiwillige Informationen unverzüglich und vollständig publiziert.[446] Ferner können weitere Gleichgewichte bestehen, in denen es nur zu einem teilweisen oder – im anderen Extremfall – zu keinem freiwilligen Ausweis kommt. „Welche Informationspolitik ein individuelles Unternehmen zu wählen hat, ist damit keine Frage, die sich eindeutig beantworten lässt. Gesucht werden muss vielmehr nach einer besten Antwort auf die Informationspolitik der anderen Unternehmen sowie auf die Reaktion des Marktes."[447]

### 2.2.3 Zielsetzungen und Aufgaben der wertorientierten Berichterstattung

Anhand der vorangegangenen Ausführungen wurde die theoretische Grundlage für die Begründung der Bereitstellung von (freiwilligen) wertorientierten Informationen erarbeitet. So wurde gezeigt, dass der zentrale Zweck einer wertorientierten Berichterstattung in dem Abbau von Informationsasymmetrien liegt. Der wertorientierten Berichterstattung kommt demzufolge eine Informationsfunktion zu (vgl. Abb. 19). „Informiert werden soll über abgelaufene Geschäftsjahre oder kürzere Perioden zur Kontrolle der Zielerreichung [Rechenschaftsfunktion, A.d.V.] und als Basis von Entscheidungen [Informationsfunktion i.e.S., A.d.V.]."[448]

Aus den Zwecksetzungen der wertorientierten Berichterstattung lassen sich verschiedene Zielsetzungen ableiten. In der Literatur findet sich eine Vielzahl von Zielen der wertorientierten Berichterstattung in verschiedenen Systematisierungen.[449] Zumeist werden nicht einzelne Ziele für die wertorientierte Berichterstattung genannt, sondern ein ganzer Zielkatalog. Dieser wird i.d.R. hierarchisch in Ober- und Subziele untergliedert.[450]

Im Rahmen der vorliegenden Arbeit werden (idealtypisch) drei Oberziele der wertorientierten Berichterstattung unterschieden (vgl. Abb. 19), die in den nach-

---

446 Für diesen Extremfall wird insbesondere von Kosten abstrahiert.

447 Korn/Lengsfeld/Schiller (2002), Sp. 553.

448 Ballwieser (2002a), S. 115. Vgl. zur Differenzierung der Informationsfunktion in die Informationsfunktion i.e.S. und die Rechenschaftsfunktion z.B. auch Busse v. Colbe (1993), S. 13f.; Kirchner (2000), S. 51.

449 Vgl. Achleitner/Bassen (2001), S. 30. Diese Systematisierungen beziehen sich meistens auf die Zielsetzungen der Investor Relations. Aufgrund der inhaltlichen Nähe von wertorientierte Berichterstattung und Investor Relations erscheint dieser Verweis jedoch gerechtfertigt. Vgl. ausführlicher zum Zusammenhang zwischen der wertorientierten Berichterstattung und den Investor Relations den Exkurs in Abschnitt 3.1.1.

450 Vgl. Fischer (2003), S. 312. Vgl. zu den verschiedenen Zielen z.B. Eccles u.a. (2002), S. 232ff.; Ewert/Wagenhofer (2000a), S. 37; Lang/Lundholm (1996), S. 467ff.; Paul (1993), S. 139f.; Pellens (2001a), Sp. 1750; Saitz/Wolbert (2002), S. 325. Vgl. zu verschiedenen empirischen Untersuchung hinsichtlich der Ziele der Investor Relations z.B. Allendorf (1996), S. 145ff.; Deutsche Bank (Hrsg.) (1999), S. 123ff.; Günther/Otterbein (1996), S. 397ff.; Handelsblatt/IRES (Hrsg.) (2002), S. 13ff.; Serfling/Großkopff/Röder (1998), S. 273ff.

folgenden Abschnitten ausführlicher dargelegt werden. Die Bereitstellung von Informationen zur Entscheidungsunterstützung soll erstens zu einer angemessenen Bewertung des Unternehmens am Kapitalmarkt und damit zu einer Schließung der Wertlücke zwischen Börsenwert und innerem Unternehmenswert und zweitens zu einer Steigerung des inneren Unternehmenswertes beitragen. Drittens soll die Bereitstellung von Informationen zur Kontrolle und Überwachung der Unternehmensführung die Corporate Governance verbessern. Neben diesen drei Zielsetzungen sind in der Literatur weitere finanz- und kommunikationspolitische Zielsetzungen zu finden, die jedoch zur Erreichung der drei genannten Oberziele beitragen bzw. sich diesen unterordnen lassen, weshalb diese als Subziele zu klassifizieren sind. Die einzelnen Zielsetzungen stehen dabei nicht unabhängig nebeneinander. Vielmehr bestehen Wechselwirkungen zwischen den verschiedenen Ober- und Subzielen.[451]

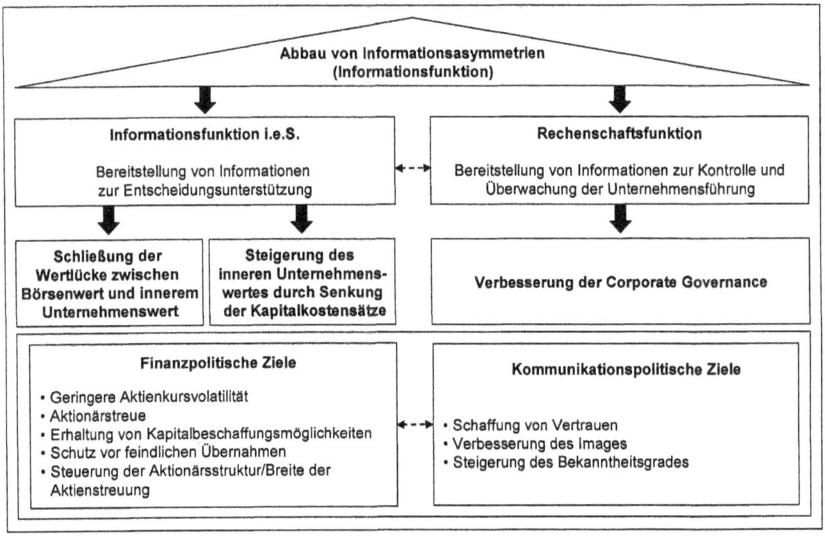


*Abb. 19: Zweck- und Zielsetzungen der wertorientierten Berichterstattung (Quelle: Eigene Darstellung in Anlehnung an Achleitner/Bassen/ Pietzsch (2001a), S. 16)*

---

451 Vgl. zu empirischen Untersuchungen zu den Auswirkungen von Investor Relations z.B. Allendorf (1996), S. 180ff.; Deutsche Bank (Hrsg.) (1999), S. 145ff. Diese Untersuchungen sind jedoch nicht direkt auf den vorliegenden Untersuchungsgegenstand übertragbar, da sich die Messung der Qualität der Investor Relations nicht auf die Berichterstattungsinhalte fokussiert, sondern zusätzliche Kriterien, wie z.B. der Zeitaufwand des Vorstands für die Investor Relations herangezogen werden.

### 2.2.3.1 Schließung der Wertlücke zwischen Börsenwert und innerem Unternehmenswert

Im Rahmen der Ausführungen zur wertorientierten Unternehmensführung wurde dargelegt, dass die Unternehmensführung den Erwartungen der Eigenkapitalgeber entspricht, wenn sie das Ziel einer Steigerung des inneren Unternehmenswertes, verstanden als Erhöhung des (rechnerischen) Marktwertes des Eigenkapitals, anstrebt.[452] Der innere Unternehmenswert, der durch die unternehmensinterne wertorientierte Unternehmensführung gesteigert werden soll, entspricht i.d.R. jedoch nicht dem Börsenwert eines Unternehmens.[453] Die Differenz von Börsenwert und innerem Unternehmenswert ist auf in der Realität bestehende Informationsasymmetrien auf dem Kapitalmarkt zurückzuführen.[454] Um „die Wertentwicklung am Kapitalmarkt mit der innerbetrieblichen Wertentwicklung in Einklang zu bringen"[455], ist es daher zwingend erforderlich, die externe Berichterstattung an der wertorientierten Unternehmensführung auszurichten. „Schließlich können die aktuellen und potenziellen Aktionäre nur dann von einer Wertschöpfung und einer höheren ökonomischen Bewertung des Eigenkapitals profitieren, wenn diese Wertsteigerungen [... nicht nur, A.d.V.] in Form von höheren Netto-Ausschüttungen der Unternehmung [zum Tragen kommen, sondern A.d.V.], auch nach außen kommuniziert werden und sich in Kurssteigerungen der zugrunde liegenden Aktien niederschlagen"[456].

Dem Grundgedanken einer Steigerung des Unternehmenswertes folgend, lassen sich daher eine unternehmensinterne und -externe Betrachtungsebene unterscheiden. Intern gilt es, lohnende Investitionsobjekte zu identifizieren und darauf aufbauend Investitionsentscheidungen, die zu einer Steigerung des inneren Unternehmenswertes führen, zu treffen. Unternehmensextern ausgerichtet sollte den (potenziellen) Eigenkapitalgebern eine möglichst genaue Unternehmensbeurteilung ermöglicht werden, so dass diese einen Einblick erhalten können, inwieweit das Wertmanagement unternehmensintern umgesetzt wird und in wel-

---

452 Vgl. hierzu insbesondere Abschnitt 2.1.3.1.

453 Zemelka (2002), S. 127 weist darauf hin, dass die Dividendenzahlungen in diesem Zusammenhang in den Hintergrund gestellt werden.

454 In Abhängigkeit davon, ob das Unternehmen seine bisherigen Aktivitäten zukünftig unverändert fortschreibt oder Wertsteigerungsmaßnahmen (erfolgreich) durchführt, kann sich die beschriebene Differenz auf den derzeitigen oder den potenziellen (rechnerischen) inneren Unternehmenswert beziehen. Vgl. zu dieser Unterscheidung auch Abschnitt 2.1.3.2. Nachfolgend wird aus Vereinfachungsgründen jedoch lediglich von der Differenz zwischen Börsenwert und (rechnerischem) inneren Unternehmenswert gesprochen.

455 Kötzle/Niggemann (2001), S. 634. Vgl. ähnlich Bracklo/Bilstein (2002), S. 220; Günther/Beyer (2001), S. 1623.

456 Fischer (2003), S. 16.

chem Ausmaß deren Renditeziele erreicht werden.[457] Diesen Zusammenhang verdeutlicht Abb. 20.

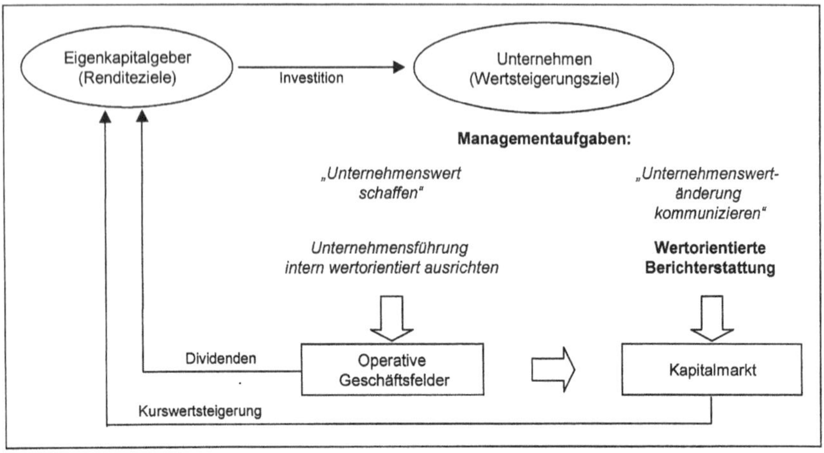


*Abb. 20: Managementaufgaben im Rahmen einer wertorientierten Unternehmensführung*
*(Quelle: In Anlehnung an Günther/Beyer (2001), S. 1624)*

In diesem Sinne kann eine wertorientierte Berichterstattung zu einer zielkonformen Beeinflussung des Börsenwertes beitragen, der – im Gegensatz zum inneren Unternehmenswert – nur indirekt durch das Management beeinflussbar ist.[458] Die wertorientierte Berichterstattung zielt darauf, die auf dem Kapitalmarkt zwischen Unternehmensleitung und den Eigenkapitalgebern bestehenden Informationsasymmetrien abzubauen und diesen eine zutreffende Bewertung des Unternehmens zu ermöglichen.[459] Durch die zusätzliche Publizität soll der Börsenwert eines Unternehmens möglichst positiv beeinflusst und an den aus Sicht des Managements erreichbaren (höheren) Wert angenähert werden,[460] um somit

---

457 Vgl. Pfaff/Bärtl (1999), S. 87.

458 Vgl. hierzu und im Folgenden Haller/Dietrich (2001a), S. 165 m.w.N.; Ruhwedel/Schultze (2002), S. 606. Der (rechnerische) Unternehmenswert ist direkt durch das Management durch interne Maßnahmen beeinflussbar.

459 Vgl. Labhart (1999), S. 30f. und S. 200.

460 Neben einer Unterbewertung ist jedoch auch eine (extreme) Überbewertung des Aktienkurses zu vermeiden. Küting/Hütten (1996), S. 2672 weisen in diesem Zusammenhang darauf hin, dass die Zielsetzung in einer optimalen Bewertung der eigenen Aktien liegt. „Optimal ist die Bewertung dabei dann, wenn das Aktienkursniveau relativ zum Unternehmenswert auf langfristig maximal haltbarer Höhe liegt und unternehmensspezifische Schwankungen in der Börsenkursentwicklung weitestgehend vermieden werden." Vgl. ferner zur Vermeidung einer Überbewertung des Aktienkurses Skinner (1994), S. 39. Falls der Börsenwert über dem potenziellen Unternehmenswert liegt, so kann eine wertorientierte Berichterstattung auch dazu

eine evtl. bestehende Wertlücke zu schließen bzw. zu reduzieren.[461] Die wertorientierte Berichterstattung kann daher als ein wichtiges Instrument der wertorientierten Unternehmensführung angesehen werden.

Zur Systematisierung der Ursachen und Ansatzpunkte zur Überwindung der Wertlücke haben ECCLES U.A. ein einfaches Klassifizierungsschema vorgelegt.[462] Danach lässt sich die Wertlücke zwischen dem Unternehmenswert, wie er sich dem Management auf der Grundlage intern verfügbarer Informationen darstellt, und dem Börsenwert als Unternehmenswert aus Sicht des (Kapital-)Marktes durch insgesamt fünf Kommunikationslücken erklären (vgl. Abb. 21). Diese resultieren aus Kommunikationsproblemen zwischen Management und Markt (Übereinstimmungs- und Wahrnehmungslücke), innerhalb des Unternehmens (Qualitäts- und Berichtslücke) oder innerhalb des Marktes (Informationslücke).

Eine Übereinstimmungslücke entsteht dadurch, dass einzelnen Performance-Kennzahlen[463] von Unternehmensseite eine andere Bedeutung beigemessen wird als seitens des Marktes. Demgegenüber resultiert eine Wahrnehmungslücke, wenn die Intensität der Berichterstattung zu einer Performance-Kennzahl aus Unternehmenssicht von der Brauchbarkeit der Information aus Sicht des Marktes abweicht.

---

führen, dass die zu hohen zukünftigen Erwartungen, die sich im Börsenwert widerspiegeln, relativiert werden. Vgl. Ruhwedel/Schulze (2002), S. 606. Vgl. zu bestehenden Wertlücken auch Ahlers (2000), S. 29; Copeland/Koller/Murrin (1998), S. 66ff.

461 Im Zusammenhang mit der zwischen dem (rechnerischen) Unternehmenswert und dem Börsenwert bestehenden Wertlücke wird im Schrifttum zuweilen auch von Wahrnehmungslücken gesprochen. Vgl. zu dieser Begriffsverwendung z.B. Achleitner/Bassen/Pietzsch (2001a), S. 10; Steiner/Hesselmann (2001), S. 101f. Mit Böcking/Wesner (2004), S. 104, ist in diesem Zusammenhang ist darauf hinzuweisen, dass „die Existenz einer wie auch immer gearteten Wertlücke [...] jedoch nicht allein auf die Informationsasymmetrien zurückzuführen [ist, A.d.V.]. Als Ursachen kommen gleichermaßen auch verhaltenstheoretische Gesichtspunkte bzw. allgemein bestehende Marktfriktionen in Betracht". Im Zusammenhang mit den verhaltenstheoretischen Aspekten kommt Labhart (1999), S. 67, basierend auf einem Modell von Daniel/Hirshleifer/Subrahmanyan (1998) jedoch zu dem Ergebnis, dass zu erwarten ist, „dass Arbitrage-Prozesse und damit die Rückkehr zu rationalem Pricing bei liquiden Titeln besser gewährleistet sind. Da das Modell zwischen öffentlicher und privater Information unterscheidet, lässt sich weiter ableiten, dass das Mispricing bei größerer Informationsasymmetrie zunimmt. Diese Erkenntnis bildet die Brücke zwischen dem verhaltenstheoretischen Ansatz und Value Reporting. Da das Value Reporting zum Abbau von Informationsasymmetrien führt, kann es gezielt zur Reduktion von Mispricing im Kapitalmarkt eingesetzt werden". Im Original teilweise kursiv. Vgl. grundsätzlich kritisch zu der Zielsetzung der wertorientierten Berichterstattung, die Wertlücke zwischen (rechnerischen) Unternehmenswert und Börsenwert zu schließen, Böcking/Wesner (2004), S. 103ff.

462 Vgl. hierzu und im Folgenden ausführlich Eccles u.a. (2002), S. 161ff.

463 Im Zusammenhang mit dem Begriff der Performance-Kennzahl ist mit Achleitner/Bassen/Pietzsch (2001a), S. 35, darauf hinzuweisen, dass „passender [...] eventuell der Begriff „measure" [wäre, A.d.V.], da es sich sowohl um eine finanzielle Information als auch um eine nicht-finanzielle Angabe handeln kann". Im Original teilweise kursiv.

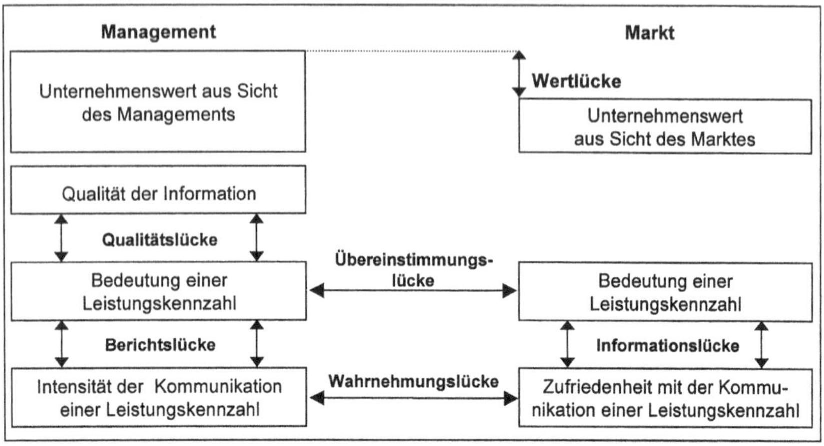


*Abb. 21: Kommunikationslücken als die Ursachen der Wertlücke (Quelle: In Anlehnung an Eccles u.a. (2002), S. 161f.)*

Ferner können eine Qualitäts- und eine Berichtslücke für die Kommunikation des Unternehmenswertes aus Managementsicht relevant sein: Eine Qualitätslücke entsteht, wenn ein Unternehmen bestimmte Performance-Kennzahlen zwar als wichtig ansieht, aber in seinem internen Rechnungswesen keine detaillierten und zuverlässigen Informationen dazu ermittelt werden. Demgegenüber resultiert eine Berichtslücke aus der Tatsache, dass das Unternehmensmanagement Informationen, die für die wertorientierte Unternehmensführung bedeutsam sind, dem Markt vorenthält.

Zu einer abweichenden Einschätzung des Unternehmenswertes aus Marktsicht kann es auch durch die sog. Informationslücke kommen. Diese entsteht, wenn der Markt unzureichende Informationen hinsichtlich solcher Performance-Kennzahlen erhält, die er als wichtig einschätzt.

Empirische Untersuchungen, die von PwC in verschiedenen Ländern durchgeführt wurden, belegen, dass die beschriebenen Lücken in der Realität auftreten.[464] Die Ergebnisse der Untersuchungen zeigen, dass insbesondere die Infor-

---

464 Die empirischen Untersuchungen führte PwC sowohl in verschiedenen Ländern als auch für verschiedene Branchen durch. Die länderspezifischen Untersuchungen wurden in USA, Großbritannien, Frankreich, Deutschland, Italien, Schweiz, Niederlande, Schweden, Dänemark, Australien, Japan, Singapur, Hongkong und Taiwan erhoben. Vgl. Eccles u.a. (2002), S. 400; Eccles/Mavrinac (1995) und zu einigen länderspezifischen Untersuchungen z.B. PwC (Hrsg.) (1997); PwC (Hrsg.) (1998a); PwC (Hrsg.) (1998b); PwC (Hrsg.) (1998c). Vgl. zu einer entsprechenden Untersuchung in der Versicherungsbranche PwC (Hrsg.) (1999a); in der Bankenbranche PwC (Hrsg.) (1999b), in der Technologiebranche PwC (Hrsg.) (2001b), in der Einzelhandels- bzw. Konsumbranche PwC (Hrsg.) (2001c), in der Pharmabranche PwC (Hrsg.) (2001d), in der

mations-, die Berichts- und die Qualitätslücke besonders relevant sind. ECCLES U.A. kommen daher zu der Schlussfolgerung, dass „Markt und Manager [...] unterschiedlicher Ansicht [sind, A.d.V.], was die Bewertung der Unternehmen anbelangt, zumindest insoweit, als der Markt nicht über ausreichende Informationen für eine fundierte Bewertung verfügt. Auf Seiten der Manager besteht ein erhebliches Defizit, was die Bereitstellung der vom Markt benötigten Informationen betrifft."[465] Zur Schließung der Wertlücke und der damit verbundenen Transformation des unternehmensintern generierten Unternehmenswertes in die Bewertung des Unternehmens am Kapitalmarkt sind (idealtypisch) bis zu fünf Kommunikationslücken auszugleichen.[466]

### 2.2.3.2 Steigerung des inneren Unternehmenswertes

Eine weitere Zielsetzung, die mit einer wertorientierten Berichterstattung verfolgt wird und unmittelbar mit der ersten Zielsetzung verbunden ist, liegt in der Senkung der Kapitalkostensätze und damit in der Steigerung des inneren Unternehmenswertes.[467] Für die Kapitalkosten lassen sich im Rahmen der neoinstitutionalistischen Finanzierungstheorie unter der Annahme asymmetrischer Informationsverteilung (idealtypisch) zwei Kostenblöcke unterscheiden: Erstens die aufgrund alternativer Verwendungsmöglichkeiten des Kapitals bestehenden Opportunitätskosten und zweitens die aus Informations- und Verhaltensunsicherheiten der Kapitalgeber resultierende Informationsasymmetrie-Risikoprämie.[468]

---

Metallindustrie PwC (Hrsg.) (2002a), in der Chemieindustrie PwC (Hrsg.) (2002b), in der Telekommunikationsbranche PwC (Hrsg.) (2002c). Vgl. zur empirischen Untersuchung des Vorhandenseins von Übereinstimmungslücken im Rahmen der vorliegenden Arbeit Abschnitt 4.4.2 sowie von Informations- bzw. Berichtslücken Abschnitt 6.2 und 6.3.

465 Eccles u.a. (2002), S. 162.

466 Vgl. zum Begriff der Werttransformation Volkart/Labhart (2001), S. 135.

467 Vgl. z.B. Arbeitskreis „Externe Unternehmensrechnung" der Schmalenbach-Gesellschaft für Betriebswirtschaft e.V. (Hrsg.) (2002b), S. 2337; Fischer (2003), S. 17f.; Günther/Beyer (2001), S. 1624; Steiner/hesselmann (2001), S. 102; Achleitner/Bassen (2001), S. 30. Die Kapitalkostensenkung wird auch als wichtige Komponente des Nutzens von Rechnungslegungs- oder Publizitätsstandards angesehen. Vgl. z.B. Linsmeier u.a. (1998), S. 162. Dieser Motivationsgrund ist grundsätzlich auf die freiwillige Berichterstattung übertragbar.

468 Vgl. hierzu Fischer (2003), S. 17f. Hinsichtlich der Informationsasymmetrie-Risikoprämie nennt Tiemann (1997), S. 112ff., zwei Kostenblöcke. Zum einen die zur Kompensation des Risikos an die Kapitalgeber zu entrichtenden Zahlungen, die sich aus einem Pessimismus- und einem Misstrauenszuschlag zusammensetzen. Letzterer ist dabei auf die Informationsasymmetrien zurückzuführen. Zum anderen nennt er die Informations- und Sicherungskosten, die dem Kapitalnehmer entstehen, um das Misstrauen der Kapitalgeber zu reduzieren. Diesem Kostenblock sind die Kosten der wertorientierten Berichterstattung zuzuordnen. Tiemann (1997), S. 114, weist zusammenfassend darauf hin, dass die Kostenblöcke nicht unabhängig nebeneinander stehen. „So erfolgt aus der Information oder Sicherung des Kapitalgebers eine geringere Kompensationszahlung an den Investor. Entscheidungskriterium für die Wahl zwischen Kompensation und/oder Information und/oder Sicherung ist das jeweilige Kosten-Nutzen-Verhältnis. Konkret heißt dies, dass die Ka-

Durch den Abbau von Informationsasymmetrien kann die seitens der Kapitalgeber geforderte Risikoprämie gesenkt werden, was wiederum eine Kapitalkostenverringerung bedeutet. In diesem Zusammenhang verweist FISCHER darauf, dass die Wirkungsweisen der wertorientierten Berichterstattung damit nicht „auf den Wert des Eigenkapitals bzw. die Eigenkapitalkosten beschränkt [bleiben, A.d.V.], sondern [...] analog auch das Fremdkapital bzw. die Fremdkapitalkosten"[469] betreffen.[470]

Die Untersuchung des Zusammenhangs zwischen der Bereitstellung von Informationen und der Höhe der Kapitalkostensätze ist seit längerem Gegenstand sowohl der theoretischen als auch der empirischen ökonomischen Forschung.[471] Ausgangspunkt der in diesem Zusammenhang entwickelten Ansätze bilden auf dem Kapitalmarkt vorhandene Informationsasymmetrien, die es durch freiwillige Informationsbereitstellung abzubauen gilt.

Obgleich es vor dem Hintergrund der dargelegten Ausführungen zu Informationsasymmetrien zunächst einleuchtend klingen mag, dass eine erweiterte Offenlegung zum Abbau von Informationsasymmetrien und damit zur Senkung der Kapitalkostensätze führen kann, ist, wie die folgenden Ausführungen zeigen, nicht von der allgemeinen Gültigkeit dieses Zusammenhangs auszugehen.

Die nachfolgende Untersuchung des Zusammenhangs zwischen dem Umfang der freiwilligen Berichterstattung und den Kapitalkostensätzen erfolgt in einem ersten Schritt aus theoretischer Perspektive. Hierfür werden verschiedene Modelle vorgestellt, welche die Auswirkungen verschiedener Arten von Informationsasymmetrien auf die Kapitalkostensätze modellieren.[472] In einem zweiten

---

pitalgeber solange informiert und gesichert werden sollten, wie die damit verbundenen Kosten geringer sind, als die durch Information und/oder Sicherung erreichte Renditezahlungen, die von den Kapitalgebern für wirkliche und vermutete Nachteile der Kapitalüberlassung erhoben werden." Vgl. hierzu auch Achleitner/Bassen/Pietzsch (2001a), S. 17f.; Steiner/Hesselmann (2001), S. 100f. Den (direkten und indirekten) Kosten der wertorientierten Berichterstattung weisen Achleitner/Bassen/Pietzsch/Wichels (2002), „jedoch kein allzu großes Gewicht bei[...], da davon ausgegangen wird, dass die Vorteile einer erweiterten Publizität [...] potenzielle Nachteile überwiegen". Vgl. zu den möglichen Kosten der wertorientierten Berichterstattung Abschnitt 7.4.

469 Fischer (2003), S. 15.

470 Vgl. zur Bedeutung der Fremdfinanzierung für (deutsche) Unternehmen sowie zur Notwendigkeit die Informationsinteressen der Fremdkapitalgeber in der Informationsbereitstellung zu berücksichtigen auch Berblinger (2001), S. 165; Klein/Claussen (2000); Lehner (2003), S. 214.

471 Die entsprechenden Beiträge basieren nicht auf dem Zusammenhang von wertorientierter Berichterstattung und Eigenkapitalkosten, sondern auf dem Zusammenhang von freiwilliger Publizität und Eigenkapitalkosten. Da die wertorientierte Berichterstattung jedoch, wie bereits angesprochen, zum wesentlichen Teil aus freiwilligen Informationen besteht, erscheint eine Übertragung der Ergebnisse auf die wertorientierte Berichterstattung unbedenklich. Vgl. ähnlich Labhart (1999), S. 201; Labhart/Volkart (2001b), S. 119.

472 Die theoretischen Ansätze modellieren dabei streng genommen einen Zusammenhang zwischen der Bereitstellung von Informationen und den Eigenkapitalkostensätzen. Grundsätzlich ist jedoch, wie bereits er-

Schritt wird die Darstellung eines Zusammenhangs zwischen der Berichterstattung und den Kapitalkostensätzen aus empirischer Sicht beleuchtet.

In der Literatur finden sich verschiedene theoretische Ansätze, die den Zusammenhang zwischen Informationsasymmetrien, Berichterstattung und Kapitalkostensätzen modellieren. Die nachfolgend vorgestellten Ansätze lassen sich wie folgt systematisieren:[473]

- Ansätze mit Bezug auf das Schätzrisiko (estimation risk) der Investoren,
- Ansätze mit Bezug auf die Kapitalmarktliquidität.

Gegenstand der Ansätze mit Bezug auf das Schätzrisiko ist der Zusammenhang zwischen Information und dem Schätzrisiko (estimation risk). Ihnen liegt die Annahme zugrunde, dass Investoren hinsichtlich der Zusammensetzung ihres Portfolios nicht nur den grundsätzlichen Unsicherheiten bezüglich der zukünftigen Rendite, sondern auch einem Schätzrisiko unterliegen.[474] Das Schätzrisiko resultiert aus der Prognose der zukünftigen Renditen sowie deren Verteilungscharakteristika. Risikoaverse Investoren werden für das Schätzrisiko eine zusätzliche Kompensation in Form einer höheren erwarteten Rendite verlangen. Mit zunehmender Bereitstellung von Informationen sollte das Schätzrisiko der Investoren verringert werden. Dies führt zu einer Verminderung der Renditeforderungen der Kapitalgeber und damit der Kapitalkostensätze des Unternehmens. Voraussetzung hierfür ist dabei, dass es sich bei dem Schätzrisiko um ein nicht diversifizierbares Risiko handelt.[475]

Abb. 22 gibt einen Überblick über Ansätze, die den Zusammenhang zwischen Informationsasymmetrien und dem Schätzrisiko modellieren. Ein grundlegender

---

wähnt, von einer ähnlichen Wirkungsweise hinsichtlich der Fremdkapitalkostensätze auszugehen. Vgl. hierzu z.B. Labhart (1999), S. 71. Ebenso stellen Achleitner/Bassen/Pietzsch (2001), S. 18, im Zusammenhang mit einer Senkung der Fremdkapitalkosten fest: die wertorientierte Berichterstattung „ermöglicht eine transparentere Bonitätseinschätzung und senkt somit wahrgenommene Risiken potenzieller Fremdkapitalgeber".

473 Vgl. Ewert (1999), S. 40. Darüber hinaus nennt Ewert den Einfluss von freiwilliger Publizität und Prüfung, der auf dem Signalisierungseffekt beruht. Vgl. zum 'signaling' bereits Abschnitt 2.2.2.2. In diesem Zusammenhang weisen auch Kötzle/Niggemann (2001), S. 634, darauf hin, dass „dieses Ergebnis [... d.h. die Kapitalkostensenkung, A.d.V.] auch schon durch den Signalling-Effekt des Value Reporting, dass das Management die Shareholder-Value-Maximierung konsequent als oberstes Unternehmensziel verfolgt, herbeigeführt werden" kann. Vgl. zur Unterscheidung zwischen Ansätzen zum Schätzrisiko (estimation risk) der Investoren und Ansätzen zur Kapitalmarktliquidität auch Fischer (2003), S. 46; Labhart (1999), S. 83.

474 Vgl. hierzu und im Folgenden z.B. Ewert (1999), S. 41; Ewert/Wagenhofer (2000a), S. 38.

475 So sind für die Bestimmung der Renditeforderungen der Kapitalgeber allein die Risiken entscheidend, die nicht wegdiversifiziert werden können. Vgl. Ewert (1999), S. 41.

Ansatz ist das Modell von BARRY/BROWN, weshalb dieses Modell nachfolgend kurz etwas detaillierter vorgestellt wird.[476]

| Autoren | Ansatz des Modells | Modellierung der Informationsasymmetrie | Einfluss auf die Kapitalkosten bzw. den Marktwert des Eigenkapitals |
|---|---|---|---|
| Barry/ Brown (1985) | Das CAPM wird um Schätzrisiken (engl. „estimation risk") als nicht-diversifizierbare Unsicherheiten bezüglich der Prognose von portfoliorelevanten Parametern bei einem exogenen vorgegebenen Renditengenerierungsprozess erweitert. | Informationsasymmetrien zwischen verschiedenen Wertpapieren im Sinne eines unterschiedlichen Informationsstands in einer Marktgleichgewichtsbetrachtung. Homogener Informationsstand aller Kapitalmarktteilnehmer. Portfoliobetrachtung. | Bei Informationsasymmetrien zwischen Wertpapieren zeichnen sich „low information securities" im Vergleich zum CAPM durch höhere, „high information securites" durch verhältnismäßig tiefere Kapitalkosten aus. |
| Coles/ Loewenstein (1988) | Das Modell von Barry/Brown (1985) wird unter der Annahme eines teilweise modellendogenen angenommenen Payoff- anstatt Renditengenerierungsprozesses betrachtet. | Informationsasymmetrien zwischen verschiedenen Wertpapieren im Sinne eines unterschiedlichen Informationsstands in einer Marktgleichgewichtsbetrachtung. Homogener Informationsstand aller Kapitalmarktteilnehmer. Portfoliobetrachtung. | Bereits symmetrisch verteilte Informationen zwischen Wertpapieren wirken sich auf die Gleichgewichtslösung aus, ebenso bei asymmetrisch verteilten Informationen, allerdings nicht gleich eindeutig wie im Model von Barry/Brown (1985). |
| Handa/Linn (1993) | In Anlehnung an Barry/ Brown (1985) wird das APT-Modell zur Bestimmung der Kapitalkosten um Schätzungsrisiken bei einer unbekannten Kovarianz-Matrix der Aktienrenditen erweitert. | Informationsasymmetrien zwischen verschiedenen Wertpapieren im Sinne eines unterschiedlichen Informationsstands in einer Marktgleichgewichtsbetrachtung. Homogener Informationsstand aller Kapitalmarktteilnehmer. Portfoliobetrachtung. | Im Vergleich zum APT wiesen Aktien mit hohem (geringem) Informationsniveau relativ geringere (höhere) Aktienbetas bzw. Kapitalkosten auf und sind am Kapitalmarkt relativ höher (tiefer) bewertet. |
| Coles/ Loewenstein/Suay (1995) | Das Barry/Brown (1985)-Modell wird wie bei Coles/ Loewenstein (1988) unter der Annahme eines teilweisen modellendogen angenommenen Payoffgenerierungsprozesses, aber bei einer unbekannten Kovarianz-Matrix dieser Payoffs und in einer Multiperiodenbetrachtung analysiert. | Informationsasymmetrien zwischen verschiedenen Wertpapieren im Sinne eines unterschiedlichen Informationsstands in einer Marktgleichgewichtsbetrachtung. Homogener Informationsstand aller Kapitalmarktteilnehmer. Portfoliobetrachtung. | Die Resultate von Barry/ Brown (1985) werden im Wesentlichen unter den veränderten Annahmen sowie der zeitlichen Erweiterung des Modells bestätigt. |

*Abb. 22: Zusammenhang zwischen Informationsasymmetrien und der Berichterstattung nach dem schätzungsrisikoorientierten Ansatz (Quelle: In enger Anlehnung an Fischer (2003a), S. 57)*

Dem Modell von BARRY/BROWN liegt die Annahme zugrunde, dass Informationsasymmetrien hinsichtlich der verschiedenen am Markt verfügbaren Wertpapiere (differential information) und damit unterschiedliche Schätzrisiken hinsichtlich der jeweiligen Verteilungscharakteristika bestehen. Ausgangspunkt des

[476] Vgl. zu den folgenden Ausführungen sowie zu der formalen Darstellung des Ansatzes Barry/Brown (1985).

Modells bilden S Wertpapiere, die in zwei Kategorien aufgeteilt werden. Über die Wertpapiere 1 bis $S_1$ (high information stocks) liegen mehr Informationen vor als über die Wertpapiere $S_1 + 1$ bis S (low information stocks), wobei sich die Informationen jeweils aus der Anzahl der beobachtbaren erzielten Renditen der Vergangenheit ergeben. In diesem Zusammenhang weisen BARRY/BROWN darauf hin, dass nicht ausschließlich die Anzahl der beobachtbaren erzielten Renditen als Informationsgrundlage dienen können, sondern ebenso jede andere 'equivalent sample information', wie bspw. die wertorientierte Berichterstattung.[477] BARRY/BROWN zeigen, dass im Fall von Informationsasymmetrie die 'high information stocks' ein kleineres Beta und somit ein geringeres systematisches Risiko als das einer Anlage im Fall ohne Informationsasymmetrie aufweisen und die 'low information stocks' entsprechend ein größeres Beta aufweisen. Diesen Ergebnissen zufolge resultieren im Fall von Informationsasymmetrie bei den 'high information stocks' niedrigere Renditeforderungen und mithin niedrigere Kapitalkostensätze als bei den 'low information stocks'.

Obgleich die vorangegangenen Ausführungen auf einen negativ korrelierten Zusammenhang zwischen der Bereitstellung von Informationen und den Kapitalkostensätzen schließen lassen, sind diese vor dem Hintergrund der getroffenen Modellannahmen zu relativieren.[478] Zum einen liegt den verschiedenen Ansätzen, wie Abb. 22 zu entnehmen ist, ein homogener Informationsstand aller Kapitalmarktteilnehmer zugrunde. Diese Annahme ist hinsichtlich aller extern verfügbaren Informationen eines Unternehmens nicht auf die Realität übertragbar.[479] Zum anderen konnte bislang noch nicht eindeutig bestimmt werden, ob es sich beim Schätzrisiko um ein nicht diversifizierbares Risiko handelt.[480]

Die zweite Gruppe der Ansätze zur Ermittlung eines Zusammenhangs zwischen Berichterstattung und Kapitalkostensätzen stellt auf die Kapitalmarktliquidität ab. Entsprechend dieser Ansätze begründet die durch eine erweiterte Berichterstattung induzierte „Zunahme der Liquidität [...] eine Reduktion der Transaktionskosten oder eine Zunahme der Nachfrage nach den entsprechenden Aktien und senkt daher die Kapitalkosten."[481] Ausgangspunkt der Ansätze bilden grund-

---

477 Vgl. Barry/Brown (1985), S. 413 und S. 419f. sowie zu dem Bezug zur wertorientierten Berichterstattung z.B. Labhart (1999), S. 94, Fischer (2003), S. 56.

478 Vgl. hierzu z.B. Fischer (2003), S. 56ff.

479 Fraglich wäre in diesem Zusammenhang, wie sich das Aufheben dieser Annahme auf die Ergebnisse der Modelle auswirken würde. In diesem Zusammenhang wäre zusätzlich relevant, ob die Bereitstellung freiwilliger, wertorientierter Informationen Informationsasymmetrien beseitigen bzw. senken kann. Vgl. ausführlicher zur Diskussion der letzteren Fragestellung anhand der relevanten Literatur Fischer (2003), S. 46ff.

480 Vgl. hierzu Clarkson/Guedes/Thompson (1996), insbesondere S. 79.

481 Labhart (1999), S. 83.

sätzlich sog. 'market-maker'-Modelle, in denen erstens 'market makers' (Kursmakler), die nur über öffentliche Informationen verfügen, zweitens einfache Investoren (sog. Liquiditätshändler)[482], die ebenso nur öffentliche Informationen besitzen, und drittens gut informierte Investoren, die neben öffentlichen Informationen über private Informationen verfügen, agieren.[483] Die Marktliquidität bezeichnet „die Preissensitivität, die am Kapitalmarkt in Kauf genommen werden muss, um eine bestimmte Handelsposition zu verkaufen oder aufzubauen. Je weniger preissensitiv der Markt ist, desto größer die Liquidität und umgekehrt."[484] Kauf- und Verkaufpreise werden von den Kursmaklern mit dem Ziel gesetzt, durch eine Kursspanne (sog. Geld-Brief-Spanne bzw. bid-ask-spread) private Gewinne zu erwirtschaften.[485] Erhält ein 'market maker' nun einen Verkaufwunsch eines Händlers, wird der 'market maker' – aufgrund seines Unwissens um welche Art von Investor es sich handelt – den Auftrag nur unter Kompensation des möglichen Informationsnachteils durch eine größere Kursspanne annehmen.[486] Hierdurch sollen die erwarteten Verluste auf die einfachen Investoren abgewälzt werden, da diese erwartungsgemäß aus persönlichen Liquiditätsgründen und unabhängig von möglichen Verlusten handeln müssen. Die zukünftigen Verluste antizipieren die einfachen Investoren bereits zum Emissionszeitpunkt, weshalb sie Aktien nur unter einem Abschlag erwerben werden, der sich mit einer zunehmenden Informationsasymmetrie erhöht.[487] Folglich führt eine gestiegene Informationsasymmetrie zu erhöhten Kapitalkostensätzen. Des Weiteren wird ein steigender Informationsvorsprung der gut informierten Investoren zu einem erhöhten Auftragsvolumen führen. Die 'market maker' sind jedoch nur für eine Risikoprämie i.S.e. Erhöhung der Kursspanne zum Halten des erhöhten Auftragsvolumens bereit. Dies impliziert eine Senkung der Marktliquidität und eine Erhöhung der Renditeforderung der Investoren und damit der Kapitalkostensätze. Durch zusätzliche wertorientierte Berichterstattung seitens des Unternehmens können die Informationsasymmetrien abgebaut werden, wodurch die Marktliquidität erhöht und die Kapitalkostensätze dementsprechend gesenkt werden können.

---

482 Hinsichtlich der Liquiditätshändler wird davon ausgegangen, dass diese allein aus persönlichen Gründen Depots auf- oder abbauen. Vgl. Ewert/Wagenhofer (2000a), S. 39.

483 Vgl. hierzu und im Folgenden Ewert (1999),S. 41ff; Ewert/Wagenhofer (2000a), S. 39f.

484 Ewert/Wagenhofer (2000a), S. 39.

485 Diese Kursspanne ist aufgrund bestehender Informationsasymmetrien auch im Gleichgewicht möglich. Vgl. Korn/Lengsfeld/Schiller (2002), Sp. 555.

486 Vgl. z.B. Amihud/Mendelson (1986), S. 223; Labhart (1999), S. 83.

487 Diese Tatsache ist darauf zurückzuführen, dass die erwarteten Verluste mit einer zunehmenden Informationsasymmetrie steigen und daher der Abschlag auf die Anteile erhöht wird.

Abb. 23 gibt einen Überblick über Ansätze, die den Zusammenhang zwischen Informationsasymmetrien und der Marktliquidität modellieren.

| Autoren | Ansatz des Modells | Modellierung der Informationsasymmetrie | Einfluss auf die Kapitalkosten bzw. den Marktwert des Eigenkapitals |
|---|---|---|---|
| Diamond/ Verrecchia (1991) | Liquiditäts- und informations-asymmetrieabhängige Transaktionskosten der Anleger unter expliziter Modellierung von risikoaversen Market Makern. | Informationsasymmetrien zwischen Kapitalmarktteilnehmern: Anleger mit privaten Informationen (Insider) vs. liquiditätsorientierte Anleger und Market Maker, die ebenfalls nur über die öffentlichen Informationen verfügen. Nur ein Wertpapier. | Wird durch freiwillige Informationsveröffentlichungen die Informationsasymmetrie zwischen den Anlegern reduziert, steigert die erwartete Liquiditätszunahme im Handel der zugrundeliegenden Aktien deren Nachfrage und damit deren Preis. Weiter erhöht sich dadurch der Wohlstand der Anleger und senkt die Kapitalkosten des Unternehmens. Der maximale Aktienwert setzt aber ein Restmaß an Informationsasymmetrie voraus. |
| Baiman/ Verrecchia (1996) | Liquiditäts- und informations-asymmetrieabhängige Transaktionskosten der Anleger unter expliziter Modellierung der Agency-Problematik. | Informationsasymmetrien zwischen dem Management (als Marktteilnehmer mit privater Information), den Market Makern sowie den übrigen, nur über die veröffentlichten Informationen verfügenden Kapitalmarktteilnehmern. Nur ein Wertpapier. | Niedrige Informationsasymmetrie führt zu erhöhter Marktliquidität und einer Reduktion der Kapitalkosten. Diesem positiven Effekt steht aber eine erhöhte Gefahr des Moral Hazard gegenüber, da der Aktienkurs weniger Informationen über die Leistung des Managements enthält. |

*Abb. 23: Zusammenhang zwischen Informationsasymmetrien und der Berichterstattung nach dem liquiditätsorientierten Ansatz (Quelle: Fischer (2003a), S. 55)*

Analog zu den oben dargestellten schätzrisikoorientierten Ansätzen liefern die liquiditätsorientierten Ansätze Anhaltspunkte für einen negativ korrelierten Zusammenhang zwischen der Bereitstellung von Informationen und den Kapitalkostensätzen. Dabei wird in den Modellen von DIAMOND/VERRECCHIA und BAIMAN/VERRECCHIA unterstellt, dass eine freiwillige Berichterstattung zu einer Minderung der Informationsasymmetrien führt. Diesbezüglich führt die Literatur jedoch zu keinen eindeutigen Ergebnissen.[488]

Den zugrunde liegenden Annahmen der vorangegangenen Argumentation wird in der Literatur mit weiterer Kritik begegnet. „Insbesondere berücksichtigen [... die Modelle, A.d.V.] regelmäßig nicht die Folgen für die Informationsbeschaffungsanreize der Investoren."[489] BARTH/CLINCH/SHIBANO haben in diesem Zusammenhang gezeigt, dass ein „Aufweichen" der Annahmen zu entgegengesetz-

---

[488] Vgl. Fischer (2003), S. 54 sowie die Ausführungen zu einem Zusammenhang zwischen Berichterstattung und Informationsasymmetrien auf S. 46ff.

[489] Wagenhofer/Ewert (2003), S. 367. Ausführlicher formuliert zielt die Kritik insbesondere auf die Vernachlässigung einiger Interdependenzen. So ist bspw. nicht von einem unveränderten Informationsstand der informierten Händler unabhängig von den allgemein veröffentlichten Informationen auszugehen. In diesem Sinne wird ein Händler eigenständig die Kosten und Nutzen hinsichtlich seiner Informationsbeschaffung abwägen. Vgl. Ewert/Wagenhofer (2000a), S. 39f.

ten Ergebnissen hinsichtlich des Zusammenhangs zwischen vermehrter Offenlegung und den Kapitalkosten führen kann.

Zusammenfassend kann hinsichtlich der Analyse des Zusammenhangs zwischen Informationsasymmetrien, der freiwilligen wertorientierten Berichterstattung und Kapitalkostensätzen aus theoretischer Sicht kein eindeutiges Ergebnis konstatiert werden. Die verschiedenen Modelle liefern zwar Anhaltspunkte für die unterstellte Wirkungsweise einer freiwilligen wertorientierten Berichterstattung. „Allerdings sind diese Ergebnisse keineswegs eindeutig und hängen von bestimmten Parameterkonstellationen sowie Annahmen ab, die den Ausschlag für die Richtung der Ergebnisse geben können [...], oder es bestehen in der Literatur nicht eindeutig geklärte Fragen, welche die Ergebnisse in Frage stellen"[490].

Nachdem die Überprüfung des Zusammenhangs zwischen freiwilliger Berichterstattung und den Kapitalkostensätzen aus theoretischer Sicht bisher zu keinen eindeutigen Ergebnissen geführt hat, widmen sich die nachfolgenden Ausführungen dieser Fragestellung aus empirischer Sicht.[491]

Eine bedeutende Untersuchung hinsichtlich des Zusammenhangs zwischen Information und Eigenkapitalkostensätzen stellt die Studie von BOTOSAN dar,[492] die sowohl auf Arbeiten mit Bezug auf das Schätzrisiko als auch auf Ansätzen mit Bezug auf die Kapitalmarktliquidität aufbaut.[493] Das Untersuchungssample dieser Studie bezog sich auf Unternehmen der Maschinenbauindustrie.

---

490 Fischer (2003), S. 59.

491 Da sich die folgenden Ausführungen auf einen Zusammenhang zwischen der Berichterstattung und den Eigenkapitalkosten fokussieren, sei an dieser Stelle auf eine empirische Studie von Sengupta (1998) hingewiesen. Sengupta hat den Zusammenhang zwischen der Publikationsqualität und den Fremdkapitalkosten für Unternehmen verschiedener Branchen untersucht. Die Publikationsqualität wurde nicht mittels eines selbst erstellten Index, sondern basierend auf Einschätzungen seitens der Financial Analysts Federation (FAF) ermittelt. Die Fremdkapitalkosten wurden im Wesentlichen durch den internen Zinsfuß eines neuen Kredites repräsentiert. Unter einem neuen Kredit ist dabei der erste Kredit zu verstehen, der jeweils im Anschluss an die Perioden, für welche die unternehmensspezifischen Publizitätsindizes herangezogen wurden, aufgenommen wurde. Mit den Ergebnissen der Untersuchung konnte ein signifikant negativer Zusammenhang zwischen der Publizitätsqualität und den Fremdkapitalkosten nachgewiesen werden. Im Zusammenhang mit diesen Ergebnissen weist Ewert (1999), S. 45, darauf hin, dass in den USA „die bei uns als Gläubigerschutzfunktion der Bilanz zugeschriebene Aufgabe im Rahmen individueller Kreditverträge wahrgenommen wird. [...] Allgemein werden durch diese Kontrakte fremdfinanzierungsbedingte Agency-Probleme gemildert [...], und die Kosten des Fremdkapitals hängen definitiv von Art und Strenge dieser Kontrakte ab. In der Untersuchung von Sengupta (1998) gibt es keine direkten Kontrollvariablen für das Vorliegen solcher Kontrakte, woraus sich eine Fülle von Problemen ergeben." Vor diesem Hintergrund sind die Ergebnisse vorsichtig zu interpretieren.

492 Vgl. zu den folgenden Ausführungen Botosan (1997). Vgl. zu weiteren empirischen Untersuchungen, die den Zusammenhang von Information und Kapitalkosten analysieren, z.B. Brennan/Tamarowski (2000); Fischer (2003), insbesondere S. 217ff.; Hail (2002); Welker (1995) sowie die empirische Untersuchung in Abschnitt 7.3.

493 Vgl. auch Eder (2002), S. 108.

Der Umfang der Offenlegung wurde mittels eines selbst erstellten Publizitätsindizes bewertet. Grundlage für die Berechnung des Publizitätsindizes bildeten die mit dem Geschäftsbericht veröffentlichten Informationen. Die Eigenkapitalkostensätze ermittelt BOTOSAN über eine indirekte Methode mit Hilfe der sog. Clean-Surplus-Theorie.[494] Die Überprüfung des Zusammenhangs zwischen dem Publizitätsindex und den Eigenkapitalkostensätzen erfolgte mittels einer multivariaten Regression, in die zusätzlich Kontrollvariablen für die Eigenkapitalkostensätze, wie der ß-Faktor und der Marktwert, einbezogen wurden.

Die Ergebnisse der Untersuchung von BOTOSAN lieferten zwar einen negativen Zusammenhang zwischen dem Publizitätsindex und den Eigenkapitalkostensätzen, dieser erwies sich jedoch nicht als statistisch signifikant. Daher wurde in einem weiteren Schritt das Untersuchungssample der Unternehmen in Abhängigkeit von der Anzahl der Analysten, die sich mit den Unternehmen beschäftigen, in zwei Gruppen unterteilt.[495] Hierbei ergaben sich unterschiedliche Ergebnisse. Während für Unternehmen, die Untersuchungsgegenstand weniger Analysten sind, signifikant negative Korrelationen zwischen dem Publizitätsindex und den Eigenkapitalkostensätzen festgestellt werden konnten, ergaben sich hinsichtlich der anderen Unternehmen weiterhin insignifikante Ergebnisse.

EWERT kommt hinsichtlich der Untersuchungsergebnisse zu folgendem Schluss: „Weil in der Untersuchung von BOTOSAN stets auch der Signaleffekt [des freiwilligen Publizitätsverhaltens, A.d.V.] eingeht, besteht letztlich ein positiver Bias bezüglich der Aufdeckung direkt informationsbedingter Konsequenzen für die Kapitalkosten. Wenn trotz des Signaleffekts im Durchschnitt keine signifikanten Zusammenhänge gezeigt werden können, dann stimmt dies für die Beurteilung des eigentlichen Informationseffektes nicht gerade hoffnungsvoll."[496]

Mit den vorangegangenen Ausführungen wurde untersucht, ob mit der freiwilligen, wertorientierten Berichterstattung tatsächlich die Kapitalkostensätze gesenkt werden können. Obgleich sich Anhaltspunkte für einen negativen Zusammenhang zwischen dem Umfang der wertorientierten Berichterstattung und der

---

[494] Die fehlende Beobachtbarkeit der Eigenkapitalkosten führt zu Schwierigkeiten bei deren Ermittlung. Ferner ist eine Ermittlung mittels der ß-Faktoren aus dem Capital Asset Pricing Model (CAPM) abzulehnen, da hierbei das Publizitätsniveau nicht erfasst wird. Über die indirekte Methode wird entsprechend dem Clean-Surplus-Accounting zunächst der Marktwert des Eigenkapitals zum Zeitpunkt t als Summe aus dem Buchwert des Eigenkapitals zum Zeitpunkt t und dem Barwert der erwarteten Residualgewinne ermittelt. Der Eigenkapitalkostensatz entspricht dem sich ergebenen Diskontfaktor. Vgl. Labhart (1999), S. 103; Wagenhofer/Ewert (2003), S. 367. Vgl. zur Clean-Surplus-Accounting bereits Abschnitt 2.1.3.1.1.

[495] Eine Gruppe umfasste die Unternehmen, mit denen sich eine hohe Anzahl von Analysten beschäftigte. Die andere Gruppe umfasste entsprechend die anderen Unternehmen, mit denen sich eine geringe Anzahl von Analysten beschäftigte.

[496] Ewert (1999), S. 44.

Höhe der Kapitalkostensätze ergaben, führte die Analyse sowohl aus theoretischer als auch aus empirischer Sicht zu keinen eindeutigen Ergebnissen.

### 2.2.3.3 Verbesserung der Corporate Governance

Aus der Rechenschaftsfunktion der wertorientierten Berichterstattung leitet sich nach BÖCKING/WESNER das Ziel ab, „dem Kapitalmarkt eine Informationsbasis bereitzustellen, die eine Kontrolle der Werterzielung aus externer Sicht [...] ermöglicht".[497] Demzufolge soll die wertorientierte Berichterstattung einen Beitrag zur Verbesserung der Corporate Governance leisten, deren zunehmende Bedeutung mit dem folgenden Zitat von WIEDMANN treffend beschrieben wird: „Vor dem Hintergrund spektakulärer Unternehmenskrisen in der jüngsten Vergangenheit wird die Debatte über Corporate Governance, dass heißt über die Unternehmensführung und Unternehmenskontrolle in einer globalisierten Wirtschaft, derzeit lebhafter denn je geführt – facettenreich und je nach Standpunkt auch emotional. Dabei haben alle Beteiligten im Kern ein gemeinsames Ziel: Wege aus der Vertrauenskrise an den Kapitalmärkten zu finden."[498]

Die Diskussion um Corporate Governance hat in den vergangenen Jahren zu weitreichenden neuen Anforderungen an die Unternehmen geführt.[499] In Deutschland beschäftigten sich verschiedene Initiativen mit der Entwicklung eines Corporate Governance Kodex,[500] bevor die Kommission Deutscher Corporate Governance Kodex im Jahr 2002 den Deutschen Corporate Governance Kodex (DCGK) vorgelegte.[501] Nach § 161 AktG haben Vorstand und Aufsichts-

497 Böcking/Wesner (2004), S. 105. Vgl. auch Fischer (2003), S. 12f. und S. 82; Küting/Hütten/Lorson (1995a), S. 1806.

498 Wiedmann (2003), S. 7.

499 Die Diskussion um die Corporate Governance hat ihren Ursprung im angloamerikanischen Raum. Vgl. Prengel (2003), S. 10. In diesem Zusammenhang ist auch der 2002 verabschiedete Sarbanes-Oxley Act zu sehen, der nicht nur zu weitreichenden Änderungen für US-amerikanische Unternehmen, sondern auch für europäische Unternehmen, die in den USA gelistet sind, führt. Vgl. z.B. Schaub (2003) sowie die Ausführungen zum Sarbanes-Oxley Act in Fn. 570. Die folgenden Ausführungen fokussieren sich auf die im Rahmen der vorliegenden Arbeit wesentlichen Aspekte der Corporate Governance in Deutschland. Vgl. ausführlich zur Entwicklung der Corporate Governance bzw. zu Corporate Governance Systemen im internationalen Vergleich z.B. Mann (2003); Nassauer (2000); Schmidt (2001); Schneider (2000); Witt (2003). Vgl. zu einer bedeutenden Initiative auf internationaler Ebene OECD (Hrsg.) (1999), sowie OECD (Hrsg.) (2004) zu einer überarbeiteten Version der Principles of Corporate Governance.

500 Vgl. zu den verschiedenen Initiativen in Deutschland Berliner Initiativkreis: German Code of Corporate Governance (Hrsg.) (2000); Grundsatzkommission Corporate Governance (Hrsg.) (2000); DVFA (Hrsg.) (2000) sowie auch Berrar (2001), S. 178ff.; Strenger (2003), S. 700f.; Theissen (2003), S. 442.

501 Im Jahr 2000 wurde die Regierungskommission „Corporate Governance – Unternehmensführung – Unternehmenskontrolle – Modernisierung des Aktienrechts" unter Leitung von Baums eingesetzt, auf dessen Empfehlung 2001 eine zweite Regierungskommission, die Kommission Deutscher Corporate Governance Kodex, unter Leitung von Cromme eingesetzt wurde. Diese legte im Februar 2002 die erste Fassung des

rat jährlich zu erklären haben, ob dem DCGK entsprochen wurde und wird bzw. welche Empfehlungen[502] nicht angewendet wurden oder werden.[503] Dabei sollte die Entsprechenserklärung in einem eigenständigen Corporate Governance Bericht erfolgen.[504]

Im DCGK (Ziff. 4.1.1) ist kodifiziert, dass die Leitung des Unternehmens durch den Vorstand „an das Unternehmensinteresse gebunden und [- der zentralen Zielsetzung der wertorientierten Unternehmensführung entsprechend - , A.d.V.] der Steigerung des Unternehmenswertes verpflichtet" ist. Um diese Zielsetzung zu erreichen, sind im DCGK verschiedene Vorschriften enthalten, aufgrund derer „von einer Stärkung der internen Corporate Governance auszugehen"[505] ist.[506] Anders verhält es sich hingegen mit der Frage, inwiefern die externe Corporate

---

Deutschen Corporate Governance Kodex (DCGK) vor, die seit der ersten Veröffentlichung bereits zweimal modifiziert wurde. Vgl. zum Bericht der Regierungskommission Corporate Governance Baums (2001), zu Reaktionen der Unternehmen auf die Änderungen des DCGK Ihrig/Wagner (2003), zum DCGK z.B. Böcking/Dutzi (2003), S. 227; Lutter (2003); Schüppen (2002), S. 1117; Strieder (2004); Talaulicar (2002) und ausführlich Hucke/Ammann (2003); Ringleb u.a. (2003); Peltzer (2003).

502 Im DCGK werden drei Kategorien von Regelungen unterschieden. Mit Auszügen aus dem AktG, dem WpHG sowie dem WpÜG ist erstens geltendes Recht enthalten. Zweitens umfasst der DCGK Empfehlungen (sog. Soll-Vorschläge). Abweichungen von den Empfehlungen müssen in die Entsprechenserklärung gemäß § 161 AktG aufgenommen werden. Drittens enthält der DCGK Anregungen (sog. Sollte- bzw. Kann-Vorschläge), von denen ohne Offenlegung abgewichen werden kann. Vgl. Böcking/Dutzi (2003), S. 227.

503 § 161 wurde im Rahmen des 2002 in Kraft getretenen TransPuG in das Aktiengesetz aufgenommen. Die Verabschiedung des TransPuG ist nach der Einsetzung der Kommission Deutscher Corporate Governance Kodex die zweite Stufe der Umsetzung der Vorschläge der Regierungskommission Corporate Governance. Die dritte Stufe der Umsetzung der Vorschläge stellt entsprechend der Gesetzesbegründung der im Januar 2004 vorgelegte Referentenentwurf für ein Gesetz zur Unternehmensintegrität und Modernisierung des Anfechtungsrechts (RefE-UMAG) dar. Ebenso wurden jedoch auch das 1998 in Kraft getretene KonTraG sowie das 2002 in Kraft getretene Vierte Finanzmarktförderungsgesetz unter der Zielsetzung der Verbesserung der Corporate Governance verabschiedet. Vgl. zum KonTraG sowie zum Vierten Finanzmarktförderungsgesetz die Ausführungen in Abschnitt 2.2.1.

504 Die Abgabe dieser Erklärung ist entsprechend § 285 Nr. 16 HGB bzw. § 314 I Nr. 8 HGB in den Anhang bzw. den Konzernanhang aufzunehmen. Die 'comply or explain'-Regelung war gemäß Art. 54 I S. 3 EGHGB und § 15 EGAktG zwar für nach dem 31.12.2001 beginnende Geschäftsjahre anzuwenden. Für das Jahr 2002 konnte die Erklärung jedoch darauf beschränkt werden, ob den Empfehlungen in Zukunft entsprochen wird bzw. welche Empfehlungen nicht angewendet werden sollen. Vgl. Gelhausen/Hönsch (2002), S. 530. Voll umfänglich gilt sie für börsennotierte Unternehmen daher erst seit dem Jahr 2003. Strenger (2003), S. 701 Vgl. zu einer empirischen Untersuchung zur Umsetzung des DCGK in der Praxis Oser/Orth/Wader (2003); v. Werder/Talaulicar/Kolat (2003), zu einer empirischen Untersuchungen des DCGK aus Sicht von Finanzanalysten und institutionellen Investoren Meitner (2003).

505 Böcking/Dutzi (2003), S. 229.

506 Gemäß Ziff. 4.2.3 des DCGK soll die Vergütung des Vorstands neben fixen auch variable Gehaltsbestandteile umfassen. Dabei sollten die „variablen Vergütungsteile [...] einmalige sowie jährlich wiederkehrende, an den geschäftlichen Erfolg gebundene Komponenten und auch Komponenten mit langfristiger Anreizwirkung und Risikocharakter enthalten". Ferner hat der Vorstand den Aufsichtsrat im Rahmen der sog. 'Follow-up'-Berichte über die wertorientierte Unternehmensführung zu unterrichten. Vgl. Böcking/Dutzi (2003), S. 229.

Governance durch den DCGK verbessert wurde. Der Vorstand wird in Ziff. 6 des DCGK zwar zur Transparenz gegenüber der Öffentlichkeit angehalten. Eine Empfehlung oder eine Anregung, über die wertorientierte Unternehmensführung zu berichten, ist jedoch nicht enthalten.[507] Da eine wertorientierte Unternehmensführung eine in diesem Sinne ausgestaltete Berichterstattung jedoch erforderlich macht, erscheint die wertorientierte Berichterstattung geradezu als Voraussetzung für die externe Corporate Governance.[508] BÖCKING/DUTZI weisen in diesem Zusammenhang darauf hin, dass „mit einer umfassenden [wertorientierten, A.d.V.] Unternehmenspublizität [...] erst die Möglichkeit geschaffen [wird, A.d.V.], eine gute Corporate Governance zu erkennen"[509]. Abb. 24 verdeutlicht die Bedeutung der wertorientierten Berichterstattung als Instrument zur Verbesserung der (externen) Corporate Governance.[510]

Die dargestellten Ausführungen werden auch durch empirische Untersuchungen belegt. So führte eine im Jahr 2002 von MCKINSEY durchgeführte Studie unter mehr als 200 institutionellen Investoren zu dem Ergebnis, dass Anleger für Anteile von Unternehmen mit einer gut funktionierenden Corporate Governance mehr zu zahlen bereit sind.[511] Demzufolge kann sich eine gute Corporate Governance positiv auf die Bewertung der Aktien auf dem Kapitalmarkt auswirken.[512] Eine Frage in der Untersuchung betraf die Verbesserungsmöglichkeiten der Corporate Governance seitens der Unternehmen. Diesbezüglich wurde einer „more timely, broad disclosure"[513] die höchste Priorität beigemessen. In diesem Sinne kann die Berichterstattung im Allgemeinen und die wertorientierte Be-

---

507 Vgl. z.B. Wurl/Ries (2004), S. 2170.

508 Vgl. Böcking/Dutzi (2003), S. 229f., die diesbezüglich für eine entsprechende Modifizierung des DCGK plädieren. Vgl. zu diesem Zusammenhang zwischen externer Berichterstattung im Allgemeinen und Corporate Governance auch Meyer (2003) sowie zu dem Zusammenhang zwischen wertorientierter Berichterstattung im Speziellen und Corporate Governance Böcking/Wesner (2004), S. 105, Eccles u.a. (2002), S. 291ff.; Middelmann (2004), S. 110f.; Volkart/Labhart (2001), S. 143f.

509 Böcking/Dutzi (2003), S. 214.

510 Neben der externen Berichterstattung kommt den wertorientierten Informationen auch im Rahmen der internen Berichterstattung an den Aufsichtsrat eine große Bedeutung zu. So stellt der Unternehmenswert entsprechend dem Deutschen Corporate Governance Kodex die zentrale Zielgröße für das Handeln des Vorstandes dar. Um den Vorstand beraten sowie überwachen zu können, benötigt der Aufsichtsrat folglich wertorientierte Informationen, um seine Aufgaben adäquat wahrnehmen zu können. Vgl. Wolbert (2003), S. 20; Böcking/Wesner (2004), S. 105f.

511 Vgl. McKinsey (Hrsg.) (2002), S. 5f. Zu analogen Ergebnisse führte eine empirische Untersuchung aus dem Jahr 2000. Vgl. McKinsey (Hrsg.) (2000), S. 9ff. Zur Einflussnahme institutioneller Investoren auf die Corporate Governance in Deutschland vgl. ausführlich Bassen (2002). Dieser kommt auf S. 270 f. zu dem Ergebnis, dass „institutionelle Investoren der externen Informationsversorgung eine hohe Bedeutung beimessen". Zu der externen Informationsversorgung zählen nach der Systematisierung von Bassen bspw. die Investor Relations, Jahresabschlussdaten sowie weitere Informationen in Geschäftsberichten.

512 Vgl. auch Fischer (2003), S. 20.

513 McKinsey (Hrsg.) (2002), S. 10.

richterstattung im Speziellen als bedeutendes Element der Corporate Governance angesehen werden.

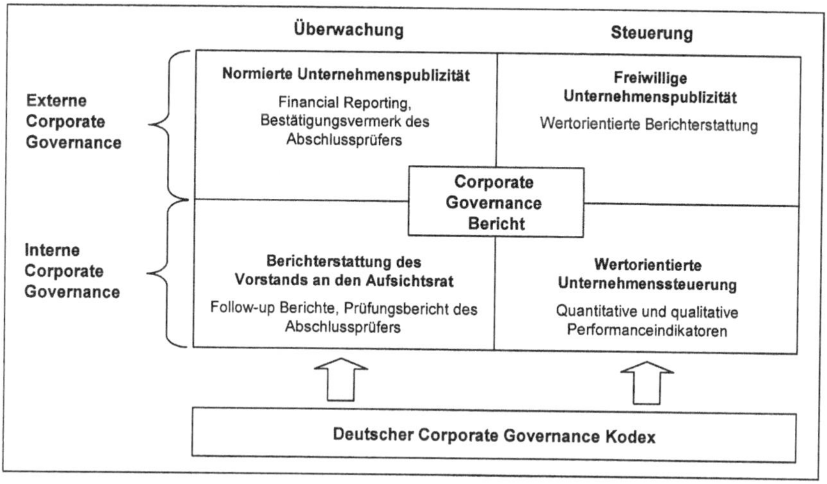


*Abb. 24: Bedeutung der wertorientierten Berichterstattung im Rahmen der Corporate Governance*
*(Quelle: In Anlehnung an Böcking/Dutzi (2003), S. 230).*

### 2.2.3.4 Aufgaben der wertorientierten Berichterstattung

Mit den Ausführungen hinsichtlich der Zweck- und Zielsetzungen der wertorientierten Berichterstattung wurde noch keine Aussage darüber getroffen, welchen inhaltlichen Anforderungen die wertorientierte Berichterstattung zu erfüllen hat. Bislang wurde hinsichtlich der Informationsfunktion der wertorientierten Berichterstattung zwischen der Informationsfunktion i.e.S. und der Rechenschaftsfunktion unterschieden, aus denen sich verschiedene Zielsetzungen der wertorientierten Berichterstattung ableiten lassen. Hinsichtlich der Frage nach den inhaltlichen Anforderungen an die wertorientierte Berichterstattung ist es jedoch nicht möglich, zwischen diesen zwei Zwecksetzungen zu differenzieren. „Weil Rechenschaft ebenfalls dazu beiträgt, Entscheidungen zu fungieren, ist unter dem Gesichtspunkt der Information die Entscheidungsunterstützung zentral.“[514]

---

514 Ballwieser (2002a), S. 115.

Der zentrale Zweck der wertorientierten Berichterstattung, der Abbau von Informationsasymmetrien, ist daher vor dem Hintergrund der Entscheidungsunterstützung zu präzisieren. Damit Informationen zur Entscheidungsunterstützung beitragen, haben sie nach MOXTER den Kriterien der Entscheidungskonkretisierung und der Entscheidungsrelevanz zu genügen.[515]

Hinsichtlich der Entscheidungskonkretisierung gilt es festzulegen, wer die Adressaten bzw. die Zielgruppen der wertorientierten Berichterstattung sind und welche Entscheidungen die wertorientierte Berichterstattung unterstützen soll, was mit den Ausführungen in den vorangegangenen Abschnitten bereits implizit vorgenommen wurde.[516]

Adressaten der wertorientierten Berichterstattung stellen die Kapitalgeber dar, denen die bereitgestellten Informationen eine Basis für Investitionsentscheidungen bieten sollen.[517] Der Informationsanspruch der Kapitalgeber begründet sich dabei in den rechtlich durchsetzbaren Ansprüchen der Kapitalgeber an Unternehmen.[518] Der Informationsanspruch der Eigenkapitalgeber, „die das Residuum nach Erfüllung der vertraglichen Ansprüche aller anderen, mit dem Unternehmen verbundenen Gruppen erhalten und damit das größte Einkommensrisiko tragen, ist evident."[519] Neben den Eigenkapitalgebern haben jedoch auch die Fremdkapitalgeber einen Informationsanspruch. In diesem Zusammenhang kommt VIELMEYER auf Basis der Optionspreistheorie zu dem Ergebnis, dass durch die „Analyse des Vermögensanspruchs von Fremdkapitalgebern [...] aufgezeigt werden [kann, A.d.V.], dass aufgrund des Wertes des Ausfallrisikos auch seitens der Fremdkapitalgeber ein valider Anspruch auf Information be-

---

515 Vgl. Moxter (1976), S. 96f.

516 Vgl. auch Böcking/Wesner (2004), S. 103. Im Unterschied zu den Zielgruppen der wertorientierten Berichterstattung stehen den Adressaten bestimmte Rechtsansprüche und damit Informationsansprüche zu. Zu der Zielgruppe der wertorientierten Berichterstattung können neben den Adressaten auch die sog. Informationsinteressenten zählen, denen keine rechtlich durchsetzbaren Ansprüche zustehen. Vgl. ähnlich z.B. Ballwieser (2002a), S. 115.

517 Ballwieser (2002a), S. 117, weist darauf hin, dass sowohl Eigen- als auch Fremdkapitalgeber zahlreiche Entscheidungen zu treffen haben. Hinsichtlich der Entscheidungen der Eigenkapitalgeber nennt er neben „dem Halten, Kaufen oder Verkaufen von Kapitalanteilen, die Entlastung oder Nichtentlastung von Geschäftsführern, die Einstellung, Beibehaltung und Trennung von Managern, die Ausgestaltung von Entlohnungsverträgen". Im Rahmen der vorliegenden Arbeit stehen die Investitionsentscheidungen im Fokus.

518 Vgl. ähnlich auch Krönert (2001), S. 14. Der Informationsanspruch bestimmter Interessensgruppen kann grundsätzlich nicht nur auf rechtlich durchsetzbaren Ansprüche, sondern auch auf sozialethisch begründeten Ansprüche (sog. Koalitionsmodell) oder Ansprüchen aufgrund unvollständiger Leistungskompensation, die rechtlich jedoch nicht durchsetzbar sind (sog. Residualmodell) begründet werden. Sowohl auf Basis des Koalitions- als auch auf Basis des Residualmodells ist ein Informationsanspruch - anderer Interessensgruppen als der Kapitalgeber - jedoch nicht begründbar. Begründet werden kann lediglich ein Informationsinteresse anderer Interessensgruppen als der Kapitalgeber. Vgl. hierzu Vielmeyer (2004), S. 91ff.

519 Ballwieser (2002a), S. 116.

steht, da sie zumindest einen zeitlich begrenzten und bedingten Anspruch auf Vermögen und ggf. Residuum des Unternehmens haben"[520]. Neben den Kapitalgebern stellen die sog. Informationsmittler, wie z.B. Finanzanalysten, Anlageberater, Wirtschaftsjournalisten sowie Rating-Agenturen, eine Zielgruppe der wertorientierten Berichterstattung dar.[521] Dies wird damit begründet, dass im Rahmen der wertorientierten Berichterstattung nicht nur eine direkte (einstufige) Informationsvermittlung gegenüber den Kapitalgebern erfolgt, sondern ebenso eine indirekte (zweistufige) Informationsvermittlung über die Informationsmittler.[522] Demzufolge umfasst die Gesamtzielgruppe der wertorientierten Berichterstattung „die in ihrer Gesamtheit auch als financial community bezeichneten angebotsseitigen Teilnehmer des Kapitalmarktes,"[523] die fundierte Informationen benötigen, um Investitionen unter Rendite-Risiko-Gesichtspunkten zu beurteilen. „Die Bereitstellung von wertorientierten Angaben soll [daher, A.d.V] im Einzelnen die Kosten der Informationsbeschaffung und -verarbeitung minimieren, Investoren helfen, die unternehmerische Geschäftstätigkeit und den damit verbundenen Wertschaffungsprozess besser zu verstehen [und, A.d.V.] das Risiko der Anlage begrenzen"[524]. In diesem Sinne sollten die publizierten Informationen „eine – möglichst „wertorientierte" – Unternehmensbeurteilung unter Berücksichtigung einer realistischen Einschätzung der Entwicklungsperspektiven ermöglichen"[525].

Im Zusammenhang mit der Frage nach einer zielgerichteten inhaltlichen Ausgestaltung der wertorientierten Berichterstattung ist neben der Entscheidungskonkretisierung das Kriterium der Entscheidungsnützlichkeit von Informationen maßgeblich. Nach WAGENHOFER/EWERT sind „Informationen [...] dann für Entscheidungen nützlich, wenn sie in der Lage sind, Erwartungen über künftige Zu-

---

520 Vielmeyer (2004), S. 92. Im Zusammenhang mit den handelsrechtlichen Publizitätsvorschriften lässt sich der Informationsanspruch der Fremdkapitalgeber aus den umfangreichen Regelungen für haftungsbegrenzte Gesellschaften ableiten. Vgl. Ballwieser (2002a), S. 116. Unabhängig von den Informationsansprüchen der Fremdkapitalgeber erscheint es erforderlich, im Rahmen der wertorientierten Berichterstattung deren Informationsinteressen zu berücksichtigen und bestehende Informationsasymmetrien zwischen Unternehmen und Fremdkapitalgebern abzubauen, da hierdurch ein Beitrag zur Wertsteigerung geleistet werden kann.

521 Vgl. zu einer Unterscheidung zwischen Investor Relations gegenüber potenziellen und aktuellen Kapitalgebern und Opinionleader Relations gegenüber den Informationsmittlern Becker (1994), S. 299f.

522 Vgl. z.B. Fischer (2003), S. 12. In Abschnitt 2.2.2.2 wurde bereits hinsichtlich der Analysten darauf hingewiesen, dass diese als informationstechnische Mittler zwischen Kapitalgebern und -nehmern fungieren und im Entscheidungsprozess von Investoren eine maßgebliche Rolle spielen. da sie allgemein zugängliche Daten in entscheidungsrelevante Informationen transformieren und sich und ihren Kunden damit einen Informationsvorsprung am Kapitalmarkt verschaffen.

523 Hütten (2000), S. 70. Vgl. zu dieser Abgrenzung der Zielgruppe z.B. Wurl/Ries (2004), S. 2169. sowie zum Begriff der Financial Community z.B. Gress (2000), S. 60.

524 Stauber (2003), S. 65.

525 Wurl/Ries (2004), S. 2169.

stände bzw. Überschüsse zu ändern, so dass daraus wiederum andere Entscheidungen der Nutzer folgen“[526] (sog. Bruttoinformationswert). Als entscheidungsrelevant können dabei zum einen vergangenheitsbezogene Informationen als Basis für Zukunftsprognosen gelten.[527] Zum anderen können im Rahmen der Prognosepublizität veröffentlichte zukunftsbezogene Informationen Entscheidungsrelevanz aufweisen.[528]

Das Kriterium der Entscheidungsrelevanz macht es erforderlich, die weiter oben vorgenommene Festlegung der Eigen- und Fremdkapitalgeber als Adressaten der wertorientierten Berichterstattung mit der Fokussierung auf deren Investitionsentscheidungen weiter zu präzisieren. Diese Erfordernis ist darauf zurückzuführen, dass die zwei Adressatengruppen grundsätzlich verschiedene und in Teilen gegenläufige Informationsinteressen aufweisen können und daher – in Abhängigkeit von der jeweiligen Adressatengruppe – unterschiedliche Informationen als entscheidungsrelevant angesehen werden können.[529] Vor diesem Hintergrund wird den Informationsinteressen der Eigenkapitalgeber für eine zielgerichtete Ausgestaltung der wertorientierten Berichterstattung hier ein stärkeres Gewicht beigemessen,[530] da diese „in einem marktwirtschaftlichen Unternehmen elementare und Existenz sichernde Funktionen für die unternehmerische Finanzmittelausstattung haben“[531]. Die Informationsinteressen der Eigenkapitalgeber können jedoch grundsätzlich als kongruent zu den Interessen der Fremdkapi-

526 Wagenhofer/Ewert (2003), S. 120. Ballwieser (2002a), S. 117, weist in diesem Zusammenhang darauf hin, dass neue Informationen, die eine bereits getroffene Entscheidung lediglich bestätigen, nicht als entscheidungsrelevant bezeichnet werden können.

527 Vgl. z.B. Arbeitskreis „Externe Unternehmensrechnung“ der Schmalenbach-Gesellschaft für Betriebswirtschaft e.V. (Hrsg.) (2002b), S. 2338. Schneider (1997), S. 200, begrenzt den Begriff der Information in diesem Sinne auf „Tatsachenwissen, das für die Anwendung eines vorgegebenen Prognose- oder Entscheidungsmodells benötigt wird". Im Original kursiv.

528 Vgl. zu dieser Unterscheidung z.B. Kirchner (2000), S. 55 sowie ausführlich zur Prognosepublizität Drobeck (1998).

529 Vgl. z.B. Krönert (2001), S. 15.

530 Die vorgenommene Priorisierung der Interessen der Eigenkapitalgeber darf nicht darüber hinweg täuschen, dass heterogene Informationsinteressen nicht nur zwischen verschiedenen Adressatengruppen, sondern auch innerhalb einer Adressatengruppe bestehen können. Die Beurteilung der Entscheidungsrelevanz von Informationen müsste daher streng genommen auf der Ebene des Individuums erfolgen. „Die Anwendung der Entscheidungsrelevanz als exaktes Beurteilungskriterium [ist somit, A.d.V.] inoperabel [...], da es letztlich die Kenntnis aller subjektiven Präferenzsysteme voraussetzt". Böcking/Wesner (2004), S. 103. Um dieses Problem zu umgehen und die Entscheidungsrelevanz von Informationen beurteilen zu können, wird in der Literatur typischerweise auf Typisierungen (Interessensmonismus) zurückgegriffen. Vgl. Böcking/Wesner (2004), S. 103; Krönert (2001), S. 22 und S. 40.

531 Pape (2004), S. 181. Ebenso konstatieren Küting/Hütten/Lorson (1995a), S. 1809, dass „mit Blick auf den Shareholder-Value-Ansatz, solche (positiven) Informationen in den Geschäftsbericht aufzunehmen [sind, A.d.V.], die für die Anteilseigner nützlich sind". Vgl. auch Krönert (2001), S. 40 sowie zur Bedeutung der Ansprüche der Eigenkapitalgeber Abschnitt 2.1.3.1.4.

talgeber angesehen werden.[532] WEISS/HEIDEN stellen in diesem Zusammenhang fest, „dass Rating-Agenturen (sowie Bondholder, Banken, Analysten etc.) bei ihrer Bewertung wie bei einer (fundamentalen) Aktienanalyse vorgehen und hierzu die gleichen [...] zur Verfügung zu stellenden Informationen benötigen wie die Anteilseigner“[533].

Vor dem Hintergrund der vorgenommenen Präzisierung können nach STAUBER Informationen im Rahmen der wertorientierten Berichterstattung dann als entscheidungsnützlich angesehen werden, wenn sie „entweder einen direkten Beitrag zur Schätzung des Unternehmenswertes leisten oder sie indirekt, also über die Beurteilung des Wertsteigerungsmanagements, zur Wertbestimmung nützlich sind"[534]. In diesem Zusammenhang sind v.a. auch Angaben relevant, die eine Einschätzung der wertorientierten Unternehmensführung und damit der zukünftigen Entwicklung des Unternehmens(wertes) ermöglichen.[535]

Da keine allgemein gültige normative Theorie zur Entscheidungsnützlichkeit von Informationen existiert,[536] sind im Schrifttum verschiedene Ansätze zu finden, die sich mit der Messung und Beurteilung der Entscheidungsnützlichkeit von veröffentlichten Informationen auseinander setzen. Dabei lassen sich im Wesentlichen die Befragung von Unternehmensbeteiligten, experimentelle Untersuchungen, Kapitalmarkt-, Simulations-, Korrelations- und Prognosestudien unterscheiden, auf die sich die folgenden Argumente zur Konkretisierung der im Rahmen einer wertorientierten Berichterstattung als entscheidungsrelevant zu bezeichnenden Angaben stützen.[537]

Zur Beurteilung der Wertentwicklung eines Unternehmens sollten Informationen über die intern verwendeten wertorientierten Steuerungskonzepte offen gelegt werden.[538] Neben der quantitativen Ausprägung der Steuerungskennzahl sollten diese Informationen auch erläuternde Angaben umfassen, um den Adres-

532 Vgl. Pape (2004), S. 181. Ferner stellt Pape (2004), S. 180, hinsichtlich der übrigen Stakeholder fest, dass die „vermittelten Informationen nicht nur von den Kapitalgebern, sondern von sämtlichen Anspruchsgruppen des Unternehmens aufgenommen werden [...]. Informationen, die eine positive Beeinflussung des Bruttounternehmenswertes bewirken, signalisieren sämtlichen Anspruchsgruppen eine Erhöhung des zur Erfüllung ihrer Ansprüche verfügbaren Potenzials an finanziellen Mitteln.“

533 Weiss/Heiden (2000), S. 38. Vgl. hierzu auch Paul (1993), S. 137 sowie die Anmerkungen zur Basel II-Richtlinie in Fn. 4.

534 Stauber (2003), S. 67.

535 Vgl. Günther/Beyer (2001), S. 1627.

536 Vgl. Ruhwedel/Schultze (2002), S. 605 m.w.N.

537 Vgl. Armeloh (1998), S. 35 mit Bezug auf Pellens (1989), S. 60; Stauber (2003), S. 136ff.

538 Voraussetzung hierfür ist „natürlich eine ausgeprägte Wertorientierung im Rahmen der Unternehmensführung“. Labhart/Volkart (2001a), S. 120.

saten der Berichterstattung eine Beurteilung der Wertentwicklung des Unternehmens zu ermöglichen.

Zur Einschätzung der zukünftigen Entwicklung des Unternehmens wird v.a. der Berichterstattung über immaterielle Werte eine hohe Bedeutung beigemessen, da diese „sich zum entscheidenden Werttreiber in den Unternehmen entwickelt haben"[539]. Ebenso sind Informationen zur nachhaltigen Ausrichtung der Unternehmensführung von Relevanz, da insbesondere die Tätigkeit der multinationalen Konzerne „heute stärker denn je im Blickpunkt der Öffentlichkeit [steht, A.d.V.]. Moderne Kommunikationstechniken, Globalisierung und steigende Ansprüche verschiedener gesellschaftlicher Gruppen an die Unternehmen führen dazu, dass diese sich zunehmend ihrer Verantwortung bewusst werden, für ein zukunftsfähiges Umfeld zu sorgen."[540]

Da sich die objektive Quantifizierung in Form eines finanziell quantifizierbaren Wertes bei den immateriellen Werten sowie der Ausrichtung der Unternehmensführung an nachhaltigen Aspekten oftmals als problematisch erweist, kommt zu deren Beurteilung nichtfinanziellen Größen eine große Bedeutung zu. Als nichtfinanzielle Größen bzw. nonfinancials können nach LABHART „Messgrößen mit nichtfinanziellem Inhalt [... bezeichnet werden, A.d.V.], die eine quantitative oder qualitative Beurteilung zulassen"[541]. Die Bedeutung nichtfinanzieller Informationen wird auch in der Literatur hervorgehoben. So spricht KÜTING davon: „Oberstes Informationsziel [der Investoren, A.d.V.] ist häufig die Qualität des Managements und damit verbunden die Forderung nach Offenlegung nichtfinanzieller und zukunftsorientierter Informationen"[542]. Ebenso weist ZEMELKA darauf hin, dass „nicht-finanzielle Indikatoren [...] primär zukunftsgerichtet [sind, A.d.V.]. Ihnen wird daher eine ausgesprochene Vorsteuerfunktion attestiert. Im Gegensatz zu den vergangenheitsorientierten Finanzkennzahlen können sie bereits frühzeitig über den Fortschritt und die Erfolgsaussichten von Maßnahmen Auskunft geben."[543]

Verschiedene empirische Untersuchungen belegen die Relevanz sog. nichtfinanzieller Indikatoren im Rahmen der Berichterstattung. Zwei bedeutende und viel

---

539 Küting (2001), S. 463.

540 Hauth/Raupach (2001), S. 24. Vgl. ausführlicher zur Bedeutung immaterieller Werte für die Unternehmensführung und zur Bedeutung der nachhaltigen Ausrichtung der Unternehmensführung Abschnitt 2.1.3.1.3.

541 Labhart (1999), S. 32. Ähnlich definieren Pellens/Fülbier/Gassen (1998), S. 60, nichtfinanzielle Informationen als „alle qualitativen und quantitativen Informationen [...] , die sich nur indirekt oder überhaupt nicht auf das vom betrieblichen Rechnungswesen generierte Zahlenmaterial beziehen".

542 Küting (2001), S. 463. Vgl auch Müller (1998), S. 124 sowie in diesem Zusammenhang die empirische Untersuchung zu den Informationsbedürfnissen von Kleinaktionären von Hank (1999), S. 175ff.

543 Zemelka (2002), S. 4.

zitierte Studien stellen die Untersuchungen von ERNST & YOUNG und von DEMPSEY U.A. dar.[544]

ERNST & YOUNG untersuchten in einem dreistufigen Vorgehen, welche Informationen Analysten bzw. Investoren benötigen und in ihrem Entscheidungsprozess berücksichtigen.[545] In einem ersten Schritt wurden Portfolio-Manager zu den Informationsbedürfnissen der Investoren befragt. Der zweite Schritt umfasste eine Analyse von 300 Investmentreports von sog. Sell-Side Analysten[546], um herauszufinden wie diese Analysten nichtfinanzielle Informationen verwenden und ob eine Korrelation zwischen diesen und den Gewinnprognosen besteht. Im dritten Schritt wurden schließlich 275 sog. Buy-Side Analysten zu deren Verwendung von nichtfinanziellen Kennzahlen befragt. Die Studie führte zu dem Ergebnis, dass sowohl Investoren als auch Analysten nichtfinanzielle Indikatoren bei der Bewertung eines Unternehmens berücksichtigen. Die nach der Studie zehn wichtigsten nichtfinanziellen Indikatoren aus Investorensicht zeigt Abb. 25.[547] Im Hinblick auf die Korrelation zwischen dem Einbezug nichtfinanzieller Informationen und den Gewinnprognosen der Analysten kommen ERNST & YOUNG zu folgendem Ergebnis: „When non-financial factors were taken into account, earnings forecasts were more accurate, thus reducing the risk to investors. If a firm's non-financial data are strong, this could facilitate its ability to raise capital. The message is clear: non-financial factors can be used as leading indicators of future financial performance."[548] Abschließend kommen ERNST & YOUNG zu dem Fazit, dass eine Notwendigkeit für die Offenlegung der entsprechenden nichtfinanziellen Informationen besteht.[549]

---

544 Vgl. Ernst & Young (Hrsg.) (1997); Dempsey u.a. (1997). Vgl. außerdem z.B. die in Abschnitt 2.2.3.1 erwähnten empirischen Untersuchungen von PwC.

545 Vgl. hierzu und im Folgenden Ernst & Young (Hrsg.) (1997), S. 6.

546 „Während der Sell-Side-Analyst als Angestellter einer Investment- oder Universalbank seine Research-Reports über die Mitarbeiter des Sales-Bereiches an Investoren vertreibt, ist der Buy-Side-Analyst typischerweise ausschließlich für einen institutionellen Investor (Investment- oder Pensionsfonds) tätig und unterstützt den Fondsmanager in seiner Auswahlentscheidung." Achleitner/Bassen/Pietzsch (2001a), S. 47.

547 Ferner wurde eine Simulation durchgeführt, in der Investoren nichtfinanzielle Indikatoren von vier Unternehmen verschiedener Branchen einschätzen sollten, um hierauf basierend Änderungen des Aktienkurses in Abhängigkeit von einer Veränderung der nichtfinanziellen Indikatoren zu eruieren. Im Ergebnis zeigte sich, dass den nichtfinanziellen Indikatoren in Abhängigkeit von der Branchenzugehörigkeit der Unternehmen eine unterschiedliche Bedeutung zukommt. Vgl. Ernst & Young (Hrsg.) (1997), S. 10ff.

548 Ernst & Young (Hrsg.) (1997), S. 7. Im Original kursiv.

549 Vgl. Ernst & Young (Hrsg.) (1997), S. 15.

| Rang | Ernst & Young (1997) | Dempsey u.a. (1997) |
|---|---|---|
| 1 | Umsetzung der Unternehmensstrategie | Potenzielle Konkurrenz |
| 2 | Glaubwürdigkeit des Managements | Ethische Grundsätze |
| 3 | Qualität der Unternehmensstrategie | % Wiederholungskäufe |
| 4 | Innovationsfähigkeit | Kundenumfragen |
| 5 | Fähigkeit, talentierte Mitarbeiter anzuziehen und zu binden | Kunden-Reklamationen |
| 6 | Marktanteil | % Umsatz aus neuen Produkten |
| 7 | Erfahrung des Managements | Service-Antwortzeit |
| 8 | Gestaltung der Kompensation im Interesse der Aktionäre | Defektrate |
| 9 | Führungsposition in der Forschung | Marktanteil |
| 10 | Qualität der wesentlichen Business-Prozesse | Mitarbeiter-Fluktuation |

*Abb. 25: Zusammenstellung der wichtigsten nichtfinanziellen Informationen aus den Studien von Ernst & Young und Dempsey u.a. (Quelle: In Anlehnung an Labhart (1999), S. 264)*

In der Studie von DEMPSEY U.A. wurden drei Ziele verfolgt, nämlich „to 1) determine the extend to which analysts state that they currently use or are interested in using various strategic performance measures in addition to traditional financial performance measures; 2) explore the linkage between the use of various performance measures and their predictive value and ease of acquisition; and 3) identify critical information gaps between specific measures' predictive usefulness and accessibility".[550] Hierfür wurden Finanzanalysten anhand eines Fragebogens interviewt, der 63 finanzielle und nichtfinanzielle Kennzahlen enthielt, die wiederum acht verschiedenen Kategorien zugeordnet wurden.[551] Die als am wichtigsten eingestuften zehn nichtfinanziellen Kennzahlen zeigt wiederum Abb. 25. DEMPSEY U.A. kommen zu dem Ergebnis, dass Finanzanalysten nicht ausschließlich an finanziellen Informationen interessiert sind, sondern ebenso eine große Anzahl nichtfinanzieller Informationen nutzen. Abschließend stellen sie fest, dass "ideally: market forces will address the problem of the limited availability of non-financial information. Indeed, as such information is accumulated by the firm for internal purposes, it may be voluntarily disclosed to investors. In the absence of such voluntary disclosure, involvement by standard-

550 Dempsey u.a. (1997), o.S.

551 Insgesamt wurden 2.751 Finanzanalysten angeschrieben, von denen 431 Finanzanalysten an der Untersuchung teilnahmen. 420 Fragebögen konnten ausgewertet werden. Von den acht verschiedenen Kategorien beinhaltete eine Kategorie finanzielle Angaben, die anderen sieben nichtfinanzielle Angaben. Vgl. hierzu und im Folgenden Dempsey u.a. (1997), o.S.

setting authorities may be necessary to develop disclosure recommendations and/or requirements for non-financial performance measures."[552]

Weiterhin sind prospektive Informationen von Bedeutung für die Einschätzung der zukünftigen Entwicklung des Unternehmens.[553] In diesem Zusammenhang sind zum einen seitens des Managements abgegebene Prognosen zu nennen. Diese besitzen v.a. eine hohe Bewertungsrelevanz, wenn sie konkret und möglichst quantifizierbar sind.[554] Um die Verlässlichkeit der Prognoseinformationen zu erhöhen, sollten ferner die wesentlichen grundlegenden Prämissen, bedeutende Einflussfaktoren sowie erwartete Zukunftsszenarien dargestellt werden.[555] Zum anderen sollten strategiebezogene Informationen bereitgestellt werden, die durch Angabe von Strategien, Maßnahmen und Zielen auf Unternehmens- und Geschäftsfeldebene die Zielsetzung der Unternehmenswertsteigerung konkretisieren.[556]

Die wertorientierte Berichterstattung besitzt damit aufgrund der zusätzlichen Informationen v.a. über nichtfinanzielle, zukunftsorientierte „Werttreiber" eine wichtige Rolle zur Abschätzung der von den Investoren erwarteten, zukünftigen Free Cash Flows eines Unternehmens, auch wenn die Prognoseunsicherheit nicht vollständig eliminiert werden kann.[557]

## 2.3 Zusammenhang von verpflichtender und wertorientierter Berichterstattung börsennotierter deutscher Unternehmen

Die Bestimmungen zur verpflichtenden Berichterstattung börsennotierter deutscher Unternehmen stellen den rechtlich-regulatorischen Bezugspunkt für die wertorientierte Berichterstattung dar. Sie geben Auskunft darüber, welchen inhaltlichen und formalen Anforderungen die an einer Börse zugelassenen Unternehmen aufgrund gesetzlicher Vorschriften und privatrechtlich verbindlicher Regelungen (inter-)nationaler Standard-Setter sowie sonstiger Institutionen nachkommen müssen. Hieraus lässt sich ableiten, welchen Grenzen und Defizite die verpflichtende Berichterstattung in Bezug auf die wertorientierte Be-

---

552 Dempsey u.a. (1997), o.S.

553 Vgl. Günther/Beyer (2001), S. 1628.

554 Vgl. Küting/Hütten/Lorson (1995b), S. 1847.

555 Vgl. Günther/Beyer (2001), S. 1628.

556 Vgl. Günther/Beyer (2001), S. 1628f. Die Bereitstellung von strategiebezogenen Angaben ist eng verbunden mit den Prognosen des Managements, da strategiebezogene Angaben die erforderlichen Rahmeninformationen zur Plausibilitätsprüfung der Prognosen liefern.

557 Vgl. Müller (1998), S. 135.

richterstattung unterliegt und welche Informationen im Rahmen einer wertorientierten Berichterstattung daher freiwillig zusätzlich publiziert werden sollten.

Berichterstattung wurde weiter oben als der Teil der gesamten Unternehmenspublizität definiert, der regelmäßig erfolgt.[558] In diesem Zusammenhang erfolgte ferner eine Fokussierung auf die Konzernrechnungslegungspublizität, d.h. den Konzernabschluss und den Konzernlagebericht. Es wurde ausgeführt, dass internationalen Rechnungslegungsvorschriften, im Einzelnen den IAS/IFRS und den US-GAAP, hinsichtlich der Aufstellung eines Konzernabschlusses bzw. -lageberichts eine immer stärkere Bedeutung zukommt. Daher werden zusätzlich zu den Ausführungen zur Konzernrechnungslegung nach handelsrechtlichen Vorschriften auch die Gemeinsamkeiten und Unterschiede zu den internationalen Rechnungslegungsvorschriften behandelt. Den Ausgangspunkt für die Untersuchung der verpflichtenden Berichterstattung börsennotierter deutscher Unternehmen bilden jedoch die deutschen Rechnungslegungsvorschriften, da sie für Unternehmen des deutschen Rechtskreises die primär anzuwendenden Vorschriften für die Berichterstattung darstellen.

Die Vorschriften zur verpflichtenden Berichterstattung börsennotierter Unternehmen ergeben sich in Deutschland aus dem Gesellschaftsrecht, namentlich dem Handelsgesetzbuch (HGB) und dem Aktiengesetz (AktG).[559] Neben den gesetzlichen Vorschriften sind in Deutschland auch die Verlautbarungen des Deutschen Rechnungslegungs Standards Committee (DRSC), einem privaten Rechnungslegungsgremium, das auf Grundlage des im Rahmen des KonTraG eingeführten § 342 HGB im Frühjahr 1998 geschaffen wurde, von Bedeutung. Gemäß § 342 I HGB kommen dem DRSC drei Aufgaben zu, für deren Erfüllung vom DRSC ein eigenständiges Organ, der Deutsche Standardisierungsrat (DSR), eingerichtet wurde. Neben der Beratung des Bundesjustizministeriums bei Gesetzgebungsvorhaben zu Rechnungslegungsvorschriften sowie der Vertretung der Bundesrepublik in internationalen Standardisierungsgremien kommt dem DSR die Aufgabe der Entwicklung von Empfehlungen zur Anwendung der Grundsätze über die Konzernrechnungslegung zu. Letztere Aufgabe übt der DSR durch die Verabschiedung und Veröffentlichung von Deutschen Rechnungslegungs Standards (DRS) aus. Unklar ist bisher jedoch, wie die Grundsätze über die

---

558 Vgl. hierzu und im Folgenden Abschnitt 2.2.1.

559 Vgl. hierzu und im Folgenden z.B. Böcking (2001b), Sp. 1775f. Ferner besitzen die obersten Gerichte, insbesondere der Bundesfinanzhof (BFH), eine wesentliche Bedeutung hinsichtlich der Normierung der Vorschriften, da ihnen bei auslegungsbedürftigen Sachverhalten, im Speziellen der Grundsätze ordnungsmäßiger Buchführung (GoB), die Aufgabe der Interpretation der Vorschriften zukommt. Vgl. Baetge/Kirsch/Thiele (2002a), S. 98; Krog (1998), S. 21f. m.w.N.; Schneider (1997), S. 87. Vgl. ausführlicher zur Bilanzrechtsprechung Moxter (1993); Moxter (1999).

Konzernrechnungslegung zu interpretieren sind.[560] Da die Festlegung und Entwicklung von Grundsätzen ordnungsmäßiger Buchführung (GoB) in Deutschland dem Gesetzgeber sowie den Gerichten obliegt, kann die Gesetzesformulierung hierauf nicht abzielen. Sinnvoller erscheint es hingegen, die Aufgabe auf die Entwicklung von Empfehlungen zur Anwendung internationaler Rechnungslegungsvorschriften, insbesondere der IAS und der US-GAAP, zu beziehen.[561] Gemäß § 342 II HGB wird nach Bekanntgabe durch das Bundesjustizministerium „die Beachtung der die Konzernrechnungslegung betreffenden Grundsätze ordnungsmäßiger Buchführung" vermutet. „Einen gesetzesähnlichen Status erreichen sie hierdurch jedoch nicht."[562] So ist bei einer Einhaltung der DRS zwar die gesetzlich vorgeschriebene Beachtung der GoB zu vermuten, eine Nichteinhaltung der DRS führt aber im Umkehrschluss nicht zwangsläufig zu einer Verletzung der GoB oder anderer gesetzlicher Vorschriften.[563] Obgleich die durch das BMJ bekannt gemachten DRS folglich nur Fachnormen und keine Rechtsnormen darstellen, sind sie für die unter deren Anwendungsbereich fallenden Unternehmen sowie für den Konzernabschlussprüfer faktisch verpflichtend.[564] „Ihre Bindungswirkung erhalten sie [...] durch die allgemeine Akzeptanz der Rechnungslegungspraxis und sonstiger institutioneller Vorkehrungen.“[565]

Im Gegensatz zu den handelsrechtlichen Vorschriften in Deutschland existiert in den USA keine einheitliche Rechtsquelle, welche die Rechnungslegung von Unternehmen regelt.[566] So enthält das Handels- und Gesellschaftsrecht, das in die Kompetenz der Bundesstaaten fällt, kaum Vorschriften zur Rechnungslegung und Publizität der Unternehmen.[567] Die wesentlichen Rechnungslegungs- und Publikationsvorschriften für börsennotierte Unternehmen ergeben sich in den USA stattdessen vor allem aus dem Kapitalmarktrecht, dessen Gesetzgebungskompetenz insbesondere der Bund innehat.[568]

---

560 Vgl. hierzu und im Folgenden Ballwieser (1999a), S. 443ff.

561 Vgl. z.B. Baetge/Krumnow/Noelle (2001), S. 774.

562 Pellens (2001b), S. 579.

563 Vgl. z.B. Ballwieser (1999a), S. 445; Moxter (1998), S. 1427f.; Küting/Hütten (1999), S. 487f.

564 Vgl. Beisse (1999), S. 2182; Baetge/Kirsch/Thiele (2002b), S. 575, die sich an dieser Stelle jedoch explizit auf DRS 2 beziehen.

565 Böcking (2001b), Sp. 1785.

566 Vgl. z.B. Haller (1994), S. 233.

567 Die Rechnungslegungspublizität für börsennotierte Gesellschaften ist seitens des Gesellschaftsrechts aufgrund der Vielzahl aller Einzelstaaten kaum geregelt. Vgl. z.B. Brotte (1997), S. 111ff. Vgl. ausführlicher zu gesellschaftsrechtlichen Grundlagen für Unternehmen anderer Rechtsformen Pellens (2001b), S. 39ff.

568 Grundsätzlich fällt das US-amerikanische Kapitalmarktrecht sowohl in den Kompetenzbereich der Einzelstaaten als auch in den des Bundes. Die Inhalte der einzelstaatlichen Regelungen des Kapitalmarktrechts (sog. blue sky laws) widmen sich nicht der Publizität, sondern der behördlichen Kontrolle des Inhalts der Emissionen. Vgl. Merkt (2001), S. 184f. Die Regelungen des Bundes beziehen sich demgegenüber auf Ka-

Wesentliche Bedeutung für die Entwicklung von Rechnungslegungsvorschriften kommt dabei der Securities and Exchange Commission (SEC) zu, die als US-amerikanische Wertpapieraufsichtsbehörde die oberste Bundesbehörde für die Zulassung und den Handel von Wertpapieren darstellt.[569] Abgesehen von den kapitalmarktrechtlichen Regelungen des Bundes zur Unternehmenspublizität unterliegen börsennotierte Unternehmen auch den Bestimmungen der SEC.[570]

---

pitalmarkttransaktionen im Verkehr zwischen den Staaten, in dessen Fokus die Unternehmenspublizität der Unternehmen steht. Das US-amerikanische Kapitalmarktrecht auf Bundesebene ergibt sich aus den Federal Securities Laws. Die Gesetze lassen sich in die grundlegenden Primary Acts und in die Spezialprobleme regelnden Secondary Acts kategorisieren, wobei Letztere keine für diese Arbeit relevanten Regelungen zu unternehmerischen Publizitätspflichten enthalten. Zu den Primary Acts zählen zum einen der Securities Act (SA) von 1933, der im Wesentlichen Regelungen zur Neuemission von Wertpapieren und somit hinsichtlich des Primärmarktes enthält, und zum anderen der Securities and Exchange Act (SEA) von 1934, der sich auf Regelungen zu bereits im Handel befindlichen Wertpapieren fokussiert. Neben inhaltlichen Regelungen zur Unternehmenspublizität wurde auf Basis des SEA u.a. die Securities and Exchange Commission (SEC) gegründet. Vgl. Pellens/Fülbier/Gassen (2004), S. 56 und S. 801f. m.w.N. und ausführlicher zu SA z.B. Haller (1994), S. 22f.

569 Um ihren gesetzlich kodifizierten Überwachungs- und Ausführungspflichten nachkommen zu können, wurden der SEC legislative, exekutive sowie judikative Kompetenzen eingeräumt. Vgl. Krog (1998), S. 13; Pellens (2001b), S. 57f.

570 Regelmäßige Berichtspflichten stellen einen zentralen Bestandteil des SEA dar. Diese resultieren aus der Registrierungspflicht der Wertpapiere eines Unternehmens in Form der Einreichung eines Registration Statements, falls die Wertpapiere an einer nationalen Börse oder im Freiverkehr (over the counter) gehandelt werden sollen. Neben den jährlichen Berichterstattungspflichten gegenüber der SEC (Jahresbericht) und gegenüber den Aktionären (Annual Report) können US-amerikanische Unternehmen einer weiteren jährlichen Publizitätspflicht, der Versendung eines sog. Proxy Statements an die Aktionäre, unterliegen. Die hierzu im SEA nicht festgelegten Publizitätspflichten wurden von der SEC verabschiedet. Vgl. Brotte (1997), S. 151; Hütten (2000), S. 111f. m.w.N. Darüber hinaus steht der SEC die Kompetenz zu, die Inhalte der nach SA bzw. SEA zu erstellenden Registration Statements zu erweitern bzw. zu konkretisieren. Diese übertragenen Aufgaben erfüllt die SEC insbesondere durch den Erlass von Rules and Regulations, Forms, Releases and Staff Accounting Bulletins (SAB). Neben der Ausgestaltung und Ergänzung des SA und des SEA kommt den Verlautbarungen der SEC vor dem Hintergrund des in 2002 verabschiedeten Sarbanes-Oxley Act (SOA) eine weitere Bedeutung zu. Vgl. im Internet: http://www.law.uc.edu/CCL/Soact/soact.pdf (Stand: 27.02.2004) sowie hierzu Atkins (2003); PwC (Hrsg.) (2003). Der SOA wurde als Reaktion auf Unternehmenszusammenbrüche in den USA, insbesondere sind hier die Fälle Enron und Worldcom zu nennen, sowie diesen vorausgegangenen Bilanzskandalen verabschiedet. Vgl. z.B. Bertschinger/Schaad (2002), S. 883; Lanfermann/Maul (2002), S. 1725; Lanfermann/Maul (2003), S. 349; Lenz (2002), S. 2270. Ziel des Gesetzes ist es, die Corporate Governance zu verbessern, um hierdurch „das Vertrauen der Anleger in die Rechnungslegung wiederherzustellen sowie die Anleger zu schützen". PwC (Hrsg.) (2003). Seit dem SA und dem SEA stellt der SOA die bedeutendste Änderung der US-Wertpapiergesetze dar. Vgl. Lenz (2002), S. 2270 m.w.N. Das Gesetz ist gleichermaßen für inländische als auch für ausländische Unternehmen anzuwenden. Folglich ergeben sich auch für deutsche Unternehmen weitreichende Konsequenzen. Vgl. hierzu z.B. Lanfermann/Maul (2002); Ferlings/Lanfermann (2002); Henssler (2003); Schaub (2003); Sünner (2003). Vgl. zu den ersten Ausführungsregelungen der SEC Atkins (2003); Lanfermann/Maul (2003). Vgl. ferner aktuell im Internet: www.sarbanes-oxley.com; www.pcaobus.org. Neben den kapitalmarktrechtlichen Regelungen des Bundes zur Unternehmenspublizität und den Bestimmungen der SEC haben börsennotierte Unternehmen die Börsenordnungen der einzelnen Börsen zu beachten. Vgl. ausführlicher hierzu Hütten (2000), S. 120 m.w.N.

Die Kompetenz zur Erstellung von Rechnungslegungsvorschriften delegierte die SEC bereits 1938 an die damalige Berufsvereinigung der Wirtschaftsprüfer, das American Institute of Accountants (AIA) und heutige American Institute of Certified Public Accountants (AICPA). Die AIA gründete das sog. Committee on Accounting Procedures (CAP), das während seiner Amtszeit 51 Accounting Research Bulletins (ARB) herausgab. 1959 wurde das CAP vom sog. Accounting Principles Board (APB) abgelöst, das insgesamt 31 APB-Opinions verabschiedete. Sowohl die ARB als auch die APB-Opinions besitzen bis heute Gültigkeit, soweit sie nicht von anderen Standards modifiziert oder ersetzt wurden. 1973 wurde schließlich das privatrechtlich organisierte Financial Accounting Standards Board (FASB) gegründet, welches das APB ablöste und bis heute tätig ist. Als Verlautbarungen des FASB sind zunächst die Statements of Financial Accounting Concepts (SFAC) zu nennen.[571] Insgesamt sieben SFAC bilden zusammen das Conceptual Framework, das übergeordnete Rechnungslegungsgrundsätze enthält und einen theoretischen Bezugsrahmen sowohl für bestehende als auch für zukünftige Rechnungslegungsvorschriften darstellen soll.[572] Ferner sind als zentrale Verlautbarungen die sog. Statements of Financial Accounting Standards (SFAS) zu nennen.[573]

Da es keine Gesetzesvorschrift für die Einhaltung der US-GAAP gibt, besitzen diese a priori nur Empfehlungscharakter. Faktisch sind sie jedoch für eine Vielzahl von Unternehmen verbindlich. Die Sanktionsbewährung und damit den Verpflichtungscharakter erhalten sie insbesondere durch das AICPA sowie die SEC. Falls ein Wirtschaftsprüfer Mitglied des AICPA ist, ist er an dessen Satzung gebunden. Nach der 'rule of conduct 203' ist der Prüfer verpflichtet, nur dann ein Testat zu erteilen, wenn der Jahresabschluss in Übereinstimmung mit den GAAP aufgestellt wurde.[574] Des Weiteren wird die handelsrechtliche Publi-

---

571 Vgl. hierzu und im Folgenden Pellens/Fülbier/Gassen (2004), S. 58f. und S. 62.

572 SFAC 3 wurde durch SFAC 6 ersetzt, wonach insgesamt 6 SFAC noch Gültigkeit besitzen. SFAC 4 bezieht sich dabei auf die Zielsetzung der Rechnungslegung von Non-Business Organizations. Vgl. Pellens (2001b), S. 130ff. SFAC 7 zur Fair-Value-Bilanzierung wurde 2000 verabschiedet. Vgl. ausführlicher hierzu z.B. Hitz/Kuhner (2000); Starbatty (2001).

573 Zu einzelnen SFAS und noch gültigen APB-Opinions hat das FASB 'Interpretations' (FIN) erlassen. Diese bilden zusammen mit den SFAS, den noch gültigen APB-Opinions und ARBs die sog. formellen (promulgated) GAAP, die förmlich erlassen wurden und 'substantial authoritative support' seitens der SEC besitzen. Demgegenüber existieren ferner informelle (non-promulgated) GAAP, die über praktizierte Rechnungslegungsmethoden entstanden sind. Die verschiedenen GAAP werden – systematisiert nach ihrem Verbindlichkeitscharakter – im sog. 'House of GAAP' zusammenfassend dargestellt. Vgl. hierzu Pellens/Fülbier/Gassen (2004), S. 66f. mit Verweis auf Rubin (1984), S. 123.

574 Eine abweichende Rechnungslegung ist dann zulässig, wenn der Aussagewert des Abschlusses durch das Abweichen erhöht wird bzw. der Jahresabschluss ansonsten irreführend wäre. Vgl. American Institute of Certified Accountants (1994), ET § 203.01-03.

zität durch die Wertpapiergesetze an die GAAP gebunden. So fordert die SEC, dass das den Wertpapiergesetzen unterliegende Unternehmen im Regelfall nach US-GAAP zu bilanzieren hat. Diese Bilanzierung bedarf der entsprechenden Testierung eines Wirtschaftsprüfers.

Die International Accounting Standards (IAS)/International Financial Reporting Standards (IFRS) stellen ebenso wie die US-amerikanischen Rechnungslegungsvorschriften keine Gesetzesvorschriften dar, sondern werden von einer privatrechtlichen Organisation, dem International Accounting Standards Board (IASB) verabschiedet. Die Vorgängerorganisation des IASB, das International Accounting Standards Committee (IASC), wurde 1973 auf Initiative von berufsständigen Organisationen aus neun Ländern gegründet und setzt sich aus Vertretern der wirtschaftsprüfenden Berufe verschiedener Länder zusammen.[575] Um das Bestreben einer höheren internationalen Akzeptanz zu verwirklichen, begannen Ende der 90er Jahre die Vorbereitungen für eine Restrukturierung des IASC. Mit Inkrafttreten der Satzungsänderung zum 01. Januar 2001 löste das International Accounting Standards Board (IASB) das IASC ab.[576] Die bisher verabschiedeten IAS behalten ihre Gültigkeit, solange sie nicht von später verabschiedeten Standards des IASB, den IFRS modifiziert oder ersetzt werden.[577] Aufgrund des fehlenden Gesetzescharakters haben die IAS/IFRS zunächst keine

---

575 Deutschland gehörte mit dem Institut der Wirtschaftsprüfer e.V. und der deutschen Wirtschaftsprüferkammer bereits den Gründungsmitgliedern an. Vgl. IDW (Hrsg.) (1995), S. 7; Kleekämper/Kuhlewind/Alvarez (2002), Rz. 23. Gemäß dessen Satzung sollte das IASC Rechnungslegungsstandards erarbeiten und veröffentlichen, deren weltweite Akzeptanz und Einhaltung unterstützen, sowie sich der allgemeinen Verbesserung und Harmonisierung der Rechnungslegungsvorschriften und –verfahren widmen.

576 Zur Restrukturierung des IASC vgl. ausführlicher Baetge/Thiele/Plock (2000). Vgl. auch Mandler (2003b).

577 Vor dem Hintergrund der Neuregelung zur Anwendung der IAS für den Konzernabschluss ist das vom IASB im Frühjahr 2002 vorgeschlagene „Improvements Project" insbesondere für kapitalmarktorientierte Unternehmen in der EU von besonderem Interesse. Vgl. Brücks (2002), S. 165; Buchheim (2002), S. 1475. Hiernach sollten einzelne IAS überarbeitet werden mit dem Ziel, Wahlrechte zu eliminieren, die Konvergenz weiter zu fördern sowie die Qualität der Vorschriften zu erhöhen. Vgl. Presseerklärung des IASB vom 15.02.2002, im Internet: www.iasb.org.uk (Stand: 01.04.2002). Im Dezember 2003 veröffentlichte das IASB die im Rahmen des „Improvements Project" überarbeiteten Standards. Hierbei handelt es sich um: IAS 1, IAS 2, IAS 8, IAS 10, IAS 16, IAS 17, IAS 21, IAS 24, IAS 27, IAS 28, IAS 31, IAS 33, IAS 40. IAS 15 wurde aufgehoben. Vgl. hierzu Zülch (2004). Des Weiteren wurden im Dezember 2003 IAS 32 und IAS 39 in überarbeiteter Form sowie ein 'amendment' zu IAS 39 im März 2004 veröffentlicht. Vgl. hierzu z.B.
Eckes/Sittmann-Haury/Weigel (2004); Kuhn/Scharpf (2004). Darüber hinaus liegen seit März 2004 IAS 36 und IAS 38 in überarbeiteter Form vor. Vgl. im Internet: www.iasb.org.uk (Stand: 21.06.2004). Bis zum 20.06.2004 verabschiedete das IASB fünf IFRS Vgl. zum IFRS 1 z.B. Hayn (2003); Pellens/Detert (2003); Theile (2003). Ferner legte das IASB Entwürfe für zwei weitere IFRS und für Änderungen zu IFRS 3 vor. Vgl. im Internet: www.iasb.org.uk (Stand: 21.06.2004). Darüber hinaus werden vom International Financial Reporting Interpretations Committee (IFRIC), der Nachfolgeorganisation des Standing Interpretations Committee (SIC), Interpretationen zu den einzelnen Standards herausgegeben. Vgl. Baetge/Kirsch/Thiele (2002b), S. 23.

obligatorische Wirkung. Jedoch kann das IASB über seine Mitgliedsorganisationen indirekt seinen Einfluss geltend machen.[578] Eine besondere Bedeutung hinsichtlich der europaweiten bzw. weltweiten Verbreitung und Akzeptanz der IAS/IFRS kommt neben der bereits erwähnten sog. IAS-Verordnung der EU-Kommission den Bestrebungen der International Organisation of Securities Commissions (IOSCO), einem weltweiten Zusammenschluss der Wertpapier- und Börsenaufsichtsbehörden, zu.[579]

Für die Analyse der verpflichtenden Berichterstattung als Bezugspunkt der wertorientierten Berichterstattung sind drei Aspekte von Bedeutung. Erstens sind Zwecksetzungen und wesentliche Grundsätze des Konzernabschlusses relevant, da die Zielsetzungen der verschiedenen Träger teilweise divergieren. Die Grundsätze konkretisieren die verschiedenen Zwecksetzungen und sind somit unerlässlich für das Verständnis der Rechnungslegungsvorschriften im Einzelnen. Darüber hinaus sind die Instrumente des Konzernabschlusses von Bedeutung, da sie Aufschluss über Art und Umfang der zu vermittelnden Informationen geben (Abschnitt 2.3.1). Ebenso sind zweitens die Zwecksetzung sowie die geforderten Inhalte des Konzernlageberichts darzustellen (Abschnitt 2.3.2). Drittens sind die Grenzen und die Defizite der verpflichtenden Berichterstattung in Bezug auf die wertorientierte Berichterstattung aufzuzeigen (Abschnitt 2.3.3).

### 2.3.1 Konzernabschluss

Sowohl nach handelsrechtlichen als auch nach internationalen Rechnungslegungsvorschriften kommt dem Konzernabschluss eine Informationsfunktion zu, die durch verschiedene Instrumente erfüllt und durch bestimmte Grundsätze konkretisiert wird. Den verschiedenen Grundsätzen wird dabei teilweise eine

---

578 Vgl. Kleekämper (2000), S. 480. Zur Verbreitung der IAS vgl. Born (1999a), S. 68ff. und Achleitner/Behr (1998), S.42f.

579 Vgl. zur IAS-Verordnung Abschnitt 2.2.1. Vgl. ferner Achleitner/Behr (1998), S. 43; Kleekämper/Kuhlewind/Alvarez (2002), Rz. 107 und Rz. 122ff. m.w.N.; Wollmert (1995), S. 5. Die IOSCO hat bereits in den 80er Jahren in Aussicht gestellt, ihren Mitgliedern – darunter die SEC - zu empfehlen, nach Überarbeitung und Ergänzung der einzelnen IAS die neu gefassten Standards als Zulassungsvoraussetzung für eine Börsennotierung ausländischer Unternehmen zu akzeptieren. Vgl. Pellens/Fülbier/Gassen (2004), S. 75. Ziel der Überarbeitung und Ergänzung der einzelnen IAS war die Erhöhung der Publizitätsvorschriften und die Beseitigung von Wahlrechten. Vgl. v. Keitz (1997), S. 177. Nach Abschluss der Überarbeitung und Ergänzung der Standards erfolgte im Mai 2000 schließlich die Empfehlung der IOSCO. Vgl. Pressemitteilung der IOSCO vom 17.05.2000 im Internet: www.iasc.org.uk/news/cen8_168.htm (Stand: 06.06.2000). Jedoch ist darauf hinzuweisen, dass nicht alle Standards der Überprüfung unterlagen und folglich nicht Gegenstand der Empfehlung sind. Vgl. Barckow (1999), S. 1179. Darüber hinaus erfolgte die Empfehlung nur bedingt; möglich ist eine Beschränkung der einzelnen Standards seitens der nationalen Börsenaufsichtsbehörden oder die Erweiterung der zu publizierenden Inhalte. Vgl. Fuchs/Stibi (2000), S. 3ff.

unterschiedliche Bedeutung beigemessen, so dass auch die Informationsfunktion nicht einheitlich zu interpretieren ist. Nachfolgend werden zunächst Elemente, Zwecksetzung und wesentliche Grundsätze der handelsrechtlichen Vorschriften für den Konzernabschluss dargelegt. Im Anschluss werden Gemeinsamkeiten und Unterschiede zu den US-GAAP und den IAS/IFRS aufgezeigt. Hieraus lässt sich schließlich ableiten, wie die Informationsfunktion des Konzernabschlusses nach den drei Rechnungslegungssystemen zu interpretieren ist und welche Informationen im Rahmen des Konzernabschlusses bereitzustellen sind.

#### 2.3.1.1 Konzernabschluss nach HGB und DRS

Die zentrale Rechtsquelle zur Erstellung von Konzernabschlüssen stellt das dritte Buch des HGB dar.[580] Nach § 297 I S. 1 HGB n.F. besteht der Konzernabschluss[581] aus einer Konzernbilanz, einer Konzern-GuV, einem Konzernanhang, einer Kapitalflussrechnung sowie einem Eigenkapitalspiegel.[582] Nach § 297 I S. 2 HGB n.F. kann er um einem Segmentbericht erweitert werden.

Während in der Konzernbilanz die Vermögensgegenstände des Konzerns dem zur Verfügung gestellten (Eigen- und Fremd-)Kapital gegenüber gestellt werden, wird in der Konzern-GuV das Periodenergebnis des Konzerns als Saldo von Aufwendungen und Erträgen bestimmt.[583] Zusätzlich zu den durch Konzernbilanz und -GuV gewährten quantitativen Informationen zur Vermögens-, Finanz- und Ertragslage (VFE-Lage) werden schließlich (verbale) Informationen im Konzernanhang bereitgestellt.[584] Zweck der Kapitalflussrechnung ist die Bereitstellung von detaillierten Informationen über die Finanzlage eines Unterneh-

---

580 Für die Erstellung des Konzernabschlusses gelten §§ 290 – 314 HGB. Seit Verabschiedung des BilReG ist künftig ferner § 315a HGB zu beachten, der den Konzernabschluss nach internationalen Rechnungslegungsstandards entsprechend der sog. IAS-Verordnung der EU vom 19.07.2002 regelt.

581 Vgl. ausführlich zu den Voraussetzungen, nach denen Unternehmen einen Konzernabschluss zu erstellen haben z.B. Küting/Weber (2003), S. 77ff.; Baetge/Kirsch/Thiele (2002b), S. 79ff.

582 Vgl. zu den Änderungen des § 297 I HGB durch das BilReG die Ausführungen in Abschnitt 2.2.1, insbesondere Fn. 327. Der Jahresabschluss einer börsennotierten Kapitalgesellschaft setzt sich demgegenüber lediglich aus einer Bilanz, einer GuV sowie einem Anhang zusammen. Vgl. §§ 264 I S. 1 i.V.m. 267 III S. 2 HGB.

583 Vgl. Coenenberg (2003a), S. 6f. Streng genommen sind nach §§ 246 i.V.m. 298 I HGB neben Vermögensgegenständen, Eigenkapital und Schulden auch die Rechnungsabgrenzungsposten auszuweisen. Vgl. zur Gliederungsvorschrift für die Aufstellung der Konzernbilanz §§ 266 i.V.m. 298 I HGB und für die Konzern-GuV §§ 275 i.V.m. 298 I HGB. Von den Gliederungsvorschriften kann jedoch gemäß § 265 V - VIII HGB abgewichen werden, indem Posten zusammengefasst, erweitert oder deren Bezeichnungen geändert werden.

584 Vgl. Coenenberg (2003a), S. 843.

mens.[585] Dabei enthält die Kapitalflussrechnung Informationen über die zahlungswirksamen Ereignisse der operativen Geschäftstätigkeit sowie die Investitions- und Finanzierungstätigkeit.[586] Das Ziel des Eigenkapitalspiegels ist die systematische Darstellung der Entwicklung des Konzerneigenkapitals und des Konzerngesamtergebnisses, um den Informationswert des Konzernabschlusses für die Bilanzadressaten zu verbessern.[587] Schließlich ist das Ziel der Segmentberichterstattung die Bereitstellung von Informationen über die wesentlichen Geschäftsfelder eines Unternehmens, um hierdurch den Einblick in die VFE-Lage und die Einschätzung der Chancen und Risiken der einzelnen Geschäftsfelder zu steigern.[588] Hierfür sind die in Konzernbilanz und -GuV aggregierten Angaben zu den Umsatzerlösen, zum Segmentergebnis, zum Vermögen, zu Investitionen in das langfristige Vermögen sowie zu Schulden für die verschiedenen Segmente des Unternehmens in disaggregierter Form darzustellen.[589]

---

585 Vgl. hierzu und im Folgenden Baetge/Kirsch/Thiele (2002b), S. 575. Ergänzend zur gesetzlichen Forderung nach der Aufstellung einer Kapitalflussrechnung hat der DSR den „DRS 2 Kapitalflussrechnung" sowie „DRS 2-10 Kapitalflussrechnung von Kreditinstituten" und „DRS 2-20 Kapitalflussrechnung von Versicherungsunternehmen" erlassen. Vgl. ausführlicher zu DRS 2 z.B. Stahn (2000); v. Wysocki (1999).

586 Explizit kommt der Kapitalflussrechnung die Aufgabe zu, die in der Berichtsperiode geflossenen Zahlungsströme (Cash Flows) sowie deren Erwirtschaftung darzulegen. Vgl. DRS 2.1. Hierbei sind die Cash Flows aus der laufenden Geschäftstätigkeit, aus der Finanzierungstätigkeit sowie aus der Investitionstätigkeit zu unterscheiden.

587 Hierfür sind die Veränderungen der einzelnen Bestandteile des Eigenkapitals des Mutterunternehmens gesondert von denen der Minderheitsgesellschafter zwischen dem vorherigen Bilanzstichtag und dem aktuellen Bilanzstichtag zu zeigen. Unter Berücksichtigung erfolgsneutraler Konzerneigenkapitalveränderungen wird der in der Konzern-GuV ermittelte Konzernjahresüberschuss bzw. -fehlbetrag gesondert für das Mutterunternehmen und die Minderheitsgesellschafter auf das Konzerngesamtergebnis übergeleitet. Darin sind alle Konzerneigenkapitalveränderungen enthalten, die nicht auf Ein- und Auszahlungen der Gesellschafter basieren. Vgl. DRS 7.2. Ergänzend zur gesetzlichen Forderung nach der Aufstellung eines Eigenkapitalspiegels hat der DSR den „DRS 7 Konzerneigenkapital und Konzerngesamtergebnis" erlassen.

588 Vgl. DRS 3.1. Ergänzend zur gesetzlichen Forderung nach der Aufstellung eines Segmentberichtes hat der DSR den „DRS 3 Segmentberichterstattung" sowie „DRS 3-10 Segmentberichterstattung von Kreditinstituten" sowie „DRS 3-20 Segmentberichterstattung von Versicherungsunternehmen" erlassen. Vgl. ausführlicher zu DRS 3 z.B. Alvarez (2002). Vgl. zu einer empirischen Untersuchung der Segmentberichterstattung am deutschen Kapitalmarkt Feldkämper (2003).

589 Vgl. DRS 3.31ff. und 38ff. Die Abgrenzung der einzelnen Segmente hat anhand der operativen Segmente eines Unternehmens zu erfolgen und sich an der internen Organisations- und Berichtsstruktur des Unternehmens zu orientieren. Vgl. DRS 3.9ff. Unter einem operativen Segment wird dabei gemäß DRS 3.8 ein Unternehmensteil mit geschäftlichen Tätigkeiten, die zu Umsatzerlösen führen, verstanden, dessen wirtschaftliche Lage einer regelmäßigen Überwachung durch die Unternehmensleitung unterliegt. Eine solche Segmentierung soll den unterschiedlichen Chancen und Risiken der Aktivitäten des Gesamtunternehmens gerecht werden. Grundsätzlich kann hierbei eine produktorientierte und/oder eine geografische Segmentierung erfolgen. Ein produktorientiertes Segment kann nach DRS 3.8 anhand gleichartiger Produkte, Dienstleistungen oder Kundengruppen abgegrenzt werden, ein geografisches Segment anhand des spezifischen regionalen Umfeldes.

Dem handelsrechtlichen Konzernabschluss kommt, im Unterschied zum Jahresabschluss,[590] allein eine Informationsfunktion zu.[591] Diese Information lässt sich aus der Generalnorm für den Konzernabschluss in § 297 II HGB ableiten, nach welcher der Konzernabschluss „unter Beachtung der Grundsätze ordnungsmäßiger Buchführung ein den tatsächlichen Verhältnissen entsprechendes Bild der Vermögens-, Finanz- und Ertragslage des Konzerns [true and fair view-Prinzip, A.d.V.] zu vermitteln" hat.[592] Dabei kommt den Grundsätzen ordnungsmäßiger Buchführung (GoB), welche als Rechtsnormen sowohl Prinzipien als auch Einzelnormen der handelsrechtlichen Rechnungslegung umfassen,[593] die Aufgabe zu, eine zweckgerechte Bilanzierung zu sichern.[594]

Zur Interpretation dieser Generalnorm wird nachfolgend dargelegt, was unter den GoB zu verstehen ist und wie der seitens des Gesetzgebers geforderte Einblick in die VFE-Lage zu interpretieren ist. Abschließend wird erläutert, in welchem Verhältnis das Einblicksgebot, d.h. die Forderung nach einem den tatsäch-

---

590 Dem Jahresabschluss kommt v.a. eine Dokumentations-, eine Ausschüttungsbemessungs- sowie eine Informationsfunktion zu. Nach Moxter kann in der Ausschüttungsbemessung der primäre Sinn und Zweck der Rechnungslegung gesehen werden. Dies führt er darauf zurück, dass die Gewinnermittlungsvorschriften des HGB „nur mit Rücksicht auf ihre Ausschüttungsbemessungsfunktion als sinnvoll gelten". Moxter (1991), S. 17. Namentlich nennt Moxter an dieser Stelle das Realisations- und das Imparitätsprinzip als Gewinnermittlungsvorschriften. Dabei zielt die Ausschüttungsbemessungsfunktion nach Moxter (1991), S. 18, auf die Ermittlung eines „als Gewinn verteilbaren Betrages", der Grundlage für die Besteuerung sowie für die Ergebnisverteilung an die Gesellschafter ist. Vgl. ausführlicher zu den Zwecken des handelsrechtlichen Jahresabschlusses Baetge/Kirsch/Thiele (2002a), S. 79ff.; Busse v. Colbe (2000), S. 488ff.; Hinz (1997), Rz. 4ff; Moxter (1987), S. 361ff.; Ordelheide (1998), S. 517ff.; Pellens/Fülbier/Gassen (2004), S. 11ff.

591 Vgl. Moxter (1991), S. 109. Im Unterschied zum Jahresabschuss knüpfen an den Konzernabschluss keine vergleichbaren Rechtsfolgen. So dient der Konzernabschluss weder als Grundlage für die Besteuerung noch für die Ergebnisverteilung an die Gesellschafter.

592 Für den Jahresabschluss von Kapitalgesellschaften findet sich in § 264 II HGB eine entsprechende Generalnorm. Da nach h.M. die Generalnorm für den Konzernabschluss entsprechend der Generalnorm für den Jahresabschluss von Kapitalgesellschaften zu interpretieren ist – obgleich dem Konzernabschluss ausschließlich eine Informationsfunktion zukommt – beziehen sich die folgenden Ausführungen gleichermaßen auf beide Generalnormen. Vgl. z.B. Busse v. Colbe u.a. (2003), S. 35f. A.A. z.B. Claussen (2000), S. 613f. Die Generalnorm wurde mit der Umsetzung des Art. 2 Abs. 3 der 4. EG-Richtlinie in das HGB aufgenommen. Die Formulierung in Art. 2 Abs. 3 der 4. EG-Richtlinie ist wiederum auf das britische 'true and fair view' zurückzuführen. Vgl. Streim (1994), S. 393.

593 Vgl. Beisse (1999), S. 2182; Moxter (2002), Sp. 1041.

594 Bei den GoB handelt es sich um einen unbestimmten Rechtsbegriff, die überindividuelle Verhaltensnormen für Kaufleute darstellen. Durch die Regelung der Gewinnermittlung sowie durch die verpflichtende Bereitstellung von Informationen seitens der GoB sollen die Jahresabschlussadressaten geschützt werden. Daneben fungieren die GoB als 'Lückenfüller' für im Gesetz nicht oder nur unzureichend konkret geregelte Sachverhalte. Schließlich verbinden die GoB Handels- und Steuerbilanz, da die GoB gemäß § 5 I S. 1 EStG für die Steuerbilanz anzuwenden sind, sofern steuerrechtliche Vorschriften dem nicht entgegenstehen. Ferner besteht eine Verbindung zwischen Handels- und Steuerbilanz aufgrund der sog. Umkehrmaßgeblichkeit. Diese besagt gemäß § 5 I S. 2 EStG, dass die Ausnutzung von korrespondierenden Wahlrechten in der Steuerbilanz wie in der Handelsbilanz zu erfolgen hat. Vgl. Ballwieser (1990), S. 478; Ballwieser (1999b), Rz. 1; Bieg (1999), Rz. 15ff.; Leffson (1987), S. 21ff.; Moxter (2002), Sp. 1042.

lichen Verhältnissen entsprechenden Bild der VFE-Lage, zu den handelsrechtlichen GoB steht.

In der Literatur finden sich verschiedene Systematisierungsansätze für die GoB.[595] Entsprechend ihres Aufgabengebietes lassen sich Gewinnermittlungs- und Informations-GoB unterscheiden.[596] Abb. 26 enthält eine entsprechende Systematisierung der GoB, von denen die bedeutendsten nachfolgend erläutert werden.

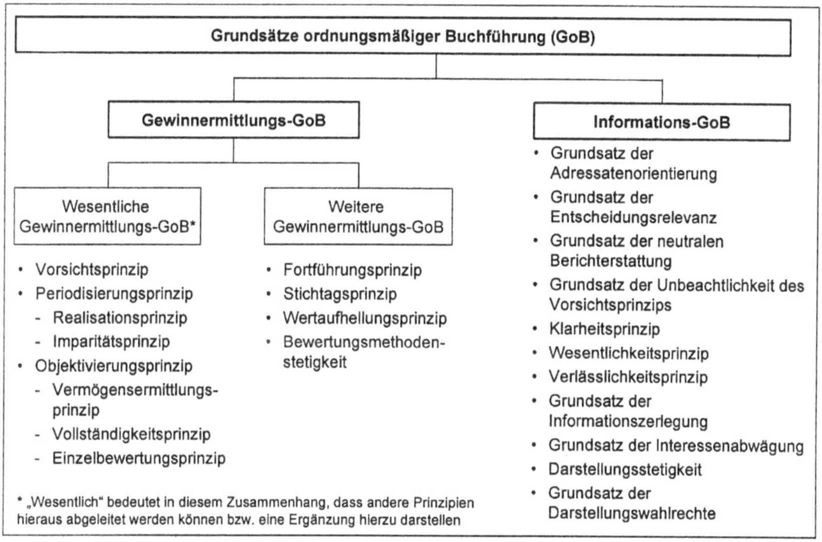


*Abb. 26: Systematisierung der GoB*
*(Quelle: Eigene Darstellung mit Bezug auf Ballwieser (1999b), Rz. 18ff.; Ballwieser (2001b), Rz. 8ff.; Ballwieser (2002a), S. 115ff.)*[597]

Der Gläubigerschutz als oberstes Prinzip der handelsrechtlichen Bilanzierung bedingt eine vorsichtige Bilanzierung.[598] Dementsprechend ist dem Vorsichts-

---

[595] Vgl. hierzu und im Folgenden Ballwieser (1999b), Rz. 14 m.w.N.

[596] Ballwieser unterscheidet (zunächst) zwischen Vermögensermittlungs-, Gewinnermittlungs- sowie Informations-GoB. In der GoB-Strukturierung wird das Vermögensermittlungsprinzip unter die Gewinnermittlungs-GoB eingeordnet. Vgl. zu einer Systematisierung in Gewinnanspruchs- und Informations-GoB auch ausführlich Moxter (2003), S. 19ff.

[597] Ballwieser bezeichnet die hier aufgeführten Informations-GoB als wesentliche Informations-GoB, worauf im Rahmen von Abb. 27 aus Gründen der Übersichtlichkeit verzichtet wurde.

[598] Vgl. Beisse (1994), S. 15. Vgl. ausführlich zum Gläubigerschutz als oberstes Prinzip der Bilanzierung Beisse (1993).

prinzip, wonach „vorsichtig zu bewerten"[599] ist, eine herausragende Stellung unter den GoB zuzumessen. Jedoch ergeben sich aus dem Vorsichtsprinzip nicht nur Bewertungskonsequenzen, wie z.B. eine vergleichsweise frühe und hohe Rückstellungsbildung, sondern auch Ansatzkonsequenzen, wie bspw. das Aktivierungsverbot für selbst erstellte immaterielle Vermögensgegenstände des Anlagevermögens gemäß § 248 II HGB.[600]

Vor dem Hintergrund des gesetzlichen Aktivierungsverbotes für selbst erstellte immaterielle Vermögensgegenstände in § 248 II HGB hat der DSR den „DRS 12 Immaterielle Vermögenswerte des Anlagevermögens" erlassen.[601] Die Regelungen sind für den Konzernabschluss anzuwenden und gelten für Unternehmen aller Branchen.[602] Die Definition eines immateriellen Vermögenswertes nach DRS 12.7[603] ist mit der Definition eines immateriellen Vermögensgegenstandes „i.S.d. HGB gleich zu setzen, denn nach h.M. muss ein Vermögensgegenstand die Fähigkeit zur Schuldendeckung besitzen, was seine selbstständige Verwertbarkeit voraussetzt."[604] Ferner sind gemäß DRS 12 in Übereinstimmung mit § 248 II HGB nur entgeltlich erworbene immaterielle Vermögenswerte des Anlagevermögens anzusetzen, die außerdem bestimmte Ansatzkriterien erfüllen.[605] De lege ferenda wird in DRS 12.A2ff. empfohlen, § 248 II HGB aufzuheben und die Aktivierung selbst erstellter immaterieller Vermögenswerte einzuräumen, wenn die für die entgeltlich erworbenen immateriellen Vermögenswerte definierten Kriterien vorliegen. Gemäß DRS 12.A5 bestünde ferner für For-

---

599 § 252 I Nr. 4 HGB.

600 Vgl. Ballwieser (1999b), Rz. 19 und Rz. 43; Beisse (1994), S. 16. Für entgeltlich erworbene immaterielle Vermögensgegenstände des Anlagevermögens besteht demgegenüber gemäß dem Vollständigkeitsgebot in § 246 I S. 1 HGB ein Aktivierungsgebot.

601 In DRS 12 wird dabei nicht von immateriellen Vermögensgegenständen, sondern von immateriellen Vermögenswerten gesprochen. Unter Vermögenswerten werden nach DRS 12.7 „Vermögensgegenstände und alle sonstigen aktivierbaren Werte, wie z.B. Rechnungsabgrenzungsposten und aktive latente Steuern" subsumiert.

602 Vgl. DRS 12.1ff. Ferner wird eine Anwendung des Standards auf Jahresabschlüsse empfohlen. Vgl. DRS 12.3.

603 Nach dieser Definition sind immaterielle Vermögenswerte „identifizierbare, in der Verfügungsmacht des Unternehmens stehende, nicht-monetäre Vermögenswerte ohne physische Substanz, welche für die Herstellung von Produkten oder das Erbringen von Dienstleistungen, die entgeltliche Überlassung an Dritte oder für die eigene Nutzung verwendet werden können."

604 Langecker/Mühlberger (2003), S. 109 m.w.N.

605 Ein Aktivierungsgebot für einen immateriellen Vermögenswert besteht, wenn (1) die Definition für einen immateriellen Vermögenswert anhand der Kriterien Identifizierbarkeit, Verfügungsmacht, künftiger wirtschaftlicher Nutzen erfüllt ist, (2) der immaterielle Vermögenswert entgeltlich erworben wurde, (3) es wahrscheinlich ist, dass die mit dem immateriellen Vermögenswert verbundenen zukünftigen wirtschaftlichen Vorteile dem Unternehmen zufließen und (4) der immaterielle Vermögenswert zulässig bewertbar ist. Vgl. DRS 12.8.

schungskosten ein Aktivierungsverbot, während Entwicklungskosten bei Vorliegen bestimmter Bedingungen zu aktivieren wären.

Weiterhin folgen aus der Konkretisierung des Vorsichtsprinzips in Form des Realisations- sowie des Imparitätsprinzips weitere Ansatz- und Bewertungskonsequenzen. Gemäß § 252 I Nr. 4 HGB sind „namentlich [...] alle vorhersehbaren Risiken und Verluste, die bis zum Abschlussstichtag entstanden sind, zu berücksichtigen [Imparitätsprinzip, A.d.V.] [...]; Gewinne sind erst zu berücksichtigen, wenn sie am Abschlussstichtag realisiert sind [Realisationsprinzip, A.d.V.]."[606] Aus dem Realisationsprinzip ergeben sich verschiedene Ansatz- und Bewertungskonsequenzen, wie das Anschaffungskostenprinzip für Vermögensgegenstände. Hiernach sind Vermögensgegenstände höchstens mit ihren Anschaffungs- oder Herstellungskosten - vermindert um die vorzunehmenden Abschreibungen - zu bewerten.[607] „Ein Ansatz zu höheren Verkehrswerten oder Marktpreisen [fair values, A.d.V.] verstieße gegen das Verbot des Ausweises nicht realisierter Gewinne."[608] Vor dem Hintergrund der im September 2001 verabschiedeten EU-Richtlinie 2001/65/EG (im Folgenden Fair-Value-Richtlinie), durch welche die Bilanz-, die Konzernbilanz- als auch die Bankbilanzrichtlinie in Bezug auf die 'Fair Value'-Bewertung von Finanzinstrumenten geändert wurden, könnten sich zukünftig jedoch Änderungen hinsichtlich der Bewertung von Finanzinstrumenten nach HGB ergeben.[609]

---

606 Mit dem Realisationsprinzip wird - entsprechend der Gesetzesformulierung, die von Gewinnen spricht - die Entstehung von Erträgen sowie Aufwendungen festgelegt. Ferner führt Ballwieser an dieser Stelle Gegenargumente für die Regelung der Ertrags- sowie Aufwandszurechnung auf. Vgl. hierzu und im Folgenden Ballwieser (1999b), Rz. 25f. m.w.N. Der Zeitpunkt der Realisation wird durch Lieferung und Leistung an Dritte bestimmt. Darüber hinaus ist der Aufwand grundsätzlich der Periode zuzuordnen, dessen Erträge er verursacht hat (sog. Alimentationsformel). Vgl. Moxter (1987), S. 367.

607 Vgl. § 253 I S. 1 HGB.

608 Berger/Schramm/M. Ring (2003), Rz. 1.

609 Vgl. hierzu z.B. Hommel/Berndt (2002). Die Fair Value-Richtlinie war bis zum 01. Januar 2004 in nationales Recht umzusetzen. Diesbezüglich waren in der Richtlinie verschiedene Wahlrechte für die Mitgliedstaaten vorgesehen. Die Bundesregierung hatte sich in Abschnitt 4 des sog. 10-Punkte-Programms für die Fair-Value-Bewertung von Finanzinstrumenten im Konzernabschluss, soweit hierfür liquide Märkte bestehen, ausgesprochen. In dem vor diesem Hintergrund verabschiedeten BilReG ist eine Bewertung von Finanzinstrumenten zum Fair Value nicht explizit kodifiziert. Da nach § 315 a HGB jedoch ein Konzernabschluss nach IAS/IFRS aufgestellt werden muss bzw. kann, besteht für Unternehmen die Möglichkeit zur Fair-Value-Bewertung von Finanzinstrumenten im Konzernabschluss. Vgl. Hüttemann (2004), S. 208. Ferner sind künftig im (Konzern-)Anhang (vgl. §§ 285; 314 HGB n.F.) und im (Konzern-)Lagebericht (vgl. §§ 289; 315 HGB n.F.) zusätzliche Informationen zu Finanzinstrumenten bereitzustellen. Vgl. ausführlicher hierzu Abschnitt 3.1.2.1.
Entsprechend seiner Aufgabe hat der DSR einen „Vorschlag zur Umsetzung der EU-Fair-Value-Richtlinie in deutsches Recht" erarbeitet. Vgl. im Internet: www.standardsetter.de/drsc/docs/drafts/eu/fair_value_hgb.pdf (Stand: 19.02.2004). Der DSR schlägt vor, die Bewertung von bestimmten Finanzinstrumenten im Konzernabschluss einheitlich, d.h. verpflichtend zu regeln (vgl. Abschnitt I.2) sowie eine einheitliche handelsrechtliche Regelung für Jahres- und Konzernabschluss anzustreben, d.h. einheitliche Bewertungsregeln

Einer strengen umsatzbezogenen Gewinnermittlung steht das Imparitätsprinzip entgegen. Hiernach sind Risiken und Verluste zu antizipieren, obgleich noch keine Realisation stattgefunden hat.[610] Auch aus dem Imparitätsprinzip ergeben sich direkte Ansatzkonsequenzen, wie die Bildung von Drohverlustrückstellungen gemäß § 249 I S. 1 HGB, und Bewertungskonsequenzen, wie das Niederstwertprinzip für Vermögensgegenstände[611] und das Höchstwertprinzip für Schulden.[612]

Zusammenfassend ist hinsichtlich der im HGB verankerten Gewinnermittlungsvorschriften festzuhalten, dass „als primärer Zweck einer solchen umsatzbezogenen, verlustantizipierenden und ausgeprägt objektivierten Gewinnermittlung [...] nur die vorsichtige Bestimmung des als Gewinn entziehbaren Betrags gelten"[613] kann. Eine derart bemessene Gewinngröße kann folglich nicht als informativ i.S.e. ausgewogenen Wiedergabe der realen wirtschaftlichen Verhältnisse erachtet werden, da „das Ausmaß der Vorsicht und der Verlustantizipation für Dritte nicht offenbar werden und unter Informationsaspekten unverzerrte Größen im Sinne einer Gleichbehandlung von Risiken und Chancen gesucht sind."[614] Demzufolge erscheint es erforderlich, zusätzliche Informationen bereitzustellen, um den Adressaten eine möglichst unverzerrte Informationsbereitstellung zu gewähren.

Zur Interpretation der oben genannten Generalnorm für Konzerne ist neben den GoB die seitens des Gesetzgebers geforderte Darstellung der VFE-Lage inhaltlich zu interpretieren. In diesem Zusammenhang ist zu überprüfen, ob dieses Bild mit den Informationsbedürfnissen der Rechnungslegungsadressaten übereinstimmt. Werden die aktuellen und potenziellen Kapitalgeber als primäre Ad-

---

und keine Wahlrechte vorzusehen (vgl. Abschnitt I.3). Auf eine explizite Definition des Begriffs Finanzinstrument wird in dem Vorschlag des DSR verzichtet, jedoch wird in Abschnitt II.1 vorgeschlagen, folgenden neuen S. 2 in § 246 I HGB einzufügen: „Ansprüche und Verpflichtungen aus derivativen Finanzinstrumenten gelten als Vermögensgegenstände oder Schulden i.S.v. Satz 1." Hinsichtlich der Bewertung der verschiedenen Finanzinstrumente sollten ein § 253a und b sowie ein § 255a neu in das HGB aufgenommen werden. Darüber hinaus wird in Abschnitt II.3 vorgeschlagen, Werterhöhungen in Abhängigkeit von der Art des vorliegenden Finanzinstrumentes erfolgswirksam oder erfolgsneutral in einem gesonderten Eigenkapitalposten zu erfassen.

610 Vgl. Moxter (2002), Sp. 1048.

611 Für Vermögensgegenstände des Anlagevermögens (Umlaufvermögens) gilt das strenge (gemilderte) Niederstwertprinzip. Vgl. Baetge/Kirsch/Thiele (2002a), S. 213ff.

612 Realisations- und Imparitätsprinzip können darüber hinaus als Formen des Periodisierungsprinzips interpretiert werden. So geben sie Hinweise, wie die in § 252 I Nr. 5 HGB formulierte Regelung zu erfüllen ist, nach der „Aufwendungen und Erträge des Geschäftsjahres [...] unabhängig von den Zeitpunkten der entsprechenden Zahlungen im Geschäftsjahr im Jahresabschluss zu berücksichtigen" sind. Vgl. Ballwieser (1999b), Rz. 24.

613 Moxter (1987), S. 373f.

614 Ballwieser (1999b), Rz. 70.

ressaten angesehen, so zeichnen sich diese vornehmlich durch ein finanzielles Interesse an dem Unternehmen bzw. dem Konzern aus.[615] Während Gesellschafter demzufolge v.a. an Informationen über „die Breite, zeitliche Struktur und Unsicherheit der zukünftigen Ausschüttungen sowie über die zukünftige Entwicklung des Unternehmenspreises" interessiert sind, steht seitens der Gläubiger im Fokus des Interesses, „inwieweit das betrachtete Unternehmen die vertraglich vereinbarten Zins- und Tilgungszahlungen fristgerecht leisten kann und wie groß die Wahrscheinlichkeit einer zukünftigen Insolvenz sowie der Höhe der Kreditverluste ist".[616]

Hinsichtlich der Vermögenslage ist § 297 II HGB dahingehend zu interpretieren, dass eine Darstellung des bilanziellen Fortführungsvermögens gefordert wird.[617] Zentrales Instrument für dessen Darstellung ist die Bilanz, in der sämtliche Vermögensgegenstände, Schulden sowie Rechnungsabgrenzungsposten zu erfassen sind.[618] Die richtige Ermittlung der Vermögenslage hängt dabei von den angewandten Bewertungsmethoden ab, welche die Höhe der Vermögensgegenstände sowie der Schulden bestimmen.[619] Demgegenüber sind die Kapitalgeber weniger am Fortführungsvermögen interessiert.[620] So ist die wirkliche Vermögenslage für die Gesellschafter durch den potenziellen Marktpreis des Unternehmens erkennbar. Folglich zielt deren Interesse insbesondere auf das Effektivvermögen in Form des Ertragswertes. Die Ermittlung des Ertragswertes ist jedoch nicht mit der Ermittlung der bilanziellen Vermögenslage vereinbar, da für Letztere das in § 252 I Nr. 3 HGB kodifizierte Einzelbewertungsprinzip anzuwenden ist. Ferner interessieren sich (unbesicherte) Gläubiger vornehmlich für das Zerschlagungsvermögen, das den Wert der Vermögensgegenstände zu einem bestimmten Stichtag im Falle der Unternehmensauflösung darstellt. Auch das Zerschlagungsvermögen ist mit der bilanziellen Vermögenslage nicht vereinbar, da hierfür das in § 252 I Nr. 2 HGB kodifizierte Unternehmensfortführungsprinzip anzuwenden ist.

---

615 Vgl. hierzu und im Folgenden Streim (1994), S. 399.

616 Streim (1994), S. 399.

617 Vgl. hierzu und im Folgenden Hense/Schellhorn (2003), Rz. 37; Hinz (1998), Rz. 12ff. Die Darstellung des bilanziellen Fortführungsvermögens und nicht des Zerschlagungsvermögens ist mit dem in § 252 I Nr. 2 HGB kodifizierten Fortführungsprinzip (going concern) zu begründen.

618 Durch die vorgegebenen Gliederungsvorschriften für die Bilanz sollen dabei Informationen über die Zusammensetzung von Vermögensgegenständen sowie von Eigen- und Fremdkapital bereitgestellt werden.

619 Ferner kommt dem Anhang hinsichtlich der Darstellung der Vermögenslage eine gewisse Bedeutung zu. Neben verschiedenen Bilanzposten sind hier bspw. die angewandten Bewertungsmethoden zu erläutern.

620 Vgl. hierzu und im Folgenden Streim (1994), S. 399 mit Verweis auf Moxter (1986), S. 346f. und S. 349f.; Moxter (1991), S. 65.

Neben der Vermögenslage ist auch die Finanzlage gemäß § 297 II HGB zu interpretieren.[621] Hinsichtlich der bilanziellen Darstellung wird diesbezüglich auf die Finanzierung, d.h. die Beschaffung und Verwendung von Eigen- und Fremdkapital sowie die Kapitaldisposition, und die Liquidität, d.h. die jederzeitige Zahlungsfähigkeit, abgestellt. Das wichtigste Instrument für die Darstellung der Finanzlage ist wiederum die Bilanz, die auf der Aktivseite die Mittelverwendung und auf der Passivseite die Kapitalstruktur und damit die Mittelherkunft zeigt.[622] Aufgrund der vorwiegenden Vergangenheitsorientierung des Konzernabschlusses liefert dieser nur wenige Informationen über die zukünftige Liquidität. Diese eingeschränkte Information wird zumindest teilweise durch die Pflicht zur Aufstellung einer Kapitalflussrechnung als Bestandteil des Konzernabschlusses von Mutterunternehmen, die selbst oder durch eines ihrer Tochterunternehmen einen organisierten Kapitalmarkt in Anspruch nehmen, verbessert. Seitens der Kapitalgeber zielt die Darstellung der Finanzlage jedoch auf die zukünftige Liquidität. Hierfür wäre ein Finanzplan erforderlich, der gesetzlich jedoch nicht gefordert wird.[623]

Abschließend verlangt die gemäß § 297 II HGB geforderte Darstellung der Ertragslage eine Interpretation. Entsprechend des bilanziellen Verständnisses ist hier das Ergebnis des Unternehmens bzw. Konzerns, aufgespalten in Erträge sowie diesen zuordenbare Aufwendungen, darzustellen.[624] Zentrales Instrument für dessen Darstellung ist die GuV.[625] Demgegenüber interessiert seitens der Adressaten die Ertragserwartung des Unternehmens, d.h. die zukünftigen Erfolgspotenziale. Hierfür wären Planerfolgsrechnungen erforderlich.[626] Wiederum zeigt sich, dass durch den Abschluss nur begrenzt die Informationsbedürfnisse seitens der Adressaten gedeckt werden.

STREIM kommt in Anbetracht der ausgeführten Divergenzen zwischen der rechtlich verankerten bilanziellen Perspektive und der aus dem Blickwinkel der für die wertorientierte Berichterstattung relevanten ökonomischen Perspektive zu dem Ergebnis, dass „Bilanz und GuV [...] durch informationsunfreundliche Ansatz- und Bewertungsregeln dominiert [werden, A.d.V.] und [...] deshalb prinzi-

---

621 Vgl. hierzu und im Folgenden Hense/Schellhorn (2003), Rz. 37; Hinz (1998), Rz. 17ff.; Baetge/Kirsch/Thiele (2002b), S. 51f.

622 Ferner werden im Anhang Informationen zur Finanzlage bereitgestellt, wie bspw. der Ausweis bestimmter Restlaufzeiten von Forderungen und Verbindlichkeiten.

623 Vgl. Moxter (1991), S. 66; Streim (1994), S. 400.

624 Vgl. hierzu und im Folgenden Hinz (1998), Rz. 23ff.

625 Durch die vorgegebenen Gliederungsvorschriften für die GuV sollen Informationen zur Aufwands- und Ertragsstruktur bereitgestellt werden. Ferner sind die außerordentlichen Komponenten getrennt vom Betriebs- und Finanzergebnis auszuweisen.

626 Vgl. Moxter (1991), S. 66; Streim (1994), S. 402.

piell keine Informationen über die drei Lagen vermitteln [können, A.d.V.], wie sie Kapitalgeber interpretieren."[627] Darüber hinaus wird die zutreffende Darstellung der VFE-Lage auch noch durch die Verbindung von Handels- und Steuerbilanz beeinflusst.[628]

Vor dem Hintergrund der vorausgegangenen Ausführungen wird in der Literatur teilweise kontrovers diskutiert, in welchem Verhältnis das Einblicksgebot in § 297 II HGB zu den handelsrechtlichen GoB steht.[629] Nach h.M. ist diese Frage mittels der Abkopplungsthese von MOXTER zu beantworten.[630] Die Abkopplungsthese besagt, dass der (Konzern-)Anhang von (Konzern-)Bilanz und (Konzern-)GuV abgekoppelt ist. Dementsprechend kommt dem Konzernanhang die Aufgabe zu, die Informationsdefizite, die sich aufgrund der Gewinnermittlungsgrundsätze in Konzernbilanz und Konzern-GuV ergeben, durch zusätzliche Erläuterungen und Angaben auszugleichen.[631] Hierdurch ergibt sich die Möglichkeit, dass „der informationelle Gläubigerschutz den Gläubigerschutz durch Ausschüttungsbegrenzung"[632] ergänzt.[633] Die Aufgabe des Konzernanhangs konkretisiert sich durch dessen Erläuterungs-, Ergänzungs-, Entlastungs- sowie Korrekturfunktion.[634] Um diese Funktionen zu erfüllen, werden verschiedene Angaben

---

627 Streim (1994), S. 401. Vgl. hierzu auch Moxter (1995), S. 419 mit Verweis auf Beisse (1993), S. 77.

628 Vgl. Benecke (2000), S. 38 m.w.N. Zum einen kommt der steuerrechtlichen Rechtsprechung (BFH) aufgrund des Maßgeblichkeitsprinzips bei interpretationsbedürftigen GoB die Aufgabe zu, diese auszulegen. Vgl. Krog (1998), S. 91f. Zum anderen können steuerliche Wertansätze aufgrund des Prinzips der Umkehrmaßgeblichkeit zumindest in den handelsrechtlichen Jahresabschluss übernommen werden. Dieses Prinzip wurde mit Verabschiedung des TransPuG durch Aufhebung des § 308 III HGB für den Konzernabschluss durchbrochen. Nach § 308 III HGB durften Wertansätze aus dem Jahresabschluss, die aufgrund steuerrechtlicher Gewinnermittlungsvorschriften gebildet wurden, unverändert in den Konzernabschluss übernommen werden. Vgl. Busse v. Colbe (2002a), S. 1585 m.w.N. Unabhängig von der Aufhebung des § 308 III HGB können bestimmte steuerliche Vereinfachungsregeln, wie z.B. die Sofortabschreibung geringwertiger Wirtschaftsgüter bis zu einem Betrag von 410 €, weiterhin für die Konzernbilanz angewendet werden.

629 Während Teile des Schrifttums die Meinung vertreten, dass das Einblicksgebot die Beachtung der GoB dominiert, verfechten andere Teile die Dominanz der Beachtung der GoB gegenüber dem Einblicksgebot.

630 Vgl. z.B. Moxter (1995), S. 426ff. A.A. z.B. Streim (1994), S. 403f.; Weber-Grellet (1996), S. 2090.

631 Vgl. Moxter (1991), S. 68.

632 Kühne (2002), S. 11.

633 Neben dem Verhältnis zwischen Einblicksgebot und GoB ergibt sich die Frage, welcher Stellenwert der Generalnorm im Verhältnis zu den Einzelvorschriften zukommt. Nach h.M. handelt es sich bei der Generalnorm nicht um ein 'overriding principle'. Vgl. Hense/Schellhorn (2003), Rz. 25; Hinz (1998), Rz. 37. A.A. z.B. Weber-Grellet (1996), S. 2090. Folglich gilt die Generalnorm subsidiär zu den Einzelvorschriften und kann diese im Konfliktfall nicht verdrängen.

634 Der Anhang hat die einzelnen Posten der Konzernbilanz und der Konzern-GuV zu erläutern (Erläuterungsfunktion). Im Anhang sollen zusätzliche Angaben gemacht werden, wie z.B. qualitative Anmerkungen, die auf Konzernbilanz und Konzern-GuV keinen Bezug nehmen (Ergänzungsfunktion). Bestimmte Angaben können wahlweise im Konzernanhang anstatt in der Konzernbilanz oder der Konzern-GuV gemacht werden (Entlastungsfunktion). Durch den Konzernanhang soll gemäß § 297 II S. 3 HGB der Einblick in die VFE-Lage richtig gestellt werden, wenn das gemäß § 297 II S. 2 HGB geforderte, den tatsächlichen Verhältnis-

für den Konzernanhang gefordert,[635] die in Anlehnung an BAETGE/KIRSCH/THIELE wie folgt strukturiert werden können:[636]

- Allgemeine Angaben zu Inhalt und Gliederung des Konzernabschlusses,
- Grundsätze der Bilanzierung und Bewertung, Währungsumrechnung,
- Angaben zum Konsolidierungskreis,
- Angaben zu den Konsolidierungsmethoden,
- Erläuterungen zu einzelnen Posten der Konzernbilanz,
- Erläuterungen zu einzelnen Posten der Konzern-GuV,
- sonstige Angaben.

Neben diesen (Wahl-)Pflichtangaben des Konzernanhangs, die sich vornehmlich auf die in Konzernbilanz und Konzern-GuV bereits ausgewiesenen Informationen beziehen, ist es zulässig, unter den 'sonstigen Angaben' auch freiwillige Informationen in den Konzernanhang aufzunehmen, wenn ein den tatsächlichen Verhältnissen entsprechendes Bild der VFE-Lage hierdurch nicht beeinträchtigt wird.[637] Da neben dem Konzernanhang auch der Konzernlagebericht freiwillige Informationen enthalten kann,[638] weist ARMELOH in diesem Zusammenhang darauf hin, „dass jene freiwilligen Angaben, die die Posten von Bilanz und Gewinn- und Verlustrechnung ergänzen oder erläutern und in einem unmittelbaren sachlichen Bezug zu diesen Bestandteilen des Jahresabschlusses stehen, in den An-

---

sen entsprechende Bild der VFE-Lage in Konzernbilanz und Konzern-GuV verzerrt dargestellt wird (Korrekturfunktion). Vgl. Baetge/Kirsch/Thiele (2002b), S. 563f.; Baetge/Kirsch/Thiele (2002a), S. 665f.

635 Vgl. insbesondere §§ 313 – 314 HGB sowie §§ 298 I, 290 – 312 HGB. Vgl. Baetge/Kirsch/Thiele (2002b), S. 563ff. Vgl. zu den Erweiterungen der Inhalte des (Konzern-)Anhangs durch das BilReG Abschnitt 3.1.2.1. Ferner enthalten weitere Gesetze, wie z.B. das AktG oder das GmbHG, Vorschriften zu Inhalten des Konzernanhangs. Darüber hinaus ergeben sich aus verschiedenen DRS weitere Angaben im Anhang. Vgl. zu einem Überblick über die Anhangangaben nach DRS Coenenberg (2003a), S. 873f.

636 Vgl. Baetge/Kirsch/Thiele (2002b), S. 593. Für den (Konzern-)Anhang ist gesetzlich kein einheitliches Gliederungsschema vorgegeben. Dies ist v.a. auf die Tatsache zurückzuführen, dass Unternehmen zum einen verschiedenen Berichtspflichten unterliegen und diese sich zum anderen im Zeitablauf ändern können. Nichtsdestoweniger führt ein fehlendes Gliederungsschema unweigerlich zu einem uneinheitlichen Ausweis in den Geschäftsberichten. Deshalb erscheint es sinnvoll und notwendig, den Konzernanhang in sachlich zusammenhängende Abschnitte zu untergliedern, um eine systematische Darstellung der geforderten Angaben und eine bessere Vergleichbarkeit zu erreichen. Vgl. Küting/Weber (2003), S. 461f. In der Praxis lässt sich häufig eine vergleichbare Gliederung feststellen. Vgl. Hütten (2000), S. 133. Vgl. zu einem weiteren Strukturierungsvorschlag z.B. Küting/Weber (2003), S. 462.

637 Vgl. Baetge/Kirsch/Thiele (2002b), S. 591f. Vorgeschlagen werden insbesondere Zusatzrechnungen zur VFE-Lage des Konzerns, wie bspw. Bewegungs-, Sozialbilanzen, Wertschöpfungsrechnungen sowie Kapital- und Substanzerhaltungsrechnungen. Zusätzlich kann freiwillig Bericht erstattet werden, bspw. über das Ergebnis je Aktie. Dabei ist die Berichterstattung im Anhang nach Coenenberg (2003a), S. 858, „weder in quantitativer noch formeller Hinsicht bestimmten Restriktionen unterworfen."

638 Vgl. zum Konzernlagebericht Abschnitt 2.3.2.1. Die freiwilligen Informationen im Konzernanhang sind mit denen im Konzernlagebericht abzustimmen.

hang aufzunehmen sind. [...] Demgegenüber sind Angaben, die über die Darstellung der Vermögens-, Finanz- und Ertragslage des Unternehmens hinausgehen und das Unternehmen in seinem gesamten wirtschaftlichen, sozialen und ökologischen Umfeld zeigen, Bestandteile des Lageberichts."[639] Darüber hinaus bezieht sich die Berichterstattung im Konzernanhang in der Unternehmenspraxis üblicherweise auf die vorgeschriebenen Angaben, bei denen es sich um zusätzliche Angaben zu den übrigen Teilen des Konzernabschlusses handelt.[640]

Zusammenfassend bleibt festzuhalten, dass die Informationsfunktion des Konzernabschlusses, insbesondere von Bilanz und GuV, durch den Verweis auf die Einhaltung der GoB in der Generalnorm des § 297 II S. 2 HGB eingeschränkt wird. Eine dem Gläubigerschutz entsprechende und durch Vorsichts- sowie Objektivierungsprinzipien geprägte Rechnungslegung beschränkt den Einblick in die vor dem Hintergrund der Wertorientierung relevante ökonomische Perspektive der VFE-Lage des Konzerns. Explizit sei an dieser Stelle noch einmal auf das Aktivierungsverbot für selbst erstellte immaterielle Vermögensgegenstände des Anlagevermögens hingewiesen. „Durch die für einen eigenständigen Bilanzansatz bestehenden Objektivierungsanforderungen gehen viele Werttreiber an der klassischen Bilanz vorbei und führen potenziell zu einer Vergrößerung der Buchwert-Marktwert-Diskrepanz des Eigenkapitals, denn diese vom Unternehmen geschaffenen Werttreiber fließen in den originären Goodwill ein, der [...] nicht bilanziert werden darf."[641]

### 2.3.1.2 Konzernabschluss nach internationalen Rechnungslegungsvorschriften

Während nach handelsrechtlichen Vorschriften zwischen Vorschriften zur Erstellung des Jahres- und Konzernabschlusses differenziert wird, existiert diese Unterscheidung nach den US-GAAP und nach IAS/IFRS nicht in vergleichbarer Weise.[642] Sowohl nach US-GAAP als auch nach IAS/IFRS besteht der Abschluss

639 Armeloh (1998), S. 31 m.w.N. Im Original teilweise kursiv. Die Aussage von Armeloh ist analog auf den Konzernanhang und den Konzernlagebericht zu übertragen, da diesem die gleichen Aufgaben zukommen wie dem Anhang und dem Lagebericht.

640 Vgl. Gräfer (1992), S. 43.

641 Küting/Weber/Wirth (2002), S. 57.

642 Vgl. hierzu und im Folgenden Gräfer (1992), S. 17f.; Pellens (2001b), S. 170ff. So sind die einzelnen Vorschriften grundsätzlich auf beide Rechenwerke anzuwenden, falls nicht spezielle Vorschriften für die Konzernrechnungslegung existieren. Eine Differenzierung ergibt sich lediglich aus der Abgrenzung der rechnungslegenden Einheit gegenüber Dritten. Nach US-GAAP haben Unternehmen bei Vorliegen bestimmter Bedingungen neben einem Jahresabschluss einen Konzernabschluss zu erstellen. Vgl. hierzu ausführlich Pellens (2001b), S. 283ff. m.w.N. Jedoch ist der Jahresabschluss in den USA von geringerer Bedeutung, da sowohl die SEC als auch die Börsen grundsätzlich überwiegend nur die Erstellung und Veröffentlichung eines Konzernabschlusses verlangen.

eines börsennotierten Unternehmens aus einer Bilanz, einer GuV, einer Kapitalflussrechnung, einem Eigenkapitalspiegel sowie einem Anhang, der eine Segmentberichterstattung zu enthalten hat.[643]

Analog zu den handelsrechtlichen Vorschriften sind in der Bilanz nach US-GAAP und IAS/IFRS grundsätzlich die Vermögensgegenstände dem Eigenkapital und den Schulden gegenüber zu stellen, während sich in der GuV das Periodenergebnis aus der Differenz von Aufwendungen und Erträgen ermittelt wird.[644] Ferner werden im Anhang zusätzliche Informationen zu den quantitativen Angaben in der Bilanz und der GuV bereitgestellt, wobei die Ausrichtung des Anhangs nach internationalen Rechnungslegungsvorschriften über die des handelsrechtlichen hinausgeht. Das Ziel der Segmentberichterstattung, die nach US-GAAP sowie IAS/IFRS einen Bestandteil des Anhangs darstellt, besteht darin, den Adressaten der Berichterstattung eine bessere Einschätzung der Ertragslage, eine künftige Prognose der Cash Flows sowie eine treffendere Einschätzung des Unternehmens insgesamt zu ermöglichen.[645] Nach US-GAAP resultieren für die operativen Segmente[646] eines Unternehmens verschiedene Berichtspflichten.[647] Neben allgemeinen Segmentinformationen sind Informationen zum Segmenter-

---

643 Dabei werden für die einzelnen Abschlussbestandteile nach US-amerikanischen Vorschriften/IAS bzw. IFRS teilweise unterschiedliche Begriffe verwendet. Bilanz: Statement of Financial Position/Balance Sheet; GuV: Statement of Earnings and Comprehensive Income/Income Statement; Kapitalflussrechnung: Statement of Cash Flows/Statement of Financial Position; Eigenkapitalspiegel: Statement of Investments by and Distributions to Owners/ Statement showing Changes in Equity; Anhang: Notes.

644 Nach den US-GAAP und den IAS/IFRS finden sich keine mit den handelsrechtlichen Vorschriften vergleichbaren, detaillierten Regelungen zur Gliederung von Bilanz und GuV. Vgl. Hense/Geißler (2003), Rz. 23. Nach US-GAAP ist für die Aufstellung der Bilanz allein eine Mindestgliederung in Regulation S-X, Rule 5-02 vorgegeben. Ebenso ist gemäß IAS 1.68ff. (rev. 2003) eine Mindestgliederung für die Bilanz vorgegeben, deren Anordnung jedoch nicht zwingend festgeschrieben ist und erweitert werden kann bzw. werden sollte. Darüber hinaus sehen weitere IAS die zusätzliche Aufgliederung der Posten vor. Vgl. Berger/Schmidt-Wendt (2003), Rz. 84ff.; Ellrott/Bartels-Hetzler (2003), Rz. 159. Vgl. zur Mindestgliederung für die GuV nach US-GAAP Regulation S-X, Rule 5-03 sowie Gräfer (1992), S. 31f. und nach IAS/IFRS in IAS 1.81ff. (rev. 2003) sowie Förschle/Kroner (2003b), Rz. 330ff.

645 Vgl. SFAS 95 Par. 3. Während die Darstellung nach US-amerikanischen Vorschriften in der Regulation S-X gefordert wird, erfolgt die inhaltliche Konkretisierung durch SFAS No. 131, der für börsennotierte Unternehmen anzuwenden ist. Die inhaltliche Ausgestaltung der Segmentberichterstattung nach IAS/IFRS regelt IAS 14. Verpflichtend ist IAS 14 nach IAS 14.3 nur für die Unternehmen anzuwenden, deren Gläubiger- und Teilhaberpapiere öffentlich gehandelt werden oder deren Handel bereits entriert wurde.

646 Vgl. SFAS No. 95 Par. 10. Unter einem operativen Segment wird ein Teilbereich des Unternehmens verstanden, aus dessen Aktivitäten Aufwendungen sowie Erträge resultieren, dessen operatives Ergebnis die Unternehmensleitung bei der Erfolgsbeurteilung sowie der Ressourcenallokation unterstützt und über das abgegrenzte finanzielle Informationen vorhanden sind. Vgl. ausführlicher zur Abgrenzung der Segmente SFAS 95 Par. 11ff. Entsprechend dem Management Approach hat sich die Abgrenzung der Segmente nach SFAS 95 Par. 4 an der Segmentierung im Rahmen der unternehmensinternen Berichterstattung zu orientieren.

647 Vgl. hierzu und im Folgenden Pellens (2001b), S. 338ff.; SFAS 95 Par. 26ff.

gebnis sowie zum Segmentvermögen bereitzustellen.[648] Um die Vergleichbarkeit der Segmentinformationen zwischen verschiedenen Unternehmen zu erhöhen, fordert das FASB weitere Angaben, wie Informationen über Produkte bzw. Dienstleistungen und zu geografischen Regionen sowie führenden Kunden.[649] Im Rahmen der für die Segmente geforderten Angaben nach IAS/IFRS ist zwischen primärerer und sekundärer Segmentierung zu differenzieren.[650] Während sich die Publizitätspflichten der sekundären Berichtsformate im Wesentlichen auf die externen Umsatzerlöse, das Segmentvermögen sowie die periodischen Zugänge an langfristigem Segmentvermögen beschränken, resultieren für primäre Berichtsformate weitere umfangreiche Berichtspflichten.[651] Ziel der Kapitalflussrechnung ist es, dass den „Adressaten die Informationen gegeben werden, die sie für die Beurteilung der künftigen Zahlungsüberschüsse, der Zahlungsmoral des Unternehmens, der Liquiditätseffekte aus Investitions- und Finanzierungsvorgängen sowie des zukünftigen Liquiditäts- und Finanzierungsbedarfs benötigen."[652] Um die Aussagefähigkeit zu verbessern, ist auch die Kapitalflussrech-

---

648 Bei allgemeinen Segmentinformationen handelt es sich z.B. um die Segmentierungskriterien oder die Organisations- und Führungsstruktur des Unternehmens. Neben den geforderten Informationen ist es zulässig, freiwillige Informationen für die verschiedenen Segmente bereitzustellen. Vgl. Hütten (2000), S. 172.

649 Vgl. SFAS 95 Par. 36ff.

650 Grundsätzlich folgt IAS 14 wie SFAS 131 dem Management Approach, der jedoch an einigen Stellen durch den Risk and Reward Approach, nach dem sich die Segmentierung an der Risiko- und Chancenstruktur der Unternehmensteile orientiert, durchbrochen wird. Vgl. Pellens (2001b), S. 507; Haller/Park (1999), S. 59; Förschle/Kroner (2003a), Rz. 111. Die Segmentierung hat dabei nach IAS 14.31 entsprechend den Geschäftsbereichen und entsprechend den geografischen Regionen zu erfolgen. Ferner wird zwischen primärer und sekundärer Segmentierung differenziert. Entspricht die Segmentierung nach Geschäftsbereichen (geografischen Regionen) dem primären Berichtsformat, genügt die Segmentierung nach geografischen Regionen (Geschäftsbereichen) dem sekundären Berichtsformat. Die Einteilung in primäre und sekundäre Berichtsformate hat entsprechend der überwiegenden Entstehung und Art der Risiken sowie der Rückflüsse des Unternehmens zu erfolgen. Vgl. Pellens/Fülbier/Gassen (2004), S. 777 und S. 781; IAS 14.26f.

651 Vgl. Pellens/Fülbier/Gassen (2004), S. 786ff. Nach IAS 14.50ff. sind folgende Angaben auszuweisen: Unternehmens- bzw. konzernexterne Umsatzerlöse, Intersegmentumsätze, Segmentergebnis, -vermögen und -verbindlichkeiten, Zugänge zu langfristigem Segmentvermögen, Abschreibungen bzw. Wertberichtigungen, bedeutende zahlungsunwirksame Aufwendungen, Ergebnisbeiträge von assoziierten Unternehmen, Joint Ventures oder anderen Anteilen, die at-equity bilanziert werden, Beteiligungshöhe an assoziierten Unternehmen bzw. Gemeinschaftsunternehmen. Des Weiteren ergeben sich aus IAS 14 unabhängig vom primären oder sekundären Berichtsformat weitere Berichtspflichten. Vgl. Pellens/Fülbier/Gassen (2004), S. 783. Zu einer Übersicht über die verschiedenen Berichtspflichten vgl. Pellens (2001b), S. 514.

652 Selchert/Erhardt (1998), S. 277. Vgl. zu den US-amerikanischen Vorschriften Rule 14a - 3 (b) (1) sowie zu dessen inhaltlicher Ausgestaltung SFAS 95. Vgl. zu den Vorschriften zur Ausgestaltung einer Kapitalflussrechnung nach IAS/IFRS IAS 7. Eine Gliederung wird hier jedoch nicht vorgegeben, sondern nur ein Gliederungsbeispiel im Anhang erwähnt. Hierfür sind sämtliche Veränderungen des Finanzmittelfonds, d.h. der liquiden Mittel sowie der Cash Equivalents, zu zeigen. Als liquide Mittel werden Bargeld, Sichtguthaben bei Banken und sonstige sofort verwertbare Guthaben erfasst. Unter Cash Equivalents werden jederzeit liquidierbare und risikolose Wertpapiere verstanden, die eine Ursprungslaufzeit für das Unternehmen von weniger als drei Monaten haben. Vgl. hierzu SFAS 95 Par. 7ff. Die Darstellung der einzelnen Zahlungsströme hat brutto zu erfolgen. Vgl. SFAS 95 Par. 11.

nung nach US-GAAP und IAS/IFRS in die drei Bereiche operative Geschäftstätigkeit, Investitionstätigkeit und Finanzierungstätigkeit aufzuteilen.[653] Im Rahmen des Eigenkapitalspiegels sind nach US-GAAP zur Darstellung der Bewegungen des Eigenkapitals sämtliche Positionen vom Anfangsbestand auf den Endbestand der Betrachtungsperiode überzuleiten.[654] Um verschiedenen länderspezifischen Merkmalen Rechnung zu tragen, enthält IAS 1 kein konkretes Schema zur Erstellung eines Eigenkapitalspiegels, sondern lediglich eine allgemeine „Beschreibung der für den Ausweis als notwendig erachteten Posten hinsichtlich ihrer Natur bzw. ihres Inhalts."[655]

Nach US-amerikanischen Rechnungslegungsvorschriften sowie nach den I-AS/IFRS sind die Zwecksetzung als auch qualitative Anforderungen an die Rechnungslegungsvorschriften in einem Framework, dem Conceptual Framework des FASB bzw. dem Framework des IASC, kodifiziert.[656] Hiernach dienen

---

653 Darüber hinaus sind alle den Finanzmittelfonds nicht betreffenden Transaktionen des Investitions- und Finanzierungsbereichs anzugeben. Vgl. SFAS 95 Par. 14 und Par. 32; IAS 7.45 und 7.48.

654 Hierfür werden die gesamten Zu- und Abflüsse aufgelistet. Vgl. Pellens (2001b), S. 351. Vgl. zum Eigenkapitalspiegel nach US-amerikanischen Vorschriften Regulation S-X, Rule 3-04 und nach IAS/IFRS I-AS1.8c (rev. 2003) sowie IAS 1.96ff. (rev. 2003).

655 Förschle/Kroner (2003a), Rz. 251. Hinsichtlich der Darstellungsform finden sich jedoch zwei Darstellungsalternativen. Vgl. ausführlicher hierzu Pellens/Fülbier/Gassen (2004), S. 158ff. Gemäß IAS.8c (rev. 2003) können entweder sämtliche Veränderungen des Eigenkapitals im Eigenkapitalspiegel gezeigt werden oder allein die Veränderungen, die sich weder aufgrund von Kapitaltransaktionen mit den Anteilseignern noch aufgrund von Ausschüttungen an die Anteilseigner ergeben. Mindestens sind das (Konzern-)Ergebnis des Berichtszeitraums, die Einzel- sowie die Gesamtbeträge aller Aufwendungen/Erträge und Gewinne/Verluste, die direkt mit dem Eigenkapital verrechnet wurden, sowie die Konsequenzen einer Änderung der Bilanzierungs- und Bewertungsmethoden oder einer Bewertungskorrektur zu in vorherigen Geschäftsjahren veröffentlichten Abschlüssen anzugeben. Vgl. IAS 1.96 (rev. 2003); Förschle/Kroner (2003a), Rz. 251. Darüber hinaus müssen entsprechend IAS 1.97 (rev. 2003) weitere Angaben veröffentlicht werden, die jedoch alternativ im Anhang gemacht werden können.

656 Das Conceptual Framework bildet im Kontext der US-amerikanischen Rechnungslegungsvorschriften ebenso wie das Framework des IASC den theoretischen Bezugsrahmen sowohl für bestehende als auch für zukünftige Rechnungslegungsvorschriften und enthält übergeordnete Rechnungslegungsgrundsätze. Da für die US-GAAP und die IAS/IFRS kein den handelsrechtlichen GoB entsprechendes kodifiziertes System existiert, werden durch die Inhalte der Frameworks eine Strukturierung der Rechnungslegungsziele und hierfür erforderliche Prinzipien wiedergegeben. Vgl. Ballwieser (1999b), Rz. 90. Das Conceptual Framework setzt sich aus sechs gültigen SFAC zusammen, die aufeinander aufbauen und logisch zusammenhängen. Vgl. hierzu Hinz (1997), Rz. 68ff.; Pellens/Fülbier/Gassen (2004), S. 62 und S. 98ff. Auf der obersten Ebene werden die Ziele der Rechnungslegung definiert (SFAC 1). Auf der nächsten Ebene stehen die Anforderungen an die Rechnungslegungsinformationen, die eine zweckadäquate Bilanzierung sichern sollen (SFAC 2). Ferner werden auf der zweiten Stufe die Elemente der Rechnungslegung abgegrenzt (SFAC 6). Eine weitere Konkretisierung der Rechnungslegungsziele erfolgt auf der dritten Ebene, in der Ansatz- und Bewertungsprinzipien der Rechnungslegung festgelegt sind (SFAC 5 und SFAC 7). Da die einzelnen SFAC keine US-GAAP darstellen, wird deren Verbindlichkeitscharakter dahingehend relativiert, als „dass das Conceptual Framework keine Änderungen existierender Regeln erfordere, diese nicht interpretiere und keine Abweichungen von existierenden Regeln rechtfertige." Wüstemann (1999), S. 125. Demgegenüber besteht das Framework des IASC nicht aus verschiedenen Statements, sondern aus einer Verlautbarung, wobei die einzelnen Bestandteile innerhalb des Framework aufeinander aufbauen und diverse Ähnlichkeiten

sowohl der Jahres- als auch der Konzernabschluss allein der Informationsfunktion.[657] Gemäß SFAC 1 Par. 9 und Framework IASC Par. 12 sollen den Rechnungslegungsadressaten unternehmensspezifische Informationen bereitgestellt werden, die nützlich für wirtschaftliche Entscheidungen im Zusammenhang mit dem Unternehmen sind (decision usefulness). Im Fokus der Rechnungslegungsadressaten stehen dabei nach US-amerikanischen Rechnungslegungsvorschriften die (potenziellen) Kapitalgeber – und unter diesen v.a. die Eigenkapitalgeber - sowie nach den IAS/IFRS die (potenziellen) Eigenkapitalgeber.[658] Vor diesem Hintergrund wird die Zielsetzung des Financial Reporting nach dem Conceptual Framework auf die Bereitstellung von Informationen für Eigen- und Fremdkapitalgeber, die für deren Investitions- und Kreditvergabeentscheidungen nützlich sind, konkretisiert.[659] Folglich soll den Eigen- und Fremdkapitalgebern eine Abschätzung der Höhe, des Zeitpunktes sowie der Unsicherheit zukünftiger Zahlungsein- und Zahlungsausgänge (cash flows) ermöglicht werden.[660] Hierfür sind Angaben über die Vermögenslage, wie über die wirtschaftlichen Grundlagen,

---

zum Conceptual Framework erkennen lassen. Vgl. Hinz (1997), Rz. 100. Auf der obersten Ebene werden die Ziele der Rechnungslegung definiert. Auf der nächsten Ebene stehen die Anforderungen an die Rechnungslegungsinformationen, die eine zweckadäquate Bilanzierung sichern sollen. Ferner werden auf der zweiten Stufe die Elemente der Rechnungslegung abgegrenzt. Eine weitere Konkretisierung der Rechnungslegungsziele erfolgt auf der dritten Ebene, in der Ansatz- und Bewertungsprinzipien der Rechnungslegung sowie Konzepte der Kapitalerhaltung festgelegt sind.

657 Im Gegensatz zu den handelsrechtlichen Vorschriften kommt dem Jahresabschluss nach US-GAAP und IAS/IFRS keine Ausschüttungsbemessungsfunktion zu. Vgl. hierzu Coenenberg (2003a), S. 20; Pellens (2001b), S. 135; Schildbach (1998), S. 8ff. Die Dividendenzahlung wird in den USA vom Board of Directors festgelegt, das jedoch die betreffenden Einzelstaatengesetzte zu beachten hat. Vgl. Pellens (2001b), S. 55. Ferner sind Handels- und Steuerbilanz in den USA vollkommen voneinander getrennt und nicht über ein Maßgeblichkeitsprinzip bzw. ein Prinzip der Umkehrmaßgeblichkeit miteinander verbunden. Eine Ausnahme bildet das Lifo-Verbrauchsfolgeverfahren für Vorräte. Aufgrund der nach US-amerikanischer Auffassung verschiedenen Zwecksetzungen des 'financial' und des 'tax accounting', die prinzipiell nicht in einem einzigen Regelungsnormensystem erfüllt werden können, unterscheidet man in den USA zwischen den US-GAAP für das 'financial accounting' und den 'Internal Revenue Code' (IRC) sowie die 'IRS-Regulations' (Internal Revenue Service Regulations) der Finanzverwaltung für das 'tax accounting'. Folglich kommt dem Abschluss nach US-GAAP keine Steuerbemessungsfunktion zu. Vgl. ausführlich Schreiber (2000).

658 Vgl. SFAC 1 Par. 30; Framework IASC Par. 9f. Jedoch werden in SFAC 1 Par. 24 weitere Adressaten, wie Lieferanten, Kunden und Arbeitnehmer genannt. Ebenso wird der Kreis der Adressaten in Framework IASC Par. 9 zunächst weiter gefasst, indem ferner Arbeitnehmer, Kreditgeber, Lieferanten und andere Gläubiger, Kunden, Regierungen und ihre Institutionen sowie die Öffentlichkeit als Adressaten genannt werden.

659 Vgl. SFAC 1 Par. 32ff.

660 Als bester Indikator für zukünftige Cash Flows wird seitens des FASB der Periodenergebnis angesehen. Vgl. SFAC 1 Par. 42f. Diesbezüglich sind Angaben zur Ertragslage, d.h. zur Gewinnsituation sowie zu den Erfolgsquellen, bereitzustellen. „Die Gewinnermittlung ist folglich Bestandteil der Informationsfunktion, nicht aber eigentliches Ziel der Rechnungslegung." Coenenberg (2003a), S. 21. Neben Vermögens- und Ertragslage ist auch über die Finanzlage des Unternehmens zu berichten, die Rückschlüsse auf die Liquidität des Unternehmens zulässt.

das Eigenkapital, die Schulden sowie den Einfluss einzelner Geschäftsvorfälle auf die Größen, erforderlich. Analog sollten nach Framework IASC Par. 16ff. Informationen über die VFE-Lage des Unternehmens bereitgestellt werden.

Um die Zielsetzung der 'decision usefulness' zu erreichen, werden in SFAC 2 sowie im Framework des IASC verschiedene Anforderungen definiert, welche die Rechnungslegungsinformationen zu erfüllen haben. Während in SFAC 2 grundsätzlich zwischen der Verständlichkeit als nutzerbezogenes Merkmal, entscheidungsbezogenen Merkmalen sowie Einschränkungskriterien unterschieden wird,[661] wird im Framework des IASC zwischen Basisannahmen der periodengerechten Erfolgsermittlung und der Unternehmensfortführung, Primärgrundsätzen sowie Nebenbedingungen unterschieden.[662] Als Einschränkungskriterien werden in SFAC 2 neben dem Nutzen-Kosten-Postulat sowie der Wesentlichkeit das Vorsichtsprinzip genannt, dessen Interpretation v.a. im Vergleich zu den handelsrechtlichen GoB eine erhebliche Bedeutung zukommt.[663] Ähnlich werden im Framework des IASC eine zeitnahe Berichterstattung, das Kosten-Nutzen-Postulat sowie die Ausgewogenheit der Grundsätze als Nebenbedingungen unterschieden.

Die entscheidungsbezogenen Merkmale stellen gemäß dem FASB eine Konkretisierung des 'decision usefulness'-Gedankens dar. Da die Entscheidungsnützlichkeit von Informationen nicht verallgemeinert werden kann, sondern individuell zu bestimmen ist, werden vom FASB festgesetzte Anforderungen an die Informationsvermittlung definiert. Primäre entscheidungsbezogene Merkmale der Rechnungslegungsdaten stellen die Relevanz (relevance) sowie die Verlässlichkeit (reliability) dar, die jeweils wiederum durch drei weitere Unterkriterien konkretisiert werden.[664] Offensichtlich ist, dass es hierfür bestimmter Objektivierungen bedarf.[665] Die beiden Primärmerkmale der Rechnungslegungsdaten, die Relevanz und Verlässlichkeit, werden häufig unter dem Grundsatz der 'fair presentation' zusammengefasst.[666] Hiernach soll die „wirtschaftliche Lage des bi-

---

661 Ein nutzerbezogenes Merkmal stellt die Verständlichkeit dar, entscheidungsbezogene Merkmale sind die Relevanz und die Verlässlichkeit, die durch weitere Kriterien konkretisiert werden, sowie die Vergleichbarkeit. Vgl. auch Pellens (2001b), S. 137.

662 Vgl. z.B. Pellens/Fülbier/Gassen (2004), S. 103f.

663 Darüber hinaus wird als vierte Beschränkung die Industriepraxis erwähnt. Diese wird im Folgenden nicht weiter dargestellt.

664 Ferner haben die Rechnungslegungsdaten zwei sekundären Merkmalen, der Vergleichbarkeit (comparability) und der Stetigkeit (consistency), zu genügen.

665 Vgl. Ballwieser (1999b), Rz. 95.

666 Vgl. z.B. Coenenberg (2003a), S. 66; Hinz (1998), Rz. 51. Die Forderung nach einer 'fair presentation' ist auf den Bestätigungsvermerk amerikanischer Wirtschaftsprüfer zurückzuführen. Dessen inhaltliche Konkretisierung erfolgt entsprechend dem Regelungszweck bzw. den Haftungsbestimmungen der Bundeswert-

lanzierenden Unternehmens [...] wirtschaftlich richtig, d.h. wahrheitsgemäß und realistisch dargestellt werden."[667] Dementsprechend bildet der Grundsatz der 'fair presentation' die Generalnorm der US-amerikanischen Rechnungslegung, vergleichbar mit der in § 297 II HGB kodifizierten Generalnorm der Darstellung eines den tatsächlichen Verhältnissen entsprechenden Bildes der VFE-Lage. Entgegen der teilweise vorherrschenden Meinung stellt dieser Grundsatz kein 'overriding principle' dar und dominiert demzufolge nicht die Einzelvorschriften.[668]

Nach dem Framework des IASC haben die Rechnungslegungsinformationen zur Konkretisierung des Gedankens der 'decision usefulness' verschiedenen Primärgrundsätzen zu genügen. Neben der Relevanz und der Zuverlässigkeit, die durch weitere Unterkriterien ausgeführt werden, werden hierunter die Verständlichkeit sowie die Vergleichbarkeit verstanden. Gemäß Framework IASC Par. 46 wird davon ausgegangen, dass die Beachtung der Primärgrundsätze (inkl. der Basisannahmen und Nebenbedingungen) zusammen mit der Einhaltung der einzelnen IAS automatisch zu einem 'true and fair view' bzw. einer 'fair presentation' führt.[669] Der Grundsatz der 'fair presentation' ist in IAS 1 als Generalnorm explizit festgelegt.[670] Im Gegensatz zu den US-amerikanischen Vorschriften kommt der Generalnorm entsprechend IAS 1.17f. (rev. 2003) sogar der Status eines 'overriding principle' zu. So kann zur Einhaltung der Generalnorm in Ausnahmefällen von einzelnen Vorschriften der IAS/IFRS abgewichen werden.

Während das aus dem Gläubigerschutz ableitbare Vorsichtsprinzip im Fokus der handelsrechtlichen Gewinnermittlung steht, bildet der Grundsatz der periodengerechten Erfolgsermittlung (accrual principle) den zentralen Grundsatz der Gewinnermittlung nach US-GAAP und IAS/IFRS.[671] Demzufolge basiert die Gewinnermittlung wie in Deutschland auf der Zurechnung von periodisierten Erträgen und Aufwendungen.[672] Eine Konkretisierung erfährt das 'accrual prin-

---

papiergesetzte. Die SEC geht davon aus, dass der Forderung nach einer 'fair presentation' durch das Befolgen der GAAP sowie der 'generally accepted auditing standards' des amerikanischen Wirtschaftsprüferberufsstandes entsprochen wird. Vgl. Kühne (2002), S. 169f. sowie ausführlich S. 114ff.

667 Pellens (2001b), S. 160.

668 Vgl. Kühne (2002), S. 3 mit Verweis auf SEC (Hrsg.) (2000): SEC Concept Release: International Accounting Standards, 17 CFR Parts 230 und 240, 16.02.2000, S. 34. A.A. z.B. Baetge/Roß (2000), S. 35ff.; Hinz (1998), Rz. 53. Die folgenden Ausführungen zu wesentlichen Rechnungslegungsgrundsätzen sind jedoch vor dem Hintergrund der 'fair presentation' zu interpretieren.

669 Vgl. hierzu und im Folgenden Hinz (1998), Rz. 58; Pellens/Fülbier/Gassen (2004), S. 108f.

670 Vgl. IAS 1.13 (rev. 2003).

671 Vgl. z.B. Baumann (1998), S. 8. Nach IAS/IFRS wird in diesem Zusammenhang der Begriff 'accrual basis' verwendet.

672 Vgl. hierzu und im Folgenden Coenenberg (2003a), S. 67f.; Pellens/Fülbier/Gassen (2004), S. 103.

ciple' durch das 'revenue recognition principle' sowie das 'matching principle'. Entsprechend dem handelsrechtlichen Realisationsprinzip wird durch diese Grundsätze festgelegt, wie Erträge und Aufwendungen zu periodisieren sind.[673] Da sich das Realisationsprinzip, anders als in Deutschland, nicht aus dem Vorsichtsprinzip, sondern aus dem Prinzip der periodengerechten Erfolgsermittlung ableitet, wird es nach dem Verständnis der US-GAAP und der IAS/IFRS teilweise weiter ausgelegt und führt somit zu einer Durchbrechung der handelsrechtlichen Interpretation.[674] So sind Gewinne zu erfassen, wenn sie realisiert oder realisierbar sind.[675] Letzteres kommt bspw. bei der Behandlung von langfristigen Fertigungsaufträgen zum Tragen, wonach Gewinne entsprechend dem Grad der Fertigstellung vereinnahmt werden können, obgleich die Gewinnrealisation noch aussteht.[676] Ferner kommt es bspw. bei bestimmten Wertpapieren sowie nach US-GAAP zusätzlich bei gewissen Gegenständen des Vorratsvermögens zu einer Durchbrechung des handelsrechtlichen Anschaffungswertprinzips. So ist bei diesen Vermögenswerten eine Bewertung über den ursprünglichen Anschaffungs- oder Herstellungskosten vorgeschrieben,[677] obwohl die Anschaffungs- oder Herstellungskosten (historical costs) auch nach US-GAAP und IAS/IFRS den zentralen Bewertungsmaßstab für die (Zugangs-)Bewertung von Vermögenswerten darstellen.[678] Darüber hinaus ist nach IAS/IFRS sowohl für Gegenstände des Sachanlagevermögens als auch für immaterielle Vermögens-

---

673 Vgl. Ballwieser (1999b), Rz. 100.

674 Vgl. zu den Beispielen im Folgenden insbesondere Ballwieser (1999b), Rz. 101f.

675 Streng genommen sind nach dem 'revenue recognition principle' die Erträge zu erfassen, wenn sie realisiert oder realisierbar sind und nach dem 'matching principle' die Aufwendungen der Periode zuzuordnen, in der die aufwandsverursachenden Leistungen realisiert oder die zugehörigen Erträge in der GuV erfasst wurden. Vgl. SFAC 5 Par. 83ff.; Framework IASC Par.95ff.; Pellens/Fülbier/Gassen (2004), S. 103; Pellens (2001b), S. 163ff.

676 Vgl. ausführlicher zur Gewinnrealisierung bei Langfristfertigung Richter (2000).

677 Entsprechend US-GAAP ist hinsichtlich Wertpapieren zwischen solchen, die zum Handel bestimmt sind (trading securities), die verkauft werden können (available for sale securities) und die bis zur Fälligkeit im Unternehmen verbleiben (held to maturity securities) zu unterscheiden. Allein Wertpapiere der letzten Kategorie sind zu Anschaffungskosten zu bewerten. Vgl. zur Bewertung von Wertpapieren SFAS 115.6f., SFAS 115.16, SFAS 115.112 und SFAS 115.116 und ausführlicher zur Bewertung von Finanzinstrumenten z.B. Böcking/Benecke (2000). Vgl. zur Bewertung der Gegenstände des Vorratsvermögens Haller (1994), S. 321f. Entsprechend IAS/IFRS ist hinsichtlich Wertpapieren zwischen vier verschiedenen Kategorien zu unterscheiden: erstens die Kategorie 'financial asset at fair value through profit and loss' (z.B. als 'held for trading' klassifizierte Wertpapiere), zweitens die Kategorie 'held-to-maturity investments', drittens die Kategorie 'loans and receivables' und viertens die Kategorie 'available-for-sale financial assets'. Wertpapiere der dritten und vierten Kategorie sind zu Anschaffungskosten zu bewerten. Vgl. zur Kategorisierung und Bewertung von Wertpapieren insbesondere IAS 39.9 (rev. 2003), IAS 39.45ff. (rev. 2003). Vgl. ausführlicher zur Bilanzierung von Finanzinstrumenten nach IAS/IFRS Barchow/Glaum (2004) und zur Fair-Value-Bilanzierung nach IAS/IFRS z.B. Kley (2001).

678 Vgl. SFAC 5 Par. 67; Framework IASC Par. 100f.

werte im Rahmen der Folgebewertung eine Neubewertung zum 'fair value' zulässig.[679]

Schließlich sei die Behandlung selbst erstellter immaterieller Vermögenswerte des Anlagevermögens erwähnt, die nach US-GAAP und IAS/IFRS bei Vorliegen bestimmter Bedingungen aktiviert werden können bzw. müssen.[680] Im Hinblick auf die Kodifizierung der entsprechenden Vorschriften nach IAS/IFRS kommt dem Business Combinations Projekt des IASB eine wesentliche Bedeutung zu, in dessen erster Phase IFRS 3 Business Combinations sowie die überarbeiteten IAS 36 und IAS 38 im März 2004 verabschiedet wurden.[681] Mit diesen Standards ergeben sich gegenüber den zuvor gültigen Regelungen „weitreichende Änderungen für die Abbildung von Unternehmenszusammenschlüssen, die Bewertung des erworbenen Goodwill und die Bilanzierung von immateriellen Vermögenswerten."[682] Dabei lehnen sich die Änderungen in wesentlichen Teilen an die US-amerikanischen Vorschriften in SFAS 141 und SFAS 142 an.[683]

Grundsätzlich sind gemäß den im Conceptual Framework kodifizierten Ansatzbedingungen sämtliche Vermögensgegenstände zu aktivieren, welche die 'as-

---

679 Vgl. zur Neubewertung des Sachanlagevermögens zum 'fair value' IAS 16.31ff. (rev. 2003) und zur Neubewertung immaterieller Vermögenswerte zum 'fair value' IAS 38.75ff. (rev. 2004). Bezüglich der Folgebewertung wird in IAS 16 und IAS 38 (rev. 2004) zwischen einer empfohlenen Methode (benchmark treatment) und einer erlaubten Alternativmethode (allowed alternative treatment) unterschieden. Entsprechend der ersten Methode sollten die Vermögenswerte zu fortgeführten Anschaffungs- oder Herstellungskosten bewertet werden. Vgl. IAS 16.30 (rev. 2003) und IAS 38.74 (rev. 2004). Die erlaubte Alternativmethode, d.h. die Neubewertung zum 'fair value', erfordert bestimmte Voraussetzungen sowie zusätzliche Angabepflichten. Hinsichtlich der Folgebewertung der immateriellen Vermögenswerte ist nach IAS 38 (rev. 2004) ferner zu unterscheiden, ob es sich um Vermögenswerte mit bestimmter oder unbestimmter Nutzungsdauer handelt. Immaterielle Vermögenswerte mit bestimmter Nutzungsdauer sind nach IAS 38.97ff. (rev. 2004) planmäßig sowie ggf. außerplanmäßig abzuschreiben. Nach IAS 38.107f. (rev. 2004) sind immaterielle Vermögenswerte mit einer unbestimmten Nutzungsdauer hingegen lediglich regelmäßig einem Impairment Test zu unterziehen. Vgl. ausführlicher zur fair value-Bewertung bei nichtfinanziellen Vermögenswerten Küting/Dawo (2003a) und zur Bewertung immaterieller Vermögenswerte Brücks/Wiederhold (2004), S. 179ff.

680 Vgl. ausführlicher zu Ansatz und Bewertung immaterieller Anlagewerte nach US-GAAP Schildbach (2000).

681 IFRS 3 ersetzt den bisherigen IAS 22, der zuvor die Bilanzierung von Business Combinations regelte. Vgl. IFRS 3 IN1. IAS 36 (rev. 2004) regelt die außerplanmäßigen Abschreibungen von Vermögenswerten, IAS 38 (rev. 2004) die Bilanzierung und Bewertung immaterieller Vermögenswerte. Vgl. ausführlicher zu IFRS 3 z.B. Brücks/Wiederhold (2004); Hommel/Benkel/Wich (2004); Küting/Wirth (2004). Vgl. zu den entsprechenden Entwürfen der Standards ausführlicher z.B. Küting/Dawo (2003b); Langecker/Mühlberger (2003); Schmidbauer (2003); Wendlandt/Vogler (2003).

682 Brücks/Wiederhold (2003), S. 219, die sich jedoch auf die entsprechenden Entwürfe der Standards beziehen.

683 Vgl. Gentz/Kauffmann (2003), S. 95; Wendtland/Vogler (2003), S. 74, die sich auch auf die entsprechenden Entwürfe der Standards beziehen.

set'-Definition in SFAC 6[684] erfüllen und deren Wertmessung ausreichend zuverlässig erfolgen kann.[685] Ferner sind für eine Aktivierung die Informationen über den 'asset' als relevant sowie als zuverlässig einzustufen.[686] Für immaterielle Vermögenswerte bestehen neben diesen allgemeinen Aktivierungskriterien spezielle Vorschriften zur Aktivierung. Diesbezüglich ist zunächst zu unterscheiden, ob der immaterielle Vermögenswert entgeltlich erworben oder selbst geschaffen wurde (vgl. Abb. 27).[687] Nach IAS 38 (rev. 2004) ist ein immaterieller Vermögenswert - zunächst unabhängig davon, ob er selbst erstellt oder entgeltlich erworben wurde – grundsätzlich zu aktivieren, wenn die Definition für einen immateriellen Vermögenswert und zusätzliche Ansatzbedingungen erfüllt sind.[688] Analog zu den US-amerikanischen Vorschriften bestehen neben den grundsätzlichen Aktivierungskriterien für immaterielle Vermögenswerte spezielle Vorschriften zu deren Aktivierung in Abhängigkeit von der Art des zugrunde liegenden immateriellen Vermögenswertes (vgl. Abb. 27).

Erworbene immaterielle Vermögenswerte, sei es einzeln oder in einer Gruppe, sind stets zu aktivieren, sofern die allgemeinen Ansatzkriterien für 'assets' (SFAS 142 Par. 9) bzw. die Definition für einen immateriellen Vermögenswert und zusätzliche Ansatzbedingungen (IAS 38.18 (rev. 2004)) erfüllt sind. Darüber besteht für den im Rahmen einer 'business combination' erworbenen Goodwill sowie für bestimmte im Goodwill enthaltene immaterielle Vermögenswerte nach US-GAAP und IAS/IFRS ein Aktivierungsgebot.[689] Schließlich

---

684 Gemäß SFAC 6 Par. 25 liegt ein 'asset' vor, wenn die folgenden Kriterien kumulativ erfüllt sind: Der Vermögenswert stiftet einen wahrscheinlichen künftigen wirtschaftlichen Nutzen, dieser Nutzen muss dem bilanzierenden Unternehmen zufließen oder das Unternehmen muss die Kontrolle über den Nutzen haben, der wahrscheinliche künftige wirtschaftliche Nutzen resultiert aus bereits vorgefallenen Vorgängen. Vgl. v. Keitz (1997), S. 109ff.

685 Vgl. SFAC 5 Par. 63.

686 Vgl. v. Keitz (1997), S. 110.

687 Die Ansatzvorschriften für immaterielle Vermögenswerte ergaben sich damit insbesondere aus den allgemeinen Ansatzvorschriften für 'assets' gemäß SFAC 5 und den grundsätzlichen Ansatzvorschriften für immaterielle Vermögenswerte in SFAS 141 und SFAS 142. Darüber hinaus existieren weitere Spezialvorschriften für immaterielle Vermögenswerte, wie bspw. für Software. Vgl. zu einem Überblick für einzelne US-amerikanische Regeln zur Bilanzierung immaterieller Vermögenswerte Pellens/Fülbier/Sellhorn (2001), S. 86.

688 Vgl. IAS 38.18 (rev. 2004). Unter einem immateriellen Vermögenswert wird nach IAS 38.8 (rev. 2004) ein „identifiable non-monetary asset without physical substance" verstanden, der nach IAS 38.11ff. (rev. 2004) den Kriterien der Identifizierbarkeit, der Kontrolle durch das Unternehmen und dem wahrscheinlichen künftigen wirtschaftlichen Nutzen entsprechen muss. Sind diese Kriterien erfüllt und liegt demzufolge ein immaterieller Vermögenswert vor, darf dieser nur aktiviert werden, wenn der immaterielle Vermögenswert den entsprechenden Aktivierungskriterien genügt. Diesbezüglich wird in IAS 38.21ff. (rev. 2004) gefordert, dass es wahrscheinlich ist, dass der zukünftig erwartete wirtschaftliche Nutzen dem Unternehmen zufließt und die Anschaffungskosten des Vermögensgegenwertes zuverlässig bestimmt werden können.

689 Vgl. zu immateriellen Vermögenswerten SFAS 141 Par. 39, zum Goodwill SFAS 141 Par. 43. Gemäß Par. 39 hat der immaterielle Vermögenswert bestimmte Bedingungen zu erfüllen, um als ein 'asset' getrennt

besteht nach US-GAAP für 'In-Process Research and Development Costs' im Rahmen der Kaufpreiszuteilung bei der Erstkonsolidierung ein Aktivierungsgebot. In einem zweiten Schritt sind diese jedoch auf ihren 'alternative future use' zu überprüfen. Kann dieser Nachweis nicht erbracht werden, sind die entsprechenden Vermögenswerte in der gleichen Periode vollständig abzuschreiben.[690] Ebenso werden in IAS 38 (rev. 2004) im Zusammenhang mit der Aktivierung von immateriellen Vermögenswerten explizit 'In-Process Research and Development Projects' genannt, die im Rahmen der Kaufpreiszuteilung zu aktivieren sind.[691] Der Nachweis über den wahrscheinlichen Zufluss der künftigen wirtschaftlichen Vorteile aus diesen immateriellen Vermögenswerten für das Unternehmen muss im Unterschied zu den Regelungen der US-GAAP nicht erbracht werden.[692]

Hinsichtlich der Aktivierung eines selbst erstellten immateriellen Vermögenswertes ist sowohl nach US-GAAP als auch nach IAS/IFRS zunächst zu unterscheiden, ob es sich um einen nicht identifizierbaren oder einen identifizierbaren immateriellen Vermögenswert handelt. Liegt ein nicht identifizierbarer immaterieller Vermögenswert vor, der einen Teil des originären Goodwill darstellt, besteht nach US-GAAP und nach IAS/IFRS ein Aktivierungsverbot.[693] Im Fall eines identifizierbaren immateriellen Vermögenswertes besteht nach US-GAAP allein für Kosten, die nach der Forschungs- und Entwicklungsphase anfallen, ein faktisches Aktivierungswahlrecht.[694] Diese Kosten entsprechen jedoch nur einem geringen Anteil der selbst erstellten immateriellen Vermögenswerte, so dass für den Großteil der selbst erstellten immateriellen Vermögenswerte ein Aktivierungsverbot besteht.[695] Gemäß IAS 38 (rev. 2004) ist bei Vorliegen eines identifizierbaren immateriellen Vermögenswertes weiter zu unterscheiden, ob die ent-

---

vom Goodwill aktiviert zu werden. Andernfalls ist der immaterielle Vermögenswert als Teil des Goodwill zu aktivieren. Diese Vorschrift stellt eine Änderung gegenüber den bisherigen Vorschriften dar, nach denen der Goodwill „als konsolidierungstechnische Residualgröße undifferenziert in einer Summe ausgewiesen [wurde, A.d.V.]." Alvarez/Biberacher (2002), S. 347. Gemäß IFRS 3.37c i.V.m. IFRS 3.45f. sind die identifizierbaren immateriellen Vermögenswerte einzeln zu aktivieren, wenn sie die Definition für einen immateriellen Vermögenswert nach IAS 38 (rev. 2004) erfüllen und deren 'fair value' verlässlich bestimmt werden kann. Vgl. auch IAS 38.33f. (rev. 2004). Andernfalls ist der immaterielle Vermögenswert als Teil des Goodwill zu aktivieren. Vgl. zu den Vorschriften zur Behandlung des Goodwill IFRS 3.51.

690 Vgl. hierzu und im Folgenden Brücks/Wiederhold (2004), S. 179; Küting/Weber/Wirth (2002), S. 58; FIN 4.

691 Vgl. IFRS 3.45 i.V.m. IAS 38.34 (rev. 2004).

692 Vgl. auch Brücks/Wiederhold (2004), S. 179.

693 Vgl. IAS 38.48ff. (rev. 2004).

694 Das faktische Aktivierungswahlrecht ist darauf zurückzuführen, dass „die Beurteilung, ob ein immaterieller Vermögensgegenstand einzeln identifizierbar ist, erhebliche Ermessenspielräume bietet." Pellens (2001b), S. 176.

695 Vgl. Küting/Weber/Wirth (2002), S. 57.

standenen Aufwendungen aus der Forschung bzw. der Forschungsphase oder der Entwicklung bzw. Entwicklungsphase resultieren. Für Aufwendungen für einen immateriellen Vermögenswert aus der Forschung bzw. Forschungsphase besteht gemäß IAS 38.54 (rev. 2004) ein Aktivierungsverbot.[696] Demgegenüber sind Aufwendungen der - der Forschung zeitlich nachgelagerten – Entwicklung bzw. Entwicklungsphase bei Vorliegen von sechs bestimmten, in IAS 38. 57 (rev. 2004) definierten, Voraussetzungen zu aktivieren. Da diese Aktivierungsvoraussetzungen sehr restriktiv definiert sind, ist für die Bilanzierungspraxis davon auszugehen, dass es nur in seltenen Fällen zu einer Aktivierung der Entwicklungskosten kommt. Können die Aufwendungen weder der Forschungs- noch der Entwicklungsphase zugerechnet werden, besteht gemäß IAS 38.53 (rev. 2004) entsprechend den Forschungsaufwendungen ein Aktivierungsverbot.

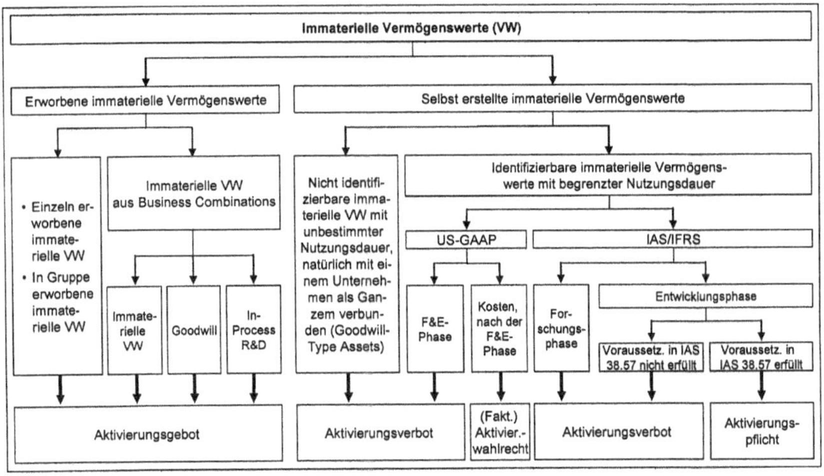


*Abb. 27: Aufgliederung und Ansatz immaterieller Vermögenswerte nach US-GAAP und IAS/IFRS*
*(Quelle: In Anlehnung an Küting/Weber/Wirth (2002), S. 58; Hornung (2002), S. 20 und S. 22; Schildbach (2000), S.102[697])*

Zusammenfassend ist hinsichtlich der selbst erstellten immateriellen Vermögenswerte festzuhalten, dass auch nach US-GAAP und IAS/IFRS vergleichs-

---

696 Darüber hinaus werden in IAS 38.63 (rev. 2004) explizite Aktivierungsverbote, z.B. für selbst geschaffene Markenzeichen und Kundenlisten, genannt.

697 Schildbach bezieht sich zwar in seinen Ausführungen auf APB-Opinion 17, der durch SFAS 142 ersetzt wurde, jedoch wurden die Ansatzvorschriften bzgl. selbst erstellter immaterieller Vermögensgegenstände unverändert in SFAS 142 übernommen. Vgl. SFAS 142 „Differences between This Statement and Opinion 17" sowie Par. 10.

weise restriktive Ansatzvorschriften bestehen,[698] wodurch auch nach internationalen Rechnungslegungsvorschriften viele Werttreiber nicht in die Bilanz aufgenommen werden dürfen. „Durch die Konzeption der neuen Goodwill-Bilanzierung nach SFAS 142 wird dieses Aktivierungsverbot jedoch ausgehöhlt und es kommt im Zeitablauf zu einer verdeckten Aktivierung: Ist ein derivativer Goodwill bilanziert, muss dieser mindestens einmal jährlich einem Werthaltigkeitstest unterzogen werden. Durch die Orientierung der Werthaltigkeitsprüfung des Goodwill am Fair Value (Gesamt-Unternehmenswert) der betreffenden Unternehmenseinheit werden originäre Goodwillkomponenten im gleichen Umfang aktiviert, wie sich ein derivativer erworbener Goodwill abbaut bzw. als solcher nicht mehr nachgewiesen werden kann."[699] Da mit Verabschiedung von IFRS 3 und dem überarbeiteten IAS 36 analog zu den US-GAAP die planmäßige Abschreibung für den derivativen Goodwill abgeschafft wurde und fortab lediglich mindestens einmal jährlich ein sog. 'impairment test' durchzuführen ist, kann es auch hier zukünftig zu einer verdeckten Aktivierung der originären Goodwill-Komponenten kommen.[700]

Auch in den US-amerikanischen Rechnungslegungsvorschriften bzw. den Vorschriften nach IAS/IFRS ist ein Vorsichtsprinzip (conservatism bzw. prudence) zu finden. Aufgrund der Zielsetzung der 'decision usefulness' kommt dem Vorsichtsprinzip jedoch „als Beschränkung der Informationsvermittlung eine [vergleichsweise, A.d.V.] untergeordnete Rolle"[701] zu.[702]

Während sowohl das Realisations- als auch das Vorsichtsprinzip in der Rechnungslegung nach US-GAAP und IAS/IFRS verankert sind, ist ein dem Imparitätsprinzip vergleichbares Prinzip nicht explizit dargestellt.[703] Dessen ungeachtet ist in den internationalen Rechnungslegungsvorschriften eine dem Nie-

---

698 Vgl. Fülbier/Honold/Klar (2000), S. 833.

699 Küting/Weber/Wirth (2002), S. 57f. Hinsichtlich der Beschreibung der Konzeption des Werthaltigkeitstests verweisen Küting/Weber/Wirth (2002) an dieser Stelle auf Küting/Weber/Wirth (2001). Durch die neuen Regelungen zur Goodwill-Bilanzierung wurde die planmäßige Abschreibung für den Goodwill abgeschafft. Dafür ist der Goodwill fortab mindestens einmal jährlich einem sog. Werthaltigkeitstest (impairment test) zu unterziehen. Vgl. SFAS 142 Par. 18ff. Vgl. hierzu auch z.B. Alvarez/Biberacher (2002); Pfeil/Vater (2002).

700 Vgl. IFRS 3.54f. i.V.m. IAS 36.65ff. (rev. 2004). Im Unterschied zu den Vorschriften nach US-GAAP ist nach IAS 36 (rev. 2004) jedoch kein zweistufiger, sondern ein einstufiger Impairment Test vorgesehen. Brücks/Wiederhold (2004), S. 183 weisen in diesem Zusammenhang darauf hin, dass „c.p. der Wertminderungsbedarf für den Goodwill nach IAS 36 grundsätzlich größer als nach US-GAAP sein" wird.

701 Ballwieser (1999b), Rz. 95.

702 Bemerkbar macht sich die unterschiedliche Bedeutung bspw. beim Ansatz und bei der Bewertung von Rückstellungen. So werden Rückstellungen nach US-GAAP im Vergleich zu den handelsrechtlichen Vorschriften tendenziell später sowie niedriger gebildet. Vgl. ausführlicher zu Ansatz und Bewertung von Rückstellungen Kupsch (2000).

703 Vgl. Coenenberg (2003a), S. 68.

derstwertprinzip vergleichbare 'lower of cost or market valuation method' im Bereich des Umlaufvermögens existent.[704]

Wie Abb. 28 zusammenfassend zeigt, unterliegen die Abschlüsse nach US-GAAP und IAS/IFRS grundsätzlich den gleichen Gewinnermittlungsvorschriften wie die nach HGB erstellten Abschlüsse. Dennoch werden die verschiedenen Gewinnermittlungsvorschriften, wie exemplarisch anhand des Prinzips der periodengerechten Erfolgsermittlung, des Vorsichts- sowie des Realisationsprinzips gezeigt wurde, teilweise anders interpretiert.

| HGB | US-GAAP | IAS/IFRS |
|---|---|---|
| Vorsichtsprinzip | Conservatism | Prudence |
| Periodisierungsprinzip | Accrual Principle | Accrual Basis |
| Realisationsprinzip | Revenue Recognition/Matching Principle | Revenue Recognition/Matching Principle |
| Anschaffungskostenprinzip | Historical Cost Principle | Historical Cost Principle |
| Imparitätsprinzip | *In dieser Form unbekannt* | *In dieser Form unbekannt* |
| Niederstwertprinzip | Lower of Cost or Market | Lower of Cost or Net Realizable Value |
| Höchstwertprinzip | *In dieser Form unbekannt* | *In dieser Form unbekannt* |
| Objektivierungsprinzip | Reliability | Reliability |
| Einzelbewertungsprinzip | *In dieser Form unbekannt* | *In dieser Form unbekannt* |
| Wirtschaftliche Betrachtungsweise | Substance over Form | Substance over Form |
| Fortführungsprinzip | Going Concern Principle | Going Concern Principle |
| Stetigkeitsprinzip | Consistency | Enthalten in Comparability |
| Wesentlickeitsprinzip | Materiality | Materiality |

*Abb. 28: Vergleich der Gewinnermittlungsprinzipien nach HGB, US-GAAP und IAS/IFRS*
*(Quelle: In Anlehnung an Ballwieser (1999b), Rz. 96)*[705]

Abschließend bleibt zu erörtern, inwiefern die Zielsetzung Rechnungslegung nach US-GAAP und IAS/IFRS, entscheidungsrelevante Informationen bereitzustellen, realisierbar erscheint. So wurde bereits erwähnt, dass bis heute wissenschaftlich nicht geklärt ist, ob und ggf. welche Informationen entscheidungsrelevant sind.[706] STREIM kommt zu dem Ergebnis, dass „die Entscheidungsnützlichkeit von Periodengewinnen auf accrual-Basis [...] sich weder empirisch noch logisch-deduktiv begründen"[707] [lässt, A.d.V.]. Ferner wird in Frage gestellt, ob diese Zielsetzung der Rechnungslegung vor dem Hintergrund der bilanziellen

---

704 Vgl. Haller (2000), S. 15. Nach IAS/IFRS wird in diesem Zusammenhang der Begriff 'lower of cost or net realizable value' verwendet.

705 Ballwieser (1999b), Rz. 96 stellt an dieser Stelle einen Vergleich zwischen Gewinnermittlungsvorschriften nach HGB und US-GAAP dar.

706 Vgl. Abschnitt 2.2.3.4.

707 Streim (2000), S. 125. Streim bezieht sein Ergebnis zwar auf die Vorschriften nach IAS/IFRS. Die Ergebnisse sind jedoch grundsätzlich übertragbar.

Gewinnermittlungsvorschriften überhaupt erreicht werden kann.[708] Diesbezüglich kommt KÜHNE zu dem Ergebnis, dass „sich das FASB explizit von einer Fokussierung auf einwertige Prognosegrößen [i.S.e. prognosegeeigneten Gewinns, A.d.V.] zur Erfüllung der Informationsfunktion der Rechnungslegung"[709] distanziert. In diesem Zusammenhang würde auch die US-amerikanische Rechtsprechung bestätigen, dass Informationsdefizite durch zusätzliche Angaben in den 'notes' beseitigt werden könnten. Folglich können hinsichtlich der Informationsfunktion der Rechnungslegung Parallelen zu der Abkopplungsthese von MOXTER gesehen werden.[710] Ferner wird im Framework IASC Par. 13 explizit darauf hingewiesen, dass die Abschlüsse nicht alle Informationen bereitstellen können, welche für eine wirtschaftliche Entscheidung der Adressaten relevant wären. Dies wird darauf zurückgeführt, dass die Abschlüsse vor allem vergangenheitsbezogene Informationen und nicht notwendigerweise auch andere als Finanzinformationen enthalten. Ferner wird betont, dass bestimmte Informationsdefizite aus Bilanz und GuV durch den Anhang beseitigt werden können.[711] Der Anhang hat, analog zur Zielsetzung des handelsrechtlichen Anhangs, die verschiedenen Elemente des Abschlusses zu ergänzen, zu erläutern sowie zu entlasten.[712] Dabei handelt es sich bei „den 'notes' nicht nur um zusätzliche Angaben zu den übrigen Teilen der Berichterstattung, wie in Deutschland vorgeschrieben und üblich, sondern darüber hinaus um Darlegungen besonderer Geschäftsvorfälle, der Beziehungen zu verbundenen Unternehmen und der Unternehmung nahe stehender Gesellschafter sowie um Auswirkungen besonderer Einflüsse auf das Ergebnis der Geschäftstätigkeit."[713] Gleichwohl werden die Angaben in den 'notes' wie die Angaben in den anderen Bestandteilen des Konzernabschlusses von der SEC als 'financial information' klassifiziert, während die dem Konzernlagebericht vergleichbare Management's Discussion and Analysis of Financial Condition and Results of Operations (MD&A) ebenso zur 'nonfinancial information' gezählt wird wie weitere qualitative und quantitative

---

708 Vgl. z.B. Kühne (2002), S. 4. Vgl. ferner ausführlich zur Erfüllung der Informationsfunktion nach US-GAAP z.B. Schildbach (1999a); Schildbach (1999b); Krönert (2001).

709 Kühne (2002), S. 170.

710 Vgl. Kühne (2002), S. 170f.

711 Vgl. Framework IASC Par. 21.

712 Vgl. hierzu und im Folgenden Gräfer (1992), S. 43.

713 Gräfer (1992), S. 43. Ellrott (2003b), Rz. 200, spricht in Bezug auf den Anhang nach IAS davon, dass aufgrund der Zielsetzung der 'decision usefulness', „die Angabepflichten nach IAS im Sinne einer Informationsübermittlung an den JA-Adressaten [Jahresabschlussadressaten, A.d.V.] eine ungleich höhere Bedeutung als nach deutschem Bilanzrecht" haben.

Angaben, die sich nur indirekt auf den Abschluss beziehen.[714] Die geforderten Inhalte des Anhangs sind dabei:[715]

- Erläuterung der Bilanzierungs- und Bewertungsmethoden,[716]
- Erläuterungen zu einzelnen Posten von Bilanz und GuV,
- zusätzliche Angaben.[717]

### 2.3.2 Konzernlagebericht

Neben dem Konzernabschluss haben (kapitalmarktorientierte) Mutterunternehmen gemäß §§ 290 I bzw. II i.V.m. § 293 V HGB einen Konzernlagebericht aufzustellen. Ebenso wird nach US-amerikanischen Vorschriften eine dem (Konzern-)Lagebericht vergleichbare Management's Discussion and Analysis of Financial Condition and Results of Operations (MD&A) gefordert, während ein vergleichbares Berichterstattungsinstrument nach IAS/IFRS bislang nicht verpflichtend zu erstellen ist. Nachfolgend wird dargelegt, welchen Anforderungen der Konzernlagebericht bzw. die MD&A unterliegen und welche Informationen in diesem Zusammenhang bereitgestellt werden müssen. Ferner wird in Bezug auf die IAS/IFRS auf Konzernlagebericht-vergleichbare Regelungen eingegangen.

---

714 Vgl. Armeloh (1998), S. 32; Brotte (1997), S. 11ff. Damit stimmt diese Unterteilung im Wesentlichen mit der Unterteilung, die in Abschnitt 2.3.1.1 für die freiwilligen Informationen in Konzernanhang und Konzernlagebericht vorgenommen wurde, überein.

715 Vorschriften zu Inhalt und Form des Anhangs sind nur in geringem Maße zu finden. Gleichwohl existieren Vorschriften der SEC sowie Verlautbarungen des FASB ebenso wie Vorschriften in den IAS/IFRS hierzu. Vgl. zu den geforderten Angaben Coenenberg (2003a), S. 868ff. und S. 871ff. Nicht sämtliche in der Aufzählung aufgelisteten Inhalte sind obligatorische Bestandteile des Anhangs. Teilweise besteht ein Wahlrecht, einzelne Angaben im Anhang oder in einem anderen Abschlussbestandteil darzustellen. Wird in der Aufzählung nicht explizit darauf hingewiesen, so beziehen sich die Angaben gleichermaßen auf US-GAAP und
IAS/IFRS.

716 D.h. allgemeine Angaben z.B. zu Konsolidierungsgrundsätzen und -methoden sowie einzelne Bilanzierungs- und Bewertungsmethoden.

717 D.h. allgemeine Angaben z.B. zur Geschäftstätigkeit; Eventualverbindlichkeiten und bilanzunwirksame Finanzinstrumente und finanzielle Informationen, Ereignisse nach dem Bilanzstichtag; Segmentberichterstattung; Auswirkungen von Preisänderungen; Angaben über Beziehungen zu nahestehenden Unternehmen und Personen; Angabe von Zwischenberichtsdaten; nur US-GAAP: Angaben ausgewählter Zahlen der letzten fünf Jahre; Wechsel des Abschlussprüfers bzw. bestehende Unstimmigkeiten mit dem Abschlussprüfer; Angaben zu quantitativen und qualitativen Marktrisiken; Angaben zu Personen der Geschäftsführung und des Aufsichtrates; Übereinstimmung mit Section 16(a) des Exchange Act; Ad-hoc-Meldungen im letzten Quartal des Geschäftsjahres; Liste der Angaben mit Index; nur IAS/IFRS: Angaben zur Bilanzierung in Hochinflationsländern.

### 2.3.2.1 Konzernlagebericht nach HGB und DRS

Aufgabe des Konzernlageberichts ist die Ergänzung des Konzernabschlusses. Im Konzernlagebericht sind die Sachverhalte darzustellen, die nicht bereits im Konzernabschluss erfasst sind, jedoch für eine zutreffende Darstellung der Lage des Konzerns bedeutsam sind.[718] Dabei hat der Konzernlagebericht im Gegensatz zum Konzernabschluss nicht nur vergangenheits-, sondern auch zukunftsbezogene Informationen zu enthalten. Folglich kommt dem Konzernlagebericht neben der Rechenschaftsfunktion v.a. der Zweck der Informationsvermittlung zu und stellt aus der Perspektive der wertorientierten Berichterstattung einen wesentlichen Bestandteil der verpflichtenden Berichterstattung dar, der dazu geeignet ist, bewertungsrelevante Informationen zu kommunizieren.[719] Diese Aufgabe erscheint insbesondere vor dem Hintergrund der Informationsdefizite des Abschlusses, die sich aufgrund der Gewinnermittlungsregeln ergeben, von Bedeutung.[720] „Der Verzicht auf den Vorbehalt der Grundsätze ordnungsmäßiger Buchführung bringt diese Korrekturfunktion zum Ausdruck."[721]

Abb. 29 gibt eine Übersicht über die Bestandteile des Konzernlageberichts, die in § 315 HGB kodifiziert sind.[722] Wie Abb. 29 zu entnehmen ist, ergeben sich gemäß § 315 HGB neben Pflichtinhalten auch verschiedene Sollinhalte für den Konzernlagebericht. Obwohl diese aufgrund der Gesetzesformulierung als fakultative Berichterstattungsinhalte angesehen werden könnten, handelt es sich hierbei de facto um obligatorische Bestandteile des Konzernlageberichts, sofern diese Informationen als wesentlich seitens des Konzerns einzustufen sind.[723]

---

[718] Vgl. § 315 I HGB, wonach der Konzernlagebericht den Geschäftsverlauf und die Lage des Konzerns so darzustellen hat, „dass ein den tatsächlichen Verhältnissen entsprechendes Bild vermittelt wird". In § 289 I HGB ist eine analoge Formulierung für den Lagebericht einer Kapitalgesellschaft zu finden. Gemäß §§ 315 III i.V.m. 298 III HGB ist eine Zusammenfassung des Lageberichts und des Konzernlageberichts möglich. Nach § 298 III S. 3 HGB n.F. ist aus dem zusammengefassten Anhang hervorzugehen, welche Angaben sich auf den Konzern und welche Angaben sich nur auf das Mutterunternehmen beziehen. Zusätzlich ist darauf hinzuweisen, dass die Gesetzesformulierung zum Lagebericht in § 289 HGB im Wesentlichen der zum Konzernlagebericht in § 315 HGB entspricht. Den einzigen Unterschied stellt § 289 II Nr. 4 HGB dar, wonach im Rahmen des Lageberichts auf bestehende Zweigniederlassungen der Gesellschaft eingegangen werden soll. Ferner wurden mit dem BilReG im Wesentlichen identische Erweiterungen für §§ 289, 315 HGB vorgenommen. Vgl. hierzu Abschnitt 3.1.2.1.

[719] Vgl. Baetge/Kirsch/Thiele (2002b), S. 599; Ellrott (2003a), Rz. 3.

[720] Vgl. zu dieser Diskussion Abschnitt 2.3.1.

[721] Hachmeister (2002), Sp. 1433 mit Verweis auf Sieben (1987).

[722] Die nachfolgenden Ausführungen beziehen sich auf § 315 HGB a.F. und damit auf die (Konzern-)Lageberichterstattung vor Verabschiedung des BilReG. Vgl. zu den Erweiterungen der Inhalte des (Konzern-)Lageberichts durch das BilReG ausführlich Abschnitt 3.1.2.1.

[723] Vgl. Küting/Weber (2003), S. 517f. Vgl. zu einer Interpretation der Sollinhalte auch Lange (1999), hier insbesondere S. 2453.

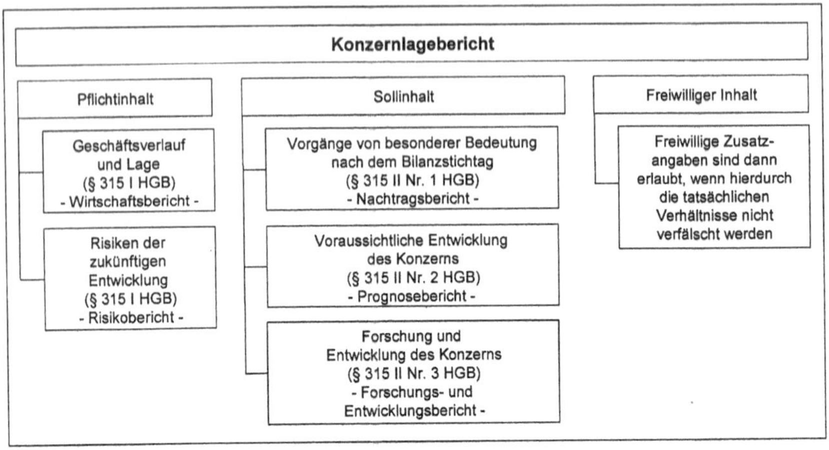


*Abb. 29: Bestandteile des Konzernlageberichts (Quelle: In Anlehnung an Küting/Weber (2003), S. 515)*

Zu den Pflichtbestandteilen des Konzernlageberichts zählen zunächst der Geschäftsverlauf sowie die Lage des Konzerns. Gemäß § 315 I HGB sind „der Geschäftsverlauf und die Lage des Konzerns so darzustellen, dass ein den tatsächlichen Verhältnissen entsprechendes Bild vermittelt wird“. Die Darstellung des Geschäftsverlaufs soll die Entwicklung des Konzerns sowie die hierfür maßgeblichen Faktoren aufzeigen. Demgegenüber sollen Informationen zur Lage des Konzerns die Situation zum Ende des Konzerngeschäftsjahres darstellen.[724] Da die Darstellung des Geschäftsverlaufs in der Vergangenheit nur schwer von der Darstellung der Lage des Konzerns zum Bilanzstichtag getrennt werden kann, erscheint es zweckdienlich, die beiden Bestandteile im sog. Wirtschaftsbericht zusammenzufassen.[725] In Anlehnung an BAETGE/FISCHER/PASKERT und LÜCK könnte der Wirtschaftsbericht im Einzelnen Angaben zur gesamtwirtschaftlichen und gesellschaftlichen Situation, zur Branchensituation, zum Ergebnisbereich, zum Beschaffungs- und Produktionsbereich, zum Umsatz- und Absatzbereich, zum Investitions- und Finanzierungsbereich sowie zum Personal- und Sozialbereich enthalten.[726]

Seit Verabschiedung des Gesetzes zur Kontrolle und Transparenz im Unternehmensbereich (KonTraG) im Jahr 1998 ist im Konzernlagebericht gemäß § 315 I

---

[724] Vgl. Baetge/Kirsch/Thiele (2002b), S. 602.

[725] Vgl. Baetge/Fischer/Paskert (1989), S. 31f.

[726] Vgl. Baetge/Fischer/Paskert (1989), S. 32f.; Lück (1998), Rz. 37.

HGB ferner auf „die Risiken der künftigen Entwicklung" einzugehen.[727] Da weder im Gesetz noch in der Gesetzesbegründung weiter ausgeführt wird, auf welche Sachverhalte im Rahmen des sog. Risikoberichtes einzugehen ist,[728] wurde vom DSR der „DRS 5 Risikoberichterstattung" verabschiedet.[729] Gemäß DRS 5.9 wird unter Risiko die „Möglichkeit von negativen künftigen Entwicklungen der wirtschaftlichen Lage des Konzerns" verstanden. Da Unternehmen jedoch mit diversen Risiken konfrontiert werden, ist es nicht möglich, über jedes Risiko zu berichten.[730] Daher wurde die Berichterstattung seitens des DSR auf wesentliche Risiken, d.h. Bestands gefährdende Risiken sowie Risiken mit wesentlichem Einfluss auf die VFE-Lage des Konzerns, beschränkt (vgl. DRS 5.11). Bestands gefährdende Risiken müssen gesondert als solche benannt werden (vgl. DRS 5.15). Die zu berichtenden Risiken sind zu Risikokategorien zusammenzufassen, die gemäß DRS 5.16 der Systematisierung im internen Risikomanagementsystem entsprechen soll. Folgende sieben Risikokategorien werden dabei seitens des DSR empfohlen (vgl. DRS 5.17):

- Umfeld- und Branchenrisiken,
- unternehmensstrategische Risiken,
- leistungswirtschaftliche Risiken,
- Personalrisiken,
- informationstechnische Risiken,
- finanzwirtschaftliche Risiken sowie
- sonstige Risiken.

Neben der Beschreibung der einzelnen Risiken sind denkbare resultierende Auswirkungen zu erläutern. Ferner hat zur besseren Einschätzung bzw. Objektivierung eine Bewertung der Risiken sowie ihrer möglichen Konsequenzen zu erfolgen. Hierzu bedarf es der Quantifizierung der negativen Konsequenzen des Risikos und der Eintrittswahrscheinlichkeiten der einzelnen Risiken.[731] Grundsätzlich ist nur über das verbleibende Restrisiko zu berichten, das sich aufgrund Risiko beschränkender Bewältigungsmaßnahmen ergibt. Gemäß DRS 5.21 gilt

---

727 Ein entsprechender Halbsatz wurde für die Lageberichterstattung in § 289 HGB eingefügt. Daher beziehen sich die folgenden Ausführungen teilweise auf Kommentierungen für den Lagebericht. Vgl. zur Erweiterung des (Konzern-)Lageberichts durch das KonTraG z.B. Selch (2000), S. 361ff.

728 Vgl. z.B. Kajüter (2001), S. 105; Weber (2001), S. 140.

729 Ferner wurden in diesem Zusammenhang spezielle Vorschriften mit „DRS 5-10 Risikoberichterstattung von Kredit- und Finanzdienstleistungsinstituten" sowie „DRS 5-20 Risikoberichterstattung von Versicherungsunternehmen" erlassen. Vgl. ausführlich zur Risikoberichterstattung nach DRS 5 Dörner/Wollmert/Bischof (2003).

730 Vgl. Baetge/Kirsch/Thiele (2002b), S. 605.

731 Vgl. Ellrott (2003a), Rz. 28.

dies nicht, wenn eine Risikoreduktion aufgrund entsprechender Maßnahmen nicht als sicher erachtet wird. In diesem Fall sind sowohl die ursprünglichen Risiken als auch die Bewältigungsmaßnahmen darzustellen. Sofern Einzelrisiken nicht entsprechend getrennt von einander dargestellt werden können, ist ferner über Wechselwirkungen zwischen einzelnen Risiken zu berichten (vgl. DRS 5.26). Des Weiteren wird in DRS 5.28 eine angemessene Beschreibung des Risikomanagements gefordert.

Neben den bereits genannten Anforderungen soll im Konzernlagebericht gemäß § 315 II Nr. 1 HGB über Vorgänge von besonderer Bedeutung nach Ablauf des Konzerngeschäftsjahres berichtet werden. Durch den sog. Nachtragsbericht sollen Adressaten der Berichterstattung über bedeutsame Begebenheiten zwischen Bilanzstichtag und Berichterstellung informiert werden.[732] Hierdurch soll das durch den Konzernabschluss sowie durch den restlichen Konzernlagebericht vermittelte Bild des Konzerns aktualisiert sowie möglicherweise berichtigt werden. Dementsprechend sind nur die Sachverhalte relevant, die wesentlichen Einfluss auf die Beurteilung der wirtschaftlichen Lage des Konzerns haben.[733]

Des Weiteren bestimmt § 315 II Nr. 2 HGB, dass die voraussichtliche Entwicklung des Konzerns in den Konzernlagebericht einbezogen wird. Hierdurch sollen Adressaten für ihre Entscheidungsfindung bzgl. des Konzerns neben vergangenheits- auch zukunftsbezogene Informationen bereitgestellt werden. Der sog. Prognosebericht hat grundsätzlich Voraussagen über die im Wirtschaftsbericht dargestellten Sachverhalte zu enthalten. Diese Forderung ist jedoch vor dem Hintergrund der mit den Prognosen verbundenen Ermittlungsschwierigkeiten zu relativieren.[734] Hinsichtlich der Darstellungsform der zu prognostizierenden Sachverhalte ist zwischen der Prognosezuverlässigkeit und der Prognosegenauigkeit abzuwägen.[735] Während ein relativ langer Prognosezeitraum und quantitative Angaben einen höheren Informationsgehalt als ein kurzer Prognosezeitraum und qualitative Angaben bieten, liefern Letztere jedoch eine höhere Prognosesi-

---

732 Vgl. hierzu und im Folgenden Baetge/Fischer/Paskert (1989), S. 37f. Von diesen sog. wertbegründenden Informationen sind die sog. wertaufhellenden Informationen zu unterscheiden. Letzteren liegen Sachverhalte zugrunde, die sich bereits vor dem Bilanzstichtag ereignet haben, der Konzernleitung jedoch erst zwischen Bilanzstichtag und der Berichterstellung bekannt werden. Diese wertaufhellenden Informationen sind nicht im Konzernlagebericht, sondern gemäß § 298 I i.V.m. § 252 I Nr. 4 HGB im Konzernabschluss zu berücksichtigen. Vgl. Baetge/Kirsch/Thiele (2002b), S. 607; Küting/Weber (2003), S. 518.

733 Beispielhaft lassen sich hierzu die folgenden Sachverhalte zählen: wirtschaftliche oder politische Ereignisse (z.B. die Import- bzw. Exportbedingungen oder die Marktpreise betreffend), Kauf bzw. Verkauf von Beteiligungen, Akquisition bzw. Verlust von Großkunden, Finanzierungsmaßnahmen sowie wesentliche Verträge und Prozesse. Vgl. hierzu auch Lück (1998), Rz. 53.

734 Vgl. Baetge/Fischer/Paskert (1989), S. 41; Baetge/Kirsch/Thiele (2002b), S. 607.

735 Vgl. hierzu und im Folgenden Baetge/Fischer/Paskert (1989), S. 42ff.; Lück (1998), Rz. 61; Sahner/Kammers (1984), S. 2312f.

cherheit. Als Kompromiss zwischen Prognosezuverlässigkeit und Prognosegenauigkeit werden zum einen ein Zeitraum von zwei Jahren und zum anderen Intervall-Prognosen vorgeschlagen. Um den Adressaten die Möglichkeit zu geben, die getroffenen Prognosen nachzuvollziehen, sind in jedem Fall deren zugrunde liegende Prämissen anzugeben.

Hinsichtlich des Prognoseberichtes werden auch die Regelungen von „DRS 12 Immaterielle Vermögenswerte des Anlagevermögens" relevant. Entsprechend DRS 12.32 wird empfohlen, auf die Aufwendungen für nicht aktivierte immaterielle Vermögenswerte einzugehen. Darüber hinaus wird in DRS 12.33f. vorgeschlagen, über das intellektuelle Kapital zu berichten.[736]

Abschließend verlangt das HGB in § 315 II Nr. 3 eine Erläuterung des Bereichs Forschung & Entwicklung des Konzerns. Ziel des Forschungs- und Entwicklungsberichtes ist es, den Adressaten „einen globalen Eindruck über Aktivität und Intensität der Forschungs- und Entwicklungsbemühungen des Unternehmens und die daraus resultierenden Möglichkeiten und Erfolgspotenziale"[737] zu ermöglichen. Im Rahmen dieses Berichtes sollten „Angaben über die Ziele der Forschung und Entwicklung, über [laufende und geplante, A.d.V.] unternehmensexterne bzw. überbetriebliche Forschungsprojekte und über unternehmensinterne Aktivitäten"[738] offen gelegt werden. Letztere beinhalten bspw. Informationen über Einrichtungen für Forschung und Entwicklung, Kennzahlen zu Forschung und Entwicklung, die Anzahl der im Bereich beschäftigten Mitarbeiter sowie Ergebnisse der Forschung.[739] Eine (detaillierte) Darstellung des Bereichs Forschung & Entwicklung wird insbesondere durch wettbewerbsnachteilige Konsequenzen begrenzt.[740]

Neben den Pflicht- und den Sollangaben dürfen freiwillige Angaben in den Konzernlagebericht aufgenommen werden. Voraussetzung hierfür ist, dass ein den tatsächlichen Verhältnissen entsprechendes Bild der Lage des Konzerns hierdurch nicht verfälscht wird.[741] Beispiele für freiwillige Angaben stellen Kennzahlenanalysen, Wertschöpfungsrechnungen sowie Umwelt- und Sozialbi-

---

736 Die in DRS 12.34 vorgeschlagene Kategorisierung des Intellektuellen Kapitals folgt dabei der in Abschnitt 2.1.3.1.3 vorgestellten Kategorisierung des Arbeitskreises „Immaterielle Werte im Rechnungswesen" der Schmalenbach-Gesellschaft für Betriebswirtschaft e.V. (Hrsg.) (2001).

737 Hachmeister (2002), Sp. 1439 mit Verweis auf Ellrott (1999). Vgl. ähnlich Baetge/Kirsch/Thiele (2002b), S. 609.

738 Ballwieser (1997), S. 162.

739 Vgl. Ballwieser (1997), S. 162; Lück (1998), Rz. 65ff.

740 Vgl. Sahner/Kammers (1984), S. 2311.

741 Vgl. Baetge/Kirsch/Thiele (2002b), S. 611

lanzen dar.[742] Durch die nicht abschließende Festlegung der Informationsinhalte ist folglich die Möglichkeit der Informationssteuerung seitens der Unternehmen vorhanden, die jedoch durch die Prüfungspflicht des Lageberichts eingeschränkt wird.

### 2.3.2.2 Konzernlagebericht nach internationalen Rechnungslegungsvorschriften

Neben einem Abschluss haben US-amerikanische Unternehmen im Rahmen der jährlichen, regelmäßigen Berichterstattung eine dem Lagebericht vergleichbare Management's Discussion and Analysis of Financial Condition and Results of Operations (MD&A) zu erstellen.[743] In der Regulation S-K, Item 303 werden die zentralen Inhalte festgelegt.

Der Zweck der MD&A liegt in der Bereitstellung von Informationen, die den Adressaten eine Abschätzung der Finanzlage und dessen Veränderung sowie der Resultate aus der Betriebstätigkeit ermöglichen.[744] Um das Verständnis der vergangenen sowie im Speziellen der erwarteten Finanz- und Ertragslage zu erleichtern, steht die weiträumige Erklärung jahresabschlussbezogener Daten im Fokus der Berichterstattung.[745] In diesem Sinne werden mit den Vorschriften zur MD&A im Wesentlichen drei Zielsetzungen verfolgt.[746] Erstens die Bereitstellung von verbalen Erläuterungen zum Abschluss des Unternehmens, um dem

---

742 Vgl. Arbeitskreis „Externe Unternehmensrechnung" der Schmalenbach-Gesellschaft für Betriebswirtschaft e.V. (Hrsg.) (1996), S. 1989ff.

743 1999 wurden die Publizitätsvorschriften, die für ausländische Emittenten anzuwenden sind, seitens der SEC den Vorschriften der IOSCO angepasst. Diesbezüglich wurde die MD&A formal durch den 'Operating and Financial Review and Prospects' (OFR) ersetzt und in die Form 20-F Item 5 aufgenommen. Von der SEC werden die neuen Regelungen für ausländische Emittenten nicht als wesentliche Neuerungen, sondern als im Wesentlichen identisch mit den ursprünglichen Normen zur MD&A angesehen. Die Vorschriften zur Erstellung der MD&A sind für US-amerikanische Emittenten sowie Unternehmen mit Sitz außerhalb der USA, auf die die SEC-Definition eines ausländischen Privatemittenten nicht zutrifft, weiter anzuwenden. Vgl. Johnen/Ganske (2002), Sp. 1521 m.w.N. Vgl. ausführlicher zum OFR Bruns/Renner (2001).

744 Vgl. Regulation S-K, Item 303 (a).

745 Vgl. Coenenberg (2003a), S. 877. Im Vergleich zur MD&A kommt dem Lagebericht nach HGB in wesentlich bedeutenderem Umfang auch eine Ergänzungsfunktion zu. Vgl. Coenenberg (2003a), S. 877; Baetge/Fischer/Paskert (1989), S. 9.

746 Vgl. hierzu die „Interpretation: Commission Guidance Regarding Management's Discussion and Analysis of Financial Condition and Results of Operations", welche die SEC im Dezember 2003 veröffentlicht hat. Vgl. im Internet: www.sec.gov/rules/interp/33-8350.htm (Stand: 04.02.2004). In dieser nimmt die SEC Bezug auf bestehende Veröffentlichungsanforderungen im Rahmen der MD&A mit dem Ziel, eine informativere und transparentere Berichterstattung im Rahmen der MD&A zu erreichen. In dem Release sind weder neue Publizitätsvorschriften enthalten noch werden bestehende Vorschriften verändert. Die Ausführungen beziehen sich auf die folgenden Punkte: the overall presentation and focus of MD&A; emphasis on analysis of financial information; known material trends and uncertainties; key performance indicators, including non-financial indicators; liquidity and capital resources; critical accounting estimates. Vgl. SEC Press Release No. 2003-179. Vgl. im Internet: www.sec.gov/news/press/2003-179.htm (Stand: 04.02.2004).

Investor eine Betrachtung des Unternehmens aus Sicht des Managements zu ermöglichen. Zweitens die Erweiterung der finanziellen Berichterstattung und die Erläuterung des Kontextes, in dem die Analyse der finanziellen Informationen erfolgen sollte. Drittens die Bereitstellung von Informationen über die Qualität und die potenzielle Flexibilität der Ergebnisse und Cash Flows, um Investoren die Abschätzung der Wahrscheinlichkeit dafür, dass die vergangene Performance ein Indikator für die zukünftige Performance darstellt, zu ermöglichen.

Bestimmte Inhalte, die im Rahmen des handelsrechtlichen Lageberichts bereitzustellen sind, werden bereits in den US-amerikanischen 'notes' gefordert.[747] Demgegenüber beziehen sich die für die MD&A geforderten Angaben vornehmlich auf die Finanz- und Ertragslage. Gemäß Regulation S-K, Item 303 (a) hat insbesondere eine Auseinandersetzung mit der Liquidität, der Kapitalstruktur und der Ertragslage zu erfolgen, wobei die Darstellung von Liquidität und Kapitalstruktur zusammengefasst werden kann. Diesbezüglich sind v.a. wesentliche Ereignisse sowie Ungewissheiten zu erläutern, die zu einer Beeinflussung der Voraussagetauglichkeit der Abschlussinformationen für die zukünftige Entwicklung führen.[748] Ferner sind die Gründe darzulegen, die zu einer wesentlichen Veränderung der Abschlussposten geführt haben.[749] Die Darstellung der Liquidität, der Kapitalstruktur sowie der Ertragslage hat auch segment- bzw. unternehmensbereichbezogen zu erfolgen, falls diese Untergliederung nach Ansicht des Managements zu einem erhöhten Verständnis für die Adressaten führt. Geforderte Inhalte der MD&A nach US-GAAP sind:[750]

---

747 Hier wäre bspw. die Publizität von besonderen Ereignissen nach dem Bilanzstichtag zu nennen. Vgl. Coenenberg (2003a), S. 884.

748 Vgl. Hütten (2000), S. 178; Regulation S-K, Item 303 (a), Instruction 2.

749 Diesbezüglich sollte ein „Mittelmaß“ zwischen der Analyse jedes einzelnen Abschlusspostens und der einfachen Wiederholung der quantitativen Abschlussdaten erfolgen. Vgl. Hütten (2000), S. 179; Regulation S-K, Item 303 (a), Instruction 4.

750 Vgl. Brotte (1997), S. 222ff. Vgl. zu den Inhalten des MD&A auch Selchert (1999), S. 224ff. Darüber hinaus wurden die obligatorischen Inhalte des MD&A durch den Sarbanes-Oxley Act 2002 erweitert. So wird bspw. in der SEC-Ausführungsregel „Disclosure in Management‘s Discussion and Analysis About Off-Balance Sheet Arrangements and Aggregate Contractual Obligations and Contingent Liabilities and Commitments" (SEC Release No. 33-8182) zu Section 401 (a) des Sarbanes-Oxley Act 2002 vorgeschrieben, dass alle wesentlichen Transaktionen, die nicht in den Abschluss aufgenommen werden, in einem gesonderten Unterabschnitt der MD&A auszuweisen sind. Darüber hinaus sind sonstige Verhältnisse mit nicht konsolidierten Unternehmen aufzunehmen, die bereits heute oder zukünftig die finanziellen Verhältnisse, die Geschäftsergebnisse oder bedeutende Aufwands- und Ertragskomponenten, die Liquidität oder Investitionen des Emittenten essenziell beeinflussen. Vgl. Lanfermann/Maul (2003), S. 253. Mit der proposed rule „Disclosure in Management's Discussion and Analysis about the Application of Critical Accounting Policies“ (SEC Release No. 33-8098) hat die SEC im Mai 2002 einen weiteren Entwurf für eine zusätzliche Erweiterung der MD&A verabschiedet.

- Angaben zur Liquiditätslage und Kapitalstruktur (d.h. bekannte Trends, Verpflichtungen, Ereignisse und Ungewissheiten, die vermutlich zu einer wesentlichen Veränderung der Liquidität führen werden; im Falle eines Liquiditätsmangels die beschlossenen oder vorgesehenen Vorgaben zur Beseitigung des Mangels; interne und externe Liquiditätsquellen; bisher nicht genutzte Liquiditätsreserven; wesentliche Investitionsvorhaben am Geschäftsjahresende und die Vorgesehenen Finanzierungsquellen; bekannte Trends in der Verfügbarkeit sowie der Nutzung der verschiedenen Finanzierungsarten; erwartete Veränderungen der relativen Kapitalkosten bei Eigen- und Fremdkapital sowie nicht-bilanzwirksamen Finanzierungsgeschäften),
- Angaben zur Ertragslage (d.h. das Ausmaß, in dem ungewöhnliche oder seltene Ereignisse, Transaktionen oder ökonomische Veränderungen das Ergebnis der gewöhnlichen Geschäftstätigkeit beeinflusst haben; bekannte Trends oder Unsicherheiten, die einen wesentlichen Einfluss auf die Erträge oder das Ergebnis aus gewöhnlicher Geschäftstätigkeit hatten oder haben werden, insbesondere erwartete Verschiebungen im Verhältnis zwischen Erträgen und Aufwendungen; im Falle deutlicher Umsatzsteigerungen oder -einbußen die Aufgliederung in Preis- und Mengenkomponenten und den Einfluss neuer Produkte; für die letzten drei Geschäftsjahre kurze verbale Erläuterungen des Einflusses von preis- und Preisniveauänderungen auf Umsatz, Erträge sowie Ergebnis der gewöhnlichen Geschäftstätigkeit).

Entsprechend Regulation S-K, Item 303 (a) unterliegen die Darstellungen der Einhaltung eines Drei-Jahres-Zeitraums. Ferner verlangt die SEC, dass Vergleiche von einem Jahr zum anderen zu verwenden sind. Bei Trenddarstellungen wird sogar ein Fünf-Jahres-Zeitraum gefordert.

Unternehmen wurde bisher in der in Regulation S-K, Item 303 (a), Instruction 7 enthaltenen Auslegung empfohlen, weitere zukunftsgerichtete Informationen in die MD&A aufzunehmen. Aus der Streichung dieser Auslegung „ist zu folgern, dass auch in der MD&A prospektive Aussagen zu treffen sind, zumal die Unternehmen an verschiedenen Stellen in Paragraph 303 (a), Reg. S-K aufgefordert werden, über bekannte Trends und Unsicherheiten zu berichten und die Instruktion ausdrücklich klarstellt, dass abgegebene Informationen über die erwartete zukünftige Entwicklung unter die sog. „safe harbor rule for protections" fallen."[751]

Obgleich die Berichterstattung über nichtfinanzielle Informationen nicht explizit in den Vorschriften zur MD&A enthalten sind, finden sie Berücksichtigung in der Interpretation der SEC zur Erstellung des MD&A.[752] So wird darauf verwiesen, dass Unternehmen, um den Adressaten eine Analyse des Geschäfts aus Sicht des Managements zu ermöglichen, die Schlüsselfaktoren und andere qualitative sowie quantitative Faktoren identifizieren und bereitstellen sollten, die notwendig für das Verständnis und die Beurteilung der einzelnen Unternehmen sind. Während finanzielle Kennzahlen nach der Interpretation der SEC im Allgemeinen den Ausgangspunkt zur Bestimmung der Schlüsselfaktoren und der anderen Faktoren darstellen, wird darauf hingewiesen, dass „these key variables and other factors may be non-financial, and companies should consider whether that non-financial information should be disclosed".

Im Unterschied zu den handelsrechtlichen und den US-amerikanischen Vorschriften wird ein dem Konzernlagebericht vergleichbares Instrument nach IAS nicht explizit gefordert.[753] Einige im Rahmen des handelsrechtlichen Konzernlageberichtes zu publizierende Angaben sind jedoch im Anhang nach IAS/IFRS zu machen. Diesbezüglich sind bspw. Informationen zu Vorgängen von besonderer Bedeutung nach Schluss des Geschäftsjahres oder Informationen über wesentliche Annahmen über die Zukunft sowie andere Quellen von Unsicherheit, die einen wesentlichen Einfluss auf mögliche Bewertungsänderungen von Vermögenswerten oder Schulden im folgenden Geschäftsjahr darstellen, zu nennen.[754] Ferner wird in IAS 1.9 (rev. 2003) empfohlen, neben dem Abschluss einen freiwilligen Bericht über die Unternehmenslage durch das Management zu erstellen. Hierfür werden die folgenden Inhalte genannt:

---

751 Krawitz/Hartmann (2003), S. 300. Unter der 'safe harbor rule for protections' ist eine Norm zu verstehen, welche die Haftung ausschließt und die Unternehmen entsprechend vor Schadensersatzansprüchen schützt. Die Norm zielt auf sorgfältig erstellte Prognosen, die sich im Nachhinein nicht bestätigen. Vgl. ausführlicher Hütten (2000), S. 180ff. m.w.N.

752 Vgl. Interpretation: Commission Guidance Regarding Management's Discussion and Analysis of Financial Condition and Results of Operations, Abschnitt III.B.1.

753 Vgl. Wollmert/Achleitner (2002), Rz. 28; Ellrott (2003), Rz. 50. Jedoch wird vom IASB die Aufnahme eines Projektes zur MD&A angedacht. Vgl. im Internet: http://www.iasb.org/current/iasb.asp?showPage Content= no&utility_catID=4 (Stand: 19.09.2004). Da der aktuelle Zeitplan für anstehende Projekte, der bis einschließlich 2005 aufgestellt ist, ein Projekt zur MD&A jedoch nicht enthält, ist mit einer Aufnahme eines Projektes zur MD&A nicht vor 2006 zu rechnen. Vgl. im Internet: http://www.iasb.org/current/timetable.asp (Stand: 19.09.2004s).

754 Vgl. IAS 10.21 (rev. 2003); IAS 1.116 (rev. 2003) sowie Ellrott (2003), Rz. 50; KPMG (Hrsg.) (2004), S. 216 und Kirsch (2004), S. 485ff. zu IAS 1.116 (rev. 2003).

- Hauptfaktoren und Einflüsse auf die Ertragskraft einschließlich Veränderungen des Unternehmensumfeldes, die Reaktionen des Unternehmens auf diese Veränderung sowie deren Auswirkungen sowie die Investitionspolitik zur Erhaltung und Verbesserung der Ertragskraft einschließlich der Dividendenpolitik,
- Finanzierungsquellen, Grundsätze bezüglich des Verschuldungsgrades sowie des Risikomanagements,
- Stärken und Ressourcen des Unternehmens, die in einer nach IAS erstellten Bilanz nicht erfasst werden.

Darüber hinaus werden in IAS 1.10 (rev. 2003) weitere freiwillige Publizitätselemente, wie z.B. ein Umweltbericht oder eine Wertschöpfungsrechnung, empfohlen.

Obgleich ein (Konzern-)Lagebericht nicht in analoger Form wie nach HGB oder US-GAAP in den Vorschriften der IAS/IFRS enthalten ist, ist davon auszugehen, dass Unternehmen, die ihren Konzernabschluss nach IAS/IFRS aufstellen, künftig einen Konzernlagebericht als obligatorisches Berichtselement zu erstellen haben. So sieht der im Rahmen des BilReG neue eingefügte § 315a HGB vor, dass auf die genannten Unternehmen die Bestimmungen des Neunten Titels des HGB (Konzernlagebericht) sowie alle Vorschriften außerhalb dieses Unterabschnitts, die den Konzernabschluss oder den Konzernlagebericht betreffen, anzuwenden sind.[755]

### 2.3.3 Kritische Würdigung der verpflichtenden Berichterstattung in Bezug auf die wertorientierte Berichterstattung

Mit den vorangegangenen Ausführungen wurde gezeigt, dass sowohl nach handelsrechtlichen als auch nach internationalen Rechnungslegungsvorschriften bestimmte Anforderungen an die verpflichtende Berichterstattung gestellt werden. Nachfolgend wird dargelegt, welchen Grenzen die verpflichtende Berichterstattung vor dem Hintergrund einer wertorientierten Berichterstattung unterliegt und welche Defizite hinsichtlich der Bereitstellung von wertorientierten Informationen bestehen. Hierfür werden die wesentlichen Charakteristika der Konzernrechnungslegungsvorschriften nach HGB, US-GAAP sowie IAS/IFRS in Abb. 30 noch einmal zusammenfassend gegenübergestellt.

---

755 Diese Entwicklung entspricht denen der im Frühjahr 2003 verabschiedeten Entwurfs der EU-Transparenz-Linie. Diesbezüglich wird in Art. 4 empfohlen, dass Wertpapieremittenten in der EU einen Jahresfinanzbericht zu erstellen haben, der u.a. einen Konzernlagebericht zu enthalten hat.

| Kriterium | HGB | US-GAAP | IAS/IFRS |
|---|---|---|---|
| Zweck-setzung | Informationsfunktion | Informationsfunktion (decision usefulness) | Informationsfunktion (decision usefulness) |
| Generalnorm | Vermittlung eines den tatsächlichen Verhältnissen entsprechendes Bild der VFE-Lage unter Beachtung der GoB | Fair Presentation (kein 'overriding principle') | Fair Presentation ('overriding principle') |
| Zentraler Rechnungs-legungs-grundsatz | Vorsichtsprinzip (Konkretisierung durch Realisations- & Imparitätsprinzip) | 'Accrual principle' (Konkretisierung durch 'revenue recognition principle' & 'matching principle') | 'Accrual basis' (Konkretisierung durch 'revenue recognition principle' & 'matching principle') |
| Interpretation des Vorsichts-prinzips | • Zentraler Rechnungslegungs-grundsatz<br>• Strenge Interpretation (z.B. Ansatzverbot für selbst erstellte immaterielle Vermögensgegenstände des Anlagevermögens) | • Nebenbedingung im Conceptual Framework<br>• Weniger strenge Interpretation (z.B. z.T. Ansatzgebot für selbst erstellte immaterielle Vermögenswerte des Anlagevermögens) | • Konkretisierung des Prinzips der Zuverlässigkeit<br>• Weniger strenge Interpretation (z.B. z.T. Ansatzgebot für selbst erstellte immaterielle Vermögenswerte des Anlagevermögens) |
| Interpretation des Realisations-prinzips | • Abgeleitet aus dem Vorsichtsprinzip<br>• Erfassung der Gewinne bei deren Realisation (Zeitpunkt der Lieferung & Leistung)<br>• Strenge Interpretation (z.B. Anschaffungskostenprinzip für Vermögensgegenstände) | • Abgeleitet aus dem 'accrual principle'<br>• Erfassung der Gewinne bei deren Realisation oder Realisierbarkeit<br>• Weniger strenge Interpretation (z.B. z.T. Durchbrechung des Anschaffungs-kostenprinzips für Vermögenswerte) | • Abgeleitet aus der 'accrual basis'<br>• Erfassung der Gewinne bei deren Realisation oder Realisierbarkeit<br>• Weniger strenge Interpretation (z.B. z.T. Durchbrechung des Anschaffungs-kostenprinzips für Vermögenswerte) |
| Art der vermittelten Informatio-nen | • Hauptsächlich vergangenheitsorientiert<br>• Hauptsächlich finanziell<br>• Sehr aggregiert | • Hauptsächlich vergangenheitsorientiert<br>• Hauptsächlich finanziell<br>• Sehr aggregiert | • Hauptsächlich vergangenheitsorientiert<br>• Hauptsächlich finanziell<br>• Sehr aggregiert |

*Abb. 30: Charakteristika des Konzernabschlusses nach HGB, US-GAAP und IAS/IFRS*
*(Quelle: In Anlehnung an Ballwieser (2001a), S. 642; Born (1999b), S. 21ff.; Goebel (1995), S. 2490f. m.w.N.; Kubin (1998), S. 537)*

Obgleich dem Konzernabschluss allein eine Informationsfunktion zukommt, ermöglichen die darin enthaltenen Angaben aus ökonomischer Sicht nur einen begrenzten Einblick in die VFE-Lage.[756] Unter Zugrundelegung der GoB wird im Rahmen des Konzernabschlusses ein objektivierter Gewinn ermittelt. Dies gilt gleichermaßen für die nach internationalen Rechnungslegungsvorschriften zu beachtenden Grundsätze der Rechnungslegung. MÜLLER weist in diesem Zusammenhang auf die „Unzulänglichkeit des Gewinns als Maßstab für die Wert-

[756] Die folgenden Ausführungen beziehen sich auf die handelsrechtlichen Rechnungslegungsvorschriften, sind aber im Wesentlichen auf die Vorschriften nach US-GAAP und IAS/IFRS übertragbar. Darüber hinaus finden die durch das BilReG eingefügten Erweiterungen der Inhalte des (Konzern-)Anhangs sowie des (Konzern-)Lageberichts in Übereinstimmung mit den Ausführungen in den Abschnitten 2.3.1.1 und 2.3.2.1 keine Berücksichtigung im Rahmen der nachfolgenden kritischen Würdigung der verpflichtenden Berichterstattung in Bezug auf die wertorientierte Berichterstattung.

steigerung eines Unternehmens"[757] hin. Angaben zu Wertsteigerungsmaßen werden im Rahmen der verpflichtenden Berichterstattung hingegen weder nach handelsrechtlichen noch nach internationalen Rechnungslegungsvorschriften gefordert.

Ferner beschränkt sich die Art der zu vermittelnden Informationen im Rahmen des Konzernabschlusses überwiegend auf finanzielle Informationen. Aufgrund von „Objektivierungs- und Vereinfachungserfordernissen"[758] wird der Ausweis von in der Bilanz ausgewiesenen Vermögensgegenständen beschränkt. Dies betrifft zum einen den Ansatz von Vermögensgegenständen. So wird der Berichterstattung über immaterielle Vermögenswerte, denen „ein hoher Erklärungswert für die Zukunftserwartungen der Kapitalmarktteilnehmer und die sich in ihnen ausdrückende Börsenbewertung der Unternehmen zugeschrieben"[759] wird, durch die handelsrechtlichen Bilanzierungsvorschriften nicht hinreichend Rechnung getragen, da für selbst erstellte immaterielle Vermögensgegenstände des Anlagevermögens gemäß § 248 II HGB ein Aktivierungsverbot besteht. Zum anderen liegt der Bewertung von Vermögensgegenständen nach HGB das Anschaffungskostenprinzip zugrunde, wodurch ebenso die Bewertung begrenzt wird.[760] Auch die Abschlüsse nach US-GAAP und IAS/IFRS unterliegen gewissen Objektivierungs- und Vereinfachungserfordernissen, was zu einem begrenzten Ausweis von in der Bilanz enthaltenen Vermögensgegenwerten führt. Im Vergleich zu den handelsrechtlichen Vorschriften wird dieser begrenzte Ausweis jedoch insofern relativiert, als selbst erstellte immaterielle Vermögenswerte unter bestimmten Voraussetzungen aktiviert werden dürfen und für gewisse Vermögensgegenstände eine Bewertung zum 'fair value' vorgesehen ist. Die Informationsdefizite – insbesondere hinsichtlich der Darstellung nichtfinanzieller Informationen – werden bislang auch nicht durch die Vorschriften zur Erstellung des Konzernlageberichts oder der MD&A geheilt.[761]

Weiterhin werden durch den Konzernabschluss überwiegend vergangenheitsbezogene Informationen bereitgestellt. In diesem Zusammenhang könnte der Konzernlagebericht – ebenso wie die MD&A – entsprechend seiner Aufgaben ein geeignetes Instrument zur Informationsvermittlung darstellen. So wird im Rahmen des Prognoseberichts bereits eine Darstellung der zukünftigen Entwicklung gefordert. Da diesbezüglich jedoch „eine kurze verbale Darstellung als ausrei-

---

757 Müller (1998), S. 124.

758 Günther/Beyer (2001), S. 1627.

759 Pellens/Fülbier/Sellhorn (2001), S. 82.

760 Vgl. hierzu und im Folgenden Günther/Beyer (2001), S. 1627ff. m.w.N.

761 Vgl. Brotte (1997), S. 210ff.

chend erachtet wird, [... kann dieser, A.d.V.] hier sicherlich nicht als Maßstab dienen“[762]. Strategiebezogene Angaben werden im Rahmen des Konzernlageberichts (bislang) nicht gefordert.

HALLER/DIETRICH konstatieren hinsichtlich der MD&A deren „konsequent zukunftsgerichtete Konstruktion [...], was sich durch den vorgeschriebenen Umfang an prospektiver Berichterstattung in allen drei Analysebereichen [Liquidität, Kapitalstruktur, Ertragslage, A.d.V.] erkennen lässt. Auch verlangen die Regeln über die MD&A neben möglichen negativen Entwicklungen auch explizit, die Chancen und bestehende positive Entwicklungsmöglichkeiten mit einzubeziehen, was dem Adressaten eine objektivere Erwartungsbildung hinsichtlich künftiger Erfolge ermöglicht.“[763]

Darüber hinaus stellen die unzureichende Erfassung von Risiken und ein zu geringer Segmentbezug weitere Kritikpunkte an der verpflichtenden Berichterstattung dar. Im Rahmen des Konzernabschlusses und des Konzernlageberichts werden zwar bereits eine Segmentberichterstattung und ein Risikobericht gefordert. Durch die entsprechenden Vorschriften wird jedoch nur ein Mindestumfang an Informationen sichergestellt, der eine adäquate Einschätzung des Unternehmens(wertes) nicht sicherstellt.[764] Demgegenüber werden nach US-GAAP, zusätzlich zur Segmentberichterstattung, im Rahmen der MD&A segmentbezogene Informationen gefordert.[765]

Die beschriebenen Entwicklungen werden auch durch eine empirische Untersuchung von LEV/ZAROWIN gestützt. Diese überprüften den Nutzen der verpflichtenden Berichterstattung (financial reporting) für Investoren im Vergleich zu sämtlichen auf dem Kapitalmarkt verfügbaren Informationen. Als Ergebnis ergab sich „a systematic decline in the usefulness of financial information to investors over the past 20 years, as manifested by a weakening association between capital market values and key financial variables – earnings, cash flows, and book values. We have identified a major reason for the usefulness decline – the increasing rate and impact of business change and the inadequate accounting treatment of change and its consequences – and linked change empirically to loss of informativeness of financial data. Of the various change drivers, we have

762 Günther/Beyer (2001), S. 1628.

763 Haller/Dietrich (2001a), S. 169 mit Verweis auf AICPA (Hrsg.) (1994), S. 62ff.

764 Vgl. Günther/Beyer (2001), S. 1629.

765 Vgl. Haller/Dietrich (2001a), S. 169 und SEC, Regulation S-K, Nr. 229.303 (a).

focused on intangible investments, thereby completing the linkage: intangibles – business change – loss of value relevance of financial information."[766]

Ferner wird der Berücksichtigung von Nachhaltigkeitsaspekten durch die verpflichtende Berichterstattung derzeit nicht genügend Rechnung getragen.[767] Vor diesem Hintergrund betonen LABHART/VOLKART, dass „in Zukunft [...] vermehrt Informationen zu den [...] Bereichen des „Sozialen" und der „Nachhaltigkeit" (dabei vor allem auch ökologische Gesichtspunkte im engeren Sinne) gefordert werden"[768].

Zusammenfassend ist festzuhalten, dass die verpflichtende Berichterstattung den Anforderungen aus den veränderten Umfeldbedingungen derzeit nicht mehr zu genügen scheint und den zunehmenden Informationsbedürfnissen der Adressaten der Berichterstattung nicht mehr adäquat begegnen kann.[769] Folglich bedarf es einer Erweiterung der externen Berichterstattung hin zu einer wertorientierten Berichterstattung.

Für die Bereitstellung der wertorientierten Informationen stellt innerhalb der verpflichtenden Berichterstattung der Konzernlagebericht bzw. die MD&A ein geeignetes Instrument dar.[770] Dies ist darauf zurückzuführen, dass der Konzernlagebericht ein den tatsächlichen Verhältnissen entsprechendes Bild der Lage des Konzerns i.S.e. Gesamtlage[771] zu vermitteln hat. Dabei unterliegt der Konzernlagebericht nicht – wie Konzernbilanz und Konzern-GuV - den (informationsfeindlichen) Gewinnermittlungsvorschriften. Ferner sind „durch die Verpflichtung zur Risiko- und Prognoseberichterstattung auch zukunftsorientierte und damit zugleich subjektive Ausführungen möglich [... und, A.d.V.] neben

766 Lev/Zarowin (1999), S. 383. In diesem Zusammenhang sind jedoch auch andere empirische Untersuchungen zu nennen, die nicht zu einem eindeutigen Ergebnis kommen. So untersuchten auch Francis/Schipper (1999) die Fragestellung, ob die verpflichtende Berichterstattung an Relevanz für die Investoren verloren hat. Als ein Ergebnis ihrer Untersuchung stellen sie fest: „Overall, we interpret our results as providing mixed evidence on whether financial reports have lost relevance over the 1952 – 94 period." Francis/Schipper (1999), S. 350.

767 Die Berücksichtigung von sozialen und ökologischen Aspekten im (Konzern-)Lagebericht ist jedoch seit Verabschiedung des BilReG zukünftig vorgesehen. Vgl. ausführlicher Abschnitt 3.1.2.1. Vgl. zu der Berücksichtigung von Umweltaspekten in der verpflichtenden Berichterstattung z.B. Freidank (1998), S. 322ff.; Gröner (2000), S. 87ff. Lange/v. Ahsen/Daldrup (2001), S. 22ff.; Lange/Daldrup (2000), S. 224ff.

768 Labhart/Volkart (2001a), S. 135. Vgl. auch Isenmann/Warkotsch (1999), S. 1509, die der Umweltberichterstattung eine wichtige Bedeutung hinsichtlich des ökonomischen Erfolgs und der Schaffung von Wettbewerbsvorteilen beimessen.

769 Vgl. ähnlich Saitz/Wolbert (2002), S. 321.

770 Grundsätzlich könnten die freiwilligen Informationen auch in den Konzernanhang bzw. die 'notes' aufgenommen werden. Aufgrund deren beschriebener Aufgaben bzw. deren Ausrichtung stellen diese jedoch im Vergleich zum Konzernlagebericht bzw. zur MD&A keine geeigneten Instrumente dar.

771 Dem gegenüber sind im Rahmen des Konzernabschlusses die VFE-Lage darzustellen.

monetären [können, A.d.V.] auch nicht-monetäre quantitative und qualitative Informationen vermittelt werden".[772]

Derzeit werden die aus ökonomischer Sicht vorhandenen Defizite der durch den Konzernabschluss vermittelten Informationen jedoch durch den Konzernlagebericht nur unzureichend geheilt.[773] Die (Konzern-)Lageberichterstattung in der Unternehmenspraxis wurde seitens der Literatur vielfach kritisiert.[774] KRUMBHOLZ kommt auf Basis einer empirischen Untersuchung von Aktiengesellschaften zu dem Fazit, „dass sich den lageberichterstattenden Unternehmen ein großes Potenzial bietet, die Qualität der Lageberichte zu verbessern"[775]. Ähnliche Folgerungen trifft BALLWIESER aus einer empirischen Untersuchung der Lageberichte der DAX-Unternehmen mit dem Schluss, „dass weder die Lageberichtersteller noch deren Prüfer dem Lagebericht den Stellenwert einräumen, den er zumindest bei unverfänglicher Lektüre des Gesetzestextes und dessen Auslegung zum Sinnzusammenhang nach haben müsste"[776].

Auch hinsichtlich der Konzernlageberichterstattung sind jedoch gewisse Grenzen zu beachten. Zum einen sind hier die aus einer umfassenderen Informationsbereitstellung möglicherweise resultierenden Wettbewerbsnachteile zu nennen. So weist RÄUBER darauf hin, dass „der Lagebericht [...] zwar eine wirtschaftliche Gesamtbeurteilung ermöglichen [soll, A.d.V.], [...] jedoch die Unternehmen

---

772 Selchert/Greinert (2002b), Rz. 127. Ebenso weist Hachmeister (2002), Sp. 1433, in Bezug auf den Lagebericht darauf hin, dass „neben der zeitlichen Ergänzung des Jahresabschlusses durch Prognoseinformationen [...] sachliche Erweiterungen durch Informationen mit „qualitativem Charakter" möglich" sind. Im Original teilweise kursiv. Vgl. hierzu auch Haller/Dietrich (2001a), S. 170.

773 Vgl. ähnlich Günther/Beyer (2001), S. 1627f. m.w.N., die sich an dieser Stelle jedoch nicht explizit auf den Konzernlagebericht beziehen.

774 Vgl. hierzu z.B. Küting/Heiden (2002b). Vgl. zu einem Überblick über empirische Untersuchungen zur Lageberichterstattung Streim (1995), S. 713ff.; Selch (2003), S. 93ff. Die im Schrifttum auf Basis von empirischen Untersuchungen vorzufindende Kritik an der Lageberichterstattung erfolgte dabei nicht vor dem Hintergrund einer wertorientierten Berichterstattung. Da jedoch im Rahmen der wertorientierten Berichterstattung umfangreichere Informationen bereitzustellen sind, als seitens des Gesetzgebers vorgeschrieben, erscheint eine Übertragung der Kritik an der Lageberichterstattung in Bezug auf die Anforderungen der wertorientierten Berichterstattung möglich. In diesem Zusammenhang ist zudem auf eine empirische Untersuchung der Geschäftsberichterstattung, im Einzelnen wurden die Geschäftsberichtsteilbereiche Lagebericht, Anhang und sonstige Angaben analysiert, für die Geschäftsjahre 1998 – 2000 hinzuweisen. Als Fazit aus dieser Untersuchung stellen Baetge/Brötzmann (2003), S. 38f., fest: „Grundsätzlich bleibt festzuhalten, dass der Durchschnitt der deutschen börsennotierten Kapitalgesellschaften den (potenziellen) Aktionären durch die Art der Berichterstattung weiterhin keine ausreichende Basis für fundierte Investitionsentscheidungen bietet. [...] Besondere Defizite sind im Prognosebericht sowie im Risikobericht zu verzeichnen. [...] Dem Anspruch der Shareholder-Value-Orientierung wird der überwiegende Teil der untersuchten Geschäftsberichte nicht gerecht." Obgleich sich diese Untersuchung nicht ausschließlich auf den Lagebericht fokussierte, lassen sich die Ergebnisse dennoch als Indiz für eine unzureichende Bereitstellung wertorientierter Informationen im Lagebericht interpretieren.

775 Krumbholz (1994), S. 267.

776 Ballwieser (1997), S. 182.

nicht [nötigt, A.d.V.], innerbetriebliche Ereignisse und Ergebnisse bekannt zu geben, die zu einer Schädigung der Belange der Unternehmung führen."[777] Zum anderen sollte die Lageberichterstattung auf die Informationen begrenzt werden, die zur zutreffenden Darstellung der Lage des Konzerns beitragen.[778]

777 Räuber (1988), S. 1287.

778 In diesem Sinne stellt nach Rodewald (2001), S. 2161, eine „Verfälschung des Lageberichts durch übertrieben werbliche Aussagen" eine grenze der (Konzern-)Lageberichterstattung dar. Im Zusammenhang mit der jährlichen Auszeichnung des besten Geschäftsberichts weisen Döhle/Papendieck (2003), S. 120 darauf hin, dass „die Berichte zu immer umfangreicheren Werbebroschüren [mutieren, A.d.V.], in denen das Wesentliche unterzugehen droht."

# 3. Konzeption der wertorientierten Berichterstattung

Im Rahmen des vorangegangenen Kapitels erfolgte die Fundierung der wertorientierten Berichterstattung. Hierzu wurde zunächst die wertorientierte Unternehmensführung als Bezugsrahmen für die Berichterstattung charakterisiert. Anhand der konstituierenden Merkmale einer wertorientierten Unternehmensführung wurde skizziert, wie eine Steigerung des Unternehmenswertes gemessen werden kann, welche Faktoren maßgeblich für die Wertschaffung im Unternehmen sind und wie die Unternehmensführung dementsprechend zu gestalten ist. Wird die Unternehmensführung wertorientiert ausgerichtet, so ist es erforderlich, die interne Wertgenerierung auch extern zu kommunizieren, um die bestehenden Informationsasymmetrien zwischen dem Unternehmen und den Kapitalmarktakteuren zu reduzieren. In diesem Zusammenhang wurde dargelegt, dass die verpflichtende Berichterstattung den Anforderungen aus den veränderten Umfeldbedingungen derzeit nicht mehr zu genügen scheint, um die zunehmenden Informationsbedürfnisse der Adressaten der Berichterstattung zu erfüllen. Hierfür bedarf es einer wertorientierten Berichterstattung als integralen Bestandteil der wertorientierten Unternehmensführung.

Gegenstand des vorliegenden Kapitels ist die Konzeption der wertorientierten Berichterstattung. Hierfür erfolgt zunächst die Charakterisierung der wertorientierten Berichterstattung (Abschnitt 3.1), indem der Begriff der wertorientierten Berichterstattung definiert sowie von den Investor Relations abgegrenzt wird (Abschnitt 3.1.1). Des Weiteren wird ein Überblick über Perspektiven und Ansätze zur wertorientierten Berichterstattung gegeben (Abschnitt 3.1.2). Darauf aufbauend wird eine inhaltliche Ausgestaltung der wertorientierten Berichterstattung konzipiert (Abschnitt 3.2). Es wird dargestellt, welche Informationen für die Adressaten der externen Berichterstattung erforderlich erscheinen, um die seitens der Unternehmen praktizierte wertorientierte Unternehmensführung beurteilen zu können. Somit kann eine Aussage darüber getroffen werden, welche Informationen, die nicht Teil der verpflichtenden Berichterstattung sind, zusätzlich durch die wertorientierte Berichterstattung bereitzustellen sind. Neben der inhaltlichen Ausgestaltung der wertorientierten Berichterstattung bedarf es ebenso einer formalen Ausgestaltung, um die Transparenz der Berichterstattung zu erhöhen und eine Vergleichbarkeit der bereitgestellten Informationen zu gewährleisten. Dieser Thematik widmet sich Abschnitt 3.3.

## 3.1 Charakterisierung der wertorientierten Berichterstattung

Die vorangegangenen Ausführungen haben gezeigt, dass es nicht allein ausreichend ist, die Unternehmensführung intern wertorientiert auszurichten. Vielmehr bedarf es zusätzlich einer externen wertorientierten Berichterstattung. Vor dem Hintergrund dieser Notwendigkeit ist nachfolgend zu definieren, was unter der wertorientierten Berichterstattung im Einzelnen zu verstehen ist und was dessen wesentliche Merkmale sind (Abschnitt 3.1.1). Ferner wird in Form eines Exkurses der Begriff der wertorientierten Berichterstattung von den Investor Relations abgegrenzt, da diese Begriffe in der Literatur teilweise synonym verwendet werden.[779] Anschließend werden verschiedene Perspektiven und Ansätze zur wertorientierten Berichterstattung skizziert (Abschnitt 3.1.2).

### 3.1.1 Begriffliche Abgrenzung der wertorientierten Berichterstattung

Unter der wertorientierten Berichterstattung werden im Rahmen der vorliegenden Arbeit all jene verpflichtenden und freiwilligen Komponenten der externen Berichterstattung verstanden, mit denen bestehende Informationsasymmetrien auf dem Kapitalmarkt abgebaut werden sollen, um die Wertlücke zwischen (rechnerischem) Unternehmenswert und Börsenwert zu schließen, den inneren Unternehmenswert zu steigern und die Corporate Governance zu verbessern. Zur Erreichung dieser Zielsetzungen sollte es Kapitalmarktakteuren ermöglicht werden, die seitens des Unternehmens praktizierte wertorientierte Unternehmensführung zu beurteilen und das Unternehmen zutreffend zu bewerten.[780] Hierfür ist es zwingend erforderlich, die externe Berichterstattung an der wertorientierten Unternehmensführung auszurichten und den Kapitalmarktteilnehmern fundierte Informationen bereitzustellen, die ihnen als Grundlage für die Bildung von Rendite-Risiko-Prognosen zur Beurteilung von Investments sowie zur adäquaten Bewertung der zukünftigen wirtschaftlichen Ertragskraft des Unternehmens und damit als Entscheidungsgrundlage dienen.[781] Die wertorientierte Berichterstattung bildet somit einen integralen Bestandteil der wertorientierten Unternehmensführung.

Im Rahmen der Darstellung von Grenzen und Defiziten der verpflichtenden Berichterstattung in Bezug auf eine wertorientierte Berichterstattung wurde aufgezeigt, dass die „traditionelle" Berichterstattung vor dem Hintergrund der verän-

---

779 Vgl. z.B. Zemelka (2002).

780 Vgl. Pfaff/Bärtl (1999), S. 87. Stauber (2003), S. 66ff.

781 Vgl. im Einzelnen Coenenberg/Mattner (2000), S. 1829; Pellens/Hillebrandt/Tomaszewski (2000), S. 178.

derten Umfeldbedingungen, unter denen börsennotierte Unternehmen agieren, „den Bedürfnissen des Kapitalmarktes nicht gerecht“[782] wird. So erfordert ein verschärfter Wettbewerb auf dem Kapitalmarkt auch eine stärkere Investorenorientierung der Berichterstattung. Aufgrund dieser „Lücke zwischen Anspruch und Wirklichkeit der externen Berichterstattung“[783] wird die Erweiterung der traditionellen, verpflichtenden Berichterstattung in Richtung einer wertorientierten Berichterstattung in der ökonomischen Literatur und Praxis spätestens seit Mitte der 90er Jahre intensiv diskutiert.[784] Dabei zielen die verschiedenen Ansätze zu deren Ausgestaltung – unter Verwendung unterschiedlicher Begriffe – im Wesentlichen auf identische Berichtskomponenten.[785] Inhaltlich wird die traditionelle Berichterstattung dabei wesentlich erweitert:[786]

- Neben den erfolgs- und finanzorientierten werden zusätzlich wertorientierte Informationen auf Unternehmens- und/oder Segmentebene ausgewiesen und erläutert;
- es lassen sich zusätzliche finanzielle und nichtfinanzielle Angaben sowie durch Rechnungslegungsnormen möglichst unbeeinflusste Informationen in die Berichterstattung einbeziehen;
- diese Informationen können sowohl vergangenheits- als auch insbesondere zukunftsbezogen sein.[787]

---

782 Moll (2002), S. 54.

783 Küting (2001), S. 465.

784 In diesem Zusammenhang sind im Wesentlichen zwei verschiedene Kategorien von Ansätzen zur Weiterentwicklung der Berichterstattung zu unterscheiden. Die erste Kategorie beschäftigt sich mit einer Modifizierung der bestehenden verpflichtenden Rechnungslegung bzw. Berichterstattung. Die zweite Kategorie widmet sich der zusätzlichen Berichterstattung im Rahmen einer freiwilligen Publizität. Vgl. Küting (2001), S. 465. Die vorliegende Arbeit fokussiert sich auf die Ausarbeitung möglicher inhaltlicher und formaler Anforderungen an eine erweiterte Berichterstattung. Die Frage, ob eine Modifizierung der bestehenden Vorschriften erfolgen sollte, d.h. ob der Staat die Inhalte der wertorientierten Berichterstattung durch zwingendes Recht verbindlich regulieren muss, wird im Rahmen der vorliegenden Arbeit nicht zur Diskussion gestellt. Vgl. bereits Fn. 25.

785 Vgl. hierzu bereits Abschnitt 1.2. Nach dem Arbeitskreis „Externe Unternehmensrechnung“ der Schmalenbach-Gesellschaft für Betriebswirtschaft e.V. (Hrsg.) (2001), S. 160, wird sich „ein Wechsel von dem bisherigen Financial Accounting zu einem Business Reporting, d.h. von einem auf definierten Pflichtumfängen basierenden kommentierten Zahlenwerk hin zu einer echten Geschäftsberichterstattung“ vollziehen. Kritisch äußert sich hierzu Moxter (2001), S. 606, mit der Frage, ob „man etwa übersehen [hat, A.d.V.], dass es in der Wettbewerbswirtschaft gar keine vollständige (alle entscheidungsrelevanten Informationsbedürfnisse der Adressaten befriedigende) Information geben kann?“.

786 Vgl. Böcking (1998), S. 44; Müller (1998), S. 126f.; Pellens/Hillebrandt/Tomaszewski (2000), S. 178. Vgl. ausführlich zu den Inhalten der wertorientierten Berichterstattung Abschnitt 3.2.

787 Vergangenheitsbezogene Informationen ermöglichen bspw. Plan- Istvergleiche, wenn in der Vergangenheit Planangaben veröffentlicht wurden.

Exkurs: Abgrenzung von wertorientierter Berichterstattung und Investor Relations

In der Literatur wird immer wieder der Begriff Investor Relations in den Mittelpunkt der Betrachtung der freiwilligen Publizität gestellt.[788] Obgleich in den letzten Jahren sowohl in der Theorie als auch in der Praxis eine ausführliche Auseinandersetzung mit dem Thema Investor Relations zu beobachten war, herrscht dabei kein einheitliches Verständnis des Begriffs Investor Relations.[789] Die unterschiedlichen Definitionen ergeben sich dabei insbesondere aufgrund der folgenden drei Abgrenzungskriterien:[790]

- Umfang der Maßnahmen (Beschränkung auf die Kommunikationspolitik, d.h. Investor Relations i.e.S., oder Einbezug der Leistungs-, Kontrahierungs- und Distributionspolitik in den Begriff der Investor Relations, d.h. Investor Relations i.w.S. oder Finanzmarketing),
- Verpflichtungscharakter der Maßnahmen (Beschränkung auf freiwillige Maßnahmen oder Einbezug gesetzlich verpflichtender Maßnahmen),
- Art der zugrunde liegenden Finanzierungsbeziehung (Ausrichtung auf die Eigenkapitalgeber oder auf Eigen- und Fremdkapitalgeber).

Um eine Abgrenzung zwischen der wertorientierten Berichterstattung und der Investor Relations vornehmen zu können, fokussiert sich der hier zugrunde gelegte Begriff der Investor Relations auf die Investor Relations i.e.S. die sowohl freiwillige als auch gesetzlich vorgeschriebene Maßnahmen umfasst. Darüber hinaus sollte sich die Investor Relations sowohl an den Interessen von Eigen- als auch von Fremdkapitalgebern und damit der Financial Community auszurichten, wobei der Fokus, analog zu der Begründung in Bezug auf die wertorientierte Berichterstattung, auf den Eigenkapitalgebern liegt. Demnach kann Investor Relations definiert werden als die planmäßige und zielgerichtete Kommunikation zwischen börsennotierten Unternehmen und (potenziellen) Eigen- und Fremdkapitalgebern sowie Informationsmittlern mit dem Oberziel der optimalen Bewertung des Unternehmens am Kapitalmarkt.[791]

Für die Kommunikation im Rahmen der Investor Relations stehen dem Unternehmen verschiedene Instrumente zur Verfügung. Im Wesentlichen werden in der Literatur persönliche und unpersönliche Maßnahmen unterschieden, die sich jeweils wiederum in Pflichtmaßnahmen und freiwillige Maßnahmen einteilen lassen (vgl. Abb. 31).[792] Da bei persönlichen Maßnahmen die Gefahr der Kollision mit dem Insiderhandelsverbot gemäß § 14 WpHG besteht, ist davon auszugehen, dass die Bedeutung der unpersönlichen

788 Vgl. z.B. Küting/Dawo/Heiden (2001b), S. 92ff.; Merkt (2001), S. 429ff.; Pellens (2001a), Sp. 1750.

789 Vgl. Mindermann (2000), S. 25; Hütten (2000), S. 54; Sänger (2001), S. 15.

790 Vgl. Allendorf (1996), S. 6ff.; Sänger (2001), S. 15f.

791 Vgl. hierzu z.B. Drill (1995), S. 55; Günther/Otterbein (1996), S. 397; Küting/Hütten (1996), S. 2672; Paul (1993), S. 139.

792 Vgl. z.B. Allendorf (1996), S. 63; Günther/Otterbein (1996), S. 404ff.; Link (1991), S. 319; Schulz (1999), S. 119ff.

Maßnahmen zukünftig zunehmen wird.[793] Unter den unpersönlichen Maßnahmen stellt der Geschäftsbericht nach wie vor das zentrale Instrument der Investor Relations dar.[794] Dies ist bspw. darauf zurückzuführen, dass der Geschäftsbericht geprüfte Bestandteile enthält, eine vergleichsweise große Informationsfülle enthält sowie an sämtliche Adressatengruppen der Investor Relations gerichtet ist.

| | Persönlich | Unpersönlich |
|---|---|---|
| Pflicht | • Hauptversammlung<br>• Analystenmeeting* | • Emissionsprospekt<br>• Halbjahresbericht<br>• Quartalsbericht*<br>• Ad-hoc-Publizität<br>• Unternehmenskalender* |
| Freiwillig | • Roadshow<br>• One-on-Ones<br>• Analystenmeeting<br>• Pressekonferenz<br>• Telefon- und E-Mail-Kontakte<br>• Aktionärsmesse<br>• Investorentage | • Geschäftsbericht**<br>• Investor-Handbuch<br>• Internet<br>• Aktionärsbrief<br>• Aktionärszeitung<br>• Presseinformation<br>• Finanzanzeige |

* Vorschrift für Unternehmen des 'Prime Standard', für alle anderen Unternehmen als freiwillig einzuordnen

** Gesetzlich besteht keine Verpflichtung zur Erstellung eines Geschäftsberichtes, jedoch wird er in der Praxis zur Erfüllung gesetzlicher Informationspflichten eingesetzt.

*Abb. 31: Systematisierung von Maßnahmen der Investor Relations (Quelle: In Anlehnung an Achleitner/Bassen/Pietzsch (2001), S. 20; Hütten (2000), S. 74 und S. 191)*

Hinsichtlich der zu vermittelnden Inhalte der Investor Relations besteht kein einheitlicher Kriterienkatalog.[795] Einigkeit besteht jedoch darüber, dass zusätzlich zu gesetzlich geforderten Publizitätsinhalten Informationen freiwillig bereitgestellt werden müssen, um der Financial Community und insbesondere den Eigenkapitalgebern eine subjektive Beurteilung der Aktie zu ermöglichen.[796] So sollten etwa neben Informationen zum Unternehmen dessen Einordnung in das Branchen- und Konjunkturumfeld sowie eine eingängige strategische Ausrichtung für die Zukunft präsentiert werden.[797] Dabei findet

793 Vgl. Merkt (2001), S. 431; Pellens (2001a), Sp. 1750. Ebenso wird in Ziff. 6.3 des DCGK empfohlen, dass alle Aktionäre bei Informationen gleich zu behandeln sind und ihnen sämtliche neue Tatsachen, die Finanzanalysten und vergleichbaren Adressaten mitgeteilt worden sind, zur Verfügung zu stellen sind. In den USA soll durch die Regulation FD hinsichtlich der Informationsbereitstellung ein Ausgleich zwischen Kleinaktionären und Analysten bzw. institutionellen Anlegern geschaffen werden. So haben die Unternehmen, die den Vorschriften der SEC unterliegen, mit der Weitergabe einer Information an einen Analysten diese gleichzeitig auch der Öffentlichkeit zur Verfügung zu stellen. Vgl. zur Regulation FD im Internet: www.law.uc.edu/CCL/regFD (Stand: 28.02.2004). Vgl. ausführlicher zur Regulation FD z.B. Kisters/Hoffmann (2001).

794 Vgl. hierzu und im Folgenden ausführlich Hütten (2000), S. 84ff. m.w.N.

795 Vgl. z.B. Brandt (2000), S. 117ff.; Kirchhoff (2001), S. 52f.

796 Vgl. Kirchhoff (2001), S. 52. Vgl. zu einer Zusammenstellung der Ergebnisse verschiedener Studien zu den Anforderungen der Investor Relations aus Adressatensicht Achleitner/Bassen/Pietzsch (2001b), S. 39ff.

797 Vgl. Brandt (2000), S. 117ff.

„die nach Umfang und Berichtstiefe umfassendste Präsentation [...] zweifellos im Geschäftsbericht statt."[798]

Zusammenfassend kann daher festgehalten werden, dass sich die wertorientierte Berichterstattung und die Investor Relations auf die gleiche Zielgruppe beziehen und beiden die gleiche zentrale Zielsetzung, die in einer angemessenen Bewertung des Unternehmens am Kapitalmarkt liegt, zukommt. Darüber hinaus werden sowohl im Rahmen der wertorientierten Berichterstattung als auch im Rahmen der Investor Relations neben den gesetzlich geforderten auch freiwillige Informationen bereitgestellt. Dabei ist hinsichtlich der zu vermittelnden Inhalte zwischen der wertorientierten Berichterstattung und den Investor Relations eine Abgrenzung nicht (überschneidungsfrei) möglich, da sämtliche (freiwilligen) Inhalte der Investor Relations auch im Rahmen der wertorientierten Berichterstattung relevant werden können. Als zentrales Medium zur Vermittlung der Investor Relations-Inhalte wird der Geschäftsbericht angesehen, der entsprechend gesetzlicher Vorschriften nicht verpflichtend anzufertigen ist, aber dazu verwendet wird, gesetzlichen Informationspflichten nachzukommen. Analog dazu kann die wertorientierte Berichterstattung als jährliche Berichterstattung im Geschäftsbericht erfolgen. Darüber hinaus zählen jedoch weitere, insbesondere situationsgebundene Publikationsmedien zu den Instrumenten der Investor Relations. Diese Publikationsformen stellen ein Abgrenzungskriterium zwischen der Investor Relations und der wertorientierten Berichterstattung dar, da sich letztere auf die jährliche, regelmäßige Publizität beschränkt.[799] Folglich kann die wertorientierte Berichterstattung als ein Bestandteil der Investor Relations angesehen werden.[800]

### 3.1.2 Perspektiven und Ansätze zur wertorientierten Berichterstattung

Die im vorangegangenen Abschnitt erwähnten Diskussionen um die Weiterentwicklung der verpflichtenden Berichterstattung werden nicht nur unter dem Begriff der wertorientierten Berichterstattung – oder diesem inhaltlich entsprechenden Begriffen – geführt, sondern auch unter anderen Schlagworten und damit unter zunächst anders erscheinenden Blickwinkeln. Die vielfältigen Diskussionen in der ökonomischen Literatur und Praxis um die Weiterentwicklung der traditionellen i.S.d. verpflichtenden Berichterstattung können nach KÜTING dabei auf verschiedene veränderte Umfeldbedingungen von Rechnungslegungssystemen zurückgeführt werden, die zu veränderten Anforderungen an die Inhalte der Berichterstattung führen.[801] Im Rahmen der vorliegenden Arbeit sind insbesondere drei bereits erwähnte Entwicklungen von Bedeutung, die zu veränderten

798 Brandt (2000), S. 117.

799 Die Analyse der wertorientierten Berichterstattung wird im Rahmen der vorliegenden Arbeit auf die jährliche Berichterstattung in Geschäftsberichten beschränkt. Grundsätzlich könnten wertorientierte Informationen natürlich auch bspw. im Rahmen der Zwischenberichterstattung bereitgestellt werden.

800 Vgl. auch Ruhwedel/Schultze (2002), S. 609.

801 Vgl. hierzu und im Folgenden Küting (2001), S. 462ff.

Anforderungen an die Berichterstattung von börsennotierten Unternehmen geführt haben und anhand derer sich die Ansätze zur Weiterentwicklung der Berichterstattung (idealtypisch) in drei Gruppen klassifizieren lassen.

Als erste Entwicklung ist hier der, bereits einleitend genannte, verschärfte Wettbewerb auf den Kapitalmärkten zu nennen. Dieser erfordert eine stärkere Investoren- bzw. Kapitalmarktorientierung der Berichterstattung, da die verpflichtende Berichterstattung nicht mehr ausreichend erscheint, um den Informationsbedürfnissen des Kapitalmarktes gerecht zu werden. Die hieraus resultierende Forderung, den Kapitalmarktakteuren Informationen zur Beurteilung der Wertentwicklung des Unternehmens bereitzustellen, ist Gegenstand der Ansätze zur wertorientierten Berichterstattung.

Zweitens gewinnen immaterielle Werte im Rahmen des unternehmerischen Wertschöpfungsprozesses zunehmend an Bedeutung, was auf den beobachtenden Wandel von einer Industrie- zu einer Wissensgesellschaft zurückzuführen ist. Da selbst erstellte immaterielle Werte vielfach von einer Aktivierung ausgeschlossen sind,[802] wurden in den vergangenen Jahren verschiedene Konzepte vorgelegt, die sich unter dem Begriff des Intellectual Capital Statement mit der Berichterstattung über (bilanziell nicht erfasste) immaterielle Werte befassen.[803] Da die Ausführungen zur wertorientierten Unternehmensführung gezeigt haben, dass immaterielle Werte wichtiges Erfolgspotenzial für den zukünftigen Unternehmenserfolg in Form eines gestiegenen Unternehmenswertes darstellen können, sollte die Berichterstattung über immaterielle Werte jedoch nicht losgelöst von der wertorientierten Berichterstattung gesehen werden, sondern vielmehr einen integralen Bestandteil von dieser darstellen. Daher wird in den nachfolgenden Abschnitten neben den Entwicklungsschritten und Ansätzen zur wertorientierten Berichterstattung ebenso auf Ansätze zur Berichterstattung über immaterielle Werte eingegangen.

Neben dem zunehmenden Wettbewerb auf den Kapitalmärkten und der steigenden Bedeutung von immateriellen Werten bildet die Betonung der Notwendigkeit einer nachhaltigen Ausrichtung der Unternehmensführung die dritte Komponente der veränderten Umfeldbedingungen von Rechnungslegungssystemen. In diesem Zusammenhang wird die sog. Nachhaltigkeitsberichterstattung

802 Vgl. hierzu Abschnitt 2.3.1.

803 Vgl. Grübel/North/Szogs (2004), S. 19. In der Literatur werden neben dem Begriff des Intellectual Capital Statement auch Begriffe wie Intellectual Property Statement oder Wissensbilanzen als Synonym für die Berichterstattung über immaterielle Werte verwendet. In der vorliegenden Arbeit wird daher aus Vereinfachungsgründen auch nicht zwischen den verschiedenen Begriffen differenziert. Vgl. zur Erfassung und Abbildung des Intellektuellen Kapitals auch Kasperzak/Krag/Wiedenhofer (2001).

(sustainability reporting), zu deren Ausgestaltung verschiedene Vorschläge entwickelt wurden, als „viel versprechendes Kommunikationsinstrument für Unternehmen [angesehen, A.d.V.], die sich am Konzept der Nachhaltigkeit orientieren und ihr Verantwortungsbewusstsein gegenüber ihren Anspruchsgruppen kommunizieren wollen"[804]. Da eine nachhaltig ausgerichtete Unternehmensführung zu Wettbewerbsvorteilen und damit zu finanziellen Vorteilen für ein Unternehmen führen kann, sind auch Ansätze zur Nachhaltigkeitsberichterstattung im Rahmen der vorliegenden Arbeit von Bedeutung. Der Zusammenhang von Nachhaltigkeitsberichterstattung und wertorientierter Berichterstattung kann dabei in zweifacher Hinsicht beschrieben werden. Zum einen ist es im Rahmen einer wertorientierten Unternehmensführung Ziel führend, neben den (Informations-)Interessen der Kapitalgeber auch die der anderen Stakeholder zu berücksichtigen. Im Zusammenhang mit einer - unter dem Gesichtspunkt des Shareholder Value - an den Stakeholder-Belangen ausgerichteten Nachhaltigkeitsberichterstattung wird in der Literatur zumeist Royal Dutch Shell explizit positiv hervorgehoben.[805] Nach ECCLES U.A. kommt anhand der Berichterstattung von Shell „die Überzeugung von Shell zu Ausdruck kommt, dass Shareholder Value und die Forderungen anderer Stakeholder untrennbar miteinander verflochten sind"[806]. Zum anderen steht eine Nachhaltigkeitsaspekte einbeziehende Berichterstattung auch im Interesse der Kapitalmarktakteure. So erhoffen sich Unternehmen nach DAUM „Glaubwürdigkeit und Anerkennung von der Öffentlichkeit zu erlangen, und damit auch durch das Vertrauen der Investoren belohnt zu werden. Denn der gute Ruf und die Reputation eines Unternehmens wird zunehmend als eine wichtige Basis für wirtschaftlichen Erfolg und zum Erlangen von Wettbewerbsvorteilen betrachtet. [...] Anleger werden daher verstärkt in Unternehmen investieren wollen, die sich nicht nur um ökonomische, sondern auch um soziale und ökologische belange kümmern"[807]. Die Ausführungen im Anschluss an die Darstellung der Berichterstattung über immaterielle Werte als Element der wertorientierten Berichterstattung widmen sich daher der Nachhaltigkeitsberichterstattung als stakeholderorientierte Perspektive der wertorientierten Berichterstattung.

---

804 Hauth/Raupach (2001), S. 25.

805 Vgl. z.B. Daum (2002), S. 144; Eccles u.a. (2002), S. 199ff.; Saitz/Wolbert (2002), S. 324.

806 Eccles u.a. (2002), S. 219. Vgl. ähnlich Saitz/Wolbert (2002), S. 324.

807 Daum (2002), S. 140 und S. 148.

#### 3.1.2.1 Überblick über Entwicklungsschritte und Ansätze zur wertorientierten Berichterstattung in Wissenschaft und Praxis

Eine umfassende Bestandsaufnahme zu den Anforderungen an ein Business Reporting im Sinne einer investororientierten Unternehmensberichterstattung geht auf das AICPA zurück. Das AICPA beauftragte 1991 das 'Special Committee on Financial Reporting', eine Studie zu den Informationsbedürfnissen der Adressaten durchzuführen.[808] 1994 legte das Gremium den sog. Jenkins Bericht[809] „Improving Business Reporting" mit Verbesserungsvorschlägen für die externe Berichterstattung vor.[810] Als Business Reporting definiert das AICPA „the information a company provides to help users with capital-allocation decisions about a company. It includes a number of different elements, with financial statements as one of those elements."[811] Erklärtes Ziel der Verbesserungsvorschläge war es, den Nutzen der veröffentlichten Unternehmensinformationen zu erhöhen.

Die Studie des AICPA führte zu dem Ergebnis, dass den Investoren die für ihre rationale Entscheidungsfindung erforderlichen Informationen nicht bzw. nur unzureichend durch die traditionelle Berichterstattung i.S.e. Financial Reporting zur Verfügung gestellt werden. Vor diesem Hintergrund wurde die Notwendigkeit gesehen, die Berichterstattung hin zu einem Business Reporting zu erweitern, um Investoren insbesondere nichtfinanzielle sowie zukunftsorientierte Informationen offen zu legen (vgl. Abb. 32).[812]

---

808 Vgl. z.B. Küting (2001), S. 473.

809 Die Bezeichnung Jenkins Report bezieht auf den damaligen Vorsitzenden des 'Special Committee on Financial Reporting', Edmund L. Jenkins. Vgl. z.B. Haller/Dietrich (2001c), S. 206.

810 Vgl. hierzu und im Folgenden AICPA (Hrsg.) (1994).

811 AICPA (Hrsg.) (1994), Chapter 1 – Introduction (o.S.).

812 Vgl. Ruhwedel/Schultze (2002), S. 607.

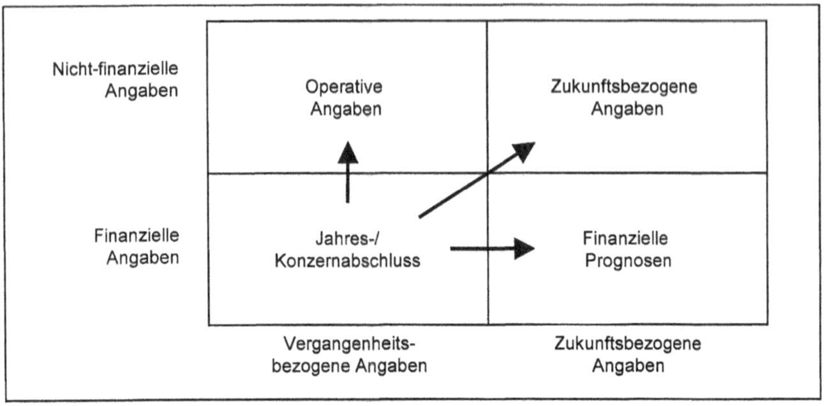


*Abb. 32: Vorgeschlagenes Business Reporting Model des AICPA (Quelle: In Anlehnung an Noll/Weygandt (1997), S. 59; Ruhwedel/Schultze (2002), S. 607)*

Die Ergebnisse der Untersuchung des Jenkins Committee resultierten in einem fünfstufigen Modell, dem sog. ‘Model of Business Reporting’ (vgl. Abb. 33). Die einzelnen aufgeführten Informationen sind jeweils auf Gesamtunternehmens- und Segmentebene zu publizieren.

**I. Financial and Non-Financial Data**

(A) Financial Statements and related disclosures

(B) High-level operating data and performance measurements that management uses to manage the business

**II. Management's Analysis of Financial and Non-Financial Data**

(A) Reasons for changes in the financial, operating, and performance-related data, and the identity and past effect of key trends

**III. Forward-looking-Information**

(A) Opportunities and risks, including those resulting from key-trends

(B) Management's plans, including critical success factors

(C) Comparison of actual business performance to previously disclosed opportunities, risks, and management's plans

**IV. Information about Management and Shareholders**

(A) Directors, management, comparison, major shareholders, and transactions and relationships among related parties

**V. Background about the company**

(A) Broad objectives and strategies

(B) Scope and description of business and properties

(C) Impact of industry structure on the company

*Abb. 33: Business Reporting Model des AICPA (Quelle: AICPA (1994), Appendix II (o.S.))*

Obgleich das Business Reporting Model des AICPA explizit auch nichtfinanzielle Informationen beinhaltet, ist dennoch „die Konkretisierung nichtfinanzieller Größen [...] – verglichen mit den Vorschlägen zu segmentierten und disaggregierten Finanzkennzahlen – indes eher vage“[813].

Die Ergebnisse des Jenkins Reports bildeten die Grundlage für das sog. 'Business Reporting Research Project' des FASB, in welchem die freiwillige Unternehmensberichterstattung in den USA empirisch untersucht wurde.[814] Ziel des Projektes war es, basierend auf der Umsetzung der freiwilligen Berichterstattung in der Unternehmenspraxis Empfehlungen für eine freiwillige Berichterstattung zu formulieren.[815]

Im Zuge der Analyse zum Status Quo der freiwilligen Berichterstattung untersuchte das FASB jeweils sechs bis neun Unternehmen aus acht verschiedenen Branchen. Grundlage hierfür bildeten Geschäfts- und Zwischenberichte, Pressemitteilungen sowie weitere Unternehmensinformationen.[816] Die Auswertung dieser Informationen erfolgte anhand der fünf Kategorien des Jenkins Berichtes, die das FASB um eine sechste Kategorie (information about intangible assets that have not been recognized in the financial statement) ergänzte. Im Ergebnis kommt das FASB zu dem Fazit, dass die Unternehmen umfangreiche, freiwillige Informationen bereitstellen.[817]

Um Unternehmen weiterhin zu ermutigen, freiwillig Informationen offen zu legen, wurde ein sog. 'framework for providing voluntary disclosures' entwickelt. Das Framework bildet einen fünfstufigen Prozess, anhand dessen Unternehmen individuell beurteilen sollen, welche Informationen für Investoren von Nutzen sind und veröffentlicht werden sollten. Im Rahmen der ersten Stufe sind die kritischen Erfolgsfaktoren des Unternehmens zu identifizieren. Anschließend sind die Strategien und Pläne des Managements zu bestimmen, die auf den Erhalt und Ausbau der identifizierten Erfolgsfaktoren zielen (zweite Stufe). Die dritte

---

813 Moll (2002), S. 249.

814 Das 'Business Reporting Research Project' besteht aus drei Untersuchungen, deren Ergebnisse unter den Titeln „Electronic Distribution of Business Reporting Information“, „Improving Business Reporting: Insights into Enhancing Voluntary Disclosures" sowie „GAAP-SEC Disclosure Requirements“ veröffentlicht wurden. Vgl. FASB (Hrsg.) (2000), FASB (Hrsg.) (2001a), FASB (Hrsg.) (2001b). Zu der Studie „Electronic Distribution of Business Reporting Information“ wurde 2002 bereits eine Nachfolgeuntersuchung initiiert. Vgl. im Internet: www.fasb.org/project/update_05-21-02.shtml (Stand: 07.03.2004).

815 Vgl. FASB (2001a), S. V. Vgl. ausführlich zu den Ergebnissen des Business Reporting Research Project des FASB auch Haller/Dietrich (2001c).

816 Vgl. hierzu und im Folgenden FASB (2001a), S. 5f. Als freiwillig definiert das FASB „disclosures, primarily outside the financial statement, that is not explicitly required by GAAP or an SEC rule." FASB (Hrsg.) (2000), S. 5.

817 Vgl. hierzu und im Folgenden FASB (2001a), S. 13.

Stufe umfasst die Auswahl von Kennzahlen, die unternehmensintern zur Implementierung der Strategien und Pläne genutzt werden. Die in den ersten drei Stufen ausgewählten Informationen sind auf der vierten Stufe daraufhin zu überprüfen, ob die negativen Auswirkungen in Form von Wettbewerbsnachteilen die positiven Effekte einer freiwilligen Berichterstattung übersteigen. Führen diese Überlegungen zu der Entscheidung für eine freiwillige Offenlegung ist zu bestimmen, in welcher Form die freiwillige Berichterstattung am Besten zu erfolgen hat (fünfte Stufe).

Überdies beschäftigten sich in den vergangenen Jahren auch Wirtschaftsprüfungsgesellschaften mit der Entwicklung von Ansätzen zur wertorientierten Berichterstattung. Viel beachtete Arbeiten wurden in diesem Zusammenhang von PwC veröffentlicht, die in umfangreichen empirischen Untersuchungen die Informationsbedürfnisse von Investoren und Analysten erhoben.[818] Die identifizierten Informationsbedürfnisse bildeten den Ausgangspunkt für die vier Informationskategorien des von PwC entwickelten Publizitätsmodells des ValueReporting™[819]. Das in Abb. 34 dargestellte Publizitätsmodell soll Unternehmen eine „Ausgangsbasis für die inhaltliche Strukturierung des Publizitätsprozesses"[820] bieten. Die verschiedenen Inhalte der vier Informationskategorien können jedoch nicht allgemein für alle Unternehmen bestimmt werden. Vielmehr sind die einzelnen Inhalte in Abhängigkeit von branchenspezifischen sowie unternehmensindividuellen Gegebenheiten zu konkretisieren.[821]

Im Publizitätsmodell von PwC werden zunächst eine externe und eine interne Perspektive unterschieden.[822] Die externe Perspektive umfasst eine Marktübersicht, die den Ausgangspunkt der wertorientierten Berichterstattung bildet. Hierin ist das äußere Umfeld des Unternehmens darzulegen. Dabei ist sowohl auf die eigene Branche als auch auf gesamtwirtschaftliche Faktoren einzugehen. Neben der Darstellung der gegenwärtigen Situation ist ebenso eine Einschätzung der zukünftigen Marktentwicklung abzugeben.

Anschließend ist die interne Perspektive darzustellen, die mit der Erläuterung der Strategie des Unternehmens beginnt. Im Rahmen der Strategie sind die Wettbewerbsposition des Unternehmens zu erläutern und Maßnahmen auf Gesamtunternehmensebene und auf Geschäftsbereichsebene zur Verbesserung der

---

818 Vgl. hierzu die bereits in Fn. 464 genannten länder- und branchenspezifischen Studien.

819 ValueReporting™ ist ein geschütztes Warenzeichen von PwC. Hierzu wurde von PwC eine entsprechende Homepage eingerichtet. Vgl. www.valuereporting.com.

820 Eccles u.a. (2002), S. 260.

821 Vgl. Küting (2001), S. 495.

822 Vgl. hierzu und im Folgenden Eccles u.a. (2002), S. 260ff.; Küting (2001), S. 495.

Wettbewerbsposition darzustellen. Dies beinhaltet Pläne zur Umsetzung der Strategien sowie konkrete Vorgaben.

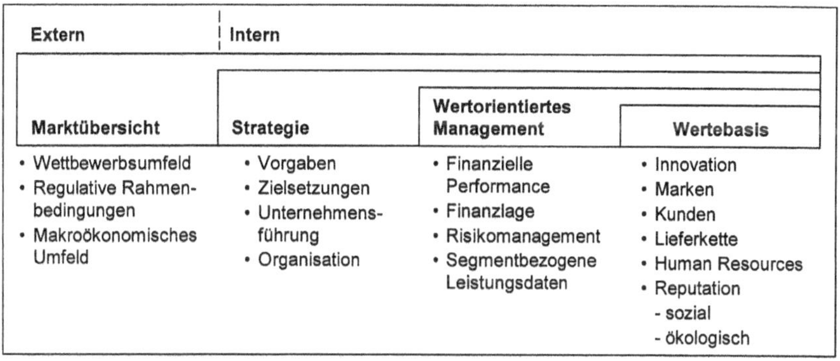


*Abb. 34: Publizitätsmodell des ValueReporting™ von PwC (Quelle: In enger Anlehnung an Eccles u.a. (2002), S. 261; PwC (Hrsg.) (2001a), S. 17)*

Im Rahmen des wertorientierten Managements werden die finanziellen Kennzahlen definiert, die annahmegemäß den Shareholder Value bestimmen. Die finanziellen Kennzahlen sind sowohl aggregiert als auch für die einzelnen Geschäftsbereiche darzulegen und den entsprechenden Angaben der Konkurrenten gegenüber zu stellen. Zusätzlich sind Informationen zum Risikomanagement zu vermitteln.

Die Wertebasis zielt auf die Darstellung der – überwiegend nichtfinanziellen – Werttreiber. Diese repräsentieren Erfolgsfaktoren für die finanzielle Performance des Unternehmens und geben damit zusätzliche Auskunft über die Wertschaffung des Unternehmens.

Neben den vorgestellten Konzepten des AICPA, des FASB sowie von PwC wurden in Theorie und Praxis weitere Ansätze zur wertorientierten Berichterstattung entwickelt. Abb. 35 gibt einen Überblick über verschiedene Ansätze zur wertorientierten Berichterstattung, ohne dabei einen Anspruch auf Vollständigkeit zu erheben.[823]

---

[823] Die inhaltliche Ausgestaltung der wertorientierten Berichterstattung nach Fischer (2003) fokussiert sich auf die Pharmabranche. Alle anderen genannten Ansätze umfassen branchenübergreifende Vorschläge zur Ausgestaltung der wertorientierten Berichterstattung. Der Ansatz von Stauber (2003) fokussiert sich auf ein Voluntary Value Reporting auf Basis der IAS/IFRS. Den Ansätzen in Abb. 35 ist eine inhaltliche Struktur zur Darstellung der wertorientierten Informationen gemeinsam. Vgl. zu weiteren Arbeiten, in denen einzelne Aspekten der Ausgestaltung der wertorientierten Berichterstattung behandelt werden, z.B. European Accounting Study Group (Hrsg.) (2000); ICAEW (Hrsg.) (2000); ICAS (Hrsg.) (1999).

| Autor (Jahr) | Kategorien der Berichterstattung | Beispiele für Berichtsinhalte |
|---|---|---|
| Müller (1998) | • Total Return Reporting<br>• Value Added Reporting<br>• Strategic Advantage Reporting | • Aktienkurs-, Dividendenentwicklung<br>• Cash-flow-Darstellung, Wertsteigerungskonzepte<br>• Zielsetzung und -erreichung, Umfeld, Strategien und Maßnahmen |
| ICAEW (1999) | • Nicht-finanzielle Indikatoren<br>• Finanzielle Indikatoren<br>• Indikatoren bezogen auf spezifische Value Driver | • Marktwachstum und -anteil<br>• Umsatzwachstum, Markt- oder Kundenprofitabilität<br>• z.B. zu Produktivität, Umwelt, Humanressourcen, Innovationen, Prozessqualität |
| Labhart (1999) | • Finanzielle Perspektive<br>• Managementperspektive<br>• Kundenperspektive<br>• Prozessperspektive<br>• Entwicklungsperspektive | • Gewinngröße, Risikokennzahlen<br>• Umsetzung der Unternehmensstrategie, Investitionen in Intangibles, Trends des Managements<br>• Marktanteil, Anzahl neuer Kundenbeziehungen<br>• Entwicklungszeit neuer Produkte, Investitionen in F&E<br>• Mitarbeiterzufriedenheit, -produktivität |
| Boulton/ Libert/ Samek (2000) | • Physische Vermögenswerte<br>• Finanzielle Vermögenswerte<br>• Angestellte und Lieferanten<br>• Kunden<br>• Organisation | • Investitionen, Sachanlagen, Lagerumschlag, Maschinennutzung<br>• Verhältnis Fremd-/Eigenkapital, Freier Cash-flow, Cash-flow pro Mitarbeiter<br>• Anzahl der Angestellten/Lieferanten, Mitarbeiterbindung und -fluktuation, Beschaffungskosten<br>• Anzahl der Kunden, Kundenzufriedenheit<br>• Anzahl der Patente, F&E-Ausgaben |
| Fey (2000) | • Unternehmensgrundlagen<br>• Abschlussorientierte Zusatzinformationen<br>• Kritische Erfolgsfaktoren<br>• Wertentwicklungskennzahlen<br>• Zukunftsorientierte Informationen | • Geschäftstätigkeit, Organisation<br>• nicht oder anders bilanzierte Posten, Kennzahlenanalyse<br>• Absatzmarkt/Kunden, Innovationen<br>• Unternehmenswert<br>• Strategische Ziele und Pläne des Managements, Chancen und Risiken |
| Pellens/ Hillebrandt/ Tomas- zewski (2000) | • Shareholder Return Reporting<br>• Corporate Return Reporting<br>- Detailed Financial and Per Share Reporting<br>- Value Tools Reporting<br>- Future Objectives Reporting | • Kursentwicklung, Aktienrendite, Dividenden, Entwicklung eines langfristigen Musterdepots<br>- detaillierte(re) auf die Aktie bezogene Daten der traditionellen Finanzberichterstattung<br>- wertorientierte Steuerungsinstrumente und -maßnahmen<br>- strategische Zielsetzungen |
| Ruhwedel/ Schultze (2002) | • Informationen zur Substanzbewertung<br>• Informationen zur Kapitalmarktbewertung<br>• Informationen zur internen Wertgenerierung<br>• Informationen zur Ermittlung des „inneren" Werts | • Fair Value, Goodwill<br>• Aktienrendite<br>• In der Periode erzielte interne Wertgenerierung, eingeleitete Maßnahmen zur Wertsteigerung<br>• Umfeldinformationen |
| AK „Externe Unternehmensrechnung" der SG (2002b) | • Kapitalmarktorientierte Daten<br>- Marktbewertung<br>- Chancen-Risiko-Profil<br>• Informationen über nicht bilanzierte Werte des Unternehmens<br>• Informationen über Strategie und Performance des Unternehmens | - Börsenkapitalisierung, Kurs-Gewinn-Verhältnis<br>- kurz- und langfristige Aktienrendite, relative Performance<br>• Human Capital, Customer Capital, Process Capital<br>• Angaben zu unternehmensintern verwendeten Kennzahlen |
| Fischer (2003) | • Forschung und Entwicklung<br>• Operative Daten<br>Finanzielle Prognosen<br>• Corporate Governance-Angaben<br>• Strategie | • Informationen zur Produktpipeline<br>• Ø-Beschäftigungsdauer,Häufigkeit von Mitarbeiterfluktuationen<br>• Erwartete Umsätze<br>• Entlohnung des Managements<br>• Angaben zur Gesamtunternehmensstrategie bzw. zu Geschäftsfeldstrategien |
| Stauber (2003) | • Finanzielle Zusatzinformationen zu IAS<br>• Informationen über Kapitalkosten<br>• Informationen über Wertsteigerungsmaße<br>• Strategieinformationen<br>• Informationen über immaterielle Werte<br>• Informationen über Risiken | • Fair Values, zusätzliche Segmentabschlussangaben<br>• Kapitalkostenausweis, Kapitalkostenbestimmung<br>• Spitzenkennzahl<br>• Konzernstrategie, Geschäftsfeldstrategie<br>• Produkte und Dienstleistungen, Personal, Absatz, Einkauf<br>• Risikomanagementprozess, Risikoquantifizierung |

*Abb. 35: Vorschläge zur Ausgestaltung der wertorientierten Berichterstattung (Quelle: Eigene Darstellung)*

Neben den zuvor skizzierten Ansätzen zur (freiwilligen)[824] wertorientierten Berichterstattung hat sich jüngst auch der deutsche Gesetzgeber intensiv mit einer Weiterentwicklung der verpflichtenden Berichterstattung auseinander gesetzt. So wurde zur Umsetzung der Modernisierungs- sowie der Fair-Value Richtlinie der EU in nationales Recht im Dezember 2004 das BilReG verabschiedet.[825] Durch diesen Entwurf zeichnen sich vor dem Hintergrund der wertorientierten Berichterstattung Erweiterungen für den (Konzern-)Anhang sowie v.a. „umfassende Änderungen“[826] für den (Konzern-)Lagebericht ab.[827] Dabei sind die vorgesehenen Änderungen für den (Konzern-)Lagebericht von besonderem Interesse, da dieser aufgrund seiner Aufgaben ein geeignetes Instrument für die wertorientierte Berichterstattung darstellt.

Wesentliche Erweiterungen ergeben sich für den (Konzern-)Anhang nach dem BilReG durch Umsetzung der Fair-Value-Richtlinie der EU in nationales Recht.[828] Entsprechend § 314 Nr. 10 HGB sind im Konzernanhang Informationen zu jeder Kategorie derivativer Finanzinstrumente bereitzustellen.[829] Im Einzelnen werden Art und Umfang der Finanzinstrumente sowie der beizulegende Wert der Finanzinstrumente, soweit dieser verlässlich ermittelbar ist, unter Angabe der angewandten Bewertungsmethode sowie eines ggf. vorhandenen Buchwertes und des Bilanzpostens, in dem der Buchwert erfasst ist, gefordert. Mit § 314 Nr. 11 HGB ergibt sich die Pflicht, Angaben für zu den Finanzanlagen gehörende Finanzinstrumente, die über ihrem beizulegenden Zeitwert ausgewiesen werden, zu machen, da insoweit eine außerplanmäßige Abschreibung unterblieben ist. Diesbezüglich werden im Einzelnen der Buchwert und der beizulegende Zeitwert der einzelnen Vermögensgegenstände oder angemessener Gruppen sowie die Gründe für das Unterlassen einer außerplanmäßigen Ab-

---

824 Eine Ausnahme stellt der Ansatz des AICPA dar, der auf eine Weiterentwicklung der verpflichtenden Berichterstattung zielte.

825 Vgl. zum BilReG ausführlicher Fn. 327.

826 Kajüter (2004a), S. 197.

827 Vgl. bezogen auf den (Konzern-)Lagebericht z.B. Kirsch/Scheele (2004), hier insbesondere S. 1f. Vgl. ferner Kajüter (2004a); Krawitz/Hartmann (2003), S. 292ff.; Lange (2004), S. 981.

828 Neben der Erweiterung der (Konzern-)Anhangangaben aufgrund der Umsetzung der Fair-Value-Richtlinie wurde mit §§ 285 Nr. 17, 314 Nr. 9 HGB für (Mutter-)Unternehmen, die einen organisierten Markt i.S.d. § 2 V WpHG in Anspruch nehmen, eine zusätzliche Erweiterung des (Konzern-)Anhangs um bestimmte Angaben zum Abschlussprüfer vorgenommen. Darüber wird in Abschnitt 3 des sog. 10-Punkte-Programms der Bundesregierung vorgeschlagen, den (Konzern-)Anhang um Angaben zur aktienbasierten oder anreizorientierten Vergütung der Vorstände zu erweitern. Diese Erweiterung könnte dabei sowohl vom Gesetzgeber verwirklicht werden als auch in den Empfehlungen des DCGK aufgegriffen werden.

829 Die entsprechenden Erweiterungen sind sowohl für den Konzernanhang als auch für den Anhang vorgesehen. Vgl. hierzu § 285 Nr. 18 und Nr. 19 HGB.

schreibung und die Anhaltspunkte für eine nicht dauernde Wertminderung gefordert.

Darüber hinaus hat die (Konzern-)Lageberichterstattung mit der Verabschiedung des BilReG, durch welches die Modernisierungs- sowie der Fair-Value Richtlinie der EU in nationales Recht umgesetzt wurden, eine deutliche Erweiterung und Konkretisierung erfahren.[830] Unter Bezugnahme auf die Kritik an der unterschiedlichen Qualität der (Konzern-)Lageberichterstattung in der Unternehmenspraxis zielt die Weiterentwicklung der Vorschriften zum (Konzern-)Lagebericht seitens der EU darauf ab, „mehr Übereinstimmung zu erreichen und zusätzliche Orientierung in Bezug auf den Informationsgehalt zu geben, der von einem den tatsächlichen Verhältnissen entsprechenden Bild erwartet wird."[831] Dementsprechend zielen die im BilReG enthaltenen Modifikationen von §§ 289 und 315 HGB darauf ab, den Informationsgehalt von Lageberichten zu erhöhen sowie deren Vergleichbarkeit zu verbessern.[832] Während die Vorschriften für den Nachtrags- und den F&E-Bericht unverändert bleiben,[833] ergeben sich Veränderungen für den Wirtschafts-, den Risiko- und den Prognosebericht.

Wird bisher im Rahmen des Wirtschaftsberichtes die Darstellung des Geschäftsverlaufs und der Lage des Konzerns gefordert, so nimmt § 315 I S. 1 HGB n.F. zusätzlich explizit Bezug auf die Darstellung des Geschäftsergebnisses. Darüber hinaus hat der Konzernlagebericht gemäß § 315 I S. 2 HGB n.F. „eine ausgewogene und umfassende, dem Umfang und der Komplexität der Geschäftstätigkeit entsprechende Analyse des Geschäftsverlaufs und der Lage des Konzerns zu enthalten". Weiter verlangt § 315 I S. 3 HGB n.F., dass „in die Analyse [...] die für die Geschäftstätigkeit bedeutsamsten finanziellen Leistungsindikatoren einzubeziehen und unter Bezugnahme auf die im Konzernabschluss ausgewiesenen Beträge und Angaben zu erläutern" sind.[834] In der Modernisierungsrichtlinie der

---

830 Vgl. hierzu z.B. Kirsch/Scheele (2004), hier insbesondere S. 1f. Vgl. ferner Kajüter (2004a); Krawitz/Hartmann (2003), S. 292ff.

831 Begründung zur Modernisierungsrichtlinie, S. 17. Vgl. zur Kritik an der Lageberichterstattung bereits Abschnitt 2.3.3.

832 Vgl. hierzu die Begründung zu den einzelnen Vorschriften im RegE-BilReG. Hier wird ferner darauf hingewiesen, dass zur weiteren Vereinheitlichung und besseren Vergleichbarkeit der Konzernlageberichterstattung in der Praxis auch ein Standard des DRSC beitragen kann. Hierdurch kommt DRS 15 zusätzlich eine besondere Bedeutung zu. Da die Änderungen von § 289 HGB im Wesentlichen denen von § 315 HGB entsprechen, gelten die folgenden Ausführungen, wenn nicht explizit darauf hingewiesen wird, sowohl für den Lagebericht als auch für den Konzernlagebericht.

833 Gleiches gilt für den gemäß § 289 II Nr. HGB zu erstellenden Zweigniederlassungsbericht.

834 Unter finanziellen Leistungsindikatoren sind bspw. die Ergebnisentwicklung und Ergebniskomponenten, Liquidität und Kapitalausstattung zu verstehen. Vgl. hierzu die Begründung zu den einzelnen Vorschriften im RegE-BilReG.

EU wird in diesem Zusammenhang darauf hingewiesen, dass zur Erhöhung des Informationsgehalts von (Konzern-)Lageberichten sowie zu deren besseren Vergleichbarkeit „die Informationen [...] nicht auf die finanziellen Aspekte beschränkt sein [sollten, A.d.V.]. Dies sollte gegebenenfalls zu einer Analyse ökologischer und sozialer Aspekte führen, die für das Verständnis des Geschäftsverlaufs, des Geschäftsergebnisses oder der Lage des Unternehmens erforderlich sind. Dies steht auch im Einklang mit der Empfehlung 2001/453/EG der Kommission vom 30. Mai 2001 zur Berücksichtigung von Umweltaspekten in Jahresabschluss und Lagebericht von Unternehmen."[835] Im Einklang mit der Modernisierungsrichtlinie der EU gilt § 315 I S. 3 HGB n.F. daher „entsprechend für nichtfinanzielle Leistungsindikatoren, wie Informationen über Umwelt- und Arbeitnehmerbelange, soweit sie für das Verständnis des Geschäftsverlaufs oder der Lage von Bedeutung sind"[836]. KIRSCH/SCHEELE ziehen das Fazit, dass damit „der Trend einer Nachhaltigkeitsberichterstattung (sustainability reporting) aufgegriffen"[837] wird.

Zugleich wird der Risikobericht, in dessen Rahmen bisher auf die Risiken der zukünftigen Entwicklung einzugehen ist, erweitert.[838] So sieht § 315 I S. 5 HGB n.F. die Beurteilung und Erläuterung der voraussichtlichen Entwicklung mit ihren wesentlichen Chancen und Risiken vor.[839] Dieser Formulierung folgend bedarf es keines eigenständigen Prognoseberichts mehr, weshalb § 315 II Nr. 2 HGB in der bisherigen Fassung aufgehoben wurde.

Mit § 315 II Nr. 2 HGB n.F. wurden „Vorschriften zur Risikoberichterstattung in Bezug auf den Einsatz von Finanzinstrumenten"[840] eingeführt. Hiernach soll jeweils in Bezug auf die Verwendung von Finanzinstrumenten durch den Kon-

---

835 Begründung zur Modernisierungsrichtlinie, S. 17.

836 § 315 I S. 4 HGB n.F. Neben Umwelt- und Arbeitnehmerbelangen werden unter den nichtfinanziellen Leistungsindikatoren bspw. die Entwicklung des Kundenstamms, das Humankapital, der Bereich F&E oder auch die gesellschaftliche Reputation des Konzerns subsumiert. Vgl. hierzu die Begründung zu den einzelnen Vorschriften im RegE-BilReG. Im Unterschied zu den beschriebenen Änderungen von § 315 I HGB werden gemäß § 289 III HGB n.F. nicht alle, sondern nur große Kapitalgesellschaften zur Erläuterung der nichtfinanziellen Leistungsindikatoren verpflichtet. Nach Meinung von Greinert (2004), S. 53f. sind mit den finanziellen Leistungsindikatoren nicht nur Leistungsindikatoren im Hinblick auf die Finanzlage, sondern wertmäßige Leistungsindikatoren zu verstehen. Analog interpretiert er den Begriff nichtfinanzielle Leistungsindikatoren als nicht-wertmäßige Leistungsindikatoren, die bspw. die Kundenzufriedenheit umfassen.

837 Kirsch/Scheele (2004), S. 11. Im Original teilweise kursiv.

838 Vgl. ausführlich zur Neuregelung der Risikoberichterstattung im RefE-BilReG Kajüter (2004b).

839 Die in diesem Zusammenhang zugrunde liegenden Annahmen sind anzugeben. Vgl. § 315 I S. 5 2. Halbsatz HGB n.F. Die in diesem Zusammenhang im RegE vorgesehene Regelung, die wesentlichen Ziele und Strategien der gesetzlichen Vertreter des Mutterunternehmens für den Konzern zu beschreiben, wurde nicht vom Rechtsausschuss übernommen.

840 Kajüter (2004), S. 431.

zern auf die „Risikomanagementziele und -methoden des Konzerns einschließlich seiner Methoden zur Absicherung aller wichtigen Arten von Transaktionen, die im Rahmen der Bilanzierung von Sicherungsgeschäften erfasst werden, sowie die Preisänderungs-, Ausfall- und Liquiditätsrisiken sowie die Risiken aus Zahlungsschwankungen, denen der Konzern ausgesetzt ist," eingegangen werden.

Des Weiteren hat der DSR vor dem Hintergrund der Umsetzung der EU-Richtlinien am 07.12.2004 den „DRS 15 Lageberichterstattung" verabschiedet.[841] Gegenstand von DRS 15 ist die Konkretisierung der Konzernlageberichterstattung gemäß § 315 HGB,[842] um „die derzeit großen Unterschiede im Umfang, Inhalt und Struktur der Lageberichterstattung der deutschen Unternehmen [...] zur besseren Vergleichbarkeit [... zu reduzieren, A.d.V.] und die Aussagekraft"[843] anzuheben.[844] Im Sinne einer Bereitstellung von entscheidungsnützlichen Informationen für die Adressaten der Berichterstattung soll der Konzernlagebericht zu einem Instrument der wert- und zukunftsorientierten Berichterstattung erweitert werden, um Prognosen über die zukünftige Entwicklung des Unternehmens zu erleichtern.[845] Vor diesem Hintergrund werden in DRS 15.9ff.

---

841 Der erste Entwurf des DRS zur Lageberichterstattung (E-DRS 20 Lageberichterstattung) wurde am 13.11.2003 veröffentlicht. Am 20.07.2004 veröffentlichte der DSR einen überarbeiteten „E-DRS 20 Lageberichterstattung".
Im Oktober 2002 hatte der DSR bereits einen Entwurf zum sog. Rahmenkonzept „Grundsätze ordnungsmäßiger Rechnungslegung" veröffentlicht, der u.a. Vorschläge zur Ausgestaltung des (Konzern-)Lageberichts beinhaltete. Vgl. im Internet: www.standardsetter.de/drsc/docs/drafts/framework.pdf (Stand: 19.02.04), zum (Konzern-)Lagebericht Rz. 59f. Ziel des Rahmenkonzeptes ist es, eine theoretische Grundlage für die Behandlung von Rechnungslegungsfragen zu schaffen sowie Anwendern der DRS und Adressaten der Berichterstattung eine Verständnis- und Auslegungshilfe zu bieten. Vgl. Maul/Greinert (2002), S. 2605; DRS E-Rahmenkonzept, Rz. 2. Vor diesem Hintergrund stellen Maul/Greinert fest, dass „bezüglich des Lageberichts [...] nur in sehr allgemeiner Form geregelt [wird, A.d.V.], dass er den Abschluss zeitlich und sachlich ergänzt. Während die zeitliche Ergänzung unmittelbar aus der Normierung des Lageberichts in § 289 HGB deutlich wird, trifft das für die sachliche Ergänzung nicht zu. Hierzu bedarf es erst der Auslegung." Maul/Greinert (2002), S. 2607. Vor diesem Hintergrund wäre das Rahmenkonzept vor allem hinsichtlich der Aufnahme von bilanziell nicht erfassten immateriellen Werten in den Lagebericht zu konkretisieren, die eine wesentliche Bedeutung für den Unternehmenserfolg haben. Vgl. Maul/Greinert (2002), S. 2607. Vgl. insgesamt kritisch zum DRS E-Rahmenkonzept Arbeitsgruppe Normierung der Rechnungslegung der Wissenschaftlichen Kommission Rechnungswesen im Verband der Hochschullehrer für Betriebswirtschaft e.V. (Hrsg.) (2002), die auf S. 2599 zu dem Schluss kommen, dass „der Entwurf des Rahmenkonzeptes [...] abzulehnen" ist. Vgl. zu grundsätzlichen Argumenten für bzw. gegen ein Rahmenkonzept in Deutschland Ballwieser (2003), S. 345f.

842 Vgl. DRS 15.1.

843 E-DRS 20, Anhang C, C1 (Stand: 13.11.2003).

844 Gemäß DRS 15.4 gilt der Standard für Mutterunternehmen, die gemäß § 315 HGB einen Konzernlagebericht erstellen müssen oder diesen freiwillig erstellen. Eine entsprechende Anwendung auf den Lagebericht gemäß § 289 HGB oder die Zwischenberichterstattung wird nach DRS 15.5 und DRS 15.7 empfohlen. Gemäß DRS 15.6 gilt der Standard Branchen übergreifend.

845 Vgl. DRS 15.3; E-DRS 20, Anhang C, C2 (Stand: 13.11.2003).

zunächst die in Abb. 36 enthaltenen fünf Grundsätze kodifiziert, die für die Erstellung des Konzernlageberichts anzuwenden sind.

| Grundsatz der Vollständigkeit | Grundsatz der Verlässlichkeit | Grundsatz der Klarheit und Übersichtlichkeit | Grundsatz der Information aus Sicht der Unternehmensleitung | Grundsatz der Konzentration auf nachhaltige Wertschaffung |
|---|---|---|---|---|
| Der KLB hat sämtliche Informationen bereitzustellen, die ein verständiger Adressat zur Beurteilung des Geschäftsverlaufs, der Lage sowie der voraussichtlichen Entwicklung unter Einfluss der Chancen und Risiken benötigt. Die Informationen müssen eigenständig, d.h. ohne Rückgriff auf die Angaben im KA, verständlich sein und sich auf die wesentlichen Aspekte konzentrieren. Eine Aufrechnung von Chancen und Risiken ist nicht zulässig. Segmentbezogene Informationen sind bereitzustellen, sofern eine Segmentberichterstattung einen Bestandteil des KA darstellt. | Informationen sollen zutreffend und nachvollziehbar sein, Tatsachenangaben sind von Meinungen zu trennen und über Chancen und Risiken ist ausgewogen zu berichten. Die Angaben sollten nicht im Widerspruch zum KA stehen und gezogene Folgerungen haben hinsichtlich allgemein bekannter Wirtschaftsdaten schlüssig zu sein. Bei zukunftsbezogenen Aussagen sind die wesentlichen Prämissen offen zu legen und das angewandte Prognoseverfahren hat sachgerecht zu sein. Die Angaben, die im Zusammenhang mit dem KA stehen, sind nachvollziehbar überzuleiten. | Der KLB ist unter der Überschrift „KLB" als eigenständiges Instrument und getrennt von dem KA und anderen veröffentlichten Informationen darzustellen. Innerhalb des KLB soll eine vorgeschlagene Gliederung beachtet werden, um die Vergleichbarkeit zwischen den Konzernen zu erhöhen. Die Informationen sollen sachlich, zeitlich und formal vergleichbar sein; es bedarf einer Erläuterung und Begründung der Änderungen von Berichtsinhalten. Quantifizierte Angaben sind mindestens für die im KA ausgewiesenen Vergleichsperioden darzustellen sowie die Auswirkungen wesentlicher Veränderungen zu quantifizieren und zu erläutern. | Der KLB hat aus einer ausgewogenen und umfassenden Analyse sowohl des Geschäftsverlaufs als auch der Lage zu bestehen, die dem Umfang und der Komplexität der Geschäftstätigkeit angemessen ist. In diesem Zusammenhang sind Einschätzungen und Beurteilungen der Unternehmensleitung in den Vordergrund zu stellen. Die Darstellung der wesentlichen Rahmenbedingungen der Geschäftstätigkeit wird gefordert. Dabei sind die Stärken und Schwächen des Konzerns hinsichtlich der Chancen und Risiken darzustellen. Diese Informationen sind in den Zusammenhang mit dem Geschäftsverlauf und der wirtschaftlichen Lage zu stellen. | Sämtliche zum Berichtszeitpunkt bekannten Ereignisse, Entscheidungen und Faktoren, die aus Sicht der Unternehmensleitung einen wesentlichen Einfluss auf die weitere Wertentwicklung des UN haben können (finanzielle & nicht-finanzielle Leistungsindikatoren), sind anzugeben und zu erläutern. Einmalige Effekte sind zu berichten und wesentliche Abweichungen der wirtschaftlichen Lage gegenüber der im Vorjahr prognostizierten Entwicklung darzustellen und zu erläutern. Planungen und Erwartungen der Unternehmensleitung für die nächsten zwei GJ sind mindestens qualitativ zu erläutern. Kurz- und langfristige Perspektive der Berichterstattung sind zu verbinden. |

KLB = Konzernlagebericht; KA = Konzernabschluss; GJ = Geschäftsjahr; UN = Unternehmen

*Abb. 36: Grundsätze für die Erstellung des Konzernlageberichts nach DRS 15 (Quelle: Eigene Darstellung)*

Neben der Kodifizierung der Grundsätze wurden mit DRS 15.36ff. die Inhalte der Konzernlageberichterstattung konkretisiert. Bezug nehmend auf die empfohlene Gliederung im Anhang von DRS 15 werden diesbezüglich sieben Berichtselemente unterschieden, welche die in § 315 I und II HGB geforderten Berichtsinhalte des Konzernlageberichts umfassen:

- Das Berichtselement „Geschäft und Rahmenbedingungen", in das eine Integration des F&E-Berichtes nach § 315 II Nr. 3 HGB empfohlen wird (DRS 15.36ff.),
- die Berichtselemente „Ertragslage“, „Finanzlage“ und „Vermögenslage“, die den Wirtschaftsbericht nach § 315 I HGB beinhalten sollen (DRS 15.45ff.),
- das Berichtselement „Nachtragsbericht“ (§ 315 II Nr. 1 HGB), der sich auf Vorgänge von besonderer Bedeutung nach Schluss des Geschäftsjahres bezieht (DRS 15.81f.),
- das Berichtselement „Risikobericht“ (§ 315 I HGB), zu dessen Ausgestaltung in DRS 15.83 auf DRS 5 verwiesen wird,
- das Berichtselement „Prognosebericht" (§ 315 II Nr. 2 HGB), das in DRS 15.84ff. ausgeführt wird.

Im Rahmen der Darstellung von Geschäft und Rahmenbedingungen soll die Grundlage für die Analyse des Geschäftsverlaufs sowie für die Lage des Konzerns gelegt werden. Hierzu sind der Konzern, seine Geschäftstätigkeit inkl. dessen Rahmenbedingungen darzustellen.[846] Ferner ist für kapitalmarktorientierte Mutterunternehmen eine Darstellung und Erläuterung des unternehmensintern umgesetzten Steuerungssystems anhand quantitativer Maßstäbe vorgesehen.[847] Gleiches gilt für die im Konzern für die Zwecke der Unternehmenssteuerung eingesetzten Kennzahlen. Bezug nehmend auf den in § 315 II Nr. 3 HGB geforderten F&E-Bericht sind Aktivitäten zu F&E sowie die Inanspruchnahme von Leistungen Dritter für F&E-Zwecke des Konzerns darzulegen und wesentliche Veränderungen gegenüber der Vorperiode offen zu legen. Des Weiteren ist ein Überblick über den Geschäftsverlauf mit Bezug auf die gesamtwirtschaftlichen und branchenspezifischen Rahmenbedingungen zu geben. In diesem Zusammenhang sind die wesentlichen Einflussfaktoren auf den Geschäftsverlauf und die Erreichung strategischer Ziele zu erläutern sowie die Darstellung der Rahmenbedingungen um Einschätzungen seitens der Unternehmensleitung zu ergänzen. Schließlich wird im Rahmen der Darstellung von Geschäft und Strategie eine Beurteilung der Geschäftsentwicklung anhand verschiedener Faktoren seitens der Unternehmensleitung gefordert.

Die Vermittlung zeitraumbezogener Informationen über die Entwicklung der vergangenen Geschäftstätigkeit steht im Mittelpunkt der Berichtselemente VFE-Lage. In diesem Zusammenhang sind die Ereignisse und die Entwicklungen aufzuführen, die ursächlich für den Geschäftsverlauf waren. Auch eine Bewertung der dargestellten Ereignisse und Entwicklungen in ihrer Bedeutung für den Konzern werden gefordert. In diesem Zusammenhang ist eine Beurteilung der VFE-Lage über die Angaben im Konzernabschluss hinaus aus Sicht der Unternehmensleitung vorgesehen. Es wird explizit darauf hingewiesen, dass diese Darstellung der VFE-Lage eine prognoseorientierte Ergänzungsfunktion für den Konzernabschluss darstellt, da der Konzernlagebericht nicht durch die GoB begrenzt wird. Soweit möglich, ist auf die Faktoren zum Zeitpunkt der Erstellung

---

846 Diese Darstellung beinhaltet nach DRS 15.37 in Abhängigkeit von den spezifischen Gegebenheiten des Konzerns bspw. die organisatorische und rechtliche Struktur des Konzerns sowie die Segmente und wesentlichen Standorte, die wichtigsten Produkte und Geschäftsprozesse, die wesentlichen Absatzmärkte inkl. der erreichten Wettbewerbsposition sowie die wesentlichen rechtlichen und wirtschaftlichen Einflussfaktoren für das Geschäft.

847 Eine Standardisierung der wertorientierten Steuerungskennzahlen im Rahmen der Berichterstattung erscheint aus zwei Gründen nicht sinnvoll. Zum einen zeichnen sich wertorientierte Steuerungskennzahlen in der Unternehmenspraxis durch verschiedene Modifikationen aus. Zum anderen steuern nicht alle börsennotierten Unternehmen über wertorientierte Kennzahlen. Vgl. hierzu PwC (Hrsg.)/Günther/Beyer (2003), S. 12.

des Konzernlageberichts einzugehen, die einen wesentlichen Einfluss auf die VFE-Lage und damit auf die zukünftige Lage des Konzerns haben können.[848] Schließlich ist eine Gesamtaussage zur wirtschaftlichen Lage des Konzerns zum Zeitpunkt der Aufstellung des Konzernlageberichts abzugeben. Neben den genannten Gestaltungshinweisen zur Darstellung der VFE-Lage werden in DRS 15.50ff. weitere inhaltliche Konkretisierungen kodifiziert, die sich auf die VFE-Lage im Einzelnen beziehen. So sind im Rahmen der Darstellung der Vermögenslage bspw. die im Konzernabschluss nicht ausgewiesenen Vermögensgegenstände, die aber wesentlich für die wirtschaftliche Lage des Konzerns sind, zu berücksichtigen. Neben geleasten oder gemieteten Vermögensgegenständen fallen hierunter auch selbst erstellte immaterielle Vermögensgegenstände. Bezüglich Letzteren wird in DRS 15.115ff. die Berichterstattung über die immateriellen Werte des Konzerns empfohlen.[849]

Im Rahmen des Prognoseberichts ist die voraussichtliche Entwicklung des Konzerns mit ihren wesentlichen Chancen und Risiken für die zwei nächsten Geschäftsjahre zu beurteilen und zu erläutern.[850] In diesem Zusammenhang ist insbesondere auf Änderungen der Geschäftspolitik, die Erschließung neuer Absatzmärkte, die Verwendung neuer Verfahren sowie das Angebot neuer Produkte oder Dienstleistungen einzugehen. Die hieraus resultierenden Investitionsvolumina sind zu quantifizieren und die erwarteten finanz- und erfolgswirtschaftlichen Auswirkungen anzugeben. Zusätzlich werden eine Erläuterung hinsichtlich der Erwartungen der Unternehmensleitung zu der voraussichtlichen Entwicklung sowie eine Verdichtung zu einer Gesamtaussage gefordert.[851] Diesbezüglich sind positive und negative Entwicklungstrends und deren wesentlichen Einflussfaktoren darzulegen. Ferner werden eine Darstellung der erwarteten Entwicklung der wirtschaftlichen Rahmenbedingungen mit Bedeutung für die Entwicklung des Konzerns sowie erwartete Branchenaussichten gefordert. Auch die Erwartungen der Unternehmensleitung hinsichtlich der weiteren Entwicklung der Ertrags- und Finanzlage sind mindestens als positiver oder negativer Trend zu erläutern. Hierauf bezogen sind die Auswirkungen der wesentlichen Einflussfak-

---

848 Diese Auswirkungen sind, soweit es möglich ist, zu quantifizieren.

849 Vgl. zu den immateriellen Werten Abschnitt 2.1.3.1.3 sowie zu Ansätzen zur Berichterstattung über immaterielle Werte Abschnitt 3.1.2.2.

850 Nach DRS 15.87 wird ein Prognosezeitraum von mindestens zwei Jahren vorgeschrieben. Ein längerer Zeitraum wird bei Unternehmen mit längeren Marktzyklen oder komplexen Großprojekten empfohlen. Die Länge des Berichtszeitraums ist in jeden Fall anzugeben. Ferner fordert DRS 15.91, dass der Prognosebericht aus Gründen der Klarheit getrennt von der Risikoberichterstattung erfolgen sollte.

851 Im Zusammenhang mit der Beurteilung der voraussichtlichen Entwicklung sind nach DRS 15.86 die wesentlichen Annahmen und Unsicherheiten deutlich zu machen. Zusätzlich sollte der Prognosecharakter des Konzernlageberichts erkennbar sein.

toren darzustellen. Schließlich ist in DRS 15.90 kodifiziert, dass eine gesonderte Darstellung der voraussichtlichen Entwicklung der Segmente zu erfolgen hat, falls der Konzernabschluss eine Segmentberichterstattung beinhaltet.

Zusammenfassend sind mit BilReG sowie DRS 15 wesentliche Änderungen für die inhaltliche Ausgestaltung der Konzernlageberichterstattung vorgesehen, die insbesondere auch die Bereitstellung von wertorientierten Informationen umfassen.[852]

So wird in DRS 15 sowohl die Darstellung der unternehmensintern umgesetzten Steuerungssysteme anhand quantitativer Maßstäbe als auch der Kennzahlen, die im Konzern für Zwecke der Unternehmenssteuerung eingesetzt werden, vorgeschlagen. Ähnliche Erweiterungen sind im BilReG enthalten. Darüber hinaus wird neben der Berichterstattung über finanzielle Leistungsindikatoren auch die Berichterstattung über nichtfinanzielle Leistungsindikatoren, im Speziellen über Umweltaspekte und soziale Aspekte, gefordert. Ebenso wird sowohl mit DRS 15 als auch mit BilReG den Defiziten der unzureichenden Bereitstellung prospektiver Informationen und des zu geringen Segmentbezuges begegnet, da mit den Entwürfen explizit die Zukunftsbezogenheit des (Konzern-)Lageberichts betont und eine segmentbezogene Darstellung kodifiziert wird. Des Weiteren ist eine Erweiterung der Risikoberichterstattung vorgesehen.

KIRSCH/SCHEELE ziehen zu den vorgesehenen Änderungen des BilReG sowie des DRS 15 folgendes Fazit: „Damit werden zwei Trends aufgegriffen: zum einen die verstärkte Berücksichtigung nicht-monetärer Informationen im Rahmen einer zunehmend kapitalmarktorientierten Berichterstattung, zum anderen das Bedürfnis nach einer Berichterstattung, die soziale und ökologische Fragen nicht ausklammert, sondern aktiv aufgreift (Nachhaltigkeitsberichterstattung).“[853] Hinsichtlich DRS 15 kommen sie an anderer Stelle sogar zu dem Schluss, dass damit „der Konzernlagebericht vom DSR als ein Medium für die wertorientierte Unternehmenskommunikation ausgebaut“[854] wird.

---

852 Vgl. hierzu und im Folgenden mit Bezug auf E-DRS 20 auch Fink/Keck (2004), S. 1090; Willeke (2004), S. 365.

853 Kirsch/Scheele (2004), S. 11f. Dabei beziehen sich die Autoren auf die Entwürfe zum BilReG sowie zu DRS 15.

854 Kirsch/Scheele (2003), S. 2738. Dabei beziehen sich die Autoren auf den Entwurf zu DRS 15.

#### 3.1.2.2 Berichterstattung über immaterielle Werte als Element der wertorientierten Berichterstattung

Der überwiegende Teil der in den vergangenen Jahren entwickelten Konzepte für ein Intellectual Capital Statement zielt auf eine Ergänzung der verpflichtenden Berichterstattung i.S.e. freiwilligen Berichterstattung über immaterielle Werte.[855] Inzwischen liegen jedoch auch Ansätze vor, aus denen sich ein Verpflichtungscharakter ergibt.[856] Eine Problematik bildet in diesem Zusammenhang die schwierige Quantifizierbarkeit bestimmter immaterieller Werte. Daher sind zusätzlich „Informationen zu generieren und Indikatoren zu entwickeln, die die Ausprägung und Qualität von immateriellen Werten wie Marken bzw. »Intellectual Capital« bestimmen lassen“[857]. In der Unternehmenspraxis ist eine derartige Berichterstattung bislang nur vereinzelt zu finden.[858]

Nachfolgend werden exemplarisch zwei Ansätze vorgestellt, die für eine strukturierte Darstellung der immateriellen Werte erarbeitet wurden. Der erste Ansatz wurde vom ARBEITSKREIS „IMMATERIELLE WERTE IM RECHNUNGSWESEN“ DER SCHMALENBACH-GESELLSCHAFT FÜR BETRIEBSWIRTSCHAFT E.V. (Hrsg.) vorgelegt, der zweite entstammt dem sog. MERITUM PROJECT.

Der Ansatz des ARBEITSKREISES „IMMATERIELLE WERTE IM RECHNUNGSWESEN“ DER SCHMALENBACH-GESELLSCHAFT FÜR BETRIEBSWIRTSCHAFT E.V. (Hrsg.) enthält einen Vorschlag für „eine konkrete Ausgestaltung einer erweiterten freiwilligen Berichterstattung über immaterielle Werte“.[859]

---

855 Vgl. zu Ansätzen in der deutschsprachigen Literatur z.B. Haller (1998); Maul (2000); Maul/Menninger (2000).

856 Österreichische Universitäten haben gemäß § 13 VI des 120. Bundesgesetzes „jeweils [...] eine Wissensbilanz über das abgelaufene Kalenderjahr vorzulegen“. Ebenso wird dänischen Unternehmen empfohlen, ein Intellectual Capital Statement zu erstellen. Hierzu äußert sich das Danish Ministry for Science, Technology and Innovation (Hrsg.) (2003), S. 47 wie folgt: The Danish Financial Statement Act does not require companies or public institutions to prepare intellectual capital statements. However, the act from 2002 states that large companies […] are to describe the company's knowledge resources in the annual report if these resources are of particular importance to the company's future earnings.“

857 Haller (1998), S. 585.

858 In Deutschland hat das Deutsche Zentrum für Luft- und Raumfahrt (DLR) 2001 eine Wissensbilanz vorgelegt. Vgl. DLR (Hrsg.) (2002). Vgl. ferner den sog. „Vierklang“ im Geschäftsbericht der Deutschen Bank 2003, S. 15ff. International sind bspw. Skandia, Celemi International, WM-data AB, KREAB, Jacobson & Widmark, Carl Bro a/s oder Coloplast zu nennen, die bereits über immaterielle Werte in entsprechend aufbereiteter Form bericht erstattet haben. Vgl. Arbeitskreis „Immaterielle Werte im Rechnungswesen“ der Schmalenbach-Gesellschaft für Betriebswirtschaft e.V. (Hrsg.) (2003), S. 1234.

859 Arbeitskreis „Immaterielle Werte im Rechnungswesen“ der Schmalenbach-Gesellschaft für Betriebswirtschaft e.V. (Hrsg.) (2003), S. 1234. Auf S. 1233 wird explizit darauf hingewiesen, dass in dem Vorschlag neben aktivierungspflichtigen „auch immaterielle Werte betrachtet werden, die nach dem derzeitigen Stand des HGB nicht aktivierungsfähig sind“.

Ausgangspunkt des Intellectual Capital Statements bildet ein allgemeiner Teil, in dem das Unternehmen die generellen Strategien im Umgang mit immateriellen Werten zu erläutern und den Zusammenhang der immateriellen Werte mit dem langfristigen Unternehmenserfolg, hier verstanden als Steigerung des Unternehmenswertes, darzulegen hat (vgl. Abb. 37).[860]

| | |
|---|---|
| Einführung: | Generelle Strategie des Managements immaterieller Werte; Zusammenhang zum langfristigen Unternehmenserfolg |
| Für jede Kategorie: | 1. Strategie<br>2. Katalog der Indikatoren<br>- Aktueller Wert der Berichtsperiode<br>- Wert(e) vergangener Berichtsperioden<br>- wenn möglich Zielwerte für zukünftige Periode(n)<br>3. Definition und Wechselwirkung der Indikatoren<br>- Erläuterung und exakte Definition des Indikators und dessen erfolgte Differenzierung<br>4. Kommentar (Stand und Entwicklung der Kategorie) |
| Zusammenfassung: | Bewertung der immateriellen Werte als Gesamtheit |

*Abb. 37: Aufbau des Intellectual Capital Statements (Quelle: Arbeitskreis „Immaterielle Werte im Rechnungswesen" der Schmalenbach-Gesellschaft für Betriebswirtschaft e.V. (Hrsg.) (2003), S. 1235)*

Diesem allgemeinen Teil schließt sich eine spezifische Darstellung der verschiedenen Intellectual Capital-Kategorien an. Die Kategorisierung des Intellectual Capital folgt dabei dem seitens des ARBEITSKREISES „IMMATERIELLE WERTE IM RECHNUNGSWESEN" DER SCHMALENBACH-GESELLSCHAFT FÜR BETRIEBSWIRTSCHAFT E.V. (Hrsg.) 2001 vorgelegten Kategorisierungsvorschlag, nach dem sieben Intellectual Capital-Kategorien (IC-Kategorien) zu unterscheiden sind.[861] Der erste Schritt der spezifischen Darstellung besteht in der Beschreibung der jeweiligen Strategie für die einzelnen IC-Kategorien. In diesem Zusammenhang sind bspw. Fragen zu der Bedeutung der IC-Kategorie für die Unternehmensstrategie zu beantworten. In einem zweiten Schritt sind Indikatoren

---

860 Vgl. hierzu und im Folgenden Arbeitskreis „Immaterielle Werte im Rechnungswesen" der Schmalenbach-Gesellschaft für Betriebswirtschaft e.V. (Hrsg.) (2003), S. 1235ff.

861 Hierbei handelt es sich um die folgenden Kategorien: Innovation Capital, Human Capital, Customer Capital, Supplier Capital, Investor Capital, Process Capital und Location Capital. Vgl. hierzu Abschnitt 2.1.3.1.3. Das Intellectual Capital Statement sollte alle sieben Kategorien umfassen. Falls in einer Kategorie aus Sicht des Managements keine immateriellen Werte enthalten sind, ist bewusst eine Leermeldung zu erklären.

für die einzelnen Kategorien aufzulisten.[862] Diesbezüglich sind konkrete vergangenheits- und gegenwartsbezogene Werte sowie, wenn möglich, Zielwerte anzugeben. Die Definition von Wechselwirkungen der Indikatoren ist in der dritten Stufe offen zu legen. Hierbei ist bspw. auf die Möglichkeiten zur Messung der Kategorien einzugehen. Der vierte und letzte Schritt der spezifischen Darstellung umfasst eine Kommentierung der dargelegten Indikatoren. Im Einzelnen ist bspw. eine Beurteilung der vergangenen Entwicklung der Indikatoren abzugeben.

Dieser spezifischen Darstellung der IC-Kategorien schließt sich eine Zusammenfassung zu einem Gesamtbild in verbaler Form an.

Dem Vorschlag des ARBEITSKREISES „IMMATERIELLE WERTE IM RECHNUNGSWESEN“ DER SCHMALENBACH-GESELLSCHAFT FÜR BETRIEBSWIRTSCHAFT E.V. (Hrsg.) kommt vor dem Hintergrund der aktuellen Entwicklungen in der Rechnungslegung eine besondere Bedeutung zu. In DRS 15.80 ist vorgesehen, dass Angaben zu selbst erstellten immateriellen Werten im Konzernlagebericht bereitzustellen sind, sofern diese Werte wesentlich für die wirtschaftliche Lage des Konzerns sind. In DRS 15.115ff. wird dieser Vorschlag dahingehend konkretisiert, dass eine Berichterstattung über die immateriellen Werte empfohlen wird. Diesbezüglich werden die folgenden Kategorien unterschieden: Humankapital, Kundenbeziehungen, Lieferantenbeziehungen, Investor- und Kapitalmarktbeziehungen, Organisations- und Verfahrensvorteile und Standortfaktoren. Mit dieser Kategorisierung wird explizit Bezug auf die Kategorisierung der immateriellen Werte des ARBEITSKREISES „IMMATERIELLE WERTE“ DER SCHMALENBACH-GESELLSCHAFT FÜR BETRIEBSWIRTSCHAFT E.V. (HRSG.) (2001) genommen. Lediglich Informationen zum Innovationskapital sind nicht in der Kategorisierung in DRS 15.116 enthalten, da diese im Rahmen der Forschungs- und Entwicklungsaktivitäten zu vermitteln sind.[863]

Im Rahmen des bereits erwähnten, seitens der EU finanzierten MERITUM PROJECT wurden die sog. „Guidelines for Managing and Reporting on Intangibles“ entwickelt.[864] Mit den Guidelines wird das Ziel verfolgt, „to increase management efficiency and to assist companies in the process of producing and disclos-

---

862 Für die einzelnen Kategorien wird jeweils ein Katalog an Indikatoren vorgestellt, „die sich in den jeweiligen Kategorien als grundsätzlich aussagekräftig erwiesen haben“. Arbeitskreis „Immaterielle Werte im Rechnungswesen“ der Schmalenbach-Gesellschaft für Betriebswirtschaft e.V. (Hrsg.) (2003), S. 1235.

863 Vgl. E-DRS 20, Anhang C, C46 (Stand: 13.11.2004).

864 MERITUM steht für MEasuRing Intangibles To Understand and improve innovation Management. Vgl. hierzu und im Folgenden o.V. (2001). Vgl. zu einem weiteren EU-Projekt, dem Projekt Magic, Fraunhofer-Institut für Arbeitswirtschaft und Organisation (IAO)/Universität Stuttgart, Institut für Arbeitswissenschaft und Technologiemanagement (IAT) (Hrsg.) (2002).

ing timely, relevant and comparable reports, that allow their providers of capital to draw efficient estimates of the future benefits and risks associated with their investments opportunities“.[865]

Für die Berichterstattung über das Intellectual Capital ist in den Guidelines ein dreiteiliges Intellectual Capital Statement vorgesehen. Im ersten Teil ist die Unternehmensvision zu beschreiben, was die strategischen Ziele, die Kernkompetenzen sowie die wesentlichen immateriellen Ressourcen beinhaltet. Hierauf aufbauend ist im zweiten Teil eine Zusammenfassung der ‘intangible resources’ und ‘intangible activities’,[866] jeweils unterteilt in die drei Intellectual Capital-Kategorien Human Capital, Structural Capital und Relational Capital, darzulegen. Der abschließende dritte Teil beinhaltet eine Darstellung eines Systems von Indikatoren für die ‘intangible resources’ und die ‘intangible activities’, das Externen eine Abschätzung der zukünftig erwarteten Ergebnisse und Risiken ermöglicht.

#### 3.1.2.3 Nachhaltigkeitsberichterstattung als stakeholderorientierte Perspektive der wertorientierte Berichterstattung

Während sich der Begriff der Nachhaltigkeit zunächst auf ökologische Aspekte fokussierte (Nachhaltigkeit i.e.S.), wird der Begriff der Nachhaltigkeit heutzutage zumeist synonym zu dem Begriff der ‘triple bottom line’ verwendet, worunter ein Zusammenspiel von ökologischen, ökonomischen sowie sozialen Aspekten zu verstehen ist (Nachhaltigkeit i.w.S.).[867]

NACH ISENMANN/WARKOTSCH haben „seit Anfang der 90er Jahre [...] immer mehr Unternehmen begonnen, die unternehmensbedingten Umweltwirkungen zu kommunizieren.“[868] Diese Kommunikation lässt sich in verschiedene Formen der Berichterstattung systematisieren. Abb. 38 zeigt eine mögliche Systematisierung, nach der fünf Qualitätsstufen für die Bereitstellung von nachhaltigkeitsbezogenen Aspekten zu unterscheiden sind.[869]

---

865 o.V. (2001), S. 1.

866 „Intangible resources (static notion) are the stock or current value of a given intangible at a certain moment in time. They may or may not be expressed in financial terms. Intangible activities (dynamic notion) imply an allocation of resources aimed at: a) developing internally or acquiring new intangible resources, b) increasing the value of existing ones, or c) evaluating and monitoring the results of the former two activities.“ O.V. (2001), S. 12.

867 Vgl. hierzu Abschnitt 2.1.1.2.

868 Isenmann/Warkotsch (1999), S. 1509. Vgl. auch Hardtke/Prehn (2001), S. 224f.

869 Die vorliegende Unterteilung in fünf Qualitätsstufen bezieht sich auf die freiwillige Umweltberichterstattung. Daneben können eine unfreiwillige Umweltberichterstattung sowie eine Pflichtberichterstattung unterschieden werden. Die unfreiwillige Berichterstattung erfolgt auf Druck bestimmter Marktteilnehmer.

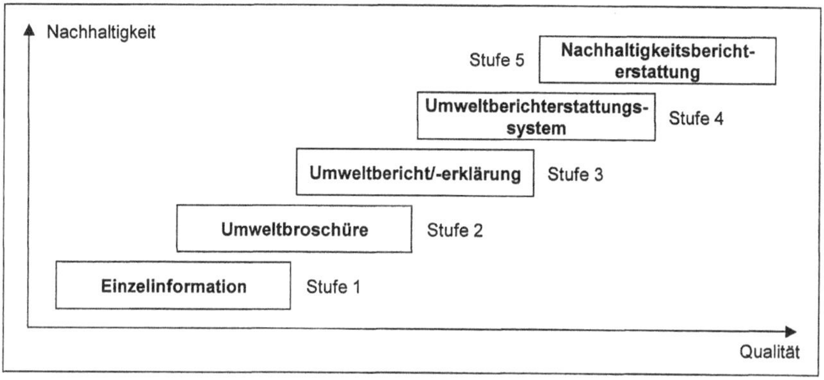


*Abb. 38: Stufen der Nachhaltigkeitsberichterstattung (Quelle: In enger Anlehnung an Bundesumweltministerium/Umweltbundesamt (Hrsg.) (2001), S. 661)*[870]

Stufe 1 umfasst lediglich Einzelinformationen zu Umweltaspekten, wie bspw. Kundeninformationen zu einer umweltverträglichen Verpackung.[871] Eigenständige Umweltbroschüren repräsentieren die Stufe 2. In dieser werden die Umweltleitlinien des Unternehmens sowie allgemeine Stellungnahmen zu Umweltaspekten abgedruckt, wobei keine konkreten Zahlen und kein bestimmter Berichtszeitraum zugrunde liegen. Im Gegensatz dazu erscheint der Umweltbericht bzw. die Umwelterklärung auf Stufe 3 in regelmäßigen Abständen und basiert auf einem Umweltmanagementsystem.[872] Die Umweltberichterstattung in Stufe 4

---

Hiermit versucht das Unternehmen nach bestimmten Vorfällen (z.B. Falschinformationen in der Presse) das positive Image wieder herzustellen. Die Pflichtberichterstattung basiert auf gesetzlichen Vorschriften. So haben Unternehmen bspw. gemäß der Störfallverordnung die Bevölkerung zu unterrichten. Vgl. Breidenbach (1999), S. 211f.; Bundesumweltministerium/Umweltbundesamt (Hrsg.) (2001), S. 661f.

870 Dieses Schema zur Erfassung der Stufen der Umweltberichterstattung wurde ursprünglich 1993 von Deloitte Touche Tohmatsu International, dem International Institute for Sustainable Development und SustainAbility Ltd. entwickelt. Dieses fünfstufige Schema wurde 1996 vom United Nations Environment Programme in Zusammenarbeit mit SustainAbility Ltd. noch erweitert. Vgl. Gröner (2000), S. 109 und S. 111.

871 Vgl. hierzu und im Folgenden Bundesumweltministerium/Umweltbundesamt (Hrsg.) (2001), S. 660 sowie Gröner (2000), S. 110f.

872 Auf die Einrichtung eines Umweltmanagementsystems heben sowohl die EMAS-VO (EU-Öko-Audit-Verordnung) als auch die DIN EN ISO 14001 ab, die Unternehmen nach einem Öko-Audit bzw. einer Betriebsprüfung eine Zertifizierung ihrer Umweltmanagementsysteme ermöglichen. Beteiligen sich Unternehmen an der freiwilligen Zertifizierung nach der EMAS-VO bzw. der DIN EN ISO 14001, so haben sie entweder eine Umwelterklärung mit bestimmten vorgegebenen Inhalten zu erstellen und zu veröffentlichen (EMAS-VO) oder die Umweltpolitik der Öffentlichkeit zugänglich zu machen (DIN EN ISO 14001). Vgl. ausführlicher z.B. Breidenbach (1999), S. 182ff.; Hoffmann (1999), S. 181ff; Lange/Daldrup (2000), S. 232 ff. und S. 245; Meffert/Kirchgeorg (1998), S. 415ff.; Stoffels (2002), S. 173ff. Die EMAS-VO wurde 2001 novelliert. Vgl. hierzu EMAS-VO II. Vgl. zu Umweltberichtsprüfungen, die nicht eine Umwelterklärung gemäß EU-Öko-Audit-Verordnung zum Inhalt hat, IDW PS 820. Im Sinne dieses Prüfungsstandards wer-

hat jährlich und in einer nach einem anerkannten Rahmen aufbereiteten Form zu erfolgen. Die umfangreichste Stufe (Stufe 5) stellt schließlich die Nachhaltigkeitsberichterstattung dar, die neben Umweltaspekten auch soziale sowie ökonomische Aspekte beinhaltet. Diese drei Säulen der Nachhaltigkeit (sog. triple bottom line) müssen nicht notwendigerweise in einem Bericht publiziert werden, sondern können sich auf Geschäfts-, Umwelt- und Sozialberichte unterteilen.[873]

Eine der bekanntesten und bedeutendsten Initiativen zur Ausgestaltung von Nachhaltigkeitsberichten stellt die 1997 gegründete Global Reporting Initiative (GRI) dar.[874] Mit dem erklärten Ziel, „die Qualität, Detailgenauigkeit und Anwendbarkeit der Nachhaltigkeitsberichterstattung zu verbessern“[875], wurde 2000 der erste GRI Leitfaden veröffentlicht.[876] Der Leitfaden soll einen allgemeinen Rahmen für die freiwillige Berichterstattung der drei Aspekte der Nachhaltigkeit, d.h. Ökonomie, Ökologie und Soziales, darstellen und knüpft damit an das Konzept der ‘triple bottom line’ an.[877]

Um eine ausgewogene und angemessene Berichterstattung über die drei Aspekte der Nachhaltigkeit zu gewährleisten, einen Zeit- sowie Organisationsvergleich[878] zu ermöglichen sowie eine glaubhafte Darstellung für die verschiedenen Stake-

---

den unter Umweltberichterstattung „Äußerungen von Unternehmen in Schriftform über umweltbezogene Sachverhalte außerhalb der handelsrechtlichen Rechnungslegung (Jahresabschluss, Lagebericht, Konzernabschluss, Konzernlagebericht) oder der Umwelterklärung gemäß EU-Öko-Audit-Verordnung verstanden. Eine solche Berichterstattung kann nicht nur in gesonderten Berichten, sondern auch im Rahmen der grundsätzlich nicht prüfungspflichtigen Teile des Geschäftsberichts erfolgen [...], die der Durchsicht durch den Abschlussprüfer unterliegt.“ IDW PS 820.6.

873 Dabei sollen sich die einzelnen Berichte jedoch mit expliziten Verweisen aufeinander beziehen. Vgl. Bundesumweltministerium/Umweltbundesamt (Hrsg.) (2001), S. 660.

874 Vgl. Hardtke/Prehn (2001), S. 226. Vgl. zu einem in Deutschland entwickelten Leitfaden zur Nachhaltigkeitskommunikation IöW/imug (Hrsg.) (2002). Vgl. ferner zu einer Zusammenstellung verschiedener Empfehlungen und Ausgestaltungen zu Sustainable Development in Umweltberichten Gröner (2000), S. 109ff. sowie ausführlich zur Nachhaltigkeitskommunikation Schönborn/Steinert (2001). Vgl. zu einem Vorschlag einer Environmental Scorecard Sturm (2003) sowie einer Sustainable Balanced Scorecard Arnold/Freimann/Kurz (2003).

875 GRI (Hrsg.) (2002), S. i.

876 Ein Entwurf zum Leitfaden wurde bereits 1999 veröffentlicht. 2002 wurde der GRI Leitfaden zur Nachhaltigkeitsberichterstattung (Sustainability Reporting Guidelines) in überarbeiteter Form veröffentlicht. Vgl. GRI (Hrsg.) (2002), S. i. Eine in Zusammenarbeit von SustainAbility und UNEP durchgeführte empirische Untersuchung zur Nachhaltigkeitsberichterstattung von Unternehmen führte u.a. zu folgenden Ergebnissen: „The Global Reporting Initiative (GRI) sustainability reporting guidelines have allowed first-time reporters to enter at a much more sophisticated level of reporting than previously possible. [...] There is a substantial difference between reports based on the GRI guidelines and others.” SustainAbility/UNEP (Hrsg.) (2002), S. 2.

877 Vgl. Weiß (2002), S. 225.

878 Im GRI Leitfaden wird darauf hingewiesen, dass sich dieser nicht nur an Unternehmen (unternehmerische Organisationen), sondern auch an andere Formen von Organisationen, wie Regierungsstellen und gemeinnützige Organisationen richtet. Vgl. GRI (Hrsg.) (2002), S. 8.

holder zu vermitteln, werden im GRI Leitfaden zunächst verschiedene Gruppen von Berichterstattungsprinzipien aufgeführt.[879]

Die Ausführungen zum Berichtsinhalt im GRI Leitfaden untergliedern sich in die folgenden fünf Abschnitte, wobei die GRI die Ersteller von Nachhaltigkeitsberichten ermutigt, diese Struktur bei der Erstellung der Berichte zu berücksichtigen:[880]

- Vision und Strategie (Beschreibung der Strategie im Hinblick auf die Nachhaltigkeit einschließlich einer Stellungnahme der Geschäftsführung),
- Profil (Überblick über die Struktur der Organisation und ihre Aktivitäten sowie über den Umfang des Berichtes),
- Kontrollstruktur und Managementsysteme (Beschreibung von Organisationsaufbau, Verfahrensregelungen und Managementsystemen einschließlich der auf die Einbindung der Stakeholder gerichteten Aktivitäten),
- GRI Content Index (Tabelle, die aufweist, wo die genannten Informationen der GRI Richtlinie im Bericht der Organisation dargestellt sind) und
- Leistungsindikatoren (Kennzahlen zu Wirkungen oder Belastungen der Bericht erstattenden Organisation, aufgegliedert in integrierte Kennzahlen sowie ökonomische, ökologische und gesellschaftliche/soziale Leistungsindikatoren)[881].

Die ökonomischen, ökologischen und gesellschaftlichen bzw. sozialen Leistungsindikatoren werden weiter hierarchisch in Kategorien, Aspekte und Indikatoren strukturiert.[882] Kategorien stellen allgemeine Bereiche oder Gruppierungen der ökonomischen, ökologischen und gesellschaftlichen bzw. sozialen Themen dar (z.B. Ökologie als ökologische Kategorie). Kategorien unterteilen sich weiter in Aspekte (z.B. Wasser als Aspekt für die Kategorie Ökologie). Ein Indikator stellt wiederum die spezifische, entweder quantitative oder qualitative Messung eines individuellen Aspektes dar, wobei ein Aspekt mehrere Indikatoren

---

879 Prinzipien, die den Rahmen für den Bericht bilden (Transparenz, Einbeziehung sowie Überprüfbarkeit), Prinzipien, die Entscheidungen über den Umfang der Berichterstattung beeinflussen (Vollständigkeit, Relevanz sowie Nachhaltigkeitskodex), Prinzipien, die sich auf die Gewährleistung von Qualität und Zuverlässigkeit beziehen (Genauigkeit, Neutralität sowie Vergleichbarkeit) und Prinzipien, die Entscheidungen über den Zugang zum Bericht beeinflussen (Klarheit und Aktualität). Vgl. GRI (Hrsg.) (2002), S. 18f.

880 Vgl. hierzu und im Folgenden GRI (Hrsg.) (2002), S. 29. Vgl. zu empirischen Untersuchungen zum Nutzerverhalten und Erkenntnisinteressen von Nachhaltigkeitsberichten aus Sicht verschiedener Stakeholder ECC Kothes Klewes (Hrsg.) (2002); ECC Kothes Klewes/Fishburn Hedges (Hrsg.) (2003).

881 Da eine Unterteilung in diese drei Leistungsindikatoren nicht immer überschneidungsfrei möglich ist, wird zusätzlich eine vierte Dimension, die integrierten Indikatoren, aufgeführt. Vgl. GRI (Hrsg.) (2002), S. 40f.

882 Vgl. hierzu und im Folgenden GRI (Hrsg.) (2002), S. 30 und S. 77 sowie zur Struktur der Hierarchie in den Leitlinien des GRI GRI (Hrsg.) (2002), S. 31.

haben kann (z.B. Gesamtwasserverbrauch, Grad der Wasserverwertung und Einleitung in Gewässer als Indikatoren für den Aspekt Wasser).[883]

Die Entwicklungstendenzen zur Berichterstattung über umwelt- bzw. nachhaltigkeitsbezogene Aspekte werden auch von „legislativer Seite [...] aufgegriffen, um eine Institutionalisierung und Standardisierung von Informationsflüssen zu gewährleisten“[884]. In diesem Zusammenhang ist die Empfehlung der Europäischen Kommission zur Berücksichtigung von Umweltaspekten in Jahresabschluss und Lagebericht von Unternehmen (im Folgenden: EU-Umwelt-Empfehlung) zu nennen. Das Ziel der Empfehlung ist, durch die Schaffung von umfassenden Leitlinien für die Offenlegung die Vergleichbarkeit der umweltbezogenen Informationen zu erhöhen.[885] Die Vorschläge fokussieren sich auf die finanziellen Aspekte des Umweltschutzes und nehmen auf den Ausweis, die Bewertung sowie die Offenlegung Bezug. Die wesentliche Neuerung durch die EU-Empfehlung ist eine besondere Gewichtung der Umweltthematik innerhalb des Lageberichtes.[886] Insgesamt sollen separate Umweltberichte und Jahresabschlüsse bzw. Lageberichte stärker miteinander verbunden und in Einklang gebracht werden. Die Publikation eines separaten Umweltberichtes sollte jedoch weiterhin bestehen bleiben, damit Unternehmen hier über die Lageberichtsangaben hinaus zum Thema Umweltschutz Stellung nehmen können.

Die EU-Kommission empfiehlt ihren Mitgliedstaaten dafür zu sorgen, dass Unternehmen für Geschäftsjahre, die innerhalb von 12 Monaten nach der Veröffentlichung der Empfehlung beginnen, sowie in den späteren Rechnungsperioden die enthaltenen Bestimmungen anwenden. Vor diesem Hintergrund bat das Bundesjustizministerium interessierte Kreise um Mitteilung, inwiefern diese eine Umsetzung in nationales Recht bzw. sonstige unterstützende Maßnahmen hinsichtlich der EU-Empfehlung befürworten.[887] Zu diesen Kreisen gehörten bspw. der DIHK, das IDW sowie die WPK, die alle entweder keine Notwendigkeit für eine Umsetzung in nationales Recht sahen oder eine Umsetzung ablehnten. Dennoch wurden mit dem im Dezember 2004 verabschiedeten BilReG, wie bereits ausgeführt, bestimmte Aspekte der EU-Umwelt-Empfehlung berücksichtigt.

---

883 Vgl. zu den weiteren Indikatoren im Einzelnen GRI (Hrsg.) (2002), S. 44ff.

884 Brebeck/Horst (2002), S. 21.

885 Vgl. hierzu und im Folgenden Begründung zur EU-Umwelt-Empfehlung, S. 33ff.

886 Vgl. Brebeck/Horst (2002), S. 22f.

887 Vgl. hierzu und im Folgeden Brebeck/Horst (2002), S. 23.

## 3.2 Inhaltliche Ausgestaltung der wertorientierten Berichterstattung

Mit den vorangegangenen Ausführungen wurde gezeigt, dass in der Literatur grundsätzlich Einigkeit darüber besteht, im Rahmen der wertorientierten Berichterstattung insbesondere zusätzliche Berichtselemente zur traditionellen Finanzberichterstattung, d.h. wertorientierte Kenngrößen und Angaben zu kritischen Erfolgsfaktoren, sowie zukunftsorientierte Informationen zur langfristigen Entwicklung des Unternehmens bereitzustellen.[888] Aufbauend auf den gewonnenen Ergebnissen wird im Folgenden dargestellt, welche Informationen im Einzelnen im Rahmen der wertorientierten Berichterstattung publiziert werden sollten.

Hierfür wird als konzeptioneller Rahmen in Anlehnung an MÜLLER ein Ansatz verwendet, der die wertorientierte Berichterstattung inhaltlich in eine Berichterstattung (1) über die realisierte Entwicklung des Unternehmenswertes („Value Added Reporting"), (2) über die Wertentwicklung für die Kapitalgeber („Total Return Reporting") und (3) über nachhaltige Wertsteigerungspotenziale („Strategic Advantage Reporting") unterteilt (vgl. Abb. 39).[889]

---

888 Vgl. Labhart (1999), S. 30 sowie die Ausführungen in Abschnitt 3.1. Darüber hinaus wurde mit den Ausführungen zum BilReG sowie zum DRS 15 deutlich, dass hiermit eine umfassende Erweiterung der Konzernlageberichtsinhalte um wertorientierte Aspekte abzusehen ist.

889 Vgl. ähnlich Müller (1998), S. 125; Pellens/Hillebrandt/Tomaszewski (2000), S. 181. Es ist darauf hinzuweisen, dass die Zuordnung der im Folgenden aufgeführten Inhalte der wertorientierten Berichterstattung zu einer der drei Kategorien nicht immer überschneidungsfrei erfolgen kann und daher einzelne Kriterien ebenso anders zugeordnet werden könnten.

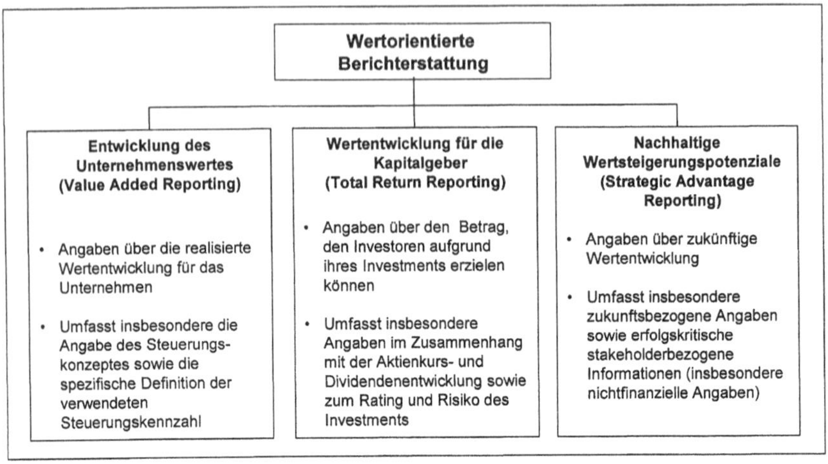


*Abb. 39: Konzeptioneller Rahmen der wertorientierten Berichterstattung (Quelle: In Anlehnung an Müller (1998), S. 125)*

### 3.2.1 Entwicklung des Unternehmenswertes (Value Added Reporting)

Um die realisierte Wertentwicklung im Unternehmen beurteilen zu können, sind Angaben zum verwendeten Steuerungskonzept sowie die spezifische Definition der verwendeten Spitzenkennzahl von besonderer Bedeutung.[890] Zum einen erlauben diese Angaben den Investoren einen Einblick in die Wertschaffung des Unternehmens sowie eine Überprüfung der angestellten Prognosen.[891] Zum anderen ermöglicht der Vergleich des rechnerischen Unternehmenswertes mit der Börsenkapitalisierung die Identifikation von Wertlücken, „die als Anzeichen für eine Unter- oder Überbewertung und somit als Grundlage für die Investitionsentscheidung der Investoren dient“[892].

---

890 Vgl. Müller (1998), S. 131f. m.w.N.; Pellens/Hillebrandt/Tomaszewski (2000), S. 184. Entsprechende Informationen werden bislang noch nicht im Rahmen der verpflichtenden Berichterstattung erfasst. In Zusammenhang mit DRS 15 könnten sich zukünftig Änderungen für deutsche Unternehmen ergeben, da dieser für kapitalmarktorientierte Mutterunternehmen eine Darstellung und Erläuterung des unternehmensintern umgesetzten Steuerungssystems anhand quantitativer Maßstäbe vorsieht. In diesem Zusammenhang sind auch Angaben über die im Konzern für den Zweck der Unternehmenssteuerung eingesetzten Kennzahlen offen zu legen. Ebenso ist nach § 315 I HGB n.F. auf finanzielle und nichtfinanzielle Leistungsindikatoren einzugehen.

891 Vgl. Ruhwedel/Schultze (2002), S. 620.

892 Ruhwedel/Schultze (2002), S. 612.

Obwohl eine Vielzahl der börsennotierten deutschen Unternehmen die Unternehmenswertsteigerung als Zielsetzung der Unternehmensführung angibt, ist zu beobachten, dass keineswegs alle ein wertorientiertes Steuerungskonzept implementiert haben.[893] Zu den traditionellen Steuerungskonzepten zählen die sog. „pro-forma"-Ergebnisse, die in Form von „Earnings before-" Kennzahlen (z.B. EBIT, EBITA, EBITDA) Verwendung finden.[894] „Als pro forma können grundsätzlich solche Finanzkennzahlen bezeichnet werden, welche entweder in einer Rechnungslegungsnorm explizit als solche bezeichnet werden oder die – im Vergleich zum nach dem jeweiligen Rechnungslegungsstandard ermittelten Nachsteuerergebnis – um einmalige, ungewöhnliche, außerbetriebliche oder nicht zahlungswirksame Aufwendungen und Erträge bereinigt werden".[895] Der Ausweis von „pro-forma"-Ergebnissen ist in deutschen Geschäftsberichten inzwischen weit verbreitet.[896] Dies ist jedoch nicht nur auf die Verwendung als interne Steuerungskennzahl, sondern auch auf die Bedeutung dieser korrigierten Ergebniskennzahlen für den Kapitalmarkt zurückzuführen. So soll durch die Korrektur der Ergebnisse aus der GuV aus Unternehmenssicht ein „realistischeres Bild ihrer operativen Ertragskraft"[897] vermittelt und die Vergleichbarkeit von Ergebnisausweisen erhöht werden.[898] Problematisch erscheint indes die Vielzahl der national sowie international ausgewiesenen „pro-forma"-Ergebnisse,[899] deren mangelnde Transparenz in der Berechnung sowie weitestgehend fehlender Überleitung auf die Ergebnisgrößen der GuV das Ziel der erhöhten Vergleichbarkeit im Zeitablauf sowie zwischen Unternehmen konterkarieren.[900] Um diesem von

---

893 Vgl. z.B. KPMG (Hrsg.) (2003a), S. 15; Pellens/Tomaszewski/Weber (2000), S. 1825 ff.; Roland Berger (Hrsg.) (2001), S. 5.

894 Neben den „Earnings before-" Kennzahlen finden sich weitere Begriffe für die „pro-forma"-Ergebnisse, wie z.B. „cash earnings", „earnings on a cash basis". Vgl. Kley/Vater (2003), S. 45.

895 Küting/Heiden (2003), S. 1544.

896 Vgl. hierzu die Ergebnisse der empirischen Untersuchungen zur Verwendung von „pro-forma" Ergebnissen in deutschen Geschäftsberichten bei Küting/Heiden (2003), S. 1547ff.; Hillebrandt/Sellhorn (2002), S. 4ff.

897 Kley/Vater (2003), S. 45.

898 Vgl. Kley/Vater (2003), S. 45. Ebenso werden diese Kennzahlen in den sog. Multiplikatorverfahren zur Unternehmens- und Aktienbewertung genutzt. Vgl. Küting (2001), S. 118ff.

899 Küting/Heiden (2003), S. 1545 listen 34 verschiedene „Earnings before"-Kennzahlen auf.

900 Vgl. Küting/Heiden (2003), S. 1548. Auf S. 1545 weisen Küting/Heiden (2003) auf die Unterschiede in der Berechnung des EBIT (Earnings before interest and taxes) hin. Während sich hinsichtlich der Steuerkorrektur nach h.M. eine (vollständige) Eliminierung der Ertragssteuern ergibt, sind hinsichtlich der Zinskorrektur zwei unterschiedliche Vorgehensweisen zu finden. Im Rahmen der ersten Vorgehensweise wird der EBIT als handelsrechtliches Betriebsergebnis interpretiert. Die zweite Vorgehensweise zielt allein auf die Korrektur um die Zinsaufwendungen. Die Vielfalt der verwendeten „pro-forma"-Kennzahlen ist jedoch nicht nur auf die Unternehmenspraxis zurückzuführen. So hat bspw. Standard & Poor's das Konzept der 'core earnings' zur Ermittlung des Nettogewinns aus der betrieblichen Tätigkeit eingeführt. Vgl. ausführlich hierzu Kley/Vater (2002).

COLLINGWOOD als 'earnings game'[901] bezeichneten Phänomen entgegen zu wirken, könnte eine Standardisierung der Berechnung der Kennzahlen hilfreich sein.[902] Zumindest sollten jedoch die Berechnungsmethoden und eine Überleitung zu den Ergebnisgrößen der GuV offen gelegt werden. In diesem Zusammenhang hat die SEC die Regulation G verabschiedet, nach der die Veröffentlichung von irreführenden non-US-GAAP financial measures verboten wurde.[903] „Non-US-GAAP financial measures, die [weiterhin, A.d.V.] veröffentlicht werden dürfen, müssen stets in Zusammenhang mit der sachlich und inhaltlich am besten vergleichbaren US-GAAP-Maß- oder Verhältniszahl verwendet und auf diese übergeleitet werden."[904]

Neben den „pro-forma"-Ergebnissen werden Kapitalrenditen (z.B. ROE, ROA, RONA, ROCE) zur Unternehmenssteuerung verwendet, die als „Vorstufe" zur Ermittlung von wertorientierten Kennzahlen angesehen werden können.[905] Aus dem Vergleich der erwirtschafteten Kapitalrenditen mit den als Zielrendite vorgegebenen Kapitalkostensätzen kann eine Aussage über die Höhe der erzielten Wertbeiträge im Unternehmen getroffen werden.[906]

Wertorientierte Steuerungskonzepte stellen bspw. der Economic Value Added (EVA) oder Cash Value Added (CVA) dar.[907] Für eine zutreffende Einschätzung müssen v.a. die einzelnen Bestandteile und ihre Herleitung detailliert verdeutlicht werden.[908] Ggf. sind unternehmensspezifische Anpassungen der (theoretischen) Grundkonzeption zu begründen.[909] Die Berechnung der verwendeten

---

901 Vgl. hierzu z.B. Collingwood (2001b).

902 Kley/Vater (2003), S. 50 weisen jedoch darauf hin, dass „an einer Vorschrift zur Berechnung [...] jedoch vor allem die Vielzahl der betroffenen Positionen der GuV problematisch" erscheint.

903 Vgl. zur Regulation G im Internet: www.law.uc.edu/CCL/regG (Stand: 28.02.2004). Die Regulation G wurde im Zuge der Umsetzung von Section 401 (b) des Sarbanes Oxley Act verabschiedet. Vgl. zum Sarbanes Oxley Act Fn. 570.

904 KPMG (Hrsg.) (2003b), S. 2. Im Original teilweise kursiv. Dabei ist in der Regulation G explizit keine am besten vergleichbare US-GAAP-Maß- oder Verhältniszahl aufgeführt. Die SEC hat jedoch darauf hingewiesen, dass die Überleitung von non-US-GAAP-Liquiditätsangaben auf geeignete Zahlen des 'statement of cash flows' und von non-US-GAAP-Ertragskennzahlen auf das 'net income' oder das 'income from continuing operations' erfolgen sollte. Vgl. KPMG (Hrsg.) (2003b), S. 3.

905 Dabei werden die sog. „pro-forma"-Ergebnisse zur Berechnung der Kapitalrenditen verwendet, indem sie ins Verhältnis zu der entsprechenden Kapitalgröße gesetzt werden. Vgl. z.B. Ewert/Wagenhofer (2000), S. 26ff.

906 Wert wird im Unternehmen dann geschaffen, wenn die Kapitalrenditen die Kapitalkostensätze übersteigen. Vgl. hierzu insbesondere Abschnitt 2.1.3.1.2.

907 Vgl. im Überblick Crasselt/Pellens/Schremper (2000a) und (2000b). Vgl. ausführlicher zum EVA Stewart (1991); Hostettler (1997), zum Cash Value Added z.B. Roos/Stelter (1999).

908 Vgl. Labhart (1999), S. 266.

909 Vgl. Pellens/Hillebrandt/Tomaszewski (2000), S. 185. Siemens verwendet bspw. das Konzept des Geschäftswertbeitrags (GWB), dem das EVA-Konzept zugrunde liegt. Vgl. Siemens Geschäftsbericht 2003, S. 87f.

Größen (z.B. Net Operating Profit after Taxes (NOPAT) als Bestandteil des EVA) sollte für Externe verdeutlicht werden, d.h. aus Angaben des Jahres- bzw. Konzernabschlusses nachvollziehbar sein. Aufgrund der zentralen Bedeutung der Kapitalkosten für die wertorientierte Steuerung sollte außerdem über risikoadjustierte Eigen- und Fremdkapitalkostensätze berichtet werden. Für die Ermittlung der Eigenkapitalkostensätze stehen verschiedene Methoden zur Verfügung, von denen insbesondere dem CAPM eine besondere Bedeutung zukommt.[910] Mit Hilfe des CAPM lassen sich die Eigenkapitalkostensätze als Summe von risikolosem Zinssatz und einem Risikozuschlag, der sich aus der Multiplikation der Marktrisikoprämie mit dem unternehmensspezifischen Beta-Faktor ergibt, ermitteln. Zur Bestimmung der unternehmensspezifischen Eigenkapitalkostensätze ist somit neben dem risikolosem Zinssatz sowie der Marktrisikoprämie die inhaltliche Fundierung des Beta-Faktors, d.h. die Volatilität der Rendite eines Wertpapiers im Verhältnis zum Marktportfolio, zu nennen.[911] Unter Verwendung von unternehmensspezifischen (Ziel-)Kapitalstrukturen sollte ferner auch die Ermittlung der Gesamtkapitalkostensätze aufgezeigt werden.[912] Für eine Beurteilung der nachhaltigen Wertentwicklung des Unternehmens sind zudem der Ausweis der erzielten Wertbeiträge sowie ein Zeitreihenvergleich zu deren Entwicklung unabdingbar. Empfehlenswert erscheint darüber hinaus die Angabe von Zielwerten.[913]

Bei diversifizierten Unternehmen sollten die Angaben ferner segmentbezogen erfolgen, da aggregierte Informationen, besonders bei Mischkonzernen, kaum aussagekräftige Interpretationen zulassen. HACKER betont, dass die „Segmentberichterstattung [...] zum Value Reporting genutzt werden [kann, A.d.V.], weil dem Investor darüber berichtet wird, in welche Segmente sein Kapital investiert wurde und ob sich dadurch eine Wertsteigerung ergeben hat. Zur quantitativen wertorientierten Berichterstattung ist vor allem die auf Segmentebene geschaffene Wertsteigerung relevant."[914]

Damit die Zielsetzung der Steigerung des Unternehmenswertes tatsächlich seitens des Managements verfolgt wird, kommen zunehmend wertorientierte Ent-

910 Vgl. hierzu Abschnitt 2.1.3.1.1.

911 Vgl. auch Pape (2004), S. 186.

912 Vgl. hierzu und im Folgenden auch Arbeitskreis „Externe Unternehmensrechnung" der Schmalenbach-Gesellschaft für Betriebswirtschaft e.V. (Hrsg.) (2002b), S. 2339.

913 Vgl. Arbeitskreis „Externe Unternehmensrechnung" der Schmalenbach-Gesellschaft für Betriebswirtschaft e.V. (Hrsg.) (2002b), S. 2339.

914 Hacker (2002), S. 85f. Im Original teilweise kursiv. Vgl. auch Coenenberg/Mattner (2000); Hacker (2003).

lohnungssysteme zum Einsatz.[915] Zur besseren Beurteilung der Effizienz und der entstehenden Kosten bei den zugehörigen Anreizsystemen werden detaillierte Informationen über deren konkrete Ausgestaltung benötigt. Die Bilanzierung von aktienbasierten Vergütungssystemen sowie die Bereitstellung entsprechender Angaben werden nach US-GAAP und IAS/IFRS bereits gefordert.[916]

Als eher jahresabschlussorientiertes Instrument lassen sich z.B. Wertschöpfungsrechnungen qualifizieren, aus deren Ermittlungs- und Verteilungsrechnung weitere investorenrelevante Zusatzinformationen erkennbar sind.[917] COENENBERG führt das darauf zurück, dass zum einen die Wertschöpfung als das Einkommen der Stakeholder interpretiert werden kann und zum anderen die mittels der Wertschöpfungsmaßgrößen definierte Produktivität einen wichtigen Treiber für die künftige Ertragskraft des Unternehmens darstellt.

Ferner kann eine Fair Value Bewertung von Vermögensgegenständen[918], wie sie nach den IAS/IFRS und den US-GAAP z.B. für Wertpapiere bestimmter Kategorien gefordert wird, als Datengrundlage zur Entscheidungsfindung vor dem Hintergrund der wertorientierten Unternehmensführung dienen.[919]

---

915 Vgl. zu den verschiedenen wertorientierten Vergütungsprogrammen Abschnitt 2.1.3.4 sowie hierzu und im Folgenden Pellens/Hillebrandt/Tomaszewski (2000), S. 185. Das Verhältnis zwischen Kapitalgebern (Prinzipal) und Management (Agent) stellt aufgrund von Interessenkonflikten, Informationsasymmetrien sowie ungleichen Handlungsspielräumen eine Prinzipal-Agenten-Beziehung dar. Daher ist, wie in Abschnitt 2.2.2.2 bereits ausgeführt, aufgrund der Annahme der individuellen Nutzenmaximierung davon auszugehen, dass der Agent nicht im besten Interesse des Prinzipals handeln wird. Vgl. ausführlich hierzu z.B. Zimmermann/Wortmann (2001), S. 289.

916 Vgl. APB-Opinion 25, SFAS 123; IFRS 2 sowie zu Anhangangaben bereits IAS 19. Die Bundesregierung hatte sich in Abschnitt 3 des sog. 10-Punkte-Programms für die Berichterstattung über Optionsprogramme, die bspw. im (Konzern-)Anhang erfolgen könnte, ausgesprochen. Des Weiteren wird im DCGK, Ziff. 4.2.3 und 4.2.4, empfohlen, bestimmte Angaben zu der Vergütung über Aktienoptionen oder vergleichbare Gestaltungen auf der Internetseite der Gesellschaft in allgemein verständlicher Form bekannt zu machen und im Geschäftsbericht zu erläutern. Vgl. ferner E-DRS 11 zur Bilanzierung von Aktienoptionsplänen und ähnlichen Entgeltformen. Vgl. in diesem Zusammenhang ferner den bereits erwähnten Regierungsentwurf eines Gesetzes über die Offenlegung der Vorstandsvergütungen (Vorstandsvergütungs-Offenlegungsgesetz – RegE-VorstOG).

917 Vgl. Coenenberg (2003a), S. 1065. Vgl. ausführlich zur Wertschöpfungsrechnung Haller (1997).

918 Vgl. hierzu z.B. Baetge/Zülch (2001). „Der Fair Value (beizulegende Zeitwert) ...stellt die bestmögliche Schätzung (best estimate) des Preises dar, den ein Unternehmen erzielt hätte, wenn es in einer unter normalen Geschäftsbedingungen ablaufenden Transaktion mit Dritten den Vermögenswert zum Bewertungsstichtag veräußert oder die Schuld beglichen hätte." Heyd (2003), S. 209.

919 Vgl. IAS 39.46 (rev. 2003) und SFAS 115.116. Hiernach sind Wertpapiere, die zum Handel bestimmt sind (held for trading securities), sowie Wertpapiere, die verkauft werden können (available-for-sale securities), mit deren Fair Value zu bewerten. Vgl. ausführlich zur Bewertung von Vermögensgegenständen zum Fair Value nach IAS/IFRS und US-GAAP Abschnitt 2.3.1.2. Seit der Verabschiedung des BilReG wurden auch die handelsrechtlichen Rechnungslegungsvorschriften entsprechend modifiziert. So ist künftig im Rahmen des (Konzern-)abschlusses der Marktwert von derivativen Finanzinstrumenten sowie – unter bestimmten Bedingungen – der Marktwert von zu den Finanzanlagen gehörenden Finanzinstrumenten auszuweisen. Vgl. ausführlicher Abschnitt 3.1.2.1.

Auch der Value-at-Risk (VaR) kann als Risikokennziffer zur Beurteilung einer i.d.R. marktpreisabhängigen Position beitragen.[920] Der VaR bildet den methodischen Ausgangspunkt zur Bestimmung von risikoorientierten Kennzahlen (RORAC, RAROC).[921] Darüber hinaus kann der VaR zu einem aktiven Management von Risikopositionen eingesetzt werden und damit als Instrument der nachhaltigen Wertsicherung dienen.

Die Darstellungen machen deutlich, dass die Informationen im Rahmen des Value Added Reporting damit nicht nur eine retrospektive Perspektive einnehmen. Ebenso kommt den Darstellungen der im Unternehmen ergriffenen Maßnahmen zur Steigerung des Unternehmenswertes eine Bedeutung für die Beurteilung der künftigen Leistungsfähigkeit des Unternehmens zu.[922] Diese Funktion wird zusätzlich durch die Angaben von Plan- bzw. Zielwerten unterstützt.

### 3.2.2 Rendite für die Kapitalgeber (Total Return Reporting)

Der Total Return bezeichnet den erzielbaren Betrag, den Kapitalgeber aufgrund ihres Investments erzielen können und umfasst insbesondere Angaben im Zusammenhang mit der Aktienkurs- und Dividendenentwicklung sowie zum Rating und Risiko des Investments.[923] Damit nimmt das Total Return Reporting primär einen retrospektiven Blickwinkel innerhalb der wertorientierten Berichterstattung ein. Zusätzlich enthält das Total Return Reporting jedoch auch eine zukunftsbezogene Perspektive, da hier bspw. bestimmte Zielwerte angegeben werden sollten.

Die Aktienrendite eines Anlegers setzt sich im Wesentlichen aus den Kurssteigerungen sowie den Dividendenzahlungen zusammen.[924] Zur ex-post-Beurteilung der Rendite-Risikoerwartungen sollten dem Anleger daher Informationen mit Bezug auf den Aktienkurs und die Dividendenzahlungen bereitgestellt werden.

---

920 Die Kennzahl VaR lässt sich nicht nur für einzelne Positionen oder Bereiche, sondern auch für das gesamte Marktrisiko einer Bank berechnen. Vgl. Rudolph (1999), S. 719. Vgl. hierzu außerdem z.B. Schierenbeck (1999), S. 14; Baetge/Schulze (1998), S. 940ff. Während der VaR ursprünglich bei Finanzunternehmen wie Banken und Versicherungen Anwendung fand, ist er grundsätzlich auch bei Industrieunternehmen „einsetzbar, solange es sich um Risiken handelt, für die die entsprechenden Inputdaten ermittelt werden können." Vielmeyer (2004), S. 70.

921 Vgl. hierzu Abschnitt 2.1.3.1.2.

922 Vgl. auch Pellens/Hillebrandt/Tomaszewski (2000), S. 184.

923 Vgl. Müller (1998), S. 129.

924 Vgl. hierzu Abschnitt 2.1.3.1.1. Im Zusammenhang mit der Gesamtperformance einer Aktie sind darüber hinaus gewährte Bezugsrechte zu sehen, die bei Kapitalerhöhungen gewährt wurden. Vgl. Müller (1998), S. 131.

Eine bedeutende Information stellt für die Anteilseigner neben einer Dokumentation der Aktienkursentwicklung in der Vergangenheit auch die Volatilität der Aktie dar.[925] Zu deren Beurteilung erscheint eine Kommentierung in Form der Erläuterung ungewöhnlicher Kursausschläge hilfreich, die sich auf ein bestimmtes Ereignis zurückführen lassen. Ferner ist die Darstellung eines langfristigen Musterdepots unter der Prämisse der Wiederanlage sämtlicher ausgeschütteter Dividenden und Bezugsrechtserlöse wünschenswert.[926] Korrespondierend zur Aktienkursentwicklung sollte zur Beurteilung der Eigenkapitalveränderung der Verlauf der Marktkapitalisierung, die dem Produkt der emittierten Aktien und ihrem Börsenkurs entspricht, ausgewiesen werden.[927]

Zusätzlich sollte die relative Performance einer Aktie durch Vergleich mit einem übergeordneten Benchmark, wie z.B. dem DAX, oder einem Branchenindex, angegeben werden.[928] Hierdurch soll dem Anleger ein Vergleich mit Investitionsalternativen ermöglicht werden.[929] Entsprechend zu den ausgewiesenen Aktienkursdaten sollten die zeitlich zugehörigen Indexstände ausgewiesen werden.[930]

Aus Aktionärssicht sind ferner die ausgeschüttete Dividende sowie ein Zeitreihenvergleich der Dividenden von Relevanz.[931] Daneben sollte die Dividendenrendite sowohl absolut als auch relativ im Vergleich zu denen direkter Wettbewerber dargestellt werden.[932]

Des Weiteren erscheinen ergänzende Unternehmenskennzahlen zweckmäßig, die es ermöglichen, die Rendite-Risiko-Position zu spezifizieren und das „Bindeglied zwischen der Berichterstattung zur Aktienperformance und der Berichterstattung zur Performance im Rahmen des Jahres[- bzw. Konzern-, A.d.V.]abschlusses“[933] darstellen. Zum Beispiel sind die Earnings per Share (EPS) inkl. deren Berechnungsmethode auszuweisen, die eine schnelle Einschätzung der „Preiswürdigkeit einer Aktie“[934] ermöglichen. Der Ausweis dieser Kennzahl wird nach IAS/IFRS und US-GAAP bereits gefordert.[935] Daneben soll-

---

925 Vgl. hierzu und im Folgenden Müller (1998), S. 130f.; Pellens/Hillebrandt/Tomaszewski (2000), S. 182f.

926 Vgl. Pellens/Hillebrandt/Tomaszewski (2000), S. 182.

927 Vgl. Arbeitskreis „Externe Unternehmensrechnung“ der Schmalenbach-Gesellschaft für Betriebswirtschaft e.V. (Hrsg.) (2002b), S. 2338.

928 Vgl. Pellens/Hillebrandt/Tomaszewski (2000), S. 183.

929 Vgl. Baetge/Noelle (2001), S. 176.

930 Für eine zeitnahe Bereitstellung dieser Informationen stellt dabei insbesondere das Internet ein geeignetes Medium dar. Vgl. hierzu Abschnitt 3.3.2.

931 Vgl. Müller (1998), S. 131.

932 Vgl. Pellens/Hillebrandt/Tomaszewski (2000), S. 183.

933 Baetge/Noelle (2001), S. 176.

934 Küting/Weber (2001), S. 270.

935 Vgl. IAS 33 (rev. 2003); SFAS 128.

te der Cash Flow per Share (CFPS) angegeben werden.[936] Ferner sind Kennzahlen wie z.B. das Kurs-Gewinn- sowie das Kurs-Cash-Flow-Verhältnis, jeweils im Branchenvergleich, aussagefähig.[937] Als weitere Kennzahl könnte das Ergebnis je Aktie nach DVFA/SG herangezogen werden, das einen zeitlichen und zwischenbetrieblichen Vergleich ermöglichen soll.[938] Für die einzelnen Kennzahlen sollte ein Zeitreihenvergleich angegeben werden, um Entwicklungstendenzen erkennen zu können. Prinzipiell erscheint es angebracht, zu den genannten Informationen auch Zielwerte anzugeben, die vom Unternehmen innerhalb eines bestimmten Zeitraums angestrebt werden.

Ferner sollten zusätzliche Angaben, mit denen das Bonitätsrisiko des Investments aus Sicht eines Fremdkapitalgebers beurteilt werden kann, bereitgestellt werden. Zur Abschätzung der Bonität eines Unternehmens können Rating-Informationen herangezogen werden (sog. Kredit-Ratings),[939] mit denen „das Unternehmen auf marktkonforme Weise die Informationsansprüche aktueller und potenzieller Fremdkapitalgeber erfüllen“[940] kann.

Mit den beschriebenen Inhalten zum Total Return Reporting wird ersichtlich, dass diesem in weiten Teilen eine „Servicefunktion“[941] zukommt. Bestimmte Angaben, wie bspw. die Aktienkursentwicklung, können ebenso über andere Institutionen, wie die Deutsche Börse, bezogen werden. Da diese Informationen aber „die ex-post-Überprüfung der getroffenen Wertsteigerungsprognosen ermöglichen und insbesondere Privatanleger diesen Informationen einen hohen

---

936 Vgl. Pellens/Hillebrandt/Tomaszewski (2000), S. 183. Gemäß FAS 95 ist die Veröffentlichung des CFPS nach US-GAAP verboten. Angaben im Zusammenhang mit dem Cash-flow sind dabei nicht nur für Eigen-, sondern auch für Fremdkapitalgeber von Relevanz, da diese Auskunft über die zukünftige Zahlungsfähigkeit des Unternehmens Auskunft geben können. Für Fremdkapitalgeber ist in diesem Zusammenhang v.a. der Free Cash-flow vor Zinsen (Brutto-Cash-flow) von Interesse, da dieser für die Zahlungen an die Fremd- und Eigenkapitalgeber zur Verfügung steht. Dabei gehen die Zahlungen an die Fremdkapitalgeber denen an die Eigenkapitalgeber vor.

937 Vgl. Schieber (2000), S. 26; Pellens/Hillebrandt/Tomaszewski (2000), S. 181.

938 Vgl. zum Ergebnis je Aktie nach DVFA/SG Busse v. Colbe u.a. (2000). Vgl. ausführlich zu einem Vergleich zwischen dem Ergebnis je Aktie nach DVFA/SG und dem EPS nach IAS/IFRS bzw. US-GAAP Löw/Roggenbuck (2001).

939 Vgl. ausführlich hierzu z.B. Heinke/Steiner (2000), im Folgenden insbesondere S. 8. Beim Kredit-Rating kann in ein Debt Rating, Bond Rating, Issuer Credit Rating unterschieden werden. Ob Änderungen des Kredit-Rating Einfluss auf die Rendite-Risiko-Position eines Eigenkapitalgebers haben, ist nach Heinke (2000) nicht eindeutig geklärt. Heinke (2000), S. 748 kommt zu dem Fazit, dass „der Aktionär bei der Verwendung von [Kredit-, A.d.V.]Ratings und ihrer Änderungen mithin stets zusätzlich beachten [muss, A.d.V.], welche Gründe die Agenturen für ein entsprechendes Up- oder Downgrading angeben“. Neben dem Kredit-Rating existiert ein sog. Stock Rating, dass sich auf die Beurteilung einer Eigenkapitalposition bezieht und nicht nur Risikoinformationen, sondern zusätzlich Aussagen zu Chancenpotenzialen enthält. Vgl. Heinke/Steiner (2000), S. 8.

940 Pape (2004), S. 185.

941 Müller (1998), S. 131.

Wert beimessen“[942], sollten sie in die wertorientierte Berichterstattung einbezogen werden.

### 3.2.3 Nachhaltige Wertsteigerungspotenziale (Strategic Advantage Reporting)

Die Vermittlung von Informationen über zukünftige Wertsteigerungspotenziale stellt einen Schwerpunkt des Strategic Advantage Reporting dar.[943] Neben bestimmten vergangenheits- bzw. gegenwartsbezogenen Informationen, die bereits Anhaltspunkte für die zukünftige Entwicklung bieten, sollten zukunftsbezogene Informationen bzw. Planangaben bereitgestellt werden.[944] Das Zusammenwirken verschiedener Werttreiber ist vom Unternehmen darzustellen, wobei die Wettbewerbsvorteile einen Einfluss auf einzelne oder mehrere Werttreiber ausüben können. Neben gesamtunternehmensbezogenen Informationen erscheint zur genaueren Abschätzung der zukünftigen Entwicklung darüber hinaus eine segmentbezogene Darstellung der Informationen sinnvoll.

Als Ansatzpunkt zur Beurteilung der zukünftigen Ertragspotenziale bzw. der erwarteten Entwicklung des Wertes eines Unternehmens sind risikobezogene Angaben von besonderem Interesse. Nach WOLF soll „die Risikoberichterstattung, als wesentlicher Bestandteil des Strategic Advantage Reporting, [...] zum Abbau von Informationsasymmetrien bezüglich der Risikoeinschätzung zwischen Kapitalmarkt und Unternehmensführung beitragen“[945].

In den Ausführungen zum Konzernlagebericht wurde bereits erläutert, dass Unternehmen im Rahmen eines sog. Risikoberichts auf „die Risiken der künftigen Entwicklung“ einzugehen haben.[946] Mit DRS 5 erfolgte eine Konkretisierung der Risikoberichterstattung. Eine inhaltliche Forderung bezieht sich auf eine angemessene Beschreibung des Risikomanagements. Dieses wird in der Literatur oftmals als Prozess dargestellt, der bspw. die Identifikation, Messung und Steuerung der (Chancen und) Risiken beinhaltet.[947] Die identifizierten Risiken können

---

942 Pellens/Hillebrandt/Tomaszewski (2000), S. 182.

943 Vgl. hierzu und im Folgenden auch Arbeitskreis „Externe Unternehmensrechnung“ der Schmalenbach-Gesellschaft für Betriebswirtschaft e.V. (Hrsg.) (2002b), S. 2339.

944 Siebel/Gebauer (2001), S. 193, sprechen davon, dass „der Vorstand [...] gut beraten [ist, A.d.V.], wenn er [...] mehr über seine Planungen berichtet, als das Gesetz ihm vorschreibt. Der Markt wird es ihm zumindest längerfristig danken“.

945 Wolf (2003a), S. 1090.

946 Vgl. hierzu und im Folgenden Abschnitt 2.3.2.1. Ebenso bestehen nach IAS/IFRS und US-GAAP Vorschriften zur Risikoberichterstattung. Vgl. ausführlicher hierzu Küting/Hütten (2009), S. 419ff.; Löw/Lorenz (2001).

947 Vgl. hierzu ausführlicher Gebhart/Mansch (Hrsg.) (2001), S. 151ff.

in Risikokategorien systematisiert werden,[948] wobei in DRS 5 sieben Risikokategorien vorgeschlagen werden.[949]

Neben der Beschreibung der einzelnen Risiken sind denkbare, aus ihnen resultierende Auswirkungen zu erläutern sowie die Risiken und ihre möglichen Konsequenzen zu bewerten. Hierzu bedarf es der Quantifizierung der negativen Konsequenzen des Risikos und der Eintrittswahrscheinlichkeiten der einzelnen Risiken. Grundsätzlich ist nur über das verbleibende Restrisiko zu berichten, das sich aufgrund Risiko beschränkender Bewältigungsmaßnahmen ergibt. Sofern Einzelrisiken nicht entsprechend getrennt von einander dargestellt werden können, ist ferner über Wechselwirkungen zwischen einzelnen Risiken zu berichten. Zusätzlich halten GÜNTHER/BEYER „für [...] Risikofaktoren [...] die Darstellung der Sensitivitäten von Erfolgsgrößen (z.B. Cash Flow oder Jahresüberschuss) auf Veränderungen sensibler Parameter denkbar. Diese Angaben könnten um Szenarien ergänzt werden, so dass neben der wahrscheinlichen Entwicklung eine optimistische und eine pessimistische Konstellation aufgezeigt werden, woraus mögliche Schwankungsbreiten hervorgehen."[950]

Mit den Ausführungen in den vorangegangenen Abschnitten wurde dargelegt, dass für die Beurteilung der Leistungsfähigkeit und letztendlich des Wertpotenzials eines Unternehmens zunehmend auch nichtfinanzielle Informationen relevant werden.[951] Wie bspw. die Ausführungen zum Intellectual Capital oder zur Balanced Scorecard gezeigt haben, können Unternehmen Vorteile sowohl aus Stakeholder-Beziehungen als auch aus betrieblichen Prozessen und der Innovationskraft erzielen.[952] Für die strukturierte Vermittlung von nichtfinanziellen Kenngrößen in der externen Berichterstattung könnte daher ein Intellectual Capital Statement oder eine Balanced Scorecard Verwendung finden.[953] Hiermit stehen Instrumente zur Verfügung, mit denen sich wertrelevante Faktoren, die in

---

948 Vgl. Wolf (2003a), S. 1091.

949 Vgl. hierzu die Ausführungen in Abschnitt 2.3.2.1. Gemäß den Vorschriften des DSR ist nicht über alle Risiken zu berichten, sondern lediglich über wesentliche Risiken, d.h. Bestands gefährdende Risiken sowie Risiken mit wesentlichem Einfluss auf die VFE-Lage des Konzerns.

950 Günther/Beyer (2001), S. 1629.

951 Vgl. auch Eccles (1991), S. 131; FASB (2001), S. 10.

952 Vgl. zum Intellectual Capital Abschnitt 2.1.3.1.3, zur Balanced Scorecard Abschnitt 2.1.3.4 sowie Haller/Dietrich (2001b), S. 1046.

953 Vgl. Klingebiel (2000), S. 176 und zum Intellectual Capital Statement Abschnitt 3.1.2.2. Vgl. zur Verwendung der Balanced Scorecard in der wertorientierten Berichterstattung Labhart (1999), S. 263ff.; Labhart/Volkart (2001b), S. 124ff.; Fischer/Wenzel/Kühn (2001), S. 1211 und S. 1213f. m.w.N.; Kötzle/Niggemann (2001), S. 644ff. Vgl. z.B. die Darstellung der Balanced Scorecard als sog. „Vierklang" im Geschäftsbericht der Deutschen Bank 2003, S. 15ff.

der traditionellen Rechnungslegung keine Berücksichtigung finden, unternehmensextern und -intern kommunizieren lassen.

Daher sollte die Vermittlung erfolgskritischer stakeholderbezogener Informationen, z.B. zu Kunden, Zulieferern und Mitarbeitern, einen weiteren Schwerpunkt des Strategic Advantage Reporting darstellen. Neben vergangenheits- bzw. gegenwartsbezogenen Angaben, denen schon eine Indikatorfunktion für zukünftigen Erfolg zugesprochen wird, sollten ebenso zukunftsbezogene Angaben bzw. Planangaben bereitgestellt werden. Zudem sollte ein Vergleich von Plan- und Istwerten bereitgestellt werden, um die Überprüfung von angestellten Prognosen zu ermöglichen. Erstrebenswert sind in diesem Zusammenhang quantitative Angaben, die sich jedoch aufgrund der schweren Quantifizierbarkeit einiger Informationen nicht auf alle Berichtskriterien beziehen können.

Die kundenbezogenen Informationen sollten neben den direkt auf die Kunden bezogenen Angaben auch Informationen zum Absatzmarkt umfassen. Hierfür können die folgenden Kennzahlen herangezogen werden:[954]

- Kundenbindung bzw. -fluktuation,
- Anzahl bestehender bzw. neuer Kundenbeziehungen,
- Abhängigkeit von einzelnen Kunden,
- Kundenzufriedenheit[955],
- Kundenstruktur,
- Abhängigkeit von Einzelkunden,
- Kundenbindungs- bzw. Kundenakquisitionskosten,
- Erträge aus Neukunden,
- Marktanteile und Marktwachstum,
- Markenwert[956] und Markenimage,
- Produkt- und Serviceimage,
- Umsatzanteil aus Cross-Selling und
- Vertriebskanäle.

---

954 Vgl. z.B. Arbeitskreis „Immaterielle Werte im Rechnungswesen“ der Schmalenbach-Gesellschaft für Betriebswirtschaft e.V. (Hrsg.) (2001), S. 990f.; ICAEW (Hrsg.) (2000), S. 20f., ICAEW (Hrsg.) (1999), S. 46, Ernst & Young (Hrsg.) (1997), S. 7.

955 Vgl. zu verschiedenen Verfahren zur Messung der Kundenzufriedenheit z.B. Schmöller (2001), S. 115f.

956 Vgl. zu der Methodenvielfalt der Bewertung von Marken in der Praxis z.B. Günther/Kriegbaum-Kling (2001); Sattler (2001). Vgl. ferner z.B. Greinert (2003); Havenstein/Heiden (2003); Kriegbaum (2001), S. 77ff.

Analog zu den kundenbezogenen Informationen sollten die zuliefererbezogenen Informationen neben den direkt auf die Zulieferer bezogenen Angaben auch Informationen zum Beschaffungsmarkt umfassen. Hierfür können die folgenden Kennzahlen dienen:[957]

- Zuliefererbindung und -fluktuation,
- Anzahl bestehender bzw. neuer Zuliefererbeziehungen,
- Abhängigkeit von einzelnen Zulieferern,
- Nationale Herkunft der Zulieferer,
- Beschaffungsvolumen,
- Preisentwicklung im Beschaffungsmarkt und
- Einsparungen im Beschaffungsbereich.

Weitere Stakeholder des Unternehmens stellen die Mitarbeiter bzw. das Management dar. In diesem Zusammenhang können die folgenden Informationen publiziert werden:[958]

- Anzahl der Mitarbeiter[959],
- Mitarbeiterbindung bzw. -fluktuation,
- Altersstruktur der Mitarbeiter,
- Mitarbeiterzufriedenheit,
- Mitarbeiterproduktivität,
- Qualifikation von Mitarbeitern und Management,
- Managementvergütung[960],
- Investitionen in die Mitarbeiterbildung,
- Knowledge Management[961].

---

957 Vgl. z.B. Arbeitskreis „Immaterielle Werte im Rechnungswesen" der Schmalenbach-Gesellschaft für Betriebswirtschaft e.V. (Hrsg.) (2001), S. 991.

958 Vgl. z.B. Arbeitskreis „Immaterielle Werte im Rechnungswesen" der Schmalenbach-Gesellschaft für Betriebswirtschaft e.V. (Hrsg.) (2001), S. 990; ICAEW (Hrsg.) (2000), S. 20, ICAEW (Hrsg.) (1999), S. 46, Ernst & Young (Hrsg.) (1997),S. 7.

959 Die durchschnittliche Anzahl der während des Geschäftsjahres beschäftigten Arbeitnehmer ist im (Konzern-) Anhang auszuweisen. Vgl. §§ 285 Nr. 7 und 314 I Nr. 4 HGB.

960 Nach §§ 285 Nr. 9 und 314 I Nr. 6 HGB besteht für nach dem 31.12.2002 beginnende Geschäftsjahre eine Ausweispflicht für die gewährten Gesamtbezüge der Mitglieder des Geschäftsführungsorgans im (Konzern-) Anhang. Ferner wird in Ziff. 4.2.4 des DCGK empfohlen, die Vergütung der Vorstandsmitglieder im Konzernanhang aufgeteilt nach Fixum, erfolgsbezogenen Komponenten sowie Komponenten mit langfristiger Anreizwirkung auszuweisen. Vgl. hierzu auch Ziff. 7.1.3 des DCGK.

961 Vgl. hierzu z.B. Buckley/Carter (2000); Teece (2000).

Neben den stakeholderbezogen Informationen stellen Angaben zu betrieblichen Prozessen und zur Innovationsfähigkeit einen bedeutenden Inhalt des Strategic Advantage Reporting dar. Diesbezüglich können die folgenden Kennzahlen publiziert werden:[962]

- Kapazitätsauslastung,
- Produkt- und Prozessqualität,
- Fehlerraten von Services und Produkten,
- Durchschnittliche Servicereaktionszeit,
- Durchlaufzeit von Aufträgen,
- IT-Ausgaben,
- Anzahl (neuer) Patente und Lizenzen[963],
- Restlaufzeit der Patente,
- Anzahl neuer Produkte,
- Entwicklungszeit neuer Produkte,
- Investitionen in F&E,
- Umsatzanteil neuer Produkte,
- Umsatz nach der Altersstruktur der Produkte.

Ein weiterer wichtiger Bestandteil sind Informationen zur Unternehmensstrategie. Hier erscheinen Aussagen zu folgenden Bereichen relevant:[964]

- Geschäftstätigkeit/Geschäftsfelder
- Kauf/Verkauf von Geschäftsbereichen,
- Festlegung der Kernkompetenzen,
- Konzernstruktur,
- Standorte[965],
- Kapitalbeteiligungen[966],
- Finanzierungsmaßnahmen,
- Unternehmenskultur sowie -philosophie,
- gesellschaftliche Verantwortung,

---

962 Vgl. z.B. Arbeitskreis „Immaterielle Werte im Rechnungswesen" der Schmalenbach-Gesellschaft für Betriebswirtschaft e.V. (Hrsg.) (2001), S. 990; ICAEW (Hrsg.) (2000), S. 22f., ICAEW (Hrsg.) (1999), S. 46, Ernst & Young (Hrsg.) (1997), S. 7.

963 Vgl. zur Wertermittlung von Patenten und Lizenzen z.B. Menninger/Kunowski (2003).

964 Vgl. z.B. FASB (2001), S. 6 und S. 9.

965 Nach § 313 II HGB sind die in den Konzernabschluss einbezogenen Unternehmen sowie weitere Unternehmen, an dem Anteile gehalten werden, mit Sitz und Name im Konzernanhang aufzuführen.

966 Kapitalbeteiligungen sind sowohl nach nationalen als auch nach internationalen Bilanzierungsvorschriften auszuweisen.

- Umweltinformationen in Form eines Umweltberichtes,
- Intellectual Capital Statement[967].

Zur detaillierteren Abschätzung sollten Prognosen des Managements zur Unternehmensentwicklung sowie konkrete Zielwerte angegeben werden. Diesbezüglich ist auch der Vergleich von erreichten Ist- mit vorgegebenen Planwerten zu erwähnen, der einen Hinweis auf die Qualität des Managements geben kann.

Schließlich erscheinen Angaben zum Unternehmensumfeld von Belang.[968] In diesem Zusammenhang sind die Anteilseignerstruktur sowie ggf. eine namentliche Nennung derjenigen Anteilseigner wünschenswert, die wesentlichen Einfluss auf zukünftige Entscheidungen haben können. Ebenso können Angaben zum rechtlichen, wirtschaftlichen und ökologischen Unternehmensumfeld besondere Relevanz erlangen, da hierdurch Rahmenbedingungen für den unternehmerischen Erfolg bestimmt werden.

Abb. 40 stellt die aufgeführten Berichtskategorien sowie die einzelnen Berichtselemente noch einmal im Überblick dar. Die gezeigten Kriterien repräsentieren keine vollständige, sondern lediglich eine selektierte exemplarische Auswahl relevanter Bestandteile einer wertorientierten Berichterstattung. In Abhängigkeit von unternehmens- bzw. branchenspezifischen Besonderheiten können einige der aufgeführten keine Wertrelevanz besitzen. Ebenso können bestimmte Kriterien, die hier nicht genannt wurden, von besonderer Bedeutung für Unternehmen und ihre Wertentwicklung sein.[969]

---

[967] Obgleich die einzelnen Informationen des Intellectual Capital Statements bereits mit den vorangegangenen Ausführungen beschrieben wurden, erscheint es sinnvoll, das gesamte Intellectual Capital Statement im Zusammenhang mit der Unternehmensstrategie noch einmal aufzuführen, da sich hieraus Anhaltspunkte für den künftigen Erfolg der Unternehmensstrategie und damit den Unternehmenswert ableiten lassen.

[968] Vgl. FASB (2001), S. 6 und S. 10.

[969] Vgl. ähnlich Arbeitskreis „Externe Unternehmensrechnung" der Schmalenbach-Gesellschaft für Betriebswirtschaft e.V. (Hrsg.) (2002b), S. 2338.

| | | |
|---|---|---|
| **Value Added Reporting** | | • EBIT/EBITA/EBITDA<br>• Kapitalrenditen (z.B. ROE/ROI/ROCE)<br>• Nennung der Spitzenkennzahl (EVA, CVA etc.)<br>• Erläuterung der Spitzenkennzahl<br>• Spitzenkennzahlwerte (Gesamtunternehmen/Geschäftsbereiche)<br>• Zeitreihenvergleich der Spitzenkennzahlwerte (Gesamtunternehmen/Geschäftsbereiche)<br>• Angabe der Kapitalkostensätze (Gesamtunternehmen/Geschäftsbereiche)<br>• Ermittlung der Kapitalkostensätze<br>• Angabe/Ermittlung des Beta-Faktors<br>• Wertorientiertes Vergütungssystem (Anreizsystem)<br>• Wertschöpfungsrechnung<br>• Anders bewertete Posten (z.B. Fair Value)<br>• Value-at-Risk |
| **Total Return Reporting** | | • Aktienkursentwicklung<br>• Vergleich des Aktienkurses mit einem übergeordneten Benchmark/Branchenindex<br>• Aktienrendite<br>• Erläuterung ungewöhnlicher Kursausschläge<br>• Dividendenentwicklung<br>• Dividendenrendite<br>• Entwicklung eines langfristigen Musterdepots<br>• Earnings per Share (EPS)<br>• Cash Flow per Share (CFPS)<br>• Kredit-Ratings |
| **Strategic Advantage Reporting** | Risiken | • Risikomanagement<br>• Umfeld- und Branchenrisiken<br>• Unternehmensstrategische Risiken<br>• Leistungswirtschaftliche Risiken |
| | Kunden und Absatzmarkt | • Kundenbindung bzw. -fluktuation<br>• Anzahl bestehender/neuer Kundenbeziehungen<br>• Abhängigkeit von einzelnen Kunden<br>• Kundenzufriedenheit<br>• Marktanteile, -wachstum<br>• Markenwert, -image |
| | Zulieferer und Beschaffungs-markt | • Zuliefererbindung bzw. -fluktuation<br>• Anzahl bestehender/neuer Zuliefererbeziehungen<br>• Abhängigkeit von einzelnen Zulieferern<br>• Beschaffungsvolumen<br>• Preisentwicklung im Beschaffungsmarkt<br>• Einsparungen im Beschaffungsbereich |
| | Mitarbeiter und Management | • Mitarbeiterbindung bzw. -fluktuation<br>• Altersstruktur der Mitarbeiter<br>• Qualifikation von Mitarbeitern und Management<br>• Managementvergütung<br>• Mitarbeiterzufriedenheit<br>• Investitionen in Mitarbeiterbildung |
| | Prozesse und Innovationsfähig-keit | • Kapazitätsauslastung<br>• Produkt- und Prozessqualität<br>• Durchlaufzeiten von Aufträgen<br>• Anzahl (neuer) Patente/Lizenzen<br>• Investitionen in F&E<br>• Umsatzanteil neuer Produkte |
| | Unternehmens-strategie | • Geschäftstätigkeit (Produkte)<br>• Kauf/Verkauf von Geschäftsbereichen<br>• Kapitalbeteiligungen<br>• Geschäftsfelder<br>• Unternehmenskultur, -philosophie |
| | Unternehmens-umfeld | • Aktienbesitz/Anteilseigner<br>• Wirtschaftliches Unternehmensumfeld<br>• Rechtliches Unternehmensumfeld<br>• Ökologisches Unternehmensumfeld |

*Abb. 40:* *Inhalte einer wertorientierten Berichterstattung (Quelle: Eigene Darstellung)*

Die grundlegende Dreiteilung der wertorientierten Berichterstattung in ein Total Return Reporting, ein Value Added Reporting und ein Strategic Advantage Reporting stellt einen Bezugsrahmen für die Bereitstellung wertorientierter Informationen dar. Die genannten Inhalte sind, wie bereits erwähnt, nicht als abschließender Kriterienkatalog zu verstehen, sondern in Abhängigkeit von den jeweiligen unternehmens- und branchenspezifischen Kontextfaktoren zu modifizieren. Abb. 41 zeigt exemplarisch einige Unterschiede hinsichtlich der Informationsbedürfnisse in Abhängigkeit von der Reife einer Branche. Die Relevanz von einzelnen Indikatoren der wertorientierten Berichterstattung kann sich in Abhängigkeit von den jeweiligen unternehmens- und branchenspezifischen Kontextfaktoren ändern.[970]

Auch wenn die Bedeutung einzelner Inhalte der wertorientierten Berichterstattung unternehmensspezifisch variieren kann, sollte dies jedoch nicht dazu führen, dass jedes Unternehmen für sich genommen ein individuelles Set von wertorientierten Informationen publiziert. Vielmehr sollten sich die Standards der wertorientierten Berichterstattung aus spezifischen Kontextfaktoren, wie bspw. die Branche und die Reife einer Branche, ableiten.

---

970 Bspw. ist anzunehmen, dass die freiwillige Berichterstattung über Investitionen bei internationalen Pharmaunternehmen, die typischerweise den Unternehmen der reifen Branchen zuzuordnen sind, als wichtig oder sehr wichtig eingeschätzt wird. Ebenso könnte die freiwillige Publizität über Innovationen bei internationalen Automobilunternehmen, die typischerweise auch den Unternehmen der reifen Branchen zuzuordnen sind, eingestuft werden.

| Kriterien | Unternehmen in jungen Branchen | Unternehmen in reifen Branchen |
|---|---|---|
| Investitionen<br>Aktivierungspflichtige Aufendungen, F&E- und Marketingaufwendungen | • • • | • |
| Innovationen<br>Dauer der Produktentwicklung, Anzahl neuer Patente, Erlöse aus neuen Produkten | • • • | • |
| Wachstumsindikatoren | | |
| Erwartetes Wachstum<br>Marktgröße, Marktwachstum | • • • | • • |
| Erreichtes Wachstum<br>Marktanteil, Kundenakquisition | • • | • • |
| Nachhaltiges Wachstum<br>Kundenzufriedenheit, -bindung | • • | • • • |
| Operative Effizienz<br>Kapazitätsauslastung, Auftragserfüllung, Reklamationsraten, Erlöse pro Mitarbeiter | • | • • • |
| Finanzielle Performance<br>Kostenstruktur, Marge, Ergebnis, Cash-flow | • | • • • |

*Bewertung: • = weniger wichtig, • • = wichtig, • • • = sehr wichtig*

*Abb. 41: Bedeutung freiwilliger Unternehmenspublizität (Quelle: In Anlehnung an Hutton (2001), S. 130)*

## 3.3 Darstellung der wertorientierten Berichterstattung

Mit den vorangegangenen Ausführungen wurde dargestellt, welche Ansätze für die wertorientierte Berichterstattung in Wissenschaft und Praxis bereits entwickelt wurden. Anschließend wurde dargelegt, wie die wertorientierte Berichterstattung inhaltlich auszurichten ist. Dabei wurde deutlich, dass sich die wertorientierte Berichterstattung vornehmlich auf freiwillige Inhalte der Berichterstattung fokussiert. In diesem Zusammenhang ergibt sich die Frage nach der formalen Ausgestaltung, die sich im Wesentlichen auf zwei Aspekte bezieht.[971]

Zum einen bezieht sich die formale Ausgestaltung auf die Anforderungen an die zu publizierenden Inhalte. Zum anderen geht es um die Frage, welches Medium bzw. welches Instrument der Berichterstattung am besten für die Vermittlung der wertorientierten Informationen geeignet ist. In diesem Sinne zielt die formale Ausgestaltung auf die Schaffung eines einheitlichen Rahmens für die wertorientierte Berichterstattung. Hierdurch soll die Transparenz der Berichterstattung erhöht und eine Vergleichbarkeit der bereitgestellten Informationen sowohl in zeitlicher Hinsicht als auch zwischen verschiedenen Unternehmen gewährleistet werden.

Nachfolgend werden Grundsätze für die wertorientierte Berichterstattung dargelegt, die im Hinblick auf die Aufbereitung der bereitzustellenden Inhalte einzuhalten sind (Abschnitt 3.3.1). Hierauf aufbauend wird ausgeführt, dass der (Konzern-)Geschäftsbericht ein geeignetes Informationsinstrument für die wertorientierte Berichterstattung darstellt (Abschnitt 3.3.2).

### 3.3.1 Grundsätze für die wertorientierte Berichterstattung

Bei der wertorientierten Berichterstattung handelt es sich im Wesentlichen um eine freiwillige Berichterstattung. Im Zusammenhang mit der Bereitstellung freiwilliger Informationen können Bedenken hinsichtlich der Glaubwürdigkeit der Informationen seitens der Adressaten der Berichterstattung bestehen. Um diese abzubauen, sind einerseits transparente und vergleichbare Informationen erforderlich, für die es einer gewissen Normierung der Berichterstattung bedarf.[972] Andererseits kann eine Normierung der freiwilligen Berichterstattung nach BALLWIESER „den Verbund von externer und interner Rechnung gefährden und Manager dazu zwingen [...], über etwas zu berichten, was für die interne Steuerung irrelevant ist. Manager stellen dann extern ein Leistungsmaß vor, dass sie intern gar nicht bindet."[973] Vor dem Hintergrund des beschriebenen Zwie-

---

[971] An dieser Stelle ist nochmals darauf hinzuweisen, dass es im Rahmen der vorliegenden Arbeit nicht darum geht, die Frage der wertorientierten Berichterstattung vor dem Hintergrund einer möglichen gesetzlichen Kodifizierung zu betrachten. Vgl. auch Fn. 25.

[972] Vgl. Arbeitskreis „Externe Unternehmensrechnung" der Schmalenbach-Gesellschaft für Betriebswirtschaft e.V. (Hrsg.) (2002b), S. 2337; Ballwieser (2002b), S. 300; Böcking/Dutzi (2003), S. 223.

[973] Ballwieser (2002b), S. 300. In diesem Zusammenhang weisen Böcking/Dutzi (2003), S. 223, zu Recht darauf hin, dass „sich zum gegenwärtigen Zeitpunkt weder ein spezielles wertorientiertes Steuerungssystem noch einzelne Instrumente als überlegen herausgebildet haben." Vgl. zu dieser Problematik auch den nachfolgend beschriebenen Grundsatz des Management Approach.

spalts erscheint eine Normierung wenig Ziel führend, jedoch sollten allgemeine Anforderungen für das Value Reporting festgelegt werden.[974]

Nach dem ARBEITSKREIS „EXTERNE UNTERNEHMENSRECHNUNG" DER SCHMALENBACH-GESELLSCHAFT FÜR BETRIEBSWIRTSCHAFT E.V. (HRSG.) und KÖTZLE/NIGGEMANN sollte die wertorientierte Berichterstattung folgenden allgemeinen Grundsätzen genügen, die an anderer Stelle teilweise implizit schon angesprochen wurden:[975]

- Wirtschaftlichkeit,
- Management Approach,
- Anreizverträglichkeit (mit Klarheit und Zielkongruenz),
- Analysefähigkeit (mit Vergleichbarkeit und Relevanz),
- Ausgewogenheit,
- Segmentierung,
- Regelmäßigkeit,
- Prüfung.

Nach dem Grundsatz der *Wirtschaftlichkeit* sollte die wertorientierte Berichterstattung einen positiven Nettonutzen generieren. Demzufolge wäre abzuschätzen, ob die Bruttowirkung auf die externe Bewertung des Unternehmens, die sich aus dem Informationswert der bereitgestellten wertorientierten Angaben ableiten lässt (sog. Bruttoinformationswert), die Informationskosten übersteigt. In diesem Zusammenhang sind unmittelbare von mittelbaren Informationskosten zu unterscheiden.[976]

---

974 Vgl. auch Böcking/Dutzi (2003), S. 223.

975 Vgl. hierzu und im Folgenden Arbeitskreis „Externe Unternehmensrechnung" der Schmalenbach-Gesellschaft für Betriebswirtschaft e.V. (Hrsg.) (2002b), S. 2339f.; Kötzle/Niggemann (2001), S. 639ff. mit Bezug auf Klein (1999), S. 64. Dieser Katalog an allgemeinen Grundsätzen für das Value Reporting ist nicht als abschließend anzusehen, sondern kann um weitere Grundsätze erweitert werden. Die allgemeinen Grundsätze für das Value Reporting sind dabei im Wesentlichen kongruent mit den Grundsätzen ordnungsmäßiger Lageberichterstattung. Diese setzen sich nach Baetge/Fischer/Paskert (1989), S. 16ff. aus dem Grundsatz der Richtigkeit (mit Objektivität und Willkürfreiheit), dem Grundsatz der Vollständigkeit, dem Grundsatz der Klarheit, dem Grundsatz der Vergleichbarkeit (mit zeitlicher und zwischenbetrieblicher Vergleichbarkeit), dem Grundsatz der Wirtschaftlichkeit bzw. Wesentlichkeit, dem Grundsatz der Informationsabstufung nach Art und Größe des Unternehmens und dem Grundsatz der Vorsicht zusammen.

976 Unmittelbare Informationskosten sind bspw. Kosten für die Beschaffung, Aufarbeitung und Bereitstellung der Informationen. Diese sind mit den Informationskosten der Financial Community, welche entstehen würden, wenn sie die Informationen selbst beschaffen und aufarbeiten müsste, zu vergleichen. Wirtschaftlich i.S.v. wertschaffend ist die Informationsbereitstellung seitens des Unternehmens nur bei einem komparativen Kostenvorteil interner Informationsbereitstellung. Mittelbare (Opportunitäts-)Kosten der Information können hingegen aus einer Beeinträchtigung der Wettbewerbsposition des Unternehmens aufgrund der Bereitstellung wettbewerbsrelevanter Informationen resultieren. Vgl. Kötzle/Niggemann (2001), S. 640f. sowie Abschnitt 7.4.

Der Grundsatz des *Management Approach* soll der Tatsache Rechnung tragen, dass das Value Reporting der internen Berichterstattung folgt, d.h. dass diejenigen Informationen bereitgestellt werden, nach denen das Management unternehmensintern steuert.[977] In diesem Sinne können zum einen Informationsasymmetrien abgebaut und zum anderen die Kriterien, an denen sich die Unternehmensführung orientiert, kommuniziert werden.

Der Grundsatz der *Anreizverträglichkeit* wird zum einen durch den Grundsatz der Zielkongruenz und zum anderen durch den Grundsatz der Klarheit konkretisiert. Nach dem Grundsatz der Zielkongruenz sind die Informationen zu veröffentlichen, die aus Sicht des Unternehmens in Beziehung zum Unternehmenswert stehen.[978]

Dem Grundsatz der Klarheit folgend, müssen die publizierten Informationen klar und übersichtlich sein.[979] Diesbezüglich bedarf es einer nachvollziehbaren Darstellung und Erläuterung der verwendeten Berichtsgrößen. Bspw. erfordert eine Berichterstattung über das Wertbeitragskonzept „genaue Hinweise auf seine Komponenten [z.B. Kapitalkosten, Ergebnis, A.d.V.] und Wertermittlungen“[980]. Die Berechnung der verwendeten Größen sollte, soweit möglich, für Externe verdeutlicht werden, indem eine Überleitung auf die Angaben des Jahres- bzw. Konzernabschlusses erfolgt.[981]

Im Hinblick auf zukunftsbezogene Aussagen können verschiedene Klassen von Informationen unterschieden werden, die den Wert der betreffenden Information determinieren (vgl. Abb. 42).[982] In diesem Sinn kann eine Aussage wie „Der Marktanteil wird auf 25% steigen“ informativer sein als die Aussage „Der Marktanteil wird steigen“. Die Genauigkeit der Informationen wird i.d.R. jedoch negativ mit der Treffsicherheit der Informationen korrelieren. Unabhängig davon, wie genau die zukunftsbezogenen Informationen sind, erfordert der Grundsatz der Klarheit, die zugrunde liegenden Annahmen bereitzustellen. Dies er-

---

977 Arbeitskreis „Externe Unternehmensrechnung“ der Schmalenbach-Gesellschaft für Betriebswirtschaft e.V. (Hrsg.) (2002b), S. 2339.

978 Zielkongruente Informationen sind nach Kötzle/Niggemann (2001), S. 642, „Informationen, welche das den Entscheidungen des Managements zugrunde liegende Modell der Einflussgrößen auf den Shareholder Value, das Beziehungsgeflecht zwischen Shareholder Value Werttreibern, taktisch/operativen Zielvorgaben und strategischen bzw. operativen Maßnahmen vollständig und eindeutig abbilden.“

979 Vgl. Arbeitskreis „Externe Unternehmensrechnung“ der Schmalenbach-Gesellschaft für Betriebswirtschaft e.V. (Hrsg.) (2002b), S. 2339.

980 Ballwieser (2002b), S. 300.

981 Arbeitskreis „Externe Unternehmensrechnung“ der Schmalenbach-Gesellschaft für Betriebswirtschaft e.V. (Hrsg.) (2002b), S. 2339.

982 Vgl. hierzu und im Folgenden Busse v. Colbe (1968), S. 105.

möglicht eine Überprüfung der Plausibilität der Prämissen seitens der Adressaten sowie einen zwischenbetrieblichen Vergleich der Prognosen.

| Klassen der Prognosegenauigkeit | Erklärung |
|---|---|
| Klassifizierung | Angaben mit einer qualitativen Aussage, z.B. gut - schlecht; groß – klein |
| Ordinalmaß | Angaben mit einer gerichteten qualitativen Aussage, z.B. steigt - fällt; größer - kleiner |
| Intervalle | Angabe von zwei oder mehr Punkten, zwischen denen der Wert der Prognosevariablen liegt |
| Punktschätzung | Angabe einer Zahl oder Bestätigung der Konstanz einer Vergleichsgröße, die bereits publiziert wurde |

*Abb. 42: Klassen der Genauigkeit von Prognoseinformationen (Quelle: Eigene Darstellung mit Bezug auf Busse v. Colbe (1968), S. 105)*

Des Weiteren sollen die Informationen aus Sicht der Adressaten der *Analysierbarkeit* genügen. Der Grundsatz der Analysierbarkeit wird zum einen durch die Vergleichbarkeit der Informationen in sachlicher, zeitlicher und formaler Hinsicht konkretisiert.[983] Die Vergleichbarkeit bezieht sich auf eine entsprechende Definition der publizierten Information im Zeitablauf. Darüber hinaus sollten Berichtsinhalte im Zeitablauf beibehalten werden. So handelt „es sich bei der positiven Entscheidung zu einem Value Reporting um keine einmalige Bekanntgabe [... und der, A.d.V.] eingeschlagene Weg einer investorfreundlichen Berichterstattung kann daher zutreffend als „Einbahnstraße“ bezeichnet werden.“[984] Die formale Vergleichbarkeit fordert indes, dass Systematik und Darstellungsform der Berichterstattung grundsätzlich nicht verändert werden sollen. Zum anderen wird der Grundsatz der Analysierbarkeit durch die Relevanz von Informationen konkretisiert, der dahingehend zu verstehen ist, dass Informationen ohne Informationswert, d.h. redundante Informationen, den Adressaten keinen zusätzlichen Nutzen generieren und die Analyse der veröffentlichten Informationen sogar erschweren können.[985]

Der Grundsatz der *Ausgewogenheit* besagt, dass Informationen über Risiken i.S.v. negativen Sachverhalten und Entwicklungen entsprechend zu den Infor-

983 Vgl. hierzu Arbeitskreis „Externe Unternehmensrechnung“ der Schmalenbach-Gesellschaft für Betriebswirtschaft e.V. (Hrsg.) (2002b), S. 2339f. Die zwischenbetriebliche Vergleichbarkeit fällt mit dem Hinweis auf den Grundsatz des Management Approach nicht unter den Grundsatz der Vergleichbarkeit.

984 Böcking/Dutzi (2003), S. 223. Mit dieser Aussage wird auf mögliche negative Reaktionen seitens der Adressaten der Berichterstattung abgezielt, falls in der Vergangenheit freiwillig veröffentlichte Informationen nicht mehr bereitgestellt werden.

985 Vgl. Kötzle/Niggemann (2001), S. 643.

mationen über Chancen i.S.v. positiven Entwicklungen und Sachverhalten zu gewichten sind.[986] Ziel ist es, die Investoren nicht durch ein Übergewichten der beiden Entwicklungstendenzen in ihren Entscheidungen zu beeinflussen. In diesem Zusammenhang könnte die Angabe von Erwartungswerten aus einer Bandbreite von möglichen Werten bzw. Entwicklungen hilfreich sein.[987] Diese wären wiederum durch optimistische sowie pessimistische Szenarien zu ergänzen.

Im Fall eines diversifizierten Unternehmens oder eines Konzerns sind nicht allein gesamtunternehmens- oder gesamtkonzernbezogene Informationen bereitzustellen, sondern zusätzliche segmentbezogene Angaben (Grundsatz der *Segmentierung*).[988] Diesbezüglich ist es empfehlenswert, die Segmentierung an der Struktur der Segmentberichterstattung gemäß der verwendeten Rechnungslegungsvorschriften auszurichten.

Der Grundsatz der *Regelmäßigkeit* bezieht sich auf die jährliche Berichterstattung in Form des publizierten Geschäftsberichtes.[989] Eine analoge Anwendung hat bspw. für den Fall einer Veröffentlichung von wertorientierten Angaben in Zwischenberichten zu erfolgen.

Schließlich ist der Grundsatz der *Prüfung* zu nennen, der mit den Ausführungen im nachfolgenden Abschnitt ausführlicher dargestellt werden wird.

### 3.3.2 Integration der wertorientierten Berichterstattung in den Konzerngeschäftsbericht

Der (Konzern-)Geschäftsbericht stellt, wie weiter oben bereits angesprochen, in Deutschland eine Form der freiwilligen Berichterstattung dar, da dieser entsprechend gesetzlicher Vorschriften nicht verpflichtend zu erstellen ist.[990] Dennoch ist zu konstatieren, dass es bei börsennotierten Unternehmen üblich ist, neben der regelmäßigen Pflichtpublizität einen gedruckten Geschäftsbericht zu erstellen.[991] Dieser wird in der Regel dazu verwendet, den gesetzlichen Informations-

---

986 Vgl. hierzu Arbeitskreis „Externe Unternehmensrechnung" der Schmalenbach-Gesellschaft für Betriebswirtschaft e.V. (Hrsg.) (2002b), S. 2340.

987 Neben der Angabe des Erwartungswertes ist die Offenlegung der zugehörigen Verteilungsfunktion der Zufallsvariable sinnvoll.

988 Vgl. hierzu Arbeitskreis „Externe Unternehmensrechnung" der Schmalenbach-Gesellschaft für Betriebswirtschaft e.V. (Hrsg.) (2002b), S. 2340.

989 Vgl. hierzu Arbeitskreis „Externe Unternehmensrechnung" der Schmalenbach-Gesellschaft für Betriebswirtschaft e.V. (Hrsg.) (2002b), S. 2340.

990 Vgl. Abschnitt 2.2.1. Die Ausführungen in Abschnitt 2.2.1 bezogen sich auf den Geschäftsbericht, sind aber auf den Konzerngeschäftsbericht übertragbar. Vgl. hierzu und im Folgenden Klein/Voss (2002), Sp. 899f.

991 Vgl. Küting/Busch (2003), S. 153; Schmidt (2000), S. 51.

pflichten gemäß §§ 325 – 329 HGB nachzukommen. Neben der Offenlegungspflicht gemäß § 325 HGB unterliegen Aktiengesellschaften weitergehenden Offenlegungspflichten gemäß § 175 I und II AktG sowie § 337 III AktG. Hiernach sind der Jahresabschluss und der Lagebericht, ggf. der Konzernabschluss und Konzernlagebericht, der Bericht des Aufsichtsrates sowie der Gewinnverwendungsvorschlag von der Einberufung der Hauptversammlung an im Geschäftsraum der Gesellschaft zur Einsicht der Aktionäre auszulegen. Zu den genannten Elementen kommt der Bestätigungsvermerk bzw. die Bestätigungsvermerke hinzu,[992] was sich nicht direkt aus den o.g. Vorschriften, jedoch gemäß § 328 HGB i.V.m. §§ 175, 176, 337 AktG ableiten lässt. Ferner sind jedem Aktionär auf Verlangen unverzüglich eine Abschrift der Vorlagen zu erteilen. Diese gesetzliche Funktion der Information der Aktionäre wird bei Publikumsgesellschaften primär mittels des Geschäftsberichtes erfüllt.[993]

Obgleich die Erstellung eines Geschäftsberichtes gesetzlich nicht vorgeschrieben ist, stellt er dennoch das wesentliche Informationsinstrument der Unternehmenspublizität und damit der unternehmerischen Berichterstattung dar.[994] Dies ist bspw. darauf zurückzuführen, dass er als Rechenschaftsbericht gegenüber den Anteilseignern insbesondere für Aktionäre von Publikumsgesellschaften das bedeutendste „Informationsinstrument über die wirtschaftliche Lage und die Entwicklung „ihres" Unternehmens"[995] darstellt. Die Erstellung eines Geschäftsberichtes erscheint ferner vor dem Hintergrund der Globalisierung der Wirtschaft und des daraus zunehmenden Wettbewerbs auf den Kapitalmärkten sinnvoll, um bspw. Kapitalgebern einen vereinfachten Zugang sowie Vergleichbarkeit der veröffentlichten Informationen zu ermöglichen. Vor diesem Hintergrund erscheint es empfehlenswert, die wertorientierte Berichterstattung in den (Konzern-)Geschäftsbericht zu integrieren, um hierdurch einen möglichst großen Adressatenkreis zu erreichen sowie die Berichterstattung transparenter zu machen.

Da keine gesetzliche Pflicht zur Erstellung eines (Konzern-)Geschäftsberichtes besteht, sind auch dessen Inhalt bzw. dessen Bestandteile gesetzlich nicht geregelt.[996] Der (Konzern-) Geschäftsbericht wird jedoch üblicherweise zur Erfüllung

---

992 Ob es sich um einen Bestätigungsvermerk oder um zwei Bestätigungsvermerke handelt ist davon abhängig, ob sowohl der Jahresabschluss und der Lagebericht als auch der Konzernabschluss und der Konzernlagebericht oder allein der Konzernabschluss und der Konzernlagebericht in den Konzerngeschäftsbericht bzw. allein der Jahresabschluss und der Lagebericht in den Geschäftsbericht aufgenommen werden.

993 Vgl. Klein/Voss (2002), Sp. 902.

994 Vgl. z.B. Kirchhoff/Döbler (1997), S. 17 sowie im Folgenden S. 20f.; Küting/Busch (2003), S. 156; Hansen (2000), S. 71.

995 Kirchhoff/Döbler (1997), S. 20.

996 Vgl. hierzu und im Folgenden Klein/Voss (2002), Sp. 901f.

der gesetzlichen Offenlegungspflichten genutzt, so dass sich hieraus faktisch die in Abb. 43 dargestellten Mindestbestandteile ergeben (sog. „Pflichtteil")[997]. Neben dem Pflichtteil enthält der (Konzern-)Geschäftsbericht normalerweise weitergehende freiwillige Informationen (sog. „Kürteil").[998]

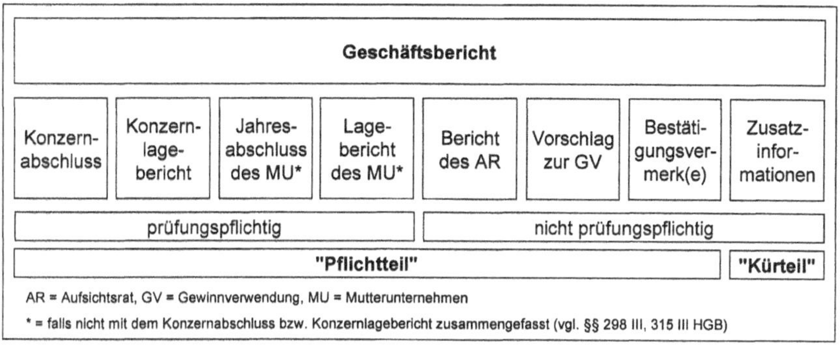


*Abb. 43: Idealtypischer Inhalt eines Konzerngeschäftsberichtes (Quelle: In Anlehnung an Klein/Voss (2002), Sp. 902; Hütten (2000), S. 95)*

Für die Publikation der freiwilligen wertorientierten Informationen im Rahmen des (Konzern-) Geschäftsberichtes bestehen im Wesentlichen zwei Möglichkeiten. Grundsätzlich könnten die freiwilligen wertorientierten Angaben einerseits in den Pflichtteil des (Konzern-)Geschäftsberichtes integriert werden. Hierfür stehen entsprechend der Bestandteile des Pflichtteils grundsätzlich verschiedene Instrumente zur Verfügung.[999] Andererseits könnten die wertorientierten Informationen in den freiwilligen Kürteil des (Konzern-)Geschäftsberichts aufgenommen werden. Aufgrund der daraus resultierenden bzw. fehlenden Prüfungspflicht kann den freiwilligen wertorientierten Angaben eine unterschiedliche Informationsqualität zukommen.

---

997 Hütten (2000), S. 91f. spricht in diesem Zusammenhang vom „notwendigen Teil" und weist zugleich auf die Missverständnisse hin, die sich aus der Verwendung des Begriffs „Pflichtbestandteil" ergeben können. „Gegen diese Terminologie ist einzuwenden, dass sie den falschen Eindruck erzeugen kann, für die Aufnahme der o.a. Komponenten [d.h. der hier als Pflichtbestandteile titulierten Inhalte, A.d.V.] in den Geschäftsbericht existiere eine wie auch immer kodifizierte Verpflichtung. Korrekt wäre der Begriff *Pflicht* lediglich dann, wenn er auf die Verpflichtung zur Erstellung der Komponenten sowie zur Auslage, Abschrifterteilung und Vorlage bezogen würde." Hütten (2000), S. 91.

998 Eine empirische Untersuchung der Geschäftsberichte von knapp 50 Unternehmen führte zu dem Ergebnis, dass bei fast 50% der Unternehmen über die Hälfte der im Geschäftsbericht publizierten Informationen freiwillige Informationen darstellen. Vgl. Derieth (1995), S. 247.

999 Die Instrumente entsprechen den Bestandteilen des prüfungspflichtigen Teils des (Konzern-) Geschäftsberichtes.

Bei einer Publikation im freiwilligen Teil des (Konzern-)Geschäftsberichtes unterliegen die wertorientierten Informationen nicht der Prüfungspflicht, jedoch einer gewissen Beachtung durch den Prüfer.[1000]

Sowohl der Jahres- und Konzernabschluss als auch der (Konzern-)Lagebericht unterliegen hingegen als Bestandteile des Pflichtteils des (Konzern-)Geschäftsberichtes der gesetzlichen Jahresabschlussprüfung.[1001] Hinsichtlich der Prüfung des (Konzern-)Lageberichts ist im Bestätigungsvermerk gesondert darauf einzugehen, ob eine den tatsächlichen Verhältnissen entsprechende Lage des Unternehmens bzw. Konzerns vermittelt wird und ob die Risiken der zukünftigen Entwicklung zutreffend beschrieben sind.[1002] Werden freiwillige Informationen im Pflichtteil des (Konzern-)Geschäftsberichtes publiziert, unterliegen sie daher der Prüfung. Aufgrund des erforderlichen Testats führt eine Integration der (freiwilligen) wertorientierten Informationen in den prüfungspflichtigen Teil zu einer erhöhten Glaubwürdigkeit der Informationen und ist daher zu empfehlen.

Innerhalb des prüfungspflichtigen Pflichtteils des (Konzern-)Geschäftsberichtes stellt der (Konzern-)Lagebericht ein geeignetes Instrument für die Darstellung der wertorientierten Informationen dar. Dies ist, wie bereits erläutert, einerseits darauf zurückzuführen, dass dem (Konzern-)Lagebericht allein eine Informationsfunktion zukommt und die Berichterstattung im Rahmen des Lageberichts keinen (informationsfeindlichen) Gewinnermittlungsvorschriften unterliegt.[1003] In diesem Sinne sind diejenigen Sachverhalte darzustellen, die nicht bereits im Jahres- bzw. Konzernabschluss erfasst sind, jedoch für eine zutreffende Darstellung der Lage der Gesellschaft bzw. des Konzerns bedeutsam sind. Andererseits hat der (Konzern-) Lagebericht entsprechend seiner Aufgaben - im Gegensatz

---

1000 „Der Abschlussprüfer hat [...] die zusätzlichen Informationen kritisch zu lesen, denn Unstimmigkeiten zwischen diesen [...] und dem geprüften Jahresabschluss oder Lagebericht können die Glaubwürdigkeit von Jahresabschluss und Lagebericht in Frage stellen.“ IDW PS 202.7. Unter zusätzlichen Informationen werden nach IDW PS 202.1 solche Informationen verstanden, die zusammen mit Jahresabschluss und Lagebericht in einen Bericht der gesetzlichen Vertreter (z.B. der Geschäftsbericht) eingebunden und damit zusammen mit Jahresabschluss und Lagebericht veröffentlicht werden. Neben einer Prüfung der wertorientierten Informationen bestünde ferner die Möglichkeit einer prüferischen Durchsicht aufgrund eines getrennten Auftrages. Vgl. hierzu IDW PS 900. Diese würde auf eine Bescheinigung des Wirtschaftsprüfers zielen, dass während der Durchsicht keine Sachverhalte zutage gekommen sind, die der Ordnungsmäßigkeit der bereitgestellten Informationen entgegenstehen.

1001 Von der Prüfungspflicht ausgenommen sind der Bericht des Aufsichtsrates sowie der Vorschlag zur Gewinnverwendung. Da der Bestätigungsvermerk bzw. die Bestätigungsvermerke das Ergebnis der Prüfung darstellen, fallen sie dementsprechend ebenso nicht unter die Prüfungspflicht.

1002 Vgl. §§ 322 I S. 3 i.V.m. 317 II HGB. Vgl. ausführlicher zur Prüfung des Lageberichts z.B. Selchert/Greinert (2002c); IDW PS 350.

1003 Vgl. z.B. Selchert/Greinert (2002b), Rz. 127 sowie Abschnitt 2.3.2.

zum Jahres- bzw. Konzernabschluss - nicht nur vergangenheitsbezogene und finanzielle Informationen, sondern auch zukunftsbezogene und nichtfinanzielle Angaben zu enthalten.

Mit den Ausführungen zur inhaltlichen Ausgestaltung der wertorientierten Berichterstattung wurde dargelegt, dass einzelne Elemente der wertorientierten Berichterstattung, insbesondere das Strategic Advantage Reporting, bereits in den Regelungen zur Ausgestaltung des (Konzern-)Lageberichts enthalten bzw. mit BilReG und DRS 15 hierfür vorgesehen sind.[1004]

Darüber hinaus hat das IDW in der Stellungnahme zur Rechnungslegung Nr. 1 des Hauptfachausschusses (RS HFA 1)[1005] die Lageberichterstattung umfassend konkretisiert und nach FEY „nahezu alle wesentlichen Komponenten der gängigen kapitalmarktorientierten Unternehmensangaben“[1006] erfasst.[1007] Danach ist bspw. hinsichtlich der Darstellung des Geschäftsverlaufs auf verschiedene nichtmonetäre Informationen, wie z.B. die Position des Unternehmens innerhalb der Branche, die Marktstruktur der wichtigsten Beschaffungsmärkte, wichtige Beschaffungspartner, den preisbereinigten Umsatz des Geschäftsjahres oder Auftragseingänge im Geschäftsjahr sowie weitere Angaben einzugehen.[1008] Eine umfassende Synopse der Elemente der wertorientierten Berichterstattung und der Inhalte der Lageberichterstattung nach IDW RS HFA 1 zeigt Abb. 44.

---

1004 Vgl. hierzu Abschnitt 3.1.2.1 sowie Haller/Dietrich (2001a), S. 170ff. m.w.N.

1005 Vgl. IDW RS HFA 1.

1006 Fey (2000), S. 1098.

1007 Da die Stellungsnahme des HFA jedoch nicht auf einer gesetzlichen Normierung beruht und der HFA des IDW nicht als Rechnungslegungsgremium angesehen werden kann, stellen Selchert/Greinert (2002a), Rz. 32 fest, dass „die Stellungnahme nur aus Sicht der Wirtschaftsprüfer wünschenswerte, aber keine zwingend notwendigen Vorstellungen“ enthält.

1008 Vgl. IDW RS HFA 1, Anlage.

| | | Elemente der wertorientierten Berichterstattung | Inhalte der Lageberichterstattung nach IDW RS HFA 1 |
|---|---|---|---|
| **Value Added Reporting** | | • EBIT/EBITA/EBITDA<br>• Kapitalrenditen (z.B. ROE/ROI/ROCE)<br>• Nennung der Spitzenkennzahl (EVA, CVA etc.)<br>• Erläuterung der Spitzenkennzahl<br>• Spitzenkennzahlwerte (Gesamtunternehmen/Geschäftsbereiche)<br>• Zeitreihenvergleich der Spitzenkennzahlwerte (Gesamtunternehmen/Geschäftsbereiche)<br>• Angabe der Kapitalkostensätze (Gesamtunternehmen/Geschäftsbereiche)<br>• Ermittlung der Kapitalkostensätze<br>• Angabe des Beta-Faktors (Gesamtunternehmen/Geschäftsbereiche)<br>• Ermittlung des Beta-Faktors<br>• Wertorientiertes Vergütungssystem (Anreizsystem)<br>• Wertschöpfungsrechnung<br>• Anders bewertete Posten (z.B. Fair Value)<br>• Value-at-Risk | • Rentabilitätskennzahlen (Eigen-, Gesamtkapital-, Umsatzrentabilität)<br>• Darstellung der Erfolgsentwicklung, Mehrjahresübersichten über Bilanz- und Erfolgskennzahlen |
| **Total Return Reporting** | | • Aktienkursentwicklung<br>• Höchst- und Tiefstkurse, Jahresschlusskurse der Aktie<br>• Vergleich des Aktienkurses mit einem übergeordneten Benchmark/Branchenindex<br>• Aktienrendite<br>• Erläuterung ungewöhnlicher Kursausschläge<br>• Dividendenentwicklung<br>• Dividendenrendite<br>• Entwicklung eines langfristigen Musterdepots<br>• Earnings per Share (EPS)<br>• Cash Flow per Share (CFPS)<br>• Kredit-Ratings | • Kursentwicklung, Börsenumsatz der Aktie, Volatilität<br>• Höchst- und Tiefstkurse, Jahresschlusskurse der Aktie<br>• Mehrjahresübersichten über die Entwicklung der Dividenden<br>• Entwicklung eines langfristigen Musterdepots<br>• Entwicklung des gesamten Aktienmarktes |
| **Strategic Advantage Reporting** | Informationen über Risiken | • Risikomanagement<br>• Umfeld- und Branchenrisiken<br>• Unternehmensstrategische Risiken<br>• Leistungswirtschaftliche Risiken<br>• Personalrisiken<br>• Informationstechnische Risiken<br>• Finanzwirtschaftliche Risiken | • Art und Umfang der Umweltrisiken<br>• Wichtige laufende und abgeschlossene Rechtsstreitigkeiten<br>• Wirtschaftliche und rechtliche Bestandsgefährdungspotenziale<br>• Sonstige Risiken mit besonderem Einfluss auf die Vermögens-, Finanz- und Ertragslage |
| | Informationen über Kunden/ Absatzmarkt | • Kundenbindung, -fluktuation<br>• Anzahl bestehender Kundenbeziehungen<br>• Anzahl neuer Kundenbeziehungen<br>• Kundenstruktur<br>• Abhängigkeit von einzelnen Kunden<br>• Kundenzufriedenheit<br>• Kundenakquisitions-, Kundenbindungskosten<br>• Erträge aus Neukunden<br>• Marktanteile<br>• Marktwachstum<br>• Markenwert<br>• Markenimage<br>• Produkt- und Serviceimage<br>• Umsatzanteil aus Cross-Selling<br>• Vertriebskanäle<br>• Vergleich von Ist- und Planwerten | • Marktanteile<br>• Wettbewerbs- und Marktverhältnisse<br>• Branchensituation<br>• Umsatz, ggf. segmentiert nach Tätigkeitsgebieten oder geographischen Bereichen<br>• Auftragslage, ggf. differenziert nach Größenstruktur, Abwicklungsdauer, spezifischen Risiken |

*Abb. 44: Synopse der Elemente der wertorientierten Berichterstattung und der Inhalte der Lageberichterstattung nach IDW RS HFA 1 (Quelle: Eigene Darstellung)*

| | Elemente der wertorientierten Berichterstattung | | Inhalte der Lageberichterstattung nach IDW RS HFA 1 |
|---|---|---|---|
| **Strategic Advantage Reporting** | Informationen über Zulieferer/ Beschaffungsmarkt | • Zuliefererbindung, -fluktuation<br>• Anzahl bestehender / neuer Zuliefererbeziehungen<br>• Abhängigkeit von einzelnen Zulieferern<br>• Nationale Herkunft der Zulieferer<br>• Beschaffungsvolumen<br>• Preisentwicklung im Beschaffungsmarkt<br>• Einsparungen im Beschaffungsbereich<br>• Vergleich von Ist- und Planwerten | • Wichtige Beschaffungsparameter<br>• Preise und Konditionen<br>• Maßnahmen zur Qualitätssicherung von Einsatzgütern<br>• Lagerausstattung und -dauer, Beschaffungs- und Vorratspolitik<br>• Marktstruktur der wichtigsten Beschaffungsmärkte<br>• Beschaffungsengpässe und Lieferfristen<br>• Versorgungslage mit Roh-, Hilfs- und Betriebsstoffen<br>• Energiekosten und deren Entwicklung<br>• Wesentliche langfristige Beschaffungsdispositionen |
| | Informationen über Mitarbeiter/ Management | • Mitarbeiterbindung, -fluktuation<br>• Altersstruktur der Mitarbeiter<br>• Fehlzeiten der Mitarbeiter<br>• Mitarbeiterproduktivität<br>• Knowledge Management<br>• Qualifikation der Mitarbeiter / des Management<br>• Mitarbeiterzufriedenheit<br>• Investition in Mitarbeiterbildung<br>• Vergütung von Mitarbeitern/ Management<br>• Ausgabe von Belegschaftsaktien<br>• Vergleich von Ist- und Planwerten | • Fluktuation<br>• Altersaufbau<br>• Arbeitszeitregelungen, Arbeitsbedingungen, Mitbestimmungsregeln<br>• Anzahl und Qualifikation der Mitarbeiter<br>• Aus- und Weiterbildung<br>• Gesetzliche/tarifliche/freiwillige Bestandteile des Personalaufwands, besondere Vergütungsregeln, Entlohnungssysteme<br>• Angaben zu betrieblichen Sozialleistungen<br>• Gesundheits- und Arbeitsschutz |
| | Informationen über Prozesse/ Innovationsfähigkeit | • Kapazitätsauslastung<br>• Produkt- und Prozessqualität<br>• Fehlerraten von Services und Produkten<br>• Durchschnittliche Servicereaktionszeit<br>• Durchlaufzeit von Aufträgen<br>• IT-Ausgaben<br>• Anzahl (neuer) Patente/Lizenzen<br>• Umsatz aus dem Verkauf von Patenten<br>• Anzahl/Entwicklungszeit neuer Produkte<br>• Investitionen in F&E<br>• Umsatzanteil neuer Produkte<br>• Umsatz nach der Altersstruktur der Produkte<br>• Vergleich von Ist- und Planwerten | • Angaben zur Wirtschaftlichkeit der Produktion<br>• Investitionen in neue Produkte/ Markteinführung neuer Produkte<br>• F&E-Bericht<br>• Produkt- und Sortimentpolitik |
| | Informationen zur Unternehmensstrategie | • Geschäftstätigkeit (Produkte)<br>• Kauf/Verkauf von Geschäftsbereichen<br>• Standorte<br>• Festlegung der Kernkompetenzen<br>• Konzernstruktur/Kapitalbeteiligungen<br>• Geschäftsfelder<br>• Finanzierungsmaßnahmen<br>• Unternehmenskultur, -philosophie<br>• Gesellschaftliche Verantwortung<br>• Nachhaltiges Wirtschaften<br>• Intellectual Capital/Property Statement | • Im Geschäftsjahr hergestellte Produkte<br>• Abschluss/Beendigung von Kooperationsvereinbarungen/anderer wichtiger Verträge<br>• Umstrukturierungs-, Rationalisierungsmaßnahmen<br>• Sachinvestitionen<br>• Finanzinvestitionen in Form von Beteiligungen<br>• Andere Finanzinvestitionen<br>• Finanzierungsmaßnahmen, -vorhaben<br>• Umweltschutzaufwendungen |
| | Informationen über das Unternehmensumfeld | • Aktienbesitz/Anteilseigner<br>• Wirtschaftliches Unternehmensumfeld<br>• Rechtliches Unternehmensumfeld<br>• Ökologisches Unternehmensumfeld | • Aktienbesitz, Änderungen in Rechtsform / Gesellschafterstruktur<br>• Wettbewerbs- bzw. kartellrechtlich bedeutsame Fragen<br>• Ereignisse, die rechtliche, wirtschaftliche oder gesellschaftliche Rahmenbedingungen verändert haben<br>• Besondere Unglücksfälle, Naturkatastrophen, Unfälle<br>• Einzelangaben zur gesamtwirtschaftliche Situation |

*Fortsetzung von Abb. 44*

Die Bedeutung der Integration von wertorientierten Informationen in den (Konzern-)Geschäftsbericht wird durch die Möglichkeit der Nutzung neuer Kommunikationsmedien und -technologien weiter verstärkt. KÜTING stellt in diesem Zusammenhang fest, dass sich das „Internet [...] in der Unternehmenspraxis zum wichtigsten Kommunikationskanal zwischen Unternehmen und Stakeholder, insbesondere dem Kapitalmarkt, entwickelt“[1009] hat.[1010] Dem Internet wird als Medium für die Unternehmenskommunikation sowohl von Unternehmensseite als auch seitens der Adressaten eine steigende Bedeutung beigemessen, da es den Adressaten der Berichterstattung einen zeitnahen und kostengünstigen Zugriff auf die Unternehmensinformationen ermöglicht.[1011] Zum einen hat sich die Zahl der Internet-Nutzer stark erhöht.[1012] Zum anderen sind eine Vielzahl deutscher börsennotierter Unternehmen mit einer eigenen Homepage im Internet vertreten, die DAX 100-Unternehmen seit einigen Jahren bereits vollständig.[1013]

Neben der Wirtschaftlichkeit des Zugriffs auf die Informationen bietet das Internet einen weiteren Vorteil. So werden durch die multimediale Darstellungsweise Möglichkeiten zur Stichwortsuche sowie Datenauswertung und -verknüpfung geboten.[1014]

Die Bedeutung des Internet wird vor dem Hintergrund der Entwicklung der (Programmier-) Sprache XBRL (E*x*tensible *B*usiness *R*eporting *L*anguage) voraussichtlich weiter zunehmen. Der Zweck von XBRL ist eine standardisierte Datenspezifikation und hierdurch eine Strukturierung von Jahresabschluss- und Lageberichtinformationen sowie eine eindeutige Identifizierung der Einzelda-

---

1009 Küting (2001), S. 504f.

1010 Nach Meinung des Arbeitskreises „Externe Unternehmensrechnung“ der Schmalenbach-Gesellschaft für Betriebswirtschaft e.V. (Hrsg.) (2001), S. 161 sollte die „Internetpublizität [...] von allen kapitalmarktorientierten Unternehmen gefordert werden.“ Vgl. kritisch hierzu mit dem Verweis auf die Sicherheitsprobleme des Internet Moxter (2001), S. 607. Vgl. zum Testat des Wirtschaftsprüfers im Internet Küting/Dawo/Heiden (2002).

1011 Vgl. ausführlicher hierzu z.B. Bühner/Bünger/Kaserer (2003); Deller/Stubenrath/Weber (1997); DSW (Hrsg.) (o.J.); Freter/Sänger (2000a); Freter/Sänger (2000b); Gassen (2001); Gassen/Heil (2001); Helm (1998); Kiss (2002); Küting/Dawo/Heiden (2001a); Küting/Dawo/Heiden (2001b); Küting/Heiden (2002a); Labhart/Volkart (1997); Pellens/Fülbier/Gassen (1998); Sänger (2001); Stubenrath/Löbig (2002); Wagenhofer/Pirchegger (1999); Xiao/Jones/Lymer (2002). Zu Vorschlägen für die Ausgestaltung einer internetbasierten Berichterstattung vgl. z.B. FASB (2000); IASC (Hrsg.) (1999).

1012 Vgl. GfK (Hrsg.) (2001), S. 9ff.

1013 Vgl. Schieber (1999), S. 9; Schieber (2000), S. 16. Auf den Homepages der Unternehmen sind meist auch deren Geschäftsberichte, vollständig oder in Auszügen, verfügbar. Vgl. hierzu Fischer/Becker/Wenzel (2002), S. 14 und S. 19. Vgl. zu den Internetpräsenzen von Schweizer börsennotierten Unternehmen z.B. Bühner/Bünger/Kaserer (2003), S. 207f.

1014 Vgl. Schieber (2000), S. 7; HGB Hamburger Geschäftsberichte (Hrsg.) (1998), S. 8; Labhart/Volkart (1997), S. 516ff.

ten.[1015] Durch eine einheitliche Taxonomie (Gliederung) wird die Vergleichbarkeit von Finanzinformationen erreicht und damit deren Verständlichkeit und Relevanz für die Adresse erhöht.[1016] Im Idealfall sollten die Unternehmen im Rahmen eines elektronischen Publizitätssystems Bericht erstatten, das dem Anwender die Möglichkeit gibt, die von ihm präferierte Datenaggregation zu wählen.[1017]

Abschließend ist daher festzuhalten, dass die wertorientierte Berichterstattung in den Geschäftsbericht integriert werden sollte, um hierdurch einen möglichst großen Adressatenkreis zu erreichen und die Transparenz der Berichterstattung zu erhöhen. Eine Veröffentlichung der wertorientierten Informationen im Rahmen des Pflichtteils eines (Konzern-)Geschäftsberichtes führt dabei zu einer erhöhten Glaubwürdigkeit der Informationen. Aus Gründen der Objektivierung der wertorientierten Berichterstattung ist eine Veröffentlichung der wertorientierten Informationen in dieser Form empfehlenswert.[1018] Dabei stellt der (Konzern-)Lagebericht im Rahmen des prüfungspflichtigen Pflichtteils ein geeignetes Instrument für die Darstellung der (freiwilligen) wertorientierten Informationen dar. Des Weiteren erscheint es für Unternehmen heutzutage unumgänglich, den Geschäftsbericht nicht nur als Printversion, sondern zusätzlich über das Internet zu veröffentlichen.

---

[1015] Vgl. Meyer-Pries/Gröner (2002), S. 44; Küting/Dawo/Heiden (2001b), S. 45f. Vgl. im Internet: www.xbrl.org/Home und www.xbrl-deutschland.de (Stand: 31.10.2004).

[1016] Vgl. Ramin (2001), S. 31.

[1017] Vgl. Gassen (2000), S. 111ff.

[1018] In Bezug auf die Erhöhung der Objektivität der wertorientierten Berichterstattung durch eine externe Prüfung stellen Kötzle/Niggemann (2001), S. 643, kritisch fest: „Neben den anfallenden Informationskosten ist hierbei jedoch der Signalling-Effekt eines solchen Auditing abzuwägen: Eine Testierung von Value Reports kann positiv interpretiert werden (das Management hat nichts zu verbergen), aber auch negativ (Testierung als Kompensation von Vertrauensdefiziten ins Management). Eine objektive Berichterstattung liegt im Übrigen auch deshalb im Interesse des Managements, weil hierdurch persönliche Haftungsrisiken aus der Täuschung von Anlegern reduziert werden können."

# 4. Empirische Analyse zur Ausgestaltung der wertorientierten Berichterstattung börsennotierter deutscher Unternehmen

Im Rahmen der theoriegeleiteten Darstellung der wertorientierten Berichterstattung wurden verschiedene Anforderungen an die wertorientierte Berichterstattung erarbeitet, in deren Fokus v.a. die inhaltliche Ausgestaltung der wertorientierten Berichterstattung stand.[1019] Vor dem Hintergrund der theoretischen Ausarbeitung ergibt sich die Fragestellung, welche Bedeutung den einzelnen Berichtskriterien im Rahmen der Berichterstattungspraxis der Unternehmen tatsächlich zukommt. Wesentliches Ziel der nachfolgenden Untersuchung ist es daher, die Relevanz der aus theoretischer Perspektive für relevant erachteten Inhalte der wertorientierten Berichterstattung börsennotierter deutscher Unternehmen empirisch aus Sicht der Adressaten und der Unternehmen als Ersteller der wertorientierten Berichterstattung zu analysieren.[1020]

Das vorliegende Kapitel gliedert sich in fünf Abschnitte. Zunächst werden die mit der empirischen Untersuchung verbundenen Zielsetzungen ausführlicher dargelegt (Abschnitt 4.1). Anschließend erfolgen in Abschnitt 4.2 die Darstellung und Erläuterung der methodischen Vorgehensweise. In der Folge werden die Ergebnisse der Untersuchung zur wertorientierten Berichterstattung aus Adressaten- und Unternehmenssicht beschrieben sowie diskutiert. Hierfür wird in Abschnitt 4.3 zunächst ein Überblick über Unterschiede in den Befragungsergebnissen zu den Inhalten der wertorientierten Berichterstattung aus der Perspektive von Adressaten und Unternehmen gegeben. Daraufhin werden die Ergebnisse der Untersuchung aus Sicht der Adressaten und der Ersteller ausführlich dargelegt (Abschnitt 4.4). Abschließend erfolgt in Abschnitt 4.5 eine branchenspezifische Darstellung der Befragungsergebnisse aus Sicht der Unternehmen.

---

1019 Vgl. hierzu insbesondere Abschnitt 3.2. Neben inhaltlichen Anforderungen wurden in Abschnitt 3.3 auch formale Anforderungen an die wertorientierte Berichterstattung erarbeitet, die keinen Betrachtungsgegenstand der vorliegenden empirischen Untersuchung darstellen.

1020 In Abschnitt 2.2.3.4 wurde bereits darauf hingewiesen, dass die Befragung von Unternehmensbeteiligten einen möglichen Ansatz zur Ermittlung der Entscheidungsnützlichkeit von Informationen darstellt. In diesem Sinne können die Antworten der Befragten zur Wichtigkeit der einzelnen wertorientierten Informationen als „Ersatzmaßstab für die Entscheidungsrelevanz von Informationen herangezogen" werden. Armeloh (1998), S. 36.

## 4.1 Zielsetzungen der Untersuchung

Im Fokus der empirischen Untersuchung zur Ausgestaltung der wertorientierten Berichterstattung stehen im Wesentlichen zwei Zielsetzungen, die auf der theoretischen Ausarbeitung zur inhaltlichen Ausgestaltung der wertorientierten Berichterstattung aufbauen.[1021]

Die erste Zielsetzung der Untersuchung besteht darin, die Relevanz der aus theoretischer Perspektive ermittelten Inhalte der wertorientierten Berichterstattung aus empirischer Sicht zu überprüfen.[1022] Dies erfolgt zum einen anhand der Analyse der Befragungsergebnisse aus der Perspektive der Adressaten der wertorientierten Berichterstattung hinsichtlich ihrer Informationsbedürfnisse. Zum anderen wurden Unternehmen, d.h. Ersteller der wertorientierten Berichterstattung, hinsichtlich ihrer Einschätzung zu den Informationsbedürfnissen der Adressaten befragt. Die Unternehmen sollten, ebenso wie die Adressaten, die Relevanz der einzelnen, aus der Theorie abgeleiteten, Inhalte der wertorientierten Berichterstattung beurteilen. Somit kann sowohl aus Adressaten- als auch aus Unternehmenssicht abgeleitet werden, welchen in der Theorie abgeleiteten Inhalten der wertorientierten Berichterstattung tatsächlich Relevanz in der Praxis zukommt.

Im Rahmen der zweiten Zielsetzung soll untersucht werden, ob Unterschiede in den Relevanzeinschätzungen der Inhalte der wertorientierten Berichterstattung aus Sicht der Adressaten und aus Sicht der Unternehmen bestehen. Wie weiter oben ausgeführt wurde, liegt das Ziel der wertorientierten Berichterstattung in einer adäquaten Bewertung des Unternehmens am Kapitalmarkt und damit in einer Verringerung der Wertlücke zwischen dem (rechnerischen) Unternehmenswert und dem Börsenwert eines Unternehmens.[1023] Ein Bestandteil der Wertlücke bildet die sog. Übereinstimmungslücke, die daraus resultiert, dass Adressaten und Unternehmen der wertorientierten Berichterstattung den einzelnen Informationen unterschiedliche Relevanz beimessen.

---

[1021] Neben den inhaltlichen Aspekten wurden auch allgemeine Aspekte der wertorientierten Berichterstattung im Rahmen der empirischen Untersuchung analysiert, die jedoch nur einen unwesentlichen Teil der empirischen Untersuchung darstellen.

[1022] Vgl. zu einer vergleichbaren empirischen Untersuchung im deutsprachigen Raum, die sich jedoch auf die Pharmabranche bezog, Fischer (2003). Vgl. ferner zu empirischen Untersuchungen von Informationsbedürfnissen bei Kapitalmarktteilnehmern in Deutschland z.B. Hank (1999); Schulz (1999); Wichels (2001).

[1023] Vgl. zur Wertlücke sowie zu dessen Bestandteilen Abschnitt 2.2.3.1.

## 4.2 Methodische Vorgehensweise

Mit der Beschreibung der methodischen Vorgehensweise der empirischen Untersuchung sind vier Schritte verbunden. Erstens ist eine Erläuterung des Untersuchungsdesigns erforderlich. Zweitens sind die Inhalte der empirischen Untersuchung darzulegen. Drittens ist die Datengewinnung darzustellen, welche die Zielgruppen der Untersuchung und deren Antwortverhalten beinhaltet. Viertens bedarf es einer Konkretisierung der ausgewählten Methodik der Datenauswertung.

### 4.2.1 Untersuchungsdesign

Die Datenerhebung der vorliegenden empirischen Untersuchung erfolgte anhand einer Befragung.[1024] Diese Form der Datenerhebung wurde gewählt, da sie sich besonders eignet, „wenn [...] Fakten, Einstellungen und Meinungen zu untersuchen sind“[1025].

Für eine Befragung stehen verschiedene alternative Vorgehensweisen zur Verfügung.[1026] Zum einen kann eine Befragung im Rahmen von persönlichen Interviews oder Telefoninterviews erfolgen. Zum anderen besteht die Möglichkeit, die Untersuchung schriftlich durchzuführen. Für die vorliegende empirische Untersuchung wurde ein standardisiertes Vorgehen mittels einer schriftlichen Befragung gewählt.[1027] Hierfür wurden Fragebögen postalisch versandt.[1028] Die Entscheidung für die Datenerhebung in Form einer schriftlichen Befragung mit Hilfe von Fragebögen basiert auf verschiedenen Gründen.[1029] Zum einen ermöglicht diese Form der Datenerhebung im Vergleich zu persönlichen Interviews bzw. Telefoninterviews das Erreichen einer größeren Zielgruppe innerhalb eines kurzen Zeitraums.[1030] Zum anderen besteht bei einer Befragung mittels persönlichem

---

1024 Grundsätzlich kann eine Datenerhebung durch Befragung, Beobachtung oder Inhaltsanalyse erfolgen. Vgl. ausführlich Schnell/Hill/Esser (1995), S. 297ff.

1025 Tiemann (1997), S. 183.

1026 Vgl. ausführlicher hierzu Schnell/Hill/Esser (1995), S. 299ff.

1027 Das standardisierte Vorgehen soll gewährleisten, dass Einzelauskünfte unmittelbar vergleichbar und damit überprüfbar sind, um eine rationelle Datenverarbeitung sowie -auswertung zu ermöglichen. Vgl. ausführlicher zur standardisierten Befragung Berekoven/Eckert/Ellenrieder (1999), S. 98ff.

1028 Ferner kann eine schriftliche Befragung in der Form erfolgen, dass die Befragten einen Fragebogen in Anwesenheit des Interviewers ausfüllen. Vgl. Schnell/Hill/Esser (1995), S. 333.

1029 Vgl. zu den Vorteilen einer schriftlichen Befragung z.B. Schnell/Hill/Esser (1995), S. 333. Vgl. zu Nachteilen der schriftlichen Befragung z.B. Berekoven/Eckert/Ellenrieder (1999), S. 113ff.; Schnell/Hill/Esser (1995), S. 333f.

1030 Grundsätzlich variiert die Größe der Zielgruppe und der Zeitraum der Befragung mit der Anzahl der Interviewer. Um Verzerrungen in den Antworten aufgrund unterschiedlicher Interviewer zu vermeiden sowie aus ökonomischen Gründen wurde diese Möglichkeit jedoch nicht in Betracht gezogen.

Interview die Gefahr, dass Antworten vom Interviewer beeinflusst oder vom Interviewten nicht ausreichend überdacht werden.

Der Fragebogen wurde im Zeitraum von Januar bis Juli 2001 konzipiert.[1031] Grundlage für die Erstellung des Fragebogens war ein umfangreiches Literaturstudium sowie die darauf basierenden theoretischen Ausarbeitungen zur wertorientierten Berichterstattung. Erstellt wurde je eine Version für die beiden Zielgruppen der empirischen Untersuchung, d.h. für Adressaten und Unternehmen. Von August bis September 2001 wurden die beiden Versionen des Fragebogens jeweils einem Pretest unterzogen, um die Verständlichkeit und mögliche Schwierigkeiten hinsichtlich der Bearbeitung des Fragebogens zu prüfen.[1032] Nach Abschluss des Pretests und einer leichten Überarbeitung einzelner Fragestellungen erfolgten die Versendung der Fragebögen sowie eine anschließende schriftliche Nachfassaktion im Zeitraum von Oktober bis Dezember 2001.

### 4.2.2 Inhalte der empirischen Untersuchung

Da sich die Untersuchung an zwei Zielgruppen, nämlich Adressaten und Ersteller der wertorientierten Berichterstattung, richtete, wurde je eine Fragebogenversion für die beiden Zielgruppen erstellt. Beide Versionen des Fragebogens gliedern sich in drei Abschnitte (vgl. 45).[1033] Die zwei Fragebogenversionen unterscheiden sich hinsichtlich des ersten Abschnitts „Angaben zur Person" bzw. „Angaben zu Person/Unternehmen" und teilweise hinsichtlich des zweiten Abschnitts „Allgemeine Aspekte der wertorientierten Berichterstattung". Die Differenzierung ist darauf zurückzuführen, dass hier jeweils adressaten- bzw. unternehmensspezifische Angaben ermittelt wurden. Im dritten Abschnitt „Inhalte der wertorientierten Berichterstattung" wurden sich entsprechende Inhalte abgefragt, um einen direkten Vergleich der Befragungsergebnisse zu ermöglichen. Der Fokus der Untersuchung lag, wie bereits erwähnt, auf dem dritten Abschnitt „Inhalte der wertorientierten Berichterstattung".

Im ersten Abschnitt der an die Adressaten gerichteten Fragebögen wurden Angaben zur Person ermittelt. Diesbezüglich wurde zum einen abgefragt, zu wel-

---

1031 Erstellt wurde je eine Version für die beiden Zielgruppen, d.h. für die Adressaten und für die Unternehmen.

1032 Vgl. z.B. Schnell/Hill/Esser (1995), S. 326f. Der Pretest erfolgte anhand der schriftlichen Versendung von dreizehn Exemplaren der zwei Versionen des Fragebogens an verschiedene Adressatengruppen und Unternehmensvertreter. Sechs Fragebögen wurden beantwortet und anschließend in telefonischen Befragungen besprochen.

1033 Vgl. zu den zwei Versionen des Fragebogens im Einzelnen Anhänge 1 und 2. Die inhaltliche Struktur der zwei Fragebogenversionen wurde für die Auswertung der Ergebnisse leicht modifiziert.

cher Adressatengruppe der Antwortende gehört.[1034] Zum anderen sollte angegeben werden, für welche Branche(n) der Adressat primär in seinem Tätigkeitsbereich zuständig ist.[1035] Letzteres war insbesondere vor dem Hintergrund einer branchenspezifischen Ausgestaltung der wertorientierten Berichterstattung von Interesse.

| | **Gruppe A (Adressaten der Berichterstattung)** | **Gruppe B (Ersteller, d.h. Unternehmen)** |
|---|---|---|
| **1.** | *Angaben zur Person*<br>• Adressatenkreis<br>• Branchenzuständigkeit | *Angaben zu Person / Unternehmen*<br>• Funktion im Unternehmen<br>• Listing<br>• Branchenzugehörigkeit<br>• Verwendete Rechnungslegungsnorm für die Erstellung des Konzernabschlusses |
| **2.** | *Allgemeine Aspekte der wertorientierten Berichterstattung*<br>• Bedeutung der wertorientierten Berichterstattung<br>• Eignung der Rechnungslegungsvorschriften HGB, IAS und US-GAAP als Informationsgrundlage zur Beurteilung eines Unternehmens | |
| | • Beurteilung der Qualität der derzeitigen Berichterstattung deutscher börsennotierter Unternehmen (allgemein)<br>• Beurteilung der Qualität der derzeitigen Berichterstattung deutscher börsennotierter Unternehmen bzgl. Wertentwicklung | • Stellenwert der wertorientierten Berichterstattung im Unternehmen<br>• Nennung der wesentlichen Werttreiber<br>• Angaben zu Werttreibern |
| **3.** | *Inhalte der wertorientierten Berichterstattung*<br>• Obligatorische Berichtselemente<br>• Angaben über die Entwicklung des Unternehmenswertes (Value Added Reporting)<br>• Angaben über die Wertentwicklung für die Kapitalgeber (Total Return Reporting)<br>• Angaben zu nachhaltigen Wertsteigerungspotenzialen (Strategic Advantage Reporting)<br>- Risiken<br>- Kunden / Absatzmarkt<br>- Zulieferer / Beschaffungsmarkt<br>- Mitarbeiter / Management<br>- Prozesse / Innovationsfähigkeit<br>- Unternehmensstrategie<br>- Unternehmensumfeld | |

*Abb. 45: Inhaltliche Struktur der Untersuchung*

---

1034 Den Adressaten wurden folgende Alternativen vorgegeben: Analyst, Mitarbeiter einer Rating-Agentur, Wirtschaftsprüfer, Finanz- bzw. Wirtschaftsjournalist, Wertpapierberater in einer Bank, Fondsmanager, Börse, Börsenaufsicht, Mitarbeiter in einer Schutzvereinigung für Wertpapieranleger. Zusätzlich wurde die Antwortmöglichkeit „Weitere" gegeben.

1035 Insgesamt wurden 20 verschiedene Branchen vorgegeben, deren Systematisierung der Brancheneinteilung der Deutschen Börse AG folgt. Vgl. im Internet: http://deutsche-boerse.com (Stand: 03.08.2001). Zusätzlich wurden die Antwortmöglichkeiten Mischkonzern, „Andere" und „keiner spezifischen Branche zugeordnet" eingeräumt.

Die an die Unternehmen gerichteten Fragebögen enthielten im ersten Abschnitt zum einen Angaben zur Person, die den Fragebogen beantwortete. Diesbezüglich sollte die antwortende Person angeben, in welcher Funktion sie im Unternehmen tätig ist.[1036] Zum anderen wurden Angaben zum Unternehmen, in dem die antwortende Person tätig ist, ermittelt. Erstens sollte angegeben werden, wo das Unternehmen gelistet ist.[1037] Zweitens wurde abgefragt, in welcher Branche das Unternehmen primär tätig ist.[1038] Drittens sollte eine Angabe dazu gemacht werden nach welcher Rechnungslegungsnorm der Konzernabschluss erstellt wird.[1039]

Der zweite Abschnitt des Fragebogens widmete sich allgemeinen Aspekten der wertorientierten Berichterstattung. Dies erschien erforderlich, um zunächst das gegenwärtige Verständnis über die wertorientierte Berichterstattung der beiden Zielgruppen zu untersuchen, bevor in einem weiteren Schritt die Relevanz verschiedener Inhalte der wertorientierten Berichterstattung abgefragt wurde. Sowohl Adressaten als auch Unternehmen wurden in diesem Zusammenhang zur Bedeutung der wertorientierten Berichterstattung befragt.[1040] Des Weiteren war von Interesse, wie Adressaten und Unternehmen die Eignung der drei Rechnungslegungssysteme HGB, IAS und US-GAAP einschätzen, um den Informationsbedarf für die Beurteilung der Wertentwicklung eines Unternehmens abzudecken. Hiermit sollte untersucht werden, inwiefern die verpflichtende Berichterstattung aus Sicht der zwei Zielgruppen bereits ausreichend erscheint oder ob

---

1036 Diese Frage wurde als offene Frage formuliert. Bei offenen Fragen werden dem Befragten keine Antwortalternativen vorgegeben, sondern eigene Worte des Befragten erwartet. Demgegenüber werden dem Befragten bei geschlossenen Fragen Antwortalternativen vorgegeben. In Abhängigkeit von der Art der geschlossenen Frage kann sich der Antwortende für eine oder mehrere Antworten entscheiden. Vgl. Schnell/Hill/Esser (1995), S. 308.

1037 Den Erstellern wurden folgende Alternativen vorgegeben: deutscher Börsenplatz, ausländischer Börsenplatz, DAX 100, NEMAX 50, EURO STOXX50. Zusätzlich wurde die Antwortmöglichkeit „Anderer Index" gegeben. Mehrfachantworten waren möglich.

1038 Insgesamt wurden, wie bei den Adressaten, 20 verschiedene Branchen vorgegeben, deren Systematisierung der Brancheneinteilung der Deutschen Börse AG folgt. Vgl. im Internet: http://deutsche-boerse.com (Stand: 03.08.2001). Zusätzlich wurden die Antwortmöglichkeiten Mischkonzern, „Andere" und „keine spezifische Branche" eingeräumt.

1039 Den Erstellern wurden die Alternativen HGB, IAS und US-GAAP vorgegeben. Falls ein Unternehmen bspw. einen Konzernabschluss nach HGB und eine Überleitungsrechnung nach IAS oder US-GAAP erstellt, wurde zusätzlich die Antwortmöglichkeit „Andere" eingeräumt.

1040 Den Adressaten und den Erstellern wurden folgende Alternativen vorgegeben: gesamter Bereich der Berichterstattung, Teilbereich der Berichterstattung (Ergänzung der traditionellen Finanzberichterstattung), monetäre Bestandteile der Berichterstattung, nicht-monetäre Bestandteile der Berichterstattung, vergangenheitsbezogene Bestandteile der Berichterstattung, zukunftsbezogene Teile der Berichterstattung, zeitnahe Berichterstattung, Bestandteil der wertorientierten Unternehmensführung. Zusätzlich wurde den Antwortenden die Möglichkeit eingeräumt, weitere Charakteristika der wertorientierten Berichterstattung zu ergänzen. Mehrfachantworten waren möglich.

es einer zusätzlichen wertorientierten Berichterstattung bedarf. Schließlich zielte eine Frage an die Adressaten auf deren Beurteilung der derzeitigen wertorientierten Berichterstattung deutscher börsennotierter Unternehmen.[1041] Demgegenüber wurden die Unternehmen zum Stellenwert der wertorientierten Berichterstattung in ihren Unternehmen befragt.[1042] Ferner sollten die Unternehmen angeben, was die wesentlichen Werttreiber in ihrem Geschäft sind und wie Angaben zu Werttreibern extern kommuniziert werden.[1043]

Im dritten Abschnitt des Fragebogens wurde die Relevanz der aus theoretischer Perspektive ermittelten Inhalte für die wertorientierte Berichterstattung untersucht. Hinsichtlich der einzelnen Berichtskriterien war sowohl die Relevanz vergangenheits- bzw. gegenwartsbezogener Informationen als auch die Relevanz zukunftsbezogener Informationen bzw. Plandaten einzuschätzen. Während Adressaten befragt wurden, wie wichtig die einzelnen Informationen für ihre Einschätzung eines Unternehmens sind, wurden die Bericht erstattenden Unternehmen befragt, wie wichtig ihrer Meinung nach die einzelnen Informationen für die Adressaten sind.

Die Untersuchung der Inhalte der wertorientierten Berichterstattung gliedert sich in zehn Berichtskategorien. Entsprechend obiger Argumentation wurden die obligatorischen Berichtselemente, wie z.B. GuV-Rechnung und Bilanz, als erste Berichtskategorie in die Befragung aufgenommen. Die zweite und dritte Berichtskategorie stellen Angaben zur Entwicklung des Unternehmenswertes (Value Added Reporting) und zur Wertentwicklung für die Kapitalgeber (Total Return Reporting) dar. Die vierte Berichtskategorie umfasst Angaben zu nachhaltigen Wertsteigerungspotenzialen (Strategic Advantage Reporting). Der theoretischen Ausarbeitung folgend wurde diese vierte Berichtskategorie wiederum in sieben Berichtskategorien, nämlich risikobezogene, kunden- und absatzmarktbezogene, zulieferer- und beschaffungsmarktbezogene, mitarbeiter- und manage-

---

1041 Die Adressaten wurden im Rahmen einer offenen Frage dazu befragt, was sie an der Berichterstattung gut betrachten und was sie an der Berichterstattung vermissen. Zusätzlich sollten die Adressaten auf einer vierstufigen Skala (sehr gut, gut, ausreichend, ungenügend) die derzeitige Berichterstattung über die Wertentwicklung beurteilen.

1042 Die Ersteller sollten auf einer vierstufigen Skala (sehr wichtig, wichtig, weniger wichtig, unwichtig) den Stellenwert der wertorientierten Berichterstattung in ihrem Unternehmen beurteilen.

1043 Die Frage hinsichtlich der wesentlichen Werttreiber wurde als offene Frage formuliert. Den Erstellern wurde lediglich vorgegeben, zwischen finanziellen Werttreibern, nichtfinanziellen Werttreibern und ggf. weiteren Werttreibern zu differenzieren. Hinsichtlich der Frage nach der externen Kommunikation der Angaben zu Werttreibern konnten die Ersteller zum einen auswählen, ob die Werttreiber vollständig, teilweise oder nicht extern kommuniziert werden. Zum anderen konnten sie auswählen, ob die vollständige bzw. teilweise Publikation über den Geschäftsbericht, den Zwischenbericht, das Internet oder „Weitere" erfolgt.

mentbezogene, prozess- und innovationsbezogene Angaben sowie Angaben zur Unternehmensstrategie und zum Unternehmensumfeld, unterteilt.

### 4.2.3 Datengewinnung

Die Untersuchung der Grundgesamtheit der Adressaten der wertorientierten Berichterstattung erfolgte im Rahmen einer Teilerhebung.[1044] Dabei wurde für die konkrete Auswahl der Adressaten ein zweistufiges Vorgehen angewendet. In einem ersten Schritt wurden die Adressatengruppen festgelegt, die befragt werden sollten. Dies waren im Einzelnen Analysten, Mitarbeiter in Rating-Agenturen, Wirtschaftsprüfer[1045], Finanz- und Wirtschaftsjournalisten, Wertpapierberater in Banken, Fondsmanager, Mitarbeiter der Börse(-naufsicht) sowie von Schutzvereinigungen für Wertpapieranleger.[1046] In einem zweiten Schritt wurden zu jeder Gruppe verschiedene Adressaten aus dem Internet ausgewählt. Insgesamt wurde eine Stichprobe von 369 Adressaten angeschrieben.

Abb. 46 zeigt einen Überblick über die Struktur der Grundgesamtheit und den Rücklauf bei der Erstbefragung und der Nachfassaktion der Adressaten. 77 der insgesamt 369 angeschriebenen Adressaten antworteten mit einem ausgefüllten Fragebogen (das entspricht 20,9%). Ein Adressat lehnte die Teilnahme an der Untersuchung explizit ab.

| | Erstversendung | | | Nachfassaktion | | | Gesamt | |
|---|---|---|---|---|---|---|---|---|
| | Häufigkeiten in der Grundgesamtheit (absolut) | Häufigkeiten im Rücklauf | | Häufigkeiten in der Grundgesamtheit (absolut) | Häufigkeiten im Rücklauf | | Häufigkeiten im Rücklauf | |
| | | absolut | relativ | | absolut | relativ | absolut | relativ |
| Adressaten | 369 | 46 | 12,5% | 322 | 31 | 9,6% | 77 | 20,9% |

*Abb. 46: Struktur von Grundgesamtheit und Rücklauf bei Erstbefragung und Nachfassaktion der Adressaten*

---

1044 Die Grundgesamtheit betrifft den Objektbereich der Untersuchung, d.h. die Personen oder Sachverhalte, die untersucht werden. Im Unterschied zur Teilerhebung werden im Rahmen einer Vollerhebung alle Elemente der Grundgesamtheit erfasst. Für die vorliegende Untersuchung würde das bedeuten, dass alle Adressaten der wertorientierten Berichterstattung in die Untersuchung einbezogen werden müssten, was aufgrund der Nicht-Identifizierbarkeit sämtlicher Adressaten nicht möglich ist. Vgl. ausführlicher hierzu z.B. Schnell/Hill/Esser (1995), S. 251ff.

1045 Wirtschaftsprüfer nehmen streng genommen eine Stellung zwischen Adressaten und Erstellern der wertorientierten Berichterstattung ein. Da die einzelnen wertorientierten Informationen jedoch nicht originär von den Wirtschaftsprüfern, sondern von den Unternehmen stammen, wurden Wirtschaftsprüfer in der vorliegenden empirischen Untersuchung der Zielgruppe der Adressaten der wertorientierten Berichterstattung zugeordnet.

1046 (Potenzielle) private Investoren wurden aufgrund der schweren Erreichbarkeit nicht in die Untersuchung einbezogen.

Von den insgesamt 77 beantworteten Fragebögen wurden 46 nach der Erstversendung des Fragebogens zurückgesendet, 31 im Zuge der schriftlichen Nachfassaktion. Diese zeitlich unterschiedlich eingegangenen Antworten können aufgrund signifikanter Unterschiede hinsichtlich der Antworten zu Verzerrungen in der Datenauswertung führen. Um diese ausschließen zu können, wurden die rückgesendeten Fragebögen einem Test auf ein 'non-response bias' unterzogen.[1047] Hierzu wurde der Kolmogorov-Smirnov-Test angewendet.[1048] Bei einem Signifikanzniveau von 0,05 ergaben sich für den gesamten Fragebogen keine signifikanten Unterschiede hinsichtlich der Antworten. Verzerrungen hinsichtlich der Ergebnisse konnten daher ausgeschlossen und die 77 rückgesendeten Fragebögen komplett in die Datenauswertung einbezogen werden.

Auch die Untersuchung der Grundgesamtheit der Unternehmen als Ersteller der wertorientierten Berichterstattung erfolgte im Rahmen einer Teilerhebung. Diesbezüglich beschränkte sich die Untersuchung auf börsennotierte Unternehmen. Von den zum Zeitpunkt des Beginns der Untersuchung 684 im CDAX enthaltenen Unternehmen wurden sowohl die DAX 100- als auch die NEMAX 50-Unternehmen komplett angeschrieben. Des Weiteren wurden 234 Unternehmen per Zufall ausgewählt, so dass insgesamt eine Stichprobe von 384 Unternehmen angeschrieben wurde. Innerhalb der Unternehmen richtete sich der Fragebogen an Mitarbeiter in Fachabteilungen, speziell in den Bereichen Finanz- und/oder Rechnungswesen sowie Investor Relations.[1049]

Abb. 47 zeigt einen Überblick über die Struktur der Grundgesamtheit und den Rücklauf bei der Erstbefragung und der Nachfassaktion der Unternehmen. 81 der insgesamt 384 angeschriebenen Unternehmen antworteten mit einem ausgefüllten Fragebogen (das entspricht 21,1%). Weitere 28 Unternehmen lehnten die Teilnahme an der Untersuchung explizit ab.

---

1047 Vgl. zum 'non-response bias' z.B. Armstrong/Overton (1977); Michie/Marteau (1999). In den Test auf 'non-response bias' wurden lediglich die ordinalskalierten Daten des Fragebogens einbezogen, die jedoch den Großteil der Inhalte des Fragebogens darstellen.

1048 Bei dem Kolmogorov-Smirnov-Test handelt es sich um einen nichtparametrischen Test von zwei unabhängigen Stichproben bei einer begrenzten Anzahl von Kriterien bei den zu testenden Variablen. Ein nichtparametrischer Test ist anzuwenden, wenn keine hinreichend normalverteilten Daten vorliegen Der Kolmogorov-Smirnow-Anpassungstest auf Normalverteilung ergab, dass die vorliegende Stichprobe keine normalverteilten Werte enthält. Vgl. Bühl/Zöfel (2000), S. 275, S. 292ff. und S. 310f.

1049 Konnte sowohl ein Mitarbeiter des Finanz- und/oder Rechnungswesens als auch ein Mitarbeiter der Investor Relations namentlich ermittelt werden, so wurde das Unternehmen doppelt angeschrieben, um die zuständige Ansprechperson im Unternehmen zu erreichen. Für den Fall, dass zwei ausgefüllte Fragebögen seitens des Unternehmens zurückgesendet wurden, fand allein der Fragebogen des Mitarbeiters aus dem Finanz- bzw. Rechnungswesen Berücksichtigung in der Untersuchung.

| | Erstversendung | | | Nachfassaktion | | | Gesamt | |
|---|---|---|---|---|---|---|---|---|
| | Häufigkeiten in der Grundgesamtheit (absolut) | Häufigkeiten im Rücklauf | | Häufigkeiten in der Grundgesamtheit (absolut) | Häufigkeiten im Rücklauf | | Häufigkeiten im Rücklauf | |
| | | absolut | relativ | | absolut | relativ | absolut | relativ |
| Unternehmen | 384 | 55 | 14,3% | 306 | 26 | 8,5% | 81 | 21,1% |

*Abb. 47:* *Struktur von Grundgesamtheit und Rücklauf bei Erstbefragung und Nachfassaktion der Unternehmen*

Von den insgesamt 81 beantworteten Fragebögen wurden 55 nach der Erstversendung des Fragebogens zurückgesendet, 26 infolge der schriftlichen Nachfassaktion. Ein Test auf das sog. 'non-response bias' (Signifikanzniveau $p \leq 0{,}05$) ergab auch hier für den gesamten Fragebogen keine signifikanten Unterschiede hinsichtlich der Antworten. Daher konnten Verzerrungen hinsichtlich der Ergebnisse ausgeschlossen und die 81 rückgesendeten Fragebögen komplett in die Datenauswertung einbezogen werden.

### 4.2.4 Methodik der Datenauswertung

Die Antworten auf den rückgesendeten Fragebögen wurden, getrennt nach Adressaten und Unternehmen, EDV-mäßig erfasst und mit Hilfe des Statistik-Programms SPSS (Version 10.0) ausgewertet.

Zunächst wurden die verschiedenen Antworten einer deskriptiven Auswertung unterzogen. Diesbezüglich sind in Abhängigkeit vom jeweiligen Fragentyp und vom vorliegenden Skalenniveau der Daten verschiedene Auswertungsformen zu unterscheiden. Die vorliegende Untersuchung enthält die folgenden drei Fragentypen:

- Offene Fragen,[1050]
- geschlossene Fragen, bei denen Mehrfachnennungen möglich sind,[1051]
- geschlossene Fragen, bei denen eine Antwortalternative ausgewählt werden muss.[1052]

1050 Bei den an die Adressaten gerichteten Fragebögen im zweiten Abschnitt enthalten.
Bei den an die Ersteller gerichteten Fragebögen im ersten und zweiten Abschnitt enthalten.

1051 Bei den an die Adressaten gerichteten Fragebögen im zweiten Abschnitt enthalten.
Bei den an die Ersteller gerichteten Fragebögen im ersten und zweiten Abschnitt enthalten.

1052 Bei den an die Adressaten und bei den an die Ersteller gerichteten Fragebögen in allen drei Abschnitten enthalten.

Bei offenen Fragen werden dem Befragten keine Antwortalternativen vorgegeben, sondern eigene Worte des Befragten erwartet.[1053] Die deskriptive Auswertung der genannten Antworten erfolgte in Form einer verbalen Aufzählung. Die im Fall der offenen Fragen vorliegenden nominalskalierten Daten wurden bei der Mehrfachnennung von Antworten zusätzlich einer Häufigkeitsauszählung unterzogen.[1054] Hierzu wurden die absoluten Häufigkeiten ermittelt.

Bei den geschlossenen Fragen, bei denen Mehrfachnennungen möglich sind, lagen ebenfalls nominalskalierte Daten vor. Die deskriptive Auswertung der Antworten erfolgte daher wiederum anhand einer Häufigkeitsauszählung. Im Unterschied zu der Auswertung der offenen Fragen wurden in diesem Fall jedoch die relativen Häufigkeiten gebildet.[1055]

Im Fall der geschlossenen Fragen, bei denen eine Antwortalternative ausgewählt werden muss, war zwischen nominalskalierten und ordinalskalierten Daten zu unterscheiden. Nominalskalierte Daten lagen hinsichtlich dieses Fragentyps jeweils im ersten Abschnitt der zwei Fragebogenversionen vor, durch den die zwei Probandengruppen anhand bestimmter Kriterien kategorisiert werden sollten. Die deskriptive Auswertung dieser Daten erfolgte anhand von absoluten Häufigkeiten. Für die Auswertung der jeweiligen anderen drei Abschnitte des Fragebogens fanden die nominalskalierten Variablen des ersten Abschnitts als Gruppierungsvariablen Verwendung. Dies erfolgte, indem die Gesamtstichprobe der Adressaten und die Gesamtstichprobe der Unternehmen nach den verschiedenen Kategorien der Variablen unterteilt wurden und die entstehenden Teilstichproben mit Hilfe eines statistischen Tests miteinander verglichen wurden.[1056]

Für den Fall, dass Adressaten und Unternehmen die Fragen anhand einer Skala beurteilen sollten, welche die einzelnen Antwortalternativen in eine bestimmte Rangordnung bringt (sog. Ordinalskala), lagen ordinalskalierte Daten vor. In der vorliegenden Untersuchung wurden Ordinalskalen mit drei bzw. vier qualitativen Antwort-Ausprägungen verwendet (z.B. unwichtig, weniger wichtig, wich-

---

[1053] Vgl. Schnell/Hill/Esser (1995), S. 308.

[1054] Liegen lediglich nominalskalierte Daten vor, können diese nur einer Häufigkeitsauszählung unterzogen werden und keine weiteren statistischen Kennwerte berechnet werden. Vgl. Bühl/Zöfel (2000), S. 104 und S. 111.

[1055] Eine Ausnahme hinsichtlich der deskriptiven Auswertung bildet die Frage nach der Börsennotierung an die Ersteller. Diese Frage wurde als geschlossene Frage, bei der Mehrfachnennungen möglich sind, konzipiert. Zu Auswertungszwecken wurden die verschiedenen Antwortmöglichkeiten zu sieben Antwortkombinationen zusammengefasst. Die deskriptive Auswertung der Frage erfolgte anschließend analog zu der deskriptiven Auswertung der nominalskalierten Daten bei Vorliegen einer geschlossenen Frage, bei der eine Antwortalternative gewählt werden muss.

[1056] Vgl. Bühl/Zöfel (2000), S. 104. So wurden die Antworten der Ersteller bspw. branchenspezifisch ausgewertet und die Ergebnisse miteinander verglichen. Vgl. hierzu Abschnitt 4.5.

tig, sehr wichtig), denen zu Auswertungszwecken die Klassenwerte von 0 bis 2 bzw. 0 bis 3 zugeordnet wurden. Die einzelnen Werte spiegeln zwar eine Ordnungsrelation der Antwortalternativen wider, eine Aussage über die Differenz zweier Antwortalternativen kann jedoch nicht getroffen werden.[1057] Für die deskriptive Auswertung der ordinalskalierten Daten wurde der Lageparameter Median[1058] herangezogen, der neben Häufigkeitsauszählungen einen geeigneten statistischen Kennwert zur Auswertung dieser Daten darstellt. Da der Median bei einer drei- bzw. vierstufigen Ordinalskala jedoch zu wenig differenzierten Ergebnissen führt, wurden zusätzlich der Lageparameter Mittelwert und das Streuungsmaß Standardabweichung berechnet. Obgleich sowohl der Mittelwert als auch die Standardabweichung intervallskalierte Daten voraussetzen, erscheint deren Ermittlung in der vorliegenden Untersuchung sinnvoll, da hierdurch zum einen Unterschiede innerhalb einer Klasse berücksichtigt werden und zum anderen die Transformation einer Ordinalskala in eine Intervallskala unter bestimmten Bedingungen möglich ist.[1059]

Neben der deskriptiven Auswertung wurden die Ergebnisse anhand statistischer Tests einer induktiven Auswertung unterzogen. In diesem Zusammenhang wurden zum einen die Befragungsergebnisse aus Sicht der Adressaten und aus Sicht der Unternehmen auf vorhandene Unterschiede analysiert. Zum anderen wurden die Teilstichproben, die mit Hilfe der Gruppierungsvariablen des ersten Abschnitts der zwei Fragebogenversionen ermittelt wurden, anhand aufgestellter Hypothesen miteinander verglichen.

Da die Anwendung parametrischer Testverfahren normalverteilte Daten voraussetzt,[1060] wurde zunächst überprüft, ob die Stichproben hinreichend normalverteilte Daten enthalten. Zur Überprüfung wurde der Kolmogorov-Smirnow-Anpassungstest angewendet.[1061] Bei einem Signifikanzniveau von 0,05 führte der Test zu dem Ergebnis, dass für den gesamten Fragebogen eine signifikante Ab-

---

1057 Auf das zuvor genannte Beispiel bezogen kommt der Einschätzung „weniger wichtig" eine höhere Wertigkeit als der Einschätzung „unwichtig" zu und der Einschätzung „wichtig" eine höhere Wertigkeit als der Einschätzung „weniger wichtig" zu. Es kann jedoch keine Aussage darüber getroffen werden, dass der Unterschied zwischen „unwichtig" und „weniger wichtig" bzw. „weniger wichtig" und „wichtig" genauso groß ist. Vgl. Bühl/Zöfel (2000), S. 104f.

1058 „Der Median ist derjenige Punkt der Messwertskala unterhalb und oberhalb dessen jeweils die Hälfte der Messwerte liegen." Bühl/Zöfel (2000), S. 119.

1059 So weist Armeloh (1998), S. 71 mit Verweis auf Eckenrode (1965), S. 185 darauf hin, dass die Transformation einer Ordinalskala in eine Intervallskala, bei der die semantischen Abstände zwischen den Merkmalsausprägungen als gleich unterstellt werden, nicht zu wesentlich schlechteren Ergebnissen führt als theoretisch exaktere und den Besonderheiten der Ordinalskala Rechnung tragende Rechenverfahren.

1060 Vgl. Bühl/Zöfel (2000), S. 275 und S. 291.

1061 Vgl. zum Kolmogorov-Smirnow-Anpassungstest Bühl/Zöfel (2000), S. 310f.

weichung von der Normalverteilung besteht. Für die induktive Auswertung der Daten waren daher nichtparametrische Testverfahren anzuwenden. Handelte es sich um den Vergleich von zwei unabhängigen Stichproben, wurde der Kolmogorov-Smirnow Z-Test angewendet.[1062] Lagen mehr als zwei unabhängige Stichproben vor, kam der H-Test nach Kruskal und Wallis zur Anwendung.[1063]

## 4.3 Grundlegende Auswertung zum Datensample und Ableitung von Hypothesen

Die wesentlichen Zielsetzungen der vorliegenden empirischen Untersuchung bestehen darin, wie in Abschnitt 4.1 bereits dargelegt, die Relevanz der aus theoretischer Perspektive ermittelten Inhalte der wertorientierten Berichterstattung aus Sicht der Adressaten und der Unternehmen zu überprüfen sowie die Relevanzeinschätzungen der Inhalte der wertorientierten Berichterstattung aus Sicht der Adressaten und aus Sicht der Unternehmen auf bestehende Unterschiede zu analysieren. Um zu überprüfen, ob hinsichtlich der einzelnen Informationen tatsächlich Übereinstimmungslücken zwischen den Adressaten und den Unternehmen bestehen, wurde folgende Hypothese 1 formuliert:

| | |
|---|---|
| Hypothese 1: | Die Relevanz der verschiedenen Inhalte der wertorientierten Berichterstattung wird seitens der Adressaten der Berichterstattung und seitens der Unternehmen unterschiedlich eingestuft. |

Bei einem Signifikanzniveau von 0,05 ergab der Kolmogorov-Smirnow Z-Test, dass hinsichtlich 21% aller Berichtskriterien signifikante Unterschiede zwischen den Relevanzeinschätzungen der Adressaten und der Unternehmen bestehen.[1064] Bei einer Erweiterung des Signifikanzniveaus auf 0,1 erhöht sich der Anteil der

---

[1062] Zwei unabhängige Stichproben liegen bei dem Vergleich der Antworten seitens der Adressaten und seitens der Ersteller vor. Vgl. hierzu Abschnitt 4.4.2. Der Kolmogorov-Smirnow Z-Test ist dem U-Test nach Mann und Whitney vorzuziehen, wenn eine begrenzte Anzahl von Kategorien vorliegt. Vgl. Bühl/Zöfel (2000), S. 295f.

[1063] Mehr als zwei unabhängige Stichproben liegen bei dem branchenbezogenen Vergleich der Antworten seitens der Ersteller vor. Vgl. hierzu Abschnitt 4.5.2. Vgl. zum H-Test nach Kruskal und Wallis Bühl/Zöfel (2000), S. 302ff. Ergeben sich nach Anwendung des H-Tests nach Kruskal und Wallis signifikante Unterschiede zwischen den verschiedenen Branchen, so werden die verschiedenen Branchen paarweise anhand des Kolmogorov-Smirnow Z-Tests gegeneinander getestet, um zu ermitteln, zwischen welchen Branchen signifikante Unterschiede bestehen. Vgl. hierzu Bühl/Zöfel (2000), S. 304.

[1064] Bei einem Signifikanzniveau von 0,01 führten 15% aller Berichtskriterien zu signifikanten Unterschieden zwischen den Relevanzeinschätzungen.

Berichtskriterien, der zu signifikanten Unterschieden in der Beurteilung der Relevanz der Inhalte der wertorientierten Berichterstattung führt, sogar auf 26%.

Neben unterschiedlichen Relevanzeinschätzungen seitens der Adressaten und seitens der Unternehmen ist es auch möglich, dass innerhalb der Probandengruppe der Adressaten bzw. der Unternehmen die Relevanz der Inhalte der wertorientierten Berichterstattung unterschiedlich eingestuft wird. Um zu überprüfen, ob signifikante Unterschiede in den Relevanzeinschätzungen zwischen verschiedenen Gruppen der Adressaten bzw. der Unternehmen bestehen, wurde die Gesamtstichprobe der Adressaten und die Gesamtstichprobe der Unternehmen nach den Kategorien verschiedener Gruppierungsvariablen unterteilt. Als Gruppierungsvariablen wurden die jeweils im ersten Abschnitt des Fragebogens abgefragten Kriterien herangezogen.[1065]

Nachfolgend wird für die Adressaten und die Unternehmen die Struktur der rückgesendeten Fragebögen nach den verschiedenen Gruppierungsvariablen aufgezeigt. Diesen Darstellungen schließt sich jeweils die Formulierung einer Hypothese an, anhand der überprüft wird, ob unterschiedliche Relevanzeinschätzungen der Inhalte der wertorientierten Berichterstattung vorliegen. Die Überprüfung der Hypothese erfolgt anhand des H-Tests nach Kruskal und Wallis.

Die Adressaten der Berichterstattung wurden zunächst befragt, welchem Adressatenkreis sie angehören. Abb. 48 zeigt die rückgesendeten Fragebögen nach den verschiedenen Adressatenkreisen. Aufgrund des geringen Rücklaufs in den Gruppen Mitarbeiter in Rating-Agenturen, Finanz- und Wirtschaftsjournalisten, Wertpapierberater in Banken, Mitarbeiter der Börse(-naufsicht) sowie von Schutzvereinigungen für Wertpapieranleger wurden diese Adressaten zu „Sonstige“ zusammengefasst.

[1065] Die Adressaten wurden hinsichtlich der Kriterien Adressatenkreis und Branchenzuständigkeit befragt, die Ersteller hinsichtlich der Kriterien Funktion der antwortenden Person im Unternehmen, Börsennotierung des Unternehmens, Branchenzugehörigkeit des Unternehmens sowie verwendete Rechnungslegungsnorm des Unternehmens im Konzernabschluss.

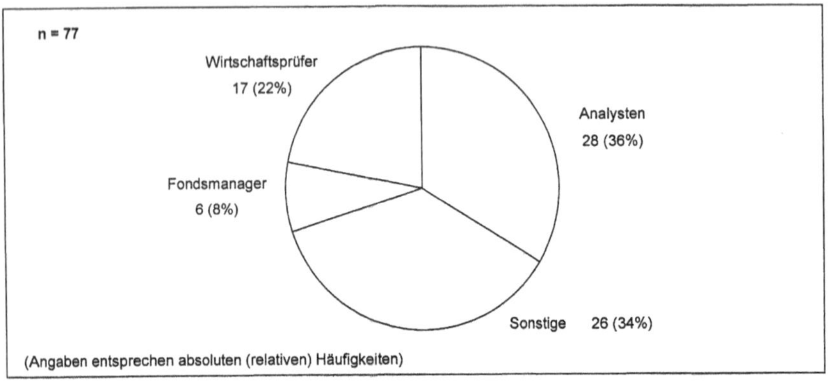


*Abb. 48: Rückgesendete Fragebögen nach Adressatenkreisen*

Um überprüfen zu können, ob die verschiedenen Adressatengruppen den Inhalten der wertorientierten Berichterstattung eine unterschiedliche Relevanz beimessen, wurde folgende Hypothese 2 aufgestellt:

| | |
|---|---|
| Hypothese 2: | Die Relevanz der verschiedenen Inhalte der wertorientierten Berichterstattung wird von verschiedenen Adressatenkreisen unterschiedlich eingestuft. |

Bei einem Signifikanzniveau von 0,05 führte der H-Test nach Kruskal und Wallis zu dem Ergebnis, dass nur hinsichtlich 5% der 227 abgefragten Berichtskriterien signifikante Unterschiede zwischen den Einschätzungen der verschiedenen Adressatenkreise vorliegen.[1066] Bei einer Erweiterung des Signifikanzniveaus auf 0,1 vergrößerte sich der Anteil der Berichtskriterien, die zu signifikanten Unterschieden in den Relevanzeinschätzungen führten, lediglich auf 10%.

Darüber hinaus sollten die Adressaten Angaben dazu machen, für welche Branche sie im Rahmen ihrer Tätigkeit primär zuständig sind. Der Großteil der Adressaten nannte entweder mehrere Branchen oder gab an keiner spezifischen Branche zugeordnet zu sein. Aus diesem Grund wurde von der deskriptiven Auswertung der rückgesendeten Fragebögen nach der Branchenzugehörigkeit der Adressaten sowie der entsprechenden induktiven Auswertung abgesehen.

---

[1066] Bei einem Signifikanzniveau von 0,01 führte 1% aller Berichtskriterien zu signifikanten Unterschieden zwischen den Relevanzeinschätzungen.

Die erste Frage an die Unternehmen betraf die Funktion der antwortenden Person im Unternehmen. Da diese Frage als offene Frage formuliert wurde, gaben die Antwortenden eine Vielzahl an Funktionen an, die in der überwiegenden Zahl keinen Häufungen unterlagen. Aus diesem Grund wurde auch von der deskriptiven Auswertung der rückgesendeten Fragebögen der Unternehmen nach der Funktion der antwortenden Person im Unternehmen sowie der entsprechenden induktiven Auswertung abgesehen.

Des Weiteren wurden die Unternehmen befragt, wo ihr Unternehmen gelistet ist. Abb. 49 zeigt die rückgesendeten Fragebögen nach den verschiedenen Börsenindizes. Wie bereits erwähnt wurde, war die Frage nach der Börsennotierung als geschlossene Frage, bei der Mehrfachnennungen möglich sind, konzipiert. Zu Auswertungszwecken wurden die verschiedenen Antwortmöglichkeiten zu den sieben in Abb. 49enthaltenen Antwortkombinationen zusammengefasst.

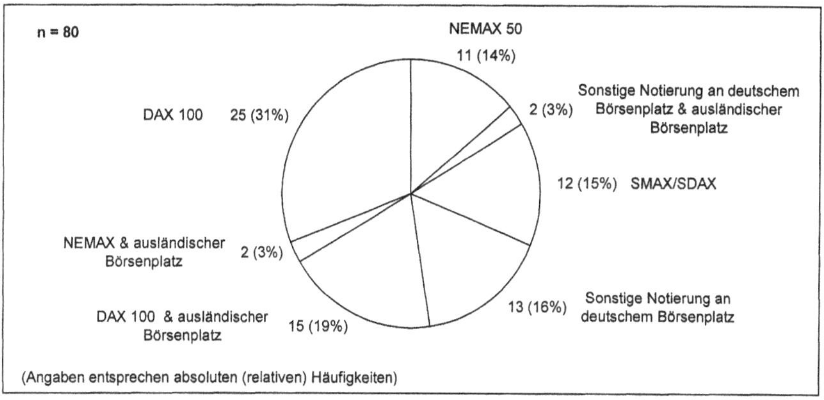


*Abb. 49: Börsenindizes der antwortenden Unternehmen*

Um überprüfen zu können, ob Unternehmen mit verschiedenen Börsennotierungen den Inhalten der wertorientierten Berichterstattung eine unterschiedliche Relevanz beimessen, wurde folgende Hypothese 3 aufgestellt:

| | |
|---|---|
| Hypothese 3: | Die Relevanz der verschiedenen Inhalte der wertorientierten Berichterstattung wird von den Unternehmen in Abhängigkeit von ihrer Börsenindexzugehörigkeit unterschiedlich eingestuft. |

Bei einem Signifikanzniveau von 0,05 ergab der H-Test nach Kruskal und Wallis, dass nur hinsichtlich 2% aller Berichtskriterien signifikante Unterschiede zwischen den Relevanzeinschätzungen von Unternehmen mit verschiedenen Börsenindexzugehörigkeiten bestehen.[1067] Auch bei einer Erweiterung des Signifikanzniveaus auf 0,1 erhöht sich der Anteil der Berichtskriterien, der zu signifikanten Unterschieden in der Beurteilung der Relevanz der Inhalte der wertorientierten Berichterstattung führt, lediglich auf 7%.

Darüber hinaus sollten die Unternehmen Angaben dazu machen, in welcher Branche das Unternehmen primär tätig ist. Abb. 50 zeigt die rückgesendeten Fragebögen der Unternehmen nach deren Branchenzugehörigkeit.[1068]

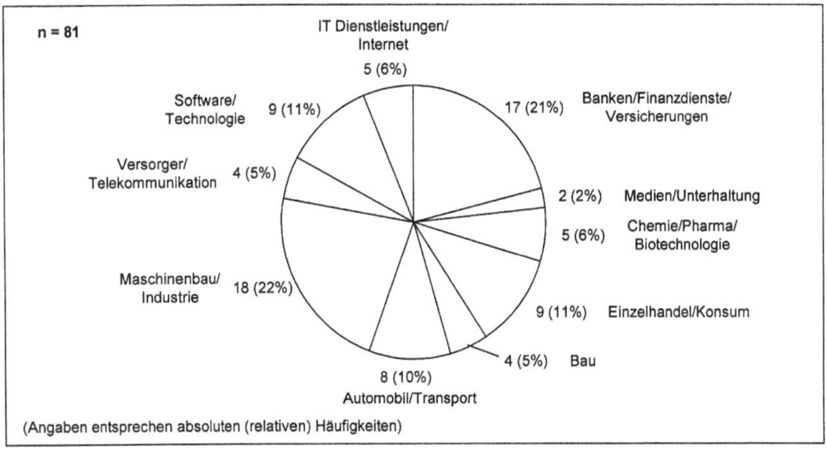


*Abb. 50: Branchenzugehörigkeit der antwortenden Unternehmen*

Um überprüfen zu können, ob Unternehmen verschiedener Branchen den Inhalten der wertorientierten Berichterstattung eine unterschiedliche Relevanz beimessen, wurde folgende Hypothese 4 aufgestellt:

---

1067 Bei einem Signifikanzniveau von 0,01 führte kein Berichtskriterium zu signifikanten Unterschieden zwischen den Relevanzeinschätzungen.

1068 Die hier gewählte Brancheneinteilung folgt der Brancheneinteilung der Deutschen Börse AG. Vgl. im Internet: http://deutsche-boerse.com (Stand: 03.08.2001). Dabei wurden für die vorliegende Auswertung größtenteils zwei bzw. drei Branchen zu einer Branche zusammengefasst.

| Hypothese 4: | Die Relevanz der verschiedenen Inhalte der wertorientierten Berichterstattung wird von den Unternehmen in Abhängigkeit von ihrer Branchenzugehörigkeit unterschiedlich eingestuft. |
|---|---|

Der H-Test nach Kruskal und Wallis führte bei einem Signifikanzniveau von 0,05 zu dem Ergebnis, dass hinsichtlich 19% der insgesamt 227 Berichtskriterien signifikante Unterschiede zwischen den Relevanzeinschätzungen von Unternehmen verschiedener Branchen bestehen.[1069] Bei einem Signifikanzniveau von 0,1 erweitert sich der Anteil der Berichtskriterien, deren Relevanz von Unternehmen mit verschiedener Branchenzugehörigkeit signifikant unterschiedlich eingestuft wird, sogar auf nahezu ein Drittel aller Berichtskriterien. Mit diesem Ergebnis liegen deutlich mehr signifikante Unterschiede vor als zwischen den verschiedenen Adressatenkreisen oder den Unternehmen, die verschiedenen Börsenindizes angehören.

Abschließend wurden die Unternehmen gefragt, nach welcher Rechnungslegungsnorm der Konzernabschluss des Unternehmens erstellt wird. Abb. 60 zeigt die rückgesendeten Fragebögen der Unternehmen nach der im Konzernabschluss verwendeten Rechnungslegungsnorm.

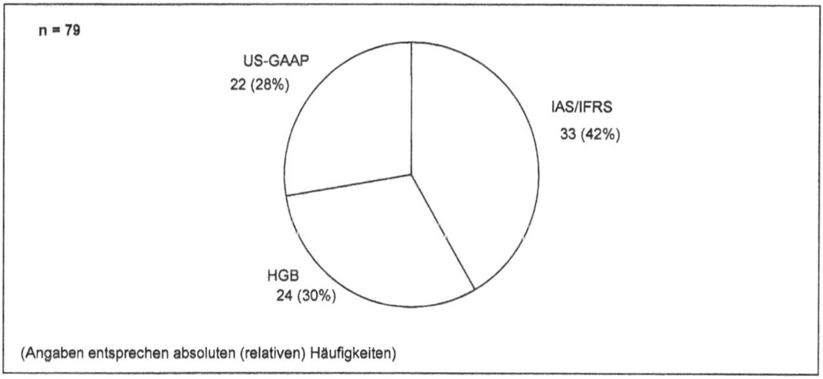


*Abb. 51: Rechnungslegungsnorm im Konzernabschluss der antwortenden Unternehmen*

[1069] Bei einem Signifikanzniveau von 0,01 führten 7% aller Berichtskriterien zu signifikanten Unterschieden zwischen den Relevanzeinschätzungen.

Um überprüfen zu können, ob Unternehmen, die verschiedene Rechnungslegungsnormen im Konzernabschluss verwenden, den Inhalten der wertorientierten Berichterstattung eine unterschiedliche Relevanz beimessen, wurde folgende Hypothese 5 aufgestellt:

| | |
|---|---|
| Hypothese 5: | Die Relevanz der verschiedenen Inhalte der wertorientierten Berichterstattung wird von den Unternehmen in Abhängigkeit von der verwendeten Rechnungslegungsnorm im Konzernabschluss unterschiedlich eingestuft. |

Bei einem Signifikanzniveau von 0,05 ergab der H-Test nach Kruskal und Wallis , dass hinsichtlich 9% der insgesamt 227 Berichtskriterien signifikante Unterschiede in den Relevanzeinschätzungen zwischen Unternehmen, die nach verschiedenen Rechnungslegungsnormen ihren Konzernabschluss erstellen, bestehen.[1070] Wird das Signifikanzniveau auf 0,1 erweitert, betrug der Anteil der Berichtskriterien, die zu signifikanten Unterschieden in der Beurteilung der Relevanz der Inhalte der wertorientierten Berichterstattung führten, 15% aller Berichtskriterien.

Zusammenfassend bleibt festzuhalten, dass für die anhand der Gruppierungsvariable Adressatenkreis gebildeten Teilstichproben der Gesamtstichprobe der Adressaten nur in sehr geringem Umfang signifikante Unterschiede hinsichtlich der Relevanzeinschätzungen der Inhalte der wertorientierten Berichterstattung ermittelt werden konnten. Ähnliche Ergebnisse ergaben sich für die Gesamtstichprobe der Unternehmen, für die nach den Gruppierungsvariablen Börsenindex und verwendete Rechnungslegungsnorm im Konzernabschluss Teilstichproben gebildet wurden. Aus diesem Grund wird von einer Differenzierung der Darstellung der Befragungsergebnisse nach diesen Gruppierungsvariablen abgesehen.

In einem deutlich größeren Umfang ergaben sich demgegenüber signifikante Unterschiede hinsichtlich der Relevanzeinschätzungen der Inhalte der wertorientierten Berichterstattung für die Teilstichproben, die nach der Gruppierungsvariable Branchenzugehörigkeit für die Gesamtstichprobe der Unternehmen gebildet wurden. Im Anschluss an die Darstellung und den Vergleich der Ergebnisse aus Adressaten- und Unternehmenssicht in Abschnitt 4.4 erfolgt daher eine differen-

[1070] Bei einem Signifikanzniveau von 0,01 führten 4% aller Berichtskriterien zu signifikanten Unterschieden zwischen den Relevanzeinschätzungen.

zierte Analyse der Befragungsergebnisse aus Unternehmenssicht nach deren Branchenzugehörigkeit in Abschnitt 4.5.

## 4.4 Wertorientierte Berichterstattung aus Sicht der Adressaten und der Unternehmen

Die Darstellung der Ergebnisse der empirischen Untersuchung wird analog zu der inhaltlichen Struktur der Untersuchung (vgl. Abb. 45) in zwei Abschnitte untergliedert. Der erste Abschnitt umfasst allgemeine Aspekte der wertorientierten Berichterstattung. Im zweiten Abschnitt werden die Inhalte der wertorientierten Berichterstattung untersucht.

Soweit bei den Adressaten der Berichterstattung und den Unternehmen gleiche Inhalte abgefragt wurden, erfolgt eine Gegenüberstellung der Ergebnisse seitens der Adressaten und der Unternehmen.

### 4.4.1 Allgemeine Aspekte der wertorientierten Berichterstattung aus Sicht der Adressaten und der Unternehmen

Ausgangspunkt dieses Teilbereichs der Untersuchung stellte die Frage nach dem Verständnis der wertorientierten Berichterstattung dar. Nachfolgend wird daher zunächst dargestellt, was seitens der Adressaten und seitens der Unternehmen unter einer wertorientierten Berichterstattung verstanden wird (Abschnitt 4.4.1.1). Des Weiteren war von Interesse, inwiefern die in Deutschland anzuwendenden Rechnungslegungsvorschriften als Informationsgrundlage für die Beurteilung eines Unternehmens geeignet erscheinen (Abschnitt 4.4.1.2). Ferner widmeten sich die allgemeinen Aspekte der wertorientierten Berichterstattung der Fragestellung, wie Adressaten den derzeitigen Stand der wertorientierten Berichterstattung börsennotierter deutscher Unternehmen beurteilen (Abschnitt 4.4.1.3) und welchen Stellenwert die wertorientierte Berichterstattung aus Sicht der börsennotierten deutschen Unternehmen bereits besitzt (Abschnitt 4.4.1.4). Abschließend wurden Unternehmen zu ihren wesentlichen Werttreibern befragt (Abschnitt 4.4.1.5).

#### 4.4.1.1 Verständnis der wertorientierten Berichterstattung

Die Analyse des Verständnisses der wertorientierten Berichterstattung seitens der *Adressaten* der Berichterstattung zeigt ein heterogenes Profil. So verstanden 61% der Antwortenden hierunter insbesondere zukunftsbezogene Teile der Berichterstattung (vgl. Abb. 52). Ferner stufte mindestens ein Drittel der Adressaten die wertorientierte Berichterstattung als den gesamten Bereich der Berichterstattung, einen Bestandteil der wertorientierten Unternehmensführung oder als zeitnahe Berichterstattung ein. Weniger als ein Drittel der Adressaten verstanden unter der wertorientierten Berichterstattung einen Teilbereich der Berichterstattung oder ausschließlich die monetären, nicht-monetären oder vergangenheitsbezogenen Bestandteile der Berichterstattung.

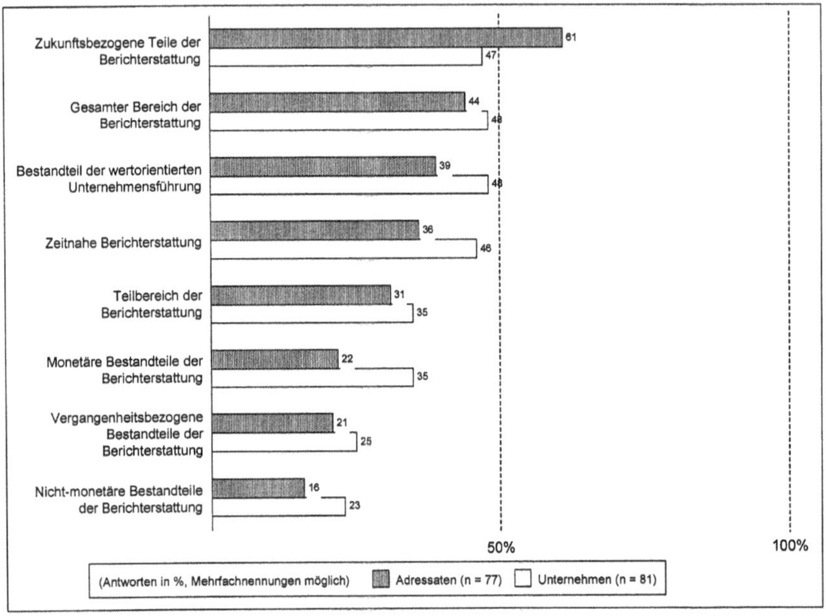


*Abb. 52: Verständnis der wertorientierten Berichterstattung*

Die Analyse des Verständnisses der wertorientierten Berichterstattung seitens der *Unternehmen* ergab, dass ca. die Hälfte diese als Bestandteil der wertorientierten Unternehmensführung einordneten (48% der Antwortenden). Ferner umfasste für ca. die Hälfte der Unternehmen die wertorientierte Berichterstattung den gesamten Bereich der Berichterstattung bzw. die zukunftsbezogenen Bestandteile der Berichterstattung. Des Weiteren wurde das Merkmal der zeitnahen Berichterstattung betont (46% der Antwortenden). Als am wenigsten bedeutsam wurden vergangenheitsbezogene sowie nicht-monetäre Bestandteile angesehen.

Beim direkten Vergleich der Einschätzungen seitens der Adressaten und der Unternehmen fällt auf, dass erstere insbesondere die Zukunftsbezogenheit der Berichterstattung akzentuieren. Demgegenüber wurden alle anderen vorgeschlagenen Charakteristika der wertorientierten Berichterstattung von Unternehmensseite stärker betont.

Abschließend bleibt festzuhalten, dass in der Praxis offensichtlich noch kein einheitliches Verständnis über die wertorientierte Berichterstattung vorliegt, da man ansonsten höhere relative Häufigkeiten zu einzelnen Charakteristika erwartet hätte. Somit liegt zum einen innerhalb der Gruppe der Adressaten und der Gruppe der Unternehmen hinsichtlich der wertorientierten Berichterstattung noch kein 'common sense' vor. Zum anderen differiert das Verständnis der wertorientierten Berichterstattung zwischen den Adressaten und den Unternehmen.

#### 4.4.1.2 Eignung von HGB, IAS und US-GAAP als Informationsgrundlage zur Beurteilung eines Unternehmens

Zur Prüfung der Eignung unterschiedlicher Bilanzierungsvorschriften als Informationsgrundlage für die Beurteilung eines Unternehmens wurde die Frage gestellt, wie sich die Rechnungslegungsnormen HGB, IAS und US-GAAP zur Abdeckung des Informationsbedarfs bei der Beurteilung der Wertentwicklung eines Unternehmens eignen. Auf einer Skala von „0 = ungeeignet" bis „3 = sehr geeignet" wurden die US-GAAP sowohl von *Adressaten-* als auch von *Unternehmensseite* am besten bewertet, knapp gefolgt von den IAS (vgl. Abb. 53). Die Vorschriften des HGB bildeten jeweils das 'Schlusslicht'. Insgesamt zeigte sich hinsichtlich der Einschätzungen der Adressaten und der Unternehmen ein homogenes Bild. Lediglich hinsichtlich der Einschätzung des HGB ergab sich eine größere Abweichung, da Unternehmen diese Vorschriften als Informationsgrundlage besser einschätzten als Adressaten. Diese Ergebnisse wurden durch den Kolmogorov-Smirnow Z-Test bestätigt, der bei einem Signifikanzniveau von 0,05 lediglich hinsichtlich des HGB signifikante Unterschiede zwischen den Einschätzungen der Adressaten und der Unternehmen zeigte.

Im Zusammenhang mit den gewonnenen Ergebnissen erscheint die Frage interessant, ob sich die geringe Differenz in der Beurteilung der US-GAAP und IAS auf Grund der Bilanzskandale US-amerikanischer Unternehmen, die nach der Befragung aufgedeckt wurden (u.a. Enron, Worldcom), sowie den inzwischen begonnenen Diskussionen zwischen dem IASB und FASB um die Vereinheitlichung von bislang divergierenden Regelungen in Zukunft weiter verringern bzw. zu Gunsten der IAS verschieben.[1071]

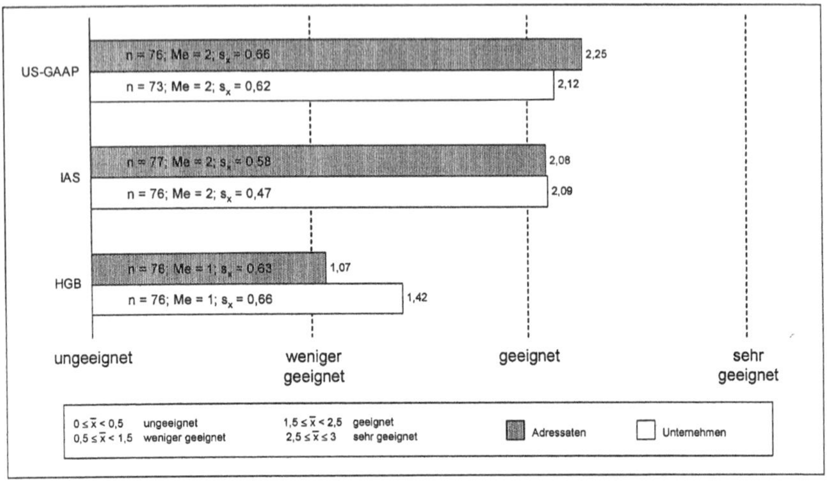


*Abb. 53: Eignung von HGB, IAS und US-GAAP als Informationsgrundlage zur Beurteilung eines Unternehmens*

### 4.4.1.3 Qualität der wertorientierten Berichterstattung aus Adressatensicht

Ein weiterer Untersuchungsaspekt bei den *Adressaten* der Berichterstattung war die Qualität der derzeitigen Berichterstattung deutscher börsennotierter Unternehmen. Hier wird insbesondere die Tendenz zu umfangreicherer bzw. transparenterer Berichterstattung positiv hervorgehoben. Daneben werden der Übergang zur internationalen Rechnungslegung sowie die zunehmende Aktualität bzw. Zeitnähe der Berichterstattung betont. Auf der anderen Seite wird vornehmlich ein fehlender Zukunftsbezug der Berichterstattung bemängelt. Ebenso wird die fehlende Einheitlichkeit bzw. Vergleichbarkeit der Berichterstattung negativ hervorgehoben.

Darüber hinaus sollten die Adressaten die Qualität der derzeitigen Berichterstattung zur Wertentwicklung der Unternehmen anhand einer Skala von „0 = unge-

[1071] So ergab eine von Meitner/Hüfner/Kleff durchgeführte empirische Umfrage unter Analysten und institutionellen Anleger für den deutschen Kapitalmarkt, dass auch für hier gelistete Unternehmen vergleichbare Fälle wie der Enron-Skandal nicht ausgeschlossen werden. Des Weiteren führte die Untersuchung zu dem Ergebnis, dass „aus Kapitalmarktsicht am ehesten IAS geeignet [erscheinen, A.d.V.], die Lage des Unternehmens hinreichend treffend zu beschreiben." Meitner/Hüfner/Kleff (2002), S. 141.

nügend“ bis „3 = sehr gut“ beurteilen. Insgesamt wiesen die Adressaten der Berichterstattung zur Wertentwicklung der Unternehmen das Prädikat „ausreichend“ zu (vgl. Abb. 54). Ferner ist Abb. 54 zu entnehmen, dass fast 36% der Adressaten die Berichterstattung als ungenügend und kein Adressat als sehr gut einschätzte.

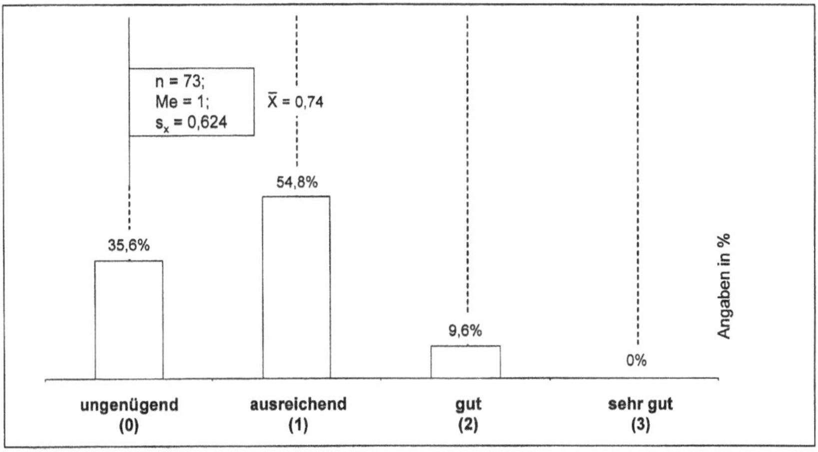


*Abb. 54: Qualität der derzeitigen wertorientierten Berichterstattung aus Adressatensicht*

### 4.4.1.4 Stellenwert der wertorientierten Berichterstattung in börsennotierten deutschen Unternehmen

Mit der Frage nach den Stellenwert der wertorientierten Berichterstattung in börsennotierten deutschen Unternehmen lässt sich eine Aussage darüber treffen, wie wichtig die wertorientierte Berichterstattung in den Unternehmen angesehen wird. Die Bewertung erfolgte anhand einer Skala von „0 = unwichtig“ bis „3 = sehr wichtig“ beurteilen.

Insgesamt stuften Unternehmen die wertorientierte Berichterstattung als „wichtig“ ein (vgl. Abb. 55). Im Einzelnen gaben 84% der Unternehmen an, dass die wertorientierte Berichterstattung im eigenen Unternehmen als sehr wichtig bzw. wichtig eingestuft wird.

Vor dem Hintergrund der bisherigen empirischen Untersuchungen zu diesem Thema sind diese Angaben überraschend, da verschiedene empirische Untersuchungen gezeigt haben, dass die wertorientierte Berichterstattung in deutschen börsennotierten Unternehmen bis dato noch nicht sehr ausgeprägt ist.[1072] Möglicherweise ist dieses Ergebnis auf ein unterschiedliches Verständnis von einer wertorientierten Berichterstattung in der Unternehmenspraxis und der wissenschaftlichen Literatur zurückzuführen. 11% der Unternehmen beurteilten die wertorientierte Berichterstattung als weniger wichtig. Kein Unternehmen bezeichnete die wertorientierte Berichterstattung als unwichtig.

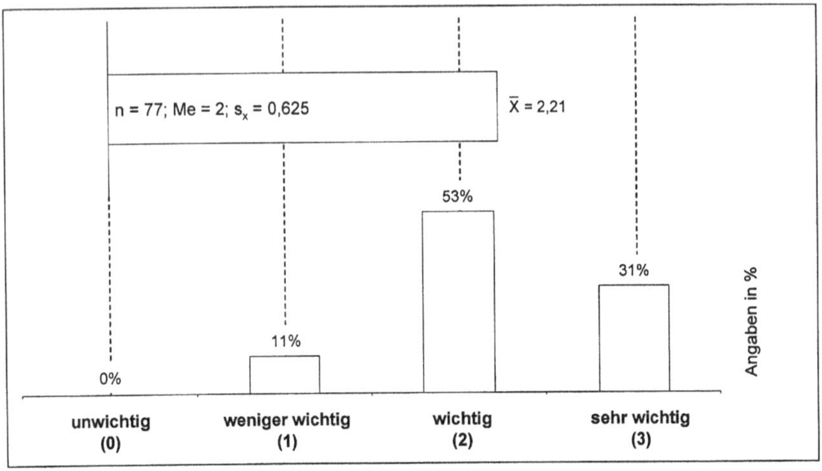


*Abb. 55: Stellenwert der wertorientierten Berichterstattung in börsennotierten deutschen Unternehmen*

### 4.4.1.5 Wesentliche Werttreiber in börsennotierten deutschen Unternehmen

*Unternehmen* wurden ferner zu ihren wesentlichen Werttreibern befragt. Die 15 jeweils am häufigsten genannten finanziellen und nichtfinanziellen Werttreiber sind Abb. 56 zu entnehmen. Die Anzahl der Nennungen ist jeweils in Klammern hinter den Werttreibern angegeben.

---

1072 Vgl. z.B. Pellens/Hillebrandt/Tomaszewski (2000); Fischer/Wenzel/Kühn (2001); Fischer/Becker/Wenzel (2001); Fischer/Becker/Wenzel (2002); Ruhwedel/Schultze (2002).

| Finanzielle Werttreiber | Nichtfinanzielle Werttreiber |
|---|---|
| • Ergebnisse/Ergebniskennzahlen (22)<br>• Investitionen/Investitionswachstum (11)<br>• (Free) Cash Flow (8)<br>• (Umsatz-/Kapital-)Rentabilität (6)<br>• Umsatz(-wachstum) (5)<br>• Kapitalkosten (4)<br>• Kapitalumschlag (4)<br>• Unternehmens- /Kapitalbeteiligungen (3)<br>• Working Capital (3)<br>• Materialeinsatz/Rohertragsmarge (2)<br>• Produktivitätsfortschritt(-sverbesserungen) (2)<br>• Finanzmanagement/Finanzierung (2)<br>• Fremdkapitalkosten/Verschuldung (2)<br>• Fixkosten(-management) (2)<br>• Vertriebs- und Verwaltungskosten (2) | • (Verbesserung von) Marktposition/ Marktführerschaft/Marktanteil (15)<br>• Know-How/Qualifikation der Mitarbeiter (11)<br>• Produkt- und Prozessqualität (7)<br>• Kundenzufriedenheit (7)<br>• Innovationen (6)<br>• Kapazitätsauslastung (6)<br>• Marktwachstum (5)<br>• (Neue) Produkte (5)<br>• Vertrieb(-swege) (4)<br>• Mitarbeiterzufriedenheit (2)<br>• Technologieführerschaft (2)<br>• Unternehmenskultur (2)<br>• Image (2)<br>• Preise (2)<br>• Produktivität (2) |

*Abb. 56: Wesentliche finanzielle und nichtfinanzielle Werttreiber in börsennotierten deutschen Unternehmen*

Im Zusammenhang mit den wesentlichen finanziellen und nichtfinanziellen Werttreibern wurden die *Unternehmen* ferner gefragt, ob und über welches Medium die wesentlichen Werttreiber publiziert werden (vgl. Abb. 57). Hierbei gab der Großteil der Unternehmen an, diese ganz (n = 36) oder zumindest teilweise (n = 39) zu publizieren. Sowohl hinsichtlich der vollständigen als auch hinsichtlich der teilweisen Offenlegung der Wertreiber stellt der Geschäftsbericht das vorrangige Berichtsinstrument dar. Nur neun Unternehmen erklärten, keine Angaben zu machen. Die ausführlichen Ergebnisse hinsichtlich der genannten Kommunikationsmedien sind in Abb. 57 dargestellt.

| Publizität der Werttreiber | Geschäfts- bericht | Zwischen- bericht | Internet | Weitere Medien |
|---|---|---|---|---|
| **vollständig** (n = 36) | 32 | 23 | 25 | • Analystenkonferenzen (3)<br>• Präsentation (2)<br>• Pressemitteilungen (2)<br>• Aktionärsbriefe<br>• Broschüren<br>• Factbook<br>• Verträge |
| **teilweise** (n = 39) | 35 | 23 | 21 | • Pressemitteilungen (2)<br>• Ad-Hoc-Mitteilungen<br>• Aktionärsbriefe<br>• Analystenkonferenzen<br>• Broschüren<br>• Verträge<br>• Form 20 F |
| **keine** (n = 9) | | | | |

*Abb. 57: Publizitätsmedien von Werttreibern in börsennotierten deutschen Unternehmen*

### 4.4.2 Inhalte der wertorientierten Berichterstattung aus Sicht der Adressaten und Unternehmen

Im Teilbereich „Inhalte der wertorientierten Berichterstattung" wurde die Relevanz von bestimmten Informationen im Rahmen einer wertorientierten Berichterstattung untersucht. Im Einzelnen handelt es sich hierbei um Berichtskriterien, die, wie im Rahmen der theoriegeleiteten Betrachtung erläutert wurde, den folgenden Berichtskategorien zugeordnet werden können:

- Obligatorische Berichtselemente,
- Angaben über die Entwicklung des Unternehmenswertes (Value Added Reporting),
- Angaben über die Wertentwicklung für die Kapitalgeber (Total Return Reporting),
- Angaben zu nachhaltigen Wertsteigerungspotenzialen (Strategic Advantage Reporting) unterteilt in die sieben Berichtskategorien
  - risikobezogene Angaben,
  - kunden- bzw. absatzmarktbezogene Angaben,
  - zulieferer- bzw. beschaffungsmarktbezogene Angaben,
  - mitarbeiter- bzw. managementbezogene Angaben,
  - prozess- bzw. innovationsbezogene Angaben,
  - unternehmensstrategische Angaben,
  - umfeldbezogene Angaben.

Hinsichtlich der einzelnen Berichtskriterien sollte jeweils unterschieden werden, wie wichtig vergangenheits- bzw. gegenwarts- sowie zukunftsbezogene Informationen bzw. Planangaben sind. Während die Adressaten befragt wurden, wie wichtig die einzelnen Kriterien für ihre Einschätzung des Unternehmens sind, wurden die Unternehmen nach ihrer Bewertung bzgl. der Relevanz der einzelnen Kriterien für die Adressaten der Berichterstattung befragt. Die Bewertung erfolgte anhand einer Skala von „0 = unwichtig" bis „3 = sehr wichtig".

Zusätzlich zu der deskriptiven Darstellung der Befragungsergebnisse wurden die Daten einer induktiven Auswertung unterzogen. Um beurteilen zu können, ob eine Übereinstimmungslücke zwischen den Einschätzungen der Adressaten und der Unternehmen vorliegt, wurde Hypothese 1 aufgestellt.[1073] Diese besagt, dass Adressaten und Unternehmen den Inhalten der wertorientierten Berichterstattung eine unterschiedliche Relevanz beimessen. Hypothese 1 wird jeweils im Anschluss an die deskriptive Darstellung der Befragungsergebnisse für jede Berichtskategorie überprüft.

Zur Überprüfung von Hypothese 1 wurde zunächst für jedes Berichtskriterium anhand eines nichtparametrischen Tests ermittelt, ob signifikante Unterschiede in den Relevanzeinschätzungen der Adressaten und der Unternehmen bestehen. Um anschließend beurteilen zu können, ob Adressaten und Unternehmen einer Berichtskategorie insgesamt eine unterschiedliche Relevanz beimessen, wurde die folgende Entscheidungsregel aufgestellt: Wurden mindestens hinsichtlich der Hälfte aller Berichtskriterien innerhalb einer Berichtskategorie signifikante Unterschiede festgestellt, wurde in der Tendenz angenommen, dass die Relevanz der Berichtskategorie von Adressaten und Unternehmen unterschiedlich eingestuft wird. Andernfalls wurde angenommen, dass Adressaten und Unternehmen der Berichtskategorie in der Tendenz die gleiche Bedeutung beimessen.

#### 4.4.2.1 Obligatorische Berichtselemente

Den obligatorischen Berichtselementen wurde aus *Adressatensicht* zum Großteil eine hohe Bedeutung beigemessen (vgl. Abb. 58). Insbesondere die GuV-Rechnung und die Kapitalflussrechnung wurden mit „sehr wichtig" besonders hoch bewertet. Der Segmentbericht, die Bilanz sowie Lagebericht/MD&A erschienen etwas weniger relevant. Am wenigsten Bedeutung wurde dem Eigenkapitalspiegel und weitere Anhangangaben beigemessen, die jedoch immer noch mit wichtig bewertet wurden. Die Rangfolge zukunftsbezogener Angaben bzw.

---

[1073] Vgl. hierzu Abschnitt 4.3.

Planangaben wurde, mit Ausnahme der Angaben zu Lagebericht/MD&A, identisch eingeschätzt. Im Vergleich zu den vergangenheits- bzw. gegenwartsbezogenen Informationen wurde den zukunftsbezogenen Angaben bzw. Planangaben jedoch durchweg eine geringere Bedeutung beigemessen.[1074] Gleichwohl wurden zukunftsbezogene Angaben zur GuV-Rechnung und zur Kapitalflussrechnung als „sehr wichtig" beurteilt.

Seitens der *Unternehmen* wurde, wie auch seitens der Adressaten, den obligatorischen Berichtselementen zu wesentlichen Teilen eine hohe Bedeutung zugeschrieben (vgl. Abb. 58). Vor dem Hintergrund der derzeit noch eher zurückhaltenden Publikation von freiwilligen Berichtselementen erscheint diese Einschätzung nicht überraschend.[1075] Als besonders relevant wurde, wie aus Adressatensicht, die GuV-Rechnung eingestuft, die Unternehmen mit „sehr wichtig" bewerteten. Etwas weniger bedeutsam erschienen Kapitalflussrechnung, Bilanz, Segmentbericht und Lagebericht bzw. MD&A. Die geringste Bedeutung kam wiederum dem Eigenkapitalspiegel und den restlichen Anhangangaben zu. Eine ähnliche Rangfolge ergab sich auch für zukunftsgerichtete Informationen bzw. Planangaben. Diesen Angaben wurde im Vergleich zu den jeweiligen vergangenheitsbezogenen Angaben jedoch durchweg eine geringere Bedeutung beigemessen.

Bei einem Vergleich der Ergebnisse seitens der Adressaten und der Unternehmen fällt auf, dass die Adressaten den zukunftsgerichteten Informationen bzw. Planangaben durchweg eine höhere Bedeutung beigemessen haben. Ebenso wurden vergangenheitsbezogene Informationen bzgl. GuV-Rechnung, Kapitalflussrechnung und Segmentbericht seitens der Adressaten als relevanter eingestuft. Demgegenüber hielten Unternehmen vergangenheitsbezogene Informationen bzgl. Bilanz, Lagebericht/MD&A, Entwicklung des Eigenkapitals und der sonstigen Angaben im Anhang für bedeutsamer als die Adressaten. Insgesamt zeigte die Untersuchung, dass die obligatorischen Berichtselemente - unabhängig von der in jüngster Zeit zunehmend geforderten freiwilligen, zusätzlichen Berichterstattung - sowohl aus Adressaten- als auch aus Unternehmenssicht wichtige Informationen für die Beurteilung von Unternehmen aus einer wertorientierten Perspektive enthalten.

---

[1074] Obgleich es sich bei den hier aufgeführten zukunftsbezogenen Informationen bzw. Planangaben nicht um obligatorische Berichtselemente handelt, erscheint die Platzierung an dieser Stelle gerechtfertigt, da die entsprechenden vergangenheits- bzw. gegenwartsbezogenen Informationen obligatorische Berichtselemente darstellen.

[1075] Vgl. z.B. Pellens/Hillebrandt/Tomaszewski (2000); Fischer/Wenzel/Kühn (2001); S. 1209ff.; Fischer/Becker/Wenzel (2001), S. 2001ff.; Fischer/Becker/Wenzel (2002), S. 14ff.; Ruhwedel/Schultze (2002).

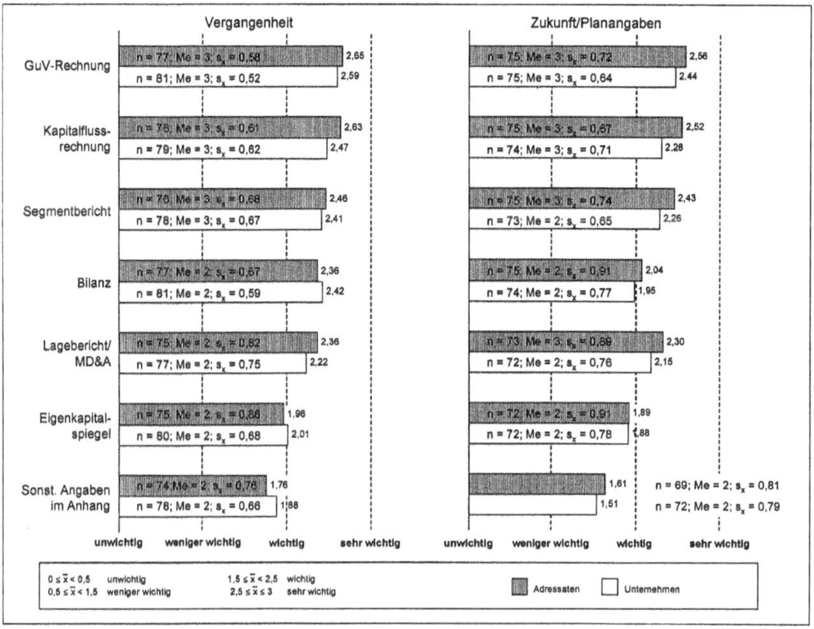


*Abb. 58: Bedeutung der obligatorischen Berichtselemente*

Zur Überprüfung, inwieweit die festgestellten Differenzen in der Bewertung obligatorischer Berichtselemente durch Adressaten und Unternehmen systematische bzw. signifikante Abweichungen aufweisen, wurden die Stichproben einem Kolmogorov-Smirnow Z-Test unterzogen. Der Test führte zu dem Ergebnis, dass für die 14 obligatorischen Berichtselemente keine signifikanten Unterschiede zwischen Adressaten und Unternehmen bestehen.[1076] Damit ist in der Tendenz davon auszugehen, dass Adressaten und Unternehmen den obligatorischen Berichtselementen insgesamt die gleiche Bedeutung beimessen.

## 4.4.2.2 Angaben über die Entwicklung des Unternehmenswertes

Neben den obligatorischen Berichtselementen wurde die Relevanz der Berichterstattung über die Entwicklung des Unternehmenswertes (Value Added Reporting) abgefragt. Im Fokus stand dabei die Einschätzung von Adressaten und Unternehmen zu den wesentlichen finanziellen Performance-Kennzahlen.

1076 Vgl. zu den Ergebnissen des Kolmogorov-Smirnow Z-Tests Anhang 3.

Als besonders bedeutsam sahen *Adressaten* hinsichtlich vergangenheits- bzw. gegenwartsbezogene Angaben die Publikation von sog. „pro-forma“-Ergebnissen (EBIT, EBITA, EBITDA) sowie von Kapitalrenditen an (vgl. Abb. 59). Ferner wiesen Adressaten Informationen zur Erläuterung der Steuerungskonzepte, zu den Kapitalkosten des Gesamtunternehmens, zur Ermittlung des Kapitalkostensatzes sowie zur Quantifizierung der Steuerungskennzahl für das Gesamtunternehmen eine hohe Relevanz zu. Daneben wurden bspw. Informationen zum EVA, zu den Kapitalkosten der Geschäftsbereiche, zur Quantifizierung der Steuerungskennzahl für die Geschäftsbereiche und zum Vergleich von Plan- und Istwerten als vergleichsweise relevant eingeschätzt. Die geringste Bedeutung wiesen Adressaten hinsichtlich der vergangenheits- bzw. gegenwartsbezogenen Angaben dem CVA sowie den Beta-Faktoren für die Geschäftsbereiche und für das Gesamtunternehmen zu, die jedoch immer noch als „wichtig“ angesehen wurden.

Die Einschätzung von Rangfolge und Relevanz der entsprechenden zukunftsbezogenen Angaben folgte aus Adressatensicht im Wesentlichen der Rangfolge und Relevanz der vergangenheits- bzw. gegenwartsbezogenen Informationen. Jedoch wurde den zukunftsbezogenen Informationen zum Großteil eine etwas höhere Bedeutung beigemessen.

Aus *Unternehmenssicht* wurden hinsichtlich der vergangenheits- bzw. gegenwartsbezogenen Angaben v.a. die sog. „pro forma“-Ergebnisse (EBIT, EBITA, EBITDA) betont. Diese Angaben beurteilten Unternehmen sogar als „sehr wichtig“, während Adressaten sie lediglich als „wichtig“ einschätzten. (vgl. Abb. 59). Daneben sahen Unternehmen Angaben zu Kapitalrenditen, zur Erläuterung der wertorientierten Steuerungskonzepte, zur Quantifizierung der Steuerungszahl für das Gesamtunternehmen, zum wertorientierten Vergütungssystem sowie zu den Kapitalkosten des Gesamtunternehmens als bedeutsam an. Eine etwas geringere Bedeutung wiesen Unternehmen bspw. Informationen zum EVA, zur mehrperiodigen Entwicklung der Steuerungskennzahl sowie zur Quantifizierung der Steuerungskennzahl für die Geschäftsbereiche zu. Am wenigsten relevant erschienen aus Unternehmenssicht hinsichtlich vergangenheits- bzw. zukunftsbezogener Angaben die Wertschöpfungsrechnung, der Value at Risk sowie die Beta-Faktoren für das Gesamtunternehmen und für die Geschäftsbereiche, die sogar nur als „weniger wichtig“ eingestuft wurden.

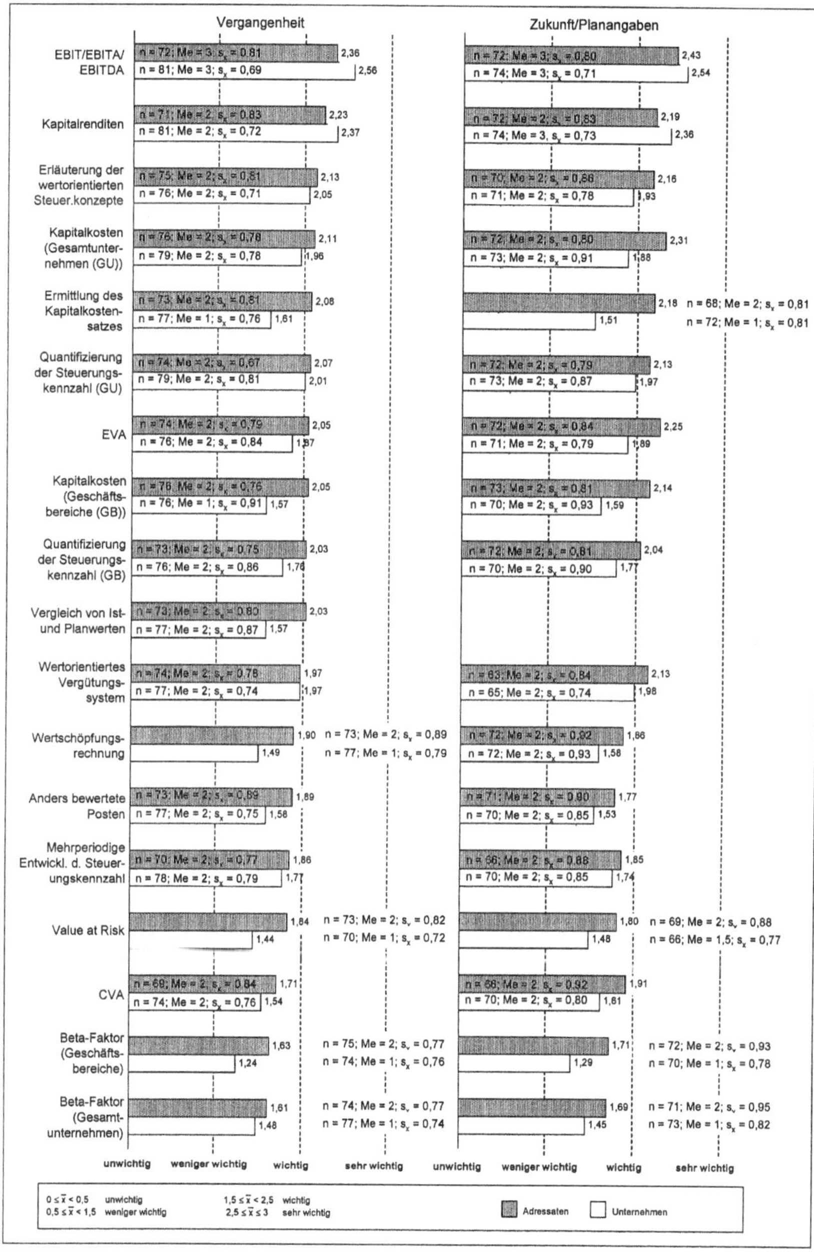


*Abb. 59: Bedeutung der Angaben über die Entwicklung des Unternehmenswertes*

Die Einstufung der Rangfolge von vergangenheits- bzw. gegenwartsbezogenen Informationen auf der einen Seite und von zukunftsbezogenen Informationen bzw. Planangaben auf der anderen Seite weichen aus Unternehmenssicht leicht voneinander ab. Unternehmen wiesen dabei hinsichtlich ca. der Hälfte der Berichtskriterien den vergangenheitsbezogenen Informationen eine leicht höhere Bedeutung zu als den zukunftsbezogenen Informationen, hinsichtlich der anderen Hälfte der Berichtskriterien den zukunftsbezogenen Informationen.

Beim Vergleich der Einschätzung der Relevanz von Informationen über die Entwicklung des Unternehmenswertes aus Adressaten- und Unternehmenssicht ist ein relativ eindeutiges Bild festzustellen. So bewerteten Adressaten den Großteil der vergangenheits- sowie zukunftsbezogenen Informationen bzw. Planangaben höher als die Unternehmen. Ausnahmen stellten vergangenheits- und zukunftsbezogene Angaben zu den „pro forma"-Ergebnissen und zu den Kapitalrenditen sowie vergangenheitsbezogene Informationen zum wertorientierten Vergütungssystem dar, denen die Unternehmen im Vergleich zu den Adressaten eine gleich hohe oder höhere Bedeutung zuwiesen. Darüber hinaus fällt auf, dass Adressaten hinsichtlich der genannten Berichtskriterien v.a. zukunftsbezogene Informationen bzw. Planangaben betonten, während die Adressaten in etwa zu gleichen Teilen vergangenheits- und zukunftsbezogene Angaben zu den jeweiligen Berichtskriterien höher einschätzten.

Der Kolmogorov-Smirnow Z-Test ergab für neun der insgesamt 35 Angaben über die Entwicklung des Unternehmenswertes (26% der Angaben) Unterschiede zwischen Adressaten und Unternehmen.[1077] Die vorhandenen höchst signifikanten Unterschiede bezogen sich auf zukunftsbezogene Informationen zur Ermittlung des Kapitalkostensatzes sowie den Vergleich von Ist- und Planwerten. Sehr signifikante Unterschiede betrafen vergangenheitsbezogene Angaben zur Kapitalkostenermittlung, zu den Kapitalkosten der Geschäftsbereiche und zur Wertschöpfungsrechnung sowie zukunftsbezogene Informationen zum EVA und zu den Kapitalkosten der Geschäftsbereiche. Schließlich waren hinsichtlich vergangenheitsbezogener Informationen zur Quantifizierung der Steuerungskennzahl für die Geschäftsbereiche und hinsichtlich zukunftsbezogener Informationen zum CVA signifikante Unterschiede festzustellen. Da aber weniger als die Hälfte aller Angaben Unterschiede zwischen den Einschätzungen der Adressaten und der Unternehmen zeigten, konnte in der Tendenz also nicht von einem systematischen Unterschied in der Relevanzeinschätzung zwischen Adressaten und Unternehmen für diese Berichtskategorie ausgegangen werden.

[1077] Vgl. zu den Ergebnissen des Kolmogorov-Smirnow Z-Tests Anhang 4.

### 4.4.2.3 Angaben über die Wertentwicklung für die Kapitalgeber

Im Rahmen der Analyse des Total Return Reporting wurde die Relevanz der Berichterstattung über die Wertentwicklung für die Kapitalgeber abgefragt. Schwerpunkt dieser Befragung bildete die Einschätzung der Bedeutung von Rendite- und Risikomaßen aus Adressaten- und Unternehmenssicht.

*Adressaten* stuften hinsichtlich der vergangenheits- bzw. gegenwartsbezogen Informationen die EPS und den CFPS, die Erläuterung ungewöhnlicher Kursausschläge sowie Angaben zur relativen Performance der Aktie im Vergleich zu Branchenindizes als besonders relevant ein (vgl. Abb. 60). Des Weiteren wurde den Informationen zu Kredit-Ratings, zur relativen Performance der Aktie im Vergleich zu einem Benchmark, zur Aktienkursentwicklung, Aktienrendite und Dividendenentwicklung eine vergleichsweise hohe Bedeutung beigemessen. Weniger relevant erschienen hingegen Informationen über die Dividendenrendite und die Entwicklung eines langfristigen Musterdepots, die aus Adressatensicht nur als „weniger wichtig" eingestuft wurden.

Die Rangfolge der entsprechenden zukunftsbezogenen Informationen bzw. Planangaben folgte mit Ausnahme der Angaben über die Dividendenentwicklung der Rangfolge der vergangenheitsbezogenen Informationen. Dabei wurde den zukunftsbezogenen Angaben bzw. Planangaben hinsichtlich der genannten Kriterien überwiegend eine höhere Relevanz beigemessen als den vergangenheits- bzw. gegenwartsbezogenen Informationen.

*Unternehmen* betonten hinsichtlich der vergangenheits- bzw. gegenwartsbezogenen Informationen neben Angaben zu den EPS und zur Aktienkursentwicklung auch Angaben zur Erläuterung ungewöhnlicher Kursausschläge, zur relativen Performance der Aktie im Vergleich zu einem Benchmark sowie zur Aktienrendite (vgl. Abb. 60). Etwas weniger relevant erschienen bspw. Informationen zum CFPS, zur relativen Performance der Aktie im Vergleich zu Branchenindizes und zur Dividendenentwicklung. Die geringste Bedeutung wiesen Unternehmen Angaben zur Entwicklung eines langfristigen Musterdepots zu, die nur als „weniger wichtig" eingestuft wurden.

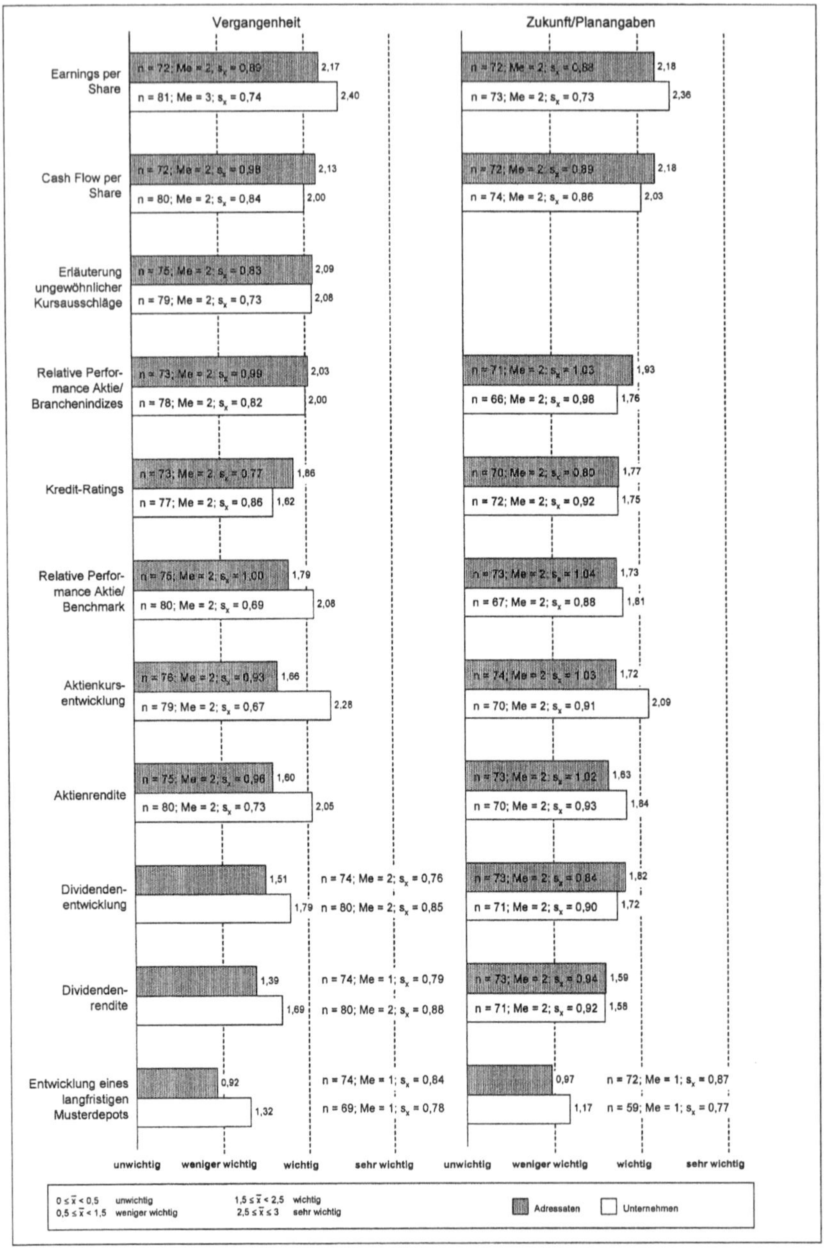


*Abb. 60: Bedeutung der Angaben über die Wertentwicklung für die Kapitalgeber*

Hinsichtlich der jeweiligen zukunftsbezogenen Informationen bzw. Planangaben ergab sich aus Unternehmenssicht eine leicht andere Rangfolge als hinsichtlich der vergangenheitsbezogenen Informationen. Jedoch wurde auch im Hinblick auf die zukunftsbezogenen Informationen den EPS sowie der Aktienkursentwicklung die höchste Bedeutung und der Entwicklung eines langfristigen Musterdepots die geringste Bedeutung beigemessen. Mit Ausnahme der Angaben zum CFPS sowie zu Kredit-Ratings bewerteten Unternehmen zukunftsbezogene Informationen bzw. Planangaben zu den einzelnen Berichtskriterien durchweg geringer als vergangenheitsbezogene Informationen.

Bei einem Vergleich der Einschätzungen zu den Angaben über die Wertentwicklung für die Kapitalgeber aus Adressaten- und Unternehmenssicht ergibt sich gegenüber den obligatorischen Berichtselementen und den Angaben über die Entwicklung des Unternehmenswertes ein neues Bild. Es fällt auf, dass die Bestandteile der Berichterstattung über die Wertschaffung aus Sicht der Kapitalgeber von den Adressaten überwiegend als weniger bedeutsam eingeschätzt wurden als von den Unternehmen. Dies ist u.U. auf die Tatsache zurückzuführen, dass Informationen dieser Art auch über andere Institutionen, bspw. die Deutsche Börse, zu beziehen sind. Ebenso fällt auf, dass die Berichterstattung über die Wertentwicklung für die Kapitalgeber von Unternehmen höher bewertet wurde als die Berichterstattung über die Entwicklung des Unternehmenswertes (vgl. Abb. 60). Dies führt zu der Vermutung, dass die Unternehmen insbesondere die Wertentwicklung am Kapitalmarkt als relevanter für die Adressaten der Berichterstattung einschätzten als die „rechnerische“ Wertermittlung anhand der verwendeten Steuerungskonzepte.

Bis auf wenige Ausnahmen (vier der insgesamt 21 Angaben) zeigte der Kolmogorov-Smirnow Z-Test hinsichtlich der Angaben über die Wertentwicklung für die Kapitalgeber keine Unterschiede zwischen Adressaten und Unternehmen.[1078] Festgestellt werden konnten aber höchst signifikante Unterschiede hinsichtlich der vergangenheitsbezogenen Informationen zur Aktienkursentwicklung. Ebenso bestanden signifikante Unterschiede hinsichtlich vergangenheitsbezogener Informationen zur relativen Performance der Aktie im Vergleich zu einem Benchmark, zur Aktienrendite und zur Entwicklung eines langfristigen Musterdepots. Abermals konnte also in der Tendenz nicht von einem systematischen Unterschied in der Relevanzeinschätzung zwischen Adressaten und Unternehmen für diese Berichtskategorie ausgegangen werden.

---

[1078] Vgl. zu den Ergebnissen des Kolmogorov-Smirnow Z-Tests Anhang 5.

#### 4.4.2.4 Angaben zu nachhaltigen Wertsteigerungspotenzialen

Im Teilbereich zu den Angaben zu nachhaltigen Wertsteigerungspotenzialen (Strategic Advantage Reporting) wurde die Bedeutung verschiedener Angaben untersucht, die in verschiedenen Forschungsströmungen als wesentliche Erfolgsfaktoren von Unternehmen erachtet werden. Wie weiter oben bereits erläutert, wurden die einzelnen Berichtskriterien des Strategic Advantage Reporting den folgenden sieben Berichtskategorien zugeordnet:

- Risikobezogene Angaben,
- kunden- bzw. absatzmarktbezogene Angaben,
- zulieferer- bzw. beschaffungsmarktbezogene Angaben,
- mitarbeiter- bzw. managementbezogene Angaben,
- prozess- bzw. innovationsbezogene Angaben,
- unternehmensstrategische Angaben,
- umfeldbezogene Angaben.

##### 4.4.2.4.1 Risikobezogene Angaben

Die Befragung zu den risikobezogenen Angaben fokussierte auf zwei wesentliche Themenfelder. Neben der Frage nach dem Risikomanagement wurden dabei die Relevanzeinschätzungen von Adressaten und Unternehmen zu verschiedenen Risikoarten erhoben.

Seitens der *Adressaten* ergab sich hinsichtlich einzelner Risikoarten oder Angaben zum Risikomanagementsystem eine relativ homogene Einschätzung (vgl. Abb. 61). Hinsichtlich der vergangenheitsbezogenen Informationen wurden insbesondere Angaben zu unternehmensstrategischen Risiken, zum Risikomanagement, zu Umfeld- und Branchenrisiken sowie zu finanzwirtschaftlichen Risiken als besonders bedeutsam eingestuft. Etwas weniger relevant erschienen Angaben zu leistungswirtschaftlichen Risiken, zu Personalrisiken sowie zu informationstechnischen Risiken. Es fällt auf, dass insbesondere der Zukunftsbezogenheit bei der Berichterstattung über Risiken eine hohe Bedeutung zugewiesen wurde. Zukunftsbezogene Angaben zu unternehmensstrategischen Risiken beurteilten die Adressaten als „sehr wichtig". Ferner wurden Angaben zu Umfeld- und Branchenrisiken sowie finanz- und leistungswirtschaftliche Risiken betont. Etwas geringer wurden zukunftsbezogene Informationen bzw. Planangaben zum Risikomanagement, zu Personalrisiken sowie zu informationstechnischen Risiken bewertet.

Von *Unternehmensseite* wurden hinsichtlich vergangenheits- bzw. gegenwartsbezogener Informationen v.a. Angaben zu unternehmensstrategischen Risiken, zu Umfeld- und Branchenrisiken, zu finanzwirtschaftlichen Risiken und zum Risikomanagement als besonders relevant angesehen (vgl. Abb. 61). Etwas weniger bedeutsam erschienen Informationen zu leistungswirtschaftlichen Risiken. Die geringste Relevanz wurde Informationen zu Personalrisiken und zu informationstechnischen Risiken beigemessen, die nur als „weniger wichtig" bewertet wurden. Insgesamt fällt auf, dass sich zwar eine nahezu gleiche Reihenfolge der Kriterien bzgl. zukunftsorientierter Angaben bzw. Planangaben wie bzgl. der vergangenheitsbezogenen Angaben ergab, die zukunftsorientierten Angaben bzw. Planangaben jedoch nahezu durchweg als relevanter eingeschätzt wurden.

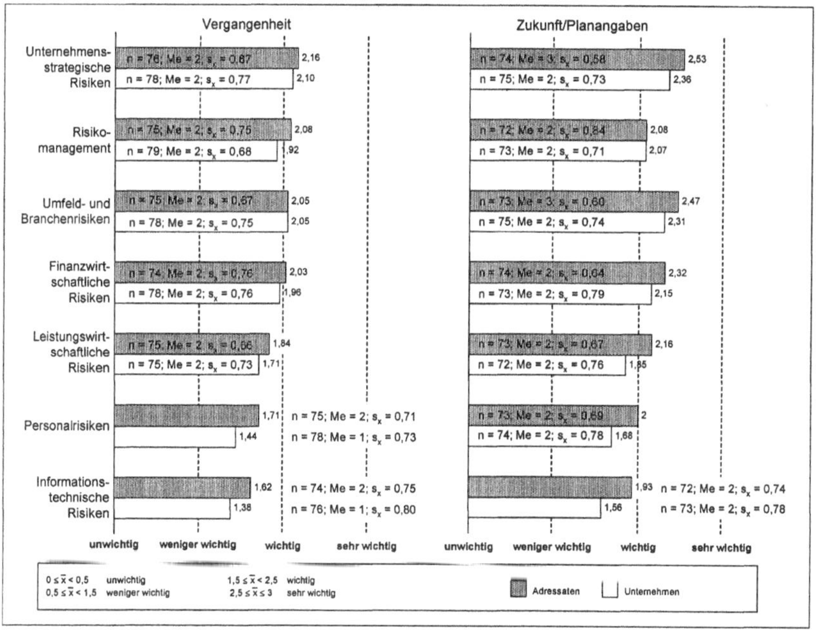


*Abb. 61: Bedeutung risikobezogener Angaben*

Der Vergleich der Bewertung risikobezogener Angaben seitens der Adressaten und der Unternehmen zeigte ein eindeutiges Bild. So wurde sämtlichen vergangenheitsbezogenen sowie zukunftsbezogenen Informationen bzw. Planangaben von den Adressaten eine höhere oder gleich hohe Bedeutung beigemessen als von den Unternehmen.

Bis auf eine Ausnahme ergaben sich anhand des Kolmogorov-Smirnow Z-Test für die risikobezogenen Angaben keine Unterschiede zwischen Adressaten und Unternehmen.[1079] Allein hinsichtlich der zukunftsbezogenen Informationen über informationstechnische Risiken (d.h. 7% aller Angaben) waren sehr signifikante Unterschiede festzustellen. In der Tendenz konnte daher nicht davon ausgegangen werden, dass Adressaten und Unternehmen die Relevanz der risikobezogenen Angaben insgesamt unterschiedlich einstuften.

#### 4.4.2.4.2 Kunden- bzw. absatzmarktbezogene Angaben

Neben risikobezogenen Angaben wurden im Rahmen des Strategic Advantage Reporting kunden- bzw. absatzmarktbezogene Informationen untersucht. Diese Analyse fokussierte im Wesentlichen auf verschiedene Angaben zu Kunden, wie z.B. die Kundenzufriedenheit, zu Marktanteilen und zum Marktwachstum sowie zur Marke, wie z.B. das Markenimage.

Am bedeutsamsten beurteilten die *Adressaten* sowohl hinsichtlich vergangenheits- als auch zukunftsorientierter Angaben bzw. Planangaben mit der Bewertung „sehr wichtig“ die Abhängigkeit von Einzelkunden sowie das Marktwachstum (vgl. Abb. 62). Eine nur wenig geringere Relevanz wurde Angaben zu Marktanteilen beigemessen, zu denen zukunftsbezogene Angaben ebenso als „sehr wichtig“ beurteilt wurden. Darüber hinaus wurden hinsichtlich vergangenheitsbezogener Informationen die Kundenstruktur, die Kundenzufriedenheit, die Kundenbindung bzw. -fluktuation, ein Vergleich von Ist- und Planwerten sowie die Anzahl neuer Kundenbeziehungen vergleichsweise hoch bewertet. Etwas weniger relevant wurden bspw. Angaben zu Vertriebskanälen, zur Anzahl bestehender Kundenbeziehungen, zum Markenwert sowie zum Markenimage angesehen. Am wenigsten relevant wurde aus Sicht der Adressaten hinsichtlich der vergangenheitsbezogenen Angaben der Umsatzanteil aus Cross-Selling empfunden, der nur als „weniger wichtig“ bewertet wurde.

Adressaten schätzten die Rangfolge der entsprechenden zukunftsbezogenen Informationen bzw. Planangaben mit Ausnahme der Berichtskriterien Kundenzufriedenheit und Profitabilität von Neukunden identisch zu der Rangfolge der vergangenheitsbezogenen Informationen ein. Abermals wurde hinsichtlich des Großteils der Berichtskriterien den zukunftsbezogenen Informationen bzw. Planangaben eine höhere Bewertung beigemessen als den vergangenheitsbezogenen Informationen.

---

[1079] Vgl. zu den Ergebnissen des Kolmogorov-Smirnow Z-Tests Anhang 6.

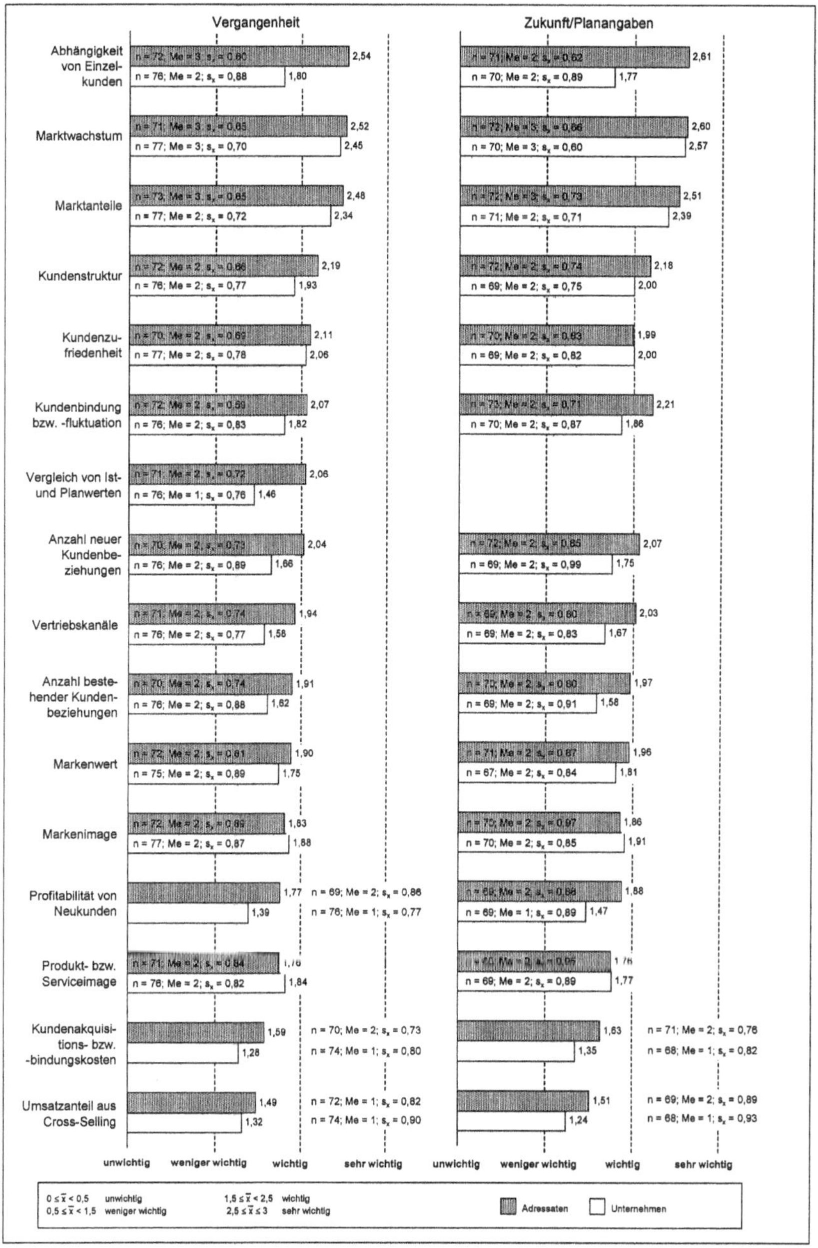


*Abb. 62: Bedeutung kunden- bzw. absatzmarktbezogener Angaben*

In der Einschätzung der *Unternehmen* wurden hinsichtlich vergangenheitsbezogener Informationen das Marktwachstum, Marktanteile sowie die Kundenzufriedenheit als besonders relevant empfunden (vgl. Abb. 62). Etwas geringere Bedeutung wurde bspw. den Angaben zur Kundenstruktur, zum Markenimage, zum Produkt- und Serviceimage, zur Kundenbindung bzw. -fluktuation, zur Abhängigkeit von Einzelkunden und zum Markenwert beigemessen. Am wenigsten relevant erschienen mit der Einschätzung „weniger wichtig" der Vergleich von Plan- und Istwerten sowie Angaben zur Profitabilität von Neukunden, zum Umsatzanteil aus Cross-Selling sowie zu Kundenakquisitions- bzw. –bindungskosten.

Hinsichtlich zukunftsbezogener Informationen bzw. Planangaben ergab sich gegenüber den vergangenheitsbezogenen Informationen eine leicht andere Reihenfolge. Dabei wurden jedoch auch bezüglich zukunftsbezogener Informationen bzw. Planangaben dem Marktwachstum und den Marktanteilen mit der Bewertung „sehr wichtig" die höchste Bedeutung beigemessen. Ebenso wurden zukunftsbezogene Informationen zur Profitabilität von Neukunden, zu Kundenakquisitions- bzw. -bindungskosten sowie zum Umsatzanteil aus Cross-Selling analog zu den entsprechenden vergangenheitsbezogenen Informationen lediglich als „weniger wichtig" eingestuft. Die zukunftsorientierten Informationen bzw. Planangaben wurden im Vergleich zu den vergangenheits- bzw. gegenwartsbezogenen Informationen jedoch mehrheitlich als relevanter eingeschätzt. Die Betonung der zukunftsorientierten Angaben bzw. Planangaben zu Markenwert und Markenimage lassen bspw. auf eine wachsende Bedeutung von Marken schließen.

Der Vergleich der Einschätzungen aus der Perspektive der Adressaten und der Perspektive der Unternehmen zeigte, dass bis auf wenige Ausnahmen die Adressaten den einzelnen kunden- und absatzmarktbezogenen Informationen eine höhere Relevanz beimaßen als die Unternehmen. Lediglich zukunftsbezogene Angaben bzw. Planangaben zur Kundenzufriedenheit sowie vergangenheits- und zukunftsbezogene Angaben zum Markenimage und zum Produkt- und Serviceimage hielten die Unternehmen für wichtiger. Jedoch bewerteten Unternehmen die zuvor genannten Kriterien nur marginal höher als die Adressaten. Darüber hinaus ist festzuhalten, dass sowohl Adressaten als auch Unternehmen hinsichtlich der kunden- bzw. absatzmarktbezogenen Berichtskriterien zukunftsbezogene Informationen bzw. Planangaben größtenteils höher bewerteten als die entsprechenden vergangenheitsbezogenen Informationen.

Der Kolmogorov-Smirnow Z-Test ergab, dass nur für sechs der insgesamt 31 kunden- und absatzmarktbezogenen Angaben (d.h. 19%) Unterschiede zwischen den Einschätzungen der Adressaten und der Unternehmen bestehen.[1080] Die wenigen höchst signifikanten Unterschiede bezogen sich auf vergangenheits- bzw. zukunftsbezogene Informationen zur Abhängigkeit von Einzelkunden sowie auf den Vergleich von Ist- und Planwerten. Die sehr signifikanten Unterschiede betrafen vergangenheitsbezogene Angaben zur Kundenbindung bzw. -fluktuation sowie zur Anzahl neuer Kundenbeziehungen. Signifikante Unterschiede konnten hinsichtlich zukunftsorientierter Informationen zur Kundenbindung bzw. –fluktuation festgestellt werden. Abermals konnte also in der Tendenz nicht von einem systematischen Unterschied in der Relevanzeinschätzung zwischen Adressaten und Unternehmen für diese Berichtskategorie ausgegangen werden.

#### 4.4.2.4.3 Zulieferer- bzw. beschaffungsmarktbezogene Angaben

Im Rahmen der Untersuchung von zulieferer- bzw. beschaffungsmarktbezogen Informationen wurde die Relevanz von verschiedenen Angaben zu Zulieferern, wie z.B. die Abhängigkeit von einzelnen Zuliefern, sowie zum Bereich Beschaffung, wie z.B. Einsparungen im Beschaffungsbereich, abgefragt.

Diesbezüglich zeigte sich, dass *Adressaten* hinsichtlich vergangenheitsbezogener Informationen die Publizität zur Abhängigkeit von einzelnen Zulieferern sowie die Preisentwicklung im Beschaffungsmarkt als besonders bedeutsam ansahen. Etwas weniger relevant wurden der Vergleich von Ist- und Planwerten, die Zuliefererbindung bzw. -fluktuation, Einsparungen im Beschaffungsbereich sowie das Beschaffungsvolumen eingeschätzt. Am wenigsten relevant wurden die Anzahl (neuer) Zuliefererbeziehungen sowie die nationale Herkunft der Zulieferer eingestuft, die lediglich mit „weniger wichtig" bewertet wurden. Die Relevanz der entsprechenden zukunftsorientierten Angaben bzw. Planangaben wurde durchweg höher als die der vergangenheitsorientierten Angaben eingeschätzt. Die Einstufung der Rangfolge der Kriterien hinsichtlich zukunftsorientierter Angaben bzw. Planangaben stimmte mit einer Ausnahme mit der Rangfolge vergangenheitsbezogener Angaben überein.

Seitens der *Unternehmen* wurde hinsichtlich vergangenheitsbezogener Informationen die Publizität zur Preisentwicklungen im Beschaffungsmarkt und Einsparungen im Beschaffungsbereich als am relevantesten angesehen (vgl. Abb. 63). Alle anderen zulieferer- bzw. beschaffungsmarktbezogenen Angaben, zu nennen seien bspw. das Beschaffungsvolumen, die Abhängigkeit von einzelnen Zulieferern, die Zuliefererbindung bzw. -fluktuation sowie der Vergleich von Ist- und

[1080] Vgl. zu den Ergebnissen des Kolmogorov-Smirnow Z-Tests Anhang 7.

Planwerten, bewerteten die Unternehmen lediglich als „weniger wichtig“. Nahezu identische Ergebnisse ergab die Einschätzung der Rangfolge und der Relevanz zukunftsbezogener Informationen bzw. Planangaben zu den genannten Berichtskriterien.

Hinsichtlich der zu publizierenden zulieferer- bzw. beschaffungsmarktbezogenen Kriterien ergaben sich Unterschiede zwischen den Einschätzungen der Adressaten und den der Unternehmen. So wurden bis auf die vergangenheitsbezogenen Informationen zu Einsparungen im Beschaffungsbereich alle vergangenheits- und zukunftsbezogenen Angaben von den Adressaten höher bewertet als von den Unternehmen.

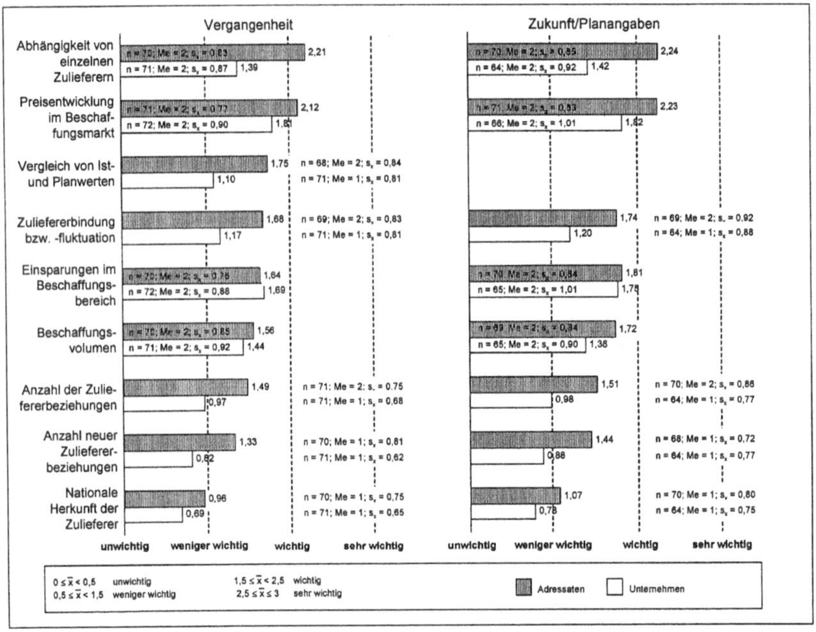


*Abb. 63: Bedeutung zulieferer- bzw. beschaffungsmarktbezogener Angaben*

Für acht der insgesamt 17 zulieferer- und beschaffungsmarktbezogener Angaben (d.h. 47% aller Angaben) zeigte der Kolmogorov-Smirnow Z-Test Unterschiede zwischen Adressaten und Unternehmen.[1081] Die höchst signifikanten Unterschiede bezogen sich auf vergangenheits- bzw. zukunftsbezogene Informationen zur Abhängigkeit von einzelnen Zulieferern, zur Anzahl (neuer) Zuliefererbezie-

---

[1081] Vgl. zu den Ergebnissen des Kolmogorov-Smirnow Z-Tests Anhang 8.

hungen und auf den Vergleich von Ist- und Planwerten. Signifikante Unterschiede konnten hinsichtlich zukunftsbezogener Informationen zur Zuliefererbindung bzw. -fluktuation festgestellt werden. In der Tendenz konnte daher nicht davon ausgegangen werden, dass Adressaten und Unternehmen die Relevanz der zulieferer- bzw. beschaffungsmarktbezogenen Angaben insgesamt unterschiedlich einstuften.

#### 4.4.2.4.4 Mitarbeiter- bzw. managementbezogene Angaben

Eine weitere Berichtskategorie innerhalb des Strategic Advantage Reporting, deren Relevanz im Rahmen der wertorientierten Berichterstattung untersucht wurde, stellten mitarbeiter- bzw. managementbezogene Informationen dar. Diese Analyse fokussierte auf verschiedene Informationen zu den Mitarbeitern, wie z.B. die Mitarbeiterzufriedenheit und -produktivität, sowie zum Management, wie z.B. die Qualifikation und die Vergütung des Managements.

Als besonders bedeutsam wurde aus *Adressatensicht* hinsichtlich vergangenheitsbezogener Informationen die Publikation der Qualifikation des Managements, der Mitarbeiterproduktivität sowie der Managementvergütung erachtet (vgl. Abb. 64). Etwas weniger relevant wurden bspw. die Mitarbeiterbindung bzw. -fluktuation, die Qualifikation der Mitarbeiter, die Investitionen in Mitarbeiterbildung sowie die Mitarbeiterzufriedenheit eingestuft. Am wenigsten Relevanz wurde Angaben zur Altersstruktur der Mitarbeiter sowie zu den Fehlzeiten der Mitarbeiter beigemessen, die nur mit „weniger wichtig“ bewertet wurden.

Der Vergleich zwischen der Einschätzung zukunftsbezogener Informationen bzw. Planangaben und vergangenheitsbezogener Informationen zeigte sowohl hinsichtlich der Rangfolge als auch hinsichtlich der Bedeutung der einzelnen Kriterien nur geringfügige Unterschiede. Im Unterschied zu den vorangegangenen Berichtskategorien bewerteten Adressaten jedoch nur hinsichtlich ca. der Hälfte der mitarbeiter- bzw. managementbezogenen Berichtskriterien zukunftsbezogene Informationen bzw. Planangaben höher als vergangenheitsbezogene Informationen.

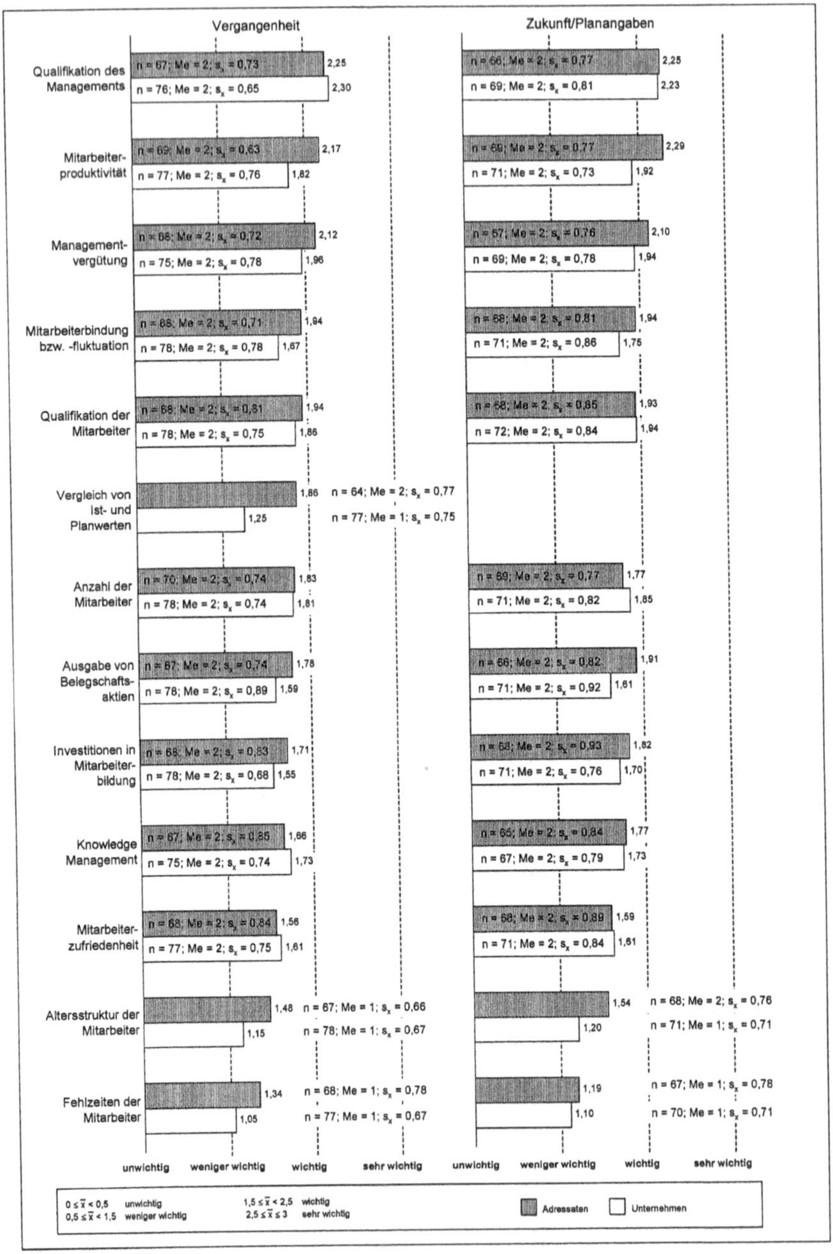


*Abb. 64: Bedeutung mitarbeiter- bzw. managementbezogener Angaben*

*Unternehmen* schätzten hinsichtlich vergangenheitsbezogener Informationen Angaben zur Qualifikation des Managements als besonders bedeutsam ein (vgl. Abb. 64). Etwas weniger relevant erschienen Angaben zur Managementvergütung, zur Qualifikation der Mitarbeiter, zur Mitarbeiterproduktivität sowie zur Anzahl der Mitarbeiter. Daneben wurde bspw. Angaben zum Knowledge Management, zur Mitarbeiterbindung bzw. -fluktuation sowie zur Mitarbeiterzufriedenheit eine vergleichsweise hohe Bedeutung beigemessen. Die geringste Bedeutung war aus Adressatensicht für den Vergleich von Ist- und Planwerten, die Altersstruktur der Mitarbeiter sowie die Fehlzeiten der Mitarbeiter zu verzeichnen, die lediglich als weniger wichtig bewertet wurden.

Sowohl hinsichtlich der Rangfolge als auch hinsichtlich der Bedeutung wurden zukunftsorientierte Angaben bzw. Planangaben im Wesentlichen ähnlich wie die vergangenheitsorientierten Angaben eingestuft. Hinsichtlich eines Großteils der Berichtskriterien wurden zukunftsbezogene Informationen jedoch etwas höher bewertet als vergangenheitsbezogene Informationen.

Beim Vergleich zwischen der Einschätzung von Adressaten und Unternehmen zeigten sich hier nur graduelle Unterschiede. So bewerteten die Adressaten abermals den Großteil der vergangenheits- und zukunftsbezogenen Informationen höher als die Unternehmen. Die Bewertungsunterschiede erwiesen sich jedoch vornehmlich als geringfügig. Ferner ist festzuhalten, dass Unternehmen gegenüber den Adressaten verstärkt die zukunftsbezogenen Informationen bzw. Planangaben zu den einzelnen Kriterien betonten.

Der Kolmogorov-Smirnow Z-Test ergab, dass hinsichtlich der mitarbeiter- und managementbezogenen Angaben lediglich vier von insgesamt 25 Berichtskriterien (16% aller Angaben) Unterschiede in der Bewertung durch Adressaten und Unternehmen aufwiesen.[1082] Ein höchst signifikanter Unterschied betraf den Vergleich von Ist- und Planwerten. Ferner bezog sich ein sehr signifikanter Unterschied auf zukunftsbezogene Angaben zur Mitarbeiterproduktivität. Schließlich konnten signifikante Unterschiede hinsichtlich vergangenheits- und zukunftsbezogener Informationen zur Altersstruktur der Mitarbeiter festgestellt werden. Von einem systematischen Unterschied in der Relevanzeinschätzung zwischen Adressaten und Unternehmen konnte daher in der Tendenz für diese Berichtskategorie nicht ausgegangen werden.

---

1082 Vgl. zu den Ergebnissen des Kolmogorov-Smirnow Z-Tests Anhang 9.

#### 4.4.2.4.5 Prozess- bzw. innovationsbezogene Angaben

Angaben über Prozesse bzw. Innovationsfähigkeit stellten eine weitere Berichtskategorie des Strategic Advantage Reporting dar, deren Relevanz im Rahmen der wertorientierten Berichterstattung untersucht wurde. Im Rahmen dieser Berichtskategorie wurden vornehmlich Angaben zu produktionsbezogenen Prozessen, zu neuen Produkten, zu Patenten und Lizenzen abgefragt.

Als besonders wichtig schätzten *Adressaten* hinsichtlich vergangenheitsbezogener Angaben die Publizität zur Kapazitätsauslastung, zum Umsatzanteil neuer Produkte, zu Investitionen in F&E, zur Anzahl neuer Produkte, zum Umsatz nach der Altersstruktur der Produkte sowie zur Produkt- und Prozessqualität ein (vgl. Abb. 65). Etwas weniger relevant erschienen die Entwicklungszeit neuer Produkte, die Restlaufzeit der Patente sowie die Anzahl neuer Patente. Darüber hinaus wurden bspw. die Anzahl (neuer) Lizenzen, IT-Ausgaben sowie die Durchlaufzeit von Aufträgen als vergleichsweise bedeutsam angesehen. Die geringste Bewertung kam mit der Bewertung „weniger wichtig" der durchschnittlichen Servicereaktionszeit zu.

Hinsichtlich der zukunftsbezogenen Informationen bzw. Planangaben zu den genannten Berichtskriterien zeigte sich bis auf wenige Ausnahmen eine identische Rangfolge. Jedoch wurden die zukunftsbezogenen Angaben im Vergleich zu den vergangenheitsbezogenen Angaben zu großen Teilen deutlich höher bewertet.

Als relevant wurden von den *Unternehmen* in Bezug auf vergangenheitsbezogene Informationen v.a. Angaben zur Produkt- und Prozessqualität sowie zur Kapazitätsauslastung angesehen (vgl. Abb. 65). Ebenso kam Angaben zur Anzahl neuer Produkte, zu Investitionen in F&E, zum Umsatzanteil neuer Produkte sowie zu Fehlerraten von Services und Produkten eine vergleichsweise hohe Bedeutung zu. Alle anderen vergangenheitsbezogenen Informationen, wie bspw. zur Entwicklungszeit neuer Produkte, zu IT-Ausgaben, zur Anzahl (neuer) Lizenzen und Patente sowie zum Umsatz nach der Altersstruktur der Produkte, wurden lediglich mit „weniger wichtig" bewertet. Am wenigsten Bedeutung wurde nach Einschätzung der Unternehmen dabei der Restlaufzeit der Patente und dem Umsatz aus dem Verkauf der Patente beigemessen.

Wiederum ergab sich eine ähnliche Reihenfolge bzgl. der Einschätzung der zukunftsorientierten Angaben bzw. Planangaben. Dabei wurde auch aus Unternehmenssicht in Bezug auf die prozess- und innovationsbezogenen Angaben den zukunftsorientierten Angaben bzw. Planangaben besondere Relevanz beigemessen.

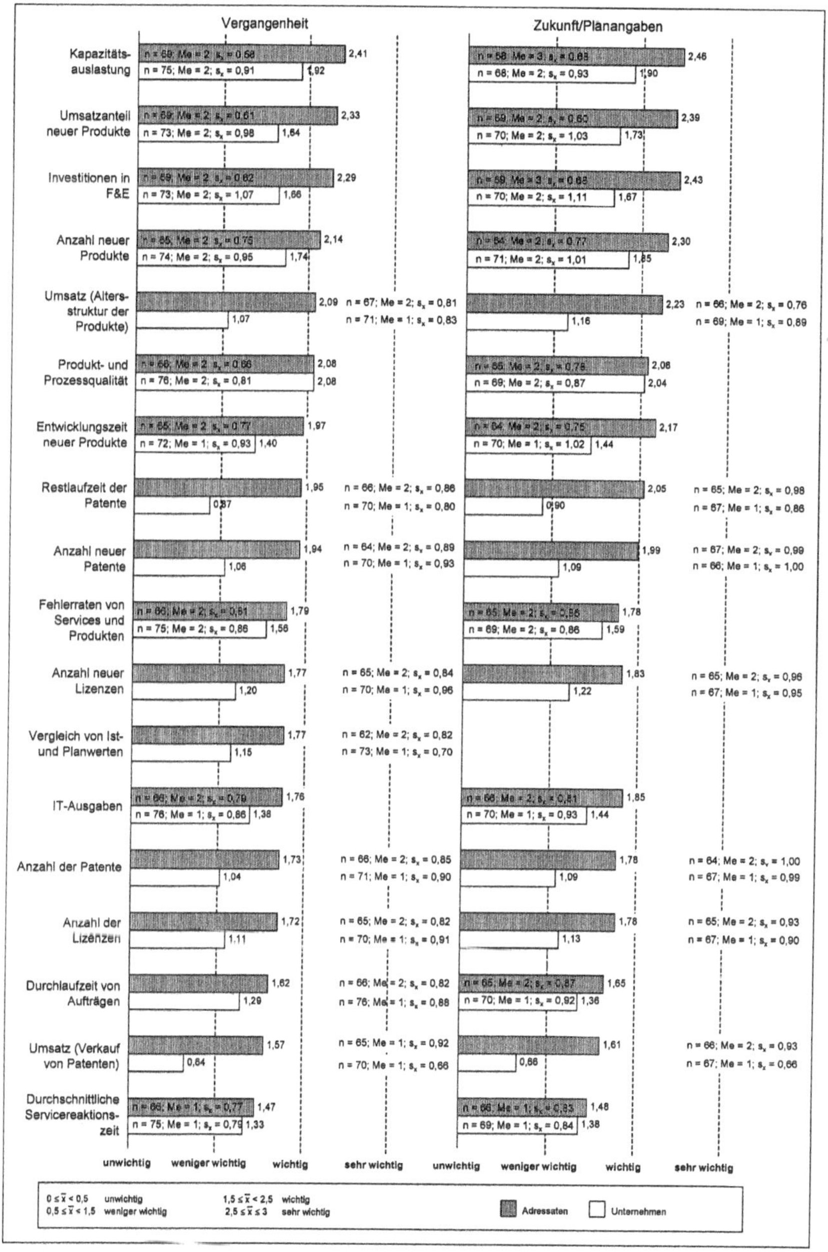


*Abb. 65: Bedeutung prozess- bzw. innovationsbezogener Angaben*

Beim Vergleich zwischen den Einschätzungen seitens der Adressaten und der Unternehmen ergaben sich deutliche Unterschiede. So wurden die einzelnen Kriterien seitens der Adressaten nicht nur durchweg als relevanter eingeschätzt, sondern in den meisten Fällen ergaben sich wesentliche Unterschiede in den Einschätzungen zur Bedeutung. Gleichwohl wurden sowohl aus Adressaten- als auch aus Unternehmenssicht hinsichtlich des Großteils der prozess- und innovationsbezogenen Angaben zukunftsbezogene Informationen bzw. Planangaben höher bewertet als vergangenheitsbezogene Angaben.

Der Kolmogorov-Smirnow Z-Test ergab für 25 der insgesamt 35 prozess- und innovationsbezogenen Angaben (d.h. 71% der Angaben) Unterschiede zwischen Adressaten und Unternehmen.[1083]. Die höchst signifikanten Unterschiede betrafen vergangenheits- sowie zukunftsbezogene Informationen zum Umsatzanteil neuer Produkte, zu Investitionen in F&E, zum Umsatz nach der Altersstruktur der Produkte, zur Restlaufzeit der Patente, zur Anzahl neuer Patente und Lizenzen, zur Anzahl der Patente und Lizenzen und zum Umsatz aus dem Verkauf von Patenten, zukunftsbezogene Informationen zur Entwicklungszeit neuer Produkte und zu IT-Ausgaben sowie Angaben zum Vergleich von Ist- und Planwerten. Darüber hinaus ergaben sich sehr signifikante Unterschiede hinsichtlich der zukunftsbezogenen Angaben zur Kapazitätsauslastung sowie hinsichtlich vergangenheitsbezogener Angaben zur Entwicklungszeit neuer Produkte. Die signifikanten Unterschiede bezogen sich auf zukunftsbezogene Angaben zur Anzahl neuer Produkte sowie auf vergangenheitsbezogene Angaben zu IT-Ausgaben. Somit ist festzuhalten, dass die prozess- und innovationsbezogenen Angaben aus Sicht der Adressaten der Berichterstattung und aus Sicht der Unternehmen in der Tendenz insgesamt unterschiedlich bewertet wurden und damit von erheblichen Übereinstimmungslücken auszugehen ist.

#### 4.4.2.4.6 Unternehmensstrategische Angaben

Die Untersuchung der Relevanz der Berichterstattung über die Unternehmensstrategie beinhaltete insgesamt dreizehn Berichtskriterien. Dabei fokussierte sich die Analyse im Wesentlichen auf Angaben zur Ausrichtung der Geschäftstätigkeit sowie auf Angaben zu der im weiteren Sinne normativen Ausrichtung der Unternehmensführung.

Seitens der *Adressaten* wurden hinsichtlich vergangenheitsbezogener Informationen insbesondere die Publizität des Kaufs bzw. Verkaufs von Geschäftsberei-

---

[1083] Vgl. zu den Ergebnissen des Kolmogorov-Smirnow Z-Tests Anhang 10.

chen, der Geschäftsfelder, der Geschäftstätigkeit, der Festlegung der Kernkompetenzen sowie der Finanzierungsmaßnahmen als relevant genannt (vgl. Abb. 66). Darüber hinaus erschienen bspw. Angaben zur Konzernstruktur, zu Kapitalbeteiligungen, zum nachhaltigen Wirtschaften sowie ein Intellectual Capital/Property-Statement[1084] als vergleichsweise bedeutsam. Am wenigsten Relevanz kam den Angaben zur gesellschaftlichen Verantwortung sowie einem Umweltbericht zu, die als „weniger wichtig" bewertet wurden.

Die Rangfolge der zukunftsbezogenen Angaben bzw. Planangaben zu den einzelnen Berichtskriterien wurde abermals ähnlich der Rangfolge der vergangenheits- bzw. gegenwartsbezogenen Angaben eingeschätzt. Mit Ausnahme der Berichtskriterien Konzernstruktur und Intellectual Capital/Property-Statements wurde die Bedeutung der jeweiligen zukunftsbezogenen Angaben im Vergleich zu den vergangenheitsbezogenen Angaben jedoch durchweg höher bewertet. Dabei beurteilten Adressaten zukunftsbezogene Angaben zum Kauf bzw. Verkauf von Geschäftsbereichen, zu Geschäftsfeldern, zur Geschäftstätigkeit sowie zur Festlegung der Kernkompetenzen sogar als „sehr wichtig".

*Unternehmen* schätzten hinsichtlich vergangenheitsbezogener Informationen v.a. Angaben zu Geschäftsfeldern, zur Geschäftstätigkeit, zur Festlegung der Kernkompetenzen, zum Kauf bzw. Verkauf von Geschäftsbereichen sowie zur Konzernstruktur als besonders relevant ein (vgl. Abb. 66). Etwas weniger bedeutsam erschienen Angaben zu Finanzierungsmaßnahmen, zu Kapitalbeteiligungen, zu Standorten sowie zum nachhaltigen Wirtschaften. Als deutlich weniger relevant erwiesen sich ein Intellectual Capital/Property-Statement, Informationen zur gesellschaftlichen Verantwortung sowie ein Umweltbericht, die lediglich als „weniger wichtig" bewertet wurden.

---

1084 Mögliche Inhalte des Intellectual Capital/Property Statements wurden bereits in den vorherigen Berichtskategorien „kunden- bzw. absatzmarktbezogene Angaben", „zulieferer- bzw. beschaffungsmarktbezogenen Angaben", „mitarbeiter- bzw. managementbezogene Angaben" und „prozess- bzw. innovationsbezogene Angaben" abgefragt. Die Einordnung des Intellectual Capital/Property Statements erscheint jedoch unter den unternehmensstrategischen Angaben als sinnvoll, da sich hieraus Anhaltspunkte für den künftigen Erfolg der Unternehmensstrategie und damit den Unternehmenswert ableiten lassen.

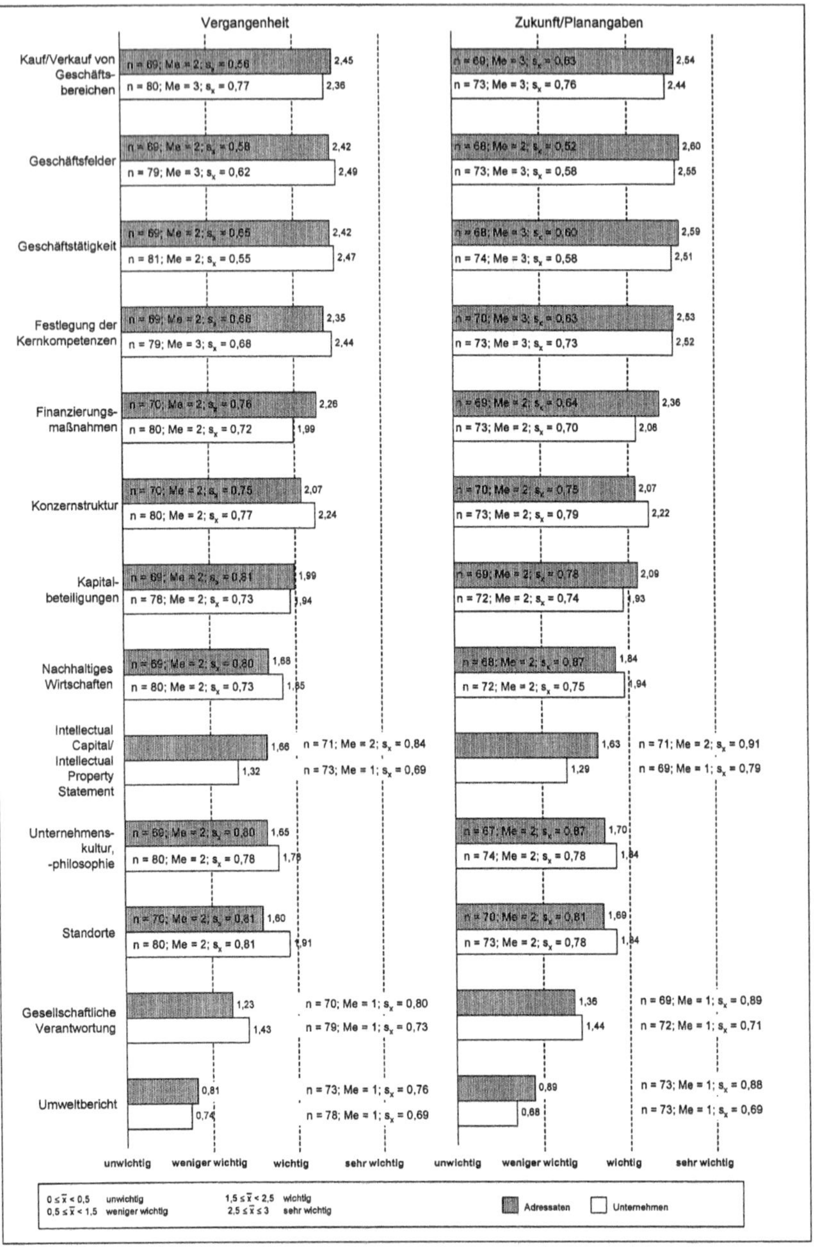


*Abb. 66: Bedeutung unternehmensstrategischer Angaben*

Die Reihenfolge der Einschätzung zukunftsbezogener Informationen bzw. Planangaben seitens der Unternehmen entsprach weitestgehend der Reihenfolge der vergangenheits- bzw. gegenwartsbezogenen Angaben, jedoch wurde die Relevanz der zukunftsbezogenen Informationen bzw. Planangaben wiederum größtenteils höher eingestuft. Auch aus Adressatensicht wurden einzelne zukunftsbezogene Informationen, zu nennen sind hier Angaben zu Geschäftsfeldern, zur Geschäftstätigkeit sowie zur Festlegung der Kernkompetenzen, als „sehr wichtig" beurteilt.

Beim Vergleich zwischen den Einschätzungen der Adressaten und der Unternehmen ergibt sich ein relativ ähnliches Bild. So maßen Adressaten und Unternehmen dem Großteil der Kriterien jeweils eine annähernd gleich hohe Bedeutung bei. Ferner ist im Vergleich zu den vorangegangenen Analysen festzuhalten, dass der Hälfte aller Kriterien von Unternehmensseite eine größere Bedeutung beigemessen wurde, der anderen Hälfte seitens der Adressaten.

Für die unternehmensstrategischen Angaben zeigte der Kolmogorov-Smirnow Z-Test keine signifikanten Unterschiede zwischen Adressaten und Unternehmen.[1085] Damit konnte in der Tendenz nicht von systematischen Unterschieden in der Bewertung der unternehmensstrategischen Angaben zwischen Adressaten und Unternehmen ausgegangen werden.

#### 4.4.2.4.7 Umfeldbezogene Angaben

Die Analyse der Bedeutung der Berichterstattung über das Unternehmensumfeld beinhaltete Informationen zum Aktienbesitz bzw. zu den Anteilseignern sowie zum wirtschaftlichen, rechtlichen und ökologischen Unternehmensumfeld.

Besonders relevant erschienen aus Sicht der *Adressaten* sowohl vergangenheitsals auch zukunftsbezogene Informationen zum Aktienbesitz bzw. Anteilseigner sowie zum wirtschaftlichen Unternehmensumfeld, gefolgt vom rechtlichen Unternehmensumfeld (vgl. Abb. 67). Weniger Wert wurde auf Angaben zum ökologischen Unternehmensumfeld gelegt. So wurden vergangenheitsbezogene Informationen hierzu sogar nur als „weniger wichtig" eingeschätzt. Zu allen Berichtskriterien wurden zukunftsbezogene Angaben bzw. Planangaben höher bewertet als vergangenheitsbezogene Informationen.

Auch *Unternehmen* schätzten vergangenheits- und zukunftsbezogene Informationen zum Aktienbesitz bzw. den Anteilseigner sowie zum wirtschaftlichen Unternehmensumfeld besonders bedeutsam ein (vgl. Abb. 67). Eine etwas geringe-

---

1085 Vgl. zu den Ergebnissen des Kolmogorov-Smirnow Z-Tests Anhang 11.

re Relevanz wurde dem rechtlichen Umfeld beigemessen. Am wenigsten bedeutsam wurden vergangenheits- und zukunftsbezogene Informationen Angaben zum ökologischen Unternehmensumfeld angesehen. Diese wurden aus Unternehmenssicht mit „weniger wichtig" bewertet. Mit Ausnahme des Berichtskriteriums Aktienbesitz bzw. Anteilseigner wurde den jeweiligen zukunftsbezogenen Informationen bzw. Planangaben eine höhere Bedeutung beigemessen als den vergangenheitsbezogenen Informationen.

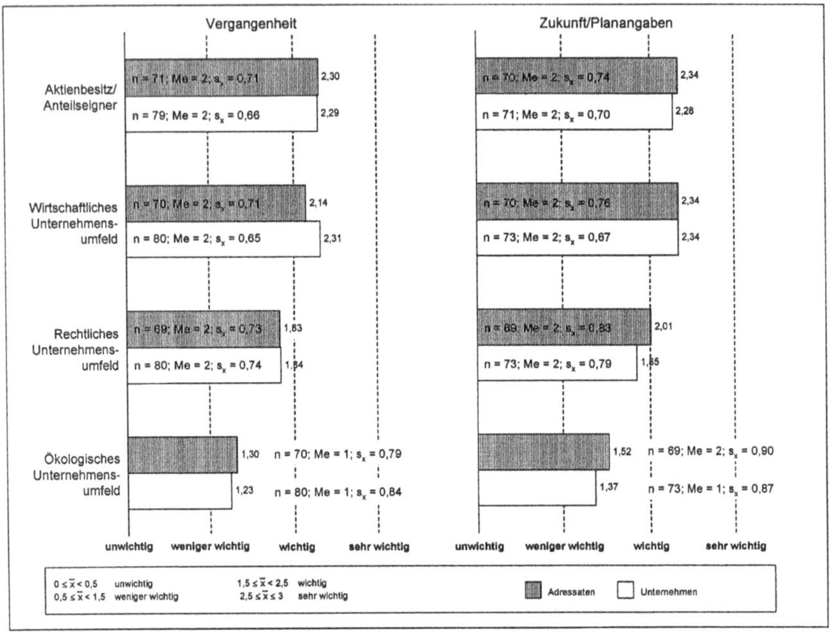


*Abb. 67: Bedeutung umfeldbezogener Angaben*

Ein Vergleich zwischen den Einschätzungen seitens der Adressaten und der Unternehmen zeigte keine deutlichen Unterschiede. Vergangenheitsbezogene Angaben zum wirtschaftlichen und rechtlichen Unternehmensumfeld wurden von den Unternehmen leicht höher bewertet als von den Adressaten. Demgegenüber maßen die Adressaten den vergangenheits- und den zukunftsbezogenen Informationen zu Aktienbesitz bzw. Anteilseigner und zum ökologischen Unternehmensumfeld ebenso wie den zukunftsbezogenen Angaben zum rechtlichen Unternehmensumfeld eine marginal höhere Bedeutung bei. Insgesamt lagen die Bewertungen jedoch recht nahe beieinander.

Für die umfeldbezogenen Angaben ergeben sich anhand des Kolmogorov-Smirnow Z-Tests dementsprechend auch keine signifikanten Unterschiede zwischen Adressaten und Unternehmen.[1086] Damit konnte auch hinsichtlich der umfeldbezogenen Angaben in der Tendenz nicht von systematischen Unterschieden in der Bewertung zwischen Adressaten und Unternehmen ausgegangen werden.

#### 4.4.2.5 Gesamtbetrachtung der inhaltlichen Ausgestaltung der wertorientierten Berichterstattung

Die vorangegangenen Ausführungen widmeten sich der Frage nach der inhaltlichen Ausgestaltung der wertorientierten Berichterstattung. Hierzu wurden sowohl Adressaten der wertorientierten Berichterstattung als auch Unternehmen als Ersteller der wertorientierten Berichterstattung befragt. Im Folgenden werden die wesentlichen Ergebnisse hinsichtlich der inhaltlichen Ausgestaltung der wertorientierten Berichterstattung noch einmal zusammengefasst, da diese den Fokus der Untersuchung bildeten und für den weiteren Verlauf der Arbeit von besonderer Relevanz sind.

Sowohl Adressaten als auch Unternehmen wiesen insbesondere bestimmten Pflichtbestandteilen der Unternehmenspublizität eine hohe Bedeutung zu. Dieses Ergebnis kann als Indiz dafür gewertet werden, dass die Pflichtberichterstattung tatsächlich wesentliche Informationen enthält. Ebenso wurden jedoch weitere Informationen hoch bewertet. Dies bestätigt, dass zusätzlich zu der Pflichtberichterstattung auch freiwilligen, wertorientierten Informationen eine hohe Relevanz zukommt. Abb. 68 gibt einen Überblick über die zehn Berichtskriterien, denen jeweils seitens der Adressaten und der Unternehmen gemessen am Mittelwert die höchste Relevanz zukam.[1087]

Der (deskriptive) Vergleich zwischen den Bewertungen der Adressaten und denen der Unternehmen zeigt ein eindeutiges Bild. So wurde dem Großteil der einzelnen Berichtskriterien sowohl hinsichtlich vergangenheitsbezogener als auch hinsichtlich zukunftsbezogener Informationen bzw. Planangaben seitens der Adressaten eine höhere Bedeutung beigemessen. Eine Ausnahme bildeten die Angaben über die Wertentwicklung für die Kapitalgeber (Total Return Reporting), deren Bedeutung insbesondere seitens der Unternehmen betont wurde. Ebenso stellen unternehmensstrategische Angaben im Rahmen des Strategic Advantage Reporting eine Ausnahme dar. Diesbezüglich hielten Unternehmen

---

[1086] Vgl. zu den Ergebnissen des Kolmogorov-Smirnow Z-Tests Anhang 12.

[1087] Die Liste der aus Adressatensicht relevantesten Informationen enthält elf Berichtskriterien, da den zwei zuletzt genannten Berichtskriterien eine gleich hohe Relevanz beigemessen wurde.

die Hälfte vergangenheits- bzw. zukunftsbezogenen Angaben für relevanter als die Adressaten.

| Adressaten | | |
|---|---|---|
| Berichtskriterium | Mittelwert | Berichtskategorie |
| GuV (V) | 2,65 | OBE |
| KFR/CF (V) | 2,63 | OBE |
| Abhängigkeit von Einzelkunden (Z) | 2,61 | SAR |
| Marktwachstum (Z) | 2,60 | SAR |
| Geschäftsfelder (Z) | 2,60 | SAR |
| Geschäftstätigkeit (Z) | 2,59 | SAR |
| GuV (Z) | 2,56 | OBE |
| Abhängigkeit von Einzelkunden (V) | 2,54 | SAR |
| Kauf/Verkauf von Geschäftsbereichen (Z) | 2,54 | SAR |
| Unternehmenstrategische Risiken (Z) | 2,53 | SAR |
| Festlegung der Kernkompetenzen (Z) | 2,53 | SAR |

| Unternehmen | | |
|---|---|---|
| Berichtskriterium | Mittelwert | Berichtskategorie |
| GuV (V) | 2,59 | OBE |
| Marktwachstum (Z) | 2,57 | SAR |
| EBIT/EBITA/EBITDA (V) | 2,56 | VAR |
| Geschäftsfelder (Z) | 2,55 | SAR |
| EBIT/EBITA/EBITDA (Z) | 2,54 | VAR |
| Festlegung der Kernkompetenzen (Z) | 2,52 | SAR |
| Geschäftstätigkeit (Z) | 2,51 | SAR |
| Geschäftsfelder (V) | 2,49 | SAR |
| KFR/CF (V) | 2,47 | OBE |
| Geschäftstätigkeit (V) | 2,47 | SAR |

V = Vergangenheit; Z = Zukunft/Planangaben

OBE = Obligatorische Berichtselemente; TRR = Total Return Reporting
VAR = Value Added Reporting; SAR = Strategic Advantage Reporting

*Abb. 68: Die relevantesten Informationen aus Adressaten- und Unternehmenssicht*

Um zu überprüfen, ob signifikante Unterschiede zwischen den Einschätzungen der Adressaten und denen der Unternehmen bestehen und folglich eine sog. Übereinstimmungslücke vorliegt, wurde Hypothese 1 aufgestellt und im Rahmen der Analyse getestet. Hypothese 1 besagt, dass die Relevanz der verschiedenen Inhalte der wertorientierten Berichterstattung seitens der Adressaten und der Unternehmen unterschiedlich eingestuft wird.

Die Hypothese wurde getrennt für die vier Berichtskategorien geprüft. Innerhalb des Strategic Advantage Reporting erfolgte eine weitere Unterteilung der Berichtskriterien in sieben Unterkategorien. Wurden mindestens hinsichtlich der Hälfte aller Berichtskriterien innerhalb einer Berichtskategorie signifikante Unterschiede festgestellt, wurde in der Tendenz angenommen, dass die Relevanz der Berichtskategorie insgesamt von Adressaten und Unternehmen unterschiedlich eingestuft wird.

In der Tendenz konnte nur hinsichtlich prozess- bzw. innovationsbezogener Angaben davon ausgegangen werden, dass systematische Unterschiede in den Relevanzeinschätzungen zwischen den Adressaten und den Unternehmen vorlagen. Dennoch ergaben sich auch innerhalb anderer Berichtskategorien einzelne signifikante Unterschiede zwischen den Relevanzeinschätzungen der Adressaten und der Unternehmen. An dieser Stelle sei explizit auf die zulieferer- und beschaffungsmarktbezogenen Angaben verwiesen. Hier konnten hinsichtlich 47% aller Berichtskriterien signifikante Unterschiede zwischen den Bewertungen der Adressaten und der Unternehmen festgestellt werden, was nach der hier gewählten Entscheidungsregel gerade nicht mehr zu der Annahme führte, dass hinsichtlich der gesamten Berichtskategorie Unterschiede in den Relevanzeinschätzungen vorlagen. Abb. 69 stellt die einzelnen Ergebnisse der Überprüfung von Hypothese 1 noch einmal im Überblick dar. Die Angaben in Abb. 69 entsprechen dabei dem Anteil der Berichtskriterien an den gesamten Berichtskriterien einer Berichtskategorie, der zur Annahme der Hypothese führte. Zusätzlich ist jeweils die absolute Anzahl der gesamten Berichtskriterien angegeben.

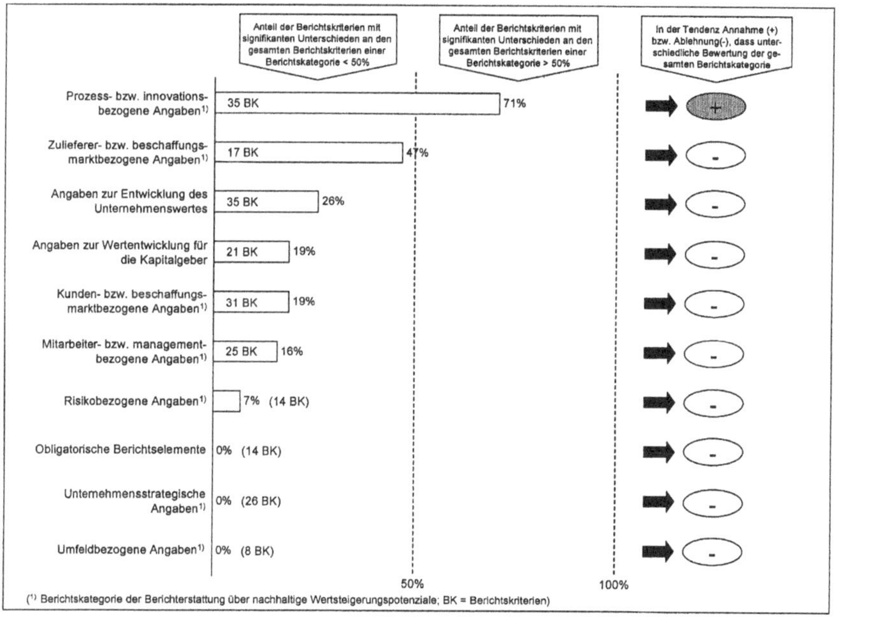


*Abb. 69: Gesamtbetrachtung der Unterschiede in den Relevanzeinschätzungen aus Adressaten- und Unternehmenssicht*

Zusammenfassend ist daher festzuhalten, dass die Analyse Hinweise darauf gab, dass im Großen und Ganzen weitgehende Übereinstimmung zwischen den Adressaten und Unternehmen besteht, welche Angaben im Rahmen der wertorientierten Berichterstattung publiziert werden sollten. Auch die relative Bewertung der Berichtskriterien ist im Wesentlichen übereinstimmend. Gleichwohl zeigten sich signifikante Unterschiede in der Bewertung einzelner Berichtskriterien, die vornehmlich die prozess- und innovationsbezogenen Angaben sowie in etwas geringerem Umfang die zulieferer- und beschaffungsmarktbezogenen Angaben betrafen. Im Ergebnis ist daher davon auszugehen, dass Übereinstimmungslücken auf dem Kapitelmarkt vorliegen, wenn auch in vergleichsweise geringem Umfang. Damit kann jedoch noch keine Aussage darüber getroffen werden, ob Unternehmen die wertorientierte Berichterstattung in der Praxis in dieser Form umsetzen.

Neben der vorangegangenen Einzelauswertung erscheint auch eine aggregierte Auswertung der Ergebnisse hinsichtlich der möglichen Inhalte einer wertorientierten Berichterstattung von Interesse. Hierfür wurde, basierend auf den einzelnen Berichtskriterien, die Bedeutung der obligatorischen Berichtselemente, des Value Added Reporting, des Total Return Reporting und des Strategic Advantage Reporting ermittelt. Die einzelnen Ausprägungen, die sowohl für die Adressaten als auch für die Unternehmen ermittelt wurden, ergeben sich als Mittelwerte über die verschiedenen Kriterien (vgl. Abb. 70).

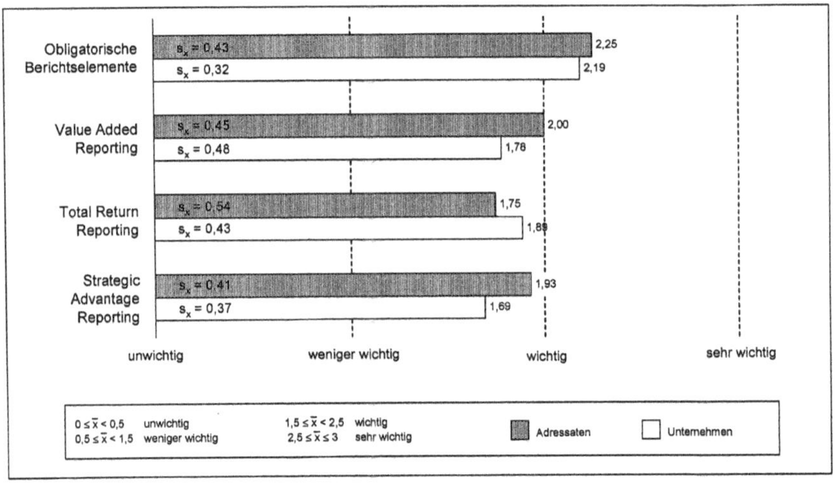


*Abb. 70: Bedeutung der obligatorischen Berichtselemente, des Value Added Reporting, des Total Return Reporting und des Strategic Advantage Reporting aus Adressaten- und Unternehmenssicht*

Hinsichtlich der Ergebnisse seitens der Adressaten fällt insgesamt auf, dass, wie bereits erwähnt, insbesondere die obligatorischen Bestandteile der Berichterstattung als besonders relevant eingestuft wurden. Weniger bedeutsam wurde das Value Added und das Strategic Advantage Reporting eingestuft. Als am wenigsten wichtig wurde das Total Return Reporting angesehen. Dies könnte darin begründet sein, dass Informationen zur Bewertung von Unternehmen am Kapitalmarkt nicht nur durch die Unternehmenspublizität, sondern auch von anderen Medien zur Verfügung gestellt werden.

Betrachtet man die Ergebnisse seitens der Unternehmen, so ist wiederum zu erkennen, dass die obligatorischen Bestandteile der Berichterstattung als besonders wichtig eingestuft wurden. Für weniger relevant wurde das Total Return sowie das Value Added Reporting gehalten. Als am wenigsten bedeutsam wurde das Strategic Advantage Reporting angesehen. Die vergleichsweise geringe Bewertung des Strategic Advantage Reporting könnte ein Anzeichen dafür sein, dass Unternehmen unterstellen, dass die Adressaten weniger an der zukünftigen Entwicklung des Unternehmenswertes interessiert sind, über die das Strategic Advantage Reporting ja gerade Auskunft geben kann. Vielmehr wird seitens der Unternehmen offensichtlich angenommen, dass für die Adressaten vornehmlich die Entwicklung des Unternehmenswertes in der Vergangenheit von Relevanz ist, über die das Value Added Reporting und das Total Return Reporting Auskunft geben.

Im Vergleich zwischen den Einschätzungen seitens der Adressaten und seitens der Unternehmen in aggregierter Form fallen einige Unterschiede auf. Auf der einen Seite wurden neben den Pflichtangaben zwei der drei Bestandteile der wertorientierten Berichterstattung, das Value Added Reporting sowie das Strategic Advantage Reporting, von den Adressaten der Berichterstattung als wichtiger eingeschätzt als seitens der Unternehmen. Vor dem Hintergrund der in letzter Zeit zunehmend geforderten freiwilligen (wertorientierten) Publizität der Unternehmen überrascht dieses Ergebnis nicht. Auf der anderen Seite schätzten Unternehmen das Total Return Reporting offenbar wichtiger ein als die Adressaten. Dies könnte auf die oben bereits angesprochene Informationsverfügbarkeit zurückgeführt werden.

## 4.5 Branchenspezifische wertorientierte Berichterstattung aus Sicht der Unternehmen

In den vorangegangenen Abschnitten wurden die Befragungsergebnisse zur wertorientierten Berichterstattung aus Sicht der Adressaten und der Unternehmen dargestellt. Die Analyse erfolgte im Rahmen einer Gesamtbetrachtung der Einschätzungen aller Adressaten bzw. aller Unternehmen.

Die nachfolgenden Ausführungen widmen sich einer differenzierten Analyse der Befragungsergebnisse. Dies erfolgt anhand einer branchenspezifischen Betrachtung der wertorientierten Berichterstattung aus Sicht der Unternehmen als

Ersteller der Berichterstattung.[1088] Hierdurch sollte untersucht werden, ob sich Empfehlungen für eine branchenspezifische Ausrichtung der wertorientierten Berichterstattung ableiten lassen. Analog zu den wesentlichen Zielsetzungen der Gesamtauswertung der Befragungsergebnisse stehen auch im Rahmen der branchenspezifischen Analyse die Inhalte der wertorientierten Berichterstattung im Fokus der Betrachtungen.

Der Erfolg von Unternehmen liegt prinzipiell in verschiedenen externen und internen Erfolgsfaktoren begründet, die in Abhängigkeit von der jeweiligen Branchenzugehörigkeit der Unternehmen variieren können.[1089] Diesem Grundgedanken folgend sollten im Rahmen der wertorientierten Berichterstattung die Informationen zur Verfügung gestellt werden, die im Zusammenhang zu den wesentlichen Erfolgsfaktoren einer Branche stehen. Mit der branchenspezifischen Analyse der Relevanz der Inhalte der wertorientierten Berichterstattung soll untersucht werden, ob Anhaltspunkte für branchenspezifische Besonderheiten der wertorientierten Berichterstattung bestehen und daher branchenspezifische Leitlinien für die wertorientierte Berichterstattung entwickelt werden sollten.

Die Darstellung der branchenbezogenen Ergebnisse seitens der Unternehmen folgt der Auswertung in Abschnitt 4.4 (vgl. Abb. 45). Der erste Abschnitt umfasst allgemeine Aspekte der wertorientierten Berichterstattung. Im zweiten Abschnitt werden die Inhalte der wertorientierten Berichterstattung untersucht.

### 4.5.1 Allgemeine Aspekte der wertorientierten Berichterstattung im Rahmen der branchenspezifischen Auswertung

Analog zu der Darstellung in Abschnitt 4.4.1 wird nachfolgend zunächst dargestellt, was seitens der Unternehmen in Abhängigkeit von deren Branchenzugehörigkeit unter einer wertorientierten Berichterstattung verstanden wird. Anschließend erfolgt eine branchenspezifische Auswertung der Frage, inwiefern die bestehenden Rechnungslegungsvorschriften als Informationsgrundlage für die Beurteilung eines Unternehmens geeignet erscheinen. Ferner widmeten sich die allgemeinen Aspekte der wertorientierten Berichterstattung der Fragestellung, welchen Stellenwert die wertorientierte Berichterstattung in börsennotierten deutschen Unternehmen bereits besitzt. Auch die hierzu gegebenen Antwor-

---

[1088] Wie in Abschnitt 4.3 bereits erläutert, konnte eine branchenspezifische Auswertung der Befragungsergebnisse der Adressaten nicht erfolgen, da diese zum Großteil für mehrere Branchen zuständig waren oder keiner spezifischen Branche zugeordnet waren. Die branchenbezogenen Ergebnisse beschränken sich daher auf die Einschätzungen seitens der Ersteller.

[1089] Vgl. hierzu die Ausführungen in Abschnitt 2.1.2 und 2.1.3.1.3.

ten werden in Abhängigkeit von der Branchenzugehörigkeit der Unternehmen analysiert. Abschließend erfolgt eine branchenspezifische Auswertung der Antworten der Unternehmen zu ihren wesentlichen Werttreibern.

#### 4.5.1.1 Verständnis der wertorientierten Berichterstattung

Die Analyse des Verständnisses der wertorientierten Berichterstattung seitens der Unternehmen ergab, dass für ca. die Hälfte der Unternehmen die wertorientierte Berichterstattung den gesamten Bereich der Berichterstattung umfasste (48% der Antwortenden) (vgl. Abb. 71). Bei einer branchenspezifischen Betrachtung zeigt sich ein recht uneinheitliches Bild. Während 80% der Unternehmen aus der Branche Chemie/Pharma/Biotechnologie unter der wertorientierten Berichterstattung den gesamten Bereich der Berichterstattung verstanden, waren es innerhalb der Branche Banken/Finanzdienste/Versicherungen allein nur 24%. Ferner verstand in etwa die Hälfte der Unternehmen unter der wertorientierten Berichterstattung vornehmlich die zukunftsbezogenen Berichtsbestandteile (47% der Antwortenden). Auch hier ergibt sich bei einer branchenspezifischen Betrachtung ein differenziertes Bild, dass von 0% der Unternehmen (Bau) bis 56% der Unternehmen (Maschinenbau/Industrie) reicht.

Auch ordnete ca. die Hälfte der Unternehmen die wertorientierte Berichterstattung als Bestandteil der wertorientierten Unternehmensführung ein (48% der Antwortenden). Betont wurde diese Bedeutung insbesondere von Unternehmen der Branche Automobil/Transport (63%), während kein Unternehmen der Branche Medien/Unterhaltung die wertorientierte Berichterstattung als Bestandteil der wertorientierten Unternehmensführung ansah.

Das Merkmal der zeitnahen Berichterstattung wurde von 46% der antwortenden Unternehmen betont. Hinsichtlich einer branchenspezifischen Auswertung wird deutlich, dass kein Unternehmen der Branchen Chemie/Pharma/Biotechnologie, Bau und Medien/Unterhaltung der wertorientierten Berichterstattung diese Bedeutung zuwies, während 50% der Unternehmen der Branche Versorger/Telekommunikation sich hierfür aussprachen.

Als am wenigsten bedeutsam wurden die nicht-monetären Bestandteile angesehen (23% der Antwortenden). Diesbezüglich ergibt sich das am differenziertesten branchenspezifische Bild. Während alle Unternehmen der Branche Versorger/Telekommunikation unter nicht-monetären Bestandteilen eine wertorientierte Berichterstattung verstehen, teilte diese Einschätzung kein Unternehmen der Branche Medien/Unterhaltung.

| | Banken, Finanzdienste, Versicherungen | Chemie, Pharma, Biotechnologie | Einzelhandel, Konsum | Automobil, Transport | Maschinenbau, Industrie | Versorger, Telekommunikation | Software, Technologien | Bau | IT, Internet | Medien, Unterhaltung | Ø |
|---|---|---|---|---|---|---|---|---|---|---|---|
| Gesamter Bereich der Berichterstattung | ***24*** | **80** | 56 | 38 | 44 | 50 | 67 | 75 | 60 | 50 | 48 |
| Bestandteil der wertorientierten Unternehmensführung | 41 | 20 | 11 | **63** | 33 | 50 | 33 | 25 | 40 | ***0*** | 48 |
| Zukunftsbezogene Teile der Berichterstattung | 29 | 20 | 22 | 38 | **56** | 25 | 33 | ***0*** | 40 | 50 | 47 |
| Zeitnahe Berichterstattung | 18 | ***0*** | 11 | 38 | 33 | **50** | 22 | ***0*** | 40 | ***0*** | 46 |
| Teilbereich der Berichterstattung | 18 | 20 | 22 | **50** | 44 | ***0*** | 11 | ***0*** | 20 | ***0*** | 35 |
| Monetäre Bestandteile der Berichterstattung | 47 | 40 | **22** | 63 | 44 | **75** | 33 | **75** | 60 | 50 | 35 |
| Vergangenheitsbezogene Bestandteile der Berichterstattung | 47 | 40 | 33 | 50 | **61** | ***0*** | 56 | 25 | 40 | 50 | 25 |
| Nicht-monetäre Bestandteile der Berichterstattung | 35 | 60 | 56 | 88 | 50 | **100** | 33 | 25 | 20 | ***0*** | 23 |

(Antworten in %; Mehrfachnennungen möglich; fett = Branchenmaximum; fett/kursiv = Branchenminimum)

*Abb. 71: Verständnis der wertorientierten Berichterstattung in Abhängigkeit von der Branchenzugehörigkeit der Unternehmen*

Diese Ergebnisse der branchenspezifischen Analyse verstärken die weiter oben bereits gewonnenen Anzeichen dafür, dass noch kein einheitliches Verständnis über die wertorientierte Berichterstattung vorzuliegen scheint. Neben der Tatsache, dass ein einheitliches Verständnis höhere relative Häufigkeiten einzelner Charakteristika erfordern würde, zeigte die branchenspezifische Analyse, dass verschiedene Branchen zudem die einzelnen Charakteristika der wertorientierten Berichterstattung unterschiedlich einschätzten. Die größte Abweichung ergab sich dabei hinsichtlich der nicht-monetären Bestandteile der Berichterstattung, die kein Unternehmen der Branche Medien/Unterhaltung und alle Unternehmen der Branche Versorger/Telekommunikation als Bestandteil der wertorientierten Berichterstattung ansahen.

#### 4.5.1.2 Eignung von HGB, IAS und US-GAAP als Informationsgrundlage zur Beurteilung eines Unternehmens

Die Frage, wie sich die Rechnungslegungsnormen HGB, IAS und US-GAAP zur Abdeckung des Informationsbedarfs bei der Beurteilung der Wertentwicklung eines Unternehmens eignen, wurde ebenfalls branchenspezifisch ausgewertet. Wie bereits dargelegt, sollten Adressaten und Unternehmen diese Frage anhand einer Skala von „0 = ungeeignet“ bis „3 = sehr geeignet“ beantworten.

| | Banken, Finanzdienste, Versicherungen | Chemie, Pharma, Biotechnologie | Einzelhandel, Konsum | Automobil, Transport | Maschinenbau, Industrie | Versorger, Telekommunikation | Software, Technologien | Bau | IT, Internet | Medien, Unterhaltung | Ø |
|---|---|---|---|---|---|---|---|---|---|---|---|
| **US-GAAP** | ***1,93*** | 2,25 | 2,00 | 2,13 | 2,19 | 2,00 | **2,33** | 2,25 | 2,25 | 2,00 | 2,12 |
| **IAS** | 2,13 | 2,00 | 2,00 | 2,00 | 2,17 | **2,33** | ***1,88*** | 2,25 | 2,25 | 2,00 | 2,09 |
| **HGB** | 1,67 | ***1,00*** | 1,50 | 1,38 | 1,39 | **1,75** | 1,22 | 1,50 | 1,25 | ***1,00*** | 1,42 |

$0 \leq \bar{x} < 0,5$ ungeeignet; $0,5 \leq \bar{x} < 1,5$ weniger geeignet; $1,5 \leq \bar{x} < 2,5$ geeignet; $2,5 \leq \bar{x} \leq 3$ sehr geeignet (fett = Branchenmaximum; fett/kursiv = Branchenminimum)

*Abb. 72: Eignung von HGB, IAS und US-GAAP als Informationsgrundlage zur Beurteilung eines Unternehmens in Abhängigkeit von der Branchenzugehörigkeit der Unternehmen*

Insgesamt wurden die US-GAAP aus Unternehmenssicht am besten bewertet, gefolgt von den IAS und dem HGB (vgl. Abb. 72).[1090] Mit Ausnahme der Unternehmen der Branchen Banken/Finanzdienste/Versicherungen und Versorger/Telekommunikation, bei denen die IAS die größte Bedeutung besitzen, ergab sich diese Reihenfolge der Einschätzung auch für die einzelnen Branchen. Dabei schätzten alle Branchen die Vorschriften der US-GAAP und der IAS innerhalb einer bestimmten Bandbreite als „geeignet" ein. Hinsichtlich der Vorschriften des HGB ergaben sich hingegen deutliche Unterschiede in der Höhe der Bewertung. Während Unternehmen der Branchen Chemie/Pharma/Biotechnologie und Medien/Unterhaltung das HGB im Durchschnitt mit 1, d.h. weniger geeignet, bewerteten, schätzten Unternehmen der Branche Versorger/Telekommunikation die handelsrechtlichen Vorschriften mit 1,75 als geeignet ein. Diese Ergebnisse könnten als Indikator dafür gewertet werden, dass eher global ausgerichtete Branchen die Vorschriften des HGB gegenüber den Vorschriften der US-GAAP und der IAS tendenziell schlechter beurteilen als eher national geprägte Branchen.[1091]

[1090] Die Angaben in der Tabelle entsprechen den Mittelwerten. Vgl. zur jeweiligen Anzahl der antwortenden Unternehmen (n), zum Median (Mc) sowie zur Standardabweichung $s_x$ Anhang 13.

[1091] Unter national geprägten Branchen werden dabei solche Branchen verstanden, die bspw. vornehmlich abhängig von der Inlandsnachfrage sowie durch ehemalige Staatsmonopole geprägt sind.

### 4.5.1.3 Stellenwert der wertorientierten Berichterstattung in deutschen börsennotierten Unternehmen

Eine weitere Fragestellung gegenüber den Unternehmen betraf den Stellenwert der wertorientierten Berichterstattung in den jeweiligen deutschen börsennotierten Unternehmen. Während insgesamt 84% der Unternehmen angaben, dass die wertorientierte Berichterstattung im eigenen Unternehmen als sehr wichtig bzw. wichtig eingestuft wird, beurteilten 11% der Unternehmen die wertorientierte Berichterstattung als weniger wichtig. Kein Unternehmen bezeichnete die wertorientierte Berichterstattung als unwichtig.

In Abhängigkeit von der Branchenzugehörigkeit ergibt sich hinsichtlich des Stellenwertes der wertorientierten Berichterstattung in deutschen börsennotierten Unternehmen ein differenziertes Bild (vgl. Abb. 73). Als sehr wichtig stuften Unternehmen der Branchen Chemie/Pharma/Biotechnologie und Medien/Unterhaltung die wertorientierte Berichterstattung ein. Den geringsten Stellenwert wiesen Unternehmen der Branchen Versorger/Telekommunikation und IT/Internet der wertorientierten Berichterstattung zu.

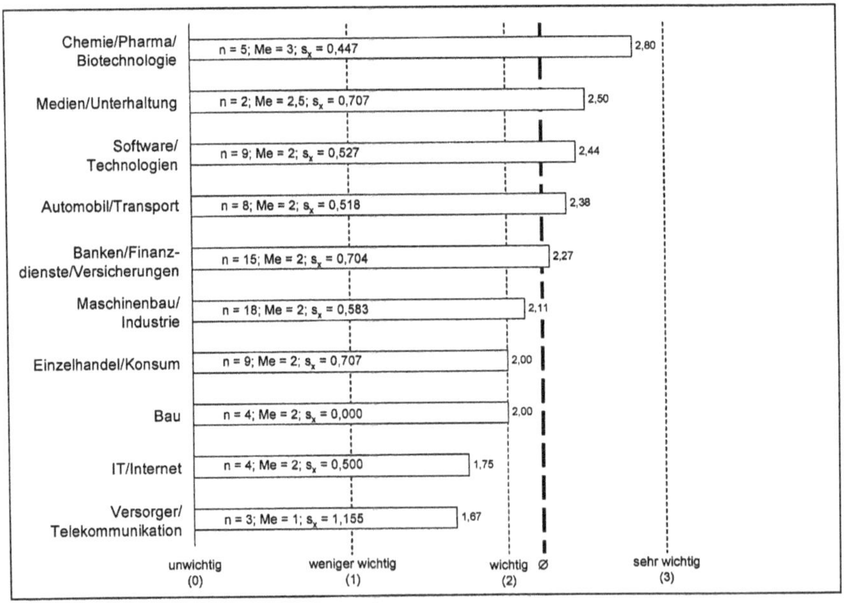


*Abb. 73: Stellenwert der wertorientierten Berichterstattung in Abhängigkeit von der Branchenzugehörigkeit der Unternehmen*

#### 4.5.1.4 Wesentliche Werttreiber in deutschen börsennotierten Unternehmen

Interessant erschien im Rahmen der branchenspezifischen Auswertung auch der Frage nach den wesentlichen Werttreibern der Unternehmen, da diese Auskunft über die unterschiedlichen Erfolgsfaktoren verschiedener Branchen geben können.

Abb. 74 stellt wesentliche finanzielle und nichtfinanzielle Werttreiber in Abhängigkeit von der Branchenzugehörigkeit der Unternehmen dar. Die Anzahl der Nennungen ist jeweils in Klammern hinter den Werttreibern angegeben.

| Branche | Finanzielle Werttreiber | Nichtfinanzielle Werttreiber |
|---|---|---|
| Banken/Finanzdienste/Versicherungen | • Investitionen (2)<br>• Kosten (3)<br>• Ergebnis | • Know-How/Qualifikation der Mitarbeiter (5)<br>• Produkte (2)<br>• Prozessqualität |
| Chemie/Pharma/Biotechnologie | • Umsatz-/Kapitalrentabilität (2)<br>• Kosten (2 UN)<br>• Ergebnis | • Marktanteil (2)<br>• Marktwachstum (2)<br>• Kundenzufriedenheit |
| Einzelhandel/Konsum | • Umsatz(-wachstum) (4)<br>• Umsatz-/Kapitalrentabilität (3)<br>• Cash Flow (2) | • Marktanteil (3)<br>• Know-How der Mitarbeiter (2)<br>• Markenbekanntheit/-pflege (2) |
| Automobil/Transport | • Investitionen (3)<br>• Umsatz-/Kapitalrentabilität (3)<br>• Kapitalkosten (2) | • Marktanteil (4)<br>• Kapazitätsauslastung (2)<br>• Kundenzufriedenheit (2) |
| Maschinenbau/Industrie | • Umsatz(-wachstum) (6)<br>• Kapitalrentabilität (6)<br>• Investitionen/Investitionswachstum (4) | • Marktanteil/Marktführerschaft (5)<br>• Produkt- und Prozessqualität (4)<br>• Qualifikation der Mitarbeiter (3) |
| Versorger/Telekommunikation | • Ergebniskennzahlen<br>• Rentabilität<br>• Kapitalbeteiligungen | • Kundenzufriedenheit<br>• Know-How der Mitarbeiter<br>• Vertriebswege |
| Software/Technologien | • Umsatz (3)<br>• Ergebnis (2)<br>• Rentabilität | • Marktwachstum<br>• Kundenzufriedenheit<br>• Kapazitätsauslastung |
| Bau | • Cash Flow<br>• Kapitalrentabilität<br>• Investitionen | • Markenwert<br>• Marktanteil<br>• Innovationen |
| IT Dienstleistungen/Internet | • Ergebnis<br>• Finanzmanagement<br>• Ergebnisorientierte Vergütung | • Know-Kow der Mitarbeiter<br>• Kunden<br>• Disziplin |
| Medien/Unterhaltung | • Verzinsung Nettovermögen | • Produktion<br>• Distribution |

*Abb. 74: Wesentliche finanzielle und nichtfinanzielle Werttreiber in deutschen börsennotierten Unternehmen in Abhängigkeit von der Branchenzugehörigkeit der Unternehmen*

Während der Großteil aller Unternehmen angab, die Werttreiber ganz (n = 36) oder zumindest teilweise (n = 39) zu publizieren, und nur neun der insgesamt 81 Unternehmen (d.h. 11%) erklärten, keine Angaben zu machen, zeigte die branchenspezifische Auswertung deutliche Unterschiede (vgl. Abb. 75). So gab bspw. kein Unternehmen der Branche Versorger/Telekommunikation an, die Werttreiber vollständig zu veröffentlichen. Demgegenüber erklärten 40% der Unternehmen der Branche IT/Internet, die Werttreiber nicht zu publizieren. Einen Überblick über die gesamten branchenspezifischen Ergebnisse hinsichtlich der Kommunikationsmedien von Werttreibern zeigt Abb. 75.

| | | Banken, Finanzdienste, Versicherungen | Chemie, Pharma, Biotechnologie | Einzelhandel, Konsum | Automobil, Transport | Maschinenbau, Industrie | Versorger, Telekommunikation | Software, Technologien | Bau | IT, Internet | Medien, Unterhaltung | **Gesamt** |
|---|---|---|---|---|---|---|---|---|---|---|---|---|
| n | | 17 | 5 | 9 | 8 | 18 | 4 | 9 | 4 | 5 | 2 | 81 |
| **Publikation der Werttreiber** | **Geschäftsbericht** | 10 | 1 | 4 | 1 | 8 | 0 | 3 | 2 | 1 | 2 | 32 |
| | **Zwischenbericht** | 6 | 1 | 3 | 0 | 7 | 0 | 3 | 1 | 1 | 1 | 23 |
| | **Internet** | 8 | 1 | 3 | 0 | 7 | 0 | 3 | 1 | 1 | 1 | 25 |
| **Teilweise Publikation der Wertreiber** | **Geschäftsbericht** | 6 | 3 | 3 | 6 | 7 | 3 | 5 | 1 | 1 | 0 | 35 |
| | **Zwischenbericht** | 5 | 3 | 1 | 3 | 5 | 2 | 3 | 0 | 1 | 0 | 23 |
| | **Internet** | 2 | 2 | 3 | 4 | 5 | 2 | 3 | 0 | 0 | 0 | 21 |
| **Keine Publikation der Werttreiber** | | 1 | 0 | 1 | 0 | 3 | 1 | 0 | 1 | 2 | 0 | 9 |
| (Mehrfachnennungen möglich) | | | | | | | | | | | | |

*Abb. 75: Publizitätsmedien von Werttreibern in deutschen börsennotierten Unternehmen in Abhängigkeit von der Branchenzugehörigkeit der Unternehmen*

### 4.5.2 Inhalte der wertorientierten Berichterstattung im Rahmen der branchenspezifischen Auswertung

In diesem Teilbereich wurde die Relevanz von bestimmten Informationen im Rahmen einer wertorientierten Berichterstattung in Abhängigkeit von der Branchenzugehörigkeit der Unternehmen analysiert. Analog zu der Auswertung in Abschnitt 4.4.2 handelt es sich hierbei im Einzelnen um Berichtskriterien, die den folgenden Berichtskategorien zugeordnet werden können:

- Obligatorische Berichtselemente,
- Angaben über die Entwicklung des Unternehmenswertes (Value Added Reporting),
- Angaben über die Wertentwicklung für die Kapitalgeber (Total Return Reporting),
- Angaben zu nachhaltigen Wertsteigerungspotenzialen (Strategic Advantage Reporting) unterteilt in
  - risikobezogene Angaben,
  - kunden- bzw. absatzmarktbezogene Angaben,
  - zulieferer- bzw. beschaffungsmarktbezogene Angaben,
  - mitarbeiter- bzw. managementbezogene Angaben,
  - prozess- bzw. innovationsbezogene Angaben,
  - unternehmensstrategische Angaben,
  - umfeldbezogene Angaben.

In Übereinstimmung mit der branchenübergreifenden Auswertung wurde auch im Rahmen der branchenspezifischen Auswertung zwischen der Relevanz vergangenheits- bzw. gegenwarts- und zukunftsbezogener Informationen bzw. Planangaben unterschieden. Zusätzlich zu den Relevanzeinschätzungen der einzelnen Berichtskriterien aus Sicht der verschiedenen Branchen werden in den nachfolgenden Übersichten jeweils die durchschnittlichen Bewertungen der Unternehmen insgesamt ausgewiesen, welche den Ergebnissen der branchenübergreifenden Auswertung entsprechen.[1092]

Zusätzlich zu der deskriptiven Darstellung der Befragungsergebnisse wurden die Daten wiederum einer induktiven Auswertung unterzogen. Um beurteilen zu können, ob Unternehmen verschiedener Branchen den Inhalten der wertorientierten Berichterstattung eine unterschiedliche Relevanz beimessen, wurde Hypothese 4 aufgestellt.[1093] Diese besagt, dass die Relevanz der verschiedenen Inhalte der wertorientierten Berichterstattung von den Unternehmen in Abhängigkeit von ihrer Branchenzugehörigkeit unterschiedlich eingestuft wird. Hypothese 4 wurde jeweils im Anschluss an die deskriptive Darstellung der Befragungsergebnisse für jede Berichtskategorie überprüft.

Zur Überprüfung von Hypothese 4 wurde zunächst für jedes Berichtskriterium anhand eines nichtparametrischen Tests ermittelt, ob signifikante Unterschiede in den Relevanzeinschätzungen der Unternehmen in Abhängigkeit von deren Branchenzugehörigkeit bestehen. Um anschließend beurteilen zu können, ob Unternehmen verschiedener Branchen einer Berichtskategorie insgesamt eine unterschiedliche Relevanz beimessen, wurde die folgende Entscheidungsregel aufgestellt: Wurden mindestens hinsichtlich der Hälfte aller Berichtskriterien innerhalb einer Berichtskategorie signifikante Unterschiede festgestellt, wurde in der Tendenz angenommen, dass die Relevanz der Berichtskategorie von Unternehmen verschiedener Branchen unterschiedlich eingestuft wird. Andernfalls wurde angenommen, dass Unternehmen verschiedener Branchen der Berichtskategorie in der Tendenz die gleiche Bedeutung beimessen.

---

[1092] Die durchschnittlichen Bewertungen der Unternehmen insgesamt entsprechen in den nachfolgenden Übersichten der mit dem Symbol ∅ überschriebenen Spalte.

[1093] Vgl. Abschnitt 4.3. Hier wurde bereits dargelegt, dass bei einem Signifikanzniveau von 0,1 hinsichtlich nahezu einem Drittel aller Berichtskriterien signifikante Unterschiede in den Relevanzeinschätzungen zwischen Unternehmen verschiedener Branchen vorliegen.

#### 4.5.2.1 Obligatorische Berichtselemente

Insgesamt schrieben Unternehmen die größte Bedeutung den obligatorischen Berichtselementen des traditionellen 'Financial Reporting' zu. Vor dem Hintergrund der derzeit noch eher zurückhaltenden Publikation von freiwilligen Berichtselementen erscheint diese Einschätzung nicht überraschend.[1094]

Als besonders relevant wurde aus Unternehmenssicht insgesamt die GuV-Rechnung eingestuft (vgl. Abb. 76)[1095]. Während Unternehmen der Branche Medien/Unterhaltung vergangenheits- bzw. gegenwartsbezogenen Informationen zur GuV-Rechnung im Branchenvergleich die höchste Relevanz zuwiesen, erachteten diese Unternehmen zukunftsbezogene Informationen bzw. Planangaben zur GuV-Rechnung im Branchenvergleich als am wenigsten relevant.[1096] Die Relevanz der zukunftsbezogenen Angaben zur GuV-Rechnung betonten insbesondere Unternehmen der Branche IT/Internet.

Als am wenigsten bedeutsam wurden die sonstigen Angaben im Anhang eingestuft. Im Branchenvergleich wiesen Unternehmen der Branche IT/Internet sowohl bezüglich vergangenheits- bzw. gegenwartsbezogener als auch bezüglich zukunftsbezogener Informationen bzw. Planangaben den sonstigen Angaben im Anhang die höchste Relevanz zu. Die geringste Einschätzung wurde diesbezüglich von Unternehmen der Branche Chemie/Pharma/Biotechnologie abgegeben.

Insgesamt fällt beim Branchenvergleich der Ergebnisse auf, dass insbesondere Unternehmen der Branche IT/Internet den einzelnen Angaben oftmals die höchste Relevanz beigemessen haben. Während Unternehmen der Branchen Banken/Finanzdienste/Versicherungen, Chemie/Pharma/Biotechnologie, Einzelhandel/Konsum, Versorger/Telekommunikation sowie Medien/Unterhaltung auf der einen Seite zu den Unternehmen gehörten, welche die Relevanz bestimmter Informationen am höchsten einstuften, zählen sie andererseits auch zu den Unternehmen, die bestimmte Angaben am geringsten bewerteten. Unternehmen der Branchen Automobil/Transport und Bau gaben im Branchenvergleich nie die höchste, teilweise jedoch die niedrigste Bewertung zu einzelnen Kriterien ab.

---

1094 Vgl. z.B. Pellens/Hillebrandt/Tomaszewski (2000); Fischer/Wenzel/Kühn (2001); Fischer/Becker/Wenzel (2001); Fischer/Becker/Wenzel (2002); Ruhwedel/Schultze (2002).

1095 Die Angaben in der Tabelle entsprechen den Mittelwerten. Vgl. zur jeweiligen Anzahl der antwortenden Unternehmen (n), zum Median (Me) sowie zur Standardabweichung $s_x$ der branchenspezifischen Auswertung die Anhänge 14 - 23.

1096 Obgleich es sich bei den hier aufgeführten zukunftsbezogenen Informationen bzw. Planangaben nicht um obligatorische Berichtselemente handelt, erscheint die Platzierung an dieser Stelle gerechtfertigt, da die entsprechenden vergangenheits- bzw. gegenwartsbezogenen Informationen obligatorische Berichtselemente darstellen.

| | Banken, Finanzdienste, Versicherungen | Chemie, Pharma, Biotechnologie | Einzelhandel, Konsum | Automobil, Transport | Maschinenbau, Industrie | Versorger, Telekommunikation | Software, Technologien | Bau | IT, Internet | Medien, Unterhaltung | Ø |
|---|---|---|---|---|---|---|---|---|---|---|---|
| **GuV-Rechnung** | 2,59 | 2,80 | 2,44 | 2,75 | 2,61 | ***2,00*** | 2,56 | 2,50 | 2,80 | **3,00** | 2,59 |
| | 2,25 | 2,60 | 2,38 | 2,25 | 2,63 | 2,50 | 2,63 | 2,25 | **2,75** | ***2,00*** | 2,44 |
| **Kapitalflussrechnung** | ***2,13*** | **3,00** | 2,56 | 2,75 | 2,50 | 2,25 | 2,56 | 2,25 | 2,50 | 2,50 | 2,47 |
| | ***1,93*** | 2,60 | 2,38 | 2,00 | 2,25 | **3,00** | 2,50 | 2,25 | 2,75 | 2,00 | 2,28 |
| **Bilanz** | **2,59** | 2,40 | 2,33 | 2,50 | 2,50 | ***1,75*** | 2,22 | 2,50 | 2,40 | 2,50 | 2,42 |
| | 1,56 | 2,00 | **2,25** | 2,00 | 2,13 | **2,25** | 1,75 | 2,00 | **2,25** | ***1,50*** | 1,95 |
| **Segmentbericht** | 2,56 | 2,60 | 2,25 | 2,63 | 2,39 | ***1,75*** | 2,11 | 2,50 | **2,75** | 2,50 | 2,41 |
| | 2,33 | 2,60 | 2,25 | ***2,00*** | 2,13 | 2,25 | 2,13 | 2,50 | **2,67** | 2,50 | 2,26 |
| **Lagebericht/MD&A** | 2,25 | 2,25 | 2,22 | 2,43 | 2,18 | ***1,75*** | **2,44** | 2,00 | 2,20 | 2,00 | 2,22 |
| | 2,07 | **2,40** | 2,25 | 1,86 | 2,31 | 2,25 | 2,25 | ***1,75*** | 2,00 | 2,00 | 2,15 |
| **Eigenkapitalspiegel** | 2,25 | 1,80 | ***1,67*** | 2,00 | 2,06 | 1,75 | 1,89 | 2,00 | **2,40** | 2,00 | 2,01 |
| | 2,00 | 1,80 | ***1,50*** | 1,69 | 1,81 | 2,25 | 1,88 | ***1,50*** | **2,50** | 2,00 | 1,88 |
| **Sonstige Angaben im Anhang** | 1,88 | ***1,40*** | 1,88 | 2,13 | 1,72 | 1,67 | 2,00 | 1,75 | **2,60** | 2,00 | 1,88 |
| | 1,47 | ***0,75*** | 1,63 | 1,38 | 1,44 | 1,67 | 1,88 | 1,25 | **2,25** | 1,50 | 1,51 |

Vergangenheit (schattiert) Zukunft/Planangaben (weiß) (fett = Branchenmaximum; fett/kursiv = Branchenminimum)

*Abb. 76: Bedeutung der obligatorischen Berichtselemente in Abhängigkeit von der Branchenzugehörigkeit der Unternehmen*

Zur Überprüfung, inwieweit die festgestellten Differenzen in der Bewertung obligatorischer Berichtselemente durch Unternehmen verschiedener Branchen signifikante Abweichungen aufweisen, wurden die Stichproben einem H-Test nach Kruskal und Wallis unterzogen. Der Test ergab, dass für die obligatorischen Berichtselemente keine signifikanten branchenspezifischen Unterschiede in den Einschätzungen der Unternehmen bestehen.[1097] In der Tendenz ist folglich anzunehmen, dass die Relevanz der obligatorischen Berichtselemente von Unternehmen verschiedener Branchen nicht unterschiedlich eingestuft wird.

#### 4.5.2.2 Angaben über die Entwicklung des Unternehmenswertes

Neben obligatorischen Berichtselementen wurde die die Relevanz der Berichterstattung über die Entwicklung des Unternehmenswertes (Value Added Reporting) branchenspezifisch ausgewertet.

---

[1097] Vgl. zu den Ergebnissen des H-Tests nach Kruskal und Wallis Anhang 24.

| | Banken, Finanzdienste, Versicherungen | Chemie, Pharma, Biotechnologie | Einzelhandel, Konsum | Automobil, Transport | Maschinenbau, Industrie | Versorger, Telekommunikation | Software, Technologien | Bau | IT, Internet | Medien, Unterhaltung | Ø |
|---|---|---|---|---|---|---|---|---|---|---|---|
| EBIT/EBITA/EBITDA | 2,24 | **3,00** | 2,33 | 2,38 | 2,83 | ***2,00*** | 2,67 | 2,75 | 2,80 | **3,00** | 2,56 |
| | ***2,20*** | **3,00** | 2,25 | 2,25 | 2,65 | **3,00** | 2,75 | 2,33 | **3,00** | **3,00** | 2,54 |
| Kapitalrenditen | 2,18 | **2,80** | 2,11 | 2,75 | 2,50 | 2,25 | 2,33 | 2,75 | ***2,00*** | ***2,00*** | 2,37 |
| | 2,40 | 2,80 | 2,13 | 2,50 | 2,41 | **3,00** | 2,25 | 2,33 | ***1,50*** | 2,00 | 2,36 |
| Erläuterung der wertorientierten Steuerungskonzepte | 2,13 | **2,40** | 2,00 | 2,38 | 1,89 | 1,75 | 2,13 | 2,00 | 2,00 | ***1,50*** | 2,05 |
| | 2,13 | 1,60 | 1,88 | 2,17 | 1,82 | 2,00 | 1,88 | 1,67 | **2,33** | ***1,50*** | 1,93 |
| Quantifizierung der Steuerungskennzahl (Gesamtunternehmen) | 1,94 | **2,80** | 1,88 | 2,63 | 2,00 | 2,00 | ***1,56*** | 2,00 | 1,60 | 2,00 | 2,01 |
| | 1,93 | 2,25 | 1,75 | 2,43 | 1,88 | **2,75** | 1,78 | 2,00 | ***1,50*** | 2,00 | 1,97 |
| Wertorientiertes Vergütungssystem | 1,87 | 2,00 | ***1,75*** | 2,25 | 1,88 | ***1,75*** | 2,00 | 2,25 | 2,20 | **2,50** | 1,97 |
| | 2,00 | **2,25** | 2,00 | 2,14 | ***1,71*** | 2,00 | 2,13 | 2,00 | 2,00 | 2,00 | 1,98 |
| Kapitalkosten (Gesamtunternehmen) | 2,00 | **2,60** | 1,75 | 2,38 | 1,89 | 2,00 | 1,67 | 2,00 | ***1,60*** | 2,00 | 1,96 |
| | 2,00 | 1,60 | 1,88 | 2,17 | 1,82 | **2,75** | ***1,33*** | 2,00 | 1,75 | 2,00 | 1,88 |
| EVA | 1,73 | **2,67** | 1,67 | 2,14 | 1,83 | 1,75 | 2,11 | 2,25 | ***1,40*** | 1,50 | 1,67 |
| | 1,93 | 2,33 | ***1,56*** | 2,00 | 1,78 | 2,25 | 1,89 | 2,00 | 1,67 | **2,50** | 1,89 |
| Mehrperiodige Entwicklung der Steuerungskennzahl | 1,67 | 2,40 | 1,50 | **2,63** | 1,67 | 2,00 | ***1,33*** | 1,50 | 1,60 | 2,00 | 1,77 |
| | 1,71 | 2,00 | ***1,25*** | 2,43 | 1,63 | **2,50** | 1,63 | 1,33 | 1,50 | 2,00 | 1,74 |
| Quantifizierung der Steuerungskennzahl (Geschäftsbereiche) | 1,79 | 2,00 | 1,50 | **2,50** | 1,67 | 2,00 | 1,44 | 1,75 | ***1,25*** | 2,00 | 1,76 |
| | 1,71 | 1,75 | 1,38 | 2,29 | 1,56 | **2,75** | 1,78 | 2,00 | ***1,33*** | 2,00 | 1,77 |
| Ermittlung des Kapitalkostensatzes | 1,53 | **2,20** | 1,63 | 2,14 | 1,44 | 1,75 | 1,33 | ***1,25*** | 1,60 | 2,00 | 1,61 |
| | 1,50 | ***1,20*** | 1,63 | 1,83 | 1,41 | **2,25** | 1,22 | 1,33 | 1,50 | 2,00 | 1,51 |
| Anders bewertete Posten | 1,94 | 1,75 | 1,38 | 1,63 | 1,44 | **2,00** | 1,67 | ***0,75*** | 1,25 | 1,50 | 1,58 |
| | 2,07 | 1,50 | ***1,25*** | 1,29 | ***1,25*** | **2,25** | 1,38 | ***1,25*** | 1,67 | 1,50 | 1,53 |
| Vergleich von Ist- und Planwerten | 1,81 | 1,60 | 1,38 | 1,57 | 1,41 | 2,00 | 1,56 | ***0,75*** | 1,60 | **2,50** | 1,57 |
| Kapitalkosten (Geschäftsbereiche) | 1,60 | 1,80 | 1,50 | **2,13** | 1,33 | 2,00 | 1,38 | ***1,25*** | ***1,25*** | 2,00 | 1,57 |
| | 1,64 | ***1,20*** | 1,63 | 1,67 | 1,35 | **2,75** | 1,50 | 1,67 | 1,33 | 2,00 | 1,59 |
| CVA | 1,50 | **2,33** | 1,67 | 1,75 | 1,31 | 1,75 | 1,56 | ***1,25*** | 1,40 | 1,50 | 1,54 |
| | 1,54 | 2,33 | 1,67 | 1,57 | 1,38 | 2,25 | 1,44 | ***1,33*** | 1,75 | **2,50** | 1,61 |
| Wertschöpfungsrechnung | 1,63 | 1,20 | ***1,11*** | 1,13 | 1,50 | 1,50 | 1,56 | 2,00 | 1,75 | **2,50** | 1,49 |
| | 1,71 | ***1,00*** | 1,13 | 1,25 | 1,44 | 2,33 | 1,88 | 1,75 | 2,25 | **2,50** | 1,58 |
| Beta-Faktor (Gesamtunternehmen) | 1,56 | 1,20 | ***1,13*** | 1,50 | 1,56 | **2,00** | 1,67 | 1,25 | 1,20 | 1,50 | 1,48 |
| | 1,67 | 1,20 | 1,38 | ***1,00*** | 1,38 | 2,00 | 1,56 | 1,25 | ***1,00*** | **2,50** | 1,45 |
| Value at Risk | 1,62 | 1,40 | ***1,00*** | 1,43 | 1,31 | **2,50** | 1,44 | 1,75 | 1,25 | 2,00 | 1,44 |
| | 1,75 | 1,40 | ***1,00*** | 1,50 | 1,27 | **2,50** | 1,56 | 1,75 | 1,33 | 2,00 | 1,48 |
| Beta-Faktor (Geschäftsbereiche) | 1,21 | 1,00 | 1,13 | 1,50 | 1,07 | **2,00** | 1,44 | 1,25 | 1,20 | ***0,50*** | 1,24 |
| | 1,38 | 1,00 | 1,25 | 1,17 | 1,13 | **2,00** | 1,56 | 1,25 | ***1,00*** | ***1,00*** | 1,29 |

▒ Vergangenheit ☐ Zukunft/Planangaben (fett = Branchenmaximum; fett/kursiv = Branchenminimum)

*Abb. 77: Bedeutung der Angaben über die Entwicklung des Unternehmenswertes in Abhängigkeit von der Branchenzugehörigkeit der Unternehmen*

Insgesamt sahen Unternehmen die sog. „pro forma"-Ergebnisse (EBIT, EBITA, EBITDA) als besonders wichtig an (vgl. Abb. 77)[1098]. Diese Einschätzung betonten sowohl hinsichtlich vergangenheits- bzw. gegenwartsbezogener als auch hinsichtlich zukunftsbezogener Informationen bzw. Planangaben insbesondere Unternehmen der Branchen Chemie/Pharma/Biotechnologie und Medien/Unterhaltung. Darüber hinaus hielten neben Unternehmen der Branche IT/Internet auch Unternehmen der Branche Versorger/Telekommunikation zukunftsbezogene Informationen bzw. Planangaben bezüglich der „pro-forma"-Ergebnisse im Branchenvergleich für besonders relevant. Andererseits schätzen die Unternehmen der Branche Versorger/Telekommunikation vergangenheits- bzw. gegenwartsbezogene Informationen bzgl. der „pro-forma"-Ergebnisse vergleichsweise am wenigsten relevant ein. Gleiches gilt für Unternehmen der Branche Banken/Finanzdienste/Versicherungen hinsichtlich der zukunftsbezogenen Informationen bzw. Planangaben.

Am wenigsten relevant wurde von den Unternehmen insgesamt der Ausweis des Beta-Faktors auf Geschäftsbereichsebene angesehen. Im Branchenvergleich wurde diesbezüglich sowohl hinsichtlich vergangenheits- bzw. gegenwartsbezogener Informationen als auch hinsichtlich zukunftsbezogener Informationen bzw. Planangaben seitens Unternehmen der Branche Versorger/Telekommunikation die höchste Bedeutung beigemessen. Am geringsten fiel die Einschätzung von Unternehmen der Branchen Medien/Unterhaltung und – für zukunftsbezogene Informationen – IT/Internet aus.

Der Branchenvergleich der Einschätzungen zu den Angaben über die Entwicklung des Unternehmenswertes zeigte, dass v.a. Unternehmen der Branchen Chemie/Pharma/Biotechnologie, Versorger/Telekommunikation und Medien/Unterhaltung einzelnen Informationen die höchste Relevanz beigemessen haben. Die vergleichsweise geringsten Bewertungen kamen insbesondere von Unternehmen der Branchen Einzelhandel/Konsum, Software/Technologien, Bau sowie IT/Internet.

Für die Angaben über die Entwicklung des Unternehmenswertes ergab der H-Test nach Kruskal und Wallis lediglich für vier der insgesamt 35 Angaben (d.h. 11%) branchenspezifische Unterschiede in den Einschätzungen der Unterneh-

[1098] Die Angaben in den folgenden Tabellen entsprechen den Mittelwerten. Vgl. zur jeweiligen Anzahl der antwortenden Unternehmen (n), zum Median (Me) sowie zur Standardabweichung $s_x$ der branchenspezifischen Auswertung die Anhänge 25 – 34.

men.[1099] Ein sehr signifikanter Unterschied betraf vergangenheitsbezogene Informationen zur mehrperiodigen Entwicklung der Steuerungskennzahl. Ferner waren signifikante Unterschiede hinsichtlich vergangenheitsbezogener Informationen zur Quantifizierung der Steuerungskennzahl für das Gesamtunternehmen festzustellen. Folglich ist in der Tendenz anzunehmen, dass dieser Berichtskategorie von Unternehmen verschiedener Branchen die gleiche Bedeutung beigemessen wird.

#### 4.5.2.3 Angaben über die Wertentwicklung für die Kapitalgeber

Neben obligatorischen Berichtselementen und den Angaben über die Entwicklung des Unternehmenswertes wurde die Relevanz der Berichterstattung über die Wertentwicklung für die Kapitalgeber (Total Return Reporting) branchenspezifisch untersucht.

Insgesamt wurden aus Unternehmenssicht die EPS als besonders wichtig angesehen (vgl. Abb. 78)[1100]. Diese Einschätzung betonten hinsichtlich vergangenheits- bzw. gegenwartsbezogener Angaben insbesondere Unternehmen der Branche IT/Internet, hinsichtlich zukunftsbezogener Informationen bzw. Planangaben v.a. Unternehmen der Branchen Chemie/Pharma/Biotechnologie und Versorger/Telekommunikation. Andererseits schätzten die Unternehmen der Branche Versorger/Telekommunikation vergangenheits- bzw. gegenwartsbezogene Informationen bzgl. der EPS vergleichsweise am wenigsten bedeutsam ein. Zukunftsbezogene Angaben bzw. Planangaben zu den EPS bewerteten Unternehmen der Branche Automobil/Transport im Branchenvergleich am geringsten.

Als am wenigsten bedeutsam wurden aus Unternehmenssicht Informationen zur Entwicklung eines langfristigen Musterdepots eingeschätzt. Dies betonten hinsichtlich vergangenheits- bzw. gegenwartsbezogener Informationen vornehmlich Unternehmen der Branche Medien/Unterhaltung, bezüglich zukunftsorientierter Informationen bzw. Planangaben Unternehmen der Branche Bau. Als vergleichsweise relevanter schätzten Unternehmen der Branche IT/Internet die vergangenheits- bzw. gegenwartsbezogenen Informationen zur Entwicklung eines langfristigen Musterdepots ein, Unternehmen der Branche Versor-

---

1099 Vgl. zu den Ergebnissen des H-Tests nach Kruskal und Wallis Anhang 35. Um zu ermitteln, zwischen welchen Branchen im Einzelnen die signifikanten Unterschiede bestehen, wurden paarweise Kolmogorov-Smirnow Z-Tests angewendet. Diese führten zu keinen eindeutigen Ergebnissen. Vgl. hierzu Anhang 36.

1100 Die Angaben in den folgenden Tabellen entsprechen den Mittelwerten. Vgl. zur jeweiligen Anzahl der antwortenden Unternehmen (n), zum Median (Me) sowie zur Standardabweichung $s_x$ der branchenspezifischen Auswertung die Anhänge 37 - 46.

ger/Telekommunikation die zukunftsorientierten Informationen bzw. Planangaben hierzu.

| | Banken, Finanzdienste, Versicherungen | Chemie, Pharma, Biotechnologie | Einzelhandel, Konsum | Automobil, Transport | Maschinenbau, Industrie | Versorger, Telekommunikation | Software, Technologien | Bau | IT, Internet | Medien, Unterhaltung | Ø |
|---|---|---|---|---|---|---|---|---|---|---|---|
| **Earnings per Share** | 2,35 | 2,60 | 2,11 | 2,38 | 2,39 | ***2,00*** | 2,56 | 2,50 | **2,80** | 2,50 | 2,40 |
| | 2,40 | **2,75** | 2,13 | ***2,00*** | 2,24 | **2,75** | 2,63 | 2,33 | 2,50 | 2,50 | 2,36 |
| **Aktienkursentwicklung** | 2,41 | 2,20 | 2,22 | 2,00 | 2,44 | ***1,75*** | 2,11 | ***1,75*** | 2,80 | **3,00** | 2,28 |
| | 2,29 | ***1,60*** | 2,00 | 2,00 | 2,03 | 2,33 | 2,11 | 2,00 | 2,25 | **2,50** | 2,09 |
| **Erläuterung ungewöhnlicher Kursausschläge** | 2,18 | 2,40 | 1,88 | 2,00 | 2,12 | ***1,50*** | 2,00 | 1,75 | 2,40 | **2,50** | 2,08 |
| **Relative Performance Aktie/Benchmark** | 2,12 | **2,40** | 1,89 | 2,38 | 2,12 | 1,75 | 2,00 | ***1,25*** | 2,40 | 2,00 | 2,08 |
| | 2,18 | 1,40 | 1,63 | 1,67 | 1,75 | 2,00 | 1,78 | ***1,33*** | **2,25** | 2,00 | 1,81 |
| **Aktienrendite** | **2,35** | 2,20 | 1,56 | 2,25 | 2,18 | 1,75 | 1,89 | ***1,50*** | 2,00 | 2,00 | 2,05 |
| | 2,15 | 1,40 | ***1,13*** | 2,00 | 2,06 | 2,00 | 1,78 | 1,50 | 1,75 | **2,50** | 1,84 |
| **Cash Flow per Share** | ***1,69*** | 2,20 | 2,33 | 2,00 | 1,78 | 2,00 | 2,11 | 2,00 | **2,60** | 2,50 | 2,00 |
| | 1,87 | 2,20 | 2,25 | 1,75 | ***1,71*** | **3,00** | 2,13 | 2,00 | 2,50 | 2,50 | 2,03 |
| **Relative Performance Aktie/Branchenindex** | 2,00 | **2,60** | 1,88 | 2,50 | 1,75 | 1,75 | 2,11 | ***1,25*** | 2,00 | 2,50 | 2,00 |
| | 2,15 | 1,60 | 1,57 | 1,67 | 1,47 | **2,67** | 1,67 | ***1,00*** | 2,00 | 2,50 | 1,76 |
| **Dividendenentwicklung** | **2,06** | 1,80 | 1,67 | 2,00 | **2,06** | 1,50 | 1,22 | 2,00 | 1,60 | ***0,00*** | 1,79 |
| | 1,93 | 1,40 | 1,38 | 2,00 | 1,94 | **2,33** | 1,33 | 2,00 | 1,25 | ***1,00*** | 1,72 |
| **Dividendenrendite** | 1,94 | 1,40 | 1,56 | 2,00 | **2,06** | 1,00 | 1,11 | 1,75 | 1,60 | ***0,00*** | 1,69 |
| | 1,79 | 1,20 | 1,25 | **2,00** | 1,88 | 1,67 | 1,11 | 1,75 | 1,25 | ***1,00*** | 1,58 |
| **Kredit-Ratings** | 1,80 | **2,40** | 1,67 | 1,83 | 1,50 | 1,50 | 1,33 | 2,00 | 1,00 | ***1,00*** | 1,62 |
| | 1,92 | **2,40** | 1,63 | 1,67 | 1,59 | 2,00 | 1,56 | 2,00 | ***1,25*** | 2,00 | 1,75 |
| **Entwicklung eines langfristigen Musterdepots** | 1,17 | 1,80 | 1,63 | 1,33 | 1,24 | 1,75 | 1,33 | 0,50 | **2,00** | ***0,50*** | 1,32 |
| | 1,33 | 1,20 | 1,14 | 1,25 | 1,00 | **2,33** | 1,11 | ***0,67*** | 1,00 | 1,00 | 1,17 |

(schattiert) Vergangenheit; (weiß) Zukunft/Planangaben (fett = Branchenmaximum; fett/kursiv = Branchenminimum)

*Abb. 78: Bedeutung der Angaben über die Wertentwicklung für die Kapitalgeber in Abhängigkeit von der Branchenzugehörigkeit der Unternehmen*

Beim Branchenvergleich ergibt sich ein relativ uneinheitliches Bild. Während Unternehmen der Branchen Banken/Finanzdienste/Versicherungen, Chemie/Pharma/Biotechnologie, Automobil/Transport, Maschinenbau/Industrie, Versorger/Telekommunikation, IT/Internet und Medien/Unterhaltung auf der einen Seite zu den Unternehmen gehören, welche die Relevanz bestimmter Informationen am höchsten einstuften, zählen sie andererseits auch zu den Unternehmen, die bestimmte Angaben vergleichsweise als wenig bedeutsam einschätzten. Unternehmen der Branchen Einzelhandel/Konsum und Bau wiesen im Branchenvergleich keinem der Kriterien die höchste Relevanz zu, einigen Kriterien jedoch die geringste Relevanz.

Für die Angaben über die Wertentwicklung für die Kapitalgeber führte der H-Test nach Kruskal und Wallis nur hinsichtlich drei der insgesamt 21 Angaben (d.h. 14%) zu branchenspezifischen Unterschiede in den Einschätzungen der Unternehmen.[1101] Sehr signifikante Unterschiede betrafen vergangenheitsbezogene Informationen zur Dividendenrendite. Ferner waren signifikante Unterschiede hinsichtlich vergangenheitsbezogener Informationen zur Aktienkursentwicklung sowie zur Dividendenentwicklung festzustellen. In der Tendenz ist davon auszugehen, dass die Relevanz dieser Berichtskategorie von Unternehmen verschiedener Branchen nicht unterschiedlich eingestuft wird.

### 4.5.2.4 Angaben zu nachhaltigen Wertsteigerungspotenzialen

Im Teilbereich „Angaben zu nachhaltigen Wertsteigerungspotenzialen" wurde die Bedeutung von Angaben zum Strategic Advantage Reporting in Abhängigkeit von der Branchenzugehörigkeit der Unternehmen analysiert. Im Einzelnen handelt es sich hierbei um Berichtskriterien, die, analog zu der Darstellung in Abschnitt 4.4.2.4, den folgenden Berichtskategorien zugeordnet werden können:

- Risikobezogene Angaben,
- kunden- bzw. absatzmarktbezogene Angaben,
- zulieferer- bzw. beschaffungsmarktbezogene Angaben,
- mitarbeiter- bzw. managementbezogene Angaben,
- prozess- bzw. innovationsbezogene Angaben,
- unternehmensstrategische Angaben,
- umfeldbezogene Angaben.

#### 4.5.2.4.1 Risikobezogene Angaben

Von Unternehmensseite wurden Angaben zu unternehmensstrategischen Risiken und Umfeld- und Branchenrisiken als besonders relevant angesehen (vgl. Abb.

---

[1101] Vgl. zu den Ergebnissen des H-Tests nach Kruskal und Wallis Anhang 47. Um zu ermitteln, zwischen welchen Branchen im Einzelnen die signifikanten Unterschiede bestehen, wurden paarweise Kolmogorov-Smirnow Z-Tests angewendet. Diese führten zu keinen eindeutigen Ergebnissen. Vgl. hierzu Anhang 48.

79).[1102] Im Branchenvergleich wiesen Unternehmen der Branche Chemie/Pharma/Biotechnologie vergangenheits- bzw. gegenwartsbezogenen Informationen zu diesen beiden Risikoarten die höchste Relevanz zu, während Unternehmen der Branche Medien/Unterhaltung die geringste Relevanzeinschätzung für diese Informationen abgaben. Andererseits erschienen für letztere Unternehmen zukunftsbezogene Informationen bzw. Planangaben bzgl. beider Risikoarten im Branchenvergleich als besonders relevant, während Unternehmen der Branche Einzelhandel/Konsum diesen Informationen vergleichsweise eine geringe Relevanz zuwiesen.

| | Banken, Finanzdienste, Versicherungen | Chemie, Pharma, Biotechnologie | Einzelhandel, Konsum | Automobil, Transport | Maschinenbau, Industrie | Versorger, Telekommunikation | Software, Technologien | Bau | IT, Internet | Medien, Unterhaltung | Ø |
|---|---|---|---|---|---|---|---|---|---|---|---|
| **Unternehmensstrategische Risiken** | 2,06 | **2,60** | 1,88 | 2,25 | 2,24 | 1,75 | 1,89 | 2,50 | 2,00 | ***1,50*** | 2,10 |
| | 2,53 | 2,80 | ***1,88*** | 2,14 | 2,24 | 2,50 | 2,44 | 2,00 | 2,75 | **3,00** | 2,36 |
| **Umfeld- und Branchenrisiken** | 2,00 | **2,60** | 1,63 | 2,00 | 2,18 | 2,25 | 1,89 | 2,25 | 2,20 | ***1,50*** | 2,05 |
| | 2,53 | 2,80 | ***1,63*** | 1,86 | 2,29 | 2,75 | 2,22 | 2,00 | 2,75 | **3,00** | 2,31 |
| **Finanzwirtschaftliche Risiken** | 1,94 | 2,20 | 1,75 | **2,25** | 2,18 | 2,00 | 1,78 | ***1,50*** | 1,80 | ***1,50*** | 1,96 |
| | 2,21 | 2,20 | 1,88 | 1,86 | 2,25 | 2,75 | 2,11 | ***1,50*** | 2,25 | **3,00** | 2,15 |
| **Risikomanagement** | 2,00 | 2,00 | 1,50 | 1,86 | 1,89 | **2,25** | 2,00 | **2,25** | 2,20 | ***1,00*** | 1,92 |
| | 2,29 | 2,00 | 1,63 | 1,83 | 1,88 | 2,50 | 2,22 | 2,25 | **2,75** | ***1,50*** | 2,07 |
| **Leistungswirtschaftliche Risiken** | ***1,47*** | 1,80 | 1,50 | 1,75 | 1,94 | 1,75 | 1,75 | 1,50 | **2,00** | 1,50 | 1,71 |
| | 1,62 | 1,80 | 1,50 | 1,71 | 1,94 | 2,50 | 2,00 | ***1,25*** | 2,33 | **3,00** | 1,85 |
| **Personalrisiken** | 1,38 | 1,20 | ***1,00*** | 1,50 | 1,35 | **2,00** | 1,78 | 1,25 | 1,80 | 1,50 | 1,44 |
| | 1,79 | ***1,20*** | 1,25 | 1,43 | 1,53 | **2,50** | 2,11 | 1,25 | 2,25 | 2,00 | 1,68 |
| **Informationstechnische Risiken** | 1,67 | 1,40 | ***0,88*** | 1,13 | 1,35 | **1,75** | 1,50 | 1,25 | 1,40 | 1,50 | 1,38 |
| | 1,69 | 1,40 | 1,25 | ***1,00*** | 1,53 | **2,50** | 1,89 | ***1,00*** | 1,50 | **2,50** | 1,56 |

Vergangenheit (jeweils erste Zeile, grau) Zukunft/Planangaben (jeweils zweite Zeile) (fett = Branchenmaximum; fett/kursiv = Branchenminimum)

*Abb. 79: Bedeutung risikobezogener Angaben in Abhängigkeit von der Branchenzugehörigkeit der Unternehmen*

Am wenigsten relevant wurden aus Unternehmenssicht insgesamt Angaben zu informationstechnischen Risiken angesehen. Im Branchenvergleich wurde diesbezüglich hinsichtlich vergangenheits- bzw. gegenwartsbezogener Informationen und hinsichtlich zukunftsbezogener Informationen bzw. Planangaben seitens Unternehmen der Branche Versorger/Telekommunikation die höchste Bedeutung beigemessen. Dies entsprach hinsichtlich zukunftsbezogener Informationen bzw. Planangaben auch der Einschätzung der Unternehmen der Branche Me-

[1102] Die Angaben in den folgenden Tabellen entsprechen den Mittelwerten. Vgl. zur jeweiligen Anzahl der antwortenden Unternehmen (n), zum Median (Me) sowie zur Standardabweichung $s_x$ der branchenspezifischen Auswertung die Anhänge 49 – 58.

dien/Unterhaltung. Am geringsten fiel die Einschätzung hinsichtlich vergangenheits- bzw. gegenwartsbezogener Informationen seitens Unternehmen der Branchen Einzelhandel/Konsum, hinsichtlich zukunftsbezogener Informationen bzw. Planangaben seitens Unternehmen der Branchen Automobil/Transport und Bau aus.

Insgesamt fällt beim Branchenvergleich der Ergebnisse auf, dass insbesondere Unternehmen der Branchen Versorger/Telekommunikation und Medien/Unterhaltung den einzelnen Angaben oftmals die höchste Relevanz beigemessen haben. Andererseits zählen Unternehmen der Branche Medien/Unterhaltung zu den Unternehmen, aus deren Sicht einzelne Informationen im Branchenvergleich häufig am geringsten bewertet wurden. Ebenso gaben Unternehmen der Branchen Einzelhandel/Konsum und Bau hinsichtlich mehrerer Angaben im Branchenvergleich die geringsten Relevanzeinschätzungen ab.

Der H-Test nach Kruskal und Wallis ergab, dass zu risikobezogenen Angaben lediglich hinsichtlich vier der insgesamt 14 Angaben branchenspezifische Unterschiede in den Einschätzungen der Unternehmen bestehen.[1103] Sehr signifikante Unterschiede betrafen zukunftsbezogene Angaben zu Umfeld- und Branchenrisiken. Ferner konnten signifikante Unterschiede hinsichtlich zukunftsbezogener Informationen zu leistungswirtschaftlichen Risiken, zu Personalrisiken sowie zu informationstechnischen Risiken festgestellt werden. Abermals ist in der Tendenz davon auszugehen, dass Unternehmen verschiedener Branchen dieser Berichtskategorie die gleiche Bedeutung beimessen.

#### 4.5.2.4.2 Kunden- bzw. absatzmarktbezogene Angaben

Insgesamt wurden aus Unternehmenssicht Angaben zum Marktwachstum als besonders wichtig empfunden (vgl. Abb. 80)[1104]. Die Relevanz sowohl vergangenheits- bzw. gegenwartsbezogener Informationen als auch zukunftsbezogener Informationen bzw. Planangaben zum Marktwachstum wurde v.a. von Unternehmen der Branchen Chemie/Pharma/Biotechnologie und Medien/Unterhaltung hervorgehoben, die Relevanz zukunftsbezogener Informationen bzw. Planangaben auch von Unternehmen der Branche IT/Internet. Demgegenüber wiesen

---

[1103] Vgl. zu den Ergebnissen des H-Tests nach Kruskal und Wallis Anhang 59. Um zu ermitteln, zwischen welchen Branchen im Einzelnen die signifikanten Unterschiede bestehen, wurden paarweise Kolmogorov-Smirnow Z-Tests angewendet. Diese führten zu keinen eindeutigen Ergebnissen. Vgl. hierzu Anhang 60.

[1104] Die Angaben in den folgenden Tabellen entsprechen den Mittelwerten. Vgl. zur jeweiligen Anzahl der antwortenden Unternehmen (n), zum Median (Me) sowie zur Standardabweichung $s_x$ der branchenspezifischen Auswertung die Anhänge 61 - 70.

Unternehmen der Branche Einzelhandel/Konsum diesen Informationen eine vergleichsweise geringe Relevanz zu.

Insgesamt hielten Unternehmen Angaben zu Kundenakquisitions- bzw. Kundenbindungskosten sowie zum Umsatzanteil aus Cross-Selling für am wenigsten relevant. Im Branchenvergleich schätzten vor allem Unternehmen der Branche Medien/Unterhaltung sowohl vergangenheits- bzw. gegenwartsbezogener Informationen als auch zukunftsbezogener Informationen bzw. Planangaben zu Kundenakquisitions- bzw. Kundenbindungskosten als wenig relevant ein. Eine im Vergleich zum Unternehmensdurchschnitt höhere Einschätzung der Relevanz dieser Informationen gaben Unternehmen der Branche Versorger/Telekommunikation sowie hinsichtlich vergangenheits- bzw. gegenwartsbezogener Informationen auch Unternehmen der Branche IT/Internet ab. Ein nahezu identisches Bild zeigte der Branchenvergleich hinsichtlich der Angaben zum Umsatzanteil aus Cross-Selling.

Beim Branchenvergleich sämtlicher Angaben zeigte sich, dass Unternehmen der Branche Medien/Unterhaltung teilweise die höchsten und teilweise die niedrigsten Relevanzeinschätzungen abgaben. Die Unternehmen aller anderen Branchen zählten entweder zu den Unternehmen, die einzelne Berichtskriterien am höchsten bewerteten, oder zu den Unternehmen, die einzelnen Berichtskriterien die niedrigste Bedeutung zuwiesen.

| | Banken, Finanzdienste, Versicherungen | Chemie, Pharma, Biotechnologie | Einzelhandel, Konsum | Automobil, Transport | Maschinenbau, Industrie | Versorger, Telekommunikation | Software, Technologien | Bau | IT, Internet | Medien, Unterhaltung | Ø |
|---|---|---|---|---|---|---|---|---|---|---|---|
| **Marktwachstum** | 2,43 | **3,00** | ***2,11*** | 2,63 | 2,39 | 2,25 | 2,38 | 2,50 | 2,60 | **3,00** | 2,45 |
| | 2,54 | **3,00** | ***2,22*** | 2,67 | 2,53 | 2,50 | 2,50 | 2,67 | **3,00** | **3,00** | 2,57 |
| **Marktanteile** | 2,07 | **3,00** | 2,44 | 2,63 | 2,22 | 2,25 | 2,25 | 2,50 | 2,60 | ***1,50*** | 2,34 |
| | 2,15 | **2,80** | 2,44 | 2,50 | 2,44 | 2,50 | 2,38 | 2,67 | 2,33 | ***1,50*** | 2,39 |
| **Kundenzufriedenheit** | 1,86 | 2,00 | 1,89 | 2,25 | 2,11 | **2,75** | 2,25 | 1,75 | 2,40 | ***1,00*** | 2,06 |
| | 1,83 | 1,80 | 1,78 | 1,83 | 2,25 | **2,75** | 2,25 | 2,00 | 1,75 | ***1,00*** | 2,00 |
| **Kundenstruktur** | 1,86 | 2,00 | 1,75 | 1,88 | 2,00 | 2,50 | 1,88 | 1,75 | **2,60** | ***0,50*** | 1,93 |
| | 2,08 | 1,80 | 1,75 | 1,83 | 2,12 | 2,67 | 2,00 | 1,67 | **2,75** | ***0,50*** | 2,00 |
| **Markenimage** | 1,93 | **2,40** | 2,11 | 1,75 | 1,78 | 1,75 | ***1,38*** | 1,75 | **2,40** | 2,00 | 1,88 |
| | 1,85 | 2,20 | 2,22 | 1,83 | 1,82 | **2,25** | ***1,50*** | 2,00 | 2,00 | 2,00 | 1,91 |
| **Produkt- und Serviceimage** | 2,07 | 1,80 | 1,38 | 1,88 | 1,89 | 2,00 | 1,88 | 1,50 | **2,40** | ***0,50*** | 1,84 |
| | 2,00 | 1,60 | 1,38 | 1,67 | 1,88 | **2,25** | 2,00 | 1,33 | 1,75 | ***0,50*** | 1,77 |
| **Kundenbindung bzw. Kundenfluktuation** | 2,07 | 1,80 | 1,13 | 2,13 | 1,44 | 2,50 | 2,25 | ***1,00*** | **2,60** | 1,50 | 1,82 |
| | 2,08 | 1,80 | 1,25 | 2,17 | 1,65 | **3,00** | 2,25 | ***1,00*** | 1,75 | 1,50 | 1,86 |
| **Abhängigkeit von Einzelkunden** | ***1,50*** | 2,00 | ***1,50*** | 1,63 | 1,89 | 1,75 | 2,00 | ***1,50*** | **2,80** | 2,00 | 1,80 |
| | 1,54 | 1,80 | 1,50 | ***1,33*** | 1,82 | 2,00 | 2,00 | 2,67 | **2,50** | **2,50** | 1,77 |
| **Markenwert** | 1,77 | 2,25 | 1,89 | 1,50 | 1,61 | 2,25 | ***1,25*** | 2,00 | 1,80 | 2,50 | 1,75 |
| | 1,83 | 2,00 | 2,11 | 1,67 | 1,65 | 2,25 | ***1,14*** | 2,00 | 2,00 | **2,50** | 1,81 |
| **Anzahl neuer Kundenbeziehungen** | 2,07 | 1,40 | 1,25 | 1,63 | 1,28 | **2,75** | 1,88 | 1,00 | 2,60 | ***0,50*** | 1,66 |
| | 2,00 | 1,40 | 1,50 | 1,33 | 1,75 | **3,00** | 1,88 | 1,00 | 2,25 | ***0,50*** | 1,75 |
| **Anzahl bestehender Kundenbeziehungen** | 2,00 | 1,20 | 1,25 | 1,38 | 1,28 | 2,50 | 1,88 | 1,25 | **2,60** | ***1,00*** | 1,62 |
| | 1,85 | 1,20 | 1,38 | 1,33 | 1,38 | **2,75** | 1,88 | ***1,00*** | 1,75 | ***1,00*** | 1,58 |
| **Vertriebskanäle** | 1,79 | 1,60 | 1,44 | ***1,00*** | 1,65 | **2,25** | 1,50 | 1,25 | 1,60 | 2,00 | 1,58 |
| | 1,77 | 1,60 | 1,56 | ***1,17*** | 1,72 | 2,25 | 1,75 | 1,33 | 1,25 | **2,50** | 1,67 |
| **Vergleich von Ist- und Planwerten** | 1,71 | 1,40 | 1,63 | 1,25 | ***1,11*** | **2,25** | 1,50 | 1,25 | 1,60 | 1,50 | 1,46 |
| **Profitabilität von Neukunden** | 1,64 | 1,80 | 1,13 | 1,13 | 1,13 | 2,00 | 1,38 | 1,00 | **2,20** | ***0,50*** | 1,39 |
| | 1,77 | 1,80 | 1,43 | 0,67 | 1,13 | **2,75** | 1,75 | 1,00 | 1,75 | ***0,50*** | 1,47 |
| **Umsatzanteil aus Cross-Selling** | 1,71 | 1,00 | 0,88 | 1,50 | 1,00 | 1,75 | 1,25 | 1,50 | **2,00** | ***0,50*** | 1,32 |
| | 1,77 | 1,00 | 1,00 | 1,00 | 0,93 | **2,00** | 1,38 | 1,00 | 1,25 | ***0,50*** | 1,24 |
| **Kundenakquisitions- bzw. Kundenbindungskosten** | 1,43 | 1,40 | 1,13 | 1,50 | 0,94 | **2,00** | 1,00 | 1,25 | **2,00** | ***0,50*** | 1,28 |
| | 1,69 | 1,40 | 1,29 | 1,17 | 0,94 | **2,25** | 1,38 | 1,33 | 1,75 | ***0,50*** | 1,35 |

▒ Vergangenheit ☐ Zukunft/Planangaben (fett = Branchenmaximum; fett/kursiv = Branchenminimum)

*Abb. 80: Bedeutung kunden- bzw. absatzmarktbezogener Angaben in Abhängigkeit von der Branchenzugehörigkeit der Unternehmen*

Für ca. ein Drittel der kunden- und absatzmarktbezogenen Angaben ergab der H-Test nach Kruskal und Wallis branchenspezifische Unterschiede in den Einschätzungen der Unternehmen.[1105] Die höchst signifikanten Unterschiede betrafen vergangenheitsbezogene Informationen zur Kundenbindung bzw. -fluktuation, zur Anzahl neuer bzw. bestehender Kundenbeziehungen sowie zukunftsbezogene Informationen zur Profitabilität von Neukunden. Sehr signifikante Unterschiede bezogen sich auf zukunftsbezogene Informationen zur Kundenbindung bzw. -fluktuation sowie auf vergangenheitsbezogene Informationen zur Profitabilität von Neukunden. Des Weiteren waren signifikante Unterschiede hinsichtlich vergangenheitsbezogener Informationen zu Marktanteilen und zu Kundenakquisitions- bzw. -bindungskosten sowie zukunftsbezogene Informationen zur Kundenstruktur sowie zur Anzahl neuer Kundenbeziehungen festzustellen. Da jedoch weniger als die Hälfte aller Berichtskriterien zu signifikanten Unterschieden führten ist in der Tendenz anzunehmen, dass die Relevanz dieser Berichtskategorie von Unternehmen verschiedener Branchen nicht unterschiedlich eingestuft wird.

#### 4.5.2.4.3 Zulieferer- bzw. beschaffungsmarktbezogene Angaben

Seitens der Unternehmen insgesamt wurden Informationen über Preisentwicklungen im Beschaffungsmarkt als am relevantesten angesehen (vgl. Abb. 81)[1106]. Diese Einschätzung wurde sowohl bzgl. vergangenheits- bzw. gegenwartsbezogener Informationen als auch bzgl. zukunftsbezogener Informationen bzw. Planangaben insbesondere durch Unternehmen der Branche Maschinenbau/Industrie abgegeben. Demgegenüber schätzten Unternehmen der Branche Banken/Finanzdienste/Versicherungen diese Informationen im Vergleich zum Unternehmensdurchschnitt als wenig bedeutsam ein.

Die nationale Herkunft der Zulieferer wurde aus Unternehmenssicht insgesamt als am wenigsten relevant eingeschätzt. Diese geringe Bewertung wurde v.a. von Unternehmen der Branche IT/Internet abgegeben. Ferner gaben Unternehmen der Branchen Versorger/Telekommunikation und Medien/Unterhaltung hinsichtlich der zukunftsbezogenen Angaben bzw. Planangaben zur nationalen Herkunft der Zulieferer eine niedrige Bewertung ab. Unternehmen der Branche

---

[1105] Vgl. zu den Ergebnissen des H-Tests nach Kruskal und Wallis Anhang 71. Um zu ermitteln, zwischen welchen Branchen im Einzelnen die signifikanten Unterschiede bestehen, wurden paarweise Kolmogorov-Smirnow Z-Tests angewendet. Diese führten zu keinen eindeutigen Ergebnissen. Vgl. hierzu Anhang 72.

[1106] Die Angaben in den folgenden Tabellen entsprechen den Mittelwerten. Vgl. zur jeweiligen Anzahl der antwortenden Unternehmen (n), zum Median (Me) sowie zur Standardabweichung $s_x$ der branchenspezifischen Auswertung die Anhänge 61 - 70.

Chemie/Pharma/Biotechnologie schätzten vergangenheits- bzw. gegenwartsbezogene Informationen zur nationalen Herkunft der Zulieferer bedeutender ein als der Unternehmensdurchschnitt, Unternehmen der Branche Einzelhandel/Konsum die entsprechenden zukunftsbezogenen Informationen bzw. Planangaben.

| | | Banken, Finanzdienste, Versicherungen | Chemie, Pharma, Biotechnologie | Einzelhandel, Konsum | Automobil, Transport | Maschinenbau, Industrie | Versorger, Telekommunikation | Software, Technologien | Bau | IT, Internet | Medien, Unterhaltung | Ø |
|---|---|---|---|---|---|---|---|---|---|---|---|---|
| **Preisentwicklung im Beschaffungsmarkt** | Vergangenheit | ***0,78*** | 2,00 | 1,78 | 2,13 | **2,28** | 1,75 | 1,88 | 1,50 | 1,60 | 1,50 | 1,81 |
| | Zukunft/Planangaben | ***0,88*** | 2,00 | 1,56 | 1,67 | **2,47** | 2,25 | 1,88 | 1,67 | 1,25 | 1,50 | 1,82 |
| **Einsparungen im Beschaffungsbereich** | Vergangenheit | 0,89 | **2,20** | 1,78 | 1,88 | 2,00 | 1,75 | 2,00 | 1,50 | 1,20 | ***0,50*** | 1,69 |
| | Zukunft/Planangaben | 0,88 | 2,20 | 1,89 | 1,50 | 2,15 | **2,25** | 2,00 | 1,67 | 1,00 | ***0,50*** | 1,75 |
| **Beschaffungsvolumen** | Vergangenheit | 0,56 | 2,00 | 1,25 | **2,38** | 1,44 | 1,50 | 1,50 | 1,25 | 1,60 | ***0,50*** | 1,44 |
| | Zukunft/Planangaben | 0,75 | 1,80 | 1,38 | **1,83** | 1,47 | 1,75 | 1,50 | 1,00 | 1,25 | ***0,50*** | 1,38 |
| **Abhängigkeit von einzelnen Zulieferern** | Vergangenheit | 0,67 | 1,40 | 1,13 | **2,00** | 1,61 | 1,25 | 1,75 | 1,00 | 1,60 | ***0,50*** | 1,39 |
| | Zukunft/Planangaben | 0,75 | 1,40 | 1,38 | **1,80** | 1,59 | 1,75 | 1,75 | 1,33 | 1,25 | ***0,50*** | 1,42 |
| **Zuliefererbindung bzw. Zuliefererfluktuation** | Vergangenheit | 0,56 | 1,20 | 1,33 | **1,63** | 1,22 | 1,50 | 1,38 | 0,75 | 1,00 | ***0,50*** | 1,17 |
| | Zukunft/Planangaben | 0,63 | 1,20 | 1,33 | 1,20 | 1,31 | **2,00** | 1,38 | 1,00 | 1,00 | ***0,50*** | 1,20 |
| **Vergleich von Ist- und Planwerten** | Vergangenheit | 0,67 | 1,00 | 1,13 | 1,25 | 1,11 | **1,75** | 1,25 | 1,25 | 1,00 | ***0,50*** | 1,10 |
| **Anzahl der Zulieferer-beziehungen** | Vergangenheit | 0,56 | 1,00 | 1,13 | **1,25** | 0,94 | 1,00 | 1,13 | 0,75 | 1,20 | ***0,50*** | 0,97 |
| | Zukunft/Planangaben | 0,75 | 1,00 | 1,13 | 1,00 | 1,00 | **1,25** | 1,00 | 1,00 | 1,00 | ***0,50*** | 0,98 |
| **Anzahl neuer Zulieferer-beziehungen** | Vergangenheit | ***0,44*** | **1,00** | 0,63 | 0,88 | 0,89 | **1,00** | **1,00** | 0,75 | **1,00** | 0,50 | 0,82 |
| | Zukunft/Planangaben | 0,63 | 1,00 | 0,88 | 0,60 | 0,94 | **1,50** | 0,88 | 1,00 | 0,75 | ***0,50*** | 0,88 |
| **Nationale Herkunft der Zulieferer** | Vergangenheit | 0,44 | **1,00** | 0,88 | 0,63 | 0,72 | 0,75 | 0,88 | 0,60 | ***0,40*** | 0,50 | 0,69 |
| | Zukunft/Planangaben | 0,63 | 1,00 | **1,13** | 0,80 | 0,76 | ***0,50*** | 0,88 | 0,67 | ***0,50*** | ***0,50*** | 0,78 |

Vergangenheit (grau) · Zukunft/Planangaben (weiß) · (fett = Branchenmaximum; fett/kursiv = Branchenminimum)

*Abb. 81: Bedeutung zulieferer- bzw. beschaffungsmarktbezogener Angaben in Abhängigkeit von der Branchenzugehörigkeit der Unternehmen*

Der Branchenvergleich der einzelnen Kriterien zeigte, dass Unternehmen der Branchen Versorger/Telekommunikation und IT/Internet zu einigen Berichtskriterien die höchsten und zu anderen Berichtskriterien die geringsten Relevanzeinschätzungen abgaben. Mit Ausnahme der Unternehmen der Branche Bau zählten die Unternehmen der anderen Branchen entweder zu den Unternehmen, die einzelnen Berichtskriterien die höchste Bedeutung zuwiesen, oder zu den Unternehmen, die einzelne Berichtskriterien am geringsten bewerteten.

Der H-Test nach Kruskal und Wallis ergab für weniger als ein Drittel der zulieferer- und beschaffungsmarktbezogenen Angaben branchenspezifische Unterschiede in den Einschätzungen der Unternehmen.[1107] Sehr signifikante Unterschiede betrafen vergangenheitsbezogene Informationen zur Preisentwicklung im Beschaffungsmarkt sowie zum Beschaffungsvolumen. Signifikante Unterschiede bezogen sich auf zukunftsbezogene Informationen zur Preisentwicklung im Beschaffungsmarkt sowie auf vergangenheitsbezogene Informationen zu Einsparungen im Beschaffungsbereich und zur Abhängigkeit von einzelnen Zulieferern. In der Tendenz ist folglich davon auszugehen, dass Unternehmen verschiedener Branchen dieser Berichtskategorie die gleiche Bedeutung beimessen.

#### 4.5.2.4.4 Mitarbeiter- bzw. managementbezogene Angaben

Unternehmen räumten insgesamt den Angaben zur Qualifikation des Managements einen hohen Stellenwert ein (vgl. Abb. 82)[1108]. Im Branchenvergleich hielten insbesondere Unternehmen der Branche Medien/Unterhaltung sowohl vergangenheits- bzw. gegenwartsbezogene Informationen als auch zukunftsbezogene Informationen bzw. Planangaben zur Qualifikation des Managements für besonders relevant. Als am wenigsten bedeutsam schätzten diese Angaben Unternehmen der Branchen Chemie/Pharma/Biotechnologie und Versorger/Telekommunikation (vergangenheitsbezogene bzw. gegenwartsbezogene Informationen) sowie Unternehmen der Branche Einzelhandel/Konsum (zukunftsbezogene Informationen bzw. Planangaben) ein.

Das seitens der Unternehmen insgesamt als am wenigsten relevant eingestufte Kriterium sind die Fehlzeiten von Mitarbeitern. Die geringste Einschätzung kam diesbezüglich von Unternehmen der Branche Medien/Unterhaltung sowie hinsichtlich zukunftsbezogener Informationen bzw. Planangaben von Unternehmen der Branche Einzelhandel/Konsum. Dem gegenüber wiesen Unternehmen der Branche Bau den vergangenheits- bzw. gegenwartsbezogenen Informationen zu Fehlzeiten zu Mitarbeitern und Unternehmen der Branche Versorger/Telekommunikation den zukunftsbezogenen Angaben bzw. Planangaben zu Fehlzeiten von Mitarbeitern im Vergleich zum Unternehmensdurchschnitt eine hohe Bedeutung zu.

---

1107 Vgl. zu den Ergebnissen des H-Tests nach Kruskal und Wallis Anhang 73. Um zu ermitteln, zwischen welchen Branchen im Einzelnen die signifikanten Unterschiede bestehen, wurden paarweise Kolmogorov-Smirnow Z-Tests angewendet. Diese führten zu keinen eindeutigen Ergebnissen. Vgl. hierzu Anhang 74.

1108 Die Angaben in den folgenden Tabellen entsprechen den Mittelwerten. Vgl. zur jeweiligen Anzahl der antwortenden Unternehmen (n), zum Median (Me) sowie zur Standardabweichung $s_x$ der branchenspezifischen Auswertung die Anhänge 75 - 84.

| | Banken, Finanzdienste, Versicherungen | Chemie, Pharma, Biotechnologie | Einzelhandel, Konsum | Automobil, Transport | Maschinenbau, Industrie | Versorger, Telekommunikation | Software, Technologien | Bau | IT, Internet | Medien, Unterhaltung | Ø |
|---|---|---|---|---|---|---|---|---|---|---|---|
| **Qualifikation des Managements** | 2,40 | ***2,00*** | 2,11 | 2,38 | 2,22 | ***2,00*** | 2,43 | 2,25 | 2,60 | **3,00** | 2,30 |
| | 2,43 | 1,80 | ***1,78*** | 2,00 | 2,18 | 2,33 | 2,57 | 2,33 | 2,67 | **3,00** | 2,23 |
| **Management-vergütung** | 2,07 | 2,20 | 1,63 | 2,13 | 1,89 | 2,00 | 2,00 | ***1,25*** | 2,20 | **2,50** | 1,96 |
| | 2,14 | 2,00 | 1,50 | 1,83 | 1,82 | 2,00 | 2,00 | ***1,33*** | **2,75** | 2,50 | 1,94 |
| **Qualifikation der Mitarbeiter** | 2,20 | ***1,00*** | 1,33 | 1,75 | 1,89 | 1,75 | 2,13 | 1,75 | 2,20 | **2,50** | 1,86 |
| | **2,57** | ***1,00*** | 1,22 | 1,83 | 1,76 | 2,50 | 2,13 | 1,67 | 2,50 | 2,50 | 1,94 |
| **Mitarbeiter-produktivität** | 1,87 | 1,80 | ***1,25*** | 1,63 | 1,78 | ***1,25*** | **2,38** | 2,25 | 2,20 | 2,00 | 1,82 |
| | 2,21 | 1,80 | ***1,25*** | 1,50 | 1,88 | 1,75 | 2,38 | 2,00 | 2,00 | **2,50** | 1,92 |
| **Anzahl der Mitarbeiter** | 1,88 | 2,40 | 1,50 | 1,88 | 1,61 | ***1,00*** | 2,00 | 1,75 | **2,80** | ***1,00*** | 1,81 |
| | 1,93 | 2,40 | 1,50 | 2,00 | 1,53 | 1,50 | 2,25 | 1,67 | **2,75** | ***1,00*** | 1,85 |
| **Knowledge Management** | 2,00 | ***1,40*** | 1,50 | 1,50 | 1,50 | 1,67 | 1,63 | 2,00 | 2,40 | **3,00** | 1,73 |
| | 2,15 | ***1,20*** | 1,38 | 1,67 | 1,53 | 1,67 | 1,71 | 2,00 | 2,00 | **3,00** | 1,73 |
| **Mitarbeiterbindung bzw. Mitarbeiter-fluktuation** | 1,94 | 1,40 | ***1,00*** | 1,38 | 1,56 | 1,75 | 2,00 | 1,75 | **2,20** | 2,00 | 1,67 |
| | 2,21 | 1,20 | ***1,00*** | 1,67 | 1,47 | 2,25 | 2,00 | 1,67 | **2,50** | 2,00 | 1,75 |
| **Mitarbeiter-zufriedenheit** | 1,47 | 1,40 | ***1,38*** | 1,63 | 1,67 | **2,00** | 1,88 | 1,75 | 1,40 | **2,00** | 1,61 |
| | 1,50 | 1,40 | ***1,13*** | 1,83 | 1,59 | **2,25** | 1,63 | 1,67 | 2,00 | 2,00 | 1,61 |
| **Ausgabe von Belegschaftsaktien** | 2,00 | 1,80 | ***0,75*** | 1,38 | 1,50 | 1,00 | 1,75 | 1,50 | 2,00 | **2,50** | 1,59 |
| | 2,14 | 1,80 | ***0,75*** | 1,00 | 1,59 | 1,25 | 1,75 | 1,00 | 2,25 | **2,50** | 1,61 |
| **Investitionen in Mitarbeiterbildung** | 1,73 | ***1,20*** | 1,33 | 1,50 | 1,39 | 1,75 | 1,50 | **2,00** | **2,00** | 1,50 | 1,55 |
| | 2,15 | ***1,20*** | 1,33 | 1,50 | 1,53 | **2,50** | 1,63 | 1,67 | 2,25 | 1,50 | 1,70 |
| **Vergleich von Ist- und Planwerten** | 1,60 | 1,20 | ***0,75*** | 1,25 | 1,11 | 1,00 | 1,25 | 1,25 | 1,40 | **2,00** | 1,25 |
| **Altersstruktur der Mitarbeiter** | 1,31 | 1,20 | 1,00 | **1,38** | 1,00 | 1,25 | 1,25 | 1,25 | ***0,80*** | 1,00 | 1,15 |
| | 1,36 | 1,20 | ***0,88*** | 1,17 | 1,12 | **1,75** | 1,38 | 1,00 | 1,00 | 1,00 | 1,20 |
| **Fehlzeiten der Mitarbeiter** | 1,13 | 1,20 | 0,63 | 1,00 | 1,17 | 1,00 | 1,13 | **1,25** | 1,00 | ***0,50*** | 1,05 |
| | 1,21 | 1,00 | ***0,50*** | 1,00 | 1,19 | **1,50** | 1,25 | 1,33 | 1,25 | ***0,50*** | 1,10 |

▒ Vergangenheit ☐ Zukunft/Planangaben (fett = Branchenmaximum; fett/kursiv = Branchenminimum)

*Abb. 82: Bedeutung mitarbeiter- bzw. managementbezogener Angaben in Abhängigkeit von der Branchenzugehörigkeit der Unternehmen*

Der Branchenvergleich der verschiedenen Kriterien ergab ein eher uneinheitliches Bild. Während Unternehmen von ca. der Hälfte aller Branchen auf der einen Seite zu den Unternehmen gehören, welche die Relevanz bestimmter Informationen am höchsten einstuften, zählten sie andererseits auch zu den Unternehmen, die bestimmte Angaben vergleichsweise als wenig bedeutsam einschätzten. Demgegenüber repräsentieren die Unternehmen der anderen Branchen die Unternehmen, die sich entweder für die höchsten oder die niedrigsten Ausprägungen bestimmter Kriterien aussprachen.

Für weniger als die Hälfte aller mitarbeiter- bzw. managementbezogenen Angaben (44% aller Angaben) zeigte der H-Test nach Kruskal und Wallis branchenspezifische Unterschiede in den Einschätzungen der Unternehmen.[1109] Höchst signifikante Unterschiede betrafen zukunftsbezogene Informationen zur Qualifikation der Mitarbeiter sowie vergangenheitsbezogene Informationen zur Anzahl der Mitarbeiter. Sehr signifikante Unterschiede bezogen sich auf zukunftsbezogene Informationen zur Anzahl der Mitarbeiter, zur Mitarbeiterbindung bzw. -fluktuation, zur Ausgabe von Belegschaftsaktien sowie zu Investitionen in die Mitarbeiterbildung. Ferner konnten signifikante Unterschiede hinsichtlich vergangenheitsbezogener Informationen zur Qualifikation der Mitarbeiter, zur Mitarbeiterproduktivität, zum Knowledge Management und zur Ausgabe von Belegschaftsaktien sowie zukunftsbezogene Informationen zur Mitarbeiterproduktivität festgestellt werden. In der Tendenz ist daher anzunehmen, dass die Relevanz dieser Berichtskategorie von Unternehmen verschiedener Branchen nicht unterschiedlich eingestuft wird.

#### 4.5.2.4.5 Prozess- bzw. innovationsbezogene Angaben

Als am relevantesten wurden seitens der Unternehmen v.a. Angaben zur Produkt- und Prozessqualität angesehen (vgl. Abb. 83)[1110]. Diese hohe Bedeutung betonten insbesondere Unternehmen der Branche Chemie/Pharma/Biotechnologie. Eine im Vergleich zum Unternehmensdurchschnitt geringe Einschätzung zu deren Relevanz gaben Unternehmen der Branche Medien/Unterhaltung ab.

Die geringste Relevanz wiesen Unternehmen insgesamt den Angaben zum Umsatz aus dem Verkauf von Patenten zu. Während Unternehmen der Branche Chemie/Pharma/Biotechnologie diesen Informationen eine im Branchenvergleich relativ hohe Bedeutung zuwiesen, stuften Unternehmen der Branche Medien/Unterhaltung deren Bedeutung vergleichsweise niedrig ein.

---

1109 Vgl. zu den Ergebnissen des H-Tests nach Kruskal und Wallis Anhang 85. Um zu ermitteln, zwischen welchen Branchen im Einzelnen die signifikanten Unterschiede bestehen, wurden paarweise Kolmogorov-Smirnow Z-Tests angewendet. Diese führten zu keinen eindeutigen Ergebnissen. Vgl. hierzu Anhang 86.

1110 Die Angaben in den folgenden Tabellen entsprechen den Mittelwerten. Vgl. zur jeweiligen Anzahl der antwortenden Unternehmen (n), zum Median (Me) sowie zur Standardabweichung $s_x$ der branchenspezifischen Auswertung die Anhänge 87 - 96.

| | | Banken, Finanzdienste, Versicherungen | Chemie, Pharma, Biotechnologie | Einzelhandel, Konsum | Automobil, Transport | Maschinenbau, Industrie | Versorger, Telekommunikation | Software, Technologien | Bau | IT, Internet | Medien, Unterhaltung | Ø |
|---|---|---|---|---|---|---|---|---|---|---|---|---|
| Produkt- und Prozessqualität | Vergangenheit | 1,93 | **2,40** | 2,00 | 2,25 | 2,22 | 2,00 | 2,13 | 2,00 | 2,20 | ***0,50*** | 2,08 |
| | Zukunft/Planangaben | 2,07 | **2,40** | 1,57 | 2,17 | 2,18 | 2,25 | 2,13 | 1,67 | 2,33 | ***0,50*** | 2,04 |
| Kapazitätsauslastung | Vergangenheit | 1,43 | 2,40 | 1,57 | 2,50 | 2,17 | 1,75 | 1,75 | 2,00 | **2,60** | ***0,00*** | 1,92 |
| | Zukunft/Planangaben | 1,46 | 2,40 | 1,43 | 2,50 | 2,12 | 2,25 | 1,88 | 1,67 | **2,67** | ***0,00*** | 1,90 |
| Anzahl neuer Produkte | Vergangenheit | ***1,00*** | 2,40 | 1,63 | 1,43 | 2,00 | 2,00 | 2,13 | 2,00 | 1,40 | **2,50** | 1,74 |
| | Zukunft/Planangaben | ***1,17*** | 2,20 | 2,00 | 1,50 | 2,06 | **2,50** | 2,13 | 2,00 | 1,25 | **2,50** | 1,85 |
| Investitionen in F&E | Vergangenheit | ***0,67*** | **2,40** | 1,38 | 1,57 | 2,06 | 1,50 | 2,25 | 2,00 | 1,60 | 1,00 | 1,66 |
| | Zukunft/Planangaben | ***0,73*** | **2,40** | 1,25 | 1,63 | 2,18 | 1,75 | 2,25 | 2,00 | 1,00 | 1,00 | 1,67 |
| Umsatzanteil neuer Produkte | Vergangenheit | ***0,85*** | 2,20 | 1,57 | 1,14 | 2,00 | **2,25** | 2,13 | 1,75 | 1,20 | 2,00 | 1,64 |
| | Zukunft/Planangaben | ***0,92*** | 2,00 | 1,86 | 1,25 | 2,12 | **2,50** | 2,13 | 2,00 | 1,00 | 2,00 | 1,73 |
| Fehlerraten von Services und Produkten | Vergangenheit | 1,29 | 2,00 | 1,00 | **2,25** | 1,61 | 2,00 | 1,75 | 1,50 | 1,40 | ***0,00*** | 1,56 |
| | Zukunft/Planangaben | 1,62 | 1,80 | 1,00 | **2,00** | 1,71 | **2,00** | 1,75 | 1,33 | 1,50 | ***0,00*** | 1,59 |
| Entwicklungszeit neuer Produkte | Vergangenheit | 0,92 | 1,80 | ***0,86*** | 1,57 | 1,56 | 1,75 | **1,88** | 1,50 | 1,00 | 1,50 | 1,40 |
| | Zukunft/Planangaben | ***0,83*** | 1,60 | 1,00 | 1,75 | 1,65 | **2,00** | 1,88 | 1,33 | 1,00 | 1,50 | 1,44 |
| IT-Ausgaben | Vergangenheit | 1,73 | 1,20 | 1,00 | **1,75** | 1,33 | 1,50 | 1,25 | 1,25 | 1,40 | ***0,00*** | 1,38 |
| | Zukunft/Planangaben | 1,93 | 1,20 | 1,00 | 1,67 | 1,24 | **2,00** | 1,25 | 1,67 | 1,75 | ***0,00*** | 1,44 |
| Durchschnittliche Servicereaktionszeit | Vergangenheit | 1,33 | 1,40 | 1,00 | 1,38 | 1,22 | **2,00** | 1,50 | 1,50 | 1,60 | ***0,50*** | 1,33 |
| | Zukunft/Planangaben | 1,43 | 1,40 | 1,00 | 1,50 | 1,24 | **2,00** | 1,63 | 1,33 | 1,75 | ***0,50*** | 1,38 |
| Durchlaufzeit von Aufträgen | Vergangenheit | 1,27 | 1,40 | 0,86 | 1,38 | 1,33 | 1,25 | **1,63** | 1,25 | 1,60 | ***0,00*** | 1,29 |
| | Zukunft/Planangaben | 1,21 | 1,40 | 0,86 | 1,33 | 1,59 | 1,50 | 1,63 | 1,33 | **1,75** | ***0,00*** | 1,36 |
| Anzahl neuer Lizenzen | Vergangenheit | ***0,20*** | **2,20** | 1,57 | 0,86 | 1,56 | 1,25 | 1,25 | 1,50 | 0,40 | 1,50 | 1,20 |
| | Zukunft/Planangaben | ***0,22*** | **2,20** | 1,57 | 0,88 | 1,65 | 1,25 | 1,25 | 1,00 | 0,50 | 1,50 | 1,22 |
| Vergleich von Ist- und Planwerten | Vergangenheit | 1,31 | 0,80 | ***0,71*** | 1,13 | 1,12 | 1,00 | 1,38 | **1,50** | 1,40 | 1,00 | 1,15 |
| Anzahl der Lizenzen | Vergangenheit | ***0,20*** | **2,00** | 1,29 | 1,00 | 1,33 | 1,25 | 1,38 | 1,50 | 0,40 | 1,00 | 1,11 |
| | Zukunft/Planangaben | ***0,22*** | **2,00** | 1,29 | 1,00 | 1,41 | 1,25 | 1,38 | 1,00 | 0,50 | 1,00 | 1,13 |
| Umsatz (Altersstruktur der Produkte) | Vergangenheit | ***0,33*** | 1,60 | 0,83 | 0,71 | 1,44 | 1,50 | 1,38 | 1,00 | 0,60 | **2,00** | 1,07 |
| | Zukunft/Planangaben | ***0,27*** | 1,40 | 1,00 | 0,75 | 1,53 | **2,00** | 1,50 | 1,33 | 0,75 | **2,00** | 1,16 |
| Anzahl neuer Patente | Vergangenheit | 0,30 | 1,60 | 0,86 | 0,71 | **1,61** | 1,25 | 1,25 | 1,25 | 0,60 | ***0,00*** | 1,06 |
| | Zukunft/Planangaben | 0,33 | 1,60 | 0,71 | 0,75 | **1,71** | 1,38 | 1,25 | 1,33 | 0,75 | ***0,00*** | 1,09 |
| Anzahl der Patente | Vergangenheit | 0,30 | 1,40 | 1,13 | 0,86 | **1,50** | 1,00 | 1,25 | 1,25 | 0,60 | ***0,00*** | 1,04 |
| | Zukunft/Planangaben | 0,33 | 1,40 | 1,13 | 0,88 | **1,53** | 1,38 | 1,25 | 1,33 | 0,75 | ***0,00*** | 1,09 |
| Restlaufzeit der Patente | Vergangenheit | 0,20 | **1,60** | 0,86 | 0,57 | 1,22 | 1,00 | 1,25 | 1,00 | 0,20 | ***0,00*** | 0,87 |
| | Zukunft/Planangaben | 0,22 | **1,40** | 0,71 | 0,63 | 1,29 | 1,25 | 1,13 | 1,00 | 0,50 | ***0,00*** | 0,90 |
| Umsatz (Verkauf der Patente) | Vergangenheit | 0,20 | **1,40** | 0,29 | 0,57 | 0,83 | 1,00 | 0,75 | 1,00 | 0,20 | ***0,00*** | 0,64 |
| | Zukunft/Planangaben | 0,22 | **1,40** | 0,29 | 0,63 | 0,82 | 1,00 | 0,75 | 1,00 | 0,25 | ***0,00*** | 0,66 |

Vergangenheit | Zukunft/Planangaben | (fett = Branchenmaximum; fett/kursiv = Branchenminimum)

*Abb. 83: Bedeutung prozess- bzw. innovationsbezogener Angaben in Abhängigkeit von der Branchenzugehörigkeit der Unternehmen*

Der Branchenvergleich sämtlicher Kriterien zeigte, dass Unternehmen der Branchen Banken/Finanzdienste/Versicherungen sowie Einzelhandel/Konsum für kein Berichtskriterium die höchsten Bewertungen, für einige Berichtskriterien jedoch die geringsten Bewertungen abgaben. Demgegenüber beurteilten Unternehmen der Branchen Chemie/Pharma/Biotechnologie, Automobil/Transport, Maschinenbau/Industrie, Versorger/Telekommunikation, Software/Technologien, Bau sowie IT/Internet kein Berichtskriterium im Branchenvergleich am geringsten, einige Berichtskriterien aber am höchsten. Lediglich Unternehmen der Branche Medien/Unterhaltung gaben im Branchenvergleich zu einigen Berichtskriterien die höchsten und zu anderen Berichtskriterien die niedrigsten Relevanzeinschätzungen ab.

Für 63% der prozess- und innovationsbezogenen Angaben ergaben sich anhand des H-Tests nach Kruskal und Wallis signifikante branchenspezifische Unterschiede in den Einschätzungen der Unternehmen.[1111]

Die höchst signifikanten Unterschiede betrafen vergangenheits- sowie zukunftsbezogene Informationen zum Umsatz nach der Altersstruktur der Produkte und zur Anzahl neuer Lizenzen sowie vergangenheitsbezogene Informationen zur Anzahl der Lizenzen, zur Anzahl neuer Patente und zur Restlaufzeit der Patente. Ferner ergaben sich sehr signifikante Unterschiede hinsichtlich der vergangenheits- sowie zukunftsbezogenen Informationen zur Kapazitätsauslastung, zu Investitionen in F&E und zum Umsatz aus dem Verkauf von Patenten, hinsichtlich vergangenheitsbezogener Informationen zur Anzahl neuer Produkte, zum Umsatzanteil neuer Produkte, zu Fehlerraten von Services und Produkten und zur Anzahl der Patente sowie hinsichtlich zukunftsbezogener Informationen zur Anzahl der Lizenzen, zur Anzahl neuer Patente und zur Restlaufzeit der Patente. Die signifikanten Unterschiede bezogen sich auf zukunftsbezogene Angaben zum Umsatzanteil neuer Produkte sowie zur Anzahl der Patente. In der Tendenz kann folglich nach der hier gewählten Entscheidungsregel angenommen werden, dass die Relevanz dieser Berichtskategorie von Unternehmen verschiedener Branchen unterschiedlich eingestuft wird.

#### 4.5.2.4.6 Unternehmensstrategische Angaben

Angaben zu Geschäftsfeldern wurden von den Unternehmen insgesamt als besonders relevant eingeschätzt (vgl. Abb. 84)[1112]. Im Branchenvergleich besonders

[1111] Vgl. zu den Ergebnissen des H-Tests nach Kruskal und Wallis Anhang 97. Um zu ermitteln, zwischen welchen Branchen im Einzelnen die signifikanten Unterschiede bestehen, wurden paarweise Kolmogorov-Smirnow Z-Tests angewendet. Diese führten zu keinen eindeutigen Ergebnissen. Vgl. hierzu Anhang 98.

hervorgehoben haben diese Informationen Unternehmen der Branche Chemie/Pharma/Biotechnologie. Die im Vergleich geringste Relevanzeinschätzung gaben Unternehmen der Branche Medien/Unterhaltung ab.

Als am wenigsten relevant schätzten Unternehmen insgesamt den Umweltbericht ein. Die im Branchenvergleich geringste Einschätzung gaben hierzu Unternehmen der Branche Medien/Unterhaltung ab. Unternehmen der Branche Versorger/Telekommunikation maßen Informationen in Form eines Umweltberichtes vergleichsweise die höchste Relevanz zu.

Der Branchenvergleich ergab, dass Unternehmen von der Hälfte aller Branchen einzelne Berichtskriterien am höchsten und andere Berichtskriterien am niedrigsten bewerteten. Die Unternehmen der anderen Branchen gaben entweder nur die höchsten Relevanzeinschätzungen für einzelne Berichtskriterien oder die niedrigsten Relevanzeinschätzungen für einzelne Berichtskriterien ab.

Für die unternehmensstrategischen Angaben ergab der H-Test nach Kruskal und Wallis für sechs der insgesamt 26 Angaben branchenspezifische Unterschiede in den Einschätzungen der Unternehmen.[1113] Die sehr signifikanten Unterschiede bezogen sich auf zukunftsbezogene Informationen zu Kapitalbeteiligungen und zum nachhaltigen Wirtschaften. Signifikante Unterschiede konnten bezüglich vergangenheitsbezogener Informationen zum nachhaltigen Wirtschaften, zur Unternehmenskultur, -philosophie, zum Intellectual Capital/Property Statement sowie zum Umweltbericht festgestellt werden. Folglich ist in der Tendenz für die Berichtskategorie „unternehmensstrategische Angaben" davon auszugehen, dass deren Bedeutung von Unternehmen verschiedener Branchen nicht unterschiedlich eingestuft wird.

---

1112 Die Angaben in den folgenden Tabellen entsprechen den Mittelwerten. Vgl. zur jeweiligen Anzahl der antwortenden Unternehmen (n), zum Median (Me) sowie zur Standardabweichung $s_x$ der branchenspezifischen Auswertung die Anhänge 99 - 108.

1113 Vgl. zu den Ergebnissen des H-Tests nach Kruskal und Wallis Anhang 109. Um zu ermitteln, zwischen welchen Branchen im Einzelnen die signifikanten Unterschiede bestehen, wurden paarweise Kolmogorov-Smirnow Z-Tests angewendet. Diese führten zu keinen eindeutigen Ergebnissen. Vgl. hierzu Anhang 110.

| | Banken, Finanzdienste, Versicherungen | Chemie, Pharma, Biotechnologie | Einzelhandel, Konsum | Automobil, Transport | Maschinenbau, Industrie | Versorger, Telekommunikation | Software, Technologien | Bau | IT, Internet | Medien, Unterhaltung | Ø |
|---|---|---|---|---|---|---|---|---|---|---|---|
| **Geschäftsfelder** | 2,76 | **2,80** | 2,25 | 2,63 | 2,29 | 2,50 | 2,33 | 2,50 | 2,60 | ***2,00*** | 2,49 |
| | 2,75 | **2,80** | 2,38 | 2,67 | 2,38 | 2,75 | 2,56 | 2,33 | 2,50 | ***2,00*** | 2,55 |
| **Geschäftstätigkeit** | 2,65 | **2,80** | 2,33 | 2,63 | 2,39 | 2,50 | 2,44 | ***2,00*** | 2,40 | ***2,00*** | 2,47 |
| | 2,69 | 2,60 | 2,44 | 2,33 | 2,35 | **3,00** | 2,67 | ***2,00*** | 2,50 | 2,25 | 2,51 |
| **Festlegung der Kernkompetenzen** | 2,53 | **3,00** | 2,22 | 2,38 | 2,50 | 2,75 | ***2,00*** | 2,33 | 2,60 | ***2,00*** | 2,44 |
| | 2,64 | **3,00** | 2,33 | 2,50 | 2,47 | **3,00** | 2,11 | 2,33 | **3,00** | ***2,00*** | 2,52 |
| **Kauf/Verkauf von Geschäftsbereichen** | 2,47 | **3,00** | 2,00 | 2,25 | 2,33 | 2,50 | 2,00 | 2,75 | 2,80 | ***1,50*** | 2,36 |
| | 2,53 | 2,80 | 2,13 | 2,33 | 2,29 | **3,00** | 2,33 | 2,67 | 2,75 | ***2,00*** | 2,44 |
| **Konzernstruktur** | 2,53 | **2,60** | 1,75 | 2,38 | 2,22 | 2,00 | 1,89 | 2,50 | 2,40 | ***1,50*** | 2,24 |
| | **2,40** | **2,40** | 1,88 | 2,17 | 2,35 | 2,25 | 2,00 | 2,33 | 2,25 | ***1,50*** | 2,22 |
| **Finanzierungs-maßnahmen** | 2,18 | 2,40 | ***1,75*** | 2,13 | 1,78 | 2,00 | 1,89 | 2,00 | 1,80 | **2,50** | 1,99 |
| | 2,40 | 2,40 | 1,88 | 2,00 | 1,94 | 2,25 | 2,00 | ***1,67*** | 1,75 | **2,50** | 2,08 |
| **Kapitalbeteiligungen** | 2,31 | 2,20 | 1,75 | 1,75 | 1,71 | **2,50** | 1,78 | 2,00 | 1,80 | ***1,50*** | 1,94 |
| | 2,40 | 2,00 | 1,63 | 1,67 | 1,75 | **2,75** | 1,89 | 1,67 | ***1,25*** | 2,00 | 1,93 |
| **Standorte** | 2,18 | **2,60** | ***1,38*** | 1,75 | 1,72 | 2,00 | 1,78 | 2,25 | 2,00 | 2,00 | 1,91 |
| | 2,07 | **2,20** | ***1,38*** | 1,83 | 1,71 | 2,00 | 1,78 | 2,00 | 1,75 | 2,00 | 1,84 |
| **Nachhaltiges Wirtschaften** | 2,00 | **2,40** | 1,89 | 2,25 | 1,67 | 2,25 | 1,44 | 1,75 | 1,60 | ***1,00*** | 1,85 |
| | 2,29 | 2,40 | 2,00 | **2,50** | 1,65 | 2,25 | 1,67 | 1,33 | 1,67 | ***1,00*** | 1,94 |
| **Unternehmenskultur, -philosophie** | 2,06 | 2,00 | 1,56 | ***1,25*** | 1,61 | 2,25 | 1,56 | **2,75** | 1,80 | 1,50 | 1,78 |
| | 2,13 | 2,00 | 1,67 | 1,67 | ***1,47*** | 2,25 | 1,67 | **2,67** | 2,00 | 2,00 | 1,84 |
| **Gesellschaftliche Verantwortung** | 1,56 | **2,00** | 1,13 | 1,25 | 1,33 | **2,00** | 1,22 | 1,75 | 1,40 | ***1,00*** | 1,43 |
| | 1,60 | **2,00** | 1,13 | 1,67 | 1,18 | **2,00** | 1,33 | 1,33 | 1,67 | ***1,00*** | 1,44 |
| **Intellectual Capital/ Intellectual Property Statement** | 1,15 | 1,40 | 1,00 | 1,38 | 1,41 | **2,00** | 1,56 | 0,75 | 1,75 | ***0,50*** | 1,32 |
| | 1,33 | ***1,00*** | 1,13 | ***1,00*** | 1,31 | 2,00 | 1,38 | ***1,00*** | 1,33 | **2,50** | 1,29 |
| **Umweltbericht** | 0,44 | 1,00 | 0,38 | 1,13 | 0,94 | **1,25** | 0,67 | 1,00 | 0,50 | ***0,00*** | 0,74 |
| | 0,47 | 0,80 | 0,38 | 1,00 | 0,81 | **1,25** | 0,50 | 1,00 | 0,67 | ***0,00*** | 0,68 |

Vergangenheit (shaded rows) Zukunft/Planangaben (white rows) (fett = Branchenmaximum; fett/kursiv = Branchenminimum)

*Abb. 84: Bedeutung unternehmensstrategischer Angaben in Abhängigkeit von der Branchenzugehörigkeit der Unternehmen*

### 4.5.2.4.7 Umfeldbezogene Angaben

Besonders bedeutsam schätzten Unternehmen insgesamt das wirtschaftliche Unternehmensumfeld ein (vgl. Abb. 85)[1114]. Die hohe Relevanz wurde insbesondere von Unternehmen der Branchen IT/Internet, Chemie/Pharma/Biotechnologie (hinsichtlich vergangenheitsbezogener Informationen) sowie Versorger/Telekommunikation (hinsichtlich zukunftsbezogener Angaben) betont. Die vergleichsweise geringste Einschätzung lieferten Unternehmen der Branche Einzelhandel/Konsum.

| | Banken, Finanzdienste, Versicherungen | Chemie, Pharma, Biotechnologie | Einzelhandel, Konsum | Automobil, Transport | Maschinenbau, Industrie | Versorger, Telekommunikation | Software, Technologien | Bau | IT, Internet | Medien, Unterhaltung | Ø |
|---|---|---|---|---|---|---|---|---|---|---|---|
| **Wirtschaftliches Unternehmensumfeld** | 2,35 | **2,60** | ***1,88*** | 2,50 | 2,39 | 2,50 | 2,00 | 2,25 | **2,60** | 2,00 | 2,31 |
| | 2,53 | 2,60 | ***1,75*** | 2,50 | 2,35 | **2,75** | 2,11 | 2,00 | **2,75** | 2,00 | 2,34 |
| **Aktienbesitz/Anteilseigner** | 2,47 | 2,40 | 2,13 | 2,25 | 2,18 | ***2,00*** | 2,11 | 2,25 | **3,00** | ***2,00*** | 2,29 |
| | **2,64** | 2,20 | 2,25 | 2,33 | ***2,00*** | 2,50 | 2,33 | ***2,00*** | 2,25 | ***2,00*** | 2,28 |
| **Rechtliches Unternehmensumfeld** | 1,94 | 2,20 | 1,63 | 1,63 | 1,72 | **2,50** | ***1,44*** | 2,00 | 2,20 | 2,00 | 1,84 |
| | 2,13 | 1,80 | ***1,50*** | 1,67 | 1,71 | **2,75** | 1,56 | 1,67 | 2,25 | 2,00 | 1,85 |
| **Ökologisches Unternehmensumfeld** | ***0,53*** | 2,00 | 1,13 | 1,50 | 1,50 | **2,25** | 1,11 | 1,75 | 0,60 | 1,00 | 1,23 |
| | ***0,73*** | 2,00 | 1,13 | 1,67 | 1,71 | **2,50** | 1,22 | 1,67 | 0,75 | 1,00 | 1,37 |

▒ Vergangenheit ☐ Zukunft/Planangaben (fett = Branchenmaximum; fett/kursiv = Branchenminimum)

*Abb. 85: Bedeutung umfeldbezogener Angaben in Abhängigkeit von der Branchenzugehörigkeit der Unternehmen*

Insgesamt wurde dem ökologischen Unternehmensumfeld seitens der Unternehmen die geringste Relevanz beigemessen. Während Unternehmen der Branche Banken/Finanzdienste/Versicherungen die vergleichsweise geringsten Einschätzungen hierzu abgaben, zählten Unternehmen der Branche Versorger/Telekommunikation im Durchschnitt zu den Unternehmen, die den Angaben zum ökologischen Unternehmensumfeld die vergleichsweise höchste Relevanz beimaßen.

Der H-Test nach Kruskal und Wallis führte hinsichtlich der umfeldbezogenen Angaben zu dem Ergebnis, dass hinsichtlich eines Viertels aller Angaben branchenspezifische Unterschiede in den Einschätzungen der Unternehmen bestan-

---

1114 Die Angaben in der Tabelle entsprechen den Mittelwerten. Vgl. zur jeweiligen Anzahl der antwortenden Unternehmen (n), zum Median (Me) sowie zur Standardabweichung $s_x$ der branchenspezifischen Auswertung die Anhänge 98 - 108.

den.[1115] Die signifikanten Unterschiede bezogen sich allein auf vergangenheits- und zukunftsbezogene Informationen zum ökologischen Unternehmensumfeld. In der Tendenz ist daher nicht anzunehmen, dass die Relevanz dieser Berichtskategorie von Unternehmen verschiedener Branchen unterschiedlich eingestuft wird.

#### 4.5.2.5 Gesamtbetrachtung der inhaltlichen Ausgestaltung der wertorientierten Berichterstattung

Im Fokus der vorangegangenen Ausführungen stand die Frage nach der branchenspezifischen inhaltlichen Ausgestaltung der wertorientierten Berichterstattung aus Unternehmenssicht. Vor diesem Hintergrund gibt Abb. 86 einen Überblick über die fünf Berichtselemente, denen seitens der Unternehmen in Abhängigkeit von deren Branchenzugehörigkeit die höchste Relevanz zukam.[1116]

| Maschinenbau/Industrie | | |
|---|---|---|
| Berichtskriterium | MW | BK |
| EBIT/EBITA/EBITDA (V) | 2,83 | VAR |
| EBIT/EBITA/EBITDA (Z) | 2,65 | VAR |
| GuV (Z) | 2,63 | OBE |
| GuV (V) | 2,61 | OBE |
| Marktwachstum (Z) | 2,53 | SAR |

| Automobil/Transport | | |
|---|---|---|
| Berichtskriterium | MW | BK |
| GuV (V) | 2,75 | OBE |
| KFR/CF (V) | 2,75 | OBE |
| Kapitalrenditen (V) | 2,75 | VAR |
| Marktwachstum (Z) | 2,67 | SAR |
| Geschäftsfelder (Z) | 2,67 | SAR |

| Chemie/Pharma/Biotechnologie | | |
|---|---|---|
| Berichtskriterium | MW | BK |
| KFR/CF (V) | 3,00 | OBE |
| EBIT/EBITA/EBITDA (V) | 3,00 | VAR |
| EBIT/EBITA/EBITDA (Z) | 3,00 | VAR |
| Marktanteile (V) | 3,00 | SAR |
| Marktwachstum (V) | 3,00 | SAR |
| Marktwachstum (Z) | 3,00 | SAR |
| Kauf/Verkauf v. Geschäftsbereichen (V) | 3,00 | SAR |
| Festlegung der Kernkompetenzen (V) | 3,00 | SAR |
| Festlegung der Kernkompetenzen (Z) | 3,00 | SAR |

| Einzelhandel/Konsum | | |
|---|---|---|
| Berichtskriterium | MW | BK |
| KFR/CF (V) | 2,56 | OBE |
| GuV (V) | 2,44 | OBE |
| Marktanteile (V) | 2,44 | SAR |
| Marktanteile (Z) | 2,44 | SAR |
| Geschäftstätigkeit (Z) | 2,44 | SAR |

| Software/Technologien | | |
|---|---|---|
| Berichtskriterium | MW | BK |
| EBIT/EBITA/EBITDA (Z) | 2,75 | VAR |
| EBIT/EBITA/EBITDA (V) | 2,67 | VAR |
| Geschäftstätigkeit (Z) | 2,67 | SAR |
| GuV (Z) | 2,63 | OBE |
| EPS (Z) | 2,63 | TRR |

| Medien/Unterhaltung | | |
|---|---|---|
| Berichtskriterium | MW | BK |
| GuV (V) | 3,00 | OBE |
| Aktienkursentwicklung (V) | 3,00 | TRR |
| EBIT/EBITA/EBITDA (V) | 3,00 | VAR |
| EBIT/EBITA/EBITDA (Z) | 3,00 | VAR |
| Umfeld- und Branchenrisiken (Z) | 3,00 | SAR |
| Unternehmenstrategische Risiken (Z) | 3,00 | SAR |
| Leistungswirtschaftliche Risiken (Z) | 3,00 | SAR |
| Finanzwirtschaftliche Risiken (Z) | 3,00 | SAR |
| Marktwachstum (V) | 3,00 | SAR |
| Marktwachstum (Z) | 3,00 | SAR |
| Knowledge Management (V) | 3,00 | SAR |
| Knowledge Management (Z) | 3,00 | SAR |
| Qualifikation des Managements (V) | 3,00 | SAR |
| Qualifikation des Managements (Z) | 3,00 | SAR |

| Bau | | |
|---|---|---|
| Berichtskriterium | MW | BK |
| EBIT/EBITA/EBITDA (V) | 2,75 | VAR |
| Kapitalrenditen (V) | 2,75 | VAR |
| Kauf/Verkauf v. Geschäftsbereichen (V) | 2,75 | SAR |
| Unternehmenskultur, -philosophie (V) | 2,75 | SAR |
| Marktanteile (Z) | 2,67 | SAR |
| Marktwachstum (Z) | 2,67 | SAR |
| Kauf/Verkauf v. Geschäftsbereichen (Z) | 2,67 | SAR |
| Unternehmenskultur, -philosophie (Z) | 2,67 | SAR |

| Banken/Finanzdienste/Versicherungen | | |
|---|---|---|
| Berichtskriterium | MW | BK |
| Geschäftsfelder (V) | 2,76 | SAR |
| Geschäftsfelder (Z) | 2,75 | SAR |
| Geschäftstätigkeit (Z) | 2,69 | SAR |
| Geschäftstätigkeit (V) | 2,65 | SAR |
| Festlegung der Kernkompetenzen (Z) | 2,64 | SAR |
| Aktienbesitz/Anteilseigner (Z) | 2,64 | SAR |

| Versorger/Telekommunikation | | |
|---|---|---|
| Berichtskriterium | MW | BK |
| KFR/CF (Z) | 3,00 | OBE |
| CFPS (Z) | 3,00 | TRR |
| EBIT/EBITA/EBITDA (Z) | 3,00 | VAR |
| Kapitalrenditen (Z) | 3,00 | VAR |
| Kundenbindung bzw. -fluktuation (Z) | 3,00 | SAR |
| Anzahl neuer Kundenbeziehungen (Z) | 3,00 | SAR |
| Geschäftstätigkeit (Z) | 3,00 | SAR |
| Kauf/Verkauf v. Geschäftsbereichen (Z) | 3,00 | SAR |
| Festlegung der Kernkompetenzen (Z) | 3,00 | SAR |

| IT/Internet | | |
|---|---|---|
| Berichtskriterium | MW | BK |
| EBIT/EBITA/EBITDA (Z) | 3,00 | VAR |
| Marktwachstum (Z) | 3,00 | SAR |
| Festlegung der Kernkompetenzen (Z) | 3,00 | SAR |
| Aktienbesitz/Anteilseigner (V) | 3,00 | SAR |
| GuV (V) | 2,80 | OBE |
| Aktienkursentwicklung (V) | 2,80 | TRR |
| EPS (V) | 2,80 | TRR |
| EBIT/EBITA/EBITDA (V) | 2,80 | VAR |
| Abhängigkeit von Einzelkunden (V) | 2,80 | SAR |
| Anzahl der Mitarbeiter (V) | 2,80 | SAR |
| Kauf/Verkauf v. Geschäftsbereichen (V) | 2,80 | SAR |

MW = Mittelwert; BK = Berichtskategorie
V = Vergangenheit; Z = Zukunft/Planangaben
GU = Gesamtunternehmen; GB = Geschäftsbereiche

OBE = Obligatorische Berichtselemente
VAR = Value Added Reporting
TRR = Total Return Reporting
SAR = Strategic Advantage Reporting

*Abb. 86: Die relevantesten Informationen aus Sicht von Unternehmen in Abhängigkeit von deren Branchenzugehörigkeit*

---

[1115] Vgl. zu den Ergebnissen des H-Tests nach Kruskal und Wallis Anhang 111. Um zu ermitteln, zwischen welchen Branchen im Einzelnen die signifikanten Unterschiede bestehen, wurden paarweise Kolmogorov-Smirnow Z-Tests angewendet. Diese führten zu keinen eindeutigen Ergebnissen. Vgl. hierzu Anhang 112.

[1116] Teilweise waren die fünf relevantesten Berichtskriterien aufgrund gleicher Einschätzungen verschiedener Berichtskriterien nicht eindeutig zu ermitteln. Abb. 86 enthält daher teilweise mehr als fünf Kriterien pro Branche.

Um zu überprüfen, ob signifikante Unterschiede zwischen den Einschätzungen von Unternehmen verschiedener Branchen bestehen, wurde Hypothese 4 aufgestellt. Hypothese 4 besagte, dass die Relevanz der verschiedenen Inhalte der wertorientierten Berichterstattung seitens Unternehmen in Abhängigkeit von deren Branchenzugehörigkeit unterschiedlich eingestuft wird. Diese wurde getrennt für die einzelnen Berichtskategorien geprüft. Innerhalb des Strategic Advantage Reporting erfolgte eine weitere Unterteilung der Berichtskriterien in sieben Unterkategorien. Führte mindestens die Hälfte der Berichtskriterien einer Berichtskategorie zu signifikanten Unterschieden, wurde in der Tendenz angenommen, dass die Relevanz der Berichtskategorie von Unternehmen verschiedener Branchen unterschiedlich eingestuft wird. Andernfalls wurde angenommen, dass Unternehmen verschiedener Branchen der Berichtskategorie in der Tendenz die gleiche Bedeutung beimessen.

Wiederum konnte in der Tendenz nur hinsichtlich prozess- bzw. innovationsbezogener Angaben angenommen werden, dass Unternehmen verschiedener Branchen deren Bedeutung unterschiedlich einschätzten. Dennoch ergaben sich auch innerhalb anderer Berichtskategorien signifikante Unterschiede zwischen den Relevanzeinschätzungen von Unternehmen unterschiedlicher Branchen. Abb. 87 stellt die einzelnen Ergebnisse der Überprüfung von Hypothese 4 noch einmal im Überblick dar.

In Zusammenhang mit den Hypothese 4 ergibt sich die Frage, ob branchenspezifische Leitlinien für die wertorientierte Berichterstattung entwickelt werden sollten. Obgleich nach der hier gewählten Entscheidungsregel in der Tendenz nur hinsichtlich prozess- bzw. innovationsbezogener Angaben unterschiedliche Einschätzungen zwischen Unternehmen verschiedener Branchen angenommen wurde, ergaben sich auch in anderen Berichtskategorien signifikante Unterschiede zwischen den Einschätzungen von Unternehmen verschiedener Branchen. Bei der Überprüfung, zwischen welchen Branchen im Einzelnen signifikante Unterschiede bestehen, konnten jedoch keine eindeutigen Ergebnisse ermittelt werden. Aufgrund der gewonnenen Resultate ist es folglich nicht möglich, die Frage hinsichtlich der Ausarbeitung von branchenspezifischen Leitlinien für die wertorientierte Berichterstattung abschließend zu beantworten.[1117] Dennoch konnten anhand des Tests der Hypothese 4 Anhaltspunkte dafür gewonnen werden, dass eine branchenspezifische Ausgestaltung der wertorientier-

---

[1117] Ferner ist darauf hinzuweisen, dass die in diesem Zusammenhang gewonnenen Resultate allein auf der Ausgestaltung der wertorientierten Berichterstattung aus Unternehmenssicht beruhen. Eine zusätzliche branchenspezifische Auswertung aus Adressatensicht, die, wie bereits erwähnt, im Rahmen der vorliegenden Arbeit nicht möglich war, könnte u.U. zu eindeutigeren Ergebnissen führen.

ten Berichterstattung vornehmlich für die Angaben zu nachhaltigen Wertsteigerungspotenzialen von Relevanz wäre.

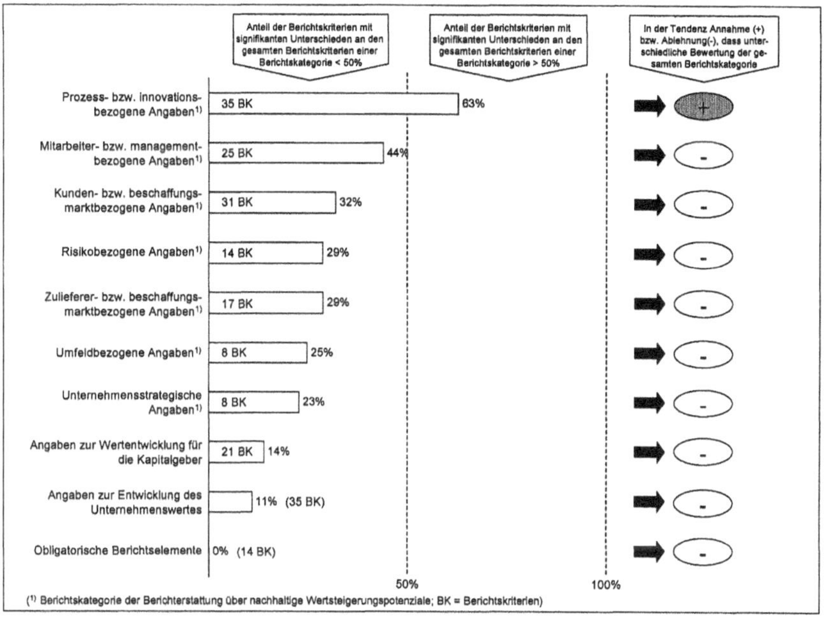


*Abb. 87: Gesamtbetrachtung der Unterschiede in den Relevanzeinschätzungen von Unternehmen verschiedener Branchen*

# 5. Empirische Analyse zur Umsetzung der wertorientierten Berichterstattung in Geschäftsberichten börsennotierter deutscher Unternehmen

Mit den vorangegangenen Ausführungen wurden die aus der Theorie abgeleiteten Anforderungen an die wertorientierte Berichterstattung empirisch aus Sicht der Adressaten und der Unternehmen untersucht. Der Fokus der empirischen Untersuchung lag dabei auf den Inhalten der wertorientierten Berichterstattung. Hierzu wurden Adressaten und Unternehmen hinsichtlich ihrer Relevanzeinschätzung zu den einzelnen Kriterien der wertorientierten Berichterstattung befragt.[1118] Aufbauend auf diesen Ergebnissen wird im zweiten Teil der empirischen Untersuchung die Zielsetzung verfolgt, den derzeitigen Stand der wertorientierten Berichterstattung börsennotierter deutscher Unternehmen zu analysieren.

Das vorliegende Kapitel gliedert sich in drei Abschnitte. Zunächst werden die mit der empirischen Untersuchung verbundenen Zielsetzungen ausführlicher dargelegt (Abschnitt 5.1). Anschließend erfolgt in Abschnitt 5.2 die Darstellung und Erläuterung der methodischen Vorgehensweise. Schließlich werden die Ergebnisse der Untersuchung zur Umsetzung der wertorientierten Berichterstattung in börsennotierten deutschen Unternehmen beschrieben sowie diskutiert (Abschnitt 5.3).

## 5.1 Zielsetzungen der Untersuchung

Mit der empirischen Untersuchung zur Ausgestaltung der wertorientierten Berichterstattung ist eine Zielsetzung verbunden, die sowohl auf der theoretischen Ausarbeitung zur wertorientierten Berichterstattung in Kapitel 3 als auch auf der empirischen Untersuchung in Kapitel 4 aufbaut. Hier wurden verschiedene Anforderungen an die wertorientierte Berichterstattung erarbeitet, in deren Fokus die inhaltliche Ausrichtung der wertorientierten Berichterstattung stand.

Die Zielsetzung der folgenden Auswertung besteht darin, den derzeitigen Stand der wertorientierten Berichterstattung börsennotierter deutscher Unternehmen sowie deren Entwicklung in den vergangenen Jahren zu analysieren.[1119] Dies er-

---

[1118] Vgl. zur Gesamtauswertung der Befragungsergebnisse der Adressaten und der Ersteller Abschnitt 4.4.2 und zur branchenspezifischen Auswertung der Befragungsergebnisse der Ersteller Abschnitt 4.5.2.

[1119] Vgl. zu vergleichbaren Untersuchungen im deutsprachigen Raum Fischer/Becker/Wenzel (2001); Fischer/Becker/Wenzel (2002); Fischer/Wenzel/Kühn (2001); Pellens//Hillebrandt/Tomaszewski (2000) Ruhwedel/Schultze (2002). In der Zeitschrift Bilanz werden jährlich die Ergebnisse eines Geschäftsbefolgt anhand der aus der Theorie abgeleiteten Kriterien, deren Relevanz im Rahmen des ersten Teils der empirischen Untersuchung durch Befragung der Adressaten einerseits und der Unternehmen andererseits überprüft wurde.

Neben einer Gesamtanalyse der Umsetzung der wertorientierten Berichterstattung börsennotierter deutscher Unternehmen wird zudem eine differenzierte Analyse vorgenommen. Diese erfolgt anhand der Auswertung der Umsetzung der wertorientierten Berichterstattung börsennotierter deutscher Unternehmen in Abhängigkeit von deren Branchenzugehörigkeit. Die branchenspezifische Analyse der wertorientierten Berichterstattung der DAX 100-Unternehmen ermöglicht sodann einen Vergleich mit der branchenspezifischen Ausgestaltung der wertorientierten Berichterstattung aus Sicht der Unternehmen.

## 5.2 Methodische Vorgehensweise

Mit der Beschreibung der methodischen Vorgehensweise der empirischen Untersuchung sind vier Schritte verbunden. Erstens ist eine Erläuterung des Untersuchungsdesigns erforderlich in der aufgezeigt und erläutert wird, welche Untersuchungsform für die vorliegende empirische Untersuchung ausgewählt wurde. Zweitens sind die Inhalte der empirischen Untersuchung darzulegen. Drittens ist die Beschreibung der Datengewinnung notwendig, die auch eine Darstellung der Zielgruppe der Untersuchung beinhaltet. Viertens bedarf es einer Erläuterung der Methodik der Datenauswertung.

### 5.2.1 Untersuchungsdesign

Für die empirische Untersuchung des aktuellen Standes der wertorientierten Berichterstattung börsennotierter deutscher Unternehmen sowie deren Entwicklung im Zeitablauf wurde die Datenerhebungsform der Inhaltsanalyse gewählt.[1120] Die Inhaltsanalyse eignet sich besonders, wenn Texte, wie im vorliegenden Fall die

---

richts-Rating veröffentlicht, das in Zusammenarbeit des Swiss Banking Institute der Universität Zürich und Interbrand Zintzmeyer & Lux erstellt wird. Die inhaltliche Auswertung der Geschäftsberichte erfolgt mit einem Value Reporting Kriterienkatalog. Vgl. im Internet: www.isb.unizh.ch/forschung/valuereporting/geschaeftsberichte_rating_2003.htm (Stand: 09.03.2004). In diesem Zusammenhang ist auch auf die jährlich vom manager magazin durchgeführte Untersuchung zu den besten Geschäftsberichten deutscher und europäischer Börsenfirmen hinzuweisen. Vgl. zu der aktuellsten Auswertung Döhle/Papendick (2003) sowie hierzu auch Baetge/Brötzmann (2003). Vgl. zu einer Untersuchung der Informationsqualität deutscher Geschäftsberichte auch Küting/Heiden (2002b); Küting/Zwirner (2003).

1120 Vgl. zu den alternativen Datenerhebungsformen Abschnitt 4.2.1.

Geschäftsberichte der DAX 100-Unternehmen, einer quantifizierenden Analyse unterzogen werden.[1121]

Für eine Inhaltsanalyse stehen vier alternative Formen zur Verfügung.[1122] Zum einen kann eine Inhaltsanalyse in Form einer Valenzanalyse erfolgen, bei der neben einer reinen Nennung von bestimmten Inhalten Angaben von Bewertungen (positiv, negativ, neutral) mit einbezogenen werden. Ferner liegt mit der Intensitätsanalyse eine weitere Form der Inhaltsanalyse vor. Hierbei werden zusätzlich Intensitäten von Bewertungen erfasst. Eine dritte Form der Inhaltsanalyse stellt die Kontingenzanalyse dar, bei der das Vorhandensein bestimmter sprachlicher Formulierungen im Zusammenhang mit anderen Begriffen überprüft wird. Für die vorliegende empirische Untersuchung wurde die vierte und einfachste Form der Inhaltsanalyse, die Frequenzanalyse, gewählt. Im Rahmen einer Frequenzanalyse werden bestimmte Textelemente, im vorliegenden Fall die Inhalte der wertorientierten Berichterstattung, zunächst klassifiziert und anschließend die Häufigkeit ihres Vorkommens ausgezählt.

Die Entscheidung für die Datenerhebung in Form einer Inhaltsanalyse basiert auf verschiedenen Gründen.[1123] Zum einen zeichnet sich diese Datenerhebungsform dadurch aus, dass sie ein nicht-reaktives Verfahren darstellt und keine Kooperation mit den Zielgruppen erfordert.[1124] Zum anderen sind in diesem Zusammenhang die Unveränderbarkeit des Untersuchungsobjektes sowie die beliebige Wiederholbarkeit der Untersuchung zu nennen.

### 5.2.2 Inhalte der empirischen Untersuchung

Die empirische Untersuchung zur Umsetzung der wertorientierten Berichterstattung erfolgt anhand der Geschäftsberichte der zu Beginn der empirischen Untersuchung im DAX 100 notierten Unternehmen über vier Geschäftsjahre im Untersuchungszeitraum von 1999 bis 2002.

---

1121 Vgl. z.B. Friedrichs (1990), S. 314f.; Schnell/Hill/Esser (1995), S. 372.

1122 Vgl. ausführlicher hierzu Schnell/Hill/Esser (1995), S. 373.

1123 Vgl. zu den Vorteilen einer Inhaltsanalyse z.B. Schnell/Hill/Esser (1995), S. 372; Früh (1991), S. 39 zitiert nach Täubert (1998), S. 184f. Vgl. zu Nachteilen der Inhaltsanalyse z.B. Friedrichs (1990), S. 332f.; Schnell/Hill/Esser (1995), S. 333f.

1124 Unter nicht-reaktiven Messverfahren sind Erhebungsmethoden zu verstehen, „die eine Rückwirkung der Erhebung auf die Reaktion der untersuchten Person weitestgehend dadurch ausschließen, dass den untersuchten Personen durch die Art der Untersuchung nicht bewusst werden kann, dass ihre Handlungen oder die Folgen ihrer Handlungen Gegenstand einer wissenschaftlichen Datenerhebung sind." Schnell/Hill/Esser (1995), S. 379.

Inhaltlich lehnte sich die empirische Untersuchung zur Umsetzung der wertorientierten Berichterstattung der DAX 100-Unternehmen an die empirische Untersuchung in Kapitel IV der vorliegenden Arbeit an. So stimmen die Kriterien, anhand derer der derzeitige Stand der wertorientierten Berichterstattung untersucht wurde, mit den Kriterien, anhand derer eine mögliche Ausgestaltung der wertorientierten Berichterstattung aus Sicht der Adressaten sowie der Unternehmen analysiert wurde, überein.[1125]

Entsprechend gliedert sich die Untersuchung der Umsetzung der wertorientierten Berichterstattung wiederum in zehn Berichtskategorien. Als erste Berichtskategorie wurden die obligatorischen Berichtselemente in den Geschäftsberichten der DAX 100-Unternehmen analysiert. Die zweite und dritte Berichtskategorie stellen Angaben zur Entwicklung des Unternehmenswertes (Value Added Reporting) und zur Wertentwicklung für die Kapitalgeber (Total Return Reporting) dar. Die vierte Berichtskategorie umfasst Angaben zu nachhaltigen Wertsteigerungspotenzialen (Strategic Advantage Reporting). Diese vierte Berichtskategorie wurde in sieben Unterkategorien, nämlich risikobezogene, kunden- und absatzmarktbezogene, zulieferer- und beschaffungsmarktbezogene, mitarbeiter- und managementbezogene, prozess- und innovationsbezogene Angaben sowie Angaben zur Unternehmensstrategie und zum Unternehmensumfeld, unterteilt.

Im Rahmen der Analyse der Geschäftsberichte wurde hinsichtlich der einzelnen Berichtskriterien jeweils unterschieden, inwiefern vergangenheitsbezogene Informationen und inwiefern zukunftsbezogene Informationen bzw. Planangaben seitens der Unternehmen bereitgestellt wurden. Eine Ausnahme stellten die obligatorischen Berichtselemente dar. Diesbezüglich wurde hinsichtlich vergangenheitsbezogener Angaben allein das Vorhandensein eines Eigenkapitalspiegels untersucht, da alle anderen Berichteselemente für nach dem 31.12.1998 beginnende Geschäftsjahre bereits verpflichtende Bestandteile des Konzernabschlusses börsennotierter Mutterunternehmen darstellten.[1126]

### 5.2.3 Datengewinnung

Zielgruppe der empirischen Untersuchung waren börsennotierte deutsche Unternehmen. Die Untersuchung der Grundgesamtheit börsennotierter Unternehmen

---

[1125] Vgl. zu den zwei Versionen des Fragebogens Anhänge 1 und 2.

[1126] Ein Eigenkapitalspiegel stellt erst für nach dem 31.12.2002 beginnende Geschäftsjahre einen Bestandteil des Konzernabschlusses börsennotierter Mutterunternehmen dar. Vgl. ausführlicher zu den Bestandteilen eines Konzernabschlusses Abschnitt 2.3.1.

erfolgte im Rahmen einer Teilerhebung.[1127] Für die Teilerhebung beschränkte sich die empirische Untersuchung auf die zu Beginn der empirischen Untersuchung im DAX 100 notierten Unternehmen.[1128] Diese Auswahl erschien geeignet, da es sich bei diesen Unternehmen gemessen an Marktkapitalisierung und Börsenumsatz um die 100 größten Unternehmen handelt, die zum amtlichen Handel an der Frankfurter Wertpapierbörse zugelassen sind. Abb. 88 zeigt die DAX 100-Unternehmen nach ihrer Branchenzugehörigkeit.[1129]

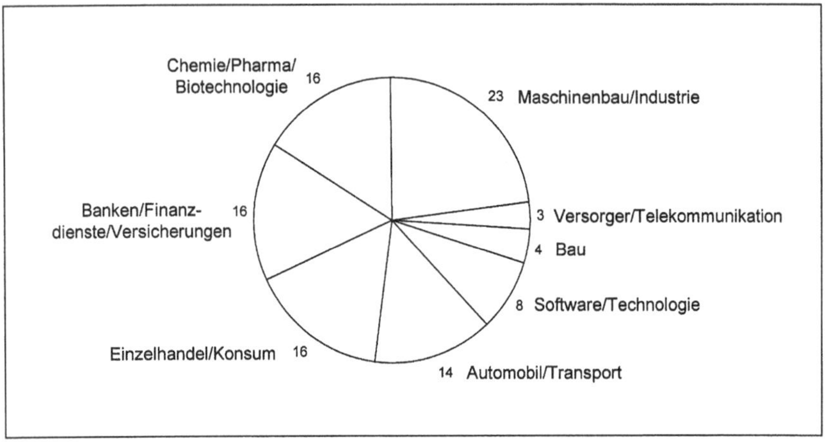


*Abb. 88: Branchenzugehörigkeit der DAX 100-Unternehmen*

Der Untersuchungsgegenstand fokussierte auf die Geschäftsberichte der DAX 100-Unternehmen.[1130] Diese enthielten in sämtlichen Fällen einen Konzernab-

---

1127 Vgl. zur Unterscheidung zwischen Vollerhebung und Teilerhebung Abschnitt 4.2.3.

1128 Stichtag für die Zusammensetzung des DAX 100 bildete der 16.04.2002. Damit basierte die Auswahl der Stichprobe nicht auf einem Zufallsprozess, sondern es handelte sich hierbei um eine sog. bewusste Auswahl. Vgl. zu dieser Unterscheidung Schnell/Hill/Esser (1995), S. 253 und zur bewussten Auswahl ausführlicher S. 279ff.

1129 Vgl. zur Branchenzugehörigkeit und zur Zugehörigkeit der Unternehmen zum DAX 30 bzw. MDAX im Einzelnen Anhang 113. An dieser Stelle ist darauf hinzuweisen, dass die Deutsche Börse AG im November 2002 eine Neusegmentierung des Aktienmarktes beschlossen hat, nach der die zwei Börsensegmente 'Prime Standard' und 'General Standard' am amtlichen Markt zu unterscheiden sind. Die Umsetzung der Veränderungen der Indexzusammensetzung erfolgte jedoch erst zum 24. März 2003. Vgl. hierzu Abschnitt 2.2.1 sowie zu der neuen Indexzugehörigkeit der zu Beginn der Untersuchung im DAX 100 notierten Unternehmen Anhang 113. Von den sechs Unternehmen, die keinem Index des 'Prime Standard' mehr zugeordnet werden, sind drei Unternehmen in die Insolvenz gegangen, drei Unternehmen wurden übernommen. Zwei dieser sechs Unternehmen sind nicht mehr im CDAX notiert. Die Zusammensetzung des DAX ist bis auf zwei Unternehmen unverändert geblieben.

1130 Vgl. zur Bedeutung des Geschäftsberichtes als Informationsinstrument insbesondere Abschnitt 3.3.2.

schluss und einen Konzernlagebericht. Den zeitlichen Umfang bildete ein Untersuchungszeitraum von vier Jahren, beginnend mit dem Geschäftsjahr 1999.[1131]

### 5.2.4 Methodik der Datenauswertung

Die Ergebnisse zur Untersuchung der Umsetzung der wertorientierten Berichterstattung wurden EDV-mäßig erfasst mit Hilfe des Statistik-Programms SPSS (Version 10.0) ausgewertet.

Der Stand der wertorientierten Berichterstattung der DAX 100-Unternehmen wurde getrennt für die vier untersuchten Geschäftsjahre einer deskriptiven Auswertung unterzogen. Hierfür wurden die Geschäftsberichte der DAX 100-Unternehmen anhand der Berichtskriterien der wertorientierten Berichterstattung ausgewertet.

Bei der Bewertung der Berichterstattung über die einzelnen Berichtskriterien wurden keine unterschiedlichen Genauigkeitsgrade der Angaben unterschieden,[1132] sondern die Bewertung erfolgte dichotom. War eine Angabe zu einem Berichtskriterium in einem Geschäftsbericht enthalten, wurde ein Punkt vergeben. Entsprechend wurde kein Punkt bewertet, wenn die entsprechende Angabe nicht publiziert wurde. Anschließend wurde anhand der relativen Häufigkeit für jedes Berichtskriterium der Anteil der Unternehmen ermittelt, die Angaben zu dem Berichtskriterium publizierten. Die Darstellung der relativen Häufigkeiten für die einzelnen Berichtskriterien erfolgte getrennt für die zehn Berichtskategorien.

Ebenso wurden die relativen Häufigkeiten für die Berichterstattung über die einzelnen Berichtskriterien in Abhängigkeit von der Branchenzugehörigkeit ermittelt. Die Ergebnisse der brachenspezifischen Auswertung der Umsetzung der wertorientierten Berichterstattung werden nicht im Hauptteil der Arbeit dargestellt, sondern sind im Anhang aufgeführt. In der nachfolgenden Gesamtauswer-

---

1131 Für den Fall, dass vom Kalenderjahr abweichende Geschäftsjahre vorlagen, wurden die entsprechenden Geschäftsberichte in die Untersuchung einbezogen. Im Folgenden wird aus Gründen der Übersichtlichkeit einheitlich von den Geschäftsjahren 1999, 2000, 2001 und 2002 gesprochen und auf eine Nennung der abweichenden Geschäftsjahre verzichtet. Ferner setzt sich das Untersuchungssample nicht für jedes Jahr aus 100 Unternehmen zusammen. Dies ist darauf zurückzuführen, dass der Stichtag für die Zusammensetzung des DAX 100 auf den 16.04.2002 fällt. Zwei der zu diesem Zeitpunkt im DAX 100 notierten Unternehmen hatten für das Geschäftsjahr 1999 noch keinen Geschäftsbericht erstellt (Infineon; E.ON). Des Weiteren hat ein Unternehmen für die Geschäftsjahre 2001 und 2002 keinen Geschäftsbericht mehr erstellt (Goldzack). Für zwei weitere Unternehmen fehlt ein Geschäftsbericht für das Geschäftsjahr 2002 (Cargolifter; Tecis).

1132 In Abschnitt 3.3.1 wurde dargestellt, dass hinsichtlich Prognoseinformationen verschiedene Genauigkeitsklassen, wie Klassifizierungen, Ordinalmaße, Intervalle und Punktschätzungen, unterschieden werden können.

tung wird an den entsprechenden Stellen auf die differenzierten Auswertungen hingewiesen.

## 5.3 Umsetzung der wertorientierten Berichterstattung börsennotierter deutscher Unternehmen

Die Darstellung der Ergebnisse der empirischen Untersuchung zum derzeitigen Stand der wertorientierten Berichterstattung börsennotierter deutscher Unternehmen ist, wie weiter oben bereits dargestellt, in die folgenden Berichtskategorien untergliedert:

- Obligatorische Berichteselemente,
- Angaben über die Entwicklung des Unternehmenswertes (Value Added Reporting),
- Angaben über die Wertentwicklung für die Kapitalgeber (Total Return Reporting),
- Angaben zu nachhaltigen Wertsteigerungspotenzialen (Strategic Advantage Reporting) unterteilt in
  - risikobezogene Angaben,
  - kunden- bzw. absatzmarktbezogene Angaben,
  - zulieferer- bzw. beschaffungsmarktbezogene Angaben,
  - mitarbeiter- bzw. managementbezogene Angaben,
  - prozess- bzw. innovationsbezogene Angaben,
  - unternehmensstrategische Angaben,
  - umfeldbezogene Angaben.

Innerhalb der verschiedenen Berichtskategorien wurde jeweils analysiert, wie hoch der Anteil der DAX 100-Unternehmen ist, die Angaben zu den jeweiligen Berichtskriterien publizieren.

### 5.3.1 Obligatorische Berichtselemente

Hinsichtlich vergangenheitsbezogener Angaben zu obligatorischen Berichtselementen wurde, wie in Abschnitt 5.2.2 bereits erläutert, lediglich das Vorhandensein eines Eigenkapitalspiegels untersucht. Die Publizität eines Eigenkapitalspiegels zeigt über die vier betrachteten Geschäftsjahre deutlich zunehmende

Tendenzen (vgl. Abb. 89).[1133] Diese Entwicklung entspricht der Änderung des § 297 I HGB, wonach kapitalmarktorientierte Mutterunternehmen für nach dem 31.12.2002 beginnende Geschäftsjahre einen Eigenkapitalspiegel als Bestandteil des Konzernabschlusses zu erstellen haben.

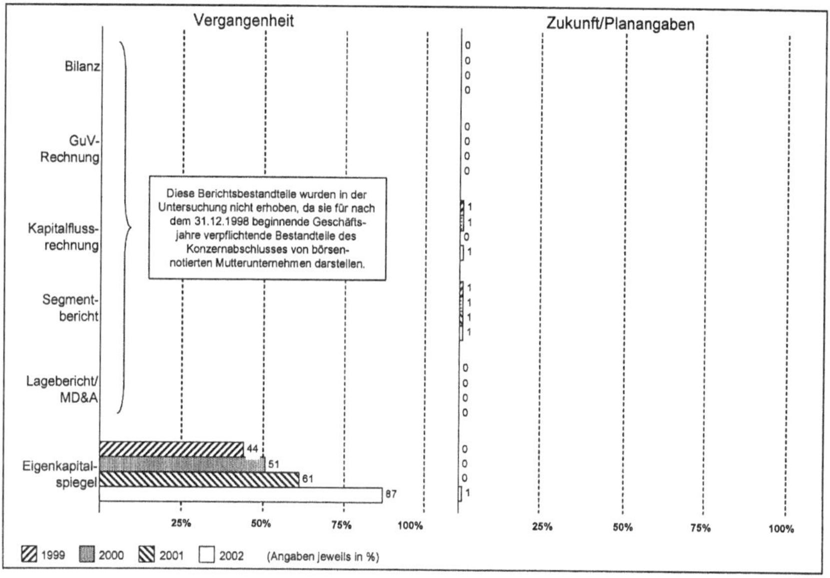


*Abb. 89: Obligatorische Berichtselemente in den Geschäftsberichten der DAX 100-Unternehmen*

Hinsichtlich der zukunftsorientierten Angaben bzw. Planangaben zu obligatorischen Berichtselementen zeigt sich ein sehr klares Bild.[1134] Kein Unternehmen publizierte in einem der vier Geschäftsjahre eine zukunftsbezogene Bilanz, GuV-Rechnung oder Lagebericht/MD&A[1135]. In lediglich 1% der Geschäftsberichte war eine zukunftsbezogene Berichterstattung zur Kapitalflussrechnung

---

[1133] Vgl. zur branchenspezifischen Analyse der obligatorischen Berichtselemente in den Geschäftsberichten der DAX 100-Unternehmen Anhang 114.

[1134] Obgleich es sich bei den hier aufgeführten zukunftsbezogenen Informationen bzw. Planangaben nicht um obligatorische Berichtselemente handelt, erscheint die Platzierung an dieser Stelle gerechtfertigt, da die entsprechenden vergangenheitsbezogenen Informationen obligatorische Berichtselemente darstellen.

[1135] Im Hinblick auf den Lagebericht bzw. die MD&A beziehen sich die dargestellten Ergebnisse nicht auf einzelne zukunftsbezogene Angaben, die von Unternehmen im Rahmen dieses Berichtsinstrumentes publiziert wurden. Vielmehr wurden die Geschäftsberichte im Rahmen der Berichtskategorie „obligatorische Berichtselemente" dahingehend ausgewertet, ob eine konsequent zukunftsbezogene Ausrichtung der verpflichtenden Inhalte des Lageberichts bzw. der MD&A vorhanden ist.

(Geschäftsjahre 1999, 2000 und 2001), zum Segmentbericht oder zum Eigenkapitalspiegel (Geschäftsjahr 2002) vorhanden.

### 5.3.2 Angaben über die Entwicklung des Unternehmenswertes

Neben den obligatorischen Berichtselementen wurde die Berichterstattung über die Entwicklung des Unternehmenswertes (Value Added Reporting) anhand von 35 Berichtskriterien untersucht.[1136] Nachfolgende Abb. 90 zeigt die Berichterstattung zu Angaben über die Entwicklung des Unternehmenswertes der DAX 100-Unternehmen.

Hinsichtlich vergangenheitsbezogener Informationen berichtete ein Großteil der Unternehmen die Kapitalrenditen, ein sog. „pro-forma"-Ergebnis sowie die mehrperiodige Entwicklung der Steuerungskennzahl, wobei insbesondere bezüglich der Berichterstattung über „pro-forma"-Ergebnisse sowie über die mehrperiodige Entwicklung der Steuerungskennzahl im Zeitvergleich ein deutlich zunehmender Trend zu beobachten ist.

Mehr als die Hälfte der Unternehmen machte im Geschäftsjahr 2002 vergangenheitsbezogene Angaben zum wertorientierten Vergütungssystem. Ferner publizierte mindestens ein Viertel der Unternehmen Angaben zum wertorientierten Steuerungskonzept, zu einer Wertschöpfungsrechnung, zur Erläuterung der Steuerungskonzepte sowie zur Steuerungskennzahl für das Gesamtunternehmen. 21% aller Unternehmen wiesen die Kapitalkosten für das Gesamtunternehmen aus. Weniger als 20% der Unternehmen machten im Geschäftsjahr 2002 vergangenheitsbezogene Angaben zur Quantifizierung der Steuerungskennzahl für die Geschäftsbereiche.

Während ca. ein Zehntel der Unternehmen im Geschäftsjahr 2002 vergangenheitsbezogene Angaben zum EVA, zum Value at Risk, zu den Kapitalkosten der Geschäftsbereiche oder zu der Ermittlung des Kapitalkostensatzes bereitstellte, kam es nur vereinzelt zu einem Ausweis von anders bewerteten Posten.[1137] Sehr zurückhaltend zeigten sich die DAX 100-Unternehmen hinsichtlich der Publizität von vergangenheitsbezogenen Informationen zu Beta-Faktoren, zum CVA sowie zum Vergleich von Ist- und Planwerten.

---

[1136] Vgl. zur branchenspezifischen Analyse der Angaben über die Entwicklung des Unternehmenswertes in den Geschäftsberichten der DAX 100-Unternehmen Anhang 115.

[1137] Die geringe Publizität einer wertorientierten Steuerungskennzahl, im vorliegenden Fall des EVA oder des CVA, ist auf die Tatsache zurückzuführen, dass nicht alle der DAX 100-Unternehmen nach diesen Kennzahlen steuern. Vgl. zu den verschiedenen im DAX 100 verwendeten Steuerungskonzepten z.B. KPMG (Hrsg.) (2003a), S. 15; Ruhwedel/Schultze (2002), S. 620f.

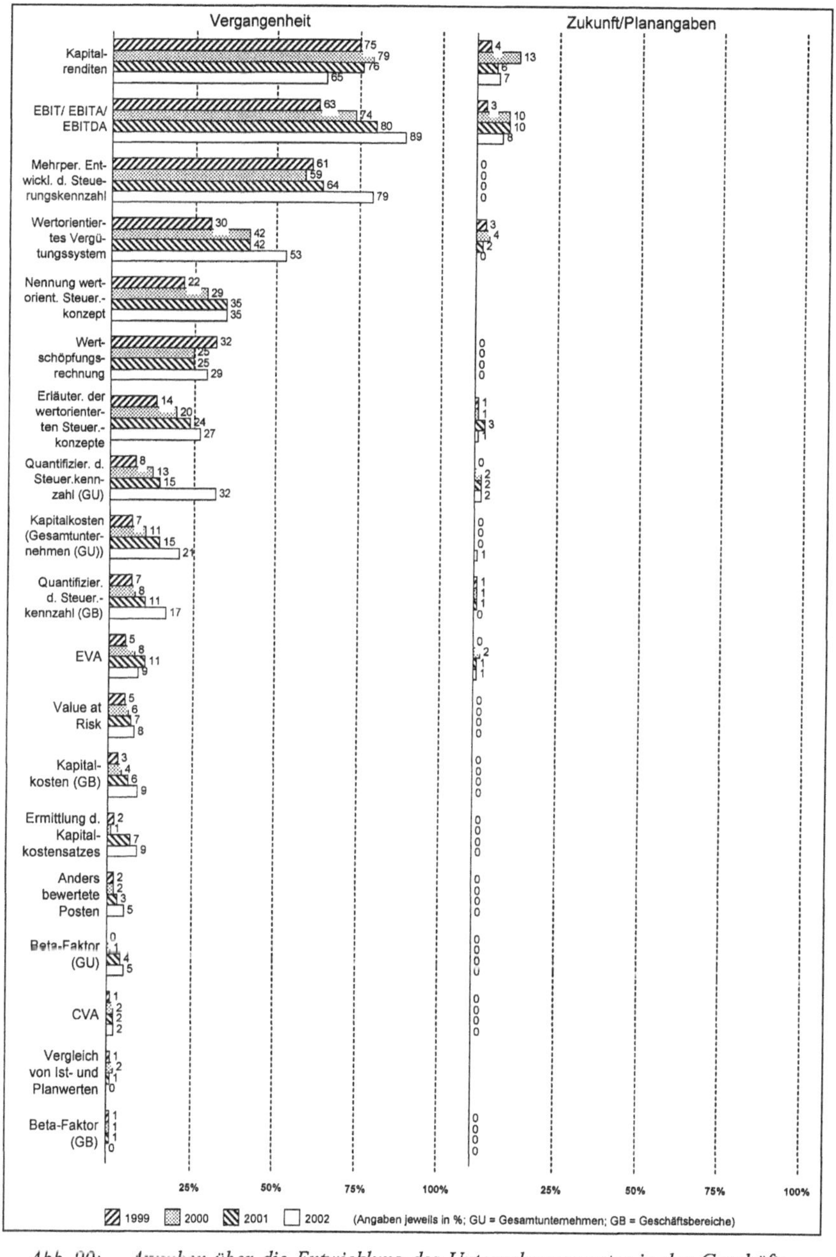


*Abb. 90: Angaben über die Entwicklung des Unternehmenswertes in den Geschäftsberichten der DAX 100-Unternehmen*

Zukunftsbezogene Angaben wurden zu den genannten Berichtskriterien am häufigsten zu Kapitalrenditen sowie zu den „pro-forma"-Ergebnissen publiziert. Jedoch belief sich der Anteil der Unternehmen, die diese Informationen im Geschäftsjahr 2002 bereitstellten, auf weniger als 10%. Darüber hinaus machten die DAX 100-Unternehmen in Einzelfällen zukunftsbezogene Informationen bzw. Planangaben zum wertorientierten Vergütungssystem, zu den wertorientierten Steuerungskonzepten, der Quantifizierung der Steuerungskennzahl auf Gesamtunternehmens- und Geschäftsbereichsebene, zum EVA sowie zu den Kapitalkosten für das Gesamtunternehmen. Zu den anderen Berichtskriterien wurden in keinem der untersuchten Geschäftsjahre zukunftsorientierte Informationen bzw. Planangaben publiziert.

Insgesamt lässt sich im Zeitverlauf über die vier betrachteten Geschäftsjahre kein einheitliches Bild konstatieren. Während die Publizität vergangenheitsbezogener Informationen zu 15 Berichtskriterien zugenommen hat, ist bei vier Berichtskriterien ein abnehmender Trend zu verzeichnen. Zukunftsbezogene Angaben bzw. Planangaben wurden zu den genannten Berichtskriterien von den Unternehmen nur sehr vereinzelt bereitgestellt. Ein eindeutig zunehmender Trend war diesbezüglich nicht zu verzeichnen.

### 5.3.3 Angaben über die Wertentwicklung für die Kapitalgeber

Ein weiterer Themenkomplex, dessen Berichterstattung untersucht wurde, war die Wertentwicklung für die Kapitalgeber (Total Return Reporting).[1138] Die Auswertung der Geschäftsberichte der DAX 100-Unternehmen anhand von 21 Berichtskriterien zeigt Abb. 91.

Nahezu alle DAX 100-Unternehmen berichteten im Geschäftsjahr 2002 vergangenheitsbezogene Informationen zu den EPS, zur Aktienkursentwicklung und zur relativen Performance der Aktie im Vergleich zu einem Benchmark. Des Weiteren wurden relativ häufig Angaben zum CFPS, zur relativen Performance der Aktie im Vergleich zu Branchenindizes sowie zur Dividendenrendite bereitgestellt.

---

[1138] Vgl. zur branchenspezifischen Analyse der Angaben über die Wertentwicklung aus Sicht der Kapitalgeber in den Geschäftsberichten der DAX 100-Unternehmen Anhang 116.

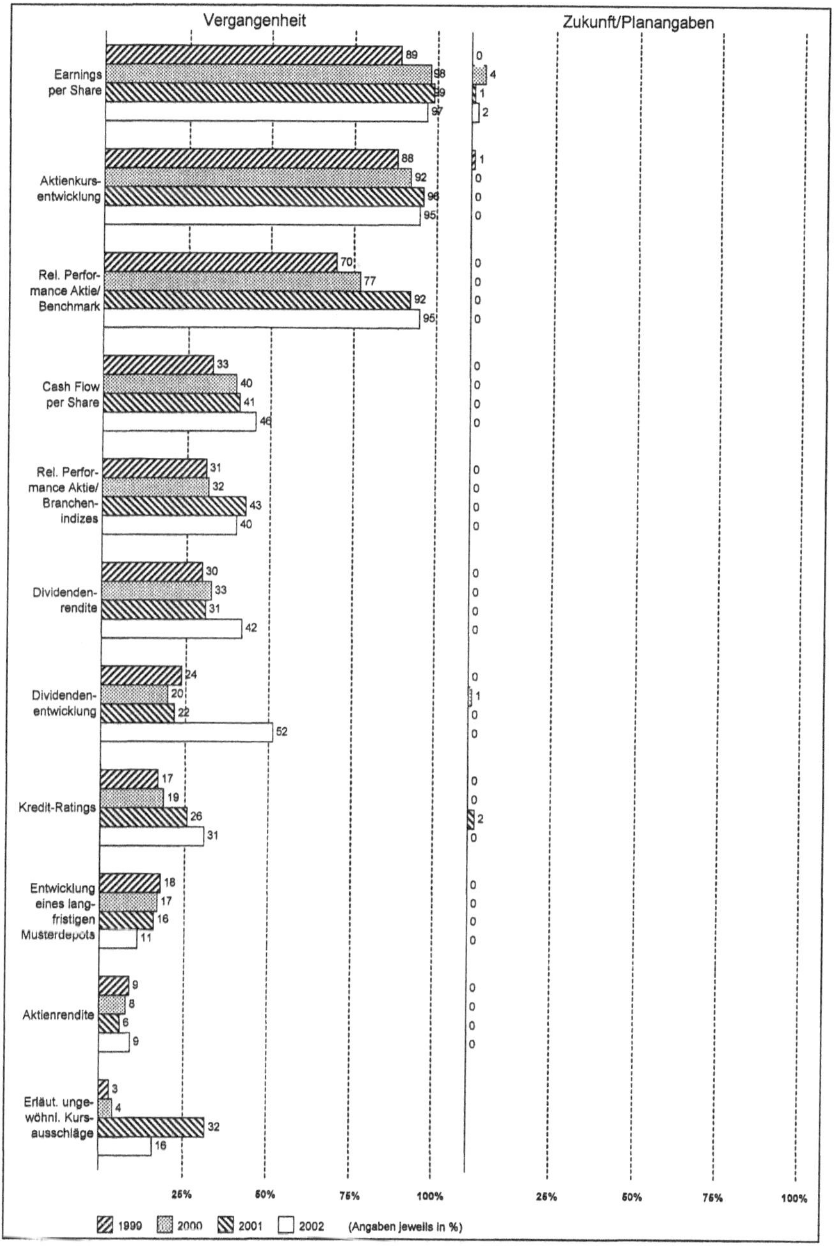


*Abb. 91: Angaben über die Wertentwicklung für die Kapitalgeber in den Geschäftsberichten der DAX 100-Unternehmen*

Im Geschäftsjahr 2002 publizierte mehr als die Hälfte der DAX 100-Unternehmen vergangenheitsbezogene Informationen zur Dividendenentwicklung und mehr als ein Viertel der Unternehmen Informationen zu Kredit-Ratings. Vergleichsweise zurückhaltend machten die Unternehmen vergangenheitsbezogene Angaben zur Entwicklung eines langfristigen Musterdepots, zur Aktienrendite sowie zur Erläuterung ungewöhnlicher Kursausschläge.

Zukunftsbezogene Informationen bzw. Planangaben wurden in den Geschäftsjahren 2000 – 2002 vereinzelt zu den EPS gemacht. Daneben wiesen 1% bzw. 2% der Unternehmen in jeweils einem Geschäftsjahr zukunftsbezogene Angaben bzw. Planangaben zur Aktienkursentwicklung, zur Dividendenentwicklung sowie zu Kredit-Ratings aus. Zu den restlichen Berichtskriterien waren in keinem Geschäftsbericht zukunftsbezogene Angaben zu finden.

Insgesamt zeigte sich hinsichtlich der vergangenheitsbezogenen Berichterstattung zur Wertentwicklung für die Kapitalgeber keine einheitliche Entwicklung. Während hinsichtlich einiger Berichtselemente ein durchweg zunehmender Trend der Publizität über die Geschäftsjahre zu konstatieren ist, war die Publizität anderer Berichtselemente über die vier Geschäftsjahre betrachtet zwar zunehmend, zwischenzeitlich jedoch abnehmend. Im Hinblick auf zwei Berichtselemente war eine stagnierende oder sogar rückläufige Entwicklung festzustellen. Zukunftsbezogene Informationen bzw. Planangaben wurden insgesamt nur in zu vernachlässigendem Umfang bereitgestellt.

### 5.3.4 Angaben zu nachhaltigen Wertsteigerungspotenzialen

In diesem Teilbereich wurde die Publizität bestimmter Angaben zu nachhaltigen Wertsteigerungspotenzialen (Strategic Advantage Reporting) analysiert. Wie bereits angeführt, wurden die einzelnen Berichtskriterien im Rahmen des Strategic Advantage Reporting weiter in sieben Berichtskategorien unterteilt.

#### 5.3.4.1 Risikobezogene Angaben

Im Rahmen der Angaben zu nachhaltigen Wertsteigerungspotenzialen wurde als erstes die Berichterstattung der DAX 100-Unternehmen zu Risiken im Zeitverlauf analysiert.[1139] Dies erfolgte anhand von 14 Berichtskriterien. Die Ergebnisse der Analyse veranschaulicht Abb. 92.

---

[1139] Vgl. zur branchenspezifischen Analyse der risikobezogenen Angaben in den Geschäftsberichten der DAX 100-Unternehmen Anhang 117.

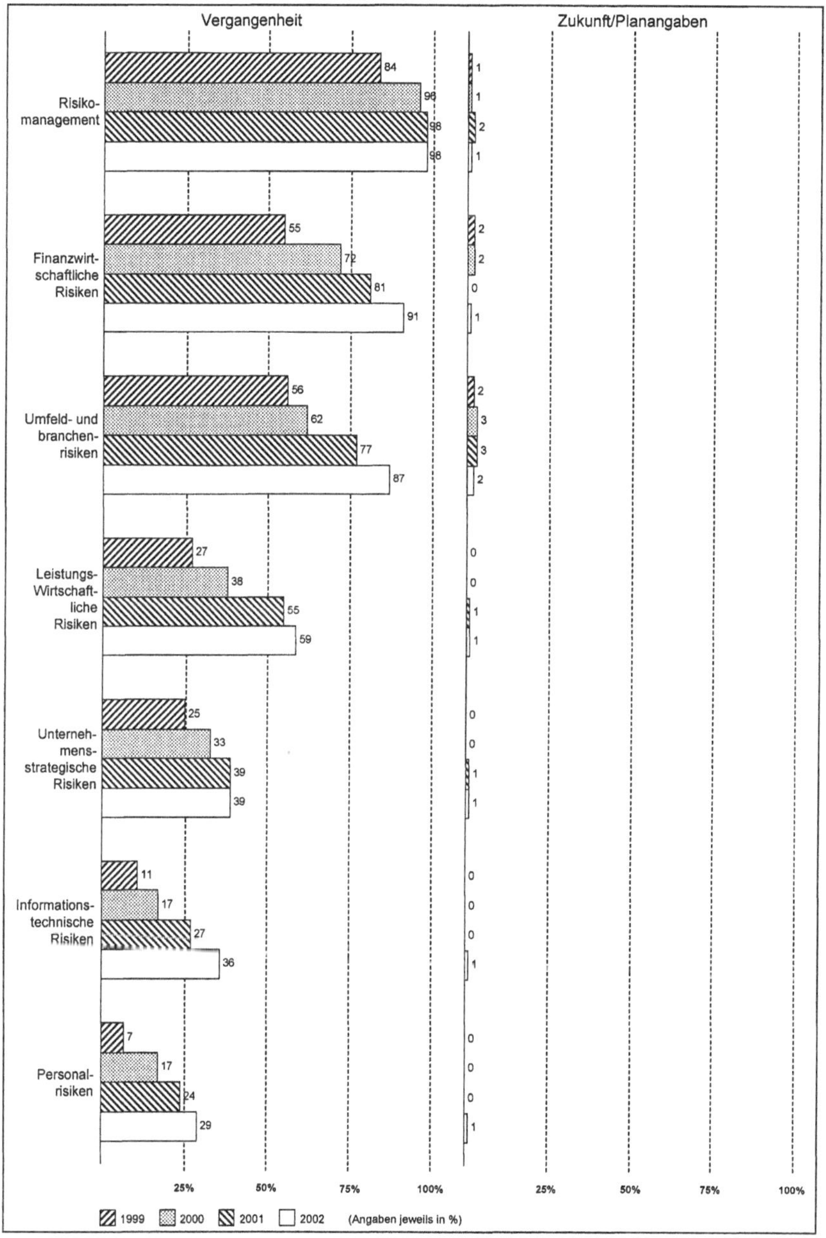


*Abb. 92: Risikobezogene Angaben in den Geschäftsberichten der DAX 100-Unternehmen*

Insgesamt ist über die vier untersuchten Geschäftsjahre ein deutlich zunehmender Trend hinsichtlich des Ausweises von vergangenheitsbezogenen Informationen zu Risiken zu verzeichnen. So berichteten im Geschäftsjahr 2002 fast alle DAX 100-Unternehmen über ein Risikomanagementsystem. Mehr als die Hälfte der Unternehmen machte Angaben zu finanzwirtschaftlichen Risiken, zu Umfeld- und Branchenrisiken sowie zu leistungswirtschaftlichen Risiken. Diese Entwicklung könnte zum einen in der gesetzlichen Verpflichtung gemäß § 289 I bzw. § 315 I HGB begründet sein, wonach im Rahmen des (Konzern-)Lageberichts auf die Risiken der künftigen Entwicklung einzugehen ist.[1140] Zum anderen könnte sie auf die Verabschiedung des „DRS 5 Risikoberichterstattung" im Jahr 2001 zurückzuführen sein.[1141] So zielt DRS 5 auf die Darstellung der Risiken der künftigen Entwicklung des Konzerns im Lagebericht. In diesem Zusammenhang wird eine Risikokategorisierung entsprechend des 'management approaches' sowie eine angemessene Darstellung des Risikomanagementsystems verlangt.[1142]

Ferner machten über ein Viertel der Unternehmen im Geschäftsjahr 2002 Angaben zu unternehmensstrategischen Risiken, informationstechnischen Risiken sowie Personalrisiken. Zukunftsorientierte Informationen bzw. Planangaben wurden zu allen risikobezogenen Berichtskriterien nur in wenigen Einzelfällen publiziert.

### 5.3.4.2 Kunden- bzw. absatzmarktbezogene Angaben

Die Analyse der kunden- bzw. absatzmarktbezogenen Angaben in den Geschäftsberichten der DAX 100-Unternehmen erfolgte anhand von 31 Berichtskriterien.[1143] In welchem Umfang die Unternehmen im betrachteten Untersuchungszeitraum kunden- bzw. absatzmarktbezogene Informationen bereitstellten zeigt Abb. 93.

Wie der Abbildung zu entnehmen ist, war die Berichterstattung der DAX 100-Unternehmen in allen vier betrachteten Geschäftsjahren vergleichsweise gering

---

1140 Die Vorschrift für die Erstellung eines Risikoberichtes wurde durch Verabschiedung des KonTraG im Jahr 1998 in das HGB aufgenommen. Sie ist für nach dem 31.12.1998 beginnende Geschäftsjahre verpflichtend anzuwenden.

1141 Dieser Standard gilt sowohl für Mutterunternehmen, die nach § 315 I HGB einen Risikobericht zu erstellen haben, als auch für Unternehmen, die gemäß § 292a HGB einen befreienden Konzernabschluss nach US-GAAP oder IAS/IFRS erstellen. Vgl. DRS 5.6.

1142 Vgl. DRS 5.16 und 5.28.

1143 Vgl. zur branchenspezifischen Analyse der kunden- bzw. absatzmarktbezogenen Angaben in den Geschäftsberichten der DAX 100-Unternehmen Anhang 118.

ausgeprägt. So wurden vergangenheitsbezogene Angaben von über der Hälfte der Unternehmen lediglich in einem Geschäftsjahr zu einem Berichtskriterium gemacht. Hierbei handelte es sich um Angaben zu den Vertriebskanälen im Geschäftsjahr 2000. Im Gegensatz dazu waren es im Geschäftsjahr 2002 nur noch 26% der Unternehmen, die hierüber publizierten. Ferner berichteten im Geschäftsjahr 2002 (über) ein Viertel der Unternehmen über Marktanteile und Marktwachstum.

Weniger als 10% der Unternehmen machten in allen vier untersuchten Geschäftsjahren vergangenheitsbezogene Angaben zur Kundenzufriedenheit, zur Anzahl neuer Kundenbeziehungen, zur Abhängigkeit von Einzelkunden, zu Markenwerten sowie zur Kundenbindung bzw. -fluktuation. Sehr selten berichteten die DAX 100-Unternehmen in den vier untersuchten Geschäftsjahren vergangenheitsbezogene Informationen zum Produkt- und Serviceimage, zum Umsatzanteil aus Cross-Selling, zu Kundenakquisitions- bzw. -bindungskosten, zur Profitabilität von Neukunden sowie zu einem Vergleich von Ist- und Planwerten. Mit einer Ausnahme, den Informationen zum Produkt- und Serviceimage im Geschäftsjahr 2000, wurden diese Angaben nur von weniger als 3% der Unternehmen publiziert.

Zukunftsbezogene Informationen bzw. Planangaben wurden am häufigsten zu Vertriebskanälen, zu Marktanteilen sowie zum Marktwachstum bereitgestellt. Dabei bewegte sich der Anteil der Unternehmen, die hierzu Angaben machten, jedoch in allen vier betrachteten Geschäftsjahren im einstelligen Prozentbereich. Ferner publizierten Unternehmen sehr vereinzelt zukunftsbezogene Angaben zu Markenimage und Markenwert, zur Anzahl bestehender und neuer Kundenbeziehungen, zum Produkt- und Serviceimage sowie zum Umsatzanteil aus Cross-Selling. Zu den übrigen kunden- bzw. absatzmarktbezogenen Berichtskriterien wurden in keinem Geschäftsbericht zukunftsbezogene Angaben bereitgestellt.

Insgesamt ist hinsichtlich der Berichterstattung über kunden- bzw. absatzmarktbezogene Angaben eine sehr heterogene Entwicklung zu konstatieren. Während die vergangenheitsbezogene Berichterstattung über einzelne Berichtskriterien im Zeitverlauf marginal zugenommen hat, war hinsichtlich anderer Elemente eine konstante oder sogar rückläufige Entwicklung zu verzeichnen. Dabei konnte die vergangenheitsbezogene Berichterstattung zu wesentlichen Teilen als gering ausgeprägt bezeichnet werden. Ebenso ist hinsichtlich sämtlicher zukunftsbezogener Informationen bzw. Planangaben ein gleichsam konstant niedriges Berichtsniveau zu verzeichnen.

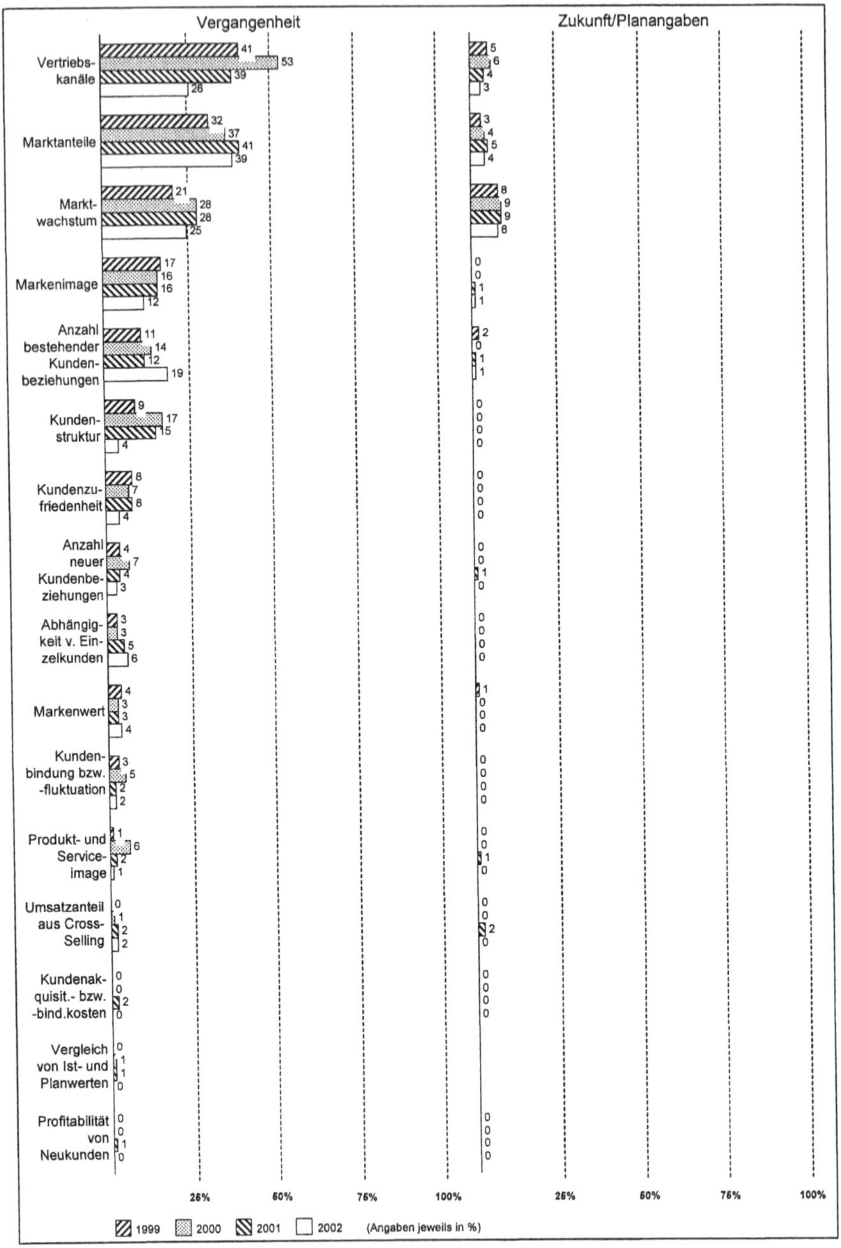


*Abb. 93: Kunden- bzw. absatzmarktbezogene Angaben in den Geschäftsberichten der DAX 100-Unternehmen*

### 5.3.4.3 Zulieferer- bzw. beschaffungsmarktbezogene Angaben

Des Weiteren wurde die Berichterstattung über zulieferer- bzw. beschaffungsmarktbezogene Informationen analysiert.[1144] Zur Auswertung der Geschäftsberichte der DAX 100-Unternehmen wurden diesbezüglich 17 Berichtskriterien herangezogen. Abb. 94 verdeutlicht die Ergebnisse der Analyse.

Insgesamt ist den DAX 100-Unternehmen hinsichtlich zulieferer- bzw. beschaffungsmarktbezogener Angaben eine zurückhaltende Publizität zu attestieren. Mit einem Viertel der Unternehmen wurden vergangenheitsbezogene Angaben zum Beschaffungsvolumen im Geschäftsjahr 2000 am häufigsten Bericht erstattet. Vergangenheitsbezogene Informationen zur Preisentwicklung im Beschaffungsmarkt, zu Einsparungen im Beschaffungsbereich, zur nationalen Herkunft der Zulieferer und zur Abhängigkeit waren in allen vier betrachteten Geschäftsjahren sogar in weniger als einem Viertel der Geschäftsberichte zu finden.

Die vergangenheitsbezogene Berichterstattung zur Anzahl der Zuliefererbeziehungen, zur Zuliefererbindung bzw. -fluktuation, zur Anzahl neuer Zuliefererbeziehungen sowie zu einem Vergleich von Ist- und Planwerten kann als sehr zurückhaltend eingestuft werden. So berichteten maximal 2% der Unternehmen in den betrachteten Geschäftsjahren über die genannten Kriterien.

Die zukunftsbezogene Berichterstattung zum Beschaffungsvolumen, zur Preisentwicklung im Beschaffungsmarkt, zu Einsparungen im Beschaffungsbereich sowie zur Zuliefererbindung bzw. -fluktuation blieb durchweg im einstelligen Prozentbereich. Zu den anderen Berichtskriterien wurden in keinem Geschäftsjahr zukunftsbezogene Informationen bzw. Planangaben veröffentlicht.

Insgesamt fällt auf, dass die zulieferer- bzw. beschaffungsmarktbezogene Berichterstattung der DAX 100-Unternehmen gering ausgeprägt war. Des Weiteren zeigte die Zeitreihenanalyse, dass die vergangenheitsbezogene Berichterstattung der einzelnen Berichtselemente über die vier betrachteten Jahre nahezu konstant geblieben ist. Noch weitaus geringer ausgeprägt waren die Ergebnisse hinsichtlich zukunftsbezogener Angaben bzw. Planangaben.

---

[1144] Vgl. zur branchenspezifischen Analyse der zulieferer- bzw. beschaffungsmarktbezogenen Angaben in den Geschäftsberichten der DAX 100-Unternehmen Anhang 119.

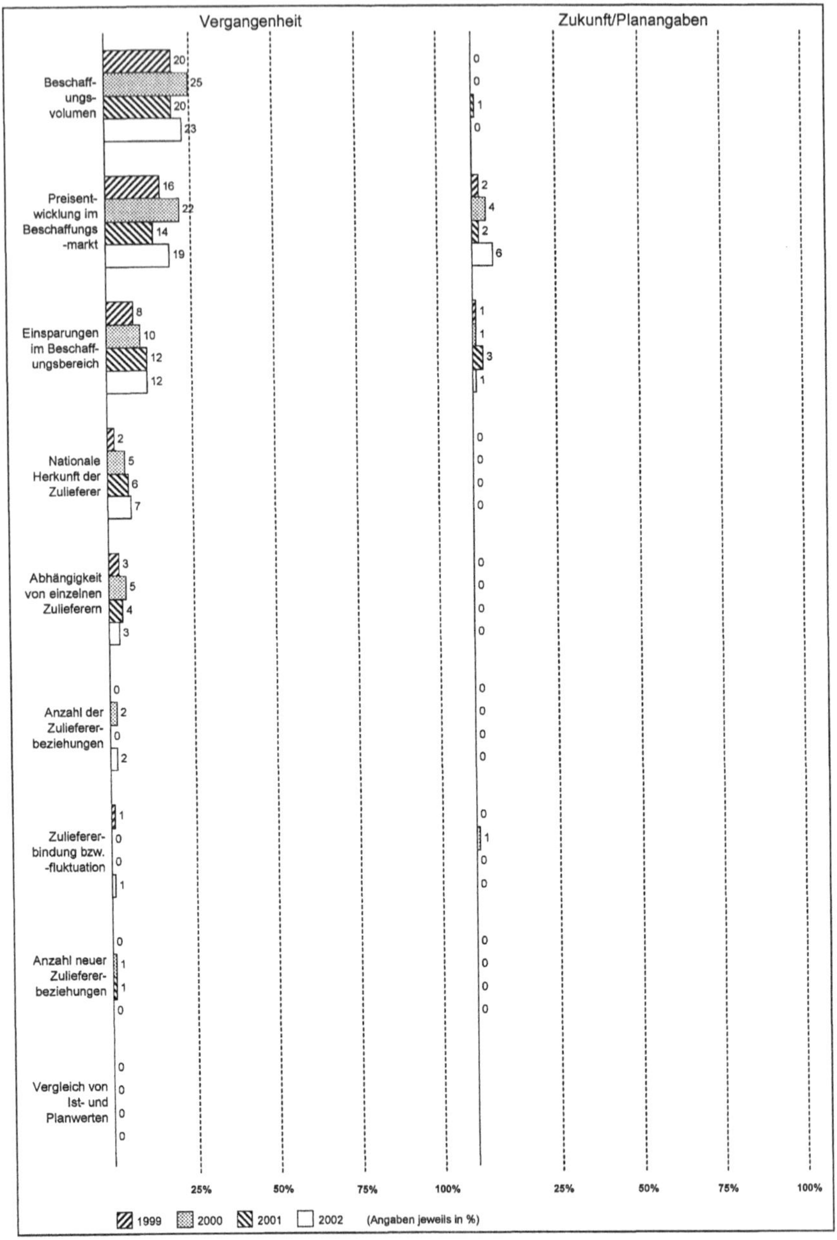


*Abb. 94: Zulieferer- bzw. beschaffungsmarktbezogene Angaben in den Geschäftsberichten der DAX 100-Unternehmen*

### 5.3.4.4 Mitarbeiter- bzw. managementbezogene Angaben

Die Auswertung der Berichterstattung über mitarbeiter- bzw. managementbezogene Angaben in den Geschäftsberichten der DAX 100-Unternehmen erfolgte anhand von 25 Berichtskriterien.[1145] Die Ergebnisse der Analyse gibt Abb. 95 wieder.

100% aller DAX 100-Unternehmen haben in allen vier untersuchten Geschäftsjahren vergangenheitsbezogene Angaben zur Anzahl der Mitarbeiter publiziert. Aufgrund der gesetzlichen Verpflichtung in §§ 285 Nr. 7 und 314 I Nr. 4 HGB, die durchschnittliche Anzahl der während des Geschäftsjahres beschäftigten Arbeitnehmer im Anhang auszuweisen, war dieses Ergebnis jedoch erwartungsgemäß. Anders verhielt es sich mit der vergangenheitsbezogenen Berichterstattung zur Ausgabe von Belegschaftsaktien sowie zur Managementvergütung. So ist in §§ 285 Nr. 9 und 314 I Nr. 6 HGB die Ausweispflicht für die gewährten Gesamtbezüge der Mitglieder des Geschäftsführungsorgans kodifiziert.[1146] Ferner wird in Abschnitt 4.2.3 des DCGK empfohlen, „die Grundzüge des Vergütungssystems [der Vorstandsmitglieder, A.d.V.] sowie die konkrete Ausgestaltung eines Aktienoptionsplans oder vergleichbarer Gestaltungen für Komponenten mit langfristiger Anreizwirkung und Risikocharakter“ zu erläutern.[1147] Obgleich die Vorschriften zur Ausweispflicht sowie die Empfehlung des DCGK in den untersuchten Geschäftsjahren noch nicht verpflichtend anzuwenden waren, wäre zumindest für das Geschäftsjahr 2002 eine höhere Publizitätsrate zur Ausgabe von Belegschaftsaktien sowie zur Managementvergütung zu erwarten gewesen.

---

1145 Vgl. zur branchenspezifischen Analyse der mitarbeiter- bzw. managementbezogenen Angaben in den Geschäftsberichten der DAX 100-Unternehmen Anhang 120.

1146 Die Vorschrift für die Ausweispflicht für die Gesamtbezüge der Mitglieder des Geschäftsführungsorgans wurde jedoch erst durch Verabschiedung des TransPuG im Jahr 2002 in das HGB aufgenommen. Sie ist für nach dem 31.12.2002 beginnende Geschäftsjahre verpflichtend anzuwenden.

1147 Ferner wird in Abschnitt 4.2.4 des DCGK empfohlen, die Vergütung der Vorstandsmitglieder im Konzernanhang aufgeteilt nach Fixum, erfolgsbezogenen Komponenten sowie Komponenten mit langfristiger Anreizwirkung auszuweisen. Vgl. hierzu auch Abschnitt 7.1.3 des DCGK. Von den Empfehlungen des DCGK können Unternehmen abweichen, wenn sie dies jährlich im Rahmen der Entsprechenserklärung gemäß § 161 AktG offen legen. Die 'comply or explain'-Regelung war zwar für nach dem 31.12.2001 beginnende Geschäftsjahre anzuwenden, voll umfänglich gilt sie für börsennotierte Unternehmen jedoch erst seit dem Jahr 2003. Vgl. hierzu bereits Abschnitt 2.2.3.3.

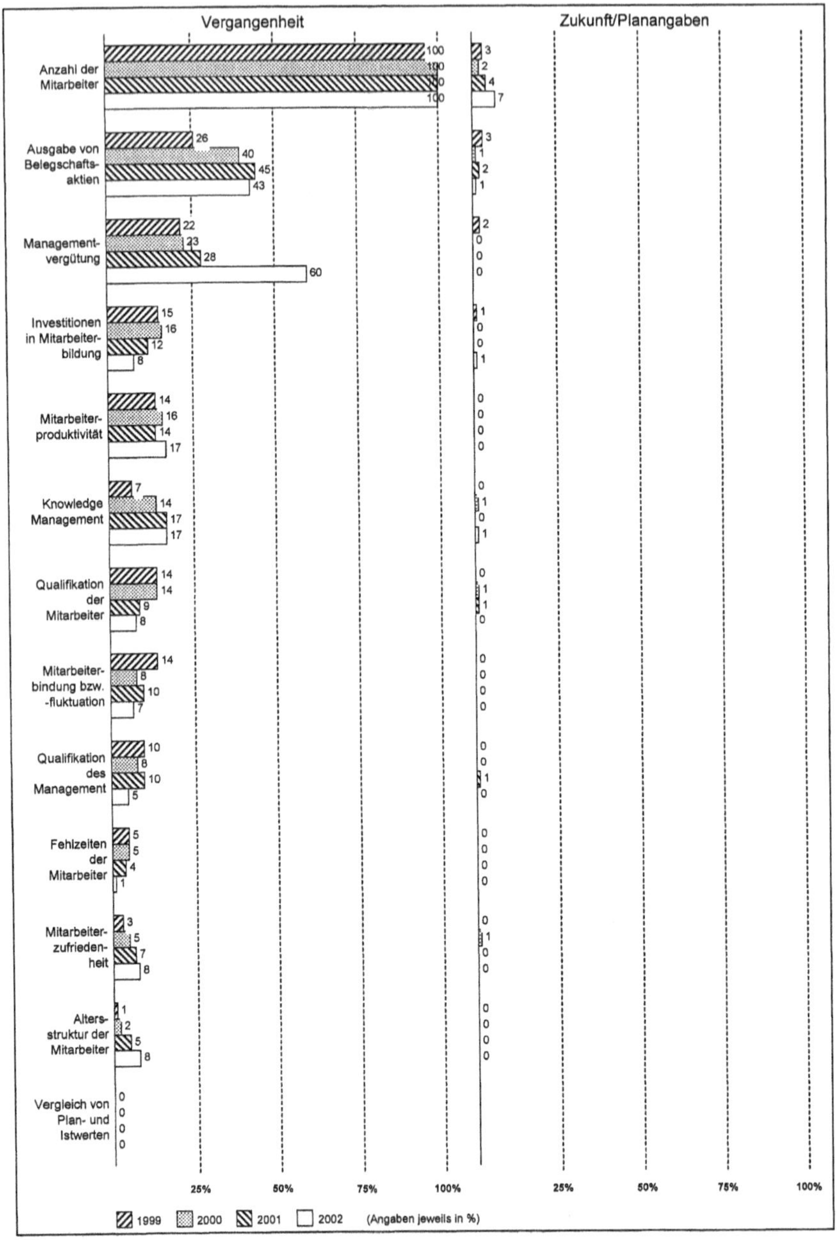


*Abb. 95: Mitarbeiter- bzw. managementbezogene Angaben in den Geschäftsberichten der DAX 100-Unternehmen*

Weniger als 20% der Unternehmen machten jeweils in den vier betrachteten Geschäftsjahren vergangenheitsbezogene Angaben zu Investitionen in die Mitarbeiterbildung, zur Mitarbeiterproduktivität, zum Knowledge Management, zur Qualifikation der Mitarbeiter, zur Mitarbeiterbindung bzw. -fluktuation sowie zur Qualifikation des Managements. Sehr selten wurden vergangenheitsbezogene Angaben zu Fehlzeiten der Mitarbeiter, zur Mitarbeiterzufriedenheit, zur Altersstruktur der Mitarbeiter sowie ein Vergleich von Ist- und Planwerten publiziert.

Zukunftsbezogene Informationen bzw. Planangaben wurden in allen vier Geschäftsjahren am häufigsten zur Anzahl der Mitarbeiter Bericht erstattet, wobei sich der Anteil der hierzu publizierenden Unternehmen durchweg im einstelligen Prozentbereich bewegte. Ferner machten maximal 3% der Unternehmen vereinzelt zu einigen anderen Berichtskriterien zukunftsbezogene Angaben bzw. Planangaben. Zur Mitarbeiterproduktivität, zur Mitarbeiterbindung bzw. –fluktuation, zu Fehlzeiten der Mitarbeiter sowie zur Altersstruktur der Mitarbeiter war in keinem Geschäftsbericht eine zukunftsbezogene Berichterstattung vorhanden.

Insgesamt ist den DAX 100-Unternehmen hinsichtlich mitarbeiter- und managementbezogener Angaben eine weniger stark ausgeprägte Berichterstattung zu attestieren. Mit Ausnahme der vergangenheitsbezogenen Berichterstattung zur Anzahl der Mitarbeiter, zur Ausgabe von Belegschaftsaktien sowie zur Managementkompensation machten zu allen anderen Berichtselementen jeweils weniger als 20% der Unternehmen vergangenheitsbezogene Angaben. Zukunftsbezogene Informationen bzw. Planangaben wurden zu zulieferer- bzw. beschaffungsmarktbezogenen Berichtskriterien nahezu nicht bereitgestellt.

### 5.3.4.5 Prozess- bzw. innovationsbezogene Angaben

Die Auswertung der Berichterstattung zu prozess- bzw. innovationsbezogenen Angaben in den Geschäftsberichten der DAX 100-Unternehmen erfolgte anhand von 35 Berichtskriterien. Abb. 96 zeigt die Ergebnisse der Auswertung.

Die Analyse der Berichterstattung zu prozess- bzw. innovationsbezogenen Angaben ergab, dass in über 50% der Geschäftsberichte vergangenheitsbezogene Angaben zu Investitionen in F&E zu finden waren.[1148] Am zweit häufigsten wur-

[1148] Vgl. zur branchenspezifischen Analyse der prozess- bzw. innovationsbezogenen Angaben in den Geschäftsberichten der DAX 100-Unternehmen Anhang 121.

den vergangenheitsbezogene Informationen zur Produkt- und Prozessqualität publiziert (ca. ein Viertel der Unternehmen).

Nur weniger als 20% der Unternehmen machten vergangenheitsbezogene Angaben zur Kapazitätsauslastung, zu IT-Ausgaben, zur Anzahl neuer Produkte sowie zur Anzahl neuer Patente. Maximal 10% der Unternehmen stellten im Geschäftsbericht 2002 vergangenheitsbezogene Angaben zur Anzahl der Patente bzw. Lizenzen, zur Anzahl neuer Lizenzen, zur Durchlaufzeit von Aufträgen, zur Entwicklungszeit neuer Produkte sowie zur durchschnittlichen Servicereaktionszeit bereit. Die vergangenheitsbezogene Berichterstattung zum Umsatzanteil neuer Produkte, zum Umsatz aus dem Verkauf von Patenten, zu Fehlerraten von Services und Produkten, zur Restlaufzeit der Patente sowie zu einem Vergleich von Ist- und Planwerten erwies sich als sehr gering ausgeprägt.

Zukunftsbezogene Angaben waren zu Investitionen in F&E im Geschäftsjahr 2002 in 9% der Geschäftsberichte zu finden, was einer vergleichsweise höheren Publizitätsrate entspricht. Zu weiteren Berichtskriterien, wie bspw. die Kapazitätsauslastung oder die Anzahl neuer Produkte und Lizenzen, war eine zukunftsbezogene Berichterstattung nur sehr vereinzelt vorhanden. Zum Großteil der Berichtskriterien wurden jedoch in keinem Geschäftsbericht zukunftsbezogene Angaben bzw. Planangaben publiziert.

Mit Ausnahme von der Berichterstattung über Investitionen in F&E sowie über die Produkt- und Prozessqualität war die vergangenheitsbezogene Publizität der DAX 100-Unternehmen zu prozess- und innovationsbezogenen Angaben eher als zurückhaltend zu bezeichnen. Darüber hinaus zeigt die Zeitreihenanalyse abermals uneinheitliche Tendenzen. Während die Berichterstattung über einzelne Berichtselemente im Zeitverlauf marginal zugenommen hat (z.B. hinsichtlich der Anzahl neuer Patente), ist hinsichtlich anderer Elemente eine konstante (z.B. hinsichtlich des Umsatzes nach der Altersstruktur der Produkte) oder sogar rückläufige Entwicklung (z.B. hinsichtlich der Anzahl der Lizenzen) zu verzeichnen. Zukunftsbezogene Informationen bzw. Planangaben wurden, ausschließlich der Berichterstattung über Investitionen in F&E, nahezu nicht gemacht.

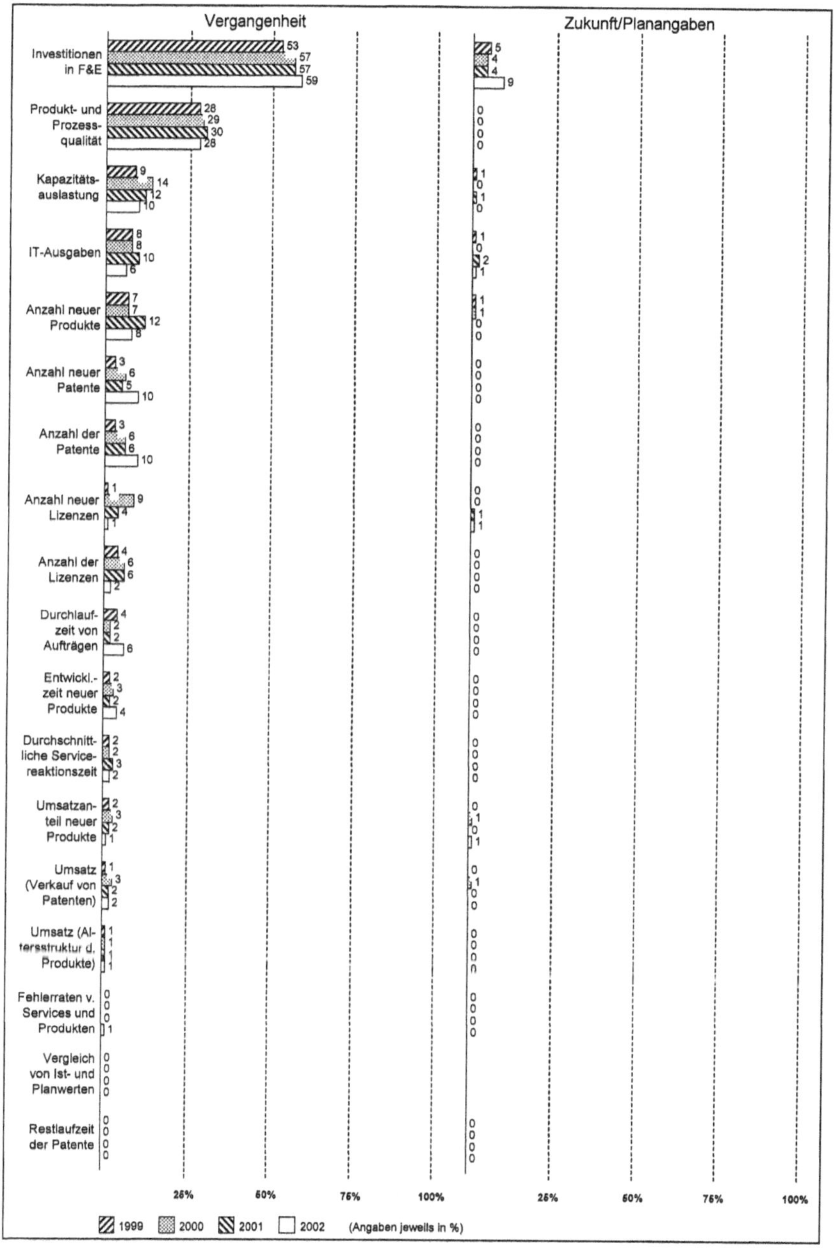


*Abb. 96: Prozess- bzw. innovationsbezogene Angaben in den Geschäftsberichten der DAX 100-Unternehmen*

### 5.3.4.6 Unternehmensstrategische Angaben

Die Analyse der Berichterstattung der DAX 100-Unternehmen über die Unternehmensstrategie erfolgte anhand von 26 Berichtskriterien.[1149] Die Ergebnisse der Auswertung sind Abb. 97 zu entnehmen.

Insbesondere hinsichtlich vergangenheitsbezogener Informationen zu Geschäftsfeldern, zur Geschäftstätigkeit sowie zu Kapitalbeteiligungen ist eine sehr ausführliche Berichterstattung der DAX 100-Unternehmen zu verzeichnen. So machten im Geschäftsjahr 2002 bereits über 80% der Unternehmen hierzu Angaben. Des Weiteren publizierte die Mehrzahl der Unternehmen im Geschäftsjahr 2002 vergangenheitsbezogene Informationen zum Kauf bzw. Verkauf von Geschäftsbereichen sowie zu Standorten.

Mehr als die Hälfte der Unternehmen publizierte im Geschäftsjahr 2002 vergangenheitsbezogene Angaben zum nachhaltigen Wirtschaften sowie zur Konzernstruktur. Vergangenheitsbezogene Informationen zur Festlegung der Kernkompetenzen und zu einem Umweltbericht waren 2002 in über einem Viertel der Geschäftsberichte zu finden. Ferner stellten mehr als ein Viertel der Unternehmen im Geschäftsjahr 2002 vergangenheitsbezogene Informationen zu Finanzierungsmaßnahmen sowie zur gesellschaftlichen Verantwortung bereit. Immerhin 14% der Unternehmen machten im Geschäftsjahr 2002 Angaben zur Unternehmenskultur bzw. -philosophie. Das 'Schlusslicht' in der vergangenheitsbezogenen Berichterstattung zur Unternehmensstrategie bildet das Intellectual Capital/Property Statement, das kein Unternehmen im Untersuchungszeitraum publizierte.

Auch zukunftsbezogene Angaben bzw. Planangaben wurden zu den aufgeführten Berichtselementen – im Vergleich zu den bisher betrachteten Berichtskategorien – häufiger bereitgestellt. So publizierten im Geschäftsjahr 2002 mehr als 10% der Unternehmen zukunftsbezogene Angaben zu Geschäftsfeldern sowie zur Geschäftstätigkeit. Auch zu anderen Berichtskriterien, wie z.B. zu Kapitalbeteiligungen, zum Kauf bzw. Verkauf von Geschäftsbereichen sowie zur Konzernstruktur, war eine zukunftsbezogene Berichterstattung zu finden. Der Anteil der hierzu publizierenden Unternehmen belief sich jedoch im Geschäftsjahr 2002 abermals auf einen einstelligen Prozentbereich. Lediglich zu zwei Berichtskriterien wurden keine zukunftsbezogenen Informationen bzw. Planangaben veröffentlicht.

---

[1149] Vgl. zur branchenspezifischen Analyse der unternehmensstrategischen Angaben in den Geschäftsberichten der DAX 100-Unternehmen Anhang 122.

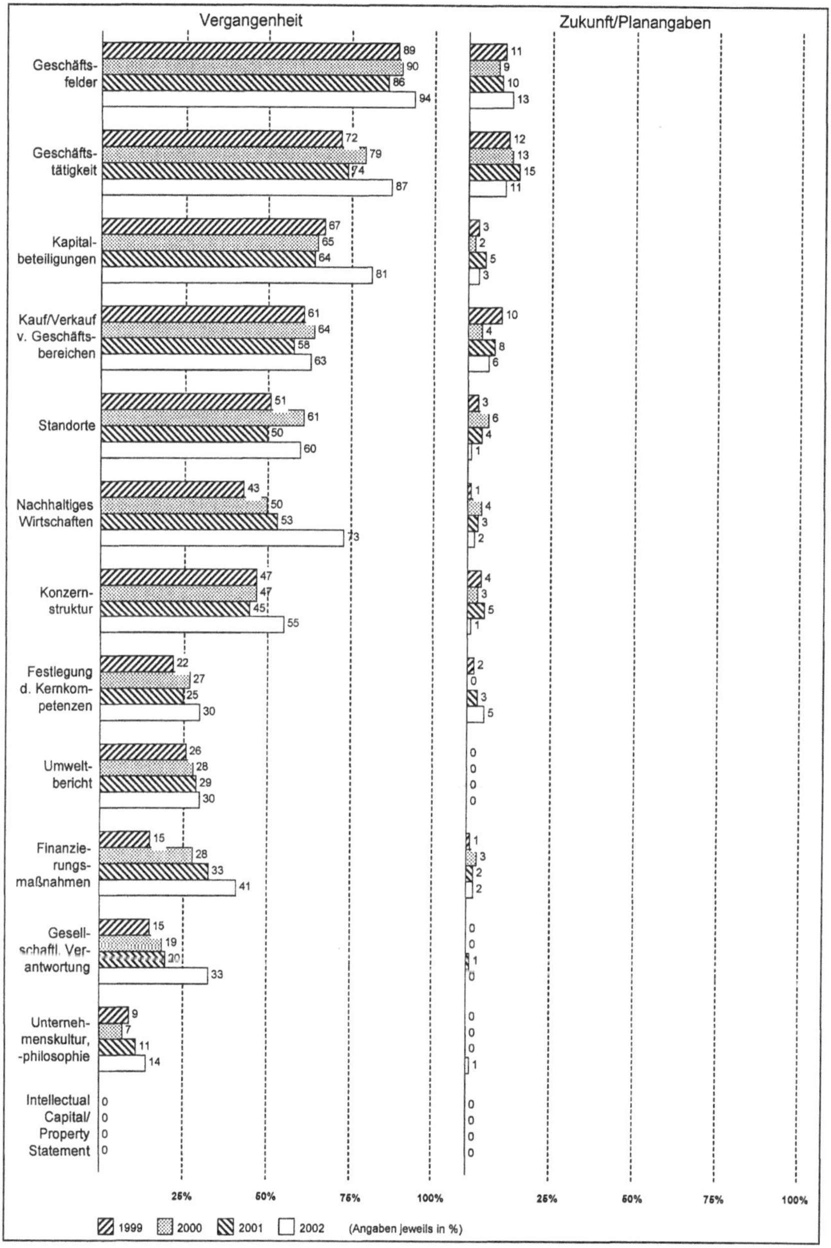


*Abb. 97: Unternehmensstrategische Angaben in den Geschäftsberichten der DAX 100-Unternehmen*

Insgesamt ist den DAX 100-Unternehmen eine vergleichsweise umfangreiche Publizität insbesondere zu vergangenheitsbezogenen unternehmensstrategischen Angaben im Geschäftsjahr 2002 zuzusprechen. Ferner ist zu beobachten, dass die Berichterstattung in dieser Berichtskategorie hinsichtlich eines Großteils der Kriterien über den betrachteten Zeitraum zugenommen hat. Ferner wurden zukunftsbezogene Angaben vergleichsweise häufiger bereitgestellt, wobei diesbezüglich keine konstante Entwicklung zu verzeichnen war.

Einzelne der gewonnenen Ergebnisse sind vor dem Hintergrund des vorliegenden Untersuchungsgegenstandes, der sich auf die Geschäftsberichte beschränkt, darüber hinaus zu relativieren. So werden bestimmte Berichtskriterien, wie z.B. Angaben zur nachhaltigen Entwicklung, zur gesellschaftlichen Verantwortung oder zur Unternehmenskultur bzw. -philosophie, seitens der Unternehmen in unterschiedlichem Umfang in den Geschäftsbericht aufgenommen.[1150] Diese Informationen werden ebenso in separaten Berichten präsentiert, die in der vorliegenden Untersuchung nicht betrachtet wurden.

#### 5.3.4.7 Umfeldbezogene Angaben

Schließlich wurde die Berichterstattung der DAX 100-Unternehmen über deren Umfeld analysiert.[1151] Hierzu wurden die Geschäftsberichte zu den Berichtskriterien Aktienbesitz bzw. Anteilseigner sowie wirtschaftliches, rechtliches und ökologisches Unternehmensumfeld ausgewertet. Die Ergebnisse der Analyse veranschaulicht Abb. 98.

Hinsichtlich der vergangenheitsbezogenen Berichterstattung über das wirtschaftliche Umfeld sowie den Aktienbesitz bzw. die Anteilseigner waren in einer Zeitreihenanalyse deutlich zunehmende Tendenzen zu verzeichnen. So publizierten im Geschäftsjahr 2002 bereits 90% der Unternehmen Informationen zum wirtschaftlichen Umfeld, 74% der Unternehmen zum Aktienbesitz bzw. den Anteilseignern. Eine ähnlich positive Entwicklung war hinsichtlich der zukunftsbezogenen Angaben bzw. Planangaben zum wirtschaftlichen Umfeld zu vermerken.

Sehr selten wurden im Gegensatz dazu vergangenheitsbezogene Angaben sowie zukunftsbezogene Angaben bzw. Planangaben zum rechtlichen Umfeld ge-

---

[1150] Vgl. hierzu und im Folgenden Benninghaus/Rabbe (2003), S. 230.

[1151] Vgl. zur branchenspezifischen Analyse der umfeldbezogenen Angaben in den Geschäftsberichten der DAX 100-Unternehmen Anhang 123.

macht. Das ökologische Umfeld blieb in der Berichterstattung der DAX 100-Unternehmen im Untersuchungszeitraum vollkommen unberücksichtigt.

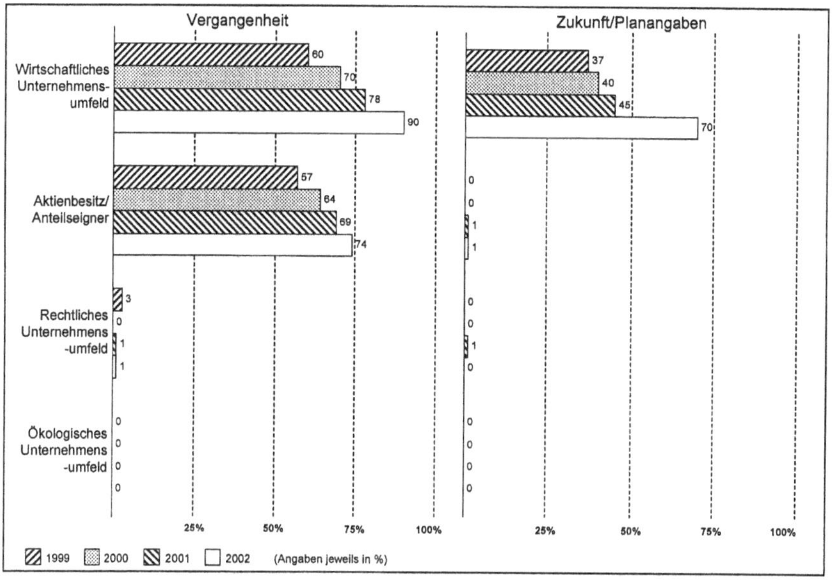


*Abb. 98: Umfeldbezogene Angaben in den Geschäftsberichten der DAX 100-Unternehmen*

## 5.3.5 Gesamtbetrachtung der Umsetzung der wertorientierten Berichterstattung börsennotierter deutscher Unternehmen

Die vorangegangene Analyse der Umsetzung der wertorientierten Berichterstattung börsennotierter deutscher Unternehmen erfolgte anhand der Auswertung der Geschäftsberichte der DAX 100-Unternehmen im Untersuchungszeitraum 1999 bis 2002. Dieser Untersuchung lag ein ausführlicher Katalog an Berichtskriterien zugrunde, die inhaltlich zehn Berichtskategorien, im Einzelnen den obligatorischen Berichtselementen, dem Value Added Reporting, dem Total Return Reporting und sieben Berichtskategorien innerhalb des Strategic Advantage Reporting zugeordnet wurden.

Im Rahmen der obligatorischen Berichtselemente war hinsichtlich des vergangenheitsbezogenen Ausweises eines Eigenkapitalspiegels eine deutlich zunehmende Entwicklung festzustellen, was jedoch auf die geänderten gesetzlichen Vorschriften zurückgeführt werden könnte. Ebenso zeigte sich jedoch hinsichtlich eines wesentlichen Teils der vergangenheitsbezogenen Informationen zum Value Added Reporting und zum Total Return Reporting über den betrachteten Zeitraum insgesamt ein zunehmendes Publizitätsverhalten. Während zu vier der insgesamt 19 Berichtskriterien des Value Added Reporting im Geschäftsjahr 2002 bereits mehr als die Hälfte der Unternehmen Angaben veröffentlichte, hinsichtlich der „pro-forma"-Ergebnisse waren es sogar fast 90% der Unternehmen, ergab sich hinsichtlich der überwiegenden Anzahl der restlichen Berichtskriterien jedoch ein vergleichsweise niedriges Publizitätsniveau. Etwas anders gestalteten sich die Ergebnisse zur vergangenheitsbezogenen Berichterstattung im Rahmen des Total Return Reporting. So waren derartige Informationen im Geschäftsjahr 2002 zu drei der insgesamt elf Berichtskriterien bereits in fast allen Geschäftsberichten und zu vier Berichtskriterien immerhin in mehr als einem Drittel der Geschäftsberichte vorhanden. Zukunftsbezogene Informationen bzw. Planangaben wurden zu den obligatorischen Berichtskriterien sowie zu den Berichtskriterien des Value Added und des Total Return Reporting nur in seltenen Fällen ausgewiesen. Dabei lag der Anteil der Unternehmen, die im Geschäftsjahr 2002 hierzu Angaben publizierten, durchweg im einstelligen Prozentbereich.

Hinsichtlich der vergangenheitsbezogenen Angaben zu nachhaltigen Wertsteigerungspotenzialen zeigte sich in den sieben Berichtskategorien ein unterschiedliches Publizitätsverhalten. Sämtliche vergangenheitsbezogenen kunden- und absatzbezogenen sowie zulieferer- und beschaffungsmarktbezogenen Angaben wurden im Geschäftsjahr 2002 von weniger als der Hälfte der Unternehmen publiziert. Innerhalb der prozess- bzw. innovationsbezogenen Angaben waren lediglich Informationen zu Investitionen in F&E in mehr als der Hälfte der Geschäftsberichte 2002 zu finden. Ähnliche Ergebnisse zeigten sich hinsichtlich mitarbeiter- bzw. managementbezogener Angaben. So wurden hier zu zwei Berichtskriterien von über 50% der Unternehmen vergangenheitsbezogene Informationen bereitgestellt. Die 100% Publizitätsrate zur Anzahl der Mitarbeiter konnte jedoch auf die gesetzliche Verpflichtung zum Ausweis dieser Angaben zurück geführt werden. Vergangenheitsbezogene umfeldbezogene Angaben wurden zu zwei der insgesamt vier Berichtskriterien von mindestens 74% der Unternehmen im Geschäftsbericht 2002 publiziert, während Angaben zu den anderen zwei Berichtskriterien nahezu nicht vorhanden waren.

Ein deutliches höheres Publizitätsverhalten zeigte sich sowohl hinsichtlich vergangenheitsbezogener risikobezogener als auch hinsichtlich vergangenheitsbezogener unternehmensstrategischer Angaben. So wurden im Geschäftsjahr 2002 zu vier der insgesamt sieben risikobezogenen Berichtskriterien von einem Großteil der Unternehmen Angaben bereitgestellt, zu den anderen drei Berichtskriterien berichteten immerhin jeweils mindestens 29% der Unternehmen. Diese Ergebnisse könnten jedoch aus der gesetzlichen Verpflichtung, auf die Risiken der künftigen Entwicklung einzugehen, sowie aus der Verabschiedung des „DRS 5 Risikoberichterstattung“ im Jahr 2001 resultieren. Neben risikobezogenen Angaben waren auch vergangenheitsbezogene Informationen zu mehr als der Hälfte aller unternehmensstrategischen Berichtskriterien, im Einzelnen zu sieben der insgesamt 13 Berichtskriterien, mehrheitlich in den Geschäftsberichten 2002 vorhanden. Darüber hinaus berichteten mindestens 30% der Unternehmen im Geschäftsjahr 2002 vergangenheitsbezogene Angaben zu vier weiteren Berichtskriterien. Lediglich zur Unternehmenskultur bzw. -philosophie sowie zum Intellectual Capital/Property-Statement ergab sich ein niedriges Publizitätsniveau.

Die Ergebnisse der Auswertung der zukunftsbezogene Berichterstattung zu nachhaltigen Wertsteigerungspotenzialen zeigten ein klares Bild. Zum einen war diesbezüglich überwiegend keine eindeutig zunehmende Entwicklung über den Betrachtungszeitraum zu verzeichnen, zum anderen wurden zukunftsbezogene Angaben bzw. Planangaben nur sehr vereinzelt bereitgestellt. Ausnahmen stellten hier bestimmte unternehmensstrategische Angaben dar, zu nennen sind hier Angaben zu Geschäftsfeldern und zur Geschäftstätigkeit, zu denen immerhin mehr als 10% der Unternehmen im Geschäftsjahr 2002 publizierte. Ferner ist die zukunftsbezogene Berichterstattung zum wirtschaftlichen Unternehmensumfeld besonders hervorzuheben, die in 70% der Geschäftsberichte 2002 vorhanden war.

Die vorangegangenen Ausführungen zur Umsetzung der wertorientierten Berichterstattung zeigten damit, dass den DAX 100-Unternehmen insgesamt (noch) keine umfangreiche wertorientierte Berichterstattung attestiert werden kann. Vor dem Hintergrund der Ergebnisse der empirischen Untersuchung zur Ausgestaltung der wertorientierten Berichterstattung war dies nicht unbedingt zu erwarten. So zeigte die Auswertung des Fragebogens, dass die Relevanzeinschätzungen zu den einzelnen Berichtskriterien aus Sicht der Adressaten und der Unternehmen weitgehend übereinstimmten und auch die Unternehmen einen wesentlichen Teil der Berichtskriterien als „wichtig“ oder sogar „sehr wichtig“ einstuften. Daraufhin hätte man zumindest zu einigen Berichtskriterien höhere Publizitätsraten und in größerem Maße eine zunehmende Entwicklung der Berichterstattung über den Betrachtungszeitraum vermuten können.

# 6. Beurteilung der Qualität der wertorientierten Berichterstattung börsennotierter deutscher Unternehmen

Mit den vorangegangenen Ausführungen wurden zum einen die in der Theorie abgeleiteten Anforderungen an die wertorientierte Berichterstattung empirisch untersucht. Der Fokus der Untersuchung lag dabei auf den Inhalten der wertorientierten Berichterstattung. Hierzu wurden Adressaten und Unternehmen hinsichtlich ihrer Relevanzeinschätzung zu den einzelnen Kriterien der wertorientierten Berichterstattung befragt.[1152] Zum anderen wurde anhand der theoretisch hergeleiteten und empirisch validierten Berichtskriterien die Umsetzung der wertorientierten Berichterstattung börsennotierter deutscher Unternehmen analysiert.[1153]

Ziel der nachfolgenden Ausführungen ist es, die Qualität der wertorientierten Berichterstattung börsennotierter deutscher Unternehmen, aufbauend auf den oben ermittelten empirischen Befunden, zu beurteilen. Dies erfolgt zum einen anhand der Berechnung von Value Reporting-Scores, die für jedes Unternehmen einen quantitativen Maßstab zur Beurteilung der Qualität der wertorientierten Berichterstattung darstellen. Zum anderen wird der derzeitige Stand der wertorientierten Berichterstattung börsennotierter deutscher Unternehmen mit der Ausgestaltung der wertorientierten Berichterstattung aus Sicht der Adressaten und der Unternehmen im Rahmen einer Gap-Analyse verglichen. Auf diese Weise kann eine Aussage darüber getroffen werden, hinsichtlich welcher Berichtskriterien die Berichterstattung der Unternehmen in der Praxis gegenüber den Anforderungen von Adressaten und Unternehmen Lücken (sog. Reporting Gaps) aufweist.

Das vorliegende Kapitel gliedert sich in vier Abschnitte. Zunächst werden die mit der empirischen Untersuchung verbundenen Zielsetzungen ausführlicher dargelegt und die Datengrundlage beschrieben (Abschnitt 6.1). Anschließend wird die Qualität der wertorientierten Berichterstattung in Abschnitt 6.2 anhand von Value Reporting-Scores und in Abschnitt 6.3 anhand von Gap-Analysen beurteilt. Das Kapitel schließt mit einer Gesamtbetrachtung der Befunde zur Qualität der wertorientierten Berichterstattung in Abschnitt 6.4.

---

[1152] Vgl. hierzu im Einzelnen Kapitel 4.

[1153] Vgl. hierzu im Einzelnen Kapitel 5.

## 6.1 Zielsetzungen der Untersuchung und Datengrundlage

Mit der wertorientierten Berichterstattung wird das Ziel einer adäquaten Bewertung des Unternehmens am Kapitalmarkt und damit einer Verringerung der Wertlücke zwischen dem (rechnerischen) Unternehmenswert und dem Börsenwert eines Unternehmens verfolgt.[1154] Ein Bestandteil der Wertlücke bildet, wie bereits dargestellt wurde, die sog. Übereinstimmungslücke, die daraus resultiert, dass Adressaten und Ersteller der wertorientierten Berichterstattung den einzelnen Informationen unterschiedliche Relevanz beimessen. Im Rahmen der empirischen Untersuchung zur Ausgestaltung der wertorientierten Berichterstattung aus Adressaten- und Unternehmenssicht wurde bereits dargelegt, dass Übereinstimmungslücken bei den Kapitalmarktakteuren vorliegen.[1155]

Neben der Ausgestaltung der wertorientierten Berichterstattung aus Adressaten- und Unternehmenssicht wurde die Umsetzung der wertorientierten Berichterstattung börsennotierter deutscher Unternehmen anhand eines Kriterienkataloges über einen Zeitraum von vier Geschäftsjahren untersucht. Dies erfolgte zum einen im Rahmen einer undifferenzierten Gesamtbetrachtung der Unternehmen. Zum anderen wurde eine differenzierte Analyse der wertorientierten Berichterstattung in Abhängigkeit von der Branchenzugehörigkeit der Unternehmen durchgeführt. Die Ergebnisse der Untersuchung zeigten, dass den börsennotierten deutschen Unternehmen bislang nur in Einzelfällen eine umfangreiche wertorientierte Berichterstattung attestiert werden kann. So wurde der Großteil der vergangenheitsbezogenen wertorientierten Angaben nur von einem geringen Anteil der Unternehmen publiziert. Zukunftsbezogene Informationen bzw. Planangaben waren zu den einzelnen Berichtskriterien ebenfalls nur in seltenen Fällen vorhanden.[1156]

Vor diesem Hintergrund ergibt sich die Fragestellung, ob bzw. in welchem Maße die derzeitige wertorientierte Berichterstattung börsennotierter deutscher Unternehmen den im Rahmen der theoriegeleiteten Überlegungen und der empirischen Untersuchung abgeleiteten Anforderungen an die wertorientierte Berichterstattung entspricht. Liegt eine Abweichung zwischen der Bedeutung einer bestimmten Information aus Adressatensicht und der Publizität dieser Information seitens des Unternehmens vor, handelt es sich um eine sog. Informationslücke. Demgegenüber resultiert die sog. Berichtslücke aus der Abweichung zwischen der Bedeutung einer Information aus Unternehmenssicht und der Intensität, mit

1154 Vgl. zur Wertlücke sowie zu deren Bestandteilen Abschnitt 2.2.3.1.

1155 Vgl. hierzu Abschnitt 4.4.2.

1156 Vgl. hierzu Abschnitt 5.3.

der die Information seitens der Unternehmen berichtet wird.[1157] Das Vorhandensein einer Berichtslücke ist bspw. darauf zurückzuführen, dass für Unternehmen auch negative Auswirkungen mit der wertorientierten Berichterstattung verbunden sein können und die Unternehmen deswegen darauf verzichten, diese Informationen zu publizieren.[1158]

Ziel der nachfolgenden Ausführungen ist es daher zu analysieren, inwiefern der derzeitige Stand der wertorientierten Berichterstattung börsennotierter deutscher Unternehmen mit der Ausgestaltung der wertorientierten Berichterstattung aus Sicht der Adressaten bzw. der Unternehmen übereinstimmt und ob von bestehenden Informations- bzw. Berichtslücken auf dem Kapitalmarkt auszugehen ist. Wie eingangs bereits erwähnt, wird die Qualität der wertorientierten Berichterstattung nachfolgend zum einen anhand von Value Reporting-Scores und zum anderen anhand von Gap-Analysen beurteilt.

In der Literatur wird für die Qualitätsbeurteilung von (freiwilligen) Berichterstattungsinhalten regelmäßig auf sog. Scoring-Modelle zurück gegriffen.[1159] Mit Hilfe von Scoring-Modellen können die einzelnen Berichterstattungsinhalte entsprechend ihrer relativen Bedeutung zueinander bewertet und hieraus für jedes Unternehmen ein Score ermittelt werden, der Auskunft über die Qualität der Berichterstattung gibt.[1160] Im Rahmen der vorliegenden Arbeit wurden die relativen Bedeutungen der einzelnen Berichtskriterien anhand der empirischen Untersuchung zur Ausgestaltung der wertorientierten Berichterstattung aus Adressaten- und Unternehmenssicht ermittelt.[1161] Daher werden nachfolgend zunächst für je-

---

[1157] Diese Definition der Informations- bzw. Berichtslücke weicht leicht von der in Abschnitt 2.2.3.1 formulierten Definition ab. So wird in Abschnitt 2.2.3.1 die Informations(Berichts-)lücke als Abweichung zwischen der Bedeutung einer Leistungskennzahl aus Managementsicht (Marktsicht) und der Intensität (Zufriedenheit mit) der Kommunikation einer Leistungskennzahl definiert. Im Rahmen der vorliegenden Untersuchung des Vorhandenseins von Informations- bzw. Berichtslücken wird von dem Vorhandensein einer Wahrnehmungslücke abstrahiert und lediglich jeweils die Abweichung zwischen der Bedeutung einer Leistungskennzahl aus Management- bzw. Marktsicht und der tatsächlichen Berichterstattung der Unternehmen zu dieser Leistungskennzahl betrachtet.

[1158] Vgl. hierzu Abschnitt 7.4.

[1159] Vgl. zur Verwendung eines Scoring-Modells hinsichtlich der wertorientierten Berichterstattung Ruhwedel/Schultze (2002), S. 626ff. sowie auf die Pharmabranche bezogen Fischer (2003), S. 107ff. Darüber hinaus wird im Rahmen des bereits erwähnten Geschäftsberichts-Rating der Zeitschrift Bilanz ein Scoring-Modell für die Beurteilung der wertorientierten Berichterstattung verwendet. Vgl. zur Verwendung eines Scoring-Modells hinsichtlich weiterer Berichtsinhalte z.B. Chow/Wong-Boren (1987); Buzby (1975); Meek/Roberts/Gray (1995); Raffournier (1995); Neben dem Begriff des Scoring-Modells wird in diesem Zusammenhang auch der Begriff der Nutzwertanalyse verwendet. Vgl. z.B. Armeloh (1998), S. 61ff.;Krumholz (1994), S. 29ff; Rolvering (2002), S. 38ff.

[1160] Neben dem Begriff des Reporting-Score ist in der Literatur der Begriff Disclosure Index zu finden. Vgl. z.B. Fischer (2003), S. 107ff.

[1161] Durch die Befragung der Adressaten und der Ersteller zu der Relevanz der einzelnen Berichtskriterien konnte der Maßstab zur Beurteilung der Inhalte der wertorientierten Berichterstattung weitestgehend subden ausgewerteten Geschäftsbericht je zwei Value Reporting-Scores, einer aus Adressaten- und einer aus Unternehmenssicht, ermittelt. Zudem erfolgt die Berechnung der Value Reporting-Scores aus Unternehmenssicht branchenspezifisch, da sowohl die Anforderungen an die wertorientierte Berichterstattung aus Unternehmenssicht als auch die Umsetzung der wertorientierten Berichterstattung börsennotierter deutscher Unternehmen branchenspezifisch ausgewertet wurden.[1162] Um die Qualität der wertorientierten Berichterstattung beurteilen zu können, bedarf es ferner eines Vergleichsmaßstabs für die berechneten Value Reporting-Scores. Als Vergleichsmaßstab wird die maximal erreichbare Gesamtpunktzahl für den Value Reporting-Score aus Adressaten- sowie aus Unternehmenssicht ermittelt. Der relative Value Reporting-Score eines Geschäftsberichtes, d.h. der Value Reporting-Score eines Geschäftsberichtes im Verhältnis zum maximalen Value Reporting-Score, repräsentiert den Erfüllungsgrad und damit die Güte der wertorientierten Berichterstattung.

Zusätzlich zu der Berechnung der Value Reporting-Scores der einzelnen Unternehmen werden die Anforderungen an die wertorientierte Berichterstattung aus Adressaten- und Unternehmenssicht mit der derzeitigen wertorientierten Berichterstattung börsennotierter deutscher Unternehmen im Rahmen einer Gap-Analyse verglichen. Diese zusätzliche Qualitätsbeurteilung erschien sinnvoll, da die Ermittlung der Value Reporting-Scores methodischen Schwächen unterliegt[1163] und die Gap-Analyse darüber hinaus eine gute Visualisierung der Ergebnisse ermöglicht. Im Rahmen der Gap-Analyse werden, im Unterschied zur Ermittlung der Value Reporting-Scores, die Unternehmen nicht einzeln betrachtet, sondern einer Gesamtbetrachtung unterzogen. So wird untersucht, ob die Kriterien, denen seitens der Adressaten bzw. seitens der Unternehmen eine hohe (niedrige) Relevanz beigemessen wurde, auch bei einem großen (geringen) Anteil der Unternehmen in der wertorientierten Berichterstattung enthalten sind. Die Gap-Analyse erfolgt wiederum sowohl aus Adressaten- als auch aus Unternehmenssicht. Zudem wird die Gap-Analyse aus Unternehmenssicht branchenspezifisch durchgeführt.[1164]

---

jektiven Einflüssen entzogen und objektiviert, d.h. intersubjektiv nachprüfbar gemacht werden. Vgl. hierzu Armeloh (1998), S. 36.

1162 Die Berechnung von branchenspezifischen Value Reporting-Scores aus Adressatensicht war aufgrund des vorhandenen Datenmaterials nicht möglich. Vgl. hierzu bereits Abschnitt 4.3.

1163 Vgl. hierzu die einleitenden Ausführungen in Abschnitt 6.3.

1164 Eine branchenbezogene Gap-Analyse zwischen den Einschätzungen der Adressaten und dem derzeitigen Stand der wertorientierten Berichterstattung börsennotierter deutscher Unternehmen war aufgrund des vorhandenen Datenmaterials nicht möglich. Vgl. hierzu bereits Abschnitt 4.3.

Für die nachfolgend dargestellte Qualitätsbeurteilung der wertorientierten Berichterstattung wurden keine neuen Daten erhoben, sondern die vorliegenden Befunde einer kombinierten Auswertung unterzogen.[1165]

Die empirische Untersuchung zu den Anforderungen an die wertorientierte Berichterstattung in Kapitel 4 und zu deren Umsetzung in der Berichtspraxis der DAX 100-Unternehmen in Kapitel 5 erfolgten anhand eines ausführlichen Kriterienkataloges für die wertorientierte Berichterstattung. Dabei wurden die einzelnen Berichtskriterien den folgenden Berichtskategorien zugeordnet:

- Obligatorische Berichtselemente,
- Angaben über die Entwicklung des Unternehmenswertes (Value Added Reporting),
- Angaben über die Wertentwicklung für die Kapitalgeber (Total Return Reporting),
- Angaben zu nachhaltigen Wertsteigerungspotenzialen (Strategic Advantage Reporting) unterteilt in
  - risikobezogene Angaben,
  - kunden- bzw. absatzmarktbezogene Angaben,
  - zulieferer- bzw. beschaffungsmarktbezogene Angaben,
  - mitarbeiter- bzw. managementbezogene Angaben,
  - prozess- bzw. innovationsbezogene Angaben,
  - unternehmensstrategische Angaben,
  - umfeldbezogene Angaben.

Die inhaltlichen Anforderungen an die wertorientierte Berichterstattung wurden mit Hilfe einer schriftlichen Befragung im Rahmen einer Teilerhebung erhoben.[1166] In diesem Zusammenhang sollten sowohl Adressaten als auch Unternehmen als Ersteller der wertorientierten Berichterstattung die Relevanz der verschiedenen Berichtskriterien der wertorientierten Berichterstattung anhand einer Skala von „0 = unwichtig" bis „3 = sehr wichtig" beurteilen. Die für die einzelnen Berichtskriterien aus Adressaten- bzw. Unternehmenssicht ermittelten Me-

---

[1165] Für die empirische Untersuchung der Anforderungen an die wertorientierte Berichterstattung aus Adressaten- bzw. Unternehmenssicht und des derzeitigen Standes der wertorientierten Berichterstattung börsennotierter deutscher Unternehmen wurden die Datenerhebungsformen der Befragung und der Inhaltsanalyse gewählt. Vgl. hierzu Abschnitt 4.2.1 und Abschnitt 5.2.1.

[1166] Vgl. hierzu insbesondere Abschnitt 4.2.

diane der Relevanzeinschätzungen bilden eine Datengrundlage im Rahmen der vorliegenden Qualitätsbeurteilung der wertorientierten Berichterstattung.[1167]

Die Analyse der Umsetzung der wertorientierten Berichterstattung börsennotierter deutscher Unternehmen erfolgte mit Hilfe einer Inhaltsanalyse im Rahmen einer Teilerhebung.[1168] Diesbezüglich wurden die Geschäftsberichte der zu Beginn der empirischen Untersuchung im DAX 100 notierten Unternehmen über einen Zeitraum von vier Geschäftsjahren, beginnend mit dem Geschäftsjahr 1999, anhand der einzelnen Berichtskriterien der wertorientierten Berichterstattung ausgewertet. Die Bewertung der Berichterstattung über die einzelnen Berichtskriterien erfolgte dichotom, d.h. ein Berichtskriterium wurde mit einem Punkt bewertet, wenn es publiziert wurde, andernfalls wurde kein Punkt vergeben. Anschließend wurde anhand von relativen Häufigkeiten für jedes Berichtskriterium der Anteil der Unternehmen ermittelt, die Angaben zu dem Berichtskriterium publizierten. Die Ergebnisse der Analyse bilden eine weitere Datengrundlage im Rahmen der vorliegenden Qualitätsbeurteilung der wertorientierten Berichterstattung.[1169]

## 6.2 Beurteilung der wertorientierten Berichterstattung börsennotierter deutscher Unternehmen anhand des Value Reporting-Score

Für die Beurteilung der wertorientierten Berichterstattung anhand von Value Reporting-Scores wird nachfolgend in einem ersten Schritt die Methodik der Ermittlung der Value Reporting-Scores erläutert. In einem zweiten Schritt werden schließlich die Ergebnisse der Berechnung der Value Reporting-Scores dargelegt.

---

1167 Anstelle des Mittelwertes wurde der Median herangezogen, da es sich bei der Stichprobe um ordinalskalierte Daten handelt. Ferner ergab der Kolmogorov-Smirnow-Anpassungstest auf Normalverteilung, dass die vorliegende Stichprobe keine hinreichend normalverteilten Werte enthält. Vgl. hierzu bereits Abschnitt 4.2.4. Zur Überprüfung wurde die Qualitätsbeurteilung der wertorientierten Berichterstattung auf Basis der Mittelwerte durchgeführt. Diese Analysen führte zu keinen wesentlichen Unterschieden im Vergleich zu der folgenden, auf Basis der Mediane erstellten, Qualitätsbeurteilung.

1168 Vgl. hierzu insbesondere Abschnitt 5.2.

1169 Für die jeweiligen Gesamtanalysen der Qualitätsbeurteilung der wertorientierten Berichterstattung aus Adressaten- und Erstellersicht (Abschnitte 6.2.2.1; 6.2.2.2.1; 6.3.2.1; 6.3.2.2.1) wurden Unternehmen der Branchen Banken und Versicherungen aus den in Abschnitt 5.3 ermittelten Ergebnissen herausgerechnet. Dies ist darauf zurückzuführen, dass Unternehmen der Branchen Banken und Versicherungen aufgrund von branchenspezifischen Besonderheiten zu Verzerrungen führen könnten. Die branchenspezifischen Qualitätsbeurteilungen der wertorientierten Berichterstattung aus Erstellersicht (Abschnitte 6.2.2.2.2; 6.3.2.2.2) enthalten hingegen Unternehmen der Branchen Banken und Versicherungen.

### 6.2.1 Ermittlung der Value Reporting-Scores

Die Qualitätsbeurteilung der wertorientierten Berichterstattung erfolgt zunächst anhand von Value Reporting-Scores. Diese geben als verdichtete quantitative Maßzahl Auskunft über die Qualität der Berichterstattung eines jeden Unternehmens. Für die Ermittlung der Value Reporting-Scores bedarf es eines Scoring-Modells, um die einzelnen Berichterstattungsinhalte entsprechend ihrer relativen Bedeutung zueinander bewerten und anschließend zu einem Gesamtwert aggregieren zu können.[1170] Das im Rahmen der vorliegenden Arbeit zugrunde liegende Scoring-Modell zur Ermittlung der (relativen) Value Reporting-Scores wird durch die nachfolgenden Gleichungen (11) – (16) repräsentiert.

Der Value Reporting-Score $Q_j^{VR}$ eines Geschäftsberichtes j bestimmt sich aus der Summe der mit dem Gewichtungsfaktor $g_i$ gewichteten Value Reporting-Scores $q_{ij}$ der zehn Berichtskategorien (mit i = 1 bis 10):

$$(11) \qquad Q_j^{VR} = \sum_{i=1}^{10} q_{ij} \bullet g_i \qquad \text{mit} \sum_{i=1}^{10} g_i = 1$$

mit: $Q_j^{VR}$ = Value Reporting-Score des Geschäftsberichtes j
$q_{ij}$ = Value Reporting-Score der Berichtskategorie i des Geschäftsberichtes j
$g_i$ = Gewichtungsfaktor der Berichtskategorie i
i = Anzahl der Berichtskategorien (i = 1 bis 10)

Der Gewichtungsfaktor $g_i$ der Berichtskategorie i bestimmt sich aus den Relevanzeinschätzungen der in der empirischen Untersuchung befragten Adressaten und Unternehmen. Die Adressaten und die Unternehmen wurden nicht dazu befragt, welche prozentuale Bedeutung sie der Berichtskategorie i im Verhältnis zu den anderen neun Berichtskategorien beimessen, sondern sollten lediglich die Bedeutung der einzelnen Berichtskriterien anhand einer Ordinalskala einschätzen. Daher wird der Gewichtungsfaktor $g_i$ aus der Bedeutung der einzelnen Berichtskriterien ermittelt.[1171] Die absolute Bedeutung eines Berichtskriteriums k einer Berichtskategorie i entspricht dem Median $Me_{ki}$ der Relevanzeinschätzun-

---

[1170] Teilweise wird in der Literatur die Meinung vertreten, dass die einzelnen Daten ungewichtet in die Berechnung der Scores einbezogen werden sollten, um subjektive Einflüsse bei der Gewichtung auszuschließen. Vgl. z.B. Bühner/Bünger/Kaserer (2003), 19. In der vorliegenden Arbeit basiert die Gewichtung jedoch nicht auf einer einzigen subjektiven Einschätzung, sondern auf den Relevanzeinschätzungen der Adressaten und der Ersteller der wertorientierten Berichterstattung. Hierdurch wurde die Beurteilung der Inhalte der wertorientierten Berichterstattung objektiviert. Die Gewichtung der einzelnen Berichtskriterien entsprechend ihrer relativen Bedeutungen zueinander erscheint daher als die vorzugswürdigere Methode.

[1171] Diese Methode erschien objektiver, als den Gewichtungsfaktor $g_i$ lediglich anhand der Anzahl der Kriterien der verschiedenen Berichtskategorien i zu ermitteln.

gen der Adressaten oder der Unternehmen.[1172] Die absolute Bedeutung der Berichtskategorie i entspricht folglich der Summe der Mediane der Relevanzeinschätzungen für alle Berichtskriterien k der Berichtskategorie i. Der Gewichtungsfaktor $g_i$ der Berichtskategorie i errechnet sich dann aus der Relation der absoluten Bedeutung der Berichtskategorie i zur Summe der Bedeutungen aller Berichtskategorien:

$$(12) \qquad g_i = \frac{\sum_{k=1}^{m_i} Me_{ki}}{\sum_{i=1}^{10}\left(\sum_{k=1}^{m_i} Me_{ki}\right)}$$

mit: $g_i$ = Gewichtungsfaktor der Berichtskategorie i
$Me_{ki}$ = Median der Relevanzeinschätzung des Berichtskriteriums k der Berichtskategorie i
k = Anzahl der Berichtskriterien der Berichtskategorie i (k = 1 bis $m_i$)

Die Ermittlung des Value Reporting-Score $q_{ij}$ einer Berichtskategorie i des Geschäftsberichtes j erfolgt grundsätzlich analog zur Formel (11). Demzufolge ergibt sich $q_{ij}$ aus der Summe der mit dem Gewichtungsfaktor $w_{ki}$ gewichteten Werte $p_{kij}$ der Berichtskriterien (mit k = 1 bis $m_i$):[1173]

$$(13) \qquad q_{ij} = \sum_{k=1}^{m_i} p_{kij} \bullet w_{ki} \bullet 100 \qquad \text{mit} \sum_{k=1}^{m_i} w_{ki} = 1$$

mit: $q_{ij}$ = Value Reporting-Score der Berichtskategorie i des Geschäftsberichtes j
$p_{kij}$ = Wert des Berichtskriteriums k der Berichtskategorie i des Geschäftsberichtes j
$w_{ki}$ = Gewichtungsfaktor des Berichtskriteriums k der Berichtskategorie i

Den Werten $p_{kij}$ der Berichtskriterien liegt eine dichotome Bewertung zugrunde, d.h. es wird lediglich darüber entschieden, ob Angaben zu einem Berichtskrite-

[1172] Für die Ermittlung der Value Reporting-Scores aus Adressatensicht wurden die Relevanzeinschätzungen der Adressaten und für die Ermittlung der Value Reporting-Scores aus Unternehmenssicht die Relevanzeinschätzungen der Unternehmen berücksichtigt. Für den Fall der branchenspezifischen Value Reporting-Scores ergibt sich die Bedeutung eines Berichtskriteriums aus dem Median der Relevanzeinschätzungen von den Unternehmen dieser Branche.

[1173] In den Value Reporting-Score zu obligatorischen Berichtselementen wurden hinsichtlich vergangenheitsbezogener Angaben nur der Eigenkapitalspiegel einbezogen, da davon ausgegangen werden kann, dass zu den restlichen obligatorischen Berichtselementen alle Unternehmen vergangenheitsbezogene Angaben publiziert haben.

rium k im Geschäftsbericht vorhanden sind oder nicht.[1174] Der Wert $p_{kij}$ eines Berichtskriteriums k besitzt daher die Ausprägungen

- $p_{kij} = 1$, wenn Angaben zum Berichtskriterium gemacht wurden, oder
- $p_{kij} = 0$, wenn keine Angaben zum Berichtskriterium gemacht wurden.

Aufgrund der hier gewählten Bewertung der Berichtskriterien werden die einzelnen gewichteten Werte entsprechend (13) zusätzlich mit 100 multipliziert, damit gilt $q_{ij} \in \{0;100\}$.[1175]

Der Gewichtungsfaktor $w_{ki}$ des Berichtskriteriums k bestimmt sich analog zu (12) aus den Relevanzeinschätzungen der in der empirischen Untersuchung befragten Adressaten und Unternehmen. Die absolute Bedeutung des Berichtskriteriums k der Berichtskategorie i entspricht somit dem Median der Relevanzeinschätzungen der Adressaten oder der Unternehmen $Me_{ki}$.[1176] Der Gewichtungsfaktor $w_{ki}$ des Berichtskriteriums k errechnet sich dann aus der Relation der absoluten Bedeutung des Berichtskriteriums k zur Summe der Bedeutungen aller Berichtskriterien k der Berichtskategorie i:

$$w_{ki} = \frac{Me_{ki}}{\sum_{k=1}^{m_i} Me_{ki}} \qquad (14)$$

mit: $w_{ki}$ = Gewichtungsfaktor des Berichtskriteriums k der Berichtskategorie i
$Me_{ki}$ = Median der Relevanzeinschätzung des Berichtskriteriums k der Berichtskategorie i

Abb. 99 zeigt eine zusammenfassende Übersicht zur Berechnung der Value Reporting-Scores. Die Abbildung bezieht sich exemplarisch auf einen Geschäftsbericht j mit j = 1.

---

1174 Wie in Abschnitt 5.2.4 bereits ausgeführt, wurden bei der Bewertung der Berichterstattung über die einzelnen Berichtskriterien evtl. unterschiedliche Genauigkeitsgrade der Angaben nicht differenziert erfasst.

1175 Die Multiplikation mit 100 erfolgt lediglich aus Darstellungsgründen, da ansonsten $q_{ij} \in \{0;1\}$ gelten würde.

1176 Für den Fall der branchenspezifischen Value Reporting-Scores ergibt sich die Bedeutung eines Berichtskriteriums aus dem Median der Relevanzeinschätzungen von den Unternehmen dieser Branche.

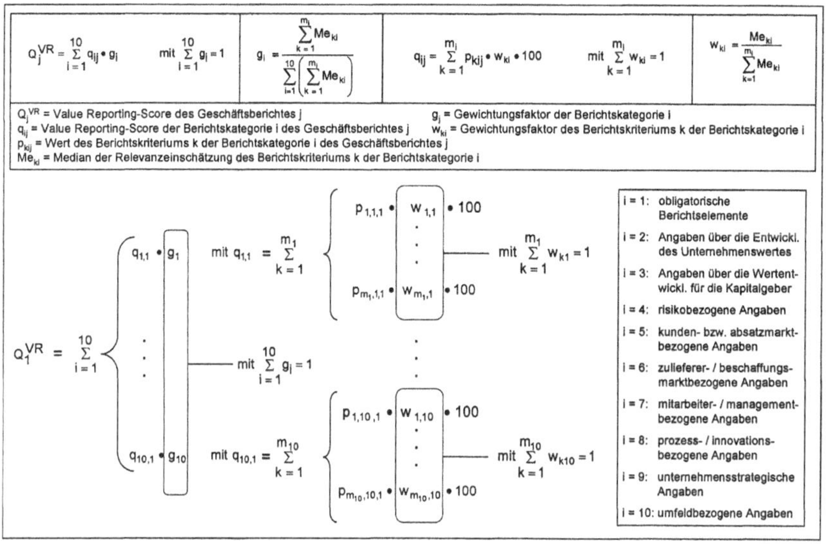


*Abb. 99: Methodik zur Ermittlung der Value Reporting-Scores*

Zur Beurteilung der Qualität der wertorientierten Berichterstattung wurden sowohl für die Value Reporting-Scores der Berichtskategorien als auch für den gesamten Value Reporting-Score eines Geschäftsberichtes Vergleichsmaßstäbe ermittelt. Die Vergleichsmaßstäbe stellen jeweils die maximal erreichbaren Gesamtpunktzahlen für die Value Reporting-Scores dar.

Der maximal erreichbare Value Reporting-Score $q_i^{(max)}$ der Berichtskategorie i entspricht genau dem Wert von $q_{ij}$, bei dem für alle $p_{kij}$ gilt $p_{kij} = 1$. Da sich $q_{ij}$ gemäß (13) aus der Summe der mit dem Gewichtungsfaktor $w_{ki}$ gewichteten und mit 100 multiplizierten Werte $p_{kij}$ der Berichtskriterien ermittelt, wobei gilt, dass die Summe der Gewichtungsfaktoren eins ist, ergibt sich $q_i^{(max)} = 100$.

Der relative Value Reporting-Score $rq_j^{VR}$ der Berichtskategorie i des Geschäftsberichtes j ergibt sich dann gemäß (15) aus der Relation zwischen dem Value Reporting-Score $q_{ij}$ der Berichtskategorie i zum maximal erreichbaren Value Reporting-Score $q_i^{(max)}$ der Berichtskategorie i. Da gilt, dass $q_i^{(max)} = 100$, entspricht der Value Reporting-Score $q_{ij}$ der Berichtskategorie i der Prozentzahl des relativen Value Reporting-Score $rq_j^{VR}$ der Berichtskategorie i.

$$(15) \qquad rq_{ij} = \frac{q_{ij}}{q_i^{(max)}}$$

mit: $rq_{ij}^{VR}$ = Relativer Value Reporting-Score der Berichtskategorie i des Geschäftsberichtes j
$q_{ij}$ = Value Reporting-Score der Berichtskategorie i des Geschäftsberichtes j
$q_i^{(max)}$ = Maximal erreichbarer Value Reporting-Score der Berichtskategorie i

Der maximal erreichbare Value Reporting-Score $Q^{VR\,(max)}$ des Geschäftsberichtes entspricht gemäß (11) der Summe der mit dem Gewichtungsfaktor $g_i$ gewichteten maximal erreichbaren Value Reporting-Scores $q_i^{(max)}$ der zehn Berichtskategorien. Da gilt, dass die Summe der Gewichtungsfaktoren eins ist, ergibt sich $Q^{VR\,(max)} = 100$.

Der relative Value Reporting-Score $RQ_j^{VR}$ des Geschäftsberichtes j ergibt sich dann gemäß (16) aus der Relation zwischen dem Value Reporting-Score $Q_j^{VR}$ des Geschäftsberichtes j zum maximal erreichbaren Value Reporting-Score $Q^{VR\,(max)}$. Da gilt, dass $Q^{VR\,(max)} = 100$, entspricht der Value Reporting-Score $Q_j^{VR}$ des Geschäftsberichtes j der Prozentzahl des relativen Value Reporting-Score $RQ_j^{VR}$ des Geschäftsberichtes j.

$$RQ_j^{VR} = \frac{Q_j^{VR}}{Q^{VR(max)}} \qquad (16)$$

mit: $RQ_j^{VR}$ = Relativer Value Reporting-Score des Geschäftsberichtes j
$Q_j^{VR}$ = Value Reporting-Score des Geschäftsberichtes j
$Q^{VR\,(max)}$ = Maximal erreichbarer Value Reporting-Score des Geschäftsberichtes

Die deskriptive Auswertung der ermittelten Value Reporting-Scores erfolgte getrennt für die Value Reporting-Scores aus Adressatensicht und die Value Reporting-Scores aus Unternehmenssicht für die vier betrachteten Geschäftsjahre. Zudem wurde eine branchenspezifische Analyse der Value Reporting-Scores aus Unternehmenssicht vorgenommen. Dabei wurden jeweils nicht nur die gesamten Value Reporting-Scores der Geschäftsberichte einer deskriptiven Auswertung unterzogen, sondern ebenso die für die zehn Berichtskategorien ermittelten Value Reporting-Scores.

Bei den ermittelten Value Reporting-Scores handelt es sich um intervallskalierte Daten.[1177] Der Kolmogorov-Smirnow-Anpassungstest auf Normalverteilung ergab, dass die Werte für den gesamten Value Reporting-Score sowohl aus Adressaten- als auch aus Unternehmenssicht hinreichend normalverteilt sind. Demgegenüber sind die Werte für die Value Reporting-Scores der verschiedenen Berichtskategorien weder aus Adressaten- noch aus Unternehmenssicht durchgän-

[1177] Genau genommen handelte es sich sogar um verhältnisskalierte Daten. Verhältnisskalierte Daten sind alle intervallskalierten Daten, die einen absoluten Nullpunkt besitzen. Vgl. Bühl/Zöfel (2000), S. 105.

gig hinreichend normalverteilt.[1178] Daher wurden neben den Mittelwerten der Value Reporting-Scores zusätzlich die entsprechenden Mediane über alle Unternehmen ermittelt. Zudem wurden jeweils das Minimum und das Maximum für den gesamten Value Reporting-Score sowie für die Value Reporting-Scores der Berichtskategorien berechnet. Um beurteilen zu können, ob die Qualität der wertorientierten Berichterstattung aus Adressaten- bzw. Unternehmenssicht als ausreichend gilt, wurde folgende Entscheidungsregel gewählt: Ist ein absoluter (relativer) Value Reporting-Score mindestens 50 (50%),[1179] wird die Qualität in der Tendenz als ausreichend bezeichnet, andernfalls als nicht ausreichend.[1180]

Neben der deskriptiven Auswertung wurden die Ergebnisse der Qualitätsbeurteilung der wertorientierten Berichterstattung anhand der Value Reporting-Scores einer induktiven Auswertung unterzogen. In diesem Zusammenhang wurden die Value Reporting-Scores verschiedener Teilstichproben miteinander verglichen.

In Bezug auf die Value Reporting-Scores aus Adressatensicht und auf die Value Reporting-Scores aus Unternehmenssicht im Rahmen der Gesamtbetrachtung zielte die induktive Auswertung auf die Fragestellung, ob signifikante Unterschiede zwischen den vier betrachteten Geschäftsjahren bestehen. Zur Überprüfung dieser Fragestellung wurden die folgenden Hypothesen 6 und 7 aufgestellt:

| | |
|---|---|
| Hypothese 6: | Die Qualität der wertorientierten Berichterstattung ist aus Adressatensicht in den verschiedenen Geschäftsjahren unterschiedlich. |

| | |
|---|---|
| Hypothese 7: | Die Qualität der wertorientierten Berichterstattung ist aus Unternehmenssicht in den verschiedenen Geschäftsjahren unterschiedlich. |

Demgegenüber zielte die induktive Auswertung der branchenspezifischen Value Reporting-Scores aus Unternehmenssicht auf die Fragestellung, ob signifikante

1178 Vgl. zum Kolmogorov-Smirnow-Anpassungstest Bühl/Zöfel (2000), S. S. 310f. Analoge Ergebnisse zeigte der Kolmogorov-Smirnow-Anpassungstest für die Werte der jeweiligen branchenspezifischen Value Reporting-Scores aus Erstellersicht. Diesbezüglich ist jedoch allein aufgrund der geringen Stichprobenumfänge nicht von hinreichend normalverteilten Daten auszugehen.

1179 Wie bereits beschrieben, entspricht der absolute Value Reporting-Score dem Prozentwert des relativen Value Reporting-Score, da sowohl die maximal erreichbaren Value Reporting-Scores der Berichtskategorien als auch der maximal erreichbare gesamte Value Reporting-Score den Wert 100 haben.

1180 Vgl. ähnlich Rolvering (2002), S. 158.

Unterschiede zwischen verschiedenen Branchen bestehen.[1181] Zur Überprüfung dieser Fragestellung wurde folgende Hypothese 8 formuliert:

| | |
|---|---|
| Hypothese 8: | Die Qualität der wertorientierten Berichterstattung ist aus Unternehmenssicht in verschiedenen Branchen unterschiedlich. |

Die Hypothesen 6 - 8 wurden a) jeweils für die Value Reporting-Scores der zehn Berichtskategorien als auch b) für den gesamten Value Reporting-Score anhand statistischer Testverfahren überprüft. Hierbei wurde in Abhängigkeit von den zugrunde liegenden Daten zwischen parametrischen und nichtparametrischen Testverfahren unterschieden.

Zur Überprüfung der Unterschiede zwischen den gesamten Value Reporting-Scores verschiedener Geschäftsjahre wurden parametrische Testverfahren herangezogen.[1182] Da es sich bei vier Geschäftsjahren um den Vergleich von mehr als zwei unabhängigen Stichproben handelt, wurde eine einfaktorielle Varianzanalyse (ANOVA = Analysis of Variance) durchgeführt.[1183] Führte die einfaktorielle ANOVA zu signifikanten Unterschieden, wurden weitere Tests durchgeführt um zu ermitteln, zwischen welchen Gruppen die signifikanten Unterschiede bestehen. Lagen diesbezüglich homogene Varianzen vor, kam der Waller-Duncan-Test zur Anwendung, andernfalls der Dunnett-C-Test.[1184]

Nichtparametrische Testverfahren kamen bei der Überprüfung der Unterschiede zwischen den Value Reporting-Scores der Berichtskategorien verschiedener Geschäftsjahre sowie der Unterschiede zwischen den branchenspezifischen Value Reporting-Scores zur Anwendung.[1185] Da es sich bei vier Geschäftsjahren bzw.

---

[1181] Die aus Adressatensicht ermittelten Value Reporting-Scores und die aus Erstellersicht ermittelten Value Reporting-Scores wurden nicht auf signifikante Unterschiede getestet. Dies liegt darin begründet, dass für die Ermittlung der Value Reporting-Scores in beiden Fällen auf die gleiche Stichprobe, d.h. die DAX 100-Unternehmen, zurückgegriffen wurde, deren Berichterstattung lediglich anders bewertet wird. Ein Signifikanztest zwischen den Value Reporting-Scores aus Adressatensicht und den Value Reporting-Scores aus Erstellersicht würde demzufolge lediglich Unterschiede in den Relevanzeinschätzungen überprüfen.

[1182] Parametrische Testverfahren setzen hinreichend normalverteilte Daten voraus. Vgl. hierzu bereits Abschnitt 4.2.4. Wie weiter oben bereits ausgeführt, ergab der Kolmogorov-Smirnow-Anpassungstest auf Normalverteilung, dass die Werte für den gesamten Value Reporting-Score sowohl aus Adressaten- als auch aus Erstellersicht hinreichend normalverteilt sind.

[1183] Vgl. zur einfaktoriellen ANOVA Bühl/Zöfel (2000), S. 281ff.

[1184] Vgl. hierzu Bühl/Zöfel (2000), S. 282ff.

[1185] Ein nichtparametrisches Testverfahren kam zur Anwendung, da parametrische Testverfahren normalverteilte Daten voraussetzen. Vgl. hierzu bereits Abschnitt 4.2.4. Wie weiter oben bereits erwähnt, waren die

acht Branchen um den Vergleich von mehr als zwei unabhängigen Stichproben handelt, wurde der H-Test nach Kruskal und Wallis herangezogen.[1186] Ergaben sich nach Anwendung des H-Tests nach Kruskal und Wallis signifikante Unterschiede zwischen den verschiedenen Geschäftsjahren bzw. den verschiedenen Branchen, wurden weitere Tests durchgeführt um zu ermitteln, zwischen welchen Gruppen die signifikanten Unterschiede bestehen. Dies erfolgte, indem die Value Reporting-Scores der verschiedenen Geschäftsjahre bzw. der verschiedenen Branchen paarweise anhand des U-Tests nach Mann und Whitney miteinander verglichen wurden.[1187]

### 6.2.2 Ergebnisse der Ermittlung der Value Reporting-Scores

Im vorliegenden Kapitel werden die Ergebnisse zur Qualitätsbeurteilung der wertorientierten Berichterstattung börsennotierter deutscher Unternehmen anhand von Value Reporting-Scores dargestellt. In diesem Kontext wurden die Value Reporting-Scores aus Adressaten- und Unternehmensperspektive sowie für die Unternehmensperspektive vertiefend auf Branchenebene ermittelt und analysiert.

Für die Analyse der Value Reporting-Scores lassen sich folgende allgemeine Untersuchungsergebnisse festhalten, die im Rahmen der Abschnitte zu den einzelnen Untersuchungsperspektiven weiter detailliert sind:

Die Value Reporting-Scores aus Adressatensicht wiesen deutliche Unterschiede zwischen den verschiedenen Berichtskategorien auf. Die geringsten Value Reporting-Scores wurden für die Berichtskategorien „zulieferer- und beschaffungsmarktbezogene Angaben“ sowie „prozess- und innovationsbezogene Angaben“ ermittelt. Demgegenüber ergab sich die höchste Qualität der wertorientierten Berichterstattung für Angaben über die Wertentwicklung für die Kapitalgeber, risikobezogene, unternehmensstrategische sowie umfeldbezogene Angaben. Ein Value Reporting-Score von größer 50 und damit eine in der Tendenz ausreichende Berichterstattung konnte nur in Einzelfällen zu risikobezogenen, unternehmensstrategischen sowie umfeldbezogenen Angaben konstatiert werden. Ferner ergab die Analyse der Value Reporting-Scores aus Adressatensicht für fast alle Berichtskategorien eine Zunahme der Value Reporting-Scores zwi-

---

Werte der Value Reporting-Scores der verschiedenen Berichtskategorien sowie die branchenspezifischen Value Reporting-Scores nicht durchgängig normalverteilt.

1186 Vgl. zum H-Test nach Kruskal und Wallis Bühl/Zöfel (2000), S. 302ff.

1187 Vgl. zum U-Test nach Mann und Whitney Bühl/Zöfel (2000), S. 292ff. Im Unterschied zu den paarweisen Vergleichen in Abschnitt 4.5.2 kam nicht der Kolmogorov-Smirnov-Test zur Anwendung, da bei den Value Reporting-Scores keine begrenzte Anzahl von Kategorien vorlag.

schen den Geschäftsjahren 1999 und 2002. Ebenso stieg der gesamte Value Reporting-Score statistisch signifikant zwischen den Geschäftsjahren 1999 und 2000 sowie zwischen den Geschäftsjahren 2001 und 2002.

Die Analyse der Value Reporting-Scores aus Unternehmenssicht führten zu weitgehend identischen Ergebnissen. So konnten wiederum deutliche Unterschiede zwischen den Value Reporting-Scores der verschiedenen Berichtskategorien festgestellt werden und die Berichterstattung nur in Einzelfällen in der Tendenz als ausreichend bezeichnet werden. Ferner war auch aus Unternehmenssicht ein Anstieg der Value Reporting-Scores der überwiegenden Berichtskategorien sowie zum gesamten Value Reporting-Score zu verzeichnen. Anhand dieser Ergebnisse zeigt sich somit nochmals die weitgehende Übereinstimmung hinsichtlich der Befragungsergebnisse der Adressaten und der Unternehmen zur Relevanz der Berichtskriterien der wertorientierten Berichterstattung.

Die branchenspezifische Gap-Analyse aus Unternehmenssicht ergab teilweise wesentliche Differenzen zwischen den Value Reporting-Scores verschiedener Branchen. Zudem führte die Auswertung zu dem Ergebnis, dass für alle Branchen sowohl die gesamten Value Reporting-Scores als auch die Value Reporting-Scores von fünf Berichtskategorien über den Betrachtungszeitraum zugenommen haben. Analog zu der Gesamtanalyse der Value Reporting-Scores aus Unternehmenssicht zeigte sich, dass nur Unternehmen bestimmter Branchen vereinzelt ausreichend zu risikobezogenen, unternehmensstrategischen sowie umfeldbezogenen Angaben publizierten. Im Vergleich zur Gesamtanalyse konnte jedoch einer größeren Anzahl von Unternehmen eine ausreichende Berichterstattung hinsichtlich der drei genannten Berichtskategorien bestätigt werden.

Die nachfolgenden Abschnitte detaillieren diese Untersuchungsergebnisse. In Abschnitt 6.2.2.1 sind die Value Reporting-Scores aus Adressatensicht dargestellt und analysiert. Abschnitt 6.2.2.2 umfasst die Darstellung der Ergebnisse zu den Value Reporting-Scores aus Unternehmenssicht. In Abschnitt 6.2.2.2.1 werden die Ergebnisse im Rahmen einer Gesamtanalyse dargestellt, während in Abschnitt 6.2.2.2.2 die Untersuchungsergebnisse zur branchenspezifischen Auswertung beschrieben werden.

#### 6.2.2.1 Value Reporting-Score aus Adressatensicht

Die aus Adressatensicht ermittelten Value Reporting-Scores der verschiedenen Berichtskategorien für die Geschäftsjahre 1999 - 2002 zeigt Abb. 100. Die Balken repräsentieren jeweils den Mittelwert der verschiedenen Value Reporting-Scores. Zusätzlich werden die entsprechenden Mediane über alle Unternehmen sowie das Minimum und das Maximum der jeweiligen Value Reporting-Scores ausgewiesen. Da in jeder Berichtskategorie ein maximaler Value Reporting-Score von 100 erreicht werden konnte, repräsentieren die Angaben in Abb. 100 sowohl die absoluten als auch die relativen Value Reporting-Scores.

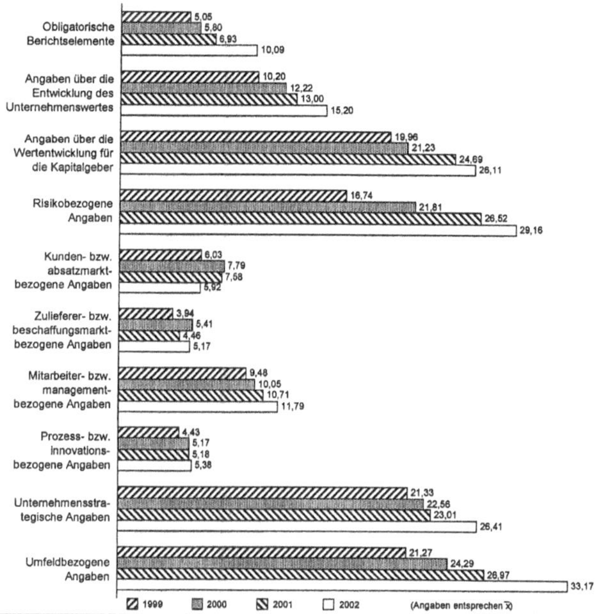


| Median | Minimum | Maximum |
|---|---|---|
| 0,00 | 0,00 | 27,78 |
| 5,56 | 0,00 | 27,78 |
| 11,11 | 0,00 | 27,78 |
| 11,11 | 0,00 | 27,78 |
| 9,72 | 0,00 | 26,39 |
| 9,72 | 0,00 | 30,56 |
| 11,11 | 0,00 | 36,11 |
| 15,28 | 0,00 | 37,50 |
| 20,51 | 0,00 | 43,59 |
| 20,51 | 5,13 | 41,03 |
| 25,64 | 10,26 | 41,03 |
| 25,64 | 0,00 | 38,46 |
| 16,67 | 0,00 | 56,67 |
| 20,00 | 0,00 | 70,00 |
| 26,67 | 6,67 | 66,67 |
| 26,67 | 0,00 | 53,33 |
| 4,55 | 0,00 | 21,21 |
| 7,58 | 0,00 | 27,27 |
| 7,58 | 0,00 | 22,73 |
| 4,55 | 0,00 | 28,79 |
| 0,00 | 0,00 | 23,33 |
| 3,33 | 0,00 | 26,67 |
| 0,00 | 0,00 | 26,67 |
| 3,33 | 0,00 | 20,00 |
| 8,51 | 0,00 | 25,53 |
| 8,51 | 0,00 | 25,53 |
| 8,51 | 4,26 | 29,79 |
| 12,77 | 0,00 | 31,91 |
| 2,90 | 0,00 | 14,49 |
| 5,80 | 0,00 | 17,39 |
| 4,35 | 0,00 | 13,04 |
| 5,80 | 0,00 | 14,49 |
| 21,15 | 7,69 | 40,38 |
| 23,08 | 5,77 | 40,38 |
| 21,15 | 3,85 | 50,00 |
| 26,92 | 3,85 | 48,08 |
| 14,29 | 0,00 | 57,14 |
| 28,57 | 0,00 | 42,86 |
| 28,57 | 0,00 | 57,14 |
| 42,86 | 0,00 | 57,14 |

*Abb. 100: Value Reporting-Scores für die Berichtskategorien der wertorientierten Berichterstattung aus Adressatensicht*

Abb. 100 ist zu entnehmen, dass hinsichtlich der Mittelwerte der Value Reporting-Scores zu obligatorischen Berichtselemente über die vier Geschäftsjahre ein zunehmender Trend zu verzeichnen ist. Der maximale Value Reporting-Score betrug in allen Geschäftsjahren jedoch lediglich 27,78, so dass die Berichterstattung hinsichtlich obligatorischer Berichtselemente für kein Unternehmen als ausreichend bezeichnet werden kann.

Ähnliche Ergebnisse ergaben sich hinsichtlich der Angaben über die Entwicklung des Unternehmenswertes und der Angaben über die Wertentwicklung für die Kapitalgeber. Über die vier Geschäftsjahre stiegen die jeweiligen Value Reporting-Score-Mittelwerte konstant an. Wiederum konnte die Berichterstattung in diesen zwei Berichtskategorien für kein Unternehmen als ausreichend bezeichnet werden, da kein Unternehmen in einem der Geschäftsjahre einen Value Reporting-Score über 50 erreichte.

Die Value Reporting-Scores zu risikobezogenen Angaben ergaben leicht abweichende Ergebnisse. So konnten hinsichtlich der risikobezogenen Angaben wiederum zunehmende durchschnittliche Value Reporting-Scores festgestellt werden. Im Unterschied zu den vorangegangenen drei Berichtskategorien lag der maximale Value Reporting-Score jedoch in allen vier Geschäftsjahren über 50. Im Einzelnen erreichten in den Geschäftsjahren 1999 und 2000 jeweils ein Unternehmen und in den Geschäftsjahren 2001 und 2002 jeweils zwei Unternehmen einen Value Reporting-Score über 50. Diesen Unternehmen konnte folglich in der Tendenz eine ausreichende Berichterstattung hinsichtlich risikobezogener Angaben bestätigt werden.

Hinsichtlich der Value Reporting-Score-Mittelwerte zu kunden- bzw. absatzmarktbezogenen Angaben ist über die vier Geschäftsjahre zunächst ein zunehmender und anschließend ein abnehmender Trend zu verzeichnen. Insgesamt blieb der durchschnittliche Value Reporting-Score damit nahezu konstant. Überdies lag der maximale Value Reporting-Score in allen vier Geschäftsjahren unter 50, so dass kein Unternehmen in ausreichender Weise zu kunden- bzw. absatzmarktbezogener Angaben berichtete.

Die durchschnittlichen Value Reporting-Scores zu zulieferer- und beschaffungsmarktbezogenen Angaben stiegen zwar über den Gesamtzeitraum von 3,94 im Geschäftsjahr 1999 auf 5,17 im Geschäftsjahr 2002 an, jedoch lagen die Werte für die Geschäftsjahre 2001 und 2002 unter dem durchschnittlichen Value Reporting-Score des Geschäftsjahres 2000. Die maximalen Value Reporting-Scores betrugen in allen Geschäftsjahren wiederum weniger als 50, so dass kein Unternehmen ausreichend über zulieferer- und beschaffungsmarktbezogene Angaben berichtete.

Zu mitarbeiter- und managementbezogenen sowie prozess- und innovationsbezogenen Angaben ist ein konstant zunehmender Trend der durchschnittlichen Value Reporting-Scores über die vier Geschäftsjahre festzustellen. Jedoch berichtete kein Unternehmen in einem der Geschäftsjahre ausreichend zu diesen zwei Berichtskategorien, da die maximalen Value Reporting-Scores jeweils deutlich unter 50 lagen.

Die Auswertungen der Value Reporting-Scores zu unternehmensstrategischen Angaben zeigten leicht andere Ergebnisse. Wiederum stiegen die Value Reporting-Score-Mittelwerte über die vier betrachteten Geschäftsjahre konstant an. Der maximale Value Reporting-Score lag jedoch in den drei Geschäftsjahren

1999, 2000 und 2002 knapp unter 50. Im Geschäftsjahr 2001 belief sich der maximale Value Reporting-Score bei einem Unternehmen genau auf 50. Aufgrund der hier gewählten Entscheidungsregel kann diesen Unternehmen in der Tendenz für das Geschäftsjahr 2001 gerade noch eine ausreichende Berichterstattung hinsichtlich unternehmensstrategischer Angaben bestätigt werden.

Die vergleichsweise höchsten durchschnittlichen Value Reporting-Scores ergaben sich für die Geschäftsjahre 2000 – 2002 zu umfeldbezogenen Angaben. Ferner nahmen in dieser Berichtskategorie die durchschnittlichen Value Reporting-Scores über die vier Geschäftsjahre konstant zu. Darüber erreichte sowohl im Geschäftsjahr 1999 als auch in den Geschäftsjahren 2001 und 2002 jeweils ein Unternehmen einen maximalen Value Reporting-Score von 57,14. Diese Unternehmen berichteten folglich in der Tendenz ausreichend zu umfeldbezogenen Angaben.

Um zu überprüfen, ob sich die Value Reporting-Score-Mittelwerte der zehn Berichtskategorien in den verschiedenen Geschäftsjahren signifikant unterscheiden, wurden für die betrachteten Geschäftsjahre jeweils H-Tests nach Kruskal und Wallis durchgeführt.

Wie Abb. 101 zeigt, ergaben sich für den wesentlichen Teil der Berichtskategorien der wertorientierten Berichterstattung signifikante Unterschiede zwischen den Value Reporting-Scores der verschiedenen Geschäftsjahre. Im Einzelnen zeigten sich hinsichtlich der obligatorischen Berichtselemente, der Angaben über die Entwicklung des Unternehmenswertes, der Angaben über die Wertentwicklung für die Kapitalgeber, der risikobezogenen Angaben, der unternehmensstrategischen sowie der umfeldbezogenen Angaben sehr signifikante Unterschiede zwischen den vier Geschäftsjahren. Ferner wurden hinsichtlich der mitarbeiter- bzw. managementbezogenen Angaben sehr signifikante und hinsichtlich der kunden- bzw. absatzmarktbezogenen Angaben signifikante Unterschiede festgestellt. Hypothese 6, die besagt, dass die Qualität der wertorientierten Berichterstattung aus Adressatensicht in den verschiedenen Geschäftsjahren unterschiedlich ist, konnte folglich für die acht zuvor genannten Berichtskategorien angenommen und damit eine unterschiedliche Qualität der wertorientierten Berichterstattung in den vier Geschäftsjahren aus Adressatensicht konstatiert werden. Demgegenüber musste Hypothese 6 hinsichtlich zulieferer- bzw. beschaffungsmarktbezogener sowie prozess- bzw. innovationsbezogener Angaben abgelehnt werden, da sich für diese zwei Berichtskategorien keine signifikanten Unterschiede zwischen den Value Reporting-Scores der verschiedenen Geschäftsjahre ergaben.

| Berichtskategorien | Chi-Quadrat | df | Asymp. Sig. |
|---|---|---|---|
| Obligatorische Berichtselemente | 38,561 | 3 | 0*** |
| Angaben über die Entwicklung des Unternehmenswertes | 23,319 | 3 | 0*** |
| Angaben über die Wertentwicklung für die Kapitalgeber | 34,259 | 3 | 0*** |
| Risikobezogene Angaben | 56,507 | 3 | 0*** |
| Kunden- bzw. absatzmarktbezogene Angaben | 7,411 | 3 | 0,06* |
| Zulieferer- bzw. beschaffungsmarktbezogene Angaben | 4,215 | 3 | 0,239 |
| Mitarbeiter- bzw. managementbezogene Angaben | 10,618 | 3 | 0,014** |
| Prozess- bzw. innovationsbezogene Angaben | 2,605 | 3 | 0,457 |
| Unternehmensstrategische Angaben | 15,495 | 3 | 0,001*** |
| Umfeldbezogene Angaben | 33,534 | 3 | 0*** |
| *** p<= 0,01 (höchst signifikant); ** p<=0,05 (sehr signifikant); * p<=0,1 (signifikant) | | | |

*Abb. 101: H-Test nach Kruskal und Wallis zu den Value Reporting-Scores der Berichtskategorien aus Adressatensicht*

Der H-Tests nach Kruskal und Wallis zeigte lediglich, dass in Bezug auf acht Berichtskategorien zwischen den verschiedenen Geschäftsjahren signifikante Unterschiede bestehen. Um zu ermitteln, zwischen welchen Geschäftsjahren im Einzelnen signifikante Unterschiede bestehen, wurden die Value Reporting-Scores der vier Geschäftsjahre zusätzlich mit Hilfe des U-Tests nach Mann und Whitney paarweise gegeneinander getestet. Abb. 102 zeigt, dass sich für die Value Reporting-Scores der acht Berichtskategorien in nahezu allen paarweisen Vergleichen signifikante Unterschiede ergaben.

Hinsichtlich sieben der acht Berichtskategorien (obligatorische Berichtselemente; Angaben über die Entwicklung des Unternehmenswertes; Angaben über die Wertentwicklung für die Kapitalgeber; risikobezogene Angaben; mitarbeiter- und managementbezogene Angaben; unternehmensstrategische Angaben; umfeldbezogene Angaben) konnten in der deskriptiven Auswertung zunehmende Tendenzen für die Value Reporting-Score-Mittelwerte festgestellt werden (vgl. Abb. 100). Die paarweisen U-Tests nach Mann und Whitney zeigten für diese Berichtskategorien mindestens signifikante Unterschiede zwischen den Value Reporting-Scores für das Geschäftsjahr 2002 und den Value Reporting-Scores der anderen drei Geschäftsjahre. Demzufolge kann festgehalten werden, dass die Value Reporting-Scores des Geschäftsjahres 2002 signifikant über den Value Reporting-Scores der anderen drei Geschäftsjahre liegen.

Die deskriptive Auswertung der Value Reporting-Scores zu kunden- bzw. absatzmarktbezogenen Angaben lieferte zunächst einen zunehmenden und später einen abnehmenden Trend über die vier betrachteten Geschäftsjahre. Insgesamt konnte über den Betrachtungszeitraum ein nahezu konstanter durchschnittlicher Value Reporting-Score festgestellt werden. Auch diese Ergebnisse werden durch die paarweisen U-Tests nach Mann und Whitney bestätigt. So ergaben sich signifikante Unterschiede zwischen den Geschäftsjahren 1999 und 2000, 1999 und 2001, 2000 und 2002 sowie 2001 und 2002. Keine signifikanten Differenzen zeigten sich hingegen zwischen den Geschäftsjahren 1999 und 2002 sowie 2001 und 2002.

Obligatorische Berichtselemente

| | 1 | 2 | 3 | 4 |
|---|---|---|---|---|
| 1 | | | | |
| 2 | | | | |
| 3 | ** | | | |
| 4 | *** | *** | *** | |

Angaben über die Entwicklung des Unternehmenswertes

| | 1 | 2 | 3 | 4 |
|---|---|---|---|---|
| 1 | | | | |
| 2 | ** | | | |
| 3 | *** | | | |
| 4 | *** | *** | * | |

Angaben über die Wertentwicklung für die Kapitalgeber

| | 1 | 2 | 3 | 4 |
|---|---|---|---|---|
| 1 | | | | |
| 2 | | | | |
| 3 | *** | *** | | |
| 4 | *** | *** | * | |

Risikobezogene Angaben

| | 1 | 2 | 3 | 4 |
|---|---|---|---|---|
| 1 | | | | |
| 2 | *** | | | |
| 3 | *** | *** | | |
| 4 | *** | *** | * | |

Kunden- bzw. absatzmarktbezogene Angaben

| | 1 | 2 | 3 | 4 |
|---|---|---|---|---|
| 1 | | | | |
| 2 | * | | | |
| 3 | * | | | |
| 4 | | ** | * | |

Mitarbeiter- bzw. managementbezogene Angaben

| | 1 | 2 | 3 | 4 |
|---|---|---|---|---|
| 1 | | | | |
| 2 | | | | |
| 3 | | | | |
| 4 | *** | ** | * | |

Unternehmensstrategische Angaben

| | 1 | 2 | 3 | 4 |
|---|---|---|---|---|
| 1 | | | | |
| 2 | | | | |
| 3 | | | | |
| 4 | *** | *** | *** | |

Umfeldbezogene Angaben

| | 1 | 2 | 3 | 4 |
|---|---|---|---|---|
| 1 | | | | |
| 2 | | | | |
| 3 | *** | | | |
| 4 | *** | *** | *** | |

| | |
|---|---|
| 1 = | 1999 |
| 2 = | 2000 |
| 3 = | 2001 |
| 4 = | 2002 |

*** p<=0,01 (höchst signifikant); ** p<=0,05 (sehr signifikant); * p<=0,1 (signifikant)

*Abb. 102: Paarweise U-Tests nach Mann und Whitney zu den Value Reporting-Scores der Berichtskategorien aus Adressatensicht*

Die deskriptive Auswertung der gesamten Value Reporting-Scores für die vier betrachteten Geschäftsjahre zeigt Abb. 103. Hieraus ist ersichtlich, dass sowohl die Mittelwerte als auch die Maxima der Value Reporting-Scores über den betrachteten Zeitraum zugenommen haben. Gleichwohl erreichte kein Unternehmen in den vier Geschäftsjahren einen Value Reporting-Score über 50, so dass in der Tendenz keinem Unternehmen eine ausreichende wertorientierte Berichterstattung bestätigt werden konnte. Hinsichtlich der jeweiligen Minima ist zwischen 1999 und 2001 ein zunehmender Trend, gegenüber 2002 jedoch ein abnehmender Trend zu verzeichnen.

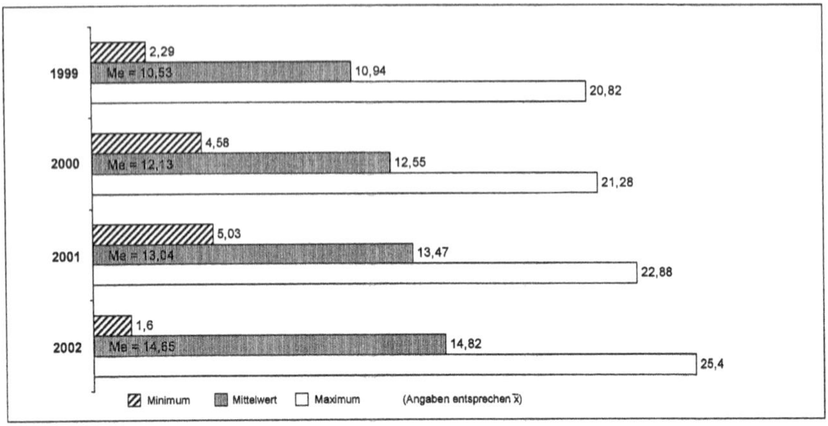


*Abb. 103: Value Reporting-Scores (gesamt) aus Adressatensicht*

Analog zu den Value Reporting-Scores der Berichtskategorien wurde auch hinsichtlich der gesamten Value Reporting-Scores untersucht, ob signifikante Unterschiede zwischen den verschiedenen Geschäftsjahren vorliegen. Dies erfolgte anhand einer einfaktoriellen ANOVA.

Abb. 104 ist zu entnehmen, dass höchst signifikante Unterschiede zwischen den gesamten Value Reporting-Scores der verschiedenen Geschäftsjahre bestehen. Gemäß Hypothese 6 kann demzufolge konstatiert werden, dass sich die Qualität der wertorientierten Berichterstattung aus Adressatensicht zwischen den verschiedenen Geschäftsjahren signifikant unterscheidet.

| | Quadratsumme | df | Mittel der Quadrate | F | Signifikanz |
|---|---|---|---|---|---|
| Zwischen den Gruppen | 700,619 | 3 | 233,54 | 16,135 | 0*** |
| Innerhalb der Gruppen | 5066,054 | 350 | 14,474 | | |
| Gesamt | 5766,673 | 353 | | | |
| *** p<=0,01 (höchst signifikant); ** p<=0,05 (sehr signifikant); * p<=0,1 (signifikant) | | | | | |

*Abb. 104: Einfaktorielle ANOVA zum Value Reporting-Score (gesamt) aus Adressatensicht*

Um zu ermitteln, zwischen welchen Geschäftsjahren im Einzelnen signifikante Unterschiede bestehen, wurde der Waller-Duncan-Test durchgeführt (Signifikanzniveau $p \leq 0,05$).[1188] Wie Abb. 105 zeigt, ergeben sich drei homogene Untergruppen. Die erste homogene Untergruppe besteht aus den Value Reporting-

1188 Der Waller-Duncan-Test wurde angewendet, da homogene Varianzen vorlagen.

Scores des Geschäftsjahres 1999, die zweite aus den Value Reporting-Scores der Geschäftsjahre 2000 sowie 2001 und die dritte aus den Value Reporting-Scores des Geschäftsjahres 2002. Da die Value Reporting-Scores der Geschäftsjahre 2000 und 2001 eine homogene Untergruppe bilden, bestehen zwischen den Value Reporting-Scores dieser zwei Geschäftsjahre keine signifikanten Unterschiede. Demgegenüber unterscheiden sich die Value Reporting-Scores der drei als homogen ermittelten Untergruppen (Untergruppe 1: 1999; Untergruppe 2: 2000 und 2001; Untergruppe 3: 2002) signifikant voneinander.

In Abb. 105 werden neben den homogenen Untergruppen die Mittelwerte für die in den drei homogenen Untergruppen befindlichen Gruppen gezeigt. Hieraus ist ersichtlich, dass die Qualität der wertorientierten Berichterstattung aus Adressatensicht zwischen den Geschäftsjahren 1999 und 2000 sowie zwischen den Geschäftsjahren 2001 und 2002 signifikant zugenommen hat.

| Geschäftsjahre | N | Untergruppe für Alpha = .05 | | |
|---|---|---|---|---|
| | | 1 | 2 | 3 |
| 1999 | 88 | 10,937175 | | |
| 2000 | 90 | | 12,5527587 | |
| 2001 | 89 | | 13,4728614 | |
| 2002 | 87 | | | 14,8241669 |

Mittelwerte für die in homogenen Untergruppen befindlichen Gruppen werden angezeigt.
Verwendet wird ein harmonisches Mittel für Stichprobengröße = 88,486
Die Gruppengrößen sind nicht identisch. Es wird das harmonische Mittel der Gruppengrößen verwendet. Fehlerniveaus des Typs 1 sind nicht garantiert.

*Abb. 105: Waller-Duncan-Test zum Value Reporting-Score (gesamt) aus Adressatensicht*

### 6.2.2.2 Value Reporting-Score aus Unternehmenssicht

Nachfolgend werden die Ergebnisse zu den Value Reporting-Scores aus Unternehmenssicht dargestellt und analysiert. Dies erfolgt, wie bereits erläutert, zum einen im Rahmen einer Gesamtanalyse und zum anderen im Rahmen einer branchenspezifischen Analyse.

#### 6.2.2.2.1 Gesamtanalyse

Die aus Unternehmenssicht ermittelten Value Reporting-Scores der verschiedenen Berichtskategorien für die Geschäftsjahre 1999 - 2002 zeigt Abb. 106. Die Balken repräsentieren jeweils den Mittelwert der verschiedenen Value Reporting-Scores. Zusätzlich werden die entsprechenden Mediane über alle Unternehmen sowie das Minimum und das Maximum der jeweiligen Value Reporting-Scores ausgewiesen. Da in jeder Berichtskategorie ein maximaler Value Reporting-Score von 100 erreicht werden konnte, repräsentieren die Angaben in Abb. 106 wiederum sowohl die absoluten als auch die relativen Value Reporting-Scores.

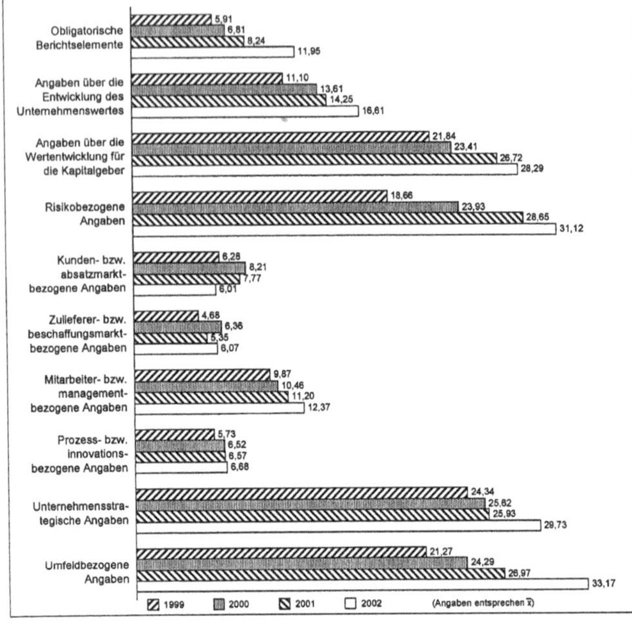


| Median | Minimum | Maximum |
|---|---|---|
| 0,00 | 0,00 | 26,67 |
| 6,67 | 0,00 | 26,67 |
| 13,33 | 0,00 | 26,67 |
| 13,33 | 0,00 | 26,67 |
| 10,80 | 0,00 | 28,80 |
| 11,20 | 0,00 | 36,00 |
| 12,80 | 0,00 | 36,80 |
| 16,00 | 0,00 | 36,80 |
| 21,95 | 0,00 | 43,90 |
| 21,95 | 7,32 | 43,90 |
| 26,83 | 9,76 | 41,46 |
| 26,83 | 0,00 | 41,46 |
| 17,31 | 0,00 | 53,85 |
| 23,08 | 0,00 | 69,23 |
| 30,77 | 7,69 | 65,38 |
| 30,77 | 0,00 | 53,85 |
| 5,26 | 0,00 | 24,56 |
| 7,02 | 0,00 | 28,07 |
| 7,02 | 0,00 | 24,56 |
| 3,51 | 0,00 | 28,07 |
| 0,00 | 0,00 | 28,00 |
| 2,00 | 0,00 | 28,00 |
| 0,00 | 0,00 | 32,00 |
| 4,00 | 0,00 | 24,00 |
| 8,99 | 0,00 | 25,84 |
| 8,99 | 0,00 | 26,97 |
| 8,99 | 4,10 | 30,34 |
| 13,48 | 0,00 | 33,71 |
| 4,26 | 0,00 | 17,02 |
| 6,38 | 0,00 | 21,28 |
| 4,26 | 0,00 | 17,02 |
| 6,38 | 0,00 | 19,15 |
| 24,53 | 7,55 | 47,17 |
| 26,42 | 5,66 | 43,40 |
| 24,53 | 3,77 | 54,72 |
| 28,30 | 3,77 | 54,72 |
| 14,29 | 0,00 | 57,14 |
| 28,57 | 0,00 | 42,86 |
| 28,57 | 0,00 | 57,14 |
| 42,86 | 0,00 | 57,14 |

*Abb. 106: Value Reporting-Scores für die Berichtskategorien der wertorientierten Berichterstattung aus Unternehmenssicht*

Abb. 106 ist zu entnehmen, dass hinsichtlich der Mittelwerte der Value Reporting-Scores zu obligatorischen Berichtselementen über die vier Geschäftsjahre, ähnlich wie bei der vorangegangenen Analyse der Ergebnisse aus Adressatensicht, ein zunehmender Trend zu verzeichnen ist. Der maximale Value Reporting-Score betrug in allen Geschäftsjahren jedoch lediglich 26,67, so dass die Berichterstattung hinsichtlich obligatorischer Berichtselemente für kein Unternehmen als ausreichend bezeichnet werden kann.

Ähnliche Ergebnisse ergaben sich hinsichtlich der Angaben über die Entwicklung des Unternehmenswertes und über die Wertentwicklung für die Kapitalgeber. Über die vier Geschäftsjahre stiegen die jeweiligen Value Reporting-Score-

Mittelwerte konstant an. Wiederum konnte die Berichterstattung in diesen zwei Berichtskategorien für kein Unternehmen als ausreichend bezeichnet werden, da kein Unternehmen in einem der Geschäftsjahre einen Value Reporting-Score über 50 erreichte.

Die Value Reporting-Scores zu risikobezogenen Angaben ergaben, analog zu den Ergebnissen aus Adressatensicht, leicht andere Ergebnisse. Diesbezüglich konnten wiederum zunehmende durchschnittliche Value Reporting-Scores festgestellt werden. Im Unterschied zu den vorangegangenen drei Berichtskategorien lag der maximale Value Reporting-Score jedoch in allen vier Geschäftsjahren über 50. Im Einzelnen erreichten in den Geschäftsjahren 1999 und 2000 jeweils ein Unternehmen und in den Geschäftsjahren 2001 und 2002 jeweils zwei Unternehmen einen Value Reporting-Score über 50. Folglich konnte diesen Unternehmen in der Tendenz eine ausreichende Berichterstattung hinsichtlich risikobezogener Angaben bestätigt werden.

Hinsichtlich der Value Reporting-Score-Mittelwerte zu kunden- bzw. absatzmarktbezogenen Angaben ist über die vier Geschäftsjahre ein abnehmender Trend zu verzeichnen. Überdies lag der maximale Value Reporting-Score in allen vier Geschäftsjahren unter 50, so dass kein Unternehmen in ausreichender Weise zu kunden- bzw. absatzmarktbezogenen Angaben berichtete.

Die durchschnittlichen Value Reporting-Scores zu zulieferer- und beschaffungsmarktbezogenen Angaben stiegen zwar über den Gesamtzeitraum von 4,68 im Geschäftsjahr 1999 auf 6,07 im Geschäftsjahr 2002, jedoch lagen die Werte für die Geschäftsjahre 2001 und 2002 unter dem durchschnittlichen Value Reporting-Score des Geschäftsjahres 2000. Die maximalen Value Reporting-Scores betrugen in allen Geschäftsjahren weniger als 50, so dass kein Unternehmen ausreichend über zulieferer- und beschaffungsmarktbezogene Angaben berichtete.

Bei mitarbeiter- und managementbezogenen Angaben sowie prozess- und innovationsbezogenen Angaben ist ein konstant zunehmender Trend der durchschnittlichen Value Reporting-Scores über die vier Geschäftsjahre festzustellen. Jedoch berichtete kein Unternehmen in einem der Geschäftsjahre ausreichend zu diesen zwei Berichtskategorien, da die maximalen Value Reporting-Scores jeweils deutlich unter 50 lagen.

Die Berechnungen der Value Reporting-Scores zu unternehmensstrategischen Angaben zeigten leicht andere Ergebnisse. Wiederum stiegen die Value Reporting-Score-Mittelwerte über die vier betrachteten Geschäftsjahre konstant an. Der maximale Value Reporting-Score lag in den zwei Geschäftsjahren 1999 und

2000 knapp unter 50. Aufgrund der hier gewählten Entscheidungsregel kann keinem Unternehmen für diese zwei Geschäftsjahre eine ausreichende Berichterstattung hinsichtlich unternehmensstrategischer Angaben bestätigt werden. Demgegenüber erreichten im Geschäftsjahr 2001 ein Unternehmen und im Geschäftsjahr 2002 drei Unternehmen einen maximalen Value Reporting-Score von über 50. Diese Unternehmen berichteten folglich in der Tendenz ausreichend zu unternehmensstrategischen Angaben.

Die vergleichsweise höchsten durchschnittlichen Value Reporting-Scores ergaben sich für die Geschäftsjahre 2001 und 2002 zu umfeldbezogenen Angaben. Ferner nahmen in dieser Berichtskategorie die durchschnittlichen Value Reporting-Scores über die vier Geschäftsjahre zu. Darüber erreichte sowohl im Geschäftsjahr 1999 als auch in den Geschäftsjahren 2001 und 2002 jeweils ein Unternehmen einen maximalen Value Reporting-Score von 57,14. Diese Unternehmen berichteten folglich in der Tendenz ausreichend zu umfeldbezogenen Angaben.

Um zu überprüfen, ob sich die Value Reporting-Score-Mittelwerte der zehn Berichtskategorien in den verschiedenen Geschäftsjahren signifikant unterscheiden, wurden die jeweiligen Value Reporting-Scores der verschiedenen Geschäftsjahre wiederum anhand des H-Tests nach Kruskal und Wallis gegeneinander getestet (vgl. Abb. 107).

Wie Abb. 107 zeigt, ergaben sich, analog zu den Ergebnissen aus Adressatensicht, für den wesentlichen Teil der Berichtskategorien der wertorientierten Berichterstattung signifikante Unterschiede zwischen den Value Reporting-Scores der verschiedenen Geschäftsjahre. Im Einzelnen zeigten sich hinsichtlich der obligatorischen Berichtselemente, der Angaben über die Entwicklung des Unternehmenswertes, der Angaben über die Wertentwicklung für die Kapitalgeber, der risikobezogenen Angaben, der mitarbeiter- und managementbezogenen Angaben, der unternehmensstrategischen sowie der umfeldbezogenen Angaben höchst signifikante Unterschiede zwischen den vier Geschäftsjahren. Ferner wurden hinsichtlich der kunden- bzw. absatzmarktbezogenen Angaben sehr signifikante Unterschiede festgestellt. Hypothese 7, die besagt, dass die Qualität der wertorientierten Berichterstattung aus Unternehmenssicht in den verschiedenen Geschäftsjahren unterschiedlich ist, konnte folglich für die acht zuvor genannten Berichtskategorien angenommen und damit eine unterschiedliche Qualität der wertorientierten Berichterstattung in den vier Geschäftsjahren aus Adressatensicht konstatiert werden. Demgegenüber musste Hypothese 7 hinsichtlich zulieferer- bzw. beschaffungsmarktbezogener sowie prozess- bzw. innovationsbezogener Angaben abgelehnt werden, da sich für diese zwei Berichtskategorien keine signifikanten Unterschiede zwischen den Value Reporting-Scores der verschiedenen Geschäftsjahre ergaben.

| Berichtskategorien | Chi-Quadrat | df | Asymp. Sig. |
|---|---|---|---|
| Obligatorische Berichtselemente | 40,585 | 3 | **0*** ** |
| Angaben über die Entwicklung des Unternehmenswertes | 53,474 | 3 | **0*** ** |
| Angaben über die Wertentwicklung für die Kapitalgeber | 32,529 | 3 | **0*** ** |
| Risikobezogene Angaben | 24,736 | 3 | **0*** ** |
| Kunden- bzw. absatzmarktbezogene Angaben | 8,64 | 3 | **0,034** ** |
| Zulieferer- bzw. beschaffungsmarktbezogene Angaben | 4,005 | 3 | 0,261 |
| Mitarbeiter- bzw. managementbezogene Angaben | 11,528 | 3 | **0,009*** ** |
| Prozess- bzw. innovationsbezogene Angaben | 1,761 | 3 | 0,623 |
| Unternehmensstrategische Angaben | 14,279 | 3 | **0,003*** ** |
| Umfeldbezogene Angaben | 33,534 | 3 | **0*** ** |
| *** p<= 0,01 (höchst signifikant); ** p<=0,05 (sehr signifikant); * p<=0,1 (signifikant) | | | |

*Abb. 107: H-Test nach Kruskal und Wallis zu den Value Reporting-Scores der Berichtskategorien aus Unternehmenssicht*

Der H-Test nach Kruskal und Wallis ergab lediglich, dass in Bezug auf acht Berichtskategorien signifikante Unterschiede zwischen den verschiedenen Geschäftsjahren bestehen. Um zu ermitteln, zwischen welchen Geschäftsjahren im Einzelnen signifikante Unterschiede bestehen, wurden die Value Reporting-Scores der vier Geschäftsjahre erneut mit Hilfe des U-Tests nach Mann und Whitney paarweise gegeneinander gestestet. Abb. 108 zeigt, dass sich für die Value Reporting-Scores der acht Berichtskategorien in nahezu allen paarweisen Vergleichen signifikante Unterschiede ergaben.

Für sieben der acht Berichtskategorien (obligatorische Berichtselemente; Angaben über die Entwicklung des Unternehmenswertes; Angaben über die Wertentwicklung für die Kapitalgeber; risikobezogene Angaben; mitarbeiter- und managementbezogene Angaben; unternehmensstrategische Angaben; umfeldbezogene Angaben) konnten in der deskriptiven Auswertung zunehmende Tendenzen für die Value Reporting-Score-Mittelwerte festgestellt werden (vgl. Abb. 106). Die paarweisen U-Tests nach Mann und Whitney zeigten für diese Berichtskategorien mindestens signifikante Unterschiede zwischen den Value Reporting-Scores für das Geschäftsjahr 2002 und den Value Reporting-Scores der anderen drei Geschäftsjahre. Demzufolge kann festgehalten werden, dass die Value Reporting-Scores des Geschäftsjahres 2002 signifikant über den Value Reporting-Scores der anderen drei Geschäftsjahre liegen.

Obligatorische Berichtselemente

| | 1 | 2 | 3 | 4 |
|---|---|---|---|---|
| 1 | | | | |
| 2 | | | | |
| 3 | ** | | | |
| 4 | *** | *** | *** | |

Angaben über die Entwicklung des Unternehmenswertes

| | 1 | 2 | 3 | 4 |
|---|---|---|---|---|
| 1 | | | | |
| 2 | ** | | | |
| 3 | *** | | | |
| 4 | *** | *** | * | |

Angaben über die Wertentwicklung für die Kapitalgeber

| | 1 | 2 | 3 | 4 |
|---|---|---|---|---|
| 1 | | | | |
| 2 | | | | |
| 3 | *** | *** | | |
| 4 | *** | *** | * | |

Risikobezogene Angaben

| | 1 | 2 | 3 | 4 |
|---|---|---|---|---|
| 1 | | | | |
| 2 | *** | | | |
| 3 | *** | *** | | |
| 4 | *** | *** | | |

Kunden- bzw. absatzmarktbezogene Angaben

| | 1 | 2 | 3 | 4 |
|---|---|---|---|---|
| 1 | | | | |
| 2 | ** | | | |
| 3 | * | | | |
| 4 | | ** | ** | |

Mitarbeiter- bzw. managementbezogene Angaben

| | 1 | 2 | 3 | 4 |
|---|---|---|---|---|
| 1 | | | | |
| 2 | | | | |
| 3 | | | | |
| 4 | *** | ** | * | |

Unternehmensstrategische Angaben

| | 1 | 2 | 3 | 4 |
|---|---|---|---|---|
| 1 | | | | |
| 2 | | | | |
| 3 | | | | |
| 4 | *** | *** | *** | |

Umfeldbezogene Angaben

| | 1 | 2 | 3 | 4 |
|---|---|---|---|---|
| 1 | | | | |
| 2 | | | | |
| 3 | *** | | | |
| 4 | *** | *** | *** | |

| | |
|---|---|
| 1 = | 1999 |
| 2 = | 2000 |
| 3 = | 2001 |
| 4 = | 2002 |

*** p<=0,01 (höchst signifikant); ** p<=0,05 (sehr signifikant); * p<=0,1 (signifikant)

*Abb. 108: Paarweise U-Tests nach Mann und Whitney zu den Value Reporting-Scores der Berichtskategorien aus Unternehmenssicht*

Demgegenüber lieferte die deskriptive Auswertung der Value Reporting-Scores zu kunden- bzw. absatzmarktbezogenen Angaben zunächst einen zunehmenden und später einen abnehmenden Trend über die vier betrachteten Geschäftsjahre, so dass sich insgesamt über den Betrachtungszeitraum ein nahezu konstanter durchschnittlicher Value Reporting-Score ergab. Auch diese Ergebnisse werden durch die paarweisen U-Tests nach Mann und Whitney bestätigt. So ergaben sich signifikante Unterschiede zwischen den Geschäftsjahren 1999 und 2000 bzw. 2001, 2000 und 2002 sowie 2001 und 2002. Keine signifikanten zeigten sich hingegen zwischen den Geschäftsjahren 1999 und 2002 sowie 2001 und 2002.

Die deskriptive Auswertung der gesamten Value Reporting-Scores für die vier betrachteten Geschäftsjahre zeigt Abb. 109. Analog zu den Ergebnissen aus Adressatensicht haben sowohl die Mittelwerte als auch die Maxima der Value Reporting-Scores über den betrachteten Zeitraum zugenommen. Gleichwohl erreichte kein Unternehmen in den vier Geschäftsjahren einen Value Reporting-

Score über 50. In der Tendenz konnte daher keinem Unternehmen eine ausreichende wertorientierte Berichterstattung bestätigt werden. Hinsichtlich der jeweiligen Minima ist zwischen 1999 und 2001 ein zunehmender Trend, gegenüber 2002 jedoch ein abnehmender Trend zu verzeichnen.

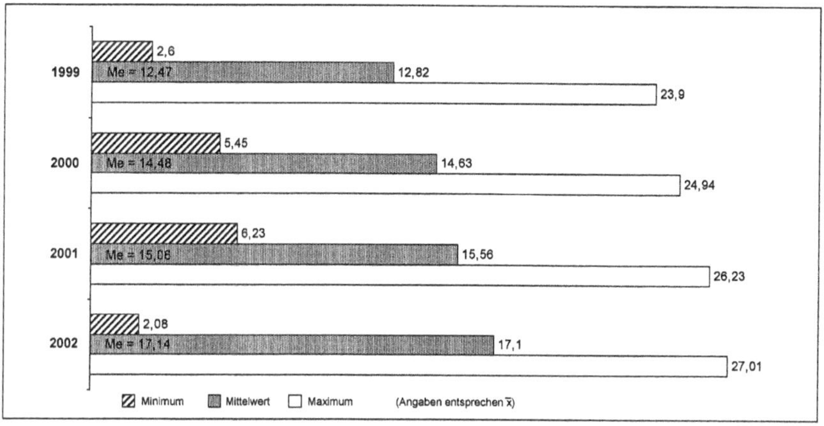


*Abb. 109: Value Reporting-Scores (gesamt) aus Unternehmenssicht*

Analog zu den Value Reporting-Scores der Berichtskategorien wurde auch hier hinsichtlich der gesamten Value Reporting-Scores untersucht, ob signifikante Unterschiede zwischen den verschiedenen Geschäftsjahren vorliegen. Dies erfolgte anhand einer einfaktoriellen ANOVA (vgl. Abb. 110).

Abb. 110 zeigt, dass höchst signifikante Unterschiede zwischen den gesamten Value Reporting-Scores der verschiedenen Geschäftsjahre bestehen. Gemäß Hypothese 7 kann demzufolge konstatiert werden, dass sich die Qualität der wertorientierten Berichterstattung aus Unternehmenssicht zwischen den verschiedenen Geschäftsjahren signifikant unterscheidet.

| | Quadratsumme | df | Mittel der Quadrate | F | Signifikanz |
|---|---|---|---|---|---|
| Zwischen den Gruppen | 845,028 | 3 | 281,676 | 15,931 | 0*** |
| Innerhalb der Gruppen | 6188,237 | 350 | 17,681 | | |
| Gesamt | 7033,265 | 353 | | | |
| *** p<=0,01 (höchst signifikant); ** p<=0,05 (sehr signifikant); * p<=0,1 (signifikant) | | | | | |

*Abb. 110: Einfaktorielle ANOVA zum Value Reporting-Score (gesamt) aus Unternehmenssicht*

Um zu ermitteln, zwischen welchen Geschäftsjahren im Einzelnen signifikante Unterschiede bestehen, wurde der Waller-Duncan-Test durchgeführt (Signifikanzniveau $p \leq 0{,}05$).[1189] Wie Abb. 111 zeigt, ergeben sich, analog zu den Ergebnissen aus Adressatensicht, drei homogene Untergruppen. Die erste homogene Untergruppe besteht aus den Value Reporting-Scores des Geschäftsjahres 1999, die zweite aus den Value Reporting-Scores der Geschäftsjahre 2000 sowie 2001 und die dritte aus den Value Reporting-Scores des Geschäftsjahres 2002. Da die Value Reporting-Scores der Geschäftsjahre 2000 und 2001 eine homogene Untergruppe bilden, bestehen zwischen den Value Reporting-Scores dieser zwei Geschäftsjahre keine signifikanten Unterschiede. Demgegenüber unterscheiden sich die Value Reporting-Scores der drei als homogen ermittelten Untergruppen (Untergruppe 1: 1999; Untergruppe 2: 2000 und 2001; Untergruppe 3: 2002) signifikant voneinander.

Aus den in Abb. 111 angezeigten Mittelwerten für die in den drei homogenen Untergruppen befindlichen Gruppen ist ersichtlich, dass die Qualität der wertorientierten Berichterstattung aus Unternehmenssicht zwischen den Geschäftsjahren 1999 und 2000 sowie zwischen den Geschäftsjahren 2001 und 2002 signifikant zugenommen hat.

| Geschäftsjahre | N | Untergruppe für Alpha = .05 | | |
|---|---|---|---|---|
| | | 1 | 2 | 3 |
| 1999 | 88 | 12,8158205 | | |
| 2000 | 90 | | 14,6277056 | |
| 2001 | 89 | | 15,5581497 | |
| 2002 | 87 | | | 17,1040454 |

Mittelwerte für die in homogenen Untergruppen befindlichen Gruppen werden angezeigt.
Verwendet wird ein harmonisches Mittel für Stichprobengröße = 88,486
Die Gruppengrößen sind nicht identisch. Es wird das harmonische Mittel der Gruppengrößen verwendet. Fehlerniveaus des Typs 1 sind nicht garantiert.

*Abb. 111: Waller-Duncan-Test zum Value Reporting-Score (gesamt) aus Unternehmenssicht*

### 6.2.2.2.2 Branchenspezifische Analyse

Die aus Unternehmenssicht ermittelten branchenspezifischen Value Reporting-Scores für das Geschäftsjahr 2002 sowie den Trend für die Entwicklung der Va-

[1189] Der Waller-Duncan-Test wurde angewendet, da homogene Varianzen vorlagen.

lue Reporting-Scores über den gesamten Betrachtungszeitraum zeigt Abb. 112.[1190]

Aus Abb. 112 ist ersichtlich, dass die durchschnittlichen Value Reporting-Scores zu obligatorischen Berichtselementen bei sieben der acht Branchen über den gesamten Untersuchungszeitraum insgesamt gestiegen sind. Unternehmen der Branche Versorger/Telekommunikation wiesen im Durchschnitt hingegen konstante durchschnittliche Value Reporting-Scores hinsichtlich der obligatorischen Berichtselemente auf. In allen vier Geschäftsjahren erreichten Unternehmen der Branche Software/Technologien die höchsten Value Reporting-Score-Mittelwerte. Die niedrigsten Value Reporting-Score-Mittelwerte ergaben sich für Unternehmen der Branchen Einzelhandel/Konsum (1999; 2000) sowie Chemie/Pharma/Biotechnologie (2001; 2002). Dabei wurde in keiner Branche in einem der vier Geschäftsjahre ein maximaler Value Reporting-Score über 50 erreicht. Die Berichterstattung zu obligatorischen Berichtselementen konnte daher für kein Unternehmen als ausreichend bezeichnet werden.

Die durchschnittlichen Value Reporting-Scores zu den Angaben über die Entwicklung des Unternehmenswertes sind bei sechs der insgesamt acht Branchen im Untersuchungszeitraum, wenn auch nicht immer durchweg, gestiegen (vgl. Abb. 112). Unternehmen der Branchen Software/Technologien sowie Chemie/Pharma/Biotechnologie zeichneten sich im Durchschnitt hingegen durch abnehmende durchschnittliche Value Reporting-Scores hinsichtlich der Angaben über die Entwicklung des Unternehmenswertes aus. Im Geschäftsjahr 1999 erreichten Unternehmen der Branche Software/Technologien die höchsten Value Reporting-Score-Mittelwerte, in den Geschäftsjahren 2000 sowie 2001 Unternehmen der Branche Versorger/Telekommunikation und im Geschäftsjahr 2002 Unternehmen der Branche Bau. Die niedrigsten Value Reporting-Score-Mittelwerte ergaben sich für Unternehmen der Branchen Einzelhandel/Konsum (1999) sowie Banken/Finanzdienste/Versicherungen (2000, 2001 und 2002). Wiederum wurde in keiner Branche in einem der vier Geschäftsjahre ein maximaler Value Reporting-Score größer als 50 erreicht. Folglich konnte die Be-

---

[1190] Zusätzlich zu den in Abb. 112 ausgewiesenen branchenspezifischen Value Reporting-Scores für das Geschäftsjahr 2002 wird in den nachfolgenden Ausführungen auf die branchenspezifischen Value Reporting-Scores für die Geschäftsjahre 1999 – 2001 Bezug genommen, die im Einzelnen den Anhängen 124 – 133 zu entnehmen sind. Analog zu den vorangegangenen Gesamtanalysen repräsentieren die Balken in den einzelnen Graphiken jeweils den Mittelwert der verschiedenen Value Reporting-Scores. Zusätzlich werden die entsprechenden Mediane über alle Unternehmen der verschiedenen Branchen sowie das Minimum und das Maximum der jeweiligen Value Reporting-Scores ausgewiesen. Da in jeder Berichtskategorie ein maximaler Value Reporting-Score von 100 erreicht werden konnte, repräsentieren die Angaben sowohl die absoluten als auch die relativen Value Reporting-Scores.

richterstattung zu den Angaben über die Entwicklung des Unternehmenswertes für keine der betrachteten Branchen als ausreichend bezeichnet werden.

| | Automobil/ Transport | | Einzel-handel/ Konsum | | Maschinen-bau/ Industrie | | Versorger/ Telekommu-nikation | | Banken/ Finanz-dienste/ Versicher. | | Bau | | Software/ Techno-logien | | Chemie/ Pharma/Bio-technologie | |
|---|---|---|---|---|---|---|---|---|---|---|---|---|---|---|---|---|
| | VRS | T | VRS | T | VRS | T | VRS | T | VRS | T | VRS | T | VRS | T | VRS | T |
| Obligatorische Berichtselemente | 12,09 | ++ | 10,63 | ++ | 12,17 | ++ | 12,12 | 0 | 12,70 | + | 14,29 | ++ | 15,00 | ++ | 9,72 | ++ |
| Angaben zur Entwicklung des Unternehmenswertes | 18,57 | ++ | 17,11 | + | 20,10 | ++ | 22,93 | ++ | 11,90 | + | 25,00 | ++ | 12,80 | - | 12,41 | - |
| Angaben zur Wertentwicklung für die Kapitalgeber | 27,67 | ++ | 26,60 | + | 29,04 | ++ | 30,98 | + | 27,14 | ++ | 31,79 | + | 27,03 | ++ | 27,98 | + |
| Risikobezogene Angaben | 35,38 | ++ | 30,40 | ++ | 32,44 | ++ | 28,65 | + | 33,33 | ++ | 39,13 | ++ | 34,72 | ++ | 30,21 | + |
| Kunden- bzw. absatzmarkt-bezogene Angaben | 5,10 | + | 9,60 | - | 5,18 | + | 6,76 | - | 7,31 | - | 1,33 | 0(+-) | 6,31 | - | 6,80 | 0(+-) |
| Zulieferer- bzw. beschaffungsmarkt-bezogene Angaben | 6,21 | - | 4,12 | + | 6,92 | + | 9,62 | ++ | 0,00 | 0 | 6,25 | + | 5,10 | + | 6,50 | 0(+-) |
| Mitarbeiter- bzw. management-bezogene Angaben | 11,49 | ++ | 12,90 | + | 13,79 | ++ | 9,41 | - | 15,70 | ++ | 8,43 | - | 14,97 | + | 15,89 | + |
| Prozess- bzw. innovations-bezogene Angaben | 6,08 | + | 3,33 | - | 7,44 | + | 3,30 | -- | 2,47 | + | 5,67 | + | 8,88 | + | 8,23 | -- |
| Unternehmensstrategische Angaben | 31,90 | + | 25,93 | + | 26,41 | + | 44,25 | + | 31,76 | + | 29,21 | + | 28,23 | + | 34,00 | + |
| Umfeldbezogene Angaben | 33,57 | ++ | 36,00 | ++ | 31,30 | ++ | 30,83 | - | 44,64 | ++ | 31,25 | ++ | 43,75 | ++ | 30,00 | + |
| Gesamt | 17,80 | ++ | 16,44 | ++ | 17,47 | ++ | 19,64 | + | 18,86 | ++ | 18,27 | ++ | 17,02 | ++ | 17,63 | ++ |

VRS = Durchschnittlicher Value Reporting-Score für das Geschäftsjahr 2002

T = Trend
- mit ++ = konstant steigend über den gesamten Betrachtungszeitraum
- \+ = insgesamt steigend über den gesamten Betrachtungszeitraum, zwischenzeitlich jedoch abnehmend
- 0 = gleichbleibend über den gesamten Betrachtungszeitraum
- 0(+-) = insgesamt gleichbleibend über den gesamten Betrachtungszeitraum, zwischenzeitlich jedoch Schwankungen
- \- = insgesamt abnehmend über den gesamten Betrachtungszeitraum, zwischenzeitlich jedoch steigend
- -- = konstant abnehmend über den gesamten Betrachtungszeitraum

*Abb. 112: Branchenspezifische Value Reporting-Scores aus Unternehmenssicht*

Bei allen Branchen sind die durchschnittlichen Value Reporting-Scores zu den Angaben über die Wertentwicklung für die Kapitalgeber über den gesamten Untersuchungszeitraum insgesamt gestiegen (vgl. Abb. 112). In den Geschäftsjahren 1999 - 2001 erreichten Unternehmen der Branche Versorger/Telekommunikation die höchsten Value Reporting-Score-Mittelwerte, im Geschäftsjahr 2002 Unternehmen der Branche Bau. Die niedrigsten Value Reporting-Score-Mittelwerte ergaben sich für Unternehmen der Branchen Banken/Finanzdienste/Versicherungen (1999 und 2000), Bau (2001) sowie Einzelhandel/Konsum (2002). Auch die Berichterstattung zu den Angaben über die Wertentwicklung für die Kapitalgeber konnte nicht als ausreichend bezeichnet werden, da in keiner Branche in einem der vier Geschäftsjahre ein maximaler Value Reporting-Score über 50 erreicht wurde.

Neben den Value Reporting-Scores zu den Angaben über die Wertentwicklung für die Kapitalgeber sind auch die durchschnittlichen Value Reporting-Scores zu risikobezogenen Angaben bei allen Branchen über den gesamten Untersuchungszeitraum insgesamt gestiegen (vgl. Abb. 112). In den Geschäftsjahren 1999 und 2000 erreichten Unternehmen der Branche Software/Technologien die höchsten Value Reporting-Score-Mittelwerte, in den Geschäftsjahren 2001 sowie 2002 Unternehmen der Branche Bau. Die niedrigsten Value Reporting-Score-Mittelwerte ergaben sich für Unternehmen der Branchen Einzelhandel/Konsum (1999, 2000 und 2001) sowie Versorger/Telekommunikation (2002). Im Unterschied zu den vorangegangenen Berichtskategorien wurden zu risikobezogenen Angaben vereinzelt maximale Value Reporting-Scores von 50 oder größer ermittelt (1999 und 2000: jeweils ein Unternehmen der Branche Maschinenbau/Industrie; 2001: jeweils ein Unternehmen der Branchen Automobil/Transport, Maschinenbau/Industrie und Chemie/Pharma/Biotechnologie; 2002: jeweils ein Unternehmen der Branchen Automobil/Transport und Einzelhandel/Konsum sowie zwei Unternehmen der Branche Chemie/Pharma/Biotechnologie). Diesen einzelnen Unternehmen konnte in der Tendenz eine ausreichende Berichterstattung zu risikobezogenen Angaben bestätigt werden.

Die durchschnittlichen Value Reporting-Scores zu kunden- bzw. absatzmarktbezogenen Angaben sind nur bei zwei der insgesamt acht Branchen (Automobil/Transport; Maschinenbau/Industrie) zwischen dem Geschäftsjahr 1999 und dem Geschäftsjahr 2002 gestiegen, allerdings mit großen Schwankungen über den gesamten Untersuchungszeitraum (vgl. Abb. 112). Unternehmen der Branchen Einzelhandel/Konsum, Versorger/Telekommunikation, Banken/Finanzdienste/Versicherungen sowie Software/Technologien wiesen im Durchschnitt hingegen abnehmende durchschnittliche Value Reporting-Scores auf. Unternehmen der Branchen Bau sowie Chemie/Pharma/Biotechnologie erreichten in den Geschäftsjahren 1999 und 2002 den gleichen durchschnittlichen Value Reporting-Score. In allen Geschäftsjahren ergaben sich für Unternehmen der Branche Einzelhandel/Konsum die höchsten Value Reporting-Score-Mittelwerte, für Unternehmen der Branche Bau die niedrigsten. In keiner Branche wurde in einem der vier Geschäftsjahre ein maximaler Value Reporting-Score über 50 erreicht, so dass die Berichterstattung zu kunden- bzw. absatzmarktbezogenen Angaben für keine der Branchen als ausreichend bezeichnet werden konnte.

Bei fünf der insgesamt acht Branchen sind die durchschnittlichen Value Reporting-Scores zu zulieferer- bzw. beschaffungsmarktbezogenen Angaben über den gesamten Untersuchungszeitraum im Durchschnitt gestiegen (vgl. Abb. 112). Unternehmen der Branche Automobil/Transport zeichneten sich im Durchschnitt hingegen durch abnehmende durchschnittliche Value Reporting-Scores aus. Bei Unternehmen der Branchen Banken/Finanzdienste/Versicherungen und Chemie/Pharma/Biotechnologie lieferte ein Vergleich zwischen den Geschäftsjahren 1999 und 2002 die gleichen durchschnittlichen Value Reporting-Scores. Im Geschäftsjahr 1999 erreichten Unternehmen der Branche Automobil/Transport die höchsten Value Reporting-Score-Mittelwerte, im Geschäftsjahr 2000 Unternehmen der Branche Chemie/Pharma/Biotechnologie und in den Geschäftsjahren 2001 sowie 2002 Unternehmen der Branche Versorger/Telekommunikation. Die niedrigsten Value Reporting-Score-Mittelwerte ergaben sich in allen vier Geschäftsjahren für Unternehmen der Branchen Banken/Finanzdienste/Versicherungen. Wiederum konnte die Berichterstattung in dieser Berichtskategorie nicht als ausreichend bezeichnet werden, da in keiner Branche in einem der vier Geschäftsjahre ein maximaler Value Reporting-Score über 50 erreicht wurde.

Die durchschnittlichen Value Reporting-Scores zu mitarbeiter- bzw. managementbezogenen Angaben stiegen bei sechs der insgesamt acht Branchen über den gesamten Untersuchungszeitraum (vgl. Abb. 112). Unternehmen der Branchen Versorger/Telekommunikation sowie Bau wiesen im Durchschnitt hingegen abnehmende durchschnittliche Value Reporting-Scores auf, die jedoch größeren Schwankungen unterlagen. In allen Geschäftsjahren erreichten Unternehmen der Branche Chemie/Pharma/Biotechnologie die höchsten Value Reporting-Score-Mittelwerte. Die niedrigsten Value Reporting-Score-Mittelwerte ergaben sich für Unternehmen der Branchen Automobil/Transport (1999) sowie Bau (2000, 2001 und 2002). Abermals wurde in keiner Branche in einem der vier Geschäftsjahre ein maximaler Value Reporting-Score über 50 erreicht, so dass die Berichterstattung zu mitarbeiter- bzw. managementbezogenen Angaben für kein Unternehmen als ausreichend bezeichnet werden.

Bei fünf der insgesamt acht Branchen sind die durchschnittlichen Value Reporting-Scores zu prozess- bzw. innovationsbezogenen Angaben von dem Geschäftsjahr 1999 auf das Geschäftsjahr 2002 gestiegen (vgl. Abb. 112). Unternehmen der Branchen Einzelhandel/Konsum, Versorger/Telekommunikation sowie Chemie/Pharma/Biotechnologie zeichneten sich im Durchschnitt hingegen durch abnehmende durchschnittliche Value Reporting-Scores hinsichtlich der prozess- bzw. innovationsbezogenen Angaben aus. In den Geschäftsjahren 1999 – 2001 erreichten Unternehmen der Branche Chemie/Pharma/Biotechnologie die höchsten Value Reporting-Score-Mittelwerte, im Geschäftsjahr 2002 Unternehmen der Branche Software/Technologien. Die niedrigsten Value Reporting-Score-Mittelwerte ergaben sich in allen Geschäftsjahren für Unternehmen der Branche Banken/Finanzdienste/Versicherungen. In keiner Branche wurde in einem der vier Geschäftsjahre ein maximaler Value Reporting-Score über 50 erreicht. Folglich konnte die Berichterstattung zu prozess- bzw. innovationsbezogenen Angaben für keine der betrachteten Branchen als ausreichend bezeichnet werden.

Die durchschnittlichen Value Reporting-Scores zu unternehmensstrategischen Angaben sind bei allen Branchen beim Vergleich der Geschäftsjahre 1999 und 2002 gestiegen (vgl. Abb. 112). In allen Geschäftsjahren erreichten Unternehmen der Branche Versorger/Telekommunikation die höchsten Value Reporting-Score-Mittelwerte, Unternehmen der Branche Einzelhandel/Konsum die niedrigsten. Vereinzelt wurde zu unternehmensstrategischen Angaben ein maximaler Value Reporting-Score von 50 oder größer ermittelt (2001: ein Unternehmen der Branche Chemie/Pharma/Biotechnologie; 2002: jeweils ein Unternehmen der Branchen Automobil/Transport und Versorger/Telekommunikation sowie zwei Unternehmen der Branche Chemie/Pharma/Biotechnologie). Diesen Unternehmen konnte in der Tendenz eine ausreichende Berichterstattung zu unternehmensstrategischen Angaben bestätigt werden.

Ebenso sind die durchschnittlichen Value Reporting-Scores zu umfeldbezogenen Angaben bei allen Branchen beim Vergleich der Geschäftsjahre 1999 und 2002 gestiegen (vgl. Abb. 112). Im Geschäftsjahr 1999 erreichten Unternehmen der Branche Versorger/Telekommunikation die höchsten Value Reporting-Score-Mittelwerte, in den Geschäftsjahren 2000, 2001 sowie 2002 Unternehmen der Branche Banken/Finanzdienste/Versicherungen. Die niedrigsten Value Reporting-Score-Mittelwerte ergaben sich für Unternehmen der Branchen Einzelhandel/Konsum (1999), Versorger/Telekommunikation (2000), Automobil/Transport (2001) sowie Chemie/Pharma/Biotechnologie (2002). Des Weiteren wurden zu umfeldbezogenen Angaben im Vergleich zu den vorangegangenen Berichtskategorien am häufigsten maximale Value Reporting-Scores von 50 oder größer ermittelt (1999: ein Unternehmen der Branche Versorger/Telekommunikation und sieben Unternehmen der Branche Banken/Finanzdienste/Versicherungen; 2000: sieben Unternehmen der Branche Banken/Finanzdienste/Versicherungen und zwei Unternehmen der Branche Software/

Technologien; 2001: acht Unternehmen der Branche Banken/Finanzdienste/Versicherungen, drei Unternehmen der Branche Software/Technologien und ein Unternehmen der Branche Chemie/Pharma/Biotechnologie; 2002: ein Unternehmen der Branche Automobil/Transport, zehn Unternehmen der Branche Banken/Finanzdienste/Versicherungen und fünf Unternehmen der Branche Software/Technologien). Diesen Unternehmen konnte in der Tendenz eine ausreichende Berichterstattung zu umfeldbezogenen Angaben bestätigt werden.

Schließlich ist Abb. 112 zu entnehmen, dass die durchschnittlichen gesamten Value Reporting-Scores bei allen Branchen über den gesamten Untersuchungszeitraum gestiegen sind. In allen Geschäftsjahren erreichten Unternehmen der Branche Versorger/Telekommunikation die höchsten Value Reporting-Score-Mittelwerte. Die niedrigsten Value Reporting-Score-Mittelwerte ergaben sich für Unternehmen der Branchen Einzelhandel/Konsum (1999, 2001 und 2002) sowie Bau (2000). Dennoch wurde in keiner Branche in einem der vier Geschäftsjahre ein maximaler Value Reporting-Score über 50 erreicht, so dass für keine der betrachteten Branchen die wertorientierte Berichterstattung insgesamt als ausreichend bezeichnet werden konnte.

Die vorangegangenen Ausführungen zeigten, dass einige deutliche Unterschiede zwischen den Value Reporting-Scores verschiedener Branchen bestehen. Um zu überprüfen, ob diese Unterschiede statistisch signifikant sind, wurden die Value Reporting-Scores der zehn Berichtskategorien sowie die gesamten Value Reporting-Scores getrennt für die vier Geschäftsjahre dem H-Test nach Kruskal und Wallis unterzogen. Abb. 113 gibt die Ergebnisse der Tests wieder.

| | **Geschäftsjahr** | | | |
|---|---|---|---|---|
| | 1999 | 2000 | 2001 | 2002 |
| VRS zu obligatorischen Berichtselementen | **0,098*** | **0,004***** | **0,053*** | **0*****|
| VRS zu Angaben über die Entwicklung des Unternehmenswertes | 0,105 | 0,152 | 0,364 | **0,033**** |
| VRS zu Angaben über die Wertentwicklung für die Kapitalgeber | 0,175 | 0,499 | 0,279 | 0,597 |
| VRS zu risikobezogenen Angaben | 0,183 | 0,407 | 0,74 | 0,583 |
| VRS zu kunden- bzw. absatzmarktbezogenen Angaben | **0,014**** | 0,137 | 0,358 | 0,241 |
| VRS zu zulieferer- bzw. beschaffungsmarktbezogenen Angaben | **0,009***** | **0,002***** | **0,021**** | **0,057**** |
| VRS zu mitarbeiter- bzw. managementbezogenen Angaben | 0,658 | **0,017**** | 0,195 | 0,23 |
| VRS zu prozess- bzw. innovaonsbezogenen Angaben | **0,001***** | **0,002***** | **0,015**** | **0,001***** |
| VRS zu unternehmensstrategischen Angaben | **0,053*** | **0,018**** | **0,019**** | 0,15 |
| VRS zu umfeldbezogenen Angaben | 0,459 | 0,472 | **0,069*** | **0,001***** |
| VRS (gesamt) | **0,092*** | 0,356 | 0,322 | 0,811 |
| *** p<=0,01 (höchst signifikant); ** p<=0,05 (sehr signifikant); * p<=0,1 (signifikant) | | | | |
| VRS = Value Reporting-Score | | | | |

*Abb. 113: H-Test nach Kruskal und Wallis zu den branchenspezifischen Value Reporting-Scores*

Hinsichtlich der obligatorischen Berichtselemente, der zulieferer- bzw. beschaffungsmarktbezogenen Angaben sowie der prozess- bzw. innovationsbezogenen Angaben bestehen für alle vier betrachteten Geschäftsjahre signifikante Unterschiede zwischen den Value Reporting-Scores der verschiedenen Branchen. Hypothese 8, die besagt, dass die Qualität der wertorientierten Berichterstattung aus Unternehmenssicht in verschiedenen Branchen unterschiedlich ist, konnte demzufolge für diese drei Berichtskategorien angenommen und damit eine unterschiedliche Qualität der wertorientierten Berichterstattung von Unternehmen verschiedener Branchen aus Unternehmenssicht konstatiert werden.

Der H-Test nach Kruskal und Wallis führte ferner zu dem Ergebnis, dass zwischen den branchenspezifischen Value Reporting-Scores zu unternehmensstrategischen Angaben für die Geschäftsjahre 1999 - 2001 signifikante Unterschiede bestehen. Hypothese 8 konnte demzufolge für die Geschäftsjahre 1999 - 2001 angenommen und eine unterschiedliche Qualität der wertorientierten Berichterstattung von Unternehmen verschiedener Branchen aus Unternehmenssicht für diese drei Geschäftsjahre feststellt werden.

Bezüglich der umfeldbezogenen Angaben zeigten sich im Ergebnis signifikante Unterschiede zwischen den branchenspezifischen Value Reporting-Scores für die Geschäftsjahre 2001 und 2002 (vgl. Abb. 113). Folglich konnte Hypothese 8 im Hinblick auf die umfeldbezogenen Angaben für die Geschäftsjahre 2001 und 2002 angenommen und eine unterschiedliche Qualität der wertorientierten Berichterstattung von Unternehmen verschiedener Branchen aus Unternehmenssicht für diese zwei Geschäftsjahre konstatiert werden.

Für drei Berichtskategorien sowie für die gesamte wertorientierte Berichterstattung ergaben sich jeweils für ein Geschäftsjahr signifikante Unterschiede für die Value Reporting-Scores der verschiedenen Branchen (vgl. Abb. 113). Hinsichtlich der kunden- bzw. absatzmarktbezogenen Angaben sowie der gesamten wertorientierten Berichterstattung betrafen die signifikanten Unterschiede das Geschäftsjahr 1999, hinsichtlich der mitarbeiter- bzw. managementbezogenen Angaben das Geschäftsjahr 2000 und hinsichtlich der Angaben über die Entwicklung des Unternehmenswertes das Geschäftsjahr 2002. Folglich konnte Hypothese 8 hinsichtlich der drei genannten Berichtskategorien sowie hinsichtlich der gesamten wertorientierten Berichterstattung für die jeweiligen Geschäftsjahre angenommen werden.

Schließlich zeigt Abb. 113, dass hinsichtlich der Angaben über die Wertentwicklung für die Kapitalgeber und der risikobezogenen Angaben für kein Geschäftsjahr signifikante Unterschiede zwischen den Value Reporting-Scores der verschiedenen Branchen bestehen. Hypothese 8 konnte entsprechend für diese zwei Berichtskategorien für kein Geschäftsjahr angenommen werden.

Der H-Test nach Kruskal und Wallis gab lediglich Auskunft darüber, dass hinsichtlich verschiedener Berichtskategorien sowie hinsichtlich der wertorientierten Berichterstattung insgesamt für bestimmte Geschäftsjahre signifikante Unterschiede zwischen den Value Reporting-Scores verschiedener Branchen bestehen. Um zu überprüfen, zwischen welchen Branchen im Einzelnen signifikante Unterschiede nachgewiesen werden können, wurden die Value Reporting-Scores der verschiedenen Branchen, für die der H-Test nach Kruskal und Wallis signifikante Unterschiede zeigte, paarweise anhand des U-Tests nach Mann und Whitney untersucht. Die Ergebnisse dieser Tests zeigt Abb. 114.

Der Abbildung ist zu entnehmen, dass sich hinsichtlich der obligatorischen Berichtselemente für die Geschäftsjahre 1999 und 2001 die wesentlichen signifikanten Unterschiede bei den Branchen ergaben, für welche die deskriptive Auswertung jeweils die höchsten bzw. niedrigsten Value Reporting-Score-Mittelwerte ergab (Software/Technologien bzw. Einzelhandel/Konsum und Chemie/Pharma/Biotechnologie). Demgegenüber zeigten mindestens die Hälfte aller paarweisen Vergleiche für die Geschäftsjahre 2000 und 2002 signifikante Unterschiede zwischen verschiedenen Branchen, so dass bezüglich dieser Geschäftsjahre keine eindeutigen Aussagen getroffen werden können.

Hinsichtlich der zulieferer- bzw. beschaffungsmarktbezogenen Angaben führten die paarweisen U-Tests nach Mann und Whitney für alle Geschäftsjahre zu relativ eindeutigen Ergebnissen. Bis auf vereinzelte Ausnahmen ergaben sich für die Geschäftsjahre 1999 und 2000 lediglich signifikante Unterschiede bei den Branchen, für welche die deskriptive Auswertung die höchsten bzw. niedrigsten durchschnittlichen Value Reporting- Scores zeigte (Automobil/Transport und Chemie/Pharma/Biotechnologie bzw. Banken/Finanzdienste/Versicherungen). Für die Geschäftsjahre 2001 und 2002 führten die paarweisen Vergleiche zu dem Ergebnis, dass ausschließlich signifikante Unterschiede bei den Branchen mit den höchsten bzw. niedrigsten durchschnittlichen Value Reporting-Scores bestehen (Versorger/Telekommunikation bzw. Banken/Finanzdienste/Versicherungen).

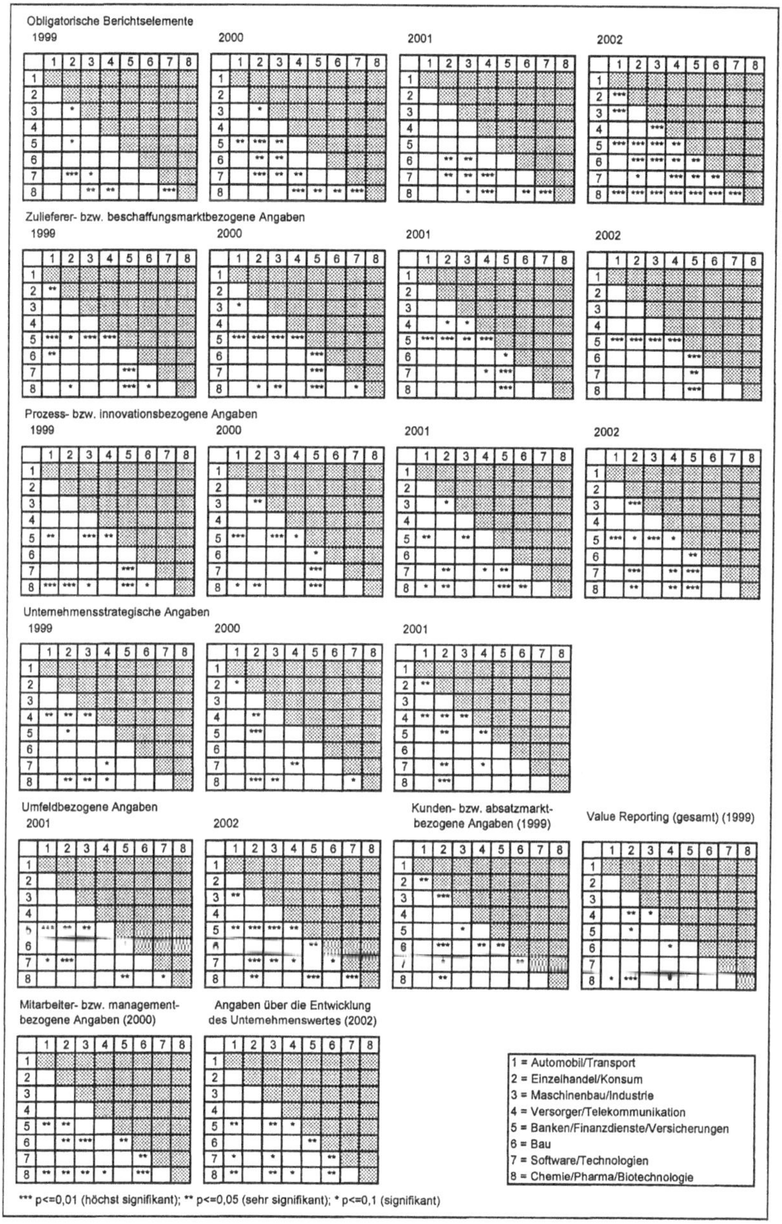


*Abb. 114: Paarweise U-Tests nach Mann und Whitney für die branchenspezifischen Value Reporting-Scores*

Ähnliche Ergebnisse lieferten die paarweisen U-Tests nach Mann und Whitney zu prozess- bzw. innovationsbezogenen Angaben. Wiederum zeigte sich, dass der Großteil der signifikanten Unterschiede, für das Geschäftsjahr 1999 sogar alle signifikanten Unterschiede, bei den Branchen besteht, für welche die deskriptive Auswertung die höchsten bzw. niedrigsten durchschnittlichen Value Reporting-Scores zeigte (Chemie/Pharma/Biotechnologie und Software/Technologien bzw. Banken/Finanzdienste/Versicherungen).

Auch hinsichtlich der unternehmensstrategischen Angaben ergab sich der Großteil der signifikanten Unterschiede bei den Branchen, für welche die deskriptive Auswertung die höchsten bzw. niedrigsten Value Reporting-Score-Mittelwerte zeigte (Versorger/Telekommunikation bzw. Einzelhandel/Konsum). Darüber hinaus führte der paarweise Vergleich zu weiteren signifikanten Unterschieden bei den Branchen Software/Technologien und Chemie/Pharma/Biotechnologie, für die in den verschiedenen Geschäftsjahren die nach der Branche Versorger/Telekommunikation nächst höchsten Value Reporting-Score-Mittelwerte errechnet wurden.

Der Großteil der signifikanten Unterschiede hinsichtlich der umfeldbezogenen Angaben bestand abermals bei den Branchen, für die im Rahmen der deskriptiven Auswertung die höchsten bzw. niedrigsten Value Reporting-Score-Mittelwerte ausgewiesen wurden (Banken/Finanzdienste/Versicherungen bzw. Automobil/Transport und Chemie/Pharma/Biotechnologie). Zudem führten die paarweisen Vergleiche in beiden Geschäftsjahren zu einigen signifikanten Unterschieden bei der Branche Software/Technologien sowie im Geschäftsjahr 2002 zwischen der Branche Automobil/Transport und Maschinenbau/Industrie.

Darüber hinaus ist Abb. 114 zu entnehmen, dass sich hinsichtlich kunden- bzw. absatzmarktbezogener Angaben bis auf eine Ausnahme ausschließlich signifikante Unterschiede bei den Branchen ergaben, für welche die deskriptive Auswertung die höchsten bzw. niedrigsten Value Reporting-Score-Mittelwerte ergab (Einzelhandel/Konsum bzw. Bau).

Ähnliche Ergebnisse zeigten sich hinsichtlich der wertorientierten Berichterstattung insgesamt, hinsichtlich mitarbeiter- bzw. managementbezogener Angaben sowie hinsichtlich der Angaben über die Entwicklung des Unternehmenswertes. Mit einer Ausnahme bestanden hinsichtlich der wertorientierten Berichterstattung insgesamt lediglich signifikante Unterschiede bei den Branchen, für die im Rahmen der deskriptiven Auswertung die höchsten bzw. niedrigsten Value Reporting-Score-Mittelwerte errechnet wurden (Versorger/Telekommunikation bzw. Einzelhandel/Konsum). Ebenso ergab sich hinsichtlich mitarbeiter- bzw. managementbezogener Angaben, dass ein Großteil der signifikanten Unterschiede bei den Branchen besteht, für die im Rahmen der deskriptiven Darstellung die höchsten bzw. geringsten Value Reporting-Score-Mittelwerte festgestellt wurden. Darüber hinaus ergaben sich bei dem paarweisen Vergleich signifikante Unterschiede bei der Branche Banken/Finanzdienste/Versicherungen, für die neben der Branche Chemie/Pharma/Biotechnologie die höchsten Value Reporting-Score-Mittelwerte für das Geschäftsjahr 2000 ermittelt wurden. Auch hinsichtlich der Angaben über die Entwicklung des Unternehmenswertes zeigte sich im Ergebnis, dass der Großteil der signifikanten Unterschiede bei den Branchen existiert, für die sich im Rahmen der deskriptiven Auswertung die höchsten bzw. niedrigsten durchschnittlichen Value Reporting-Scores ergaben (Bau bzw. Banken/Finanzdienste/Versicherungen). Darüber hinaus zeigten sich signifikante Unterschiede bei den Branchen Software/Technologien und Chemie/Pharma/ Biotechnologie, für die nach der Branche Banken/Finanzdienste/Versicherungen die geringsten Value Reporting-Score-Mittelwerte ermittelt wurden.

## 6.3 Gap-Analyse zur Beurteilung der wertorientierten Berichterstattung börsennotierter deutscher Unternehmen

Zusätzlich zu der bereits dargestellten Qualitätsbeurteilung der wertorientierten Berichterstattung anhand von Value Reporting-Scores erfolgt nachfolgend eine Beurteilung der Qualität der wertorientierten Berichterstattung anhand einer Gap-Analyse, da die Ermittlung der Value Reporting-Scores, wie bereits erwähnt, gewissen methodischen Schwächen unterliegt, auf die nachfolgend kurz eingegangen werden soll.

Betrachtet man bspw. den Value Reporting-Score zur Berichtskategorie „zulieferer- und beschaffungsmarktbezogene Angaben“, so ergab sich dieser aus der Summe der mit den jeweiligen Gewichtungsfaktoren gewichteten und mit 100 multiplizierten Werte der insgesamt siebzehn Berichtskriterien. Im Rahmen der branchenspezifischen Analyse der Relevanzeinschätzungen der Inhalte der wertorientierten Berichterstattung bewerteten Unternehmen der Branche Banken/Finanzdienste/Versicherungen 16 der insgesamt 17 Berichtskriterien mit „unwichtig“, d.h. mit einem Median von 0. Folglich bestand der maximal erreichbare Value Reporting-Score dieser Berichtskategorie für Unternehmen der Branche Banken/Finanzdienste/Versicherungen aus nur einem Berichtskriterium, dessen Bedeutung ebenso nur mit „weniger wichtig“, d.h. mit einem Median von 1 bewertet wurde. Gleichwohl betrug der maximal erreichbare Value Reporting-Score dieser Berichtskategorie für Unternehmen der Branche Banken/ Finanzdienste/Versicherungen 100. Machten Unternehmen dieser Branche keine Angaben zu diesem einen Berichtskriterium, erreichen sie einen Value Reporting-Score und damit einen Erfüllungsgrad von 0 für die Berichtskategorie „zulieferer- und beschaffungsmarktbezogene Angaben". Diese Übergewichtung des einen Berichtskriteriums zu zulieferer- und beschaffungsmarktbezogene Angaben wurde im Rahmen der Ermittlung des gesamten Value Reporting-Score für Unternehmen der Branche Banken/Finanzdienste/Versicherungen jedoch wieder relativiert, da die Berichtskategorie „zulieferer- und beschaffungsmarktbezogene Angaben" mit einem sehr geringen Gewichtungsfaktor berücksichtigt wurde.

Eine weitere Schwäche der Methodik der Value Reporting-Scores kann am Beispiel der Berichtskategorie „prozess- und innovationsbezogene Angaben" verdeutlicht werden. Im Rahmen der branchenspezifischen Analyse der Relevanzeinschätzungen der Inhalte der wertorientierten Berichterstattung wiesen Unternehmen der Branche Einzelhandel/Konsum dieser Berichtskategorie im Vergleich zu den Unternehmen anderer Branchen eine relativ geringe Bedeutung zu.[1191] Obgleich diese branchenspezifischen Relevanzeinschätzungen nur seitens der Unternehmen und nicht seitens der Adressaten ermittelt wurden, könnten die Ergebnisse ein Anzeichen dafür sein, dass prozess- und innovationsbezogene Angaben für Unternehmen der Branche Einzelhandel/Konsum grundsätzlich weniger relevant erscheinen. Im Rahmen der Gesamtanalyse der Value Reporting-Scores aus Adressaten- und Unternehmenssicht wurde diese geringere Bedeutung der prozess- und innovationsbezogenen Angaben für Unternehmen der Branche Einzelhandel/Konsum jedoch nicht berücksichtigt, da die Value Reporting-Scores branchenübergreifend ermittelt wurden.

Schließlich ist auf den Fall hinzuweisen, dass bestimmte Sachverhalte bei einem Unternehmen nicht vorliegen, und das Unternehmen daher keine entsprechenden Angaben dazu machen kann.[1192] Unternehmen könnten sich zu nicht vorliegenden Sachverhalten mit einer Fehlanzeige äußern, indem sie einen Hinweis darauf geben, dass ein bestimmter Sachverhalt nicht vorliegt. Der Gesetzgeber sieht aber selbst im Rahmen der verpflichtenden Berichterstattung keine Pflicht zur Angabe von Fehlanzeigen vor,[1193] so dass auch im Rahmen der wertorientierten,

---

1191 Die Summe der Mediane der Relevanzeinschätzungen für alle Berichtskriterien der Berichtskategorie „prozess- und innovationsbezogene Angaben" betrug seitens Unternehmen der Branche Einzelhandel/Konsum 38,5. Für die Unternehmen der anderen Branchen bewegte sich die Summe der Mediane zwischen 48,5 und 60. Eine Ausnahme bildeten Unternehmen der Branche Banken/Finanzdienste/Versicherungen mit einem Median von 27,5. Diese Unternehmen sind für die nachfolgende Argumentation, die sich auf die Gesamtanalyse aus Adressaten- bzw. Unternehmenssicht bezieht, jedoch nicht relevant, da Unternehmen dieser Branche nicht in diese Betrachtung einbezogen wurden. Vgl. hierzu Fn. 1169.

1192 In diesem Zusammenhang wird auch von dem Problem der Nicht-Berichterstattung gesprochen. Vgl. hierzu und im Folgenden Armeloh (1998), S. 93ff.; Rolvering (2002), S. 128ff.

1193 Vgl. Armeloh (1998), S. 94 m.w.N.; Rolvering (2002), S. 129 m.w.N.

im Wesentlichen freiwilligen Berichterstattung nicht von Fehlanzeigen ausgegangen werden kann. Diesem Problem könnte grundsätzlich mit einer Modifizierung des Value Reporting-Score begegnet werden, indem die entsprechenden Berichterstattungskriterien aus der Bewertung herausgenommen werden und damit angenommen wird, dass ein entsprechender Sachverhalt nicht vorliegt. Da es sich bei der wertorientierten Berichterstattung jedoch vornehmlich um freiwillige Berichterstattungsinhalte handelt, wurde von einer solchen Modifizierung des Value Reporting-Score abgesehen.

Für die Beurteilung der wertorientierten Berichterstattung anhand der Gap-Analyse wird nachfolgend in einem ersten Schritt die Vorgehensweise der Gap-Analyse erläutert. In einem zweiten Schritt werden schließlich die Ergebnisse der Gap-Analyse zwischen den Anforderungen an die wertorientierte Berichterstattung aus Adressaten- und Unternehmenssicht der wertorientierten Berichterstattung börsennotierter deutscher Unternehmen dargelegt.

### 6.3.1 Vorgehensweise der Gap-Analyse

Aufgrund der aufgezeigten Schwächen bei der Methodik der Berechnung der Value Reporting-Scores wurden die Anforderungen an die wertorientierte Berichterstattung aus Adressaten- und Unternehmenssicht dem derzeitigen Stand der wertorientierten Berichterstattung börsennotierter deutscher Unternehmen zusätzlich im Rahmen einer Gap-Analyse gegenüber gestellt.[1194] Wie bereits ausgeführt, wurden die Unternehmen im Rahmen der Gap-Analyse im Unterschied zur Ermittlung der Value Reporting-Scores nicht einzeln betrachtet, sondern einer Gesamtbetrachtung unterzogen. Des Weiteren erfolgte die Gap-Analyse nur für das Geschäftsjahr 2002.

Die Gap-Analyse erfolgt mit Hilfe einer Abweichungsmatrix (vgl. Abb. 115). Schätzten Adressaten bzw. Unternehmens ein Berichtskriterium als „unwichtig“ oder „weniger wichtig“ ein und war die Berichterstattung der DAX 100-Unternehmen zu diesem Kriterium „weniger stark“ oder „gering“ ausgeprägt, führte dies zu einer Übereinstimmung (fit). Gleiches galt, wenn die Relevanzeinschätzung „wichtig“ oder „sehr wichtig“ war und die Berichterstattung zu diesem Kriterium entsprechend „stark“ oder „sehr stark“ ausgeprägt. In allen anderen Fällen lag eine Abweichung (gap) zwischen der Relevanzeinschätzung der Adressaten bzw. der Unternehmen und dem tatsächlichen Umfang der wertorientierten Berichterstattung in den Geschäftsberichten vor.

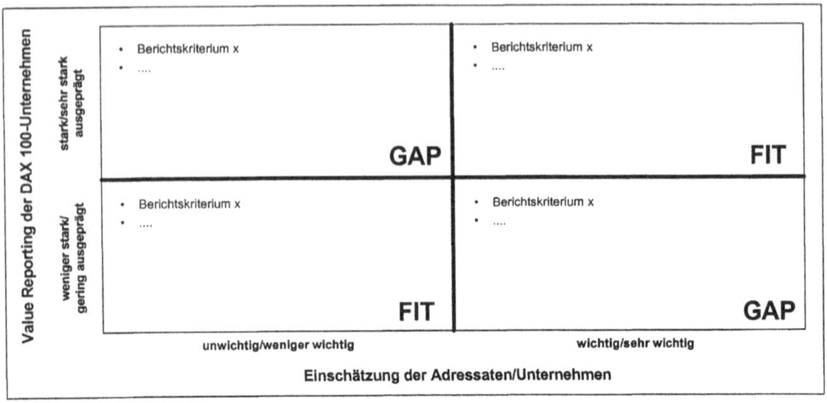


*Abb. 115: Abweichungsmatrix der Gap-Analyse*

Die Einschätzungen der Relevanz der Berichtskriterien aus Adressaten- bzw. Unternehmenssicht erfolgten anhand einer Skala von „0 = unwichtig" bis „3 = sehr wichtig". Analog zu der Vorgehensweise bei der Ermittlung der Value Reporting-Scores wurde für die Bedeutung eines Berichtskriteriums der Median der Relevanzeinschätzungen der Adressaten bzw. der Unternehmen herangezogen, die für die Gap-Analyse vier Bedeutungsklassen zugeordnet wurden. Abb. 116 zeigt die Bewertungsskala, die der Gap-Analyse dabei zugrunde lag.

Die Umsetzung der wertorientierten Berichterstattung durch die DAX 100-Unternehmen wurde anhand von relativen Häufigkeiten untersucht. Hierbei wurde nicht unterschieden, wie ausgeprägt die wertorientierte Berichterstattung war. Um die Anforderungen an die wertorientierte Berichterstattung aus Adressaten- und Unternehmenssicht mit deren tatsächlicher Umsetzung vergleichen zu können, wurde die Umsetzung der wertorientierten Berichterstattung für die Gap-Analyse in vier Häufigkeitsklassen unterteilt (vgl. Abb. 116).

---

1194 Vgl. hierzu Abschnitt 6.2.1. Darüber hinaus ermöglicht die Gap-Analyse eine gute Visualisierung der Ergebnisse.

| | Quantitative Ausprägung aus Fragebogen- bzw. Geschäftsberichtsauswertung | | Skalierung für Gap-Analyse |
|---|---|---|---|
| Einschätzung der Adressaten/ Unternehmen | • $0 \le Me < 0{,}5$<br>• $0{,}5 \le Me < 1{,}5$<br>• $1{,}5 \le Me < 2{,}5$<br>• $2{,}5 \le Me \le 3$ | ➡ | • Unwichtig<br>• Weniger wichtig<br>• Wichtig<br>• Sehr wichtig |
| Value Reporting der DAX 100-Unternehmen | • 0 – 25% der DAX 100-Unternehmen<br>• 26 – 50% der DAX 100-Unternehmen<br>• 51 – 75% der DAX 100-Unternehmen<br>• 76 – 100% der DAX 100-Unternehmen | ➡ | • Gering ausgeprägt<br>• Weniger stark ausgeprägt<br>• Stark ausgeprägt<br>• Sehr stark ausgeprägt |

*Abb. 116: Bewertungsskala für die Gap-Analyse*

Die Gap-Analyse wurde zum einen aus Adressatensicht und zum anderen aus Unternehmenssicht durchgeführt. Zudem wird eine branchenspezifische Gap-Analyse aus Unternehmenssicht vorgenommen. Die einzelnen Gap-Analysen erfolgen jeweils getrennt für die zehn Berichtskategorien.

Zur Beurteilung, ob innerhalb einer Berichtskategorie insgesamt ein 'fit' oder ein 'gap' vorliegt und die wertorientierte Berichterstattung damit als ausreichend oder nicht ausreichend bezeichnet werden kann, wurde folgende Entscheidungsregel gewählt: Führen mehr als die Hälfte aller Berichtskriterien innerhalb einer Berichtskategorie zu einem 'fit', wird in der Tendenz insgesamt von einem 'fit' ausgegangen und die wertorientierte Berichterstattung als ausreichend bezeichnet. Andernfalls wird in der Tendenz angenommen, dass ein 'gap' vorliegt und die wertorientierte Berichterstattung der DAX 100-Unternehmen nicht ausreichend ist.[1195]

Obgleich durch die Qualitätsbeurteilung der wertorientierten Berichterstattung anhand der Gap-Analyse einige Schwächen der Bewertung anhand von Value Reporting-Scores ausgeglichen werden, unterliegt auch die Gap-Analyse gewissen Schwächen.

So ist die Darstellung der Gap-Analyse anhand einer Vier-Felder-Matrix eine vereinfachte Gegenüberstellung der Anforderungen an die wertorientierte Berichterstattung und deren Umsetzung. Dies gilt zum einen für die Anforderungen an die wertorientierte Berichterstattung, die anstatt in vier in zwei Felder unter-

---

[1195] Im Unterschied zu der gewählten Entscheidungsregel bei den Value Reporting-Scores wird hier nicht bei mindestens 50% der Berichtskriterien, sondern erst bei mehr als 50% der Berichtskriterien von einem 'fit' ausgegangen, da die Bewertungsskala der Gap-Analyse zu einer Vier-Felder-Matrix vereinfachend zusammengefasst wurde.

teilt werden. Zum anderen wird die wertorientierte Berichterstattung der DAX 100-Unternehmen lediglich in zwei Felder unterteilt, obgleich auch hier eine Unterteilung in mindestens vier Felder möglich gewesen wäre. Eine komplexere graphische Gegenüberstellung wäre jedoch zu Lasten der Anschaulichkeit der Ergebnisse gegangen. Des Weiteren stellt die hier gewählte Entscheidungsregel, anhand derer beurteilt wird, ob hinsichtlich einer Berichtskategorie insgesamt von einem 'fit' oder einem 'gap' auszugehen ist, ein subjektives Beurteilungsmaß dar. Insofern sind auch die Ergebnisse der Gap-Analyse ein stückweit zu relativieren.

### 6.3.2 Ergebnisse der Gap-Analyse

Analog zu der Ermittlung der Value Reporting-Scores erfolgte die Gap-Analyse aus Adressaten- und Unternehmensperspektive sowie für die Unternehmensperspektive vertiefend auf Branchenebene. Dabei bezogen sich die Gap-Analyse lediglich auf das Geschäftsjahr 2002, so dass eine Beurteilung der Veränderung der Qualität der wertorientierten Berichterstattung im Zeitablauf hier nicht möglich war. Ferner wurde nur die wertorientierte Berichterstattung in den einzelnen Berichtskategorien und nicht die gesamte wertorienticrte Berichterstattung einer Gap-Analyse unterzogen.

Für die Gap-Analysen lassen sich folgende allgemeine Untersuchungsergebnisse festhalten, die im Rahmen der Abschnitte zu den einzelnen Untersuchungsperspektiven wiederum weiter detailliert sind:

Die Gap-Analyse aus Adressatensicht führte nach der hier gewählten Entscheidungsregel für keine der insgesamt zehn Berichtskategorien in der Tendenz zu einem 'fit'. Somit konnte die Berichterstattung der DAX 100-Unternehmen aus Adressatensicht hinsichtlich keiner Berichtskategorie in der Tendenz als ausreichend bezeichnet werden.

Die Gesamtanalyse aus Unternehmenssicht führte zu leicht anderen Ergebnissen. So war hier hinsichtlich sieben der insgesamt zehn Berichtskategorien in der Tendenz von einem 'gap' auszugehen. Demgegenüber lag nach der Gap-Analyse aus Unternehmenssicht hinsichtlich zulieferer- bzw. beschaffungsmarktbezogener Angaben, prozess- bzw. innovationsbezogener Angaben sowie umfeldbezogener Angaben in der Tendenz ein 'fit' vor. Demzufolge kann festgehalten werden, dass die DAX 100-Unternehmen hinsichtlich drei von zehn Berichtskategorien aus Unternehmenssicht in der Tendenz ausreichend publizieren.

Die branchenspezifische Gap-Analyse aus Unternehmenssicht zeigte, dass Unterschiede in der Qualität der wertorientierten Berichterstattung in Abhängigkeit von der Branchenzugehörigkeit der Unternehmen bestehen. Hinsichtlich der obligatorischen Berichtselemente, der Angaben über die Wertentwicklung für die Kapitalgeber sowie die unternehmensstrategischen Angaben musste in der Tendenz für alle Branchen ein 'gap' und damit eine unzureichende Berichterstattung angenommen werden. Ähnliche Ergebnisse zeigte die Gap-Analyse zu den Angaben über die Wertentwicklung des Unternehmens, den risikobezogenen Angaben, den kunden- bzw. absatzmarktbezogenen Angaben, den mitarbeiter- und managementbezogenen Angaben sowie den umfeldbezogenen Angaben. So war jeweils für den Großteil der Branchen in der Tendenz von einem 'gap' auszugehen und die Berichterstattung als nicht ausreichend zu bezeichnen. Demgegenüber ergab die Gap-Analyse zu prozess- bzw. innovationsbezogenen Angaben sowie für zulieferer- und beschaffungsmarktbezogene Angaben, dass für mindestens die Hälfte aller Branchen in der Tendenz von einem 'fit' ausgegangen werden kann. Folglich konnte hinsichtlich dieser zwei Berichtskategorien auch mindestens der Hälfte aller Branchen insgesamt eine ausreichende Berichterstattung bestätigt werden. Insgesamt führte die branchenspezifische Gap-Analyse bei der Branche Einzelhandel/Konsum in den häufigsten Fällen (fünf von zehn Berichtskategorien) in der Tendenz zu einem 'fit', bei der Branche Versorger/Telekommunikation in keinem Fall.

Die nachfolgenden Abschnitte detaillieren wiederum diese Untersuchungsergebnisse. In Abschnitt 6.3.2.1 wird die Gap-Analyse aus Adressatensicht dargestellt und analysiert. Abschnitt 6.3.2.2 umfasst die Darstellung der Ergebnisse zur Gap-Analyse aus Unternehmenssicht. In Abschnitt 6.3.2.2.1 werden die Ergebnisse im Rahmen einer Gesamtanalyse dargestellt, während in Abschnitt 6.3.2.2.2 die Untersuchungsergebnisse zur branchenspezifischen Auswertung beschrieben werden.

#### 6.3.2.1 Gap-Analyse zwischen den Anforderungen an die wertorientierte Berichterstattung aus Adressatensicht und deren Umsetzung

Die Gap-Analyse zu den obligatorischen Berichtselementen zeigt Abb. 117. Lediglich ein Berichtskriterium, die vergangenheitsbezogenen Angaben zum Eigenkapitalspiegel, führt zu einer Übereinstimmung zwischen den Anforderungen seitens der Adressaten und der wertorientierten Berichterstattung in der Praxis der DAX 100-Unternehmen. Alle anderen Kriterien führten zu einer Lücke zwischen Relevanz und Umsetzung der wertorientierten Berichterstattung. In der Tendenz ist bezüglich der obligatorischen Berichtselemente folglich von einem 'gap' zwischen den Anforderungen aus Adressatensicht und der Umsetzung der wertorientierten Berichterstattung auszugehen.

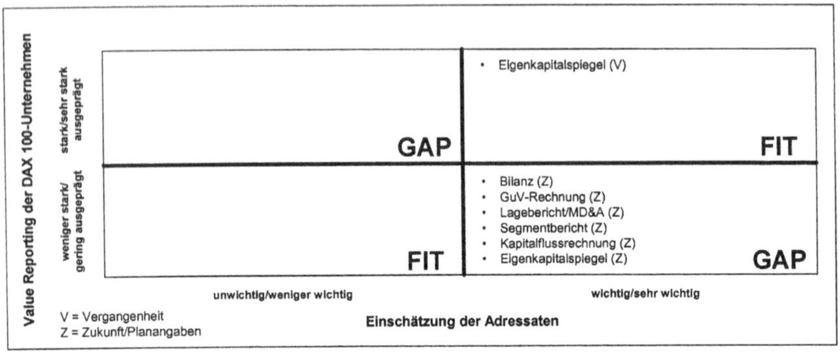


*Abb. 117: Gap-Analyse zwischen dem Umfang der obligatorischen Berichtselemente und den Anforderungen der Adressaten*

Abb. 118 enthält die Gap-Analyse zu den Angaben zur Entwicklung des Unternehmenswertes. Nur vier von insgesamt 35 hier relevanten Berichtskriterien führten zu einer Übereinstimmung zwischen den Ansprüchen seitens der Adressaten der wertorientierten Berichterstattung und deren Umsetzung in der Unternehmenspraxis. In der Tendenz ist hinsichtlich der Angaben zur Entwicklung des Unternehmenswertes daher von einem 'gap' auszugehen.

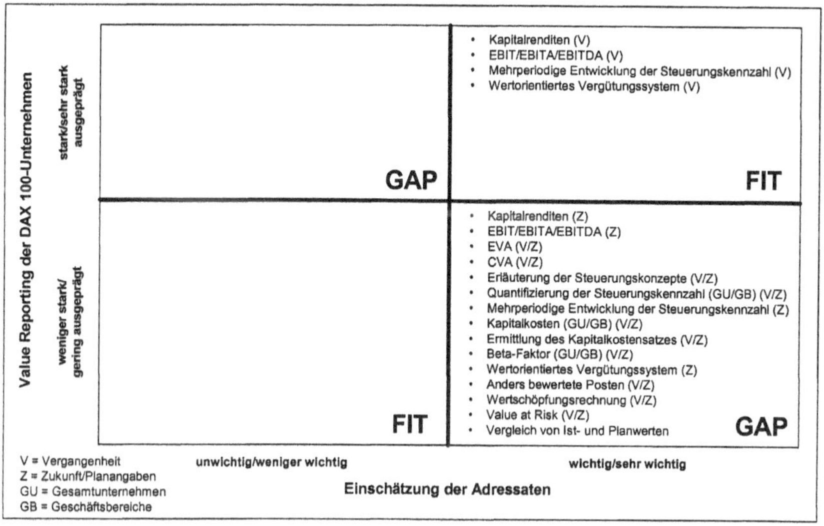


*Abb. 118: Gap-Analyse zwischen dem Umfang der Angaben über die Entwicklung des Unternehmenswertes und den Anforderungen der Adressaten*

Die Gap-Analyse zu Angaben zur Wertentwicklung für die Kapitalgeber zeigt Abb. 119. Diesbezüglich führten immerhin acht Berichtskriterien, d.h. über ein Drittel aller 21 hier erfassten Berichtskriterien, zu einer Übereinstimmung zwischen den Anforderungen an eine wertorientierte Berichterstattung seitens der Adressaten und der Praxis der wertorientierten Berichterstattung. Dennoch ist in der Tendenz hinsichtlich der Angaben zur Wertentwicklung für die Kapitalgeber von einem 'gap' auszugehen, da weniger als 50% aller Berichtskriterien zu einer Übereinstimmung zwischen den Anforderungen aus Adressatensicht und der tatsächlichen Berichterstattung führten.

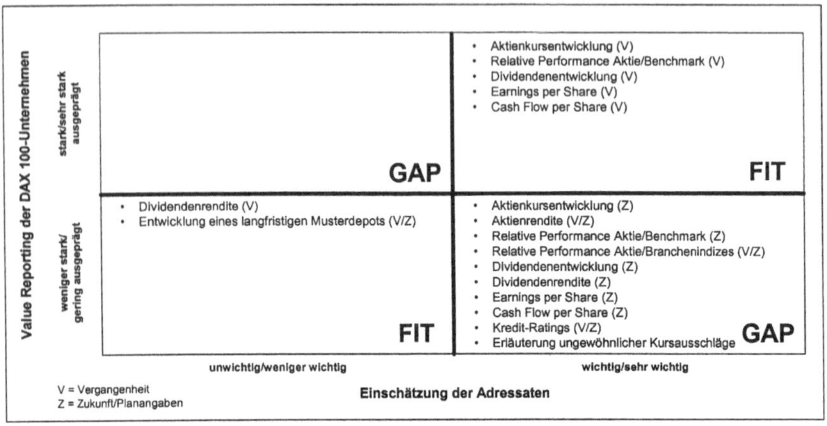


*Abb. 119: Gap-Analyse zwischen dem Umfang der Angaben über die Wertentwicklung für die Kapitalgeber und den Anforderungen der Adressaten*

Die Gap-Analyse hinsichtlich risikobezogener Angaben ist in Abb. 120 dargestellt. Der wesentliche Teil der Berichtskriterien (71,43%) ergab eine Lücke zwischen den Anforderungen an eine wertorientierte Berichterstattung seitens der Adressaten und dem tatsächlichen Ausweisverhalten der Unternehmen. In der Tendenz ist daher hinsichtlich der risikobezogenen Angaben von einem 'gap' auszugehen.

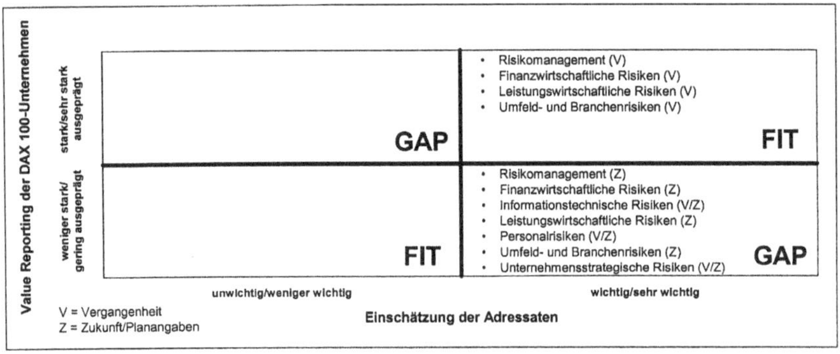


*Abb. 120: Gap-Analyse zwischen dem Umfang der risikobezogenen Angaben und den Anforderungen der Adressaten*

Relativ eindeutige Ergebnisse lieferte die Gap-Analyse zu kunden- bzw. absatzmarktbezogenen Angaben (Abb. 121). Allein ein Berichtskriterium, d.h. ca. 3% der 31 hier zu betrachtenden Berichtskriterien, führte nicht zu einer Lücke zwischen den Ansprüchen an die wertorientierte Berichterstattung seitens der Adressaten und dem tatsächlichen Publizitätsverhalten der DAX 100-Unternehmen. Entsprechend ist in der Tendenz von einem 'gap' hinsichtlich kunden- bzw. absatzmarktbezogener Angaben auszugehen.

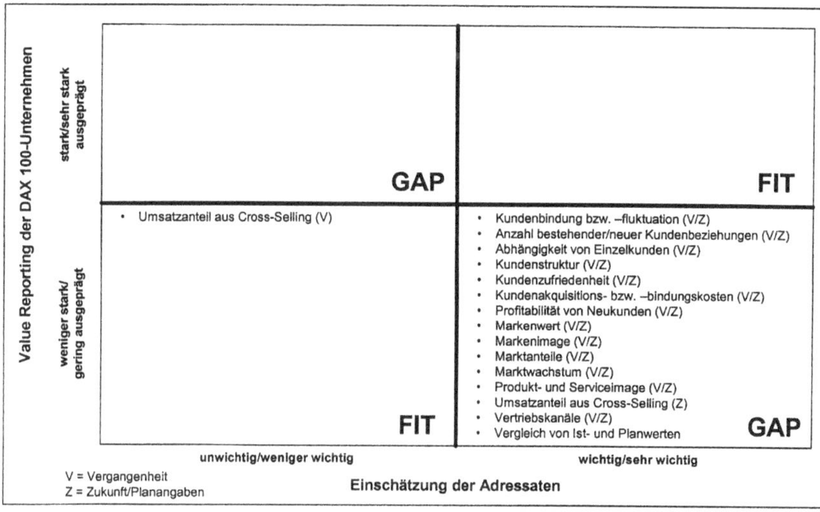


*Abb. 121: Gap-Analyse zwischen dem Umfang der kunden- bzw. absatzmarktbezogenen Angaben und den Anforderungen der Adressaten*

Die Gap-Analyse zu zulieferer- bzw. beschaffungsmarktbezogenen Angaben zeigt Abb. 122. Lediglich vier Berichtskriterien führten zu einer Übereinstimmung zwischen den Relevanzeinschätzungen seitens der Adressaten und der tatsächlichen wertorientierten Berichterstattung der DAX 100-Unternehmen. Hinsichtlich zulieferer- bzw. beschaffungsmarktbezogener Angaben ist in der Tendenz daher von einem 'gap' auszugehen.

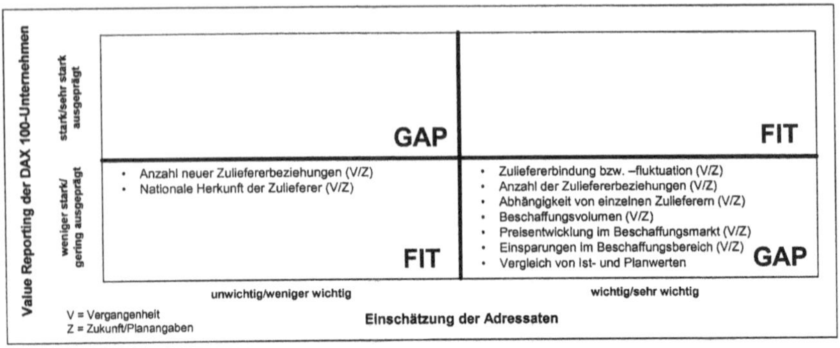


*Abb. 122: Gap-Analyse zwischen dem Umfang der zulieferer- bzw. beschaffungsmarktbezogenen Angaben und den Anforderungen der Adressaten*

Abb. 123 enthält die Gap-Analyse zu mitarbeiter- bzw. managementbezogenen Angaben. 80% der zugehörigen Berichtskriterien führten zu einer Lücke zwischen den Anforderungen an die wertorientierte Berichterstattung aus Sicht der Adressaten und der Publizitätspraxis der DAX 100-Unternehmen. In der Tendenz ist folglich bezüglich mitarbeiter- bzw. managementbezogener Angaben von einem 'gap' auszugehen.

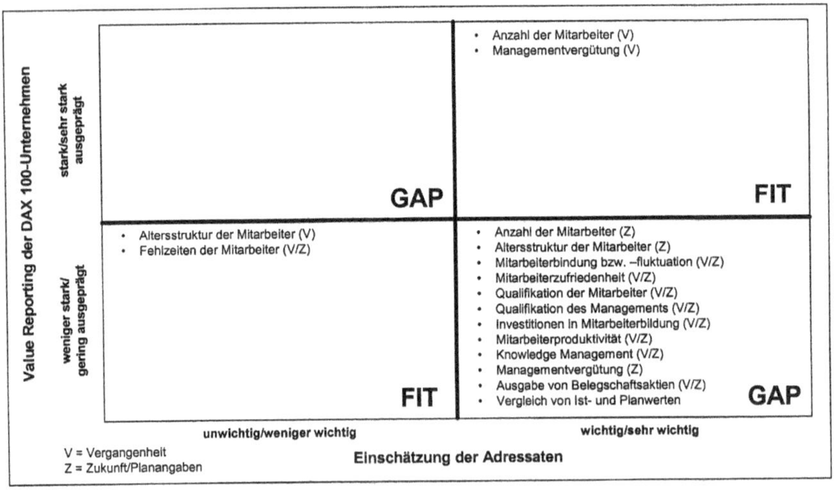


*Abb. 123: Gap-Analyse zwischen dem Umfang der mitarbeiter- bzw. managementbezogenen Angaben und den Anforderungen der Adressaten*

Die Ergebnisse der Gap-Analyse zu prozess- bzw. innovationsbezogenen Angaben zeigt Abb. 124. Bei mehr als 87% der Berichtskriterien lagen Unterschiede zwischen der Relevanzeinschätzung seitens der Adressaten und der Praxis der wertorientierten Berichterstattung bei den DAX 100-Unternehmen vor. Demzufolge ist hinsichtlich der prozess- bzw. innovationsbezogenen Angaben in der Tendenz von einem 'gap' auszugehen.

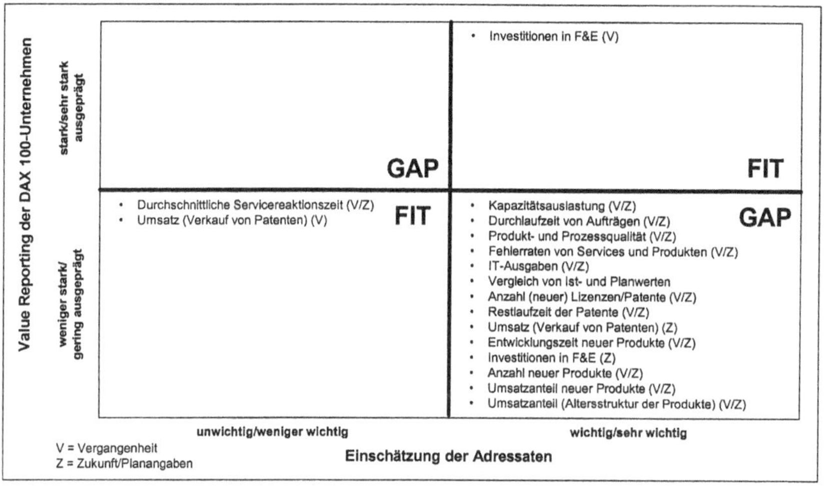


*Abb. 124: Gap-Analyse zwischen dem Umfang der prozess- bzw. innovationsbezogenen Angaben und den Anforderungen der Adressaten*

Die Gap-Analyse zu unternehmensstrategischen Angaben machen deutlich, dass immerhin zehn Berichtskriterien, d.h. 38,46% der zugehörigen Berichtskriterien, zu einer Übereinstimmung zwischen den Anforderungen an die wertorientierte Berichterstattung seitens der Adressaten und der Berichterstattung der DAX 100-Unternehmen in der Praxis führten (vgl. Abb. 125). Gleichwohl ist insgesamt hinsichtlich unternehmensstrategischer Angaben in der Tendenz von einem 'gap' auszugehen.

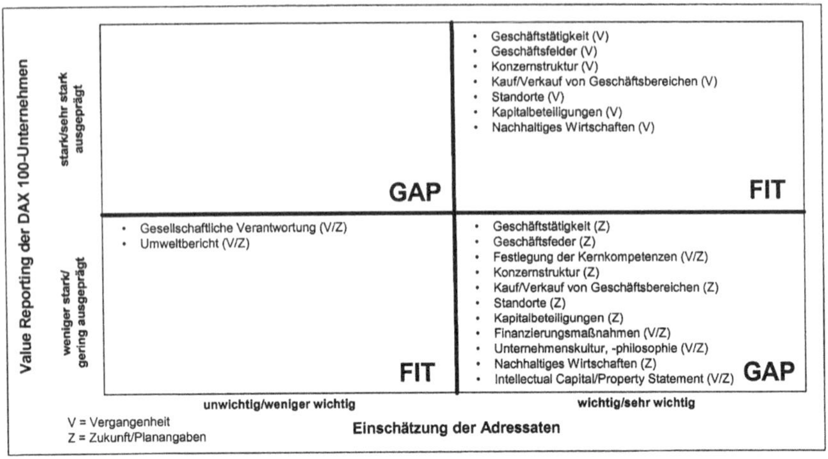


*Abb. 125: Gap-Analyse zwischen dem Umfang der unternehmensstrategischen Angaben und den Anforderungen der Adressaten*

Abb. 126 zeigt die Gap-Analyse zu umfeldbezogenen Angaben. Hinsichtlich 50% aller Berichtskriterien ist eine Übereinstimmung zwischen den Relevanzeinschätzungen seitens der Adressaten und der Praxis der wertorientierten Berichterstattung der DAX 100-Unternehmen zu konstatieren. Entsprechend der hier gewählten Entscheidungsregel ist hinsichtlich umfeldbezogener Angaben daher in der Tendenz gerade von einem 'gap' und damit nicht von einer ausreichenden Berichterstattung auszugehen.

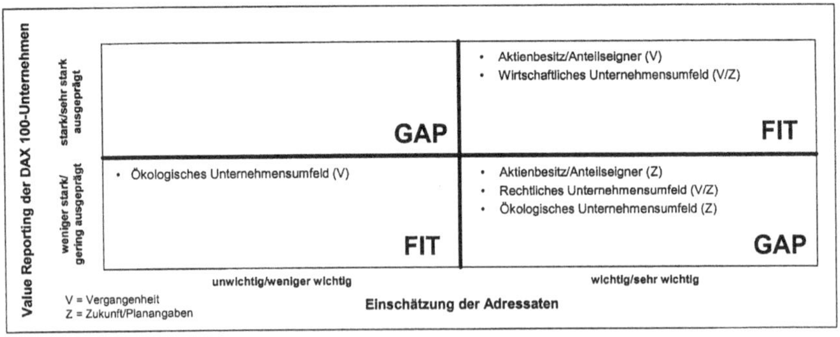


*Abb. 126: Gap-Analyse zwischen dem Umfang der umfeldbezogenen Angaben und den Anforderungen der Adressaten*

### 6.3.2.2 Gap-Analyse zwischen den Anforderungen an die wertorientierte Berichterstattung aus Unternehmenssicht und deren Umsetzung

Analog zu der vorangegangenen Gap-Analyse zwischen den Anforderungen an die wertorientierte Berichterstattung aus Adressatensicht und deren Umsetzung in der Praxis werden nachfolgend die Ergebnisse der Gap-Analyse zwischen den Anforderungen an die wertorientierte Berichterstattung aus Unternehmenssicht und deren Umsetzung dargelegt.

Sowohl die branchenspezifische Analyse der Anforderungen an die wertorientierte Berichterstattung aus Unternehmenssicht als auch die branchenspezifische Auswertung der Umsetzung der wertorientierten Berichterstattung der DAX 100-Unternehmen ergaben unterschiedliche Ergebnisse in Abhängigkeit von der Branchenzugehörigkeit der Unternehmen. Vor diesem Hintergrund erscheint es interessant, zusätzlich zu der undifferenzierten Gesamtbetrachtung ebenso eine brachenspezifische Gap-Analyse durchzuführen. Ziel der brachenspezifischen Gap-Analyse ist zu untersuchen, ob sich Unterschiede hinsichtlich des Vorhandenseins von Berichtslücken in Abhängigkeit von der Branchenzugehörigkeit der Unternehmen ergeben.

#### 6.3.2.2.1 Gesamtanalyse

Die Gap-Analyse zu den obligatorischen Berichtselementen zeigt Abb. 127. Nur ein Berichtskriterium, die vergangenheitsbezogenen Angaben zum Eigenkapitalspiegel, führt zu einer Übereinstimmung zwischen den Anforderungen seitens der Unternehmen und der wertorientierten Berichterstattung in der Praxis der DAX 100-Unternehmen. Hinsichtlich aller anderen Berichtskriterien ist eine Lücke zwischen Relevanz und Umsetzung der wertorientierten Berichterstattung festzustellen. In der Tendenz ist bezüglich der obligatorischen Berichtselemente folglich von einem 'gap' auszugehen.

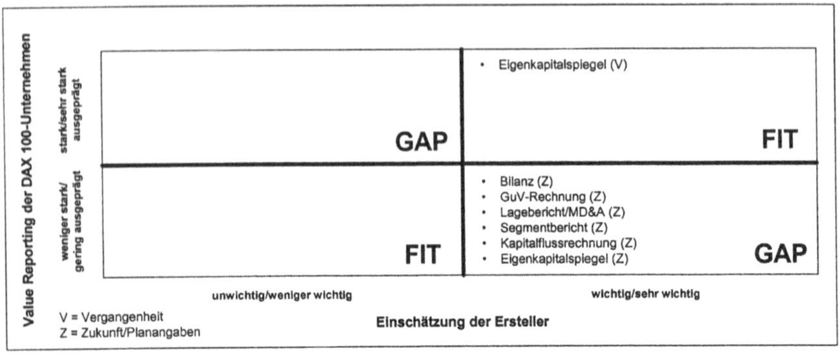


*Abb. 127: Gap-Analyse zwischen dem Umfang der obligatorischen Berichtselemente und den Anforderungen der Unternehmen*

Die Gap-Analyse für die Angaben zur Entwicklung des Unternehmenswertes zeigt Abb. 128. 13 von insgesamt 35 hier relevanten Berichtskriterien, d.h. fast 38% aller Berichtskriterien, führten zu einer Übereinstimmung zwischen den Anforderungen an die wertorientierte Berichterstattung seitens der Unternehmen und deren Umsetzung in der Praxis. Dennoch ist in der Tendenz hinsichtlich der Angaben zur Entwicklung des Unternehmenswertes von einem 'gap' auszugehen.

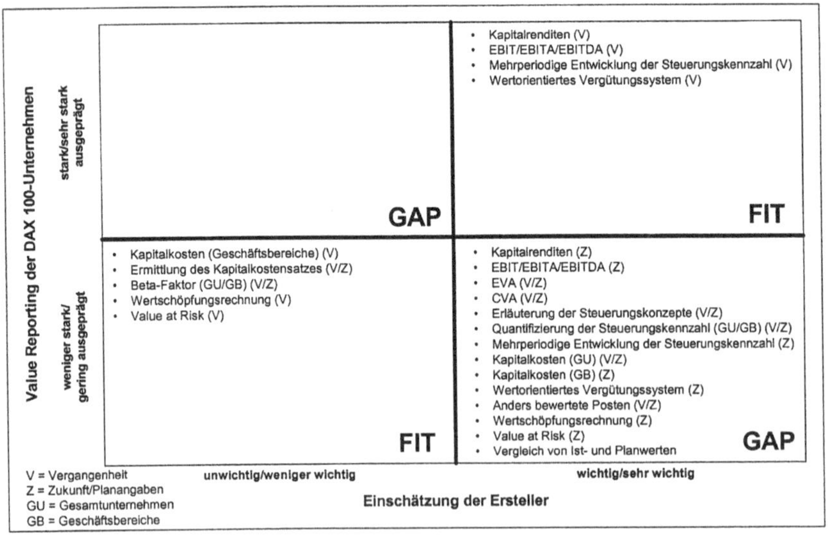


*Abb. 128: Gap-Analyse zwischen dem Umfang der Angaben über die Entwicklung des Unternehmenswertes und den Anforderungen der Unternehmen*

Abb. 129 enthält die Gap-Analyse von Angaben zur Wertentwicklung für die Kapitalgeber. Diesbezüglich führten sieben Berichtselemente, d.h. ein Drittel aller 21 hier erfassten Berichtselemente, zu einer Übereinstimmung zwischen den Anforderungen an eine wertorientierte Berichterstattung seitens der Unternehmen und der Praxis der wertorientierten Berichterstattung. Hinsichtlich der Angaben zur Wertentwicklung für die Kapitalgeber ist in der Tendenz daher von einem 'gap' auszugehen.

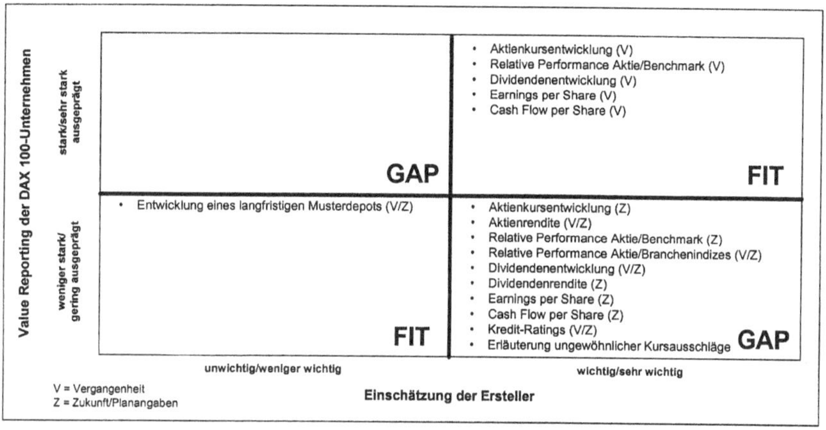


*Abb. 129: Gap-Analyse zwischen dem Umfang der Angaben über die Wertentwicklung für die Kapitalgeber und den Anforderungen der Unternehmen*

Die Ergebnisse der Gap-Analyse zu risikobezogenen Angaben zeigt Abb. 130. Der größere Teil der Berichtskriterien (57,14%) ergab eine Lücke zwischen den Anforderungen an eine wertorientierte Berichterstattung seitens der Unternehmen und dem tatsächlichen Ausweisverhalten der Unternehmen. In der Tendenz ist folglich hinsichtlich der risikobezogenen Angaben von einem 'gap' auszugehen.

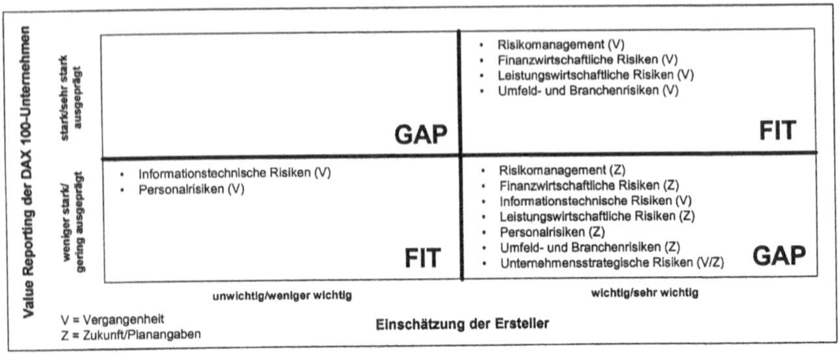


*Abb. 130: Gap-Analyse zwischen dem Umfang der risikobezogenen Angaben und den Anforderungen der Unternehmen*

Die Gap-Analyse zu kunden- bzw. absatzmarktbezogenen Angaben zeigt Abb. 131. Sieben der 31 Berichtskriterien, d.h. 22,58% aller hier zu betrachtenden Berichtskriterien, führten nicht zu einer Lücke zwischen den Ansprüchen an die wertorientierte Berichterstattung seitens der Unternehmen und dem tatsächlichen Publizitätsverhalten der DAX 100-Unternehmen. In der Tendenz ist folglich hinsichtlich kunden- bzw. absatzmarktbezogener Angaben von einem 'gap' und damit von einer nicht ausreichenden Berichterstattung auszugehen.

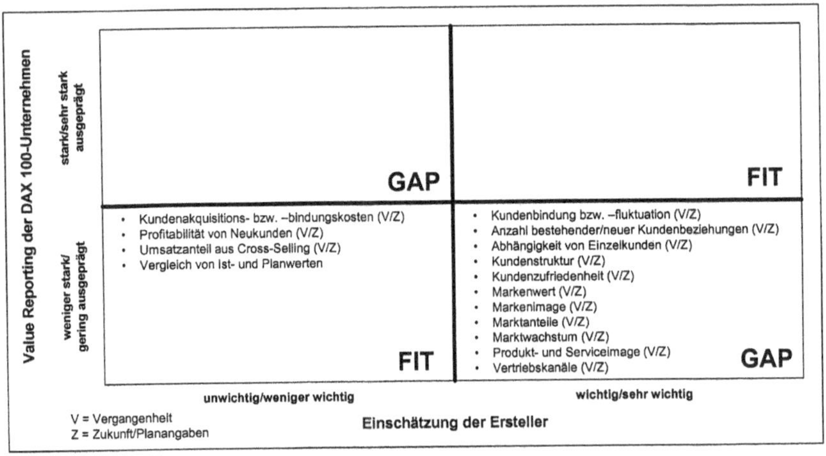


*Abb. 131: Gap-Analyse zwischen dem Umfang der kunden- bzw. absatzmarktbezogenen Angaben und den Anforderungen der Unternehmen*

Die Gap-Analyse für zulieferer- bzw. beschaffungsmarktbezogene Angaben enthält in Abb. 132. Über die Hälfte aller Berichtskriterien (52,94%) führten zu einer Übereinstimmung zwischen den Relevanzeinschätzungen seitens der Unternehmen und der tatsächlichen wertorientierten Berichterstattung der DAX 100-Unternehmen. In der Tendenz ist daher davon auszugehen, dass ein 'fit' hinsichtlich zulieferer- bzw. beschaffungsmarktbezogener Angaben vorliegt und die Unternehmen in ausreichender Weise über zulieferer- bzw. beschaffungsmarktbezogener Angaben berichten.

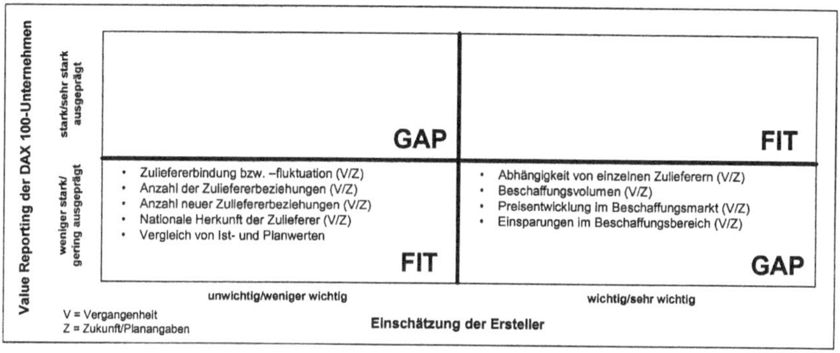


*Abb. 132: Gap-Analyse zwischen dem Umfang der zulieferer- bzw. beschaffungsmarktbezogenen Angaben und den Anforderungen der Unternehmen*

Abb. 133 stellt die Gap-Analyse zu mitarbeiter- bzw. managementbezogenen Angaben dar. So führten 72% der zugehörigen Berichtskriterien zu einer Lücke zwischen den Anforderungen an die wertorientierte Berichterstattung aus Sicht der Unternehmen und der Publizitätspraxis der DAX 100-Unternehmen. In der Tendenz ist bezüglich mitarbeiter- bzw. managementbezogener Angaben folglich von einem 'gap' auszugehen.

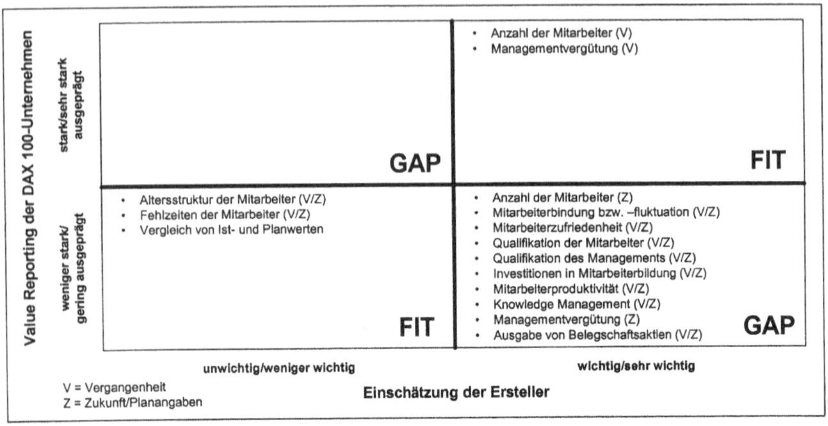


*Abb. 133: Gap-Analyse zwischen dem Umfang der mitarbeiter- bzw. managementbezogenen Angaben und den Anforderungen der Unternehmen*

Die Ergebnisse der Gap-Analyse zu prozess- bzw. innovationsbezogenen Angaben zeigt Abb. 134. Bei mehr als 64% der Berichtskriterien lag eine Übereinstimmung zwischen der Relevanzeinschätzung seitens der Unternehmen und der Praxis der wertorientierten Berichterstattung bei den DAX 100-Unternehmen vor. Folglich ist hinsichtlich der prozess- bzw. innovationsbezogenen Angaben in der Tendenz von einem 'fit' und damit von einer ausreichenden Berichterstattung auszugehen.

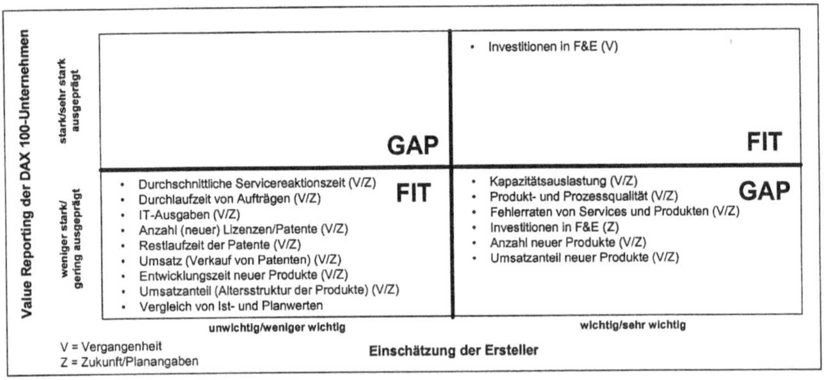


*Abb. 134: Gap-Analyse zwischen dem Umfang der prozess- bzw. innovationsbezogenen Angaben und den Anforderungen der Unternehmen*

Die Gap-Analyse zu unternehmensstrategischen Angaben führte bei der Hälfte der Berichtskriterien zu einer Übereinstimmung zwischen den Anforderungen an die wertorientierte Berichterstattung seitens der Unternehmen und der Berichterstattung der DAX 100-Unternehmen in der Praxis (vgl. Abb. 135). Entsprechend der hier gewählten Entscheidungsregel ist daher hinsichtlich unternehmensstrategischer Angaben in der Tendenz gerade von einem 'gap' auszugehen.

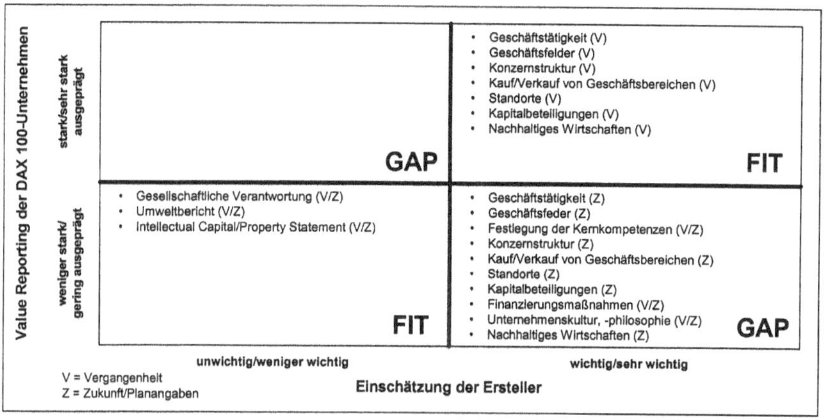


*Abb. 135: Gap-Analyse zwischen dem Umfang der unternehmensstrategischen Angaben und den Anforderungen der Unternehmen*

Abb. 136 zeigt die Gap-Analyse zu umfeldbezogenen Angaben. Bezüglich 62,5% aller Berichtskriterien ist eine Übereinstimmung zwischen den Relevanzeinschätzungen seitens der Unternehmen und der Praxis der wertorientierten Berichterstattung der DAX 100-Unternehmen zu konstatieren. Folglich ist hinsichtlich umfeldbezogener Angaben in der Tendenz von einem 'fit' und damit von einer ausreichenden Berichterstattung auszugehen.

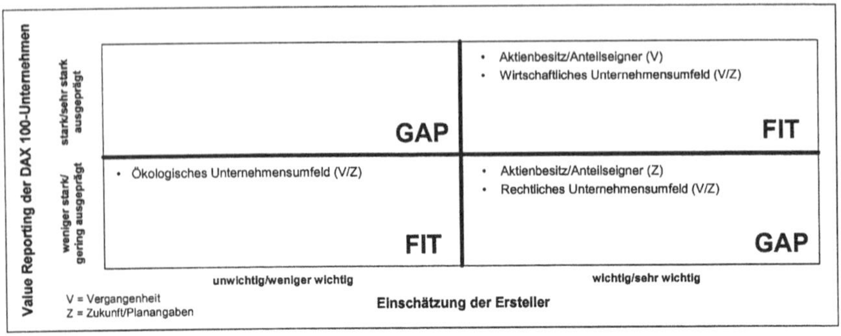


*Abb. 136: Gap-Analyse zwischen dem Umfang der umfeldbezogenen Angaben und den Anforderungen der Unternehmen*

### 6.3.2.2.2 Branchenspezifische Analyse

Die Ergebnisse der branchenspezifischen Gap-Analyse zu den verschiedenen Berichtskategorien zeigt nachfolgende Abb. 137. In der Abbildung ist für jede der acht Branchen angegeben, wie hoch der Anteil der Berichtskriterien ist, der in den verschiedenen Berichtskategorien zu einem ‘fit’ bzw. zu einem ‘gap’ führte.[1196]

Im Hinblick auf die obligatorischen Berichtselemente führte die Gap-Analyse zu keinen Unterschieden in Abhängigkeit von der Branchenzugehörigkeit der Unternehmen. So führte bei allen acht Branchen nur ein Berichtskriterium, die vergangenheitsbezogenen Angaben zum Eigenkapitalspiegel, zu einer Übereinstimmung zwischen den Anforderungen der Unternehmen und der Berichtspraxis der Unternehmen. Hinsichtlich der obligatorischen Berichtselemente folglich für alle Branchen in der Tendenz von einem ‘gap’ auszugehen.

[1196] Vgl. zu den Ergebnissen im Einzelnen die Anhänge 134 – 143.

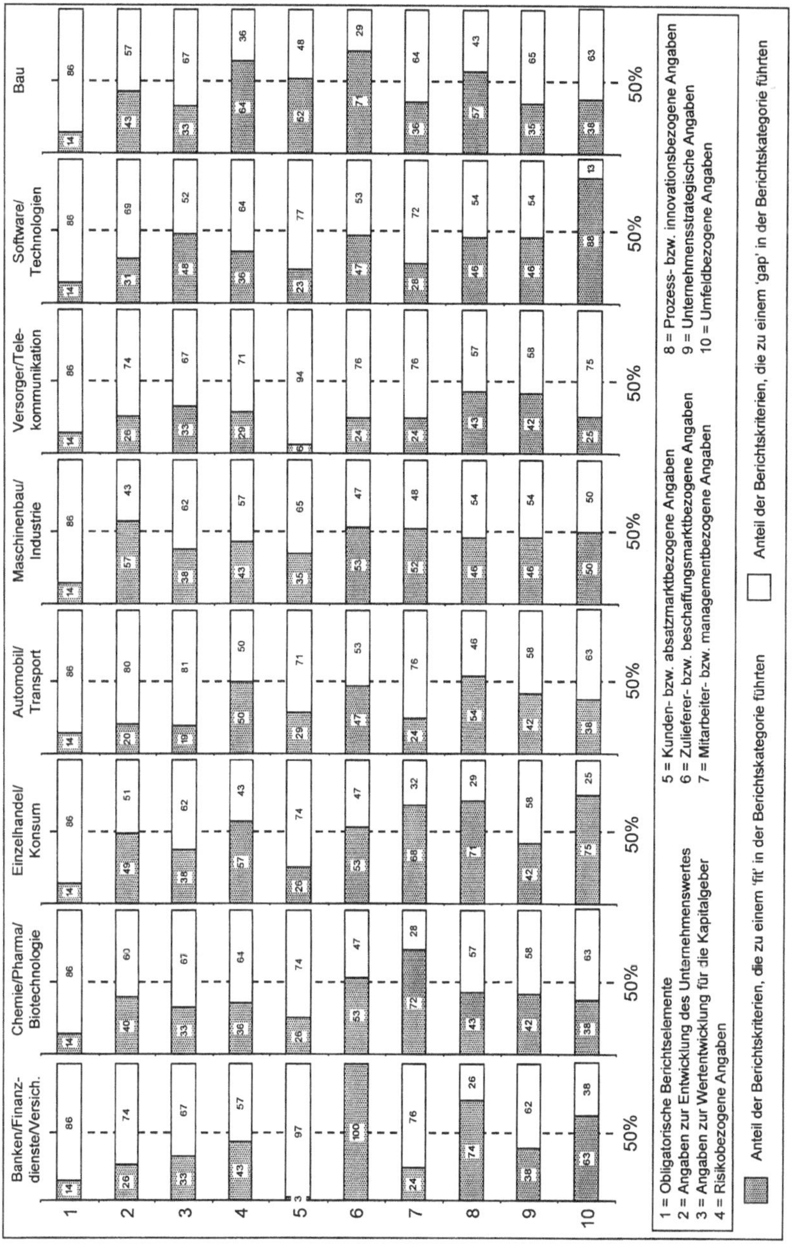


*Abb. 137: Branchenspezifische Gap-Analyse aus Unternehmenssicht*

Demgegenüber führte die branchenspezifische Gap-Analyse zu Angaben zur Entwicklung des Unternehmenswertes zu unterschiedlichen Ergebnissen in Abhängigkeit von der Branchenzugehörigkeit der Unternehmen. Bei Unternehmen der Branche Maschinenbau/Industrie führte die Gap-Analyse zu der größten Übereinstimmung zwischen den Anforderungen seitens der Unternehmen und der wertorientierten Berichterstattung der Unternehmen (57% der Berichtskriterien). Da über die Hälfte der Berichtskriterien ein 'fit' ergab, ist bei diesen Unternehmen hinsichtlich der Angaben zur Entwicklung des Unternehmenswertes in der Tendenz insgesamt von einem 'fit' auszugehen und die Berichterstattung als ausreichend zu bezeichnen. Bei den anderen sieben Branchen führten jeweils mehr als 50% der Berichtskriterien zu einer Lücke zwischen den Relevanzeinschätzungen aus Unternehmenssicht und der Berichterstattung in der Praxis. Die größte Lücke ergab sich mit 28 von insgesamt 35 Berichtskriterien bei Unternehmen der Branche Automobil/Transport. Für diese sieben Branchen ist hinsichtlich der Angaben zur Entwicklung des Unternehmenswertes in der Tendenz daher von einem 'gap' und einer nicht ausreichenden Berichterstattung auszugehen.

Die branchenspezifische Gap-Analyse zu Angaben zur Wertentwicklung für die Kapitalgeber ergab bei Unternehmen der Branche Software/Technologien mit 48% aller Berichtskriterien die größte Übereinstimmung zwischen den Anforderungen aus Unternehmenssicht und der Umsetzung der wertorientierten Berichterstattung. Da damit jedoch weniger als die Hälfte aller Berichtskriterien zu einer Übereinstimmung führten, ist in der Tendenz von einem 'gap' hinsichtlich der Angaben zur Wertentwicklung für die Kapitalgeber auszugehen. Die Berichterstattung konnte damit nicht als ausreichend bezeichnet werden. Ebenso führten bei allen anderen Branchen jeweils weniger als die Hälfte aller Berichtskriterien zur Wertentwicklung für die Kapitalgeber zu einem 'fit' zwischen den Anforderungen aus Unternehmenssicht und der wertorientierten Berichterstattung in der Unternehmenspraxis. Das 'Schlusslicht' bildeten Unternehmen der Branche Automobil/Transport, bei denen lediglich 19% aller Berichtskriterien zur Wertentwicklung für die Kapitalgeber zu einer Übereinstimmung zwischen den Anforderungen aus Unternehmenssicht und der tatsächlichen Berichterstattung der Unternehmen führten.

Die höchste Übereinstimmung zwischen den Anforderungen an die Berichterstattung zu risikobezogenen Angaben aus Unternehmenssicht und deren Umsetzung in der Berichtspraxis ergab sich mit neun von insgesamt 14 Berichtskriterien für Unternehmen der Branche Bau. Da somit 64% aller Berichtskriterien zu einem 'fit' führten, ist für diese Unternehmen in der Tendenz folglich ein 'fit' hinsichtlich risikobezogener Angaben anzunehmen. Gleiches gilt für Unternehmen der Branche Einzelhandel/Konsum, bei denen auch über die Hälfte aller Berichtskriterien zu einer Übereinstimmung zwischen den Relevanzeinschätzungen der Unternehmen und der wertorientierten Berichterstattung der Unternehmen führten. Damit konnte die Berichterstattung von Unternehmen der Branchen Bau und Einzelhandel/Konsum in der Tendenz als ausreichend bezeichnet werden. Bei den restlichen sechs Branchen ergab sich für mindestens die Hälfte der risikobezogenen Angaben eine Lücke zwischen den Anforderungen aus Unternehmenssicht und der Praxis der Berichterstattung. In der Tendenz ist bei Unternehmen dieser Branchen folglich ein 'gap' hinsichtlich der risikobezogenen Angaben anzunehmen und die Berichterstattung als unzureichend zu bezeichnen. Die größte Lücke wurde mit 71% der Berichtskriterien für Unternehmen der Branche Versorger/Telekommunikation ermittelt.

Die branchenspezifische Gap-Analyse zu kunden- bzw. absatzmarktbezogenen Angaben führte zu differenzierten Ergebnissen in Abhängigkeit von der Branchenzugehörigkeit der Unternehmen. Lediglich bei Unternehmen der Branche Bau führten mehr als die Hälfte aller kunden- bzw. absatzmarktbezogenen Berichtskriterien, im Einzelnen 16 von insgesamt 31 Berichtskriterien, zu einer Übereinstimmung zwischen den Anforderungen an die wertorientierte Berichterstattung aus Unternehmenssicht und deren Umsetzung bei den Unternehmen. Für diese Unternehmen ist in der Tendenz hinsichtlich kunden- bzw. absatzmarktbezogenen Angaben demzufolge ein 'fit' anzunehmen und eine ausreichende Berichterstattung zu konstatieren. Für die Unternehmen der anderen sieben Branchen ergab sich für den Großteil der kunden- bzw. absatzmarktbezogenen Berichtskriterien eine Lücke zwischen den Relevanzeinschätzungen der Unternehmen und der Berichterstattung in der Praxis. Entsprechend ist für diese sieben Branchen in der Tendenz von einem 'gap' und damit von einer nicht ausreichenden Berichterstattung auszugehen. Die größte Berichtslücke ergab sich hinsichtlich der kunden- bzw. absatzmarktbezogenen Angaben mit 97% aller Berichtskriterien für Unternehmen der Branche Banken/Finanzdienste/ Versicherungen.

Ebenso zeigte die branchenbezogene Gap-Analyse zu zulieferer- bzw. beschaffungsmarktbezogenen Angaben sehr differenzierte Ergebnisse. So führten bei Unternehmen der Branche Banken/Finanzdienste/Versicherungen alle zulieferer- bzw. beschaffungsmarktbezogenen Berichtskriterien zu einer Übereinstimmung zwischen den Relevanzeinschätzungen der Unternehmen und der Umsetzung der Berichterstattung in der Praxis. Insgesamt ist hinsichtlich zuliefererund beschaffungsmarktbezogener Angaben daher in der Tendenz von einem 'fit' auszugehen und die Berichterstattung als ausreichend zu bezeichnen. Zu ähnlichen Ergebnissen führte die Gap-Analyse bei Unternehmen der Branchen Chemie/Pharma/Biotechnologie, Einzelhandel/Konsum, Maschinenbau/Industrie, und Bau. Bei diesen Unternehmen lag die Quote der Übereinstimmung zwischen den Anforderungen an die wertorientierte Berichterstattung aus Unternehmenssicht und der tatsächlichen Berichterstattung zwischen 53% (Chemie/Pharma/Biotechnologie; Einzelhandel/Konsum; Maschinenbau/Industrie) und 71% (Bau). In der Tendenz ist für Unternehmen dieser vier Branchen daher ebenso von einem 'fit' hinsichtlich der zulieferer- bzw. beschaffungsmarktbezogenen Angaben auszugehen. Demgegenüber ergab die Gap-Analyse zu zulieferer- bzw. beschaffungsmarktbezogenen Angaben bei Unternehmen der Branchen Automobil/Transport, Versorger/Telekommunikation und Software/Technologien für einen Großteil der Berichtskriterien eine Lücke zwischen den Relevanzeinschätzungen der Unternehmen und der Berichterstattung der Unternehmen. Für Unternehmen dieser drei Branchen ist in der Tendenz daher ein 'gap' hinsichtlich der zulieferer- bzw. beschaffungsmarktbezogenen Angaben anzunehmen. Eine ausreichende Berichterstattung konnte nicht bestätigt werden.

Hinsichtlich der mitarbeiter- und managementbezogenen Angaben ergab die branchenspezifische Gap-Analyse für Unternehmen der Branche Chemie/Pharma/Biotechnologie am häufigsten eine Übereinstimmung zwischen den Relevanzeinschätzungen der Unternehmen und der Praxis der Berichterstattung der Unternehmen. Im Einzelnen führten hier 18 von insgesamt 25 Berichtskriterien und damit der wesentliche Teil der Berichtskriterien (72%) zu einer Übereinstimmung, so dass in der Tendenz hinsichtlich mitarbeiter- bzw. managementbezogenen Angaben insgesamt ein 'fit' angenommen und die Berichterstattung als ausreichend bezeichnet werden kann. Ähnliche Ergebnisse ergab die Gap-Analyse bei Unternehmen der Branchen Einzelhandel/Konsum und Maschinenbau/Industrie. Auch hier resultierte die Berichterstattung zu mitarbeiter- bzw. managementbezogenen Angaben zum Großteil (60% aller Berichtskriterien) in einer Übereinstimmung zwischen den Anforderungen aus Unternehmenssicht und der Umsetzung in der Berichtspraxis. Folglich ist auch für diese zwei Branchen in der Tendenz von einem 'fit' auszugehen. Andere Ergebnisse zeigten sich bei Unternehmen der Branchen Banken/Finanzdienste/Versicherungen, Automobil/Transport, Versorger/Telekommunikation, Software/Technologien sowie Bau. Hier führte jeweils die überwiegende Anzahl aller Berichtskriterien zu einer Lücke zwischen den Relevanzeinschätzungen der Unternehmen und der tatsächlichen Berichterstattung der Unternehmen. Folglich ist für diese Unternehmen hinsichtlich mitarbeiter- bzw. managementbezogener Angaben in der Tendenz von einem 'gap' auszugehen und die Berichterstattung als nicht ausreichend zu bezeichnen.

Zu vergleichbaren Ergebnissen führte branchenspezifischen Gap-Analyse zu prozess- bzw. innovationsbezogenen Angaben. Bei Unternehmen der Branche Banken/Finanzdienste/Versicherungen ergab sich mit 26 von insgesamt 35 Berichtskriterien die größte Übereinstimmung zwischen den Relevanzeinschätzungen aus Unternehmenssicht und der Umsetzung der Berichterstattung in der Praxis. Für diese Unternehmen ist in der Tendenz daher ein 'fit' anzunehmen und die Berichterstattung als ausreichend zu bezeichnen. Ähnliche Ergebnisse zeigten sich bei Unternehmen der Branchen Einzelhandel/Konsum, Automobil/Transport sowie Bau. Bei diesen Unternehmen lag die Quote der Übereinstimmung zwischen den Anforderungen an die wertorientierte Berichterstattung aus Unternehmenssicht und der tatsächlichen Berichterstattung zwischen 54% (Automobil/Transport) und 71% (Einzelhandel/Konsum). In der Tendenz ist für die Unternehmen dieser drei Branchen daher ebenso nicht von einem 'gap' hinsichtlich der prozess- bzw. innovationsbezogenen Angaben auszugehen. Demgegenüber ergab die Gap-Analyse zu prozess- bzw. innovationsbezogenen Angaben bei Unternehmen der Branchen Chemie/Pharma/Biotechnologie, Maschinenbau/Industrie, Versorger/Telekommunikation und Software/Technologien für einen Großteil der Berichtskriterien eine Lücke zwischen den Relevanzeinschätzungen der Unternehmen und der Berichterstattung der Unternehmen. Für Unternehmen dieser vier Branchen ist in der Tendenz daher ein 'gap' anzunehmen. Die Berichterstattung konnte nicht als ausreichend bezeichnet werden.

Die branchenspezifische Gap-Analyse zu unternehmensstrategischen Angaben führte zu sehr geringen Unterschieden in Abhängigkeit von der Branchenzugehörigkeit der Unternehmen. Bei Unternehmen der Branchen Maschinenbau/Industrie und Software/Technologien ergab sich mit 46% aller Berichtskriterien am häufigsten eine Übereinstimmung zwischen den Anforderungen aus Unternehmenssicht und der Umsetzung der wertorientierten Berichterstattung. Da damit jedoch weniger als die Hälfte aller Berichtskriterien zu unternehmensstrategischen Angaben zu einer Übereinstimmung führten, ist in der Tendenz von einem 'gap' hinsichtlich der Angaben zur Wertentwicklung für die Kapitalgeber auszugehen. Die Berichterstattung konnte nicht als ausreichend bezeichnet werden. Ebenso führten bei den anderen sieben Branchen jeweils weniger als die Hälfte aller Berichtskriterien zu unternehmensstrategischen Angaben zu einem 'fit' zwischen den Anforderungen aus Unternehmenssicht und der wertorientierten Berichterstattung in der Unternehmenspraxis. Das 'Schlusslicht' bildeten Unternehmen der Branche Bau, bei denen lediglich 35% aller Berichtskriterien zu unternehmensstrategischen Angaben zu einer Übereinstimmung zwischen den Anforderungen aus Unternehmenssicht und der tatsächlichen Berichterstattung der Unternehmen führten.

Vergleichsweise große Unterschiede in Abhängigkeit von der Branchenzugehörigkeit der Unternehmen ergab die branchenspezifische Gap-Analyse zu umfeldbezogenen Angaben. Für Unternehmen der Branche Software/Technologien ergaben sich mit sieben von insgesamt acht Berichtskriterien am häufigsten Übereinstimmungen zwischen den Relevanzeinschätzungen der Unternehmen und deren Umsetzung in der Praxis. Folglich ist für Unternehmen dieser Branche in der Tendenz hinsichtlich umfeldbezogenen Angaben ein 'fit' anzunehmen und die Berichterstattung als ausreichend zu bezeichnen. Ähnliche Ergebnisse zeigte die Gap-Analyse bei Unternehmen der Branchen Banken/Finanzdienste/Versicherungen und Einzelhandel/Konsum. Wenngleich bei diesen Unternehmen zwar eine geringere Übereinstimmungsquote festgestellt werden konnte (63% bzw. 75%), so ist in der Tendenz jedoch ebenso von einem 'fit' hinsichtlich umfeldbezogener Angaben auszugehen. Demgegenüber ergab sich für die Unternehmen der anderen fünf Branchen hinsichtlich mindestens der Hälfte aller Berichtskriterien eine Lücke zwischen den Anforderungen aus Unternehmenssicht und der tatsächlichen Berichterstattung. In der Tendenz ist für Unternehmen dieser fünf Branchen hinsichtlich umfeldbezogenen Angaben daher von einem 'gap' und einer unzureichenden Berichterstattung auszugehen.

## 6.4 Gesamtbetrachtung der Ergebnisse zur Beurteilung der Qualität der wertorientierten Berichterstattung

Ziel der vorangegangenen Ausführungen war es zu analysieren, inwiefern der derzeitige Stand der wertorientierten Berichterstattung börsennotierter deutscher Unternehmen mit der Ausgestaltung der wertorientierten Berichterstattung aus Sicht der Adressaten bzw. der Unternehmen übereinstimmt und ob von bestehenden Informations- bzw. Berichtslücken auf dem Kapitalmarkt auszugehen ist. Hierzu wurde die Qualität der wertorientierten Berichterstattung zum einen anhand von Value Reporting-Scores und zum anderen anhand von Gap-Analysen beurteilt.

Die Qualitätsbeurteilung der wertorientierten Berichterstattung anhand der aus Adressatensicht ermittelten Value Reporting-Scores zeigte, dass sowohl die Qualität der wertorientierten Berichterstattung insgesamt als auch die Qualität in neun der zehn Berichtskategorien über den Betrachtungszeitraum zugenommen hat. Eine Ausnahme stellte die Berichtskategorie „kunden- bzw. absatzmarktbezogene Angaben“ dar, in der über den Betrachtungszeitraum 1999 – 2002 insgesamt abnehmende Value Reporting-Score-Mittelwerte zu verzeichnen waren. Darüber hinaus zeigten die Ergebnisse, dass Unternehmen trotz der überwiegend zunehmenden durchschnittlichen Value Reporting-Scores nur vereinzelt ausreichend zu risikobezogenen, unternehmensstrategischen sowie umfeldbezogenen Angaben berichteten. Hinsichtlich der anderen sieben Berichtskategorien sowie hinsichtlich der wertorientierten Berichterstattung insgesamt konnte die Berichterstattung von keinem Unternehmen in einem der vier betrachteten Geschäftsjahre als ausreichend bezeichnet werden.

Die induktive Auswertung der Value Reporting-Scores anhand nichtparametrischer Testverfahren bestätigte, dass Unterschiede in der Qualität der wertorientierten Berichterstattung zwischen den verschiedenen Geschäftsjahren bestehen. So ergaben sich für die Value Reporting-Scores von acht der zehn Berichtskategorien signifikante Unterschiede zwischen den verschiedenen Geschäftsjahren. Die paarweisen Vergleiche der Value Reporting-Scores führten für die sieben Berichtskategorien, für welche die deskriptive Auswertung eine zunehmende Qualität der Berichterstattung ergab, zu dem Ergebnis, dass in allen Fällen mindestens signifikante Unterschiede zu den Value Reporting-Scores des Geschäftsjahres 2002 bestehen. Demzufolge konnte festgestellt werden, dass die Qualität der wertorientierten Berichterstattung in den sieben Berichtskategorien im Geschäftsjahr 2002 signifikant über der Qualität der anderen drei Geschäftsjahre lag. Die paarweisen Vergleiche der Value Reporting-Scores für kunden- bzw. absatzmarktbezogene Angaben, für welche die deskriptive Auswertung eine abnehmende Qualität der Berichterstattung ergab, führte zu dem Ergebnis, dass nur zwischen den Geschäftsjahren 1999 und 2002 sowie 2001 und 2002 keine signifikanten bestanden, wodurch wiederum die deskriptive Auswertung bestätigt wurde.

Die gesamten Value Reporting-Scores der vier Geschäftsjahre wurden anhand parametrischer Testverfahren gegeneinander getestet. Auch hier ergaben sich signifikante Unterschiede zwischen den Value Reporting-Scores der verschiedenen Geschäftsjahre. Der anschließend durchgeführte Waller-Duncan-Test führte zu dem Ergebnis, dass die Qualität der wertorientierten Berichterstattung zwischen den Geschäftsjahren 1999 und 2000 sowie zwischen den Geschäftsjahren 2001 und 2002 signifikant zugenommen hat.

Aus den dargestellten Ergebnisse zu den Value Reporting-Scores aus Adressatensicht kann man schlussfolgern, dass erhebliche Informationslücken auf den Kapitalmärkten bestehen, da die wertorientierte Berichterstattung nur in Einzelfällen als ausreichend bezeichnet werden konnte. Gleichwohl wurde festgestellt, dass sich die Qualität der wertorientierten Berichterstattung aus Adressatensicht über den gesamten Betrachtungszeitraum erhöht hat, so dass sich die Informationslücken über die vier Geschäftsjahre immerhin verkleinert haben.

Zu sehr ähnlichen Ergebnissen führte die Qualitätsbeurteilung der wertorientierten Berichterstattung anhand der Value Reporting-Scores aus Unternehmenssicht im Rahmen der Gesamtanalyse. So ergab auch hier die deskriptive Auswertung der Value Reporting-Scores bis auf eine Ausnahme zunehmende Tendenzen der Qualität der wertorientierten Berichterstattung. Ebenso publizierten Unternehmen nur vereinzelt ausreichend zu risikobezogenen, unternehmensstrategischen sowie umfeldbezogenen Angaben. Im Unterschied zu den Ergebnissen aus Adressatensicht konnte jedoch hinsichtlich unternehmensstrategischen Angaben öfters von einer tendenziell ausreichenden Berichterstattung ausgegangen werden. Die induktive Auswertung der Value Reporting-Scores führte zu identischen Aussagen wie die aus Adressatensicht.

Aus diesen Ergebnissen kann wiederum geschlussfolgert werden, dass auch erhebliche Berichtslücken auf den Kapitalmärkten bestehen, da die wertorientierte Berichterstattung wiederum nur in Einzelfällen als ausreichend bezeichnet werden konnte. Gleichwohl wurde auch aus Unternehmenssicht festgestellt, dass sich die Qualität der wertorientierten Berichterstattung über den gesamten Betrachtungszeitraum erhöht hat, so dass sich die Berichtslücken über die vier Geschäftsjahre immerhin verkleinert haben.

Die branchenspezifische Beurteilung der Qualität der wertorientierten Berichterstattung aus Unternehmenssicht zeigte, dass Unterschiede in der Qualität der wertorientierten Berichterstattung in Abhängigkeit von der Branchenzugehörigkeit der Unternehmen bestehen. Die deskriptiven Auswertungen ergaben teilweise wesentliche Differenzen zwischen den Value Reporting-Score-Mittelwerten sowie den maximalen Value Reporting-Scores verschiedener Branchen. Ferner führte die deskriptive Auswertung zu dem Ergebnis, dass für alle Branchen sowohl die gesamten Value Reporting-Score-Mittelwerte als auch die Value Reporting-Score-Mittelwerte von fünf Berichtskategorien (obligatorische Berichtselemente, Angaben über die Wertentwicklung für die Kapitalgeber, risikobezogene Angaben, unternehmensstrategische Angaben, umfeldbezogene Angaben) über den Betrachtungszeitraum zugenommen haben. Demgegenüber ergab sich für einige Branchen in den anderen fünf Berichtskategorien (Angaben über die Entwicklung des Unternehmenswertes, kunden- bzw. absatzmarktbezogene Angaben, zulieferer- bzw. beschaffungsmarktbezogene Angaben, mitarbeiter- bzw. managementbezogene Angaben, prozess- bzw. innovationsbezogene Angaben) eine konstante oder sogar abnehmende Entwicklung der durchschnittlichen Value Reporting-Scores im Zeitablauf. Analog zu der Gesamtanalyse der Value Reporting-Scores aus Unternehmenssicht zeigte sich, dass nur Unternehmen bestimmter Branchen vereinzelt ausreichend zu risikobezogenen, unternehmensstrategischen sowie umfeldbezogenen Angaben publizierten. Im Vergleich zur Gesamtanalyse konnte jedoch einer größeren Anzahl von Unternehmen eine ausreichende Berichterstattung hinsichtlich der drei genannten Berichtskategorien bestätigt werden. Hinsichtlich der anderen sieben Berichtskategorien konnte auch im Rahmen der branchenspezifischen Analyse keinem Unternehmen in einem der vier betrachteten Geschäftsjahre eine ausreichende Berichterstattung bestätigt werden.

Die induktive Auswertung der Value Reporting-Scores anhand nichtparametrischer Testverfahren bestätigte, dass Unterschiede in der wertorientierten Berichterstattung der verschiedenen Branchen bestehen. So ergaben sich sowohl für die gesamten Value Reporting-Scores als auch für die Value Reporting-Scores von acht der zehn Berichtskategorien für jeweils mindestens ein Geschäftsjahr signifikante Unterschiede zwischen den verschiedenen Branchen. Die paarweisen Vergleiche der Value Reporting-Scores führten zu dem Ergebnis, dass in nahezu allen Fällen der Großteil der signifikanten Unterschiede bei den Branchen mit den höchsten bzw. niedrigsten Value Reporting-Score-Mittelwerten bestand.

Folglich zeigten auch die Ergebnisse der branchenspezifischen Analyse aus Unternehmenssicht, dass von wesentlichen Berichtslücken auf den Kapitalmärkten auszugehen ist, die sich gemessen an den gesamten Value Reporting-Scores über die vier Geschäftsjahre jedoch verkleinert haben. Darüber hinaus konnten signifikante Unterschiede zwischen den Value Reporting-Scores verschiedener Branchen festgestellt werden. Daraus kann man schlussfolgern, dass sich die Qualität der wertorientierten Berichterstattung aus Unternehmenssicht in Abhängigkeit von der Branche der Unternehmen unterscheidet.

Neben der Qualitätsbeurteilung der wertorientierten Berichterstattung anhand der Value Reporting-Scores wurden die Anforderungen an die wertorientierte Berichterstattung aus Adressaten- und Unternehmenssicht der Umsetzung der wertorientierten Berichterstattung der DAX 100-Unternehmen im Rahmen einer Gap-Analyse gegenübergestellt. Diese Analyse erfolgte im Unterschied zu der Ermittlung der Value Reporting-Scores lediglich für das Geschäftsjahr 2002, so dass eine Beurteilung der Veränderung der Qualität der wertorientierten Berichterstattung im Zeitablauf hier nicht möglich war. Ferner wurde nur die wertorientierte Berichterstattung in den einzelnen Berichtskategorien und nicht die gesamte wertorientierte Berichterstattung einer Gap-Analyse unterzogen.

Abb. 138 gibt einen Überblick über die Ergebnisse der Gap-Analysen aus Adressaten- und Unternehmenssicht. Wie Abb. 138 zu entnehmen ist, führte die Gap-Analyse aus Adressatensicht nach der hier gewählten Entscheidungsregel für alle der insgesamt zehn Berichtskategorien in der Tendenz zu einem 'gap'. Die Berichterstattung der DAX 100-Unternehmen konnte in der Tendenz daher hinsichtlich keiner Berichtskategorie als ausreichend bezeichnet werden. Aus diesen Ergebnissen kann man schlussfolgern, dass erhebliche Informationslücken auf den Kapitalmärkten vorliegen und für die Unternehmen große Verbesserungspotenziale für die Qualität der wertorientierten Berichterstattung aus Adressatensicht bestehen.

| Berichtskategorien | Adressaten | Unternehmen (Ersteller) | | | | | | | | |
|---|---|---|---|---|---|---|---|---|---|---|
| | | Gesamt | Banken/ Finanzdienste/ Versicherungen | Chemie/ Pharma/ Biotechnologie | Einzelhandel/ Konsum | Automobil/ Transport | Maschinenbau/ Industrie | Versorger/ Telekommunikation | Software/ Technologien | Bau |
| Obligatorische Berichtselemente | - | - | - | - | - | - | - | - | - | - |
| Angaben über die Entwicklung des Unternehmenswertes | - | - | - | - | - | - | + | - | - | - |
| Angaben über die Wertentwicklung für die Kapitalgeber | - | - | - | - | - | - | - | - | - | - |
| Risikobezogene Angaben | - | - | - | - | + | - | - | - | - | + |
| Kunden- bzw. absatzmarktbezogene Angaben | - | - | - | - | - | - | - | - | - | + |
| Zulieferer- bzw. beschaffungsmarktbezogene Angaben | - | + | + | + | + | - | + | - | - | + |
| Mitarbeiter- bzw. managementbezogene Angaben | - | - | - | + | + | - | + | - | - | - |
| Prozess- bzw. innovationsbezogene Angaben | - | + | + | - | + | + | - | - | - | + |
| Unternehmensstrategische Angaben | - | - | - | - | - | - | - | - | - | - |
| Umfeldbezogene Angaben | - | + | + | - | + | - | - | - | + | - |

\- = 'gap' liegt in der Tendenz vor, d.h. wertorientierte Berichterstattung ist in der Tendenz nicht ausreichend
\+ = 'fit' liegt in der Tendenz vor, d.h. wertorientierte Berichterstattung ist in der Tendenz ausreichend

*Abb. 138: Gesamtbetrachtung der Gap-Analyse zwischen der Ausgestaltung der wertorientierten Berichterstattung aus Adressaten- und Unternehmenssicht und deren Umsetzung in der Praxis*

Die Gesamtanalyse aus Unternehmenssicht führte zu leicht anderen Ergebnissen. Abb. 138 zeigt, dass hinsichtlich sieben der insgesamt zehn Berichtskategorien in der Tendenz von einem 'gap' auszugehen ist. Während bei der Gap-Analyse zwischen den Anforderungen an die wertorientierte Berichterstattung aus Adressatensicht und dem derzeitigen Stand der Berichterstattung jedoch hinsichtlich keiner Berichtskategorie nach der hier gewählten Entscheidungsregel in der Tendenz ein 'fit' vorlag, war aus Unternehmenssicht hinsichtlich zulieferer- bzw. beschaffungsmarktbezogener Angaben, prozess- bzw. innovationsbezogener Angaben sowie umfeldbezogener Angaben ein 'fit' anzunehmen. Demzufolge kann festgehalten werden, dass die DAX 100-Unternehmen aus Unternehmenssicht hinsichtlich drei von zehn Berichtskategorien in der Tendenz ausreichend publizieren. Dennoch lässt sich auch aus den Ergebnissen der Gap-Analyse aus Unternehmenssicht schlussfolgern, dass Berichtslücken auf den Kapitalmärkten vorliegen, wenn auch offensichtlich in geringerem Maß als Informationslücken.

Analog zu der branchenspezifischen Analyse der Value Reporting-Scores zeigte auch die branchenspezifische Gap-Analyse aus Unternehmenssicht, dass Unterschiede in der Qualität der wertorientierten Berichterstattung in Abhängigkeit von der Branchenzugehörigkeit der Unternehmen bestehen. Hinsichtlich der obligatorischen Berichtselemente, der Angaben über die Wertentwicklung für die Kapitalgeber sowie die unternehmensstrategischen Angaben musste in der Tendenz für alle Branchen ein 'gap' und damit eine unzureichende Berichterstattung angenommen werden. Ähnliche Ergebnisse zeigte die Gap-Analyse zu den Angaben über die Wertentwicklung des Unternehmens, den risikobezogenen Angaben, den kunden- bzw. absatzmarktbezogenen Angaben, den mitarbeiter- und managementbezogenen Angaben sowie den umfeldbezogenen Angaben. So war jeweils für den Großteil der Branchen in der Tendenz von einem 'gap' auszugehen und die Berichterstattung als nicht ausreichend zu bezeichnen.

Demgegenüber ergab die Gap-Analyse zu prozess- bzw. innovationsbezogenen Angaben sowie für zulieferer- und beschaffungsmarktbezogene Angaben, dass für mindestens die Hälfte aller Branchen in der Tendenz von einem 'fit' ausgegangen werden kann. Folglich konnte hinsichtlich dieser zwei Berichtskategorien auch mindestens der Hälfte aller Branchen insgesamt eine ausreichende Berichterstattung bestätigt werden.

Insgesamt führte die branchenspezifische Gap-Analyse bei der Branche Einzelhandel/Konsum in den häufigsten Fällen (fünf von zehn Berichtskategorien) in der Tendenz zu einem 'fit', bei der Branche Versorger/Telekommunikation in keinem Fall.

Zusammenfassend ist hinsichtlich der Analyse zur Qualitätsbeurteilung der wertorientierten Berichterstattung festzuhalten, dass sowohl von Informationslücken als auch von Berichtslücken auf den Kapitalmärkten auszugehen ist. Die Ergebnisse der Untersuchung anhand der Value Reporting-Scores zeigten jedoch, dass sich die Qualität der wertorientierten Berichterstattung über den Untersuchungszeitraum erhöht hat und sich die Informations- und Berichtslücken damit offensichtlich verringert haben. Gleichwohl konnte für das Geschäftsjahr 2002 nur einzelnen Unternehmen eine ausreichende Berichterstattung zu risikobezogenen, unternehmensstrategischen und umfeldbezogenen Angaben bestätigt werden. Die Gap-Analyse führte aufgrund der abweichenden Auswertungsmethodik zu leicht anderen Ergebnissen. Hier konnte die Berichterstattung der Unternehmen insgesamt hinsichtlich keiner Berichtskategorie aus Adressatensicht als ausreichend bezeichnet werden. Aus Unternehmenssicht ergab sich im Rahmen der Gesamtanalyse hinsichtlich zulieferer- und beschaffungsmarktbezogener Angaben, prozess- und innovationsbezogener Angaben sowie umfeldbezogener Angaben eine ausreichende Berichterstattung. Unabhängig von den Einzelergebnissen der Untersuchung anhand von Value Reporting-Scores oder anhand von Gap-Analysen ist damit zu konstatieren, dass die DAX 100-Unternehmen noch viele Möglichkeiten haben, die Qualität der wertorientierten Berichterstattung zu erhöhen.

# 7. Unternehmensspezifische Wirkungszusammenhänge der wertorientierten Berichterstattung

In den vorangegangenen Kapiteln wurde die Relevanz der aus theoretischer Perspektive abgeleiteten Inhalte der wertorientierten Berichterstattung empirisch aus Sicht der Adressaten und der Unternehmen untersucht. Hierauf aufbauend wurde die Umsetzung der wertorientierten Berichterstattung der DAX 100-Unternehmen analysiert. Schließlich wurden die Anforderungen an die wertorientierte Berichterstattung aus Adressaten- und Unternehmenssicht der Berichtspraxis der DAX 100-Unternehmen im Rahmen der Qualitätsbeurteilung der wertorientierten Berichterstattung gegenüber gestellt. Die nachfolgende Untersuchung widmet sich nun der Frage, inwiefern Wirkungszusammenhänge zwischen der wertorientierten Berichterstattung und bestimmten unternehmensspezifischen Kennzahlen bestehen. Die beiden zentralen Fragestellungen in diesem Zusammenhang lauten dabei: (1) Welche Faktoren haben einen Einfluss auf die Qualität der wertorientierten Berichterstattung, und (2) wie wirken sich Unterschiede in der Qualität der wertorientierten Berichterstattung am Kapitalmarkt aus?

Das vorliegende Kapitel gliedert sich in vier Abschnitte. Zunächst werden die mit der empirischen Untersuchung verbundenen Zielsetzungen detailliert (Abschnitt 7.1). Abschnitt 7.2 widmet sich der Analyse von unternehmensspezifischen Merkmalen als mögliche Einflussfaktoren auf die Qualität der wertorientierten Berichterstattung. Abschließend werden in Abschnitt 7.3 mögliche Auswirkungen der Qualität der wertorientierten Berichterstattung auf verschiedene Kapitalmarktvariablen untersucht.

## 7.1 Zielsetzungen der Untersuchung und Datengrundlage

Mit der empirischen Untersuchung zu den unternehmensspezifischen Wirkungszusammenhängen der wertorientierten Berichterstattung sind zwei Zielsetzungen verbunden. Zum einen sollen unternehmensspezifische Merkmale als mögliche Einflussfaktoren auf die wertorientierte Berichterstattung untersucht werden, um hieraus das Publizitätsverhalten der Unternehmen hinsichtlich der wertorientierten Berichterstattung erklären zu können. Zum andern soll analysiert werden, ob die Qualität der wertorientierten Berichterstattung Auswirkungen auf verschiedene Kapitalmarktvariablen hat.

Um die Zusammenhänge zwischen möglichen Einflussfaktoren und der wertorientierten Berichterstattung verlässlich bestimmen zu können, wäre eine Theorie der Unternehmensberichterstattung erforderlich. „Ohne eine theoretische Fundierung der Unternehmensberichterstattung wäre z.B. nicht zu entscheiden, ob ein vermuteter Zusammenhang zwischen der Berichterstattungsqualität [...] und einem bestimmten Einflussfaktor zufällig ist oder ob der Zusammenhang nicht auf einen dritten, gemeinsamen Faktor zurückzuführen ist. Auf dem Gebiet der Unternehmensberichterstattung existiert indes keine Theorie in Form von begründbaren Vorstellungen, die Ursache-Wirkungs-Zusammenhänge zwischen Variablen erläutert."[1197]

Gleichwohl werden nachfolgend Hypothesen zum Zusammenhang von unternehmensspezifischen Merkmalen und der wertorientierten Berichterstattung formuliert. Deren Überprüfung soll jedoch lediglich in beschreibender Weise Aufschluss über mögliche Zusammenhänge zwischen der wertorientierten Berichterstattung und deren Einflussfaktoren geben, ohne dabei Hypothesen zu bestimmten Kausalitäten testen zu können.[1198]

In der Literatur ist eine Reihe von empirischen Studien zu finden, die sich bereits mit möglichen Einflussfaktoren auf die Berichterstattung bzw. Publizität von Unternehmen auseinander gesetzt haben.[1199] Neben Untersuchungen, die sich auf die Erklärung des freiwilligen Publizitätsverhaltens beschränkten,[1200] sind ebenso Studien zu finden, welche die Publizität im Rahmen der verpflichtenden Vorschriften in die Betrachtung miteinbezogen.[1201] Darüber hinaus können die Studien weiter hinsichtlich des Untersuchungsgegenstandes – wenn auch nicht überschneidungsfrei – systematisiert werden. Einige Untersuchungen fokussierten sich auf bestimmte Publikationsformen oder Berichterstattungsinstrumente,[1202] während andere Untersuchungen verschiedene Publikationsformen der Investor Relations eines Unternehmens einbezogen.[1203] Darüber hinaus begrenzten sich einige Untersuchungen bei der Auswahl der zu analysierenden Unternehmen auf bestimmte Länder oder bestimmte Rechtsformen.[1204] Untersuchungen,

---

1197 Rolvering (2002), S. 15.

1198 Vgl. ähnlich Rolvering (2002), S. 15.

1199 Vgl. zu einer ausführlichen Zusammenstellung verschiedener Untersuchungen z.B. Ahmed/Courtis (1999), S. 45ff.; Wagenhofer/Ewert (2003), S. 364; Fischer (2003), S. 393ff.

1200 Vgl. hierzu z.B. Chow/Wong-Boren (1987); Hail (2003); Meek/Roberts/Gray (1995); Raffournier (1995); Wasser (1976), S. 62ff.

1201 Vgl. hierzu z.B. Armeloh (1998), S. 231ff.; Häger (1993), S. 133; Holdhof (1988), S. 118ff.; Krumbholz (1994), S. 245ff.; Rolvering (2002), S. 178ff.

1202 Vgl. z.B. Armeloh (1998), S. 231ff. zur Berichterstattung im Anhang; Bühner/Bünger/Kaserer (2003) zur Berichterstattung im Internet, Krumbholz (1994), S. 245ff. zur Lageberichterstattung; Rolvering (2002), S. 178ff. zur Zwischenberichterstattung.

1203 Vgl. z.B. Fischer (2003), S. 210ff.; Lang/Lundholm (1993).

1204 Vgl. Bühner/Bünger/Kaserer (2003); Hail (2003) zu schweizerischen Unternehmen; Buzby (1975) zu US-amerikanischen Unternehmen; Chow/Wong-Boren (1987) zu mexikanischen Unternehmen; Wagenhofer

die der Frage nach den Einflussfaktoren auf die wertorientierte Berichterstattung nachgehen, sind mit Ausnahme der Studie von FISCHER bislang nicht bekannt.[1205]

In den verschiedenen Studien ist eine Vielzahl von möglichen Einflussfaktoren auf das Berichterstattungsverhalten von Unternehmen zu finden. Für die vorliegende Untersuchung wurden folgende zehn Einflussfaktoren auf die Qualität der wertorientierten Berichterstattung untersucht, deren Auswahl in Abschnitt 7.2.2 näher erläutert wird:[1206]

- Rechnungslegungsnorm im Konzernabschluss,
- Branchenzugehörigkeit,
- Börsenindexzugehörigkeit,
- Unternehmensgröße,
- Unternehmensperformance,
- Verschuldungsgrad,
- Finanzkraft,
- Liquidität,
- Kapitalbeteiligung der Mitarbeiter am Unternehmen,
- Aktionärsstruktur.

Neben der Untersuchung möglicher Einflussfaktoren auf die wertorientierte Berichterstattung soll analysiert werden, ob der Kapitalmarkt auf die wertorientierte Berichterstattung in bestimmter Weise reagiert. Im Einzelnen wird der Frage nachgegangen, ob sich in Abhängigkeit von der Qualität der wertorientierten Berichterstattung positive Auswirkungen für die Unternehmen auf dem Kapitalmarkt ergeben können.

In der vorliegenden Arbeit wurde bereits ausgeführt, dass sich für Unternehmen aus der wertorientierten Berichterstattung bestimmte positive Auswirkungen ergeben können.[1207] Hierzu wurde exemplarisch ein möglicher Zusammenhang zwischen der wertorientierten Berichterstattung und den Eigenkapitalkostensätzen zum einen anhand theoretischer Ansätze dargelegt. In den Ansätzen wurden die Auswirkungen der Berichterstattung auf die Eigenkapitalkostensätze nicht direkt erfasst, sondern indirekt über die Modellierung von Informationsasym-

---

(1990), S. 220ff.; zu österreichischen Unternehmen. Vgl. ferner z.B. Häger 1993), S. 133 zu mittelgroßen Kapitalgesellschaften; Holdhof (1988), S. 118ff. zu mittelständischen Unternehmen.

1205 Vgl. Fischer (2003), S. 210ff. Die Untersuchung von Fischer begrenzte sich auf Unternehmen der Pharmabranche.

1206 Vgl. hierzu z.B. Armeloh (1998), insbesondere S. 233ff.; Bühner/Bünger/Kaserer (2003), S. 203ff.; Häger (1993), insbesondere S. 147ff.; Rolvering (2002), insbesondere S. 15ff.

1207 Vgl. hierzu insbesondere Abschnitt 2.2.3.

metrien. Dabei lag den Modellen die Annahme zugrunde, dass eine erweiterte Offenlegung zum Abbau von Informationsasymmetrien und damit zur Senkung der Eigenkapitalkostensätze führen kann. Zum anderen wurde ein möglicher Zusammenhang zwischen der wertorientierten Berichterstattung und den Eigenkapitalkostensätzen anhand einer empirischen Untersuchung von BOTOSAN dargestellt, in der die Auswirkungen der Berichterstattung auf die Eigenkapitalkostensätze direkt erfasst wurden. Sowohl aus theoretischer als auch aus empirischer Sicht ergaben sich keine eindeutigen Belege über einen negativen Zusammenhang zwischen dem Umfang der freiwilligen, wertorientierten Berichterstattung und der Höhe der Eigenkapitalkostensätze.

In der Literatur sind neben der Untersuchung von BOTOSAN weitere empirische Studien zu finden, die sich mit möglichen Auswirkungen der – insbesondere freiwilligen – Berichterstattung auseinander gesetzt haben.[1208] Untersuchungen, die der Frage nach den Auswirkungen der wertorientierten Berichterstattung nachgehen, sind wiederum mit Ausnahme der Studie von FISCHER bislang nicht bekannt.[1209]

In den verschiedenen Studien sind unterschiedliche mögliche Auswirkungen des Berichterstattungsverhaltens von Unternehmen zu finden. Für die vorliegende Untersuchung wurde der Einfluss der Qualität der wertorientierten Berichterstattung auf folgende Kapitalmarktvariablen[1210] untersucht, deren Auswahl in Abschnitt 7.3.2 näher erläutert wird:[1211]

- Anzahl der ein Unternehmen analysierenden Analysten,
- Volatilität der Aktienrenditen,
- Handelsvolumen der Aktien,
- Eigenkapitalkostensätze.

Die Anzahl der ein Unternehmen analysierenden Analysten, die Volatilität der Aktienrenditen sowie das Handelsvolumen stellen in der Literatur Maßgrößen für bestehende Informationsasymmetrien dar und stehen damit im direkten Zusammenhang zu den Eigenkapitalkostensätzen.[1212] Dieser Zusammenhang wird,

---

1208 Vgl. z.B. Botosan (2000); Botosan/Plumlee (2002); Brennan/Tamarowski (2000); Hail (2002); Lang/Lundholm (1996); Leuz/Verrecchia (2000); Welker (1995).

1209 Vgl. Fischer (2003), S. 217ff. Die Untersuchung von Fischer begrenzte sich auf Unternehmen der Pharmabranche.

1210 Für die möglichen Auswirkungen der Qualität der wertorientierten Berichterstattung wurde der Begriff der Kapitalmarktvariablen gewählt, da es sich hierbei um Größen in Bezug auf den Kapitalmarkt handelt.

1211 Vgl. ähnlich Fischer (2003), S. 202ff.; Wagenhofer/Ewert (2003), S. 368.

1212 Vgl. hierzu und im Folgenden Fischer (2003), S. 202ff.; Wagenhofer/Ewert (2003), S. 368, die darauf hinweisen, dass die genannten Maßgrößen auch andere Einflussfaktoren haben. Wagenhofer/Ewert nennen anwie bereits erläutert, darin begründet, dass der Abbau der verschiedenen Informationsasymmetrien c.p. zu einer Senkung der Eigenkapitalkostensätze führt.[1213]

Abb. 139 gibt noch einmal einen Überblick über die Zielsetzungen der nachfolgenden Untersuchung.[1214]

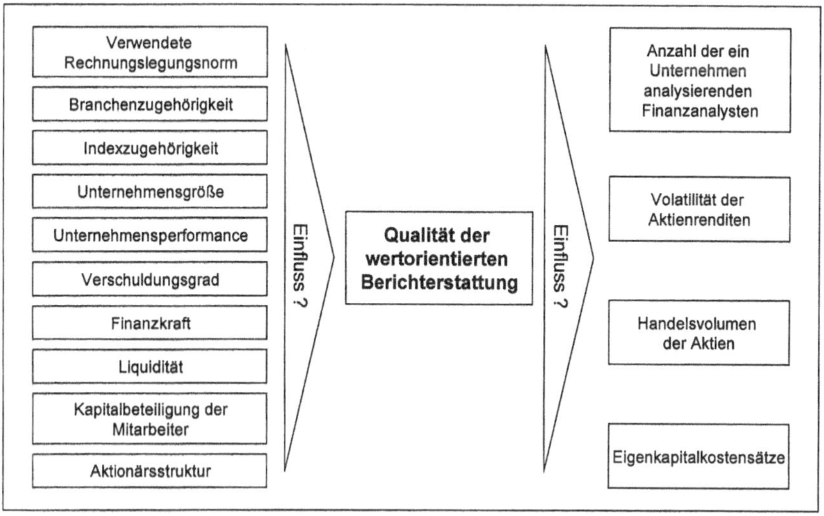


*Abb. 139: Kausalmodell für die Qualität der wertorientierten Berichterstattung*

Die Untersuchung der unternehmensspezifischen Wirkungszusammenhänge der wertorientierten Berichterstattung baut dabei auf den Ergebnissen der Qualitätsbeurteilung der wertorientierten Berichterstattung auf. Dementsprechend wurden

---

stelle der Anzahl der ein Unternehmen analysierenden Analysten den Bid-Ask-Spread (Geld-Brief-Spanne). Der Bid-Ask-Spread drückt die seitens des Market Maker geforderte Transaktionsprämie für einen Wertpapierhandel aus, damit er aus dem Handel mit möglicherweise besser informierten Investoren im Durchschnitt keinen Verlust erleidet. Vgl. Wagenhofer/Ewert (2003), S. 368 sowie Abschnitt 2.2.3.2.

1213 Vgl. hierzu insbesondere Abschnitt 2.2.3.2.

1214 In diesem Zusammenhang ist auf das sog. Endogenitätsproblem hinzuweisen. Nachfolgend wird untersucht, ob bestimmte unternehmensspezifische Merkmale einen Einfluss auf die Qualität der wertorientierten Berichterstattung ausüben. Voraussetzung für einen solchen Zusammenhang ist, dass die jeweiligen möglichen Einflussfaktoren tatsächlich exogen sind, d.h. unabhängig von der zu erklärenden Größe. Für den Fall, dass diese Unabhängigkeit nicht gegeben ist, liegt eine sog. Endogenität der abhängigen Variable vor, was in einer Verzerrung der Regressionsergebnisse resultiert. Darüber hinaus wird untersucht, ob die Qualität der wertorientierten Berichterstattung einen Einfluss auf bestimmte Kapitalmarktvariablen hat. Ebenso wäre es auch diesbezüglich möglich, dass die als abhängig angenommenen Kapitalmarktvariablen einen Einfluss auf die Qualität der wertorientierten Berichterstattung haben. Vgl. zum Problem der Endogenität der abhängigen Variablen z.B. Ruhwedel (2003), S. 159ff.

für die vorliegende empirische Untersuchung keine neuen Daten erhoben, sondern die bisherigen Ergebnisse einer weiteren Auswertung unterzogen.[1215]

Die Qualität der wertorientierten Berichterstattung wurde im vorangegangenen Kapitel anhand von Value Reporting-Scores und anhand von Gap-Analysen beurteilt. Die Untersuchungen erfolgten jeweils aus Adressaten- und aus Unternehmenssicht. Für die nachfolgende Untersuchung der unternehmensspezifischen Wirkungszusammenhänge der wertorientierten Berichterstattung bilden die aus Adressatensicht für jedes Unternehmen ermittelten Value Reporting-Scores der vier Geschäftsjahre die Datengrundlage für die Qualität der wertorientierten Berichterstattung.[1216] Diese Auswahl ist darauf zurückzuführen, dass die Gap-Analysen lediglich eine graphische Auswertung der Qualitätsbeurteilung der wertorientierten Berichterstattung darstellen und die vorliegende Untersuchung quantitative Maßzahlen für eine statistische Überprüfung der Wirkungszusammenhänge erfordert.[1217] Ferner wurden die Value Reporting-Scores aus Adressatensicht und nicht die aus Unternehmenssicht ermittelten Value Reporting-Scores herangezogen, da die Adressaten letztendlich die relevante Zielgruppe zur Qualitätsbeurteilung der wertorientierten Berichterstattung darstellen.[1218]

Für die Untersuchung der unternehmensspezifischen Wirkungszusammenhänge der wertorientierten Berichterstattung waren neben der Qualität der wertorientierten Berichterstattung weitere Daten erforderlich. Zum einen handelte es sich um die Unternehmenskennzahlen, deren Einfluss auf die Qualität der wertorientierten Berichterstattung untersucht wurde, zum anderen um die Unternehmenskennzahlen, auf die der Einfluss der Qualität der wertorientierten Berichterstattung untersucht wurde. Diese unternehmensspezifischen Kennzahlen wurden im

---

1215 Für die empirische Untersuchung der Anforderungen an die wertorientierte Berichterstattung aus Adressaten- bzw. Unternehmenssicht und des derzeitigen Standes der wertorientierten Berichterstattung börsennotierter deutscher Unternehmen wurden die Datenerhebungsformen der Befragung und der Inhaltsanalyse gewählt. Vgl. hierzu Abschnitt 4.2.1 und Abschnitt 5.2.1. Für die Qualitätsbeurteilung der wertorientierten Berichterstattung wurden, wie bei der Untersuchung der unternehmensspezifischen Zusammenhänge der wertorientierten Berichterstattung im vorliegenden Kapital, ebenfalls keine neuen Daten erhoben, sondern auf bereits erhobene Daten zurückgegriffen. Vgl. hierzu Abschnitt 6.1.

1216 Als Datengrundlage dienten lediglich die für die wertorientierte Berichterstattung insgesamt ermittelten Value Reporting-Scores für die vier Geschäftsjahre. Die für die zehn Berichtskategorien ermittelten Value Reporting-Scores wurden nicht einzeln in die vorliegende Untersuchung einbezogen. Unternehmen der Branche Banken/Versicherungen wurden, wie bereits erläutert, aufgrund branchenspezifischer Besonderheiten nicht in die Berechnung der Value Reporting-Scores einbezogen.

1217 Vgl. zur Methodik der Datenauswertung Abschnitte 7.2.1 und 7.3.1.

1218 Analog zu dieser Argumentation wurden in den weiter oben genannten Untersuchungen zu unternehmensspezifischen Wirkungszusammenhängen der Berichterstattung die Reporting-Scores aus Adressatensicht gebildet.

Wesentlichen Datastream und OnVista entnommen.[1219] Die Unternehmenskennzahlen, deren Einfluss auf die Qualität der wertorientierten Berichterstattung untersucht wurde, waren nahezu vollständig für alle Geschäftsjahre verfügbar. Demgegenüber waren die Daten für die Untersuchung der Auswirkungen der Qualität der wertorientierten Berichterstattung lediglich für die Geschäftsjahre 2001 und 2002 bzw. für das Geschäftsjahr 2002 erhältlich.

## 7.2 Unternehmensspezifische Einflussfaktoren auf die Qualität der wertorientierten Berichterstattung

Mit der Untersuchung möglicher Einflussfaktoren auf die Qualität der wertorientierten Berichterstattung wird versucht, dass Publizitätsverhalten der Unternehmen zu erklären.[1220] In diesem Sinne wird empirisch untersucht, ob bestimmte Gesetzmäßigkeiten vorliegen, nach denen bestimmte Unternehmen in ähnlicher Weise wertorientierte Informationen offen legen.

Nachfolgend wird zunächst die Methodik der Datenauswertung zur Untersuchung möglicher Einflussfaktoren auf die Qualität der wertorientierten Berichterstattung erläutert (Abschnitt 7.2.1). Anschließend sind mögliche Einflussfaktoren auf die wertorientierte Berichterstattung zu identifizieren und Hypothesen über die vermuteten Zusammenhänge zwischen den möglichen Einflussfaktoren und dem Publizitätsverhalten aufzustellen (Abschnitt 7.2.2). Schließlich werden die aufgestellten Hypothesen überprüft (Abschnitt 7.2.3).

### 7.2.1 Methodik der Datenauswertung

Die Untersuchung der unternehmensspezifischen Merkmale als mögliche Einflussfaktoren auf die Qualität der wertorientierten Berichterstattung wurde getrennt für die vier Geschäftsjahre analysiert. Die Qualität der wertorientierten Berichterstattung stellte in diesem Zusammenhang die abhängige Variable dar, die möglichen Einflussfaktoren die unabhängigen Variablen.

Bei den aus Adressatensicht ermittelten Value Reporting-Scores, die Ausdruck für die Qualität der wertorientierten Berichterstattung sind, handelte es sich um intervallskalierte Daten, die hinreichend normalverteilt sind.[1221] Demgegenüber lagen mit den unabhängigen Variablen sowohl ordinal- als auch intervallskalier-

---

[1219] Darüber hinaus wurde auf Veröffentlichungen des BaFin sowie der Commerzbank AG zurückgegriffen. Vgl. im Internet: www.bafin.de/database/stimmrechte.htm (Stand: 15.08.2004), o.V. (2000).

[1220] Vgl. hierzu und im Folgenden Armeloh (1998), S. 231f. m.w.N.; Häger (1993), S. 133f. m.w.N.

[1221] Vgl. hierzu bereits Abschnitt 6.2.1.

te Daten vor. In Abhängigkeit von der Skalierung der unabhängigen Variablen wurden daher zwei statistische Auswertungsmethoden zur Untersuchung der Einflussfaktoren auf die Qualität der wertorientierten Berichterstattung unterschieden.

Lagen mit den unabhängigen Variablen ordinalskalierte Daten vor, wurden Tests zum Vergleich von Mittelwerten durchgeführt.[1222] Bei zwei unabhängigen Stichproben wurde der t-Test herangezogen, bei mehr als zwei unabhängigen Stichproben eine einfaktorielle Varianzanalyse (ANOVA = Analysis of Variance).[1223] Führte die einfaktorielle ANOVA zu signifikanten Unterschieden, wurden weitere Tests durchgeführt um zu ermitteln, zwischen welchen Gruppen im Einzelnen die signifikanten Unterschiede bestehen. Lagen diesbezüglich homogene Varianzen vor, kam der Waller-Duncan-Test zur Anwendung, andernfalls der Dunnett-C-Test.[1224]

Handelte es sich bei den unabhängigen Variablen um intervallskalierte Daten,[1225] wurde ein zweistufiges Verfahren zur Untersuchung der Einflüsse auf die Qualität der wertorientierten Berichterstattung gewählt. In einem ersten Schritt wurde für jedes der vier Geschäftsjahre eine bivariate Korrelation zwischen den Value Reporting-Scores und den unabhängigen Variablen durchgeführt. Hierzu wurde der Korrelationskoeffizient nach Pearson ermittelt, der bei Vorliegen normalverteilter Variablen anzuwenden ist.[1226] Die unabhängigen Variablen, die hinsichtlich der Value Reporting-Scores zu einem signifikanten Koeffizienten führten, wurden in einem zweiten Schritt weiter untersucht. Dies erfolgte mittels einer multiplen linearen Regression, für welche die schrittweise Methode gewählt wurde.[1227] Als Ergebnis der multiplen linearen Regression konnten die unter-

---

1222 Tests zum Vergleich von Mittelwerten sind im Gegensatz zu nichtparametrischen Tests anzuwenden, wenn Stichproben mit normalverteilten Werten zugrunde liegen. Vgl. Bühl/Zöfel (2000), S. 275.

1223 Vgl. zum t-Test bzw. zur einfaktoriellen ANOVA Bühl/Zöfel (2000), S. 276ff. bzw. S. 281ff. Bei der einfaktoriellen ANOVA handelt es sich um eine univariate Varianzanalyse. Bei einer univariaten einfaktoriellen Varianzanalyse wird der Einfluss einer unabhängigen Variable auf eine abhängige Variable untersucht. Vgl. Bühl/Zöfel (2000), S. 401.

1224 Vgl. hierzu Bühl/Zöfel (2000), S. 282ff.

1225 Der Kolmogorov-Smirnow-Anpassungstest auf Normalverteilung ergab, dass alle unabhängigen Variablen hinreichend normalverteilt sind. Vgl. hierzu Bühl/Zöfel (2000), S. S. 310f.

1226 Vgl. hierzu Bühl/Zöfel (2000), S. 321f.

1227 Für die vorliegende Untersuchung kam nicht die einfache lineare Regression, sondern die multiple lineare Regression zur Anwendung, da die unabhängigen Variablen interdependent sein können. So weisen Bühl/Zöfel (2000), S. 345, darauf hin, dass „die unabhängigen (erklärenden) Variablen [...] selbst untereinander korrelieren [können, A.d.V.], was bei der Schätzung der Koeffizienten [im Rahmen der multiplen linearen Regression, A.d.V.] entsprechend berücksichtigt wird, um Scheinkorrelationen auszuschließen.“ Die schrittweise Methode ist bei mehreren unabhängigen Variablen der Einschlussmethode vorzuziehen ist. Bei der Einschlussmethode werden alle unabhängigen Variablen auf einmal in die Regression einbezogen. Bei der schrittweisen Methode werden nacheinander die Variablen mit den höchsten partiellen Korrelationskonehmensspezifischen Merkmale mit einem Erklärungsbeitrag für die Value Reporting-Scores ermittelt werden.

### 7.2.2 Darstellung der Einflussfaktoren und Ableitung von Hypothesen

Für die vorliegende Untersuchung wurde, wie weiter oben bereits aufgezeigt, auf zehn mögliche Einflussfaktoren auf die wertorientierte Berichterstattung zurückgegriffen, deren Auswahl nachfolgend erläutert sowie die entsprechenden Hypothesen formuliert werden. Im Einzelnen handelt es sich um die folgenden zehn Einflussfaktoren:

1) Rechnungslegungsnorm im Konzernabschluss,
2) Branchenzugehörigkeit,
3) Börsenindexzugehörigkeit,
4) Unternehmensgröße,
5) Unternehmensperformance,
6) Verschuldungsgrad,
7) Finanzkraft,
8) Liquidität,
9) Kapitalbeteiligung der Mitarbeiter am Unternehmen,
10) Aktionärsstruktur.

zu 1)

Kapitalmarktorientierte Mutterunternehmen dürfen gemäß § 292a HGB anstelle eines Konzernabschlusses nach HGB unter bestimmten Bedingungen einen befreienden Konzernabschluss nach internationalen Rechnungslegungsvorschriften, d.h. nach US-GAAP oder IAS/IFRS, erstellen.[1228] In den theoretischen Ausführungen zur verpflichtenden Berichterstattung börsennotierter deutscher Unternehmen wurde dargelegt, dass dem Konzernabschluss nach allen drei Rechnungslegungssystemen zwar jeweils ausschließlich eine Informationsfunktion, den Grundsätzen der Rechnungslegung jedoch eine unterschiedliche Bedeutung

---

effizienten in das Modell einbezogen und nach jedem Schritt geprüft, ob eine in das Modell einbezogene Variable wieder entfernt werden muss. Vgl. Bühl/Zöfel (2000), S. 346; Toutenburg (2000), S. 214.

1228 Vgl. ausführlicher zu den Rechnungslegungsvorschriften nach HGB, US-GAAP und IAS/IFRS Abschnitt 2.3.

zukommt. Während nach handelsrechtlichen Vorschriften das Vorsichtsprinzip dominiert, steht nach den internationalen Rechnungslegungsvorschriften das Prinzip der periodengerechten Erfolgsermittlung im Vordergrund und dem Vorsichtsprinzip kommt eher eine untergeordnete Rolle zu. Vor diesem Hintergrund wäre zu vermuten, dass die Unternehmen, die ihren Konzernabschluss nach internationalen Rechnungslegungsstandards erstellen, auch mehr wertorientierte Informationen zur Verfügung stellen als die Unternehmen, die (noch) nach HGB bilanzieren.[1229]

Darüber hinaus ist das Argument aufzuführen, dass Unternehmen mit einem Rechnungslegungswechsel auf US-GAAP oder IAS/IFRS den Erwartungen der internationalen Anleger entsprechen, die den internationalen Rechnungslegungsvorschriften ein stärkeres Maß an Anlegerorientierung und Entscheidungsnützlichkeit beimessen.[1230]

Um zu überprüfen, inwiefern tatsächlich ein Zusammenhang zwischen der verwendeten Rechnungslegungsnorm im Konzernabschluss und der Qualität der wertorientierten Berichterstattung bestehet, wurde folgende Hypothese 9 aufgestellt:

| | |
|---|---|
| Hypothese 9: | Die Qualität der wertorientierten Berichterstattung der Unternehmen, die im Konzernabschluss nach internationalen Rechnungslegungsstandards bilanzieren, ist höher als die Qualität der Unternehmen, die ihren Konzernabschluss nach HGB erstellen. |

zu 2)

Die Branchenzugehörigkeit eines Unternehmens wird in der Literatur als ein weiterer Einflussfaktor auf das Publizitätsverhalten genannt.[1231] In Anlehnung an die Einteilung der Deutschen Börse AG können die im Fokus der vorliegenden Untersuchung stehenden DAX 100-Unternehmen acht verschiedenen Branchen

---

1229 Vgl. z.B. zur Untersuchung der verwendeten Rechnungslegungsnorm als Einflussgröße auf die Zwischenberichterstattung Rolvering (2002), S. 23f.

1230 Eine von C&L (Hrsg.) durchgeführte Befragung von Führungskräften großer deutscher Aktiengesellschaften führte zu dem Ergebnis, dass 69% der Befragten dem Jahresabschluss nach HGB im Vergleich zum US-GAAP-Abschluss einen geringeren Informationswert für die Anleger zuwiesen. Vgl. C&L (Hrsg.) (1998), S. 28f. Vgl. ferner Pellens/Tomaszewski (1999), S. 201.

1231 Vgl. z.B. zur Untersuchung der Branchenzugehörigkeit als Einflussgröße auf die Berichterstattung im Anhang Armeloh (1998), S. 254ff. und als Einflussfaktor auf die freiwillige Berichterstattung Raffournier (1995). Vgl. ferner hierzu Wagenhofer/Ewert (2003), S. 362.

zugeordnet werden. Im Einzelnen sind dies die Branchen Banken/Finanzdienste/Versicherungen, Einzelhandel/Konsum, Bau, Automobil/Transport, Maschinenbau/Industrie, Chemie/Pharma/Biotechnologie, Software/Technologien sowie Versorger/Telekommunikation.[1232]

Grundsätzlich ist anzunehmen, dass Unternehmen verschiedener Branchen sowohl hinsichtlich der Wettbewerbsintensität als auch der Konkurrenzgefahr unterschiedlichen Konkurrenzsituationen ausgesetzt sind.[1233] Vor diesem Hintergrund ist zu vermuten, dass Unternehmen in Abhängigkeit von ihrer Branchenzugehörigkeit in unterschiedlicher Weise wertorientierte Informationen zur Verfügung stellen.

Darüber hinaus kann dass Argument angeführt werden, dass Unternehmen einer bestimmten Branche ihr Berichterstattungsverhalten an dem Verhalten der anderen Unternehmen der Branche ausrichten. Publizieren konkurrierende Unternehmen bestimmte wertorientierte Informationen, kann dies bei den anderen Unternehmen der selben Branche Anreize schaffen, ebenfalls wertorientierte Informationen zur Verfügung zu stellen.[1234] Möglicherweise entsteht den Unternehmen sogar eine Art Verpflichtung zur Bereitstellung von wertorientierten Informationen, da Berichterstattungsadressaten die Unternehmen mit dem umfangreichen Publizitätsverhalten als Maßstab nehmen und von den anderen Unternehmen entsprechende Informationen zur besseren Vergleichbarkeit fordern. Daher lässt sich vermuten, dass die wertorientierte Berichterstattung von Unternehmen innerhalb einer Branche aufgrund des Imitationsverhaltens homogener ist, als die Berichterstattung von Unternehmen verschiedener Branchen.[1235]

Zur Überprüfung des Zusammenhangs zwischen der Branchenzugehörigkeit der Unternehmen und der Qualität der wertorientierten Berichterstattung wurde folgende Hypothese 10 formuliert:

| | |
|---|---|
| Hypothese 10: | Die Branchenzugehörigkeit von Unternehmen hat einen Einfluss auf die Qualität der wertorientierten Berichterstattung. |

[1232] Diese Brancheneinteilung wurde im Rahmen der vorliegenden Arbeit bereits mehrfach verwendet. Vgl. hierzu Abschnitt 4.5 und Abschnitt 6.2.2.2.2 und 6.3.2.2.2. Wie bereits erwähnt, wurden Unternehmen der Branche Banken/Versicherungen aufgrund branchenspezifischer Besonderheiten nicht in die Untersuchung einbezogen.

[1233] Vgl. hierzu und im Folgenden Wagenhofer/Ewert (2003), S. 362. Die Konkurrenzsituation bezieht sich sowohl auf die Wettbewerbsintensität als auch auf die Konkurrenzgefahr.

[1234] Vgl. hierzu und im Folgenden Havermann (1963), S. 201 zitiert nach Armeloh (1998), S. 255.

[1235] Vgl. Wagenhofer/Ewert (2003), S. 362.

zu 3)

Die Zugehörigkeit zu einem bestimmten Börsenindex kann als ein weiterer möglicher Einflussfaktor auf das Publizitätsverhalten von Unternehmen bestimmend wirken.[1236] Die im Rahmen der vorliegenden Untersuchung einbezogenen Unternehmen waren zu Beginn der Untersuchung im DAX 100 gelistet, der die 100 größten Unternehmen gemessen an Marktkapitalisierung und Börsenumsatz umfasste.[1237] Der DAX 100 lässt sich weiter in die Indizes DAX 30 und MDAX unterteilen. Analog zu der Konzeption des DAX 100 bildet der DAX 30 die 30 größten Unternehmen gemessen an Marktkapitalisierung und Börsenumsatz ab.

Seit März 2003 ist eine Neueinteilung der Indexlandschaft seitens der Deutschen Börse AG in Kraft.[1238] Demzufolge sind fortab zwei Börsensegmente, der 'Prime Standard' und der 'General Standard', zu unterscheiden. Im Rahmen der Neusegmentierung wurden die zu Beginn der Untersuchung im DAX 100 gelisteten Unternehmen den Indizes des 'Prime Standard', bestehend aus DAX, MDAX, SDAX sowie TecDAX/NEMAX50[1239], zugeordnet.[1240]

In Bezug auf die Börsenzugehörigkeit der Unternehmen kann als Argument angeführt werden, dass die größere Marktgängigkeit der Aktien der Unternehmen des DAX zu einer höheren Qualität der wertorientierten Berichterstattung führt. So fordern Kapitalgeber regelmäßig zusätzlich freiwillige Informationen, um im Vorfeld einer Anlageentscheidung die Investitionsobjekte besser beurteilen zu können.[1241]

---

1236 Vgl. z.B. zur Untersuchung der Börsenindexzugehörigkeit als Einflussgröße auf die Zwischenberichterstattung Rolvering (2002), S. 21ff. und auf die Berichterstattung im Anhang Armeloh (1998), S. 244ff.

1237 Der 16.04.2002 stellt den Stichtag des Beginns der empirischen Untersuchung dar.

1238 Vgl. zur Neueinteilung der Indexlandschaft bereits Abschnitt 2.2.1.

1239 Der NEMAX50 soll voraussichtlich noch bis Ende 2004 weiter berechnet werden, obgleich der Neue Markt bereits zum 05.06.2003 beendet wurde. Vgl. Mitenthal/Anders (2003), S. 1894 und S. 1897. Aus diesem Grund wird der NEMAX50 im Rahmen der vorliegenden Arbeit mit aufgeführt.

1240 Sechs Unternehmen wurden keinem Index des Prime Standard mehr zugeordnet.

1241 Vgl. z.B. Armeloh (1998), S, 245 m.w.N. Darüber hinaus kann, wie die folgenden Ausführungen zeigen, argumentiert werden, dass die Qualität der wertorientierten Berichterstattung größerer Unternehmen besser ist als die kleinerer Unternehmen. Da sich die Indexzugehörigkeit aufgrund der Auswahlkriterien Börsenkapitalisierung und Börsenumsatz ergibt, ist eine Korrelation der Indexzugehörigkeit mit der Unternehmensgröße nicht auszuschließen. Vgl. ähnlich Armeloh (1998), S. 245. Vor der Neustrukturierung des Aktienmarktes unterlagen Unternehmen des SMAX entsprechend den SMAX-Teilnahmebedingungen, und Unternehmen des Neuen Marktes entsprechend dem Regelwerk Neuer Markt höheren Publizitätspflichten im Rahmen der Zulassungsfolgepflichten als Unternehmen, die nicht dem SMAX oder dem Neuen Markt angehörten. Vor diesem Hintergrund könnte die Vermutung nahe liegen, dass Unternehmen des SMAX sowie des Neuen Marktes darüber hinaus freiwillig zusätzlich Informationen in Rahmen der wertorientierten Berichterstattung bereitstellen. Seit der Neustrukturierung des Aktienmarktes unterliegen alle Unternehmen des 'Prime Standard' denselben Zulassungsfolgepflichten. Obige Argumentation ließe sich jedoch auf die vorliegende Untersuchung übertragen, da die untersuchten Geschäftsjahre vor dem Zeitpunkt der

Um zu untersuchen, ob sich die Qualität der wertorientierten Berichterstattung in Abhängigkeit von der ehemaligen bzw. neuen Börsenindexzugehörigkeit der hier einbezogenen Unternehmen unterscheidet, wurde folgende Hypothese 11 formuliert:

| | |
|---|---|
| Hypothese 11: | Die Börsenindexzugehörigkeit hat einen Einfluss auf die Qualität der wertorientierten Berichterstattung. |

zu 4)

Der in der Literatur am häufigsten verwendete Einflussfaktor auf das Publizitätsverhalten von Unternehmen stellt die Unternehmensgröße dar.[1242]

Im Zusammenhang mit der Unternehmensgröße sind in der Literatur verschiedene Argumente zu finden, die auf einen Einfluss auf die Qualität der wertorientierten Berichterstattung schließen lassen. Begründungen, die dafür sprechen, dass große Unternehmen tendenziell mehr freiwillige, wertorientierte Informationen zur Verfügung stellen als kleine Unternehmen sind z.B.:[1243]

- die Gewinnung und Veröffentlichung von Informationen ist bei großen Unternehmen vergleichsweise kostengünstiger als bei kleinen Unternehmen, da große Unternehmen in der Regel über leistungsfähigere Informations- und Kontrollsysteme verfügen;
- die Bewertung durch den Kapitalmarkt ist für große Unternehmen aufgrund des höheren Kapitalbedarfs und der damit vergleichsweise bedeutenderen Finanzierung über den Kapitalmarkt von höherer Bedeutung als für kleinere Unternehmen;
- große Unternehmen stehen stärker im Blickpunkt der Öffentlichkeit und werden daher tendenziell öfter von Finanzanalysten bewertet als kleine Unternehmen;

---

Neustrukturierung liegen. Gleichwohl ist eine Analyse in dieser Form aufgrund des ausgewählten Untersuchungssamples nicht möglich, da sich dieser auf die ehemaligen DAX 100-Unternehmen beschränkte.

1242 Vgl. ferner hierzu Wagenhofer/Ewert (2003), S. 361. Vgl. z.B. zur Untersuchung der Unternehmensgröße als Einflussgröße auf die Berichterstattung im Anhang Armeloh (1998), S. 239ff., als Einflussgröße auf die Zwischenberichterstattung Rolvering (2002), S. 15ff. und als Einflussfaktor auf die freiwillige Berichterstattung Chow/Wong-Boren (1987); Raffournier (1995).

1243 Vgl. hierzu und im Folgenden insbesondere Armeloh (1998), S. 239f. m.w.N.; Wagenhofer/Ewert (2003), S. 361.

- große Unternehmen sind grundsätzlich weniger stark der Konkurrenzgefahr ausgesetzt als kleinere Unternehmen und damit weniger durch die Publizität unternehmensspezifischer Informationen gefährdet.

Um zu untersuchen, ob ein Zusammenhang zwischen der Unternehmensgröße und der Qualität der wertorientierten Berichterstattung besteht, wurde folgende Hypothese 12 formuliert:

| | |
|---|---|
| Hypothese 12: | Die Unternehmensgröße hat einen Einfluss auf die Qualität der wertorientierten Berichterstattung. |

Zur empirischen Überprüfung der Hypothese wurden dabei (1) der Umsatz, (2) die Bilanzsumme und (3) die Anzahl der Mitarbeiter der jeweiligen Konzerne als Indikatoren verwendet.[1244]

zu 5)

Die Unternehmensperformance stellt eine weitere, in der Literatur untersuchte Einflussgröße auf das Publizitätsverhalten von Unternehmen dar.[1245]

Da eine gute Performance an sich bereits eine günstige Information ist, kann argumentiert werden, dass Manager von erfolgreichen Unternehmen ihre gute Performance durch freiwillige wertorientierte Informationen ergänzen wollen, um ihre Qualität zu signalisieren.[1246] Unternehmen mit einer schlechteren Performance sind demgegenüber bemüht, den Ausweis von zusätzlichen, wertorientierten Informationen zu vermeiden.

Andererseits kann das Argument angeführt werden, dass Unternehmen mit einer vergleichsweise schlechten Performance gerade zusätzliche wertorientierte Informationen publizieren, die auf eine Verbesserung der Performance in Zukunft schließen lassen.

---

[1244] Vgl. auch die Größenklassifizierungen für Kapitalgesellschaften nach Bilanzsumme, Umsatz und Mitarbeiterzahl in § 267 HGB.

[1245] Vgl. zur Untersuchung der Unternehmensperformance als Einflussgröße auf die wertorientierte Berichterstattung in der Pharmabranche Fischer (2003), S. 212ff. und als Einflussgröße auf die freiwillige Berichterstattung z.B. Meek/Roberts/Gray (1995); Raffournier (1995). Vgl. ferner Wagenhofer/Ewert (2003), S. 363.

[1246] Vgl. Fischer (2003), S. 212; Wagenhofer/Ewert (2003), S. 363. Des Weiteren argumentieren Wagenhofer/Ewert, dass tendenziell ex ante bei einer günstigen Erfolgssituation aufgrund der erhöhten Konkurrenzgefahr von einem restriktiven Ausweisverhalten auszugehen ist.

Um zu untersuchen, ob ein signifikanter Zusammenhang zwischen der Unternehmensgröße und der Qualität der wertorientierten Berichterstattung besteht, wurde folgende Hypothese 13 formuliert:

| | |
|---|---|
| Hypothese 13: | Die Unternehmensperformance hat einen Einfluss auf die Qualität der wertorientierten Berichterstattung. |

Als Indikatoren für die Unternehmensperformance wurden (1) der Betriebsgewinn, (2) das Ergebnis der gewöhnlichen Geschäftstätigkeit, (3) der Jahresüberschuss, (4) der EBIT[1247], (5) EBITDA[1248], (6) der EBDA[1249] und (7) die Gesamtkapitalrendite[1250] ausgewählt.[1251]

zu 6)

Eine weitere in der Literatur genannte Einflussgröße auf das Publizitätsverhalten von Unternehmen stellt der Verschuldungsgrad dar.[1252] Die Verschuldung eines Unternehmens bildet eine wesentliche Kenngröße der Kapitalstruktur- bzw. Finanzierungsanalyse, die Aufschluss „über Quellen und Zusammensetzung nach Art, Sicherheit und Fristigkeit des Kapitals zum Zwecke der Abschätzung der Finanzierungsrisiken geben"[1253] soll. „Die sich im Verschuldungsgrad offenbarende Kapitalstruktur kann als Indiz für die Inanspruchnahme des Kapitalmarktes und das Risiko für neue Kredite angesehen werden."[1254]

Grundsätzlich ist anzunehmen, dass Unternehmen mit einem geringerem Verschuldungsgrad tendenziell leichter Kapital akquirieren können als Unterneh-

---

1247 Earnings before Interest and Taxes.

1248 Earnings before Interest, Taxes, Depreciation and Amortization.

1249 Earnings before Depreciation and Amortization.

1250 Die Gesamtkapitalrendite ergibt sich aus dem Verhältnis von EBIT zum Gesamtkapital. Vgl. z.B. Baetge (1998), S. 430.

1251 Wagenhofer/Ewert (2003), S. 363 weisen darauf hin, dass die Erfolgssituation eines Unternehmens i.d.R. über Rentabilitätskennzahlen gemessen wird. Zusätzlich zu der Gesamtkapitalrendite werden in der vorliegenden Untersuchung weitere absolute Kennzahlen für den Unternehmenserfolg einbezogen, da diese ebenso Aufschluss über den Erfolg eines Unternehmens geben. Vgl. z.B. Küting/Weber (2001), S. 188ff. Vgl. zur Berechnung der einzelnen Kennzahlen Coenenberg (2003a), S. 975ff. und S. 1052; Küting/Weber (2001), S. 307ff.

1252 Vgl. zur Untersuchung des Verschuldungsgrades als Einflussgröße auf die wertorientierte Berichterstattung in der Pharmabranche Fischer (2003), S. 212ff. und als Einflussgröße auf die freiwillige Berichterstattung z.B. Meek/Roberts/Gray (1995); Raffournier (1995). Vgl. ferner Wagenhofer/Ewert (2003), S. 362.

1253 Coenenberg (2003a), S. 954.

1254 Häger (1993), S. 152.

men mit einem hohen Verschuldungsgrad, da bei Unternehmen mit einem höheren Verschuldungsgrad ein höheres Ausfallrisiko oder im Extremfall die Gefahr einer Insolvenz besteht.[1255] Zur Abschätzung ihrer Risikoposition sind Kapitalgeber daher insbesondere bei Unternehmen mit einem hohen Verschuldungsgrad an zusätzlichen wertorientierten Informationen interessiert.[1256] Vor diesem Hintergrund kann vermutet werden, dass Unternehmen mit einem hohen Verschuldungsgrad mehr Informationen publizieren als Unternehmen mit einem niedrigen Verschuldungsgrad, um die Informationskosten der Kapitalgeber zu verringern.[1257]

Gegen diese Vermutung spricht allerdings, dass Kreditgeber ihre Entscheidungen in der Regel nicht allein auf öffentlich publizierten Informationen des Unternehmens basieren, sondern sich zusätzliche Informationen vertraglich zusichern lassen.

Um zu untersuchen, ob ein signifikanter Zusammenhang zwischen der Verschuldung und der Qualität der wertorientierten Berichterstattung besteht, wurde folgende Hypothese 14 formuliert:

| | |
|---|---|
| Hypothese 14: | Der Verschuldungsgrad hat Einfluss auf die Qualität der wertorientierten Berichterstattung. |

Als Indikatoren für den Verschuldungsgrad wurden die Kennzahlen statischer Verschuldungsgrad 1[1258] und dynamischer Verschuldungsgrad[1259] verwendet.[1260]

---

1255 Vgl. z.B. Picot (1998), S. 1103ff.; § 19 I InsO.

1256 Vgl. hierzu und im Folgenden Wagenhofer/Ewert (2003), S. 362.

1257 Vgl. hierzu auch Fischer (2003), S. 212, der darauf hinweist, dass sich mit zunehmendem Verschuldungsgrad erwartungsgemäß die Agency-Kosten erhöhen. In Abschnitt 2.2.2.2 wurde erläutert, dass die Agency-Kosten als Effizienzkriterium für die Gestaltung von Prinzipal-Agenten-Beziehungen angesehen werden. Grundsätzlich ist davon auszugehen, dass mit zunehmenden Interessenskonflikten zwischen Agent und Prinzipal auch die Agency-Kosten steigen. Je höher die Agency-Kosten sind, desto höher sind wiederum die Erfolgswirkungen der Lösungsmöglichkeiten für den Abbau der Informationsasymmetrien. Als eine Lösungsmöglichkeit wurde das 'signaling' dargestellt, wobei die wertorientierte Berichterstattung grundsätzlich als Signal angesehen werden kann. Zur Abschätzung der dargestellten Zusammenhänge wird in der Literatur auf sog. Agency-Variablen zurück gegriffen. Eine mögliche Agency-Variable stellt der Verschuldungsgrad dar.

1258 Der statische Verschuldungsgrad 1 ergibt sich aus dem Verhältnis von Eigenkapital zum Fremdkapital.

1259 Der dynamische Verschuldungsgrad ergibt sich aus dem Verhältnis von Effektivverschuldung zum Cash Flow. Die Effektivverschuldung errechnet sich aus der Summe von Verbindlichkeiten und Rückstellungen abzüglich der Wertpapiere des Umlaufvermögens und der liquiden Mittel. Vgl. Coenenberg (2003a), S. 969f. Der Cash Flow kann approximativ als Jahresüberschuss zuzüglich Abschreibungen auf Sachanlage-

zu 7)

Die Finanzkraft stellt neben den bereits genannten Faktoren eine weitere mögliche Einflussgröße auf das Publizitätsverhalten von Unternehmen dar.[1261] Grundsätzlich geht es bei der Ermittlung der Finanzkraft um die Fragestellung, welcher Teil des Fremdkapitals durch das erwirtschaftete Ergebnis gedeckt bzw. durch die erwirtschafteten Zahlungsüberschüsse getilgt werden kann.[1262] Solvente Unternehmen werden erwartungsgemäß eine höhere Finanzkraft besitzen als tendenziell insolvenzgefährdete Unternehmen. Hinsichtlich der wertorientierten Berichterstattung kann argumentiert werden, dass Unternehmen mit einer geringen Finanzkraft mehr wertorientierte Informationen publizieren als Unternehmen mit einer hohen Finanzkraft, um den Kapitalgebern eine bessere Abschätzung ihrer Risikoposition zu ermöglichen.

Andererseits kann, analog zur Argumentation hinsichtlich der Unternehmensperformance, argumentiert werden, dass Unternehmen mit einer vergleichsweise hohen Finanzkraft zusätzliche wertorientierte Informationen publizieren, da eine hohe Finanzkraft an sich bereits eine günstige Information ist.

Um zu untersuchen, ob ein signifikanter Zusammenhang zwischen der Finanzkraft und der Qualität der wertorientierten Berichterstattung besteht, wurde folgende Hypothese 15 formuliert:

| | |
|---|---|
| Hypothese 15: | Die Finanzkraft hat Einfluss auf die Qualität der wertorientierten Berichterstattung. |

Als Indikatoren für die Finanzkraft eines Unternehmens wurden die Kennzahlen (1) operatives Ergebnis/Fremdkapital, (2) operatives Ergebnis/langfristiges Fremdkapital, (3) Jahresüberschuss/Fremdkapital, (4) Jahresüberschuss/langfristiges Fremdkapital, (5) Cash Flow/Fremdkapital[1263] und (6) Cash Flow/langfristiges Fremdkapital verwendet.[1264]

---

vermögen und auf immaterielle Vermögensgegenstände des Anlagevermögens berechnet werden und entspricht folglich dem EBDA. Vgl. Baetge (1998), S. 592.

1260 Vgl. zu der Berechnung der einzelnen Kennzahlen Coenenberg (2003a), S. 955 und S. 980.

1261 Vgl. zur Untersuchung der Finanzkraft als Einflussgröße auf die risikoorientierte Publizität Vielmeyer (2004), S. 334f.

1262 Vgl. hierzu und im Folgenden Baetge (1998), S. 591ff.

1263 Der Cash Flow kann approximativ als Jahresüberschuss zuzüglich Abschreibungen auf Sachanlagevermögen und auf immaterielle Vermögensgegenstände des Anlagevermögens berechnet werden und entspricht folglich dem EBDA. Vgl. ähnlich Baetge (1998), S. 592.

1264 Vgl. ähnlich Baetge (1998), S. 584 und S. 591ff.

zu 8)

Auch die Liquidität stellt eine mögliche Einflussgröße auf das Publizitätsverhalten von Unternehmen dar.[1265] Die Liquiditätsanalyse zielt auf den Zusammenhang zwischen Investition und Finanzierung.[1266] Unter Liquidität kann dabei allgemein die Fähigkeit eines Unternehmens verstanden werden, jederzeit seinen Zahlungsverpflichtungen nachzukommen. Entsprechend ist eine nachhaltige Liquidität für Unternehmen entscheidend, damit diese zahlungsfähig bleiben. Verfügen Unternehmen nicht über die erforderliche Liquidität, kann dies im Extremfall zur Zahlungsunfähigkeit und damit zur Insolvenz führen.[1267] Zudem erleichtert eine ausreichende Liquidität Unternehmen das Tätigen von Investitionen. Schließlich kann hinreichende Liquidität bspw. durch Rückführung von Fremdkapital zur Anpassung an eine gewünschte Kapitalstruktur dienen. Ebenso kann die Ausschüttungsquote unter Berücksichtigung der gesetzlichen Regelungen erhöht werden.

Bezogen auf die wertorientierte Berichterstattung kann argumentiert werden, dass Unternehmen mit einer niedrigen Liquidität mehr wertorientierte Informationen publizieren als Unternehmen mit einer hohen Liquidität, um den Kapitalgebern eine Abschätzung ihrer Risikoposition zu ermöglichen. Andererseits kann abermals das Argument angeführt werden, dass Unternehmen mit einer vergleichsweise hohen Liquidität zusätzliche wertorientierte Informationen publizieren, da eine hohe Liquidität an sich bereits eine günstige Information ist.

Um zu untersuchen, ob ein signifikanter Zusammenhang zwischen der Liquidität und der Qualität der wertorientierten Berichterstattung besteht, wurde folgende Hypothese 16 formuliert:

| | |
|---|---|
| Hypothese 16: | Die Liquidität hat Einfluss auf die Qualität der wertorientierten Berichterstattung. |

Zur empirischen Überprüfung der Hypothese wurden als Indikatoren für die Liquidität (1) der Deckungsgrad A[1268], (2) der Deckungsgrad B[1269], (3) die Liquidi-

[1265] Vgl. zur Untersuchung der Liquidität als Einflussgröße auf die risikoorientierte Publizität Vielmeyer (2004), S. 332f.

[1266] Vgl. hierzu und im Folgenden Coenenberg (2003a), S. 962.

[1267] Vgl. z.B. Picot (1998), S. 1107ff.; § 17I InsO.

[1268] Der Deckungsgrad A ergibt sich aus dem Verhältnis von Eigenkapital zum Anlagevermögen.

[1269] Der Deckungsgrad B ergibt sich aus dem Verhältnis von der Summe aus Eigenkapital und langfristigem Fremdkapital zum Anlagevermögen.

tät 1. Grades[1270], (4) die Liquidität 2. Grades[1271] und (5) die Liquidität 3. Grades[1272] verwendet.[1273]

zu 9)

Als weitere mögliche Einflussgröße auf die wertorientierte Berichterstattung kann die Kapitalbeteiligung der Mitarbeiter am Unternehmen angesehen werden.[1274]

Diesbezüglich kann argumentiert werden, dass die wertorientierte Berichterstattung mit wachsender Kapitalbeteiligung der Mitarbeiter am Unternehmen zurückgeht. Dafür sprechen zwei Argumente: Zum einen ist i.d.R. davon auszugehen, dass die Mitarbeiter über die für sie erforderlichen Informationen aus dem internen Berichtswesen verfügen. Zum anderen sind Unternehmen, deren Anteile zu großen Teilen von den Mitarbeitern gehalten werden, nicht in dem gleichen Umfang auf eine Finanzierung über den Kapitalmarkt angewiesen wie die Unternehmen, die sich nahezu ausschließlich über den Kapitalmarkt finanzieren.

Um zu untersuchen, ob ein signifikanter Zusammenhang zwischen der Kapitalbeteiligung der Mitarbeiter und der Qualität der wertorientierten Berichterstattung besteht, wurde folgende Hypothese 17 formuliert:

| | |
|---|---|
| Hypothese 17: | Die Kapitalbeteiligung der Mitarbeiter am Unternehmen hat einen Einfluss auf die Qualität der wertorientierten Berichterstattung. |

Zur empirischen Überprüfung der Hypothese wurde die Kapitalbeteiligung der Mitarbeiter aus Angaben in den jeweiligen Geschäftsberichten zur Anzahl von

---

1270 Die Liquidität 1. Grades ergibt sich aus dem Verhältnis von liquiden Mitteln zum kurzfristigem Fremdkapital.

1271 Die Liquidität 2. Grades ergibt sich aus dem Verhältnis von monetärem Umlaufvermögen zum kurzfristigem Fremdkapital. Das monetäre Umlaufvermögen errechnet sich dabei aus der Summe der liquiden Mittel, Forderungen mit einer Restlaufzeit von unter einem Jahr, sonstigen Vermögensgegenstände, Wertpapiere des Umlaufvermögens sowie aktiven Rechnungsabgrenzungsposten ohne Disagio. Vgl. Coenenberg (2003a), S. 925.

1272 Die Liquidität 3. Grades ergibt sich aus dem Verhältnis von der Summe aus monetärem Umlaufvermögen und Vorräten zum kurzfristigem Fremdkapital.

1273 Vgl. zu der Berechnung der einzelnen Kennzahlen Coenenberg (2003a), S. 966f.; Küting/Weber (2001), S. 118 und S. 123;

1274 Vgl. zur Untersuchung der Kapitalbeteiligung der Mitarbeiter als Einflussgröße auf die risikoorientierte Publizität Vielmeyer (2004), S. 335.

ausgegebenen Aktienoptionen und anderen Beteiligungsformen abgeleitet. In den Fällen, in denen sich die Mitarbeiterbeteiligung auf Vorstände und Führungskräfte eingrenzen ließ, wurde deren Beteiligung als Mitarbeiterbeteiligung herangezogen. Diese Vorgehensweise wird damit begründet, dass sowohl Vorstände als auch Führungskräfte die Ausgestaltung der wertorientierten Berichterstattung wesentlich beeinflussen können.[1275]

zu 10)

In der Literatur wird als weiterer Einflussfaktor auf das Publizitätsverhalten von Unternehmen u.a. die Aktionärsstruktur genannt.[1276] „Wesentliches Kennzeichen der Aktionärsstruktur eines Unternehmens ist der Anteil breit gestreuter Aktien am Aktienkapital des Unternehmens, die nicht in festem Besitz sind (Streubesitzanteil oder free float).“[1277] Der Einfluss des Streubesitzanteils als Ausdruck für die Aktionärsstruktur auf die Berichterstattung der Unternehmen wird in der Literatur kontrovers diskutiert.[1278]

Folgende Argumente, die dafür sprechen, dass börsennotierte Kapitalgesellschaften mit einem breit gestreuten Aktienkapital vergleichsweise umfangreich wertorientierte Informationen publizieren, werden in der Literatur genannt:

- Unternehmen mit einer breit gestreuten Anzahl an Aktionären sind stärker auf das Vertrauen der Financial Community angewiesen. Das Vertrauen kann die Unternehmensleitung durch die Berichterstattung über die wirtschaftlichen Verhältnisse und damit durch eine wertorientierte Berichterstattung aufbauen; ferner kommt Unternehmen mit einem breit gestreuten Aktienkapital zumeist ein höherer Bekanntheitsgrad und folglich der Berichterstattung über die wirtschaftlichen Verhältnisse eine hohe Aufmerksamkeit zu;
- v.a. große deutsche Publikumsgesellschaften mit einer breit gestreuten Anzahl an Aktionären streben oftmals eine internationale Börsennotierung an; hier unterliegen sie der Einschätzung internationaler Kapitalgeber, die zu-

---

1275 Vgl. hierzu Vielmeyer (2004), S. 335.

1276 Vgl. zur Untersuchung der Aktionärsstruktur als Einflussgröße auf die wertorientierte Berichterstattung in der Pharmabranche Fischer (2003), S. 212ff., als Einflussgröße auf die Zwischenberichterstattung Rolvering (2002), S. 18ff., als Einflussgröße auf die Berichterstattung im Anhang Armeloh (1998), S. 249ff. und als Einflussgröße auf die freiwillige Berichterstattung z.B. Raffournier (1995). Vgl. ferner Wagenhofer/Ewert (2003), S. 362.

1277 Rolvering (2002), S. 18. Im Original teilweise kursiv.

1278 Vgl. zu den folgenden Argumenten für und gegen einen erhöhten Ausweis an Informationen seitens Unternehmen mit einem breit gestreuten Aktienkapital z.B. Armeloh (1998), S. 249f.; Rolvering (2002), S. 18ff.

meist eine umfangreichere Berichterstattung gewohnt sind. Zudem können Unternehmen den Kapitalgebern die private Informationssuche erleichtern.

Gegen einen erhöhten Ausweis an wertorientierten Informationen seitens Unternehmen mit einem breit gestreuten Aktienkapital kann das Argument aufgeführt werden, dass mit einer breit gestreuten Anzahl der Aktionäre ein abnehmender Einfluss des einzelnen Aktionärs auf das Unternehmen und demzufolge auf die Berichterstattung anzunehmen ist.[1279]

Um zu untersuchen, ob ein signifikanter Zusammenhang zwischen der Aktionärsstruktur und der Qualität der wertorientierten Berichterstattung besteht, wurde folgende Hypothese 18 formuliert:

| | |
|---|---|
| Hypothese 18: | Die Aktionärsstruktur hat einen Einfluss auf die Qualität der wertorientierten Berichterstattung. |

### 7.2.3 Überprüfung der Hypothesen

Nachdem die potenziellen Einflussfaktoren auf die wertorientierte Berichterstattung erläutert und detailliert sowie die entsprechenden Hypothesen formuliert wurden, werden diese nachfolgend anhand statistischer Testverfahren überprüft.

Hypothese 9 besagte, dass die verwendete Rechnungslegungsnorm im Konzernabschuss einen Einfluss auf die Qualität der wertorientierten Berichterstattung hat. Diese Hypothese wurde mittels einer einfaktoriellen ANOVA überprüft. Die Ergebnisse zeigt Abb. 140.

Wie Abb. 140 zu entnehmen ist, ergeben sich für alle vier betrachteten Geschäftsjahre höchst signifikante Unterschiede für die Value Reporting-Scores in Abhängigkeit von der verwendeten Rechnungslegungsnorm der Unternehmen. Demzufolge kann gemäß Hypothese 9 ein signifikanter Zusammenhang zwi-

---

1279 Vgl. hierzu und zur weiteren Fn. Armeloh (1998), S. 249; Rolvering (2002), S. 19f. In der Literatur ist ferner ein zweites Argument zu finden, dass dagegen spricht, dass Unternehmen mit einem breit gestreuten Aktienkapital mehr Informationen zur Verfügung stellen. So wird angeführt, dass einzelnen Großaktionären, bspw. weil sie einen Aufsichtsratsitz im Unternehmen haben, interne Unterlagen zur Verfügung gestellt werden. Dieses Argument wird jedoch aufgrund der Gefahr der Kollision mit dem Insiderhandelsverbot gemäß § 14 WpHG entkräftet. Ferner ist in diesem Zusammenhang auf die Empfehlung des DCGK zur Gleichbehandlung aller Aktionäre hinsichtlich der Informationsbereitstellung sowie auf die Regulation FD hinzuweisen, die Unternehmen, welche den Vorschriften der SEC unterliegen, verpflichtet, Kleinaktionäre

schen der Qualität der wertorientierten Berichterstattung und der verwendeten Rechnungslegungsnorm im Konzernabschluss börsennotierter deutscher Unternehmen für alle Geschäftsjahre konstatiert werden.

| | | Quadratsumme | df | Mittel der Quadrate | F | Signifikanz |
|---|---|---|---|---|---|---|
| 1999 | Zwischen den Gruppen | 299,584 | 3 | 99,861 | 9,082 | 0*** |
| | Innerhalb der Gruppen | 923,668 | 84 | 10,996 | | |
| | Gesamt | 1223,252 | 87 | | | |
| 2000 | Zwischen den Gruppen | 170,355 | 3 | 56,785 | 4,519 | **0,005*** ** |
| | Innerhalb der Gruppen | 1080,587 | 86 | 12,565 | | |
| | Gesamt | 1250,942 | 89 | | | |
| 2001 | Zwischen den Gruppen | 329,369 | 3 | 109,79 | 9,524 | 0*** |
| | Innerhalb der Gruppen | 979,83 | 85 | 11,527 | | |
| | Total | 1309,199 | 88 | | | |
| 2002 | Zwischen den Gruppen | 254,818 | 3 | 84,939 | 6,859 | 0*** |
| | Innerhalb der Gruppen | 1027,843 | 83 | 12,384 | | |
| | Gesamt | 1282,661 | 86 | | | |

*** p<=0,01 (höchst signifikant); ** p<=0,05 (sehr signifikant); * p<=0,1 (signifikant)

*Abb. 140: Signifikanztest zum Value Reporting-Score in Abhängigkeit von der verwendeten Rechnungslegungsnorm der Unternehmen*

Um zu ermitteln, zwischen welchen Unternehmen im Einzelnen signifikante Unterschiede bestehen, wurde für jedes Geschäftsjahr der Waller-Duncan-Test durchgeführt (Signifikanzniveau $p \leq 0{,}05$).[1280] Wie Abb. 141 zeigt, sind für das Geschäftsjahr 1999 drei homogene Untergruppen zu unterscheiden. Die erste Untergruppe enthält Unternehmen, die nach HGB und Unternehmen, die nach IAS bilanzieren, die zweite Untergruppe Unternehmen, die nach IAS und Unternehmen, die nach US-GAAP bilanzieren und die dritte Untergruppe Unternehmen, die nach US-GAAP und Unternehmen, die nach HGB/US-GAAP[1281] bilanzieren. Während sich die drei homogenen Untergruppen signifikant voneinander unterschieden, bestehen innerhalb der Untergruppen keine signifikanten Unterschiede. Die Unternehmen, die nach HGB bilanzieren unterschieden sich demzufolge nicht signifikant von den Unternehmen, die nach IAS bilanzieren. Gleiches gilt für Unternehmen, die nach IAS bilanzieren und Unternehmen, die nach US-GAAP bilanzieren bzw. für Unternehmen, die nach US-GAAP bilanzieren und Unternehmen, die nach HGB/US-GAAP bilanzieren. Für die Geschäftsjahre 2000 - 2002 sind jeweils zwei homogene Gruppen zu unterscheiden, zwischen

und Analysten bzw. institutionellen Anlegern hinsichtlich der Informationsbereitstellung gleich zu behandeln. Vgl. hierzu bereits den Exkurs in Abschnitt 3.1.1.

1280 Der Waller-Duncan-Test wurde angewendet, da homogene Varianzen vorlagen.

denen signifikante Unterschiede bestehen. In den Geschäftsjahren 2001 und 2002 unterscheiden sich lediglich die Unternehmen, die nach HGB/US-GAAP bilanzieren signifikant von den anderen Unternehmen.

| Rechnungslegungs-norm | 1999 N | 1999 Untergruppe für Alpha = .05: 1 | 2 | 3 | 2000 N | 2000 Untergruppe für Alpha = .05: 1 | 2 | 2001 N | 2001 Untergruppe für Alpha = .05: 1 | 2 | 2002 N | 2002 Untergruppe für Alpha = .05: 1 | 2 |
|---|---|---|---|---|---|---|---|---|---|---|---|---|---|
| HGB | 54 | 9,56 | | | 43 | 11,28 | | 33 | 11,28 | | 25 | 12,37 | |
| IAS | 21 | 12,49 | 12,49 | | 27 | 13,26 | | 35 | 14,42 | | 40 | 15,64 | |
| US-GAAP | 11 | | 13,79 | 13,79 | 18 | 13,97 | 13,97 | 19 | 14,77 | | 20 | 15,71 | |
| HGB/US-GAAP | 2 | | | 16,25 | 2 | | 17,62 | 2 | | 20,82 | 2 | | 20,37 |

Mittelwerte für die in homogenen Untergruppen befindlichen Gruppen werden angezeigt.

Verwendet wird ein harmonisches Mittel für Stichprobengröße = 6,088 (1999) bzw. 6,495 (2000) bzw. 6,541 (2001) bzw. 6,504 (2002).

Die Gruppengrößen sind nicht identisch. Es wird das harmonische Mittel der Gruppengrößen verwendet. Fehlerniveaus des Typs 1 sind nicht garantiert.

*Abb. 141: Waller-Duncan-Test zum Value Reporting-Score in Abhängigkeit von der verwendeten Rechnungslegungsnorm der Unternehmen*

Ferner wurde Hypothese 10, die besagt, dass die Branchenzugehörigkeit der Unternehmen einen Einfluss auf die Qualität der wertorientierten Berichterstattung hat, mittels einer einfaktoriellen ANOVA überprüft. Die Ergebnisse zeigt Abb. 142.

Wie Abb. 142 zu entnehmen ist, bestehen höchst signifikante Unterschiede zwischen Unternehmen verschiedener Branchen für das Geschäftsjahr 1999, sehr signifikante Unterschiede für das Geschäftsjahr 2000 und signifikante Unterschiede für das Geschäftsjahr 2001. Demgegenüber sind für das Geschäftsjahr 2002 keine signifikanten Unterschiede zwischen Unternehmen verschiedener Branchen zu konstatieren. Gemäß Hypothese 10 kann demzufolge ein signifikanter Zusammenhang zwischen der Qualität der wertorientierten Berichterstattung und der Branchenzugehörigkeit der Unternehmen ausschließlich für die Geschäftsjahre 1999, 2000 sowie 2001 konstatiert werden.

---

[1281] Eine Bilanzierung nach HGB/US-GAAP bedeutet, dass ein Konzernabschluss und Konzernlagebericht nach handelsrechtlichen Vorschriften und eine Überleitungsrechnung auf US-GAAP für das Eigenkapital sowie das Ergebnis erstellt wird.

| | | Quadratsumme | df | Mittel der Quadrate | F | Signifikanz |
|---|---|---|---|---|---|---|
| 1999 | Zwischen den Gruppen | 261,183 | 7 | 37,312 | 3,103 | **0,006*** ** |
| | Innerhalb der Gruppen | 962,069 | 80 | 12,026 | | |
| | Gesamt | 1223,252 | 87 | | | |
| 2000 | Zwischen den Gruppen | 197,592 | 7 | 28,227 | 2,197 | **0,043** ** |
| | Innerhalb der Gruppen | 1053,351 | 82 | 12,846 | | |
| | Gesamt | 1250,942 | 89 | | | |
| 2001 | Zwischen den Gruppen | 178,236 | 7 | 25,462 | 1,824 | **0,094* ** |
| | Innerhalb der Gruppen | 1130,963 | 81 | 13,963 | | |
| | Gesamt | 1309,199 | 88 | | | |
| 2002 | Zwischen den Gruppen | 107,798 | 7 | 15,4 | 1,036 | 0,413 |
| | Innerhalb der Gruppen | 1174,863 | 79 | 14,872 | | |
| | Gesamt | 1282,661 | 86 | | | |
| *** p<=0,01 (höchst signifikant); ** p<=0,05 (sehr signifikant); * p<=0,1 (signifikant) | | | | | | |

*Abb. 142: Signifikanztest zum Value Reporting-Score in Abhängigkeit von der Branchenzugehörigkeit der Unternehmen*

Um zu ermitteln, zwischen Unternehmen welcher Branchen im Einzelnen signifikante Unterschiede bestehen, wurde für 1999, 2000 und 2001 der Waller-Duncan-Test durchgeführt (Signifikanzniveau $p \leq 0{,}05$).[1282] Wie Abb. 143 zeigt, ergaben sich für das Geschäftsjahr 1999 zwei homogene Untergruppen, von denen eine aus den Unternehmen der Branche Versorger/Telekommunikation und die andere aus den Unternehmen der restlichen sieben Branchen besteht. Dieses Ergebnis bedeutet, dass sich der Value Reporting-Score der Unternehmen der Branche Versorger/Telekommunikation signifikant von den Value Reporting-Scores der Unternehmen der anderen sieben Branchen unterscheidet. Zwischen den Value Reporting-Scores der Unternehmen der anderen sieben Branchen bestehen hingegen keine signifikanten Unterschiede. Ebenso sind auch für die Geschäftsjahre 2000 und 2001 jeweils zwei homogene Untergruppen zu unterscheiden, zwischen denen signifikante Unterschiede bestehen. Untergruppe 1 besteht jeweils aus Unternehmen der Branchen Finanzdienste, Einzelhandel/Konsum, Bau, Automobil/Transport, Maschinenbau/Industrie, Chemie/Pharma/Biotechnologie sowie Software/Technologien. In der Untergruppe 2 sind im Geschäftsjahr 2000 Unternehmen der Branchen Maschinenbau/Industrie, Chemie/Pharma/Biotechnologie, Software/Technologien und Versorger/Telekommunikation enthalten, im Geschäftsjahr 2001 lediglich Unternehmen der Branchen Chemie/Pharma/Biotechnologie, Software/Technologien und Versorger/Telekommunikation.

---

[1282] Der Waller-Duncan-Test wurde angewendet, da homogene Varianzen vorlagen.

| Branche | 1999 N | 1999 Untergruppe für Alpha = .05 1 | 1999 Untergruppe für Alpha = .05 2 | 2000 N | 2000 Untergruppe für Alpha = .05 1 | 2000 Untergruppe für Alpha = .05 2 | 2001 N | 2001 Untergruppe für Alpha = .05 1 | 2001 Untergruppe für Alpha = .05 2 |
|---|---|---|---|---|---|---|---|---|---|
| Finanzdienste | 6 | 8,77 | | 6 | 9,92 | | 16 | 11,76 | |
| Einzelhandel/Konsum | 16 | 9,38 | | 4 | 10,93 | | 4 | 12,53 | |
| Bau | 4 | 10,01 | | 16 | 11,06 | | 5 | 12,63 | |
| Automobil/Transport | 14 | 10,26 | | 14 | 12,23 | | 14 | 13,03 | |
| Maschinenbau/Industrie | 23 | 10,91 | | 23 | 12,75 | 12,75 | 23 | 13,39 | |
| Chemie/Pharma/Biotechnologie | 16 | 12,40 | | 16 | 13,82 | 13,82 | 16 | 14,45 | 14,45 |
| Software/Technologien | 7 | 12,65 | | 8 | 14,13 | 14,13 | 8 | 14,93 | 14,93 |
| Versorger/Telekommunikation | 2 | | 18,99 | 3 | | 17,09 | 3 | | 18,92 |

Mittelwerte für die in homogenen Untergruppen befindlichen Gruppen werden angezeigt.
Verwendet wird ein harmonisches Mittel für Stichprobengröße = 6,157 (1999) bzw. 7,175 (2000) bzw. 6,967 (2001) bzw. 7,018 (2002).
Die Gruppengrößen sind nicht identisch. Es wird das harmonische Mittel der Gruppengrößen verwendet. Fehlerniveaus des Typs 1 sind nicht garantiert.

*Abb. 143: Waller-Duncan-Test zum Value Reporting-Score in Abhängigkeit von der Branchenzugehörigkeit der Unternehmen*

Hypothese 11 besagte, dass die Börsenindexzugehörigkeit der Unternehmen einen Einfluss auf die Qualität der wertorientierten Berichterstattung hat. Diese Hypothese wurde sowohl für die alte als auch für die neue Indexzugehörigkeit der Unternehmen untersucht.

Anhand des t-Tests wurde überprüft (Signifikanzniveau $p \leq 0,05$), ob sich die Qualität der wertorientierten Berichterstattung der zu Beginn der Untersuchung im DAX 30 und im MDAX notierten Unternehmen signifikant unterscheidet. Wie Abb. 144 zeigt, ergeben sich für alle vier betrachteten Geschäftsjahre signifikante Unterschiede zwischen Unternehmen des DAX und des MDAX.[1283] Hypothese 11 kann folglich angenommen und ein signifikanter Zusammenhang zwischen der Börsenindexzugehörigkeit der Unternehmen und der Qualität der wertorientierten Berichterstattung festgestellt werden.

[1283] Der Levene-Test ergab für die verschiedenen Geschäftsjahre homogene Varianzen.

| | | Levene-Test der Varianz-gleichheit | | T-test für die Mittelwertgleichheit | | | | | | |
|---|---|---|---|---|---|---|---|---|---|---|
| | | F | Sig. | t | df | Sig. (2-seitig) | Mittlere Differenz | Standard-fehler der Differenz | 95% Konfidenzintervall der Mittelwerte | |
| Geschäftsjahr | | | | | | | | | Untere | Obere |
| 1999 | Varianzen sind gleich | 4 | 0,49 | 3,84 | 86 | 0*** | 3,2938 | 0,8578 | 1,5885 | 4,9991 |
| | Varianzen sind nicht gleich | | | 3,484 | 31,063 | 0,001 | 3,2938 | 0,9454 | 1,3657 | 5,2219 |
| 2000 | Varianzen sind gleich | 0,334 | 0,565 | 3,62 | 88 | 0*** | 3,0355 | 0,8384 | 1,3693 | 4,7017 |
| | Varianzen sind nicht gleich | | | 3,415 | 36,845 | 0,002 | 3,0355 | 0,8889 | 1,2341 | 4,8369 |
| 2001 | Varianzen sind gleich | 0,008 | 0,931 | 4,24 | 87 | 0*** | 3,5767 | 0,8435 | 1,9002 | 5,2532 |
| | Varianzen sind nicht gleich | | | 4,423 | 44,717 | 0 | 3,5767 | 0,8087 | 1,9476 | 5,2058 |
| 2002 | Varianzen sind gleich | 0,921 | 0,34 | 2,908 | 85 | 0,005*** | 2,5839 | 0,8887 | 0,8170 | 4,3508 |
| | Varianzen sind nicht gleich | | | 3,379 | 58,472 | 0,001 | 2,5839 | 0,7647 | 1,0534 | 4,1144 |
| *** p<=0,01 (höchst signifikant); ** p<=0,05 (sehr signifikant); * p<=0,1 (signifikant) | | | | | | | | | | |

*Abb. 144: t-Test zum Value Reporting-Score in Abhängigkeit von der ehemaligen Börsenindexzugehörigkeit der Unternehmen*

Zur Überprüfung von Hypothese 11 hinsichtlich der neuen Börsenindexzugehörigkeit der Unternehmen wurde eine einfaktorielle ANOVA angewendet (Signifikanzniveau $p \leq 0{,}05$). Die Ergebnisse zeigt Abb. 145.

| | | Quadratsumme | df | Mittel der Quadrate | F | Signifikanz |
|---|---|---|---|---|---|---|
| 1999 | Zwischen den Gruppen | 254,607 | 4 | 63,652 | 5,454 | **0,001*** ** |
| | Innerhalb der Gruppen | 968,645 | 83 | 11,67 | | |
| | Gesamt | 1223,252 | 87 | | | |
| 2000 | Zwischen den Gruppen | 165,836 | 4 | 41,459 | 3,248 | **0,016** ** |
| | Innerhalb der Gruppen | 1085,107 | 85 | 12,766 | | |
| | Gesamt | 1250,942 | 89 | | | |
| 2001 | Zwischen den Gruppen | 292,045 | 4 | 73,011 | 6,03 | **0*** ** |
| | Innerhalb der Gruppen | 1017,154 | 84 | 12,109 | | |
| | Total | 1309,199 | 88 | | | |
| 2002 | Zwischen den Gruppen | 280,485 | 4 | 70,121 | 5,737 | **0*** ** |
| | Innerhalb der Gruppen | 1002,176 | 82 | 12,222 | | |
| | Gesamt | 1282,661 | 86 | | | |
| *** p<=0,01 (höchst signifikant); ** p<=0,05 (sehr signifikant); * p<=0,1 (signifikant) | | | | | | |

*Abb. 145: Signifikanztest zum Value Reporting-Score in Abhängigkeit von der neuen Börsenindexzugehörigkeit der Unternehmen*

Wie Abb. 145 zu entnehmen ist, bestehen höchst signifikante Unterschiede zwischen Unternehmen verschiedener Indizes für die Geschäftsjahre 1999, 2001 sowie 2002 und sehr signifikante Unterschiede für das Geschäftsjahr 2000. Gemäß Hypothese 11 kann ein signifikanter Zusammenhang zwischen der Qualität der wertorientierten Berichterstattung und der neuen Indexzugehörigkeit der Unternehmen für alle Geschäftsjahre konstatiert werden.

Um zu ermitteln, zwischen Unternehmen welcher Indizes im Einzelnen signifikante Unterschiede bestehen, wurde für die Geschäftsjahre 1999, 2000 und 2002 der Waller-Duncan-Test durchgeführt (Signifikanzniveau $p \leq 0,05$).[1284] Wie Abb. 146 zeigt, sind für die Geschäftsjahre 1999 und 2002 jeweils drei und für das Geschäftsjahr 2000 zwei homogene Gruppen zu unterscheiden, zwischen denen signifikante Unterschiede bestehen. Zur Überprüfung der signifikanten Unterschiede im Geschäftsjahr 2001 kam der Dunnett-C-Test zur Anwendung (Signifikanzniveau $p \leq 0,05$).[1285] Dieser ergab, dass signifikante Unterschiede zwischen Unternehmen des DAX und Unternehmen des MDAX bestehen.

| Neuindex | 1999 | | | | 2000 | | | 2002 | | | |
|---|---|---|---|---|---|---|---|---|---|---|---|
| | N | Untergruppe für Alpha = .05 | | | N | Untergruppe für Alpha = .05 | | N | Untergruppe für Alpha = .05 | | |
| | | 1 | 2 | 3 | | 1 | 2 | | 1 | 2 | 3 |
| kein Index | 6 | 6,4073 | | | 6 | 8,9245 | | 3 | 8,6194 | | |
| SDAX | 16 | 9,3678 | 9,3678 | | 16 | 11,742 | 11,742 | 4 | | 12,414 | |
| MDAX | 40 | | 11,03 | 11,03 | 40 | 12,317 | 12,317 | 16 | | 14,059 | 14,059 |
| TecDAX/NEMAX50 | 4 | | 12,357 | 12,357 | 4 | | 13,158 | 40 | | 14,457 | 14,457 |
| DAX | 22 | | | 12,887 | 24 | | 14,293 | 24 | | | 17,124 |

Mittelwerte für die in homogenen Untergruppen befindlichen Gruppen werden angezeigt.
Verwendet wird ein harmonisches Mittel für Stichprobengröße = 9,097 (1999) bzw. 9,160 (2000) bzw. 8,633 (2001) bzw. 7,018 (2002).
Die Gruppengrößen sind nicht identisch. Es wird das harmonische Mittel der Gruppengrößen verwendet. Fehlerniveaus des Typs 1 sind nicht garantiert.

*Abb. 146: Waller-Duncan-Test zum Value Reporting-Score in Abhängigkeit von der neuen Börsenindexzugehörigkeit der Unternehmen*

Die Hypothesen 12 - 18 wurden nicht einzeln getestet, sondern zusammen anhand eines zweistufigen Testverfahrens überprüft.

In einem ersten Schritt wurde eine bivariate Korrelation mittels des Korrelationskoeffizienten nach Pearson zwischen den Value Reporting-Scores und den verschiedenen Indikatoren durchgeführt. Die Ergebnisse sind in Abb. 147 dargestellt.

Der Abbildung ist zu entnehmen, dass in den vier Geschäftsjahren jeweils verschiedene Indikatoren mit den Value Reporting-Scores signifikant korrelierten. Im Einzelnen ergaben für jeweils mindestens ein Geschäftsjahr signifikante Korrelationskoeffizienten zwischen den Value Reporting-Scores und allen Indikatoren für die Unternehmensgröße, die Unternehmensperformance, die Finanzkraft sowie die Mitarbeiterbeteiligung. Die gleichen Ergebnisse zeigten sich zwischen

---

1284 Der Waller-Duncan-Test wurde angewendet, da homogene Varianzen vorlagen.

1285 Für das Geschäftsjahr 1999 lagen keine homogenen Varianzen vor.

den Value Reporting-Scores und einem Indikator für die Verschuldung (Statischer Verschuldungsgrad 1) sowie drei Indikatoren für die Liquidität (Liquidität 1. – 3. Grades). Demgegenüber erwiesen sich die Korrelationskoeffizienten zwischen dem zweiten Indikator für die Verschuldung (Dynamischer Verschuldungsgrad), zwei weiteren Indikatoren für die Liquidität (Deckungsgrad A und B) sowie dem Streubesitz und den Value Reporting-Scores als nicht signifikant. Somit kann bereits an dieser Stelle konstatiert werden, dass die fünf zuletzt genannten Größen keine Einflussvariable für die Qualität der wertorientierten Berichterstattung darstellen.

| Hypothese | Indikator | 1999 | 2000 | 2001 | 2002 |
|---|---|---|---|---|---|
| | | Value Reporting-Score | | | |
| 12 | Umsatz | *** (+) | *** (+) | *** (+) | ** (+) |
| | Bilanzsumme | *** (+) | *** (+) | *** (+) | ** (+) |
| | Anzahl der Mitarbeiter | *** (+) | *** (+) | *** (+) | (a) |
| 13 | Betriebsergebnis | *** (+) | *** (+) | *** (+) | (n.s.) |
| | Ergebnis der gewöhnlichen Geschäftstätigkeit | *** (+) | *** (+) | (n.s.) | (n.s.) |
| | Jahresüberschuss | *** (+) | *** (+) | (n.s.) | (n.s.) |
| | EBIT | *** (+) | *** (+) | *** (+) | (n.s.) |
| | EBITDA | *** (+) | *** (+) | *** (+) | *** (+) |
| | EBDA | *** (+) | *** (+) | *** (+) | *** (+) |
| | Gesamtkapitalrentabilität | (n.s.) | (n.s.) | *** (+) | (n.s.) |
| 14 | Statischer Verschuldungsgrad 1 | * (-) | * (-) | (n.s.) | (n.s.) |
| | Dynamischer Verschuldungsgrad | (n.s.) | (n.s.) | (n.s.) | (n.s.) |
| 15 | Operatives Ergebnis/Fremdkapital | (n.s.) | * (+) | * (+) | (n.s.) |
| | Operatives Ergebnis/langfristiges Fremdkapital | (n.s.) | ** (-) | (n.s.) | * (-) |
| | Jahresüberschuss/ Fremdkapital | (n.s.) | * (+) | ** (+) | (n.s.) |
| | Jahresüberschuss/langfristiges Fremdkapital | (n.s.) | * (-) | (n.s.) | ** (-) |
| | Cash Flow/Fremdkapital | * (+) | ** (+) | (n.s.) | (n.s.) |
| | Cash Flow/langfristiges Fremdkapital | (n.s.) | * (-) | (n.s.) | * (-) |
| 16 | Deckungsgrad A | (n.s.) | (n.s.) | (n.s.) | (n.s.) |
| | Deckungsgrad B | (n.s.) | (n.s.) | (n.s.) | (n.s.) |
| | Liquidität 1. Grades | (n.s.) | *** (-) | * (+) | ** (+) |
| | Liquidität 2. Grades | (n.s.) | (n.s.) | ** (+) | ** (+) |
| | Liquidität 3. Grades | (n.s.) | (n.s.) | ** (+) | ** (+) |
| 17 | Kapitalbeteiligung der Mitarbeiter | * (-) | (n.s.) | (n.s.) | (a) |
| 18 | Streubesitz | (n.s.) | (n.s.) | (n.s.) | (n.s.) |

*** p<= 0,01; ** p<= 0,05; * p<= 0,1; (+)/(-) = Korrelationskoeffizient mit positivem/negativem Vorzeichen
(n.s.) Korrelationskoeffizient nicht signifikant
(a) Berechnung nicht möglich, da mindestens eine Variable konstant ist.

*Abb. 147: Ergebnisse der Korrelationskoeffizienten nach Pearson für die Geschäftsjahre 1999 - 2002*

Sämtliche Indikatoren, die hinsichtlich der Value Reporting-Scores zu einem signifikanten Koeffizienten führten, wurden in einem zweiten Schritt weiter untersucht. Dies erfolgte mittels einer multiplen linearen Regression, in welcher die Value Reporting-Scores die abhängige Variable und die als signifikant ermittelten Indikatoren die unabhängigen Variablen repräsentierten (Signifikanzniveau $p \leq 0{,}05$). Die Ergebnisse der linearen Regression zeigt Abb. 148.

Aus Abb. 148 wird ersichtlich, dass in den Geschäftsjahren 1999, 2000 und 2002 jeweils nur ein Indikator für die Unternehmensperformance einen Erklärungsbeitrag für die Value Reporting-Scores leistet (vgl. (a), (b), (g)). Für die Geschäftsjahre 1999 und 2000 war dies der EBDA, für das Geschäftsjahr 2002 der EBITDA. Darüber hinaus stellt der EBITDA als ein Indikator für die Unternehmensperformance im Geschäftsjahr 2001 die Variable mit dem stärksten Erklärungsbeitrag für die Value Reporting-Scores dar (vgl. (c)).[1286] Gemäß Hypothese 13 kann daher für alle vier Geschäftsjahre ein signifikanter Zusammenhang zwischen der Qualität der wertorientierten Berichterstattung und einem Indikator für die Unternehmensperformance konstatiert werden. Da die Korrelationskoeffizienten nach Pearson zwischen den Value Reporting-Scores und den genannten Indikatoren für die Unternehmensperformance positive Vorzeichen hatten, ist zu schlussfolgern, dass die Qualität der wertorientierten Berichterstattung von Unternehmen mit einer besseren Performance höher war als die von Unternehmen mit einer schlechten Performance.

| | Modell | R | R-Quadrat | Korrigiertes R-Quadrat | Standardfehler des Schätzers |
|---|---|---|---|---|---|
| 1999 | 1 | ,494(a) | 0,244 | 0,234 | 3,327665218 |
| | (a) Einflussvariablen: (Konstante), EBDA | | | | |
| 2000 | 1 | ,426(b) | 0,182 | 0,171 | 3,423975904 |
| | (b) Einflussvariablen: (Konstante), EBDA | | | | |
| 2001 | 1 | ,416(c) | 0,173 | 0,162 | 3,492477747 |
| | 2 | ,518(d) | 0,268 | 0,248 | 3,308615191 |
| | 3 | ,565(e) | 0,319 | 0,29 | 3,213931464 |
| | 4 | ,597(f) | 0,357 | 0,321 | 3,144712286 |
| | (c) Einflussvariablen: (Konstante), EBITDA | | | | |
| | (d) Einflussvariablen: (Konstante), EBITDA, Liquidität 3. Grades | | | | |
| | (e) Einflussvariablen: (Konstante), EBITDA, Liquidität 3. Grades, Bilanzsumme | | | | |
| | (f) Einflussvariablen: (Konstante), EBITDA, Liquidität 3. Grades, Bilanzsumme, Jahresüberschuss/Fremdkapital | | | | |
| 2002 | 1 | ,432(g) | 0,186 | 0,174 | 3,022240034 |
| | (g) Einflussvariablen: (Konstante), EBITDA | | | | |

*Abb. 148: Multiple lineare Regression zwischen dem Value Reporting-Score und weiteren Unternehmenskennzahlen*

Darüber hinaus ist Abb. 148 zu entnehmen, dass im Geschäftsjahr 2001 weitere Indikatoren einen Erklärungsbeitrag für die Value Reporting-Scores leisten (vgl. (d) – (f)). Neben einem Indikator für die Liquidität (Liquidität 3. Grades) waren

[1286] SPSS wählt für den ersten Schritt, d.h. das Modell 1, die Variable aus, die den höchsten Korrelationskoeffizienten mit der abhängigen Variable hat. Vgl. Backhaus u.a. (2000), S. 59.

dies ein Indikator für die Unternehmensgröße (Bilanzsumme) und ein Indikator für die Finanzkraft (Jahresüberschuss/Fremdkapital). Gemäß den Hypothesen 16, 12 und 15 kann daher für das Geschäftsjahr 2001 ein signifikanter Zusammenhang zwischen der Qualität der wertorientierten Berichterstattung und einem Indikator für die Liquidität, die Unternehmensgröße sowie die Finanzkraft festgestellt werden. Für die anderen drei Geschäftsjahre konnten die drei Hypothesen nicht bestätigt werden. Die Korrelationskoeffizienten nach Pearson zwischen den Value Reporting-Scores und den genannten Indikatoren hatten wiederum positive Vorzeichen. Demzufolge war die Qualität von Unternehmen mit einer größeren Liquidität 3. Grades, einer größeren Bilanzsumme oder einem größeren Jahresüberschuss-Fremdkapitalverhältnis höher als die von Unternehmen mit einer kleineren Liquidität 3. Grades, einer kleineren Bilanzsumme oder einem kleineren Jahresüberschuss-Fremdkapitalverhältnis

In keinem der vier betrachteten Geschäftsjahre stellte ein Indikator für die Verschuldung, die Kapitalbeteiligung der Mitarbeiter sowie die Aktionärsstruktur eine Einflussvariable für die Qualität der wertorientierten Berichterstattung dar. Gemäß den Hypothesen 14, 17 und 18 kann damit für keines der betrachteten Geschäftsjahre ein signifikanter Zusammenhang zwischen der Qualität der wertorientierten Berichterstattung und der Verschuldung, der Kapitalbeteiligung der Mitarbeiter oder der Aktionärsstruktur konstatiert werden.

## 7.3 Auswirkungen der Qualität der wertorientierten Berichterstattung auf Kapitalmarktvariablen

In den nachfolgenden Ausführungen wird untersucht, ob die Qualität der wertorientierten Berichterstattung bestimmte Kapitalmarktvariablen beeinflusst und damit zu bestimmten Auswirkungen auf dem Kapitalmarkt führt. Hierzu wird nachfolgend zunächst die Methodik der Datenauswertung zur Untersuchung möglicher Auswirkungen auf dem Kapitalmarkt erläutert (Abschnitt 7.3.1). Anschließend werden mögliche Auswirkungen dargestellt und Hypothesen über die vermuteten Zusammenhänge abgeleitet (Abschnitt 7.3.2). Schließlich werden die aufgestellten Hypothesen anhand statistischer Testverfahren überprüft (Abschnitt 7.3.3).

### 7.3.1 Methodik der Datenauswertung

Aufgrund der, bereits erwähnten, eingeschränkten Datenverfügbarkeit erfolgte die Analyse der Kapitalmarktwirkungen der Qualität der wertorientierten Berichterstattung nicht für alle vier betrachteten Geschäftsjahre, sondern begrenzte sich auf die Geschäftsjahre 2001 und 2002 oder lediglich auf das Geschäftsjahr 2002. Die Qualität der wertorientierten Berichterstattung stellt in diesem Zusammenhang die unabhängige Variable dar, die Kapitalmarktvariablen die abhängigen Variablen.

Die Untersuchung der Auswirkungen der Qualität der wertorientierten Berichterstattung erfolgte mittels einer multiplen linearen Regression,[1287] für welche wiederum die schrittweise Methode gewählt wurde. Da im Unterschied zur Untersuchung der Einflüsse auf die Qualität der wertorientierten Berichterstattung mit den Value Reporting-Scores nur eine unabhängige Variable vorlag, wurden zusätzlich Kontrollvariablen in die Regression einbezogen.[1288] Führte die multiple lineare Regression zu dem Ergebnis, dass die Value Reporting-Scores keinen Erklärungsbeitrag für die jeweiligen abhängigen Variablen liefern, wurden weitere statistische Auswertungsmethoden vorgenommen, um dennoch Anhaltspunkte über die Stärke des Zusammenhangs zwischen den Value Reporting-Scores und den hier als abhängig betrachteten Variablen zu erhalten. Hierzu wurde die Methode der partiellen Korrelation herangezogen.[1289] Das Verfahren der partiellen Korrelation findet dann Anwendung, wenn nicht allein der Zusammenhang zwischen zwei Variablen untersucht wird, sondern zusätzliche Kontrollvariablen in die Korrelation einbezogen werden, um sog. Scheinkorrelationen auszuschließen.[1290]

### 7.3.2 Darstellung der Auswirkungen auf dem Kapitalmarkt und Ableitung von Hypothesen

Die vorliegende Untersuchung konzentriert sich, wie bereits dargelegt wurde, auf vier mögliche Auswirkungen der wertorientierten Berichterstattung auf dem Kapitalmarkt, deren Auswahl nachfolgend zusammen mit der Formulierung von

---

1287 Der Kolmogorov-Smirnow-Anpassungstest auf Normalverteilung ergab, dass alle abhängigen Variablen hinreichend normalverteilt sind. Vgl. hierzu Bühl/Zöfel (2000), S. S. 310f.

1288 Kontrollvariablen wurden zusätzlich einbezogen, um den Einfluss der unabhängigen Variable auf die abhängige Variable von den Effekten der Kontrollvariablen zu bereinigen, d.h. um sog. Scheineinflüsse der unabhängigen Variable auszuschließen. Die Kontrollvariablen waren ebenso wie die unabhängige Variable hinreichend normalverteilt.

1289 Im Gegensatz zur Regressionsanalyse lässt sich anhand der partiellen Korrelation nicht bestimmen, ob ein funktionaler Zusammenhang vorliegt bzw. welcher Art der Zusammenhang ist. Vgl. Bühl/Zöfel (2000), S. 333.

1290 Vgl. Bühl/Zöfel (2000), S. 323.

entsprechenden Hypothesen erläutert wird. Im Einzelnen handelt es sich um die Auswirkungen auf die folgenden Kenngrößen:[1291]

1) Anzahl der ein Unternehmen analysierenden Finanzanalysten,
2) Volatilität der Aktienrenditen,
3) Handelsvolumen der Aktien,
4) Eigenkapitalkostensätze.

zu 1)

In ihrer Funktion als Informationsintermediär zwischen Kapitalgebern und -nehmern kommt Finanzanalysten, wie bereits erwähnt, eine bedeutende Rolle zu.[1292] Finanzanalysten werten die allgemein zugänglichen Informationen der Unternehmen, die sie analysieren, aus und geben Prognosen über die zukünftige Entwicklung des Unternehmens ab. Mit den Anlageempfehlungen der Finanzanalysten kann Unsicherheit seitens der Investoren reduziert und damit die Informationseffizienz auf dem Kapitalmarkt erhöht werden.

Empirische Untersuchungen bestätigen, dass die von Finanzanalysten bereitgestellten Informationen entscheidungsnützliche Informationen für Investoren darstellen und die abgegebenen Gewinnprognosen einen Einfluss auf den Aktienkurs haben können.[1293] Ebenso wurde empirisch nachgewiesen, dass eine verbesserte Analystenabdeckung zu einem höheren Handelsvolumen der Aktien sowie zu sinkenden Handelskosten in Gestalt von niedrigeren Bid-Ask-Spreads und damit zu niedrigeren Eigenkapitalkostensätzen beitragen kann.[1294] Andererseits kann sich eine zu geringe Analystenabdeckung nachteilig auf die Nachfrage nach den Aktien eines börsennotierten Unternehmens auswirken und aufgrund der weiterhin bestehenden Informationsasymmetrien das wahrgenommene Risiko erhöhen. „Daraufhin erhöht sich die Forderung der Investoren nach einer entsprechenden Kompensation für das eingegangene Investitionsrisiko. Es kann zu

---

[1291] Vgl. ähnlich Wagenhofer/Ewert (2003), S. 368, die anstelle der Anzahl der ein Unternehmen analysierenden Analysten den Bid-Ask-Spread (Geld-Brief-Spanne) aufzählen. Dieser konnte aufgrund der begrenzten Datenverfügbarkeit nicht in die Untersuchung einbezogen werden. Vgl. ferner hierzu und im Folgenden Fischer (2003), S. 202ff.

[1292] Vgl. hierzu und zu den folgenden Ausführungen Abschnitt 2.2.2.2. Neben der Funktion der Informationsintermediation werden das Monitoring sowie das Marketing als weitere Funktionen der Finanzanalysten genannt. Vgl. Achleitner/Bassen/Pietzsch (2001a), S. 47ff.

[1293] Vgl. hierzu und im Folgenden die Zusammenstellung der empirischen Untersuchungen bei Fischer (2003), S. 217ff. Vgl. ferner Achleitner/Bassen/Pietzsch/Wichels (2002), S. 32.

[1294] Vgl. zum Handelsvolumen der Aktien auch Hypothese 21.

einer Steigerung der Kapitalkosten kommen“[1295]. Aus ökonomischer Sicht erscheint eine Erhöhung der Analystenabdeckung daher grundsätzlich Ziel führend, um positive Wirkungen am Kapitalmarkt erzielen zu können.

Die wertorientierte Berichterstattung stellt eine Möglichkeit dar, die Analystenabdeckung eines Unternehmens positiv zu beeinflussen. So kann eine umfassende Berichterstattung die Informationsbeschaffungskosten der Analysten reduzieren und den Informationsoutput der Analysten verbessern. LANG/LUNDHOLM kommen in diesem Zusammenhang zu dem Ergebnis, dass „firms with more forthcoming disclosure in their industry have a greater analyst following, more consensus among analysts' earnings forecasts, more accurate forecasts and less variable forecast revisions“[1296].

Um die beschriebenen Zusammenhänge empirisch anhand der wertorientierten Berichterstattung der DAX 100-Unternehmen zu überprüfen, wurde folgende Hypothese 19 aufgestellt:

| | |
|---|---|
| Hypothese 19: | Eine höhere Qualität der wertorientierten Berichterstattung führt zu einer größeren Anzahl der ein Unternehmen analysierenden Analysten. |

Für die Überprüfung von Hypothese 19 anhand statistischer Testverfahren mussten zum einen die Anzahl der ein Unternehmen analysierenden Analysten (Analystenabdeckung) und zum anderen die noch zu bestimmenden Kontrollvariablen ermittelt werden.

Die Analystenabdeckung wurde aus dem Mittelwert der Anzahl der Analysten berechnet, die in den zwölf Monaten des Geschäftsjahres 2003 für das kommende Geschäftsjahr eine Gewinnprognose für die einzelnen Unternehmen abgegeben haben.[1297]

In den empirischen Studien, welche die Bestimmungsgrößen der Anzahl der ein Unternehmen analysierenden Analysten untersuchten, wurden verschiedene Variablen als Kontrollvariablen einbezogen. Aus diesen Kontrollvariablen wurden

---

1295 Achleitner/Bassen/Pietzsch/Wichels (2002), S. 32. In diesem Zusammenhang weisen Achleitner/Bassen/Pietzsch/Wichels (2002) darauf hin, dass mit der Analystenabdeckung jedoch auch Nachteile für Unternehmen verbunden sein können. Neben der Erhöhung der Aktienkursvolatilität ist bspw. eine sinkende Nachfrage und damit ein sinkender Aktienkurs aufgrund negativer Investitionsempfehlungen zu nennen.

1296 Lang/Lundholm (1996), S. 490. Vgl. zu ähnlichen Ergebnissen Brennan/Tamarowski (2000), S. 31.

1297 Vgl. hierzu Fischer (2003), S. 207.

für die vorliegende Untersuchung die Folgenden ausgewählt, die neben den Value Reporting-Scores als unabhängige Variablen in die statistischen Testverfahren einbezogen wurden:[1298]

- Der Mittelwert des Marktwertes des Eigenkapitals für das Geschäftsjahr 2003 (MW_MV_EK) als Indikator für die Unternehmensgröße,
- der Medianwert des im Geschäftsjahr 2003 an einem Tag gehandelten Aktienanteils an den insgesamt ausgegebenen Aktien (Median_Aktienanteil) als Indikator für das Handelsvolumen der Aktien, sowie
- der Aktienanteil, der insgesamt von Aktionären mit einem Anteil von mehr als 5% gehalten wird (Aktienanteil > 5%) als Indikator für institutionelle bzw. große Investoren.

zu 2)

In der Literatur finden sich verschiedene Belege für einen Zusammenhang zwischen wertorientierter Berichterstattung und der Volatilität der Aktienrenditen.[1299] Bspw. kann sich eine zunehmende Volatilität der Aktienrenditen negativ auf die direkten Kosten des Unternehmens und u.U. auf die Handelskosten in Form von Bid-Ask-Spreads und damit auf die Eigenkapitalkostensätze auswirken. Ebenso ist ein Vertrauensverlust der Investoren denkbar. Die Volatilität der Aktienrenditen lässt sich darüber hinaus auch als Indikator für bestehende Informationsasymmetrien sowie für die nicht direkt beobachtbare, auf Informationsasymmetrien zurück zu führende Risikoprämie in den Eigenkapitalkostensätzen interpretieren. Diese Informationsasymmetrien gilt es durch eine wertorientierte Berichterstattung abzubauen.

Um vor diesem Hintergrund zu überprüfen, inwiefern die wertorientierte Berichterstattung der DAX 100-Unternehmen Einfluss auf die Volatilität der Aktienrenditen hat, wurde folgende Hypothese 20 aufgestellt:

---

1298 Vgl. zur Ermittlung und zur Begründung der Kontrollvariablen Fischer (2003), S. 207ff. und S. 222ff. Hypothese 19 konnte aufgrund der Datenverfügbarkeit nur für das Geschäftsjahr 2002 überprüft werden, weshalb die Kontrollvariablen nur bezogen auf dieses Geschäftsjahr ermittelt wurden.

1299 Vgl. hierzu und im Folgenden ausführlich Fischer (2003), S. 228ff. Vgl. zu einer empirischen Untersuchung zu dem Zusammenhang zwischen der Berichterstattung und der Volatilität der Aktienrenditen z.B. Leuz/Verrecchia (2000). Diese beziehen in ihre Analyse jedoch nicht die freiwillige Berichterstattung ein, sondern untersuchen die unterschiedlichen Kapitalmarktwirkungen, die von deutschen Unternehmen ausgehen, die in der Konzernrechnungslegung auf US-GAAP bzw. IAS/IFRS gewechselt haben und denen, die weiterhin nach HGB bilanzieren. Die Rechnungslegung nach US-GAAP bzw. IAS/IFRS wird dabei als die informativere Informationsbereitstellung angesehen.

| | |
|---|---|
| Hypothese 20: | Eine höhere Qualität der wertorientierten Berichterstattung führt zu einer niedrigeren Volatilität der Aktienrenditen. |

Neben der Volatilität der Aktienrenditen mussten für die Überprüfung von Hypothese 20 anhand statistischer Testverfahren die noch zu bestimmenden Kontrollvariablen ermittelt werden.

Die Volatilität der Aktienrenditen wurde als Volatilität der Tagesrenditen im Geschäftsjahr 2003 anhand der Schlusskurse berechnet. Hierfür wurden die Schlusskurse der einzelnen Handelstage des Jahres 2003 jeweils in das Verhältnis zu den Schlusskursen der Vortage gesetzt. Anschließend wurde die Standardabweichung der für die einzelnen Handelstage ermittelten Quotienten berechnet.[1300]

Zusätzlich zu den Value Reporting-Scores wurden verschiedene Kontrollvariablen als unabhängige Variablen in die statistischen Testverfahren einbezogen. Im Einzelnen wurden die folgenden Kontrollvariablen aus den bereits in empirischen Studien zur Untersuchung der Bestimmungsgrößen der Volatilität der Aktienrenditen bereits verwendeten Kontrollvariablen ausgewählt:[1301]

- Der Mittelwert des Marktwertes des Eigenkapitals für die Geschäftsjahre 2002 und 2003 (MW_MV_EK) als Indikator für die Unternehmensgröße,
- die Dividendenrendite der für das Jahr 2001 bzw. 2002 ausgeschütteten Dividenden (Dividendenrendite) [1302]
- der Medianwert des in den Geschäftsjahren 2002 bzw. 2003 an einem Tag gehandelten Aktienanteils an den insgesamt ausgegebenen Aktien (Median_Aktienanteil) als Indikator für das Handelsvolumen der Aktien, sowie
- der gesamte, nicht von Aktionären mit einem Anteil von mehr als 5% gehaltenen Anteil (Freefloat).

1300 Vgl. hierzu Fischer (2003), S. 209.

1301 Vgl. zur Ermittlung und zur Begründung der Kontrollvariablen Fischer (2003), S. 207ff. und S. 231ff. Hypothese 20 konnte aufgrund der Datenverfügbarkeit nur für die Geschäftsjahre 2001 und 2002 überprüft werden, weshalb die Kontrollvariablen nur bezogen auf diese Geschäftsjahre ermittelt wurden.

1302 Die Dividendenrendite entspricht dem Verhältnis aus den in bzw. für die Geschäftsjahre 2001 bzw. 2002 ausgeschütteten Dividenden zum Medianaktienpreis des Geschäftsjahres 2002 bzw. 2003. Vgl. Fischer (2003), S. 207.

zu 3)

Verschiedene Literaturbeiträge haben sich mit der Bedeutung des Handelsvolumens von Aktien auseinander gesetzt. Exemplarisch sollen an dieser Stelle die Ergebnisse einer empirischen Untersuchung von BRENNAN/TAMAROWSKI verwiesen, die den Zusammenhang zwischen Investor Relations und den Aktienkursen analysierten.[1303] „First, we established that investor relations activities, in the form of high levels of disclosure and presentations to investment analysts, increase the number of investment analysts who follow the firm and publish earnings forecasts for the firm by reducing the analysts' cost of information. […] Second, we showed that the number of analysts who follow a firm has a positive effect on the liquidity of trading in the firm's shares by reducing informational asymmetry. Finally, we showed that there is a good evidence that, as one would expect, the market's required rate of return on a stock depends on the liquidity of the market for the stock. Hence, a firm may be able to reduce its cost of capital and increase its stock price by investor relation activities that reduce the cost of information to the market and to investment analysts in particular."[1304]

Um zu überprüfen, ob die wertorientierte Berichterstattung der DAX 100-Unternehmen einen Einfluss auf das Handelsvolumen der Aktien hat, wurde folgende Hypothese 21 aufgestellt:

| | |
|---|---|
| Hypothese 21: | Eine höhere Qualität der wertorientierten Berichterstattung führt zu einem höheren Handelsvolumen der Aktien. |

Für die Überprüfung von Hypothese 21 anhand statistischer Testverfahren mussten zum einen das Handelsvolumen der Aktien und zum anderen die noch zu bestimmenden Kontrollvariablen ermittelt werden.

Das Handelsvolumen der Aktien wurde als Median des in den Geschäftsjahren 2002 bzw. 2003 an einem Handelstag gehandelten Aktienvolumens berechnet.[1305]

Abermals wurden aus den Kontrollvariablen, die bereits in empirischen Studien zur Untersuchung der Bestimmungsgrößen der Handelsvolumen der Aktien

---

1303 Im Rahmen der Ausführungen zu der Abgrenzung zwischen der wertorientierten Berichterstattung und der Investor Relations wurde dargelegt, dass deren Inhalte nicht (überschneidungsfrei) abzugrenzen sind. Während sich die wertorientierte Berichterstattung jedoch auf jährliche Publikationsformen beschränkt, zählen weitere Publikationsformen, wie die Quartalsberichterstattung, zu den Instrumenten der Investor Relations. Vgl. hierzu den Exkurs in Abschnitt 3.1.1.

1304 Brennan/Tamarowski (2000), S. 37.

1305 Vgl. hierzu Fischer (2003), S. 207.

verwendet wurden, verschiedene Kontrollvariablen für die vorliegende Untersuchung ausgewählt. Im Einzelnen handelte es sich dabei um die folgenden Kontrollvariablen, die neben den Value Reporting-Scores als unabhängige Variablen in die statistischen Testverfahren einbezogen wurden:[1306]

- Der Mittelwert des Marktwertes des Eigenkapitals für die Geschäftsjahre 2002 bzw. 2003 (MW_MV_EK) als Indikator für die Unternehmensgröße,
- die Volatilität der Tagesrenditen im Geschäftsjahr 2002 bzw. 2003 (Volatilität), sowie
- sowie der gesamte, nicht von Aktionären mit einem Anteil von mehr als 5% gehaltenen Anteil (Freefloat).

zu 4)

In den theoretischen Ausführungen zur wertorientierten Berichterstattung wurde bereits erwähnt, dass die Senkung der Eigenkapitalkostensätze in der wissenschaftlichen Diskussion oftmals als ein wesentliches Ziel der wertorientierten Berichterstattung angesehen wird.[1307]

Zur Überprüfung eines möglichen Zusammenhangs zwischen der wertorientierten Berichterstattung der DAX 100-Unternehmen und den Eigenkapitalkostensätzen der Unternehmen, wurde Hypothese 22 aufgestellt:

| | |
|---|---|
| Hypothese 22: | Eine höhere Qualität der wertorientierten Berichterstattung führt zu niedrigeren Eigenkapitalkostensätzen. |

Neben den Eigenkapitalkostensätzen mussten für die Überprüfung von Hypothese 22 anhand statistischer Testverfahren die noch zu bestimmenden Kontrollvariablen ermittelt werden.

Die Eigenkapitalkostensätze wurden über die sog. Edwards-Bell-Ohlson-Gleichung ermittelt. Hiernach ermittelt sich der Marktwert des Eigenkapitalwertes zum Zeitpunkt t aus der Summe des Buchwertes des Eigenkapitals zum Zeitpunkt t und dem Barwert der erwarteten Residualgewinne im Zeitpunkt t. Hieraus lassen sich durch Umformung die Eigenkapitalkostensätze bestimmen.[1308]

---

1306 Vgl. zur Ermittlung und zur Begründung der Kontrollvariablen Fischer (2003), S. 207ff. und S. 241ff. Hypothese 21 konnte aufgrund der Datenverfügbarkeit nur für die Geschäftsjahre 2001 und 2002 überprüft werden, weshalb die Kontrollvariablen nur bezogen auf diese Geschäftsjahre ermittelt wurden.

1307 Vgl. hierzu Abschnitt 2.2.3.

1308 Vgl. Wagenhofer/Ewert (2003), S. 126. Vgl. ferner Botosan (1997), S. 388ff. und Fischer (2003), S. 268ff.

Aus Gründen der Datenverfügbarkeit wurde die Edwards-Bell-Ohlson-Gleichung in der vorliegenden Untersuchung leicht vereinfacht, indem der Marktwert des Eigenkapitals zum Zeitpunkt t als die Summe aus dem Buchwert des Eigenkapitals zum Zeitpunkt t und der ewigen Rente der zum 20.05.2003 für das folgende Geschäftsjahr abgegebenen Gewinnerwartungen berechnet wurde.

Als Kontrollvariablen wurden in Anlehnung an BOTOSAN die folgenden Variablen einbezogen:[1309]

- Der Mittelwert des Marktwertes des Eigenkapitals für das Geschäftsjahr 2003 (MW_MV_EK) als Indikator für die Unternehmensgröße sowie
- der Beta-Faktor für das Geschäftsjahr 2002 (Beta).

### 7.3.3 Überprüfung der Hypothesen

Hypothese 19, die unterstellt, dass die Qualität der wertorientierten Berichterstattung einen Einfluss auf die Anzahl der ein Unternehmen analysierenden Analysten hat, wurde anhand einer multiplen linearen Regression überprüft. Als Kontrollvariablen wurden der Mittelwert des Marktwertes des Eigenkapitals für das Geschäftsjahr 2003 (MW_MV_EK), der Medianwert des im Geschäftsjahr 2003 an einem Tag gehandelten Aktienanteils an den insgesamt ausgegebenen Aktien (Median_Aktienanteil) sowie der Aktienanteil, der insgesamt von Aktionären mit einem Anteil von mehr als 5% gehalten wird (Aktienanteil > 5%) in die Regression einbezogen.

Die Ergebnisse der multiplen linearen Regression zeigt Abb. 149. Der Abbildung ist zu entnehmen, dass im vorliegenden Fall die Anzahl der ein Unternehmen analysierenden Analysten nur durch den Mittelwert des Marktwertes des Eigenkapitals sowie den Medianwert des Aktienanteils an den insgesamt ausgegebenen Aktien erklärt wurde (vgl. (a) und (b)). Die Value Reporting-Scores lieferten hingegen keinen Erklärungsbeitrag für die Anzahl der ein Unternehmen analysierenden Analysten. Hypothese 19 konnte für das Geschäftsjahr 2002 nicht angenommen werden.

---

[1309] Vgl. zur Auswahl der Kontrollvariablen Botosan (1997), S. 342ff. Hypothese 22 konnte aufgrund der Datenverfügbarkeit nur für das Geschäftsjahr 2002 überprüft werden, weshalb die Kontrollvariablen nur bezogen auf dieses Geschäftsjahr ermittelt wurden.

| Modell | R | R-Quadrat | Korrigiertes R-Quadrat | Standardfehler des Schätzers |
|---|---|---|---|---|
| 1 | ,649(a) | 0,421 | 0,412 | 8,367 |
| 2 | ,702(b) | 0,493 | 0,476 | 7,896 |
| (a) Einflussvariablen: (Konstante), MW_MV_EK | | | | |
| (b) Einflussvariablen: (Konstante), MW_MV_EK, Median_Aktienanteil | | | | |

*Abb. 149: Lineare Regression zwischen der Anzahl der ein Unternehmen analysierenden Analysten und der Qualität der wertorientierten Berichterstattung sowie weiteren Kontrollvariablen*

Ebenso wurde Hypothese 20, die unterstellt, dass die Qualität der wertorientierten Berichterstattung einen Einfluss auf die Volatilität der Aktienrenditen hat, wurde für die Geschäftsjahre 2001 und 2002 anhand einer multiplen linearen Regression überprüft. Als Kontrollvariablen wurden der Mittelwert des Marktwertes des Eigenkapitals für das Geschäftsjahr 2002 bzw. 2003 (MW_MV_EK), die Dividendenrendite der für das Jahr 2001 bzw. 2002 ausgeschütteten Dividenden (Dividendenrendite), der Medianwert des im Geschäftsjahr 2002 bzw. 2003 an einem Tag gehandelten Aktienanteils an den insgesamt ausgegebenen Aktien (Median_Aktienanteil) sowie der gesamte, nicht von Aktionären mit einem Anteil von mehr als 5% gehaltenen Anteil (Freefloat) in die Regression einbezogen.

Als Ergebnis der multiplen linearen Regression ergab sich, dass die Volatilität der Aktienrenditen im Geschäftsjahr 2001 nur durch die Dividendenrendite (vgl. (a) in Abb. 150) und im Geschäftsjahr 2002 durch die Dividendenrendite sowie den Medianwert des Aktienanteils an den insgesamt ausgegebenen Aktien erklärt wurde (vgl. (b) und (c) in Abb. 150). Die Value Reporting-Scores lieferten hingegen in beiden Geschäftsjahren abermals keinen Erklärungsbeitrag für die Volatilität der Aktienrenditen. Hypothese 20 konnte somit weder für das Geschäftsjahr 2001 noch für das Geschäftsjahr 2002 angenommen werden.

| | Modell | R | R-Quadrat | Korrigiertes R-Quadrat | Standardfehler des Schätzers |
|---|---|---|---|---|---|
| 2001 | 1 | ,299(a) | 0,09 | 0,074 | 0,012897629 |
| | (a) Einflussvariablen: (Konstante), Dividendenrendite | | | | |
| 2002 | 1 | ,298(b) | 0,089 | 0,074 | 0,006638354 |
| | 2 | ,404(c) | 0,163 | 0,135 | 0,006417183 |
| | (b) Einflussvariablen: (Konstante), Dividendenrendite | | | | |
| | (c) Einflussvariablen: (Konstante), Dividendenrendite, Median_Aktienanteil | | | | |

*Abb. 150: Lineare Regression zwischen der Volatilität der Aktienrenditen und der Qualität der wertorientierten Berichterstattung sowie weiteren Kontrollvariablen*

Eine lineare Regression kam ferner zur Überprüfung zur Hypothese 21, die auf den Einfluss der Qualität der wertorientierten Berichterstattung auf das Handelsvolumen abzielt, für die Geschäftsjahre 2001 und 2002 zur Anwendung. Als Kontrollvariablen wurden der Mittelwert des Marktwertes des Eigenkapitals für das Geschäftsjahr 2002 bzw. 2003 (MW_MV_EK), die Volatilität der Tagesrenditen im Geschäftsjahr 2002 bzw. 2003 (Volatilität) sowie der gesamte, nicht von Aktionären mit einem Anteil von mehr als 5% gehaltenen Anteil (Freefloat) in die Regression einbezogen.

Abermals führte die lineare Regression zu dem Ergebnis, dass die Value Reporting-Scores in beiden Geschäftsjahren keinen Erklärungsbeitrag für das Handelsvolumen der Aktien lieferten (vgl. Abb. 151). So wurde das Handelsvolumen der Aktien im Geschäftsjahr 2001 nur durch den Mittelwert des Marktwertes des Eigenkapitals (vgl. (a)) und im Geschäftsjahr 2002 durch den Mittelwert des Marktwertes des Eigenkapitals sowie durch die Volatilität der Tagesrenditen erklärt (vgl. (b) und (c)). Die Hypothese 21 konnte somit weder für das Geschäftsjahr 2001 noch für das Geschäftsjahr 2002 angenommen werden.

| | Modell | R | R-Quadrat | Korrigiertes R-Quadrat | Standardfehler des Schätzers |
|---|---|---|---|---|---|
| 2001 | 1 | ,910(a) | 0,829 | 0,826 | 16215,408 |
| | (a) Einflussvariablen: (Konstante), MW_MV_EK | | | | |
| 2002 | 1 | ,865(b) | 0,749 | 0,745 | 13379,339 |
| | 2 | ,881(c) | 0,777 | 0,769 | 12724,496 |
| | (b) Einflussvariablen: (Konstante), MW_MV_EK | | | | |
| | (c) Einflussvariablen: (Konstante), MW_MV_EK, Volatilität | | | | |

*Abb. 151: Lineare Regression zwischen dem Handelsvolumen der Aktien und der Qualität der wertorientierten Berichterstattung sowie weiteren Kontrollvariablen*

Hypothese 22, die unterstellt, dass die Qualität der wertorientierten Berichterstattung einen Einfluss auf die Eigenkapitalkostensätze hat, wurde für das Geschäftsjahr 2002 ebenso anhand einer multiplen linearen Regression überprüft. Als Kontrollvariablen fungierten der Mittelwert des Marktwertes des Eigenkapitals für das Geschäftsjahr 2002 bzw. 2003 (MW_MV_EK) sowie der Beta-Faktor für das Geschäftsjahr 2002 (Beta).

Die Ergebnisse der multiplen linearen Regression in Abb. 152 zeigen, dass im vorliegenden Fall die Eigenkapitalkostensätze nur durch den Beta-Faktor erklärt wurde (vgl. (a)). Die Value Reporting-Scores lieferten hingegen keinen Erklärungsbeitrag für die Eigenkapitalkostensätze. Hypothese 22 konnte für das Geschäftsjahr 2002 nicht angenommen werden.

| Modell | R | R-Quadrat | Korrigiertes R-Quadrat | Standardfehler des Schätzers |
|---|---|---|---|---|
| 1 | ,467(a) | 0,218 | 0,205 | 0,084 |
| (a) Einflussvariablen: (Konstante), Beta | | | | |

*Abb. 152: Lineare Regression zwischen den Eigenkapitalkostensätzen und der Qualität der wertorientierten Berichterstattung sowie weiteren Kontrollvariablen*

Zusammenfassend ist hinsichtlich der bereits gewonnenen Regressionsergebnisse festzuhalten, dass die Qualität der wertorientierten Berichterstattung in keinem der analysierten Geschäftsjahre einen Erklärungsbeitrag für die hier betrachteten Auswirkungen am Kapitalmarkt lieferte. Somit ist zu schlussfolgern, dass eine höhere Qualität der wertorientierten Berichterstattung in der vorliegenden Untersuchung nicht zu den eingangs erwarteten Auswirkungen auf dem Kapitalmarkt führte.

Um dennoch Aufschluss über die Stärke des Zusammenhangs zwischen den Value Reporting-Scores und den für die Auswirkungen am Kapitalmarkt verwendeten Kenngrößen zu erhalten, wurden zusätzlich zu den linearen Regressionen partielle Korrelationskoeffizienten berechnet. In die Berechnung der partiellen Korrelationskoeffizienten wurden wiederum die bereits aufgeführten Kontrollvariablen einbezogen. Die Ergebnisse der partiellen Korrelation zeigt Abb. 153.

| Variablen | Kontrollvariablen | Geschäftsjahr | Partieller Korrelationskoeffizient | Signifikanzniveau | Anzahl der Freiheitsgrade |
|---|---|---|---|---|---|
| Anzahl Analysten<br>VR-Score | MW_MV_EK<br>Median_Aktienanteil<br>Aktienanteil > 5% | 2002 | 0,0503 | 0,703 | 58 |
| Volatilität<br>VR-Score | MW_MV_EK<br>Dividendenrendite | 2001 | 0,1186 | 0,389 | 53 |
| | Median_Aktienanteil<br>Freefloat | 2002 | 0,0282 | 0,834 | 56 |
| Handelsvolumen<br>VR-Score | MW_MV_EK<br>Volatilität | 2001 | -0,2113 | 0,1118 | 54 |
| | Freefloat | 2002 | -0,022 | 0,869 | 57 |
| $r_{EK}$<br>VR-Score | MW_MV_EK<br>Beta | 2002 | -0,1426 | 0,286 | 55 |

*Abb. 153: Partielle Korrelation zwischen der Qualität der wertorientierten Berichterstattung und Kenngrößen für die Auswirkungen am Kapitalmarkt sowie weiteren Kontrollvariablen*

Abb. 153 ist zu entnehmen, dass für das Geschäftsjahr 2002 ein positiver Zusammenhang zwischen den Value Reporting-Scores und der Anzahl der ein Unternehmen analysierenden Analysten bestand. Das Vorzeichen des partiellen

Korrelationskoeffizienten entsprach somit dem erwarteten Vorzeichen. Die Korrelation war mit einem Wert von 0,703 jedoch nicht signifikant.

Die partiellen Korrelationen zwischen den Value Reporting-Scores und der Volatilität der Aktienrenditen wurden für die Geschäftsjahre 2001 und 2002 ermittelt. Im Ergebnis zeigten sich für beide Geschäftsjahre abermals positive Zusammenhänge, womit die Vorzeichen der partiellen Korrelationskoeffizienten jedoch nicht den erwarteten Vorzeichen entsprachen. Beide Korrelationen waren mit einem Signifikanzniveau von 0,389 für 2001 bzw. einem Signifikanzniveau von 0,834 für 2002 jedoch wiederum nicht signifikant.

Die partiellen Korrelationen zwischen den Value Reporting-Scores und dem Handelsvolumen der Aktien führten zu dem Ergebnis, dass sowohl für das Geschäftsjahr 2001 als auch für das Geschäftsjahr 2002 negative Zusammenhänge bestanden. Die Vorzeichen der partiellen Korrelationskoeffizienten entsprachen damit abermals nicht den erwarteten Vorzeichen. Auch diese beiden Korrelationen waren mit einem Signifikanzniveau von 0,1118 für 2001 bzw. einem Signifikanzniveau von 0,869 für 2002 jedoch nicht signifikant.

Schließlich zeigt Abb. 153 den partiellen Korrelationskoeffizienten zwischen den Value Reporting-Scores und den Eigenkapitalkostensätzen für das Geschäftsjahr 2002. Dieser ergab einen negativen Zusammenhang zwischen den Value Reporting-Scores und den Eigenkapitalkostensätzen, womit das Vorzeichen des partiellen Korrelationskoeffizienten folglich dem erwarteten Vorzeichen entsprach. Die Korrelation war mit einem Wert von 0,286 wiederum nicht signifikant.

## 7.4 Gesamtbetrachtung der unternehmensspezifischen Wirkungszusammenhänge

Ziel der vorangegangenen Ausführungen war die Analyse von unternehmensspezifischen Wirkungszusammenhängen der wertorientierten Berichterstattung. In diesem Zusammenhang wurde zum einen untersucht, welche unternehmensspezifischen Merkmale einen Einfluss auf die Qualität der wertorientierten Berichterstattung haben. Zum anderen wurde analysiert, wie sich Unterschiede in der Qualität der wertorientierten Berichterstattung am Kapitalmarkt auswirken. Einen Überblick über die gewonnenen Ergebnisse der Analyse der unternehmensspezifischen Wirkungszusammenhänge der wertorientierten Berichterstattung zeigt Abb. 154.

Hinsichtlich der möglichen Einflussfaktoren auf die Qualität der wertorientierten Berichterstattung ist zusammenfassend festzuhalten, dass sowohl die verwendete

Rechnungslegungsnorm im Konzernabschluss als auch die (ehemalige und neue) Indexzugehörigkeit der Unternehmen in allen vier Geschäftsjahren einen Einflussfaktor auf die Qualität der wertorientierten Berichterstattung darstellten. Gleiches ergab sich hinsichtlich der Branchenzugehörigkeit der Unternehmen für die Geschäftsjahre 1999, 2000 und 2001.

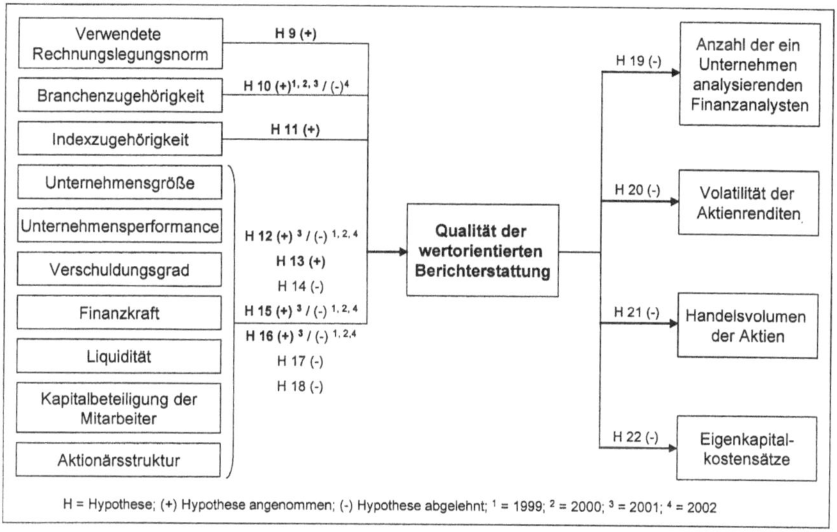


*Abb. 154: Gesamtbetrachtung der unternehmensspezifischen Wirkungszusammenhänge der wertorientierten Berichterstattung*

Die weiteren, zusammen gestesteten, Hypothesen bezogen sich auf einen möglichen Zusammenhang zwischen der Qualität der wertorientierten Berichterstattung und der Unternehmensgröße, der Unternehmensperformance, dem Verschuldungsgrad, der Finanzkraft, der Liquidität, dem Anteil der Mitarbeiter am Unternehmen sowie der Aktionärsstruktur. Die Ergebnisse der Tests dieser Hypothesen zeigten, dass in allen vier betrachteten Geschäftsjahren jeweils ein Indikator für die Unternehmensperformance den stärksten Erklärungsbeitrag für den Umfang der wertorientierten Berichterstattung lieferte. Die Hypothese hinsichtlich eines Zusammenhangs zwischen der Qualität der wertorientierten Berichterstattung und der Unternehmensperformance konnte demzufolge für alle vier Geschäftsjahre angenommen werden. Im Geschäftsjahr 2001 stellten ferner ein Indikator für die Liquidität, die Unternehmensgröße sowie die Finanzkraft eine Einflussvariable für die Qualität der wertorientierten Berichterstattung dar. Da jedoch lediglich im Geschäftsjahr 2001 weitere Indikatoren neben den Indikatoren für Unternehmensperformance eine Einflussgröße für die wertorientierte Berichterstattung darstellten, könnte dieses Ergebnis auch als ein „zufälliger Ausreißer“ bezeichnet werden. Hinsichtlich aller anderen spezifischen Unternehmenskennzahlen konnte in keinem Geschäftsjahr ein signifikanter Einfluss auf die Qualität der wertorientierten Berichterstattung festgestellt werden.

Die Regressionsergebnisse zur Untersuchung möglicher Auswirkungen der Qualität der wertorientierten Berichterstattung auf bestimmte Kapitalmarktvariablen zeigte, dass die Qualität der wertorientierten Berichterstattung in keinem der analysierten Geschäftsjahre eine Einflussvariable für die Analystenabdeckung, die Volatilität der Aktienrenditen, das Handelsvolumen der Aktien sowie die Eigenkapitalkostensätze darstellte. Dies führte zu der Schlussfolgerung, dass eine höhere Qualität der wertorientierten Berichterstattung in der vorliegenden Untersuchung nicht zu den eingangs erwarteten Auswirkungen auf dem Kapitalmarkt führte.

Eine zusätzliche Überprüfung der Stärke des Zusammenhangs zwischen der Qualität der wertorientierten Berichterstattung und den Kenngrößen für die Auswirkungen am Kapitalmarkt anhand von partiellen Korrelationen führte ebenso nicht zu signifikanten Ergebnissen. Die Vorzeichen der berechneten partiellen Korrelationskoeffizienten entsprachen nur hinsichtlich der Analystenabdeckung und hinsichtlich der Eigenkapitalkostensätze den erwarteten Vorzeichen. Hinsichtlich der Volatilität der Aktienrenditen und dem Handelsvolumen der Aktien zeigten die partiellen Korrelationskoeffizienten nicht einmal die erwarteten Vorzeichen. Somit konnte nicht nur der erwartete Einfluss einer höheren Qualität der wertorientierten Berichterstattung auf dem Kapitalmarkt anhand der Regressionsergebnisse nicht bestätigt werden, sondern es ergaben sich zudem keine signifikanten Zusammenhänge zwischen den Value Reporting-Scores und den untersuchten Kenngrößen. Diese Ergebnisse sind jedoch vor dem Hintergrund des vergleichsweise kurzen Betrachtungszeitraums zu relativieren, der sich hier aufgrund der begrenzten Datenverfügbarkeit sogar nur auf ein Geschäftsjahr bzw. zwei Geschäftsjahre beschränkte. Zudem wurden in die vorliegende Untersuchung Auswirkungen der Qualität der wertorientierten Berichterstattung auf die sog. kommunikationspolitischen Zielsetzungen, wie bspw. eine Steigerung des Vertrauens der Investoren, nicht einbezogen, die zu weiteren Ergebnissen führen könnten.

Darüber hinaus ist an dieser Stelle darauf hinzuweisen, dass Unternehmen mit der Bereitstellung von freiwilligen wertorientierten Informationen nicht nur bestimmte Ziele verfolgen und damit positive Auswirkungen aus der Informationsbereitstellung erwarten, sondern ebenso negative Auswirkungen mit der (freiwilligen) wertorientierten Berichterstattung verbinden, die keinen Untersuchungsgegenstand der vorliegenden empirischen Untersuchung darstellten. Hieraus könnte das in der Praxis zu beobachtende Verhalten resultieren, dass von Unternehmen keineswegs alle privaten wertorientierten Informationen veröffentlicht werden.[1310] Die Darstellung des 'unraveling'-Prinzips hat aus theoretischer Sicht allgemein gezeigt, dass Anreize für Unternehmen bestehen, freiwillige Informationen zu veröffentlichen.[1311] Ein Gleichgewicht, in dem sämtliche Informationen unverzüglich offen gelegt werden, stellt jedoch nur den Extremfall dar. Darüber hinaus existieren weitere Gleichgewichte, bei denen es nicht zum vollständigen Informationsausweis kommt. Grundsätzlich sollte die Entscheidung zur Bereitstellung freiwilliger wertorientierter Informationen daher an Kosten-Nutzenerwägungen des Unternehmens ausgerichtet werden und der Umfang der bereitgestellten wertorientierten Informationen demzufolge nur solange erhöht werden, wie der (Grenz-)Nutzen die (Grenz-)Kosten übersteigt.[1312]

Im Zusammenhang mit dem Nichtausweis von wertorientierten Informationen ist zunächst zu unterscheiden, ob diese ungünstig oder günstig sind.

Die Gründe für eine Zurückhaltung ungünstiger wertorientierter privater Informationen erscheinen offensichtlich. Neben möglichen Kursverlusten und Bonitätsherabsetzungen könnte bspw. eine erschwerte Kapitalbeschaffung angeführt werden.[1313] Andererseits ist für den Fall, dass eine Bekanntgabe negativer Informationen auf Dauer nicht verhindert werden kann, davon auszugehen, dass ein Unternehmen durch rechtzeitige Offenlegung dieser Informationen seine Glaubwürdigkeit hinsichtlich der günstigen offen gelegten Informationen erhöhen kann. Ebenso kann die Bekanntgabe der verbesserten Performance einer schlechten Kennzahl eine positive Auswirkung auf den Aktienkurs haben.[1314]

Des Weiteren kann auch die Veröffentlichung günstiger Informationen aus Sicht des Unternehmens mit negativen Auswirkungen verbunden sein. In der Literatur werden diesbezüglich insbesondere folgende Problemfaktoren genannt:[1315]

- direkte Kosten der Publizität,

---

1310 Vgl. hierzu die empirische Untersuchung in Kapitel 5.

1311 Vgl. hierzu Abschnitt 2.2.2.2.

1312 Vgl. z.B. Hütten (2000), S. 287, der mit Bezug auf Picot/Reichwald (1991), S. 259, jedoch gleichzeitig darauf hinweist, dass eine Operationalisierung des Kriteriums der Kosten-Nutzenerwägung an einer mangelnden Quantifizierbarkeit des Informationsnutzens sowie der Informationskosten scheitert.

1313 Vgl. hierzu und im Folgenden Fey/Siegler (2000), S. 6.

1314 Vgl. Eccles u.a. (2002), S. 252.

1315 Vgl. z.B. Eccles u.a. (2002), S. 250ff.; Ewert/Wagenhofer (2000a), S. 37f.; Fey/Siegler (2000), S. 6; Labhart (1999), S. 199f.

- Bedrohung durch die Konkurrenz,
- Beeinflussung der Verhandlungsposition des Unternehmens gegenüber verschiedenen Stakeholdergruppen,
- Gefahr von Rechtstreitigkeiten aufgrund von zukunftsgerichteten Informationen,
- zukünftige Verpflichtung für die Informationsbereitstellung.

Grundsätzlich ist davon auszugehen, dass (freiwillige) wertorientierte Berichterstattung Kosten verursacht und damit (zunächst) zu einer Minderung des Unternehmenswertes führt.[1316] Erstens können Kosten für eine zusätzliche Informationsgewinnung und -aufbereitung entstehen. Aufgrund einer ohnehin erforderlichen Informationsgewinnung und -aufbereitung für die Zwecke der Unternehmensführung ist zu erwarten, dass ein wesentlicher Teil der seitens der Adressaten der Berichterstattung benötigten Informationen bereits im Unternehmen vorhanden ist. Zweitens können die Kosten der Publikation selbst (z.B. Veröffentlichungskosten) genannt werden. Vor dem Hintergrund der informationstechnischen Entwicklungen, zu nennen ist hier v.a. das Internet, werden diese Kosten erwartungsgemäß tendenziell jedoch sinken.[1317] Drittens können Kosten für eine mögliche Verifikation der Informationen (z.B. Prüfung oder prüferische Durchsicht) entstehen. Diese können jedoch durch einen hieraus resultierenden Signaleffekt - zumindest teilweise - kompensiert werden.[1318]

Als weiterer Grund gegen eine zusätzliche wertorientierte Berichterstattung sind negative Konkurrenzreaktionen zu nennen, die aus der Offenlegung wettbewerbsrelevanter Informationen resultieren können.[1319] In diesem Zusammenhang kann bspw. die Veröffentlichung von Angaben zur Forschung und Entwicklung oder zur Unternehmensstrategie genannt werden.[1320] Hinsichtlich der Bedrohung durch Konkurrenten kann dabei zwischen einer latenten Konkurrenzgefahr (Bedrohung durch potenzielle Markteindringlinge) und einer bestehenden Konkurrenzgefahr unterschieden werden. Aus theoretischer Sicht ergeben sich hinsichtlich der latenten Konkurrenzgefahr differenzierte Ergebnisse: eine hohe latente Konkurrenzgefahr führt tendenziell zu einer Erhöhung des Informationsauswei-

---

1316 Vgl. hierzu und im Folgenden z.B. Labhart (1999), S. 226f.

1317 Vgl. Eccles u.a. (2002), S. 251.

1318 Vgl. zum 'signaling' die Ausführungen in Abschnitt 2.2.2.2.

1319 Vgl. hierzu und im Folgenden Wagenhofer/Ewert (2003), S. 303ff.

1320 Wagenhofer/Ewert (2003), S. 303f., gehen in diesem Zusammenhang grundsätzlich davon aus, dass die Konkurrenzgefahr im Laufe der Zeit abnimmt. „Produktentwicklungen kommen früher oder später auf den Markt und werden damit bekannt, Strategien manifestieren sich in Handlungen des Unternehmens und Budgets sind nach Ablauf des Budgetzeitraums uninteressant."

ses, während aus einer niedrigen latenten Konkurrenzgefahr tendenziell eine Minderung des Informationsausweises resultiert. Bei Vorliegen einer bestehenden Konkurrenzgefahr ist aus theoretischer Sicht grundsätzlich von der Gültigkeit des 'unraveling'-Prinzips und damit von vollständiger Offenlegung auszugehen. „Nur dann, wenn Interessenskonflikte bestehen, so z.B. bei beabsichtigter Eigenkapitalaufnahme, kann teilweises oder vollständiges Verschweigen der Information glaubwürdig sein."[1321] ECCLES U.A. relativieren das Argument der Bedrohung durch die Konkurrenz allerdings in zweifacher Hinsicht.[1322] Zum einen gehen sie davon aus, dass Konkurrenten im Zweifelsfall auch andere Möglichkeiten haben, die entsprechenden Informationen zu erhalten. Zum anderen ist es ihrer Ansicht nach fraglich, ob die Konkurrenten die betreffenden Informationen durch eine Strategie- oder Verhaltensänderung tatsächlich in Wettbewerbsvorteile umsetzen könnten.

Neben der Konkurrenzgefahr ist eine Beeinträchtigung der Verhandlungsposition des Unternehmens gegenüber verschiedenen Stakeholdern als Grund für die Zurückhaltung von Informationen denkbar.[1323] In diesem Zusammenhang seien insbesondere Zulieferer und Kunden genannt. Eine Stärkung der Verhandlungsmacht der Zulieferer erscheint bspw. aufgrund von Informationen zur Abhängigkeit des Unternehmens von dem jeweiligen bestimmten Zulieferer möglich. Ferner könnte die Verhandlungsmacht der Kunden durch Informationen zu Margen erhöht werden. Fraglich bleibt jedoch, ob sich das Verhalten der Zulieferer und der Kunden tatsächlich durch entsprechende Informationen ändert, oder ob es sich nicht vielmehr durch die „Wettbewerbssituation auf den Produktmärkten bestimmt"[1324].

Die Gefahr von Rechtsunsicherheiten, die bspw. in einer Klage der Aktionäre gegen das Unternehmen resultieren können, stellt einen weiteren Grund für die Zurückhaltung von privaten Informationen dar. Unter der Annahme einer Berichterstattung seitens des Unternehmens nach bestem Wissen und Gewissen,[1325] können zwei Problemfelder Relevanz erlangen:[1326] Zum einen kann sich eine Berichterstattung über zukunftsbezogene Angaben im Nachhinein als unrichtig herausstellen und zu negativen Auswirkungen für das Unternehmen, wie bspw.

---

[1321] Wagenhofer/Ewert (2003), S. 322.

[1322] Vgl. Eccles u.a. (2002), S. 253.

[1323] Vgl. hierzu und im Folgenden Labhart (1999), S. 207f.

[1324] Eccles u.a. (2002), S. 254, die jedoch diesen Mechanismus nicht in Frage stellen, sondern als gegeben annehmen.

[1325] Von dem Fall einer absichtlichen Falschberichterstattung zur Irreführung der Aktionäre bzw. allgemein der Stakeholder wird für die folgenden Betrachtungen abgesehen.

[1326] Vgl. Labhart (1999), S. 217.

zu einem wesentlichen Rückgang des Aktienkurses, führen. Zum anderen ist das Zurückhalten kursrelevanter Informationen zu nennen, die bei Publikation zu einer wesentlichen Änderung des Aktienkurses geführt hätten. Da das letztere Problemfeld vor dem Hintergrund der (verpflichtenden) Ad-hoc-Publizität zu sehen ist, welche nicht Gegenstand der vorliegenden Arbeit ist, wird auf diese Konstellation im Folgenden nicht weiter eingegangen. Demgegenüber stellen zukunftsbezogene Informationen einen wesentlichen Bestandteil freiwilliger wertorientierter Informationen dar. Während in Deutschland keine gesetzlichen Grundlagen für Rechtstreitigkeiten der Aktionäre bestehen, durch welche Unternehmen für nicht eingetretene Prognosen haftbar gemacht werden können, sind deren Grundlagen in den USA in dem sog. 'private securities litigation reform act of 1995' (Act95) explizit festgelegt.[1327] Dieses Gesetz enthält u.a. auch eine Schutzklausel für zukunftsorientierte Informationen, die sog. 'safe harbor rule for forward looking statements'. Um unter diese Schutzklausel zu fallen und demzufolge von der Haftung ausgeschlossen zu werden, haben Unternehmen die zukunftsgerichteten Informationen in Form eines 'forward looking statement' zu kennzeichnen. Der Ausschluss von der Haftung wird dann nur für den Fall obsolet, dass ein Kläger eine nachweislich falsche oder irreführende Informationsoffenlegung seitens des Emittenten nachweisen kann.

Schließlich kann aus der Bereitstellung von privaten Informationen, die seitens der Kapitalmarktteilnehmer als bewertungsrelevant angesehen werden, eine zukünftige Verpflichtung zur Offenlegung dieser Informationen resultieren.[1328] Werden bestimmte (nützliche) Informationen in einer Berichtsperiode zur Verfügung gestellt und in der darauf folgenden nicht mehr, so ist zu erwarten, dass die Kapitalmarktteilnehmer hierauf negativ reagieren.[1329] So könnten Kursrückgänge die Folge sein. Für den Fall, dass eine bestimmte Information, bspw. über eine Leistungskennzahl, nicht mehr publiziert wird, da diese aus Unternehmenssicht bedeutungslos geworden ist oder durch eine andere Information ersetzt wurde, sind die Gründe hierfür nachvollziehbar offen zu legen.

Zusammenfassend ist festzuhalten, dass mit der Publizität von wertorientierten Informationen potenziell negative Auswirkungen für Unternehmen verbunden sein können. Die Zurückhaltung ungünstiger Informationen ist auf die erwarteten negativen Reaktionen hierauf, wie z.B. Kursverluste, zurückzuführen. Die

---

1327 Vgl. hierzu und im Folgenden Labhart (1999), S. 217.

1328 Vgl. hierzu Eccles u.a. (2002), S. 250f.

1329 Dies kann darin begründet sein, dass die Kapitalmarktteilnehmer das Unternehmen nicht mehr genauso gut beurteilen oder mit der Nichtveröffentlichung eine Verschlechterung der betreffenden Information vermutet wird.

Bereitstellung eben dieser Informationen kann jedoch auch zur Erhöhung der Glaubwürdigkeit eines Unternehmens beitragen. Ebenso wurden Argumente gegen die Berichterstattung günstiger Informationen aufgeführt. Im Wesentlichen wurden in diesem Zusammenhang die zusätzlichen (direkten) Kosten der Publizität, die Bedrohung durch die Konkurrenz, die Beeinflussung der Verhandlungsposition des Unternehmens gegenüber verschiedenen Stakeholdergruppen, die Gefahr von Rechtstreitigkeiten bei der Veröffentlichung von zukunftsgerichteten Informationen sowie die zukünftige Verpflichtung zur Bereitstellung privater Informationen genannt. Um eine Entscheidung für oder gegen die Publikation freiwilliger wertorientierter Informationen zu treffen, sollten Unternehmen die genannten möglichen negativen Auswirkungen gegen die beabsichtigten positiven Auswirkungen abwägen.[1330]

[1330] Labhart hat vor dem Hintergrund der Kosten-Nutzen-Abwägung zur Bereitstellung von wertorientierten Informationen ein Framework entwickelt, das als Checkliste zur Auswahl von Informationselementen und deren Aufnahme in die wertorientierte Berichterstattung herangezogen werden kann. Vgl. hierzu Labhart (1999), S. 229f.

# 8. Zusammenfassung und Ausblick

Die vorliegende Arbeit widmete sich der wertorientierten Berichterstattung aus theoretischer und empirischer Sicht. Die Ausführungen haben verdeutlicht, dass die wertorientierte Berichterstattung in den vergangenen Jahren zu einem zentralen Thema in der wissenschaftlichen Diskussion geworden ist und ebenso in der Praxis zunehmend an Bedeutung gewonnen hat.

Ausgangspunkt der Arbeit bildeten die Ausführungen zur wertorientierten Unternehmensführung als Bezugsrahmen für die wertorientierte Berichterstattung. In diesem Zusammenhang wurde deutlich, dass die wertorientierte Unternehmensführung die Grundvoraussetzung für die wertorientierte Berichterstattung bildet. So liefern die konstituierenden Merkmale der wertorientierten Unternehmensführung Anhaltspunkte dafür, welche Informationen dem Kapitalmarkt für eine Beurteilung der intern umgesetzten wertorientierten Unternehmensführung und damit der Entwicklung des Unternehmenswertes bereitzustellen sind. Es wurde ausgeführt, wie der Unternehmenswert, der die oberste Zielgröße der Unternehmensführung darstellen sollte, gemessen werden kann und welche Faktoren zur Wertschaffung im Unternehmen beitragen. Diesbezüglich wurde auch die Bedeutung von immateriellen Werten sowie der Nachhaltigkeit skizziert, die in der Literatur zunehmend für die Begründung von Wettbewerbsvorteilen angeführt werden. Wettbewerbsvorteile führen wiederum zeitlich nachgelagert zu finanziellen Erfolgen in Form eines erhöhten Unternehmenswertes. Ferner wurden anhand des Prozesses der wertorientierten Unternehmensführung Anhaltspunkte zur zieladäquaten Entwicklung und Umsetzung von wertorientierten Strategien skizziert.

Unter der Annahme, dass in der Realität die strenge Form der Informationseffizienz des Kapitalmarktes nicht vorliegt und von Informationsasymmetrien auf dem Kapitalmarkt auszugehen ist, wurde die Notwendigkeit einer wertorientierten Berichterstattung als integraler Bestandteil der wertorientierten Unternehmensführung begründet. Die zentrale Zwecksetzung der wertorientierten Berichterstattung liegt in dem Abbau von Informationsasymmetrien, die zwischen Unternehmen und Kapitalmarktakteuren bestehen. Hierdurch soll eine angemessene Bewertung des Unternehmens seitens des Kapitalmarktes und damit eine Reduzierung der Wertlücken zwischen dem Börsenwert und dem inneren Unternehmenswert, die Steigerung des inneren Unternehmenswertes sowie eine Verbesserung der Corporate Governance erreicht werden. Der wertorientierten Berichterstattung kommt dabei die Aufgabe der Bereitstellung von entscheidungsrelevanten Informationen für die Kapitalmarktakteure zu. In diesem Zusammenhang sind Angaben, die Kapitalmarktakteuren eine Beurteilung der seitens des Unternehmens praktizierten wertorientierten Unternehmensführung und eine zutreffende Bewertung des Unternehmens ermöglichen, von Bedeutung. Neben Angaben zu den verwendeten wertorientierten Steuerungskonzepten sollten Unternehmen daher v.a. prospektive und nichtfinanzielle Informationen sowie risiko- und segmentbezogene Angaben bereitstellen.

Darüber hinaus wurde der Frage nachgegangen, welchen Anforderungen an Unternehmen im Rahmen der verpflichtenden Berichterstattung gestellt werden und damit verbunden, ob die hierdurch bereitgestellten Informationen ausreichen, den gegenwärtigen Anforderungen an eine wertorientierte Berichterstattung zu genügen. Auf Basis der Ausführungen zur verpflichtenden Berichterstattung wurde deutlich, dass den veränderten Anforderungen an die Berichterstattung durch die verpflichtende Berichterstattung (derzeit noch) nicht ausreichend Rechnung getragen wird.

Die Grenzen und Defizite der verpflichtenden Berichterstattung zeigten sich insbesondere hinsichtlich der Informationsbereitstellung durch den Konzernabschluss. Obgleich diesem sowohl nach HGB als auch nach internationalen Rechnungslegungsvorschriften allein eine Informationsfunktion zukommt, vermittelt dieser aus ökonomischer Sicht nur einen begrenzten Einblick in die Vermögens-, Finanz- und Ertragslage eines Konzerns. Dieser begrenzte Einblick ist auf die zugrunde liegenden Gewinnermittlungsvorschriften zurückzuführen. Die Art der zu vermittelnden Informationen beschränkt sich nach allen drei betrachteten Rechnungslegungssystemen überwiegend auf vergangenheitsbezogene Angaben. Ferner werden aufgrund von Objektivierungserfordernissen insbesondere finanzielle Informationen bereitgestellt, während viele immaterielle Vermögenswerte, die als Werttreiber interpretiert werden können, nicht in die Bilanz aufgenommen werden. Dies gilt nicht nur nach den Vorschriften des HGB, die ein Verbot für den Ansatz für selbst erstellte immaterielle Vermögensgegenstände des Anlagevermögens vorsieht. Ebenso bestehen für diese Vermögensgegenstände nach den internationalen Rechnungslegungsvorschriften vergleichsweise restriktive Vorschriften, die vor dem Hintergrund der neuen Regelungen zur Bewertung des Goodwill in SFAS 142 und des Business Combinations Projekts des IASB jedoch teilweise relativiert werden.

Neben dem Konzernabschluss werden nach HGB ein Konzernlagebericht und nach US-GAAP eine dem Konzernlagebericht vergleichbare MD&A gefordert. Für die Bereitstellung der aus ökonomischer Sicht relevanten Informationen stellt innerhalb der verpflichtenden Berichterstattung der Konzernlagebericht ein grundsätzlich geeignetes Instrument dar. Dies lässt sich einerseits darauf zurückführen, dass dem Lagebericht allein eine Informationsfunktion zukommt und die Berichterstattung im Rahmen des Lageberichts keinen Gewinnermittlungsvorschriften unterliegt. Andererseits sollte der Lagebericht entsprechend seiner Aufgaben zukunftsorientierte sowie nichtfinanzielle Informationen bereitstellen. Diese Informationen wurden aufgrund der bisherigen Vorschriften zur Erstellung des Konzernlageberichts bzw. der MD&A von Unternehmen jedoch nur in begrenztem Umfang bereitgestellt. Bedeutende Änderungen ergeben sich durch DRS 15 und insbesondere durch die Verabschiedung des BilReG, da hierin wesentliche Ergänzungen der Konzernlageberichterstattung um entsprechende wertorientierte Angaben enthalten sind. Zu nennen sind hier bspw. Informationen zu intern verwendeten wertorientierten Steuerungsgrößen sowie zu finanziellen und nichtfinanziellen Leistungsindikatoren, Angaben zu bilanziell nicht erfassten immateriellen Werten sowie umfassende zukunfts- und risikobezogene Informationen.

Schließlich wurde ein konzeptioneller Bezugsrahmen für die im Rahmen der wertorientierten Berichterstattung zu publizierenden Inhalte vorgestellt und die einzelnen Berichtskriterien abgeleitet. Anhand des Bezugsrahmens lassen sich die Inhalte der wertorientierten Berichterstattung in drei Kategorien unterteilen. Im Rahmen des Value Added Reporting sind Angaben zur Entwicklung des rechnerischen Unternehmenswertes bereitzustellen. Neben der Nennung des wertorientierten Steuerungskonzeptes sind v.a. auch Angaben zu dessen Ermittlung und zur quantitativen Entwicklung offen zu legen, um den Adressaten der Berichterstattung einen adäquaten Einblick in die Wertschaffung des Unternehmens zu ermöglichen. Diese Angaben sollten zur Erhöhung der Aussagekraft nicht nur auf Unternehmensgesamtebene, sondern auch auf Geschäftsbereichsebene gegeben werden. Demgegenüber beinhaltet das Total Return Reporting Angaben zur Wertentwicklung für die Kapitalgeber, wie z.B. die Aktienkurs- und die Dividendenentwicklung. Als dritte Kategorie der wertorientierten Berichterstattung ist das Strategic Advantage Reporting zu nennen. Hier sind Informationen zu nachhaltigen Wertsteigerungspotenzialen des Unternehmens und damit insbesondere zukunftsbezogene sowie nichtfinanzielle Informationen zu berichten, um den Adressaten eine Abschätzung der zukünftigen Entwicklung des Unternehmens(wertes) zu ermöglichen. Die einzelnen Inhalte des Strategic Advantage Reporting lassen sich weiter in verschiedene Berichtskategorien, nämlich risikobezogene Angaben, kunden- bzw. absatzmarktbezogene Angaben, zulieferer- bzw. beschaffungsmarktbezogene Angaben, mitarbeiter- bzw. managementbezogene Angaben, prozess- bzw. innovationsbezogene Angaben, unternehmensstrategische Angaben sowie umfeldbezogene Angaben, unterteilen.

Neben der inhaltlichen Ausgestaltung erfordert eine wertorientierte Berichterstattung eine formale Ausgestaltung, um die Transparenz der Berichterstattung zu erhöhen und die Vergleichbarkeit der bereitgestellten Informationen zu verbessern. In diesem Zusammenhang wurden verschiedene Grundsätze für die wertorientierte Berichterstattung dargelegt. Im Einzelnen waren dies die Grundsätze der Wirtschaftlichkeit, des Management Approach, der Anreizverträglichkeit, der Analysefähigkeit, der Ausgewogenheit, der Segmentierung, der Regelmäßigkeit sowie der Prüfung. Im Hinblick auf den zuletzt genannten Grundsatz wurde empfohlen, dass die wertorientierten Informationen in den Geschäftsbericht aufgenommen werden sollten, da die Angaben hier zumindest dem kritischen Lesen des Prüfers unterliegen. Darüber hinaus stellt der Geschäftsbericht nach wie vor das wesentliche Informationsinstrument der Unternehmenspublizität dar. Dabei sollten die wertorientierten Informationen nicht nur in den freiwilligen Teil des Geschäftsberichtes aufgenommen werden, sondern in den Lagebericht integriert werden, da dessen Informationen prüfungspflichtig sind.

Im Rahmen der empirischen Untersuchung stand zunächst die Fragestellung im Fokus, inwiefern den einzelnen, aus theoretischer Sicht ermittelten, Inhalten der wertorientierten Berichterstattung tatsächlich eine Bedeutung beigemessen wird. Diese Untersuchung erfolgte anhand einer schriftlichen Befragung von Adressaten sowie von Unternehmen als Ersteller der wertorientierten Berichterstattung zur Relevanz von verschiedenen Berichtskriterien im Rahmen der wertorientierten Berichterstattung.

Sowohl Adressaten als auch Unternehmen wiesen insbesondere bestimmten obligatorischen Berichtselementen eine hohe Bedeutung zu. Dieses Ergebnis kann als Indiz dafür gewertet werden, dass die Pflichtberichterstattung tatsächlich wesentliche Informationen enthält. Ferner könnte dieses Ergebnis aus Adressatensicht u.U. auf die Tatsache zurück geführt werden, dass ein höheres Vertrauen in diese Informationen besteht, da sie gewissen Regelungen sowie der Prüfung unterliegen. Ebenso wurde jedoch weiteren Informationen eine hohe Relevanz beigemessen. Dies bestätigt, dass zusätzlich zu der Pflichtberichterstattung auch freiwilligen, wertorientierten Informationen eine hohe Relevanz zukommt. Der (deskriptive) Vergleich zwischen den Bewertungen der Adressaten und denen der Unternehmen zeigte ein eindeutiges Bild. So wurde dem Großteil der einzelnen Berichtskriterien sowohl hinsichtlich vergangenheitsbezogener als auch hinsichtlich zukunftsbezogener Informationen bzw. Planangaben von den Adressaten eine höhere Bedeutung beigemessen als von den Unternehmen. Eine Ausnahme bildeten die Angaben über die Wertentwicklung für die Kapitalgeber, deren Bedeutung insbesondere seitens der Unternehmen betont wurde. Die geringere Relevanzeinschätzung seitens der Adressaten könnte darauf zurück zu führen sein, dass Informationen dieser Art auch über andere Institutionen, bspw. die Deutsche Börse, zu beziehen sind. Ebenso stellten unternehmensstrategische Angaben im Rahmen der Informationen zu nachhaltigen Wertsteigerungspotenzialen eine Ausnahme dar. Diesbezüglich hielten Unternehmen die Hälfte der Berichtskriterien für relevanter als die Adressaten.

Um zu überprüfen, ob tatsächlich eine Übereinstimmungslücke zwischen den Einschätzungen der Adressaten und denen der Unternehmen besteht, wurde jede Berichtskategorie auf signifikante Unterschiede in den Einschätzungen getestet. Im Ergebnis zeigte sich, dass lediglich hinsichtlich der Berichtskategorie „prozess- und innovationsbezogene Angaben“ in der Tendenz davon auszugehen war, dass Adressaten und Unternehmen die Relevanz der Berichtskategorie insgesamt unterschiedlich einstuften. Innerhalb anderer Berichtskategorien ergaben sich zwar auch einzelne signifikante Unterschiede zwischen den Relevanzeinschätzungen der Adressaten und denen der Unternehmen. Diese führten jedoch nicht zu der Annahme, dass die Relevanz der jeweiligen Berichtskategorien von Unternehmen und Adressaten unterschiedlich beurteilt wird. Im Ergebnis war daher davon auszugehen, dass Übereinstimmungslücken auf dem Kapitelmarkt vorliegen, wenn auch in vergleichsweise geringem Umfang.

Die Ausgestaltung der wertorientierten Berichterstattung wurde ferner unter dem Blickwinkel der Entwicklung von branchenspezifischen Leitlinien für die wertorientierte Berichterstattung analysiert. Hierfür wurde die Relevanzeinschätzungen der Unternehmen zu den Berichtskriterien der wertorientierten Berichterstattung in Abhängigkeit von deren Branchenzugehörigkeit ausgewertet. Der deskriptive Vergleich zeigte überwiegend Unterschiede in den Relevanzeinschätzungen der verschiedenen Branchen. Demgegenüber konnten systematische Unterschiede zwischen den Einschätzungen von Unternehmen verschiedener Branchen aufgrund der gewählten Entscheidungsregel in der Tendenz wiederum nur für die Berichtskategorie „prozess- und innovationsbezogene Angaben“ festgestellt werden. Innerhalb anderer Berichtskategorien, insbesondere im Rahmen des Strategic Advantage Reporting, ergaben sich zwar auch einzelne signifikante Unterschiede zwischen den Relevanzeinschätzungen von Unternehmen verschiedener Branchen. Diese führten jedoch nicht zu einer Annahme, dass hinsichtlich der jeweiligen Berichtskategorien Bewertungsunterschiede zwischen den Adressaten und den Unternehmen vorliegen. Darüber hinaus konnte nicht (eindeutig) ermittelt werden, zwischen welchen Branchen im Einzelnen die signifikanten Unterschiede bestanden. Anhand der gewonnenen Ergebnisse konnte die Frage hinsichtlich der Notwendigkeit zur Entwicklung von branchenspezifischen Leitlinien für eine wertorientierte Berichterstattung somit nicht beantwortet werden. Es konnten allenfalls Anhaltspunkte dafür gewonnen werden, dass eine branchenspezifische Ausgestaltung der wertorientierten Berichterstattung vornehmlich für die Informationen zu nachhaltigen Wertsteigerungspotenzialen von Relevanz ist.

Aufbauend auf den Ergebnissen zur inhaltlichen Ausgestaltung der wertorientierten Berichterstattung betraf eine weitere empirisch untersuchte Fragestellung den derzeitigen Stand der wertorientierten Berichterstattung börsennotierter deutscher Unternehmen. Hierzu wurden die Geschäftsberichte der DAX 100-Unternehmen für die Geschäftsjahre 1999 – 2002 bezüglich der aus theoretischer und empirischer Sicht ermittelten Inhalte der wertorientierten Berichterstattung ausgewertet. Insgesamt kann als Fazit der empirischen Untersuchung den DAX 100-Unternehmen (noch) keine umfangreiche wertorientierte Berichterstattung attestiert werden, was vor dem Hintergrund der Ergebnisse der empirischen Untersuchung zur Ausgestaltung der wertorientierten Berichterstattung nicht unbedingt zu erwarten war. Dennoch war hinsichtlich eines wesentlichen Teils der einzelnen Berichtskriterien über den betrachteten Zeitraum ein zunehmendes Publizitätsverhalten zu konstatieren.

Hinsichtlich eines wesentlichen Teils der vergangenheitsbezogenen Informationen zum Value Added Reporting und zum Total Return Reporting zeigte sich über den betrachteten Zeitraum insgesamt ein zunehmendes Publizitätsverhalten. Im Geschäftsjahr 2002 wurden diesbezüglich bereits zu mehreren Berichtskriterien von einem Großteil der Unternehmen Angaben bereitgestellt. Dabei ergab sich in der Gesamtbetrachtung hinsichtlich der Berichterstattung im Rahmen des Total Return Reporting ein höheres Publizitätsniveau als im Rahmen des Value Added Reporting. Zukunftsbezogene Informationen bzw. Planangaben wurden zu den Berichtskriterien des Value Added und des Total Return Reporting, ebenso wie zu den obligatorischen Berichtselementen, nur in seltenen Fällen ausgewiesen. Dabei lag der Anteil der Unternehmen, die im Geschäftsjahr 2002 hierzu Angaben publizierten, durchweg im einstelligen Prozentbereich.

Hinsichtlich der Angaben im Rahmen des Strategic Advantage Reporting ergab sich ein divergierendes Bild. Sämtliche vergangenheitsbezogenen kunden- und absatzbezogenen sowie zulieferer- und beschaffungsmarktbezogenen Angaben wurden im Geschäftsjahr 2002 von weniger als der Hälfte der Unternehmen publiziert. Mitarbeiter- und managementbezogene sowie prozess- bzw. innovationsbezogene Angaben waren jeweils nur zu einem Berichtskriterium bzw. zwei Berichtskriterien in mehr als der Hälfte der Geschäftsberichte 2002 zu finden. Ferner wurde im Geschäftsjahr 2002 die Hälfte der umfeldbezogenen Angaben bereits von einem Großteil der DAX 100-Unternehmen bereitgestellt, zu der anderen Hälfte war hingegen ein sehr geringes Publizitätsniveau festzustellen. Ein deutliches höheres Publizitätsverhalten zeigte sich insgesamt sowohl hinsichtlich vergangenheitsbezogener risikobezogener als auch hinsichtlich vergangenheitsbezogener unternehmensstrategischer Angaben. Diese hohen Ergebnisse zu den risikobezogenen Angaben könnten jedoch aus der gesetzlichen Verpflichtung, auf die Risiken der künftigen Entwicklung einzugehen, sowie aus der Verabschiedung des „DRS 5 Risikoberichterstattung“ im Jahr 2001 resultieren. Die Ergebnisse der Auswertung der zukunftsbezogene Berichterstattung zu nachhaltigen Wertsteigerungspotenzialen zeigten ein klares Bild. Zum einen war diesbezüglich überwiegend keine eindeutig zunehmende Entwicklung über den Betrachtungszeitraum zu verzeichnen, zum anderen wurden zukunftsbezogene Angaben bzw. Planangaben mit Ausnahme von bestimmten unternehmensstrategischen Angaben und Informationen zum wirtschaftlichen Umfeld in den genannten Berichtskategorien nur sehr vereinzelt bereitgestellt.

Im Anschluss wurde der Fragestellung nachgegangen, ob die derzeitige wertorientierte Berichterstattung der DAX 100-Unternehmen mit den Anforderungen aus Adressaten- und Unternehmenssicht übereinstimmt. Anhand von Value Reporting-Scores sowie von sog. Gap-Analysen wurde die Qualität der wertorientierten Berichterstattung beurteilt und somit untersucht, ob aus Sicht der Adressaten von Informationslücken und aus Sicht der Unternehmen von Berichtslücken auszugehen ist.

Als Ergebnis der Analyse zur Qualitätsbeurteilung der wertorientierten Berichterstattung konnte festgehalten werden, dass sowohl von Informationslücken als auch von Berichtslücken auf den Kapitalmärkten auszugehen ist. Die Ergebnisse der Untersuchung anhand der Value Reporting-Scores zeigten jedoch, dass sich die Qualität der wertorientierten Berichterstattung über den Untersuchungszeitraum erhöht hat und sich die Informations- und Berichtslücken damit offensichtlich verringert haben. Gleichwohl konnte für das Geschäftsjahr 2002 nur einzelnen Unternehmen eine ausreichende Berichterstattung zu risikobezogenen, unternehmensstrategischen und umfeldbezogenen Angaben bestätigt werden. Die Gap-Analyse führte aufgrund der abweichenden Auswertungsmethodik zu leicht anderen Ergebnissen. Hier konnte die Berichterstattung der Unternehmen insgesamt aus Adressatensicht in der Tendenz hinsichtlich keiner Berichtskategorie als ausreichend bezeichnet werden. Aus Unternehmenssicht ergab sich im Rahmen der Gesamtanalyse hinsichtlich zulieferer- und beschaffungsmarktbezogener Angaben, prozess- und innovationsbezogener Angaben sowie umfeldbezogener Angaben eine ausreichende Berichterstattung.

Die branchenspezifische Beurteilung der Qualität der wertorientierten Berichterstattung aus Unternehmenssicht anhand von Value Reporting-Scores zeigte, dass Unterschiede in der Qualität der wertorientierten Berichterstattung in Abhängigkeit von der Branchenzugehörigkeit der Unternehmen bestehen. Analog zu der Gesamtanalyse der Value Reporting-Scores aus Unternehmenssicht zeigte sich, dass nur Unternehmen bestimmter Branchen vereinzelt ausreichend zu risikobezogenen, unternehmensstrategischen sowie umfeldbezogenen Angaben publizierten. Im Vergleich zur Gesamtanalyse konnte jedoch einer größeren Anzahl von Unternehmen eine ausreichende Berichterstattung hinsichtlich der drei genannten Berichtskategorien bestätigt werden. Hinsichtlich der anderen sieben Berichtskategorien konnte auch im Rahmen der branchenspezifischen Analyse keinem Unternehmen in einem der vier betrachteten Geschäftsjahre eine ausreichende Berichterstattung bestätigt werden. Daraus konnte geschlussfolgert werden, dass sich die Qualität der wertorientierten Berichterstattung aus Unternehmenssicht in Abhängigkeit von der Branche der Unternehmen unterscheidet. Analog zu der branchenspezifischen Analyse der Value Reporting-Scores zeigte auch die branchenspezifische Gap-Analyse aus Unternehmenssicht, dass Unterschiede in der Qualität der wertorientierten Berichterstattung in Abhängigkeit von der Branchenzugehörigkeit der Unternehmen bestehen. In Abhängigkeit von der betrachteten Branche, konnte für maximal fünf Berichtskategorien insgesamt das Vorhandensein eines 'gap' verneint werden. Somit ergaben sich auch hier Anhaltspunkte für bestehende Berichtslücken, diese variieren jedoch in Abhängigkeit von der betrachteten Branche.

Unabhängig von den Einzelergebnissen der Untersuchung anhand von Value Reporting-Scores bzw. Gap-Analysen war damit zu konstatieren, dass die DAX 100-Unternehmen noch viele Möglichkeiten haben, die Qualität der wertorientierten Berichterstattung zu erhöhen.

Die Überprüfung des Einflusses bestimmter unternehmensspezifischer Merkmale auf die Qualität der wertorientierten Berichterstattung bildete eine weitere Fragestellung der empirischen Untersuchung. Sowohl die verwendete Rechnungslegungsnorm im Konzernabschluss als auch die neue Indexzugehörigkeit der Unternehmen führten in allen vier betrachteten Geschäftsjahren zu signifikanten Unterschieden in der Qualität der wertorientierten Berichterstattung. Gleiches ergab sich hinsichtlich der Branchenzugehörigkeit der Unternehmen für die Geschäftsjahre 1999, 2000 und 2001. Die Überprüfung des Einflusses weiterer unternehmensspezifischer Merkmale führte zu dem Ergebnis, dass in allen vier betrachteten Geschäftsjahren ein Indikator für die Unternehmensperformance den stärksten Erklärungsbeitrag für die Qualität der wertorientierten

Berichterstattung lieferte. Darüber hinaus stellten im Geschäftsjahr 2001 ein Indikator für die Liquidität, ein Indikator für die Unternehmensgröße sowie ein Indikator für die Finanzkraft eine Einflussvariable für den Umfang der wertorientierten Berichterstattung dar. Hinsichtlich aller anderen spezifischen Unternehmenskennzahlen konnte kein signifikanter Einfluss auf die Qualität der wertorientierten Berichterstattung festgestellt werden.

Vor dem Hintergrund der nicht eindeutigen Ergebnisse der Theorie zielte eine weitere Analyse auf die möglichen Auswirkungen der wertorientierten Berichterstattung. Diese Analyse beschränkte sich dabei auf mögliche positive Auswirkungen, die Unternehmen durch eine wertorientierte Berichterstattung erzielen können. Im Ergebnis zeigte sich, dass die Qualität der wertorientierten Berichterstattung keinen Erklärungsbeitrag für die Anzahl der ein Unternehmen analysierenden Finanzanalysten, für die Volatilität der Aktienrenditen, für das Handelsvolumen der Aktien und für die Höhe der Eigenkapitalkostensätze lieferte. Eine zusätzliche Überprüfung des (ungerichteten) Zusammenhangs führte ebenso zu keinen signifikanten Ergebnissen. Die Vorzeichen der berechneten partiellen Korrelationskoeffizienten entsprachen nur hinsichtlich der Anzahl der ein Unternehmen analysierenden Unternehmen und hinsichtlich der Eigenkapitalkostensätze den erwarteten Vorzeichen.

Obgleich mit den Ergebnissen Ansatzpunkte für die Notwendigkeit einer wertorientierten Berichterstattung vor dem Hintergrund der zunehmenden Wertorientierung in der Unternehmensführung gewonnen werden konnten, geben sie gleichzeitig Anlass für weiteren Forschungsbedarf. Die empirische Überprüfung der inhaltlichen Ausgestaltung der wertorientierten Berichterstattung aus theoretischer Sicht liefern zwar Anhaltspunkte für die Relevanz der verschiedenen Berichterstattungsinhalte. Zur konkreten Ausgestaltung erscheint jedoch ein längerer Erfahrungszeitraum mit diesem Thema, nicht zuletzt aufgrund der Entwicklungstendenzen in der Berichterstattungspraxis, erforderlich.

Die Frage hinsichtlich der Notwendigkeit von branchenspezifischen Leitlinien für die wertorientierte Berichterstattung konnte im Rahmen der vorliegenden Arbeit nicht eindeutig beantwortet werden. Diese Resultate sind jedoch dahingehend zu relativieren, dass sie allein auf der Ausgestaltung der wertorientierten Berichterstattung aus Unternehmenssicht beruhen. Eine zusätzliche branchenspezifische Auswertung aus Adressatensicht, die, wie bereits erwähnt, im Rahmen der vorliegenden Arbeit nicht möglich war, könnte u.U. zu eindeutigeren Ergebnissen führen.

Die Ergebnisse der Analyse der derzeitigen wertorientierten Berichterstattung sind vor dem Hintergrund des relativ kurzen Zeitraums der Untersuchungsperiode zu relativieren. So konnten zwar Trends i.S.v. ersten Anhaltspunkten in Richtung einer zunehmenden wertorientierten Berichterstattung festgestellt werden. Für eine eindeutige Entwicklung sollte jedoch ein längerer Zeitraum zugrunde gelegt und damit mehr Erfahrungen gesammelt werden. Des Weiteren beschränkte sich die Analyse der wertorientierten Berichterstattung auf die Angaben in den Geschäftsberichten. Unter Einbezug weiterer Publikationsmedien, hier sei nur die zunehmende Bedeutung des Internet für die Bereitstellung von Informationen genannt, könnten ggf. zusätzliche Erkenntnisse gewonnen werden. Auch ist von einer Allgemeingültigkeit der Ergebnisse nicht auszugehen, da die Untersuchung der wertorientierten Berichterstattung nur im Rahmen einer Teilerhebung erfolgte.

Die Ergebnisse der Beurteilung der Qualität der wertorientierten Berichterstattung anhand von Value Reporting-Scores und Gap-Analysen sind hinsichtlich zweier Punkte zu relativieren. Zum einen führten die branchenbezogenen Qualitätsbeurteilungen aus Unternehmenssicht in mehr Fällen in der Tendenz zu einer ausreichenden Berichterstattung als die Qualitätsbeurteilungen aus Adressatensicht. In diesem Zusammenhang wäre eine branchenspezifische Analyse auch aus Adressatensicht relevant, was zu einer Reduzierung der identifizierten Informationslücken führen könnte. Zum anderen unterliegen sowohl der Ermittlung der Value Reporting-Scores als auch die Durchführung der Gap-Analyse gewissen Schwächen. So konnten bspw. hinsichtlich der Gap-Analyse keine statistischen Testverfahren angewendet werden, sondern lediglich pauschalierte Aussagen getroffen werden. Die Anwendung eines anderen Untersuchungsdesigns könnte den Aussagegehalt der Ergebnisse verbessern.

Mit der Untersuchung der positiven Auswirkungen, die sich aus einer wertorientierten Berichterstattung ergeben können, konnten im Rahmen der vorliegenden Arbeit lediglich selektive Anhaltspunkte gewonnen werden. Diese Ergebnisse sind wiederum vor dem Hintergrund des vergleichsweise kurzen Betrachtungszeitraums zu relativieren, der sich hier aufgrund der begrenzten Datenverfügbarkeit sogar nur auf ein Geschäftsjahr bzw. zwei Geschäftsjahre beschränkte. Somit besteht noch Forschungsbedarf hinsichtlich der Auswirkungen einer wertorientierten Berichterstattung. Darüber hinaus könnten Auswirkungen auf weitere Indikatoren, wie bspw. den Bid-Ask-Spread, oder Auswirkungen auf die sog. kommunikationspolitischen Ziele der wertorientierten Berichterstattung, wie die Steigerung des Vertrauens der Kapitalgeber in das Unternehmen, in die Analyse einbezogen werden. Ferner wäre eine Untersuchung möglicher negativer Auswirkungen, die aus einer wertorientierten Berichterstattung resultieren können, von Interesse.

Schließlich wurden die Regulierung und Prüfung der wertorientierten Berichterstattung in der vorliegenden Arbeit nicht behandelt. Auch hier ergeben sich Ansatzpunkte für weitere (empirische) Forschung.

# Anhang

Anhang 1: Fragebogen zur wertorientierten Berichterstattung für Adressaten

Bitte senden Sie den ausgefüllten Fragebogen zurück an:

**Prof. Dr. Thomas M. Fischer**
**Lehrstuhl für Unternehmensrechnung und Controlling,**
**Revisions- und Treuhandwesen**
**Handelshochschule Leipzig (HHL)**
**Jahnallee 59**
**04109 Leipzig**

**Ansprechpartnerin an der HHL:**

**Dipl. Kffr. Julia Wenzel**
**Wissenschaftliche Mitarbeiterin**
**E-Mail: wenzel@controll.hhl.de**
**Tel.: 0341/9851-718**
**Fax: 0341/9851-702**

## Value Reporting
## - Wertorientierte Berichterstattung von deutschen börsennotierten Unternehmen -

– Fragebogen –

Kapitalgeber und andere Stakeholder beeinflussen nachhaltig die Unternehmensführung. Vor diesem Hintergrund erfährt auch die externe Berichterstattung von Unternehmen eine Akzentverschiebung. Hier gewinnt das Value Reporting, die wertorientierte Berichterstattung, immer mehr an Bedeutung.

Ziel der vorliegenden Befragung ist es, branchenspezifische Leitlinien für das Value Reporting zu entwickeln. Hierzu bitten wir Sie, den Fragebogen mit Bezug auf die Branche, für die Sie primär zuständig sind, auszufüllen.

Für die Beantwortung der Fragen benötigen Sie ca. 15 Minuten.

**Sämtliche Angaben werden vertraulich behandelt und ausschließlich in anonymisierter Form zu wissenschaftlichen Zwecken verwendet.**

**Der Fragebogen gliedert sich in folgende fünf Abschnitte**

| | |
|---|---|
| 1 | Angaben zu Ihrer Person |
| 2 | Allgemeine Aspekte der wertorientierten Berichterstattung |
| 3 | Finanzielle Perspektive der wertorientierten Berichterstattung |
| 4 | Branchenspezifische Werttreiber als Elemente der wertorientierten Berichterstattung |
| 5 | Zeitlicher Umfang und Kommunikation der wertorientierten Berichterstattung |

## 1. Angaben zu Ihrer Person

**1.1 Zu welchem Adressatenkreis der wertorientierten Berichterstattung zählen Sie?**

- ☐ Analyst
- ☐ Mitarbeiter einer Rating-Agentur
- ☐ Wirtschaftsprüfer
- ☐ Finanz- bzw. Wirtschaftsjournalist
- ☐ Wertpapierberater in einer Bank
- ☐ Fondsmanager
- ☐ Börse
- ☐ Börsenaufsicht
- ☐ Mitarbeiter in einer Schutzvereinigung für Wertpapieranleger
- ☐ Weitere:____________________

**1.2 Für welche Branche sind Sie im Rahmen Ihrer Tätigkeit primär zuständig?**

| | | |
|---|---|---|
| ☐ Automobil | ☐ Banken & Finanzdienste | ☐ IT Dienstleistungen |
| ☐ Transport | ☐ Versicherung | ☐ Internet |
| ☐ Einzelhandel | ☐ Bau | ☐ Medien |
| ☐ Maschinenbau | ☐ Konsum | ☐ Unterhaltung |
| ☐ Versorger | ☐ Software | ☐ Biotechnologie |
| ☐ Industrie | ☐ Chemie | ☐ Pharma |
| ☐ Telekommunikation | ☐ Technologien | ☐ Mischkonzern |
| ☐ Andere:____________ | ☐ Keiner spezifischen Branche zugeordnet | |

## 2. Allgemeine Aspekte der wertorientierten Berichterstattung

**2.1 Was bedeutet für Sie wertorientierte Berichterstattung? (Mehrfachnennungen möglich)**

- ☐ Gesamter Bereich der Berichterstattung
- ☐ Teilbereich der Berichterstattung (Ergänzung der traditionellen Finanzberichterstattung)
- ☐ Monetäre Bestandteile der Berichterstattung
- ☐ Nicht-monetäre Bestandteile der Berichterstattung
- ☐ Vergangenheitsbezogene Bestandteile der Berichterstattung
- ☐ Zukunftsbezogene Teile der Berichterstattung
- ☐ Zeitnahe Berichterstattung
- ☐ Bestandteil der wertorientierten Unternehmensführung
- ☐ ________________________________
- ☐ ________________________________
- ☐ ________________________________

**2.2 Welche Eignung weisen die nachfolgend genannten Rechnungslegungsvorschriften zur Abdeckung Ihres Informationsbedarfs bei der Beurteilung der Wertentwicklung von Unternehmen auf?**

| | sehr geeignet | geeignet | weniger geeignet | unge-eignet |
|---|---|---|---|---|
| • HGB | ☐ | ☐ | ☐ | ☐ |
| • IAS | ☐ | ☐ | ☐ | ☐ |
| • US-GAAP | ☐ | ☐ | ☐ | ☐ |

**2.3 Wie beurteilen Sie den derzeitigen Stand der Berichterstattung von deutschen börsennotierten Unternehmen:**

a) Was finden Sie gut an der Berichterstattung?

________________________________

________________________________

b) Was vermissen Sie an der Berichterstattung?

________________________________

________________________________

c) Wie beurteilen Sie die gegenwärtige Berichterstattung hinsichtlich der Wertentwicklung der Unternehmen?

☐ sehr gut ☐ gut ☐ ausreichend ☐ ungenügend

## 3. Finanzielle Perspektive der wertorientierten Berichterstattung

Wie wichtig sind für Sie vergangenheits- / gegenwarts- sowie zukunftsbezogene Informationen im Rahmen einer wertorientierten Berichterstattung? Bitte beantworten Sie hierzu die folgenden Fragen mit **Bezug auf die Branche**, für die Sie primär zuständig sind.

| Finanzielle Perspektive | a) Angaben zur Vergangenheit/Gegenwart | | | | b) Angaben zur Zukunft/Planangaben | | | |
|---|---|---|---|---|---|---|---|---|
| **3.1 Jahresabschluss und Zusatzinformationen** | sehr wichtig | wichtig | weniger wichtig | un-wichtig | sehr wichtig | wichtig | weniger wichtig | un-wichtig |
| • Bilanz | ☐ | ☐ | ☐ | ☐ | ☐ | ☐ | ☐ | ☐ |
| • Gewinn- und Verlustrechnung | ☐ | ☐ | ☐ | ☐ | ☐ | ☐ | ☐ | ☐ |
| • Anhang: | | | | | | | | |
| - Kapitalflußrechnung/Cash Flows | ☐ | ☐ | ☐ | ☐ | ☐ | ☐ | ☐ | ☐ |
| - Segmentbericht | ☐ | ☐ | ☐ | ☐ | ☐ | ☐ | ☐ | ☐ |
| - Restliche Anhangangaben | ☐ | ☐ | ☐ | ☐ | ☐ | ☐ | ☐ | ☐ |
| • Lagebericht/MD&A | ☐ | ☐ | ☐ | ☐ | ☐ | ☐ | ☐ | ☐ |
| • Eigenkapitalentwicklung | ☐ | ☐ | ☐ | ☐ | ☐ | ☐ | ☐ | ☐ |
| • Wertschöpfungsrechnung | ☐ | ☐ | ☐ | ☐ | ☐ | ☐ | ☐ | ☐ |
| • Anders bewertete Posten (z.B. Fair Value) | ☐ | ☐ | ☐ | ☐ | ☐ | ☐ | ☐ | ☐ |
| • Intellectual Property/Capital Statement | ☐ | ☐ | ☐ | ☐ | ☐ | ☐ | ☐ | ☐ |
| • Umweltbericht (Ökobilanz) | ☐ | ☐ | ☐ | ☐ | ☐ | ☐ | ☐ | ☐ |
| • Kennzahlen: | | | | | | | | |
| - EBIT/EBITA/EBITDA | ☐ | ☐ | ☐ | ☐ | ☐ | ☐ | ☐ | ☐ |
| - Earnings per Share (EPS) | ☐ | ☐ | ☐ | ☐ | ☐ | ☐ | ☐ | ☐ |
| - Cash Flow per Share (CFPS) | ☐ | ☐ | ☐ | ☐ | ☐ | ☐ | ☐ | ☐ |
| - Kapitalrenditen (z.B. ROE/ROI/ROCE) | ☐ | ☐ | ☐ | ☐ | ☐ | ☐ | ☐ | ☐ |
| - Weitere:________ | ☐ | ☐ | ☐ | ☐ | ☐ | ☐ | ☐ | ☐ |
| • Vergleich von Ist- und Planwerten bzgl. einzelner Jahresabschlussgrößen | ☐ | ☐ | ☐ | ☐ | | | | |
| • ________ | ☐ | ☐ | ☐ | ☐ | ☐ | ☐ | ☐ | ☐ |

| | a) Angaben zur Vergangenheit/Gegenwart | | | | b) Angaben zur Zukunft/Planangaben | | | |
|---|---|---|---|---|---|---|---|---|
| **3.2 Angaben zu Risiken** | sehr wichtig | wichtig | weniger wichtig | un-wichtig | sehr wichtig | wichtig | weniger wichtig | un-wichtig |
| • Beta-Faktor (für das Gesamtunternehmen) | ☐ | ☐ | ☐ | ☐ | ☐ | ☐ | ☐ | ☐ |
| • Beta-Faktor (für die Geschäftsbereiche) | ☐ | ☐ | ☐ | ☐ | ☐ | ☐ | ☐ | ☐ |
| • Value at Risk | ☐ | ☐ | ☐ | ☐ | ☐ | ☐ | ☐ | ☐ |
| • Risikomanagement | ☐ | ☐ | ☐ | ☐ | ☐ | ☐ | ☐ | ☐ |
| • Kredit-Ratings | ☐ | ☐ | ☐ | ☐ | ☐ | ☐ | ☐ | ☐ |
| • Umfeld- und Branchenrisiken | ☐ | ☐ | ☐ | ☐ | ☐ | ☐ | ☐ | ☐ |
| • Unternehmensstrategische Risiken | ☐ | ☐ | ☐ | ☐ | ☐ | ☐ | ☐ | ☐ |
| • Leistungswirtschaftliche Risiken | ☐ | ☐ | ☐ | ☐ | ☐ | ☐ | ☐ | ☐ |
| • Personalrisiken | ☐ | ☐ | ☐ | ☐ | ☐ | ☐ | ☐ | ☐ |
| • Informationstechnische Risiken | ☐ | ☐ | ☐ | ☐ | ☐ | ☐ | ☐ | ☐ |
| • Finanzwirtschaftliche Risiken | ☐ | ☐ | ☐ | ☐ | ☐ | ☐ | ☐ | ☐ |
| • ________ | ☐ | ☐ | ☐ | ☐ | ☐ | ☐ | ☐ | ☐ |

| Finanzielle Perspektive | a) Angaben zur Vergangenheit/Gegenwart | | | | b) Angaben zur Zukunft/Planangaben | | | |
|---|---|---|---|---|---|---|---|---|
| **3.3 Angaben zur Wertentwicklung aus Sicht der Aktionäre** | sehr wichtig | wichtig | weniger wichtig | un-wichtig | sehr wichtig | wichtig | weniger wichtig | un-wichtig |
| • Aktienkursentwicklung | ☐ | ☐ | ☐ | ☐ | ☐ | ☐ | ☐ | ☐ |
| • Aktienrendite | ☐ | ☐ | ☐ | ☐ | ☐ | ☐ | ☐ | ☐ |
| • Entwicklung eines langfristigen Musterdepots | ☐ | ☐ | ☐ | ☐ | ☐ | ☐ | ☐ | ☐ |
| • Dividendenentwicklung | ☐ | ☐ | ☐ | ☐ | ☐ | ☐ | ☐ | ☐ |
| • Dividendenrendite | ☐ | ☐ | ☐ | ☐ | ☐ | ☐ | ☐ | ☐ |
| • Relative Performance der Aktie im Vergleich zu übergeordneten Benchmarks (z.B. DAX, Nemax 50) | ☐ | ☐ | ☐ | ☐ | ☐ | ☐ | ☐ | ☐ |
| • Relative Performance der Aktie im Vergleich zu Branchenindizes | ☐ | ☐ | ☐ | ☐ | ☐ | ☐ | ☐ | ☐ |
| • Erläuterung ungewöhnlicher Kursausschläge | ☐ | ☐ | ☐ | ☐ | | | | |
| • ______________________ | ☐ | ☐ | ☐ | ☐ | ☐ | ☐ | ☐ | ☐ |

| | a) Angaben zur Vergangenheit/Gegenwart | | | | b) Angaben zur Zukunft/Planangaben | | | |
|---|---|---|---|---|---|---|---|---|
| **3.4 Angaben zur Wertentwicklung für das Unternehmen** | sehr wichtig | wichtig | weniger wichtig | un-wichtig | sehr wichtig | wichtig | weniger wichtig | un-wichtig |
| • Nennung wertorientierter Steuerungskonzepte: | | | | | | | | |
| - Economic Value Added (EVA) | ☐ | ☐ | ☐ | ☐ | ☐ | ☐ | ☐ | ☐ |
| - Cash Value Added (CVA) | ☐ | ☐ | ☐ | ☐ | ☐ | ☐ | ☐ | ☐ |
| - Andere:______________________ | ☐ | ☐ | ☐ | ☐ | ☐ | ☐ | ☐ | ☐ |
| ______________________ | ☐ | ☐ | ☐ | ☐ | ☐ | ☐ | ☐ | ☐ |
| • Verbale Erläuterung der verwendeten Steuerungskonzepte | ☐ | ☐ | ☐ | ☐ | ☐ | ☐ | ☐ | ☐ |
| • Angabe der Kapitalkosten | | | | | | | | |
| - für das Gesamtunternehmen | ☐ | ☐ | ☐ | ☐ | ☐ | ☐ | ☐ | ☐ |
| - für die Geschäftsbereiche | ☐ | ☐ | ☐ | ☐ | ☐ | ☐ | ☐ | ☐ |
| • Ermittlung des Kapitalkostensatzes | ☐ | ☐ | ☐ | ☐ | ☐ | ☐ | ☐ | ☐ |
| • Quantifizierung der Steuerungskennzahl/ Wertbeiträge | | | | | | | | |
| - für das Gesamtunternehmen | ☐ | ☐ | ☐ | ☐ | ☐ | ☐ | ☐ | ☐ |
| - für die Geschäftsbereiche | ☐ | ☐ | ☐ | ☐ | ☐ | ☐ | ☐ | ☐ |
| • Jahresübersichten zur quantitativen Entwicklung der Steuerungskennzahl/ Wertbeiträge | ☐ | ☐ | ☐ | ☐ | ☐ | ☐ | ☐ | ☐ |
| • Vergleich von Ist- und Planwerten bzgl. der Steuerungskennzahl/Wertbeiträge | ☐ | ☐ | ☐ | ☐ | | | | |
| • Wertorientiertes Vergütungssystem | ☐ | ☐ | ☐ | ☐ | ☐ | ☐ | ☐ | ☐ |
| • ______________________ | ☐ | ☐ | ☐ | ☐ | ☐ | ☐ | ☐ | ☐ |

## 4. Branchenspezifische Werttreiber als Elemente der wertorientierten Berichterstattung

Wie wichtig sind für Sie vergangenheits- / gegenwarts- sowie zukunftsbezogene Informationen im Rahmen einer wertorientierten Berichterstattung? Bitte beantworten Sie hierzu die folgenden Fragen mit **Bezug auf die Branche**, für die Sie primär zuständig sind.

| Werttreiber | a) Angaben zur Vergangenheit/Gegenwart | | | | b) Angaben zur Zukunft/Planangaben | | | |
|---|---|---|---|---|---|---|---|---|
| **4.1 Informationen über Kunden/Absatzmarkt** | sehr wichtig | wichtig | weniger wichtig | un-wichtig | sehr wichtig | wichtig | weniger wichtig | un-wichtig |
| • Kundenbindung bzw. -fluktuation | ☐ | ☐ | ☐ | ☐ | ☐ | ☐ | ☐ | ☐ |
| • Anzahl bestehender Kundenbeziehungen | ☐ | ☐ | ☐ | ☐ | ☐ | ☐ | ☐ | ☐ |
| • Anzahl neuer Kundenbeziehungen | ☐ | ☐ | ☐ | ☐ | ☐ | ☐ | ☐ | ☐ |
| • Kundenzufriedenheit | ☐ | ☐ | ☐ | ☐ | ☐ | ☐ | ☐ | ☐ |
| • Kundenstruktur | ☐ | ☐ | ☐ | ☐ | ☐ | ☐ | ☐ | ☐ |
| • Abhängigkeit von einzelnen Kunden | ☐ | ☐ | ☐ | ☐ | ☐ | ☐ | ☐ | ☐ |
| • Kundenakquisitions-/-bindungskosten | ☐ | ☐ | ☐ | ☐ | ☐ | ☐ | ☐ | ☐ |
| • Erträge aus Neukunden | ☐ | ☐ | ☐ | ☐ | ☐ | ☐ | ☐ | ☐ |
| • Marktanteile | ☐ | ☐ | ☐ | ☐ | ☐ | ☐ | ☐ | ☐ |
| • Marktwachstum | ☐ | ☐ | ☐ | ☐ | ☐ | ☐ | ☐ | ☐ |
| • Markenwert | ☐ | ☐ | ☐ | ☐ | ☐ | ☐ | ☐ | ☐ |
| • Markenimage | ☐ | ☐ | ☐ | ☐ | ☐ | ☐ | ☐ | ☐ |
| • Produkt- und Serviceimage | ☐ | ☐ | ☐ | ☐ | ☐ | ☐ | ☐ | ☐ |
| • Umsatzanteil aus Cross-Selling | ☐ | ☐ | ☐ | ☐ | ☐ | ☐ | ☐ | ☐ |
| • Vertriebskanäle | ☐ | ☐ | ☐ | ☐ | ☐ | ☐ | ☐ | ☐ |
| • Vergleich von Ist- und Planwerten bzgl. Kunden/Absatzmarkt | ☐ | ☐ | ☐ | ☐ | | | | |
| • ______________ | ☐ | ☐ | ☐ | ☐ | ☐ | ☐ | ☐ | ☐ |

| | a) Angaben zur Vergangenheit/Gegenwart | | | | b) Angaben zur Zukunft/Planangaben | | | |
|---|---|---|---|---|---|---|---|---|
| **4.2 Informationen über Zulieferer/Beschaffungsmarkt** | sehr wichtig | wichtig | weniger wichtig | un-wichtig | sehr wichtig | wichtig | weniger wichtig | un-wichtig |
| • Zuliefererbindung bzw. -fluktuation | ☐ | ☐ | ☐ | ☐ | ☐ | ☐ | ☐ | ☐ |
| • Anzahl der Zulieferbeziehungen | ☐ | ☐ | ☐ | ☐ | ☐ | ☐ | ☐ | ☐ |
| • Anzahl neuer Zulieferbeziehungen | ☐ | ☐ | ☐ | ☐ | ☐ | ☐ | ☐ | ☐ |
| • Abhängigkeit von einzelnen Zulieferern | ☐ | ☐ | ☐ | ☐ | ☐ | ☐ | ☐ | ☐ |
| • Nationale Herkunft der Zulieferer | ☐ | ☐ | ☐ | ☐ | ☐ | ☐ | ☐ | ☐ |
| • Beschaffungsvolumen | ☐ | ☐ | ☐ | ☐ | ☐ | ☐ | ☐ | ☐ |
| • Preisentwicklung im Beschaffungsmarkt | ☐ | ☐ | ☐ | ☐ | ☐ | ☐ | ☐ | ☐ |
| • Einsparungen im Beschaffungsbereich | ☐ | ☐ | ☐ | ☐ | ☐ | ☐ | ☐ | ☐ |
| • Vergleich von Ist- und Planwerten bzgl. Zulieferer/Beschaffungsmarkt | ☐ | ☐ | ☐ | ☐ | | | | |
| • ______________ | ☐ | ☐ | ☐ | ☐ | ☐ | ☐ | ☐ | ☐ |

| Werttreiber | a) Angaben zur Vergangenheit/Gegenwart | | | | b) Angaben zur Zukunft/Planangaben | | | |
|---|---|---|---|---|---|---|---|---|
| **4.3 Informationen über Mitarbeiter/Management** | sehr wichtig | wichtig | weniger wichtig | un-wichtig | sehr wichtig | wichtig | weniger wichtig | un-wichtig |
| • Mitarbeiterbindung bzw. -fluktuation | ☐ | ☐ | ☐ | ☐ | ☐ | ☐ | ☐ | ☐ |
| • Altersstruktur der Mitarbeiter | ☐ | ☐ | ☐ | ☐ | ☐ | ☐ | ☐ | ☐ |
| • Anzahl der Mitarbeiter | ☐ | ☐ | ☐ | ☐ | ☐ | ☐ | ☐ | ☐ |
| • Mitarbeiterzufriedenheit | ☐ | ☐ | ☐ | ☐ | ☐ | ☐ | ☐ | ☐ |
| • Fehlzeiten der Mitarbeiter | ☐ | ☐ | ☐ | ☐ | ☐ | ☐ | ☐ | ☐ |
| • Qualifikation der Mitarbeiter | ☐ | ☐ | ☐ | ☐ | ☐ | ☐ | ☐ | ☐ |
| • Investitionen in Mitarbeiterbildung | ☐ | ☐ | ☐ | ☐ | ☐ | ☐ | ☐ | ☐ |
| • Mitarbeiterproduktivität | ☐ | ☐ | ☐ | ☐ | ☐ | ☐ | ☐ | ☐ |
| • Knowledge Management | ☐ | ☐ | ☐ | ☐ | ☐ | ☐ | ☐ | ☐ |
| • Qualifikation des Managements | ☐ | ☐ | ☐ | ☐ | ☐ | ☐ | ☐ | ☐ |
| • Ausgestaltung von Managementkompensationen | ☐ | ☐ | ☐ | ☐ | ☐ | ☐ | ☐ | ☐ |
| • Ausgabe von Belegschaftsaktien | ☐ | ☐ | ☐ | ☐ | ☐ | ☐ | ☐ | ☐ |
| • Vergleich von Ist- und Planwerten bzgl. Mitarbeiter/Management | ☐ | ☐ | ☐ | ☐ | | | | |
| • ____________________ | ☐ | ☐ | ☐ | ☐ | ☐ | ☐ | ☐ | ☐ |

| | a) Angaben zur Vergangenheit/Gegenwart | | | | b) Angaben zur Zukunft/Planangaben | | | |
|---|---|---|---|---|---|---|---|---|
| **4.4 Informationen über Prozesse/Innovationsfähigkeit** | sehr wichtig | wichtig | weniger wichtig | un-wichtig | sehr wichtig | wichtig | weniger wichtig | un-wichtig |
| • Kapazitätsauslastung | ☐ | ☐ | ☐ | ☐ | ☐ | ☐ | ☐ | ☐ |
| • Produkt- und Prozessqualität | ☐ | ☐ | ☐ | ☐ | ☐ | ☐ | ☐ | ☐ |
| • Fehlerraten von Services und Produkten | ☐ | ☐ | ☐ | ☐ | ☐ | ☐ | ☐ | ☐ |
| • Durchschnittliche Servicereaktionszeit | ☐ | ☐ | ☐ | ☐ | ☐ | ☐ | ☐ | ☐ |
| • Durchlaufzeiten von Aufträgen | ☐ | ☐ | ☐ | ☐ | ☐ | ☐ | ☐ | ☐ |
| • IT-Ausgaben | ☐ | ☐ | ☐ | ☐ | ☐ | ☐ | ☐ | ☐ |
| • Vergleich von Ist- und Planwerten bzgl. der Prozesse | ☐ | ☐ | ☐ | ☐ | | | | |
| • Anzahl der Patente | ☐ | ☐ | ☐ | ☐ | ☐ | ☐ | ☐ | ☐ |
| • Anzahl neuer Patente | ☐ | ☐ | ☐ | ☐ | ☐ | ☐ | ☐ | ☐ |
| • Restlaufzeit der Patente | ☐ | ☐ | ☐ | ☐ | ☐ | ☐ | ☐ | ☐ |
| • Umsatz aus dem Verkauf von Patenten | ☐ | ☐ | ☐ | ☐ | ☐ | ☐ | ☐ | ☐ |
| • Anzahl der Lizenzen | ☐ | ☐ | ☐ | ☐ | ☐ | ☐ | ☐ | ☐ |
| • Anzahl neuer Lizenzen | ☐ | ☐ | ☐ | ☐ | ☐ | ☐ | ☐ | ☐ |
| • Anzahl neuer Produkte | ☐ | ☐ | ☐ | ☐ | ☐ | ☐ | ☐ | ☐ |
| • Entwicklungszeit neuer Produkte | ☐ | ☐ | ☐ | ☐ | ☐ | ☐ | ☐ | ☐ |
| • Investitionen in F&E | ☐ | ☐ | ☐ | ☐ | ☐ | ☐ | ☐ | ☐ |
| • Umsatzanteil neuer Produkte | ☐ | ☐ | ☐ | ☐ | ☐ | ☐ | ☐ | ☐ |
| • Umsatz nach der Altersstruktur der Produkte | ☐ | ☐ | ☐ | ☐ | ☐ | ☐ | ☐ | ☐ |
| • ____________________ | ☐ | ☐ | ☐ | ☐ | ☐ | ☐ | ☐ | ☐ |

| Werttreiber | a) Angaben zur Vergangenheit/Gegenwart | | | | b) Angaben zur Zukunft/Planangaben | | | |
|---|---|---|---|---|---|---|---|---|
| **4.5 Informationen zur Unternehmensstrategie** | sehr wichtig | wichtig | weniger wichtig | un-wichtig | sehr wichtig | wichtig | weniger wichtig | un-wichtig |
| • Geschäftstätigkeit (Produkte) | ☐ | ☐ | ☐ | ☐ | ☐ | ☐ | ☐ | ☐ |
| • Geschäftsfelder | ☐ | ☐ | ☐ | ☐ | ☐ | ☐ | ☐ | ☐ |
| • Kauf/Verkauf von Geschäftsbereichen | ☐ | ☐ | ☐ | ☐ | ☐ | ☐ | ☐ | ☐ |
| • Festlegung der Kernkompetenzen | ☐ | ☐ | ☐ | ☐ | ☐ | ☐ | ☐ | ☐ |
| • Konzernstruktur | ☐ | ☐ | ☐ | ☐ | ☐ | ☐ | ☐ | ☐ |
| • Standorte | ☐ | ☐ | ☐ | ☐ | ☐ | ☐ | ☐ | ☐ |
| • Kapitalbeteiligungen | ☐ | ☐ | ☐ | ☐ | ☐ | ☐ | ☐ | ☐ |
| • Finanzierungsmaßnahmen | ☐ | ☐ | ☐ | ☐ | ☐ | ☐ | ☐ | ☐ |
| • Unternehmenskultur, -philosophie | ☐ | ☐ | ☐ | ☐ | ☐ | ☐ | ☐ | ☐ |
| • Gesellschaftliche Verantwortung (Corporate Citizenship) | ☐ | ☐ | ☐ | ☐ | ☐ | ☐ | ☐ | ☐ |
| • Nachhaltiges Wirtschaften (Sustainability) | ☐ | ☐ | ☐ | ☐ | ☐ | ☐ | ☐ | ☐ |
| • ______________________ | ☐ | ☐ | ☐ | ☐ | ☐ | ☐ | ☐ | ☐ |

| | a) Angaben zur Vergangenheit/Gegenwart | | | | b) Angaben zur Zukunft/Planangaben | | | |
|---|---|---|---|---|---|---|---|---|
| **4.6 Informationen zum Unternehmensumfeld** | sehr wichtig | wichtig | weniger wichtig | un-wichtig | sehr wichtig | wichtig | weniger wichtig | un-wichtig |
| • Aktienbesitz/Anteilseigner | ☐ | ☐ | ☐ | ☐ | ☐ | ☐ | ☐ | ☐ |
| • Rechtliches Unternehmensumfeld | ☐ | ☐ | ☐ | ☐ | ☐ | ☐ | ☐ | ☐ |
| • Wirtschaftliches Unternehmensumfeld | ☐ | ☐ | ☐ | ☐ | ☐ | ☐ | ☐ | ☐ |
| • Ökologisches Unternehmensumfeld | ☐ | ☐ | ☐ | ☐ | ☐ | ☐ | ☐ | ☐ |
| • ______________________ | ☐ | ☐ | ☐ | ☐ | ☐ | ☐ | ☐ | ☐ |

## 5. Zeitlicher Umfang und Kommunikation der wertorientierten Berichterstattung

**5.1 Welchen Zeitraum sollte die wertorientierte Berichterstattung hinsichtlich vergangenheits- bzw. zukunftsorientierter Informationen umfassen?**

| | | |
|---|---|---|
| Vergangenheit: | ☐ bis 1 Jahr | ☐ 1-3 Jahre |
| Zukunft: | ☐ bis 1 Jahr | ☐ 1-3 Jahre |

**5.2 Welches Medium sollte zur Verbreitung der wertorientierten Berichterstattung verwendet werden? (Mehrfachnennungen möglich)**

| | |
|---|---|
| ☐ Geschäfts- und Zwischenberichte | ☐ Hauptversammlung |
| ☐ Internet | ☐ Verteilergruppen über E-Mail |
| ☐ Bilanzpressekonferenzen | ☐ Analystenkonferenzen |

☐ Weitere: ______________________________________________

**Herzlichen Dank, dass Sie sich die Zeit genommen haben, uns bei dieser Untersuchung zu unterstützen!**

## Anhang 2: Fragebogen zur wertorientierten Berichterstattung für Unternehmen

Bitte senden Sie den ausgefüllten Fragebogen zurück an:

**Prof. Dr. Thomas M. Fischer**
**Lehrstuhl für Unternehmensrechnung und Controlling,**
**Revisions- und Treuhandwesen**
**Handelshochschule Leipzig (HHL)**
**Jahnallee 59**
**04109 Leipzig**

**Ansprechpartnerin an der HHL:**

**Dipl. Kffr. Julia Wenzel**
**Wissenschaftliche Mitarbeiterin**
**E-Mail: wenzel@controll.hhl.de**
**Tel.: 0341/9851-718**
**Fax: 0341/9851-702**

### Value Reporting
### - Wertorientierte Berichterstattung von deutschen börsennotierten Unternehmen -

– Fragebogen –

Kapitalgeber und andere Stakeholder beeinflussen nachhaltig die Unternehmensführung. Vor diesem Hintergrund erfährt auch die externe Berichterstattung von Unternehmen eine Akzentverschiebung. Hier gewinnt das Value Reporting, die wertorientierte Berichterstattung, immer mehr an Bedeutung.

Ziel der vorliegenden Befragung ist es, branchenspezifische Leitlinien für das Value Reporting zu entwickeln. Hierzu bitten wir Sie, den Fragebogen mit Bezug auf die Branche, in der Ihr Unternehmen primär tätig ist, auszufüllen.

Für die Beantwortung der Fragen benötigen Sie ca. 15 Minuten.

**Sämtliche Angaben werden vertraulich behandelt und ausschließlich in anonymisierter Form zu wissenschaftlichen Zwecken verwendet.**

**Der Fragebogen gliedert sich in folgende fünf Abschnitte**

| | |
|---|---|
| 1 | Angaben zu Ihrer Person und zu Ihrem Unternehmen |
| 2 | Allgemeine Aspekte der wertorientierten Berichterstattung |
| 3 | Finanzielle Perspektive der wertorientierten Berichterstattung |
| 4 | Branchenspezifische Werttreiber als Elemente der wertorientierten Berichterstattung |
| 5 | Zeitlicher Umfang und Kommunikation der wertorientierten Berichterstattung |

## 1. Angaben zu Ihrer Person und zu Ihrem Unternehmen

**1.1 In welcher Funktion sind Sie in Ihrem Unternehmen tätig?**

________________________________________

________________________________________

**1.2 Wo ist Ihr Unternehmen gelistet? (Mehrfachnennungen möglich)**

☐ Deutscher Börsenplatz

☐ Ausländischer Börsenplatz:________________

☐ DAX 100

☐ NEMAX 50

☐ EURO STOXX 50

☐ Anderer Index:________________

☐ (Noch) keine Notierung

**1.3 In welcher Branche ist Ihr Unternehmen primär tätig?**

| | | |
|---|---|---|
| ☐ Automobil | ☐ Banken & Finanzdienste | ☐ IT Dienstleistungen |
| ☐ Transport | ☐ Versicherungen | ☐ Internet |
| ☐ Einzelhandel | ☐ Bau | ☐ Medien |
| ☐ Maschinenbau | ☐ Konsum | ☐ Unterhaltungen |
| ☐ Versorger | ☐ Software | ☐ Biotechnologie |
| ☐ Industrie | ☐ Chemie | ☐ Pharma |
| ☐ Telekommunikation | ☐ Technologien | ☐ Mischkonzern |
| ☐ Andere:____________ | ☐ Keine spezifische Branche | |

**1.4 Nach welcher Rechnungslegungsnorm wird der Konzernabschluss Ihres Unternehmens erstellt?**

| | | |
|---|---|---|
| ☐ HGB | ☐ IAS | ☐ US-GAAP |
| ☐ Andere:____________ | | |

## 2. Allgemeine Aspekte der wertorientierten Berichterstattung

**2.1 Was bedeutet für Sie wertorientierte Berichterstattung? (Mehrfachnennungen möglich)**

- ☐ Gesamter Bereich der Berichterstattung
- ☐ Teilbereich der Berichterstattung (Ergänzung der traditionellen Finanzberichterstattung)
- ☐ Monetäre Bestandteile der Berichterstattung
- ☐ Nicht-monetäre Bestandteile der Berichterstattung
- ☐ Vergangenheitsbezogene Bestandteile der Berichterstattung
- ☐ Zukunftsbezogene Teile der Berichterstattung
- ☐ Zeitnahe Berichterstattung
- ☐ Bestandteil der wertorientierten Unternehmensführung
- ☐ ____________________
- ☐ ____________________

**2.2 Welche Eignung weisen die nachfolgend genannten Rechnungslegungsvorschriften zur Abdeckung Ihres Informationsbedarfs bei der Beurteilung der Wertentwicklung von Unternehmen auf?**

| | sehr geeignet | geeignet | weniger geeignet | ungeeignet |
|---|---|---|---|---|
| • HGB | ☐ | ☐ | ☐ | ☐ |
| • IAS | ☐ | ☐ | ☐ | ☐ |
| • US-GAAP | ☐ | ☐ | ☐ | ☐ |

**2.3 Welchen Stellenwert hat die wertorientierte Unternehmensberichterstattung in Ihrem Unternehmen?**

☐ sehr wichtig ☐ wichtig ☐ weniger wichtig ☐ unwichtig

**2.4 Was sind die wesentlichen Werttreiber in Ihrem Geschäft?**

Finanzielle: ____________________

Nicht-finanzielle: ____________________

Weitere: ____________________

**2.5 Werden Angaben zu den Werttreibern extern publiziert?**

Ja, in: ☐ Geschäftsbericht ☐ Zwischenbericht ☐ Internet ☐ Weitere:__________

Teilweise, in: ☐ Geschäftsbericht ☐ Zwischenbericht ☐ Internet ☐ Weitere:__________

Nein, weil: ____________________

## 3. Finanzielle Perspektive der wertorientierten Berichterstattung

Wie schätzen Sie die Wichtigkeit der folgenden Informationen im Rahmen einer wertorientierten Berichterstattung **aus Sicht der Adressaten** der Berichterstattung, wie z.B. Investoren, Analysten, ein?

Bitte beantworten Sie hierzu die folgenden Fragen **mit Bezug auf die Branche**, in der Ihr Unternehmen primär tätig ist.

| Finanzielle Perspektive | a) Angaben zur Vergangenheit/Gegenwart | | | | b) Angaben zur Zukunft/Planangaben | | | |
|---|---|---|---|---|---|---|---|---|
| **3.1 Jahresabschluss und Zusatzinformationen** | sehr wichtig | wichtig | weniger wichtig | un-wichtig | sehr wichtig | wichtig | weniger wichtig | un-wichtig |
| • Bilanz | ☐ | ☐ | ☐ | ☐ | ☐ | ☐ | ☐ | ☐ |
| • Gewinn- und Verlustrechnung | ☐ | ☐ | ☐ | ☐ | ☐ | ☐ | ☐ | ☐ |
| • Anhang: | | | | | | | | |
| - Kapitalflußrechnung/Cash Flows | ☐ | ☐ | ☐ | ☐ | ☐ | ☐ | ☐ | ☐ |
| - Segmentbericht | ☐ | ☐ | ☐ | ☐ | ☐ | ☐ | ☐ | ☐ |
| - Restliche Anhangangaben | ☐ | ☐ | ☐ | ☐ | ☐ | ☐ | ☐ | ☐ |
| • Lagebericht/MD&A | ☐ | ☐ | ☐ | ☐ | ☐ | ☐ | ☐ | ☐ |
| • Eigenkapitalentwicklung | ☐ | ☐ | ☐ | ☐ | ☐ | ☐ | ☐ | ☐ |
| • Wertschöpfungsrechnung | ☐ | ☐ | ☐ | ☐ | ☐ | ☐ | ☐ | ☐ |
| • Anders bewertete Posten (z.B. Fair Value) | ☐ | ☐ | ☐ | ☐ | ☐ | ☐ | ☐ | ☐ |
| • Intellectual Property/Capital Statement | ☐ | ☐ | ☐ | ☐ | ☐ | ☐ | ☐ | ☐ |
| • Umweltbericht (Ökobilanz) | ☐ | ☐ | ☐ | ☐ | ☐ | ☐ | ☐ | ☐ |
| • Kennzahlen: | | | | | | | | |
| - EBIT/EBITA/EBITDA | ☐ | ☐ | ☐ | ☐ | ☐ | ☐ | ☐ | ☐ |
| - Earnings per Share (EPS) | ☐ | ☐ | ☐ | ☐ | ☐ | ☐ | ☐ | ☐ |
| - Cash Flow per Share (CFPS) | ☐ | ☐ | ☐ | ☐ | ☐ | ☐ | ☐ | ☐ |
| - Kapitalrenditen (z.B. ROE/ROI/ROCE) | ☐ | ☐ | ☐ | ☐ | ☐ | ☐ | ☐ | ☐ |
| - Weitere:__________ | ☐ | ☐ | ☐ | ☐ | ☐ | ☐ | ☐ | ☐ |
| • Vergleich von Ist- und Planwerten bzgl. einzelner Jahresabschlussgrößen | ☐ | ☐ | ☐ | ☐ | | | | |
| • __________ | ☐ | ☐ | ☐ | ☐ | ☐ | ☐ | ☐ | ☐ |

| | a) Angaben zur Vergangenheit/Gegenwart | | | | b) Angaben zur Zukunft/Planangaben | | | |
|---|---|---|---|---|---|---|---|---|
| **3.2 Angaben zu Risiken** | sehr wichtig | wichtig | weniger wichtig | un-wichtig | sehr wichtig | wichtig | weniger wichtig | un-wichtig |
| • Beta-Faktor (für das Gesamtunternehmen) | ☐ | ☐ | ☐ | ☐ | ☐ | ☐ | ☐ | ☐ |
| • Beta-Faktor (für die Geschäftsbereiche) | ☐ | ☐ | ☐ | ☐ | ☐ | ☐ | ☐ | ☐ |
| • Value at Risk | ☐ | ☐ | ☐ | ☐ | ☐ | ☐ | ☐ | ☐ |
| • Risikomanagement | ☐ | ☐ | ☐ | ☐ | ☐ | ☐ | ☐ | ☐ |
| • Kredit-Ratings | ☐ | ☐ | ☐ | ☐ | ☐ | ☐ | ☐ | ☐ |
| • Umfeld- und Branchenrisiken | ☐ | ☐ | ☐ | ☐ | ☐ | ☐ | ☐ | ☐ |
| • Unternehmensstrategische Risiken | ☐ | ☐ | ☐ | ☐ | ☐ | ☐ | ☐ | ☐ |
| • Leistungswirtschaftliche Risiken | ☐ | ☐ | ☐ | ☐ | ☐ | ☐ | ☐ | ☐ |
| • Personalrisiken | ☐ | ☐ | ☐ | ☐ | ☐ | ☐ | ☐ | ☐ |
| • Informationstechnische Risiken | ☐ | ☐ | ☐ | ☐ | ☐ | ☐ | ☐ | ☐ |
| • Finanzwirtschaftliche Risiken | ☐ | ☐ | ☐ | ☐ | ☐ | ☐ | ☐ | ☐ |
| • __________ | ☐ | ☐ | ☐ | ☐ | ☐ | ☐ | ☐ | ☐ |

| Finanzielle Perspektive | a) Angaben zur Vergangenheit/Gegenwart | | | | b) Angaben zur Zukunft/Planangaben | | | |
|---|---|---|---|---|---|---|---|---|
| **3.3 Angaben zur Wertentwicklung aus Sicht der Aktionäre** | sehr wichtig | wichtig | weniger wichtig | un-wichtig | sehr wichtig | wichtig | weniger wichtig | un-wichtig |
| • Aktienkursentwicklung | ☐ | ☐ | ☐ | ☐ | ☐ | ☐ | ☐ | ☐ |
| • Aktienrendite | ☐ | ☐ | ☐ | ☐ | ☐ | ☐ | ☐ | ☐ |
| • Entwicklung eines langfristigen Musterdepots | ☐ | ☐ | ☐ | ☐ | ☐ | ☐ | ☐ | ☐ |
| • Dividendenentwicklung | ☐ | ☐ | ☐ | ☐ | ☐ | ☐ | ☐ | ☐ |
| • Dividendenrendite | ☐ | ☐ | ☐ | ☐ | ☐ | ☐ | ☐ | ☐ |
| • Relative Performance der Aktie im Vergleich zu übergeordneten Benchmarks (z.B. DAX, Nemax 50) | ☐ | ☐ | ☐ | ☐ | ☐ | ☐ | ☐ | ☐ |
| • Relative Performance der Aktie im Vergleich zu Branchenindizes | ☐ | ☐ | ☐ | ☐ | ☐ | ☐ | ☐ | ☐ |
| • Erläuterung ungewöhnlicher Kursausschläge | ☐ | ☐ | ☐ | ☐ | | | | |
| • ______________________ | ☐ | ☐ | ☐ | ☐ | ☐ | ☐ | ☐ | ☐ |

| | a) Angaben zur Vergangenheit/Gegenwart | | | | b) Angaben zur Zukunft/Planangaben | | | |
|---|---|---|---|---|---|---|---|---|
| **3.4 Angaben zur Wertentwicklung für das Unternehmen** | sehr wichtig | wichtig | weniger wichtig | un-wichtig | sehr wichtig | wichtig | weniger wichtig | un-wichtig |
| • Nennung wertorientierter Steuerungskonzepte: | | | | | | | | |
| - Economic Value Added (EVA) | ☐ | ☐ | ☐ | ☐ | ☐ | ☐ | ☐ | ☐ |
| - Cash Value Added (CVA) | ☐ | ☐ | ☐ | ☐ | ☐ | ☐ | ☐ | ☐ |
| - Andere:______________________ | ☐ | ☐ | ☐ | ☐ | ☐ | ☐ | ☐ | ☐ |
| ______________________ | ☐ | ☐ | ☐ | ☐ | ☐ | ☐ | ☐ | ☐ |
| • Verbale Erläuterung der verwendeten Steuerungskonzepte | ☐ | ☐ | ☐ | ☐ | ☐ | ☐ | ☐ | ☐ |
| • Angabe der Kapitalkosten | | | | | | | | |
| - für das Gesamtunternehmen | ☐ | ☐ | ☐ | ☐ | ☐ | ☐ | ☐ | ☐ |
| - für die Geschäftsbereiche | ☐ | ☐ | ☐ | ☐ | ☐ | ☐ | ☐ | ☐ |
| • Ermittlung des Kapitalkostensatzes | ☐ | ☐ | ☐ | ☐ | ☐ | ☐ | ☐ | ☐ |
| • Quantifizierung der Steuerungskennzahl/ Wertbeiträge | | | | | | | | |
| - für das Gesamtunternehmen | ☐ | ☐ | ☐ | ☐ | ☐ | ☐ | ☐ | ☐ |
| - für die Geschäftsbereiche | ☐ | ☐ | ☐ | ☐ | ☐ | ☐ | ☐ | ☐ |
| • Jahresübersichten zur quantitativen Entwicklung der Steuerungskennzahl/ Wertbeiträge | ☐ | ☐ | ☐ | ☐ | ☐ | ☐ | ☐ | ☐ |
| • Vergleich von Ist- und Planwerten bzgl. der Steuerungskennzahl/Wertbeiträge | ☐ | ☐ | ☐ | ☐ | | | | |
| • Wertorientiertes Vergütungssystem | ☐ | ☐ | ☐ | ☐ | ☐ | ☐ | ☐ | ☐ |
| • ______________________ | ☐ | ☐ | ☐ | ☐ | ☐ | ☐ | ☐ | ☐ |

## 4. Branchenspezifische Werttreiber als Elemente der wertorientierten Berichterstattung

Wie schätzen Sie die Wichtigkeit der folgenden Informationen im Rahmen einer wertorientierten Berichterstattung **aus Sicht der Adressaten** der Berichterstattung, wie z.B. Investoren, Analysten, ein?

Bitte beantworten Sie hierzu die folgenden Fragen **mit Bezug auf die Branche**, in der Ihr Unternehmen primär tätig ist.

| Werttreiber | a) Angaben zur Vergangenheit/Gegenwart | | | | b) Angaben zur Zukunft/Planangaben | | | |
|---|---|---|---|---|---|---|---|---|
| **4.1 Informationen über Kunden/Absatzmarkt** | sehr wichtig | wichtig | weniger wichtig | un-wichtig | sehr wichtig | wichtig | weniger wichtig | un-wichtig |
| • Kundenbindung bzw. -fluktuation | ☐ | ☐ | ☐ | ☐ | ☐ | ☐ | ☐ | ☐ |
| • Anzahl bestehender Kundenbeziehungen | ☐ | ☐ | ☐ | ☐ | ☐ | ☐ | ☐ | ☐ |
| • Anzahl neuer Kundenbeziehungen | ☐ | ☐ | ☐ | ☐ | ☐ | ☐ | ☐ | ☐ |
| • Kundenzufriedenheit | ☐ | ☐ | ☐ | ☐ | ☐ | ☐ | ☐ | ☐ |
| • Kundenstruktur | ☐ | ☐ | ☐ | ☐ | ☐ | ☐ | ☐ | ☐ |
| • Abhängigkeit von einzelnen Kunden | ☐ | ☐ | ☐ | ☐ | ☐ | ☐ | ☐ | ☐ |
| • Kundenakquisitions-/-bindungskosten | ☐ | ☐ | ☐ | ☐ | ☐ | ☐ | ☐ | ☐ |
| • Erträge aus Neukunden | ☐ | ☐ | ☐ | ☐ | ☐ | ☐ | ☐ | ☐ |
| • Marktanteile | ☐ | ☐ | ☐ | ☐ | ☐ | ☐ | ☐ | ☐ |
| • Marktwachstum | ☐ | ☐ | ☐ | ☐ | ☐ | ☐ | ☐ | ☐ |
| • Markenwert | ☐ | ☐ | ☐ | ☐ | ☐ | ☐ | ☐ | ☐ |
| • Markenimage | ☐ | ☐ | ☐ | ☐ | ☐ | ☐ | ☐ | ☐ |
| • Produkt- und Serviceimage | ☐ | ☐ | ☐ | ☐ | ☐ | ☐ | ☐ | ☐ |
| • Umsatzanteil aus Cross-Selling | ☐ | ☐ | ☐ | ☐ | ☐ | ☐ | ☐ | ☐ |
| • Vertriebskanäle | ☐ | ☐ | ☐ | ☐ | ☐ | ☐ | ☐ | ☐ |
| • Vergleich von Ist- und Planwerten bzgl. Kunden/Absatzmarkt | ☐ | ☐ | ☐ | ☐ | | | | |
| • ______________________ | ☐ | ☐ | ☐ | ☐ | ☐ | ☐ | ☐ | ☐ |

| | a) Angaben zur Vergangenheit/Gegenwart | | | | b) Angaben zur Zukunft/Planangaben | | | |
|---|---|---|---|---|---|---|---|---|
| **4.2 Informationen über Zulieferer/Beschaffungsmarkt** | sehr wichtig | wichtig | weniger wichtig | un-wichtig | sehr wichtig | wichtig | weniger wichtig | un-wichtig |
| • Zuliefererbindung bzw. -fluktuation | ☐ | ☐ | ☐ | ☐ | ☐ | ☐ | ☐ | ☐ |
| • Anzahl der Zulieferbeziehungen | ☐ | ☐ | ☐ | ☐ | ☐ | ☐ | ☐ | ☐ |
| • Anzahl neuer Zulieferbeziehungen | ☐ | ☐ | ☐ | ☐ | ☐ | ☐ | ☐ | ☐ |
| • Abhängigkeit von einzelnen Zulieferern | ☐ | ☐ | ☐ | ☐ | ☐ | ☐ | ☐ | ☐ |
| • Nationale Herkunft der Zulieferer | ☐ | ☐ | ☐ | ☐ | ☐ | ☐ | ☐ | ☐ |
| • Beschaffungsvolumen | ☐ | ☐ | ☐ | ☐ | ☐ | ☐ | ☐ | ☐ |
| • Preisentwicklung im Beschaffungsmarkt | ☐ | ☐ | ☐ | ☐ | ☐ | ☐ | ☐ | ☐ |
| • Einsparungen im Beschaffungsbereich | ☐ | ☐ | ☐ | ☐ | ☐ | ☐ | ☐ | ☐ |
| • Vergleich von Ist- und Planwerten bzgl. Zulieferer/Beschaffungsmarkt | ☐ | ☐ | ☐ | ☐ | | | | |
| • ______________________ | ☐ | ☐ | ☐ | ☐ | ☐ | ☐ | ☐ | ☐ |

| Werttreiber | a) Angaben zur Vergangenheit/Gegenwart | | | | b) Angaben zur Zukunft/Planangaben | | | |
|---|---|---|---|---|---|---|---|---|
| **4.3 Informationen über Mitarbeiter/Management** | sehr wichtig | wichtig | weniger wichtig | un-wichtig | sehr wichtig | wichtig | weniger wichtig | un-wichtig |
| • Mitarbeiterbindung bzw. -fluktuation | ☐ | ☐ | ☐ | ☐ | ☐ | ☐ | ☐ | ☐ |
| • Altersstruktur der Mitarbeiter | ☐ | ☐ | ☐ | ☐ | ☐ | ☐ | ☐ | ☐ |
| • Anzahl der Mitarbeiter | ☐ | ☐ | ☐ | ☐ | ☐ | ☐ | ☐ | ☐ |
| • Mitarbeiterzufriedenheit | ☐ | ☐ | ☐ | ☐ | ☐ | ☐ | ☐ | ☐ |
| • Fehlzeiten der Mitarbeiter | ☐ | ☐ | ☐ | ☐ | ☐ | ☐ | ☐ | ☐ |
| • Qualifikation der Mitarbeiter | ☐ | ☐ | ☐ | ☐ | ☐ | ☐ | ☐ | ☐ |
| • Investitionen in Mitarbeiterbildung | ☐ | ☐ | ☐ | ☐ | ☐ | ☐ | ☐ | ☐ |
| • Mitarbeiterproduktivität | ☐ | ☐ | ☐ | ☐ | ☐ | ☐ | ☐ | ☐ |
| • Knowledge Management | ☐ | ☐ | ☐ | ☐ | ☐ | ☐ | ☐ | ☐ |
| • Qualifikation des Managements | ☐ | ☐ | ☐ | ☐ | ☐ | ☐ | ☐ | ☐ |
| • Ausgestaltung von Managementkompensationen | ☐ | ☐ | ☐ | ☐ | ☐ | ☐ | ☐ | ☐ |
| • Ausgabe von Belegschaftsaktien | ☐ | ☐ | ☐ | ☐ | ☐ | ☐ | ☐ | ☐ |
| • Vergleich von Ist- und Planwerten bzgl. Mitarbeiter/Management | ☐ | ☐ | ☐ | ☐ | | | | |
| • ____________________ | ☐ | ☐ | ☐ | ☐ | ☐ | ☐ | ☐ | ☐ |

| | a) Angaben zur Vergangenheit/Gegenwart | | | | b) Angaben zur Zukunft/Planangaben | | | |
|---|---|---|---|---|---|---|---|---|
| **4.4 Informationen über Prozesse/Innovationsfähigkeit** | sehr wichtig | wichtig | weniger wichtig | un-wichtig | sehr wichtig | wichtig | weniger wichtig | un-wichtig |
| • Kapazitätsauslastung | ☐ | ☐ | ☐ | ☐ | ☐ | ☐ | ☐ | ☐ |
| • Produkt- und Prozessqualität | ☐ | ☐ | ☐ | ☐ | ☐ | ☐ | ☐ | ☐ |
| • Fehlerraten von Services und Produkten | ☐ | ☐ | ☐ | ☐ | ☐ | ☐ | ☐ | ☐ |
| • Durchschnittliche Servicereaktionszeit | ☐ | ☐ | ☐ | ☐ | ☐ | ☐ | ☐ | ☐ |
| • Durchlaufzeiten von Aufträgen | ☐ | ☐ | ☐ | ☐ | ☐ | ☐ | ☐ | ☐ |
| • IT-Ausgaben | ☐ | ☐ | ☐ | ☐ | ☐ | ☐ | ☐ | ☐ |
| • Vergleich von Ist- und Planwerten bzgl. der Prozesse | ☐ | ☐ | ☐ | ☐ | | | | |
| • Anzahl der Patente | ☐ | ☐ | ☐ | ☐ | ☐ | ☐ | ☐ | ☐ |
| • Anzahl neuer Patente | ☐ | ☐ | ☐ | ☐ | ☐ | ☐ | ☐ | ☐ |
| • Restlaufzeit der Patente | ☐ | ☐ | ☐ | ☐ | ☐ | ☐ | ☐ | ☐ |
| • Umsatz aus dem Verkauf von Patenten | ☐ | ☐ | ☐ | ☐ | ☐ | ☐ | ☐ | ☐ |
| • Anzahl der Lizenzen | ☐ | ☐ | ☐ | ☐ | ☐ | ☐ | ☐ | ☐ |
| • Anzahl neuer Lizenzen | ☐ | ☐ | ☐ | ☐ | ☐ | ☐ | ☐ | ☐ |
| • Anzahl neuer Produkte | ☐ | ☐ | ☐ | ☐ | ☐ | ☐ | ☐ | ☐ |
| • Entwicklungszeit neuer Produkte | ☐ | ☐ | ☐ | ☐ | ☐ | ☐ | ☐ | ☐ |
| • Investitionen in F&E | ☐ | ☐ | ☐ | ☐ | ☐ | ☐ | ☐ | ☐ |
| • Umsatzanteil neuer Produkte | ☐ | ☐ | ☐ | ☐ | ☐ | ☐ | ☐ | ☐ |
| • Umsatz nach der Altersstruktur der Produkte | ☐ | ☐ | ☐ | ☐ | ☐ | ☐ | ☐ | ☐ |
| • ____________________ | ☐ | ☐ | ☐ | ☐ | ☐ | ☐ | ☐ | ☐ |

| Werttreiber | a) Angaben zur Vergangenheit/Gegenwart | | | | b) Angaben zur Zukunft/Planangaben | | | |
|---|---|---|---|---|---|---|---|---|
| **4.5 Informationen zur Unternehmensstrategie** | sehr wichtig | wichtig | weniger wichtig | un-wichtig | sehr wichtig | wichtig | weniger wichtig | un-wichtig |
| • Geschäftstätigkeit (Produkte) | ☐ | ☐ | ☐ | ☐ | ☐ | ☐ | ☐ | ☐ |
| • Geschäftsfelder | ☐ | ☐ | ☐ | ☐ | ☐ | ☐ | ☐ | ☐ |
| • Kauf/Verkauf von Geschäftsbereichen | ☐ | ☐ | ☐ | ☐ | ☐ | ☐ | ☐ | ☐ |
| • Festlegung der Kernkompetenzen | ☐ | ☐ | ☐ | ☐ | ☐ | ☐ | ☐ | ☐ |
| • Konzernstruktur | ☐ | ☐ | ☐ | ☐ | ☐ | ☐ | ☐ | ☐ |
| • Standorte | ☐ | ☐ | ☐ | ☐ | ☐ | ☐ | ☐ | ☐ |
| • Kapitalbeteiligungen | ☐ | ☐ | ☐ | ☐ | ☐ | ☐ | ☐ | ☐ |
| • Finanzierungsmaßnahmen | ☐ | ☐ | ☐ | ☐ | ☐ | ☐ | ☐ | ☐ |
| • Unternehmenskultur, -philosophie | ☐ | ☐ | ☐ | ☐ | ☐ | ☐ | ☐ | ☐ |
| • Gesellschaftliche Verantwortung (Corporate Citizenship) | ☐ | ☐ | ☐ | ☐ | ☐ | ☐ | ☐ | ☐ |
| • Nachhaltiges Wirtschaften (Sustainability) | ☐ | ☐ | ☐ | ☐ | ☐ | ☐ | ☐ | ☐ |
| • ______________________ | ☐ | ☐ | ☐ | ☐ | ☐ | ☐ | ☐ | ☐ |

| | a) Angaben zur Vergangenheit/Gegenwart | | | | b) Angaben zur Zukunft/Planangaben | | | |
|---|---|---|---|---|---|---|---|---|
| **4.6 Informationen zum Unternehmensumfeld** | sehr wichtig | wichtig | weniger wichtig | un-wichtig | sehr wichtig | wichtig | weniger wichtig | un-wichtig |
| • Aktienbesitz/Anteilseigner | ☐ | ☐ | ☐ | ☐ | ☐ | ☐ | ☐ | ☐ |
| • Rechtliches Unternehmensumfeld | ☐ | ☐ | ☐ | ☐ | ☐ | ☐ | ☐ | ☐ |
| • Wirtschaftliches Unternehmensumfeld | ☐ | ☐ | ☐ | ☐ | ☐ | ☐ | ☐ | ☐ |
| • Ökologisches Unternehmensumfeld | ☐ | ☐ | ☐ | ☐ | ☐ | ☐ | ☐ | ☐ |
| • ______________________ | ☐ | ☐ | ☐ | ☐ | ☐ | ☐ | ☐ | ☐ |

## 5. Zeitlicher Umfang und Kommunikation der wertorientierten Berichterstattung

**5.1 Welchen Zeitraum sollte die wertorientierte Berichterstattung hinsichtlich vergangenheits- bzw. zukunftsorientierter Informationen umfassen?**

| | | | |
|---|---|---|---|
| Vergangenheit: | ☐ bis 1 Jahr | ☐ 1-3 Jahre | ☐ über 3 Jahre |
| Zukunft: | ☐ bis 1 Jahr | ☐ 1-3 Jahre | ☐ über 3 Jahre |

**5.2 Welches Medium sollte zur Verbreitung der wertorientierten Berichterstattung verwendet werden? (Mehrfachnennungen möglich)**

☐ Geschäfts- und Zwischenberichte
☐ Hauptversammlung
☐ Internet
☐ Verteilergruppen über E-Mail
☐ Bilanzpressekonferenzen
☐ Analystenkonferenzen
☐ Weitere: ______________________

**Herzlichen Dank, dass Sie sich die Zeit genommen haben, uns bei dieser Untersuchung zu unterstützen!**

Anhang 3: Kolmogorov-Smirnow Z-Test zur Relevanz obligatorischer Berichtselemente

| | Extremste Differenzen | | | Kolmogorov-Smirnov Z | Asymp. Sig. (2-seitig) |
|---|---|---|---|---|---|
| | Absolut | Positiv | Negativ | | |
| GuV-Rechnung (V) | ,096 | ,096 | -,040 | ,605 | ,857 |
| GuV-Rechnung (Z) | ,147 | ,027 | -,147 | ,898 | ,395 |
| Kapitalflussrechnung (V) | ,166 | ,166 | -,002 | 1,031 | ,238 |
| Kapitalflussrechnung (Z) | ,194 | ,000 | -,194 | 1,187 | ,120 |
| Segmentbericht (V) | ,040 | ,040 | -,013 | ,247 | 1,000 |
| Segmentbericht (Z) | ,177 | ,027 | -,177 | 1,075 | ,198 |
| Bilanz (V) | ,029 | ,000 | -,029 | ,179 | 1,000 |
| Bilanz (Z) | ,116 | ,040 | -,116 | ,710 | ,694 |
| Lagebericht/MD&A (V) | ,058 | ,037 | -,058 | ,356 | 1,000 |
| Lagebericht/MD&A (Z) | ,187 | ,027 | -,187 | 1,125 | ,159 |
| Eigenkapitalspiegel (V) | ,108 | ,082 | -,108 | ,674 | ,754 |
| Eigenkapitalspiegel (Z) | ,082 | ,041 | -,082 | ,497 | ,966 |
| Sonstige Angaben im Anhang (V) | ,123 | ,009 | -,123 | ,760 | ,610 |
| Sonstige Angaben im Anhang (Z) | ,047 | ,047 | ,000 | ,280 | 1,000 |

V = Vergangenheit; Z = Zukunft/Planangaben;
*** p<=0,01 (höchst signifikant); ** p<=0,05 (sehr signifikant); * p<=0,1 (signifikant)

Anhang 4: Kolmogorov-Smirnow Z-Test zur Relevanz der Angaben über die Entwicklung des Unternehmenswertes

| | Extremste Differenzen | | | | |
|---|---|---|---|---|---|
| | Absolut | Positiv | Negativ | Kolmogorov-Smirnov Z | Asymp. Sig. (2-seitig) |
| EBIT/EBITA/EBITDA (V) | ,102 | ,000 | -,102 | ,629 | ,824 |
| EBIT/EBITA/EBITDA (Z) | ,052 | ,000 | -,052 | ,313 | 1,000 |
| Kapitalrenditen (V) | ,058 | ,000 | -,058 | ,356 | 1,000 |
| Kapitalrenditen (Z) | ,087 | ,000 | -,087 | ,524 | ,947 |
| Erläuterung der Steuerungskonzepte (V) | ,110 | ,110 | -,016 | ,676 | ,751 |
| Erläuterung der Steuerungskonzepte (Z) | ,203 | ,203 | ,000 | 1,204 | ,110 |
| Kapitalkosten (Gesamtunternehmen) (GU) (V) | ,102 | ,102 | ,000 | ,635 | ,814 |
| Kapitalkosten (Gesamtunternehmen) (Z) | ,157 | ,157 | ,000 | ,943 | ,336 |
| Ermittlung des Kapitalkostensatzes (V) | ,246 | ,246 | ,000 | 1,507 | **0,021**** |
| Ermittlung des Kapitalkostensatzes (Z) | ,301 | ,301 | ,000 | 1,778 | **0,004***** |
| Quantifizierung der Steuerungskennzahl (GU) (V) | ,104 | ,104 | -,061 | ,641 | ,806 |
| Quantifizierung der Steuerungskennzahl (GU) (Z) | ,107 | ,107 | ,000 | ,646 | ,798 |
| EVA (V) | ,139 | ,139 | -,001 | ,854 | ,460 |
| EVA (Z) | ,261 | ,000 | -,261 | 1,561 | **0,015**** |
| Kapitalkosten (Geschäftsbereiche) (GB) (V) | ,250 | ,000 | -,250 | 1,541 | **0,017**** |
| Kapitalkosten (Geschäftsbereiche) (Z) | ,253 | ,000 | -,253 | 1,511 | **0,021**** |
| Quantifizierung der Steuerungskennzahl(GB) (V) | ,201 | ,201 | ,000 | 1,229 | **0,098*** |
| Quantifizierung der Steuerungskennzahl (GB) (Z) | ,178 | ,000 | -,178 | 1,059 | ,212 |
| Vergleich von Ist- und Planwerten | ,274 | ,274 | ,000 | 1,679 | **0,007***** |
| Wertorientiertes Vergütungssystem (V) | ,050 | ,037 | -,050 | ,307 | 1,000 |
| Wertoreintiertes Vergütungssystem (Z) | ,135 | ,135 | -,032 | ,762 | ,606 |
| Wertschöpfungsrechnung (V) | ,224 | ,224 | ,000 | 1,372 | **0,046**** |
| Wertschöpfungsrechnung (Z) | ,153 | ,000 | -,153 | ,917 | ,370 |
| Anders bewertete Posten (V) | ,178 | ,178 | -,030 | 1,092 | ,184 |
| Anders bewertete Posten (Z) | ,134 | ,000 | -,134 | ,794 | ,553 |
| Mehrperiodige Entwicklung der Steuerungskennzahl (V) | ,058 | ,058 | ,000 | ,349 | 1,000 |
| Mehrperiodige Entwicklung der Steuerungskennzahl (Z) | ,057 | ,057 | -,004 | ,331 | 1,000 |
| Value at Risk (V) | ,190 | ,000 | -,190 | 1,136 | ,151 |
| Value at Risk (Z) | ,171 | ,000 | -,171 | ,991 | ,280 |
| CVA (V) | ,108 | ,108 | ,000 | ,647 | ,796 |
| CVA (Z) | ,219 | ,219 | ,000 | 1,277 | **0,077*** |
| Beta-Faktor (GB) (V) | ,182 | ,000 | -,182 | 1,111 | ,170 |
| Beta-Faktor (GB) (Z) | ,193 | ,000 | -,193 | 1,151 | ,141 |
| Beta-Faktor (GU) (V) | ,057 | ,057 | ,000 | ,348 | 1,000 |
| Beta-Faktor (GU) (Z) | ,158 | ,158 | ,000 | ,946 | ,333 |

V = Vergangenheit; Z = Zukunft/Planangaben;
*** p<=0,01 (höchst signifikant); ** p<=0,05 (sehr signifikant); * p<=0,1 (signifikant)

Anhang 5: Kolmogorov-Smirnow Z-Test zur Relevanz über die Angaben über die Wertentwicklung für die Kapitalgeber

| | Extremste Differenzen | | | Kolmogorov-Smirnov Z | Asymp. Sig. (2-seitig) |
|---|---|---|---|---|---|
| | Absolut | Positiv | Negativ | | |
| EPS (V) | ,137 | ,000 | -,137 | ,848 | ,468 |
| EPS (Z) | ,099 | ,000 | -,099 | ,596 | ,870 |
| CFPS (V) | ,160 | ,160 | -,032 | ,983 | ,288 |
| CFPS (Z) | ,107 | ,107 | -,015 | ,644 | ,801 |
| Erläuterung ungewöhnlicher Kursausschläge | ,081 | ,081 | -,061 | ,501 | ,963 |
| Relative Performance Aktie/Branchenindizes (V) | ,115 | ,115 | -,045 | ,707 | ,699 |
| Relative Performance Aktie/Branchenindizes (Z) | ,123 | ,000 | -,123 | ,718 | ,682 |
| Kredit-Ratings (V) | ,099 | ,099 | ,000 | ,607 | ,855 |
| Kredit-Ratings (Z) | ,054 | ,054 | -,037 | ,324 | 1,000 |
| Relative Performance Aktie/Benchmark (V) | ,210 | ,030 | -,210 | 1,307 | **0,066*** |
| Relative Performance Aktie/Benchmark (Z) | ,100 | ,100 | -,080 | ,591 | ,876 |
| Aktienkursentwicklung (V) | ,321 | ,000 | -,321 | 2,004 | **0,001***** |
| Aktienkursentwicklung (Z) | ,180 | ,180 | ,000 | 1,084 | ,191 |
| Aktienrendite (V) | ,203 | ,000 | -,203 | 1,260 | **0,084*** |
| Aktienrendite (Z) | ,107 | ,107 | ,000 | ,641 | ,806 |
| Dividendenentwicklung (V) | ,147 | ,000 | -,147 | ,911 | ,377 |
| Dividendenentwicklung (Z) | ,093 | ,006 | -,093 | ,560 | ,912 |
| Dividendenrendite (V) | ,167 | ,000 | -,167 | 1,033 | ,237 |
| Dividendenrendite (Z) | ,014 | ,011 | -,014 | ,081 | 1,000 |
| Entwicklung eines langfristigen Musterdepots (V) | ,222 | ,222 | ,000 | 1,326 | **0,059*** |
| Entwicklung eines langfristigen Musterdepots (Z) | ,150 | ,150 | -,019 | ,854 | ,459 |

V = Vergangenheit; Z = Zukunft/Planangaben;
*** p<=0,01 (höchst signifikant); ** p<=0,05 (sehr signifikant); * p<=0,1 (signifikant)

Anhang 6: Kolmogorov-Smirnow Z-Test zur Relevanz risikobezogener Angaben

| | Exstremste Differenzen | | | Kolmogorov-Smirnov Z | Asymp. Sig. (2-seitig) |
|---|---|---|---|---|---|
| | Absolut | Positiv | Negativ | | |
| Unternehmenstrateg. Risiken (V) | ,061 | ,061 | -,018 | ,377 | ,999 |
| Unternehmenstrateg. Risiken (Z) | ,088 | ,088 | ,000 | ,534 | ,938 |
| Risikomanagement (V) | ,129 | ,129 | -,001 | ,799 | ,546 |
| Risikomanagement (Z) | ,073 | ,073 | -,030 | ,440 | ,990 |
| Umfeld- und Branchenrisiken (V) | ,045 | ,034 | -,045 | ,280 | 1,000 |
| Umfeld- und Branchenrisiken (Z) | ,079 | ,079 | ,000 | ,482 | ,974 |
| Finanzwirtschaftliche Risiken (V) | ,042 | ,042 | -,002 | ,256 | 1,000 |
| Finanzwirtschaftliche Risiken (Z) | ,097 | ,000 | -,097 | ,587 | ,881 |
| Leistungswirtschaftliche Risiken (V) | ,147 | ,013 | -,147 | ,898 | ,395 |
| Leistungswirtschaftliche Risiken (Z) | ,196 | ,000 | -,196 | 1,181 | ,123 |
| Personalrisiken (V) | ,190 | ,190 | ,000 | 1,176 | ,126 |
| Personalrisiken (Z) | ,173 | ,173 | ,000 | 1,046 | ,224 |
| Informationstechnische Risiken (V) | ,200 | ,200 | ,000 | 1,224 | ,100 |
| Informationstechnische Risiken (Z) | ,229 | ,229 | ,000 | 1,381 | **0,044**** |

V = Vergangenheit; Z = Zukunft/Planangaben;
*** p<=0,01 (höchst signifikant); ** p<=0,05 (sehr signifikant); * p<=0,1 (signifikant)

Anhang 7: Kolmogorov-Smirnow Z-Test zur Relevanz kunden- bzw. absatzmarktbezogener Angaben

| | Extremste Differenzen | | | | |
|---|---|---|---|---|---|
| | Absolut | Positiv | Negativ | Kolmogorov-Smirnov Z | Asymp. Sig. (2-seitig) |
| Abhängigkeit von Einzelkunden (V) | ,387 | ,387 | ,000 | 2,351 | **,000*** ** |
| Abhängigkeit von Einzelkunden (Z) | ,476 | ,000 | -,476 | 2,828 | **,000*** ** |
| Marktwachstum (V) | ,046 | ,046 | ,000 | ,280 | 1,000 |
| Marktwachstum (Z) | ,052 | ,013 | -,052 | ,312 | 1,000 |
| Marktanteile (V) | ,107 | ,107 | ,000 | ,656 | ,783 |
| Marktanteile (Z) | ,146 | ,041 | -,146 | ,873 | ,432 |
| Kundenstruktur (V) | ,111 | ,111 | ,000 | ,676 | ,751 |
| Kundenstruktur (Z) | ,115 | ,000 | -,115 | ,681 | ,743 |
| Kundenzufriedenheit (V) | ,038 | ,038 | ,000 | ,228 | 1,000 |
| Kundenzufriedenheit (Z) | ,097 | ,097 | -,044 | ,574 | ,897 |
| Kundenbindung bzw. -fluktuation (V) | ,230 | ,230 | -,015 | 1,396 | **0,041** ** |
| Kundenbindung bzw. -fluktuation (Z) | ,206 | ,000 | -,206 | 1,231 | **0,097* ** |
| Vergleich von Ist- und Planwerten | ,342 | ,342 | ,000 | 2,074 | **0,000*** ** |
| Anzahl neuer Kundenbeziehungen (V) | ,248 | ,248 | ,000 | 1,500 | **0,022** ** |
| Anzahl neuer Kundenbeziehungen (Z) | ,199 | ,000 | -,199 | 1,179 | ,124 |
| Vertriebskanäle (V) | ,167 | ,167 | ,000 | 1,009 | ,260 |
| Vertriebskanäle (Z) | ,161 | ,161 | ,000 | ,952 | ,325 |
| Anzahl bestehender Kundenbeziehungen (V) | ,177 | ,177 | ,000 | 1,069 | ,203 |
| Anzahl bestehender Kundenbeziehungen (Z) | ,206 | ,000 | -,206 | 1,217 | ,104 |
| Markenwert (V) | ,066 | ,066 | ,000 | ,397 | ,997 |
| Markenwert (Z) | ,087 | ,000 | -,087 | ,510 | ,957 |
| Markenimage (V) | ,023 | ,000 | -,023 | ,139 | 1,000 |
| Markenimage (Z) | ,057 | ,057 | -,043 | ,338 | 1,000 |
| Profitabilität von Neukunden (V) | ,164 | ,164 | ,000 | ,982 | ,290 |
| Profitabilität von Neukunden (Z) | ,167 | ,000 | -,167 | ,978 | ,294 |
| Podukt- und Serviceimage (V) | ,091 | ,009 | -,091 | ,550 | ,923 |
| Podukt- und Serviceimage (Z) | ,033 | ,033 | -,020 | ,191 | 1,000 |
| Kundenaquisitions-/ -bindungskosten (V) | ,162 | ,162 | ,000 | ,973 | ,301 |
| Kundenaquisitions-/ -bindungskosten (Z) | ,152 | ,000 | -,152 | ,897 | ,397 |
| Umsatzanteil aus Cross-Selling (V) | ,087 | ,087 | ,000 | ,529 | ,942 |
| Umsatzanteil aus Cross-Selling (Z) | ,169 | ,000 | -,169 | ,989 | ,282 |

V = Vergangenheit; Z = Zukunft/Planangaben;
*** p<=0,01 (höchst signifikant); ** p<= 0,05 (sehr signifikant); * p<=0,1 (signifikant)

Anhang 8: Kolmogorov-Smirnow Z-Test zur Relevanz zulieferer- bzw. beschaffungsmarktbezogener Angaben

| | Extremste Differenzen | | | | |
|---|---|---|---|---|---|
| | Absolut | Positiv | Negativ | Kolmogorov-Smirnov Z | Asymp. Sig. (2-seitig) |
| Abängigkeit von einzelnen Zulieferern (V) | ,358 | ,358 | ,000 | 2,125 | **,000*** ** |
| Abängigkeit von einzelnen Zulieferern (Z) | ,379 | ,000 | -,379 | 2,192 | **,000*** ** |
| Preisentwicklung im Beschaffungsmarkt (V) | ,129 | ,129 | ,000 | ,774 | ,587 |
| Preisentwicklung im Beschaffungsmarkt (Z) | ,165 | ,000 | -,165 | ,965 | ,310 |
| Vergleich von Ist- und Planwerten | ,351 | ,351 | ,000 | 2,070 | **,000*** ** |
| Zuliefererbindung bzw. -fluktuation (V) | ,199 | ,199 | ,000 | 1,177 | ,125 |
| Zuliefererbindung bzw. -fluktuation (Z) | ,219 | ,000 | -,219 | 1,263 | **0,082*** |
| Einsparungen im Beschaffungsbereich (V) | ,054 | ,054 | -,053 | ,322 | 1,000 |
| Einsparungen im Beschaffungsbereich (Z) | ,095 | ,042 | -,095 | ,555 | ,918 |
| Beschaffungsvolumen (V) | ,083 | ,083 | ,000 | ,492 | ,969 |
| Beschaffungsvolumen (Z) | ,144 | ,000 | -,144 | ,836 | ,487 |
| Anzahl der Zulieferbeziehungen (V) | ,296 | ,000 | -,296 | 1,762 | **0,004*** ** |
| Anzahl der Zulieferbeziehungen (Z) | ,310 | ,000 | -,310 | 1,791 | **0,003*** ** |
| Anzahl neuer Zulieferbeziehungen (V) | ,287 | ,287 | ,000 | 1,706 | **0,006*** ** |
| Anzahl neuer Zulieferbeziehungen (Z) | ,315 | ,000 | -,315 | 1,810 | **0,003*** ** |
| Nationale Herkunft der Zulieferer (V) | ,151 | ,151 | ,000 | ,898 | ,395 |
| Nationale Herkunft der Zulieferer (Z) | ,146 | ,000 | -,146 | ,847 | ,470 |

V = Vergangenheit; Z = Zukunft/Planangaben;
*** p<=0,01 (höchst signifikant); ** p<=0,05 (sehr signifikant); * p<=0,1 (signifikant)

Anhang 9: Kolmogorov-Smirnow Z-Test zur Relevanz mitarbeiter- bzw. managementbezogener Angaben

| | Extremste Differenzen | | | | |
|---|---|---|---|---|---|
| | Absolut | Positiv | Negativ | Kolmogorov-Smirnov Z | Asymp. Sig. (2-seitig) |
| Qualifikation des Managements (V) | ,055 | ,008 | -,055 | ,330 | 1,000 |
| Qualifikation des Managements (Z) | ,028 | ,028 | -,022 | ,165 | 1,000 |
| Mitarbeiterproduktivität (V) | ,170 | ,170 | ,000 | 1,024 | ,245 |
| Mitarbeiterproduktivität (Z) | ,266 | ,266 | ,000 | 1,575 | **0,014**** |
| Managementvergütung (V) | ,070 | ,070 | ,000 | ,419 | ,995 |
| Managementvergütung (Z) | ,096 | ,096 | ,000 | ,562 | ,910 |
| Mitarbeiterbindung bzw. -fluktuation (V) | ,144 | ,144 | ,000 | ,866 | ,441 |
| Mitarbeiterbindung bzw. -fluktuation (Z) | ,116 | ,116 | ,000 | ,681 | ,742 |
| Qualifikation der Mitarbeiter (V) | ,056 | ,056 | -,020 | ,336 | 1,000 |
| Qualifikation der Mitarbeiter (Z) | ,014 | ,000 | -,014 | ,082 | 1,000 |
| Vergleich von Ist- und Planwerten | ,337 | ,337 | ,000 | 1,991 | **0,001*** ** |
| Anzahl der Mitarbeiter (V) | ,018 | ,018 | -,007 | ,107 | 1,000 |
| Anzahl der Mitarbeiter (Z) | ,052 | ,012 | -,052 | ,309 | 1,000 |
| Ausgabe von Belegschaftsaktien (V) | ,100 | ,100 | ,000 | ,603 | ,860 |
| Ausgabe von Belegschaftsaktien (Z) | ,149 | ,149 | ,000 | ,870 | ,436 |
| Investitionen in Mitarbeiterbildung (V) | ,118 | ,118 | -,048 | ,709 | ,696 |
| Investitionen in Mitarbeiterbildung (Z) | ,124 | ,124 | -,046 | ,730 | ,661 |
| Knowledge Management (V) | ,063 | ,003 | -,063 | ,374 | ,999 |
| Knowledge Management (Z) | ,036 | ,036 | -,017 | ,206 | 1,000 |
| Mitarbeiterzufriedenheit (V) | ,051 | ,014 | -,051 | ,306 | 1,000 |
| Mitarbeiterzufriedenheit (Z) | ,033 | ,010 | -,033 | ,195 | 1,000 |
| Altersstruktur der Mitarbeiter (V) | ,221 | ,221 | ,000 | 1,328 | **0,059*** |
| Altersstruktur der Mitarbeiter (Z) | ,218 | ,218 | ,000 | 1,287 | **0,073*** |
| Fehlzeiten der Mitarbeiter (V) | ,162 | ,162 | ,000 | ,971 | ,302 |
| Fehlzeiten der Mitarbeiter (Z) | ,045 | ,045 | ,000 | ,266 | 1,000 |

V = Vergangenheit; Z = Zukunft/Planangaben;
*** p<=0,01 (höchst signifikant); ** p<=0,05 (sehr signifikant); * p<=0,1 (signifikant)

Anhang 10: Kolmogorov-Smirnow Z-Test zur Relevanz prozess- bzw. innovationsbezogener Angaben

| | Extremste Differenzen | | | | |
|---|---|---|---|---|---|
| | Absolut | Positiv | Negativ | Kolmogorov-Smirnov Z | Asymp. Sig. (2-seitig) |
| Kapazitätsauslastung (V) | ,197 | ,197 | ,000 | 1,178 | ,125 |
| Kapazitätsauslastung (Z) | ,265 | ,000 | -,265 | 1,543 | **0,017**** |
| Umsatzanteil neuer Produkte (V) | ,311 | ,311 | ,000 | 1,853 | **0,002***** |
| Umsatzanteil neuer Produkte (Z) | ,300 | ,300 | ,000 | 1,766 | **0,004***** |
| Investitionen in F&E (V) | ,297 | ,297 | ,000 | 1,767 | **0,004***** |
| Investitionen in F&E (Z) | ,328 | ,328 | ,000 | 1,931 | **0,001***** |
| Anzahl neuer Produkte (V) | ,184 | ,184 | ,000 | 1,082 | ,192 |
| Anzahl neuer Produkte (Z) | ,216 | ,216 | ,000 | 1,254 | **0,086*** |
| Umsatz (Altersstruktur der Produkte) (V) | ,422 | ,422 | ,000 | 2,480 | **,000***** |
| Umsatz (Altersstruktur der Produkte) (Z) | ,471 | ,471 | ,000 | 2,736 | **,000***** |
| Produkt- und Prozessqualität (V) | ,058 | ,053 | -,058 | ,346 | 1,000 |
| Produkt- und Prozessqualität (Z) | ,042 | ,042 | -,011 | ,241 | 1,000 |
| Entwicklungszeit neuer Produkte (V) | ,237 | ,237 | ,000 | 1,385 | **0,043**** |
| Entwicklungszeit neuer Produkte (Z) | ,342 | ,342 | ,000 | 1,980 | **0,001***** |
| Restlaufzeit der Patente (V) | ,558 | ,558 | ,000 | 3,250 | **,000***** |
| Restlaufzeit der Patente (Z) | ,575 | ,575 | ,000 | 3,304 | **,000***** |
| Anzahl neuer Patente (V) | ,420 | ,420 | ,000 | 2,429 | **,000***** |
| Anzahl neuer Patente (Z) | ,418 | ,000 | -,418 | 2,419 | **,000***** |
| Fehlerraten von Services und Produkten (V) | ,160 | ,160 | ,000 | ,948 | ,330 |
| Fehlerraten von Services und Produkten (Z) | ,140 | ,140 | ,000 | ,809 | ,530 |
| Anzahl neuer Lizenzen (V) | ,319 | ,319 | ,000 | 1,850 | **0,002***** |
| Anzahl neuer Lizenzen (Z) | ,349 | ,349 | ,000 | 2,005 | **0,001***** |
| Vergleich von Ist- und Planwerten | ,387 | ,387 | ,000 | 2,243 | **,000***** |
| IT-Ausgaben (V) | ,215 | ,215 | ,000 | 1,280 | **0,076*** |
| IT-Ausgaben (Z) | ,282 | ,282 | ,000 | 1,643 | **0,009***** |
| Anzahl der Patente (V) | ,370 | ,370 | ,000 | 2,163 | **,000***** |
| Anzahl der Patente (Z) | ,362 | ,362 | ,000 | 2,079 | **,000***** |
| Anzahl der Lizenzen (V) | ,346 | ,346 | ,000 | 2,010 | **0,001***** |
| Anzahl der Lizenzen (Z) | ,363 | ,363 | ,000 | 2,085 | **,000***** |
| Durchlaufzeiten von Aufträgen (V) | ,179 | ,179 | ,000 | 1,064 | ,208 |
| Durchlaufzeiten von Aufträgen (Z) | ,141 | ,141 | ,000 | ,817 | ,517 |
| Umsatz (Verkauf von Patenten) (V) | ,421 | ,421 | ,000 | 2,443 | **,000***** |
| Umsatz (Verkauf von Patenten) (Z) | ,501 | ,501 | ,000 | 2,890 | **,000***** |
| Durschnittliche Sevicereaktionszeit (V) | ,059 | ,059 | ,000 | ,352 | 1,000 |
| Durschnittliche Sevicereaktionszeit (Z) | ,049 | ,049 | ,000 | ,283 | 1,000 |

V = Vergangenheit; Z = Zukunft/Planangaben;
*** p<=0,01 (höchst signifikant); ** p<=0,05 (sehr signifikant); * p<=0,1 (signifikant)

Anhang 11: Kolmogorov-Smirnow Z-Test zur Relevanz unternehmensstrategischer Angaben

| | Extremste Differenzen | | | Kolmogorov-Smirnov Z | Asymp. Sig. (2-seitig) |
|---|---|---|---|---|---|
| | Absolut | Positiv | Negativ | | |
| Kauf/Verkauf von Geschäftsbereichen (V) | ,146 | ,146 | -,059 | ,889 | ,408 |
| Kauf/Verkauf von Geschäftsbereichen (Z) | ,121 | ,121 | -,014 | ,720 | ,678 |
| Geschäftsfelder (V) | ,093 | ,020 | -,093 | ,566 | ,906 |
| Geschäftsfelder (Z) | ,029 | ,029 | ,000 | ,170 | 1,000 |
| Geschäftstätigkeit (V) | ,033 | ,000 | -,033 | ,203 | 1,000 |
| Geschäftstätigkeit (Z) | ,086 | ,086 | -,015 | ,512 | ,956 |
| Festlegung der Kernkompetenzen (V) | ,097 | ,003 | -,097 | ,588 | ,880 |
| Festlegung der Kernkompetenzen (Z) | ,044 | ,039 | -,044 | ,266 | 1,000 |
| Finanzierungsmaßnahmen (V) | ,191 | ,191 | -,002 | 1,167 | ,131 |
| Finanzierungsmaßnahmen (Z) | ,175 | ,175 | ,000 | 1,044 | ,226 |
| Konzernstruktur (V) | ,139 | ,000 | -,139 | ,851 | ,464 |
| Konzernstruktur (Z) | ,139 | ,006 | -,139 | ,831 | ,495 |
| Kapitalbeteiligungen (V) | ,048 | ,048 | -,043 | ,293 | 1,000 |
| Kapitalbeteiligungen (Z) | ,132 | ,132 | -,043 | ,781 | ,575 |
| Nachhaltiges Wirtschaften (V) | ,077 | ,000 | -,077 | ,468 | ,981 |
| Nachhaltiges Wirtschaften (Z) | ,060 | ,000 | -,060 | ,353 | 1,000 |
| Intellectual Capital/Property Statement (V) | ,156 | ,156 | ,000 | ,936 | ,344 |
| Intellectual Capital/Property Statement (Z) | ,159 | ,000 | -,159 | ,942 | ,338 |
| Unternehmenskultur, -philosophie (V) | ,126 | ,007 | -,126 | ,769 | ,596 |
| Unternehmenskultur, -philosophie (Z) | ,137 | ,020 | -,137 | ,812 | ,525 |
| Standorte (V) | ,161 | ,000 | -,161 | ,982 | ,290 |
| Standorte (Z) | ,091 | ,013 | -,091 | ,542 | ,931 |
| Gesellschaftliche Verantwortung (V) | ,103 | ,000 | -,103 | ,630 | ,822 |
| Gesellschaftliche Verantwortung (Z) | ,089 | ,061 | -,089 | ,530 | ,941 |
| Umweltbericht (V) | ,088 | ,088 | -,012 | ,542 | ,930 |
| Umweltbericht (Z) | ,151 | ,000 | -,151 | ,910 | ,379 |

V = Vergangenheit; Z = Zukunft/Planangaben;
*** p<=0,01 (höchst signifikant); ** p<=0,05 (sehr signifikant); * p<=0,1 (signifikant)

Anhang 12: Kolmogorov-Smirnow Z-Test zur Relevanz umfeldbezogener Angaben

| | Extremste Differenzen | | | Kolmogorov-Smirnov Z | Asymp. Sig. (2-seitig) |
|---|---|---|---|---|---|
| | Absolut | Positiv | Negativ | | |
| Aktienbesitz/Anteilseigner (V) | ,029 | ,029 | -,028 | ,180 | 1,000 |
| Aktienbesitz/Anteilseigner (Z) | ,063 | ,063 | -,014 | ,374 | ,999 |
| Wirtschaftliches Unternehmensumfeld (V) | ,100 | ,000 | -,100 | ,611 | ,849 |
| Wirtschaftliches Unternehmensumfeld (Z) | ,047 | ,047 | -,032 | ,283 | 1,000 |
| Rechtliches Unternehmensumfeld (V) | ,037 | ,037 | -,030 | ,226 | 1,000 |
| Rechtliches Unternehmensumfeld (Z) | ,125 | ,125 | -,031 | ,745 | ,636 |
| Ökologisches Unternehmensumfeld (V) | ,057 | ,057 | -,005 | ,349 | 1,000 |
| Ökologisches Unternehmensumfeld (Z) | ,063 | ,063 | ,000 | ,374 | ,999 |

V = Vergangenheit; Z = Zukunft/Planangaben;
*** p<=0,01 (höchst signifikant); ** p<=0,05 (sehr signifikant); * p<=0,1 (signifikant)

Anhang 13: Eignung von HGB, IAS und US-GAAP als Informationsgrundlage zur Beurteilung eines Unternehmens nach Branchenzugehörigkeit der Unternehmen

| | Eignung des HGB | | | | Eignung der IAS | | | | Eignung des US-GAAP | | | |
|---|---|---|---|---|---|---|---|---|---|---|---|---|
| | N | | Median | Standard-abweichung | N | | Median | Standard-abweichung | N | | Median | Standard-abweichung |
| | Gültig | Fehlend | | | Gültig | Fehlend | | | Gültig | Fehlend | | |
| Automobil/ Transport | 8 | 0 | 1 | 0,916 | 8 | 0 | 2 | 0,535 | 8 | 0 | 2 | 0,641 |
| Einzelhandel/ Konsum | 8 | 1 | 1,5 | 0,535 | 9 | 0 | 2 | 0 | 8 | 1 | 2 | 0 |
| Maschinenbau/ Industrie | 18 | 0 | 1 | 0,502 | 18 | 0 | 2 | 0,383 | 16 | 2 | 2 | 0,655 |
| Versorger/ Telekommunikation | 4 | 0 | 2 | 0,5 | 3 | 1 | 2 | 0,577 | 3 | 1 | 2 | 0 |
| Banken/Finanzdienste/ Versicherungen | 15 | 2 | 2 | 0,617 | 16 | 1 | 2 | 0,619 | 15 | 2 | 2 | 0,884 |
| Bau | 4 | 0 | 1,5 | 0,577 | 4 | 0 | 2 | 0,5 | 4 | 0 | 2 | 0,5 |
| Software/ Technologien | 9 | 0 | 1 | 0,833 | 8 | 1 | 2 | 0,641 | 9 | 0 | 2 | 0,5 |
| Chemie/Pharma/ Biotechnologie | 5 | 0 | 1 | 0,707 | 4 | 1 | 2 | 0 | 4 | 1 | 2 | 0,5 |
| IT Dienstleistungen/ Internet | 4 | 1 | 1,5 | 0,957 | 4 | 1 | 2 | 0,5 | 4 | 1 | 2,5 | 0,957 |
| Medien/ Unterhaltung | 1 | 1 | 1 | | 2 | 0 | 2 | 0 | 2 | 0 | 2 | 0 |

Anhang 14: Bedeutung der obligatorischen Berichtselemente seitens Unternehmen der Branche Banken/Finanzdienste/Versicherungen

| | N | | Median | Standard-abweichung |
|---|---|---|---|---|
| | Gültig | Fehlend | | |
| Bilanz (V) | 17 | 0 | 3 | 0,507 |
| Bilanz (Z) | 16 | 1 | 1,5 | 0,629 |
| GuV (V) | 17 | 0 | 3 | 0,507 |
| GuV (Z) | 16 | 1 | 2 | 0,683 |
| KFR/CF (V) | 16 | 1 | 2 | 0,806 |
| KFR/CF (Z) | 15 | 2 | 2 | 0,704 |
| Segmentbericht (V) | 16 | 1 | 3 | 0,512 |
| Segmentbericht (Z) | 15 | 2 | 2 | 0,488 |
| Sonstige Anhangangaben (V) | 16 | 1 | 2 | 0,719 |
| Sonstige Anhangangaben (Z) | 15 | 2 | 1 | 0,743 |
| Lagebericht/MD&A (V) | 16 | 1 | 2 | 0,683 |
| Lagebericht/MD&A (Z) | 14 | 3 | 2 | 0,73 |
| Eigenkapitalspiegel (V) | 16 | 1 | 2 | 0,683 |
| Eigenkapitalspiegel (Z) | 14 | 3 | 2 | 0,784 |

Anhang 15: Bedeutung der obligatorischen Berichtselemente seitens Unternehmen der Branche Chemie/Pharma/Biotechnologie

| | N | | Median | Standard-abweichung |
|---|---|---|---|---|
| | Gültig | Fehlend | | |
| Bilanz (V) | 5 | 0 | 2 | 0,548 |
| Bilanz (Z) | 5 | 0 | 2 | 0,707 |
| GuV (V) | 5 | 0 | 3 | 0,447 |
| GuV (Z) | 5 | 0 | 3 | 0,548 |
| KFR/CF (V) | 5 | 0 | 3 | 0 |
| KFR/CF (Z) | 5 | 0 | 3 | 0,548 |
| Segmentbericht (V) | 5 | 0 | 3 | 0,548 |
| Segmentbericht (Z) | 5 | 0 | 3 | 0,548 |
| Sonstige Anhangangaben (V) | 5 | 0 | 1 | 0,548 |
| Sonstige Anhangangaben (Z) | 4 | 1 | 1 | 0,5 |
| Lagebericht/MD&A (V) | 4 | 1 | 2,5 | 0,957 |
| Lagebericht/MD&A (Z) | 5 | 0 | 3 | 0,894 |
| Eigenkapitalspiegel (V) | 5 | 0 | 2 | 0,447 |
| Eigenkapitalspiegel (Z) | 5 | 0 | 2 | 0,447 |

Anhang 16: Bedeutung der obligatorischen Berichtselemente seitens Unternehmen der Branche Einzelhandel/Konsum

| | N | | Median | Standard-abweichung |
|---|---|---|---|---|
| | Gültig | Fehlend | | |
| Bilanz (V) | 9 | 0 | 2 | 0,5 |
| Bilanz (Z) | 8 | 1 | 2 | 0,707 |
| GuV (V) | 9 | 0 | 2 | 0,527 |
| GuV (Z) | 8 | 1 | 2,5 | 0,744 |
| KFR/CF (V) | 9 | 0 | 3 | 0,527 |
| KFR/CF (Z) | 8 | 1 | 3 | 0,916 |
| Segmentbericht (V) | 8 | 1 | 2 | 0,707 |
| Segmentbericht (Z) | 8 | 1 | 2 | 0,707 |
| Sonstige Anhangangaben (V) | 8 | 1 | 2 | 0,641 |
| Sonstige Anhangangaben (Z) | 8 | 1 | 2 | 0,916 |
| Lagebericht/MD&A (V) | 9 | 0 | 2 | 0,667 |
| Lagebericht/MD&A (Z) | 8 | 1 | 2 | 0,707 |
| Eigenkapitalspiegel (V) | 9 | 0 | 2 | 0,707 |
| Eigenkapitalspiegel (Z) | 8 | 1 | 1,5 | 0,926 |

Anhang 17: Bedeutung der obligatorischen Berichtselemente seitens Unternehmen der Branche Automobil/Transport

| | N | | Median | Standard-abweichung |
|---|---|---|---|---|
| | Gültig | Fehlend | | |
| Bilanz (V) | 8 | 0 | 2,5 | 0,535 |
| Bilanz (Z) | 8 | 0 | 2 | 0,756 |
| GuV (V) | 8 | 0 | 3 | 0,463 |
| GuV (Z) | 8 | 0 | 2 | 0,707 |
| KFR/CF (V) | 8 | 0 | 3 | 0,463 |
| KFR/CF (Z) | 8 | 0 | 2 | 0,535 |
| Segmentbericht (V) | 8 | 0 | 3 | 0,744 |
| Segmentbericht (Z) | 8 | 0 | 2 | 0,756 |
| Sonstige Anhangangaben (V) | 8 | 0 | 2 | 0,835 |
| Sonstige Anhangangaben (Z) | 8 | 0 | 1,5 | 1,061 |
| Lagebericht/MD&A (V) | 7 | 1 | 3 | 1,134 |
| Lagebericht/MD&A (Z) | 7 | 1 | 2 | 1,215 |
| Eigenkapitalspiegel (V) | 8 | 0 | 2 | 0,535 |
| Eigenkapitalspiegel (Z) | 8 | 0 | 2 | 0,799 |

Anhang 18: Bedeutung der obligatorischen Berichtselemente seitens Unternehmen der Branche Maschinenbau/Industrie

| | N | | Median | Standard-abweichung |
|---|---|---|---|---|
| | Gültig | Fehlend | | |
| Bilanz (V) | 18 | 0 | 2,5 | 0,514 |
| Bilanz (Z) | 16 | 2 | 2 | 0,885 |
| GuV (V) | 18 | 0 | 3 | 0,502 |
| GuV (Z) | 16 | 2 | 3 | 0,619 |
| KFR/CF (V) | 18 | 0 | 2,5 | 0,514 |
| KFR/CF (Z) | 16 | 2 | 2 | 0,775 |
| Segmentbericht (V) | 18 | 0 | 2,5 | 0,698 |
| Segmentbericht (Z) | 16 | 2 | 2 | 0,719 |
| Sonstige Anhangangaben (V) | 18 | 0 | 2 | 0,669 |
| Sonstige Anhangangaben (Z) | 16 | 2 | 1,5 | 0,629 |
| Lagebericht/MD&A (V) | 17 | 1 | 2 | 0,728 |
| Lagebericht/MD&A (Z) | 16 | 2 | 2 | 0,602 |
| Eigenkapitalspiegel (V) | 18 | 0 | 2 | 0,802 |
| Eigenkapitalspiegel (Z) | 16 | 2 | 2 | 0,834 |

Anhang 19: Bedeutung der obligatorischen Berichtselemente seitens Unternehmen der Branche Versorger/Telekommunikation

| | N | | Median | Standard-abweichung |
|---|---|---|---|---|
| | Gültig | Fehlend | | |
| Bilanz (V) | 4 | 0 | 2 | 0,5 |
| Bilanz (Z) | 4 | 0 | 2,5 | 0,957 |
| GuV (V) | 4 | 0 | 2 | 0 |
| GuV (Z) | 4 | 0 | 2,5 | 0,577 |
| KFR/CF (V) | 4 | 0 | 2 | 0,5 |
| KFR/CF (Z) | 4 | 0 | 3 | 0 |
| Segmentbericht (V) | 4 | 0 | 2 | 0,5 |
| Segmentbericht (Z) | 4 | 0 | 2 | 0,5 |
| Sonstige Anhangangaben (V) | 3 | 1 | 2 | 0,577 |
| Sonstige Anhangangaben (Z) | 3 | 1 | 2 | 0,577 |
| Lagebericht/MD&A (V) | 4 | 0 | 1,5 | 0,957 |
| Lagebericht/MD&A (Z) | 4 | 0 | 2,5 | 0,957 |
| Eigenkapitalspiegel (V) | 4 | 0 | 2 | 0,5 |
| Eigenkapitalspiegel (Z) | 4 | 0 | 2 | 0,5 |

Anhang 20: Bedeutung der obligatorischen Berichtselemente seitens Unternehmen der Branche Software/Technologien

| | N | | Median | Standard-abweichung |
|---|---|---|---|---|
| | Gültig | Fehlend | | |
| Bilanz (V) | 9 | 0 | 2 | 0,833 |
| Bilanz (Z) | 8 | 1 | 1,5 | 0,886 |
| GuV (V) | 9 | 0 | 3 | 0,527 |
| GuV (Z) | 8 | 1 | 3 | 0,518 |
| KFR/CF (V) | 9 | 0 | 3 | 0,527 |
| KFR/CF (Z) | 8 | 1 | 2,5 | 0,535 |
| Segmentbericht (V) | 9 | 0 | 2 | 0,782 |
| Segmentbericht (Z) | 8 | 1 | 2 | 0,835 |
| Sonstige Anhangangaben (V) | 9 | 0 | 2 | 0 |
| Sonstige Anhangangaben (Z) | 8 | 1 | 2 | 0,641 |
| Lagebericht/MD&A (V) | 9 | 0 | 3 | 0,726 |
| Lagebericht/MD&A (Z) | 8 | 1 | 2 | 0,707 |
| Eigenkapitalspiegel (V) | 9 | 0 | 2 | 0,601 |
| Eigenkapitalspiegel (Z) | 8 | 1 | 2 | 0,835 |

Anhang 21: Bedeutung der obligatorischen Berichtselemente seitens Unternehmen der Branche Bau

| | N | | Median | Standard-abweichung |
|---|---|---|---|---|
| | Gültig | Fehlend | | |
| Bilanz (V) | 4 | 0 | 3 | 1 |
| Bilanz (Z) | 3 | 1 | 2 | 0 |
| GuV (V) | 4 | 0 | 3 | 1 |
| GuV (Z) | 4 | 0 | 2 | 0,5 |
| KFR/CF (V) | 4 | 0 | 2,5 | 0,957 |
| KFR/CF (Z) | 4 | 0 | 2 | 0,5 |
| Segmentbericht (V) | 4 | 0 | 3 | 1 |
| Segmentbericht (Z) | 4 | 0 | 2,5 | 0,577 |
| Sonstige Anhangangaben (V) | 4 | 0 | 1,5 | 0,957 |
| Sonstige Anhangangaben (Z) | 4 | 0 | 1,5 | 0,957 |
| Lagebericht/MD&A (V) | 4 | 0 | 2 | 0,816 |
| Lagebericht/MD&A (Z) | 4 | 0 | 2 | 0,5 |
| Eigenkapitalspiegel (V) | 4 | 0 | 2 | 0,816 |
| Eigenkapitalspiegel (Z) | 4 | 0 | 1,5 | 0,577 |

Anhang 22: Bedeutung der obligatorischen Berichtselemente seitens Unternehmen der Branche IT/Internet

| | N | | Median | Standard-abweichung |
|---|---|---|---|---|
| | Gültig | Fehlend | | |
| Bilanz (V) | 5 | 0 | 2 | 0,548 |
| Bilanz (Z) | 4 | 1 | 2,5 | 0,957 |
| GuV (V) | 5 | 0 | 3 | 0,447 |
| GuV (Z) | 4 | 1 | 3 | 0,5 |
| KFR/CF (V) | 4 | 1 | 2,5 | 0,577 |
| KFR/CF (Z) | 4 | 1 | 3 | 0,5 |
| Segmentbericht (V) | 4 | 1 | 3 | 0,5 |
| Segmentbericht (Z) | 3 | 2 | 3 | 0,577 |
| Sonstige Anhangangaben (V) | 5 | 0 | 3 | 0,548 |
| Sonstige Anhangangaben (Z) | 4 | 1 | 2,5 | 0,957 |
| Lagebericht/MD&A (V) | 5 | 0 | 2 | 0,837 |
| Lagebericht/MD&A (Z) | 4 | 1 | 2 | 1,155 |
| Eigenkapitalspiegel (V) | 5 | 0 | 2 | 0,548 |
| Eigenkapitalspiegel (Z) | 4 | 1 | 2,5 | 0,577 |

Anhang 23: Bedeutung der obligatorischen Berichtselemente seitens Unternehmen der Branche Medien/Unterhaltung

| | N | | Median | Standard-abweichung |
|---|---|---|---|---|
| | Gültig | Fehlend | | |
| Bilanz (V) | 2 | 0 | 2,5 | 0,707 |
| Bilanz (Z) | 2 | 0 | 1,5 | 0,707 |
| GuV (V) | 2 | 0 | 3 | 0 |
| GuV (Z) | 2 | 0 | 2 | 1,414 |
| KFR/CF (V) | 2 | 0 | 2,5 | 0,707 |
| KFR/CF (Z) | 2 | 0 | 2 | 1,414 |
| Segmentbericht (V) | 2 | 0 | 2,5 | 0,707 |
| Segmentbericht (Z) | 2 | 0 | 2,5 | 0,707 |
| Sonstige Anhangangaben (V) | 2 | 0 | 2 | 0 |
| Sonstige Anhangangaben (Z) | 2 | 0 | 1,5 | 0,707 |
| Lagebericht/MD&A (V) | 2 | 0 | 2 | 0 |
| Lagebericht/MD&A (Z) | 2 | 0 | 2 | 0 |
| Eigenkapitalspiegel (V) | 2 | 0 | 2 | 1,414 |
| Eigenkapitalspiegel (Z) | 2 | 0 | 2 | 1,414 |

Anhang 24: H-Test nach Kruskal und Wallis zur Relevanz obligatorischer Berichtselemente nach der Branchenzugehörigkeit der Unternehmen

| | Chi-Quadrat | df | Asymp. Sig. |
|---|---|---|---|
| GuV-Rechnung (V) | 10,361 | 9 | ,322 |
| GuV-Rechnung (Z) | 6,499 | 9 | ,689 |
| Kapitalflussrechnung (V) | 10,349 | 9 | ,323 |
| Kapitalflussrechnung (Z) | 14,453 | 9 | ,107 |
| Bilanz (V) | 7,440 | 9 | ,591 |
| Bilanz (Z) | 8,417 | 9 | ,493 |
| Segmentbericht (V) | 9,631 | 9 | ,381 |
| Segmentbericht (Z) | 5,358 | 9 | ,802 |
| Lagebericht/MD&A (V) | 4,729 | 9 | ,857 |
| Lagebericht/MD&A (Z) | 3,690 | 9 | ,931 |
| Eigenkapitalspiegel (V) | 7,286 | 9 | ,607 |
| Eigenkapitalspiegel (Z) | 6,980 | 9 | ,639 |
| Sonstige Angaben im Anhang (V) | 11,272 | 9 | ,257 |
| Sonstige Angaben im Anhang (Z) | 9,655 | 9 | ,379 |

V = Vergangenheit; Z = Zukunft/Planangaben;
*** p<=0,01 (höchst signifikant); ** p<=0,05 (sehr signifikant); * p<=0,1 (signifikant)

Anhang 25: Bedeutung der Angaben über die Entwicklung des Unternehmenswertes seitens Unternehmen der Branche Banken/Finanzdienste/Versicherungen

| | N | | Median | Std. Deviation |
|---|---|---|---|---|
| | Valid | Missing | | |
| EBIT/EBITA/EBITDA (V) | 17 | 0 | 2 | 0,97 |
| EBIT/EBITA/EBITDA (Z) | 15 | 2 | 2 | 0,941 |
| Kapitalrenditen (V) | 17 | 0 | 2 | 0,809 |
| Kapitalrenditen (Z) | 15 | 2 | 2 | 0,507 |
| EVA (V) | 15 | 2 | 2 | 0,704 |
| EVA (Z) | 14 | 3 | 2 | 0,616 |
| CVA (V) | 14 | 3 | 1,5 | 0,76 |
| CVA (Z) | 13 | 4 | 2 | 0,776 |
| Erläuterung der Steuerungskonzepte (V) | 16 | 1 | 2 | 0,619 |
| Erläuterung der Steuerungskonzepte (Z) | 15 | 2 | 2 | 0,516 |
| Kapitalkosten für Gesamtunternehmen (V) | 16 | 1 | 2 | 0,73 |
| Kapitalkosten für Gesamtunternehmen (Z) | 15 | 2 | 2 | 0,756 |
| Kapitalkosten für Geschäftsbereiche (V) | 15 | 2 | 1 | 0,91 |
| Kapitalkosten für Geschäftsbereiche (Z) | 14 | 3 | 1 | 0,842 |
| Ermittlung des Kapitalkostensatzes (V) | 15 | 2 | 1 | 0,64 |
| Ermittlung des Kapitalkostensatzes (Z) | 14 | 3 | 1 | 0,65 |
| Beta-Faktor (Gesamtunternehmen) (V) | 16 | 1 | 1,5 | 0,964 |
| Beta-Faktor (Gesamtunternehmen) (Z) | 15 | 2 | 2 | 1,047 |
| Beta-Faktor (Geschäftsbereiche) (V) | 14 | 3 | 1 | 0,699 |
| Beta-Faktor (Geschäftsbereiche) (Z) | 13 | 4 | 1 | 0,87 |
| Quantifizierung der Steuerungskennzahl (GU) (V) | 16 | 1 | 2 | 0,68 |
| Quantifizierung der Steuerungskennzahl (GU) (Z) | 15 | 2 | 2 | 0,594 |
| Quantifizierung der Steuerungskennzahl (GB) (V) | 14 | 3 | 2 | 0,802 |
| Quantifizierung der Steuerungskennzahl (GB) (Z) | 14 | 3 | 2 | 0,726 |
| Mehrper. Entwicklung der Steuerungskennzahl (V) | 15 | 2 | 2 | 0,617 |
| Mehrper. Entwicklung der Steuerungskennzahl (Z) | 14 | 3 | 2 | 0,611 |
| Wertorientiertes Vergütungssystem (V) | 15 | 2 | 2 | 0,64 |
| Wertorientiertes Vergütungssystem (Z) | 14 | 3 | 2 | 0,784 |
| Wertschöpfungsrechnung (V) | 16 | 1 | 2 | 0,885 |
| Wertschöpfungsrechnung (Z) | 14 | 3 | 2 | 1,069 |
| Anders bewertete Posten (V) | 16 | 1 | 2 | 0,68 |
| Anders bewertete Posten (Z) | 14 | 3 | 2 | 0,616 |
| Value at Risk (V) | 13 | 4 | 2 | 0,961 |
| Value at Risk (Z) | 12 | 5 | 2 | 0,965 |
| Vergleich von Ist- und Planwerten | 16 | 1 | 2 | 0,544 |

Anhang 26: Bedeutung der Angaben über die Entwicklung des Unternehmenswertes seitens Unternehmen der Branche Chemie/Pharma/Biotechnologie

| | N | | Median | Std. Deviation |
|---|---|---|---|---|
| | Valid | Missing | | |
| EBIT/EBITA/EBITDA (V) | 5 | 0 | 3 | 0 |
| EBIT/EBITA/EBITDA (Z) | 5 | 0 | 3 | 0 |
| Kapitalrenditen (V) | 5 | 0 | 3 | 0,447 |
| Kapitalrenditen (Z) | 5 | 0 | 3 | 0,447 |
| EVA (V) | 3 | 2 | 3 | 0,577 |
| EVA (Z) | 3 | 2 | 2 | 0,577 |
| CVA (V) | 3 | 2 | 3 | 1,155 |
| CVA (Z) | 3 | 2 | 3 | 1,155 |
| Erläuterung der Steuerungskonzepte (V) | 5 | 0 | 2 | 0,548 |
| Erläuterung der Steuerungskonzepte (Z) | 5 | 0 | 2 | 1,14 |
| Kapitalkosten für Gesamtunternehmen (V) | 5 | 0 | 3 | 0,548 |
| Kapitalkosten für Gesamtunternehmen (Z) | 5 | 0 | 2 | 1,517 |
| Kapitalkosten für Geschäftsbereiche (V) | 5 | 0 | 2 | 0,837 |
| Kapitalkosten für Geschäftsbereiche (Z) | 5 | 0 | 1 | 1,304 |
| Ermittlung des Kapitalkostensatzes (V) | 5 | 0 | 2 | 0,837 |
| Ermittlung des Kapitalkostensatzes (Z) | 5 | 0 | 1 | 1,304 |
| Beta-Faktor (Gesamtunternehmen) (V) | 5 | 0 | 1 | 0,837 |
| Beta-Faktor (Gesamtunternehmen) (Z) | 5 | 0 | 1 | 0,837 |
| Beta-Faktor (Geschäftsbereiche) (V) | 5 | 0 | 1 | 0,707 |
| Beta-Faktor (Geschäftsbereiche) (Z) | 5 | 0 | 1 | 0,707 |
| Quantifizierung der Steuerungskennzahl (GU) (V) | 5 | 0 | 3 | 0,447 |
| Quantifizierung der Steuerungskennzahl (GU) (Z) | 4 | 1 | 3 | 1,5 |
| Quantifizierung der Steuerungskennzahl (GB) (V) | 5 | 0 | 2 | 1 |
| Quantifizierung der Steuerungskennzahl (GB) (Z) | 4 | 1 | 2 | 1,5 |
| Mehrper. Entwicklung der Steuerungskennzahl (V) | 5 | 0 | 2 | 0,548 |
| Mehrper. Entwicklung der Steuerungskennzahl (Z) | 4 | 1 | 2,5 | 1,414 |
| Wertorientiertes Vergütungssystem (V) | 5 | 0 | 2 | 1 |
| Wertorientiertes Vergütungssystem (Z) | 4 | 1 | 2,5 | 0,957 |
| Wertschöpfungsrechnung (V) | 5 | 0 | 1 | 0,447 |
| Wertschöpfungsrechnung (Z) | 5 | 0 | 1 | 0,707 |
| Anders bewertete Posten (V) | 4 | 1 | 2 | 0,5 |
| Anders bewertete Posten (Z) | 4 | 1 | 1,5 | 0,577 |
| Value at Risk (V) | 5 | 0 | 1 | 0,548 |
| Value at Risk (Z) | 5 | 0 | 1 | 0,548 |
| Vergleich von Ist- und Planwerten | 5 | 0 | 1 | 0,894 |

Anhang 27: Bedeutung der Angaben über die Entwicklung des Unternehmenswertes seitens Unternehmen der Branche Einzelhandel/Konsum

| | N | | Median | Std. Deviation |
|---|---|---|---|---|
| | Valid | Missing | | |
| EBIT/EBITA/EBITDA (V) | 9 | 0 | 2 | 0,5 |
| EBIT/EBITA/EBITDA (Z) | 8 | 1 | 2 | 0,463 |
| Kapitalrenditen (V) | 9 | 0 | 2 | 0,782 |
| Kapitalrenditen (Z) | 8 | 1 | 2 | 0,835 |
| EVA (V) | 9 | 0 | 1 | 0,866 |
| EVA (Z) | 9 | 0 | 2 | 0,882 |
| CVA (V) | 9 | 0 | 2 | 0,866 |
| CVA (Z) | 9 | 0 | 2 | 0,866 |
| Erläuterung der Steuerungskonzepte (V) | 8 | 1 | 2 | 1,069 |
| Erläuterung der Steuerungskonzepte (Z) | 8 | 1 | 2 | 1,126 |
| Kapitalkosten für Gesamtunternehmen (V) | 8 | 1 | 2 | 1,035 |
| Kapitalkosten für Gesamtunternehmen (Z) | 8 | 1 | 2 | 1,126 |
| Kapitalkosten für Geschäftsbereiche (V) | 8 | 1 | 1,5 | 0,926 |
| Kapitalkosten für Geschäftsbereiche (Z) | 8 | 1 | 1,5 | 1,061 |
| Ermittlung des Kapitalkostensatzes (V) | 8 | 1 | 1,5 | 1,061 |
| Ermittlung des Kapitalkostensatzes (Z) | 8 | 1 | 1,5 | 1,061 |
| Beta-Faktor (Gesamtunternehmen) (V) | 8 | 1 | 1 | 0,641 |
| Beta-Faktor (Gesamtunternehmen) (Z) | 8 | 1 | 1 | 0,916 |
| Beta-Faktor (Geschäftsbereiche) (V) | 8 | 1 | 1 | 0,991 |
| Beta-Faktor (Geschäftsbereiche) (Z) | 8 | 1 | 1 | 1,035 |
| Quantifizierung der Steuerungskennzahl (GU) (V) | 8 | 1 | 2 | 0,835 |
| Quantifizierung der Steuerungskennzahl (GU) (Z) | 8 | 1 | 2 | 0,886 |
| Quantifizierung der Steuerungskennzahl (GB) (V) | 8 | 1 | 1,5 | 0,926 |
| Quantifizierung der Steuerungskennzahl (GB) (Z) | 8 | 1 | 1 | 0,916 |
| Mehrper. Entwicklung der Steuerungskennzahl (V) | 8 | 1 | 2 | 1,069 |
| Mehrper. Entwicklung der Steuerungskennzahl (Z) | 8 | 1 | 1 | 1,035 |
| Wertorientiertes Vergütungssystem (V) | 8 | 1 | 2 | 1,035 |
| Wertorientiertes Vergütungssystem (Z) | 8 | 1 | 2 | 0,926 |
| Wertschöpfungsrechnung (V) | 9 | 0 | 1 | 0,782 |
| Wertschöpfungsrechnung (Z) | 8 | 1 | 1 | 0,991 |
| Anders bewertete Posten (V) | 8 | 1 | 1 | 0,916 |
| Anders bewertete Posten (Z) | 8 | 1 | 1 | 1,165 |
| Value at Risk (V) | 8 | 1 | 1 | 0,535 |
| Value at Risk (Z) | 8 | 1 | 1 | 0,535 |
| Vergleich von Ist- und Planwerten | 8 | 1 | 1 | 0,916 |

Anhang 28: Bedeutung der Angaben über die Entwicklung des Unternehmenswertes seitens Unternehmen der Branche Automobil/Transport

| | N | | Median | Std. Deviation |
|---|---|---|---|---|
| | Valid | Missing | | |
| EBIT/EBITA/EBITDA (V) | 8 | 0 | 3 | 1,061 |
| EBIT/EBITA/EBITDA (Z) | 8 | 0 | 2,5 | 1,035 |
| Kapitalrenditen (V) | 8 | 0 | 3 | 0,463 |
| Kapitalrenditen (Z) | 8 | 0 | 3 | 0,756 |
| EVA (V) | 7 | 1 | 3 | 1,215 |
| EVA (Z) | 6 | 2 | 2,5 | 1,265 |
| CVA (V) | 8 | 0 | 2 | 1,035 |
| CVA (Z) | 7 | 1 | 2 | 0,976 |
| Erläuterung der Steuerungskonzepte (V) | 8 | 0 | 2,5 | 0,744 |
| Erläuterung der Steuerungskonzepte (Z) | 6 | 2 | 2 | 0,753 |
| Kapitalkosten für Gesamtunternehmen (V) | 8 | 0 | 2,5 | 0,744 |
| Kapitalkosten für Gesamtunternehmen (Z) | 6 | 2 | 2 | 0,753 |
| Kapitalkosten für Geschäftsbereiche (V) | 8 | 0 | 2,5 | 1,126 |
| Kapitalkosten für Geschäftsbereiche (Z) | 6 | 2 | 2 | 1,033 |
| Ermittlung des Kapitalkostensatzes (V) | 7 | 1 | 3 | 1,069 |
| Ermittlung des Kapitalkostensatzes (Z) | 6 | 2 | 2 | 0,753 |
| Beta-Faktor (Gesamtunternehmen) (V) | 8 | 0 | 1,5 | 0,535 |
| Beta-Faktor (Gesamtunternehmen) (Z) | 6 | 2 | 1 | 0,632 |
| Beta-Faktor (Geschäftsbereiche) (V) | 8 | 0 | 1,5 | 0,926 |
| Beta-Faktor (Geschäftsbereiche) (Z) | 6 | 2 | 1 | 0,753 |
| Quantifizierung der Steuerungskennzahl (GU) (V) | 8 | 0 | 3 | 0,744 |
| Quantifizierung der Steuerungskennzahl (GU) (Z) | 7 | 1 | 3 | 0,787 |
| Quantifizierung der Steuerungskennzahl (GB) (V) | 8 | 0 | 3 | 0,926 |
| Quantifizierung der Steuerungskennzahl (GB) (Z) | 7 | 1 | 3 | 0,951 |
| Mehrper. Entwicklung der Steuerungskennzahl (V) | 8 | 0 | 3 | 0,744 |
| Mehrper. Entwicklung der Steuerungskennzahl (Z) | 7 | 1 | 3 | 0,787 |
| Wertorientiertes Vergütungssystem (V) | 8 | 0 | 2 | 0,707 |
| Wertorientiertes Vergütungssystem (Z) | 7 | 1 | 2 | 0,69 |
| Wertschöpfungsrechnung (V) | 8 | 0 | 1 | 0,835 |
| Wertschöpfungsrechnung (Z) | 8 | 0 | 1 | 1,035 |
| Anders bewertete Posten (V) | 8 | 0 | 2 | 0,916 |
| Anders bewertete Posten (Z) | 7 | 1 | 2 | 0,951 |
| Value at Risk (V) | 7 | 1 | 2 | 0,787 |
| Value at Risk (Z) | 6 | 2 | 2 | 0,837 |
| Vergleich von Ist- und Planwerten | 7 | 1 | 2 | 0,976 |

Anhang 29: Bedeutung der Angaben über die Entwicklung des Unternehmenswertes seitens Unternehmen der Branche Maschinenbau/Industrie

| | N | | Median | Std. Deviation |
|---|---|---|---|---|
| | Valid | Missing | | |
| EBIT/EBITA/EBITDA (V) | 18 | 0 | 3 | 0,383 |
| EBIT/EBITA/EBITDA (Z) | 17 | 1 | 3 | 0,606 |
| Kapitalrenditen (V) | 18 | 0 | 3 | 0,618 |
| Kapitalrenditen (Z) | 17 | 1 | 3 | 0,712 |
| EVA (V) | 18 | 0 | 2 | 0,924 |
| EVA (Z) | 18 | 0 | 2 | 0,943 |
| CVA (V) | 16 | 2 | 1 | 0,704 |
| CVA (Z) | 16 | 2 | 1 | 0,806 |
| Erläuterung der Steuerungskonzepte (V) | 18 | 0 | 2 | 0,832 |
| Erläuterung der Steuerungskonzepte (Z) | 17 | 1 | 2 | 0,883 |
| Kapitalkosten für Gesamtunternehmen (V) | 18 | 0 | 2 | 0,9 |
| Kapitalkosten für Gesamtunternehmen (Z) | 17 | 1 | 2 | 1,015 |
| Kapitalkosten für Geschäftsbereiche (V) | 18 | 0 | 1 | 0,97 |
| Kapitalkosten für Geschäftsbereiche (Z) | 17 | 1 | 1 | 0,931 |
| Ermittlung des Kapitalkostensatzes (V) | 18 | 0 | 1 | 0,705 |
| Ermittlung des Kapitalkostensatzes (Z) | 17 | 1 | 1 | 0,795 |
| Beta-Faktor (Gesamtunternehmen) (V) | 16 | 2 | 2 | 0,727 |
| Beta-Faktor (Gesamtunternehmen) (Z) | 16 | 2 | 1 | 0,619 |
| Beta-Faktor (Geschäftsbereiche) (V) | 15 | 3 | 1 | 0,594 |
| Beta-Faktor (Geschäftsbereiche) (Z) | 15 | 3 | 1 | 0,64 |
| Quantifizierung der Steuerungskennzahl (GU) (V) | 18 | 0 | 2 | 0,907 |
| Quantifizierung der Steuerungskennzahl (GU) (Z) | 17 | 1 | 2 | 1,054 |
| Quantifizierung der Steuerungskennzahl (GB) (V) | 18 | 0 | 2 | 0,907 |
| Quantifizierung der Steuerungskennzahl (GB) (Z) | 16 | 2 | 2 | 0,964 |
| Mehrper. Entwicklung der Steuerungskennzahl (V) | 18 | 0 | 2 | 0,767 |
| Mehrper. Entwicklung der Steuerungskennzahl (Z) | 16 | 2 | 2 | 0,885 |
| Wertorientiertes Vergütungssystem (V) | 17 | 1 | 2 | 0,697 |
| Wertorientiertes Vergütungssystem (Z) | 14 | 4 | 2 | 0,726 |
| Wertschöpfungsrechnung (V) | 18 | 0 | 1,5 | 0,514 |
| Wertschöpfungsrechnung (Z) | 16 | 2 | 1 | 0,727 |
| Anders bewertete Posten (V) | 18 | 0 | 1 | 0,616 |
| Anders bewertete Posten (Z) | 16 | 2 | 1 | 0,683 |
| Value at Risk (V) | 16 | 2 | 1 | 0,602 |
| Value at Risk (Z) | 15 | 3 | 1 | 0,704 |
| Vergleich von Ist- und Planwerten | 17 | 1 | 1 | 0,939 |

Anhang 30: Bedeutung der Angaben über die Entwicklung des Unternehmenswertes seitens Unternehmen der Branche Versorger/Telekommunikation

| | N | | Median | Std. Deviation |
|---|---|---|---|---|
| | Valid | Missing | | |
| EBIT/EBITA/EBITDA (V) | 4 | 0 | 2 | 0 |
| EBIT/EBITA/EBITDA (Z) | 4 | 0 | 3 | 0 |
| Kapitalrenditen (V) | 4 | 0 | 2 | 0,5 |
| Kapitalrenditen (Z) | 4 | 0 | 3 | 0 |
| EVA (V) | 4 | 0 | 2 | 0,5 |
| EVA (Z) | 4 | 0 | 2 | 0,5 |
| CVA (V) | 4 | 0 | 2 | 0,5 |
| CVA (Z) | 4 | 0 | 2 | 0,5 |
| Erläuterung der Steuerungskonzepte (V) | 4 | 0 | 2 | 0,5 |
| Erläuterung der Steuerungskonzepte (Z) | 4 | 0 | 2 | 0 |
| Kapitalkosten für Gesamtunternehmen (V) | 4 | 0 | 2 | 0,816 |
| Kapitalkosten für Gesamtunternehmen (Z) | 4 | 0 | 3 | 0,5 |
| Kapitalkosten für Geschäftsbereiche (V) | 4 | 0 | 2 | 0,816 |
| Kapitalkosten für Geschäftsbereiche (Z) | 4 | 0 | 3 | 0,5 |
| Ermittlung des Kapitalkostensatzes (V) | 4 | 0 | 2 | 0,5 |
| Ermittlung des Kapitalkostensatzes (Z) | 4 | 0 | 2 | 0,5 |
| Beta-Faktor (Gesamtunternehmen) (V) | 4 | 0 | 2 | 0,816 |
| Beta-Faktor (Gesamtunternehmen) (Z) | 4 | 0 | 2 | 0,816 |
| Beta-Faktor (Geschäftsbereiche) (V) | 4 | 0 | 2 | 0,816 |
| Beta-Faktor (Geschäftsbereiche) (Z) | 4 | 0 | 2 | 0,816 |
| Quantifizierung der Steuerungskennzahl (GU) (V) | 4 | 0 | 2 | 0,816 |
| Quantifizierung der Steuerungskennzahl (GU) (Z) | 4 | 0 | 3 | 0,5 |
| Quantifizierung der Steuerungskennzahl (GB) (V) | 4 | 0 | 2 | 0,816 |
| Quantifizierung der Steuerungskennzahl (GB) (Z) | 4 | 0 | 3 | 0,5 |
| Mehrper. Entwicklung der Steuerungskennzahl (V) | 4 | 0 | 2 | 0,816 |
| Mehrper. Entwicklung der Steuerungskennzahl (Z) | 4 | 0 | 2,5 | 0,577 |
| Wertorientiertes Vergütungssystem (V) | 4 | 0 | 2 | 1,258 |
| Wertorientiertes Vergütungssystem (Z) | 4 | 0 | 2 | 0,816 |
| Wertschöpfungsrechnung (V) | 2 | 2 | 1,5 | 0,707 |
| Wertschöpfungsrechnung (Z) | 3 | 1 | 3 | 1,155 |
| Anders bewertete Posten (V) | 4 | 0 | 2 | 0,816 |
| Anders bewertete Posten (Z) | 4 | 0 | 2,5 | 0,957 |
| Value at Risk (V) | 2 | 2 | 2,5 | 0,707 |
| Value at Risk (Z) | 2 | 2 | 2,5 | 0,707 |
| Vergleich von Ist- und Planwerten | 4 | 0 | 2 | 0,816 |

Anhang 31: Bedeutung der Angaben über die Entwicklung des Unternehmenswertes seitens Unternehmen der Branche Software/Technologien

| | N | | Median | Std. Deviation |
|---|---|---|---|---|
| | Valid | Missing | | |
| EBIT/EBITA/EBITDA (V) | 9 | 0 | 3 | 0,5 |
| EBIT/EBITA/EBITDA (Z) | 8 | 1 | 3 | 0,463 |
| Kapitalrenditen (V) | 9 | 0 | 3 | 0,866 |
| Kapitalrenditen (Z) | 8 | 1 | 2,5 | 0,886 |
| EVA (V) | 9 | 0 | 2 | 0,601 |
| EVA (Z) | 9 | 0 | 2 | 0,333 |
| CVA (V) | 9 | 0 | 2 | 0,527 |
| CVA (Z) | 9 | 0 | 2 | 0,726 |
| Erläuterung der Steuerungskonzepte (V) | 8 | 1 | 2 | 0,354 |
| Erläuterung der Steuerungskonzepte (Z) | 8 | 1 | 2 | 0,835 |
| Kapitalkosten für Gesamtunternehmen (V) | 9 | 0 | 2 | 0,5 |
| Kapitalkosten für Gesamtunternehmen (Z) | 9 | 0 | 1 | 0,707 |
| Kapitalkosten für Geschäftsbereiche (V) | 8 | 1 | 1,5 | 0,744 |
| Kapitalkosten für Geschäftsbereiche (Z) | 8 | 1 | 2 | 0,756 |
| Ermittlung des Kapitalkostensatzes (V) | 9 | 0 | 1 | 0,5 |
| Ermittlung des Kapitalkostensatzes (Z) | 9 | 0 | 1 | 0,667 |
| Beta-Faktor (Gesamtunternehmen) (V) | 9 | 0 | 2 | 0,5 |
| Beta-Faktor (Gesamtunternehmen) (Z) | 9 | 0 | 2 | 0,726 |
| Beta-Faktor (Geschäftsbereiche) (V) | 9 | 0 | 2 | 0,726 |
| Beta-Faktor (Geschäftsbereiche) (Z) | 9 | 0 | 2 | 0,726 |
| Quantifizierung der Steuerungskennzahl (GU) (V) | 9 | 0 | 1 | 0,726 |
| Quantifizierung der Steuerungskennzahl (GU) (Z) | 9 | 0 | 2 | 0,667 |
| Quantifizierung der Steuerungskennzahl (GB) (V) | 9 | 0 | 1 | 0,527 |
| Quantifizierung der Steuerungskennzahl (GB) (Z) | 9 | 0 | 2 | 0,667 |
| Mehrper. Entwicklung der Steuerungskennzahl (V) | 9 | 0 | 1 | 0,5 |
| Mehrper. Entwicklung der Steuerungskennzahl (Z) | 8 | 1 | 2 | 0,518 |
| Wertorientiertes Vergütungssystem (V) | 9 | 0 | 2 | 0,5 |
| Wertorientiertes Vergütungssystem (Z) | 8 | 1 | 2 | 0,641 |
| Wertschöpfungsrechnung (V) | 9 | 0 | 2 | 1,014 |
| Wertschöpfungsrechnung (Z) | 8 | 1 | 2 | 0,641 |
| Anders bewertete Posten (V) | 9 | 0 | 1 | 0,866 |
| Anders bewertete Posten (Z) | 8 | 1 | 1 | 0,916 |
| Value at Risk (V) | 9 | 0 | 1 | 0,527 |
| Value at Risk (Z) | 9 | 0 | 1 | 0,726 |
| Vergleich von Ist- und Planwerten | 9 | 0 | 2 | 0,882 |

Anhang 32: Bedeutung der Angaben über die Entwicklung des Unternehmenswertes seitens Unternehmen der Branche Bau

| | N | | Median | Std. Deviation |
|---|---|---|---|---|
| | Valid | Missing | | |
| EBIT/EBITA/EBITDA (V) | 4 | 0 | 3 | 0,5 |
| EBIT/EBITA/EBITDA (Z) | 3 | 1 | 2 | 0,577 |
| Kapitalrenditen (V) | 4 | 0 | 3 | 0,5 |
| Kapitalrenditen (Z) | 3 | 1 | 2 | 0,577 |
| EVA (V) | 4 | 0 | 2,5 | 0,957 |
| EVA (Z) | 3 | 1 | 2 | 1 |
| CVA (V) | 4 | 0 | 1 | 0,5 |
| CVA (Z) | 3 | 1 | 1 | 0,577 |
| Erläuterung der Steuerungskonzepte (V) | 4 | 0 | 2 | 0,816 |
| Erläuterung der Steuerungskonzepte (Z) | 3 | 1 | 2 | 0,577 |
| Kapitalkosten für Gesamtunternehmen (V) | 4 | 0 | 2 | 0 |
| Kapitalkosten für Gesamtunternehmen (Z) | 3 | 1 | 2 | 0 |
| Kapitalkosten für Geschäftsbereiche (V) | 4 | 0 | 1,5 | 0,957 |
| Kapitalkosten für Geschäftsbereiche (Z) | 3 | 1 | 2 | 0,577 |
| Ermittlung des Kapitalkostensatzes (V) | 4 | 0 | 1 | 0,5 |
| Ermittlung des Kapitalkostensatzes (Z) | 3 | 1 | 1 | 0,577 |
| Beta-Faktor (Gesamtunternehmen) (V) | 4 | 0 | 1 | 0,5 |
| Beta-Faktor (Gesamtunternehmen) (Z) | 4 | 0 | 1 | 0,5 |
| Beta-Faktor (Geschäftsbereiche) (V) | 4 | 0 | 1 | 0,5 |
| Beta-Faktor (Geschäftsbereiche) (Z) | 4 | 0 | 1 | 0,5 |
| Quantifizierung der Steuerungskennzahl (GU) (V) | 4 | 0 | 2 | 0,816 |
| Quantifizierung der Steuerungskennzahl (GU) (Z) | 3 | 1 | 2 | 1 |
| Quantifizierung der Steuerungskennzahl (GB) (V) | 4 | 0 | 1,5 | 0,957 |
| Quantifizierung der Steuerungskennzahl (GB) (Z) | 3 | 1 | 2 | 1 |
| Mehrper. Entwicklung der Steuerungskennzahl (V) | 4 | 0 | 1,5 | 0,577 |
| Mehrper. Entwicklung der Steuerungskennzahl (Z) | 3 | 1 | 1 | 0,577 |
| Wertorientiertes Vergütungssystem (V) | 4 | 0 | 2 | 0,5 |
| Wertorientiertes Vergütungssystem (Z) | 2 | 2 | 2 | 0 |
| Wertschöpfungsrechnung (V) | 4 | 0 | 2 | 1,155 |
| Wertschöpfungsrechnung (Z) | 4 | 0 | 2 | 1,258 |
| Anders bewertete Posten (V) | 4 | 0 | 1 | 0,5 |
| Anders bewertete Posten (Z) | 4 | 0 | 1,5 | 0,957 |
| Value at Risk (V) | 4 | 0 | 2 | 0,5 |
| Value at Risk (Z) | 4 | 0 | 2 | 0,5 |
| Vergleich von Ist- und Planwerten | 4 | 0 | 1 | 0,5 |

Anhang 33: Bedeutung der Angaben über die Entwicklung des Unternehmenswertes seitens Unternehmen der Branche IT/Internet

| | N | | Median | Std. Deviation |
|---|---|---|---|---|
| | Valid | Missing | | |
| EBIT/EBITA/EBITDA (V) | 5 | 0 | 3 | 0,447 |
| EBIT/EBITA/EBITDA (Z) | 4 | 1 | 3 | 0 |
| Kapitalrenditen (V) | 5 | 0 | 2 | 1 |
| Kapitalrenditen (Z) | 4 | 1 | 1,5 | 1,291 |
| EVA (V) | 5 | 0 | 2 | 0,894 |
| EVA (Z) | 3 | 2 | 2 | 0,577 |
| CVA (V) | 5 | 0 | 2 | 0,894 |
| CVA (Z) | 4 | 1 | 2 | 0,5 |
| Erläuterung der Steuerungskonzepte (V) | 3 | 2 | 2 | 0 |
| Erläuterung der Steuerungskonzepte (Z) | 3 | 2 | 2 | 0,577 |
| Kapitalkosten für Gesamtunternehmen (V) | 5 | 0 | 2 | 0,548 |
| Kapitalkosten für Gesamtunternehmen (Z) | 4 | 1 | 2 | 0,5 |
| Kapitalkosten für Geschäftsbereiche (V) | 4 | 1 | 1 | 0,5 |
| Kapitalkosten für Geschäftsbereiche (Z) | 3 | 2 | 1 | 0,577 |
| Ermittlung des Kapitalkostensatzes (V) | 5 | 0 | 2 | 0,548 |
| Ermittlung des Kapitalkostensatzes (Z) | 4 | 1 | 1,5 | 0,577 |
| Beta-Faktor (Gesamtunternehmen) (V) | 5 | 0 | 1 | 0,837 |
| Beta-Faktor (Gesamtunternehmen) (Z) | 4 | 1 | 1 | 0,816 |
| Beta-Faktor (Geschäftsbereiche) (V) | 5 | 0 | 1 | 0,837 |
| Beta-Faktor (Geschäftsbereiche) (Z) | 4 | 1 | 1 | 0,816 |
| Quantifizierung der Steuerungskennzahl (GU) (V) | 5 | 0 | 2 | 0,548 |
| Quantifizierung der Steuerungskennzahl (GU) (Z) | 4 | 1 | 1,5 | 0,577 |
| Quantifizierung der Steuerungskennzahl (GB) (V) | 4 | 1 | 1 | 0,5 |
| Quantifizierung der Steuerungskennzahl (GB) (Z) | 3 | 2 | 1 | 0,577 |
| Mehrper. Entwicklung der Steuerungskennzahl (V) | 5 | 0 | 2 | 0,548 |
| Mehrper. Entwicklung der Steuerungskennzahl (Z) | 4 | 1 | 1,5 | 0,577 |
| Wertorientiertes Vergütungssystem (V) | 5 | 0 | 2 | 0,837 |
| Wertorientiertes Vergütungssystem (Z) | 3 | 2 | 2 | 1 |
| Wertschöpfungsrechnung (V) | 4 | 1 | 2 | 0,5 |
| Wertschöpfungsrechnung (Z) | 4 | 1 | 2 | 0,5 |
| Anders bewertete Posten (V) | 4 | 1 | 1 | 0,5 |
| Anders bewertete Posten (Z) | 3 | 2 | 2 | 0,577 |
| Value at Risk (V) | 4 | 1 | 1,5 | 0,957 |
| Value at Risk (Z) | 3 | 2 | 2 | 1,155 |
| Vergleich von Ist- und Planwerten | 5 | 0 | 1 | 1,342 |

Anhang 34: Bedeutung der Angaben über die Entwicklung des Unternehmenswertes seitens Unternehmen der Branche Medien/Unterhaltung

| | N | | Median | Std. Deviation |
|---|---|---|---|---|
| | Valid | Missing | | |
| EBIT/EBITA/EBITDA (V) | 2 | 0 | 3 | 0 |
| EBIT/EBITA/EBITDA (Z) | 2 | 0 | 3 | 0 |
| Kapitalrenditen (V) | 2 | 0 | 2 | 0 |
| Kapitalrenditen (Z) | 2 | 0 | 2 | 0 |
| EVA (V) | 2 | 0 | 1,5 | 0,707 |
| EVA (Z) | 2 | 0 | 2,5 | 0,707 |
| CVA (V) | 2 | 0 | 1,5 | 0,707 |
| CVA (Z) | 2 | 0 | 2,5 | 0,707 |
| Erläuterung der Steuerungskonzepte (V) | 2 | 0 | 1,5 | 0,707 |
| Erläuterung der Steuerungskonzepte (Z) | 2 | 0 | 1,5 | 0,707 |
| Kapitalkosten für Gesamtunternehmen (V) | 2 | 0 | 2 | 1,414 |
| Kapitalkosten für Gesamtunternehmen (Z) | 2 | 0 | 2 | 1,414 |
| Kapitalkosten für Geschäftsbereiche (V) | 2 | 0 | 2 | 1,414 |
| Kapitalkosten für Geschäftsbereiche (Z) | 2 | 0 | 2 | 1,414 |
| Ermittlung des Kapitalkostensatzes (V) | 2 | 0 | 2 | 1,414 |
| Ermittlung des Kapitalkostensatzes (Z) | 2 | 0 | 2 | 1,414 |
| Beta-Faktor (Gesamtunternehmen) (V) | 2 | 0 | 1,5 | 0,707 |
| Beta-Faktor (Gesamtunternehmen) (Z) | 2 | 0 | 2,5 | 0,707 |
| Beta-Faktor (Geschäftsbereiche) (V) | 2 | 0 | 0,5 | 0,707 |
| Beta-Faktor (Geschäftsbereiche) (Z) | 2 | 0 | 1 | 1,414 |
| Quantifizierung der Steuerungskennzahl (GU) (V) | 2 | 0 | 2 | 1,414 |
| Quantifizierung der Steuerungskennzahl (GU) (Z) | 2 | 0 | 2 | 1,414 |
| Quantifizierung der Steuerungskennzahl (GB) (V) | 2 | 0 | 2 | 1,414 |
| Quantifizierung der Steuerungskennzahl (GB) (Z) | 2 | 0 | 2 | 1,414 |
| Mehrper. Entwicklung der Steuerungskennzahl (V) | 2 | 0 | 2 | 1,414 |
| Mehrper. Entwicklung der Steuerungskennzahl (Z) | 2 | 0 | 2 | 1,414 |
| Wertorientiertes Vergütungssystem (V) | 2 | 0 | 2,5 | 0,707 |
| Wertorientiertes Vergütungssystem (Z) | 1 | 1 | 2 | |
| Wertschöpfungsrechnung (V) | 2 | 0 | 2,5 | 0,707 |
| Wertschöpfungsrechnung (Z) | 2 | 0 | 2,5 | 0,707 |
| Anders bewertete Posten (V) | 2 | 0 | 1,5 | 0,707 |
| Anders bewertete Posten (Z) | 2 | 0 | 1,5 | 0,707 |
| Value at Risk (V) | 2 | 0 | 2 | 0 |
| Value at Risk (Z) | 2 | 0 | 2 | 0 |
| Vergleich von Ist- und Planwerten | 2 | 0 | 2,5 | 0,707 |

Anhang 35: H-Test nach Kruskal und Wallis zur Relevanz von Angaben über die Entwicklung des Unternehmenswertes nach der Branchenzugehörigkeit der Unternehmen

| | Chi-Quadrat | df | Asymp. Sig. |
|---|---|---|---|
| EBIT/EBITA/EBITDA (V) | 19,312 | 9 | **0,023**** |
| EBIT/EBITA/EBITDA (Z) | 17,019 | 9 | **0,048**** |
| Kapitalrenditen (V) | 10,631 | 9 | ,302 |
| Kapitalrenditen (Z) | 10,713 | 9 | ,296 |
| Erläuterung der Steuerungskonzepte (V) | 6,477 | 9 | ,691 |
| Erläuterung der Steuerungskonzepte (Z) | 4,527 | 9 | ,873 |
| Quantifizierung der Steuerungskennzahl (Gesamtunternehmen (GU)) (V) | 15,293 | 9 | **0,083*** |
| Quantifizierung der Steuerungskennzahl (GU) (Z) | 9,834 | 9 | ,364 |
| Wertorientiertes Vergütungssystem (V) | 4,434 | 9 | ,881 |
| Wertoreintiertes Vergütungssystem (Z) | 2,577 | 9 | ,979 |
| Kapitalkosten (GU) (V) | 9,216 | 9 | ,418 |
| Kapitalkosten (GU) (Z) | 8,730 | 9 | ,463 |
| EVA (V) | 8,448 | 9 | ,490 |
| EVA (Z) | 5,849 | 9 | ,755 |
| Mehrperiodige Entwicklung der Steuerungskennzahl (V) | 17,563 | 9 | **0,041**** |
| Mehrperiodige Entwicklung der Steuerungskennzahl (Z) | 12,890 | 9 | ,168 |
| Quantifizierung der Steuerungskennzahl (Geschäftsbereiche (GB)) (V) | 9,421 | 9 | ,399 |
| Quantifizierung der Steuerungskennzahl (GB) (Z) | 10,303 | 9 | ,326 |
| Ermittlung des Kapitalkostensatzes (V) | 8,252 | 9 | ,509 |
| Ermittlung des Kapitalkostensatzes (Z) | 7,328 | 9 | ,603 |
| Anders bewertete Posten (V) | 12,738 | 9 | ,175 |
| Anders bewertete Posten (Z) | 13,260 | 9 | ,151 |
| Vergleich von Ist- und Planwerten | 10,245 | 9 | ,331 |
| Kapitalkosten (GB) (V) | 6,948 | 9 | ,643 |
| Kapitalkosten (GB) (Z) | 8,638 | 9 | ,471 |
| CVA (V) | 6,328 | 9 | ,707 |
| CVA (Z) | 9,791 | 9 | ,368 |
| Wertschöpfungsrechnung (V) | 10,675 | 9 | ,299 |
| Wertschöpfungsrechnung (Z) | 13,417 | 9 | ,145 |
| Beta-Faktor (GU) (V) | 6,454 | 9 | ,694 |
| Beta-Faktor (GU) (Z) | 9,986 | 9 | ,352 |
| Value at Risk (V) | 11,312 | 9 | ,255 |
| Value at Risk (Z) | 11,088 | 9 | ,270 |
| Beta-Faktor (GB) (V) | 8,880 | 9 | ,448 |
| Beta-Faktor (GB) (Z) | 6,758 | 9 | ,662 |

V = Vergangenheit; Z = Zukunft/Planangaben;
*** p<=0,01 (höchst signifikant); ** p<=0,05 (sehr signifikant); * p<=0,1 (signifikant)

Anhang 36: Paarweise Kolmogorow-Smirnow Z-Tests zu Angaben über die Entwicklung des Unternehmenswertes

EBIT/EBITA/EBITDA (V)

| | 1 | 2 | 3 | 4 | 5 | 6 | 7 | 8 | 9 | 10 |
|---|---|---|---|---|---|---|---|---|---|---|
| 1 | | | | | | | | | | |
| 2 | | | | | | | | | | |
| 3 | | * | | | | | | | | |
| 4 | | | ** | | | | | | | |
| 5 | | | | | | | | | | |
| 6 | | | | | | | | | | |
| 7 | | | | | | | | | | |
| 8 | | | | ** | | | | | | |
| 9 | | | | | | | | | | |
| 10 | | | | | | | | | | |

EBIT/EBITA/EBITDA (Z)

| | 1 | 2 | 3 | 4 | 5 | 6 | 7 | 8 | 9 | 10 |
|---|---|---|---|---|---|---|---|---|---|---|
| 1 | | | | | | | | | | |
| 2 | | | | | | | | | | |
| 3 | | | | | | | | | | |
| 4 | | * | | | | | | | | |
| 5 | | | | | | | | | | |
| 6 | | | | | | | | | | |
| 7 | | | | | | | | | | |
| 8 | | * | | | | | | | | |
| 9 | | * | | | | | | | | |
| 10 | | | | | | | | | | |

Quantifizierung SKZ (GU) (V)

| | 1 | 2 | 3 | 4 | 5 | 6 | 7 | 8 | 9 | 10 |
|---|---|---|---|---|---|---|---|---|---|---|
| 1 | | | | | | | | | | |
| 2 | * | | | | | | | | | |
| 3 | | | | | | | | | | |
| 4 | | | | | | | | | | |
| 5 | * | | | | | | | | | |
| 6 | | | | | | | | | | |
| 7 | * | | | | | | | | | |
| 8 | | | | | | | * | | | |
| 9 | * | | | | | | | * | | |
| 10 | | | | | | | | | | |

Jahresübersichten z. quantitativen Entw. (V)

| | 1 | 2 | 3 | 4 | 5 | 6 | 7 | 8 | 9 | 10 |
|---|---|---|---|---|---|---|---|---|---|---|
| 1 | | | | | | | | | | |
| 2 | * | | | | | | | | | |
| 3 | ** | | | | | | | | | |
| 4 | | | | | | | | | | |
| 5 | ** | | | | | | | | | |
| 6 | * | | | | | | | | | |
| 7 | ** | | | | | | | | | |
| 8 | | | | | | | | | | |
| 9 | * | | | | | | | | | |
| 10 | | | | | | | | | | |

*** p<=0,01 (höchst signifikant); ** p<=0,05 (sehr signifikant); * p<=0,1 (signifikant)
V = Vergangenheit; Z = Zukunft/Planangaben
SKZ = Steuerungskennzahl; GU = Gesamtunternehmen

| | |
|---|---|
| 1 = Automobil/Transport | 6 = Bau |
| 2 = Einzelhandel/Konsum | 7 = Software/Technologien |
| 3 = Maschinenbau/Industrie | 8 = Chemie/Pharma/Biotechnologie |
| 4 = Versorger/Telekommunikation | 9 = IT Dienstleistungen/Internet |
| 5 = Banken/Finanzdienste/Versicherungen | 10 = Medien/Unterhaltung |

Anhang 37: Bedeutung der Angaben über die Wertentwicklung für die Kapitalgeber seitens Unternehmen der Branche Banken/Finanzdienste/Versicherungen

| | N | | Median | Standard-abweichung |
|---|---|---|---|---|
| | Gültig | Fehlend | | |
| Aktienkursentwicklung (V) | 17 | 0 | 2 | 0,507 |
| Aktienkursentwicklung (Z) | 14 | 3 | 2 | 0,726 |
| Aktienrendite (V) | 17 | 0 | 2 | 0,702 |
| Aktienrendite (Z) | 13 | 4 | 2 | 0,899 |
| Entwicklung eines lfr. Musterdepots (V) | 12 | 5 | 1 | 0,577 |
| Entwicklung eines lfr. Musterdepots (Z) | 9 | 8 | 1 | 0,5 |
| Dividendenentwicklung (V) | 17 | 0 | 2 | 0,899 |
| Dividendenentwicklung (Z) | 14 | 3 | 2 | 0,997 |
| Dividendenrendite (V) | 17 | 0 | 2 | 0,899 |
| Dividendenrendite (Z) | 14 | 3 | 2 | 0,975 |
| Rel. Performance Aktie/Benchmark (V) | 17 | 0 | 2 | 0,485 |
| Rel. Performance Aktie/Benchmark (Z) | 11 | 6 | 2 | 0,751 |
| Rel. Performance Aktie/Branchenindizes (V) | 17 | 0 | 2 | 0,354 |
| Rel. Performance Aktie/Branchenindizes (Z) | 13 | 4 | 2 | 0,689 |
| Erläuterung ungewöhnlicher Kursausschläge | 17 | 0 | 2 | 0,636 |
| Kredit-Ratings (V) | 15 | 2 | 2 | 0,862 |
| Kredit-Ratings (Z) | 13 | 4 | 2 | 1,038 |
| EPS (V) | 17 | 0 | 2 | 0,786 |
| EPS (Z) | 15 | 2 | 2 | 0,507 |
| CFPS (V) | 16 | 1 | 2 | 1,014 |
| CFPS (Z) | 15 | 2 | 2 | 0,915 |

Anhang 38: Bedeutung der Angaben über die Wertentwicklung für die Kapitalgeber seitens Unternehmen der Branche Chemie/Pharma/Biotechnologie

| | N | | Median | Standard-abweichung |
|---|---|---|---|---|
| | Gültig | Fehlend | | |
| Aktienkursentwicklung (V) | 5 | 0 | 2 | 0,837 |
| Aktienkursentwicklung (Z) | 5 | 0 | 2 | 1,14 |
| Aktienrendite (V) | 5 | 0 | 2 | 0,447 |
| Aktienrendite (Z) | 5 | 0 | 2 | 0,894 |
| Entwicklung eines lfr. Musterdepots (V) | 5 | 0 | 2 | 0,447 |
| Entwicklung eines lfr. Musterdepots (Z) | 5 | 0 | 1 | 0,837 |
| Dividendenentwicklung (V) | 5 | 0 | 2 | 0,447 |
| Dividendenentwicklung (Z) | 5 | 0 | 2 | 0,894 |
| Dividendenrendite (V) | 5 | 0 | 1 | 0,548 |
| Dividendenrendite (Z) | 5 | 0 | 1 | 0,837 |
| Rel. Performance Aktie/Benchmark (V) | 5 | 0 | 2 | 0,548 |
| Rel. Performance Aktie/Benchmark (Z) | 5 | 0 | 2 | 0,894 |
| Rel. Performance Aktie/Branchenindizes (V) | 5 | 0 | 3 | 0,548 |
| Rel. Performance Aktie/Branchenindizes (Z) | 5 | 0 | 2 | 1,14 |
| Erläuterung ungewöhnlicher Kursausschläge | 5 | 0 | 2 | 0,548 |
| Kredit-Ratings (V) | 5 | 0 | 2 | 0,548 |
| Kredit-Ratings (Z) | 5 | 0 | 2 | 0,548 |
| EPS (V) | 5 | 0 | 3 | 0,548 |
| EPS (Z) | 4 | 1 | 3 | 0,5 |
| CFPS (V) | 5 | 0 | 2 | 0,837 |
| CFPS (Z) | 5 | 0 | 2 | 0,837 |

Anhang 39: Bedeutung der Angaben über die Wertentwicklung für die Kapitalgeber seitens Unternehmen der Branche Einzelhandel/Konsum

| | N | | Median | Standard-abweichung |
|---|---|---|---|---|
| | Gültig | Fehlend | | |
| Aktienkursentwicklung (V) | 9 | 0 | 2 | 0,833 |
| Aktienkursentwicklung (Z) | 8 | 1 | 2 | 0,756 |
| Aktienrendite (V) | 9 | 0 | 1 | 0,882 |
| Aktienrendite (Z) | 8 | 1 | 1 | 0,354 |
| Entwicklung eines lfr. Musterdepots (V) | 8 | 1 | 1,5 | 1,061 |
| Entwicklung eines lfr. Musterdepots (Z) | 7 | 2 | 1 | 1,069 |
| Dividendenentwicklung (V) | 9 | 0 | 2 | 1,118 |
| Dividendenentwicklung (Z) | 8 | 1 | 2 | 0,916 |
| Dividendenrendite (V) | 9 | 0 | 2 | 1,13 |
| Dividendenrendite (Z) | 8 | 1 | 1,5 | 0,886 |
| Rel. Performance Aktie/Benchmark (V) | 9 | 0 | 2 | 0,928 |
| Rel. Performance Aktie/Benchmark (Z) | 8 | 1 | 2 | 0,916 |
| Rel. Performance Aktie/Branchenindizes (V) | 8 | 1 | 2 | 1,126 |
| Rel. Performance Aktie/Branchenindizes (Z) | 7 | 2 | 1 | 1,134 |
| Erläuterung ungewöhnlicher Kursausschläge | 8 | 1 | 2 | 0,835 |
| Kredit-Ratings (V) | 9 | 0 | 2 | 0,707 |
| Kredit-Ratings (Z) | 8 | 1 | 1,5 | 0,744 |
| EPS (V) | 9 | 0 | 2 | 0,782 |
| EPS (Z) | 8 | 1 | 2 | 0,835 |
| CFPS (V) | 9 | 0 | 2 | 0,707 |
| CFPS (Z) | 8 | 1 | 2,5 | 0,886 |

Anhang 40: Bedeutung der Angaben über die Wertentwicklung für die Kapitalgeber seitens Unternehmen der Branche Automobil/Transport

| | N | | Median | Standard-abweichung |
|---|---|---|---|---|
| | Gültig | Fehlend | | |
| Aktienkursentwicklung (V) | 8 | 0 | 2 | 0,926 |
| Aktienkursentwicklung (Z) | 6 | 2 | 2,5 | 1,265 |
| Aktienrendite (V) | 8 | 0 | 2 | 0,707 |
| Aktienrendite (Z) | 6 | 2 | 2,5 | 1,265 |
| Entwicklung eines lfr. Musterdepots (V) | 6 | 2 | 1,5 | 1,211 |
| Entwicklung eines lfr. Musterdepots (Z) | 4 | 4 | 1,5 | 0,957 |
| Dividendenentwicklung (V) | 8 | 0 | 2 | 0,535 |
| Dividendenentwicklung (Z) | 6 | 2 | 2 | 0,894 |
| Dividendenrendite (V) | 8 | 0 | 2 | 0,535 |
| Dividendenrendite (Z) | 6 | 2 | 2 | 0,894 |
| Rel. Performance Aktie/Benchmark (V) | 8 | 0 | 2,5 | 0,744 |
| Rel. Performance Aktie/Benchmark (Z) | 6 | 2 | 2 | 1,033 |
| Rel. Performance Aktie/Branchenindizes (V) | 8 | 0 | 3 | 0,926 |
| Rel. Performance Aktie/Branchenindizes (Z) | 6 | 2 | 1,5 | 1,211 |
| Erläuterung ungewöhnlicher Kursausschläge | 8 | 0 | 2 | 0,926 |
| Kredit-Ratings (V) | 6 | 2 | 2 | 1,169 |
| Kredit-Ratings (Z) | 6 | 2 | 2 | 1,033 |
| EPS (V) | 8 | 0 | 2,5 | 0,744 |
| EPS (Z) | 8 | 0 | 2 | 0,926 |
| CFPS (V) | 8 | 0 | 2 | 0,756 |
| CFPS (Z) | 8 | 0 | 2 | 1,035 |

Anhang 41: Bedeutung der Angaben über die Wertentwicklung für die Kapitalgeber seitens Unternehmen der Branche Maschinenbau/Industrie

| | N | | Median | Standard-abweichung |
|---|---|---|---|---|
| | Gültig | Fehlend | | |
| Aktienkursentwicklung (V) | 17 | 1 | 2,5 | 0,609 |
| Aktienkursentwicklung (Z) | 16 | 2 | 2,25 | 1,161 |
| Aktienrendite (V) | 17 | 1 | 2 | 0,728 |
| Aktienrendite (Z) | 16 | 2 | 2 | 1,063 |
| Entwicklung eines lfr. Musterdepots (V) | 17 | 1 | 1 | 0,664 |
| Entwicklung eines lfr. Musterdepots (Z) | 16 | 2 | 1 | 0,816 |
| Dividendenentwicklung (V) | 17 | 1 | 2 | 0,659 |
| Dividendenentwicklung (Z) | 16 | 2 | 2 | 0,854 |
| Dividendenrendite (V) | 17 | 1 | 2 | 0,659 |
| Dividendenrendite (Z) | 16 | 2 | 2 | 0,885 |
| Rel. Performance Aktie/Benchmark (V) | 17 | 1 | 2 | 0,857 |
| Rel. Performance Aktie/Benchmark (Z) | 16 | 2 | 2 | 1,065 |
| Rel. Performance Aktie/Branchenindizes (V) | 16 | 2 | 2 | 1 |
| Rel. Performance Aktie/Branchenindizes (Z) | 15 | 3 | 2 | 1,125 |
| Erläuterung ungewöhnlicher Kursausschläge | 17 | 1 | 2 | 0,697 |
| Kredit-Ratings (V) | 18 | 0 | 1,5 | 0,857 |
| Kredit-Ratings (Z) | 17 | 1 | 2 | 0,87 |
| EPS (V) | 18 | 0 | 3 | 0,85 |
| EPS (Z) | 17 | 1 | 2 | 0,831 |
| CFPS (V) | 18 | 0 | 2 | 0,878 |
| CFPS (Z) | 17 | 1 | 2 | 0,92 |

Anhang 42: Bedeutung der Angaben über die Wertentwicklung für die Kapitalgeber seitens Unternehmen der Branche Versorger/Telekommunikation

| | N | | Median | Standard-abweichung |
|---|---|---|---|---|
| | Gültig | Fehlend | | |
| Aktienkursentwicklung (V) | 4 | 0 | 2 | 0,5 |
| Aktienkursentwicklung (Z) | 3 | 1 | 2 | 0,577 |
| Aktienrendite (V) | 4 | 0 | 2 | 0,5 |
| Aktienrendite (Z) | 3 | 1 | 2 | 1 |
| Entwicklung eines lfr. Musterdepots (V) | 4 | 0 | 2 | 0,5 |
| Entwicklung eines lfr. Musterdepots (Z) | 3 | 1 | 2 | 0,577 |
| Dividendenentwicklung (V) | 4 | 0 | 1,5 | 0,577 |
| Dividendenentwicklung (Z) | 3 | 1 | 3 | 1,155 |
| Dividendenrendite (V) | 4 | 0 | 1 | 0 |
| Dividendenrendite (Z) | 3 | 1 | 1 | 1,155 |
| Rel. Performance Aktie/Benchmark (V) | 4 | 0 | 2 | 0,5 |
| Rel. Performance Aktie/Benchmark (Z) | 3 | 1 | 2 | 0 |
| Rel. Performance Aktie/Branchenindizes (V) | 4 | 0 | 2 | 1,258 |
| Rel. Performance Aktie/Branchenindizes (Z) | 3 | 1 | 3 | 0,577 |
| Erläuterung ungewöhnlicher Kursausschläge | 4 | 0 | 1,5 | 1,291 |
| Kredit-Ratings (V) | 4 | 0 | 1,5 | 0,577 |
| Kredit-Ratings (Z) | 4 | 0 | 2 | 0,816 |
| EPS (V) | 4 | 0 | 2 | 0,816 |
| EPS (Z) | 4 | 0 | 3 | 0,5 |
| CFPS (V) | 4 | 0 | 2 | 0,816 |
| CFPS (Z) | 4 | 0 | 3 | 0 |

Anhang 43: Bedeutung der Angaben über die Wertentwicklung für die Kapitalgeber seitens Unternehmen der Branche Software/Technologien

| | N | | Median | Standard-abweichung |
|---|---|---|---|---|
| | Gültig | Fehlend | | |
| Aktienkursentwicklung (V) | 9 | 0 | 2 | 0,601 |
| Aktienkursentwicklung (Z) | 9 | 0 | 2 | 0,928 |
| Aktienrendite (V) | 9 | 0 | 2 | 0,601 |
| Aktienrendite (Z) | 9 | 0 | 2 | 0,833 |
| Entwicklung eines lfr. Musterdepots (V) | 9 | 0 | 1 | 0,5 |
| Entwicklung eines lfr. Musterdepots (Z) | 9 | 0 | 1 | 0,601 |
| Dividendenentwicklung (V) | 9 | 0 | 1 | 0,667 |
| Dividendenentwicklung (Z) | 9 | 0 | 1 | 0,5 |
| Dividendenrendite (V) | 9 | 0 | 1 | 0,928 |
| Dividendenrendite (Z) | 9 | 0 | 1 | 0,928 |
| Rel. Performance Aktie/Benchmark (V) | 9 | 0 | 2 | 0,5 |
| Rel. Performance Aktie/Benchmark (Z) | 9 | 0 | 2 | 0,833 |
| Rel. Performance Aktie/Branchenindizes (V) | 9 | 0 | 2 | 0,601 |
| Rel. Performance Aktie/Branchenindizes (Z) | 9 | 0 | 2 | 0,866 |
| Erläuterung ungewöhnlicher Kursausschläge | 9 | 0 | 2 | 0,5 |
| Kredit-Ratings (V) | 9 | 0 | 1 | 0,866 |
| Kredit-Ratings (Z) | 9 | 0 | 2 | 0,882 |
| EPS (V) | 9 | 0 | 3 | 0,726 |
| EPS (Z) | 8 | 1 | 3 | 0,744 |
| CFPS (V) | 9 | 0 | 2 | 0,782 |
| CFPS (Z) | 8 | 1 | 2 | 0,641 |

Anhang 44: Bedeutung der Angaben über die Wertentwicklung für die Kapitalgeber seitens Unternehmen der Branche Bau

| | N | | Median | Standard-abweichung |
|---|---|---|---|---|
| | Gültig | Fehlend | | |
| Aktienkursentwicklung (V) | 4 | 0 | 2 | 0,5 |
| Aktienkursentwicklung (Z) | 4 | 0 | 2 | 0 |
| Aktienrendite (V) | 4 | 0 | 1,5 | 0,577 |
| Aktienrendite (Z) | 4 | 0 | 1,5 | 0,577 |
| Entwicklung eines lfr. Musterdepots (V) | 4 | 0 | 0,5 | 0,577 |
| Entwicklung eines lfr. Musterdepots (Z) | 3 | 1 | 1 | 0,577 |
| Dividendenentwicklung (V) | 4 | 0 | 2 | 0,816 |
| Dividendenentwicklung (Z) | 4 | 0 | 2 | 0,816 |
| Dividendenrendite (V) | 4 | 0 | 2 | 0,5 |
| Dividendenrendite (Z) | 4 | 0 | 2 | 0,5 |
| Rel. Performance Aktie/Benchmark (V) | 4 | 0 | 1 | 0,5 |
| Rel. Performance Aktie/Benchmark (Z) | 3 | 1 | 1 | 0,577 |
| Rel. Performance Aktie/Branchenindizes (V) | 4 | 0 | 1 | 0,5 |
| Rel. Performance Aktie/Branchenindizes (Z) | 3 | 1 | 1 | 0 |
| Erläuterung ungewöhnlicher Kursausschläge | 4 | 0 | 2 | 0,5 |
| Kredit-Ratings (V) | 4 | 0 | 2 | 0,816 |
| Kredit-Ratings (Z) | 4 | 0 | 2 | 0,816 |
| EPS (V) | 4 | 0 | 2,5 | 0,577 |
| EPS (Z) | 3 | 1 | 2 | 0,577 |
| CFPS (V) | 4 | 0 | 2 | 0,816 |
| CFPS (Z) | 3 | 1 | 2 | 0 |

Anhang 45: Bedeutung der Angaben über die Wertentwicklung für die Kapitalgeber seitens Unternehmen der Branche IT/Internet

| | N | | Median | Standard-abweichung |
|---|---|---|---|---|
| | Gültig | Fehlend | | |
| Aktienkursentwicklung (V) | 5 | 0 | 3 | 0,447 |
| Aktienkursentwicklung (Z) | 4 | 1 | 2,5 | 0,957 |
| Aktienrendite (V) | 5 | 0 | 2 | 0,707 |
| Aktienrendite (Z) | 4 | 1 | 1,5 | 0,957 |
| Entwicklung eines lfr. Musterdepots (V) | 2 | 3 | 2 | 1,414 |
| Entwicklung eines lfr. Musterdepots (Z) | 1 | 4 | 1 | |
| Dividendenentwicklung (V) | 5 | 0 | 2 | 1,14 |
| Dividendenentwicklung (Z) | 4 | 1 | 1,5 | 0,957 |
| Dividendenrendite (V) | 5 | 0 | 2 | 1,095 |
| Dividendenrendite (Z) | 4 | 1 | 1,5 | 0,957 |
| Rel. Performance Aktie/Benchmark (V) | 5 | 0 | 2 | 0,548 |
| Rel. Performance Aktie/Benchmark (Z) | 4 | 1 | 2,5 | 0,957 |
| Rel. Performance Aktie/Branchenindizes (V) | 5 | 0 | 2 | 0,707 |
| Rel. Performance Aktie/Branchenindizes (Z) | 3 | 2 | 2 | 1 |
| Erläuterung ungewöhnlicher Kursausschläge | 5 | 0 | 3 | 0,894 |
| Kredit-Ratings (V) | 5 | 0 | 1 | 1 |
| Kredit-Ratings (Z) | 4 | 1 | 1 | 1,5 |
| EPS (V) | 5 | 0 | 3 | 0,447 |
| EPS (Z) | 4 | 1 | 3 | 1 |
| CFPS (V) | 5 | 0 | 3 | 0,548 |
| CFPS (Z) | 4 | 1 | 2,5 | 0,577 |

Anhang 46: Bedeutung der Angaben über die Wertentwicklung für die Kapitalgeber seitens Unternehmen der Branche Medien/Unterhaltung

| | N | | Median | Standard-abweichung |
|---|---|---|---|---|
| | Gültig | Fehlend | | |
| Aktienkursentwicklung (V) | 2 | 0 | 3 | 0 |
| Aktienkursentwicklung (Z) | 2 | 0 | 2,5 | 0,707 |
| Aktienrendite (V) | 2 | 0 | 2 | 1,414 |
| Aktienrendite (Z) | 2 | 0 | 2,5 | 0,707 |
| Entwicklung eines lfr. Musterdepots (V) | 2 | 0 | 0,5 | 0,707 |
| Entwicklung eines lfr. Musterdepots (Z) | 2 | 0 | 1 | 0 |
| Dividendenentwicklung (V) | 2 | 0 | 0 | 0 |
| Dividendenentwicklung (Z) | 2 | 0 | 1 | 1,414 |
| Dividendenrendite (V) | 2 | 0 | 0 | 0 |
| Dividendenrendite (Z) | 2 | 0 | 1 | 1,414 |
| Rel. Performance Aktie/Benchmark (V) | 2 | 0 | 2 | 0 |
| Rel. Performance Aktie/Benchmark (Z) | 2 | 0 | 2 | 0 |
| Rel. Performance Aktie/Branchenindizes (V) | 2 | 0 | 2,5 | 0,707 |
| Rel. Performance Aktie/Branchenindizes (Z) | 2 | 0 | 2,5 | 0,707 |
| Erläuterung ungewöhnlicher Kursausschläge | 2 | 0 | 2,5 | 0,707 |
| Kredit-Ratings (V) | 2 | 0 | 1 | 0 |
| Kredit-Ratings (Z) | 2 | 0 | 2 | 1,414 |
| EPS (V) | 2 | 0 | 2,5 | 0,707 |
| EPS (Z) | 2 | 0 | 2,5 | 0,707 |
| CFPS (V) | 2 | 0 | 2,5 | 0,707 |
| CFPS (Z) | 2 | 0 | 2,5 | 0,707 |

Anhang 47: H-Test nach Kruskal und Wallis zur Relevanz von Angaben über die Wertentwicklung für die Kapitalgeber nach der Branchenzugehörigkeit der Unternehmen

| | Chi-Quadrat | df | Asymp. Sig. |
|---|---|---|---|
| EPS (V) | 5,658 | 9 | ,774 |
| EPS (Z) | 6,945 | 9 | ,643 |
| Aktienkursentwicklung (V) | 14,853 | 9 | **0,095*** |
| Aktienkursentwicklung (Z) | 2,874 | 9 | ,969 |
| Erläuterung ungewöhnlicher Kursausschläge | 6,351 | 9 | ,704 |
| Rel. Performance Aktie/Benchmark (V) | 12,432 | 9 | ,190 |
| Rel. Performance Aktie/Benchmark (Z) | 6,189 | 9 | ,721 |
| Aktienrendite (V) | 11,726 | 9 | ,229 |
| Aktienrendite (Z) | 11,255 | 9 | ,259 |
| CFPS (V) | 7,979 | 9 | ,536 |
| CFPS (Z) | 11,847 | 9 | ,222 |
| Rel. Performance Aktie/Branchenindizes (V) | 12,850 | 9 | ,170 |
| Rel. Performance Aktie/Branchenindizes (Z) | 10,048 | 9 | ,347 |
| Dividendenentwicklung (V) | 15,480 | 9 | **0,079*** |
| Dividendenentwicklung (Z) | 8,721 | 9 | ,463 |
| Dividendenrendite (V) | 19,614 | 9 | **0,020**** |
| Dividendenrendite (Z) | 8,235 | 9 | ,511 |
| Kredit-Ratings (V) | 11,338 | 9 | ,253 |
| Kredit-Ratings (Z) | 5,659 | 9 | ,774 |
| Entwicklung eines langfristigen Musterdepots (V) | 13,943 | 9 | ,124 |
| Entwicklung eines langfristigenMusterdepots (Z) | 9,609 | 9 | ,383 |

V = Vergangenheit; Z = Zukunft/Planangaben;
p<=0,01 (höchst signifikant); ** p<=0,05 (sehr signifikant); * p<=0,1 (signifikant)

Anhang 48: Paarweise Kolmogorow-Smirnow Z-Tests zu Angaben über die Wertentwicklung für die Kapitalgeber

Aktienkursentwicklung (V)

| | 1 | 2 | 3 | 4 | 5 | 6 | 7 | 8 | 9 | 10 |
|---|---|---|---|---|---|---|---|---|---|---|
| 1 | | | | | | | | | | |
| 2 | | | | | | | | | | |
| 3 | | | | | | | | | | |
| 4 | | | | | | | | | | |
| 5 | | | | | | | | | | |
| 6 | | | | | | | | | | |
| 7 | | | | | | | | | | |
| 8 | | | | | | | | | | |
| 9 | | | | | | | | | | |
| 10 | | | | | | | | | | |

Dividendenentwicklung (V)

| | 1 | 2 | 3 | 4 | 5 | 6 | 7 | 8 | 9 | 10 |
|---|---|---|---|---|---|---|---|---|---|---|
| 1 | | | | | | | | | | |
| 2 | | | | | | | | | | |
| 3 | | | | | | | | | | |
| 4 | | | | | | | | | | |
| 5 | | | | | | | | | | |
| 6 | | | | | | | | | | |
| 7 | | | | | | | | | | |
| 8 | | | | | | | | | | |
| 9 | | | | | | | | | | |
| 10 | * | | * | | * | | | | | |

Dividendenrendite (V)

| | 1 | 2 | 3 | 4 | 5 | 6 | 7 | 8 | 9 | 10 |
|---|---|---|---|---|---|---|---|---|---|---|
| 1 | | | | | | | | | | |
| 2 | | | | | | | | | | |
| 3 | | | | | | | | | | |
| 4 | ** | | ** | | | | | | | |
| 5 | | | | * | | | | | | |
| 6 | | | | | | | | | | |
| 7 | * | | ** | | | | | | | |
| 8 | | | | | | | | | | |
| 9 | | | | | | | | | | |
| 10 | * | | * | | * | | | | | |

1 = Automobil/Transport
2 = Einzelhandel/Konsum
3 = Maschinenbau/Industrie
4 = Versorger/Telekommunikation
5 = Banken/Finanzdienste/Versicherungen
6 = Bau
7 = Software/Technologien
8 = Chemie/Pharma/Biotechnologie
9 = IT Dienstleistungen/Internet
10 = Medien/Unterhaltung

*** p<=0,01 (höchst signifikant); ** p<=0,05 (sehr signifikant); * p<=0,1 (signifikant)
V = Vergangenheit; Z = Zukunft/Planangaben

Anhang 49: Bedeutung risikobezogener Angaben seitens Unternehmen der Branche Banken/Finanzdienste/Versicherungen

| | N | | Median | Std. Deviation |
|---|---|---|---|---|
| | Valid | Missing | | |
| Risikomanagement (V) | 17 | 0 | 2 | 0,791 |
| Risikomanagement (Z) | 14 | 3 | 2 | 0,726 |
| Umfeld- und Branchenrisiken (V) | 16 | 1 | 2 | 0,73 |
| Umfeld- und Branchenrisiken (Z) | 15 | 2 | 3 | 0,64 |
| Unternehmensstrategische Risiken (V) | 16 | 1 | 2 | 0,68 |
| Unternehmensstrategische Risiken (Z) | 15 | 2 | 3 | 0,64 |
| Leistungswirtschaftliche Risiken (V) | 15 | 2 | 1 | 0,64 |
| Leistungswirtschaftliche Risiken (Z) | 13 | 4 | 1 | 0,768 |
| Personalrisiken (V) | 16 | 1 | 1 | 0,5 |
| Personalrisiken (Z) | 14 | 3 | 2 | 0,699 |
| Informationstechnische Risiken (V) | 15 | 2 | 2 | 0,724 |
| Informationstechnische Risiken (Z) | 13 | 4 | 2 | 0,751 |
| Finanzwirtschaftliche Risiken (V) | 16 | 1 | 2 | 0,772 |
| Finanzwirtschaftliche Risiken (Z) | 14 | 3 | 2 | 0,802 |

Anhang 50: Bedeutung risikobezogener Angaben seitens Unternehmen der Branche Chemie/Pharma/Biotechnologie

| | N | | Median | Std. Deviation |
|---|---|---|---|---|
| | Valid | Missing | | |
| Risikomanagement (V) | 5 | 0 | 2 | 0,707 |
| Risikomanagement (Z) | 5 | 0 | 2 | 0,707 |
| Umfeld- und Branchenrisiken (V) | 5 | 0 | 3 | 0,548 |
| Umfeld- und Branchenrisiken (Z) | 5 | 0 | 3 | 0,447 |
| Unternehmensstrategische Risiken (V) | 5 | 0 | 3 | 0,548 |
| Unternehmensstrategische Risiken (Z) | 5 | 0 | 3 | 0,447 |
| Leistungswirtschaftliche Risiken (V) | 5 | 0 | 2 | 0,837 |
| Leistungswirtschaftliche Risiken (Z) | 5 | 0 | 2 | 0,837 |
| Personalrisiken (V) | 5 | 0 | 1 | 0,837 |
| Personalrisiken (Z) | 5 | 0 | 1 | 0,837 |
| Informationstechnische Risiken (V) | 5 | 0 | 2 | 0,894 |
| Informationstechnische Risiken (Z) | 5 | 0 | 2 | 0,894 |
| Finanzwirtschaftliche Risiken (V) | 5 | 0 | 2 | 0,447 |
| Finanzwirtschaftliche Risiken (Z) | 5 | 0 | 2 | 0,837 |

Anhang 51: Bedeutung risikobezogener Angaben seitens Unternehmen der Branche Einzelhandel/Konsum

| | N | | Median | Std. Deviation |
|---|---|---|---|---|
| | Valid | Missing | | |
| Risikomanagement (V) | 8 | 1 | 2 | 0,756 |
| Risikomanagement (Z) | 8 | 1 | 2 | 0,744 |
| Umfeld- und Branchenrisiken (V) | 8 | 1 | 2 | 0,916 |
| Umfeld- und Branchenrisiken (Z) | 8 | 1 | 2 | 0,916 |
| Unternehmensstrategische Risiken (V) | 8 | 1 | 2 | 0,991 |
| Unternehmensstrategische Risiken (Z) | 8 | 1 | 2 | 0,991 |
| Leistungswirtschaftliche Risiken (V) | 8 | 1 | 1 | 1,069 |
| Leistungswirtschaftliche Risiken (Z) | 8 | 1 | 1 | 1,069 |
| Personalrisiken (V) | 8 | 1 | 1 | 0,926 |
| Personalrisiken (Z) | 8 | 1 | 1 | 1,035 |
| Informationstechnische Risiken (V) | 8 | 1 | 1 | 0,991 |
| Informationstechnische Risiken (Z) | 8 | 1 | 1 | 1,035 |
| Finanzwirtschaftliche Risiken (V) | 8 | 1 | 2 | 1,035 |
| Finanzwirtschaftliche Risiken (Z) | 8 | 1 | 2 | 0,991 |

Anhang 52: Bedeutung risikobezogener Angaben seitens Unternehmen der Branche Automobil/Transport

| | N | | Median | Std. Deviation |
|---|---|---|---|---|
| | Valid | Missing | | |
| Risikomanagement (V) | 7 | 1 | 2 | 0,69 |
| Risikomanagement (Z) | 6 | 2 | 2 | 0,983 |
| Umfeld- und Branchenrisiken (V) | 8 | 0 | 2 | 0,756 |
| Umfeld- und Branchenrisiken (Z) | 7 | 1 | 2 | 1,069 |
| Unternehmensstrategische Risiken (V) | 8 | 0 | 2 | 0,463 |
| Unternehmensstrategische Risiken (Z) | 7 | 1 | 2 | 1,069 |
| Leistungswirtschaftliche Risiken (V) | 8 | 0 | 2 | 0,707 |
| Leistungswirtschaftliche Risiken (Z) | 7 | 1 | 2 | 0,951 |
| Personalrisiken (V) | 8 | 0 | 1,5 | 0,926 |
| Personalrisiken (Z) | 7 | 1 | 1 | 0,976 |
| Informationstechnische Risiken (V) | 8 | 0 | 1 | 0,641 |
| Informationstechnische Risiken (Z) | 7 | 1 | 1 | 0,577 |
| Finanzwirtschaftliche Risiken (V) | 8 | 0 | 2,5 | 0,886 |
| Finanzwirtschaftliche Risiken (Z) | 7 | 1 | 2 | 1,215 |

Anhang 53: Bedeutung risikobezogener Angaben seitens Unternehmen der Branche Maschinenbau/Industrie

| | N | | Median | Std. Deviation |
|---|---|---|---|---|
| | Valid | Missing | | |
| Risikomanagement (V) | 18 | 0 | 2 | 0,323 |
| Risikomanagement (Z) | 17 | 1 | 2 | 0,485 |
| Umfeld- und Branchenrisiken (V) | 17 | 1 | 2 | 0,728 |
| Umfeld- und Branchenrisiken (Z) | 17 | 1 | 2 | 0,588 |
| Unternehmensstrategische Risiken (V) | 17 | 1 | 2 | 0,752 |
| Unternehmensstrategische Risiken (Z) | 17 | 1 | 2 | 0,664 |
| Leistungswirtschaftliche Risiken (V) | 17 | 1 | 2 | 0,556 |
| Leistungswirtschaftliche Risiken (Z) | 17 | 1 | 2 | 0,556 |
| Personalrisiken (V) | 17 | 1 | 1 | 0,493 |
| Personalrisiken (Z) | 17 | 1 | 2 | 0,514 |
| Informationstechnische Risiken (V) | 17 | 1 | 1 | 0,493 |
| Informationstechnische Risiken (Z) | 17 | 1 | 2 | 0,514 |
| Finanzwirtschaftliche Risiken (V) | 17 | 1 | 2 | 0,529 |
| Finanzwirtschaftliche Risiken (Z) | 16 | 2 | 2 | 0,447 |

Anhang 54: Bedeutung risikobezogener Angaben seitens Unternehmen der Branche Versorger/Telekommunikation

| | N | | Median | Std. Deviation |
|---|---|---|---|---|
| | Valid | Missing | | |
| Risikomanagement (V) | 4 | 0 | 2,5 | 0,957 |
| Risikomanagement (Z) | 4 | 0 | 3 | 1 |
| Umfeld- und Branchenrisiken (V) | 4 | 0 | 2 | 0,5 |
| Umfeld- und Branchenrisiken (Z) | 4 | 0 | 3 | 0,5 |
| Unternehmensstrategische Risiken (V) | 4 | 0 | 1,5 | 0,957 |
| Unternehmensstrategische Risiken (Z) | 4 | 0 | 2,5 | 0,577 |
| Leistungswirtschaftliche Risiken (V) | 4 | 0 | 1,5 | 0,957 |
| Leistungswirtschaftliche Risiken (Z) | 4 | 0 | 2,5 | 0,577 |
| Personalrisiken (V) | 4 | 0 | 2 | 0,816 |
| Personalrisiken (Z) | 4 | 0 | 2,5 | 0,577 |
| Informationstechnische Risiken (V) | 4 | 0 | 1,5 | 0,957 |
| Informationstechnische Risiken (Z) | 4 | 0 | 2,5 | 0,577 |
| Finanzwirtschaftliche Risiken (V) | 4 | 0 | 2 | 0,816 |
| Finanzwirtschaftliche Risiken (Z) | 4 | 0 | 3 | 0,5 |

Anhang 55: Bedeutung risikobezogener Angaben seitens Unternehmen der Branche Software/Technologien

| | N | | Median | Std. Deviation |
|---|---|---|---|---|
| | Valid | Missing | | |
| Risikomanagement (V) | 9 | 0 | 2 | 0,5 |
| Risikomanagement (Z) | 9 | 0 | 2 | 0,667 |
| Umfeld- und Branchenrisiken (V) | 9 | 0 | 2 | 0,333 |
| Umfeld- und Branchenrisiken (Z) | 9 | 0 | 2 | 0,441 |
| Unternehmensstrategische Risiken (V) | 9 | 0 | 2 | 0,601 |
| Unternehmensstrategische Risiken (Z) | 9 | 0 | 2 | 0,527 |
| Leistungswirtschaftliche Risiken (V) | 8 | 1 | 2 | 0,463 |
| Leistungswirtschaftliche Risiken (Z) | 9 | 0 | 2 | 0,5 |
| Personalrisiken (V) | 9 | 0 | 2 | 0,667 |
| Personalrisiken (Z) | 9 | 0 | 2 | 0,601 |
| Informationstechnische Risiken (V) | 8 | 1 | 1 | 0,756 |
| Informationstechnische Risiken (Z) | 9 | 0 | 2 | 0,782 |
| Finanzwirtschaftliche Risiken (V) | 9 | 0 | 2 | 0,441 |
| Finanzwirtschaftliche Risiken (Z) | 9 | 0 | 2 | 0,601 |

Anhang 56: Bedeutung risikobezogener Angaben seitens Unternehmen der Branche Bau

| | N | | Median | Std. Deviation |
|---|---|---|---|---|
| | Valid | Missing | | |
| Risikomanagement (V) | 4 | 0 | 2 | 0,5 |
| Risikomanagement (Z) | 4 | 0 | 2 | 0,5 |
| Umfeld- und Branchenrisiken (V) | 4 | 0 | 2,5 | 0,957 |
| Umfeld- und Branchenrisiken (Z) | 4 | 0 | 2 | 0,816 |
| Unternehmensstrategische Risiken (V) | 4 | 0 | 2,5 | 0,577 |
| Unternehmensstrategische Risiken (Z) | 4 | 0 | 2 | 0,816 |
| Leistungswirtschaftliche Risiken (V) | 4 | 0 | 1 | 1 |
| Leistungswirtschaftliche Risiken (Z) | 4 | 0 | 1 | 0,5 |
| Personalrisiken (V) | 4 | 0 | 1 | 0,5 |
| Personalrisiken (Z) | 4 | 0 | 1 | 0,5 |
| Informationstechnische Risiken (V) | 4 | 0 | 1 | 1,258 |
| Informationstechnische Risiken (Z) | 4 | 0 | 1 | 0,816 |
| Finanzwirtschaftliche Risiken (V) | 4 | 0 | 2 | 1 |
| Finanzwirtschaftliche Risiken (Z) | 4 | 0 | 2 | 1 |

Anhang 57: Bedeutung risikobezogener Angaben seitens Unternehmen der Branche IT/Internet

| | N | | Median | Std. Deviation |
|---|---|---|---|---|
| | Valid | Missing | | |
| Risikomanagement (V) | 5 | 0 | 2 | 0,837 |
| Risikomanagement (Z) | 4 | 1 | 3 | 0,5 |
| Umfeld- und Branchenrisiken (V) | 5 | 0 | 2 | 0,837 |
| Umfeld- und Branchenrisiken (Z) | 4 | 1 | 3 | 0,5 |
| Unternehmensstrategische Risiken (V) | 5 | 0 | 2 | 1 |
| Unternehmensstrategische Risiken (Z) | 4 | 1 | 3 | 0,5 |
| Leistungswirtschaftliche Risiken (V) | 4 | 1 | 2 | 0 |
| Leistungswirtschaftliche Risiken (Z) | 3 | 2 | 2 | 0,577 |
| Personalrisiken (V) | 5 | 0 | 2 | 0,837 |
| Personalrisiken (Z) | 4 | 1 | 2 | 0,5 |
| Informationstechnische Risiken (V) | 5 | 0 | 2 | 0,894 |
| Informationstechnische Risiken (Z) | 4 | 1 | 1,5 | 0,577 |
| Finanzwirtschaftliche Risiken (V) | 5 | 0 | 2 | 0,837 |
| Finanzwirtschaftliche Risiken (Z) | 4 | 1 | 2,5 | 0,957 |

Anhang 58: Bedeutung risikobezogener Angaben seitens Unternehmen der Branche Medien/Unterhaltung

| | N | | Median | Std. Deviation |
|---|---|---|---|---|
| | Valid | Missing | | |
| Risikomanagement (V) | 2 | 0 | 1 | 1,414 |
| Risikomanagement (Z) | 2 | 0 | 1,5 | 0,707 |
| Umfeld- und Branchenrisiken (V) | 2 | 0 | 1,5 | 2,121 |
| Umfeld- und Branchenrisiken (Z) | 2 | 0 | 3 | 0 |
| Unternehmensstrategische Risiken (V) | 2 | 0 | 1,5 | 2,121 |
| Unternehmensstrategische Risiken (Z) | 2 | 0 | 3 | 0 |
| Leistungswirtschaftliche Risiken (V) | 2 | 0 | 1,5 | 2,121 |
| Leistungswirtschaftliche Risiken (Z) | 2 | 0 | 3 | 0 |
| Personalrisiken (V) | 2 | 0 | 1,5 | 2,121 |
| Personalrisiken (Z) | 2 | 0 | 2 | 1,414 |
| Informationstechnische Risiken (V) | 2 | 0 | 1,5 | 2,121 |
| Informationstechnische Risiken (Z) | 2 | 0 | 2,5 | 0,707 |
| Finanzwirtschaftliche Risiken (V) | 2 | 0 | 1,5 | 2,121 |
| Finanzwirtschaftliche Risiken (Z) | 2 | 0 | 3 | 0 |

Anhang 59: H-Test nach Kruskal und Wallis zur Relevanz risikobezogener Angaben nach der Branchenzugehörigkeit der Unternehmen

| | Chi-Quadrat | df | Asymp. Sig. |
|---|---|---|---|
| Unternehmenstrategische Risiken (V) | 6,593 | 9 | ,679 |
| Unternehmenstrategische Risiken (Z) | 11,088 | 9 | ,270 |
| Umfeld- und Branchenrisiken (V) | 6,983 | 9 | ,639 |
| Umfeld- und Branchenrisiken (Z) | 18,234 | 9 | **0,033**** |
| Finanzwirtschaftliche Risiken (V) | 5,281 | 9 | ,809 |
| Finanzwirtschaftliche Risiken (Z) | 8,970 | 9 | ,440 |
| Risikomanagement (V) | 7,338 | 9 | ,602 |
| Risikomanagement (Z) | 14,356 | 9 | ,110 |
| Leistungswirtschaftliche Risiken (V) | 6,694 | 9 | ,669 |
| Leistungswirtschaftliche Risiken (Z) | 15,571 | 9 | **0,076*** |
| Personalrisiken (V) | 9,785 | 9 | ,368 |
| Personalrisiken (Z) | 16,709 | 9 | **0,053*** |
| Informationstechnische Risiken (V) | 7,632 | 9 | ,572 |
| Informationstechnische Risiken (Z) | 16,754 | 9 | **0,053*** |

V = Vergangenheit; Z = Zukunft/Planangaben;
*** p<=0,01 (höchst signifikant); ** p<=0,05 (sehr signifikant); * p<=0,1 (signifikant)

# Anhang 60: Paarweise Kolmogorow-Smirnow Z-Tests zu risikobezogenen Angaben

Umfeld- und Branchenrisiken (Z)

| | 1 | 2 | 3 | 4 | 5 | 6 | 7 | 8 | 9 | 10 |
|---|---|---|---|---|---|---|---|---|---|---|
| 1 | | | | | | | | | | |
| 2 | | | | | | | | | | |
| 3 | | | | | | | | | | |
| 4 | | | | | | | | | | |
| 5 | | | | | | | | | | |
| 6 | | | | | | | | | | |
| 7 | | | | | | | | | | |
| 8 | | | | | | | | | | |
| 9 | | | | | | | | | | |
| 10 | | | | | | | | | | |

Leistungswirtschaftliche Risiken (Z)

| | 1 | 2 | 3 | 4 | 5 | 6 | 7 | 8 | 9 | 10 |
|---|---|---|---|---|---|---|---|---|---|---|
| 1 | | | | | | | | | | |
| 2 | | | | | | | | | | |
| 3 | | | | | | | | | | |
| 4 | | | | | | | | | | |
| 5 | | | | | | | | | | |
| 6 | | | | | | | | | | |
| 7 | | | | | | | | | | |
| 8 | | | | | | | | | | |
| 9 | | | | | | | | | | |
| 10 | | | | | | | | | | |

Personalrisiken (Z)

| | 1 | 2 | 3 | 4 | 5 | 6 | 7 | 8 | 9 | 10 |
|---|---|---|---|---|---|---|---|---|---|---|
| 1 | | | | | | | | | | |
| 2 | | | | | | | | | | |
| 3 | | | | | | | | | | |
| 4 | | | | | | | | | | |
| 5 | | | | | | | | | | |
| 6 | | | | | | | | | | |
| 7 | | | | | | | | | | |
| 8 | | | | | | | | | | |
| 9 | | | | | | | | | | |
| 10 | | | | | | | | | | |

Informationstechnische Risiken (Z)

| | 1 | 2 | 3 | 4 | 5 | 6 | 7 | 8 | 9 | 10 |
|---|---|---|---|---|---|---|---|---|---|---|
| 1 | | | | | | | | | | |
| 2 | | | | | | | | | | |
| 3 | | | | | | | | | | |
| 4 | ** | | | | | | | | | |
| 5 | | | | | | | | | | |
| 6 | | | | | | | | | | |
| 7 | | | | | | | | | | |
| 8 | | | | | | | | | | |
| 9 | | | | | | | | | | |
| 10 | | | | | | | | | | |

*** p<=0,01 (höchst signifikant); ** p<=0,05 (sehr signifikant); * p<=0,1 (signifikant)
V = Vergangenheit; Z = Zukunft/Planangaben

| | |
|---|---|
| 1 = Automobil/Transport | 6 = Bau |
| 2 = Einzelhandel/Konsum | 7 = Software/Technologien |
| 3 = Maschinenbau/Industrie | 8 = Chemie/Pharma/Biotechnologie |
| 4 = Versorger/Telekommunikation | 9 = IT Dienstleistungen/Internet |
| 5 = Banken/Finanzdienste/Versicherungen | 10 = Medien/Unterhaltung |

Anhang 61: Bedeutung kunden- bzw. absatzmarktbezogener und zulieferer- bzw. beschaffungsmarktbezogener Angaben seitens Unternehmen der Branche Banken/Finanzdienste/Versicherungen

| | N | | Median | Standard-abweichung |
|---|---|---|---|---|
| | Gültig | Fehlend | | |
| Kundenbindung bzw. -fluktuation (V) | 14 | 3 | 2 | 0,829 |
| Kundenbindung bzw. -fluktuation (Z) | 13 | 4 | 2 | 1,038 |
| Anzahl bestehender Kundenbeziehungen (V) | 14 | 3 | 2 | 0,877 |
| Anzahl bestehender Kundenbeziehungen (Z) | 13 | 4 | 2 | 0,987 |
| Anzahl neuer Kundenbeziehungen (V) | 14 | 3 | 2 | 0,917 |
| Anzahl neuer Kundenbeziehungen (Z) | 13 | 4 | 2 | 0,913 |
| Kundenzufriedenheit (V) | 14 | 3 | 2 | 0,864 |
| Kundenzufriedenheit (Z) | 12 | 5 | 2 | 0,937 |
| Kundenstruktur (V) | 14 | 3 | 2 | 0,949 |
| Kundenstruktur (Z) | 13 | 4 | 2 | 0,76 |
| Abhängigkeit von Einzelkunden (V) | 14 | 3 | 1,5 | 0,941 |
| Abhängigkeit von Einzelkunden (Z) | 13 | 4 | 2 | 1,127 |
| Kundenakquisitions-/-bindungskosten (V) | 14 | 3 | 1 | 0,756 |
| Kundenakquisitions-/-bindungskosten (Z) | 13 | 4 | 2 | 0,855 |
| Profitabilität von Neukunden (V) | 14 | 3 | 2 | 0,745 |
| Profitabilität von Neukunden (Z) | 13 | 4 | 2 | 0,927 |
| Marktanteile (V) | 14 | 3 | 2 | 0,829 |
| Marktanteile (Z) | 13 | 4 | 2 | 0,899 |
| Marktwachstum (V) | 14 | 3 | 3 | 0,852 |
| Marktwachstum (Z) | 13 | 4 | 3 | 0,519 |
| Markenwert (V) | 13 | 4 | 2 | 0,832 |
| Markenwert (Z) | 12 | 5 | 2 | 0,937 |
| Markenimage (V) | 14 | 3 | 2 | 0,829 |
| Markenimage (Z) | 13 | 4 | 2 | 0,987 |
| Produkt- und Serviceimage (V) | 14 | 3 | 2 | 0,829 |
| Produkt- und Serviceimage (Z) | 13 | 4 | 2 | 1 |
| Umsatzanteil aus Cross-Selling (V) | 14 | 3 | 2 | 0,825 |
| Umsatzanteil aus Cross-Selling (Z) | 13 | 4 | 2 | 0,927 |
| Vertriebskanäle (V) | 14 | 3 | 2 | 0,893 |
| Vertriebskanäle (Z) | 13 | 4 | 2 | 0,927 |
| Vergleich von Ist- und Planwerten | 14 | 3 | 2 | 0,825 |
| Zuliefererbindung bzw. -fluktuation (V) | 9 | 8 | 0 | 0,882 |
| Zuliefererbindung bzw. -fluktuation (Z) | 8 | 9 | 0 | 1,061 |
| Anzahl der Zuliefererbeziehungen (V) | 9 | 8 | 0 | 0,882 |
| Anzahl der Zuliefererbeziehungen (Z) | 8 | 9 | 0 | 1,165 |
| Anzahl neuer Zuliefererbeziehungen (V) | 9 | 8 | 0 | 0,726 |
| Anzahl neuer Zuliefererbeziehungen (Z) | 8 | 9 | 0 | 1,061 |
| Abhängigkeit von einzelnen Zulieferern (V) | 9 | 8 | 0 | 0,866 |
| Abhängigkeit von einzelnen Zulieferern (Z) | 8 | 9 | 0 | 1,165 |
| Nationale Herkunft der Zulieferer (V) | 9 | 8 | 0 | 0,726 |
| Nationale Herkunft der Zulieferer (Z) | 8 | 9 | 0 | 1,061 |
| Beschaffungsvolumen (V) | 9 | 8 | 0 | 0,882 |
| Beschaffungsvolumen (Z) | 8 | 9 | 0 | 1,165 |
| Preisentwicklung im Beschaffungsmarkt (V) | 9 | 8 | 0 | 0,972 |
| Preisentwicklung im Beschaffungsmarkt (Z) | 8 | 9 | 0 | 1,246 |
| Einsparungen im Beschaffungsbereich (V) | 9 | 8 | 1 | 0,928 |
| Einsparungen im Beschaffungsbereich (Z) | 8 | 9 | 0 | 1,246 |
| Vergleich von Ist- und Planwerten | 9 | 8 | 0 | 1 |

Anhang 62: Bedeutung kunden- bzw. absatzmarktbezogener und zulieferer- bzw. beschaffungsmarktbezogener Angaben seitens Unternehmen der Branche Chemie/Pharma/Biotechnologie

| | N | | Median | Standard-abweichung |
|---|---|---|---|---|
| | Gültig | Fehlend | | |
| Kundenbindung bzw. -fluktuation (V) | 5 | 0 | 2 | 0,837 |
| Kundenbindung bzw. -fluktuation (Z) | 5 | 0 | 2 | 0,837 |
| Anzahl bestehender Kundenbeziehungen (V) | 5 | 0 | 1 | 0,447 |
| Anzahl bestehender Kundenbeziehungen (Z) | 5 | 0 | 1 | 0,447 |
| Anzahl neuer Kundenbeziehungen (V) | 5 | 0 | 1 | 0,548 |
| Anzahl neuer Kundenbeziehungen (Z) | 5 | 0 | 1 | 0,548 |
| Kundenzufriedenheit (V) | 5 | 0 | 2 | 0,707 |
| Kundenzufriedenheit (Z) | 5 | 0 | 2 | 0,837 |
| Kundenstruktur (V) | 5 | 0 | 2 | 0,707 |
| Kundenstruktur (Z) | 5 | 0 | 2 | 0,837 |
| Abhängigkeit von Einzelkunden (V) | 5 | 0 | 2 | 0,707 |
| Abhängigkeit von Einzelkunden (Z) | 5 | 0 | 2 | 0,447 |
| Kundenakquisitions-/-bindungskosten (V) | 5 | 0 | 1 | 1,14 |
| Kundenakquisitions-/-bindungskosten (Z) | 5 | 0 | 1 | 1,14 |
| Profitabilität von Neukunden (V) | 5 | 0 | 2 | 0,447 |
| Profitabilität von Neukunden (Z) | 5 | 0 | 2 | 0,447 |
| Marktanteile (V) | 5 | 0 | 3 | 0 |
| Marktanteile (Z) | 5 | 0 | 3 | 0,447 |
| Marktwachstum (V) | 5 | 0 | 3 | 0 |
| Marktwachstum (Z) | 5 | 0 | 3 | 0 |
| Markenwert (V) | 4 | 1 | 2 | 0,5 |
| Markenwert (Z) | 4 | 1 | 2 | 0,816 |
| Markenimage (V) | 5 | 0 | 2 | 0,548 |
| Markenimage (Z) | 5 | 0 | 2 | 0,837 |
| Produkt- und Serviceimage (V) | 5 | 0 | 2 | 0,447 |
| Produkt- und Serviceimage (Z) | 5 | 0 | 2 | 0,548 |
| Umsatzanteil aus Cross-Selling (V) | 5 | 0 | 1 | 0,707 |
| Umsatzanteil aus Cross-Selling (Z) | 5 | 0 | 1 | 0,707 |
| Vertriebskanäle (V) | 5 | 0 | 2 | 1,14 |
| Vertriebskanäle (Z) | 5 | 0 | 2 | 1,14 |
| Vergleich von Ist- und Planwerten | 5 | 0 | 1 | 1,14 |
| Zuliefererbindung bzw. -fluktuation (V) | 5 | 0 | 1 | 0,837 |
| Zuliefererbindung bzw. -fluktuation (Z) | 5 | 0 | 1 | 0,837 |
| Anzahl der Zuliefererbeziehungen (V) | 5 | 0 | 1 | 0,707 |
| Anzahl der Zuliefererbeziehungen (Z) | 5 | 0 | 1 | 0,707 |
| Anzahl neuer Zuliefererbeziehungen (V) | 5 | 0 | 1 | 0,707 |
| Anzahl neuer Zuliefererbeziehungen (Z) | 5 | 0 | 1 | 0,707 |
| Abhängigkeit von einzelnen Zulieferern (V) | 5 | 0 | 2 | 0,894 |
| Abhängigkeit von einzelnen Zulieferern (Z) | 5 | 0 | 2 | 0,894 |
| Nationale Herkunft der Zulieferer (V) | 5 | 0 | 1 | 0,707 |
| Nationale Herkunft der Zulieferer (Z) | 5 | 0 | 1 | 0,707 |
| Beschaffungsvolumen (V) | 5 | 0 | 2 | 0,707 |
| Beschaffungsvolumen (Z) | 5 | 0 | 2 | 0,837 |
| Preisentwicklung im Beschaffungsmarkt (V) | 5 | 0 | 2 | 1,225 |
| Preisentwicklung im Beschaffungsmarkt (Z) | 5 | 0 | 2 | 1,225 |
| Einsparungen im Beschaffungsbereich (V) | 5 | 0 | 2 | 0,837 |
| Einsparungen im Beschaffungsbereich (Z) | 5 | 0 | 2 | 0,837 |
| Vergleich von Ist- und Planwerten | 5 | 0 | 1 | 0,707 |

Anhang 63: Bedeutung kunden- bzw. absatzmarktbezogener und zulieferer- bzw. beschaffungsmarktbezogener Angaben seitens Unternehmen der Branche Einzelhandel/Konsum

| | N | | Median | Standard-abweichung |
|---|---|---|---|---|
| | Gültig | Fehlend | | |
| Kundenbindung bzw. -fluktuation (V) | 8 | 1 | 1 | 0,835 |
| Kundenbindung bzw. -fluktuation (Z) | 8 | 1 | 1 | 1,035 |
| Anzahl bestehender Kundenbeziehungen (V) | 8 | 1 | 1,5 | 1,165 |
| Anzahl bestehender Kundenbeziehungen (Z) | 8 | 1 | 1,5 | 1,302 |
| Anzahl neuer Kundenbeziehungen (V) | 8 | 1 | 1,5 | 0,886 |
| Anzahl neuer Kundenbeziehungen (Z) | 8 | 1 | 1,5 | 1,195 |
| Kundenzufriedenheit (V) | 9 | 0 | 2 | 1,167 |
| Kundenzufriedenheit (Z) | 9 | 0 | 2 | 1,093 |
| Kundenstruktur (V) | 8 | 1 | 2 | 0,886 |
| Kundenstruktur (Z) | 8 | 1 | 2 | 0,886 |
| Abhängigkeit von Einzelkunden (V) | 8 | 1 | 2 | 1,069 |
| Abhängigkeit von Einzelkunden (Z) | 8 | 1 | 2 | 1,069 |
| Kundenakquisitions-/-bindungskosten (V) | 8 | 1 | 1 | 0,991 |
| Kundenakquisitions-/-bindungskosten (Z) | 7 | 2 | 1 | 0,951 |
| Profitabilität von Neukunden (V) | 8 | 1 | 1 | 0,835 |
| Profitabilität von Neukunden (Z) | 7 | 2 | 1 | 0,976 |
| Marktanteile (V) | 9 | 0 | 3 | 1,014 |
| Marktanteile (Z) | 9 | 0 | 3 | 1,014 |
| Marktwachstum (V) | 9 | 0 | 2 | 1,054 |
| Marktwachstum (Z) | 9 | 0 | 3 | 1,093 |
| Markenwert (V) | 9 | 0 | 2 | 1,167 |
| Markenwert (Z) | 9 | 0 | 2 | 1,054 |
| Markenimage (V) | 9 | 0 | 3 | 1,167 |
| Markenimage (Z) | 9 | 0 | 3 | 1,093 |
| Produkt- und Serviceimage (V) | 8 | 1 | 1,5 | 1,061 |
| Produkt- und Serviceimage (Z) | 8 | 1 | 1,5 | 1,061 |
| Umsatzanteil aus Cross-Selling (V) | 8 | 1 | 1 | 0,641 |
| Umsatzanteil aus Cross-Selling (Z) | 8 | 1 | 1 | 0,756 |
| Vertriebskanäle (V) | 9 | 0 | 2 | 0,882 |
| Vertriebskanäle (Z) | 9 | 0 | 2 | 1,014 |
| Vergleich von Ist- und Planwerten | 8 | 1 | 2 | 0,916 |
| Zuliefererbindung bzw. -fluktuation (V) | 9 | 0 | 2 | 0,866 |
| Zuliefererbindung bzw. -fluktuation (Z) | 9 | 0 | 1 | 1 |
| Anzahl der Zuliefererbeziehungen (V) | 8 | 1 | 1 | 0,835 |
| Anzahl der Zuliefererbeziehungen (Z) | 8 | 1 | 1 | 0,991 |
| Anzahl neuer Zuliefererbeziehungen (V) | 8 | 1 | 0,5 | 0,744 |
| Anzahl neuer Zuliefererbeziehungen (Z) | 8 | 1 | 1 | 0,991 |
| Abhängigkeit von einzelnen Zulieferern (V) | 8 | 1 | 1 | 0,835 |
| Abhängigkeit von einzelnen Zulieferern (Z) | 8 | 1 | 1,5 | 1,061 |
| Nationale Herkunft der Zulieferer (V) | 8 | 1 | 1 | 0,835 |
| Nationale Herkunft der Zulieferer (Z) | 8 | 1 | 1 | 1,126 |
| Beschaffungsvolumen (V) | 8 | 1 | 1,5 | 0,886 |
| Beschaffungsvolumen (Z) | 8 | 1 | 2 | 0,916 |
| Preisentwicklung im Beschaffungsmarkt (V) | 9 | 0 | 2 | 0,833 |
| Preisentwicklung im Beschaffungsmarkt (Z) | 9 | 0 | 2 | 1,014 |
| Einsparungen im Beschaffungsbereich (V) | 9 | 0 | 2 | 0,972 |
| Einsparungen im Beschaffungsbereich (Z) | 9 | 0 | 2 | 1,167 |
| Vergleich von Ist- und Planwerten | 8 | 1 | 1 | 1,126 |

Anhang 64: Bedeutung kunden- bzw. absatzmarktbezogener und zulieferer- bzw. beschaffungsmarktbezogener Angaben seitens Unternehmen der Branche Automobil/Transport

| | N | | Median | Standardabweichung |
|---|---|---|---|---|
| | Gültig | Fehlend | | |
| Kundenbindung bzw. -fluktuation (V) | 8 | 0 | 2 | 0,641 |
| Kundenbindung bzw. -fluktuation (Z) | 6 | 2 | 2 | 0,408 |
| Anzahl bestehender Kundenbeziehungen (V) | 8 | 0 | 1 | 0,916 |
| Anzahl bestehender Kundenbeziehungen (Z) | 6 | 2 | 1,5 | 0,816 |
| Anzahl neuer Kundenbeziehungen (V) | 8 | 0 | 2 | 0,916 |
| Anzahl neuer Kundenbeziehungen (Z) | 6 | 2 | 1 | 1,033 |
| Kundenzufriedenheit (V) | 8 | 0 | 2 | 0,707 |
| Kundenzufriedenheit (Z) | 6 | 2 | 2 | 0,408 |
| Kundenstruktur (V) | 8 | 0 | 2 | 0,835 |
| Kundenstruktur (Z) | 6 | 2 | 2 | 0,753 |
| Abhängigkeit von Einzelkunden (V) | 8 | 0 | 1,5 | 1,302 |
| Abhängigkeit von Einzelkunden (Z) | 6 | 2 | 1,5 | 1,211 |
| Kundenakquisitions-/-bindungskosten (V) | 8 | 0 | 1,5 | 0,926 |
| Kundenakquisitions-/-bindungskosten (Z) | 6 | 2 | 1 | 0,753 |
| Profitabilität von Neukunden (V) | 8 | 0 | 1 | 0,835 |
| Profitabilität von Neukunden (Z) | 6 | 2 | 1 | 0,516 |
| Marktanteile (V) | 8 | 0 | 3 | 0,518 |
| Marktanteile (Z) | 6 | 2 | 2,5 | 0,548 |
| Marktwachstum (V) | 8 | 0 | 3 | 0,518 |
| Marktwachstum (Z) | 6 | 2 | 3 | 0,516 |
| Markenwert (V) | 8 | 0 | 1,5 | 1,195 |
| Markenwert (Z) | 6 | 2 | 1,5 | 0,816 |
| Markenimage (V) | 8 | 0 | 2 | 1,282 |
| Markenimage (Z) | 6 | 2 | 2 | 0,753 |
| Produkt- und Serviceimage (V) | 8 | 0 | 2 | 0,991 |
| Produkt- und Serviceimage (Z) | 6 | 2 | 2 | 1,033 |
| Umsatzanteil aus Cross-Selling (V) | 8 | 0 | 2 | 1,069 |
| Umsatzanteil aus Cross-Selling (Z) | 6 | 2 | 1 | 0,894 |
| Vertriebskanäle (V) | 8 | 0 | 1 | 0,756 |
| Vertriebskanäle (Z) | 6 | 2 | 1 | 0,753 |
| Vergleich von Ist- und Planwerten | 8 | 0 | 1 | 0,707 |
| Zuliefererbindung bzw. -fluktuation (V) | 8 | 0 | 2 | 0,916 |
| Zuliefererbindung bzw. -fluktuation (Z) | 5 | 3 | 1 | 0,837 |
| Anzahl der Zuliefererbeziehungen (V) | 8 | 0 | 1 | 0,463 |
| Anzahl der Zuliefererbeziehungen (Z) | 5 | 3 | 1 | 0 |
| Anzahl neuer Zuliefererbeziehungen (V) | 8 | 0 | 1 | 0,641 |
| Anzahl neuer Zuliefererbeziehungen (Z) | 5 | 3 | 1 | 0,548 |
| Abhängigkeit von einzelnen Zulieferern (V) | 8 | 0 | 2 | 0,756 |
| Abhängigkeit von einzelnen Zulieferern (Z) | 5 | 3 | 2 | 0,837 |
| Nationale Herkunft der Zulieferer (V) | 8 | 0 | 1 | 0,518 |
| Nationale Herkunft der Zulieferer (Z) | 5 | 3 | 1 | 0,837 |
| Beschaffungsvolumen (V) | 8 | 0 | 2 | 0,518 |
| Beschaffungsvolumen (Z) | 6 | 2 | 2 | 0,408 |
| Preisentwicklung im Beschaffungsmarkt (V) | 8 | 0 | 2 | 0,835 |
| Preisentwicklung im Beschaffungsmarkt (Z) | 6 | 2 | 2 | 1,033 |
| Einsparungen im Beschaffungsbereich (V) | 8 | 0 | 2 | 0,641 |
| Einsparungen im Beschaffungsbereich (Z) | 6 | 2 | 2 | 0,837 |
| Vergleich von Ist- und Planwerten | 8 | 0 | 1 | 1,035 |

Anhang 65: Bedeutung kunden- bzw. absatzmarktbezogener und zulieferer- bzw. beschaffungsmarktbezogener Angaben seitens Unternehmen der Branche Maschinenbau/Industrie

| | N | | Median | Standard-abweichung |
|---|---|---|---|---|
| | Gültig | Fehlend | | |
| Kundenbindung bzw. -fluktuation (V) | 18 | 0 | 1 | 0,784 |
| Kundenbindung bzw. -fluktuation (Z) | 17 | 1 | 2 | 0,702 |
| Anzahl bestehender Kundenbeziehungen (V) | 18 | 0 | 1 | 0,669 |
| Anzahl bestehender Kundenbeziehungen (Z) | 16 | 2 | 1 | 0,619 |
| Anzahl neuer Kundenbeziehungen (V) | 18 | 0 | 1 | 0,669 |
| Anzahl neuer Kundenbeziehungen (Z) | 16 | 2 | 2 | 0,931 |
| Kundenzufriedenheit (V) | 18 | 0 | 2 | 0,471 |
| Kundenzufriedenheit (Z) | 16 | 2 | 2 | 0,577 |
| Kundenstruktur (V) | 18 | 0 | 2 | 0,594 |
| Kundenstruktur (Z) | 17 | 1 | 2 | 0,6 |
| Abhängigkeit von Einzelkunden (V) | 18 | 0 | 2 | 0,676 |
| Abhängigkeit von Einzelkunden (Z) | 17 | 1 | 2 | 0,809 |
| Kundenakquisitions-/-bindungskosten (V) | 16 | 2 | 1 | 0,574 |
| Kundenakquisitions-/-bindungskosten (Z) | 16 | 2 | 1 | 0,68 |
| Profitabilität von Neukunden (V) | 16 | 2 | 1 | 0,719 |
| Profitabilität von Neukunden (Z) | 16 | 2 | 1 | 0,806 |
| Marktanteile (V) | 18 | 0 | 2 | 0,647 |
| Marktanteile (Z) | 18 | 0 | 2 | 0,511 |
| Marktwachstum (V) | 18 | 0 | 2 | 0,608 |
| Marktwachstum (Z) | 17 | 1 | 3 | 0,514 |
| Markenwert (V) | 18 | 0 | 2 | 0,698 |
| Markenwert (Z) | 17 | 1 | 2 | 0,702 |
| Markenimage (V) | 18 | 0 | 2 | 0,647 |
| Markenimage (Z) | 17 | 1 | 2 | 0,636 |
| Produkt- und Serviceimage (V) | 18 | 0 | 2 | 0,676 |
| Produkt- und Serviceimage (Z) | 16 | 2 | 2 | 0,719 |
| Umsatzanteil aus Cross-Selling (V) | 18 | 0 | 1 | 0,907 |
| Umsatzanteil aus Cross-Selling (Z) | 15 | 3 | 1 | 0,961 |
| Vertriebskanäle (V) | 17 | 1 | 2 | 0,493 |
| Vertriebskanäle (Z) | 16 | 2 | 2 | 0,576 |
| Vergleich von Ist- und Planwerten | 18 | 0 | 1 | 0,471 |
| Zuliefererbindung bzw. -fluktuation (V) | 18 | 0 | 1 | 0,732 |
| Zuliefererbindung bzw. -fluktuation (Z) | 16 | 2 | 1 | 0,793 |
| Anzahl der Zuliefererbeziehungen (V) | 18 | 0 | 1 | 0,416 |
| Anzahl der Zuliefererbeziehungen (Z) | 17 | 1 | 1 | 0,612 |
| Anzahl neuer Zuliefererbeziehungen (V) | 18 | 0 | 1 | 0,323 |
| Anzahl neuer Zuliefererbeziehungen (Z) | 17 | 1 | 1 | 0,556 |
| Abhängigkeit von einzelnen Zulieferern (V) | 18 | 0 | 2 | 0,608 |
| Abhängigkeit von einzelnen Zulieferern (Z) | 17 | 1 | 2 | 0,712 |
| Nationale Herkunft der Zulieferer (V) | 18 | 0 | 1 | 0,669 |
| Nationale Herkunft der Zulieferer (Z) | 17 | 1 | 1 | 0,664 |
| Beschaffungsvolumen (V) | 18 | 0 | 1,5 | 0,784 |
| Beschaffungsvolumen (Z) | 17 | 1 | 2 | 0,8 |
| Preisentwicklung im Beschaffungsmarkt (V) | 18 | 0 | 2 | 0,461 |
| Preisentwicklung im Beschaffungsmarkt (Z) | 17 | 1 | 2 | 0,514 |
| Einsparungen im Beschaffungsbereich (V) | 18 | 0 | 2 | 0,686 |
| Einsparungen im Beschaffungsbereich (Z) | 17 | 1 | 2 | 0,825 |
| Vergleich von Ist- und Planwerten | 18 | 0 | 1 | 0,471 |

Anhang 66: Bedeutung kunden- bzw. absatzmarktbezogener und zulieferer- bzw. beschaffungsmarktbezogener Angaben seitens Unternehmen der Branche Versorger/Telekommunikation

| | N | | Median | Standard-abweichung |
|---|---|---|---|---|
| | Gültig | Fehlend | | |
| Kundenbindung bzw. -fluktuation (V) | 4 | 0 | 2,5 | 0,577 |
| Kundenbindung bzw. -fluktuation (Z) | 4 | 0 | 3 | 0 |
| Anzahl bestehender Kundenbeziehungen (V) | 4 | 0 | 2,5 | 0,577 |
| Anzahl bestehender Kundenbeziehungen (Z) | 4 | 0 | 3 | 0,5 |
| Anzahl neuer Kundenbeziehungen (V) | 4 | 0 | 3 | 0,5 |
| Anzahl neuer Kundenbeziehungen (Z) | 4 | 0 | 3 | 0 |
| Kundenzufriedenheit (V) | 4 | 0 | 3 | 0,5 |
| Kundenzufriedenheit (Z) | 4 | 0 | 3 | 0,5 |
| Kundenstruktur (V) | 4 | 0 | 2,5 | 0,577 |
| Kundenstruktur (Z) | 3 | 1 | 3 | 0,577 |
| Abhängigkeit von Einzelkunden (V) | 4 | 0 | 2 | 0,5 |
| Abhängigkeit von Einzelkunden (Z) | 4 | 0 | 2 | 0,816 |
| Kundenakquisitions-/-bindungskosten (V) | 4 | 0 | 2 | 0,816 |
| Kundenakquisitions-/-bindungskosten (Z) | 4 | 0 | 2,5 | 0,957 |
| Profitabilität von Neukunden (V) | 4 | 0 | 2 | 0,816 |
| Profitabilität von Neukunden (Z) | 4 | 0 | 3 | 0,5 |
| Marktanteile (V) | 4 | 0 | 2 | 0,5 |
| Marktanteile (Z) | 4 | 0 | 2,5 | 0,577 |
| Marktwachstum (V) | 4 | 0 | 2 | 0,5 |
| Marktwachstum (Z) | 4 | 0 | 2,5 | 0,577 |
| Markenwert (V) | 4 | 0 | 2 | 0,5 |
| Markenwert (Z) | 4 | 0 | 2 | 0,5 |
| Markenimage (V) | 4 | 0 | 2 | 0,5 |
| Markenimage (Z) | 4 | 0 | 2 | 0,5 |
| Produkt- und Serviceimage (V) | 4 | 0 | 2 | 0,816 |
| Produkt- und Serviceimage (Z) | 4 | 0 | 2,5 | 0,957 |
| Umsatzanteil aus Cross-Selling (V) | 4 | 0 | 1,5 | 0,957 |
| Umsatzanteil aus Cross-Selling (Z) | 4 | 0 | 2 | 1,155 |
| Vertriebskanäle (V) | 4 | 0 | 2,5 | 0,957 |
| Vertriebskanäle (Z) | 4 | 0 | 2,5 | 0,957 |
| Vergleich von Ist- und Planwerten | 4 | 0 | 2 | 0,5 |
| Zuliefererbindung bzw. -fluktuation (V) | 4 | 0 | 1,5 | 0,577 |
| Zuliefererbindung bzw. -fluktuation (Z) | 4 | 0 | 2 | 0,816 |
| Anzahl der Zuliefererbeziehungen (V) | 4 | 0 | 1 | 0,816 |
| Anzahl der Zuliefererbeziehungen (Z) | 4 | 0 | 1,5 | 0,957 |
| Anzahl neuer Zuliefererbeziehungen (V) | 4 | 0 | 1 | 0,816 |
| Anzahl neuer Zuliefererbeziehungen (Z) | 4 | 0 | 1,5 | 1,291 |
| Abhängigkeit von einzelnen Zulieferern (V) | 4 | 0 | 1,5 | 0,957 |
| Abhängigkeit von einzelnen Zulieferern (Z) | 4 | 0 | 2 | 1,258 |
| Nationale Herkunft der Zulieferer (V) | 4 | 0 | 0,5 | 0,957 |
| Nationale Herkunft der Zulieferer (Z) | 4 | 0 | 0,5 | 0,577 |
| Beschaffungsvolumen (V) | 4 | 0 | 1,5 | 0,577 |
| Beschaffungsvolumen (Z) | 4 | 0 | 1,5 | 0,957 |
| Preisentwicklung im Beschaffungsmarkt (V) | 4 | 0 | 2 | 0,5 |
| Preisentwicklung im Beschaffungsmarkt (Z) | 4 | 0 | 2,5 | 0,957 |
| Einsparungen im Beschaffungsbereich (V) | 4 | 0 | 1,5 | 0,957 |
| Einsparungen im Beschaffungsbereich (Z) | 4 | 0 | 2,5 | 0,957 |
| Vergleich von Ist- und Planwerten | 4 | 0 | 1,5 | 0,957 |

Anhang 67: Bedeutung kunden- bzw. absatzmarktbezogener und zulieferer- bzw. beschaffungsmarktbezogener Angaben seitens Unternehmen der Branche Software/Technologien

| | N | | Median | Standard-abweichung |
|---|---|---|---|---|
| | Gültig | Fehlend | | |
| Kundenbindung bzw. -fluktuation (V) | 8 | 1 | 2 | 0,463 |
| Kundenbindung bzw. -fluktuation (Z) | 8 | 1 | 2 | 0,463 |
| Anzahl bestehender Kundenbeziehungen (V) | 8 | 1 | 2 | 0,641 |
| Anzahl bestehender Kundenbeziehungen (Z) | 8 | 1 | 2 | 0,641 |
| Anzahl neuer Kundenbeziehungen (V) | 8 | 1 | 2 | 0,835 |
| Anzahl neuer Kundenbeziehungen (Z) | 8 | 1 | 2 | 0,835 |
| Kundenzufriedenheit (V) | 8 | 1 | 2 | 0,463 |
| Kundenzufriedenheit (Z) | 8 | 1 | 2 | 0,463 |
| Kundenstruktur (V) | 8 | 1 | 2 | 0,641 |
| Kundenstruktur (Z) | 8 | 1 | 2 | 0,535 |
| Abhängigkeit von Einzelkunden (V) | 8 | 1 | 2 | 0,926 |
| Abhängigkeit von Einzelkunden (Z) | 8 | 1 | 2 | 0,535 |
| Kundenakquisitions-/-bindungskosten (V) | 8 | 1 | 1 | 0,535 |
| Kundenakquisitions-/-bindungskosten (Z) | 8 | 1 | 1 | 0,518 |
| Profitabilität von Neukunden (V) | 8 | 1 | 1 | 0,518 |
| Profitabilität von Neukunden (Z) | 8 | 1 | 2 | 0,707 |
| Marktanteile (V) | 8 | 1 | 2 | 0,463 |
| Marktanteile (Z) | 8 | 1 | 2 | 0,518 |
| Marktwachstum (V) | 8 | 1 | 2 | 0,518 |
| Marktwachstum (Z) | 8 | 1 | 2,5 | 0,535 |
| Markenwert (V) | 8 | 1 | 1 | 0,707 |
| Markenwert (Z) | 7 | 2 | 1 | 0,69 |
| Markenimage (V) | 8 | 1 | 1,5 | 0,744 |
| Markenimage (Z) | 8 | 1 | 1,5 | 0,926 |
| Produkt- und Serviceimage (V) | 8 | 1 | 2 | 0,641 |
| Produkt- und Serviceimage (Z) | 8 | 1 | 2 | 0,756 |
| Umsatzanteil aus Cross-Selling (V) | 8 | 1 | 1 | 0,707 |
| Umsatzanteil aus Cross-Selling (Z) | 8 | 1 | 1 | 0,916 |
| Vertriebskanäle (V) | 8 | 1 | 1,5 | 0,535 |
| Vertriebskanäle (Z) | 8 | 1 | 2 | 0,463 |
| Vergleich von Ist- und Planwerten | 8 | 1 | 1,5 | 0,926 |
| Zuliefererbindung bzw. -fluktuation (V) | 8 | 1 | 1 | 0,518 |
| Zuliefererbindung bzw. -fluktuation (Z) | 8 | 1 | 1,5 | 0,744 |
| Anzahl der Zuliefererbeziehungen (V) | 8 | 1 | 1 | 0,641 |
| Anzahl der Zuliefererbeziehungen (Z) | 8 | 1 | 1 | 0,756 |
| Anzahl neuer Zuliefererbeziehungen (V) | 8 | 1 | 1 | 0,535 |
| Anzahl neuer Zuliefererbeziehungen (Z) | 8 | 1 | 1 | 0,641 |
| Abhängigkeit von einzelnen Zulieferern (V) | 8 | 1 | 2 | 0,463 |
| Abhängigkeit von einzelnen Zulieferern (Z) | 8 | 1 | 2 | 0,463 |
| Nationale Herkunft der Zulieferer (V) | 8 | 1 | 1 | 0,354 |
| Nationale Herkunft der Zulieferer (Z) | 8 | 1 | 1 | 0,354 |
| Beschaffungsvolumen (V) | 8 | 1 | 1,5 | 0,535 |
| Beschaffungsvolumen (Z) | 8 | 1 | 1,5 | 0,535 |
| Preisentwicklung im Beschaffungsmarkt (V) | 8 | 1 | 2 | 0,641 |
| Preisentwicklung im Beschaffungsmarkt (Z) | 8 | 1 | 2 | 0,641 |
| Einsparungen im Beschaffungsbereich (V) | 8 | 1 | 2 | 0,535 |
| Einsparungen im Beschaffungsbereich (Z) | 8 | 1 | 2 | 0,535 |
| Vergleich von Ist- und Planwerten | 8 | 1 | 1 | 0,707 |

Anhang 68: Bedeutung kunden- bzw. absatzmarktbezogener und zulieferer- bzw. beschaffungsmarktbezogener Angaben seitens Unternehmen der Branche Bau

| | N | | Median | Standard-abweichung |
|---|---|---|---|---|
| | Gültig | Fehlend | | |
| Kundenbindung bzw. -fluktuation (V) | 4 | 0 | 1 | 0 |
| Kundenbindung bzw. -fluktuation (Z) | 3 | 1 | 1 | 0 |
| Anzahl bestehender Kundenbeziehungen (V) | 4 | 0 | 1 | 0,5 |
| Anzahl bestehender Kundenbeziehungen (Z) | 3 | 1 | 1 | 1 |
| Anzahl neuer Kundenbeziehungen (V) | 4 | 0 | 1 | 0 |
| Anzahl neuer Kundenbeziehungen (Z) | 3 | 1 | 1 | 0 |
| Kundenzufriedenheit (V) | 4 | 0 | 1,5 | 0,957 |
| Kundenzufriedenheit (Z) | 3 | 1 | 2 | 1 |
| Kundenstruktur (V) | 4 | 0 | 2 | 0,5 |
| Kundenstruktur (Z) | 3 | 1 | 2 | 0,577 |
| Abhängigkeit von Einzelkunden (V) | 4 | 0 | 1,5 | 0,577 |
| Abhängigkeit von Einzelkunden (Z) | 3 | 1 | 2 | 0,577 |
| Kundenakquisitions-/-bindungskosten (V) | 4 | 0 | 1 | 0,5 |
| Kundenakquisitions-/-bindungskosten (Z) | 3 | 1 | 1 | 0,577 |
| Profitabilität von Neukunden (V) | 4 | 0 | 1 | 0 |
| Profitabilität von Neukunden (Z) | 3 | 1 | 1 | 0 |
| Marktanteile (V) | 4 | 0 | 2,5 | 0,577 |
| Marktanteile (Z) | 3 | 1 | 3 | 0,577 |
| Marktwachstum (V) | 4 | 0 | 2,5 | 0,577 |
| Marktwachstum (Z) | 3 | 1 | 3 | 0,577 |
| Markenwert (V) | 4 | 0 | 2 | 0,816 |
| Markenwert (Z) | 3 | 1 | 2 | 1 |
| Markenimage (V) | 4 | 0 | 1,5 | 0,957 |
| Markenimage (Z) | 3 | 1 | 2 | 1 |
| Produkt- und Serviceimage (V) | 4 | 0 | 1,5 | 0,577 |
| Produkt- und Serviceimage (Z) | 3 | 1 | 1 | 0,577 |
| Umsatzanteil aus Cross-Selling (V) | 4 | 0 | 1 | 1 |
| Umsatzanteil aus Cross-Selling (Z) | 3 | 1 | 1 | 0 |
| Vertriebskanäle (V) | 4 | 0 | 1 | 0,5 |
| Vertriebskanäle (Z) | 3 | 1 | 1 | 0,577 |
| Vergleich von Ist- und Planwerten | 4 | 0 | 1 | 0,5 |
| Zuliefererbindung bzw. -fluktuation (V) | 4 | 0 | 1 | 0,5 |
| Zuliefererbindung bzw. -fluktuation (Z) | 3 | 1 | 1 | 0 |
| Anzahl der Zuliefererbeziehungen (V) | 4 | 0 | 1 | 0,5 |
| Anzahl der Zuliefererbeziehungen (Z) | 3 | 1 | 1 | 0 |
| Anzahl neuer Zuliefererbeziehungen (V) | 4 | 0 | 1 | 0,5 |
| Anzahl neuer Zuliefererbeziehungen (Z) | 3 | 1 | 1 | 0 |
| Abhängigkeit von einzelnen Zulieferern (V) | 4 | 0 | 1 | 0,816 |
| Abhängigkeit von einzelnen Zulieferern (Z) | 3 | 1 | 1 | 0,577 |
| Nationale Herkunft der Zulieferer (V) | 4 | 0 | 0,5 | 0,577 |
| Nationale Herkunft der Zulieferer (Z) | 3 | 1 | 1 | 0,577 |
| Beschaffungsvolumen (V) | 4 | 0 | 1,5 | 0,957 |
| Beschaffungsvolumen (Z) | 3 | 1 | 1 | 1 |
| Preisentwicklung im Beschaffungsmarkt (V) | 4 | 0 | 1,5 | 0,577 |
| Preisentwicklung im Beschaffungsmarkt (Z) | 3 | 1 | 2 | 0,577 |
| Einsparungen im Beschaffungsbereich (V) | 4 | 0 | 1,5 | 0,577 |
| Einsparungen im Beschaffungsbereich (Z) | 3 | 1 | 2 | 0,577 |
| Vergleich von Ist- und Planwerten | 4 | 0 | 1 | 0,5 |

Anhang 69: Bedeutung kunden- bzw. absatzmarktbezogener und zulieferer- bzw. beschaffungsmarktbezogener Angaben seitens Unternehmen der Branche IT/Internet

| | N | | Median | Standard-abweichung |
|---|---|---|---|---|
| | Gültig | Fehlend | | |
| Kundenbindung bzw. -fluktuation (V) | 5 | 0 | 3 | 0,548 |
| Kundenbindung bzw. -fluktuation (Z) | 4 | 1 | 2 | 1,258 |
| Anzahl bestehender Kundenbeziehungen (V) | 5 | 0 | 3 | 0,548 |
| Anzahl bestehender Kundenbeziehungen (Z) | 4 | 1 | 2 | 1,258 |
| Anzahl neuer Kundenbeziehungen (V) | 5 | 0 | 3 | 0,548 |
| Anzahl neuer Kundenbeziehungen (Z) | 4 | 1 | 3 | 1,5 |
| Kundenzufriedenheit (V) | 5 | 0 | 3 | 0,894 |
| Kundenzufriedenheit (Z) | 4 | 1 | 2 | 1,258 |
| Kundenstruktur (V) | 5 | 0 | 3 | 0,548 |
| Kundenstruktur (Z) | 4 | 1 | 3 | 0,5 |
| Abhängigkeit von Einzelkunden (V) | 5 | 0 | 3 | 0,447 |
| Abhängigkeit von Einzelkunden (Z) | 4 | 1 | 2,5 | 0,577 |
| Kundenakquisitions-/-bindungskosten (V) | 5 | 0 | 2 | 0,707 |
| Kundenakquisitions-/-bindungskosten (Z) | 4 | 1 | 2 | 0,5 |
| Profitabilität von Neukunden (V) | 5 | 0 | 2 | 0,837 |
| Profitabilität von Neukunden (Z) | 4 | 1 | 1,5 | 0,957 |
| Marktanteile (V) | 5 | 0 | 3 | 0,894 |
| Marktanteile (Z) | 3 | 2 | 3 | 1,155 |
| Marktwachstum (V) | 5 | 0 | 3 | 0,894 |
| Marktwachstum (Z) | 3 | 2 | 3 | 0 |
| Markenwert (V) | 5 | 0 | 2 | 1,304 |
| Markenwert (Z) | 3 | 2 | 2 | 1 |
| Markenimage (V) | 5 | 0 | 3 | 0,894 |
| Markenimage (Z) | 3 | 2 | 2 | 1 |
| Produkt- und Serviceimage (V) | 5 | 0 | 3 | 0,894 |
| Produkt- und Serviceimage (Z) | 4 | 1 | 2 | 1,258 |
| Umsatzanteil aus Cross-Selling (V) | 5 | 0 | 2 | 1 |
| Umsatzanteil aus Cross-Selling (Z) | 4 | 1 | 1 | 1,258 |
| Vertriebskanäle (V) | 5 | 0 | 1 | 0,894 |
| Vertriebskanäle (Z) | 4 | 1 | 1 | 1,258 |
| Vergleich von Ist- und Planwerten | 5 | 0 | 2 | 0,548 |
| Zuliefererbindung bzw. -fluktuation (V) | 4 | 1 | 1 | 1,155 |
| Zuliefererbindung bzw. -fluktuation (Z) | 4 | 1 | 1 | 1,155 |
| Anzahl der Zuliefererbeziehungen (V) | 5 | 0 | 2 | 1,095 |
| Anzahl der Zuliefererbeziehungen (Z) | 4 | 1 | 1 | 1,155 |
| Anzahl neuer Zuliefererbeziehungen (V) | 5 | 0 | 1 | 1 |
| Anzahl neuer Zuliefererbeziehungen (Z) | 4 | 1 | 0,5 | 0,957 |
| Abhängigkeit von einzelnen Zulieferern (V) | 5 | 0 | 2 | 1,517 |
| Abhängigkeit von einzelnen Zulieferern (Z) | 4 | 1 | 1 | 1,5 |
| Nationale Herkunft der Zulieferer (V) | 5 | 0 | 0 | 0,548 |
| Nationale Herkunft der Zulieferer (Z) | 4 | 1 | 0,5 | 0,577 |
| Beschaffungsvolumen (V) | 5 | 0 | 2 | 1,517 |
| Beschaffungsvolumen (Z) | 4 | 1 | 1 | 1,5 |
| Preisentwicklung im Beschaffungsmarkt (V) | 5 | 0 | 2 | 1,517 |
| Preisentwicklung im Beschaffungsmarkt (Z) | 4 | 1 | 1 | 1,5 |
| Einsparungen im Beschaffungsbereich (V) | 5 | 0 | 1 | 1,304 |
| Einsparungen im Beschaffungsbereich (Z) | 4 | 1 | 1 | 1,155 |
| Vergleich von Ist- und Planwerten | 5 | 0 | 1 | 1 |

Anhang 70: Bedeutung kunden- bzw. absatzmarktbezogener und zulieferer- bzw. beschaffungsmarktbezogener Angaben seitens Unternehmen der Branche Medien/Unterhaltung

| | N | | Median | Standard-abweichung |
|---|---|---|---|---|
| | Gültig | Fehlend | | |
| Kundenbindung bzw. -fluktuation (V) | 2 | 0 | 1,5 | 0,707 |
| Kundenbindung bzw. -fluktuation (Z) | 2 | 0 | 1,5 | 0,707 |
| Anzahl bestehender Kundenbeziehungen (V) | 2 | 0 | 1 | 1,414 |
| Anzahl bestehender Kundenbeziehungen (Z) | 2 | 0 | 1 | 1,414 |
| Anzahl neuer Kundenbeziehungen (V) | 2 | 0 | 0,5 | 0,707 |
| Anzahl neuer Kundenbeziehungen (Z) | 2 | 0 | 0,5 | 0,707 |
| Kundenzufriedenheit (V) | 2 | 0 | 1 | 1,414 |
| Kundenzufriedenheit (Z) | 2 | 0 | 1 | 1,414 |
| Kundenstruktur (V) | 2 | 0 | 0,5 | 0,707 |
| Kundenstruktur (Z) | 2 | 0 | 0,5 | 0,707 |
| Abhängigkeit von Einzelkunden (V) | 2 | 0 | 2 | 0 |
| Abhängigkeit von Einzelkunden (Z) | 2 | 0 | 2,5 | 0,707 |
| Kundenakquisitions-/-bindungskosten (V) | 2 | 0 | 0,5 | 0,707 |
| Kundenakquisitions-/-bindungskosten (Z) | 2 | 0 | 0,5 | 0,707 |
| Profitabilität von Neukunden (V) | 2 | 0 | 0,5 | 0,707 |
| Profitabilität von Neukunden (Z) | 2 | 0 | 0,5 | 0,707 |
| Marktanteile (V) | 2 | 0 | 1,5 | 0,707 |
| Marktanteile (Z) | 2 | 0 | 1,5 | 0,707 |
| Marktwachstum (V) | 2 | 0 | 3 | 0 |
| Marktwachstum (Z) | 2 | 0 | 3 | 0 |
| Markenwert (V) | 2 | 0 | 2,5 | 0,707 |
| Markenwert (Z) | 2 | 0 | 2,5 | 0,707 |
| Markenimage (V) | 2 | 0 | 2 | 1,414 |
| Markenimage (Z) | 2 | 0 | 2 | 1,414 |
| Produkt- und Serviceimage (V) | 2 | 0 | 0,5 | 0,707 |
| Produkt- und Serviceimage (Z) | 2 | 0 | 0,5 | 0,707 |
| Umsatzanteil aus Cross-Selling (V) | 2 | 0 | 0,5 | 0,707 |
| Umsatzanteil aus Cross-Selling (Z) | 2 | 0 | 0,5 | 0,707 |
| Vertriebskanäle (V) | 2 | 0 | 2 | 0 |
| Vertriebskanäle (Z) | 2 | 0 | 2,5 | 0,707 |
| Vergleich von Ist- und Planwerten | 2 | 0 | 1,5 | 0,707 |
| Zuliefererbindung bzw. -fluktuation (V) | 2 | 0 | 0,5 | 0,707 |
| Zuliefererbindung bzw. -fluktuation (Z) | 2 | 0 | 0,5 | 0,707 |
| Anzahl der Zuliefererbeziehungen (V) | 2 | 0 | 0,5 | 0,707 |
| Anzahl der Zuliefererbeziehungen (Z) | 2 | 0 | 0,5 | 0,707 |
| Anzahl neuer Zuliefererbeziehungen (V) | 2 | 0 | 0,5 | 0,707 |
| Anzahl neuer Zuliefererbeziehungen (Z) | 2 | 0 | 0,5 | 0,707 |
| Abhängigkeit von einzelnen Zulieferern (V) | 2 | 0 | 0,5 | 0,707 |
| Abhängigkeit von einzelnen Zulieferern (Z) | 2 | 0 | 0,5 | 0,707 |
| Nationale Herkunft der Zulieferer (V) | 2 | 0 | 0,5 | 0,707 |
| Nationale Herkunft der Zulieferer (Z) | 2 | 0 | 0,5 | 0,707 |
| Beschaffungsvolumen (V) | 2 | 0 | 0,5 | 0,707 |
| Beschaffungsvolumen (Z) | 2 | 0 | 0,5 | 0,707 |
| Preisentwicklung im Beschaffungsmarkt (V) | 2 | 0 | 1,5 | 0,707 |
| Preisentwicklung im Beschaffungsmarkt (Z) | 2 | 0 | 1,5 | 0,707 |
| Einsparungen im Beschaffungsbereich (V) | 2 | 0 | 0,5 | 0,707 |
| Einsparungen im Beschaffungsbereich (Z) | 2 | 0 | 0,5 | 0,707 |
| Vergleich von Ist- und Planwerten | 2 | 0 | 0,5 | 0,707 |

Anhang 71: H-Test nach Kruskal und Wallis zur Relevanz kunden- bzw. absatzmarktbezogener Angaben nach der Branchenzugehörigkeit der Unternehmen

| | Chi-Quadrat | df | Asymp. Sig. |
|---|---|---|---|
| Marktwachstum (V) | 9,417 | 9 | ,400 |
| Marktwachstum (Z) | 7,923 | 9 | ,542 |
| Marktanteile (V) | 15,305 | 9 | **0,083*** |
| Marktanteile (Z) | 7,471 | 9 | ,588 |
| Kundenzufriedenheit (V) | 9,547 | 9 | ,388 |
| Kundenzufriedenheit (Z) | 9,761 | 9 | ,370 |
| Kundenstruktur (V) | 12,264 | 9 | ,199 |
| Kundenstruktur (Z) | 15,061 | 9 | **0,089*** |
| Markenimage (V) | 7,829 | 9 | ,551 |
| Markenimage (Z) | 5,083 | 9 | ,827 |
| Podukt- und Serviceimage (V) | 11,363 | 9 | ,252 |
| Podukt- und Serviceimage (Z) | 8,733 | 9 | ,462 |
| Kundenbindung bzw. -fluktuation (V) | 25,679 | 9 | **0,002***** |
| Kundenbindung bzw. -fluktuation (Z) | 19,342 | 9 | **0,022**** |
| Abhängigkeit von Einzelkunden (V) | 11,453 | 9 | ,246 |
| Abhängigkeit von Einzelkunden (Z) | 7,347 | 9 | ,601 |
| Markenwert (V) | 8,708 | 9 | ,465 |
| Markenwert (Z) | 10,067 | 9 | ,345 |
| Anzahl neuer Kundenbeziehungen (V) | 26,767 | 9 | **0,002***** |
| Anzahl neuer Kundenbeziehungen (Z) | 16,078 | 9 | **0,065*** |
| Anzahl bestehender Kundenbeziehungen (V) | 21,919 | 9 | **0,009***** |
| Anzahl bestehender Kundenbeziehungen (Z) | 13,109 | 9 | ,158 |
| Vertriebskanäle (V) | 9,843 | 9 | ,363 |
| Vertriebskanäle (Z) | 8,178 | 9 | ,516 |
| Vergleich von Ist- und Planwerten | 12,771 | 9 | ,173 |
| Profitabilität von Neukunden (V) | 18,494 | 9 | **0,030**** |
| Profitabilität von Neukunden (Z) | 21,867 | 9 | **0,009***** |
| Umsatzanteil aus Cross-Selling (V) | 13,281 | 9 | ,150 |
| Umsatzanteil aus Cross-Selling (Z) | 10,514 | 9 | ,311 |
| Kundenakquisitions-/-bindungskosten (V) | 15,170 | 9 | **0,086*** |
| Kundenakquisitions-/-bindungskosten (Z) | 13,969 | 9 | ,123 |

V = Vergangenheit; Z = Zukunft/Planangaben;
*** p<=0,01 (höchst signifikant); ** p<=0,05 (sehr signifikant); * p<=0,1 (signifikant)

Anhang 72: Paarweise Kolmogorow-Smirnow Z-Tests zu kunden- bzw. absatzmarktbezogenen Angaben

Marktanteile (V)

| | 1 | 2 | 3 | 4 | 5 | 6 | 7 | 8 | 9 | 10 |
|---|---|---|---|---|---|---|---|---|---|---|
| 1 | | | | | | | | | | |
| 2 | | | | | | | | | | |
| 3 | | | | | | | | | | |
| 4 | | | | | | | | | | |
| 5 | | | | | | | | | | |
| 6 | | | | | | | | | | |
| 7 | | | | | | | | | | |
| 8 | | | * | | ** | | * | | | |
| 9 | | | | | | | | | | |
| 10 | | | | | | | | | | |

Kundenstruktur (Z)

| | 1 | 2 | 3 | 4 | 5 | 6 | 7 | 8 | 9 | 10 |
|---|---|---|---|---|---|---|---|---|---|---|
| 1 | | | | | | | | | | |
| 2 | | | | | | | | | | |
| 3 | | | | | | | | | | |
| 4 | | | | | | | | | | |
| 5 | | | | | | | | | | |
| 6 | | | | | | | | | | |
| 7 | | | | | | | | | | |
| 8 | | | | | | | | | | |
| 9 | | | | | | | | | | |
| 10 | | | | | | | | | | |

Kundenbindung bzw. -fluktuation (V)

| | 1 | 2 | 3 | 4 | 5 | 6 | 7 | 8 | 9 | 10 |
|---|---|---|---|---|---|---|---|---|---|---|
| 1 | | | | | | | | | | |
| 2 | | | | | | | | | | |
| 3 | | | | | | | | | | |
| 4 | | | | | | | | | | |
| 5 | | | | | | | | | | |
| 6 | ** | | | ** | * | | | | | |
| 7 | | * | ** | | | *** | | | | |
| 8 | | | | | | ** | | | | |
| 9 | | | | | | | | | | |
| 10 | | | | | | | | | | |

Kundenbindung bzw. -fluktuation (Z)

| | 1 | 2 | 3 | 4 | 5 | 6 | 7 | 8 | 9 | 10 |
|---|---|---|---|---|---|---|---|---|---|---|
| 1 | | | | | | | | | | |
| 2 | | | | | | | | | | |
| 3 | | | | | | | | | | |
| 4 | * | ** | ** | | | | | | | |
| 5 | | | | | | | | | | |
| 6 | ** | | | * | | | | | | |
| 7 | | * | | * | | ** | | | | |
| 8 | | | | | | | | | | |
| 9 | | | | | | | | | | |
| 10 | | | | | | | | | | |

Anzahl neuer Kundenbeziehungen (V)

| | 1 | 2 | 3 | 4 | 5 | 6 | 7 | 8 | 9 | 10 |
|---|---|---|---|---|---|---|---|---|---|---|
| 1 | | | | | | | | | | |
| 2 | | | | | | | | | | |
| 3 | | | | | | | | | | |
| 4 | | * | ** | | | | | | | |
| 5 | | | | | | | | | | |
| 6 | | | | ** | ** | | | | | |
| 7 | | | | | | | | | | |
| 8 | | | | | | | | | | |
| 9 | | | | | | ** | | | | |
| 10 | | | | | | | | | | |

Anzahl neuer Kundenbeziehungen (Z)

| | 1 | 2 | 3 | 4 | 5 | 6 | 7 | 8 | 9 | 10 |
|---|---|---|---|---|---|---|---|---|---|---|
| 1 | | | | | | | | | | |
| 2 | | | | | | | | | | |
| 3 | | | | | | | | | | |
| 4 | * | * | * | | | | | | | |
| 5 | | | | | | | | | | |
| 6 | | | | * | | | | | | |
| 7 | | | | * | | | | | | |
| 8 | | | | ** | | | | | | |
| 9 | | | | | | | | | | |
| 10 | | | | | | | | | | |

*** p<=0,01 (höchst signifikant); ** p<=0,05 (sehr signifikant); * p<=0,1 (signifikant)
V = Vergangenheit; Z = Zukunft/Planangaben

| | |
|---|---|
| 1 = Automobil/Transport | 6 = Bau |
| 2 = Einzelhandel/Konsum | 7 = Software/Technologien |
| 3 = Maschinenbau/Industrie | 8 = Chemie/Pharma/Biotechnologie |
| 4 = Versorger/Telekommunikation | 9 = IT Dienstleistungen/Internet |
| 5 = Banken/Finanzdienste/Versicherungen | 10 = Medien/Unterhaltung |

Anzahl bestehender Kundenbeziehungen (V)

| | 1 | 2 | 3 | 4 | 5 | 6 | 7 | 8 | 9 | 10 |
|---|---|---|---|---|---|---|---|---|---|---|
| 1 | | | | | | | | | | |
| 2 | | | | | | | | | | |
| 3 | | | | | | | | | | |
| 4 | | | | | | | | | | |
| 5 | | | | | | | | | | |
| 6 | | | | | | | | | | |
| 7 | | | | | | | | | | |
| 8 | | | | | | | | | | |
| 9 | | | | | | | | * | | |
| 10 | | | | | | | | | | |

Erträge aus Neukunden (V)

| | 1 | 2 | 3 | 4 | 5 | 6 | 7 | 8 | 9 | 10 |
|---|---|---|---|---|---|---|---|---|---|---|
| 1 | | | | | | | | | | |
| 2 | | | | | | | | | | |
| 3 | | | | | | | | | | |
| 4 | | | | | | | | | | |
| 5 | | | | | | | | | | |
| 6 | | | | | | | | | | |
| 7 | | | | | | | | | | |
| 8 | | | | | | | | | | |
| 9 | | | | | | | | | | |
| 10 | | | | | | | | | | |

Erträge aus Neukunden (Z)

| | 1 | 2 | 3 | 4 | 5 | 6 | 7 | 8 | 9 | 10 |
|---|---|---|---|---|---|---|---|---|---|---|
| 1 | | | | | | | | | | |
| 2 | | | | | | | | | | |
| 3 | | | | | | | | | | |
| 4 | ** | | * | | | | | | | |
| 5 | * | | | | | | | | | |
| 6 | | | | * | | | | | | |
| 7 | | | | | | | | | | |
| 8 | * | | | | | | | | | |
| 9 | | | | | | | | | | |
| 10 | | | | | | | | | | |

Kundenakquisitions-/-bindungskosten (V)

| | 1 | 2 | 3 | 4 | 5 | 6 | 7 | 8 | 9 | 10 |
|---|---|---|---|---|---|---|---|---|---|---|
| 1 | | | | | | | | | | |
| 2 | | | | | | | | | | |
| 3 | | | | | | | | | | |
| 4 | | | | | | | | | | |
| 5 | | | | | | | | | | |
| 6 | | | | | | | | | | |
| 7 | | | | | | | | | | |
| 8 | | | | | | | | | | |
| 9 | | | * | | | | | | | |
| 10 | | | | | | | | | | |

*** p<=0,01 (höchst signifikant); ** p<=0,05 (sehr signifikant); * p<=0,1 (signifikant)
V = Vergangenheit; Z = Zukunft/Planangaben

| | |
|---|---|
| 1 = Automobil/Transport | 6 = Bau |
| 2 = Einzelhandel/Konsum | 7 = Software/Technologien |
| 3 = Maschinenbau/Industrie | 8 = Chemie/Pharma/Biotechnologie |
| 4 = Versorger/Telekommunikation | 9 = IT Dienstleistungen/Internet |
| 5 = Banken/Finanzdienste/Versicherungen | 10 = Medien/Unterhaltung |

Anhang 73: H-Test nach Kruskal und Wallis zur Relevanz zulieferer- bzw. beschaffungsmarktbezogener Angaben nach der Branchenzugehörigkeit der Unternehmen

| | Chi-Quadrat | df | Asymp. Sig. |
|---|---|---|---|
| Preisentwicklung im Beschaffungsmarkt (V) | 17,042 | 9 | **0,048**** |
| Preisentwicklung im Beschaffungsmarkt (Z) | 15,787 | 9 | **0,071*** |
| Einsparungen im Beschaffungsbereich (V) | 15,711 | 9 | **0,073*** |
| Einsparungen im Beschaffungsbereich (Z) | 14,357 | 9 | ,110 |
| Beschaffungsvolumen (V) | 20,427 | 9 | **0,015**** |
| Beschaffungsvolumen (Z) | 9,556 | 9 | ,388 |
| Abängigkeit von einzelnen Zulieferern (V) | 16,097 | 9 | **0,065*** |
| Abängigkeit von einzelnen Zulieferern (Z) | 8,905 | 9 | ,446 |
| Zuliefererbindung bzw. -fluktuation (V) | 11,576 | 9 | ,238 |
| Zuliefererbindung bzw. -fluktuation (Z) | 9,750 | 9 | ,371 |
| Vergleich von Ist- und Planwerten | 6,492 | 9 | ,690 |
| Anzahl der Zulieferbeziehungen (V) | 7,698 | 9 | ,565 |
| Anzahl der Zulieferbeziehungen (Z) | 3,268 | 9 | ,953 |
| Anzahl neuer Zulieferbeziehungen (V) | 7,562 | 9 | ,579 |
| Anzahl neuer Zulieferbeziehungen (Z) | 6,022 | 9 | ,738 |
| Nationale Herkunft der Zulieferer (V) | 5,811 | 9 | ,759 |
| Nationale Herkunft der Zulieferer (Z) | 4,510 | 9 | ,875 |

V = Vergangenheit; Z = Zukunft/Planangaben;
*** p<=0,01 (höchst signifikant); ** p<=0,05 (sehr signifikant); * p<=0,1 (signifikant)

Anhang 74: Paarweise Kolmogorow-Smirnow Z-Tests zu zulieferer- bzw. beschaffungsmarktbezogenen Angaben

Preisentwicklung im Beschaffungsmarkt (V)

| | 1 | 2 | 3 | 4 | 5 | 6 | 7 | 8 | 9 | 10 |
|---|---|---|---|---|---|---|---|---|---|---|
| 1 | | | | | | | | | | |
| 2 | | | | | | | | | | |
| 3 | | | | | | | | | | |
| 4 | | | | | | | | | | |
| 5 | | | *** | | | | | | | |
| 6 | | | | | | | | | | |
| 7 | | | | | | | | | | |
| 8 | | | | | | | | | | |
| 9 | | | | | | | | | | |
| 10 | | | | | | | | | | |

Preisentwicklung im Beschaffungsmarkt (Z)

| | 1 | 2 | 3 | 4 | 5 | 6 | 7 | 8 | 9 | 10 |
|---|---|---|---|---|---|---|---|---|---|---|
| 1 | | | | | | | | | | |
| 2 | | | | | | | | | | |
| 3 | | | | | | | | | | |
| 4 | | | | | | | | | | |
| 5 | | | ** | | | | | | | |
| 6 | | | | | | | | | | |
| 7 | | | | | * | | | | | |
| 8 | | | | | | | | | | |
| 9 | | | | | | | | | | |
| 10 | | | | | | | | | | |

Einsparungen im Beschaffungsbereich (V)

| | 1 | 2 | 3 | 4 | 5 | 6 | 7 | 8 | 9 | 10 |
|---|---|---|---|---|---|---|---|---|---|---|
| 1 | | | | | | | | | | |
| 2 | | | | | | | | | | |
| 3 | | | | | | | | | | |
| 4 | | | | | | | | | | |
| 5 | | | | | | | | | | |
| 6 | | | | | | | | | | |
| 7 | | | | | | | | | | |
| 8 | | | | | | | | | | |
| 9 | | | | | | | | | | |
| 10 | | | | | | | | | | |

Beschaffungsvolumen (V)

| | 1 | 2 | 3 | 4 | 5 | 6 | 7 | 8 | 9 | 10 |
|---|---|---|---|---|---|---|---|---|---|---|
| 1 | | | | | | | | | | |
| 2 | | | | | | | | | | |
| 3 | | | | | | | | | | |
| 4 | | | | | | | | | | |
| 5 | ** | | ** | | | | | | | |
| 6 | | | | | | | | | | |
| 7 | | | | | ** | | | | | |
| 8 | | | | | | | | | | |
| 9 | | | | | | | | | | |
| 10 | * | | | | | | | | | |

Abhängigkeit von einzelnen Zulieferern (V)

| | 1 | 2 | 3 | 4 | 5 | 6 | 7 | 8 | 9 | 10 |
|---|---|---|---|---|---|---|---|---|---|---|
| 1 | | | | | | | | | | |
| 2 | | | | | | | | | | |
| 3 | | | | | | | | | | |
| 4 | | | | | | | | | | |
| 5 | | | * | | | | | | | |
| 6 | | | | | | | | | | |
| 7 | | | | | | | | | | |
| 8 | | | | | | | | | | |
| 9 | | | | | | | | | | |
| 10 | | | | | | | | | | |

1 = Automobil/Transport
2 = Einzelhandel/Konsum
3 = Maschinenbau/Industrie
4 = Versorger/Telekommunikation
5 = Banken/Finanzdienste/Versicherungen
6 = Bau
7 = Software/Technologien
8 = Chemie/Pharma/Biotechnologie
9 = IT Dienstleistungen/Internet
10 = Medien/Unterhaltung

*** $p<=0,01$ (höchst signifikant); ** $p<=0,05$ (sehr signifikant); * $p<=0,1$ (signifikant)
V = Vergangenheit; Z = Zukunft/Planangaben

Anhang 75: Bedeutung mitarbeiter- bzw. managementbezogener Angaben seitens Unternehmen der Branche Banken/Finanzdienste/Versicherungen

| | N | | Median | Standard-abweichung |
|---|---|---|---|---|
| | Gültig | Fehlend | | |
| Mitarbeiterbindung bzw. -fluktuation (V) | 16 | 1 | 2 | 0,68 |
| Mitarbeiterbindung bzw. -fluktuation (Z) | 14 | 3 | 2 | 0,699 |
| Altersstruktur der Mitarbeiter (V) | 16 | 1 | 1 | 0,479 |
| Altersstruktur der Mitarbeiter (Z) | 14 | 3 | 1 | 0,633 |
| Anzahl der Mitarbeiter (V) | 16 | 1 | 2 | 0,719 |
| Anzahl der Mitarbeiter (Z) | 14 | 3 | 2 | 0,917 |
| Mitarbeiterzufriedenheit (V) | 15 | 2 | 1 | 0,743 |
| Mitarbeiterzufriedenheit (Z) | 14 | 3 | 1,5 | 0,76 |
| Fehlzeiten der Mitarbeiter (V) | 15 | 2 | 1 | 0,516 |
| Fehlzeiten der Mitarbeiter (Z) | 14 | 3 | 1 | 0,579 |
| Qualifikation der Mitarbeiter (V) | 15 | 2 | 2 | 0,775 |
| Qualifikation der Mitarbeiter (Z) | 14 | 3 | 3 | 0,514 |
| Investitionen in die Mitarbeiterbildung (V) | 15 | 2 | 2 | 0,594 |
| Investitionen in die Mitarbeiterbildung (Z) | 13 | 4 | 2 | 0,689 |
| Mitarbeiterproduktivität (V) | 15 | 2 | 2 | 0,99 |
| Mitarbeiterproduktivität (Z) | 14 | 3 | 2 | 0,893 |
| Knowledge Management (V) | 14 | 3 | 2 | 0,555 |
| Knowledge Management (Z) | 13 | 4 | 2 | 0,555 |
| Qualifikation des Managements (V) | 15 | 2 | 2 | 0,507 |
| Qualifikation des Managements (Z) | 14 | 3 | 2 | 0,514 |
| Managementvergütung (V) | 15 | 2 | 2 | 0,704 |
| Managementvergütung (Z) | 14 | 3 | 2 | 0,663 |
| Ausgabe von Belegschaftsaktien (V) | 16 | 1 | 2 | 0,632 |
| Ausgabe von Belegschaftsaktien (Z) | 14 | 3 | 2 | 0,663 |
| Vergleich von Ist- und Planwerten | 15 | 2 | 2 | 0,828 |

Anhang 76: Bedeutung mitarbeiter- bzw. managementbezogener Angaben seitens Unternehmen der Branche Chemie/Pharma/Biotechnologie

| | N | | Median | Standard-abweichung |
|---|---|---|---|---|
| | Gültig | Fehlend | | |
| Mitarbeiterbindung bzw. -fluktuation (V) | 5 | 0 | 1 | 0,548 |
| Mitarbeiterbindung bzw. -fluktuation (Z) | 5 | 0 | 1 | 0,447 |
| Altersstruktur der Mitarbeiter (V) | 5 | 0 | 1 | 0,447 |
| Altersstruktur der Mitarbeiter (Z) | 5 | 0 | 1 | 0,447 |
| Anzahl der Mitarbeiter (V) | 5 | 0 | 2 | 0,548 |
| Anzahl der Mitarbeiter (Z) | 5 | 0 | 2 | 0,548 |
| Mitarbeiterzufriedenheit (V) | 5 | 0 | 1 | 0,548 |
| Mitarbeiterzufriedenheit (Z) | 5 | 0 | 1 | 0,548 |
| Fehlzeiten der Mitarbeiter (V) | 5 | 0 | 1 | 0,837 |
| Fehlzeiten der Mitarbeiter (Z) | 5 | 0 | 1 | 0,707 |
| Qualifikation der Mitarbeiter (V) | 5 | 0 | 1 | 0,707 |
| Qualifikation der Mitarbeiter (Z) | 5 | 0 | 1 | 0,707 |
| Investitionen in die Mitarbeiterbildung (V) | 5 | 0 | 1 | 0,447 |
| Investitionen in die Mitarbeiterbildung (Z) | 5 | 0 | 1 | 0,447 |
| Mitarbeiterproduktivität (V) | 5 | 0 | 2 | 0,837 |
| Mitarbeiterproduktivität (Z) | 5 | 0 | 2 | 0,837 |
| Knowledge Management (V) | 5 | 0 | 1 | 0,548 |
| Knowledge Management (Z) | 5 | 0 | 1 | 0,447 |
| Qualifikation des Managements (V) | 5 | 0 | 2 | 0,707 |
| Qualifikation des Managements (Z) | 5 | 0 | 2 | 0,837 |
| Managementvergütung (V) | 5 | 0 | 2 | 0,837 |
| Managementvergütung (Z) | 5 | 0 | 2 | 0,707 |
| Ausgabe von Belegschaftsaktien (V) | 5 | 0 | 2 | 0,837 |
| Ausgabe von Belegschaftsaktien (Z) | 5 | 0 | 2 | 0,837 |
| Vergleich von Ist- und Planwerten | 5 | 0 | 1 | 0,837 |

Anhang 77: Bedeutung mitarbeiter- bzw. managementbezogener Angaben seitens Unternehmen der Branche Einzelhandel/Konsum

| | N | | Median | Standard-abweichung |
|---|---|---|---|---|
| | Gültig | Fehlend | | |
| Mitarbeiterbindung bzw. -fluktuation (V) | 8 | 1 | 1 | 0,926 |
| Mitarbeiterbindung bzw. -fluktuation (Z) | 8 | 1 | 1 | 0,926 |
| Altersstruktur der Mitarbeiter (V) | 8 | 1 | 1 | 1,069 |
| Altersstruktur der Mitarbeiter (Z) | 8 | 1 | 1 | 0,991 |
| Anzahl der Mitarbeiter (V) | 8 | 1 | 2 | 0,756 |
| Anzahl der Mitarbeiter (Z) | 8 | 1 | 2 | 1,069 |
| Mitarbeiterzufriedenheit (V) | 8 | 1 | 1 | 0,916 |
| Mitarbeiterzufriedenheit (Z) | 8 | 1 | 1 | 0,991 |
| Fehlzeiten der Mitarbeiter (V) | 8 | 1 | 0,5 | 0,744 |
| Fehlzeiten der Mitarbeiter (Z) | 8 | 1 | 0 | 0,756 |
| Qualifikation der Mitarbeiter (V) | 9 | 0 | 1 | 1 |
| Qualifikation der Mitarbeiter (Z) | 9 | 0 | 1 | 1,093 |
| Investitionen in die Mitarbeiterbildung (V) | 9 | 0 | 1 | 0,866 |
| Investitionen in die Mitarbeiterbildung (Z) | 9 | 0 | 1 | 1 |
| Mitarbeiterproduktivität (V) | 8 | 1 | 1 | 0,707 |
| Mitarbeiterproduktivität (Z) | 8 | 1 | 1,5 | 0,886 |
| Knowledge Management (V) | 8 | 1 | 2 | 0,756 |
| Knowledge Management (Z) | 8 | 1 | 2 | 0,916 |
| Qualifikation des Managements (V) | 9 | 0 | 2 | 1,054 |
| Qualifikation des Managements (Z) | 9 | 0 | 2 | 1,202 |
| Managementvergütung (V) | 8 | 1 | 2 | 0,916 |
| Managementvergütung (Z) | 8 | 1 | 2 | 1,069 |
| Ausgabe von Belegschaftsaktien (V) | 8 | 1 | 1 | 0,707 |
| Ausgabe von Belegschaftsaktien (Z) | 8 | 1 | 0,5 | 0,886 |
| Vergleich von Ist- und Planwerten | 8 | 1 | 1 | 0,707 |

Anhang 78: Bedeutung mitarbeiter- bzw. managementbezogener Angaben seitens Unternehmen der Branche Automobil/Transport

| | N | | Median | Standard-abweichung |
|---|---|---|---|---|
| | Gültig | Fehlend | | |
| Mitarbeiterbindung bzw. -fluktuation (V) | 8 | 0 | 1,5 | 1,061 |
| Mitarbeiterbindung bzw. -fluktuation (Z) | 6 | 2 | 2 | 1,033 |
| Altersstruktur der Mitarbeiter (V) | 8 | 0 | 1,5 | 1,061 |
| Altersstruktur der Mitarbeiter (Z) | 6 | 2 | 1,5 | 0,983 |
| Anzahl der Mitarbeiter (V) | 8 | 0 | 2 | 0,354 |
| Anzahl der Mitarbeiter (Z) | 6 | 2 | 2 | 0,632 |
| Mitarbeiterzufriedenheit (V) | 8 | 0 | 2 | 0,916 |
| Mitarbeiterzufriedenheit (Z) | 6 | 2 | 2 | 0,753 |
| Fehlzeiten der Mitarbeiter (V) | 8 | 0 | 1 | 1,069 |
| Fehlzeiten der Mitarbeiter (Z) | 6 | 2 | 1 | 1,095 |
| Qualifikation der Mitarbeiter (V) | 8 | 0 | 2 | 0,707 |
| Qualifikation der Mitarbeiter (Z) | 6 | 2 | 2 | 0,753 |
| Investitionen in die Mitarbeiterbildung (V) | 8 | 0 | 1,5 | 0,926 |
| Investitionen in die Mitarbeiterbildung (Z) | 6 | 2 | 1,5 | 1,049 |
| Mitarbeiterproduktivität (V) | 8 | 0 | 2 | 0,916 |
| Mitarbeiterproduktivität (Z) | 6 | 2 | 1,5 | 0,548 |
| Knowledge Management (V) | 8 | 0 | 1,5 | 0,926 |
| Knowledge Management (Z) | 6 | 2 | 1,5 | 0,816 |
| Qualifikation des Managements (V) | 8 | 0 | 2 | 0,518 |
| Qualifikation des Managements (Z) | 6 | 2 | 2 | 1,095 |
| Managementvergütung (V) | 8 | 0 | 2 | 0,991 |
| Managementvergütung (Z) | 6 | 2 | 2 | 0,983 |
| Ausgabe von Belegschaftsaktien (V) | 8 | 0 | 1,5 | 1,061 |
| Ausgabe von Belegschaftsaktien (Z) | 6 | 2 | 1 | 0,894 |
| Vergleich von Ist- und Planwerten | 8 | 0 | 1 | 0,886 |

Anhang 79: Bedeutung mitarbeiter- bzw. managementbezogener Angaben seitens Unternehmen der Branche Maschinenbau/Industrie

| | N | | Median | Standard-abweichung |
|---|---|---|---|---|
| | Gültig | Fehlend | | |
| Mitarbeiterbindung bzw. -fluktuation (V) | 18 | 0 | 1,5 | 0,616 |
| Mitarbeiterbindung bzw. -fluktuation (Z) | 17 | 1 | 1 | 0,717 |
| Altersstruktur der Mitarbeiter (V) | 18 | 0 | 1 | 0,485 |
| Altersstruktur der Mitarbeiter (Z) | 17 | 1 | 1 | 0,485 |
| Anzahl der Mitarbeiter (V) | 18 | 0 | 2 | 0,698 |
| Anzahl der Mitarbeiter (Z) | 17 | 1 | 2 | 0,717 |
| Mitarbeiterzufriedenheit (V) | 18 | 0 | 1,5 | 0,767 |
| Mitarbeiterzufriedenheit (Z) | 17 | 1 | 1 | 0,87 |
| Fehlzeiten der Mitarbeiter (V) | 18 | 0 | 1 | 0,514 |
| Fehlzeiten der Mitarbeiter (Z) | 16 | 2 | 1 | 0,655 |
| Qualifikation der Mitarbeiter (V) | 18 | 0 | 2 | 0,583 |
| Qualifikation der Mitarbeiter (Z) | 17 | 1 | 2 | 0,752 |
| Investitionen in die Mitarbeiterbildung (V) | 18 | 0 | 1 | 0,608 |
| Investitionen in die Mitarbeiterbildung (Z) | 17 | 1 | 1 | 0,624 |
| Mitarbeiterproduktivität (V) | 18 | 0 | 2 | 0,428 |
| Mitarbeiterproduktivität (Z) | 17 | 1 | 2 | 0,485 |
| Knowledge Management (V) | 18 | 0 | 1 | 0,618 |
| Knowledge Management (Z) | 17 | 1 | 1 | 0,8 |
| Qualifikation des Managements (V) | 18 | 0 | 2 | 0,732 |
| Qualifikation des Managements (Z) | 17 | 1 | 2 | 0,809 |
| Managementvergütung (V) | 18 | 0 | 2 | 0,758 |
| Managementvergütung (Z) | 17 | 1 | 2 | 0,728 |
| Ausgabe von Belegschaftsaktien (V) | 18 | 0 | 2 | 0,924 |
| Ausgabe von Belegschaftsaktien (Z) | 17 | 1 | 2 | 0,87 |
| Vergleich von Ist- und Planwerten | 18 | 0 | 1 | 0,471 |

Anhang 80: Bedeutung mitarbeiter- bzw. managementbezogener Angaben seitens Unternehmen der Branche Versorger/Telekommunikation

| | N | | Median | Standard-abweichung |
|---|---|---|---|---|
| | Gültig | Fehlend | | |
| Mitarbeiterbindung bzw. -fluktuation (V) | 4 | 0 | 1,5 | 0,957 |
| Mitarbeiterbindung bzw. -fluktuation (Z) | 4 | 0 | 2 | 0,5 |
| Altersstruktur der Mitarbeiter (V) | 4 | 0 | 1 | 0,5 |
| Altersstruktur der Mitarbeiter (Z) | 4 | 0 | 2 | 0,5 |
| Anzahl der Mitarbeiter (V) | 4 | 0 | 1 | 0,816 |
| Anzahl der Mitarbeiter (Z) | 4 | 0 | 1,5 | 0,577 |
| Mitarbeiterzufriedenheit (V) | 4 | 0 | 2 | 0 |
| Mitarbeiterzufriedenheit (Z) | 4 | 0 | 2 | 0,5 |
| Fehlzeiten der Mitarbeiter (V) | 4 | 0 | 1 | 0 |
| Fehlzeiten der Mitarbeiter (Z) | 4 | 0 | 1,5 | 0,577 |
| Qualifikation der Mitarbeiter (V) | 4 | 0 | 2 | 0,5 |
| Qualifikation der Mitarbeiter (Z) | 4 | 0 | 2,5 | 0,577 |
| Investitionen in die Mitarbeiterbildung (V) | 4 | 0 | 2 | 0,5 |
| Investitionen in die Mitarbeiterbildung (Z) | 4 | 0 | 2,5 | 0,577 |
| Mitarbeiterproduktivität (V) | 4 | 0 | 1 | 0,5 |
| Mitarbeiterproduktivität (Z) | 4 | 0 | 2 | 0,5 |
| Knowledge Management (V) | 3 | 1 | 2 | 0,577 |
| Knowledge Management (Z) | 3 | 1 | 2 | 0,577 |
| Qualifikation des Managements (V) | 3 | 1 | 2 | 0 |
| Qualifikation des Managements (Z) | 3 | 1 | 2 | 0,577 |
| Managementvergütung (V) | 3 | 1 | 2 | 0 |
| Managementvergütung (Z) | 3 | 1 | 2 | 0 |
| Ausgabe von Belegschaftsaktien (V) | 4 | 0 | 1 | 0,816 |
| Ausgabe von Belegschaftsaktien (Z) | 4 | 0 | 1 | 1,258 |
| Vergleich von Ist- und Planwerten | 4 | 0 | 1 | 0,816 |

Anhang 81: Bedeutung mitarbeiter- bzw. managementbezogener Angaben seitens Unternehmen der Branche Software/Technologien

| | N | | Median | Standard-abweichung |
|---|---|---|---|---|
| | Gültig | Fehlend | | |
| Mitarbeiterbindung bzw. -fluktuation (V) | 8 | 1 | 2 | 0,756 |
| Mitarbeiterbindung bzw. -fluktuation (Z) | 8 | 1 | 2 | 1,069 |
| Altersstruktur der Mitarbeiter (V) | 8 | 1 | 1 | 0,707 |
| Altersstruktur der Mitarbeiter (Z) | 8 | 1 | 1 | 0,916 |
| Anzahl der Mitarbeiter (V) | 8 | 1 | 2 | 0,756 |
| Anzahl der Mitarbeiter (Z) | 8 | 1 | 2 | 0,707 |
| Mitarbeiterzufriedenheit (V) | 8 | 1 | 2 | 0,641 |
| Mitarbeiterzufriedenheit (Z) | 8 | 1 | 2 | 0,916 |
| Fehlzeiten der Mitarbeiter (V) | 8 | 1 | 1 | 0,835 |
| Fehlzeiten der Mitarbeiter (Z) | 8 | 1 | 1 | 0,707 |
| Qualifikation der Mitarbeiter (V) | 8 | 1 | 2 | 0,354 |
| Qualifikation der Mitarbeiter (Z) | 8 | 1 | 2 | 0,354 |
| Investitionen in die Mitarbeiterbildung (V) | 8 | 1 | 1,5 | 0,535 |
| Investitionen in die Mitarbeiterbildung (Z) | 8 | 1 | 2 | 0,518 |
| Mitarbeiterproduktivität (V) | 8 | 1 | 2 | 0,518 |
| Mitarbeiterproduktivität (Z) | 8 | 1 | 2 | 0,518 |
| Knowledge Management (V) | 8 | 1 | 1,5 | 0,744 |
| Knowledge Management (Z) | 7 | 2 | 2 | 0,756 |
| Qualifikation des Managements (V) | 7 | 2 | 2 | 0,535 |
| Qualifikation des Managements (Z) | 7 | 2 | 3 | 0,535 |
| Managementvergütung (V) | 7 | 2 | 2 | 0,816 |
| Managementvergütung (Z) | 7 | 2 | 2 | 0,816 |
| Ausgabe von Belegschaftsaktien (V) | 8 | 1 | 2 | 0,707 |
| Ausgabe von Belegschaftsaktien (Z) | 8 | 1 | 2 | 0,707 |
| Vergleich von Ist- und Planwerten | 8 | 1 | 1,5 | 0,886 |

Anhang 82: Bedeutung mitarbeiter- bzw. managementbezogener Angaben seitens Unternehmen der Branche Bau

| | N | | Median | Standard-abweichung |
|---|---|---|---|---|
| | Gültig | Fehlend | | |
| Mitarbeiterbindung bzw. -fluktuation (V) | 4 | 0 | 2 | 0,5 |
| Mitarbeiterbindung bzw. -fluktuation (Z) | 3 | 1 | 2 | 0,577 |
| Altersstruktur der Mitarbeiter (V) | 4 | 0 | 1,5 | 0,957 |
| Altersstruktur der Mitarbeiter (Z) | 3 | 1 | 1 | 1 |
| Anzahl der Mitarbeiter (V) | 4 | 0 | 2 | 0,5 |
| Anzahl der Mitarbeiter (Z) | 3 | 1 | 2 | 0,577 |
| Mitarbeiterzufriedenheit (V) | 4 | 0 | 2 | 0,5 |
| Mitarbeiterzufriedenheit (Z) | 3 | 1 | 2 | 0,577 |
| Fehlzeiten der Mitarbeiter (V) | 4 | 0 | 1 | 0,5 |
| Fehlzeiten der Mitarbeiter (Z) | 3 | 1 | 1 | 0,577 |
| Qualifikation der Mitarbeiter (V) | 4 | 0 | 2 | 0,5 |
| Qualifikation der Mitarbeiter (Z) | 3 | 1 | 2 | 0,577 |
| Investitionen in die Mitarbeiterbildung (V) | 4 | 0 | 2 | 0,816 |
| Investitionen in die Mitarbeiterbildung (Z) | 3 | 1 | 2 | 0,577 |
| Mitarbeiterproduktivität (V) | 4 | 0 | 2 | 0,5 |
| Mitarbeiterproduktivität (Z) | 3 | 1 | 2 | 0 |
| Knowledge Management (V) | 4 | 0 | 2 | 0,816 |
| Knowledge Management (Z) | 3 | 1 | 2 | 1 |
| Qualifikation des Managements (V) | 4 | 0 | 2 | 0,5 |
| Qualifikation des Managements (Z) | 3 | 1 | 2 | 0,577 |
| Managementvergütung (V) | 4 | 0 | 1 | 0,5 |
| Managementvergütung (Z) | 3 | 1 | 1 | 0,577 |
| Ausgabe von Belegschaftsaktien (V) | 4 | 0 | 1 | 1 |
| Ausgabe von Belegschaftsaktien (Z) | 3 | 1 | 1 | 0 |
| Vergleich von Ist- und Planwerten | 4 | 0 | 1 | 0,5 |

Anhang 83: Bedeutung mitarbeiter- bzw. managementbezogener Angaben seitens Unternehmen der Branche IT/Internet

| | N | | Median | Standard-abweichung |
|---|---|---|---|---|
| | Gültig | Fehlend | | |
| Mitarbeiterbindung bzw. -fluktuation (V) | 5 | 0 | 2 | 0,837 |
| Mitarbeiterbindung bzw. -fluktuation (Z) | 4 | 1 | 2,5 | 0,577 |
| Altersstruktur der Mitarbeiter (V) | 5 | 0 | 1 | 0,447 |
| Altersstruktur der Mitarbeiter (Z) | 4 | 1 | 1 | 0,816 |
| Anzahl der Mitarbeiter (V) | 5 | 0 | 3 | 0,447 |
| Anzahl der Mitarbeiter (Z) | 4 | 1 | 3 | 0,5 |
| Mitarbeiterzufriedenheit (V) | 5 | 0 | 1 | 1,14 |
| Mitarbeiterzufriedenheit (Z) | 4 | 1 | 2,5 | 1,414 |
| Fehlzeiten der Mitarbeiter (V) | 5 | 0 | 1 | 0,707 |
| Fehlzeiten der Mitarbeiter (Z) | 4 | 1 | 1 | 0,5 |
| Qualifikation der Mitarbeiter (V) | 5 | 0 | 2 | 0,837 |
| Qualifikation der Mitarbeiter (Z) | 4 | 1 | 2,5 | 0,577 |
| Investitionen in die Mitarbeiterbildung (V) | 5 | 0 | 2 | 0,707 |
| Investitionen in die Mitarbeiterbildung (Z) | 4 | 1 | 2 | 0,5 |
| Mitarbeiterproduktivität (V) | 5 | 0 | 2 | 0,837 |
| Mitarbeiterproduktivität (Z) | 4 | 1 | 2 | 0,816 |
| Knowledge Management (V) | 5 | 0 | 3 | 0,894 |
| Knowledge Management (Z) | 3 | 2 | 2 | 1 |
| Qualifikation des Managements (V) | 5 | 0 | 3 | 0,548 |
| Qualifikation des Managements (Z) | 3 | 2 | 3 | 0,577 |
| Managementvergütung (V) | 5 | 0 | 2 | 0,837 |
| Managementvergütung (Z) | 4 | 1 | 3 | 0,5 |
| Ausgabe von Belegschaftsaktien (V) | 5 | 0 | 2 | 1 |
| Ausgabe von Belegschaftsaktien (Z) | 4 | 1 | 2,5 | 0,957 |
| Vergleich von Ist- und Planwerten | 5 | 0 | 1 | 0,894 |

Anhang 84: Bedeutung mitarbeiter- bzw. managementbezogener Angaben seitens Unternehmen der Branche Medien/Unterhaltung

| | N | | Median | Standard-abweichung |
|---|---|---|---|---|
| | Gültig | Fehlend | | |
| Mitarbeiterbindung bzw. -fluktuation (V) | 2 | 0 | 2 | 0 |
| Mitarbeiterbindung bzw. -fluktuation (Z) | 2 | 0 | 2 | 0 |
| Altersstruktur der Mitarbeiter (V) | 2 | 0 | 1 | 0 |
| Altersstruktur der Mitarbeiter (Z) | 2 | 0 | 1 | 0 |
| Anzahl der Mitarbeiter (V) | 2 | 0 | 1 | 0 |
| Anzahl der Mitarbeiter (Z) | 2 | 0 | 1 | 0 |
| Mitarbeiterzufriedenheit (V) | 2 | 0 | 2 | 0 |
| Mitarbeiterzufriedenheit (Z) | 2 | 0 | 2 | 0 |
| Fehlzeiten der Mitarbeiter (V) | 2 | 0 | 0,5 | 0,707 |
| Fehlzeiten der Mitarbeiter (Z) | 2 | 0 | 0,5 | 0,707 |
| Qualifikation der Mitarbeiter (V) | 2 | 0 | 2,5 | 0,707 |
| Qualifikation der Mitarbeiter (Z) | 2 | 0 | 2,5 | 0,707 |
| Investitionen in die Mitarbeiterbildung (V) | 2 | 0 | 1,5 | 0,707 |
| Investitionen in die Mitarbeiterbildung (Z) | 2 | 0 | 1,5 | 0,707 |
| Mitarbeiterproduktivität (V) | 2 | 0 | 2 | 0 |
| Mitarbeiterproduktivität (Z) | 2 | 0 | 2,5 | 0,707 |
| Knowledge Management (V) | 2 | 0 | 3 | 0 |
| Knowledge Management (Z) | 2 | 0 | 3 | 0 |
| Qualifikation des Managements (V) | 2 | 0 | 3 | 0 |
| Qualifikation des Managements (Z) | 2 | 0 | 3 | 0 |
| Managementvergütung (V) | 2 | 0 | 2,5 | 0,707 |
| Managementvergütung (Z) | 2 | 0 | 2,5 | 0,707 |
| Ausgabe von Belegschaftsaktien (V) | 2 | 0 | 2,5 | 0,707 |
| Ausgabe von Belegschaftsaktien (Z) | 2 | 0 | 2,5 | 0,707 |
| Vergleich von Ist- und Planwerten | 2 | 0 | 2 | 0 |

Anhang 85: H-Test nach Kruskal und Wallis zur Relevanz mitarbeiter- bzw. management-bezogener Angaben nach der Branchenzugehörigkeit der Unternehmen

| | Chi-Quadrat | df | Asymp. Sig. |
|---|---|---|---|
| Qualifikation des Managements (V) | 6,811 | 9 | ,657 |
| Qualifikation des Managements (Z) | 8,237 | 9 | ,510 |
| Managementvergütung (V) | 8,040 | 9 | ,530 |
| Managementvergütung (Z) | 11,107 | 9 | ,268 |
| Qualifikation der Mitarbeiter (V) | 16,303 | 9 | **0,061*** |
| Qualifikation der Mitarbeiter (Z) | 26,847 | 9 | **0,001***** |
| Mitarbeiterproduktivität (V) | 16,050 | 9 | **0,066*** |
| Mitarbeiterproduktivität (Z) | 16,383 | 9 | **0,059*** |
| Anzahl der Mitarbeiter (V) | 22,397 | 9 | **0,008***** |
| Anzahl der Mitarbeiter (Z) | 17,876 | 9 | **0,037**** |
| Knowledge Management (V) | 15,676 | 9 | **0,074*** |
| Knowledge Management (Z) | 14,445 | 9 | ,107 |
| Mitarbeiterbindung bzw. -fluktuation (V) | 13,722 | 9 | ,133 |
| Mitarbeiterbindung bzw. -fluktuation (Z) | 20,939 | 9 | **0,013**** |
| Mitarbeiterzufriedenheit (V) | 6,048 | 9 | ,735 |
| Mitarbeiterzufriedenheit (Z) | 8,206 | 9 | ,514 |
| Ausgabe von Belegschaftsaktien (V) | 16,374 | 9 | **0,059*** |
| Ausgabe von Belegschaftsaktien (Z) | 20,002 | 9 | **0,018**** |
| Investitionen in die Mitarbeiterbildung (V) | 9,614 | 9 | ,383 |
| Investitionen in die Mitarbeiterbildung (Z) | 17,066 | 9 | **0,048**** |
| Vergleich von Ist- und Planwerten | 11,311 | 9 | ,255 |
| Altersstruktur der Mitarbeiter (V) | 5,861 | 9 | ,754 |
| Altersstruktur der Mitarbeiter (Z) | 7,456 | 9 | ,590 |
| Fehlzeiten der Mitarbeiter (V) | 6,862 | 9 | ,651 |
| Fehlzeiten der Mitarbeiter (Z) | 10,828 | 9 | ,288 |

V = Vergangenheit; Z = Zukunft/Planangaben;
*** p<=0,01 (höchst signifikant); ** p<=0,05 (sehr signifikant); * p<=0,1 (signifikant)

Anhang 86: Paarweise Kolmogorow-Smirnow Z-Tests zu mitarbeiter- bzw. managementbezogenen Angaben

Qualifikation der Mitarbeiter (V)

| | 1 | 2 | 3 | 4 | 5 | 6 | 7 | 8 | 9 | 10 |
|---|---|---|---|---|---|---|---|---|---|---|
| 1 | | | | | | | | | | |
| 2 | | | | | | | | | | |
| 3 | | | | | | | | | | |
| 4 | | | | | | | | | | |
| 5 | | | | | | | | | | |
| 6 | | | | | | | | | | |
| 7 | | | | | | | | | | |
| 8 | | | | | | | ** | | | |
| 9 | | | | | | | | | | |
| 10 | | | | | | | | | | |

Qualifikation der Mitarbeiter (Z)

| | 1 | 2 | 3 | 4 | 5 | 6 | 7 | 8 | 9 | 10 |
|---|---|---|---|---|---|---|---|---|---|---|
| 1 | | | | | | | | | | |
| 2 | | | | | | | | | | |
| 3 | | | | | | | | | | |
| 4 | | | | | | | | | | |
| 5 | | * | * | | | | | | | |
| 6 | | | | | | | | | | |
| 7 | | | | | | | | | | |
| 8 | | | | | ** | | ** | | | |
| 9 | | | | | | | | | | |
| 10 | | | | | | | | | | |

Mitarbeiterproduktivität (V)

| | 1 | 2 | 3 | 4 | 5 | 6 | 7 | 8 | 9 | 10 |
|---|---|---|---|---|---|---|---|---|---|---|
| 1 | | | | | | | | | | |
| 2 | | | | | | | | | | |
| 3 | | | | | | | | | | |
| 4 | | | | | | | | | | |
| 5 | | | | | | | | | | |
| 6 | | | | | | | | | | |
| 7 | | * | | * | | | | | | |
| 8 | | | | | | | | | | |
| 9 | | | | | | | | | | |
| 10 | | | | | | | | | | |

Mitarbeiterproduktivität (Z)

| | 1 | 2 | 3 | 4 | 5 | 6 | 7 | 8 | 9 | 10 |
|---|---|---|---|---|---|---|---|---|---|---|
| 1 | | | | | | | | | | |
| 2 | | | | | | | | | | |
| 3 | | | | | | | | | | |
| 4 | | | | | | | | | | |
| 5 | | | | | | | | | | |
| 6 | | | | | | | | | | |
| 7 | | | | | | | | | | |
| 8 | | | | | | | | | | |
| 9 | | | | | | | | | | |
| 10 | | | | | | | | | | |

Anzahl der Mitarbeiter (V)

| | 1 | 2 | 3 | 4 | 5 | 6 | 7 | 8 | 9 | 10 |
|---|---|---|---|---|---|---|---|---|---|---|
| 1 | | | | | | | | | | |
| 2 | | | | | | | | | | |
| 3 | | | | | | | | | | |
| 4 | | | | | | | | | | |
| 5 | | | | | | | | | | |
| 6 | | | | | | | | | | |
| 7 | | | | | | | | | | |
| 8 | | | | | | | | | | |
| 9 | ** | ** | ** | | | | | | | |
| 10 | | | | | | | | | | |

Anzahl der Mitarbeiter (Z)

| | 1 | 2 | 3 | 4 | 5 | 6 | 7 | 8 | 9 | 10 |
|---|---|---|---|---|---|---|---|---|---|---|
| 1 | | | | | | | | | | |
| 2 | | | | | | | | | | |
| 3 | | | | | | | | | | |
| 4 | | | | | | | | | | |
| 5 | | | | | | | | | | |
| 6 | | | | | | | | | | |
| 7 | | | | | | | | | | |
| 8 | | | | | | | | | | |
| 9 | | | * | | | | | | | |
| 10 | | | | | | | | | | |

*** p<=0,01 (höchst signifikant); ** p<=0,05 (sehr signifikant); * p<=0,1 (signifikant)
V = Vergangenheit; Z = Zukunft/Planangaben

| | |
|---|---|
| 1 = Automobil/Transport | 6 = Bau |
| 2 = Einzelhandel/Konsum | 7 = Software/Technologien |
| 3 = Maschinenbau/Industrie | 8 = Chemie/Pharma/Biotechnologie |
| 4 = Versorger/Telekommunikation | 9 = IT Dienstleistungen/Internet |
| 5 = Banken/Finanzdienste/Versicherungen | 10 = Medien/Unterhaltung |

Knowledge Management (V)

| | 1 | 2 | 3 | 4 | 5 | 6 | 7 | 8 | 9 | 10 |
|---|---|---|---|---|---|---|---|---|---|---|
| 1 | | | | | | | | | | |
| 2 | | | | | | | | | | |
| 3 | | | | | | | | | | |
| 4 | | | | | | | | | | |
| 5 | | | | | | | | | | |
| 6 | | | | | | | | | | |
| 7 | | | | | | | | | | |
| 8 | | | | | | | | | | |
| 9 | | | | | | | | | | |
| 10 | | * | * | | | | | | | |

Mitarbeiterbindung bzw. -fluktuation (Z)

| | 1 | 2 | 3 | 4 | 5 | 6 | 7 | 8 | 9 | 10 |
|---|---|---|---|---|---|---|---|---|---|---|
| 1 | | | | | | | | | | |
| 2 | | | | | | | | | | |
| 3 | | | | | | | | | | |
| 4 | | ** | | | | | | | | |
| 5 | | *** | | | | | | | | |
| 6 | | * | | | | | | | | |
| 7 | | | | | | | | | | |
| 8 | | | | | * | | | | | |
| 9 | | ** | | | | | | | | |
| 10 | | | | | | | | | | |

Ausgabe von Belegschaftsaktien (V)

| | 1 | 2 | 3 | 4 | 5 | 6 | 7 | 8 | 9 | 10 |
|---|---|---|---|---|---|---|---|---|---|---|
| 1 | | | | | | | | | | |
| 2 | | | | | | | | | | |
| 3 | | | | | | | | | | |
| 4 | | | | | | | | | | |
| 5 | | ** | | | | | | | | |
| 6 | | | | | | | | | | |
| 7 | | | | | | | | | | |
| 8 | | | | | | | | | | |
| 9 | | | | | | | | | | |
| 10 | | | | | | | | | | |

Ausgabe von Belegschaftsaktien (Z)

| | 1 | 2 | 3 | 4 | 5 | 6 | 7 | 8 | 9 | 10 |
|---|---|---|---|---|---|---|---|---|---|---|
| 1 | | | | | | | | | | |
| 2 | | | | | | | | | | |
| 3 | | | | | | | | | | |
| 4 | | | | | | | | | | |
| 5 | | ** | | | | | | | | |
| 6 | | | | | * | | | | | |
| 7 | | | | | | | | | | |
| 8 | | | | | | | | | | |
| 9 | | | | | | | | | | |
| 10 | | | | | | | | | | |

Investitionen in die Mitarbeiterbildung (Z)

| | 1 | 2 | 3 | 4 | 5 | 6 | 7 | 8 | 9 | 10 |
|---|---|---|---|---|---|---|---|---|---|---|
| 1 | | | | | | | | | | |
| 2 | | | | | | | | | | |
| 3 | | | | | | | | | | |
| 4 | | | | | | | | | | |
| 5 | | | | | | | | | | |
| 6 | | | | | | | | | | |
| 7 | | | | | | | | | | |
| 8 | | | | | * | | | | | |
| 9 | | | | | | | | | | |
| 10 | | | | | | | | | | |

1 = Automobil/Transport
2 = Einzelhandel/Konsum
3 = Maschinenbau/Industrie
4 = Versorger/Telekommunikation
5 = Banken/Finanzdienste/Versicherungen
6 = Bau
7 = Software/Technologien
8 = Chemie/Pharma/Biotechnologie
9 = IT Dienstleistungen/Internet
10 = Medien/Unterhaltung

*** p<=0,01 (höchst signifikant); ** p<=0,05 (sehr signifikant); * p<=0,1 (signifikant)
V = Vergangenheit; Z = Zukunft/Planangaben

Anhang 87: Bedeutung prozess- bzw. innovationsbezogener Angaben seitens Unternehmen der Branche Banken/Finanzdienste/Versicherungen

| | N | | Median | Standard-abweichung |
|---|---|---|---|---|
| | Gültig | Fehlend | | |
| Kapazitätsauslastung (V) | 14 | 3 | 1,5 | 1,016 |
| Kapazitätsauslastung (Z) | 13 | 4 | 2 | 1,198 |
| Produkt- und Prozessqualität (V) | 15 | 2 | 2 | 1,1 |
| Produkt- und Prozessqualität (Z) | 14 | 3 | 2,5 | 1,207 |
| Fehlerraten von Services und Produkten (V) | 14 | 3 | 1 | 1,069 |
| Fehlerraten von Services und Produkten (Z) | 13 | 4 | 2 | 1,193 |
| Durchschnittliche Servicereaktionszeit (V) | 15 | 2 | 1 | 1,175 |
| Durchschnittliche Servicereaktionszeit (Z) | 14 | 3 | 2 | 1,222 |
| Durchlaufzeiten von Aufträgen (V) | 15 | 2 | 1 | 1,223 |
| Durchlaufzeiten von Aufträgen (Z) | 14 | 3 | 1 | 1,251 |
| IT-Ausgaben (V) | 15 | 2 | 2 | 1,1 |
| IT-Ausgaben (Z) | 14 | 3 | 2,5 | 1,269 |
| Vergleich von Ist- und Planwerten | 13 | 4 | 2 | 0,855 |
| Anzahl der Patente (V) | 10 | 7 | 0 | 0,483 |
| Anzahl der Patente (Z) | 9 | 8 | 0 | 0,5 |
| Anzahl neuer Patente (V) | 10 | 7 | 0 | 0,483 |
| Anzahl neuer Patente (Z) | 9 | 8 | 0 | 0,5 |
| Restlaufzeit der Patente (V) | 10 | 7 | 0 | 0,422 |
| Restlaufzeit der Patente (Z) | 9 | 8 | 0 | 0,441 |
| Umsatz (Verkauf von Patenten) (V) | 10 | 7 | 0 | 0,422 |
| Umsatz (Verkauf von Patenten) (Z) | 9 | 8 | 0 | 0,441 |
| Anzahl der Lizenzen (V) | 10 | 7 | 0 | 0,422 |
| Anzahl der Lizenzen (Z) | 9 | 8 | 0 | 0,441 |
| Anzahl neuer Lizenzen (V) | 10 | 7 | 0 | 0,422 |
| Anzahl neuer Lizenzen (Z) | 9 | 8 | 0 | 0,441 |
| Anzahl neuer Produkte (V) | 13 | 4 | 1 | 0,913 |
| Anzahl neuer Produkte (Z) | 12 | 5 | 1 | 1,115 |
| Entwicklungszeit neuer Produkte (V) | 12 | 5 | 1 | 0,996 |
| Entwicklungszeit neuer Produkte (Z) | 12 | 5 | 0,5 | 1,03 |
| Investitionen in F&E (V) | 12 | 5 | 0 | 0,985 |
| Investitionen in F&E (Z) | 11 | 6 | 0 | 1,009 |
| Umsatzanteil neuer Produkte (V) | 13 | 4 | 1 | 0,987 |
| Umsatzanteil neuer Produkte (Z) | 12 | 5 | 0,5 | 1,084 |
| Umsatz (Altersstruktur der Produkte) (V) | 12 | 5 | 0 | 0,492 |
| Umsatz (Altersstruktur der Produkte) (Z) | 11 | 6 | 0 | 0,467 |

Anhang 88: Bedeutung prozess- bzw. innovationsbezogener Angaben seitens Unternehmen der Branche Chemie/Pharma/Biotechnologie

| | N | | Median | Standard-abweichung |
|---|---|---|---|---|
| | Gültig | Fehlend | | |
| Kapazitätsauslastung (V) | 5 | 0 | 2 | 0,548 |
| Kapazitätsauslastung (Z) | 5 | 0 | 2 | 0,548 |
| Produkt- und Prozessqualität (V) | 5 | 0 | 2 | 0,548 |
| Produkt- und Prozessqualität (Z) | 5 | 0 | 2 | 0,548 |
| Fehlerraten von Services und Produkten (V) | 5 | 0 | 2 | 1 |
| Fehlerraten von Services und Produkten (Z) | 5 | 0 | 1 | 1,095 |
| Durchschnittliche Servicereaktionszeit (V) | 5 | 0 | 1 | 0,894 |
| Durchschnittliche Servicereaktionszeit (Z) | 5 | 0 | 1 | 0,894 |
| Durchlaufzeiten von Aufträgen (V) | 5 | 0 | 1 | 0,894 |
| Durchlaufzeiten von Aufträgen (Z) | 5 | 0 | 1 | 0,894 |
| IT-Ausgaben (V) | 5 | 0 | 1 | 0,447 |
| IT-Ausgaben (Z) | 5 | 0 | 1 | 0,447 |
| Vergleich von Ist- und Planwerten | 5 | 0 | 1 | 0,447 |
| Anzahl der Patente (V) | 5 | 0 | 1 | 1,14 |
| Anzahl der Patente (Z) | 5 | 0 | 1 | 1,14 |
| Anzahl neuer Patente (V) | 5 | 0 | 2 | 1,14 |
| Anzahl neuer Patente (Z) | 5 | 0 | 2 | 1,14 |
| Restlaufzeit der Patente (V) | 5 | 0 | 2 | 1,14 |
| Restlaufzeit der Patente (Z) | 5 | 0 | 1 | 1,14 |
| Umsatz (Verkauf von Patenten) (V) | 5 | 0 | 1 | 1,14 |
| Umsatz (Verkauf von Patenten) (Z) | 5 | 0 | 1 | 1,14 |
| Anzahl der Lizenzen (V) | 5 | 0 | 2 | 1 |
| Anzahl der Lizenzen (Z) | 5 | 0 | 2 | 1 |
| Anzahl neuer Lizenzen (V) | 5 | 0 | 2 | 0,837 |
| Anzahl neuer Lizenzen (Z) | 5 | 0 | 2 | 0,837 |
| Anzahl neuer Produkte (V) | 5 | 0 | 3 | 0,894 |
| Anzahl neuer Produkte (Z) | 5 | 0 | 2 | 0,837 |
| Entwicklungszeit neuer Produkte (V) | 5 | 0 | 2 | 1,304 |
| Entwicklungszeit neuer Produkte (Z) | 5 | 0 | 2 | 1,14 |
| Investitionen in F&E (V) | 5 | 0 | 3 | 1,342 |
| Investitionen in F&E (Z) | 5 | 0 | 3 | 1,342 |
| Umsatzanteil neuer Produkte (V) | 5 | 0 | 3 | 1,304 |
| Umsatzanteil neuer Produkte (Z) | 5 | 0 | 2 | 1,225 |
| Umsatz (Altersstruktur der Produkte) (V) | 5 | 0 | 2 | 1,14 |
| Umsatz (Altersstruktur der Produkte) (Z) | 5 | 0 | 1 | 1,14 |

Anhang 89: Bedeutung prozess- bzw. innovationsbezogener Angaben seitens Unternehmen der Branche Einzelhandel/Konsum

| | N | | Median | Standard-abweichung |
|---|---|---|---|---|
| | Gültig | Fehlend | | |
| Kapazitätsauslastung (V) | 7 | 2 | 2 | 0,976 |
| Kapazitätsauslastung (Z) | 7 | 2 | 1 | 0,976 |
| Produkt- und Prozessqualität (V) | 7 | 2 | 2 | 1 |
| Produkt- und Prozessqualität (Z) | 7 | 2 | 2 | 0,976 |
| Fehlerraten von Services und Produkten (V) | 7 | 2 | 1 | 0,577 |
| Fehlerraten von Services und Produkten (Z) | 7 | 2 | 1 | 0,577 |
| Durchschnittliche Servicereaktionszeit (V) | 7 | 2 | 1 | 0,816 |
| Durchschnittliche Servicereaktionszeit (Z) | 7 | 2 | 1 | 0,816 |
| Durchlaufzeiten von Aufträgen (V) | 7 | 2 | 1 | 0,9 |
| Durchlaufzeiten von Aufträgen (Z) | 7 | 2 | 1 | 0,9 |
| IT-Ausgaben (V) | 7 | 2 | 1 | 0,816 |
| IT-Ausgaben (Z) | 7 | 2 | 1 | 0,816 |
| Vergleich von Ist- und Planwerten | 7 | 2 | 1 | 0,756 |
| Anzahl der Patente (V) | 8 | 1 | 1 | 1,126 |
| Anzahl der Patente (Z) | 8 | 1 | 1 | 1,126 |
| Anzahl neuer Patente (V) | 7 | 2 | 0 | 1,069 |
| Anzahl neuer Patente (Z) | 7 | 2 | 0 | 0,951 |
| Restlaufzeit der Patente (V) | 7 | 2 | 0 | 1,069 |
| Restlaufzeit der Patente (Z) | 7 | 2 | 0 | 0,951 |
| Umsatz (Verkauf von Patenten) (V) | 7 | 2 | 0 | 0,488 |
| Umsatz (Verkauf von Patenten) (Z) | 7 | 2 | 0 | 0,488 |
| Anzahl der Lizenzen (V) | 7 | 2 | 1 | 1,113 |
| Anzahl der Lizenzen (Z) | 7 | 2 | 1 | 1,113 |
| Anzahl neuer Lizenzen (V) | 7 | 2 | 2 | 0,976 |
| Anzahl neuer Lizenzen (Z) | 7 | 2 | 2 | 0,976 |
| Anzahl neuer Produkte (V) | 8 | 1 | 2 | 0,916 |
| Anzahl neuer Produkte (Z) | 8 | 1 | 2 | 1,069 |
| Entwicklungszeit neuer Produkte (V) | 7 | 2 | 1 | 0,9 |
| Entwicklungszeit neuer Produkte (Z) | 7 | 2 | 1 | 1,155 |
| Investitionen in F&E (V) | 8 | 1 | 1,5 | 1,061 |
| Investitionen in F&E (Z) | 8 | 1 | 1 | 1,035 |
| Umsatzanteil neuer Produkte (V) | 7 | 2 | 2 | 0,787 |
| Umsatzanteil neuer Produkte (Z) | 7 | 2 | 2 | 1,069 |
| Umsatz (Altersstruktur der Produkte) (V) | 6 | 3 | 1 | 0,753 |
| Umsatz (Altersstruktur der Produkte) (Z) | 7 | 2 | 1 | 1 |

Anhang 90: Bedeutung prozess- bzw. innovationsbezogener Angaben seitens Unternehmen der Branche Automobil/Transport

| | N | | Median | Standard-abweichung |
|---|---|---|---|---|
| | Gültig | Fehlend | | |
| Kapazitätsauslastung (V) | 8 | 0 | 2,5 | 0,535 |
| Kapazitätsauslastung (Z) | 6 | 2 | 2,5 | 0,548 |
| Produkt- und Prozessqualität (V) | 8 | 0 | 2 | 0,707 |
| Produkt- und Prozessqualität (Z) | 6 | 2 | 2 | 0,753 |
| Fehlerraten von Services und Produkten (V) | 8 | 0 | 2 | 0,707 |
| Fehlerraten von Services und Produkten (Z) | 6 | 2 | 2 | 0,632 |
| Durchschnittliche Servicereaktionszeit (V) | 8 | 0 | 1 | 0,518 |
| Durchschnittliche Servicereaktionszeit (Z) | 6 | 2 | 1,5 | 0,548 |
| Durchlaufzeiten von Aufträgen (V) | 8 | 0 | 1 | 0,916 |
| Durchlaufzeiten von Aufträgen (Z) | 6 | 2 | 1 | 1,033 |
| IT-Ausgaben (V) | 8 | 0 | 1,5 | 0,886 |
| IT-Ausgaben (Z) | 6 | 2 | 1,5 | 0,816 |
| Vergleich von Ist- und Planwerten | 8 | 0 | 1 | 0,835 |
| Anzahl der Patente (V) | 7 | 1 | 1 | 0,9 |
| Anzahl der Patente (Z) | 8 | 0 | 1 | 0,835 |
| Anzahl neuer Patente (V) | 7 | 1 | 1 | 0,756 |
| Anzahl neuer Patente (Z) | 8 | 0 | 1 | 0,707 |
| Restlaufzeit der Patente (V) | 7 | 1 | 1 | 0,535 |
| Restlaufzeit der Patente (Z) | 8 | 0 | 1 | 0,518 |
| Umsatz (Verkauf von Patenten) (V) | 7 | 1 | 1 | 0,535 |
| Umsatz (Verkauf von Patenten) (Z) | 8 | 0 | 1 | 0,518 |
| Anzahl der Lizenzen (V) | 7 | 1 | 1 | 0,816 |
| Anzahl der Lizenzen (Z) | 8 | 0 | 1 | 0,756 |
| Anzahl neuer Lizenzen (V) | 7 | 1 | 1 | 0,69 |
| Anzahl neuer Lizenzen (Z) | 8 | 0 | 1 | 0,641 |
| Anzahl neuer Produkte (V) | 7 | 1 | 2 | 1,134 |
| Anzahl neuer Produkte (Z) | 8 | 0 | 2 | 1,069 |
| Entwicklungszeit neuer Produkte (V) | 7 | 1 | 2 | 1,272 |
| Entwicklungszeit neuer Produkte (Z) | 8 | 0 | 2 | 1,282 |
| Investitionen in F&E (V) | 7 | 1 | 2 | 1,512 |
| Investitionen in F&E (Z) | 8 | 0 | 2 | 1,408 |
| Umsatzanteil neuer Produkte (V) | 7 | 1 | 1 | 0,9 |
| Umsatzanteil neuer Produkte (Z) | 8 | 0 | 1,5 | 0,886 |
| Umsatz (Altersstruktur der Produkte) (V) | 7 | 1 | 1 | 0,756 |
| Umsatz (Altersstruktur der Produkte) (Z) | 8 | 0 | 1 | 0,707 |

Anhang 91: Bedeutung prozess- bzw. innovationsbezogener Angaben seitens Unternehmen der Branche Maschinenbau/Industrie

| | N | | Median | Standard-abweichung |
|---|---|---|---|---|
| | Gültig | Fehlend | | |
| Kapazitätsauslastung (V) | 18 | 0 | 2 | 0,786 |
| Kapazitätsauslastung (Z) | 17 | 1 | 2 | 0,697 |
| Produkt- und Prozessqualität (V) | 18 | 0 | 2 | 0,647 |
| Produkt- und Prozessqualität (Z) | 17 | 1 | 2 | 0,728 |
| Fehlerraten von Services und Produkten (V) | 18 | 0 | 1 | 0,778 |
| Fehlerraten von Services und Produkten (Z) | 17 | 1 | 2 | 0,772 |
| Durchschnittliche Servicereaktionszeit (V) | 18 | 0 | 1 | 0,647 |
| Durchschnittliche Servicereaktionszeit (Z) | 17 | 1 | 1 | 0,664 |
| Durchlaufzeiten von Aufträgen (V) | 18 | 0 | 1 | 0,767 |
| Durchlaufzeiten von Aufträgen (Z) | 17 | 1 | 2 | 0,795 |
| IT-Ausgaben (V) | 18 | 0 | 1 | 0,767 |
| IT-Ausgaben (Z) | 17 | 1 | 1 | 0,664 |
| Vergleich von Ist- und Planwerten | 17 | 1 | 1 | 0,485 |
| Anzahl der Patente (V) | 18 | 0 | 1 | 0,707 |
| Anzahl der Patente (Z) | 17 | 1 | 1 | 1,007 |
| Anzahl neuer Patente (V) | 18 | 0 | 1,5 | 0,698 |
| Anzahl neuer Patente (Z) | 17 | 1 | 2 | 0,985 |
| Restlaufzeit der Patente (V) | 18 | 0 | 1 | 0,647 |
| Restlaufzeit der Patente (Z) | 17 | 1 | 1 | 0,849 |
| Umsatz (Verkauf von Patenten) (V) | 18 | 0 | 1 | 0,514 |
| Umsatz (Verkauf von Patenten) (Z) | 17 | 1 | 1 | 0,529 |
| Anzahl der Lizenzen (V) | 18 | 0 | 1 | 0,686 |
| Anzahl der Lizenzen (Z) | 17 | 1 | 1 | 0,795 |
| Anzahl neuer Lizenzen (V) | 18 | 0 | 1,5 | 0,784 |
| Anzahl neuer Lizenzen (Z) | 17 | 1 | 2 | 0,862 |
| Anzahl neuer Produkte (V) | 18 | 0 | 2 | 0,84 |
| Anzahl neuer Produkte (Z) | 17 | 1 | 2 | 0,899 |
| Entwicklungszeit neuer Produkte (V) | 18 | 0 | 2 | 0,705 |
| Entwicklungszeit neuer Produkte (Z) | 17 | 1 | 2 | 0,862 |
| Investitionen in F&E (V) | 18 | 0 | 2 | 0,639 |
| Investitionen in F&E (Z) | 17 | 1 | 2 | 0,728 |
| Umsatzanteil neuer Produkte (V) | 18 | 0 | 2 | 0,84 |
| Umsatzanteil neuer Produkte (Z) | 17 | 1 | 2 | 0,857 |
| Umsatz (Altersstruktur der Produkte) (V) | 18 | 0 | 1,5 | 0,616 |
| Umsatz (Altersstruktur der Produkte) (Z) | 17 | 1 | 2 | 0,624 |

Anhang 92: Bedeutung prozess- bzw. innovationsbezogener Angaben seitens Unternehmen der Branche Versorger/Telekommunikation

| | N | | Median | Standard-abweichung |
|---|---|---|---|---|
| | Gültig | Fehlend | | |
| Kapazitätsauslastung (V) | 4 | 0 | 2 | 0,5 |
| Kapazitätsauslastung (Z) | 4 | 0 | 2,5 | 0,957 |
| Produkt- und Prozessqualität (V) | 4 | 0 | 2 | 0 |
| Produkt- und Prozessqualität (Z) | 4 | 0 | 2 | 0,5 |
| Fehlerraten von Services und Produkten (V) | 4 | 0 | 2 | 0 |
| Fehlerraten von Services und Produkten (Z) | 4 | 0 | 2 | 0 |
| Durchschnittliche Servicereaktionszeit (V) | 3 | 1 | 2 | 0 |
| Durchschnittliche Servicereaktionszeit (Z) | 3 | 1 | 2 | 0 |
| Durchlaufzeiten von Aufträgen (V) | 4 | 0 | 1 | 0,5 |
| Durchlaufzeiten von Aufträgen (Z) | 4 | 0 | 1,5 | 0,577 |
| IT-Ausgaben (V) | 4 | 0 | 1,5 | 0,577 |
| IT-Ausgaben (Z) | 4 | 0 | 2 | 0,816 |
| Vergleich von Ist- und Planwerten | 4 | 0 | 1 | 0 |
| Anzahl der Patente (V) | 4 | 0 | 1 | 0,816 |
| Anzahl der Patente (Z) | 4 | 0 | 1,25 | 1,25 |
| Anzahl neuer Patente (V) | 4 | 0 | 1 | 1,258 |
| Anzahl neuer Patente (Z) | 4 | 0 | 1,25 | 1,25 |
| Restlaufzeit der Patente (V) | 4 | 0 | 1 | 0,816 |
| Restlaufzeit der Patente (Z) | 4 | 0 | 1 | 1,258 |
| Umsatz (Verkauf von Patenten) (V) | 4 | 0 | 1 | 0,816 |
| Umsatz (Verkauf von Patenten) (Z) | 4 | 0 | 1 | 0,816 |
| Anzahl der Lizenzen (V) | 4 | 0 | 1 | 0,5 |
| Anzahl der Lizenzen (Z) | 4 | 0 | 1 | 0,5 |
| Anzahl neuer Lizenzen (V) | 4 | 0 | 1 | 0,5 |
| Anzahl neuer Lizenzen (Z) | 4 | 0 | 1 | 0,5 |
| Anzahl neuer Produkte (V) | 4 | 0 | 2 | 0 |
| Anzahl neuer Produkte (Z) | 4 | 0 | 2,5 | 0,577 |
| Entwicklungszeit neuer Produkte (V) | 4 | 0 | 2 | 0,5 |
| Entwicklungszeit neuer Produkte (Z) | 4 | 0 | 2 | 0,816 |
| Investitionen in F&E (V) | 4 | 0 | 1,5 | 0,577 |
| Investitionen in F&E (Z) | 4 | 0 | 1,5 | 0,957 |
| Umsatzanteil neuer Produkte (V) | 4 | 0 | 2 | 0,5 |
| Umsatzanteil neuer Produkte (Z) | 4 | 0 | 2,5 | 0,577 |
| Umsatz (Altersstruktur der Produkte) (V) | 4 | 0 | 1,5 | 0,577 |
| Umsatz (Altersstruktur der Produkte) (Z) | 4 | 0 | 2 | 0,816 |

Anhang 93: Bedeutung prozess- bzw. innovationsbezogener Angaben seitens Unternehmen der Branche Software/Technologien

| | N | | Median | Standard-abweichung |
|---|---|---|---|---|
| | Gültig | Fehlend | | |
| Kapazitätsauslastung (V) | 8 | 1 | 2 | 0,886 |
| Kapazitätsauslastung (Z) | 8 | 1 | 2 | 0,641 |
| Produkt- und Prozessqualität (V) | 8 | 1 | 2 | 0,641 |
| Produkt- und Prozessqualität (Z) | 8 | 1 | 2 | 0,641 |
| Fehlerraten von Services und Produkten (V) | 8 | 1 | 2 | 0,463 |
| Fehlerraten von Services und Produkten (Z) | 8 | 1 | 2 | 0,463 |
| Durchschnittliche Servicereaktionszeit (V) | 8 | 1 | 1,5 | 0,535 |
| Durchschnittliche Servicereaktionszeit (Z) | 8 | 1 | 1,5 | 0,744 |
| Durchlaufzeiten von Aufträgen (V) | 8 | 1 | 2 | 0,518 |
| Durchlaufzeiten von Aufträgen (Z) | 8 | 1 | 2 | 0,518 |
| IT-Ausgaben (V) | 8 | 1 | 1 | 0,463 |
| IT-Ausgaben (Z) | 8 | 1 | 1 | 0,463 |
| Vergleich von Ist- und Planwerten | 8 | 1 | 1 | 0,518 |
| Anzahl der Patente (V) | 8 | 1 | 1 | 0,707 |
| Anzahl der Patente (Z) | 8 | 1 | 1 | 0,707 |
| Anzahl neuer Patente (V) | 8 | 1 | 1 | 0,707 |
| Anzahl neuer Patente (Z) | 8 | 1 | 1 | 0,707 |
| Restlaufzeit der Patente (V) | 8 | 1 | 1 | 0,707 |
| Restlaufzeit der Patente (Z) | 8 | 1 | 1 | 0,641 |
| Umsatz (Verkauf von Patenten) (V) | 8 | 1 | 1 | 0,707 |
| Umsatz (Verkauf von Patenten) (Z) | 8 | 1 | 1 | 0,707 |
| Anzahl der Lizenzen (V) | 8 | 1 | 1 | 0,916 |
| Anzahl der Lizenzen (Z) | 8 | 1 | 1 | 0,916 |
| Anzahl neuer Lizenzen (V) | 8 | 1 | 1 | 0,886 |
| Anzahl neuer Lizenzen (Z) | 8 | 1 | 1 | 0,886 |
| Anzahl neuer Produkte (V) | 8 | 1 | 2 | 0,835 |
| Anzahl neuer Produkte (Z) | 8 | 1 | 2 | 0,835 |
| Entwicklungszeit neuer Produkte (V) | 8 | 1 | 2 | 0,835 |
| Entwicklungszeit neuer Produkte (Z) | 8 | 1 | 2 | 0,835 |
| Investitionen in F&E (V) | 8 | 1 | 2 | 0,707 |
| Investitionen in F&E (Z) | 8 | 1 | 2 | 0,707 |
| Umsatzanteil neuer Produkte (V) | 8 | 1 | 2 | 0,835 |
| Umsatzanteil neuer Produkte (Z) | 8 | 1 | 2 | 0,835 |
| Umsatz (Altersstruktur der Produkte) (V) | 8 | 1 | 1,5 | 0,744 |
| Umsatz (Altersstruktur der Produkte) (Z) | 8 | 1 | 2 | 0,756 |

Anhang 94: Bedeutung prozess- bzw. innovationsbezogener Angaben seitens Unternehmen der Branche Bau

| | N | | Median | Standard-abweichung |
|---|---|---|---|---|
| | Gültig | Fehlend | | |
| Kapazitätsauslastung (V) | 4 | 0 | 2 | 0,816 |
| Kapazitätsauslastung (Z) | 3 | 1 | 2 | 0,577 |
| Produkt- und Prozessqualität (V) | 4 | 0 | 2 | 0,816 |
| Produkt- und Prozessqualität (Z) | 3 | 1 | 2 | 0,577 |
| Fehlerraten von Services und Produkten (V) | 4 | 0 | 1,5 | 0,577 |
| Fehlerraten von Services und Produkten (Z) | 3 | 1 | 1 | 0,577 |
| Durchschnittliche Servicereaktionszeit (V) | 4 | 0 | 1,5 | 0,577 |
| Durchschnittliche Servicereaktionszeit (Z) | 3 | 1 | 1 | 0,577 |
| Durchlaufzeiten von Aufträgen (V) | 4 | 0 | 1 | 0,5 |
| Durchlaufzeiten von Aufträgen (Z) | 3 | 1 | 1 | 0,577 |
| IT-Ausgaben (V) | 4 | 0 | 1,5 | 0,957 |
| IT-Ausgaben (Z) | 3 | 1 | 2 | 0,577 |
| Vergleich von Ist- und Planwerten | 4 | 0 | 1,5 | 0,577 |
| Anzahl der Patente (V) | 4 | 0 | 1 | 0,5 |
| Anzahl der Patente (Z) | 3 | 1 | 1 | 0,577 |
| Anzahl neuer Patente (V) | 4 | 0 | 1 | 0,5 |
| Anzahl neuer Patente (Z) | 3 | 1 | 1 | 0,577 |
| Restlaufzeit der Patente (V) | 4 | 0 | 1 | 0 |
| Restlaufzeit der Patente (Z) | 3 | 1 | 1 | 0 |
| Umsatz (Verkauf von Patenten) (V) | 4 | 0 | 1 | 0 |
| Umsatz (Verkauf von Patenten) (Z) | 3 | 1 | 1 | 0 |
| Anzahl der Lizenzen (V) | 4 | 0 | 1 | 1 |
| Anzahl der Lizenzen (Z) | 3 | 1 | 1 | 0 |
| Anzahl neuer Lizenzen (V) | 4 | 0 | 1 | 1 |
| Anzahl neuer Lizenzen (Z) | 3 | 1 | 1 | 0 |
| Anzahl neuer Produkte (V) | 4 | 0 | 2 | 0 |
| Anzahl neuer Produkte (Z) | 3 | 1 | 2 | 0 |
| Entwicklungszeit neuer Produkte (V) | 4 | 0 | 1,5 | 0,577 |
| Entwicklungszeit neuer Produkte (Z) | 3 | 1 | 1 | 0,577 |
| Investitionen in F&E (V) | 4 | 0 | 2 | 0 |
| Investitionen in F&E (Z) | 3 | 1 | 2 | 0 |
| Umsatzanteil neuer Produkte (V) | 4 | 0 | 2 | 0,5 |
| Umsatzanteil neuer Produkte (Z) | 3 | 1 | 2 | 0 |
| Umsatz (Altersstruktur der Produkte) (V) | 4 | 0 | 1 | 0,816 |
| Umsatz (Altersstruktur der Produkte) (Z) | 3 | 1 | 1 | 0,577 |

Anhang 95: Bedeutung prozess- bzw. innovationsbezogener Angaben seitens Unternehmen der Branche IT/Internet

| | N | | Median | Standard-abweichung |
|---|---|---|---|---|
| | Gültig | Fehlend | | |
| Kapazitätsauslastung (V) | 5 | 0 | 3 | 0,548 |
| Kapazitätsauslastung (Z) | 3 | 2 | 3 | 0,577 |
| Produkt- und Prozessqualität (V) | 5 | 0 | 2 | 0,837 |
| Produkt- und Prozessqualität (Z) | 3 | 2 | 2 | 0,577 |
| Fehlerraten von Services und Produkten (V) | 5 | 0 | 1 | 0,894 |
| Fehlerraten von Services und Produkten (Z) | 4 | 1 | 1 | 1 |
| Durchschnittliche Servicereaktionszeit (V) | 5 | 0 | 1 | 0,894 |
| Durchschnittliche Servicereaktionszeit (Z) | 4 | 1 | 1,5 | 0,957 |
| Durchlaufzeiten von Aufträgen (V) | 5 | 0 | 1 | 0,894 |
| Durchlaufzeiten von Aufträgen (Z) | 4 | 1 | 1,5 | 0,957 |
| IT-Ausgaben (V) | 5 | 0 | 1 | 1,14 |
| IT-Ausgaben (Z) | 4 | 1 | 2 | 1,5 |
| Vergleich von Ist- und Planwerten | 5 | 0 | 1 | 1,14 |
| Anzahl der Patente (V) | 5 | 0 | 0 | 1,342 |
| Anzahl der Patente (Z) | 4 | 1 | 0 | 1,5 |
| Anzahl neuer Patente (V) | 5 | 0 | 0 | 1,342 |
| Anzahl neuer Patente (Z) | 4 | 1 | 0 | 1,5 |
| Restlaufzeit der Patente (V) | 5 | 0 | 0 | 0,447 |
| Restlaufzeit der Patente (Z) | 4 | 1 | 0 | 1 |
| Umsatz (Verkauf von Patenten) (V) | 5 | 0 | 0 | 0,447 |
| Umsatz (Verkauf von Patenten) (Z) | 4 | 1 | 0 | 0,5 |
| Anzahl der Lizenzen (V) | 5 | 0 | 0 | 0,894 |
| Anzahl der Lizenzen (Z) | 4 | 1 | 0 | 1 |
| Anzahl neuer Lizenzen (V) | 5 | 0 | 0 | 0,894 |
| Anzahl neuer Lizenzen (Z) | 4 | 1 | 0 | 1 |
| Anzahl neuer Produkte (V) | 5 | 0 | 2 | 1,342 |
| Anzahl neuer Produkte (Z) | 4 | 1 | 1 | 1,5 |
| Entwicklungszeit neuer Produkte (V) | 5 | 0 | 1 | 1 |
| Entwicklungszeit neuer Produkte (Z) | 4 | 1 | 1 | 1,155 |
| Investitionen in F&E (V) | 5 | 0 | 1 | 1,342 |
| Investitionen in F&E (Z) | 4 | 1 | 0,5 | 1,414 |
| Umsatzanteil neuer Produkte (V) | 5 | 0 | 1 | 0,837 |
| Umsatzanteil neuer Produkte (Z) | 4 | 1 | 1 | 1,155 |
| Umsatz (Altersstruktur der Produkte) (V) | 5 | 0 | 0 | 0,894 |
| Umsatz (Altersstruktur der Produkte) (Z) | 4 | 1 | 0,5 | 0,957 |

Anhang 96: Bedeutung prozess- bzw. innovationsbezogener Angaben seitens Unternehmen der Branche Medien/Unterhaltung

| | N | | Median | Standard-abweichung |
|---|---|---|---|---|
| | Gültig | Fehlend | | |
| Kapazitätsauslastung (V) | 2 | 0 | 0 | 0 |
| Kapazitätsauslastung (Z) | 2 | 0 | 0 | 0 |
| Produkt- und Prozessqualität (V) | 2 | 0 | 0,5 | 0,707 |
| Produkt- und Prozessqualität (Z) | 2 | 0 | 0,5 | 0,707 |
| Fehlerraten von Services und Produkten (V) | 2 | 0 | 0 | 0 |
| Fehlerraten von Services und Produkten (Z) | 2 | 0 | 0 | 0 |
| Durchschnittliche Servicereaktionszeit (V) | 2 | 0 | 0,5 | 0,707 |
| Durchschnittliche Servicereaktionszeit (Z) | 2 | 0 | 0,5 | 0,707 |
| Durchlaufzeiten von Aufträgen (V) | 2 | 0 | 0 | 0 |
| Durchlaufzeiten von Aufträgen (Z) | 2 | 0 | 0 | 0 |
| IT-Ausgaben (V) | 2 | 0 | 0 | 0 |
| IT-Ausgaben (Z) | 2 | 0 | 0 | 0 |
| Vergleich von Ist- und Planwerten | 2 | 0 | 1 | 1,414 |
| Anzahl der Patente (V) | 2 | 0 | 0 | 0 |
| Anzahl der Patente (Z) | 2 | 0 | 0 | 0 |
| Anzahl neuer Patente (V) | 2 | 0 | 0 | 0 |
| Anzahl neuer Patente (Z) | 2 | 0 | 0 | 0 |
| Restlaufzeit der Patente (V) | 2 | 0 | 0 | 0 |
| Restlaufzeit der Patente (Z) | 2 | 0 | 0 | 0 |
| Umsatz (Verkauf von Patenten) (V) | 2 | 0 | 0 | 0 |
| Umsatz (Verkauf von Patenten) (Z) | 2 | 0 | 0 | 0 |
| Anzahl der Lizenzen (V) | 2 | 0 | 1 | 1,414 |
| Anzahl der Lizenzen (Z) | 2 | 0 | 1 | 1,414 |
| Anzahl neuer Lizenzen (V) | 2 | 0 | 1,5 | 2,121 |
| Anzahl neuer Lizenzen (Z) | 2 | 0 | 1,5 | 2,121 |
| Anzahl neuer Produkte (V) | 2 | 0 | 2,5 | 0,707 |
| Anzahl neuer Produkte (Z) | 2 | 0 | 2,5 | 0,707 |
| Entwicklungszeit neuer Produkte (V) | 2 | 0 | 1,5 | 0,707 |
| Entwicklungszeit neuer Produkte (Z) | 2 | 0 | 1,5 | 0,707 |
| Investitionen in F&E (V) | 2 | 0 | 1 | 1,414 |
| Investitionen in F&E (Z) | 2 | 0 | 1 | 1,414 |
| Umsatzanteil neuer Produkte (V) | 2 | 0 | 2 | 1,414 |
| Umsatzanteil neuer Produkte (Z) | 2 | 0 | 2 | 1,414 |
| Umsatz (Altersstruktur der Produkte) (V) | 2 | 0 | 2 | 1,414 |
| Umsatz (Altersstruktur der Produkte) (Z) | 2 | 0 | 2 | 1,414 |

Anhang 97: H-Test nach Kruskal und Wallis zur Relevanz prozess- bzw. innovationsbezogener Angaben nach der Branchenzugehörigkeit der Unternehmen

| | Chi-Quadrat | df | Asymp. Sig. |
|---|---|---|---|
| Produkt- und Prozessqualität (V) | 6,907 | 9 | ,647 |
| Produkt- und Prozessqualität (Z) | 9,690 | 9 | ,376 |
| Kapazitätsauslastung (V) | 20,649 | 9 | **0,014**** |
| Kapazitätsauslastung (Z) | 17,151 | 9 | **0,046**** |
| Anzahl neuer Produkte (V) | 15,726 | 9 | **0,073*** |
| Anzahl neuer Produkte (Z) | 10,905 | 9 | ,282 |
| Investitionen in F&E (V) | 18,561 | 9 | **0,029**** |
| Investitionen in F&E (Z) | 18,437 | 9 | **0,030**** |
| Umsatzanteil neuer Produkte (V) | 19,145 | 9 | **0,024**** |
| Umsatzanteil neuer Produkte (Z) | 16,720 | 9 | **0,053*** |
| Fehlerraten von Services und Produkten (V) | 18,868 | 9 | **0,026**** |
| Fehlerraten von Services und Produkten (Z) | 13,383 | 9 | ,146 |
| Entwicklungszeit neuer Produkte (V) | 10,418 | 9 | ,318 |
| Entwicklungszeit neuer Produkte (Z) | 10,434 | 9 | ,317 |
| IT-Ausgaben (V) | 10,358 | 9 | ,322 |
| IT-Ausgaben (Z) | 13,545 | 9 | ,139 |
| Durschnittliche Sevicereaktionszeit (V) | 8,272 | 9 | ,507 |
| Durschnittliche Sevicereaktionszeit (Z) | 8,205 | 9 | ,514 |
| Durchlaufzeiten von Aufträgen (V) | 8,376 | 9 | ,497 |
| Durchlaufzeiten von Aufträgen (Z) | 9,591 | 9 | ,385 |
| Anzahl neuer Lizenzen (V) | 26,605 | 9 | **0,002***** |
| Anzahl neuer Lizenzen (Z) | 24,470 | 9 | **0,004***** |
| Vergleich von Ist- und Planwerten | 8,083 | 9 | ,526 |
| Anzahl der Lizenzen (V) | 22,146 | 9 | **0,008***** |
| Anzahl der Lizenzen (Z) | 19,309 | 9 | **0,023**** |
| Umsatz (Altersstruktur der Produkte) (V) | 22,668 | 9 | **0,007***** |
| Umsatz (Altersstruktur der Produkte) (Z) | 24,706 | 9 | **0,003***** |
| Anzahl neuer Patente (V) | 22,939 | 9 | **0,006***** |
| Anzahl neuer Patente (Z) | 19,459 | 9 | **0,022**** |
| Anzahl der Patente (V) | 20,305 | 9 | **0,016**** |
| Anzahl der Patente (Z) | 14,982 | 9 | **0,091*** |
| Restlaufzeit der Patente (V) | 25,461 | 9 | **0,003***** |
| Restlaufzeit der Patente (Z) | 18,706 | 9 | **0,028**** |
| Umsatz (Verkauf von Patenten) (V) | 21,365 | 9 | **0,011**** |
| Umsatz (Verkauf von Patenten) (Z) | 18,398 | 9 | **0,031**** |

V = Vergangenheit; Z = Zukunft/Planangaben;
*** p<=0,01 (höchst signifikant); ** p<=0,05 (sehr signifikant); * p<=0,1 (signifikant)

Anhang 98: Paarweise Kolmogorow-Smirnow Z-Tests zu prozess- bzw. innovationsbezogenen Angaben

Kapazitätsauslastung (V)

| | 1 | 2 | 3 | 4 | 5 | 6 | 7 | 8 | 9 | 10 |
|---|---|---|---|---|---|---|---|---|---|---|
| 1 | | | | | | | | | | |
| 2 | | | | | | | | | | |
| 3 | | | | | | | | | | |
| 4 | | | | | | | | | | |
| 5 | | | | | | | | | | |
| 6 | | | | | | | | | | |
| 7 | | | | | | | | | | |
| 8 | | | | | | | | | | |
| 9 | | | | | | | | | | |
| 10 | * | | * | | | | | | | |

Kapazitätsauslastung (Z)

| | 1 | 2 | 3 | 4 | 5 | 6 | 7 | 8 | 9 | 10 |
|---|---|---|---|---|---|---|---|---|---|---|
| 1 | | | | | | | | | | |
| 2 | | | | | | | | | | |
| 3 | | | | | | | | | | |
| 4 | | | | | | | | | | |
| 5 | | | | | | | | | | |
| 6 | | | | | | | | | | |
| 7 | | | | | | | | | | |
| 8 | | | | | | | | | | |
| 9 | | | | | | | | | | |
| 10 | * | | * | | | | * | | | |

Anzahl neuer Produkte (V)

| | 1 | 2 | 3 | 4 | 5 | 6 | 7 | 8 | 9 | 10 |
|---|---|---|---|---|---|---|---|---|---|---|
| 1 | | | | | | | | | | |
| 2 | | | | | | | | | | |
| 3 | | | | | | | | | | |
| 4 | | | | | | | | | | |
| 5 | | | ** | * | | | | | | |
| 6 | | | | | * | | | | | |
| 7 | | | | | | | | | | |
| 8 | | | | | | | | | | |
| 9 | | | | | | | | | | |
| 10 | | | | | | | | | | |

Investitionen in F&E (V)

| | 1 | 2 | 3 | 4 | 5 | 6 | 7 | 8 | 9 | 10 |
|---|---|---|---|---|---|---|---|---|---|---|
| 1 | | | | | | | | | | |
| 2 | | | | | | | | | | |
| 3 | | | | | | | | | | |
| 4 | | | | | | | | | | |
| 5 | | | *** | | | | | | | |
| 6 | | | | | ** | | | | | |
| 7 | | | | | ** | | | | | |
| 8 | | | | | * | | | | | |
| 9 | | | | | | | | | | |
| 10 | | | | | | | | | | |

Investitionen in F&E (Z)

| | 1 | 2 | 3 | 4 | 5 | 6 | 7 | 8 | 9 | 10 |
|---|---|---|---|---|---|---|---|---|---|---|
| 1 | | | | | | | | | | |
| 2 | | | | | | | | | | |
| 3 | | | | | | | | | | |
| 4 | | | | | | | | | | |
| 5 | | | *** | | | | | | | |
| 6 | | | | | * | | | | | |
| 7 | | | | | ** | | | | | |
| 8 | | | | | * | | | | | |
| 9 | | | | | | | | | | |
| 10 | | | | | | | | | | |

Umsatzanteil neuer Produkte (V)

| | 1 | 2 | 3 | 4 | 5 | 6 | 7 | 8 | 9 | 10 |
|---|---|---|---|---|---|---|---|---|---|---|
| 1 | | | | | | | | | | |
| 2 | | | | | | | | | | |
| 3 | | | | | | | | | | |
| 4 | | | | | | | | | | |
| 5 | | | ** | * | | | | | | |
| 6 | | | | | | | | | | |
| 7 | | | | | | | | | | |
| 8 | | | | | | | | | | |
| 9 | | | | | | | | | | |
| 10 | | | | | | | | | | |

*** p<=0,01 (höchst signifikant); ** p<=0,05 (sehr signifikant); * p<=0,1 (signifikant)
V = Vergangenheit; Z = Zukunft/Planangaben

| | |
|---|---|
| 1 = Automobil/Transport | 6 = Bau |
| 2 = Einzelhandel/Konsum | 7 = Software/Technologien |
| 3 = Maschinenbau/Industrie | 8 = Chemie/Pharma/Biotechnologie |
| 4 = Versorger/Telekommunikation | 9 = IT Dienstleistungen/Internet |
| 5 = Banken/Finanzdienste/Versicherungen | 10 = Medien/Unterhaltung |

Umsatzanteil neuer Produkte (Z)

| | 1 | 2 | 3 | 4 | 5 | 6 | 7 | 8 | 9 | 10 |
|---|---|---|---|---|---|---|---|---|---|---|
| 1 | | | | | | | | | | |
| 2 | | | | | | | | | | |
| 3 | | | | | | | | | | |
| 4 | | | | | | | | | | |
| 5 | | | * | | | | | | | |
| 6 | | | | | | | | | | |
| 7 | | | | | | | | | | |
| 8 | | | | | | | | | | |
| 9 | | | | | | | | | | |
| 10 | | | | | | | | | | |

Fehlerraten von Services und Produkten (V)

| | 1 | 2 | 3 | 4 | 5 | 6 | 7 | 8 | 9 | 10 |
|---|---|---|---|---|---|---|---|---|---|---|
| 1 | | | | | | | | | | |
| 2 | ** | | | | | | | | | |
| 3 | | | | | | | | | | |
| 4 | | ** | | | | | | | | |
| 5 | | | | | | | | | | |
| 6 | | | | | | | | | | |
| 7 | | | | | | | | | | |
| 8 | | | | | | | | | | |
| 9 | | | | | | | | | | |
| 10 | * | | * | | | | * | | | |

Anzahl neuer Lizenzen (V)

| | 1 | 2 | 3 | 4 | 5 | 6 | 7 | 8 | 9 | 10 |
|---|---|---|---|---|---|---|---|---|---|---|
| 1 | | | | | | | | | | |
| 2 | | | | | | | | | | |
| 3 | | | | | | | | | | |
| 4 | | | | | | | | | | |
| 5 | | * | *** | * | | | | | | |
| 6 | | | | | * | | | | | |
| 7 | | | | | ** | | | | | |
| 8 | | | | | ** | | | | | |
| 9 | | | ** | | | | | * | | |
| 10 | | | | | | | | | | |

Anzahl neuer Lizenzen (Z)

| | 1 | 2 | 3 | 4 | 5 | 6 | 7 | 8 | 9 | 10 |
|---|---|---|---|---|---|---|---|---|---|---|
| 1 | | | | | | | | | | |
| 2 | | | | | | | | | | |
| 3 | | | | | | | | | | |
| 4 | | | | | | | | | | |
| 5 | | * | *** | * | | | | | | |
| 6 | | | | | | | | | | |
| 7 | | | | | * | | | | | |
| 8 | | | | | ** | | | | | |
| 9 | | | * | | | | | | | |
| 10 | | | | | | | | | | |

Anzahl der Lizenzen (V)

| | 1 | 2 | 3 | 4 | 5 | 6 | 7 | 8 | 9 | 10 |
|---|---|---|---|---|---|---|---|---|---|---|
| 1 | | | | | | | | | | |
| 2 | | | | | | | | | | |
| 3 | | | | | | | | | | |
| 4 | | | | | | | | | | |
| 5 | | | *** | * | | | | | | |
| 6 | | | | | * | | | | | |
| 7 | | | | | ** | | | | | |
| 8 | | | | | ** | | | | | |
| 9 | | | ** | | | | | * | | |
| 10 | | | | | | | | | | |

Anzahl der Lizenzen (Z)

| | 1 | 2 | 3 | 4 | 5 | 6 | 7 | 8 | 9 | 10 |
|---|---|---|---|---|---|---|---|---|---|---|
| 1 | | | | | | | | | | |
| 2 | | | | | | | | | | |
| 3 | | | | | | | | | | |
| 4 | | | | | | | | | | |
| 5 | | | *** | * | | | | | | |
| 6 | | | | | | | | | | |
| 7 | | | | | * | | | | | |
| 8 | | | | | ** | | | | | |
| 9 | | | * | | | | | | | |
| 10 | | | | | | | | | | |

Umsatz (Altersstruktur der Produkte) (V)

| | 1 | 2 | 3 | 4 | 5 | 6 | 7 | 8 | 9 | 10 |
|---|---|---|---|---|---|---|---|---|---|---|
| 1 | | | | | | | | | | |
| 2 | | | | | | | | | | |
| 3 | | | | | | | | | | |
| 4 | | | | | | | | | | |
| 5 | | | *** | | | | | | | |
| 6 | | | | | | | | | | |
| 7 | | | | | | | | | | |
| 8 | | | | | | | | | | |
| 9 | | | | | | | | | | |
| 10 | | | | | | | | | | |

Umsatz (Altersstruktur der Produkte) (Z)

| | 1 | 2 | 3 | 4 | 5 | 6 | 7 | 8 | 9 | 10 |
|---|---|---|---|---|---|---|---|---|---|---|
| 1 | | | | | | | | | | |
| 2 | | | | | | | | | | |
| 3 | | | | | | | | | | |
| 4 | | | | | | | | | | |
| 5 | | | *** | * | | | | | | |
| 6 | | | | | | | | | | |
| 7 | | | | | * | | | | | |
| 8 | | | | | | | | | | |
| 9 | | | | | | | | | | |
| 10 | | | | | | | | | | |

*** p<=0,01 (höchst signifikant); ** p<=0,05 (sehr signifikant); * p<=0,1 (signifikant)
V = Vergangenheit; Z = Zukunft/Planangaben

| | |
|---|---|
| 1 = Automobil/Transport | 6 = Bau |
| 2 = Einzelhandel/Konsum | 7 = Software/Technologien |
| 3 = Maschinenbau/Industrie | 8 = Chemie/Pharma/Biotechnologie |
| 4 = Versorger/Telekommunikation | 9 = IT Dienstleistungen/Internet |
| 5 = Banken/Finanzdienste/Versicherungen | 10 = Medien/Unterhaltung |

Anzahl neuer Patente (V)

| | 1 | 2 | 3 | 4 | 5 | 6 | 7 | 8 | 9 | 10 |
|---|---|---|---|---|---|---|---|---|---|---|
| 1 | | | | | | | | | | |
| 2 | | | | | | | | | | |
| 3 | | * | | | | | | | | |
| 4 | | | | | | | | | | |
| 5 | | | *** | | | | | | | |
| 6 | | | | | | | | | | |
| 7 | | | | | | | | | | |
| 8 | | | | | | | | | | |
| 9 | | | ** | | | | | | | |
| 10 | | | * | | | | | | | |

Anzahl neuer Patente (Z)

| | 1 | 2 | 3 | 4 | 5 | 6 | 7 | 8 | 9 | 10 |
|---|---|---|---|---|---|---|---|---|---|---|
| 1 | | | | | | | | | | |
| 2 | | | | | | | | | | |
| 3 | | | | | | | | | | |
| 4 | | | | | | | | | | |
| 5 | | | ** | | | | | | | |
| 6 | | | | | | | | | | |
| 7 | | | | | | | | | | |
| 8 | | | | | | | | | | |
| 9 | | | | | | | | | | |
| 10 | | | | | | | | | | |

Anzahl der Patente (V)

| | 1 | 2 | 3 | 4 | 5 | 6 | 7 | 8 | 9 | 10 |
|---|---|---|---|---|---|---|---|---|---|---|
| 1 | | | | | | | | | | |
| 2 | | | | | | | | | | |
| 3 | | | | | | | | | | |
| 4 | | | | | | | | | | |
| 5 | | | *** | | | | | | | |
| 6 | | | | | | | | | | |
| 7 | | | | | | | | | | |
| 8 | | | | | | | | | | |
| 9 | | | ** | | | | | | | |
| 10 | | | * | | | | | | | |

Anzahl der Patente (Z)

| | 1 | 2 | 3 | 4 | 5 | 6 | 7 | 8 | 9 | 10 |
|---|---|---|---|---|---|---|---|---|---|---|
| 1 | | | | | | | | | | |
| 2 | | | | | | | | | | |
| 3 | | | | | | | | | | |
| 4 | | | | | | | | | | |
| 5 | | | * | | | | | | | |
| 6 | | | | | | | | | | |
| 7 | | | | | | | | | | |
| 8 | | | | | | | | | | |
| 9 | | | | | | | | | | |
| 10 | | | | | | | | | | |

Restlaufzeit der Patente (V)

| | 1 | 2 | 3 | 4 | 5 | 6 | 7 | 8 | 9 | 10 |
|---|---|---|---|---|---|---|---|---|---|---|
| 1 | | | | | | | | | | |
| 2 | | | | | | | | | | |
| 3 | | | | | | | | | | |
| 4 | | | | | | | | | | |
| 5 | | | *** | | | | | | | |
| 6 | | | | | * | | | | | |
| 7 | | | | | ** | | | | | |
| 8 | | | | | | | | | | |
| 9 | | | ** | | | | | | | |
| 10 | | | * | | | | | | | |

Restlaufzeit der Patente (Z)

| | 1 | 2 | 3 | 4 | 5 | 6 | 7 | 8 | 9 | 10 |
|---|---|---|---|---|---|---|---|---|---|---|
| 1 | | | | | | | | | | |
| 2 | | | | | | | | | | |
| 3 | | | | | | | | | | |
| 4 | | | | | | | | | | |
| 5 | | | ** | | | | | | | |
| 6 | | | | | | | | | | |
| 7 | | | | | * | | | | | |
| 8 | | | | | | | | | | |
| 9 | | | | | | | | | | |
| 10 | | | | | | | | | | |

Umsatz (Verkauf von Patenten) (V)

| | 1 | 2 | 3 | 4 | 5 | 6 | 7 | 8 | 9 | 10 |
|---|---|---|---|---|---|---|---|---|---|---|
| 1 | | | | | | | | | | |
| 2 | | | | | | | | | | |
| 3 | | | | | | | | | | |
| 4 | | | | | | | | | | |
| 5 | | | ** | | | | | | | |
| 6 | | | | | * | | | | | |
| 7 | | | | | | | | | | |
| 8 | | | | | | | | | | |
| 9 | | | | | | | | | | |
| 10 | | | | | | | | | | |

Umsatz (Verkauf von Patenten) (Z)

| | 1 | 2 | 3 | 4 | 5 | 6 | 7 | 8 | 9 | 10 |
|---|---|---|---|---|---|---|---|---|---|---|
| 1 | | | | | | | | | | |
| 2 | | | | | | | | | | |
| 3 | | | | | | | | | | |
| 4 | | | | | | | | | | |
| 5 | | | * | | | | | | | |
| 6 | | | | | | | | | | |
| 7 | | | | | | | | | | |
| 8 | | | | | | | | | | |
| 9 | | | | | | | | | | |
| 10 | | | | | | | | | | |

*** p<=0,01 (höchst signifikant); ** p<=0,05 (sehr signifikant); * p<=0,1 (signifikant)
V = Vergangenheit; Z = Zukunft/Planangaben

| | |
|---|---|
| 1 = Automobil/Transport | 6 = Bau |
| 2 = Einzelhandel/Konsum | 7 = Software/Technologien |
| 3 = Maschinenbau/Industrie | 8 = Chemie/Pharma/Biotechnologie |
| 4 = Versorger/Telekommunikation | 9 = IT Dienstleistungen/Internet |
| 5 = Banken/Finanzdienste/Versicherungen | 10 = Medien/Unterhaltung |

Anhang 99: Bedeutung unternehmensstrategischer und umfeldbezogener Angaben seitens Unternehmen der Branche Banken/Finanzdienste/Versicherungen

| | N | | Median | Sandard-abweichung |
|---|---|---|---|---|
| | Gültig | Fehlend | | |
| Geschäftstätigkeit (V) | 17 | 0 | 3 | 0,493 |
| Geschäftstätigkeit (Z) | 16 | 1 | 3 | 0,479 |
| Geschäftsfelder (V) | 17 | 0 | 3 | 0,562 |
| Geschäftsfelder (Z) | 16 | 1 | 3 | 0,577 |
| Kauf/Verkauf von Geschäftsbereichen (V) | 17 | 0 | 3 | 0,8 |
| Kauf/Verkauf von Geschäftsbereichen (Z) | 15 | 2 | 3 | 0,743 |
| Festlegung der Kernkompetenzen (V) | 17 | 0 | 3 | 0,514 |
| Festlegung der Kernkompetenzen (Z) | 14 | 3 | 3 | 0,497 |
| Konzernstruktur (V) | 17 | 0 | 3 | 0,717 |
| Konzernstruktur (Z) | 15 | 2 | 3 | 0,828 |
| Standorte (V) | 17 | 0 | 2 | 0,809 |
| Standorte (Z) | 15 | 2 | 2 | 0,799 |
| Kapitalbeteiligungen (V) | 16 | 1 | 2,5 | 0,793 |
| Kapitalbeteiligungen (Z) | 15 | 2 | 2 | 0,632 |
| Finanzierungsmaßnahmen (V) | 17 | 0 | 2 | 0,728 |
| Finanzierungsmaßnahmen (Z) | 15 | 2 | 2 | 0,632 |
| Unternehmenskultur, -philosophie (V) | 16 | 1 | 2 | 0,854 |
| Unternehmenskultur, -philosophie (Z) | 15 | 2 | 2 | 0,834 |
| Gesellschaftliche Verantwortung (V) | 16 | 1 | 1,5 | 0,629 |
| Gesellschaftliche Verantwortung (Z) | 15 | 2 | 2 | 0,632 |
| Nachhaltiges Wirtschaften (V) | 16 | 1 | 2 | 0,816 |
| Nachhaltiges Wirtschaften (Z) | 14 | 3 | 2 | 0,611 |
| IC/IP-Statement (V) | 13 | 4 | 1 | 0,899 |
| IC/IP-Statement (Z) | 12 | 5 | 1 | 0,778 |
| Umweltbericht (V) | 16 | 1 | 0 | 0,512 |
| Umweltbericht (Z) | 15 | 2 | 0 | 0,516 |
| Aktienbesitz/Anteilseigner (V) | 17 | 0 | 3 | 0,624 |
| Aktienbesitz/Anteilseigner (Z) | 14 | 3 | 3 | 0,497 |
| Rechtliches Unternehmensumfeld (V) | 17 | 0 | 2 | 0,556 |
| Rechtliches Unternehmensumfeld (Z) | 15 | 2 | 2 | 0,64 |
| Wirtschaftliches Unternehmensumfeld (V) | 17 | 0 | 2 | 0,702 |
| Wirtschaftliches Unternehmensumfeld (Z) | 15 | 2 | 3 | 0,64 |
| Ökologisches Unternehmensumfeld (V) | 17 | 0 | 0 | 0,717 |
| Ökologisches Unternehmensumfeld (Z) | 15 | 2 | 1 | 0,799 |

Anhang 100: Bedeutung unternehmensstrategischer und umfeldbezogener Angaben seitens Unternehmen der Branche Chemie/Pharma/Biotechnologie

| | N | | Median | Sandard-abweichung |
|---|---|---|---|---|
| | Gültig | Fehlend | | |
| Geschäftstätigkeit (V) | 5 | 0 | 3 | 0,447 |
| Geschäftstätigkeit (Z) | 5 | 0 | 3 | 0,894 |
| Geschäftsfelder (V) | 5 | 0 | 3 | 0,447 |
| Geschäftsfelder (Z) | 5 | 0 | 3 | 0,447 |
| Kauf/Verkauf von Geschäftsbereichen (V) | 5 | 0 | 3 | 0 |
| Kauf/Verkauf von Geschäftsbereichen (Z) | 5 | 0 | 3 | 0,447 |
| Festlegung der Kernkompetenzen (V) | 5 | 0 | 3 | 0 |
| Festlegung der Kernkompetenzen (Z) | 5 | 0 | 3 | 0 |
| Konzernstruktur (V) | 5 | 0 | 3 | 0,894 |
| Konzernstruktur (Z) | 5 | 0 | 3 | 0,894 |
| Standorte (V) | 5 | 0 | 3 | 0,548 |
| Standorte (Z) | 5 | 0 | 2 | 0,837 |
| Kapitalbeteiligungen (V) | 5 | 0 | 2 | 0,447 |
| Kapitalbeteiligungen (Z) | 5 | 0 | 2 | 0,707 |
| Finanzierungsmaßnahmen (V) | 5 | 0 | 2 | 0,548 |
| Finanzierungsmaßnahmen (Z) | 5 | 0 | 2 | 0,548 |
| Unternehmenskultur, -philosophie (V) | 5 | 0 | 2 | 0,707 |
| Unternehmenskultur, -philosophie (Z) | 5 | 0 | 2 | 0,707 |
| Gesellschaftliche Verantwortung (V) | 5 | 0 | 2 | 0,707 |
| Gesellschaftliche Verantwortung (Z) | 5 | 0 | 2 | 0,707 |
| Nachhaltiges Wirtschaften (V) | 5 | 0 | 2 | 0,548 |
| Nachhaltiges Wirtschaften (Z) | 5 | 0 | 2 | 0,548 |
| IC/IP-Statement (V) | 5 | 0 | 1 | 0,548 |
| IC/IP-Statement (Z) | 5 | 0 | 1 | 0 |
| Umweltbericht (V) | 5 | 0 | 1 | 0 |
| Umweltbericht (Z) | 5 | 0 | 1 | 0,447 |
| Aktienbesitz/Anteilseigner (V) | 5 | 0 | 3 | 0,894 |
| Aktienbesitz/Anteilseigner (Z) | 5 | 0 | 2 | 0,837 |
| Rechtliches Unternehmensumfeld (V) | 5 | 0 | 3 | 1,304 |
| Rechtliches Unternehmensumfeld (Z) | 5 | 0 | 2 | 1,304 |
| Wirtschaftliches Unternehmensumfeld (V) | 5 | 0 | 3 | 0,548 |
| Wirtschaftliches Unternehmensumfeld (Z) | 5 | 0 | 3 | 0,548 |
| Ökologisches Unternehmensumfeld (V) | 5 | 0 | 2 | 0,707 |
| Ökologisches Unternehmensumfeld (Z) | 5 | 0 | 2 | 0,707 |

Anhang 101: Bedeutung unternehmensstrategischer und umfeldbezogener Angaben seitens Unternehmen der Branche Einzelhandel/Konsum

| | N | | Median | Sandard-abweichung |
|---|---|---|---|---|
| | Gültig | Fehlend | | |
| Geschäftstätigkeit (V) | 9 | 0 | 2 | 0,5 |
| Geschäftstätigkeit (Z) | 9 | 0 | 2 | 0,527 |
| Geschäftsfelder (V) | 8 | 1 | 2 | 0,707 |
| Geschäftsfelder (Z) | 8 | 1 | 2,5 | 0,744 |
| Kauf/Verkauf von Geschäftsbereichen (V) | 8 | 1 | 2 | 0,926 |
| Kauf/Verkauf von Geschäftsbereichen (Z) | 8 | 1 | 2,5 | 0,991 |
| Festlegung der Kernkompetenzen (V) | 9 | 0 | 2 | 0,667 |
| Festlegung der Kernkompetenzen (Z) | 9 | 0 | 3 | 1 |
| Konzernstruktur (V) | 8 | 1 | 2 | 0,886 |
| Konzernstruktur (Z) | 8 | 1 | 2 | 0,991 |
| Standorte (V) | 8 | 1 | 1 | 0,916 |
| Standorte (Z) | 8 | 1 | 1 | 0,916 |
| Kapitalbeteiligungen (V) | 8 | 1 | 2 | 0,707 |
| Kapitalbeteiligungen (Z) | 8 | 1 | 1,5 | 0,744 |
| Finanzierungsmaßnahmen (V) | 8 | 1 | 2 | 0,886 |
| Finanzierungsmaßnahmen (Z) | 8 | 1 | 2 | 0,991 |
| Unternehmenskultur, -philosophie (V) | 9 | 0 | 2 | 1,014 |
| Unternehmenskultur, -philosophie (Z) | 9 | 0 | 2 | 1,118 |
| Gesellschaftliche Verantwortung (V) | 8 | 1 | 1 | 0,991 |
| Gesellschaftliche Verantwortung (Z) | 8 | 1 | 1 | 0,991 |
| Nachhaltiges Wirtschaften (V) | 9 | 0 | 2 | 1,054 |
| Nachhaltiges Wirtschaften (Z) | 9 | 0 | 2 | 1 |
| IC/IP-Statement (V) | 8 | 1 | 1 | 0,535 |
| IC/IP-Statement (Z) | 8 | 1 | 1 | 0,991 |
| Umweltbericht (V) | 8 | 1 | 0 | 0,518 |
| Umweltbericht (Z) | 8 | 1 | 0 | 0,518 |
| Aktienbesitz/Anteilseigner (V) | 8 | 1 | 2 | 0,641 |
| Aktienbesitz/Anteilseigner (Z) | 8 | 1 | 2 | 0,707 |
| Rechtliches Unternehmensumfeld (V) | 8 | 1 | 1,5 | 1,061 |
| Rechtliches Unternehmensumfeld (Z) | 8 | 1 | 1 | 1,069 |
| Wirtschaftliches Unternehmensumfeld (V) | 8 | 1 | 2 | 0,991 |
| Wirtschaftliches Unternehmensumfeld (Z) | 8 | 1 | 2 | 1,035 |
| Ökologisches Unternehmensumfeld (V) | 8 | 1 | 1 | 0,835 |
| Ökologisches Unternehmensumfeld (Z) | 8 | 1 | 1 | 0,835 |

Anhang 102: Bedeutung unternehmensstrategischer und umfeldbezogener Angaben seitens Unternehmen der Branche Automobil/Transport

| | N | | Median | Sandard-abweichung |
|---|---|---|---|---|
| | Gültig | Fehlend | | |
| Geschäftstätigkeit (V) | 8 | 0 | 3 | 0,518 |
| Geschäftstätigkeit (Z) | 6 | 2 | 2,5 | 0,816 |
| Geschäftsfelder (V) | 8 | 0 | 3 | 0,518 |
| Geschäftsfelder (Z) | 6 | 2 | 3 | 0,516 |
| Kauf/Verkauf von Geschäftsbereichen (V) | 8 | 0 | 2 | 0,707 |
| Kauf/Verkauf von Geschäftsbereichen (Z) | 6 | 2 | 2,5 | 0,816 |
| Festlegung der Kernkompetenzen (V) | 8 | 0 | 2 | 0,518 |
| Festlegung der Kernkompetenzen (Z) | 6 | 2 | 2,5 | 0,548 |
| Konzernstruktur (V) | 8 | 0 | 2 | 0,518 |
| Konzernstruktur (Z) | 6 | 2 | 2 | 0,753 |
| Standorte (V) | 8 | 0 | 2 | 0,707 |
| Standorte (Z) | 6 | 2 | 2 | 0,408 |
| Kapitalbeteiligungen (V) | 8 | 0 | 2 | 0,463 |
| Kapitalbeteiligungen (Z) | 6 | 2 | 2 | 0,516 |
| Finanzierungsmaßnahmen (V) | 8 | 0 | 2 | 0,835 |
| Finanzierungsmaßnahmen (Z) | 6 | 2 | 2 | 0,894 |
| Unternehmenskultur, -philosophie (V) | 8 | 0 | 1 | 1,035 |
| Unternehmenskultur, -philosophie (Z) | 6 | 2 | 2 | 1,033 |
| Gesellschaftliche Verantwortung (V) | 8 | 0 | 1 | 1,035 |
| Gesellschaftliche Verantwortung (Z) | 6 | 2 | 2 | 1,033 |
| Nachhaltiges Wirtschaften (V) | 8 | 0 | 2 | 0,463 |
| Nachhaltiges Wirtschaften (Z) | 6 | 2 | 2,5 | 0,548 |
| IC/IP-Statement (V) | 8 | 0 | 1 | 0,518 |
| IC/IP-Statement (Z) | 8 | 0 | 1 | 0,926 |
| Umweltbericht (V) | 8 | 0 | 1 | 0,991 |
| Umweltbericht (Z) | 8 | 0 | 1 | 1,069 |
| Aktienbesitz/Anteilseigner (V) | 8 | 0 | 2 | 0,463 |
| Aktienbesitz/Anteilseigner (Z) | 6 | 2 | 2,5 | 0,816 |
| Rechtliches Unternehmensumfeld (V) | 8 | 0 | 2 | 0,518 |
| Rechtliches Unternehmensumfeld (Z) | 6 | 2 | 1,5 | 0,816 |
| Wirtschaftliches Unternehmensumfeld (V) | 8 | 0 | 2,5 | 0,535 |
| Wirtschaftliches Unternehmensumfeld (Z) | 6 | 2 | 2,5 | 0,548 |
| Ökologisches Unternehmensumfeld (V) | 8 | 0 | 1,5 | 0,926 |
| Ökologisches Unternehmensumfeld (Z) | 6 | 2 | 2 | 1,033 |

Anhang 103: Bedeutung unternehmensstrategischer und umfeldbezogener Angaben seitens Unternehmen der Branche Maschinenbau/Industrie

| | N | | Median | Sandard-abweichung |
|---|---|---|---|---|
| | Gültig | Fehlend | | |
| Geschäftstätigkeit (V) | 18 | 0 | 2 | 0,608 |
| Geschäftstätigkeit (Z) | 17 | 1 | 2 | 0,606 |
| Geschäftsfelder (V) | 17 | 1 | 2 | 0,772 |
| Geschäftsfelder (Z) | 16 | 2 | 2 | 0,619 |
| Kauf/Verkauf von Geschäftsbereichen (V) | 18 | 0 | 3 | 0,84 |
| Kauf/Verkauf von Geschäftsbereichen (Z) | 17 | 1 | 3 | 0,849 |
| Festlegung der Kernkompetenzen (V) | 18 | 0 | 3 | 0,707 |
| Festlegung der Kernkompetenzen (Z) | 17 | 1 | 3 | 0,717 |
| Konzernstruktur (V) | 18 | 0 | 2 | 0,732 |
| Konzernstruktur (Z) | 17 | 1 | 2 | 0,702 |
| Standorte (V) | 18 | 0 | 2 | 0,669 |
| Standorte (Z) | 17 | 1 | 2 | 0,686 |
| Kapitalbeteiligungen (V) | 17 | 1 | 1 | 0,849 |
| Kapitalbeteiligungen (Z) | 16 | 2 | 1,5 | 0,856 |
| Finanzierungsmaßnahmen (V) | 18 | 0 | 2 | 0,732 |
| Finanzierungsmaßnahmen (Z) | 17 | 1 | 2 | 0,659 |
| Unternehmenskultur, -philosophie (V) | 18 | 0 | 2 | 0,502 |
| Unternehmenskultur, -philosophie (Z) | 17 | 1 | 1 | 0,514 |
| Gesellschaftliche Verantwortung (V) | 18 | 0 | 1 | 0,594 |
| Gesellschaftliche Verantwortung (Z) | 17 | 1 | 1 | 0,529 |
| Nachhaltiges Wirtschaften (V) | 18 | 0 | 2 | 0,594 |
| Nachhaltiges Wirtschaften (Z) | 17 | 1 | 2 | 0,702 |
| IC/IP-Statement (V) | 17 | 1 | 1 | 0,618 |
| IC/IP-Statement (Z) | 16 | 2 | 1 | 0,602 |
| Umweltbericht (V) | 18 | 0 | 1 | 0,802 |
| Umweltbericht (Z) | 16 | 2 | 1 | 0,655 |
| Aktienbesitz/Anteilseigner (V) | 17 | 1 | 2 | 0,809 |
| Aktienbesitz/Anteilseigner (Z) | 16 | 2 | 2 | 0,73 |
| Rechtliches Unternehmensumfeld (V) | 18 | 0 | 2 | 0,752 |
| Rechtliches Unternehmensumfeld (Z) | 17 | 1 | 2 | 0,686 |
| Wirtschaftliches Unternehmensumfeld (V) | 18 | 0 | 2 | 0,608 |
| Wirtschaftliches Unternehmensumfeld (Z) | 17 | 1 | 2 | 0,606 |
| Ökologisches Unternehmensumfeld (V) | 18 | 0 | 1 | 0,618 |
| Ökologisches Unternehmensumfeld (Z) | 17 | 1 | 2 | 0,588 |

Anhang 104: Bedeutung unternehmensstrategischer und umfeldbezogener Angaben seitens Unternehmen der Branche Versorger/Telekommunikation

| | N | | Median | Sandard-abweichung |
|---|---|---|---|---|
| | Gültig | Fehlend | | |
| Geschäftstätigkeit (V) | 4 | 0 | 2,5 | 0,577 |
| Geschäftstätigkeit (Z) | 4 | 0 | 3 | 0 |
| Geschäftsfelder (V) | 4 | 0 | 2,5 | 0,577 |
| Geschäftsfelder (Z) | 4 | 0 | 3 | 0,5 |
| Kauf/Verkauf von Geschäftsbereichen (V) | 4 | 0 | 2,5 | 0,577 |
| Kauf/Verkauf von Geschäftsbereichen (Z) | 4 | 0 | 3 | 0 |
| Festlegung der Kernkompetenzen (V) | 4 | 0 | 3 | 0,5 |
| Festlegung der Kernkompetenzen (Z) | 4 | 0 | 3 | 0 |
| Konzernstruktur (V) | 4 | 0 | 2 | 0,816 |
| Konzernstruktur (Z) | 4 | 0 | 2 | 0,5 |
| Standorte (V) | 4 | 0 | 2 | 0,816 |
| Standorte (Z) | 4 | 0 | 2 | 0,816 |
| Kapitalbeteiligungen (V) | 4 | 0 | 2,5 | 0,577 |
| Kapitalbeteiligungen (Z) | 4 | 0 | 3 | 0,5 |
| Finanzierungsmaßnahmen (V) | 4 | 0 | 2 | 0,816 |
| Finanzierungsmaßnahmen (Z) | 4 | 0 | 2 | 0,5 |
| Unternehmenskultur, -philosophie (V) | 4 | 0 | 2 | 0,5 |
| Unternehmenskultur, -philosophie (Z) | 4 | 0 | 2 | 0,5 |
| Gesellschaftliche Verantwortung (V) | 4 | 0 | 2 | 0,816 |
| Gesellschaftliche Verantwortung (Z) | 4 | 0 | 2 | 0,816 |
| Nachhaltiges Wirtschaften (V) | 4 | 0 | 2 | 0,5 |
| Nachhaltiges Wirtschaften (Z) | 4 | 0 | 2 | 0,5 |
| IC/IP-Statement (V) | 3 | 1 | 2 | 0 |
| IC/IP-Statement (Z) | 3 | 1 | 2 | 0 |
| Umweltbericht (V) | 4 | 0 | 1 | 0,5 |
| Umweltbericht (Z) | 4 | 0 | 1 | 0,5 |
| Aktienbesitz/Anteilseigner (V) | 4 | 0 | 2 | 0,816 |
| Aktienbesitz/Anteilseigner (Z) | 4 | 0 | 2,5 | 0,577 |
| Rechtliches Unternehmensumfeld (V) | 4 | 0 | 2,5 | 0,577 |
| Rechtliches Unternehmensumfeld (Z) | 4 | 0 | 3 | 0,5 |
| Wirtschaftliches Unternehmensumfeld (V) | 4 | 0 | 2,5 | 0,577 |
| Wirtschaftliches Unternehmensumfeld (Z) | 4 | 0 | 3 | 0,5 |
| Ökologisches Unternehmensumfeld (V) | 4 | 0 | 2 | 0,5 |
| Ökologisches Unternehmensumfeld (Z) | 4 | 0 | 2,5 | 0,577 |

Anhang 105: Bedeutung unternehmensstrategischer und umfeldbezogener Angaben seitens Unternehmen der Branche Software/Technologien

| | N | | Median | Sandard-abweichung |
|---|---|---|---|---|
| | Gültig | Fehlend | | |
| Geschäftstätigkeit (V) | 9 | 0 | 2 | 0,527 |
| Geschäftstätigkeit (Z) | 9 | 0 | 3 | 0,5 |
| Geschäftsfelder (V) | 9 | 0 | 2 | 0,5 |
| Geschäftsfelder (Z) | 9 | 0 | 3 | 0,527 |
| Kauf/Verkauf von Geschäftsbereichen (V) | 9 | 0 | 2 | 0,707 |
| Kauf/Verkauf von Geschäftsbereichen (Z) | 9 | 0 | 2 | 0,707 |
| Festlegung der Kernkompetenzen (V) | 8 | 1 | 2 | 1,069 |
| Festlegung der Kernkompetenzen (Z) | 9 | 0 | 2 | 1,054 |
| Konzernstruktur (V) | 9 | 0 | 2 | 0,782 |
| Konzernstruktur (Z) | 9 | 0 | 2 | 0,866 |
| Standorte (V) | 9 | 0 | 2 | 0,833 |
| Standorte (Z) | 9 | 0 | 2 | 0,833 |
| Kapitalbeteiligungen (V) | 9 | 0 | 2 | 0,441 |
| Kapitalbeteiligungen (Z) | 9 | 0 | 2 | 0,601 |
| Finanzierungsmaßnahmen (V) | 9 | 0 | 2 | 0,333 |
| Finanzierungsmaßnahmen (Z) | 9 | 0 | 2 | 0,5 |
| Unternehmenskultur, -philosophie (V) | 9 | 0 | 2 | 0,527 |
| Unternehmenskultur, -philosophie (Z) | 9 | 0 | 2 | 0,5 |
| Gesellschaftliche Verantwortung (V) | 9 | 0 | 1 | 0,441 |
| Gesellschaftliche Verantwortung (Z) | 9 | 0 | 1 | 0,5 |
| Nachhaltiges Wirtschaften (V) | 9 | 0 | 1 | 0,527 |
| Nachhaltiges Wirtschaften (Z) | 9 | 0 | 2 | 0,707 |
| IC/IP-Statement (V) | 9 | 0 | 1 | 0,726 |
| IC/IP-Statement (Z) | 8 | 1 | 1 | 0,916 |
| Umweltbericht (V) | 9 | 0 | 1 | 0,5 |
| Umweltbericht (Z) | 8 | 1 | 0,5 | 0,535 |
| Aktienbesitz/Anteilseigner (V) | 9 | 0 | 2 | 0,601 |
| Aktienbesitz/Anteilseigner (Z) | 9 | 0 | 2 | 0,5 |
| Rechtliches Unternehmensumfeld (V) | 9 | 0 | 1 | 0,527 |
| Rechtliches Unternehmensumfeld (Z) | 9 | 0 | 1 | 0,726 |
| Wirtschaftliches Unternehmensumfeld (V) | 9 | 0 | 2 | 0,5 |
| Wirtschaftliches Unternehmensumfeld (Z) | 9 | 0 | 2 | 0,601 |
| Ökologisches Unternehmensumfeld (V) | 9 | 0 | 1 | 0,601 |
| Ökologisches Unternehmensumfeld (Z) | 9 | 0 | 1 | 0,667 |

Anhang 106: Bedeutung unternehmensstrategischer und umfeldbezogener Angaben seitens Unternehmen der Branche Bau

| | N | | Median | Sandard-abweichung |
|---|---|---|---|---|
| | Gültig | Fehlend | | |
| Geschäftstätigkeit (V) | 4 | 0 | 2 | 0,816 |
| Geschäftstätigkeit (Z) | 3 | 1 | 2 | 0 |
| Geschäftsfelder (V) | 4 | 0 | 2,5 | 0,577 |
| Geschäftsfelder (Z) | 3 | 1 | 2 | 0,577 |
| Kauf/Verkauf von Geschäftsbereichen (V) | 4 | 0 | 3 | 0,5 |
| Kauf/Verkauf von Geschäftsbereichen (Z) | 3 | 1 | 3 | 0,577 |
| Festlegung der Kernkompetenzen (V) | 3 | 1 | 2 | 0,577 |
| Festlegung der Kernkompetenzen (Z) | 3 | 1 | 2 | 0,577 |
| Konzernstruktur (V) | 4 | 0 | 2,5 | 0,577 |
| Konzernstruktur (Z) | 3 | 1 | 2 | 0,577 |
| Standorte (V) | 4 | 0 | 2,5 | 0,957 |
| Standorte (Z) | 3 | 1 | 2 | 1 |
| Kapitalbeteiligungen (V) | 4 | 0 | 2 | 0,816 |
| Kapitalbeteiligungen (Z) | 3 | 1 | 2 | 0,577 |
| Finanzierungsmaßnahmen (V) | 4 | 0 | 2 | 0,816 |
| Finanzierungsmaßnahmen (Z) | 3 | 1 | 2 | 0,577 |
| Unternehmenskultur, -philosophie (V) | 4 | 0 | 3 | 0,5 |
| Unternehmenskultur, -philosophie (Z) | 3 | 1 | 3 | 0,577 |
| Gesellschaftliche Verantwortung (V) | 4 | 0 | 1,5 | 0,957 |
| Gesellschaftliche Verantwortung (Z) | 3 | 1 | 1 | 0,577 |
| Nachhaltiges Wirtschaften (V) | 4 | 0 | 1,5 | 0,957 |
| Nachhaltiges Wirtschaften (Z) | 3 | 1 | 1 | 0,577 |
| IC/IP-Statement (V) | 4 | 0 | 1 | 0,5 |
| IC/IP-Statement (Z) | 4 | 0 | 1 | 0,816 |
| Umweltbericht (V) | 4 | 0 | 1 | 0,816 |
| Umweltbericht (Z) | 4 | 0 | 1 | 0,816 |
| Aktienbesitz/Anteilseigner (V) | 4 | 0 | 2 | 0,5 |
| Aktienbesitz/Anteilseigner (Z) | 3 | 1 | 2 | 0 |
| Rechtliches Unternehmensumfeld (V) | 4 | 0 | 2 | 0,816 |
| Rechtliches Unternehmensumfeld (Z) | 3 | 1 | 2 | 0,577 |
| Wirtschaftliches Unternehmensumfeld (V) | 4 | 0 | 2 | 0,5 |
| Wirtschaftliches Unternehmensumfeld (Z) | 3 | 1 | 2 | 0 |
| Ökologisches Unternehmensumfeld (V) | 4 | 0 | 2 | 0,5 |
| Ökologisches Unternehmensumfeld (Z) | 3 | 1 | 2 | 0,577 |

Anhang 107: Bedeutung unternehmensstrategischer und umfeldbezogener Angaben seitens Unternehmen der Branche IT/Internet

| | N | | Median | Sandard-abweichung |
|---|---|---|---|---|
| | Gültig | Fehlend | | |
| Geschäftstätigkeit (V) | 5 | 0 | 2 | 0,548 |
| Geschäftstätigkeit (Z) | 4 | 1 | 2,5 | 0,577 |
| Geschäftsfelder (V) | 5 | 0 | 3 | 0,548 |
| Geschäftsfelder (Z) | 4 | 1 | 2,5 | 0,577 |
| Kauf/Verkauf von Geschäftsbereichen (V) | 5 | 0 | 3 | 0,447 |
| Kauf/Verkauf von Geschäftsbereichen (Z) | 4 | 1 | 3 | 0,5 |
| Festlegung der Kernkompetenzen (V) | 5 | 0 | 3 | 0,548 |
| Festlegung der Kernkompetenzen (Z) | 4 | 1 | 3 | 0 |
| Konzernstruktur (V) | 5 | 0 | 3 | 0,894 |
| Konzernstruktur (Z) | 4 | 1 | 2,5 | 0,957 |
| Standorte (V) | 5 | 0 | 2 | 1 |
| Standorte (Z) | 4 | 1 | 1,5 | 0,957 |
| Kapitalbeteiligungen (V) | 5 | 0 | 2 | 0,837 |
| Kapitalbeteiligungen (Z) | 4 | 1 | 1 | 0,5 |
| Finanzierungsmaßnahmen (V) | 5 | 0 | 2 | 0,837 |
| Finanzierungsmaßnahmen (Z) | 4 | 1 | 1,5 | 0,957 |
| Unternehmenskultur, -philosophie (V) | 5 | 0 | 2 | 0,447 |
| Unternehmenskultur, -philosophie (Z) | 4 | 1 | 2 | 0,816 |
| Gesellschaftliche Verantwortung (V) | 5 | 0 | 1 | 0,548 |
| Gesellschaftliche Verantwortung (Z) | 3 | 2 | 2 | 0,577 |
| Nachhaltiges Wirtschaften (V) | 5 | 0 | 2 | 0,548 |
| Nachhaltiges Wirtschaften (Z) | 3 | 2 | 2 | 0,577 |
| IC/IP-Statement (V) | 4 | 1 | 2 | 0,5 |
| IC/IP-Statement (Z) | 3 | 2 | 2 | 1,155 |
| Umweltbericht (V) | 4 | 1 | 0,5 | 0,577 |
| Umweltbericht (Z) | 3 | 2 | 0 | 1,155 |
| Aktienbesitz/Anteilseigner (V) | 5 | 0 | 3 | 0 |
| Aktienbesitz/Anteilseigner (Z) | 4 | 1 | 3 | 1,5 |
| Rechtliches Unternehmensumfeld (V) | 5 | 0 | 2 | 0,447 |
| Rechtliches Unternehmensumfeld (Z) | 4 | 1 | 2 | 0,5 |
| Wirtschaftliches Unternehmensumfeld (V) | 5 | 0 | 3 | 0,548 |
| Wirtschaftliches Unternehmensumfeld (Z) | 4 | 1 | 3 | 0,5 |
| Ökologisches Unternehmensumfeld (V) | 5 | 0 | 1 | 0,548 |
| Ökologisches Unternehmensumfeld (Z) | 4 | 1 | 0,5 | 0,957 |

Anhang 108: Bedeutung unternehmensstrategischer und umfeldbezogener Angaben seitens Unternehmen der Branche Medien/Unterhaltung

| | N | | Median | Sandard-abweichung |
|---|---|---|---|---|
| | Gültig | Fehlend | | |
| Geschäftstätigkeit (V) | 2 | 0 | 2 | 0 |
| Geschäftstätigkeit (Z) | 2 | 0 | 2,25 | 0,354 |
| Geschäftsfelder (V) | 2 | 0 | 2 | 0 |
| Geschäftsfelder (Z) | 2 | 0 | 2 | 0 |
| Kauf/Verkauf von Geschäftsbereichen (V) | 2 | 0 | 1,5 | 0,707 |
| Kauf/Verkauf von Geschäftsbereichen (Z) | 2 | 0 | 2 | 1,414 |
| Festlegung der Kernkompetenzen (V) | 2 | 0 | 2 | 1,414 |
| Festlegung der Kernkompetenzen (Z) | 2 | 0 | 2 | 1,414 |
| Konzernstruktur (V) | 2 | 0 | 1,5 | 0,707 |
| Konzernstruktur (Z) | 2 | 0 | 1,5 | 0,707 |
| Standorte (V) | 2 | 0 | 2 | 1,414 |
| Standorte (Z) | 2 | 0 | 2 | 1,414 |
| Kapitalbeteiligungen (V) | 2 | 0 | 1,5 | 0,707 |
| Kapitalbeteiligungen (Z) | 2 | 0 | 2 | 0 |
| Finanzierungsmaßnahmen (V) | 2 | 0 | 2,5 | 0,707 |
| Finanzierungsmaßnahmen (Z) | 2 | 0 | 2,5 | 0,707 |
| Unternehmenskultur, -philosophie (V) | 2 | 0 | 1,5 | 0,707 |
| Unternehmenskultur, -philosophie (Z) | 2 | 0 | 2 | 0 |
| Gesellschaftliche Verantwortung (V) | 2 | 0 | 1 | 0 |
| Gesellschaftliche Verantwortung (Z) | 2 | 0 | 1 | 0 |
| Nachhaltiges Wirtschaften (V) | 2 | 0 | 1 | 0 |
| Nachhaltiges Wirtschaften (Z) | 2 | 0 | 1 | 0 |
| IC/IP-Statement (V) | 2 | 0 | 0,5 | 0,707 |
| IC/IP-Statement (Z) | 2 | 0 | 2,5 | 0,707 |
| Umweltbericht (V) | 2 | 0 | 0 | 0 |
| Umweltbericht (Z) | 2 | 0 | 0 | 0 |
| Aktienbesitz/Anteilseigner (V) | 2 | 0 | 2 | 0 |
| Aktienbesitz/Anteilseigner (Z) | 2 | 0 | 2 | 0 |
| Rechtliches Unternehmensumfeld (V) | 2 | 0 | 2 | 0 |
| Rechtliches Unternehmensumfeld (Z) | 2 | 0 | 2 | 0 |
| Wirtschaftliches Unternehmensumfeld (V) | 2 | 0 | 2 | 0 |
| Wirtschaftliches Unternehmensumfeld (Z) | 2 | 0 | 2 | 0 |
| Ökologisches Unternehmensumfeld (V) | 2 | 0 | 1 | 1,414 |
| Ökologisches Unternehmensumfeld (Z) | 2 | 0 | 1 | 1,414 |

Anhang 109: H-Test nach Kruskal und Wallis zur Relevanz unternehmensstrategischer Angaben nach der Branchenzugehörigkeit der Unternehmen

| | Chi-Quadrat | df | Asymp. Sig. |
|---|---|---|---|
| Geschäftsfelder (V) | 11,078 | 9 | ,270 |
| Geschäftsfelder (Z) | 9,357 | 9 | ,405 |
| Geschäftstätigkeit (V) | 8,978 | 9 | ,439 |
| Geschäftstätigkeit (Z) | 11,418 | 9 | ,248 |
| Festlegung der Kernkompetenzen (V) | 9,373 | 9 | ,404 |
| Festlegung der Kernkompetenzen (Z) | 11,104 | 9 | ,269 |
| Kauf/Verkauf von Geschäftsbereichen (V) | 13,992 | 9 | ,123 |
| Kauf/Verkauf von Geschäftsbereichen (Z) | 6,830 | 9 | ,655 |
| Konzernstruktur (V) | 12,220 | 9 | ,201 |
| Konzernstruktur (Z) | 5,397 | 9 | ,798 |
| Finanzierungsmaßnahmen (V) | 6,881 | 9 | ,649 |
| Finanzierungsmaßnahmen (Z) | 8,573 | 9 | ,478 |
| Kapitalbeteiligungen (V) | 11,344 | 9 | ,253 |
| Kapitalbeteiligungen (Z) | 17,924 | 9 | **0,036** ** |
| Standorte (V) | 10,683 | 9 | ,298 |
| Standorte (Z) | 5,644 | 9 | ,775 |
| Nachhaltiges Wirtschaften (V) | 16,637 | 9 | **0,055*** |
| Nachhaltiges Wirtschaften (Z) | 19,638 | 9 | **0,020** ** |
| Unternehmenskultur, -philosophie (V) | 15,576 | 9 | **0,076*** |
| Unternehmenskultur, -philosophie (Z) | 12,726 | 9 | ,175 |
| Gesellschaftliche Verantwortung (V) | 10,455 | 9 | ,315 |
| Gesellschaftliche Verantwortung (Z) | 12,842 | 9 | ,170 |
| Intellectual Capital/Property Statement (V) | 15,539 | 9 | **0,077*** |
| Intellectual Capital/Property Statement (Z) | 10,365 | 9 | ,322 |
| Umweltbericht (V) | 16,573 | 9 | **0,056*** |
| Umweltbericht (Z) | 11,691 | 9 | ,231 |

V = Vergangenheit; Z = Zukunft/Planangaben;
p<=0,01 (höchst signifikant); ** p<=0,05 (sehr signifikant); * p<=0,1 (signifikant)

Anhang 110: Paarweise Kolmogorow-Smirnow Z-Tests zu unternehmensstrategischen Angaben

Kapitalbeteiligungen (Z)

| | 1 | 2 | 3 | 4 | 5 | 6 | 7 | 8 | 9 | 10 |
|---|---|---|---|---|---|---|---|---|---|---|
| 1 | | | | | | | | | | |
| 2 | | | | | | | | | | |
| 3 | | | | | | | | | | |
| 4 | | | | | | | | | | |
| 5 | | | | | | | | | | |
| 6 | | | | | | | | | | |
| 7 | | | | | | | | | | |
| 8 | | | | | | | | | | |
| 9 | | | | | | | | | | |
| 10 | | | | | | | | | | |

Nachhaltiges Wirtschaften (V)

| | 1 | 2 | 3 | 4 | 5 | 6 | 7 | 8 | 9 | 10 |
|---|---|---|---|---|---|---|---|---|---|---|
| 1 | | | | | | | | | | |
| 2 | | | | | | | | | | |
| 3 | | | | | | | | | | |
| 4 | | | | | | | | | | |
| 5 | | | | | | | | | | |
| 6 | | | | | | | | | | |
| 7 | | | | | | | | | | |
| 8 | | | | | | | | | | |
| 9 | | | | | | | | | | |
| 10 | * | | | | | | | | | |

Nachhaltiges Wirtschaften (Z)

| | 1 | 2 | 3 | 4 | 5 | 6 | 7 | 8 | 9 | 10 |
|---|---|---|---|---|---|---|---|---|---|---|
| 1 | | | | | | | | | | |
| 2 | | | | | | | | | | |
| 3 | | | | | | | | | | |
| 4 | | | | | | | | | | |
| 5 | | | | | | | | | | |
| 6 | | | | | | | | | | |
| 7 | | | | | | | | | | |
| 8 | | | | | | | | | | |
| 9 | | | | | | | | | | |
| 10 | * | | | | * | | | | | |

Unternehmenskultur, -philosophie (V)

| | 1 | 2 | 3 | 4 | 5 | 6 | 7 | 8 | 9 | 10 |
|---|---|---|---|---|---|---|---|---|---|---|
| 1 | | | | | | | | | | |
| 2 | | | | | | | | | | |
| 3 | | | | | | | | | | |
| 4 | | | | | | | | | | |
| 5 | | | | | | | | | | |
| 6 | | | ** | | | | | | | |
| 7 | | | | | | * | | | | |
| 8 | | | | | | | | | | |
| 9 | | | | | | | | | | |
| 10 | | | | | | | | | | |

IC/IP-Statement (V)

| | 1 | 2 | 3 | 4 | 5 | 6 | 7 | 8 | 9 | 10 |
|---|---|---|---|---|---|---|---|---|---|---|
| 1 | | | | | | | | | | |
| 2 | | | | | | | | | | |
| 3 | | | | | | | | | | |
| 4 | | * | | | | | | | | |
| 5 | | | | | | | | | | |
| 6 | | | | * | | | | | | |
| 7 | | | | | | | | | | |
| 8 | | | | | | | | | | |
| 9 | | | | | | | | | | |
| 10 | | | | | | | | | | |

Umweltbericht (V)

| | 1 | 2 | 3 | 4 | 5 | 6 | 7 | 8 | 9 | 10 |
|---|---|---|---|---|---|---|---|---|---|---|
| 1 | | | | | | | | | | |
| 2 | | | | | | | | | | |
| 3 | | | | | | | | | | |
| 4 | | | | | | | | | | |
| 5 | | | | | | | | | | |
| 6 | | | | | | | | | | |
| 7 | | | | | | | | | | |
| 8 | | | | | | | | | | |
| 9 | | | | | | | | | | |
| 10 | | | | | | | | | | |

*** p<=0,01 (höchst signifikant); ** p<=0,05 (sehr signifikant); * p<=0,1 (signifikant)
V = Vergangenheit; Z = Zukunft/Planangaben

| | |
|---|---|
| 1 = Automobil/Transport | 6 = Bau |
| 2 = Einzelhandel/Konsum | 7 = Software/Technologien |
| 3 = Maschinenbau/Industrie | 8 = Chemie/Pharma/Biotechnologie |
| 4 = Versorger/Telekommunikation | 9 = IT Dienstleistungen/Internet |
| 5 = Banken/Finanzdienste/Versicherungen | 10 = Medien/Unterhaltung |

Anhang 111: H-Test nach Kruskal und Wallis zur Relevanz umfeldbezogener Angaben nach der Branchenzugehörigkeit der Unternehmen

| | Chi-Quadrat | df | Asymp. Sig. |
|---|---|---|---|
| Wirtschaftliches Unternehmensumfeld (V) | 8,713 | 9 | ,464 |
| Wirtschaftliches Unternehmensumfeld (Z) | 12,835 | 9 | ,170 |
| Aktienbesitz/Anteilseigner (V) | 11,120 | 9 | ,268 |
| Aktienbesitz/Anteilseigner (Z) | 9,153 | 9 | ,423 |
| Rechtliches Unternehmensumfeld (V) | 12,095 | 9 | ,208 |
| Rechtliches Unternehmensumfeld (Z) | 12,535 | 9 | ,185 |
| Ökologisches Unternehmensumfeld (V) | 30,161 | 9 | **,000*** ** |
| Ökologisches Unternehmensumfeld (Z) | 23,672 | 9 | **,005*** ** |

V = Vergangenheit; Z = Zukunft/Planangaben;
*** p<=0,01 (höchst signifikant); ** p<=0,05 (sehr signifikant); * p<=0,1 (signifikant)

Anhang 112: Paarweise Kolmogorow-Smirnow Z-Tests zu umfeldbezogenen Angaben

Ökologisches Unternehmensumfeld (V)

| | 1 | 2 | 3 | 4 | 5 | 6 | 7 | 8 | 9 | 10 |
|---|---|---|---|---|---|---|---|---|---|---|
| 1 | | | | | | | | | | |
| 2 | | | | | | | | | | |
| 3 | | | | | | | | | | |
| 4 | | ** | | | | | | | | |
| 5 | | | *** | ** | | | | | | |
| 6 | | | | | | | | | | |
| 7 | | | | * | | | | | | |
| 8 | | | | | * | | | | | |
| 9 | | | | ** | | | | * | | |
| 10 | | | | | | | | | | |

Ökologisches Unternehmensumfeld (Z)

| | 1 | 2 | 3 | 4 | 5 | 6 | 7 | 8 | 9 | 10 |
|---|---|---|---|---|---|---|---|---|---|---|
| 1 | | | | | | | | | | |
| 2 | | | | | | | | | | |
| 3 | | | | | | | | | | |
| 4 | | ** | | | | | | | | |
| 5 | | | * | ** | | | | | | |
| 6 | | | | | | | | | | |
| 7 | | | | | | | | | | |
| 8 | | | | | | | | | | |
| 9 | | | | | | | | | | |
| 10 | | | | | | | | | | |

*** p<=0,01 (höchst signifikant); ** p<=0,05 (sehr signifikant); * p<=0,1 (signifikant)
V = Vergangenheit; Z = Zukunft/Planangaben

| | |
|---|---|
| 1 = Automobil/Transport | 6 = Bau |
| 2 = Einzelhandel/Konsum | 7 = Software/Technologien |
| 3 = Maschinenbau/Industrie | 8 = Chemie/Pharma/Biotechnologie |
| 4 = Versorger/Telekommunikation | 9 = IT Dienstleistungen/Internet |
| 5 = Banken/Finanzdienste/Versicherungen | 10 = Medien/Unterhaltung |

Anhang 113: Branchen- und Indexzugehörigkeit der untersuchten Unternehmen

| Unternehmen | Branche | Index zum 16.04.2002 | Index zum 24.03.2003 |
|---|---|---|---|
| adidas-Salomon AG | Einzelhandel/Konsum | DAX | DAX |
| AGIV Real Estate AG | Maschinenbau/Industrie | MDAX | SDAX |
| Allianz AG | Banken/Finanzdienste/Versicherungen | DAX | DAX |
| Altana AG | Chemie/Pharma/Biotechnologie | MDAX | DAX |
| AMB Generali Holding AG | Banken/Finanzdienste/Versicherungen | MDAX | MDAX |
| AVA Allg. Handelsges. der VerbraucherAG | Einzelhandel/Konsum | MDAX | SDAX |
| AWD Holding AG | Banken/Finanzdienste/Versicherungen | MDAX | MDAX |
| Babcock Borsig AG | Maschinenbau/Industrie | MDAX | kein Index des PS |
| BASF AG | Chemie/Pharma/Biotechnologie | DAX | DAX |
| Bayer. Motorenwerke AG | Automobil/Transport | DAX | DAX |
| Bayer AG | Chemie/Pharma/Biotechnologie | DAX | DAX |
| Beate Uhse AG | Einzelhandel/Konsum | MDAX | SDAX |
| Beiersdorf AG | Chemie/Pharma/Biotechnologie | MDAX | MDAX |
| BERU AG | Automobil/Transport | MDAX | MDAX |
| Bilfinger Berger AG | Bau | MDAX | MDAX |
| BHW Holding AG | Banken/Finanzdienste/Versicherungen | MDAX | SDAX |
| Buderus AG | Maschinenbau/Industrie | MDAX | MDAX |
| Cargolifter AG | Automobil/Transport | MDAX | kein Index des PS |
| Celanese AG | Chemie/Pharma/Biotechnologie | MDAX | MDAX |
| Commerzbank AG | Banken/Finanzdienste/Versicherungen | DAX | DAX |
| Continental AG | Automobil/Transport | MDAX | MDAX |
| DaimlerChrysler AG | Automobil/Transport | DAX | DAX |
| Degussa AG | Chemie/Pharma/Biotechnologie | DAX | MDAX |
| Deutsche Börse AG | Banken/Finanzdienste/Versicherungen | MDAX | DAX |
| Deutsche Lufthansa AG | Automobil/Transport | DAX | DAX |
| Deutsche Bank AG | Banken/Finanzdienste/Versicherungen | DAX | DAX |
| Deutsche Post AG | Automobil/Transport | DAX | DAX |
| Deutsche Telekom AG | Versorger/Telekommunikation | DAX | DAX |
| DIS Deutscher Industrie Service AG | Maschinenbau/Industrie | MDAX | SDAX |
| DOUGLAS HOLDING AG | Einzelhandel/Konsum | MDAX | MDAX |
| Dürr AG | Maschinenbau/Industrie | MDAX | SDAX |
| Dyckerhoff AG | Bau | MDAX | MDAX |
| E.ON AG | Versorger/Telekommunikation | DAX | DAX |
| EPCOS AG | Software/Technologien | DAX | TecDAX/NEMAX50 |
| ESCADA AG | Einzelhandel/Konsum | MDAX | SDAX |
| Fielmann AG | Einzelhandel/Konsum | MDAX | SDAX |
| Fraport AG | Automobil/Transport | MDAX | MDAX |
| Fresenius AG | Chemie/Pharma/Biotechnologie | MDAX | MDAX |
| Fresenius Medical Care AG | Chemie/Pharma/Biotechnologie | DAX | DAX |
| GEHE AG | Chemie/Pharma/Biotechnologie | MDAX | MDAX |
| GERRY WEBER International AG | Einzelhandel/Konsum | MDAX | SDAX |
| GfK AG | Maschinenbau/Industrie | MDAX | SDAX |
| GILDEMEISTER AG | Maschinenbau/Industrie | MDAX | SDAX |
| Gold-Zack AG | Banken/Finanzdienste/Versicherungen | MDAX | kein Index des PS |
| Hannover Rückversicherungs-AG | Banken/Finanzdienste/Versicherungen | MDAX | MDAX |
| Heidelberger Druckmaschinen AG | Maschinenbau/Industrie | MDAX | MDAX |
| HeidelbergCement AG | Bau | MDAX | MDAX |
| Henkel KGaA | Einzelhandel/Konsum | DAX | DAX |
| HOCHTIEF AG | Bau | MDAX | MDAX |
| Hugo Boss AG | Einzelhandel/Konsum | MDAX | MDAX |
| PS = Prime Standard | | | |

| Unternehmen | Branche | Index zum 16.04.2002 | Index zum 24.03.2003 |
|---|---|---|---|
| Bayer. Hypo- und Vereinsbank AG | Banken/Finanzdienste/Versicherungen | DAX | DAX |
| IKB Deutsche Industriebank AG | Banken/Finanzdienste/Versicherungen | MDAX | MDAX |
| INDUS Holding AG | Maschinenbau/Industrie | MDAX | SDAX |
| Infineon Technologies AG | Software/Technologien | DAX | DAX |
| IVG Immobilien AG | Banken/Finanzdienste/Versicherungen | MDAX | MDAX |
| IWKA AG | Maschinenbau/Industrie | MDAX | MDAX |
| JENOPTIK AG | Software/Technologien | MDAX | TecDAX/NEMAX50 |
| Jungheinrich AG | Maschinenbau/Industrie | MDAX | SDAX |
| K + S AG | Maschinenbau/Industrie | MDAX | MDAX |
| Kamps AG | Einzelhandel/Konsum | MDAX | kein Index des PS |
| Karstadt Quelle AG | Einzelhandel/Konsum | MDAX | MDAX |
| Koenig & Bauer AG | Maschinenbau/Industrie | MDAX | MDAX |
| Kolbenschmidt Pierburg AG | Automobil/Transport | MDAX | SDAX |
| KRONES AG | Maschinenbau/Industrie | MDAX | MDAX |
| Linde AG | Maschinenbau/Industrie | DAX | DAX |
| Loewe AG | Software/Technologien | MDAX | SDAX |
| MAN AG | Maschinenbau/Industrie | DAX | DAX |
| Merck KGaA | Chemie/Pharma/Biotechnologie | MDAX | MDAX |
| METRO AG | Einzelhandel/Konsum | DAX | DAX |
| mg technologies AG | Maschinenbau/Industrie | MDAX | MDAX |
| MLP AG | Banken/Finanzdienste/Versicherungen | DAX | DAX |
| Münch. Rückversicherungs-Ges. AG | Banken/Finanzdienste/Versicherungen | DAX | DAX |
| Norddeutsche Affinerie AG | Maschinenbau/Industrie | MDAX | MDAX |
| Phoenix AG | Automobil/Transport | MDAX | SDAX |
| Preussag AG (inzwischen TUI AG) | Automobil/Transport | DAX | DAX |
| ProSiebenSat.1 Media AG | Einzelhandel/Konsum | MDAX | MDAX |
| PUMA AG | Einzelhandel/Konsum | MDAX | MDAX |
| Rheinmetall AG | Maschinenbau/Industrie | MDAX | MDAX |
| RHOEN-KLINIKUM AG | Chemie/Pharma/Biotechnologie | MDAX | MDAX |
| RWE AG | Versorger/Telekommunikation | DAX | DAX |
| Salzgitter AG | Maschinenbau/Industrie | MDAX | MDAX |
| SAP AG | Software/Technologien | DAX | DAX |
| Schering AG | Chemie/Pharma/Biotechnologie | DAX | DAX |
| Schwarz Pharma AG | Chemie/Pharma/Biotechnologie | MDAX | MDAX |
| SGL Carbon AG | Maschinenbau/Industrie | MDAX | MDAX |
| Siemens AG | Software/Technologien | DAX | DAX |
| Sixt AG | Automobil/Transport | MDAX | SDAX |
| Software AG | Software/Technologien | MDAX | TecDAX/NEMAX50 |
| STADA Arzneimittel AG | Chemie/Pharma/Biotechnologie | MDAX | MDAX |
| Stinnes AG | Automobil/Transport | MDAX | kein Index des PS |
| Südzucker AG | Einzelhandel/Konsum | MDAX | MDAX |
| Techem AG | Maschinenbau/Industrie | MDAX | MDAX |
| tecis Holding AG | Banken/Finanzdienste/Versicherungen | MDAX | kein Index des PS |
| ThyssenKrupp AG | Maschinenbau/Industrie | DAX | DAX |
| Volkswagen AG | Automobil/Transport | DAX | DAX |
| Vossloh AG | Software/Technologien | MDAX | MDAX |
| WCM Beteiligungs- und Grundbesitz AG | Banken/Finanzdienste/Versicherungen | MDAX | MDAX |
| WEDECO AG | Chemie/Pharma/Biotechnologie | MDAX | TecDAX/NEMAX50 |
| Wella AG | Chemie/Pharma/Biotechnologie | MDAX | MDAX |
| Zapf Creation AG | Einzelhandel/Konsum | MDAX | MDAX |
| PS = Prime Standard | | | |

Anhang 114: Obligatorische Berichtselemente in den Geschäftsberichten der DAX 100-Unternehmen nach Branchenzugehörigkeit der Unternehmen

| | | Banken, Finanz-dienste, Ver-sicherungen | | Chemie, Pharma, Biotech-nologie | | Einzel-handel, Konsum | | Auto-mobil, Trans-port | | Maschi-nenbau, Industrie | | Versorger, Telekommu-nikation | | Soft-ware, Techno-logien | | Bau | | Ø | |
|---|---|---|---|---|---|---|---|---|---|---|---|---|---|---|---|---|---|---|---|
| | | V | Z | V | Z | V | Z | V | Z | V | Z | V | Z | V | Z | V | Z | V | Z |
| **Bilanz** | 99 | | 0 | | 0 | | 0 | | 0 | | 0 | | 0 | | 0 | | 0 | | 0 |
| | 00 | | 0 | | 0 | | 0 | | 0 | | 0 | | 0 | | 0 | | 0 | | 0 |
| | 01 | | 0 | | 0 | | 0 | | 0 | | 0 | | 0 | | 0 | | 0 | | 0 |
| | 02 | | 0 | | 0 | | 0 | | 0 | | 0 | | 0 | | 0 | | 0 | | 0 |
| **GuV-Rechnung** | 99 | | 0 | | 0 | | 0 | | 0 | | 0 | | 0 | | 0 | | 0 | | 0 |
| | 00 | | 0 | | 0 | | 0 | | 0 | | 0 | | 0 | | 0 | | 0 | | 0 |
| | 01 | | 0 | | 0 | | 0 | | 0 | | 0 | | 0 | | 0 | | 0 | | 0 |
| | 02 | | 0 | | 0 | | 0 | | 0 | | 0 | | 0 | | 0 | | 0 | | 0 |
| **Lagebericht/ MD&A** | 99 | | 0 | | 0 | | 0 | | 0 | | 0 | | 0 | | 0 | | 0 | | 0 |
| | 00 | | 0 | | 0 | | 0 | | 0 | | 0 | | 0 | | 0 | | 0 | | 0 |
| | 01 | | 0 | | 0 | | 0 | | 0 | | 0 | | 0 | | 0 | | 0 | | 0 |
| | 02 | | 0 | | 0 | | 0 | | 0 | | 0 | | 0 | | 0 | | 0 | | 0 |
| **Kapitalfluss-rechnung/ Cash Flows** | 99 | | 0 | | 0 | | 0 | | 7,1 | | 0 | | 0 | | 0 | | 0 | | 1 |
| | 00 | | 0 | | 0 | | 0 | | 7,1 | | 0 | | 0 | | 0 | | 0 | | 1 |
| | 01 | | 0 | | 0 | | 0 | | 0 | | 0 | | 0 | | 0 | | 0 | | 0 |
| | 02 | | 0 | | 0 | | 0 | | 7,1 | | 0 | | 0 | | 0 | | 0 | | 1 |
| **Segment-bericht** | 99 | | 0 | | 0 | | 0 | | 0 | | 0 | | 0 | | 14,3 | | 0 | | 1 |
| | 00 | | 0 | | 0 | | 0 | | 0 | | 0 | | 0 | | 12,5 | | 0 | | 1 |
| | 01 | | 0 | | 0 | | 0 | | 0 | | 0 | | 0 | | 12,5 | | 0 | | 1 |
| | 02 | | 0 | | 0 | | 0 | | 0 | | 0 | | 0 | | 12,5 | | 0 | | 1 |
| **Eigenkapital-spiegel** | 99 | 43,8 | 0 | 37,5 | 0 | 25 | 0 | 28,6 | 0 | | 0 | 100 | 0 | 87,5 | 0 | 50 | 0 | 44 | 52,5 |
| | 00 | 62,5 | 0 | 50 | 0 | 25 | 0 | 28,6 | 0 | 52,2 | 0 | 100 | 0 | 87,5 | 0 | 75 | 0 | 51 | 0 |
| | 01 | 53,3 | 0 | 62,5 | 0 | 56,3 | 0 | 42,9 | 0 | 56,5 | 0 | 100 | 0 | 100 | 0 | 75 | 0 | 61 | 0 |
| | 02 | 85,7 | 0 | 87,5 | 0 | 78 | 6,3 | 76,9 | 0 | 91,3 | 0 | 100 | 0 | 100 | 0 | 100 | 0 | 87 | 1 |

(V = Vergangenheit; Z = Zukunft/Planangaben; Angaben jeweils in %; Ø = Unternehmensdurchschnitt)

Anhang 115: Angaben über die Entwicklung des Unternehmenswertes in den Geschäftsberichten der DAX 100-Unternehmen nach Branchenzugehörigkeit der Unternehmen

| | | Banken, Finanzdienste, Versicherungen | | Chemie, Pharma, Biotechnologie | | Einzelhandel, Konsum | | Automobil, Transport | | Maschinenbau, Industrie | | Versorger, Telekommunikation | | Software, Technologien | | Bau | | Ø | |
|---|---|---|---|---|---|---|---|---|---|---|---|---|---|---|---|---|---|---|---|
| | | V | Z | V | Z | V | Z | V | Z | V | Z | V | Z | V | Z | V | Z | V | Z |
| Kapitalrenditen | 99 | 75 | 6,3 | 81,3 | 6,3 | 56,3 | 0 | 78,6 | 0 | 82,6 | 8,7 | 50 | 0 | 85,7 | 0 | 50 | 0 | 75 | 4 |
| | 00 | 87,5 | 12,5 | 81,3 | 12,5 | 75 | 12,5 | 78,6 | 7,1 | 82,6 | 17,4 | 33,3 | 0 | 62,5 | 12,5 | 75 | 0 | 79 | 13 |
| | 01 | 86,7 | 6,7 | 81,3 | 12,5 | 68,8 | 12,5 | 64,3 | 0 | 78,3 | 4,3 | 66,7 | 0 | 62,5 | 0 | 100 | 0 | 76 | 6 |
| | 02 | 57,1 | 7,1 | 56,3 | 0 | 75 | 6,3 | 84,6 | 0 | 60,9 | 17,4 | 66,7 | 33,3 | 50 | 0 | 75 | 0 | 65 | 7 |
| EBIT/EBITA/ EBITDA | 99 | 43,8 | 0 | 68,8 | 6,3 | 62,5 | 6,3 | 71,4 | 0 | 63,6 | 0 | 50 | 0 | 85,7 | 14,3 | 25 | 0 | 63 | 3 |
| | 00 | 37,5 | 0 | 93,8 | 12,5 | 75 | 18,8 | 78,6 | 7,1 | 78,3 | 8,7 | 66,7 | 0 | 100 | 25 | 50 | 0 | 74 | 10 |
| | 01 | 53,3 | 6,7 | 93,8 | 25 | 75 | 6,3 | 78,6 | 0 | 91,3 | 8,7 | 100 | 0 | 87,5 | 25 | 50 | 0 | 80 | 10 |
| | 02 | 57,1 | 0 | 87,5 | 6,3 | 87,5 | 18,8 | 100 | 0 | 100 | 8,7 | 100 | 0 | 87,5 | 12,5 | 100 | 0 | 89 | 8,2 |
| Mehrperiodische Entwicklung der Steuerungskennzahl | 99 | 56,3 | 0 | 62,5 | 0 | 68,8 | 0 | 57,1 | 0 | 56,5 | 0 | 100 | 0 | 42,9 | 0 | 100 | 0 | 61 | 0 |
| | 00 | 50 | 0 | 62,5 | 0 | 75 | 0 | 50 | 0 | 56,5 | 0 | 66,7 | 0 | 37,5 | 0 | 100 | 0 | 59 | 0 |
| | 01 | 60 | 0 | 68,8 | 0 | 75 | 0 | 50 | 0 | 52,2 | 0 | 100 | 0 | 62,5 | 0 | 100 | 0 | 64 | 0 |
| | 02 | 71,4 | 0 | 81,3 | 0 | 81,3 | 0 | 84,6 | 0 | 73,9 | 0 | 100 | 0 | 75 | 0 | 100 | 0 | 79 | 0 |
| Wertorientiertes Vergütungssystem | 99 | 31,3 | 6,3 | 43,8 | 0 | 12,5 | 0 | 28,6 | 0 | 21,7 | 4,3 | 50 | 50 | 57,1 | 0 | 25 | 0 | 30 | 3 |
| | 00 | 43,8 | 6,3 | 50 | 0 | 25 | 6,3 | 42,9 | 0 | 39,1 | 4,3 | 66,7 | 33,3 | 62,5 | 0 | 25 | 0 | 42 | 4 |
| | 01 | 53,3 | 6,7 | 37,5 | 0 | 25 | 0 | 42,9 | 0 | 43,5 | 4,3 | 100 | 0 | 62,5 | 0 | 0 | 0 | 42 | 2 |
| | 02 | 50 | 0 | 37,5 | 0 | 31,3 | 0 | 46,2 | 0 | 73,9 | 0 | 66,7 | 0 | 75 | 0 | 50 | 0 | 53 | 0 |
| Nennung wertorientierter Steuerungskonzepte | 99 | 25 | | 25 | | 18,8 | | 28,6 | | 8,7 | | 50 | | 42,9 | | 25 | | 22 | |
| | 00 | 31,3 | | 25 | | 25 | | 35,7 | | 21,7 | | 66,7 | | 37,5 | | 25 | | 29 | |
| | 01 | 40 | | 31,3 | | 31,3 | | 42,9 | | 21,7 | | 100 | | 25 | | 75 | | 35 | |
| | 02 | 28,6 | | 18,8 | | 37,5 | | 46,2 | | 34,8 | | 66,7 | | 25 | | 75 | | 35 | |
| Wertschöpfungsrechnung | 99 | 25 | 0 | 43,8 | 0 | 31,3 | 0 | 42,9 | 0 | 21,7 | 0 | 0 | 0 | 28,6 | 0 | 50 | 0 | 32 | 0 |
| | 00 | 12,5 | 0 | 31,3 | 0 | 18,8 | 0 | 35,7 | 0 | 21,7 | 0 | 0 | 0 | 37,5 | 0 | 50 | 0 | 25 | 0 |
| | 01 | 20 | 0 | 25 | 0 | 25 | 0 | 35,7 | 0 | 21,7 | 0 | 0 | 0 | 25 | 0 | 50 | 0 | 25 | 0 |
| | 02 | 28,6 | 0 | 37,5 | 0 | 12,5 | 0 | 38,5 | 0 | 80,4 | 0 | 0 | 0 | 25 | 0 | 50 | 0 | 29 | 0 |
| Erläuterung d. wertorientierten Steuerungskonzepte | 99 | 12,5 | 0 | 18,8 | 0 | 0 | 6,3 | 7,1 | 0 | 17,4 | 0 | 50 | 0 | 28,6 | 0 | 25 | 0 | 14 | 1 |
| | 00 | 12,5 | 0 | 25 | 0 | 18,8 | 6,3 | 21,4 | 0 | 13 | 0 | 66,7 | 0 | 25 | 0 | 25 | 0 | 20 | 1 |
| | 01 | 20 | 0 | 25 | 0 | 25 | 0 | 35,7 | 7,1 | 13 | 0 | 66,7 | 0 | 12,5 | 12,5 | 50 | 25 | 24 | 3 |
| | 02 | 21,4 | 0 | 6,3 | 0 | 37,5 | 0 | 38,5 | 0 | 21,7 | 4,3 | 66,7 | 0 | 12,5 | 0 | 75 | 0 | 27 | 1 |
| Quantifizierung der Steuerungskennzahl (GU) | 99 | 0 | 0 | 18,8 | 0 | 0 | 0 | 7,1 | 0 | 8,7 | 0 | 0 | 0 | 28,6 | 0 | 0 | 0 | 8 | 0 |
| | 00 | 0 | 0 | 18,8 | 0 | 0 | 6,3 | 21,4 | 7,1 | 17,4 | 0 | 33,3 | 0 | 25 | 0 | 0 | 0 | 13 | 2 |
| | 01 | 0 | 0 | 18,8 | 0 | 0 | 6,3 | 28,6 | 7,1 | 17,4 | 0 | 66,7 | 0 | 12,5 | 0 | 25 | 0 | 15 | 2 |
| | 02 | 7,1 | 0 | 12,5 | 0 | 43,8 | 0 | 38,5 | 0 | 43,5 | 8,7 | 66,7 | 0 | 25 | 0 | 50 | 0 | 32 | 2 |
| Kapitalkosten (Gesamtunternehmen) | 99 | 0 | 0 | U | 0 | 0 | 0 | 14,3 | 0 | 13 | 0 | 50 | 0 | 0 | 0 | 25 | 0 | 7 | 0 |
| | 00 | 6,3 | 0 | 12,5 | 0 | 6,3 | 0 | 7,1 | 0 | 13 | 0 | 66,7 | 0 | 0 | 0 | 25 | 0 | 11 | 0 |
| | 01 | 6,7 | 0 | 6,3 | 0 | 18,8 | 0 | 14,3 | 0 | 17,4 | 0 | 66,7 | 0 | 0 | 0 | 50 | 0 | 15 | 0 |
| | 02 | 7,1 | 0 | 12,5 | 0 | 31,3 | 0 | 23,1 | 0 | 17,4 | 0 | 66,7 | 33,3 | 0 | 0 | 75 | 0 | 21 | 1 |
| Quantifizierung der Steuerungskennzahl (GB) | 99 | 0 | 0 | 18,8 | 0 | 0 | 0 | 14,3 | 7,1 | 0 | 0 | 0 | 0 | 28,6 | 0 | 0 | 0 | 7 | 1 |
| | 00 | 0 | 0 | 18,8 | 0 | 0 | 0 | 14,3 | 7,1 | 0 | 0 | 33,3 | 0 | 25 | 0 | 0 | 0 | 8 | 1 |
| | 01 | 0 | 0 | 18,8 | 0 | 0 | 0 | 21,4 | 7,1 | 4,3 | 0 | 66,7 | 0 | 12,5 | 0 | 25 | 0 | 11 | 1 |
| | 02 | 0 | 0 | 18,8 | 0 | 12,5 | 0 | 30,8 | 0 | 13 | 0 | 66,7 | 0 | 12,5 | 0 | 25 | 0 | 17 | 0 |

(V = Vergangenheit; Z = Zukunft/Planangaben; Angaben jeweils in %; Ø = Unternehmensdurchschnitt; GU = Gesamtunternehmen; GB = Geschäftsbereiche)

| | | Banken, Finanzdienste, Versicherungen | | Chemie, Pharma, Biotechnologie | | Einzelhandel, Konsum | | Automobil, Transport | | Maschinenbau, Industrie | | Versorger, Telekommunikation | | Software, Technologien | | Bau | | Ø | |
|---|---|---|---|---|---|---|---|---|---|---|---|---|---|---|---|---|---|---|---|
| | | V | Z | V | Z | V | Z | V | Z | V | Z | V | Z | V | Z | V | Z | V | Z |
| **EVA** | 99 | 6,3 | 0 | 0 | 0 | 0 | 0 | 0 | 0 | 13 | 0 | 0 | 0 | 12,5 | 0 | 0 | 0 | 5 | 0 |
| | 00 | 6,3 | 0 | 0 | 0 | 12,5 | 12,5 | 0 | 0 | 17,4 | 0 | 0 | 0 | 12,5 | 0 | 0 | 0 | 8 | 2 |
| | 01 | 20 | 0 | 0 | 0 | 25 | 0 | 0 | 0 | 17,4 | 0 | 0 | 0 | 0 | 0 | 0 | 25 | 11 | 1 |
| | 02 | 7,1 | 0 | 0 | 0 | 31,3 | 0 | 0 | 0 | 13 | 0 | 0 | 0 | 0 | 0 | 0 | 25 | 9 | 1 |
| **Value at Risk** | 99 | 18,8 | 0 | 0 | 0 | 0 | 0 | 14,3 | 0 | 0 | 0 | 0 | 0 | 0 | 0 | 0 | 0 | 5 | 0 |
| | 00 | 25 | 0 | 0 | 0 | 0 | 0 | 14,3 | 0 | 0 | 0 | 0 | 0 | 0 | 0 | 0 | 0 | 6 | 0 |
| | 01 | 33,3 | 0 | 0 | 0 | 0 | 0 | 14,3 | 0 | 0 | 0 | 0 | 0 | 0 | 0 | 0 | 0 | 7 | 0 |
| | 02 | 35,7 | 0 | 0 | 0 | 0 | 0 | 15,4 | 0 | 4,3 | 0 | 0 | 0 | 0 | 0 | 0 | 0 | 8 | 0 |
| **Kapitalkosten (Geschäftsbereiche)** | 99 | 0 | 0 | 0 | 0 | 0 | 0 | 0 | 0 | 4,3 | 0 | 50 | 0 | 14,7 | 0 | 0 | 0 | 3 | 0 |
| | 00 | 0 | 0 | 0 | 0 | 0 | 0 | 0 | 0 | 4,3 | 0 | 66,7 | 0 | 12,5 | 0 | 0 | 0 | 4 | 0 |
| | 01 | 0 | 0 | 0 | 0 | 0 | 0 | 7,1 | 0 | 4,3 | 0 | 66,7 | 0 | 12,5 | 0 | 25 | 0 | 6 | 0 |
| | 02 | 0 | 0 | 6,3 | 0 | 0 | 0 | 15,4 | 0 | 4,3 | 0 | 66,7 | 0 | 12,5 | 0 | 50 | 0 | 9 | 0 |
| **Ermittlung des Kapitalkostensatzes** | 99 | 0 | 0 | 0 | 0 | 0 | 0 | 0 | 0 | 4,3 | 0 | 50 | 0 | 0 | 0 | 0 | 0 | 2 | 0 |
| | 00 | 0 | 0 | 0 | 0 | 0 | 0 | 0 | 0 | 4,3 | 0 | 0 | 0 | 0 | 0 | 0 | 0 | 1 | 0 |
| | 01 | 0 | 0 | 0 | 0 | 6,3 | 0 | 14,3 | 0 | 8,7 | 0 | 33,3 | 0 | 0 | 0 | 25 | 0 | 7 | 0 |
| | 02 | 0 | 0 | 0 | 0 | 18,8 | 0 | 7,7 | 0 | 8,7 | 0 | 66,7 | 0 | 0 | 0 | 25 | 0 | 9 | 0 |
| **Anders bewertete Posten** | 99 | 6,3 | 0 | 0 | 0 | 0 | 0 | 7,1 | 0 | 0 | 0 | 0 | 0 | 0 | 0 | 0 | 0 | 2 | 0 |
| | 00 | 6,3 | 0 | 0 | 0 | 0 | 0 | 7,1 | 0 | 0 | 0 | 0 | 0 | 0 | 0 | 0 | 0 | 2 | 0 |
| | 01 | 13,3 | 0 | 0 | 0 | 0 | 0 | 7,1 | 0 | 0 | 0 | 0 | 0 | 0 | 0 | 0 | 0 | 3 | 0 |
| | 02 | 14,3 | 0 | 0 | 0 | 0 | 0 | 7,7 | 0 | 4,3 | 0 | 33,3 | 0 | 0 | 0 | 0 | 0 | 5 | 0 |
| **Beta-Fakor (Gesamtunternehmen)** | 99 | 0 | 0 | 0 | 0 | 0 | 0 | 0 | 0 | 0 | 0 | 0 | 0 | 0 | 0 | 0 | 0 | 0 | 0 |
| | 00 | 0 | 0 | 0 | 0 | 0 | 0 | 0 | 0 | 0 | 0 | 33,3 | 0 | 0 | 0 | 0 | 0 | 1 | 0 |
| | 01 | 0 | 0 | 0 | 0 | 6,3 | 0 | 7,1 | 0 | 4,3 | 0 | 33,3 | 0 | 0 | 0 | 0 | 0 | 4 | 0 |
| | 02 | 14,3 | 0 | 0 | 0 | 0 | 0 | 0 | 0 | 4,3 | 0 | 33,3 | 0 | 0 | 0 | 25 | 0 | 5 | 0 |
| **CVA** | 99 | 0 | 0 | 0 | 0 | 0 | 0 | 7,1 | 0 | 0 | 0 | 0 | 0 | 0 | 0 | 0 | 0 | 1 | 0 |
| | 00 | 0 | 0 | 0 | 0 | 0 | 0 | 14,3 | 0 | 0 | 0 | 0 | 0 | 0 | 0 | 0 | 0 | 2 | 0 |
| | 01 | 0 | 0 | 0 | 0 | 0 | 0 | 14,3 | 0 | 0 | 0 | 0 | 0 | 0 | 0 | 0 | 0 | 2 | 0 |
| | 02 | 0 | 0 | 0 | 0 | 0 | 0 | 15,4 | 0 | 0 | 0 | 0 | 0 | 0 | 0 | 0 | 0 | 2 | 0 |
| **Vergleich von Ist- und Planwerten** | 99 | 0 | | 6,3 | | 0 | | 0 | | 0 | | 0 | | 0 | | 0 | | 1 | |
| | 00 | 0 | | 6,3 | | 0 | | 7,1 | | 0 | | 0 | | 0 | | 0 | | 2 | |
| | 01 | 0 | | 0 | | 0 | | 7,1 | | 0 | | 0 | | 0 | | 0 | | 1 | |
| | 02 | 0 | | 0 | | 0 | | 0 | | 0 | | 0 | | 0 | | 0 | | 0 | |
| **Beta-Faktor (Geschäftsbereiche)** | 99 | 0 | 0 | 0 | 0 | 0 | 0 | 0 | 0 | 0 | 0 | 50 | 0 | 0 | 0 | 0 | 0 | 1 | 0 |
| | 00 | 0 | 0 | 0 | 0 | 0 | 0 | 0 | 0 | 0 | 0 | 33,3 | 0 | 0 | 0 | 0 | 0 | 1 | 0 |
| | 01 | 0 | 0 | 0 | 0 | 0 | 0 | 0 | 0 | 0 | 0 | 33,3 | 0 | 0 | 0 | 0 | 0 | 1 | 0 |
| | 02 | 0 | 0 | 0 | 0 | 0 | 0 | 0 | 0 | 0 | 0 | 0 | 0 | 0 | 0 | 0 | 0 | 0 | 0 |

(V = Vergangenheit; Z = Zukunft/Planangaben; Angaben jeweils in %; Ø = Unternehmensdurchschnitt)

Anhang 116: Angaben über die Wertentwicklung für die Kapitalgeber in den Geschäftsberichten der DAX 100-Unternehmen nach Branchenzugehörigkeit der Unternehmen

| | | Banken, Finanzdienste, Versicherungen | | Chemie, Pharma, Biotechnologie | | Einzelhandel, Konsum | | Automobil, Transport | | Maschinenbau, Industrie | | Versorger, Telekommunikation | | Software, Technologien | | Bau | | Ø | |
|---|---|---|---|---|---|---|---|---|---|---|---|---|---|---|---|---|---|---|---|
| | | V | Z | V | Z | V | Z | V | Z | V | Z | V | Z | V | Z | V | Z | V | Z |
| **Earnings per Share** | 99 | 87,5 | 0 | 93,8 | 0 | 93,8 | 0 | 71,4 | 0 | 86,4 | 0 | 100 | 0 | 85,7 | 0 | 100 | 0 | 89 | 0 |
| | 00 | 93,8 | 6,3 | 100 | 6,3 | 100 | 0 | 92,9 | 0 | 100 | 4,3 | 100 | 0 | 100 | 12,5 | 100 | 0 | 98 | 4 |
| | 01 | 100 | 0 | 100 | 0 | 100 | 0 | 92,9 | 0 | 100 | 0 | 100 | 0 | 100 | 12,5 | 100 | 0 | 99 | 1 |
| | 02 | 92,9 | 0 | 100 | 0 | 93,8 | 6,3 | 100 | 0 | 95,7 | 0 | 100 | 0 | 100 | 12,5 | 100 | 0 | 97 | 2 |
| **Aktienkursentwicklung** | 99 | 75 | 0 | 100 | 0 | 81,3 | 0 | 71,4 | 0 | 95,7 | 4,3 | 100 | 0 | 100 | 0 | 100 | 0 | 88 | 1 |
| | 00 | 87,5 | 0 | 93,8 | 0 | 93,8 | 0 | 85,7 | 0 | 95,7 | 0 | 100 | 0 | 87,5 | 0 | 100 | 0 | 92 | 0 |
| | 01 | 93,3 | 0 | 93,8 | 0 | 100 | 0 | 100 | 0 | 95,7 | 0 | 100 | 0 | 87,5 | 0 | 100 | 0 | 96 | 0 |
| | 02 | 92,9 | 7,1 | 100 | 0 | 87,5 | 0 | 92,3 | 0 | 95,7 | 0 | 100 | 0 | 100 | 0 | 100 | 0 | 95 | 1 |
| **Relative Performance der Aktie/Benchmarks** | 99 | 68,8 | 0 | 93,8 | 0 | 43,8 | 0 | 50 | 0 | 78,3 | 0 | 100 | 0 | 71,4 | 0 | 100 | 0 | 70 | 0 |
| | 00 | 75 | 0 | 87,5 | 0 | 56,3 | 0 | 78,6 | 0 | 82,6 | 0 | 100 | 0 | 62,5 | 0 | 100 | 0 | 77 | 0 |
| | 01 | 93,3 | 0 | 100 | 0 | 87,5 | 0 | 92,9 | 0 | 91,3 | 0 | 100 | 0 | 87,5 | 0 | 75 | 0 | 92 | 0 |
| | 02 | 92,9 | 0 | 100 | 0 | 91,3 | 0 | 100 | 0 | 95,7 | 0 | 100 | 0 | 100 | 0 | 100 | 0 | 95 | 0 |
| **Cash Flow per Share** | 99 | 0 | 0 | 37,5 | 0 | 43,8 | 0 | 28,6 | 0 | 52,5 | 0 | 100 | 0 | 0 | 0 | 25 | 0 | 33 | 0 |
| | 00 | 6,3 | 0 | 43,8 | 0 | 62,5 | 0 | 35,7 | 0 | 56,5 | 0 | 66,7 | 0 | 12,5 | 0 | 25 | 0 | 40 | 0 |
| | 01 | 13,3 | 0 | 43,8 | 0 | 68,8 | 0 | 35,7 | 0 | 52,5 | 0 | 66,7 | 0 | 12,5 | 0 | 25 | 0 | 41 | 0 |
| | 02 | 14,3 | 0 | 50 | 0 | 62,5 | 0 | 46,2 | 0 | 56,5 | 0 | 66,7 | 0 | 25 | 0 | 50 | 0 | 46 | 0 |
| **Relative Perforrmance der Aktie/Branchenindizes** | 99 | 31,3 | 0 | 37,5 | 0 | 25 | 0 | 35,7 | 0 | 21,7 | 0 | 50 | 0 | 28,6 | 0 | 50 | 0 | 31 | 0 |
| | 00 | 37,5 | 0 | 25 | 0 | 25 | 0 | 35,7 | 0 | 21,7 | 0 | 100 | 0 | 50 | 0 | 25 | 0 | 32 | 0 |
| | 01 | 46,7 | 0 | 50 | 0 | 43,8 | 0 | 50 | 0 | 30,4 | 0 | 100 | 0 | 25 | 0 | 50 | 0 | 43 | 0 |
| | 02 | 57,1 | 0 | 31,3 | 0 | 37,5 | 0 | 30,8 | 0 | 34,8 | 0 | 66,7 | 0 | 37,5 | 0 | 75 | 0 | 40 | 0 |
| **Dividendenrendite** | 99 | 25 | 0 | 25 | 0 | 37,5 | 0 | 35,7 | 0 | 34,8 | 0 | 0 | 0 | 14,3 | 0 | 25 | 0 | 30 | 0 |
| | 00 | 18,8 | 0 | 18,8 | 0 | 50 | 0 | 35,7 | 0 | 52,2 | 0 | 0 | 0 | 12,5 | 0 | 25 | 0 | 33 | 0 |
| | 01 | 6,7 | 0 | 18,8 | 0 | 56,3 | 0 | 14,3 | 0 | 56,5 | 0 | 33,3 | 0 | 25 | 0 | 0 | 0 | 31 | 0 |
| | 02 | 28,6 | 0 | 31,3 | 0 | 50 | 0 | 53,8 | 0 | 56,5 | 0 | 66,7 | 0 | 12,5 | 0 | 25 | 0 | 42 | 0 |
| **Dividendenentwicklung** | 99 | 25 | 0 | 43,8 | 0 | 18,8 | 0 | 14,3 | 0 | 26,1 | 0 | 50 | 0 | 0 | 0 | 0 | 0 | 24 | 0 |
| | 00 | 25 | 0 | 25 | 0 | 25 | 0 | 14,3 | 0 | 21,7 | 4,3 | 33,3 | 0 | 0 | 0 | 0 | 0 | 20 | 1 |
| | 01 | 20 | 0 | 31,3 | 0 | 12,5 | 0 | 14,3 | 0 | 39,1 | 0 | 33,3 | 0 | 0 | 0 | 0 | 0 | 22 | 0 |
| | 02 | 28,6 | 0 | 68,8 | 0 | 37,5 | 0 | 38,5 | 0 | 65,2 | 0 | 33,3 | 0 | 50 | 0 | 100 | 0 | 52 | 0 |
| **Kredit-Ratings** | 99 | 31,3 | 0 | 12,5 | 0 | 18,8 | 0 | 21,4 | 0 | 4,3 | 0 | 0 | 0 | 14,3 | 0 | 50 | 0 | 17 | 0 |
| | 00 | 50 | 0 | 0 | 0 | 18,8 | 0 | 21,7 | 0 | 4,3 | 0 | 33,3 | 0 | 25 | 0 | 25 | 0 | 19 | 0 |
| | 01 | 53,3 | 0 | 12,5 | 6,3 | 12,5 | 0 | 42,9 | 7,1 | 13 | 0 | 66,7 | 0 | 25 | 0 | 25 | 0 | 26 | 2 |
| | 02 | 57,1 | 0 | 18,8 | 0 | 18,8 | 0 | 46,2 | 0 | 13 | 0 | 100 | 0 | 25 | 0 | 50 | 0 | 31 | 0 |
| **Entwicklung eines langfristigen Musterdepots** | 99 | 18,8 | 0 | 25 | 0 | 31,3 | 0 | 7,1 | 0 | 8,7 | 0 | 100 | 0 | 14,3 | 0 | 0 | 0 | 18 | 0 |
| | 00 | 18,8 | 0 | 25 | 0 | 6,3 | 0 | 14,3 | 0 | 13 | 0 | 100 | 0 | 12,5 | 0 | 0 | 0 | 17 | 0 |
| | 01 | 20 | 0 | 12,5 | 0 | 6,3 | 0 | 14,3 | 0 | 21,7 | 0 | 100 | 0 | 0 | 0 | 0 | 0 | 16 | 0 |
| | 02 | 14,3 | 0 | 18,8 | 0 | 6,3 | 0 | 7,7 | 0 | 8,7 | 0 | 66,7 | 0 | 0 | 0 | 0 | 0 | 11 | 0 |
| **Aktienrendite** | 99 | 0 | 0 | 12,5 | 0 | 6,3 | 0 | 14,3 | 0 | 0 | 0 | 50 | 0 | 29,6 | 0 | 25 | 0 | 9 | 0 |
| | 00 | 6,3 | 0 | 12,5 | 0 | 0 | 0 | 14,3 | 0 | 0 | 0 | 0 | 0 | 25 | 0 | 25 | 0 | 8 | 0 |
| | 01 | 6,7 | 0 | 6,3 | 0 | 0 | 0 | 0 | 0 | 4,3 | 0 | 0 | 0 | 25 | 0 | 25 | 0 | 6 | 0 |
| | 02 | 14,3 | 0 | 18,8 | 0 | 0 | 0 | 7,7 | 0 | 0 | 0 | 0 | 0 | 25 | 0 | 25 | 0 | 9 | 0 |
| **Erläuterung ungewöhnlicher Kursausschläge** | 99 | 0 | | 6,3 | | 0 | | 7,1 | | 0 | | 0 | | 14,3 | | 0 | | 3 | |
| | 00 | 0 | | 6,3 | | 6,3 | | 0 | | 4,3 | | 0 | | 12,5 | | 0 | | 4 | |
| | 01 | 66,7 | | 25 | | 25 | | 42,9 | | 26,1 | | 33,3 | | 12,5 | | 0 | | 32 | |
| | 02 | 50 | | 0 | | 12,5 | | 15,4 | | 13 | | 33,3 | | 0 | | 0 | | 16 | |

(V = Vergangenheit; Z = Zukunft/Planangaben; Angaben jeweils in %; Ø = Unternehmensdurchschnitt)

Anhang 117: Risikobezogene Angaben in den Geschäftsberichten der DAX 100-Unternehmen nach Branchenzugehörigkeit der Unternehmen

| | | Banken, Finanzdienste, Versicherungen | | Chemie, Pharma, Biotechnologie | | Einzelhandel, Konsum | | Automobil, Transport | | Maschinenbau, Industrie | | Versorger, Telekommunikation | | Software, Technologien | | Bau | | Ø | |
|---|---|---|---|---|---|---|---|---|---|---|---|---|---|---|---|---|---|---|---|
| | | V | Z | V | Z | V | Z | V | Z | V | Z | V | Z | V | Z | V | Z | V | Z |
| Risikomanagement | 99 | 100 | 6,3 | 93,8 | 0 | 68,8 | 0 | 85,7 | 0 | 73,9 | 0 | 100 | 0 | 85,7 | 0 | 75 | 0 | 84 | 1 |
| | 00 | 100 | 0 | 87,5 | 0 | 87,5 | 0 | 100 | 0 | 100 | 4,3 | 100 | 0 | 100 | 0 | 100 | 0 | 96 | 1 |
| | 01 | 100 | 6,7 | 87,5 | 0 | 100 | 0 | 100 | 0 | 100 | 4,3 | 100 | 0 | 100 | 0 | 100 | 0 | 98 | 2 |
| | 02 | 100 | 7,1 | 93,8 | 0 | 100 | 6,3 | 100 | 0 | 95,7 | 0 | 100 | 0 | 100 | 0 | 100 | 0 | 98 | 1 |
| Finanzwirtschaftliche Risiken | 99 | 62,50 | 0 | 62,5 | 0 | 25 | 0 | 50 | 7,1 | 60,9 | 4,3 | 100 | 0 | 85,7 | 0 | 25 | 0 | 55 | 2 |
| | 00 | 68,8 | 0 | 87,5 | 0 | 50 | 0 | 64,3 | 7,1 | 78,3 | 4,3 | 100 | 0 | 100 | 0 | 25 | 0 | 72 | 2 |
| | 01 | 73,3 | 0 | 81,3 | 0 | 62,5 | 0 | 85,7 | 0 | 87 | 0 | 100 | 0 | 100 | 0 | 75 | 0 | 81 | 0 |
| | 02 | 92,9 | 0 | 81,3 | 6,3 | 81,3 | 0 | 100 | 0 | 91,3 | 0 | 100 | 0 | 100 | 0 | 100 | 0 | 91 | 1 |
| Umfeld- und Branchenrisiken | 99 | 75 | 0 | 43,8 | 0 | 25 | 0 | 71,4 | 0 | 52,5 | 4,3 | 100 | 0 | 85,7 | 14,3 | 50 | 0 | 56 | 2 |
| | 00 | 75 | 0 | 37,5 | 0 | 50 | 0 | 71,4 | 0 | 65,2 | 8,7 | 100 | 0 | 75 | 12,5 | 50 | 0 | 62 | 3 |
| | 01 | 86,7 | 0 | 68,8 | 12,5 | 56,3 | 0 | 85,7 | 0 | 82,6 | 0 | 100 | 0 | 75 | 12,5 | 75 | 0 | 77 | 3 |
| | 02 | 92,9 | 0 | 75 | 6,3 | 75 | 0 | 100 | 0 | 91,3 | 0 | 100 | 0 | 87,5 | 12,5 | 75 | 0 | 87 | 2 |
| Leistungswirtschaftliche Risiken | 99 | 37,5 | 0 | 18,8 | 0 | 12,5 | 0 | 7,1 | 0 | 30,4 | 0 | 100 | 0 | 57,1 | 0 | 25 | 0 | 27 | 0 |
| | 00 | 50 | 0 | 31,3 | 0 | 31,3 | 0 | 28,6 | 0 | 30,4 | 0 | 100 | 0 | 50 | 0 | 50 | 0 | 38 | 0 |
| | 01 | 66,7 | 0 | 50 | 6,3 | 37,5 | 0 | 64,3 | 0 | 52,2 | 0 | 100 | 0 | 37,5 | 0 | 75 | 0 | 55 | 1 |
| | 02 | 71,4 | 0 | 43,8 | 6,3 | 56,3 | 0 | 53,8 | 0 | 65,2 | 0 | 66,7 | 0 | 50 | 0 | 75 | 0 | 59 | 1 |
| Unternehmensstrategische Risiken | 99 | 37,5 | 0 | 25 | 0 | 18,8 | 0 | 14,3 | 0 | 13,6 | 0 | 50 | 0 | 42,9 | 0 | 25 | 0 | 25 | 0 |
| | 00 | 50 | 0 | 37,5 | 0 | 12,5 | 0 | 14,3 | 0 | 34,8 | 0 | 33,3 | 0 | 50 | 0 | 50 | 0 | 33 | 0 |
| | 01 | 40 | 0 | 50 | 6,3 | 18,8 | 0 | 14,3 | 0 | 47,8 | 0 | 33,3 | 0 | 62,5 | 0 | 75 | 0 | 39 | 1 |
| | 02 | 57,1 | 0 | 31,3 | 6,3 | 25 | 0 | 30,8 | 0 | 34,8 | 0 | 33,3 | 0 | 62,5 | 0 | 75 | 0 | 39 | 1 |
| Informationstechnische Risiken | 99 | 31,3 | 0 | 0 | 0 | 12,5 | 0 | 7,1 | 0 | 4,3 | 0 | 0 | 0 | 28,6 | 0 | 0 | 0 | 11 | 0 |
| | 00 | 43,8 | 0 | 18,8 | 0 | 0 | 0 | 0 | 0 | 8,7 | 0 | 33,3 | 0 | 37,5 | 0 | 25 | 0 | 17 | 0 |
| | 01 | 60 | 0 | 18,8 | 0 | 18,8 | 0 | 14,3 | 0 | 26,1 | 0 | 0 | 0 | 37,5 | 0 | 25 | 0 | 27 | 0 |
| | 02 | 50 | 0 | 25 | 6,3 | 25 | 0 | 30,8 | 0 | 47,8 | 0 | 33,3 | 0 | 37,5 | 0 | 25 | 0 | 36 | 1 |
| Personalrisiken | 99 | 12,5 | 0 | 12,5 | 0 | 0 | 0 | 0 | 0 | 13 | 0 | 0 | 0 | 0 | 0 | 0 | 0 | 7 | 0 |
| | 00 | 25 | 0 | 6,3 | 0 | 12,5 | 0 | 0 | 0 | 26,1 | 0 | 33,3 | 0 | 37,5 | 0 | 0 | 0 | 17 | 0 |
| | 01 | 20 | 0 | 37,5 | 0 | 18,8 | 0 | 14,3 | 0 | 26,1 | 0 | 33,3 | 0 | 37,5 | 0 | 0 | 0 | 24 | 0 |
| | 02 | 28,6 | 0 | 18,8 | 6,3 | 25 | 0 | 23,1 | 0 | 39,1 | 0 | 33,3 | 0 | 37,5 | 0 | 25 | 0 | 29 | 1 |

(V = Vergangenheit; Z = Zukunft/Planangaben; Angaben jeweils in %; Ø = Unternehmensdurchschnitt)

Anhang 118: Kunden- bzw. absatzmarktbezogene Angaben in den Geschäftsberichten der DAX 100-Unternehmen nach Branchenzugehörigkeit der Unternehmen

| | | Banken, Finanz-dienste, Ver-sicherungen | | Chemie, Pharma, Biotech-nologie | | Einzel-handel, Konsum | | Auto-mobil, Trans-port | | Maschi-nenbau, Industrie | | Versorger, Telekommu-nikation | | Soft-ware, Techno-logien | | Bau | | Ø | |
|---|---|---|---|---|---|---|---|---|---|---|---|---|---|---|---|---|---|---|---|---|---|
| | | V | Z | V | Z | V | Z | V | Z | V | Z | V | Z | V | Z | V | Z | V | Z |
| Vertriebs-kanäle | 99 | 75 | 6,3 | 25 | 6,3 | 62,5 | 18,8 | 42,9 | 0 | 26,1 | 0 | 50 | 0 | 14,3 | 0 | 0 | 0 | 41 | 5 |
| | 00 | 56,3 | 12,5 | 50 | 6,3 | 56,3 | 6,3 | 71,4 | 7,1 | 34,8 | 4,3 | 66,7 | 0 | 62,5 | 0 | 50 | 0 | 53 | 6 |
| | 01 | 46,7 | 6,7 | 37,5 | 6,3 | 56,3 | 6,3 | 35,7 | 0 | 30,4 | 0 | 0 | 0 | 50 | 12,5 | 25 | 0 | 39 | 4 |
| | 02 | 35,7 | 14,3 | 18,8 | 6,3 | 50 | 0 | 23,1 | 0 | 17,4 | 0 | 33,3 | 0 | 12,5 | 0 | 0 | 0 | 26 | 3 |
| Marktanteile | 99 | 12,5 | 0 | 50 | 0 | 37,5 | 6,3 | 35,7 | 0 | 17,4 | 4,5 | 100 | 50 | 42,9 | 0 | 25 | 0 | 32 | 3 |
| | 00 | 18,8 | 0 | 56,3 | 0 | 43,8 | 6,3 | 21,4 | 7,1 | 30,4 | 8,7 | 33,3 | 0 | 87,5 | 0 | 0 | 0 | 37 | 4 |
| | 01 | 40 | 0 | 50 | 6,3 | 43,8 | 6,3 | 42,9 | 0 | 34,8 | 13 | 33,3 | 0 | 62,5 | 0 | 0 | 0 | 41 | 5 |
| | 02 | 50 | 7,1 | 37,5 | 0 | 43,8 | 12,5 | 38,5 | 0 | 30,4 | 4,3 | 66,7 | 0 | 50 | 0 | 0 | 0 | 39 | 4 |
| Marktwachs-tum | 99 | 25 | 6,3 | 25 | 25 | 25 | 0 | 14,3 | 0 | 21,7 | 4,3 | 0 | 0 | 28,6 | 28,6 | 0 | 0 | 21 | 8 |
| | 00 | 6,3 | 0 | 37,5 | 12,5 | 18,8 | 0 | 35,7 | 14,3 | 39,1 | 13 | 33,3 | 0 | 37,5 | 25 | 0 | 0 | 28 | 9 |
| | 01 | 6,7 | 0 | 43,8 | 12,5 | 31,3 | 0 | 21,7 | 14,3 | 30,4 | 13 | 33,3 | 0 | 37,5 | 25 | 25 | 0 | 28 | 9 |
| | 02 | 7,1 | 7,1 | 43,8 | 18,8 | 6,3 | 0 | 23,1 | 15,4 | 34,8 | 8,7 | 33,3 | 0 | 25 | 0 | 25 | 0 | 25 | 8 |
| Markenimage | 99 | 12,5 | 0 | 6,3 | 0 | 56,3 | 0 | 14,3 | 0 | 8,7 | 0 | 0 | 0 | 14,3 | 0 | 0 | 0 | 17 | 0 |
| | 00 | 6,3 | 0 | 6,3 | 0 | 37,5 | 0 | 21,4 | 0 | 17,4 | 0 | 0 | 0 | 12,5 | 0 | 0 | 0 | 16 | 0 |
| | 01 | 13,3 | 0 | 0 | 6,3 | 37,5 | 0 | 21,4 | 0 | 8,7 | 0 | 33,3 | 0 | 25 | 0 | 0 | 0 | 16 | 1 |
| | 02 | 7,1 | 0 | 6,3 | 6,3 | 43,8 | 0 | 0 | 0 | 8,7 | 0 | 0 | 0 | 12,5 | 0 | 0 | 0 | 12 | 1 |
| Anzahl bestehender Kunden-beziehungen | 99 | 25 | 12,5 | 12,5 | 0 | 6,3 | 0 | 14,3 | 0 | 4,3 | 0 | 50 | 0 | 0 | 0 | 0 | 0 | 11 | 2 |
| | 00 | 43,8 | 0 | 12,5 | 0 | 18,8 | 0 | 7,1 | 0 | 0 | 0 | 33,3 | 0 | 0 | 0 | 0 | 0 | 14 | 0 |
| | 01 | 33,3 | 6,7 | 12,5 | 0 | 6,3 | 0 | 14,3 | 0 | 4,3 | 0 | 33,3 | 0 | 0 | 0 | 0 | 0 | 12 | 1 |
| | 02 | 42,9 | 7,1 | 12,5 | 0 | 18,8 | 0 | 7,7 | 0 | 8,7 | 0 | 66,7 | 0 | 25 | 0 | 0 | 0 | 19 | 1 |
| Kunden-struktur | 99 | 18,8 | 0 | 0 | 0 | 6,3 | 0 | 0 | 0 | 17,4 | 0 | 0 | 0 | 14,3 | 0 | 9 | 0 | 9 | 0 |
| | 00 | 18,8 | 0 | 6,3 | 0 | 37,5 | 0 | 0 | 0 | 13 | 0 | 33,3 | 0 | 37,5 | 0 | 0 | 0 | 17 | 0 |
| | 01 | 13,3 | 0 | 6,3 | 0 | 18,8 | 0 | 7,1 | 0 | 17,4 | 0 | 33,3 | 0 | 37,5 | 0 | 0 | 0 | 15 | 0 |
| | 02 | 7,1 | 0 | 0 | 0 | 6,3 | 0 | 0 | 0 | 8,7 | 0 | 0 | 0 | 0 | 0 | 0 | 0 | 4 | 0 |
| Kunden-zufriedenheit | 99 | 18,8 | 0 | 0 | 0 | 12,5 | 0 | 7,1 | 0 | 4,3 | 0 | 50 | 0 | 0 | 0 | 0 | 0 | 8 | 0 |
| | 00 | 31,3 | 0 | 0 | 0 | 0 | 0 | 7,1 | 0 | 0 | 0 | 0 | 0 | 12,5 | 0 | 0 | 0 | 7 | 0 |
| | 01 | 20 | 0 | 6,3 | 0 | 0 | 0 | 7,1 | 0 | 8,7 | 0 | 0 | 0 | 12,5 | 0 | 0 | 0 | 8 | 0 |
| | 02 | 14,3 | 0 | 0 | 0 | 0 | 0 | 0 | 0 | 4,3 | 0 | 0 | 0 | 12,5 | 0 | 0 | 0 | 4 | 0 |
| Anzahl neuer Kunden-beziehungen | 99 | 18,8 | 0 | 0 | 0 | 0 | 0 | 0 | 0 | 4,3 | 0 | 0 | 0 | 0 | 0 | 0 | 0 | 4 | 0 |
| | 00 | 25 | 0 | 6,3 | 0 | 6,3 | 0 | 0 | 0 | 0 | 0 | 33,3 | 0 | 0 | 0 | 0 | 0 | 7 | 0 |
| | 01 | 20 | 6,7 | 0 | 0 | 0 | 0 | 0 | 0 | 0 | 0 | 33,3 | 0 | 0 | 0 | 0 | 0 | 4 | 1 |
| | 02 | 14,3 | 0 | 0 | 0 | 0 | 0 | 0 | 0 | 0 | 0 | 0 | 0 | 12,5 | 0 | 0 | 0 | 3 | 0 |
| Abhängigkeit von einzelnen Kunden | 99 | 0 | 0 | 0 | 0 | 0 | 0 | 0 | 0 | 8,7 | 0 | 0 | 0 | 14,3 | 0 | 0 | 0 | 3 | 0 |
| | 00 | 0 | 0 | 0 | 0 | 6,3 | 0 | 0 | 0 | 4,3 | 0 | 0 | 0 | 12,5 | 0 | 0 | 0 | 3 | 0 |
| | 01 | 6,7 | 0 | 0 | 0 | 6,3 | 0 | 7,1 | 0 | 8,7 | 0 | 0 | 0 | 0 | 0 | 0 | 0 | 5 | 0 |
| | 02 | 0 | 0 | 0 | 0 | 6,3 | 0 | 7,7 | 0 | 8,7 | 0 | 0 | 0 | 25 | 0 | 0 | 0 | 6 | 0 |
| Markenwert | 99 | 6,3 | 6,3 | 0 | 0 | 18,8 | 0 | 0 | 0 | 0 | 0 | 0 | 0 | 0 | 0 | 0 | 0 | 4 | 1 |
| | 00 | 6,3 | 0 | 0 | 0 | 12,5 | 0 | 0 | 0 | 0 | 0 | 0 | 0 | 0 | 0 | 0 | 0 | 3 | 0 |
| | 01 | 0 | 0 | 0 | 0 | 12,5 | 0 | 0 | 0 | 0 | 0 | 0 | 0 | 12,5 | 0 | 0 | 0 | 3 | 0 |
| | 02 | 0 | 0 | 0 | 0 | 25 | 0 | 0 | 0 | 0 | 0 | 0 | 0 | 0 | 0 | 0 | 0 | 4 | 0 |

(V = Vergangenheit; Z = Zukunft/Planangaben; Angaben jeweils in %; Ø = Unternehmensdurchschnitt)

| | | Banken, Finanzdienste, Versicherungen | | Chemie, Pharma, Biotechnologie | | Einzelhandel, Konsum | | Automobil, Transport | | Maschinenbau, Industrie | | Versorger, Telekommunikation | | Software, Technologien | | Bau | | Ø | |
|---|---|---|---|---|---|---|---|---|---|---|---|---|---|---|---|---|---|---|---|
| | | V | Z | V | Z | V | Z | V | Z | V | Z | V | Z | V | Z | V | Z | V | Z |
| Kundenbindung bzw. –fluktuation | 99 | 6,3 | 0 | 0 | 0 | 6,3 | 0 | 7,1 | 0 | 0 | 0 | 0 | 0 | 0 | 0 | 0 | 0 | 3 | 0 |
| | 00 | 6,3 | 0 | 0 | 0 | 18,8 | 0 | 7,1 | 0 | 0 | 0 | 0 | 0 | 0 | 0 | 0 | 0 | 5 | 0 |
| | 01 | 6,7 | 0 | 0 | 0 | 6,3 | 0 | 0 | 0 | 0 | 0 | 0 | 0 | 0 | 0 | 0 | 0 | 2 | 0 |
| | 02 | 7,1 | 0 | 0 | 0 | 6,3 | 0 | 0 | 0 | 0 | 0 | 0 | 0 | 0 | 0 | 0 | 0 | 2 | 0 |
| Produkt- und Serviceimage | 99 | 0 | 0 | 0 | 0 | 0 | 0 | 0 | 0 | 0 | 0 | 0 | 0 | 14,3 | 0 | 0 | 0 | 1 | 0 |
| | 00 | 6,3 | 0 | 12,5 | 0 | 0 | 0 | 14,3 | 0 | 4,3 | 0 | 0 | 0 | 0 | 0 | 0 | 0 | 6 | 0 |
| | 01 | 13,3 | 0 | 0 | 0 | 0 | 0 | 0 | 0 | 0 | 4,3 | 0 | 0 | 0 | 0 | 0 | 0 | 2 | 1 |
| | 02 | 0 | 0 | 0 | 0 | 6,3 | 0 | 0 | 0 | 0 | 0 | 0 | 0 | 0 | 0 | 0 | 0 | 1 | 0 |
| Umsatzanteil aus Cross-Selling | 99 | 0 | 0 | 0 | 0 | 0 | 0 | 0 | 0 | 0 | 0 | 0 | 0 | 0 | 0 | 0 | 0 | 0 | 0 |
| | 00 | 0 | 0 | 0 | 0 | 6,3 | 0 | 0 | 0 | 0 | 0 | 0 | 0 | 0 | 0 | 0 | 0 | 1 | 0 |
| | 01 | 0 | 0 | 6,3 | 6,3 | 6,3 | 6,3 | 0 | 0 | 0 | 0 | 0 | 0 | 0 | 0 | 0 | 0 | 2 | 2 |
| | 02 | 0 | 0 | 0 | 0 | 6,3 | 0 | 0 | 0 | 0 | 0 | 33,3 | 0 | 0 | 0 | 0 | 0 | 2 | 0 |
| Kunden-akquisition-/ -bindungskosten | 99 | 0 | 0 | 0 | 0 | 0 | 0 | 0 | 0 | 0 | 0 | 0 | 0 | 0 | 0 | 0 | 0 | 0 | 0 |
| | 00 | 0 | 0 | 0 | 0 | 0 | 0 | 0 | 0 | 0 | 0 | 0 | 0 | 0 | 0 | 0 | 0 | 0 | 0 |
| | 01 | 0 | 0 | 0 | 0 | 12,5 | 0 | 0 | 0 | 0 | 0 | 0 | 0 | 0 | 0 | 0 | 0 | 2 | 0 |
| | 02 | 0 | 0 | 0 | 0 | 0 | 0 | 0 | 0 | 0 | 0 | 0 | 0 | 0 | 0 | 0 | 0 | 0 | 0 |
| Vergleich von Ist- und Planwerten | 99 | 0 | | 0 | | 0 | | 0 | | 0 | | 0 | | 0 | | 0 | | 0 | |
| | 00 | 0 | | 0 | | 6,3 | | 0 | | 0 | | 0 | | 0 | | 0 | | 1 | |
| | 01 | 0 | | 0 | | 6,3 | | 0 | | 0 | | 0 | | 0 | | 0 | | 1 | |
| | 02 | 0 | | 0 | | 0 | | 0 | | 0 | | 0 | | 0 | | 0 | | 0 | |
| Profitabilität von Neukunden | 99 | 0 | 0 | 0 | 0 | 0 | 0 | 0 | 0 | 0 | 0 | 0 | 0 | 0 | 0 | 0 | 0 | 0 | 0 |
| | 00 | 0 | 0 | 0 | 0 | 0 | 0 | 0 | 0 | 0 | 0 | 0 | 0 | 0 | 0 | 0 | 0 | 0 | 0 |
| | 01 | 6,3 | 0 | 0 | 0 | 0 | 0 | 0 | 0 | 0 | 0 | 0 | 0 | 0 | 0 | 0 | 0 | 1 | 0 |
| | 02 | 0 | 0 | 0 | 0 | 0 | 0 | 0 | 0 | 0 | 0 | 0 | 0 | 0 | 0 | 0 | 0 | 0 | 0 |

(V = Vergangenheit; Z = Zukunft/Planangaben; Angaben jeweils in %; Ø = Unternehmensdurchschnitt)

Anhang 119: Zulieferer- bzw. beschaffungsmarktbezogene Angaben in den Geschäftsberichten der DAX 100-Unternehmen nach Branchenzugehörigkeit der Unternehmen

| | | Banken, Finanzdienste, Versicherungen | | Chemie, Pharma, Biotechnologie | | Einzelhandel, Konsum | | Automobil, Transport | | Maschinenbau, Industrie | | Versorger, Telekommunikation | | Software, Technologien | | Bau | | Ø | |
|---|---|---|---|---|---|---|---|---|---|---|---|---|---|---|---|---|---|---|---|
| | | V | Z | V | Z | V | Z | V | Z | V | Z | V | Z | V | Z | V | Z | V | Z |
| Beschaffungsvolumen | 99 | 0 | 0 | 31,3 | 0 | 6,3 | 0 | 35,7 | 0 | 26,1 | 0 | 50 | 0 | 28,6 | 0 | 0 | 0 | 20 | 0 |
| | 00 | 0 | 0 | 43,8 | 0 | 18,8 | 0 | 35,7 | 0 | 26,1 | 0 | 33,3 | 0 | 25 | 0 | 25 | 0 | 25 | 0 |
| | 01 | 0 | 0 | 18,8 | 0 | 12,5 | 0 | 35,7 | 0 | 21,7 | 4,3 | 33,3 | 0 | 37,5 | 0 | 25 | 0 | 20 | 1 |
| | 02 | 7,1 | 0 | 25 | 0 | 6,3 | 0 | 38,5 | 0 | 34,8 | 0 | 33,3 | 0 | 0 | 0 | 50 | 0 | 23 | 0 |
| Preisentwicklung im Beschaffungsmarkt | 99 | 0 | 0 | 25 | 0 | 12,5 | 0 | 28,6 | 7,1 | 17,4 | 4,3 | 0 | 0 | 28,6 | 0 | 0 | 0 | 16 | 2 |
| | 00 | 0 | 0 | 43,8 | 12,5 | 12,5 | 6,3 | 28,6 | 7,1 | 21,7 | 0 | 66,7 | 0 | 12,5 | 0 | 25 | 0 | 22 | 4 |
| | 01 | 0 | 0 | 25 | 6,3 | 6,3 | 6,3 | 28,6 | 0 | 13 | 0 | 33,3 | 0 | 12,5 | 0 | 0 | 0 | 14 | 2 |
| | 02 | 0 | 0 | 25 | 6,3 | 6,3 | 0 | 30,8 | 7,7 | 26,1 | 8,7 | 33,3 | 33,3 | 25 | 12,5 | 0 | 0 | 19 | 6 |
| Einsparungen im Beschaffungsbereich | 99 | 0 | 0 | 18,8 | 0 | 6,3 | 0 | 14,3 | 0 | 8,7 | 4,3 | 0 | 0 | 0 | 0 | 0 | 0 | 8 | 1 |
| | 00 | 0 | 0 | 18,8 | 6,3 | 0 | 0 | 28,6 | 0 | 4,3 | 0 | 0 | 0 | 12,5 | 0 | 25 | 0 | 10 | 1 |
| | 01 | 0 | 0 | 25 | 6,3 | 6,3 | 0 | 14,3 | 0 | 13 | 4,3 | 33,3 | 0 | 0 | 0 | 25 | 0 | 12 | 3 |
| | 02 | 0 | 0 | 18,8 | 6,3 | 6,3 | 0 | 0 | 0 | 21,7 | 0 | 33,3 | 0 | 12,5 | 0 | 25 | 0 | 12 | 1 |
| Nationale Herkunft der Zulieferer | 99 | 0 | 0 | 0 | 0 | 0 | 0 | 7,1 | 0 | 4,3 | 0 | 0 | 0 | 0 | 0 | 0 | 0 | 2 | 0 |
| | 00 | 0 | 0 | 0 | 0 | 12,5 | 0 | 7,1 | 0 | 8,7 | 0 | 0 | 0 | 0 | 0 | 0 | 0 | 5 | 0 |
| | 01 | 0 | 0 | 0 | 0 | 12,5 | 0 | 14,3 | 0 | 4,3 | 0 | 0 | 0 | 12,5 | 0 | 0 | 0 | 6 | 0 |
| | 02 | 0 | 0 | 0 | 0 | 25 | 0 | 7,7 | 0 | 4,3 | 0 | 0 | 0 | 0 | 0 | 25 | 0 | 7 | 0 |
| Abhängigkeit von einzelnen Zulieferern | 99 | 0 | 0 | 6,3 | 0 | 0 | 0 | 0 | 0 | 4,3 | 0 | 50 | 0 | 0 | 0 | 0 | 0 | 3 | 0 |
| | 00 | 0 | 0 | 6,3 | 0 | 18,8 | 0 | 0 | 0 | 4,3 | 0 | 0 | 0 | 0 | 0 | 0 | 0 | 5 | 0 |
| | 01 | 0 | 0 | 0 | 0 | 18,8 | 0 | 0 | 0 | 0 | 0 | 0 | 0 | 12,5 | 0 | 0 | 0 | 4 | 0 |
| | 02 | 0 | 0 | 0 | 0 | 12,5 | 0 | 0 | 0 | 0 | 0 | 0 | 0 | 12,5 | 0 | 0 | 0 | 3 | 0 |
| Anzahl der Zuliefererbeziehungen | 99 | 0 | 0 | 0 | 0 | 0 | 0 | 0 | 0 | 0 | 0 | 0 | 0 | 0 | 0 | 0 | 0 | 0 | 0 |
| | 00 | 0 | 0 | 6,3 | 0 | 6,3 | 0 | 0 | 0 | 0 | 0 | 0 | 0 | 0 | 0 | 0 | 0 | 2 | 0 |
| | 01 | 0 | 0 | 0 | 0 | 0 | 0 | 0 | 0 | 0 | 0 | 0 | 0 | 0 | 0 | 0 | 0 | 0 | 0 |
| | 02 | 0 | 0 | 0 | 0 | 12,5 | 0 | 0 | 0 | 0 | 0 | 0 | 0 | 0 | 0 | 0 | 0 | 2 | 0 |
| Zuliefererbindung bzw. -fluktuation | 99 | 0 | 0 | 0 | 0 | 6,3 | 0 | 0 | 0 | 0 | 0 | 0 | 0 | 0 | 0 | 0 | 0 | 1 | 0 |
| | 00 | 0 | 0 | 0 | 0 | 0 | 6,3 | 0 | 0 | 0 | 0 | 0 | 0 | 0 | 0 | 0 | 0 | 0 | 1 |
| | 01 | 0 | 0 | 0 | 0 | 0 | 0 | 0 | 0 | 0 | 0 | 0 | 0 | 0 | 0 | 0 | 0 | 0 | 0 |
| | 02 | 0 | 0 | 0 | 0 | 6,3 | 0 | 0 | 0 | 0 | 0 | 0 | 0 | 0 | 0 | 0 | 0 | 1 | 0 |
| Anzahl neuer Zuliefererbeziehungen | 99 | 0 | 0 | 0 | 0 | 0 | 0 | 0 | 0 | 0 | 0 | 0 | 0 | 0 | 0 | 0 | 0 | 0 | 0 |
| | 00 | 0 | 0 | 0 | 0 | 6,3 | 0 | 0 | 0 | 0 | 0 | 0 | 0 | 0 | 0 | 0 | 0 | 1 | 0 |
| | 01 | 0 | 0 | 0 | 0 | 6,3 | 0 | 0 | 0 | 0 | 0 | 0 | 0 | 0 | 0 | 0 | 0 | 1 | 0 |
| | 02 | 0 | 0 | 0 | 0 | 0 | 0 | 0 | 0 | 0 | 0 | 0 | 0 | 0 | 0 | 0 | 0 | 0 | 0 |
| Vergleich von Ist- und Planwerten | 99 | 0 | | 0 | | 0 | | 0 | | 0 | | 0 | | 0 | | 0 | | 0 | |
| | 00 | 0 | | 0 | | 0 | | 0 | | 0 | | 0 | | 0 | | 0 | | 0 | |
| | 01 | 0 | | 0 | | 0 | | 0 | | 0 | | 0 | | 0 | | 0 | | 0 | |
| | 02 | 0 | | 0 | | 0 | | 0 | | 0 | | 0 | | 0 | | 0 | | 0 | |

(V = Vergangenheit; Z = Zukunft/Planangaben; Angaben jeweils in %; Ø = Unternehmensdurchschnitt)

Anhang 120: Mitarbeiter- bzw. managementbezogene Angaben in den Geschäftsberichten der DAX 100-Unternehmen nach Branchenzugehörigkeit der Unternehmen

| | | Banken, Finanz-dienste, Ver-sicherungen | | Chemie, Pharma, Biotech-nologie | | Einzel-handel, Konsum | | Auto-mobil, Trans-port | | Maschi-nenbau, Industrie | | Versorger, Telekommu-nikation | | Soft-ware, Techno-logien | | Bau | | Ø | |
|---|---|---|---|---|---|---|---|---|---|---|---|---|---|---|---|---|---|---|---|
| | | V | Z | V | Z | V | Z | V | Z | V | Z | V | Z | V | Z | V | Z | V | Z |
| Anzahl der Mitarbeiter | 99 | 100 | 0 | 100 | 0 | 93,8 | 0 | 100 | 0 | 100 | 8,7 | 100 | 0 | 100 | 0 | 100 | 25 | 99 | 3 |
| | 00 | 100 | 0 | 100 | 0 | 100 | 0 | 92,9 | 0 | 100 | 8,7 | 100 | 0 | 100 | 0 | 100 | 0 | 99 | 2 |
| | 01 | 100 | 6,7 | 100 | 6,3 | 100 | 0 | 100 | 0 | 95,7 | 8,7 | 100 | 0 | 100 | 0 | 100 | 0 | 99 | 4 |
| | 02 | 92,9 | 14,3 | 100 | 0 | 100 | 0 | 100 | 0 | 95,7 | 13 | 100 | 0 | 100 | 25 | 100 | 0 | 98 | 7 |
| Ausgabe von Belegschafts-aktien | 99 | 25 | 6,3 | 37,5 | 6,3 | 12,5 | 0 | 21,4 | 7,1 | 26,1 | 0 | 100 | 0 | 14,3 | 0 | 25 | 0 | 26 | 3 |
| | 00 | 31,3 | 0 | 68,8 | 0 | 6,3 | 0 | 42,9 | 7,1 | 34,8 | 0 | 100 | 0 | 62,5 | 0 | 25 | 0 | 40 | 1 |
| | 01 | 40 | 0 | 75 | 0 | 31,3 | 0 | 35,7 | 0 | 39,1 | 8,7 | 33,3 | 0 | 75 | 0 | 25 | 0 | 45 | 2 |
| | 02 | 50 | 7,1 | 56,3 | 0 | 18,8 | 0 | 38,5 | 0 | 39,1 | 0 | 66,7 | 0 | 62,5 | 0 | 50 | 0 | 43 | 1 |
| Management-vergütung | 99 | 12,5 | 0 | 43,8 | 0 | 25 | 0 | 21,4 | 0 | 17,4 | 4,3 | 0 | 50 | 28,6 | 0 | 0 | 0 | 22 | 2 |
| | 00 | 25 | 0 | 43,8 | 0 | 12,5 | 0 | 14,3 | 0 | 17,4 | 0 | 33,3 | 0 | 25 | 0 | 25 | 0 | 23 | 0 |
| | 01 | 26,7 | 0 | 43,8 | 0 | 25 | 0 | 21,4 | 0 | 17,4 | 0 | 66,7 | 0 | 37,5 | 0 | 25 | 0 | 28 | 0 |
| | 02 | 42,9 | 0 | 68,8 | 0 | 50 | 0 | 61,5 | 0 | 65,2 | 0 | 100 | 0 | 62,5 | 0 | 50 | 0 | 60 | 0 |
| Investitionen in Mitarbei-terbildung | 99 | 25 | 0 | 12,5 | 0 | 18,8 | 6,3 | 7,1 | 0 | 8,7 | 0 | 100 | 0 | 14,3 | 0 | 0 | 0 | 15 | 1 |
| | 00 | 31,3 | 0 | 25 | 0 | 12,5 | 0 | 7,1 | 0 | 8,7 | 0 | 0 | 0 | 25 | 0 | 0 | 0 | 16 | 0 |
| | 01 | 20 | 0 | 12,5 | 0 | 6,3 | 0 | 14,3 | 0 | 8,7 | 0 | 33,3 | 0 | 12,5 | 0 | 0 | 0 | 12 | 0 |
| | 02 | 14,3 | 0 | 12,5 | 0 | 6,3 | 0 | 0 | 0 | 8,7 | 0 | 0 | 0 | 12,5 | 12,5 | 0 | 0 | 8 | 1 |
| Mitarbeiter-produktivität | 99 | 0 | 0 | 18,8 | 0 | 25 | 0 | 14,3 | 0 | 8,7 | 0 | 50 | 0 | 28,6 | 0 | 0 | 0 | 14 | 0 |
| | 00 | 0 | 0 | 12,5 | 0 | 25 | 0 | 21,4 | 0 | 17,4 | 0 | 33,3 | 0 | 25 | 0 | 0 | 0 | 16 | 0 |
| | 01 | 6,7 | 0 | 12,5 | 0 | 18,8 | 0 | 14,3 | 0 | 13 | 0 | 66,7 | 0 | 12,5 | 0 | 0 | 0 | 14 | 0 |
| | 02 | 7,1 | 0 | 25 | 0 | 18,8 | 0 | 7,7 | 0 | 21,7 | 0 | 33,3 | 0 | 12,5 | 0 | 0 | 0 | 17 | 0 |
| Knowledge Management | 99 | 12,5 | 0 | 0 | 0 | 6,3 | 0 | 7,1 | 0 | 4,3 | 0 | 0 | 0 | 14,3 | 0 | 25 | 0 | 7 | 0 |
| | 00 | 25 | 0 | 12,5 | 0 | 6,3 | 6,3 | 7,1 | 0 | 17,4 | 0 | 33,3 | 0 | 12,5 | 0 | 0 | 0 | 14 | 1 |
| | 01 | 33,3 | 0 | 12,5 | 0 | 18,8 | 0 | 14,3 | 0 | 17,4 | 0 | 0 | 0 | 0 | 0 | 25 | 0 | 17 | 0 |
| | 02 | 35,7 | 0 | 6,3 | 6,3 | 12,5 | 0 | 15,4 | 0 | 13 | 0 | 0 | 0 | 25 | 0 | 25 | 0 | 17 | 1 |
| Qualifikation der Mitarbeiter | 99 | 37,5 | 0 | 0 | 0 | 6,3 | 0 | 7,1 | 0 | 8,7 | 0 | 0 | 0 | 42,9 | 0 | 25 | 0 | 14 | 0 |
| | 00 | 50 | 0 | 0 | 0 | 6,3 | 0 | 7,1 | 0 | 8,7 | 4,3 | 0 | 0 | 25 | 0 | 0 | 0 | 14 | 1 |
| | 01 | 33,3 | 0 | 0 | 0 | 6,3 | 0 | 0 | 0 | 8,7 | 4,3 | 0 | 0 | 12,5 | 0 | 0 | 0 | 9 | 1 |
| | 02 | 28,6 | 0 | 0 | 0 | 0 | 0 | 7,7 | 0 | 4,3 | 0 | 0 | 0 | 25 | 0 | 0 | 0 | 8 | 0 |
| Mitarbeiter-bindung bzw. -fluktuation | 99 | 37,5 | 0 | 18,8 | 0 | 12,5 | 0 | 7,1 | 0 | 8,7 | 0 | 0 | 0 | 0 | 0 | 0 | 0 | 14 | 0 |
| | 00 | 31,3 | 0 | 12,5 | 0 | 0 | 0 | 0 | 0 | 4,3 | 0 | 0 | 0 | 0 | 0 | 0 | 0 | 8 | 0 |
| | 01 | 40 | 0 | 0 | 0 | 0 | 0 | 14,3 | 0 | 8,7 | 0 | 0 | 0 | 0 | 0 | 0 | 0 | 10 | 0 |
| | 02 | 21,4 | 0 | 0 | 0 | 12,5 | 0 | 0 | 0 | 8,7 | 0 | 0 | 0 | 0 | 0 | 0 | 0 | 7 | 0 |
| Qualifikation des Managements | 99 | 25 | 0 | 6,3 | 0 | 0 | 0 | 0 | 0 | 8,7 | 0 | 0 | 0 | 14,3 | 0 | 50 | 0 | 10 | 0 |
| | 00 | 25 | 0 | 18,8 | 0 | 0 | 0 | 0 | 0 | 0 | 0 | 0 | 0 | 12,5 | 0 | 0 | 0 | 8 | 0 |
| | 01 | 20 | 0 | 25 | 6,3 | 0 | 0 | 0 | 0 | 4,3 | 0 | 33,3 | 0 | 12,5 | 0 | 0 | 0 | 10 | 1 |
| | 02 | 21,4 | 0 | 12,5 | 0 | 0 | 0 | 0 | 0 | 0 | 0 | 0 | 0 | 0 | 0 | 0 | 0 | 5 | 0 |
| Fehlzeiten der Mitarbeitern | 99 | 6,3 | 0 | 0 | 0 | 0 | 0 | 7,1 | 0 | 13 | 0 | 0 | 0 | 0 | 0 | 0 | 0 | 5 | 0 |
| | 00 | 6,3 | 0 | 0 | 0 | 0 | 0 | 7,1 | 0 | 13 | 0 | 0 | 0 | 0 | 0 | 0 | 0 | 5 | 0 |
| | 01 | 6,7 | 0 | 0 | 0 | 0 | 0 | 0 | 0 | 8,7 | 0 | 0 | 0 | 0 | 0 | 25 | 0 | 4 | 0 |
| | 02 | 7,1 | 0 | 0 | 0 | 0 | 0 | 0 | 0 | 0 | 0 | 0 | 0 | 0 | 0 | 0 | 0 | 1 | 0 |

(V = Vergangenheit; Z = Zukunft/Planangaben; Angaben jeweils in %; Ø = Unternehmensdurchschnitt)

| | | Banken, Finanzdienste, Versicherungen | | Chemie, Pharma, Biotechnologie | | Einzelhandel, Konsum | | Automobil, Transport | | Maschinenbau, Industrie | | Versorger, Telekommunikation | | Software, Technologien | | Bau | | Ø | |
|---|---|---|---|---|---|---|---|---|---|---|---|---|---|---|---|---|---|---|---|
| | | V | Z | V | Z | V | Z | V | Z | V | Z | V | Z | V | Z | V | Z | V | Z |
| **Mitarbeiterzufriedenheit** | 99 | 12,5 | 0 | 0 | 0 | 0 | 0 | 0 | 0 | 4,3 | 0 | 0 | 0 | 0 | 0 | 0 | 0 | 3 | 0 |
| | 00 | 12,5 | 0 | 6,3 | 0 | 0 | 0 | 7,1 | 0 | 4,3 | 0 | 0 | 0 | 0 | 12,5 | 0 | 0 | 5 | 1 |
| | 01 | 13,3 | 0 | 6,3 | 0 | 0 | 0 | 14,3 | 0 | 4,3 | 0 | 0 | 0 | 12,5 | 0 | 0 | 0 | 7 | 0 |
| | 02 | 14,3 | 0 | 6,3 | 0 | 6,3 | 0 | 15,4 | 0 | 4,3 | 0 | 0 | 0 | 12,5 | 0 | 0 | 0 | 8 | 0 |
| **Altersstruktur der Mitarbeiter** | 99 | 6,3 | 0 | 0 | 0 | 0 | 0 | 0 | 0 | 0 | 0 | 0 | 0 | 0 | 0 | 0 | 0 | 1 | 0 |
| | 00 | 12,5 | 0 | 0 | 0 | 0 | 0 | 0 | 0 | 0 | 0 | 0 | 0 | 0 | 0 | 0 | 0 | 2 | 0 |
| | 01 | 20 | 0 | 0 | 0 | 6,3 | 0 | 0 | 0 | 4,3 | 0 | 0 | 0 | 0 | 0 | 0 | 0 | 5 | 0 |
| | 02 | 21,4 | 0 | 0 | 0 | 18,8 | 0 | 7,7 | 0 | 4,3 | 0 | 0 | 0 | 0 | 0 | 0 | 0 | 8 | 0 |
| **Vergleich von Ist- und Planwerten** | 99 | 0 | | 0 | | 0 | | 0 | | 0 | | 0 | | 0 | | 0 | | 0 | |
| | 00 | 0 | | 0 | | 0 | | 0 | | 0 | | 0 | | 0 | | 0 | | 0 | |
| | 01 | 0 | | 0 | | 0 | | 0 | | 0 | | 0 | | 0 | | 0 | | 0 | |
| | 02 | 0 | | 0 | | 0 | | 0 | | 0 | | 0 | | 0 | | 0 | | 0 | |

(V = Vergangenheit; Z = Zukunft/Planangaben; Angaben jeweils in %; Ø = Unternehmensdurchschnitt)

Anhang 121: Prozess- bzw. innovationsbezogene Angaben in den Geschäftsberichten der DAX 100-Unternehmen nach Branchenzugehörigkeit der Unternehmen

| | | Banken, Finanzdienste, Versicherungen | | Chemie, Pharma, Biotechnologie | | Einzelhandel, Konsum | | Automobil, Transport | | Maschinenbau, Industrie | | Versorger, Telekommunikation | | Software, Technologien | | Bau | | Ø | |
|---|---|---|---|---|---|---|---|---|---|---|---|---|---|---|---|---|---|---|---|
| | | V | Z | V | Z | V | Z | V | Z | V | Z | V | Z | V | Z | V | Z | V | Z |
| **Investitionen in F&E** | 99 | 0 | 0 | 87,5 | 12,5 | 31,3 | 0 | 50 | 0 | 65,2 | 8,7 | 100 | 0 | 100 | 14,3 | 50 | 0 | 53 | 5 |
| | 00 | 0 | 0 | 87,5 | 0 | 37,5 | 0 | 50 | 7,1 | 78,3 | 13 | 100 | 0 | 87,5 | 0 | 50 | 0 | 57 | 4 |
| | 01 | 6,7 | 0 | 81,3 | 6,3 | 37,5 | 0 | 42,9 | 0 | 69,6 | 13 | 100 | 0 | 100 | 0 | 75 | 0 | 57 | 4 |
| | 02 | 7,1 | 0 | 87,5 | 6,3 | 31,3 | 0 | 46,2 | 15,4 | 73,9 | 21,7 | 100 | 0 | 100 | 12,5 | 75 | 0 | 59 | 9 |
| **Produkt- und Prozessqualität** | 99 | 6,3 | 0 | 25 | 0 | 31,3 | 0 | 28,6 | 0 | 43,5 | 0 | 0 | 0 | 14,3 | 0 | 50 | 0 | 27 | 0 |
| | 00 | 6,3 | 0 | 18,8 | 0 | 18,8 | 0 | 28,6 | 0 | 52,2 | 0 | 33,3 | 0 | 37,5 | 0 | 50 | 0 | 29 | 0 |
| | 01 | 6,7 | 0 | 25 | 0 | 25 | 0 | 28,6 | 0 | 47,8 | 0 | 0 | 0 | 62,5 | 0 | 25 | 0 | 30 | 0 |
| | 02 | 7,1 | 0 | 25 | 0 | 25 | 0 | 30,8 | 0 | 43,5 | 0 | 0 | 0 | 37,5 | 0 | 25 | 0 | 28 | 0 |
| **Kapazitätsauslastung** | 99 | 6,3 | 0 | 18,8 | 0 | 6,3 | 0 | 7,1 | 0 | 4,3 | 0 | 50 | 0 | 14,3 | 14,3 | 0 | 0 | 9 | 1 |
| | 00 | 6,3 | 0 | 12,5 | 0 | 6,3 | 0 | 35,7 | 0 | 17,4 | 0 | 0 | 0 | 0 | 0 | 25 | 0 | 14 | 0 |
| | 01 | 6,7 | 0 | 6,3 | 0 | 0 | 0 | 35,7 | 7,1 | 17,4 | 0 | 0 | 0 | 12,5 | 0 | 0 | 0 | 12 | 1 |
| | 02 | 7,1 | 0 | 12,5 | 0 | 0 | 0 | 23,1 | 0 | 8,7 | 0 | 0 | 0 | 25 | 0 | 0 | 0 | 10 | 0 |
| **IT-Ausgaben** | 99 | 12,5 | 0 | 12,5 | 6,3 | 0 | 0 | 0 | 0 | 8,7 | 0 | 50 | 0 | 14,3 | 0 | 0 | 0 | 8 | 1 |
| | 00 | 18,8 | 0 | 6,3 | 0 | 6,3 | 0 | 0 | 0 | 13 | 0 | 0 | 0 | 0 | 0 | 0 | 0 | 8 | 0 |
| | 01 | 20 | 6,7 | 12,5 | 0 | 12,5 | 0 | 7,1 | 0 | 8,7 | 4,3 | 0 | 0 | 0 | 0 | 0 | 0 | 10 | 2 |
| | 02 | 14,3 | 0 | 6,3 | 0 | 12,5 | 0 | 0 | 0 | 4,3 | 4,3 | 0 | 0 | 0 | 0 | 0 | 0 | 6 | 1 |
| **Anzahl neuer Produkte** | 99 | 0 | 0 | 12,5 | 0 | 6,3 | 0 | 7,1 | 0 | 13 | 4,3 | 0 | 0 | 0 | 0 | 0 | 0 | 7 | 1 |
| | 00 | 0 | 0 | 12,5 | 0 | 6,3 | 0 | 7,1 | 0 | 13 | 4,3 | 0 | 0 | 0 | 0 | 0 | 0 | 7 | 1 |
| | 01 | 0 | 0 | 18,8 | 0 | 6,3 | 0 | 14,3 | 0 | 17,4 | 0 | 0 | 0 | 25 | 0 | 0 | 0 | 12 | 0 |
| | 02 | 0 | 0 | 12,5 | 0 | 0 | 0 | 7,7 | 0 | 17,4 | 0 | 0 | 0 | 12,5 | 0 | 0 | 0 | 8 | 0 |
| **Anzahl neuer Patente** | 99 | 0 | 0 | 0 | 0 | 0 | 0 | 0 | 0 | 8,7 | 0 | 50 | 0 | 0 | 0 | 0 | 0 | 3 | 0 |
| | 00 | 0 | 0 | 6,3 | 0 | 0 | 0 | 7,1 | 0 | 8,7 | 0 | 33,3 | 0 | 12,5 | 0 | 0 | 0 | 6 | 0 |
| | 01 | 0 | 0 | 6,3 | 0 | 0 | 0 | 7,1 | 0 | 8,7 | 0 | 33,3 | 0 | 0 | 0 | 0 | 0 | 5 | 0 |
| | 02 | 0 | 0 | 6,3 | 0 | 6,3 | 0 | 7,7 | 0 | 8,7 | 0 | 33,3 | 0 | 25 | 0 | 50 | 0 | 10 | 0 |
| **Anzahl der Patente** | 99 | 0 | 0 | 6,3 | 0 | 0 | 0 | 0 | 0 | 4,3 | 0 | 50 | 0 | 0 | 0 | 0 | 0 | 3 | 0 |
| | 00 | 0 | 0 | 12,5 | 0 | 0 | 0 | 0 | 0 | 8,7 | 0 | 33,3 | 0 | 12,5 | 0 | 0 | 0 | 6 | 0 |
| | 01 | 0 | 0 | 0 | 0 | 0 | 0 | 0 | 0 | 13 | 0 | 33,3 | 0 | 25 | 0 | 0 | 0 | 6 | 0 |
| | 02 | 0 | 0 | 6,3 | 0 | 6,3 | 0 | 0 | 0 | 17,4 | 0 | 0 | 0 | 37,5 | 0 | 25 | 0 | 10 | 0 |
| **Anzahl neuer Lizenzen** | 99 | 0 | 0 | 0 | 0 | 0 | 0 | 0 | 0 | 0 | 0 | 0 | 0 | 14,3 | 0 | 0 | 0 | 1 | 0 |
| | 00 | 0 | 0 | 18,8 | 0 | 12,5 | 0 | 0 | 0 | 13 | 0 | 0 | 0 | 12,5 | 0 | 0 | 0 | 9 | 0 |
| | 01 | 0 | 0 | 6,3 | 6,3 | 6,3 | 0 | 7,1 | 0 | 0 | 0 | 0 | 0 | 12,5 | 0 | 0 | 0 | 4 | 1 |
| | 02 | 0 | 0 | 0 | 6,3 | 0 | 0 | 0 | 0 | 0 | 0 | 0 | 0 | 12,5 | 0 | 0 | 0 | 1 | 1 |
| **Anzahl der Lizenzen** | 99 | 0 | 0 | 12,5 | 0 | 6,3 | 0 | 0 | 0 | 4,3 | 0 | 0 | 0 | 0 | 0 | 0 | 0 | 4 | 0 |
| | 00 | 0 | 0 | 18,8 | 0 | 12,5 | 0 | 0 | 0 | 4,3 | 0 | 0 | 0 | 0 | 0 | 0 | 0 | 6 | 0 |
| | 01 | 0 | 0 | 12,5 | 0 | 12,5 | 0 | 0 | 0 | 4,3 | 0 | 33,3 | 0 | 0 | 0 | 0 | 0 | 6 | 0 |
| | 02 | 0 | 0 | 6,3 | 0 | 0 | 0 | 0 | 0 | 4,3 | 0 | 0 | 0 | 0 | 0 | 0 | 0 | 2 | 0 |
| **Durchlaufzeiten von Aufträgen** | 99 | 0 | 0 | 0 | 0 | 0 | 0 | 0 | 0 | 0 | 0 | 0 | 0 | 0 | 0 | 0 | 0 | 0 | 0 |
| | 00 | 0 | 0 | 0 | 0 | 0 | 0 | 0 | 0 | 0 | 0 | 0 | 0 | 0 | 0 | 0 | 0 | 0 | 0 |
| | 01 | 0 | 0 | 0 | 0 | 0 | 0 | 0 | 0 | 0 | 0 | 0 | 0 | 0 | 0 | 0 | 0 | 0 | 0 |
| | 02 | 0 | 0 | 0 | 0 | 0 | 0 | 0 | 0 | 0 | 0 | 0 | 0 | 0 | 0 | 0 | 0 | 0 | 0 |

(V = Vergangenheit; Z = Zukunft/Planangaben; Angaben jeweils in %; Ø = Unternehmensdurchschnitt)

| | | Banken, Finanzdienste, Versicherungen | | Chemie, Pharma, Biotechnologie | | Einzelhandel, Konsum | | Automobil, Transport | | Maschinenbau, Industrie | | Versorger, Telekommunikation | | Software, Technologien | | Bau | | Ø | |
|---|---|---|---|---|---|---|---|---|---|---|---|---|---|---|---|---|---|---|---|
| | | V | Z | V | Z | V | Z | V | Z | V | Z | V | Z | V | Z | V | Z | V | Z |
| Entwicklungszeit neuer Produkte | 99 | 0 | 0 | 12,5 | 0 | 0 | 0 | 0 | 0 | 0 | 0 | 0 | 0 | 0 | 0 | 0 | 0 | 2 | 0 |
| | 00 | 0 | 0 | 0 | 0 | 6,3 | 0 | 7,1 | 0 | 4,3 | 0 | 0 | 0 | 0 | 0 | 0 | 0 | 3 | 0 |
| | 01 | 0 | 0 | 0 | 0 | 6,3 | 0 | 0 | 0 | 4,3 | 0 | 0 | 0 | 0 | 0 | 0 | 0 | 2 | 0 |
| | 02 | 0 | 0 | 0 | 0 | 12,5 | 0 | 15,4 | 0 | 0 | 0 | 0 | 0 | 0 | 0 | 0 | 0 | 4 | 0 |
| Durchschnittliche Servicereaktionszeit | 99 | 0 | 0 | 0 | 0 | 0 | 0 | 7,1 | 0 | 4,3 | 0 | 0 | 0 | 0 | 0 | 0 | 0 | 2 | 0 |
| | 00 | 0 | 0 | 0 | 0 | 0 | 0 | 7,1 | 0 | 4,3 | 0 | 0 | 0 | 0 | 0 | 0 | 0 | 2 | 0 |
| | 01 | 6,7 | 0 | 0 | 0 | 0 | 0 | 7,1 | 0 | 0 | 0 | 0 | 0 | 12,5 | 0 | 0 | 0 | 3 | 0 |
| | 02 | 7,1 | 0 | 0 | 0 | 0 | 0 | 7,7 | 0 | 0 | 0 | 0 | 0 | 0 | 0 | 0 | 0 | 2 | 0 |
| Umsatzanteil neuer Produkte | 99 | 0 | 0 | 6,3 | 0 | 0 | 0 | 0 | 0 | 0 | 0 | 0 | 0 | 14,3 | 0 | 0 | 0 | 2 | 0 |
| | 00 | 0 | 0 | 6,3 | 6,3 | 0 | 0 | 7,1 | 0 | 0 | 0 | 0 | 0 | 12,5 | 0 | 0 | 0 | 3 | 1 |
| | 01 | 0 | 0 | 12,5 | 0 | 0 | 0 | 0 | 0 | 0 | 0 | 0 | 0 | 0 | 0 | 0 | 0 | 2 | 0 |
| | 02 | 0 | 0 | 6,3 | 6,3 | 0 | 0 | 0 | 0 | 0 | 0 | 0 | 0 | 0 | 0 | 0 | 0 | 1 | 1 |
| Umsatz aus dem Verkauf von Patenten | 99 | 0 | 0 | 6,3 | 0 | 0 | 0 | 0 | 0 | 0 | 0 | 0 | 0 | 0 | 0 | 0 | 0 | 1 | 0 |
| | 00 | 0 | 0 | 18,8 | 0 | 0 | 0 | 0 | 0 | 0 | 4,3 | 0 | 0 | 0 | 0 | 0 | 0 | 3 | 1 |
| | 01 | 0 | 0 | 12,5 | 0 | 0 | 0 | 0 | 0 | 0 | 0 | 0 | 0 | 0 | 0 | 0 | 0 | 2 | 0 |
| | 02 | 0 | 0 | 12,5 | 0 | 0 | 0 | 0 | 0 | 0 | 0 | 0 | 0 | 0 | 0 | 0 | 0 | 2 | 0 |
| Umsatz nach Altersstruktur der Produkte | 99 | 0 | 0 | 0 | 0 | 0 | 0 | 0 | 0 | 4,3 | 0 | 0 | 0 | 0 | 0 | 0 | 0 | 1 | 0 |
| | 00 | 0 | 0 | 0 | 0 | 0 | 0 | 0 | 0 | 4,3 | 0 | 0 | 0 | 0 | 0 | 0 | 0 | 1 | 0 |
| | 01 | 0 | 0 | 0 | 0 | 0 | 0 | 0 | 0 | 4,3 | 0 | 0 | 0 | 0 | 0 | 0 | 0 | 1 | 0 |
| | 02 | 0 | 0 | 0 | 0 | 0 | 0 | 0 | 0 | 4,3 | 0 | 0 | 0 | 0 | 0 | 0 | 0 | 1 | 0 |
| Fehlerraten von Services und Produkten | 99 | 0 | 0 | 0 | 0 | 0 | 0 | 0 | 0 | 0 | 0 | 0 | 0 | 0 | 0 | 0 | 0 | 0 | 0 |
| | 00 | 0 | 0 | 0 | 0 | 0 | 0 | 0 | 0 | 0 | 0 | 0 | 0 | 0 | 0 | 0 | 0 | 0 | 0 |
| | 01 | 0 | 0 | 0 | 0 | 0 | 0 | 0 | 0 | 0 | 0 | 0 | 0 | 0 | 0 | 0 | 0 | 0 | 0 |
| | 02 | 7,1 | 0 | 0 | 0 | 0 | 0 | 0 | 0 | 0 | 0 | 0 | 0 | 0 | 0 | 0 | 0 | 1 | 0 |
| Vergleich von Ist- und Planwerten | 99 | 0 | | 0 | | 0 | | 0 | | 0 | | 0 | | 0 | | 0 | | 0 | |
| | 00 | 0 | | 0 | | 0 | | 0 | | 0 | | 0 | | 0 | | 0 | | 0 | |
| | 01 | 0 | | 0 | | 0 | | 0 | | 0 | | 0 | | 0 | | 0 | | 0 | |
| | 02 | 0 | | 0 | | 0 | | 0 | | 0 | | 0 | | 0 | | 0 | | 0 | |
| Restlaufzeit der Patente | 99 | 0 | 0 | 0 | 0 | 0 | 0 | 0 | 0 | 0 | 0 | 0 | 0 | 0 | 0 | 0 | 0 | 0 | 0 |
| | 00 | 0 | 0 | 0 | 0 | 0 | 0 | 0 | 0 | 0 | 0 | 0 | 0 | 0 | 0 | 0 | 0 | 0 | 0 |
| | 01 | 0 | 0 | 0 | 0 | 0 | 0 | 0 | 0 | 0 | 0 | 0 | 0 | 0 | 0 | 0 | 0 | 0 | 0 |
| | 02 | 0 | 0 | 0 | 0 | 0 | 0 | 0 | 0 | 0 | 0 | 0 | 0 | 0 | 0 | 0 | 0 | 0 | 0 |

(V = Vergangenheit; Z = Zukunft/Planangaben; Angaben jeweils in %; Ø = Unternehmensdurchschnitt)

Anhang 122: Unternehmensstrategische Angaben in den Geschäftsberichten der DAX 100-Unternehmen nach Branchenzugehörigkeit der Unternehmen

| | | Banken, Finanzdienste, Versicherungen | | Chemie, Pharma, Biotechnologie | | Einzelhandel, Konsum | | Automobil, Transport | | Maschinenbau, Industrie | | Versorger, Telekommunikation | | Software, Technologien | | Bau | | Ø | |
|---|---|---|---|---|---|---|---|---|---|---|---|---|---|---|---|---|---|---|---|
| | | V | Z | V | Z | V | Z | V | Z | V | Z | V | Z | V | Z | V | Z | V | Z |
| **Geschäftsfelder** | 99 | 93,8 | 18,8 | 87,5 | 12,5 | 81,3 | 12,5 | 92,9 | 14,3 | 87,4 | 4,3 | 100 | 50 | 85,7 | 0 | 100 | 0 | 89 | 11 |
| | 00 | 87,5 | 6,3 | 81,3 | 6,3 | 75 | 0 | 100 | 14,3 | 95,7 | 8,7 | 100 | 66,7 | 100 | 12,5 | 100 | 0 | 90 | 9 |
| | 01 | 93,3 | 20 | 68,8 | 6,3 | 62,5 | 0 | 92,9 | 7,1 | 95,7 | 8,7 | 100 | 33,3 | 100 | 25 | 100 | 0 | 86 | 10 |
| | 02 | 92,9 | 21,4 | 93,8 | 18,8 | 87,5 | 6,3 | 100 | 23,1 | 91,3 | 4,3 | 100 | 33,3 | 100 | 0 | 100 | 25 | 94 | 13 |
| **Geschäftstätigkeit (Produkte)** | 99 | 68,8 | 12,5 | 87,5 | 12,5 | 62,5 | 18,8 | 69,6 | 7,1 | 50 | 4,3 | 85,7 | 50 | 75 | 28,6 | 100 | 0 | 72 | 12 |
| | 00 | 81,3 | 12,5 | 81,3 | 25 | 68,8 | 12,5 | 71,4 | 7,1 | 73,9 | 17,4 | 100 | 0 | 100 | 0 | 100 | 0 | 79 | 13 |
| | 01 | 66,7 | 6,7 | 81,3 | 18,8 | 75 | 25 | 57,1 | 21,4 | 69,6 | 8,7 | 100 | 33,3 | 87,5 | 0 | 100 | 25 | 74 | 15 |
| | 02 | 92,9 | 7,1 | 81,3 | 12,5 | 81,3 | 12,5 | 92,9 | 30,8 | 82,6 | 4,3 | 100 | 33,3 | 87,5 | 0 | 100 | 25 | 87 | 11 |
| **Kapitalbeteiligungen** | 99 | 81,3 | 0 | 56,3 | 0 | 68,8 | 6,3 | 57,1 | 7,1 | 60,9 | 4,5 | 100 | 0 | 71,4 | 0 | 100 | 0 | 67 | 3 |
| | 00 | 68,8 | 0 | 56,3 | 0 | 68,8 | 6,3 | 71,4 | 0 | 52,2 | 0 | 100 | 0 | 75 | 0 | 75 | 25 | 65 | 2 |
| | 01 | 66,7 | 12,5 | 62,5 | 0 | 62,5 | 6,3 | 50 | 0 | 52,2 | 8,7 | 100 | 0 | 87,5 | 0 | 100 | 0 | 64 | 5 |
| | 02 | 78,6 | 0 | 68,8 | 6,3 | 81,3 | 0 | 84,6 | 7,7 | 82,6 | 4,3 | 100 | 0 | 87,5 | 0 | 100 | 0 | 81 | 3 |
| **Kauf/Verkauf von Geschäftsbereichen** | 99 | 31,3 | 0 | 75 | 18,8 | 43,8 | 0 | 50 | 21,4 | 82,6 | 13 | 100 | 50 | 71,4 | 0 | 75 | 0 | 61 | 10 |
| | 00 | 56,3 | 6,3 | 87,5 | 12,5 | 37,5 | 0 | 57,1 | 0 | 82,6 | 0 | 100 | 33,3 | 50 | 0 | 25 | 0 | 64 | 4 |
| | 01 | 40 | 6,7 | 87,5 | 18,8 | 25 | 0 | 64,3 | 0 | 52,2 | 8,7 | 100 | 33,3 | 100 | 0 | 25 | 25 | 58 | 8 |
| | 02 | 42,9 | 7,1 | 81,3 | 12,5 | 43,8 | 0 | 61,5 | 0 | 65,2 | 4,3 | 100 | 33,3 | 75 | 0 | 75 | 25 | 63 | 6 |
| **Standorte** | 99 | 62,5 | 0 | 56,3 | 6,3 | 56,3 | 6,3 | 50 | 7,1 | 43,5 | 0 | 50 | 0 | 42,9 | 0 | 25 | 0 | 51 | 3 |
| | 00 | 75 | 0 | 87,5 | 12,5 | 50 | 25 | 57,1 | 0 | 52,2 | 0 | 33,3 | 0 | 50 | 0 | 50 | 0 | 61 | 6 |
| | 01 | 73,3 | 6,7 | 62,5 | 6,3 | 37,5 | 6,3 | 35,7 | 7,1 | 47,8 | 0 | 66,7 | 0 | 37,5 | 0 | 50 | 0 | 50 | 4 |
| | 02 | 78,6 | 0 | 68,8 | 6,3 | 50 | 0 | 38,5 | 0 | 69,6 | 0 | 66,7 | 0 | 37,5 | 0 | 50 | 0 | 60 | 1 |
| **Nachhaltiges Wirtschaften** | 99 | 18,8 | 0 | 75 | 0 | 31,3 | 0 | 50 | 0 | 43,5 | 4,3 | 50 | 0 | 14,3 | 0 | 75 | 0 | 43 | 1 |
| | 00 | 31,3 | 6,3 | 56,3 | 6,3 | 31,3 | 0 | 64,3 | 0 | 47,8 | 8,7 | 100 | 0 | 50 | 0 | 100 | 0 | 50 | 4 |
| | 01 | 20 | 0 | 62,5 | 12,5 | 37,5 | 0 | 78,6 | 0 | 47,8 | 4,3 | 66,7 | 0 | 75 | 0 | 100 | 0 | 53 | 3 |
| | 02 | 50 | 0 | 75 | 6,3 | 56,3 | 0 | 92,3 | 0 | 82,6 | 4,3 | 100 | 0 | 62,5 | 0 | 100 | 0 | 73 | 2 |
| **Konzernstruktur** | 99 | 56,3 | 6,3 | 43,8 | 0 | 37,5 | 6,3 | 42,9 | 7,1 | 52,2 | 0 | 50 | 0 | 57,1 | 0 | 25 | 25 | 47 | 4 |
| | 00 | 68,8 | 0 | 56,3 | 6,3 | 37,5 | 0 | 42,9 | 0 | 43,5 | 8,7 | 33,3 | 0 | 37,5 | 0 | 25 | 0 | 47 | 3 |
| | 01 | 60 | 0 | 50 | 18,8 | 31,3 | 0 | 42,9 | 0 | 43,5 | 4,3 | 33,3 | 0 | 62,5 | 0 | 25 | 25 | 45 | 5 |
| | 02 | 71,4 | 0 | 56,3 | 6,3 | 56,3 | 0 | 46,2 | 0 | 47,8 | 0 | 66,7 | 0 | 50 | 0 | 50 | 0 | 55 | 1 |
| **Festlegung der Kernkompetenzen** | 99 | 56,3 | 0 | 6,3 | 6,3 | 12,5 | 0 | 14,3 | 0 | 17,4 | 0 | 50 | 50 | 28,6 | 0 | 25 | 0 | 22 | 2 |
| | 00 | 62,5 | 0 | 18,8 | 0 | 12,5 | 0 | 28,6 | 0 | 21,7 | 0 | 33,3 | 0 | 12,5 | 0 | 25 | 0 | 27 | 0 |
| | 01 | 33,3 | 0 | 12,5 | 6,3 | 18,8 | 6,3 | 28,6 | 0 | 26,1 | 0 | 100 | 0 | 25 | 12,5 | 0 | 0 | 25 | 3 |
| | 02 | 35,7 | 0 | 43,8 | 12,5 | 25 | 6,3 | 15,4 | 7,7 | 21,7 | 0 | 100 | 0 | 37,5 | 12,5 | 0 | 0 | 30 | 5 |
| **Umweltbericht** | 99 | 12,5 | 0 | 50 | 0 | 12,5 | 0 | 28,6 | 0 | 26,1 | 0 | 100 | 0 | 0 | 0 | 25 | 0 | 26 | 0 |
| | 00 | 12,5 | 0 | 43,8 | 0 | 18,8 | 0 | 35,7 | 0 | 17,4 | 0 | 66,7 | 0 | 25 | 0 | 75 | 0 | 28 | 0 |
| | 01 | 6,7 | 0 | 43,8 | 0 | 12,5 | 0 | 42,9 | 0 | 21,7 | 0 | 100 | 0 | 25 | 0 | 75 | 0 | 29 | 0 |
| | 02 | 21,4 | 0 | 31,3 | 0 | 18,8 | 0 | 46,2 | 0 | 17,4 | 0 | 100 | 0 | 25 | 0 | 75 | 0 | 30 | 0 |
| **Finanzierungsmaßnahmen** | 99 | 12,5 | 0 | 12,5 | 0 | 18,8 | 0 | 21,4 | 7,1 | 4,3 | 0 | 0 | 0 | 28,6 | 0 | 50 | 0 | 15 | 1 |
| | 00 | 12,5 | 0 | 43,8 | 0 | 31,3 | 0 | 35,7 | 7,1 | 21,7 | 8,7 | 0 | 0 | 37,5 | 0 | 25 | 0 | 28 | 3 |
| | 01 | 26,7 | 0 | 37,5 | 6,3 | 31,3 | 0 | 42,9 | 7,1 | 26,1 | 0 | 66,7 | 0 | 37,5 | 0 | 25 | 0 | 33 | 2 |
| | 02 | 35,7 | 0 | 37,5 | 0 | 37,5 | 0 | 46,2 | 7,7 | 39,1 | 0 | 100 | 0 | 62,5 | 12,5 | 0 | 0 | 41 | 2 |

(V = Vergangenheit; Z = Zukunft/Planangaben; Angaben jeweils in %; Ø = Unternehmensdurchschnitt)

| | | Banken, Finanz-dienste, Ver-sicherungen | | Chemie, Pharma, Biotech-nologie | | Einzel-handel, Konsum | | Auto-mobil, Trans-port | | Maschi-nenbau, Industrie | | Versorger, Telekommu-nikation | | Soft-ware, Techno-logien | | Bau | | Ø | |
|---|---|---|---|---|---|---|---|---|---|---|---|---|---|---|---|---|---|---|---|
| | | V | Z | V | Z | V | Z | V | Z | V | Z | V | Z | V | Z | V | Z | V | Z |
| **Gesellschaftliche Verantwortung** | 99 | 25 | 0 | 25 | 0 | 25 | 0 | 7,1 | 0 | 0 | 0 | 50 | 0 | 0 | 0 | 25 | 0 | 15 | 0 |
| | 00 | 37,5 | 0 | 18,8 | 0 | 25 | 0 | 7,1 | 0 | 4,3 | 0 | 66,7 | 0 | 12,5 | 0 | 25 | 0 | 19 | 0 |
| | 01 | 40 | 0 | 25 | 6,3 | 31,3 | 0 | 7,1 | 0 | 8,7 | 0 | 0 | 0 | 25 | 0 | 0 | 0 | 20 | 1 |
| | 02 | 64,3 | 0 | 37,5 | 0 | 31,3 | 0 | 38,5 | 0 | 13 | 0 | 66,7 | 0 | 25 | 0 | 0 | 0 | 33 | 0 |
| **Unternehmenskultur, -philosophie** | 99 | 25 | 0 | 6,3 | 0 | 6,3 | 0 | 7,1 | 0 | 0 | 0 | 50 | 0 | 14,3 | 0 | 0 | 0 | 9 | 0 |
| | 00 | 12,5 | 0 | 0 | 0 | 12,5 | 0 | 0 | 0 | 4,3 | 0 | 0 | 0 | 0 | 0 | 50 | 0 | 7 | 0 |
| | 01 | 13,3 | 0 | 12,5 | 0 | 6,3 | 0 | 0 | 0 | 17,4 | 0 | 33,3 | 0 | 12,5 | 0 | 0 | 0 | 11 | 0 |
| | 02 | 21,4 | 0 | 18,8 | 0 | 18,8 | 6,3 | 0 | 0 | 4,3 | 0 | 33,3 | 0 | 37,5 | 0 | 0 | 0 | 14 | 1 |
| **Intellectual Capital/Property Statement** | 99 | 0 | 0 | 0 | 0 | 0 | 0 | 0 | 0 | 0 | 0 | 0 | 0 | 0 | 0 | 0 | 0 | 0 | 0 |
| | 00 | 0 | 0 | 0 | 0 | 0 | 0 | 0 | 0 | 0 | 0 | 0 | 0 | 0 | 0 | 0 | 0 | 0 | 0 |
| | 01 | 0 | 0 | 0 | 0 | 0 | 0 | 0 | 0 | 0 | 0 | 0 | 0 | 0 | 0 | 0 | 0 | 0 | 0 |
| | 02 | 0 | 0 | 0 | 0 | 0 | 0 | 0 | 0 | 0 | 0 | 0 | 0 | 0 | 0 | 0 | 0 | 0 | 0 |

(V = Vergangenheit; Z = Zukunft/Planangaben; Angaben jeweils in %; Ø = Unternehmensdurchschnitt)

Anhang 123: Umfeldbezogene Angaben in den Geschäftsberichten der DAX 100-Unternehmen nach Branchenzugehörigkeit der Unternehmen

| | | Banken, Finanz-dienste, Ver-sicherungen | | Chemie, Pharma, Biotech-nologie | | Einzel-handel, Konsum | | Auto-mobil, Trans-port | | Maschi-nenbau, Industrie | | Versorger, Telekommu-nikation | | Soft-ware, Techno-logien | | Bau | | Ø | |
|---|---|---|---|---|---|---|---|---|---|---|---|---|---|---|---|---|---|---|---|
| | | V | Z | V | Z | V | Z | V | Z | V | Z | V | Z | V | Z | V | Z | V | Z |
| **Wirtschaftliches Umfeld (Gesamtwirtschaftliche Entwicklung)** | 99 | 68,8 | 56,3 | 56,3 | 31,3 | 50 | 25 | 57,1 | 28,6 | 69,6 | 43,5 | 100 | 50 | 28,6 | 14,3 | 50 | 50 | 60 | 37 |
| | 00 | 75 | 62,5 | 62,5 | 31,3 | 62,5 | 25 | 85,7 | 35,7 | 69,6 | 47,8 | 66,7 | 66,7 | 62,5 | 25 | 75 | 25 | 70 | 40 |
| | 01 | 93,3 | 60 | 62,5 | 43,8 | 81,3 | 18,8 | 64,3 | 35,7 | 82,6 | 60,9 | 100 | 66,7 | 75 | 37,5 | 75 | 50 | 78 | 45 |
| | 02 | 100 | 71,4 | 75 | 56,3 | 87,5 | 62,5 | 84,6 | 69,2 | 91,3 | 73,9 | 100 | 100 | 100 | 87,5 | 100 | 75 | 90 | 70 |
| **Aktienbesitz/ Anteilseigner** | 99 | 56,3 | 0 | 68,8 | 0 | 25 | 0 | 42,9 | 0 | 73,9 | 0 | 100 | 0 | 71,4 | 0 | 50 | 0 | 57 | 0 |
| | 00 | 62,5 | 0 | 62,5 | 0 | 56,3 | 0 | 50 | 0 | 73,9 | 0 | 33,3 | 0 | 87,5 | 0 | 75 | 0 | 64 | 0 |
| | 01 | 80 | 0 | 56,3 | 6,3 | 56,3 | 0 | 71,4 | 0 | 69,6 | 0 | 33,3 | 0 | 100 | 0 | 75 | 0 | 69 | 1 |
| | 02 | 92,9 | 7,1 | 68,8 | 0 | 75 | 0 | 76,9 | 0 | 69,6 | 0 | 33,3 | 0 | 75 | 0 | 75 | 0 | 74 | 1 |
| **Rechtliches Umfeld** | 99 | 0 | 0 | 6,3 | 0 | 6,3 | 0 | 0 | 0 | 0 | 0 | 50 | 0 | 0 | 0 | 0 | 0 | 3 | 0 |
| | 00 | 0 | 0 | 0 | 0 | 0 | 0 | 0 | 0 | 0 | 0 | 0 | 0 | 0 | 0 | 0 | 0 | 0 | 0 |
| | 01 | 6,3 | 0 | 0 | 6,3 | 0 | 0 | 0 | 0 | 0 | 0 | 0 | 0 | 0 | 0 | 0 | 0 | 1 | 1 |
| | 02 | 0 | 0 | 0 | 0 | 0 | 0 | 7,7 | 0 | 0 | 0 | 0 | 0 | 0 | 0 | 0 | 0 | 1 | 0 |
| **Ökologisches Umfeld** | 99 | 0 | 0 | 0 | 0 | 0 | 0 | 0 | 0 | 0 | 0 | 0 | 0 | 0 | 0 | 0 | 0 | 0 | 0 |
| | 00 | 0 | 0 | 0 | 0 | 0 | 0 | 0 | 0 | 0 | 0 | 0 | 0 | 0 | 0 | 0 | 0 | 0 | 0 |
| | 01 | 0 | 0 | 0 | 0 | 0 | 0 | 0 | 0 | 0 | 0 | 0 | 0 | 0 | 0 | 0 | 0 | 0 | 0 |
| | 02 | 0 | 0 | 0 | 0 | 0 | 0 | 0 | 0 | 0 | 0 | 0 | 0 | 0 | 0 | 0 | 0 | 0 | 0 |

(V = Vergangenheit; Z = Zukunft/Planangaben; Angaben jeweils in %; Ø = Unternehmensdurchschnitt)

Anhang 124: Branchenspezifische Value Reporting-Scores zu obligatorischen Berichtselementen aus Erstellersicht

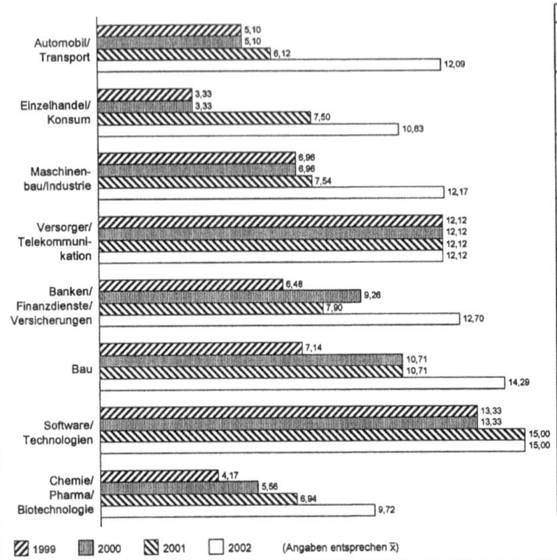


| Median | Minimum | Maximum |
|---|---|---|
| 0,00 | 0,00 | 14,00 |
| 0,00 | 0,00 | 14,00 |
| 0,00 | 0,00 | 14,00 |
| 14,29 | 0,00 | 29,00 |
| 0,00 | 0,00 | 13,00 |
| 0,00 | 0,00 | 13,00 |
| 13,33 | 0,00 | 13,00 |
| 13,33 | 0,00 | 13,00 |
| 13,33 | 0,00 | 13,00 |
| 13,33 | 0,00 | 13,00 |
| 13,33 | 0,00 | 13,00 |
| 13,33 | 0,00 | 13,00 |
| 12,12 | 12,00 | 12,00 |
| 12,12 | 12,00 | 12,00 |
| 12,12 | 12,00 | 12,00 |
| 12,12 | 12,00 | 12,00 |
| 0,00 | 0,00 | 15,00 |
| 14,81 | 0,00 | 15,00 |
| 14,81 | 0,00 | 15,00 |
| 14,81 | 0,00 | 15,00 |
| 7,14 | 0,00 | 14,00 |
| 14,29 | 0,00 | 14,00 |
| 14,29 | 0,00 | 14,00 |
| 14,29 | 14,00 | 14,00 |
| 13,33 | 0,00 | 27,00 |
| 13,33 | 0,00 | 27,00 |
| 13,33 | 13,00 | 27,00 |
| 13,33 | 13,00 | 27,00 |
| 0,00 | 0,00 | 11,00 |
| 5,56 | 0,00 | 11,00 |
| 11,11 | 0,00 | 11,00 |
| 11,11 | 0,00 | 11,00 |

Anhang 125: Branchenspezifische Value Reporting-Scores zu Angaben über die Entwicklung des Unternehmenswertes aus Erstellersicht

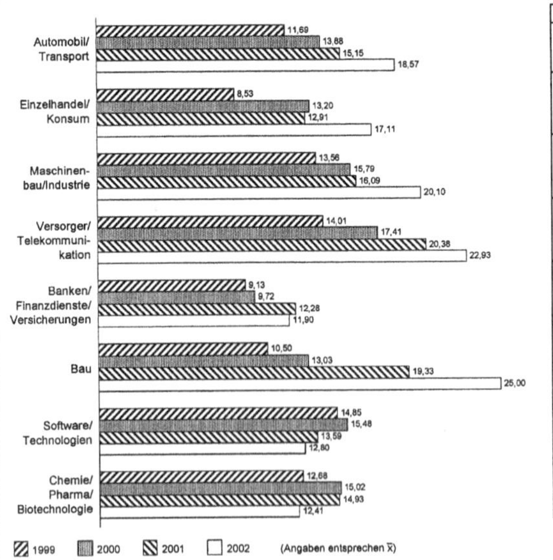


| Median | Minimum | Maximum |
|---|---|---|
| 10,19 | 0,00 | 30,57 |
| 11,78 | 0,00 | 36,31 |
| 14,01 | 0,00 | 28,03 |
| 16,56 | 3,82 | 32,48 |
| 8,41 | 0,00 | 16,82 |
| 11,21 | 0,00 | 35,51 |
| 12,15 | 3,74 | 24,30 |
| 14,95 | 0,00 | 34,58 |
| 13,68 | 0,00 | 27,35 |
| 13,68 | 3,42 | 37,61 |
| 13,68 | 3,42 | 43,59 |
| 20,51 | 5,13 | 43,59 |
| 14,01 | 5,10 | 22,93 |
| 20,38 | 7,64 | 24,20 |
| 22,93 | 12,74 | 25,48 |
| 28,03 | 10,19 | 30,57 |
| 7,94 | 0,00 | 19,05 |
| 9,52 | 0,00 | 22,22 |
| 12,70 | 3,17 | 22,22 |
| 12,70 | 0,00 | 21,43 |
| 10,08 | 5,88 | 15,97 |
| 13,45 | 7,56 | 17,65 |
| 15,13 | 14,29 | 32,77 |
| 24,79 | 15,97 | 34,45 |
| 12,70 | 9,52 | 22,22 |
| 16,67 | 4,76 | 25,40 |
| 11,11 | 7,94 | 22,22 |
| 12,30 | 1,59 | 25,40 |
| 11,51 | 7,19 | 27,34 |
| 12,23 | 7,19 | 31,65 |
| 13,67 | 8,63 | 30,22 |
| 10,07 | 4,32 | 20,14 |

Anhang 126: Branchenspezifische Value Reporting-Scores zu Angaben über die Wertentwicklung für die Kapitalgeber aus Erstellersicht

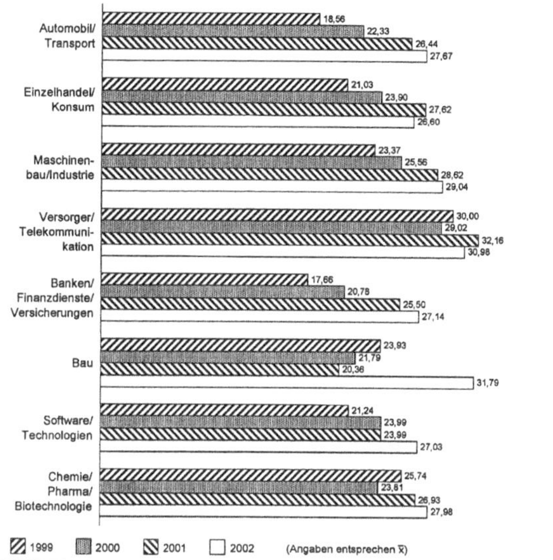


| Median | Minimum | Maximum |
|---|---|---|
| 21,26 | 0,00 | 42,53 |
| 22,99 | 5,75 | 36,78 |
| 27,01 | 10,34 | 41,38 |
| 25,29 | 16,09 | 40,23 |
| 20,95 | 5,41 | 39,19 |
| 24,32 | 16,22 | 37,84 |
| 27,03 | 16,22 | 37,84 |
| 27,03 | 5,41 | 37,84 |
| 23,03 | 0,00 | 37,58 |
| 25,45 | 13,33 | 32,73 |
| 31,52 | 13,33 | 40,00 |
| 31,52 | 0,00 | 38,79 |
| 30,00 | 27,06 | 32,94 |
| 28,24 | 28,24 | 30,59 |
| 31,76 | 31,76 | 32,94 |
| 30,59 | 29,41 | 32,94 |
| 16,25 | 0,00 | 32,50 |
| 20,00 | 10,00 | 35,00 |
| 25,00 | 15,00 | 37,50 |
| 27,50 | 15,00 | 37,50 |
| 23,57 | 18,57 | 30,00 |
| 22,86 | 15,71 | 25,71 |
| 18,57 | 15,71 | 28,57 |
| 32,14 | 27,14 | 35,71 |
| 18,92 | 10,81 | 40,54 |
| 21,62 | 8,11 | 48,65 |
| 22,97 | 13,51 | 37,84 |
| 25,68 | 21,62 | 43,24 |
| 25,00 | 16,67 | 40,48 |
| 23,81 | 11,90 | 38,10 |
| 25,00 | 16,67 | 38,10 |
| 28,57 | 16,67 | 40,48 |

Anhang 127: Branchenspezifische Value Reporting-Scores zu risikobezogenen Angaben aus Erstellersicht

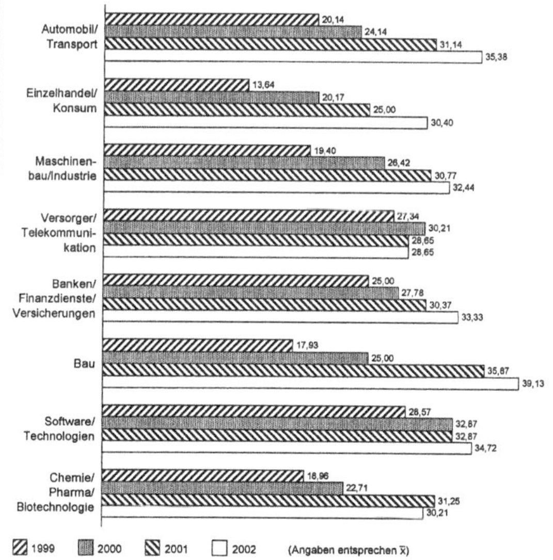


| Median | Minimum | Maximum |
|---|---|---|
| 24,00 | 0,00 | 34,00 |
| 26,00 | 8,00 | 42,00 |
| 34,00 | 8,00 | 52,00 |
| 34,00 | 26,00 | 52,00 |
| 9,09 | 0,00 | 45,00 |
| 20,45 | 0,00 | 36,00 |
| 31,82 | 9,00 | 36,00 |
| 31,82 | 9,00 | 50,00 |
| 15,38 | 0,00 | 54,00 |
| 23,08 | 8,00 | 69,00 |
| 30,77 | 8,00 | 54,00 |
| 34,62 | 0,00 | 46,00 |
| 27,34 | 25,00 | 30,00 |
| 25,00 | 25,00 | 41,00 |
| 25,00 | 25,00 | 36,00 |
| 25,00 | 25,00 | 36,00 |
| 25,93 | 7,00 | 44,00 |
| 31,48 | 7,00 | 44,00 |
| 33,33 | 7,00 | 44,00 |
| 33,33 | 19,00 | 44,00 |
| 14,13 | 9,00 | 35,00 |
| 23,91 | 9,00 | 43,00 |
| 41,30 | 17,00 | 43,00 |
| 45,65 | 17,00 | 48,00 |
| 29,63 | 15,00 | 44,00 |
| 33,33 | 22,00 | 44,00 |
| 31,48 | 15,00 | 48,00 |
| 33,33 | 15,00 | 48,00 |
| 20,00 | 7,00 | 43,00 |
| 23,33 | 7,00 | 37,00 |
| 30,00 | 7,00 | 70,00 |
| 30,00 | 7,00 | 50,00 |

Anhang 128: Branchenspezifische Value Reporting-Scores zu kunden- bzw. absatzmarktbezogenen Angaben aus Erstellersicht

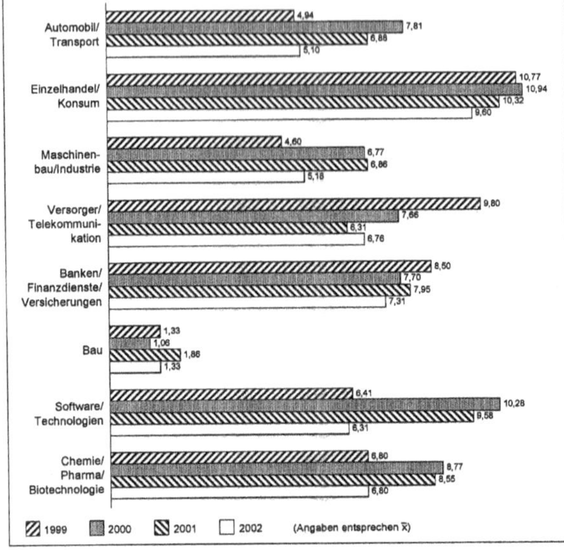


| Median | Minimum | Maximum |
|---|---|---|
| 3,74 | 0,00 | 16,82 |
| 4,67 | 0,00 | 22,43 |
| 7,48 | 0,00 | 16,82 |
| 5,61 | 0,00 | 11,21 |
| 9,82 | 0,00 | 24,11 |
| 12,50 | 0,00 | 29,46 |
| 8,93 | 0,00 | 23,21 |
| 8,93 | 0,00 | 25,00 |
| 3,85 | 0,00 | 15,38 |
| 3,85 | 0,00 | 17,31 |
| 5,77 | 0,00 | 25,00 |
| 3,85 | 0,00 | 28,85 |
| 9,80 | 6,08 | 13,51 |
| 9,46 | 0,00 | 13,51 |
| 6,08 | 0,00 | 12,84 |
| 6,11 | 0,00 | 12,16 |
| 7,20 | 0,00 | 22,40 |
| 6,40 | 0,00 | 22,40 |
| 6,40 | 0,00 | 25,60 |
| 6,40 | 0,00 | 25,60 |
| 0,00 | 0,00 | 5,32 |
| 1,06 | 0,00 | 2,13 |
| 1,06 | 0,00 | 5,32 |
| 0,00 | 0,00 | 5,32 |
| 7,48 | 0,00 | 10,28 |
| 11,68 | 3,74 | 14,95 |
| 7,48 | 0,00 | 17,76 |
| 3,74 | 0,00 | 14,95 |
| 5,26 | 0,00 | 22,81 |
| 7,89 | 0,00 | 26,32 |
| 7,89 | 0,00 | 19,30 |
| 4,39 | 0,00 | 19,30 |

Anhang 129: Branchenspezifische Value Reporting-Scores zu zulieferer- bzw. beschaffungsmarktbezogenen Angaben aus Erstellersicht

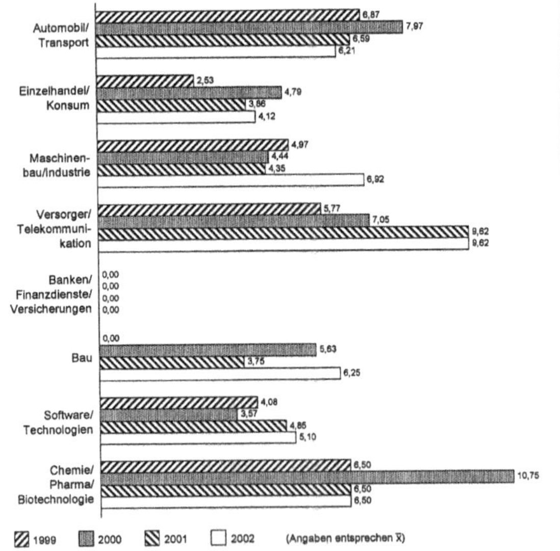


| Median | Minimum | Maximum |
|---|---|---|
| 7,69 | 0,00 | 15,38 |
| 7,69 | 0,00 | 19,23 |
| 3,85 | 0,00 | 19,23 |
| 7,69 | 0,00 | 23,08 |
| 0,00 | 0,00 | 25,53 |
| 0,00 | 0,00 | 19,15 |
| 0,00 | 0,00 | 19,15 |
| 2,13 | 0,00 | 14,89 |
| 0,00 | 0,00 | 28,57 |
| 0,00 | 0,00 | 24,49 |
| 0,00 | 0,00 | 22,45 |
| 6,12 | 0,00 | 22,45 |
| 5,77 | 0,00 | 11,54 |
| 7,69 | 0,00 | 13,46 |
| 9,62 | 7,69 | 11,54 |
| 11,54 | 0,00 | 17,31 |
| 0,00 | 0,00 | 0,00 |
| 0,00 | 0,00 | 0,00 |
| 0,00 | 0,00 | 0,00 |
| 0,00 | 0,00 | 0,00 |
| 0,00 | 0,00 | 0,00 |
| 3,75 | 0,00 | 15,00 |
| 0,00 | 0,00 | 15,00 |
| 5,00 | 0,00 | 15,00 |
| 0,00 | 0,00 | 14,29 |
| 3,06 | 0,00 | 8,16 |
| 6,12 | 0,00 | 10,20 |
| 0,00 | 0,00 | 16,33 |
| 4,00 | 0,00 | 24,00 |
| 8,00 | 0,00 | 28,00 |
| 8,00 | 0,00 | 32,00 |
| 8,00 | 0,00 | 16,00 |

Anhang 130: Branchenspezifische Value Reporting-Scores zu mitarbeiter- bzw. managementbezogenen Angaben aus Erstellersicht

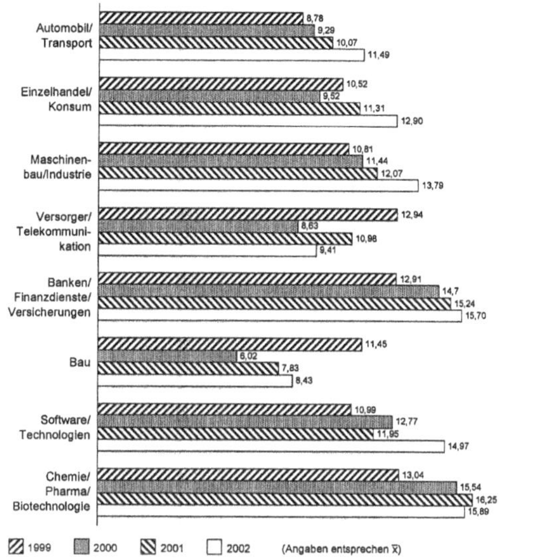


| Median | Minimum | Maximum |
|---|---|---|
| 7,83 | 4,82 | 19,28 |
| 8,43 | 0,00 | 21,69 |
| 9,04 | 4,82 | 21,69 |
| 9,64 | 4,82 | 16,87 |
| 9,52 | 0,00 | 22,22 |
| 7,94 | 6,35 | 22,22 |
| 9,52 | 6,35 | 25,40 |
| 12,70 | 6,35 | 19,05 |
| 9,21 | 5,26 | 27,63 |
| 10,53 | 5,26 | 28,95 |
| 10,53 | 5,26 | 28,95 |
| 15,79 | 0,00 | 22,37 |
| 12,94 | 9,41 | 16,47 |
| 4,71 | 4,71 | 16,47 |
| 14,12 | 4,71 | 14,12 |
| 9,41 | 7,06 | 11,76 |
| 8,79 | 4,40 | 41,76 |
| 13,19 | 4,40 | 41,76 |
| 13,19 | 4,40 | 41,76 |
| 14,29 | 4,40 | 41,76 |
| 10,84 | 4,82 | 19,28 |
| 4,82 | 4,82 | 9,64 |
| 8,43 | 4,82 | 9,64 |
| 8,43 | 4,82 | 12,05 |
| 8,79 | 4,40 | 20,88 |
| 10,44 | 7,69 | 21,98 |
| 10,44 | 4,40 | 21,98 |
| 15,38 | 7,69 | 21,98 |
| 11,43 | 5,71 | 28,57 |
| 15,71 | 5,71 | 31,43 |
| 17,14 | 5,71 | 34,29 |
| 15,71 | 5,71 | 28,57 |

Anhang 131: Branchenspezifische Value Reporting-Scores zu prozess- bzw. innovationsbezogenen Angaben aus Erstellersicht

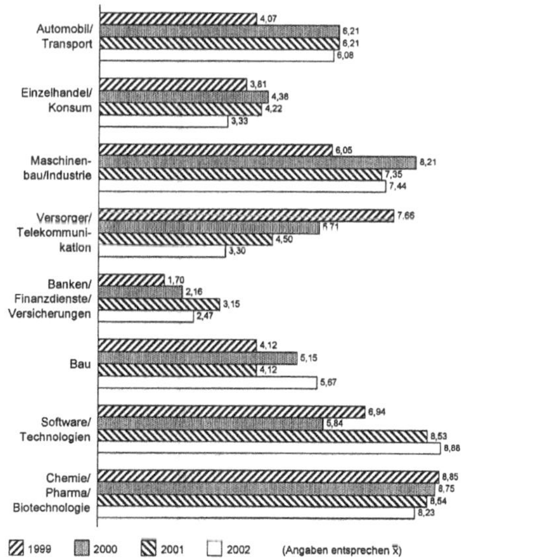


| Median | Minimum | Maximum |
|---|---|---|
| 4,00 | 0,00 | 11,00 |
| 4,50 | 0,00 | 13,00 |
| 4,50 | 0,00 | 17,00 |
| 5,00 | 0,00 | 16,00 |
| 1,95 | 0,00 | 13,00 |
| 3,90 | 0,00 | 12,00 |
| 3,25 | 0,00 | 12,00 |
| 3,25 | 0,00 | 9,00 |
| 5,61 | 0,00 | 13,00 |
| 7,48 | 0,00 | 21,00 |
| 8,41 | 0,00 | 15,00 |
| 7,48 | 0,00 | 13,00 |
| 7,66 | 6,00 | 9,00 |
| 2,70 | 3,00 | 12,00 |
| 8,79 | 2,00 | 8,00 |
| 2,70 | 3,00 | 5,00 |
| 0,00 | 0,00 | 15,00 |
| 0,00 | 0,00 | 7,00 |
| 0,00 | 0,00 | 16,00 |
| 0,00 | 0,00 | 22,00 |
| 4,12 | 0,00 | 8,00 |
| 6,19 | 0,00 | 8,00 |
| 4,12 | 0,00 | 8,00 |
| 7,22 | 0,00 | 8,00 |
| 7,48 | 4,00 | 11,00 |
| 6,54 | 2,00 | 9,00 |
| 8,41 | 4,00 | 13,00 |
| 8,41 | 4,00 | 15,00 |
| 8,33 | 2,00 | 20,00 |
| 7,50 | 5,00 | 18,00 |
| 6,67 | 2,00 | 18,00 |
| 5,83 | 2,00 | 22,00 |

Anhang 132: Branchenspezifische Value Reporting-Scores zu unternehmensstrategischen Angaben aus Erstellersicht

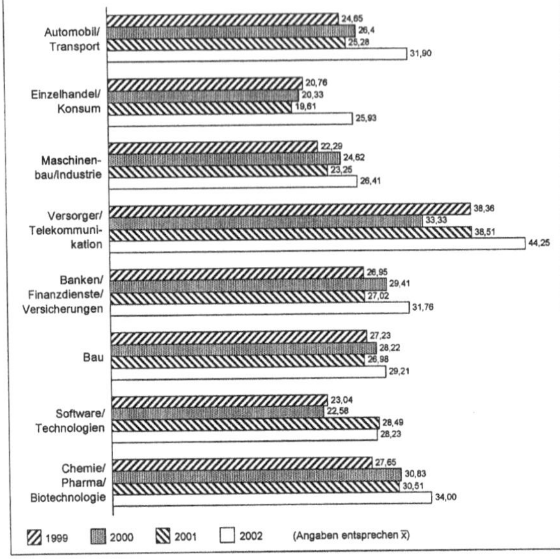


| Median | Minimum | Maximum |
|---|---|---|
| 23,53 | 7,84 | 42,16 |
| 25,49 | 15,69 | 43,14 |
| 25,49 | 17,65 | 35,29 |
| 30,39 | 15,69 | 50,00 |
| 21,84 | 6,90 | 39,08 |
| 20,69 | 6,90 | 29,89 |
| 18,39 | 6,90 | 39,08 |
| 27,59 | 4,60 | 45,98 |
| 23,16 | 10,53 | 37,89 |
| 23,16 | 8,42 | 40,00 |
| 23,16 | 2,11 | 49,47 |
| 29,47 | 9,47 | 40,00 |
| 38,36 | 34,48 | 42,24 |
| 34,48 | 25,86 | 39,66 |
| 39,66 | 31,03 | 44,83 |
| 46,55 | 34,48 | 51,72 |
| 29,91 | 8,93 | 48,21 |
| 29,02 | 14,29 | 44,64 |
| 26,79 | 14,29 | 40,18 |
| 30,80 | 16,96 | 48,21 |
| 28,71 | 15,84 | 35,64 |
| 28,22 | 15,84 | 40,59 |
| 23,27 | 17,82 | 43,56 |
| 30,20 | 22,77 | 33,66 |
| 21,51 | 12,90 | 40,86 |
| 23,66 | 8,60 | 34,41 |
| 27,96 | 17,20 | 36,56 |
| 27,96 | 12,90 | 43,01 |
| 27,12 | 15,25 | 37,29 |
| 31,36 | 20,34 | 42,37 |
| 30,51 | 15,25 | 55,93 |
| 32,20 | 16,95 | 52,54 |

Anhang 133: Branchenspezifische Value Reporting-Scores zu umfeldbezogenen Angaben aus Erstellersicht

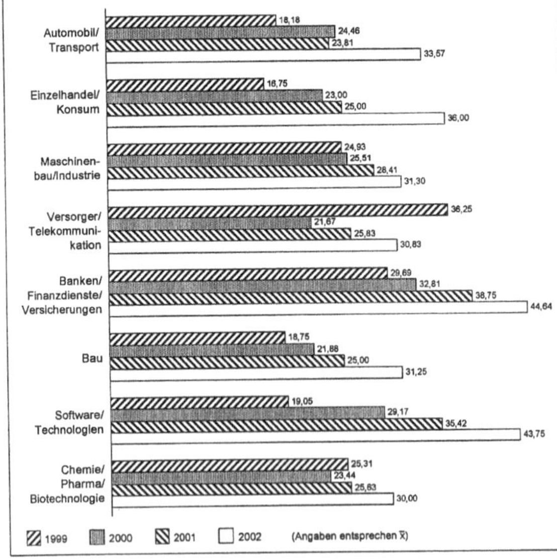


| Median | Minimum | Maximum |
|---|---|---|
| 21,21 | 0,00 | 42,00 |
| 27,27 | 0,00 | 42,00 |
| 27,27 | 0,00 | 42,00 |
| 42,42 | 0,00 | 55,00 |
| 16,00 | 0,00 | 48,00 |
| 16,00 | 0,00 | 48,00 |
| 24,00 | 0,00 | 48,00 |
| 32,00 | 16,00 | 48,00 |
| 26,67 | 0,00 | 40,00 |
| 26,67 | 0,00 | 40,00 |
| 40,00 | 0,00 | 40,00 |
| 40,00 | 0,00 | 40,00 |
| 36,25 | 23,00 | 50,00 |
| 27,50 | 0,00 | 38,00 |
| 27,50 | 13,00 | 38,00 |
| 27,50 | 28,00 | 38,00 |
| 34,38 | 0,00 | 50,00 |
| 34,38 | 0,00 | 50,00 |
| 50,00 | 13,00 | 50,00 |
| 50,00 | 31,00 | 50,00 |
| 18,75 | 0,00 | 38,00 |
| 18,75 | 13,00 | 38,00 |
| 25,00 | 13,00 | 38,00 |
| 31,25 | 25,00 | 38,00 |
| 16,67 | 0,00 | 33,00 |
| 33,33 | 0,00 | 50,00 |
| 33,33 | 17,00 | 50,00 |
| 50,00 | 33,00 | 50,00 |
| 30,00 | 0,00 | 45,00 |
| 30,00 | 0,00 | 45,00 |
| 30,00 | 0,00 | 50,00 |
| 30,00 | 0,00 | 45,00 |

Anhang 134: Branchenspezifische Gap-Analyse zwischen dem Umfang der obligatorischen Berichtselemente und den Anforderungen der Ersteller

| Kriterium | B/F/V | | | | C/P/B | | | | E/K | | | | A/T | | | |
|---|---|---|---|---|---|---|---|---|---|---|---|---|---|---|---|---|
| | Fit | | Gap | | Fit | | Gap | | Fit | | Gap | | Fit | | Gap | |
| | ++ | -- | +- | -+ | ++ | -- | +- | -+ | ++ | -- | +- | -+ | ++ | -- | +- | -+ |
| Eigenkapitalspiegel (V) | 1 | | | | 1 | | | | 1 | | | | 1 | | | |
| Bilanz (Z) | | | 1 | | | | 1 | | | | 1 | | | | 1 | |
| GuV-Rechnung (Z) | | | 1 | | | | 1 | | | | 1 | | | | 1 | |
| Lagebericht/MD&A (Z) | | | 1 | | | | 1 | | | | 1 | | | | 1 | |
| Segmentbericht (Z) | | | 1 | | | | 1 | | | | 1 | | | | 1 | |
| Kapitalflussrechnung (Z) | | | 1 | | | | 1 | | | | 1 | | | | 1 | |
| Eigenkapitalspiegel (Z) | | | 1 | | | | 1 | | | | 1 | | | | 1 | |
| | 14% | | 86% | | 14% | | 86% | | 14% | | 86% | | 14% | | 86% | |

| Kriterium | M/I | | | | V/T | | | | S/T | | | | Bau | | | |
|---|---|---|---|---|---|---|---|---|---|---|---|---|---|---|---|---|
| | Fit | | Gap | | Fit | | Gap | | Fit | | Gap | | Fit | | Gap | |
| | ++ | -- | +- | -+ | ++ | -- | +- | -+ | ++ | -- | +- | -+ | ++ | -- | +- | -+ |
| Eigenkapitalspiegel (V) | 1 | | | | 1 | | | | 1 | | | | 1 | | | |
| Bilanz (Z) | | | 1 | | | | 1 | | | | 1 | | | | 1 | |
| GuV-Rechnung (Z) | | | 1 | | | | 1 | | | | 1 | | | | 1 | |
| Lagebericht/MD&A (Z) | | | 1 | | | | 1 | | | | 1 | | | | 1 | |
| Segmentbericht (Z) | | | 1 | | | | 1 | | | | 1 | | | | 1 | |
| Kapitalflussrechnung (Z) | | | 1 | | | | 1 | | | | 1 | | | | 1 | |
| Eigenkapitalspiegel (Z) | | | 1 | | | | 1 | | | | 1 | | | | 1 | |
| | 14% | | 86% | | 14% | | 86% | | 14% | | 86% | | 14% | | 86% | |

| | Einschätzung der Ersteller: | Value Reporting der DAX 100-Unternehmen: |
|---|---|---|
| ++ | wichtig/sehr wichtig | stark/sehr stark ausgeprägt |
| -- | unwichtig/weniger wichtig | gering/weniger stark ausgeprägt |
| +- | wichtig/sehr wichtig | gering/weniger stark ausgeprägt |
| -+ | unwichtig/weniger wichtig | stark/sehr stark ausgeprägt |

| Branchen: | | | |
|---|---|---|---|
| B/F/V | Banken/Finanzdienste/Versicherungen | M/I | Maschinenbau/Industrie |
| C/P/B | Chemie/Pharma/Biotechnologie | V/T | Versorger/Telekommunikation |
| E/K | Einzelhandel/Konsum | S/T | Software/Technologien |
| A/T | Automobil/Transport | | |

Anhang 135: Branchenspezifische Gap-Analyse zwischen dem Umfang der Angaben über die Entwicklung des Unternehmenswertes und den Anforderungen der Ersteller

| Kriterium | B/F/V | | | | C/P/B | | | | E/K | | | | A/T | | | | M/I | | | | V/T | | | | S/T | | | | Bau | | | |
|---|---|---|---|---|---|---|---|---|---|---|---|---|---|---|---|---|---|---|---|---|---|---|---|---|---|---|---|---|---|---|---|---|
| | Fit | | Gap | | Fit | | Gap | | Fit | | Gap | | Fit | | Gap | | Fit | | Gap | | Fit | | Gap | | Fit | | Gap | | Fit | | Gap | |
| | ++ | – | +- | -+ | ++ | – | +- | -+ | ++ | – | +- | -+ | ++ | – | +- | -+ | ++ | – | +- | -+ | ++ | – | +- | -+ | ++ | – | +- | -+ | ++ | – | +- | -+ |
| Kapitalrenditen (V) | 1 | | | | 1 | | | | 1 | | | | 1 | | | | 1 | | | | 1 | | | | | | 1 | | 1 | | | |
| Kapitalrenditen (Z) | | | 1 | | | | 1 | | | | 1 | | | | 1 | | | | 1 | | | | 1 | | | | 1 | | | | 1 | |
| EBIT/EBITA/EBITDA (V) | 1 | | | | 1 | | | | 1 | | | | 1 | | | | 1 | | | | 1 | | | | 1 | | | | 1 | | | |
| EBIT/EBITA/EBITDA (Z) | | | 1 | | | | 1 | | | | 1 | | | | 1 | | | | 1 | | | | 1 | | | | 1 | | | | 1 | |
| EVA (V) | | | 1 | | | | 1 | | | 1 | | | | | 1 | | | | 1 | | | | 1 | | | | 1 | | | | 1 | |
| EVA (Z) | | | 1 | | | | 1 | | | | 1 | | | | 1 | | | | 1 | | | | 1 | | | | 1 | | | | 1 | |
| CVA (V) | | | 1 | | | | 1 | | | | 1 | | | | 1 | | | 1 | | | | | 1 | | | | 1 | | | 1 | | |
| CVA (Z) | | | 1 | | | | 1 | | | | 1 | | | | 1 | | | 1 | | | | | 1 | | | | 1 | | | 1 | | |
| Erläut. der Steuerungskonzepte (V) | | | 1 | | | | 1 | | | | 1 | | | | 1 | | | | 1 | | 1 | | | | | | 1 | | 1 | | | |
| Erläut. der Steuerungskonzepte (Z) | | | 1 | | | | 1 | | | | 1 | | | | 1 | | | | 1 | | | | 1 | | | | 1 | | | | 1 | |
| Quantifizierung der SKZ (GU) (V) | | | 1 | | | | 1 | | | | 1 | | | | 1 | | | | 1 | | 1 | | | | | 1 | | | | | 1 | |
| Quantifizierung der SKZ (GU) (Z) | | | 1 | | | | 1 | | | | 1 | | | | 1 | | | | 1 | | | | 1 | | | | 1 | | | | 1 | |
| Quantifizierung der SKZ (GB) (V) | | | 1 | | | | 1 | | | | 1 | | | | 1 | | | | 1 | | 1 | | | | | 1 | | | | | 1 | |
| Quantifizierung der SKZ (GB) (Z) | | | 1 | | | | 1 | | | 1 | | | | | 1 | | | | 1 | | | | 1 | | | | 1 | | | | 1 | |
| Mehrper. Entwicklung der SKZ (V) | 1 | | | | 1 | | | | 1 | | | | 1 | | | | 1 | | | | 1 | | | | | | | 1 | 1 | | | |
| Mehrper. Entwicklung der SKZ (Z) | | | 1 | | | | 1 | | | 1 | | | | | 1 | | | | 1 | | | | 1 | | | | 1 | | | 1 | | |
| Kapitalkosten (GU) (V) | | | 1 | | | | 1 | | | | 1 | | | | 1 | | | | 1 | | | | 1 | | | | 1 | | | | 1 | |
| Kapitalkosten (GU) (Z) | | | 1 | | | | 1 | | | | 1 | | | | 1 | | | | 1 | | | | 1 | | | 1 | | | | | 1 | |

| | Einschätzung der Ersteller: | Value Reporting der DAX 100-Unternehmen: |
|---|---|---|
| ++ | wichtig/sehr wichtig | stark/sehr stark ausgeprägt |
| – | unwichtig/weniger wichtig | gering/weniger stark ausgeprägt |
| +- | wichtig/sehr wichtig | gering/weniger stark ausgeprägt |
| -+ | unwichtig/weniger wichtig | stark/sehr stark ausgeprägt |

| Branchen: | | | |
|---|---|---|---|
| B/F/V | Banken/Finanzdienste/Versicherungen | M/I | Maschinenbau/Industrie |
| C/P/B | Chemie/Pharma/Biotechnologie | V/T | Versorger/ Telekommunikation |
| E/K | Einzelhandel/Konsum | | |
| A/T | Automobil/Transport | S/T | Software/Technologien |

SKZ = Stuerungskennzahl; GU = Gesamtunternehmen; GB = Geschäftsbereiche

| | B/F/V | | | | C/P/B | | | | E/K | | | | A/T | | | | M/I | | | | V/T | | | | S/T | | | | Bau | | | |
|---|---|---|---|---|---|---|---|---|---|---|---|---|---|---|---|---|---|---|---|---|---|---|---|---|---|---|---|---|---|---|---|---|
| | Fit | | Gap | | Fit | | Gap | | Fit | | Gap | | Fit | | Gap | | Fit | | Gap | | Fit | | Gap | | Fit | | Gap | | Fit | | Gap | |
| **Kriterium** | ++ | – | +- | -+ | ++ | – | +- | -+ | ++ | – | +- | -+ | ++ | – | +- | -+ | ++ | – | +- | -+ | ++ | – | +- | -+ | ++ | – | +- | -+ | ++ | – | +- | -+ |
| Kapitalkosten (GB) (V) | | 1 | | | | | 1 | | | | 1 | | | | 1 | | | 1 | | | 1 | | | | | | 1 | | | | 1 | |
| Kapitalkosten (GB) (Z) | | 1 | | | | 1 | | | | | 1 | | | | 1 | | | 1 | | | | | 1 | | | | 1 | | | | 1 | |
| Ermittl. des Kapitalkostensatzes (V) | | 1 | | | | | 1 | | | | 1 | | | | 1 | | | 1 | | | 1 | | | | | 1 | | | | 1 | | |
| Ermittl. des Kapitalkostensatzes (Z) | | 1 | | | | 1 | | | | | 1 | | | | 1 | | | 1 | | | | | 1 | | | 1 | | | | 1 | | |
| Beta-Faktor (GU) (V) | | | 1 | | | 1 | | | | 1 | | | | | 1 | | | | 1 | | | | 1 | | | | 1 | | | 1 | | |
| Beta-Faktor (GU) (Z) | | | 1 | | | 1 | | | | 1 | | | | 1 | | | | 1 | | | | | 1 | | | | 1 | | | 1 | | |
| Beta-Faktor (GB) (V) | | 1 | | | | 1 | | | | 1 | | | | | 1 | | | 1 | | | | | 1 | | | | 1 | | | 1 | | |
| Beta-Faktor (GB) (Z) | | 1 | | | | 1 | | | | 1 | | | | 1 | | | | 1 | | | | | 1 | | | | 1 | | | 1 | | |
| Wertorient. Vergütungssystem (V) | | | 1 | | | | 1 | | | | 1 | | | | 1 | | 1 | | | | 1 | | | | 1 | | | | | | 1 | |
| Wertorient. Vergütungssystem (Z) | | | 1 | | | | 1 | | | | 1 | | | | 1 | | | | 1 | | | | 1 | | | | 1 | | | | 1 | |
| Anders bewertete Posten (V) | | | 1 | | | | 1 | | | 1 | | | | | 1 | | | 1 | | | | | 1 | | | 1 | | | | 1 | | |
| Anders bewertete Posten (Z) | | | 1 | | | | 1 | | | 1 | | | | | 1 | | | 1 | | | | | 1 | | | 1 | | | | | 1 | |
| Wertschöpfungsrechnung (V) | | | 1 | | | 1 | | | | 1 | | | | 1 | | | 1 | | | | | | 1 | | | | 1 | | | | 1 | |
| Wertschöpfungsrechnung (Z) | | | 1 | | | 1 | | | | 1 | | | | 1 | | | | 1 | | | | | 1 | | | | 1 | | | | 1 | |
| Value at Risk (V) | | | 1 | | | 1 | | | | 1 | | | | | 1 | | | 1 | | | | | 1 | | | 1 | | | | | 1 | |
| Value at Risk (Z) | | | 1 | | | 1 | | | | 1 | | | | | 1 | | | 1 | | | | | 1 | | | 1 | | | | | 1 | |
| Vergleich von Ist- und Planwerten | | | 1 | | | 1 | | | | 1 | | | | | 1 | | | 1 | | | | | 1 | | | | 1 | | | 1 | | |
| | 26% | | 74% | | 40% | | 60% | | 49% | | 51% | | 20% | | 80% | | 57% | | 43% | | 26% | | 74% | | 31% | | 69% | | 43% | | 57% | |

| | Einschätzung der Ersteller: | Value Reporting der DAX 100-Unternehmen: |
|---|---|---|
| ++ | wichtig/sehr wichtig | stark/sehr stark ausgeprägt |
| – | unwichtig/weniger wichtig | gering/weniger stark ausgeprägt |
| +- | wichtig/sehr wichtig | gering/weniger stark ausgeprägt |
| -+ | unwichtig/weniger wichtig | stark/sehr stark ausgeprägt |

| Branchen: | | | |
|---|---|---|---|
| B/F/V | Banken/Finanzdienste/Versicherungen | M/I | Maschinenbau/Industrie |
| C/P/B | Chemie/Pharma/Biotechnologie | V/T | Versorger/ Telekommunikation |
| E/K | Einzelhandel/Konsum | | |
| A/T | Automobil/Transport | S/T | Software/Technologien |

SKZ = Sturungskennzahl; GU = Gesamtunternehmen; GB = Geschäftsbereiche

Anhang 136: Branchenspezifische Gap-Analyse zwischen dem Umfang der Angaben über die Wertentwicklung für die Kapitalgeber und den Anforderungen der Ersteller

| Kriterium | B/F/V | | | | C/P/B | | | | E/K | | | | A/T | | | | M/I | | | | V/T | | | | S/T | | | | Bau | | | |
|---|---|---|---|---|---|---|---|---|---|---|---|---|---|---|---|---|---|---|---|---|---|---|---|---|---|---|---|---|---|---|---|---|
| | Fit | | Gap | | Fit | | Gap | | Fit | | Gap | | Fit | | Gap | | Fit | | Gap | | Fit | | Gap | | Fit | | Gap | | Fit | | Gap | |
| | ++ | – | +- | -+ | ++ | – | +- | -+ | ++ | – | +- | -+ | ++ | – | +- | -+ | ++ | – | +- | -+ | ++ | – | +- | -+ | ++ | – | +- | -+ | ++ | – | +- | -+ |
| Aktienkursentwicklung (V) | 1 | | | | 1 | | | | 1 | | | | 1 | | | | 1 | | | | 1 | | | | 1 | | | | 1 | | | |
| Aktienkursentwicklung (Z) | | | 1 | | | | 1 | | | | 1 | | | | 1 | | | | 1 | | | | 1 | | | | 1 | | | | 1 | |
| Aktienrendite (V) | | | 1 | | | | 1 | | | 1 | | | | | 1 | | | | 1 | | | | 1 | | | | 1 | | | | 1 | |
| Aktienrendite (Z) | | | 1 | | | | 1 | | | 1 | | | | | 1 | | | | 1 | | | | 1 | | | | 1 | | | | 1 | |
| Rel. Perf. Aktie/Benchmark (V) | 1 | | | | 1 | | | | 1 | | | | 1 | | | | 1 | | | | 1 | | | | 1 | | | | | | | 1 |
| Rel. Perf. Aktie/Benchmark (Z) | | | 1 | | | | 1 | | | | 1 | | | | 1 | | | | 1 | | | | 1 | | | | 1 | | | 1 | | |
| Rel. Perf. Aktie/Branchenindizes (V) | 1 | | | | | | 1 | | | | 1 | | | | 1 | | | | 1 | | 1 | | | | | | 1 | | | | | 1 |
| Rel. Perf. Aktie/Branchenindizes (Z) | | | 1 | | | | 1 | | | 1 | | | | | 1 | | | | 1 | | | | 1 | | | | 1 | | | 1 | | |
| Dividendenentwicklung (V) | | | 1 | | 1 | | | | | | 1 | | | | 1 | | 1 | | | | | | 1 | | | 1 | | | 1 | | | |
| Dividendenentwicklung (Z) | | | 1 | | | | 1 | | | | 1 | | | | 1 | | | | 1 | | | | 1 | | | 1 | | | | | 1 | |
| Dividendenrendite (V) | | | 1 | | | 1 | | | | | 1 | | 1 | | | | 1 | | | | | | | 1 | | 1 | | | | | 1 | |
| Dividendenrendite (Z) | | | 1 | | | 1 | | | | | 1 | | | | 1 | | | | 1 | | | 1 | | | | 1 | | | | | 1 | |
| Entw. eines lfr. Musterdepots (V) | | 1 | | | | | 1 | | | | 1 | | | | 1 | | | 1 | | | 1 | | | | | 1 | | | | 1 | | |
| Entw. eines lfr. Musterdepots (Z) | | 1 | | | | 1 | | | | 1 | | | | | 1 | | | 1 | | | | | 1 | | | 1 | | | | 1 | | |
| Earnings per Share (V) | 1 | | | | 1 | | | | 1 | | | | 1 | | | | 1 | | | | 1 | | | | 1 | | | | 1 | | | |
| Earnings per Share (Z) | | | 1 | | | | 1 | | | | 1 | | | | 1 | | | | 1 | | | | 1 | | | | 1 | | | | 1 | |
| Cash Flow per Share (V) | | | 1 | | | | 1 | | 1 | | | | | | 1 | | 1 | | | | 1 | | | | | | 1 | | | | 1 | |
| Cash Flow per Share (Z) | | | 1 | | | | 1 | | | | 1 | | | | 1 | | | | 1 | | | | 1 | | | | 1 | | | | 1 | |
| Kredit-Ratings (V) | 1 | | | | | | 1 | | | | 1 | | | | 1 | | | | 1 | | | | 1 | | | 1 | | | | | 1 | |
| Kredit-Ratings (Z) | | | 1 | | | | 1 | | | | 1 | | | | 1 | | | | 1 | | | | 1 | | | | 1 | | | | 1 | |
| Erläuterung ungew. Kursausschläge | | | 1 | | | | 1 | | | | 1 | | | | 1 | | | | 1 | | | | 1 | | | | 1 | | | | 1 | |
| | 33% | | 67% | | 33% | | 67% | | 38% | | 62% | | 19% | | 81% | | 38% | | 62% | | 33% | | 67% | | 48% | | 52% | | 33% | | 67% | |

| | Einschätzung der Ersteller: | Value Reporting der DAX 100-Unternehmen: |
|---|---|---|
| ++ | wichtig/sehr wichtig | stark/sehr stark ausgeprägt |
| – | unwichtig/weniger wichtig | gering/weniger stark ausgeprägt |
| +- | wichtig/sehr wichtig | gering/weniger stark ausgeprägt |
| -+ | unwichtig/weniger wichtig | stark/sehr stark ausgeprägt |

| Branchen: | | | |
|---|---|---|---|
| B/F/V | Banken/Finanzdienste/Versicherungen | M/I | Maschinenbau/Industrie |
| C/P/B | Chemie/Pharma/Biotechnologie | V/T | Versorger/ Telekommunikation |
| E/K | Einzelhandel/Konsum | | |
| A/T | Automobil/Transport | S/T | Software/Technologien |

Anhang 137: Branchenspezifische Gap-Analyse zwischen dem Umfang der risikobezogenen Angaben und den Anforderungen der Ersteller

| Kriterium | B/F/V | | | | C/P/B | | | | E/K | | | | A/T | | | | M/I | | | | V/T | | | | S/T | | | | Bau | | | |
|---|---|---|---|---|---|---|---|---|---|---|---|---|---|---|---|---|---|---|---|---|---|---|---|---|---|---|---|---|---|---|---|---|
| | Fit | | Gap | | Fit | | Gap | | Fit | | Gap | | Fit | | Gap | | Fit | | Gap | | Fit | | Gap | | Fit | | Gap | | Fit | | Gap | |
| | ++ | – | +- | -+ | ++ | – | +- | -+ | ++ | – | +- | -+ | ++ | – | +- | -+ | ++ | – | +- | -+ | ++ | – | +- | -+ | ++ | – | +- | -+ | ++ | – | +- | -+ |
| Risikomanagement (V) | 1 | | | | 1 | | | | 1 | | | | 1 | | | | 1 | | | | 1 | | | | 1 | | | | 1 | | | |
| Risikomanagement (Z) | | | 1 | | | | 1 | | | | 1 | | | | 1 | | | | 1 | | | | 1 | | | | 1 | | | | 1 | |
| Finanzwirtschaftliche Risiken (V) | 1 | | | | 1 | | | | 1 | | | | 1 | | | | 1 | | | | 1 | | | | 1 | | | | 1 | | | |
| Finanzwirtschaftliche Risiken (Z) | | | 1 | | | | 1 | | | | 1 | | | | 1 | | | | 1 | | | | 1 | | | | 1 | | | | 1 | |
| Informationstechnische Risiken (V) | | | 1 | | | | 1 | | | 1 | | | | 1 | | | | 1 | | | | | 1 | | | 1 | | | | 1 | | |
| Informationstechnische Risiken (Z) | | | 1 | | | | 1 | | | 1 | | | | 1 | | | | | 1 | | | | 1 | | | | 1 | | | 1 | | |
| Leistungswirtschaftliche Risiken (V) | | | | 1 | | | 1 | | | | | 1 | 1 | | | | 1 | | | | 1 | | | | | | 1 | | | | | 1 |
| Leistungswirtschaftliche Risiken (Z) | | 1 | | | | | 1 | | | 1 | | | | | 1 | | | | 1 | | | | 1 | | | | 1 | | | 1 | | |
| Personalrisiken (V) | | 1 | | | | 1 | | | | 1 | | | | | 1 | | | 1 | | | | | 1 | | | | 1 | | | 1 | | |
| Personalrisiken (Z) | | | 1 | | | 1 | | | | 1 | | | | 1 | | | | | 1 | | | | 1 | | | | 1 | | | 1 | | |
| Umfeld- und Branchenrisiken (V) | 1 | | | | 1 | | | | 1 | | | | 1 | | | | 1 | | | | 1 | | | | 1 | | | | 1 | | | |
| Umfeld- und Branchenrisiken (Z) | | | 1 | | | | 1 | | | | 1 | | | | 1 | | | | 1 | | | | 1 | | | | 1 | | | | 1 | |
| Unternehmensstrateg. Risiken (V) | 1 | | | | | | 1 | | | | 1 | | | | 1 | | | | 1 | | | | 1 | | 1 | | | | 1 | | | |
| Unternehmensstrateg. Risiken (Z) | | | 1 | | | | 1 | | | | 1 | | | | 1 | | | | 1 | | | | 1 | | | | 1 | | | | 1 | |
| | 43% | | 57% | | 36% | | 64% | | 57% | | 43% | | 50% | | 50% | | 43% | | 57% | | 29% | | 71% | | 36% | | 64% | | 64% | | 36% | |

| | Einschätzung der Ersteller: | Value Reporting der DAX 100-Unternehmen: |
|---|---|---|
| ++ | wichtig/sehr wichtig | stark/sehr stark ausgeprägt |
| – | unwichtig/weniger wichtig | gering/weniger stark ausgeprägt |
| +- | wichtig/sehr wichtig | gering/weniger stark ausgeprägt |
| -+ | unwichtig/weniger wichtig | stark/sehr stark ausgeprägt |

| Branchen: | | | |
|---|---|---|---|
| B/F/V | Banken/Finanzdienste/Versicherungen | M/I | Maschinenbau/Industrie |
| C/P/B | Chemie/Pharma/Biotechnologie | V/T | Versorger/ Telekommunikation |
| E/K | Einzelhandel/Konsum | | |
| A/T | Automobil/Transport | S/T | Software/Technologien |

Anhang 138: Branchenspezifische Gap-Analyse zwischen dem Umfang der kunden- bzw. absatzmarktbezogenen Angaben und den Anforderungen der Ersteller

| Kriterium | B/F/V | | | | C/P/B | | | | E/K | | | | A/T | | | | M/I | | | | V/T | | | | S/T | | | | Bau | | | |
|---|---|---|---|---|---|---|---|---|---|---|---|---|---|---|---|---|---|---|---|---|---|---|---|---|---|---|---|---|---|---|---|---|
| | Fit | | Gap | | Fit | | Gap | | Fit | | Gap | | Fit | | Gap | | Fit | | Gap | | Fit | | Gap | | Fit | | Gap | | Fit | | Gap | |
| | ++ | – | +- | -+ | ++ | – | +- | -+ | ++ | – | +- | -+ | ++ | – | +- | -+ | ++ | – | +- | -+ | ++ | – | +- | -+ | ++ | – | +- | -+ | ++ | – | +- | -+ |
| Kundenbindung, -fluktuation (V) | | | 1 | | | | 1 | | | 1 | | | | | 1 | | | 1 | | | | | 1 | | | | 1 | | | 1 | | |
| Kundenbindung, -fluktuation (Z) | | | 1 | | | | 1 | | | 1 | | | | | 1 | | | | 1 | | | | 1 | | | | 1 | | | 1 | | |
| Anzahl besteh. Kundenbezieh. (V) | | | 1 | | | 1 | | | | | 1 | | | 1 | | | | 1 | | | 1 | | | | | | 1 | | | 1 | | |
| Anzahl besteh. Kundenbezieh. (Z) | | | 1 | | | 1 | | | | | 1 | | | | 1 | | | 1 | | | | | 1 | | | | 1 | | | 1 | | |
| Anzahl neuer Kundenbezieh. (V) | | | 1 | | | 1 | | | | | 1 | | | | 1 | | | 1 | | | | | 1 | | | | 1 | | | 1 | | |
| Anzahl neuer Kundenbezieh. (Z) | | | 1 | | | 1 | | | | | 1 | | | 1 | | | | | 1 | | | | 1 | | | | 1 | | | 1 | | |
| Abhängigkeit von Einzelkunden (V) | | | 1 | | | | 1 | | | | 1 | | | | 1 | | | | 1 | | | | 1 | | | | 1 | | | | 1 | |
| Abhängigkeit von Einzelkunden (Z) | | | 1 | | | | 1 | | | | 1 | | | | 1 | | | | 1 | | | | 1 | | | | 1 | | | | 1 | |
| Kundenzufriedenheit (V) | | | 1 | | | | 1 | | | | 1 | | | | 1 | | | | 1 | | | | 1 | | | | 1 | | | | 1 | |
| Kundenzufriedenheit (Z) | | | 1 | | | | 1 | | | | 1 | | | | 1 | | | | 1 | | | | 1 | | | | 1 | | | | 1 | |
| Kundenakquisit.-, -bind.kosten (V) | | 1 | | | | 1 | | | | 1 | | | | | 1 | | | 1 | | | | | 1 | | | 1 | | | | 1 | | |
| Kundenakquisit.-, -bind.kosten (Z) | | | 1 | | | 1 | | | | 1 | | | | 1 | | | | 1 | | | | | 1 | | | 1 | | | | 1 | | |
| Profitabilität von Neukunden (V) | | | 1 | | | | 1 | | | 1 | | | | 1 | | | | 1 | | | | | 1 | | | 1 | | | | 1 | | |
| Profitabilität von Neukunden (Z) | | | 1 | | | | 1 | | | 1 | | | | 1 | | | | 1 | | | | | 1 | | | | 1 | | | 1 | | |
| Markenwert (V) | | | 1 | | | | 1 | | | | 1 | | | | 1 | | | | 1 | | | | 1 | | | 1 | | | | | 1 | |
| Markenwert (Z) | | | 1 | | | | 1 | | | | 1 | | | | 1 | | | | 1 | | | | 1 | | | 1 | | | | | 1 | |

| | Einschätzung der Ersteller: | Value Reporting der DAX 100-Unternehmen: |
|---|---|---|
| ++ | wichtig/sehr wichtig | stark/sehr stark ausgeprägt |
| – | unwichtig/weniger wichtig | gering/weniger stark ausgeprägt |
| +- | wichtig/sehr wichtig | gering/weniger stark ausgeprägt |
| -+ | unwichtig/weniger wichtig | stark/sehr stark ausgeprägt |

Branchen:

| | | | |
|---|---|---|---|
| B/F/V | Banken/Finanzdienste/Versicherungen | M/I | Maschinenbau/Industrie |
| C/P/B | Chemie/Pharma/Biotechnologie | V/T | Versorger/ Telekommunikation |
| E/K | Einzelhandel/Konsum | | |
| A/T | Automobil/Transport | S/T | Software/Technologien |

| Kriterium | B/F/V | | | | C/P/B | | | | E/K | | | | A/T | | | | M/I | | | | V/T | | | | S/T | | | | Bau | | | |
|---|---|---|---|---|---|---|---|---|---|---|---|---|---|---|---|---|---|---|---|---|---|---|---|---|---|---|---|---|---|---|---|---|
| | Fit | | Gap | | Fit | | Gap | | Fit | | Gap | | Fit | | Gap | | Fit | | Gap | | Fit | | Gap | | Fit | | Gap | | Fit | | Gap | |
| | ++ | – | +- | -+ | ++ | – | +- | -+ | ++ | – | +- | -+ | ++ | – | +- | -+ | ++ | – | +- | -+ | ++ | – | +- | -+ | ++ | – | +- | -+ | ++ | – | +- | -+ |
| Markenimage (V) | | | 1 | | | | 1 | | | | 1 | | | | 1 | | | | 1 | | | | 1 | | | | 1 | | | | 1 | |
| Markenimage (Z) | | | 1 | | | | 1 | | | | 1 | | | | 1 | | | | 1 | | | | 1 | | | | 1 | | | | 1 | |
| Marktanteile (V) | | | 1 | | | | 1 | | | | 1 | | | | 1 | | | | 1 | | 1 | | | | | | 1 | | | | 1 | |
| Marktanteile (Z) | | | 1 | | | | 1 | | | | 1 | | | | 1 | | | | 1 | | | | 1 | | | | 1 | | | | 1 | |
| Marktwachstum (V) | | | 1 | | | | 1 | | | | 1 | | | | 1 | | | | 1 | | | | 1 | | | | 1 | | | | 1 | |
| Marktwachstum (Z) | | | 1 | | | | 1 | | | | 1 | | | | 1 | | | | 1 | | | | 1 | | | | 1 | | | | 1 | |
| Produkt- und Serviceimage (V) | | | 1 | | | | 1 | | | | 1 | | | | 1 | | | | 1 | | | | 1 | | | | 1 | | | | 1 | |
| Produkt- und Serviceimage (Z) | | | 1 | | | | 1 | | | | 1 | | | | 1 | | | | 1 | | | | 1 | | | | 1 | | | 1 | | |
| Umsatzanteil aus Cross-Selling (V) | | | 1 | | | 1 | | | | 1 | | | | | 1 | | | 1 | | | | | 1 | | | 1 | | | | 1 | | |
| Umsatzanteil aus Cross-Selling (Z) | | | 1 | | | 1 | | | | 1 | | | | 1 | | | | 1 | | | | | 1 | | | 1 | | | | 1 | | |
| Kundenstruktur (V) | | | 1 | | | | 1 | | | | 1 | | | | 1 | | | | 1 | | | | 1 | | | | 1 | | | | 1 | |
| Kundenstruktur (Z) | | | 1 | | | | 1 | | | | 1 | | | | 1 | | | | 1 | | | | 1 | | | | 1 | | | | 1 | |
| Vertriebskanäle (V) | | | 1 | | | | 1 | | | | 1 | | | 1 | | | | | 1 | | | | 1 | | | | 1 | | | 1 | | |
| Vertriebskanäle (Z) | | | 1 | | | | 1 | | | | 1 | | | 1 | | | | | 1 | | | | 1 | | | | 1 | | | 1 | | |
| Vergleich von Ist- und Planwerten | | | 1 | | | | 1 | | | | 1 | | | 1 | | | | 1 | | | | | 1 | | | | 1 | | | 1 | | |
| | 3% | | 97% | | 26% | | 74% | | 26% | | 74% | | 29% | | 71% | | 35% | | 65% | | 6% | | 94% | | 23% | | 77% | | 52% | | 48% | |

| | Einschätzung der Ersteller: | Value Reporting der DAX 100-Unternehmen: |
|---|---|---|
| ++ | wichtig/sehr wichtig | stark/sehr stark ausgeprägt |
| – | unwichtig/weniger wichtig | gering/weniger stark ausgeprägt |
| +- | wichtig/sehr wichtig | gering/weniger stark ausgeprägt |
| -+ | unwichtig/weniger wichtig | stark/sehr stark ausgeprägt |

| Branchen: | | | |
|---|---|---|---|
| B/F/V | Banken/Finanzdienste/Versicherungen | M/I | Maschinenbau/Industrie |
| C/P/B | Chemie/Pharma/Biotechnologie | V/T | Versorger/ Telekommunikation |
| E/K | Einzelhandel/Konsum | | |
| A/T | Automobil/Transport | S/T | Software/Technologien |

Anhang 139: Branchenspezifische Gap-Analyse zwischen dem Umfang der zulieferer- bzw. beschaffungsmarktbezogenen Angaben und den Anforderungen der Ersteller

| Kriterium | B/F/V | | | | C/P/B | | | | E/K | | | | A/T | | | | M/I | | | | V/T | | | | S/T | | | | Bau | | | |
|---|---|---|---|---|---|---|---|---|---|---|---|---|---|---|---|---|---|---|---|---|---|---|---|---|---|---|---|---|---|---|---|---|
| | Fit | | Gap | | Fit | | Gap | | Fit | | Gap | | Fit | | Gap | | Fit | | Gap | | Fit | | Gap | | Fit | | Gap | | Fit | | Gap | |
| | ++ | – | +- | -+ | ++ | – | +- | -+ | ++ | – | +- | -+ | ++ | – | +- | -+ | ++ | – | +- | -+ | ++ | – | +- | -+ | ++ | – | +- | -+ | ++ | – | +- | -+ |
| Zuliefererbindung, -fluktuation (V) | | 1 | | | | 1 | | | | | 1 | | | | 1 | | | 1 | | | | | 1 | | | 1 | | | | 1 | | |
| Zuliefererbindung, -fluktuation (Z) | | 1 | | | | 1 | | | | 1 | | | | 1 | | | | 1 | | | | | 1 | | | | 1 | | | 1 | | |
| Anzahl der Zuliefererbezieh. (V) | | 1 | | | | 1 | | | | 1 | | | | 1 | | | | 1 | | | | 1 | | | | 1 | | | | 1 | | |
| Anzahl der Zuliefererbezieh. (Z) | | 1 | | | | 1 | | | | 1 | | | | 1 | | | | 1 | | | | | 1 | | | 1 | | | | 1 | | |
| Anzahl neuer Zuliefererbezieh. (V) | | 1 | | | | 1 | | | | 1 | | | | 1 | | | | 1 | | | | 1 | | | | 1 | | | | 1 | | |
| Anzahl neuer Zuliefererbezieh. (Z) | | 1 | | | | 1 | | | | 1 | | | | 1 | | | | 1 | | | | | 1 | | | 1 | | | | 1 | | |
| Nationale Herkunft der Zulieferer (V) | | 1 | | | | 1 | | | | 1 | | | | 1 | | | | 1 | | | | 1 | | | | 1 | | | | 1 | | |
| Nationale Herkunft der Zulieferer (Z) | | 1 | | | | 1 | | | | 1 | | | | 1 | | | | 1 | | | | 1 | | | | 1 | | | | 1 | | |
| Abh.keit v. einzelnen Zulieferern (V) | | 1 | | | | | 1 | | | 1 | | | | | 1 | | | | 1 | | | | 1 | | | | 1 | | | 1 | | |
| Abh.keit v. einzelnen Zulieferern (Z) | | 1 | | | | | 1 | | | | 1 | | | | 1 | | | | 1 | | | | 1 | | | | 1 | | | 1 | | |
| Beschaffungsvolumen (V) | | 1 | | | | | 1 | | | | 1 | | | | 1 | | | | 1 | | | | 1 | | | | 1 | | | | 1 | |
| Beschaffungsvolumen (Z) | | 1 | | | | | 1 | | | | 1 | | | | 1 | | | | 1 | | | | 1 | | | | 1 | | | 1 | | |
| Preisentw. i. Beschaffungsmarkt (V) | | 1 | | | | | 1 | | | | 1 | | | | 1 | | | | 1 | | | | 1 | | | | 1 | | | | 1 | |
| Preisentw. i. Beschaffungsmarkt (Z) | | 1 | | | | | 1 | | | | 1 | | | | 1 | | | | 1 | | | | 1 | | | | 1 | | | | 1 | |
| Einspar. i. Beschaffungsbereich (V) | | 1 | | | | | 1 | | | | 1 | | | | 1 | | | | 1 | | | | 1 | | | | 1 | | | | 1 | |
| Einspar. i. Beschaffungsbereich (Z) | | 1 | | | | | 1 | | | | 1 | | | | 1 | | | | 1 | | | | 1 | | | | 1 | | | | 1 | |
| Vergleich von Ist- und Planwerten | | 1 | | | | 1 | | | | 1 | | | | 1 | | | | 1 | | | | | 1 | | | 1 | | | | 1 | | |
| | 100% | | 0% | | 53% | | 47% | | 53% | | 47% | | 47% | | 53% | | 53% | | 47% | | 24% | | 76% | | 47% | | 53% | | 71% | | 29% | |

| | Einschätzung der Ersteller: | Value Reporting der DAX 100-Unternehmen: |
|---|---|---|
| ++ | wichtig/sehr wichtig | stark/sehr stark ausgeprägt |
| – | unwichtig/weniger wichtig | gering/weniger stark ausgeprägt |
| +- | wichtig/sehr wichtig | gering/weniger stark ausgeprägt |
| -+ | unwichtig/weniger wichtig | stark/sehr stark ausgeprägt |

| Branchen: | | | |
|---|---|---|---|
| B/F/V | Banken/Finanzdienste/Versicherungen | M/I | Maschinenbau/Industrie |
| C/P/B | Chemie/Pharma/Biotechnologie | V/T | Versorger/ Telekommunikation |
| E/K | Einzelhandel/Konsum | | |
| A/T | Automobil/Transport | S/T | Software/Technologien |

Anhang 140: Branchenspezifische Gap-Analyse zwischen dem Umfang der mitarbeiter- bzw. managementbezogenen Angaben und den Anforderungen der Ersteller

| Kriterium | B/F/V | | | | C/P/B | | | | E/K | | | | A/T | | | | M/I | | | | V/T | | | | S/T | | | | Bau | | | |
|---|---|---|---|---|---|---|---|---|---|---|---|---|---|---|---|---|---|---|---|---|---|---|---|---|---|---|---|---|---|---|---|---|
| | Fit | | Gap | | Fit | | Gap | | Fit | | Gap | | Fit | | Gap | | Fit | | Gap | | Fit | | Gap | | Fit | | Gap | | Fit | | Gap | |
| | ++ | – | +- | -+ | ++ | – | +- | -+ | ++ | – | +- | -+ | ++ | – | +- | -+ | ++ | – | +- | -+ | ++ | – | +- | -+ | ++ | – | +- | -+ | ++ | – | +- | -+ |
| Anzahl der Mitarbeiter (V) | 1 | | | | 1 | | | | 1 | | | | 1 | | | | 1 | | | | | | | 1 | 1 | | | | 1 | | | |
| Anzahl der Mitarbeiter (Z) | | | 1 | | | | 1 | | | | 1 | | | | 1 | | | | 1 | | | | 1 | | | | 1 | | | | 1 | |
| Altersstruktur der Mitarbeiter (V) | | 1 | | | | 1 | | | | 1 | | | | | 1 | | | 1 | | | | 1 | | | | 1 | | | | | 1 | |
| Altersstruktur der Mitarbeiter (Z) | | 1 | | | | 1 | | | | 1 | | | | | 1 | | | 1 | | | | | 1 | | | 1 | | | | 1 | | |
| Fehlzeiten der Mitarbeiter (V) | | 1 | | | | 1 | | | | 1 | | | | 1 | | | | 1 | | | | 1 | | | | 1 | | | | 1 | | |
| Fehlzeiten der Mitarbeiter (Z) | | 1 | | | | 1 | | | | 1 | | | | 1 | | | | 1 | | | | | 1 | | | 1 | | | | 1 | | |
| Mitarbeiterbindung, -fluktuation (V) | | | 1 | | | 1 | | | | 1 | | | | | 1 | | | | 1 | | | | 1 | | | | 1 | | | | 1 | |
| Mitarbeiterbindung, -fluktuation (Z) | | | 1 | | | 1 | | | | 1 | | | | | 1 | | | 1 | | | | | 1 | | | | 1 | | | | 1 | |
| Mitarbeiterzufriedenheit (V) | | 1 | | | | 1 | | | | 1 | | | | | 1 | | | | 1 | | | | 1 | | | | 1 | | | | 1 | |
| Mitarbeiterzufriedenheit (Z) | | | 1 | | | 1 | | | | 1 | | | | | 1 | | | 1 | | | | | 1 | | | | 1 | | | | 1 | |
| Qualifikation der Mitarbeiter (V) | | | 1 | | | 1 | | | | 1 | | | | | 1 | | | | 1 | | | | 1 | | | | 1 | | | | 1 | |
| Qualifikation der Mitarbeiter (Z) | | | 1 | | | 1 | | | | 1 | | | | | 1 | | | | 1 | | | | 1 | | | | 1 | | | | 1 | |
| Qualifikation des Managements (V) | | | 1 | | | | 1 | | | | 1 | | | | 1 | | | | 1 | | | | 1 | | | | 1 | | | | 1 | |
| Qualifikation des Managements (Z) | | | 1 | | | | 1 | | | | 1 | | | | 1 | | | | 1 | | | | 1 | | | | 1 | | | | 1 | |
| Investitionen in Mitarbeiterbildung (V) | | | 1 | | | 1 | | | | 1 | | | | | 1 | | | 1 | | | | | 1 | | | | 1 | | | | 1 | |
| Investitionen in Mitarbeiterbildung (Z) | | | 1 | | | 1 | | | | 1 | | | | | 1 | | | 1 | | | | | 1 | | | | 1 | | | | 1 | |
| Mitarbeiterproduktivität (V) | | | 1 | | | | 1 | | | 1 | | | | | 1 | | | | 1 | | | 1 | | | | | 1 | | | | 1 | |
| Mitarbeiterproduktivität (Z) | | | 1 | | | | 1 | | | | 1 | | | | 1 | | | | 1 | | | | 1 | | | | 1 | | | | 1 | |
| Knowledge Management (V) | | | 1 | | | 1 | | | | | 1 | | | | 1 | | | 1 | | | | | 1 | | | | 1 | | | | 1 | |
| Knowledge Management (Z) | | | 1 | | | 1 | | | | | 1 | | | | 1 | | | 1 | | | | | 1 | | | | 1 | | | | 1 | |
| Managementvergütung (V) | | | 1 | | 1 | | | | | | 1 | | 1 | | | | 1 | | | | 1 | | | | 1 | | | | | 1 | | |
| Managementvergütung (Z) | | | 1 | | | | 1 | | | | 1 | | | | 1 | | | | 1 | | | | 1 | | | | 1 | | | 1 | | |
| Ausgabe v. Belegschaftsaktien (V) | | | 1 | | 1 | | | | | 1 | | | | | 1 | | | | 1 | | | | | 1 | 1 | | | | | 1 | | |
| Ausgabe v. Belegschaftsaktien (Z) | | | 1 | | | | 1 | | | 1 | | | | 1 | | | | | 1 | | | 1 | | | | | 1 | | | 1 | | |
| Vergleich von Ist- und Planwerten | | | 1 | | | 1 | | | | 1 | | | | 1 | | | | 1 | | | | 1 | | | | | 1 | | | 1 | | |
| | 24% | | 76% | | 72% | | 28% | | 68% | | 32% | | 24% | | 76% | | 52% | | 48% | | 24% | | 76% | | 28% | | 72% | | 36% | | 64% | |

| | Einschätzung der Ersteller: | Value Reporting der DAX 100-Unternehmen: |
|---|---|---|
| ++ | wichtig/sehr wichtig | stark/sehr stark ausgeprägt |
| – | unwichtig/weniger wichtig | gering/weniger stark ausgeprägt |
| +- | wichtig/sehr wichtig | gering/weniger stark ausgeprägt |
| -+ | unwichtig/weniger wichtig | stark/sehr stark ausgeprägt |

| Branchen: | | | |
|---|---|---|---|
| B/F/V | Banken/Finanzdienste/Versicherungen | M/I | Maschinenbau/Industrie |
| C/P/B | Chemie/Pharma/Biotechnologie | V/T | Versorger/ Telekommunikation |
| E/K | Einzelhandel/Konsum | | |
| A/T | Automobil/Transport | S/T | Software/Technologien |

Anhang 141: Branchenspezifische Gap-Analyse zwischen dem Umfang der prozess- bzw. innovationsbezogenen Angaben und den Anforderungen der Ersteller

| Kriterium | B/F/V | | | | C/P/B | | | | E/K | | | | A/T | | | | M/I | | | | V/T | | | | S/T | | | | Bau | | | |
|---|---|---|---|---|---|---|---|---|---|---|---|---|---|---|---|---|---|---|---|---|---|---|---|---|---|---|---|---|---|---|---|---|
| | Fit | | Gap | | Fit | | Gap | | Fit | | Gap | | Fit | | Gap | | Fit | | Gap | | Fit | | Gap | | Fit | | Gap | | Fit | | Gap | |
| | ++ | – | +- | -+ | ++ | – | +- | -+ | ++ | – | +- | -+ | ++ | – | +- | -+ | ++ | – | +- | -+ | ++ | – | +- | -+ | ++ | – | +- | -+ | ++ | – | +- | -+ |
| Durchs. Servicereaktionszeit (V) | | 1 | | | | 1 | | | | 1 | | | | 1 | | | | 1 | | | | | 1 | | | | 1 | | | | 1 | |
| Durchs. Servicereaktionszeit (Z) | | | 1 | | | 1 | | | | 1 | | | | | 1 | | | 1 | | | | | 1 | | | | 1 | | | 1 | | |
| Kapazitätsauslastung (V) | | | 1 | | | | 1 | | | | 1 | | | | 1 | | | | 1 | | | | 1 | | | | 1 | | | | 1 | |
| Kapazitätsauslastung (Z) | | | 1 | | | | 1 | | | 1 | | | | | 1 | | | | 1 | | | | 1 | | | | 1 | | | | 1 | |
| Durchlaufzeit von Aufträgen (V) | | 1 | | | | 1 | | | | 1 | | | | 1 | | | | 1 | | | | 1 | | | | | 1 | | | 1 | | |
| Durchlaufzeit von Aufträgen (Z) | | 1 | | | | 1 | | | | 1 | | | | 1 | | | | | 1 | | | | 1 | | | | 1 | | | 1 | | |
| Produkt- und Prozessqualität (V) | | | 1 | | | | 1 | | | | 1 | | | | 1 | | | | 1 | | | | 1 | | | | 1 | | | | 1 | |
| Produkt- und Prozessqualität (Z) | | | 1 | | | | 1 | | | | 1 | | | | 1 | | | | 1 | | | | 1 | | | | 1 | | | | 1 | |
| Fehlerraten Services/Produkte (V) | | 1 | | | | | 1 | | | 1 | | | | | 1 | | | 1 | | | | | 1 | | | | 1 | | | | 1 | |
| Fehlerraten Services/Produkte (Z) | | | 1 | | | 1 | | | | 1 | | | | | 1 | | | | 1 | | | | 1 | | | | 1 | | | 1 | | |
| IT-Ausgaben (V) | | | 1 | | | 1 | | | | 1 | | | | | 1 | | | 1 | | | | | 1 | | | 1 | | | | | 1 | |
| IT-Ausgaben (Z) | | | 1 | | | 1 | | | | 1 | | | | | 1 | | | 1 | | | | | 1 | | | 1 | | | | | 1 | |
| Vergleich von Ist- und Planwerten | | | 1 | | | 1 | | | | 1 | | | | 1 | | | | 1 | | | | 1 | | | | 1 | | | | | 1 | |
| Anzahl von Lizenzen (V) | | 1 | | | | | 1 | | | 1 | | | | 1 | | | | 1 | | | | 1 | | | | 1 | | | | 1 | | |
| Anzahl von Lizenzen (Z) | | 1 | | | | | 1 | | | 1 | | | | 1 | | | | 1 | | | | 1 | | | | 1 | | | | 1 | | |
| Anzahl neuer Lizenzen (V) | | 1 | | | | | 1 | | | | 1 | | | 1 | | | | | 1 | | | 1 | | | | 1 | | | | 1 | | |
| Anzahl neuer Lizenzen (Z) | | 1 | | | | | 1 | | | | 1 | | | 1 | | | | | 1 | | | 1 | | | | 1 | | | | 1 | | |
| Anzahl von Patenten (V) | | 1 | | | | 1 | | | | 1 | | | | 1 | | | | 1 | | | | 1 | | | | 1 | | | | 1 | | |
| Anzahl von Patenten (Z) | | 1 | | | | 1 | | | | 1 | | | | 1 | | | | 1 | | | | 1 | | | | 1 | | | | 1 | | |

| | Einschätzung der Ersteller: | Value Reporting der DAX 100-Unternehmen: |
|---|---|---|
| ++ | wichtig/sehr wichtig | stark/sehr stark ausgeprägt |
| – | unwichtig/weniger wichtig | gering/weniger stark ausgeprägt |
| +- | wichtig/sehr wichtig | gering/weniger stark ausgeprägt |
| -+ | unwichtig/weniger wichtig | stark/sehr stark ausgeprägt |

Branchen:

| | | | |
|---|---|---|---|
| B/F/V | Banken/Finanzdienste/Versicherungen | M/I | Maschinenbau/Industrie |
| C/P/B | Chemie/Pharma/Biotechnologie | V/T | Versorger/ Telekommunikation |
| E/K | Einzelhandel/Konsum | | |
| A/T | Automobil/Transport | S/T | Software/Technologien |

| Kriterium | B/F/V | | | | C/P/B | | | | E/K | | | | A/T | | | | M/I | | | | V/T | | | | S/T | | | | Bau | | | |
|---|---|---|---|---|---|---|---|---|---|---|---|---|---|---|---|---|---|---|---|---|---|---|---|---|---|---|---|---|---|---|---|---|
| | Fit | | Gap | | Fit | | Gap | | Fit | | Gap | | Fit | | Gap | | Fit | | Gap | | Fit | | Gap | | Fit | | Gap | | Fit | | Gap | |
| | ++ | -- | +- | -+ | ++ | -- | +- | -+ | ++ | -- | +- | -+ | ++ | -- | +- | -+ | ++ | -- | +- | -+ | ++ | -- | +- | -+ | ++ | -- | +- | -+ | ++ | -- | +- | -+ |
| Anzahl neuer Patente (V) | | 1 | | | | | 1 | | | 1 | | | | 1 | | | | | 1 | | | 1 | | | | 1 | | | | 1 | | |
| Anzahl neuer Patente (Z) | | 1 | | | | | 1 | | | 1 | | | | 1 | | | | | 1 | | | 1 | | | | 1 | | | | 1 | | |
| Restlaufzeit der Patente (V) | | 1 | | | | | 1 | | | 1 | | | | 1 | | | | 1 | | | | 1 | | | | 1 | | | | 1 | | |
| Restlaufzeit der Patente (Z) | | 1 | | | | 1 | | | | 1 | | | | 1 | | | | 1 | | | | 1 | | | | 1 | | | | 1 | | |
| Umsatz (Verkauf von Patenten ) (V) | | 1 | | | | 1 | | | | 1 | | | | 1 | | | | 1 | | | | 1 | | | | 1 | | | | 1 | | |
| Umsatz (Verkauf von Patenten ) (Z) | | 1 | | | | 1 | | | | 1 | | | | 1 | | | | 1 | | | | 1 | | | | 1 | | | | 1 | | |
| Entwicklungszeit neuer Produkte (V) | | 1 | | | | | 1 | | | 1 | | | | | 1 | | | | 1 | | | | 1 | | | | 1 | | | | 1 | |
| Entwicklungszeit neuer Produkte (Z) | | 1 | | | | | 1 | | | 1 | | | | | 1 | | | | 1 | | | | 1 | | | | 1 | | | 1 | | |
| Investitionen in F&E (V) | | 1 | | | 1 | | | | | | 1 | | | | 1 | | 1 | | | | 1 | | | | 1 | | | | 1 | | | |
| Investitionen in F&E (Z) | | 1 | | | | | 1 | | | 1 | | | | | 1 | | | | 1 | | | | 1 | | | | 1 | | | | 1 | |
| Anzahl neuer Produkte (V) | | 1 | | | | | 1 | | | | 1 | | | | 1 | | | | 1 | | | | 1 | | | | 1 | | | | 1 | |
| Anzahl neuer Produkte (Z) | | 1 | | | | | 1 | | | | 1 | | | | 1 | | | | 1 | | | | 1 | | | | 1 | | | | 1 | |
| Umsatzanteil neuer Produkte (V) | | 1 | | | | | 1 | | | | 1 | | | 1 | | | | | 1 | | | | 1 | | | | 1 | | | | 1 | |
| Umsatzanteil neuer Produkte (Z) | | 1 | | | | | 1 | | | | 1 | | | | 1 | | | | 1 | | | | 1 | | | | 1 | | | | 1 | |
| Umsatz (Altersstr. d. Produkte) (V) | | 1 | | | | | 1 | | | 1 | | | | 1 | | | | | 1 | | | | 1 | | | | 1 | | | 1 | | |
| Umsatz (Altersstr. d. Produkte) (Z) | | 1 | | | | 1 | | | | 1 | | | | 1 | | | | | 1 | | | | 1 | | | | 1 | | | 1 | | |
| | 74% | | 26% | | 43% | | 57% | | 71% | | 29% | | 54% | | 46% | | 46% | | 54% | | 43% | | 57% | | 46% | | 54% | | 57% | | 43% | |

| | Einschätzung der Ersteller: | Value Reporting der DAX 100-Unternehmen: |
|---|---|---|
| ++ | wichtig/sehr wichtig | stark/sehr stark ausgeprägt |
| -- | unwichtig/weniger wichtig | gering/weniger stark ausgeprägt |
| +- | wichtig/sehr wichtig | gering/weniger stark ausgeprägt |
| -+ | unwichtig/weniger wichtig | stark/sehr stark ausgeprägt |

| Branchen: | | | |
|---|---|---|---|
| B/F/V | Banken/Finanzdienste/Versicherungen | M/I | Maschinenbau/Industrie |
| C/P/B | Chemie/Pharma/Biotechnologie | V/T | Versorger/ Telekommunikation |
| E/K | Einzelhandel/Konsum | | |
| A/T | Automobil/Transport | S/T | Software/Technologien |

Anhang 142: Branchenspezifische Gap-Analyse zwischen dem Umfang der unternehmensstrategischen Angaben und den Anforderungen der Ersteller

| Kriterium | B/F/V | | | | C/P/B | | | | E/K | | | | A/T | | | | M/I | | | | V/T | | | | S/T | | | | Bau | | | |
|---|---|---|---|---|---|---|---|---|---|---|---|---|---|---|---|---|---|---|---|---|---|---|---|---|---|---|---|---|---|---|---|---|
| | Fit | | Gap | | Fit | | Gap | | Fit | | Gap | | Fit | | Gap | | Fit | | Gap | | Fit | | Gap | | Fit | | Gap | | Fit | | Gap | |
| | ++ | -- | +- | -+ | ++ | -- | +- | -+ | ++ | -- | +- | -+ | ++ | -- | +- | -+ | ++ | -- | +- | -+ | ++ | -- | +- | -+ | ++ | -- | +- | -+ | ++ | -- | +- | -+ |
| Geschäftstätigkeit (V) | 1 | | | | 1 | | | | 1 | | | | 1 | | | | 1 | | | | 1 | | | | 1 | | | | 1 | | | |
| Geschäftstätigkeit (Z) | | | 1 | | | | 1 | | | | 1 | | | | 1 | | | | 1 | | | | 1 | | | | 1 | | | | 1 | |
| Geschäftsfelder (V) | 1 | | | | 1 | | | | 1 | | | | 1 | | | | 1 | | | | 1 | | | | 1 | | | | 1 | | | |
| Geschäftsfelder (Z) | | | 1 | | | | 1 | | | | 1 | | | | 1 | | | | 1 | | | | 1 | | | | 1 | | | | 1 | |
| Festlegung d. Kernkompetenzen (V) | | | 1 | | | | 1 | | | | 1 | | | | 1 | | | | 1 | | 1 | | | | | | 1 | | | | 1 | |
| Festlegung d. Kernkompetenzen (Z) | | | 1 | | | | 1 | | | | 1 | | | | 1 | | | | 1 | | | | 1 | | | | 1 | | | | 1 | |
| Konzernstruktur (V) | 1 | | | | 1 | | | | 1 | | | | | | 1 | | | | 1 | | 1 | | | | | | 1 | | | | 1 | |
| Konzernstruktur (Z) | | | 1 | | | | 1 | | | | 1 | | | | 1 | | | | 1 | | | | 1 | | | | 1 | | | | 1 | |
| Kauf/Verkauf v. Geschäftsber. (V) | | | 1 | | 1 | | | | | | 1 | | 1 | | | | 1 | | | | 1 | | | | 1 | | | | 1 | | | |
| Kauf/Verkauf v. Geschäftsber. (Z) | | | 1 | | | | 1 | | | | 1 | | | | 1 | | | | 1 | | | | 1 | | | | 1 | | | | 1 | |
| Standorte (V) | 1 | | | | 1 | | | | | | 1 | | | | 1 | | 1 | | | | 1 | | | | | | 1 | | | | 1 | |
| Standorte (Z) | | | 1 | | | | 1 | | | | 1 | | | | 1 | | | | 1 | | | | 1 | | | | 1 | | | | 1 | |
| Kapitalbeteiligungen (V) | 1 | | | | 1 | | | | 1 | | | | 1 | | | | | | | 1 | 1 | | | | 1 | | | | | | | 1 |
| Kapitalbeteiligungen (Z) | | | 1 | | | | 1 | | | | 1 | | | | 1 | | | | 1 | | | | 1 | | | | 1 | | | | 1 | |
| Finanzierungsmaßnahmen (V) | | | 1 | | | | 1 | | | | 1 | | | | 1 | | | | 1 | | 1 | | | | 1 | | | | | | 1 | |
| Finanzierungsmaßnahmen (Z) | | | 1 | | | | 1 | | | | 1 | | | | 1 | | | | 1 | | | | 1 | | | | 1 | | | | 1 | |
| Unternehm.kultur, -philosophie (V) | | | 1 | | | | 1 | | | 1 | | | | 1 | | | | | 1 | | | | 1 | | | | 1 | | | | 1 | |
| Unternehm.kultur, -philosophie (Z) | | | 1 | | | | 1 | | | | 1 | | | | 1 | | | 1 | | | | | 1 | | | | 1 | | | | 1 | |
| Nachhaltiges Wirtschaften (V) | | | 1 | | 1 | | | | 1 | | | | 1 | | | | 1 | | | | 1 | | | | 1 | | | | 1 | | | |
| Nachhaltiges Wirtschaften (Z) | | | 1 | | | | 1 | | | | 1 | | | | 1 | | | | 1 | | | | 1 | | | | 1 | | | 1 | | |
| Umweltbericht (V) | | 1 | | | | 1 | | | | 1 | | | | 1 | | | | 1 | | | | | | 1 | | 1 | | | | | | 1 |
| Umweltbericht (Z) | | 1 | | | | 1 | | | | 1 | | | | 1 | | | | 1 | | | | 1 | | | | 1 | | | | 1 | | |
| Intell. Capital/Property Statement (V) | | 1 | | | | 1 | | | | 1 | | | | 1 | | | | 1 | | | | | 1 | | | 1 | | | | 1 | | |
| Intell. Capital/Property Statement (Z) | | 1 | | | | 1 | | | | 1 | | | | 1 | | | | 1 | | | | | 1 | | | 1 | | | | 1 | | |
| Gesellschaftl. Verantwortung (V) | 1 | | | | | | 1 | | | 1 | | | | 1 | | | | 1 | | | 1 | | | | | 1 | | | | | 1 | |
| Gesellschaftl. Verantwortung (Z) | | | 1 | | | | 1 | | | | 1 | | | | 1 | | | 1 | | | | | 1 | | | 1 | | | | 1 | | |
| | 38% | | 62% | | 42% | | 58% | | 42% | | 58% | | 42% | | 58% | | 46% | | 54% | | 42% | | 58% | | 46% | | 54% | | 35% | | 65% | |

| | Einschätzung der Ersteller: | Value Reporting der DAX 100-Unternehmen: |
|---|---|---|
| ++ | wichtig/sehr wichtig | stark/sehr stark ausgeprägt |
| -- | unwichtig/weniger wichtig | gering/weniger stark ausgeprägt |
| +- | wichtig/sehr wichtig | gering/weniger stark ausgeprägt |
| -+ | unwichtig/weniger wichtig | stark/sehr stark ausgeprägt |

| Branchen: | | | |
|---|---|---|---|
| B/F/V | Banken/Finanzdienste/Versicherungen | M/I | Maschinenbau/Industrie |
| C/P/B | Chemie/Pharma/Biotechnologie | V/T | Versorger/ Telekommunikation |
| E/K | Einzelhandel/Konsum | | |
| A/T | Automobil/Transport | S/T | Software/Technologien |

Anhang 143: Branchenspezifische Gap-Analyse zwischen dem Umfang der umfeldbezogenen Angaben und den Anforderungen der Ersteller

| Kriterium | B/F/V | | | | C/P/B | | | | E/K | | | | A/T | | | |
|---|---|---|---|---|---|---|---|---|---|---|---|---|---|---|---|---|
| | Fit | | Gap | | Fit | | Gap | | Fit | | Gap | | Fit | | Gap | |
| | ++ | -- | +- | -+ | ++ | -- | +- | -+ | ++ | -- | +- | -+ | ++ | -- | +- | -+ |
| Aktienbesitz/Anteilseigner (V) | 1 | | | | 1 | | | | 1 | | | | 1 | | | |
| Aktienbesitz/Anteilseigner (Z) | | | 1 | | | | 1 | | | | 1 | | | | 1 | |
| Wirtschaft. Unternehmensumfeld (V) | 1 | | | | 1 | | | | 1 | | | | 1 | | | |
| Wirtschaft. Unternehmensumfeld (Z) | 1 | | | | 1 | | | | 1 | | | | 1 | | | |
| Rechtl. Unternehmensumfeld (V) | | | 1 | | | | 1 | | | | 1 | | | | 1 | |
| Rechtl. Unternehmensumfeld (Z) | | | 1 | | | | 1 | | | 1 | | | | | 1 | |
| Ökolog. Unternehmensumfeld (V) | | 1 | | | | | 1 | | | 1 | | | | | 1 | |
| Ökolog. Unternehmensumfeld (Z) | | 1 | | | | | 1 | | | 1 | | | | | 1 | |
| | 63% | | 38% | | 38% | | 63% | | 75% | | 25% | | 38% | | 63% | |

| Kriterium | M/I | | | | V/T | | | | S/T | | | | Bau | | | |
|---|---|---|---|---|---|---|---|---|---|---|---|---|---|---|---|---|
| | Fit | | Gap | | Fit | | Gap | | Fit | | Gap | | Fit | | Gap | |
| | ++ | -- | +- | -+ | ++ | -- | +- | -+ | ++ | -- | +- | -+ | ++ | -- | +- | -+ |
| Aktienbesitz/Anteilseigner (V) | 1 | | | | | | 1 | | 1 | | | | 1 | | | |
| Aktienbesitz/Anteilseigner (Z) | | | 1 | | | | 1 | | | | 1 | | | | 1 | |
| Wirtschaft. Unternehmensumfeld (V) | 1 | | | | 1 | | | | 1 | | | | 1 | | | |
| Wirtschaft. Unternehmensumfeld (Z) | 1 | | | | 1 | | | | 1 | | | | 1 | | | |
| Rechtl. Unternehmensumfeld (V) | | | 1 | | | | 1 | | | 1 | | | | | 1 | |
| Rechtl. Unternehmensumfeld (Z) | | | 1 | | | | 1 | | | 1 | | | | | 1 | |
| Ökolog. Unternehmensumfeld (V) | | 1 | | | | | 1 | | | 1 | | | | | 1 | |
| Ökolog. Unternehmensumfeld (Z) | | | 1 | | | | 1 | | | 1 | | | | | 1 | |
| | 50% | | 50% | | 25% | | 75% | | 88% | | 13% | | 38% | | 63% | |

| | Einschätzung der Ersteller: | Value Reporting der DAX 100-Unternehmen: |
|---|---|---|
| ++ | wichtig/sehr wichtig | stark/sehr stark ausgeprägt |
| -- | unwichtig/weniger wichtig | gering/weniger stark ausgeprägt |
| +- | wichtig/sehr wichtig | gering/weniger stark ausgeprägt |
| -+ | unwichtig/weniger wichtig | stark/sehr stark ausgeprägt |

| Branchen: | | | |
|---|---|---|---|
| B/F/V | Banken/Finanzdienste/Versicherungen | M/I | Maschinenbau/Industrie |
| C/P/B | Chemie/Pharma/Biotechnologie | V/T | Versorger/Telekommunikation |
| E/K | Einzelhandel/Konsum | S/T | Software/Technologien |
| A/T | Automobil/Transport | | |

## Literaturverzeichnis

Aboody, David/Lev, Baruch (1998): The Value-Relevance of Intangibles: The Case of Software Capitalization, in: JAR, (36) 1998, S. 161 - 191.

Achleitner, Ann-Kristin/Bassen, Alexander (2001): Investor Relations von Wachstumsunternehmen und etablierten Unternehmen im Vergleich, in: Knüppel, Hartmut/Lindner, Christian (Hrsg.): Die Aktie als Marke: Wie Unternehmen mit Investoren kommunizieren sollen, Frankfurt/Main 2001, S. 25 - 47.

Achleitner, Ann-Kristin/Bassen, Alexander/Pietzsch, Luisa (2001a): Kapitalmarktkommunikation von Wachstumsunternehmen, Stuttgart 2001.

Achleitner, Ann-Kristin/Bassen, Alexander/Pietzsch, Luisa (2001b): Empirische Studien zu Investor Relations in Deutschland, in: Achleitner, Ann-Kristin/Bassen, Alexander (Hrsg.): Investor relations am Neuen Markt : Zielgruppen, Instrumente, rechtliche Rahmenbedingungen und Kommunikationsinhalte, Stuttgart 2001, S. 23 – 59.

Achleitner, Ann-Kristin/Bassen, Alexander/Pietzsch, Luisa/Wichels, Daniel (2002): Effiziente Kapitalmarktkommunikation mit Finanzanalysten – Gestaltungsempfehlungen für Wachstumsunternehmen, in: FB, (4) 2002, S. 29 – 44.

Achleitner, Ann-Kristin/Behr, Georgio (1998): International Accounting Standards : Ein Lehrbuch zur internationalen Rechnungslegung, München 1998.

Aders, Christian/Hebertinger, Martin/Wiedemann, Florian (2003): Value Based Management (VBM): Lösungsansätze zur Schließung von Implementierungslücken, in: FB, (5) 2003, S. 356 – 372.

Ahlers, Sabine (2000): Die organisatorische Einbindung von Investor Relations in das Unternehmen, in: DIRK e.V. (Hrsg.): Investor Relations : Professionelle Kapitalmarktkommunikation, Wiesbaden 2000, S. 29 – 34.

Ahmed, Kamran/Courtis, John K. (1999): Associations between corporate characteristics and disclosure levels in annual reports: a meta-analysis, in: British Accounting Review, (31) 1999, Nr. 1, S. 35 – 61.

AICPA (Hrsg.) (1994): Improving Business Reporting – A Customer Focus (a.k.a. The Jenkins Report), im Internet: http://accounting.rutgers.edu/raw/aicpa/business/main.htm (Stand: 09.07.2003).

Alchian, Armen A./Demsetz, Harold (1972): Production, Information Costs, and Economic Organization, in: AER, (62) 1972, S. 777 – 795.

Allendorf, Georg J. (1996): Investor Relations deutscher Publikumsgesellschaften, Oestrich-Winkel 1996.

Alvarez, Manuel (2002): Segmentberichterstattung nach DRS 3, in: DB, (55) 2002, S. 2057 – 2063.

Alvarez, Manuel/Biberacher, Johannes (2002): Goodwill-Bilanzierung nach US-GAAP – Anforderungen an Unternehmenssteuerung und –berichterstattung, in: BB, (57) 2002, S. 346 – 353.

Alvarez, Manuel/Wotschofsky, Stefan (2000a), Zwischenberichterstattung nach Börsenrecht, IAS und US-GAAP, Bielefeld 2000.

Alvarez, Manuel/Wotschofsky, Stefan (2000b): Zur Bedeutung der Zwischenberichtspublizität, in: DStR, (38) 2000, S. 1789 - 1796.

Alvarez, Manuel/Wotschofsky, Stefan (2000c): Zwischenberichterstattung: Unterjährige Erfolgsabgrenzung, in: FB, (2) 2000, Beilage Nr. 1, S. 35 - 43.

Alvarez, Manuel/Wotschofsky, Stefan (2001): Zwischenberichterstattung nach dem Deutschen Rechnungslegungs Standard Nr. 6 (DRS 6), in: StuB, (3) 2001, S. 387 – 396.

Amihud, Yakov/Mendelson, Haim (1986): Asset Pricing and the Bid-Ask Spread, in: JFE, (17) 1986, S. 223 – 249.

Arbeitsgruppe Normierung der Rechnungslegung der Wissenschaftlichen Kommission Rechnungswesen im Verband der Hochschullehrer für Betriebswirtschaft e.V. (Hrsg.) (2002): Stellungnahme Nr. 3: Zum Entwurf der Grundsätze ordnungsmäßiger Rechnungslegung des DRSC, in: BB, (57) 2002, S. 2595 – 2599.

Arbeitskreis Bilanzrecht der Hochschullehrer Rechtswissenschaft (Hrsg.) (2002): Zur Fortentwicklung des deutschen Bilanzrechts, in: BB, (57) 2002, S. 2372 – 2381.

Arbeitskreis „Externe Unternehmensrechnung" der Schmalenbach-Gesellschaft für Betriebswirtschaft e.V. (Hrsg.) (1996): Empfehlungen zur Vereinheitlichung von Kennzahlen in Geschäftsberichten, in: DB, (49) 1996, S. 1989 – 1994.

Arbeitskreis „Externe Unternehmensrechnung" der Schmalenbach-Gesellschaft für Betriebswirtschaft e.V. (Hrsg.) (2001): Die Zukunft der Rechnungslegung aus Sicht von Wissenschaft und Praxis – Fachprogramm des Arbeitskreises Externe Unternehmensrechnung im Rahmen des 54. Deutschen Betriebswirtschafter-Tages, in: DB, (54) 2001, S. 160 – 161.

Arbeitskreis „Externe Unternehmensrechnung" der Schmalenbach-Gesellschaft für Betriebswirtschaft e.V. (Hrsg.) (2002a): Enforcement der Rechnungslegung, in: DB, (55) 2002, S. 2173 – 2176.

Arbeitskreis „Externe Unternehmensrechnung“ der Schmalenbach-Gesellschaft für Betriebswirtschaft e.V. (Hrsg.) (2002b): Grundsätze für das Value Reporting, in: DB, (55) 2002, S. 2337 – 2340.

Arbeitskreis „Externe Unternehmensrechnung“ der Schmalenbach-Gesellschaft für Betriebswirtschaft e.V. (Hrsg.) (2003): International Accounting Reporting Standards im Einzel- und Konzernabschluss unter der Prämisse eines Einheitsabschlusses für unter Anderem steuerliche Zwecke, in: DB, (56) 2003, S. 1585 – 1588.

Arbeitskreis „Immaterielle Werte im Rechnungswesen” der Schmalenbach-Gesellschaft für Betriebswirtschaft e.V. (Hrsg.) (2001): Kategorisierung und bilanzielle Erfassung immaterieller Werte, in: DB, (54) 2001, S. 989 – 995.

Arbeitskreis „Immaterielle Werte im Rechnungswesen“ der Schmalenbach-Gesellschaft für Betriebswirtschaft e.V. (Hrsg.) (2003): Freiwillige externe Berichterstattung über immaterielle Werte, in: DB, (56) 2003, S. 1233 – 1237.

Armeloh, Karl-Heinz (1998): Die Berichterstattung im Anhang: eine theoretische und empirische Untersuchung der Qualität der Berichterstattung im Anhang börsennotierter Kapitalgesellschaften, Düsseldorf 1998.

Armstrong, J. Scott/Overton, Terry S. (1977): Estimating Nonresponse Bias in Mail Surveys, in: Journal of Marketing Research, (14) 1977, S. 396 – 402.

Arnold, Wolfgang/Freimann, Jürgen/Kurz, Rudi (2003): Sustainable Balanced Scorecard (SBS): Integration von Nachhaltigkeitsaspekten in das BSC-Konzept, in: Controlling & Management, (47) 2003, S. 391 – 400.

Arrow, Kenneth J. (1964): The Role of Securities in the Optimal Allocation of Risk Bearing, in: REStud, (31) 1964, S. 91 – 96.

Arrow, Kenneth J. (1985): The Economics of Agency, in: Pratt, John W./Zeckhauser, Richard J. (Hrsg.): Principals and Agents : The Structure of Business, Boston 1985, S. 37 – 51.

Atkins, Paul S. (2003): Der US-Sarbanes-Oxley Act: Zielsetzungen, Inhalt und Implementierungsstand, in: Der Konzern in Recht und Wirtschaft, (1) 2003, S. 260 – 264.

Backhaus, Klaus/Erichson, Bernd/Plinke, Wulff/Weiber, Rolf (2000): Multivariate Analysemethoden: eine anwendungsorientierte Einführung, 9.Aufl., Berlin u.a. 2000.

Baetge, Jörg (1998): Bilanzanalyse, Düsseldorf 1998.

Baetge, Jörg/Brötzmann, Ingo (2003): Die Geschäftsberichterstattung – Anforderungen und empirische Befunde, in: Albach, Horst/Kraus, Willy (Hrsg.): Werte, Wettbewerb und Wandel, Wiesbaden 2003, S. 9 – 39.

Baetge, Jörg/Fischer, Thomas R./Paskert, Dierk (1989): Der Lagebericht, Stuttgart 1989.

Baetge, Jörg/Kirsch, Hans-Jürgen/Thiele, Stefan (2002a): Bilanzen, 6. Aufl., Düsseldorf 2002.

Baetge, Jörg/Kirsch, Hans-Jürgen/Thiele, Stefan (2002b): Konzernbilanzen, 6. Aufl., Düsseldorf 2002.

Baetge, Jörg/Krumnow, Jürgen/Noelle, Jennifer (2001): Das „Deutsche Rechnungslegungs Standards Committee“, in: DB, (54) 2001, S. 769 - 774.

Baetge, Jörg/Noelle, Jennifer (2001): Shareholder-Value-Reporting sowie Prognose- und Performancepublizität, in: KoR, (1) 2001, S. 174 – 180.

Baetge, Jörg/Roß, Heinz-Peter (2000): Was bedeutet »fair presentation«?, in: Ballwieser, Wolfgang (Hrsg.): US-amerikanische Rechnungslegung, 4. Aufl., Stuttgart 2000, S. 29 – 47.

Baetge, Jörg/Schlösser, Julia (1993): Zwischenberichterstattung in Theorie und Praxis, in: Fritsch, Ulrich u.a. (Hrsg.): Die deutsche Aktie, Stuttgart 1993, S. 225 – 249.

Baetge, Jörg/Schulze, Dennis (1998): Möglichkeiten der Objektivierung der Lageberichterstattung über Risiken der künftigen Entwicklung – Ein Vorschlag zur praktischen Umsetzung der vom KonTraG verlangten Berichtspflichten, in: DB, (51) 1998, S. 937 – 948.

Baetge, Jörg/Thiele, Stefan/Plock, Marcus (2000): Die Restrukturierung des International Accounting Standards Committee, Das IASC auf dem Weg zum globalen Standardsetter?, in: DB, (53) 2000, S. 1033 – 1038.

Baetge, Jörg/Zülch, Henning (2001): Fair Value-Accounting, in: BFuP, (53) 2001, S. 543 – 562.

Baiman, Stanley/Verrecchia, Robert E. (1996): The Relation among Capital Markets, Financial Disclosure, Production Efficiency, and Insider Trading, in: JAR, (34) 1996, S. 1 – 22.

Ballwieser, Wolfgang (1990): Ist das Maßgeblichkeitsprinzip überholt?, in: BFuP, (42) 1990, S. 477 – 498.

Ballwieser, Wolfgang (1994): Adolf Moxter und der Shareholder Value-Ansatz, in: Ballwieser, Wolfgang u.a. (Hrsg.): Bilanzrecht und Kapitalmarkt, FS Moxter, Düsseldorf 1994, S. 1377 – 1405.

Ballwieser, Wolfgang (1995): Aktuelle Aspekte der Unternehmensbewertung, in: WPg, (48) 1995, S. 119 – 129.

Ballwieser, Wolfgang (1996): Manager müssen Werte schaffen, in: manager magazin, (26) 1996, S. 155.

Ballwieser, Wolfgang (1997): Die Lageberichte der DAX-Gesellschaften im Lichte der Grundsätze ordnungsmäßiger Lageberichterstattung, in: Fischer, Thomas R./Hömberg, Reinhold (Hrsg.): Jahresabschluß und Jahresabschlussprüfung, FS Baetge, Düsseldorf 1997, S. 153 – 187.

Ballwieser, Wolfgang (1998): Unternehmensbewertung mit Discounted Cash Flow-Verfahren, in: WPg, (51) 1998, S. 81 – 92.

Ballwieser, Wolfgang (1999a): HGB-Konzernabschlußbefreiung und privates Rechnungslegungsgremium, in: Küting, Karlheinz/Langenbucher, Günther (Hrsg.): Internationale Rechnungslegung, FS Weber, Stuttgart 1999, S. 433 – 449.

Ballwieser, Wolfgang (1999b): Grundsätze ordnungsmäßiger Buchführung, in: Castan, Edgar u.a. (Hrsg.): Beck'sches Handbuch der Rechnungslegung, Band I, Loseblatt, München, Stand: Juli 2002, B 105.

Ballwieser, Wolfgang (2000): Wertorientierte Unternehmensführung: Grundlagen, in: zfbf, (52) 2000, S. 160 – 166.

Ballwieser, Wolfgang (2001a): Konzernrechnungslegung und Wettbewerb, in: DBW, (61) 2001, S. 640 – 657.

Ballwieser, Wolfgang (2001b): § 243, Aufstellungsgrundsatz, in: Schmidt, Karsten (Hrsg.): Münchener Kommentar zum Handelsgesetzbuch, München 2001, S. 35 – 53.

Ballwieser, Wolfgang (2001c): Unternehmensbewertung, in: Gerke, Wolfgang/Steiner, Manfred (Hrsg.): Handwörterbuch des Bank- und Finanzwesens, 3. Aufl., Stuttgart 2001, Sp. 2082 – 2095.

Ballwieser, Wolfgang (2002a): Informations-GoB – auch im Lichte von IAS und US-GAAP, in: KoR, (2) 2002, S. 115 – 121.

Ballwieser, Wolfgang (2002b): Rechnungslegung im Umbruch, in: STH, (76) 2002, S. 295 – 304.

Ballwieser, Wolfgang (2002c): Wertorientierung und Betriebswirtschaftslehre: Von Schmalenbach bis heute, in: Macharzina, Klaus/Neubürger, Heinz-Joachim (Hrsg.): Wertorientierte Unternehmensführung, Stuttgart 2002, S. 69 – 98.

Ballwieser, Wolfgang (2003): Rahmenkonzepte der Rechnungslegung: Funktionen, Vergleich, Bedeutung, in: Der Konzern, (1) 2003, S. 337 – 348.

Ballwieser, Wolfgang/Kuhner, Christoph (1994): Rechnungslegungsvorschriften und wirtschaftliche Stabilität, Bergisch Gladbach 1994.

Bamberger, Ingolf/Wrona, Thomas (1996): Der Ressourcenansatz und seine Bedeutung für die Strategische Unternehmensführung, in: zfbf, (48) 1996, S. 130 – 153.

Barckow, Andreas (1999): Der Abschluß des Core Set of Standards durch das IASC – Inhalte, Bewertungen, Folgen, in: DB, (52) 1999, S. 1173 – 1181.

Barchow, Andreas/Glaum, Martin (2004): Bilanzierung von Finanzinstrumenten nach IAS 39 (rev. 2004) – ein Schritt in Richtung Full Fair Value Model?, in: KoR, (49) 2004, S. 185 – 203.

Barnes Städler, Shirley/Bircher, Walter/Streiff, Stefan (2000): Der Begriff „Wert" im Management: eine kritische Annäherung an das Value Based Management, Bern u.a. 2000.

Barry, Christopher B./Brown, Stephen J. (1985): Differential Information and Security Market Equilibrium, in: JFQA, (20) 1985, S. 407 – 422.

Barth, Mary E./Clinch, Greg/Shibano, Toshi (1999): International Accounting Harmonization and Global Equity Markets, in: JAE, (26) 1999, S. 201 – 235.

Bassen, Alexander (2002): Institutionelle Investoren und Corporate Governance – Analyse der Einflussnahme unter besonderer Berücksichtigung börsennotierter Wachstumsunternehmen, Wiesbaden 2002.

Baum, Heinz-Georg/Coenenberg, Adolf G./Günther, Thomas (2004): Strategisches Controlling, 3. Aufl., Stuttgart 2004.

Baumann, Karl-Hermann (1998): Externe Rechnungslegung im Spannungsfeld nationaler und internationaler Grundsätze, in: Börsig, Clemens/Coenenberg, Adolf G. (Hrsg.): Controlling und Rechnungswesen im internationalen Wettbewerb : Kongress-Dokumentation/51. Deutscher Betriebswirtschafter-Tag 1997, Stuttgart 1998, S. 3 – 13.

Baums, Theodor (2001): Bericht der Regierungskommission Corporate Governance, Köln 2001.

BCG (Hrsg.) (1999): The Value Creators: A Study of the World's Top Performers, o.O. 1999.

BCG (Hrsg.) (2000): New Perspektives on Value Creation: A Study of the World's Top Performers, o.O. 2000.

Beaver, William H. (1998): Financial Reporting, 3. Aufl., Upper Saddle River/New Jersey 1998.

Becker, Fred (1994): Finanzmarketing von Unternehmungen, in: DBW, (54) 1994, S. 295 – 313.

Becker, Fred G./Fallgatter, Michael J. (2002): Unternehmensführung, Bielefeld 2002.

Beisse, Heinrich (1993): Gläubigerschutz – Grundprinzip des deutschen Bilanzrechts, in: Beisse, Heinrich/Lutter, Marcus/Närger, Heribald (Hrsg.): FS Beusch, Berlin und New York 1993, S. 77 – 97.

Beisse, Heinrich (1994): Zum neuen Bild des Bilanzrechtssystems, in: Ballwieser, Wolfgang u.a. (Hrsg.): Bilanzrecht und Kapitalmarkt, FS Moxter, Düsseldorf 1994, S. 3 – 31.

Beisse, Heinrich (1999): Normqualität und Normstruktur von Bilanzvorschriften und Standards, in: BB, (54) 1999, S. 2180 – 2186.

Benecke, Birka (2000): Internationale Rechnungslegung und Management Approach : Bilanzierung derivativer Finanzinstrumente und Segmentberichterstattung, Wiesbaden 2000.

Benninghaus, Frauke/Rabbe, Stephanie (2003): Die strategische Orientierung des Managements in Deutschland und den USA: Stakeholder stehen im Mittelpunkt der deutschen Unternehmensberichterstattung, in: Achenbach, Stephan/Borghoff, Thomas/Schulte, Anja (Hrsg.): Strategische und internationale Perspektiven des Managements, FS Welge, Lohmar und Köln 2003, S. 219 – 252.

Berberich, Dagmar (2002): Einführungsstatement im Rahmen des Experten-Workshops „Von der Umweltberichterstattung zur Nachhaltigkeitsberichterstattung" am 30.10.2002 in Heidelberg, im Internet: www.ifeu.de/allgemein/pdf/WorkshopNachh%20Vortrag%20LfU.pdf (Stand: 20.02.2004).

Berblinger, Jürgen (2001): Die Bedeutung von Ratings für Investor Relations-Ratings als gemeinsame Sprache internationaler Anleiheinvestoren, in: Kirchhoff, Klaus Rainer / Piwinger, Manfred (Hrsg.): Die Praxis der Investor-Relations : effiziente Kommunikation zwischen Unternehmen und Kapitalmarkt, 2. Aufl., Neuwied und Kriftel 2001, S. 165 - 167.

Berekoven, Ludwig/Eckert, Werner/Ellenrieder, Peter (1999): Marktforschung : Methodologische Grundlagen und praktische Anwendung, 8. Aufl., Wiesbaden 1999.

Berger, Axel/Schmidt-Wendt, Dietrich (2003): § 266, Gliederung der Bilanz, IV. Gliederung des Anlagevermögens nach IAS, in: Berger, Axel u.a. (Hrsg.): Beck'scher Bilanz-Kommentar, 5. Aufl., München 2003, S. 824 – 825.

Berger, Axel/Schramm, Marianne/Ring, Maximilian (2003): § 253, Wertansätze der Vermögensgegenstände und Schulden, Grundsatzregelung, A. Bewertung von Vermögensgegenständen – Allgemeines, in: Berger, Axel u.a. (Hrsg.): Beck'scher Bilanz-Kommentar, 5. Aufl., München 2003, S. 409 – 426.

Bergmann, Eckhard/Butzlaff, Jörg-Matthias (1998): Institutionelles Anlegerverhalten und Shareholder Value, in: Müller, Michael/Leven, Franz-Josef (Hrsg.): Shareholder Value Reporting, Wien 1998, S. 203 – 212.

Berliner Initiativkreis: German Code of Corporate Governance (Hrsg.) (2000): German Code of Corporate Governance (GCCG), im Internet: www.gccg.de/deu_German-Code-of-Corporate-Governance.pdf (Stand:01.03.2004).

Berrar, Carsten (2001): Die Entwicklung der Corporate Governance in Deutschland und im internationalen Vergleich, Baden-Baden 2001.

Bertschinger, Peter/Schaad, Martin (2002): Der amerikanische Sarbanes-Oxley Act of 2002, in: STH, (76) 2002, S. 883 – 888.

Bieg, Hartmut (1999): Buchführungspflichten und Buchführungsvorschriften, in: Castan, Edgar u.a. (Hrsg.): Beck'sches Handbuch der Rechnungslegung, Band I, Loseblatt, München, Stand: Juli 2002, A 100.

Bieker, Marcus/Schmidt, Lars (2002): Der Vorschlag der Europäischen Kommission zur Änderung der Bilanzrichtlinien, in: KoR, (2) 2002, S. 206 – 219.

Bieker, Rainer (1989): Entwicklung von Wettbewerbsvorteilen für Technologie-Unternehmen – untersucht am Beispiel der Unternehmensneugründung, Frankfurt/Main, Bern und New York 1989.

Bischoff, Jörg (1994): Das Shareholder-Value-Konzept : Darstellung – Probleme - Handhabungsmöglichkeiten, Wiesbaden 1994.

Bleicher, Knut (1999): Das Konzept Integriertes Management, 5. Aufl., Frankfurt/Main 1999.

Böcking, Hans-Joachim (1998): Zum Verhältnis von Rechnungslegung und Kapitalmarkt - Vom „financial accounting" zum „business reporting", in: zfbf-Sonderheft 40/1998, S. 17 – 53.

Böcking, Hans-Joachim (2001a): IAS für Konzern- und Einzelabschluss?, in: WPg, (54) 2001, S. 1433 - 1440.

Böcking, Hans-Joachim (2001b): Rechnungslegungsstandards, in: Gerke, Wolfgang/Steiner, Manfred (Hrsg.): Handwörterbuch des Bank- und Finanzwesens, 3. Aufl., Stuttgart 2001, Sp. 1775 – 1786.

Böcking, Hans-Joachim (2002): IAS für Konzern- und Einzelabschluss!, in: WPg, (55) 2002, S. 925 – 928.

Böcking, Hans-Joachim/Benecke, Birka (2000): Die fair value-Bewertung von Finanzinstrumenten, in: Ballwieser, Wolfgang (Hrsg.): US-amerikanische Rechnungslegung, 4. Aufl., Stuttgart 2000, S. 193 – 139.

Böcking, Hans-Joachim/Dutzi, Andreas (2003): Corporate Governance und Value Reporting, in: Seicht, Gerhard (Hrsg.): Jahrbuch für Controlling und Rechnungswesen 2003, Wien 2003, S. 213 – 239.

Böcking, Hans-Joachim/Nowak, Karsten (1999): Das Konzept des EVA, in: Finanz Betrieb, (1) 1999, S. 281 - 288.

Böcking, Hans-Joachim/Wesner, Peter (2004): Value Reporting und Corporate Covernance – Anreizkompatible Vergütung, Performancemessung und Unternehmensüberwachung, in: IDW (Hrsg.): Wirtschaftsprüfung und Zeitgeist – Prof. Dr. Dr. h. c. mult. Adolf Moxter zum 75. Geburtstag, WPg, Sonderheft 2004, S. 98 – 106.

Börner, Christoph J. (2000a): Porter und der „Ressource-based View“, in: WISU, (29) 2000, S. 689 – 693.

Börner, Christoph J. (2000b): Die Integration marktorientierter und ressourcenorientierter Strategien, in: WISU, (29) 2000, S. 817 – 821.

Bötzel, Stefan/Schwilling, Andreas (1998): Erfolgsfaktor Wertmanagement : Unternehmen wert- und wachstumsorientiert steuern, München und Wien 1998.

Born, Karl (1999a): Rechnungslegung international: Konzernabschlüsse nach IAS, US-GAAP, HGB und EG-Richtlinien, 2. Aufl., Stuttgart 1999.

Born, Karl (1999b): Rechnungslegung nach IAS, US-GAAP und HGB im Vergleich, Stuttgart 1999.

Botosan, Christine A. (1997): Disclosure Level and the Cost of Equity Capital, in: AR, (72) 1997, S. 323 – 349.

Botosan, Christine A. (2000): Evidence that Greater Disclosure Lowers the Cost of Equity Capital, in: JACF, (12) 2000, Nr. 4, S. 60 – 69.

Botosan, Christine A./Plumlee, Marlene A. (2002): A Re-examination of Disclosure Level and the Expected Cost of Equity Capital, in: JAR, (40) 2002, Nr. 1, S. 21 – 40.

Boulton, Richard E. S./Libert, Barry D./Samek, Steve M. (2001): Value Code – Werte schaffen in der Neuen Wirtschaft, München 2001.

Bracklo, Marcus/Bilstein, Axel (2002): Value Reporting, Kapitalmarkt und Unternehmensbewertung, in: Küting, Karlheinz/Weber, Claus-Peter (Hrsg.): Vom Financial Accounting zum Business Reporting, Stuttgart 2002, S. 219 – 233.

Brandt, Oliver (2000): Inhalte von Investor Relations, in: DIRK e.V. (Hrsg.): Investor Relations : Professionelle Kapitalmarktkommunikation, Wiesbaden 2000, S. 117 – 130.

Brealy, Richard A./Myers, Stewart C. (2000): Principles of Corporate Finance, 6.Aufl., Boston u.a. 2000.

Brebeck, Frank/Horst, Dieter (2002): Die Nachhaltigkeitsdebatte und die „EU-Empfehlung zur Berücksichtigung von Umweltaspekten im Lagebericht“: Indizien für eine Erweiterung des Tätigkeitsbereichs der Wirtschaftsprüfer, in: WPK-Mitteilungen, (40) 2002, Nr. 1, S. 20 – 24.

Breid, Volker (1994): Erfolgspotentialrechnung, Stuttgart 1994.

Breidenbach, Raphael (1999): Umweltschutz in der betrieblichen Praxis : Erfolgsfaktoren zukunftsorientierten Umweltengagements : Ökologie – Gesellschaft – Ökonomie, Wiesbaden 1999.

Brennan, Michael J./Tamarowski, Claudia (2000): Investor Relations, Liquidity, and Stock Prices, in: JACF, (12) 2000, Nr. 4, S. 26 – 37.

Brotte, Jörg (1997): US-amerikanische und deutsche Geschäftsberichte, Bochum 1997.

Brücks, Michael (2002): EU-Verordnung zur Anwendung der IAS/IFRS und Improvement Projekt des IASB, in: KoR, (2) 2002, S. 165 – 168.

Brücks, Michael/Wiederhold, Philipp (2003): Ansatz und Bewertung des Goodwill – Kritische Darstellung der Vorschläge des IASB -, in: Der Konzern in Wirtschaft und Recht, (1) 2003, S. 219 – 226.

Brücks, Michael/Wiederhold, Philipp (2004): IFRS 3 Business Combinations – Darstellung der neuen Regelungen des IASB und Vergleich mit SFAS 141 und SFAS 142 -, in: KoR, (4) 2004, S- 177 – 185.

Bruns, Hans-Georg /Renner, Wolfgang (2001): Finanzanalytische SEC-Berichterstattung in der Form 20-F – „Operating and Financial Review and Prospects“ (OFR), in: BFuP, (53) 2001, S. 7 – 26.

Buchheim, Regine (2002): IAS Improvements Project, in: BB, (57) 2002, S. 1475 – 1479.

Buchheim, Regine (2003): Die Jahres- und Zwischenberichterstattung im Entwurf der EU-Transparenz-Richtlinie, in: KoR, (3) 2003, S. 241 – 248.

Buckley, Peter J./Carter, Martin J. (2000): Knowledge Management in Global Technology Markets, in: Long Range Planning, (33) 2000, S. 55 – 71.

Bühl, Achim/Zöfel, Peter (2000): SPSS Version 10 : Einführung in die moderne Datenanalyse unter Windows, 7. Aufl., München u.a. 2000.

Bühner, Thomas (1990): Das Management-Wert-Konzept : Strategien zur Schaffung von mehr Wert im Unternehmen, Stuttgart 1990.

Bühner, Rolf (1994): Unternehmerische Führung mit Shareholder Value, in: Bühner, Rolf (Hrsg.): Der Shareholder-Value-Report: Erfahrungen, Ergebnisse, Entwicklungen, Landsberg/Lech 1994, S. 9 – 75.

Bühner, Thomas/Bünger, Katja/Kaserer, Christoph (2003): Financial Reporting on the Internet by Swiss Companies: An Empirical Investigation, in: Die Unternehmung, (57) 2003, S. 201 – 215.

Bundesumweltministerium/Umweltbundesamt (Hrsg.) (2001): Handbuch Umweltcontrolling, 2. Aufl., München 2001.

Burmann, Christoph (2002): Immaterielle Unternehmensfähigkeiten als Komponenten des Unternehmenswertes: Operationalisierung und empirische Messung, in: Die Unternehmung, (56) 2002, S. 227 – 245.

Busse v. Colbe, Walther (1968): Prognosepublizität von Aktiengesellschaften, in: Angehrn, Otto/Künzi, Hans Paul (Hrsg.): Beiträge zur Lehre von der Unternehmung, FS Käfer, Stuttgart 1968, S. 91 – 118.

Busse v. Colbe, Walther (1993): Die Entwicklung des Jahresabschlusses als Informationsinstrument, in: Wagner, Franz W. (Hrsg.): Ökonomische Analyse des Bilanzrechts – Entwicklungslinien und Perspektiven -, zfbf, Sonderheft Nr. 32, (45) 1993, S. 11 – 29.

Busse v. Colbe, Walther (1996): Das Rechnungswesen im Dienste einer kapitalmarktorientierten Unternehmensführung, in: Schmalenbach-Gesellschaft für Betriebswirtschaft e.V. (Hrsg.): Globale Finanzmärkte : Konsequenzen für Finanzierung und Unternehmensrechnung ; Kongress-Dokumentation 49. Deutscher Betriebswirtschafter-Tag 1995, Stuttgart 1996, S. 15 – 34.

Busse v. Colbe, Walther (2000): Rechnungslegungsziele und Ansätze zur internationalen Harmonisierung der Rechnungslegung deutscher Unternehmen, in: Ballwieser, Wolfgang (Hrsg.): US-amerikanische Rechnungslegung, 4. Aufl., Stuttgart 2000, S. 485 – 508.

Busse v. Colbe, Walther (2002a): Kleine Reform der Konzernrechnungslegung durch das TransPuG, in: BB, (57) 2002, S. 1583 – 1588.

Busse v. Colbe, Walther (2002b): Vorschlag der EG-Kommission zur Anpassung der Bilanzrichtlinien an die IAS – Abschied von der Harmonisierung?, in: BB, (57) 2002, S. 1530 – 1536.

Busse v. Colbe, Walther/Becker, Winfried, Berndt, Helmut/Geiger, Klaus M./Haase, Heidrum/Schellmoser, Friedrich/Schmitt, Günter/Seeberg, Thomas/Wysocki, Klaus v. (2000): Ergebnis je Aktien nach DVFA/SG : gemeinsame Empfehlung DVFA/SG Earnings per Share, Kommission für kapitalmarktbezogene Aktienanalyse und Bewertungsmethoden (Methodenkommission) der Deutschen Vereinigung für Finanzanalyse und Anlageberatung e.V. (DVFA) ; Arbeitskreis „Externe Unternehmensrechnung" der Schmalenbach-Gesellschaft – Deutsche Gesellschaft für Betriebswirtschaft (SG), 3. Aufl., Stuttgart 2000.

Busse v. Colbe, Walther/Ordelheide, Dieter/Gebhardt, Günther/Pellens, Bernhard (2003): Konzernabschlüsse : Rechnungslegung nach betriebswirtschaftlichen Grundsätzen sowie nach Vorschriften des HGB und der IAS/IFRS, 7. Aufl., Wiesbaden 2003.

Busse v. Colbe, Walther/Reinhard, Herbert (Hrsg.) (1989): Zwischenberichterstattung nach neuem Recht für börsennotierte Unternehmen: Empfehlungen des Arbeitskreises „Externe Unternehmensrechnung" der Schmalenbach-Gesellschaft/Deutsche Gesellschaft für Betriebswirtschaft e.V., Stuttgart 1989.

Buzby, Stephen L. (1975): Company Size, Listed Versus Unlisted Stocks, and the Extent of Financial Disclosure, in: JAR, (13) 1975, S. 16 – 37.

C&L Deutsche Revision (Hrsg.) (1995): Harmonisierung der Rechnungslegung : Welche Standards bringt die Zukunft?, Frankfurt/Main 1995.

C&L Deutsche Revision (Hrsg.) (1998): Kapitalmarktorientierung deutscher Unternehmungen – Ergebnisse einer empirischen Untersuchung, Frankfurt/Main 1998.

Chow, Chee W./Wong-Boren, Adrian (1987): Voluntary Financial Disclosure by Mexican Corporations, in: AR, (62) 1987, S. 533 – 541.

Clarkson, Pete/Guedes, Jose/Thompson Rex (1996): On the Diversification, Observability, and Measurement of Estimation Risk, in: JFQA, (31) 1996, March, S. 69 – 84.

Claussen, Carsten P. (2000): Konzernabschluss versus Einzelabschluss der Muttergesellschaft, in: ZGR, (29) 2000, S. 604 – 619.

Coase, Ronald H. (1937): The Nature of the Firm, in: Economica, (4) 1937, S. 386 – 405.

Coenenberg, Adolf G. (2003a): Jahresabschluss und Jahresabschlussanalyse, 19. Aufl., Stuttgart 2003.

Coenenberg, Adolf G. (2003b): Strategische Jahresabschlussanalyse – Zwecke und Methoden, in: KoR, (3) 2003, S. 165 – 177.

Coenenberg, Adolf G./Alvarez, Manuel (2002): Zwischenberichterstattung, in: Ballwieser, Wolfgang u.a. (Hrsg.): Handwörterbuch der Rechnungslegung und Prüfung, Stuttgart 2002, Sp. 2758 – 2774.

Coenenberg, Adolf G./Henes, Frank (1995): Der Informationsgehalt der Zwischenberichtspublizität nach § 44b Börsengesetz, in: zfbf, (47) 1995, S. 969 – 995.

Coenenberg, Adolf G./Mattner, Gerhard R. (2000): Segment- und Wertberichterstattung in der Jahresabschlussanalyse – das Beispiel Siemens, in: BB, (55) 2000, S. 1827 – 1834.

Coenenberg, Adolf G./Salfeld, Rainer (2003): Wertorientierte Unternehmensführung: Vom Strategieentwurf zur Implementierung, Stuttgart 2003.

Coenenberg, Adolf G./Schultze, Wolfgang (2002): Unternehmensbewertung: Konzeptionen und Perspektiven, in: DBW, (62) 2002, S. 597 – 621.

Coles, Jeffrey L./Loewenstein, Uri (1988): Equilibrium Pricing and Portfolio Composition in the Presence of Uncertain Parameters, in: JFE, (22) 1988, S. 279 – 303.

Coles, Jeffrey L./Loewenstein, Uri/Suay, Jose (1995): On Equilibrium Pricing under Parameter Uncertainty, in: JFQA, (30) 1995, S. 347 – 364.

Collingwood, Harris (2001a): Vom Widersinn der Quartalsberichte, in: HBM, (23) 2001, Nr. 6, S. 77 – 86.

Collingwood, Harris (2001b): The Earnings Game, in: HBR, (79) 2001, Nr. 6, S. 65 – 74.

Collis, David J./Montgomery, Cynthia A. (1995): Competing on Resources, in: HBR, (73) 1995, Nr. 4, S. 118 – 128.

Collis, David J./Montgomery, Cynthia A. (1996): Wettbewerbsstärke durch hervorragende Ressourcen, in: HBM, (18) 1996, S. 47 – 57.

Collis, David J./Montgomery, Cynthia A. (1998): So können Konzerne Ressourcen optimal ausschöpfen, in: HBM, (20) 1998, S. 26 – 37.

Copeland, Tom/Koller, Tim/Murrin, Jack (1998): Unternehmenswert, 2. Aufl., Frankfurt/Main und New York 1998.

Copeland, Tom/Koller, Tim/Murrin, Jack (2000): Valuation, 3. Aufl., New York u.a. 2000.

Crasselt, Nils/Pellens, Bernhard/Schremper, Ralf (2000a): Konvergenz wertorientierter Erfolgskennzahlen (I), in: WISU, (29) 2000, S. 72 – 78.

Crasselt, Nils/Pellens, Bernhard/Schremper, Ralf (2000b): Konvergenz wertorientierter Erfolgskennzahlen (II), in: WISU, (29) 2000, S. 205 – 208.

DAI (Hrsg.) (2002): Ethisch orientierte Aktienanlage – Nische oder Wachstumsmarkt?, erschienen in: von Rosen, Rüdiger (Hrsg.): Studien des Deutschen Aktieninstituts, Heft 18, 2002, im Internet: http://www.dai.de/internet/dai/dai-2-0.nsf/dai_publikationen.htm (Stand: 20.02.2004).

Damodaran, Aswarth (1997): Corporate Finance, Theory and Practice, New York 1997.

Daniel, Kent/Hirshleifer, David/Subrahmanyam, Avanidhar (1998): Investor Psychology and Security Market Under- and Overreactions, in: JoF, (53) 1998, S. 1839 – 1885.

Danish Ministry of Science, Technology and Innovation (Hrsg.) (2003): Intellectual Capital Statements – The New Guidance, Copenhagen 2003.

Daum, Jürgen H. (2002): Intangible Assets oder die Kunst, Mehrwert zu schaffen, Bonn 2002.

Debreu, Gerard (1959): Theory of Value, New Haven und London 1959.

Deller, Dominic/Stubenrath, Michael/Weber, Christoph (1997): Die Internetpräsenz als Instrument der Investor Relations, in: DB, (50) 1997, S. 1577 – 1583.

Dempsey, Stephen J./Gatti, James F./Grinnell, D. Jacque/Cats-Baril, William L. (1997): The Use of Strategic Performance Variables as Leading Indicators in Financial Analysts' Forecasts, in: JFSA, (2) 1997, S. 61 – 79.*

Deng, Zhen/Lev, Baruch/Narin, Francis (1999): Science and Technology as Predictors of Stock Price Performance, in: FAJ, (55) 1999, May/June, S. 20 – 32.

Derieth, Anke (1995): Unternehmenskommunikation : Eine Analyse zur Kommunikationsqualität von Wirtschaftsorganisationen, Opladen 1995.

Deutsche Bank (Hrsg.) (1999): IPhOria - The Millennium Fitness Programme, Frankfurt/Main 1999.

Deutsche Börse AG (Hrsg.) (2003): Leitfaden zu den Aktienindizes der Deutschen Börse, Version 5.3 (Stand: November 2003), im Internet: http://deutsche-boerse.com/app/open/zpd (Stand: 16.11.2003).

Diamond, Douglas W./Verrecchia, Robert E. (1991): Disclosure, Liquidity, and the Cost of Capital, in: JoF, (46) 1991, S. 1325 – 1359.

Diehm, Sven (2003): Erfolgspotenzialbasierte Unternehmensbewertung durch Marktvergleich, Marburg 2003.

Döhle, Patricia/Papendieck, Ulric (2003): Geschäftsberichte: Die besten Reports aus Deutschland und Europa, in: manager magazin, (33) 2003, Nr. 10, S. 118 – 125.

Dörner, Dietrich/Wollmert, Peter/Bischof, Stefan (2003): Risikoberichterstattung im Konzernlagebericht, in: Wollmert, Peter u.a. (Hrsg.): Wirtschaftsprüfung und Unternehmensüberwachung, FS Lück, Düsseldorf 2003, S. 305 – 333.

Drill, Michael (1995): Investor Relations, Bern, Stuttgart und Wien 1995.

Drobeck, Jörg (1998): Prognosepublizität : die Berichterstattung über die voraussichtliche Entwicklung der Kapitalgesellschaft in den Lageberichten der Aktiengesellschaften gem. § 289 Abs. 2 Nr. 2 HGB, Frankfurt/Main u.a. 1998.

DSW (Hrsg.) (o.J.): Das Internet – Gefahren und Chancen des neuen Mediums für den Aktienstandort Deutschland, im Internet: http://www.dsw-info.de/dsw/02180/index.shtml (Stand: 09.07.2003).

Düsterlho, Jens-Eric v. (2003): Das Shareholder-Value-Konzept, Wiesbaden 2003.

Duschek, Stephan/Sydow, Jörg (2002): Ressourcenorientierte Ansätze des strategischen Managements, in: WiSt, (21) 2002, S. 426 – 431.

DVFA (Hrsg.) (2000): Scorecard for German Corporate Governance - Standard DVFA Evaluation Method for CG, im Internet zur aktualisierten Version von 2003: www.dvfa.de/verband/pdf/scorecard.pdf bzw. www.dvfa.de/verband/pdf/scorecard.xls (Stand: 01.03.2004).

ECC Kothes Klewes (Hrsg.) (2002): Sustainability Reporting Research 2002 „Was ihr wollt“, Bonn 2002.

ECC Kothes Klewes/Fishburn Hedges (Hrsg.) (2003): Global Stakeholder Report 2003 – Geteilte Werte?, Bonn und London 2003.

Eccles, Robert G. (1991): The Performance Measurement Manifesto, in: HBR, (69) 1991, Nr. 1, S. 131 – 137.

Eccles, Robert G./Mavrinac, Sarah C. (1995): Improving the Corporate Disclosure Process, in: Sloan Management Review, (36) 1995, Summer, S. 11 – 25.

Eccles, Robert G./Herz, Robert H./Keegan, E. Mary/Phillips, David M. H. (2002): Die ValueReporting Revolution : Neue Wege in der kapitalmarktorientierten Unternehmensberichterstattung, Weinheim 2002.

Echo (Hrsg.) (2001): Giving Back – Corporate Social Responsibility, London 2001.

Eckenrode, Robert T. (1965): Weighting Multiple Criteria, in: Management Science, (12) 1965, S. 180 – 192.

Eckes, Burkhard/Sittmann-Haury, Caroline/Weigel, Wolfgang (2004): Neue Versionen von IAS 32 und IAS 39 (I): Ausweis und Ansatz von Finanzinstrumenten, in: Die Bank, (o.Jg.) 2004, S. 118 – 121.

Eder, Stephan (2002): Business Reporting und Assurance Services : Beitrag zur Shareholder Value-Optimierung, im Internet: http://www.unisg.ch/www/

edis.nsf/wwwdisplayidentifier/2618/$file/dis2618.pdf (Stand: 20.02. 2004).

Edvinsson, Leif/Brünig, Gisela (2000): Aktivposten Wissenskapital : Unsichtbare Werte bilanzierbar machen, Wiesbaden 2000.

Edvinsson, Leif/Malone, Michael S. (1997): Intellectual Capital, New York 1997.

Ellrott, Helmut (1999): § 289, Lagebericht, in: Budde, Wolfgang D. (Bearbeitung): Beck'scher Bilanz-Kommentar, 4. Aufl., München 1999, S. 1248 – 1262.

Ellrott, Helmut (2003a): § 289, Lagebericht, in: Berger, Axel u.a. (Hrsg.): Beck'scher Bilanz-Kommentar, 5. Aufl., München 2003, S. 1291 – 1343.

Ellrott, Helmut (2003b): § 284, Erläuterungen der Bilanz und der Gewinn- und Verlustrechnung, in: Berger, Axel u.a. (Hrsg.): Beck'scher Bilanz-Kommentar, 5. Aufl., München 2003, S. 1183 - 1223.

Ellrott, Helmut/Bartels-Hetzler, Sibylle (2003): § 266, Gliederung der Bilanz, B. Umlaufvermögen, in: Berger, Axel u.a. (Hrsg.): Beck'scher Bilanz-Kommentar, 5. Aufl., München 2003, S. 825 – 836.

Ernst, Christoph (2003): BB-Gesetzgebungsreport: Auswirkungen des 10-Punkte-Programms „Unternehmensintegrität und Anlegerschutz" auf das Bilanzrecht, in: BB, (58) 2003, S. 1487 – 1491.

Ernst & Young (Hrsg.) (1997): Measures that matter, New York 1997.

European Accounting Study Group (Hrsg.) (2000): Position Paper: Management's Analysis of the Business, Brüssel 2000.

Ewert, Ralf (1999): Rechnungslegung, Globalisierung und Kapitalkosten, in: Männel, Wolfgang/Küpper, Hans-Ulrich (Hrsg.): Integration der Unternehmensrechnung, krp, Sonderheft Nr. 3 1999, S. 39 – 46.

Ewert, Ralf/Wagenhofer, Alfred (2000a): Neuere Ansätze zur theoretischen Fundierung von Rechnungslegung und Prüfung, in: Lachnit, Laurenz/Freidank, Carl-Christian (Hrsg.): Investororientierte Unternehmenspublizität : Neue Entwicklungen von Rechnungslegung, Prüfung und Jahresabschlussanalyse, Wiesbaden 2000, S. 33 – 60.

Ewert, Ralf/Wagenhofer, Alfred (2000b): Rechnungslegung und Kennzahlen für das wertorientierte Management, in: Wagenhofer, Alfred/Hrebicek, Gerhard (Hrsg.): Wertorientiertes Management, Stuttgart 2000, S. 3 – 64.

Falter, Wolfgang/Michel, Uwe (2000): Frühaufklärung und Risikomanagement für Unternehmen der chemischen Industrie, in: Dörner, Dietrich u.a.

(Hrsg.): Praxis des Risikomanagements : Grundlagen, Kategorien, branchenspezifische und strukturelle Aspekte, Stuttgart 2000, S. 472 – 505.

Fama, Eugene F. (1970): Efficient Capital Markets: A Review of Theory and Empirical Work, in: JoF, (25) 1970, S. 383 – 417.

Fama, Eugene F. (1991): Efficient Capital Markets: II, in: JoF, (46) 1991, S. 1575 – 1617.

FASB (Hrsg.) (2000): Electronic Distribution of Business Reporting Information, im Internet: www.fasb.org/brrp/brrp1.pdf (Stand: 09.07.2003).

FASB (Hrsg.) (2001a): Improving Business Reporting: Insights into Enhancing Voluntary Disclosures, 2001, im Internet: http://www.fasb.org/brrp/brrp2.pdf (Stand: 20.02.2004).

FASB (Hrsg.) (2001b): Improving Business Reporting: GAAP-SEC Disclosure Requirements, im Internet: http://www.fasb.org/brrp/brrp3.pdf (Stand: 20.02.2004).

Feinendegen, Stefan/Nowak, Eric (2001): Publizitätspflichten börsennotierter Aktiengesellschaften im Spannungsfeld zwischen Regelberichterstattung und Ad-hoc-Publizität – Überlegungen zu einer gesetzeskonformen und kapitalmarktorientierten Umsetzung, Working Paper Series: Finance & Accounting der Johann Wolfgang Goethe-Univeristät Frankfurt am Main, Fachbereich Wirtschaftswissenschaften, Nr. 70, März 2001.

Feldhaus, Heiner (2001): Mehrstufige Entscheidung bei der Ad-hoc-Publizität, in: FB, (3) 2001, S. 442 – 451.

Feldhoff, Michael (1992): Die Regulierung der Rechnungslegung : eine systematische Darstellung der Grundlagen mit einer Anwendung auf die Frage der Publizität, Frankfurt/Main u.a. 1992.

Feldkämper, Ulrich (2003): Empirische Untersuchung der Segmentberichterstattung am deutschen Kapitalmarkt, in: DB, (56) 2003, S. 1453 – 1457.

Ferlings, Josef/Lanfermann, Georg (2002): Unabhängigkeit von deutschen Abschlussprüfern nach Verabschiedung des Sarbanes-Oxley Acts, in: DB, (55) 2002, S. 2117 – 2122.

Fey, Gerd (2000): Prüfung kapitalmarktorientierter Unternehmensberichte – Erweiterungen der Abschlussprüfung nach nationalen und internationalen Prüfungsgrundsätzen, in: WPg, (53) 2000, S. 1097 – 1108.

Fey, Gerd/Siegler, Jan (2000): Externe Beurteilung einer kapitalmarktorientierten Unternehmensberichterstattung, Frankfurt/Main 2000.

Figge, Frank (2002): Stakeholder Value Matrix, Lüneburg 2002.

Figge, Frank/PwC (Hrsg.) (2001): Wertschaffendes Umweltmanagement, Frankfurt/Main 2001.

Figge, Frank/Schaltegger, Stefan (2000): Was ist "Stakeholder Value"? – Vom Schlagwort zur Messung, Lüneburg 2000.

Fink, Christian/Keck, Barbara (2004): Lageberichterstattung nach E-DRS 20 – Kritische Würdigung aus Sicht der Unternehmensanalyse -, in: Wpg, (57) 2004, S. 1077 – 1091.

Fischer, Alexander (2003): Shareholder Value Reporting mittels jahresabschlussergänzender Angaben : Untersuchung ökonomischer Wirkungsweisen der Investor Relations im Rahmen einer wertorientierten Unternehmensführung, Bern, Stuttgart und Wien 2003.

Fischer, Thomas M. (2000): Erfolgspotentiale und Erfolgsfaktoren im strategischen Management, in: Welge, Martin K./Al-Laham, Andreas/Kajüter, Peter (Hrsg.): Praxis des strategischen Managements, Wiesbaden 2000, S. 71 – 94.

Fischer, Thomas M. (2002): Wertorientierte Kennzahlen und Publizität der DAX 30-Unternehmen, in: Controlling, (14) 2002, S. 161 – 168.

Fischer, Thomas M./Becker, Sabrina/Wenzel, Julia (2001): Internetbasierte wertorientierte Berichterstattung (Web-Based Value Reporting) – Eine empirische Untersuchung der DAX 30-Unternehmen, in: DB, (54) 2001, S. 2001 – 2007.

Fischer, Thomas M./Becker, Sabrina/Wenzel, Julia (2002): Wertorientierte Berichterstattung – Ein empirischer Vergleich der internetbasierten Geschäftsberichte von DAX 30- und Nemax 50-Unternehmen, in: KoR, (2) 2002, S. 14 – 25.

Fischer, Thomas M./Wenzel, Julia/Kühn, Christian (2001): Value Reporting – Wertorientierte Berichterstattung in den NEMAX 50-Unternehmen, in: DB, (54) 2001, S. 1209 – 1216.

Fisher, Irving (1930): The Theory of Interest. As Determined by Impatience to Spend Income and Opportunity to Invest it, New York 1930 [Nachdruck 1977].

Förschle, Gerhart/Kroner, Matthias (2003a): § 297, Inhalt, in: Berger, Axel u.a. (Hrsg.): Beck'scher Bilanz-Kommentar, 5. Aufl., München 2003, S. 1431 – 1468.

Förschle, Gerhart/Kroner, Matthias (2003b): § 275, Gliederung, G. Abweichungen der IAS, in: Berger, Axel u.a. (Hrsg.): Beck'scher Bilanz-Kommentar, 5. Aufl., München 2003, S. 1128 – 1135.

Francis, Jennifer/Schipper, Katherine (1999): Have Financial Statements lost their Relevance?, in: JAR, (37) 1999, S. 319 – 352.

Franke, Günter/Hax, Herbert (1995): Finanzwirtschaft des Unternehmens und Kapitelmarkt, 3. Aufl., Berlin u.a. 1995.

Fraunhofer-Institut für Arbeitswirtschaft und Organisation (IAO)/Universität Stuttgart, Institut für Arbeitswissenschaft und Technologiemanagement (IAT) (Hrsg.) (2002): Bewertung von Wissenskapital : Wettbewerbsvorteile nutzen durch bewussten und zielgerichteten Einsatz von Wissen, Stuttgart 2002.

Freidank, Carl-Christian (1998): Rechnungslegung und Prüfung ökologischer Sachverhalte, in: Hansmann, Karl-Werner (Hrsg.): Umweltorientierte Betriebswirtschaftslehre: eine Einführung, Wiesbaden 1998, S. 313 – 366.

Freidank, Carl-Christian (2000): Internationale Rechnungslegungspolitik und Unternehmenswertsteigerung, in: Lachnit, Laurenz/Freidank, Carl-Christian (Hrsg.): Investororientierte Unternehmenspublizität : Neue Entwicklungen von Rechnungslegung, Prüfung und Jahresabschlussanalyse, Wiesbaden 2000, S. 3 – 29.

Freter, Hermann/Sänger, Henrike (2000a): Verbesserte Investor Relations durch Online-Kommunikation, in: Die Bank, (o.Jg.) 2000, S. 884 – 887.

Freter, Hermann/Sänger, Henrike (2000b): Internet-Investor Relations: Die informationsökonomische Perspektive, in: FB, (2) 2000, S. 779 – 786.

Friedlaender, Ernst/Stabernack, Marc G. (1998): Betriebswirtschaftliche Ansätze zur wertorientierten Unternehmensführung, in: Müller, Michael/Leven, Franz-Josef (Hrsg.): Shareholder Value Reporting, Wien 1998, S. 27 – 44.

Friedrichs, Jürgen (1990): Methoden empirischer Sozialforschung, 14. Aufl., Opladen 1990.

Früh, Werner (1991): Inhaltsanalyse, Theorie und Praxis, München 1991.

Fuchs, Markus/Stibi, Bernd (2000): IOSCO – SEC – EU-Kommission, in: FB, (2) 2000, Beilage Nr. 1, S. 1 – 9.

Fülbier, Rolf Uwe (1998): Regulierung der Ad-hoc-Publizität: Ein Beitrag zur ökonomischen Analyse des Rechts, Wiesbaden 1998.

Fülbier, Uwe/Honold, Dirk/Klar, Alexander (2000): Bilanzierung immaterieller Vermögenswerte – Möglichkeiten und Grenzen der Bilanzierung nach US-GAAP und IAS bei Biotechnologieunternehmen, in: Recht der Internationalen Wirtschaft, (46) 2000, S. 833 – 844.

Gälweiler, Aloys (1990): Strategische Unternehmensführung, 2. Aufl., Frankfurt/Main 1990.

Gänßlen, Siegried/Meissner, Dirk (2002): Basel II und Unternehmensrating, in: controller magazin, (27) 2002, S. 275 – 282.

Gassen, Joachim (2000): Datenbankgestützte Rechnungslegungspublizität : ein Beitrag zur Evolution der Rechnungslegung, Frankfurt/Main et al. 2000.

Gassen, Joachim (2001): Internetbasierte deutsche Jahresabschlusspublizität, in: DBW, (61) 2001, S. 409 – 426.

Gassen, Joachim/Heil, Jan (2001): Internetpublizität deutscher Unternehmen, in: FB, (3) 2001, Beilage Nr. 1 „Kapitalmarktorientierte Rechnungslegung“, S. 38 – 44.

Gebhart, Günther/Mansch, Helmut (Hrsg.) (2001): Risikomanagement und Risikocontrolling in Industrie- und Handelsunternehmen, zfbf-Sonderheft 46, Düsseldorf und Frankfurt/Main 2001.

Gelhausen, Hans F./Hönsch, Henning (2002): Deutscher Corporate Governance Kodex und Abschlussprüfung, in: AG, (47) 2002, S. 529 – 535.

Gentz, Manfred/Kauffmann, Herbert (2003): Impairment-Only-Approach, in: Werder, Axel v./Wiedmann, Harald (Hrsg.): Internationalisierung der Rechnungslegung und Corporate Governance, FS Pohle, Stuttgart 2003, S. 61 – 101.

GfK (Hrsg.) (2001): GfK Online-Monitor: 7. Untersuchungswelle, im Internet: www.gfk.de (Stand: 04.01.2001).

Gilbert, Dirk Ulrich (2001): Werteorientiertes Management durch ethische Zertifizierung, in: io Management, (70) 2001, Nr. 7/8, S. 48 – 53.

Glaum, Martin (1996): Internationalisierung und Unternehmenserfolg, Wiesbaden 1996.

Glaum, Martin/Mandler, Udo (1996): Rechnungslegung auf globalen Kapitalmärkten: HGB, IAS und US-GAAP, Wiesbaden 1996.

Gleißner, Werner/Meier, Günter (2000): Risikomanagement als Bestandteil der wertorientierten Unternehmensführung, in: DSWR, Nr. 1-2, S. 6 – 10.

Global Reporting Initiative (GRI) (Hrsg.) (2002): Sustainability Reporting Guidelines 2002, im Internet: www.globalreporting.org/guidelines/2002/2002Guidelines_German.pdf (Stand: 23.02.2004).

Goebel, Andrea (1995): Die Konzernrechnungslegung nach HGB, IAS und US-GAAP, in: DB, (48) 1995, S. 2489 – 2492.

Görling, Helmut (1993): Die Verbreitung zwei- und mehrstufiger Unternehmensverbindungen – Ergebnisse einer empirischen Untersuchung, in: AG, (38) 1993, S. 538 – 547.

Gomez, Peter (1998): Ganzheitliches Wertmanagement – Von der Vision zur Prozessorganisation, in: io Management, (67) 1998, Nr. 3, S. 62 – 65.

Gräfer, Horst (1992): Annual report – der US-amerikanische Jahresabschluss : ein praktischer Leitfaden zum Verständnis und zur Analyse US-amerikanischer Geschäftsberichte, Stuttgart 1992.

Greinert, Markus (2003): Herstellungskosten einer Marke, in: KoR, (3) 2003, S. 328 – 335.

Greinert, Markus (2004): Weitergehende Anforderungen an den Konzernlagebericht durch E-DRS 20 sowie das Bilanzreformgesetz, in: KoR, (4) 2004, S. 51 – 60.

Gress, Felix (2000): Viele Gesichter, eine Stimme: Finanzkommunikation als Erwartungsmanagement, in: Rolke, Lothar/Wolff, Volker (Hrsg.): Finanzkommunikation : Kurspflege durch Meinungspflege. Die neuen Spielregeln am Aktienmarkt, Frankfurt/Main 2000, S. 59 – 72.

Gröner, Susanne (2000): Umweltberichterstattung für eine nachhaltige Entwicklung – eine theoretische und empirische Analyse, Aachen 2000.

Grübel, Daniela/North, Klaus/Szogs, Günther (2004): Intellectual Capital Reporting . ein Vergleich von vier Ansätzen, in: zfo, (73) 2004, S. 19 – 27.

Grundsatzkommission Corporate Governance (Hrsg.) (2000): Corporate Governance-Grundsätze ('Code of Best Practice') für börsennotierte Gesellschaften, in: DB, (53) 2000, S. 238 – 241.

Günther, Edeltraud/Günther, Thomas (2003): Zur adäquaten Berücksichtung von immateriellen und ökologischen Ressourcen im Rechnungswesen, in: Controlling, (15) 2003, S. 191 – 199.

Günther, Thomas (1997): Unternehmenswertorientiertes Controlling, München 1997.

Günther, Thomas (2000): Vom strategischen zum operativen Wertsteigerungsmanagement, in: Wagenhofer, Alfred/Hrebicek, Gerhard (Hrsg.): Wertorientiertes Management, Stuttgart 2000, S. 65 – 93.

Günther, Thomas/Beyer, Dirk (2001): Value Based Reporting – Entwicklungspotenziale der externen Unternehmensberichterstattung, in: BB, (56) 2001, S. 1623 – 1630.

Günther, Thomas/Kriegbaum-Kling, Catharina (2001): Brand Valuation and Control: An Empirical Study, in: sbr, (53) 2001, S. 263 – 294.

Günther, Thomas/Landrock, Bert/Muche, Thomas (2000): Gewinn- versus unternehmenswertbasierte Performancemaße – Eine empirische Untersuchung auf Basis der Korrelation von Kapitalmarktrenditen, Teil I: Grundlagen und Design der Studie, in: Controlling, (12) 2000, S. 69 – 76.

Günther, Thomas/Otterbein, Simone (1996): Die Gestaltung der Investor Relations am Beispiel führender deutscher Aktiengesellschaften, in: ZfB, (66) 1996, S. 389 – 417.

Gutterer, Werner F./Geßner, Bernd/Sprenger, Rolf-Ulrich/Rave, Tilman (2002): Nachhaltiges Wirtschaften in Deutschland, Holzkirchen 2002.

Gutzy, Jochen/Märzheuser, Michael (2003): Benchmark-Studie Ad-hoc-Publizität 2003: Informationspolitik börsennotierter Unternehmen auf dem Prüfstand, in: FB, (5) 2003, S. 485 – 490.

Hachmeister, Dirk (1996): Der Discounted Cash Flow als Unternehmenswert, in: WISU, (25) 1996, S. 357 –366.

Hachmeister, Dirk (1999): Der Discounted Cash Flow als Maß der Unternehmenswertsteigerung, 3. Aufl., Frankfurt/Main u.a. 1999.

Hachmeister, Dirk (2002): Lagebericht, in: Ballwieser, Wolfgang u.a. (Hrsg.): Handwörterbuch der Rechnungslegung und Prüfung, Stuttgart 2002, Sp. 1431 – 1446.

Hacker, Bernd (2002): Segmentberichterstattung . eine ökonomische Analyse, Frankfurt/Main u.a. 2002.

Hacker, Bernd (2003): Zum Nutzen des Value Reporting mit Segmentberichten, in: DStR, (41) 2003, S. 1270 – 1272.

Häger, Ralf (1993): Das Publizitätsverhalten mittelgroßer Kapitalgesellschaften, Frankfurt/Main u.a. 1993.

Hahn, Dietger (1997): Strategische Unternehmensführung - Grundkonzept, in: Hahn, Dietger/Taylor, Bernard (Hrsg.): Strategische Unternehmungsplanung – strategische Unternehmungsführung, 7. Aufl., Heidelberg 1997, S. 28 – 50.

Hail, Luzi (2002): The Impact of Voluntary Corporate Disclosures on the Ex ante Cost of Capital for Swiss firms, in: EAR, (11) 2002, Nr. 4, S. 741 – 773.

Hail, Luzi (2003): The Relationship between Voluntary Annual Report Disclosures and Firm Characteristics in Switzerland, in: Die Unternehmung, (57) 2003, S. 273 – 290.

Haller, Axel (1994): Die Grundlagen der externen Rechnungslegung in den USA, 4. Aufl., Stuttgart 1994.

Haller, Axel (1997): Wertschöpfungsrechnung, Stuttgart 1997.

Haller, Axel (1998): Immaterielle Vermögenswerte – Wesentliche Herausforderungen für die Zukunft der Unternehmensrechnung, in: Möller, Hans Peter/Schmidt, Franz (Hrsg.): Rechnungswesen als Instrument von Führungsentscheidungen, FS Coenenberg, Stuttgart 1998, S. 561 – 596.

Haller, Axel (2000): Wesentliche Merkmale und Ziele US-amerikanischer Rechnungslegung, in: Ballwieser, Wolfgang (Hrsg.): US-amerikanische Rechnungslegung, 4. Aufl., Stuttgart 2000, S. 1 - 27.

Haller, Axel (2003): IFRS für alle Unternehmen – ein realisierbares Szenario in der Europäischen Union, in: KoR, (3) 2003, S. 413 – 424.

Haller, Axel/Dietrich, Ralph (2001a): Kapitalmarktorientierte Gestaltung der Lageberichterstattung, in: KoR, (1) 2001, S. 164 – 174.

Haller, Axel/Dietrich, Ralph (2001b): Intellectual Capital Bericht als Teil des Lageberichts, in: DB, (54) 2001., S. 1045 - 1952.

Haller, Axel/Dietrich, Ralph (2001c): Freiwillige Unternehmensberichterstattung in den USA, in: KoR, (1) 2001, S. 206 – 211.

Haller, Axel/Park, Peter (1999): Segmentberichterstattung auf Basis des „Management Approach" – Inhalt und Konsequenzen, in: krp, Sonderheft Nr. 3, 1999, S. 59 – 66.

Hammer, Richard M. (2003): Performance Measurement, Balanced Scorecard und das Problem der Strategieimplementierung, in: Seicht, Gerhard (Hrsg.): Jahrbuch für Controlling und Rechnungswesen 2003, S. 261 – 285.

Handa, Puneet/Linn, Scott C. (1993): Arbitrage Pricing with Estimation Risk, in: JFQA, (28) 1993, S. 81 – 100.

Handelsblatt/IRES (Hrsg.) (2002): Investor Relations-Monitor, im Internet: www.gwp.de/data/download/A5/IR_Monitor2002.pdf (28.02.2004).

Hank, Benno (1999): Informationsbedürfnisse von Kleinaktionären : zur Gestaltung von Investor relations, Frankfurt/Main u.a. 1999.

Hansen, Jürgen R. (2000): Professionelles Investor-Relations-Management : die Kapitaleigner begeistern, das Image des Unternehmens pflegen, den Unternehmenswert steigern, Landsberg/Lech 2000.

Hansmeyer, Karl Heinrich (1975): Lehr- und Methodengeschichte, in: Ehrlicher, Werner u.a. (Hrsg.): Kompendium der Volkswirtschaftslehre, 5. Aufl., Göttingen 1975, S. 474 – 511.

Hanson, Gina (2002): Defining Corporate Citizenship, im Internet: http://www.accalliance.asn.au/copr_citizenship1.htm (Stand: 09.07. 2003).

Hardtke, Arnd/Prehn, Marco (2001): Perspektiven der Nachhaltigkeit : Vom Leitbild zur Erfolgsstrategie, Wiesbaden 2001.

Hardtmann, Guido (1996): Die Wertsteigerungsanalyse im Managementprozeß, Wiesbaden 1996.

Hauth, Philip/Raupach, Michaela (2001): Nachhaltigkeitsberichte schaffen Vertrauen, in: HBM, (23) 2001, Nr. 5, S. 24 – 33.

Havenstein, Moritz/Heiden, Matthias (2003): Markenwertmessung im betrieblichen Rechnungswesen – Entscheidungshilfe oder Sorgenkind?, in: BB, (58) 2003, S. 1272 – 1277.

Havermann, Hans (1963): Zur Publizitätsfreudigkeit deutscher Aktiengesellschaften, in: WPg., (16) 1963, S. 193 – 202.

Hax, Herbert (1988): Rechnungslegungsvorschriften – Notwendige Rahmenbedingungen für den Kapitalmarkt?, in: Domsch, Michel u.a. (Hrsg.): Unternehmungserfolg, FS Busse v. Colbe, Wiesbaden 1988, S. 187 – 201.

Hayn, Sven (2003): Erstmalige Anwendung von International Financial Reporting Standards (IFRS 1), in: BB, (58) 2003, S. 1607 – 1613.

Hebertinger, Martin (2002): Wertsteigerungsmaße – Eine kritische Analyse, Frankfurt/Main u.a. 2002.

Hediger, Werner (1997): Elemente einer ökologischen Ökonomik nachhaltiger Entwicklung, in: Rennings, Klaus/Hohmeyer, Olav (Hrsg.): Nachhaltigkeit : Nachhaltigkeit und ökologische Ökonomie, Nachhaltigkeit und ökonomische Globalisierung, Nachhaltigkeit und Innovation, Baden Baden 1997, S. 15 – 37.

Heinen, Edmund (1966): Das Zielsystem der Unternehmung: Grundlagen betriebswirtschaftlicher Entscheidungen, Wiesbaden 1966.

Heinke, Volker G. (2000): Shareholder Value und Credit Ratings am Aktienmarkt, in: FB, (2) 2000, S. 741 – 748.

Heinke, Volker G./Steiner, Manfred (2000): Rating am europäischen Kapitalmarkt: Aktuelle Entwicklungstendenzen – Teil I, in: FB, (2) 2000, S. 1-8.

Helling, Nico U. (1994): Strategieorientierte Unternehmensbewertung : Instrumente und Techniken, Wiesbaden 1994.

Helm, Leonhard (1998): Electronic Publishing – neue Möglichkeiten der Aktionärsinformation am Beispiel Internet, in: Müller, Michael/Leven, Franz-Josef (Hrsg.): Shareholder Value Reporting, Wien 1998, S. 103 – 119.

Henes, Frank (1995): Börsenrechtliche Zwischenberichtspublizität, Stuttgart 1995.

Hense, Burkhard/Geißler, Horst (2003): § 265, Allgemeine Grundsätze für die Gliederung, in: Berger, Axel u.a. (Hrsg.): Beck'scher Bilanz-Kommentar, 5. Aufl., München 2003, S. 798 – 808.

Hense, Burkhard/Schellhorn, Mathias (2003): § 264, Pflicht zur Aufstellung, A –D, in: Berger, Axel u.a. (Hrsg.): Beck'scher Bilanz-Kommentar, 5. Aufl., München 2003, S. 729 – 745.

Henssler, Martin (2003): Der Einfluss des Sarbanes-Oxley Acts auf die Fortentwicklung des deutschen Gesellschaftsrechts – Eine Einführung, in: Der Konzern in Recht und Wirtschaft, (1) 2003, S. 255 – 259.

Herter, Ronald N. (1995): Unternehmenswertorientiertes Management, in: BBK, (o.Jg.) 1995, S. 961 – 970.

Heyd, Reinhard (2003): Fair Value, in: Controlling, (15) 2003, S. 209 – 210.

HGB Hamburger Geschäftsberichte GmbH & Co. (Hrsg.) (1998): Geschäftsberichte: Was Leser verlangen, Hamburg 1998.

Hillebrand, Walter (1991): Die Cash-flow-Strategien, in: manager magazin (21) 1991, S. 128 – 135.

Hillebrandt, Franca/Sellhorn, Thorsten (2002): „Earnings before bad stuff" – Pro Forma earnings disclosure in German annual reports, Discussion Paper 11/2002, Lehrstuhl für Internationale Rechnungslegung der Ruhr-Universität Bochum.

Hinterhuber, Hans H. (1996): Strategische Unternehmensführung, I. Strategisches Denken, 6. Aufl., Berlin und New York 1996.

Hinz, Michael (1997): Zweck und Inhalt des Jahresabschlusses und Lageberichts, in: Castan, Edgar u.a. (Hrsg.): Beck'sches Handbuch der Rechnungslegung, Band I, Loseblatt, München, Stand: Juli 2002, B 100.

Hinz, Michael (1998): Bild der Vermögens-, Finanz- und Ertragslage, in: Castan, Edgar u.a. (Hrsg.): Beck'sches Handbuch der Rechnungslegung, Band I, Loseblatt, München, Stand: Juli 2002, B 106.

Hirsch, Bernhard (2002): Werte-Controlling, Wiesbaden 2002.

Hitz, Jörg-Markus/Kuhner, Christoph (2000): Erweiterung des US-amerikanischen conceptual framework um Grundsätze der Barwertermittlung, in: WPg., (53) 2000, S. 889 – 902.

Hofmann, Gerhard (2002): Basel II und die Zukunft des Kreditgeschäftes in Deutschland, in: BFuP, (54) 2002, S. 545 – 555.

Hoffmann, Norbert (1999): Ökologisch-orientierte Unternehmensberichterstattung, Franfurt/Main 1999.

Hoffmann, Werner H./Wüest, Gerhard (1998): Die Shareholder Value Analyse als Controlling-Instrument, in: krp, (42) 1998, S. 187 – 195.

Holdhof, Glenny (1988): Das Bilanzierungsverhalten mittelständischer Unternehmen: eine empirische Untersuchung, Stuttgart 1988.

Holthausen, Robert W. (1990): Accounting Method Choice: Opportunistic Behaviour, Efficient Contracting and Information Perspectives, in: JAE, (12) 1990, S. 207 – 218.

Homburg, Christian/Sütterlin, Stefan (1992): Strategische Gruppen: Ein Survey, in: ZfB, (62) 1992, S. 635 – 662.

Hommel, Michael/Benkel, Muriel/Wich, Stefan (2004): IFRS 3 Business Combinations: Neue Unwägbarkeiten im Jahresabschluss, in: BB, (59) 2004, S. 1267 – 1273.

Hommel, Michael/Berndt, Thomas (2002): Transformation der Fair-Value-Richtlinie in deutsches Recht – Anmerkungen zum Umsetzungsvorschlag des DSR, in: BB, (57) 2002, S. 90 – 92.

Hommelhoff, Peter/Mattheus, Daniela (2004): BB-Gesetzgebungsreport: Verlässliche Rechnungslegung – Enforcement nach dem geplanten Bilanzkontrollgesetz, in: BB, (59) 2004, S. 93 – 100.

Honecker, Martin (1993): Wert, Werte, Werturteilsfreiheit, in: Enderle, Georg u.a. (Hrsg.): Lexikon der Wirtschaftsethik, Freiburg im Breisgau, Basel und Wien 1993, Sp. 1256 – 1265.

Hornung, Karlheinz (2002): Immaterielle Vermögenswerte als Herausforderung der Zeit, in: Küting, Karlheinz/Weber, Claus-Peter (2002): Vom Financial Accounting zum Business Reporting, Stuttgart 2002, S. 13 – 41.

Horvath & Partner (Hrsg.) (2001): Balanced Scorecard umsetzen, Stuttgart 2001.

Hostettler, Stephan (1995): „EVA“ als neues Führungsinstrument, in: STH, (69) 1995, S. 307 – 315.

Hostettler, Stephan (1997): Economic Value Added (EVA): Darstellung und Anwendung auf Schweizer Aktiengesellschaften, 2. Aufl., Bern u.a. 1997.

Hucke, Anja/Ammann, Helmut (2003): Der Deutsche Corporate Governance Kodex . Ein Praktiker-Leitfaden für Unternehmer und Berater, Berlin 2003.

Hüttche, Tobias (2002): IAS für den Mittelstand: light, little oder gar nicht?, in: BB, (57) 2002, S. 1804 – 1806.

Hüttemann, Rainer (2004): BB-Gesetzgebungsreport: Internationalisierung des deutschen Handelsbilanzrechts im Entwurf des Bilanzreformgesetzes, in: BB, (59) 2004, S. 203 – 209.

Hütten, Christoph (2000): Der Geschäftsbericht als Informationsinstrument, Düsseldorf 2000.

Hungenberg, Harald (2004): Strategisches Management in Unternehmen : Ziele – Prozesse - Verfahren, 3. Aufl., Wiesbaden 2004.

Hutton, Amy P. (2001): Four Rules for Taking Your Message to Wall Street, in: HBR, (79) 2001, Nr. 5, S. 125 – 132.

IASC (Hrsg.) (1999): Business Reporting on the Internet, im Internet: http://www.iasb.org.uk/docs/internet/internet.pdf (Stand: 09.07.2003).

ICAEW (Hrsg.) (1999): Inside Out: Reporting on Shareholder Value, im Internet: http://www.icaew.co.uk\documents\uploaded\insideout.pdf (Stand: 09.07.2003).

ICAEW (Hrsg.) (2000): New Measures for the New Economy, im Internet: http://www.icaew.co.uk\documents\cbp\leadbeater.pdf (Stand: 09.07. 2003).

ICAS (Hrsg.) (1999): Business Reporting: The Inevitable Change?, Edinburgh 1999.

IDW (Hrsg.) (1995): Rechnungslegung nach International Accounting Standards, Düsseldorf 1995.

IfM Bonn (Hrsg.) (2002): Corporate Citizenship: Das Unternehmen als 'guter Bürger', im Internet: www.ifm-bonn.org (Stand: 09.07.2003).

Ifo-Institut (Hrsg.) (2002): Industrieumfrage Nachhaltiges Wirtschaften in Deutschland, München 2002.

Ihrig, Hans-Christoph/Wagner, Jens (2003): Reaktion börsennotierter Unternehmen auf die Änderung des „Deutschen Corporate Governance Kodex", in: BB, (58) 2003, S. 1625 - 1629.

IöW/imug (Hrsg.) (2002): Nachhaltigkeitsberichterstattung : Praxis glaubwürdiger Kommunikation für zukunftsfähige Unternehmen, Berlin 2002.

Isenmann, Ralf/Wartsch, Nicolas (1999): Internetbasierte Umweltberichterstattung, in: WISU (28) 1999, S. 1509 – 1518.

Janisch, Monika (1993): Das strategische Anspruchsgruppenmanagement : Vom Shareholder Value zum Stakeholder Value, Bern u.a. 1993.

Jenner, Thomas (1998): Aufbau und Umsetzung strategischer Erfolgspotentiale als Kernaufgabe des strategischen Managements, in: Die Unternehmung, (52) 1998, S. 145 – 159.

Jensen, Michael C./Meckling, William H. (1976): Theory of the Firm: Managerial Behaviour, Agency Costs and Ownership Structure, in: JFE, (3) 1976, S. 305 – 360.

Johnen, Jürgen/Ganske, Torsten (2002): Management's Discussion and Analysis, in: Ballwieser, Wolfgang u.a. (Hrsg.): Handwörterbuch der Rechnungslegung und Prüfung, Stuttgart 2002, Sp. 1520 – 1536.

Kajüter, Peter (2001): Risikoberichterstattung: Empirische Befunde und der Entwurf des DRS 5, in: DB, (54) 2001, S. 105 – 111.

Kajüter, Peter (2004a): Der Lagebericht als Instrument einer kapitalmarktorientierten Rechnungslegung, in: DB, (57) 2004, S. 197 – 203.

Kajüter, Peter (2004b): Berichterstattung über Chancen und Risiken im Lagebericht, in: BB, (59) 2004, S. 427 – 433.

Kaplan, Robert S./Norton, David P. (1997): Die Balanced Scorecard – Strategien erfolgreich umsetzten, Stuttgart 1997.

Karsch, Werner (2003): Der TecDax – Qualitätskontrast zum Neuen Markt?, in: Die Bank, (o.Jg.) 2003, S. 538 – 543.

Kasperzak, Rainer/Krag, Joachim/Wiedenhofer, Marco (2001): Konzepte zur Erfassung und Abbildung von Intellectual Capital, in: DStR, (39) 2001, S. 1494 – 1500.

Keitz, Isabel v. (1997): Immaterielle Güter in der internationalen Rechnungslegung: Grundsätze für den Ansatz von immateriellen Gütern in Deutschland im Vergleich zu den USA und nach IASC, Düsseldorf 1997.

Kirchhoff, Klaus Rainer (2001): Grundlagen der Investor Relations, in: Kirchhoff, Klaus Rainer / Piwinger, Manfred (Hrsg.): Die Praxis der Investor-Relations : effiziente Kommunikation zwischen Unternehmen und Kapitalmarkt, 2. Aufl., Neuwied und Kriftel 2001, S. 25 - 55.

Kirchhoff, Klaus Rainer/Döbler, Anke (1997): Die Bedeutung des Geschäftsberichts, in: Baetge, Jörg/Kirchhoff, Klaus Rainer (Hrsg.): Der Geschäftsbericht, Wien 1997, S. 17 – 21.

Kirchner, Christian (2000): Der Wettbewerbsfaktor „Entscheidungsnützlichkeit von Rechnungslegungsinformationen": eine institutionenökonomische Analyse, in: Schildbach, Thomas/Wagenhofer, Alfred (Hrsg.): Wettbewerb und Unternehmensrechnung, zfbf, Sonderheft Nr. 45, (52) 2000, S. 41 - 68.

Kirchner, Christian (2002): Publizität, in: Ballwieser, Wolfgang u.a. (Hrsg.): Handwörterbuch der Rechnungslegung und Prüfung, Stuttgart 2002, Sp. 1938 – 1950.

Kirsch, Hanno (2004): Offenlegung von Einschätzungen und Prognosen des Managements nach IAS 1 (revised 2003) für das langfristige Vermögen, in: StuB, (6) 2004, S. 481 – 489.

Kirsch, Hans-Jürgen/Scheele, Alexander (2003): E-DRS 20 – Ausweitung der Lageberichterstattung zum Value Reporting?, in: BB, (58) 2003, S. 2733 – 2739.

Kirsch, Hans-Jürgen/Scheele, Alexander (2004): Die Auswirkungen der Modernisierungsrichtlinie auf die (Konzern-)Lageberichterstattung – unter Berücksichtigung von E-DRS 20 und des Entwurfs eines Bilanzrechtsreformgesetzes vom 15.12.2003-, in: WPg, (57) 2004, S. 1 – 12.

Kiss, Patrick (2002): Investor Relations im Internet – Demokratisierung der Aktionärsinformationen, in: Nippa, Michael/Petzold, Kerstin/Kürsten, Wolfgang (Hrsg.): Corporate Governance: Herausforderungen und Lösungsansätze, Heidelberg 2002, S. 191 – 213.

Kisters, Carmen/Hoffmann, Jörg (2001): Regulation FD – Regelungen der SEC zur Vermeidung von Selective Disclosure und Maßnahmen der Praxis am Beispiel der Celanease, in: BFuP, (53) 2001, S. 27 – 44.

Kleekämper, Heinz (2000): IASC – Das trojanische Pferd der SEC?, in: Ballwieser, Wolfgang (Hrsg.): US-amerikanische Rechnungslegung, 4. Aufl., Stuttgart 2000, S. 351 – 367.

Kleekämper, Heinz/Kuhlewind, Andreas-Markus/Alvarez, Manuel (2002): Ziele, Organisation, Entwicklung und Bedeutung des IASB, in: Baetge, Jörg u.a. (Hrsg.): Rechnungslegung nach International Accounting Standards (IAS) : Kommentar auf Grundlage des deutschen Bilanzrechts, 2. Aufl., Loseblatt, Stuttgart 2002, Kapitel I.

Klein, Georg A. (1999): Unternehmenssteuerung auf Basis der International Accounting Standards, München 1999.

Klein, Herbert/Voss, Christian (2002): Geschäftsbericht, in: Ballwieser, Wolfgang u.a. (Hrsg.): Handwörterbuch der Rechnungslegung und Prüfung, Stuttgart 2002, Sp. 899 – 920.

Klein, Joachim/Claussen, Rainer (2000): Fremdkapital – neue Welten für Investor Relations?, in: DIRK e.V. (Hrsg.): Investor Relations : Professionelle Kapitalmarktkommunikation, Wiesbaden 2000, S. 141 – 151.

Kleinmann, Niko J. (1999): Die Wirkung der Ad-hoc-Publizität nach § 15 WpHG, in: FB, (1) 1999, S. 254 – 262.

Kley, Christoph R./Vater, Hendrik J. (2002): Pro-forma-Gewinne im Visier von Standard & Poor's, in: STH, (76) 2002, S. 1085 – 1094.

Kley, Christoph R./Vater, Hendrik J. (2003): Pro-forma-Gewinne: des Kaisers neue Kleider?, in: KoR, (3) 2003, S. 45 – 50.

Kley, Karl-Ludwig (2001): Die Fair Value-Bilanzierung in der Rechnungslegung nach den International Accounting Standards (IAS), in: DB, (54) 2001, S. 2257 – 2262.

Klingebiel, Norbert (2000): Externe Berichterstattung via Balanced Scorecard, in: controller magazin, (25) 2000, S. 175 – 179.

Knief, Peter/Nöthen, Thomas (2002): „Zwischenberichterstattung“ mittlerer Unternehmen, in: DB, (55) 2002, S. 105 – 109.

Knorr, Liesl (2001): Zwischenberichterstattung, in: BFuP, (53) 2001, S. 1 – 6.

Knorren, Norbert (1998): Wertorientierte Gestaltung der Unternehmensführung, Wiesbaden 1998.

Knorren, Norbert/Weber, Jürgen (1997): Shareholder-Value – Eine Controlling-Perspektive -, Vallendar 1997.

Knyphausen, Dodo zu (1993): „Why are Firms different?“, in: DBW, (53) 1993, S. 771 – 792.

Knyphausen-Aufseß, Dodo zu (1995): Theorien der strategischen Unternehmensführung, Wiesbaden 1995.

Knyphausen-Aufseß, Dodo zu (2000): Theoretische Perspektiven des strategischen Managements, in: Welge, Martin K./Al-Laham, Andreas/Kajüter, Peter (Hrsg.): Praxis des strategischen Managements, Wiesbaden 2000, S. 39 – 65.

Kögel, Steffen (1998): Neues Firmenrecht und alte Zöpfe: Die Auswirkungen der HGB-Reform, in: BB, (53) 1998, S. 1645 – 1649.

Köppl, Birgit (2003): Werte-orientiertes Management: Betrachtung und Implikationen, München 2003.

Kötzle, Alfred /Niggemann, Markus (2001): Value Reporting, in: Achleitner, Ann-Kristin/Bassen, Alexander (Hrsg.): Investor relations am Neuen Markt : Zielgruppen, Instrumente, rechtliche Rahmenbedingungen und Kommunikationsinhalte, Stuttgart 2001, S. 633 – 651.

Korn, Evelyn/Lengsfeld, Stephan/Schiller, Ulf (2002): Disclosures, in: Ballwieser, Wolfgang u.a. (Hrsg.): Handwörterbuch der Rechnungslegung und Prüfung, Stuttgart 2002, Sp. 549 – 561.

Kothes Klewes (Hrsg.) (2001): Corporate Responsibility, Bonn 2001.

KPMG (Hrsg.) (2003a): Value Based Management : Shareholder-Value-Konzepte, Frankfurt/Main 2003.

KPMG (Hrsg.) (2003b): US-GAAP News, Beilage zu den KPMG-Mitteilungen, Mai 2003, im Internet: www.kpmg.de/library/kpmg-mitteilungen/pdf/mitteil_05.pdf (Stand: 20.10.2004).

KPMG (Hrsg.) (2004): IFRS aktuell : Neuregelungen 2004: IFRS 1 bis 5, Improvements Project, Amendments IAS 32 und 39, Stuttgart 2004.

Krämer, Walter (2001): Kapitalmarkteffizienz, in: Gerke, Wolfgang/Steiner, Manfred (Hrsg.): Handwörterbuch des Bank- und Finanzwesens, 3. Aufl., Stuttgart 2001, Sp. 1267 – 1274.

Krawitz, Norbert/Hartmann, Christina (2003): Internationalisierung der Lageberichterstattung, in: Wollmert, Peter u.a. (Hrsg.): Wirtschaftsprüfung und Unternehmensüberwachung, FS Lück, Düsseldorf 2003, S. 287 – 303.

Kriegbaum, Katharina (2001): Markencontrolling, München 2001.

Krönert, Björn (2001): Grundsätze informationsorientierter Rechnungslegung : Eine Untersuchung über die Erfüllung der Informationsfunktion von Jahresabschlüssen durch die US-GAAP, Sternenfels 2001.

Krog, Markus (1998): Rechnungslegungspolitik im internationalen Vergleich: eine modellorientierte Analyse, Augsburg 1998.

Krumbholz, Marcus (1994): Die Qualität publizierter Lageberichte : Ein empirischer Befund zur Unternehmenspublizität, Düsseldorf 1994.

Kubin, Konrad W. (1998): Der Aktionär als Aktienkunde – Anmerkungen zum Shareholder Value, zur Wiedervereinigung der internen und externen Rechnungslegung und zur globalen Verbesserung der Berichterstattung, in: Möller, Hans Peter/Schmidt, Franz (Hrsg.): Rechnungswesen als Instrument der Führungsentscheidungen, FS Coenenberg, Stuttgart 1998, S. 525 – 558.

Kühne, Mareike (2002): Kapitalmarktorientierte Rechnungslegung nach US-GAAP : Weiterentwicklung der deutschen Rechnungslegungsregeln vor dem Hintergrund US-amerikanischer Einflüsse, Bielefeld 2002.

Küpper, Hans-Ulrich (1999): Controlling. Konzeption, Aufgaben und Instrumente, 3. Aufl., Stuttgart 1999.

Kürsten, Wolfgang (2000): „Shareholder Value“ – Grundelemente und Schieflagen einer polit-ökonomischen Diskussion aus finanztheoretischer Sicht, in: ZfB, (70) 2000, S. 359 – 381.

Küting, Karlheinz (2001): Bilanzierung und Bilanzanalyse am Neuen Markt, Stuttgart 2001.

Küting, Karlheinz/Busch, Julia (2003): Der Geschäftsbericht – Entwicklung, Ziele und Bestandteile, in: StuB, (5) 2003, S. 152 – 156.

Küting, Karlheinz/Dawo, Sascha (2003a): Anwendungsfälle der fair value-Bewertung bei nicht finanziellen Vermögenswerten im Rahmen der International Financial Reporting Standards (IFRS), in: KoR, (3) 2003, S. 228 – 241.

Küting, Karlheinz/Dawo, Sascha (2003b): Die Bilanzierung immaterieller Vermögenswerte nach IAS 38 – gegenwärtige Regelungen und geplante Änderungen: Ein Beispiel für die Polarität von Vollständigkeitsprinzip und Objektivierungsprinzip, in: BFuP, (55) 2003, S. 397 – 416.

Küting, Karlheinz/Dawo, Sascha/Heiden, Matthias (2001a): Rechnungslegung und Wirtschaftsprüfung im Internet-Zeitalter, in: BB, (56) 2001, S. 615 – 620.

Küting, Karlheinz/Dawo, Sascha/Heiden, Matthias (2001b): Internet und externe Rechnungslegung, Heidelberg 2001.

Küting, Karlheinz/Dawo, Sascha/Heiden, Matthias (2002): Das Testat des Wirtschaftsprüfers im Internet – Internationale audit guidance als Vorbild einer künftigen deutschen Regelung?, in: JurPC Web-Dok. 25/2002, Abs. 1 – 63.

Küting, Karlheinz/Heiden, Matthias (2002a): Auf dem Weg zum Standardsetting für die Finanzberichterstattung im Internet?, in: BB, (57) 2002, S. 2489 – 2491.

Küting, Karlheinz/Heiden, Matthias (2002b): Zur Informationsqualität der Lageberichterstattung in deutschen Geschäftsberichten – Branchenangaben, Risikobericht, Prognosebericht -, in: StuB, (4) 2002, S. 933 – 937.

Küting, Karlheinz/Heiden, Matthias (2003): Zur Systematisierung von Pro-Forma-Kennzahlen, in: DStR, (41) 2003, S. 1544 – 1552.

Küting, Karlheinz/Heiden, Matthias/Lorson, Peter (2000): Neuere Ansätze der Bilanzanalyse – Externe unternehmenswertorientierte Performancemessung -, in: BBK, (o.Jg.) 2000, Beilage Nr. 1, S. 1 – 40.

Küting, Karlheinz/Hütten, Christoph (1996): Der Geschäftsbericht als Publizitätsinstrument, in: BB, (51) 1996, S. 2671 – 2679.

Küting, Karlheinz/Hütten, Christoph (1999): Warum denn aus Fehlern anderer lernen? – Das DRSC und sein erster Standardentwurf, in: StuB, (1) 1999, S. 487 - 489.

Küting, Karlheinz/Hütten, Christoph (2000): Darstellung und Prüfung der künftigen Entwicklungsrisiken und -chancen im Lagebericht, in: Lachnit, Laurenz/Freidank, Carl-Christian (Hrsg.): Investororientierte Unternehmenspublizität – Neue Entwicklungen von Rechnungslegung, Prüfung und Jahresabschlussanalyse, Wiesbaden 2000, S. 399 – 431.

Küting, Karlheinz/Hütten, Christoph/Lorson, Peter (1995a): Shareholder-Value: Grundüberlegungen zu Benchmarks der Kommunikationsstrategie in der externen Berichterstattung (Teil I), in: DStR, (33) 1995, S. 1805 - 1809.

Küting, Karlheinz/Hütten, Christoph/Lorson, Peter (1995b): Shareholder-Value: Grundüberlegungen zu Benchmarks der Kommunikationsstrategie in der externen Berichterstattung (Teil II), in: DStR, (33) 1995, S. 1846 - 1851.

Küting, Karlheinz/Weber, Claus-Peter (2003): Der Konzernabschluss : Lehrbuch zur Praxis der Konzernrechnungslegung, 8. Aufl., Stuttgart 2003.

Küting, Karlheinz/Weber, Claus-Peter (2001): Die Bilanzanalyse : Lehrbuch zur Beurteilung von Einzel- und Konzernabschlüssen, 6. Aufl., Stuttgart 2001.

Küting, Karlheinz/Weber, Claus-Peter/Wirth, Johannes (2001): Die neue Goodwillbilanzierung nach SFAS 142, in: KoR, (1) 2001, S. 185 – 198.

Küting, Karlheinz/Weber, Claus-Peter/Wirth, Johannes (2002): Goodwill und immaterielle Vermögenswerte im Übergang auf die Anwendung des SFAS 142, in: KoR, (2) 2002, S. 57 – 66.

Küting, Karlheinz/Wirth, Johannes (2004): Bilanzierung von Unternehmenszusammenschlüssen nach IFRS 3, in: KoR, (4) 2004, S. 167 – 177.

Küting, Karlheinz/Wohlgemuth, Frank (2002): Internationales Enforcement, in: KoR, (2) 2002, S. 265 – 276.

Küting, Karlheinz, Zwirner, Christian (2003): Ergebnisse einer mehrjährigen empirischen Analyse der Informationsqualität deutscher Geschäftsberichte, in: StuB, (5) 2003, S. 193 – 200.

Kuhn, Steffen/Scharpf, Paul (2004): Finanzinstrumente: Welche Gestaltungsspielräume enthalten die Regelungen zur erstmaligen Anwendung von IAS 32 und IAS 39 für die Praxis?, in: DB, (57) 2004, S. 261 – 264.

Kupsch, Peter (2000): Ansatz und Bewertung von Rückstellungen im amerikanischen Jahresabschluss – eine vergleichende Betrachtung aus deutscher Sicht, in: Ballwieser, Wolfgang (Hrsg.): US-amerikanische Rechnungslegung, 4. Aufl., Stuttgart 2000, S. 115 – 138.

Labhart, Peter A. (1999): Value Reporting - Informationsbedürfnisse des Kapitalmarktes und Wertsteigerung durch Reporting, Zürich 1999.

Labhart, Peter A./Volkart, Rudolf (1997): Das Internet als Medium für Investor Relations, in: STH, (71) 1997, S. 515 – 524.

Labhart, Peter A./Volkart, Rudolf (2001a): Value Reporting, in: Coenenberg, Adolf G./Pohle, Klaus (Hrsg.): Internationale Rechnungslegung: - Konsequenzen für Unternehmensführung, Rechnungswesen, Standardsetting, Prüfung und Kapitalmarkt, Stuttgart 2001, S. 115 - 142.

Labhart, Peter A./Volkart, Rudolf (2001b): Wertorientiertes Reporting, in: Klingebiel, Norbert (Hrsg.): Performance measurement & balanced scorecard, München 2001, S. 111 – 130.

Lanfermann, Georg/Maul, Silja (2002): Auswirkungen des Sarbanes-Oxley Acts in Deutschland, in: DB, (55) 2002, S. 1725 – 1732.

Lanfermann, Georg/Maul, Silja (2003): SEC-Ausführungen zum Sarbanes-Oxley Act, in: DB, (56) 2003, S. 349 – 355.

Lang, Mark H./Lundholm, Russell J. (1993): Cross-Sectional Determinants of Analysts Ratings of Corporate Disclosures, in: JAR, (31) 1993, S. 246 – 271.

Lang, Mark H./Lundholm, Russell J. (1996): Corporate Disclosure Policy and Analyst Behaviour, in: AR, (71) 1996, S. 467 – 492.

Lange, Christoph/Daldrup, Herbert (2000): Umweltschutz-Reporting und Prüfung – Bereitstellung vertrauenswürdiger Informationen über die umweltbezogenen Lage eines Unternehmens an Investoren, in: Lachnit, Laurenz/Freidank, Carl-Christian (Hrsg.): Investororientierte Unternehmenspublizität – Neue Entwicklungen von Rechnungslegung, Prüfung und Jahresabschlussanalyse, Wiesbaden 2000, S. 215 – 253.

Lange, Christoph/Ahsen, Anette v./Daldrup, Herbert (2001): Umweltschutz-Reporting : Umwelterklärungen und –berichte als Module eines Reportingsystems, München und Wien 2001.

Lange, Werner (1999): Grundsätzliche und unbegrenzte Pflicht zur Berichterstattung im Lagebericht?, in: BB, (54) 1999, S. 2447 – 2504.

Lange, Werner (2004): Berichterstattung in Lagebericht und Konzernlagebericht nach dem geplanten Bilanzrechtsreformgesetz, in: ZIP, (25) 2004, S. 981 – 987.

Langecker, Alexander/Mühlberger, Melanie (2003): Berichterstattung über immaterielle Vermögenswerte im Konzernabschluss: Vergleichende Gegenüberstellung von DRS 12, IAS 38 und IAS 38 rev., in: KoR, (3) 2003, S. 109 – 123.

Lattwein, Johannes (2002): Wertorientierte strategische Steuerung, Wiesbaden 2002.

Leffson, Ulrich (1987): Die Grundsätze ordnungsmäßiger Buchführung, Düsseldorf 1987.

Lehner, Ulrich (2003): Finanzkommunikation und Corporate Governance, in: zfo, (72) 2003, S. 210 – 219.

Lenz, Hansrudi (2002): Sarbanes-Oxley Act of 2002 – Abschied von der Selbstregulierung der Wirtschaftsprüfer in den USA, in: BB, (57) 2002, S. 2270 – 2275.

Leuz, Christian/Verrecchia, Robert E. (2000): The Economic Consequences of Increased Disclosure, in: JAR, (38) 2000, S. 91 – 124.

Lev, Baruch (2001): Intangibles : Management, Measurement, and Reporting, Washington 2001.

Lev, Baruch/Zarowin, Paul (1999): The Boundaries of Financial Reporting and How to Extend Them, in: JAR, (37) 1999, S. 353 – 385.

Lewis, Thomas G. (1995): Steigerung des Unternehmenswertes : Total-value-Management, 2. Aufl., Landsberg/Lech 1995.

Lewis, Thomas G./Lehmann, Steffen (1992): Überlegene Investitionsentscheidungen durch CFROI, in: BfuP, (44) 1992, S. 1 – 13.

Lewis, Thomas G./Stelter, Daniel (1993): Mehrwert schaffen mit finanziellen Ressourcen, in: HBM, (15) 1993, Nr. 4, S. 107 – 114.

Link, Rainer (1991): Aktienmarketing in deutschen Publikumsgesellschaften, Wiesbaden 1991.

Linsmeier, Thomas J. u.a. (1998): Criteria for Assessing the Quality of an Accounting Standard, in: Accounting Horizons, (12) 1998, S. 161 – 162.

Loew, Thomas (2001): Unternehmen auf dem Weg zur Nachhaltigkeit, in: Ökologisches Wirtschaften (o. Jg.) 2001, Nr. 1, S. 10 – 11.

Löw, Edgar/Lorenz, Karsten (2001): Risikoberichterstattung nach den Standards des DRSC und im internationalen Vergleich, in: KoR, (1) 2001, S. 211 – 222.

Löw, Edgar/Roggenbuck, Harald E. (2001): Ergebnis-je-Aktie-Kennziffern für Banken im Blickwinkel nationaler und internationaler Rechnungslegung, in: BB, (56) 2001, S. 1460 – 1468.

Lorie, Achim (2001): Standard für soziale Verantwortung, in: Ökologisches Wirtschaften (o. Jg.) 2001, Nr. 1, S. 13 - 14.

Lück, Wolfgang (1998): Kommentierung des § 315 HGB, in: Küting, Karlheinz/Weber, Claus-Peter (Hrsg.): Handbuch der Konzernrechnungslegung : Kommentierung zur Bilanzierung und Prüfung, 2. Aufl., Stuttgart 1998.

Lücke, Wolfgang (1955): Investitionsrechnungen auf der Grundlage von Ausgaben oder Kosten, in: zfbf, (7) 1955, S. 310 – 324.

Lutter, Marcus (2003): Deutscher Corporate Governance Kodex, in: Hommelhoff, Peter/Hopt, Klaus J./Werder, Axel v. (Hrsg.): Handbuch Corporate Governance – Leitung und Überwachung börsennotierter Unternehmen in der Rechts- und Wirtschaftspraxis, Köln und Stuttgart 2003, S. 737 – 748.

Maaß, Frank/Clemens, Reinhard (2002): Corporate Citizenship: Das Unternehmen als 'guter Bürger', Wiesbaden 2002.

Macharzina, Klaus (1999): Unternehmensführung, 3. Aufl., Wiesbaden 1999.

Mandl, Gerwald/Rabel, Klaus (2001): Grundlagen der Unternehmensbewertung, Teil D: Methoden der Unternehmensbewertung, in: Peemöller, Volker H. (Hrsg.): Praxishandbuch der Unternehmensbewertung, Berlin 2001, S. 47 - 85.

Mandler, Udo (2003a): IAS/IFRS für mittelständische Unternehmen: Ergebnisse einer Unternehmensbefragung, in: KoR, (3) 2003, S. 143 – 149.

Mandler, Udo (2003b): IASCF/IASB: Organisation, Entstehung und aktuelle Bedeutung, in: WISU, (32) 2003, S. 476 – 484.

Mann, Alexander (2003): Corporate Governance Systeme – Funktion und Entwicklung am Beispiel von Deutschland und Großbritannien, Berlin 2003.

Maul, Karl-Heinz (2000): Wissensbilanzen als Teil des handelsrechtlichen Jahresabschlusses, in: DStR, (38) 2000, S. 2009 – 2016.

Maul, Karl-Heinz/Greinert, Markus (2002): Der Lagebericht im Entwurf des Rahmenkonzeptes des DSR, in: DB, (55) 2002, S. 2605 – 2608.

Maul, Karl-Heinz/Menninger, Jutta (2000): Das „Intellectual Property Statement“ – eine notwendige Ergänzung des Jahresabschlusses?, in: DB, (53) 2000, S. 529 – 533.

McGee, John/Thomas, Howard (1986): Strategic Groups: Theory, Research and Taxonomy, in: SMJ, (7) 1986, S. 141 – 160.

McKinsey & Company (Hrsg.) (2000): Investor Opinion Survey, im Internet: www.mckinsey.com/practices/corporategovernance/PDF/GlobalInvestor OpinionSurvey2000.pdf (Stand: 28.02.2004).

McKinsey & Company (Hrsg.) (2002): Investor Opinion Survey, im Internet: www.mckinsey.com/practices/corporategovernance/PDF/GlobalInvestor OpinionSurvey2002.pdf (Stand: 28.02.2004).

Meek, Gary K./Roberts, Clare B./Gray, Sidney J. (1995): Factors influencing voluntary annual report disclosures by U.S., U.K. and continental European multinational corporations, in: Journal of International Business Studies, (25) 1995, S. 555 – 572.

Meffert, Heribert/Kirchgeorg, Manfred (1998): Marktorientiertes Umweltmanagement: Konzeption – Strategie – Implementierung mit Praxisfällen, 3. Aufl., Stuttgart 1998.

Meitner, Matthias (2003): Ein Jahr „Deutscher Corporate Governance Kodex“ aus der Sicht von Finanzanalysten und institutionellen Investoren, in: FB, (5) 2003, S. 763 – 767.

Meitner, Matthias/Hüfner, Felix/Kleff, Volker (2002): Enron: Wirtschaftsprüfer, Bilanzierungsvorschriften und der deutsche Aktienmarkt, in: KoR, (2) 2002, S. 139 – 141.

Mengele, Andreas (1999): Shareholder-Return und Shareholder-Risk als unternehmensinterne Steuerungsgrößen : wertsteigerungs- und risikoorientierte Unternehmensführung auf Basis des Shareholder-value-Konzepts, Stuttgart 1999.

Menninger, Jutta/Kunowski, Stefan (2003): Wertermittlung von Patenten, Technologien und Lizenzen vor dem Hintergrund von Optimierungsstrategien, in: DStR, (41) 2003, S. 1180 – 1184.

Merkt, Hanno (2001): Unternehmenspublizität : Offenlegung von Unternehmensdaten als Korrelat der Marktteilnahme, Tübingen 2001.

Merkt, Hanno/Göthel, Stephan R. (2003): Vorschriften und Ansätze der Quartalsberichterstattung: Vergleich USA – Deutschland, in: RIW, (49) 2003, S. 23 – 32.

Meyer, Conrad (2003): Rechnungslegung und Corporate Governance, in: STH, (77) 2003, S. 701 – 710.

Meyer-Pries, Lars/Gröner, Susanne (2002): Web-Publizität und Datenaustausch mit XBRL, in: FB, (4) 2002, S. 44 – 53.

Michie, Susan/Marteau, Theresa (1999): Non-Response Bias in Prospective Studies of Patents and Health Care Professionals, in: International Journal of Social Research Methodology, (2) 1999, S. 203 – 212.

Middelmann, Ulrich (2004): Corporate Governance – Wertmanagement und Controlling, in: DBW, (64) 2004, S. 101 – 116.

Milgrom, Paul/Roberts, John (1992): Economics, Organization and Management, Englewood Cliffs (New Jersey) 1992.

Mindermann, Hans-Hermann (2000): Investor Relations – Eine Definition, in: DIRK e.V. (Hrsg.): Investor Relations : Professionelle Kapitalmarktkommunikation, Wiesbaden 2000, S. 25 – 27.

Mitenthal, Daniel/Anders, Dietmar (2003): Erste Erfahrungen mit den neuen Aktienmarktsegmenten der Frankfurter Wertpapierbörse, in: DStR, (41) 2003, S. 1893 – 1900.

Moll, Gabriele (2002): Wertkommunikation, Zürich 2002.

Moxter, Adolf (1966): Grundsätze ordnungsgemäßer Bilanzierung und Stand der Bilanztheorie, in: zfbf, (18) 1966, S. 29 – 58.

Moxter, Adolf (1976): Fundamentalgrundsätze ordnungsmäßiger Rechenschaft, in: Baetge, Jörg/Moxter, Adolf/Schneider, Dieter (Hrsg.): Bilanzfragen, FS Leffson, Düsseldorf 1976, S. 87 – 100.

Moxter, Adolf (1986): Vermögenslage gemäß § 264, in: Leffson, Ulrich/Rückle, Dieter/Großfeld, Bernhard (Hrsg.): Handwörterbuch unbestimmter Rechtsbegriffe im Bilanzrecht des HGB, Köln 1986, S. 346 – 351.

Moxter, Adolf (1987): Zum Sinn und Zweck des handelsrechtlichen Jahresabschlusses nach neuem Recht, in: Havermann, Hans (Hrsg.): Bilanz- und Konzernrecht, FS Goerdeler, Düsseldorf 1987, S. 361 – 374.

Moxter, Adolf (1991): Bilanzlehre, Band II, 3. Aufl., Wiesbaden 1991.

Moxter, Adolf (1993): Grundsätze ordnungsmäßiger Buchführung – ein handelsrechtliches Faktum, von der Steuerrechtsprechung festgestellt, in: Der Präsident des Bundesfinanzhofs (Hrsg.): 75 Jahre Reichsfinanzhof – Bundesfinanzhof, Bonn 1993, S. 533 – 544.

Moxter, Adolf (1995): Zum Verhältnis von handelsrechtlichen Grundsätzen ordnungsmäßiger Bilanzierung und True-and-fair-view-Gebot bei Kapitalgesellschaften, in: Förschle, Gerhard/Kaiser, Klaus/Moxter, Adolf (Hrsg.): Rechenschaftslegung im Wandel, FS Budde, München 1995, S. 419 – 429.

Moxter, Adolf (1998): Deutsches Rechnungslegungs Standards Committee: Aufgaben und Bedeutung, in: DB, (51) 1998, S. 1425 - 1428.

Moxter, Adolf (1999): Bilanzrechtsprechung, 5. Aufl., Tübingen 1999.

Moxter, Adolf (2001): Die Zukunft der Rechnungslegung?, in: DB, (54) 2001, S. 605 – 607.

Moxter, Adolf (2002): Grundsätze ordnungsmäßiger Buchführung, in: Ballwieser, Wolfgang u.a. (Hrsg.): Handwörterbuch der Rechnungslegung und Prüfung, Stuttgart 2002, Sp. 1041 – 1052.

Moxter, Adolf (2003): Grundsätze ordnungsmäßiger Rechnungslegung, Düsseldorf 2003.

Müller, Michael (1998): Shareholder Value Reporting – ein Konzept wertorientierter Kapitalmarktinformation, in: Müller, Michael/Leven, Franz-Josef (Hrsg.): Shareholder Value Reporting, Wien 1998, S. 123 – 144.

Mutius, Bernhard v. (2002): Wertebalancierte Unternehmensführung, in: HBM, (24) 2002, Nr. 5, S. 9 – 22.

Nassauer, Frank (2000): Corporate Governance und die Internationalisierung von Unternehmungen, Frankfurt/Main u.a. 2000.

Neufeld, Thorsten (2003): Die neue Indexwelt der Deutschen Börse, in: Die Bank, (o.Jg.) 2003, Nr. 1, S. 18 – 21.

Noack, Ulrich (2002): Unternehmenspublizität, Köln 2002.

Noll, Daniel J./Weygandt, Jerry J. (1997): Business Reporting: What Comes Next?, in: JA, (183) 1997, Nr. 2, S. 59 – 62.

OECD (Hrsg.) (1999): OECD Principles of Corporate Governance, im Internet: www.oecd.org/dataoecd/47/50/4347646.pdf (Stand: 05.03.2004).

OECD (Hrsg.) (2004): OECD Principles of Corporate Governance, Draft Revised Text (January 2004), im Internet: www.oecd.org/dataoecd/19/29/23888891.pdf (Stand: 05.03.2004).

Oepping, Hardy/Siemes, Andreas (2003): Strategisches Risikomanagement mit der Balanced Scorecard, in: controller magazin, (28) 2003, S. 229 – 238.

Ohlson, James A. (1990): A Synthesis of Security Valuation Theory and the Role of Dividends, Cash Flows, and Earnings, in: CAR, (6) 1990, S. 648 – 676.

Ohlson, James A. (1995): Earnings, Book Value and Dividends in Security Valuation, in: CAR, (11) 1995, S. 661 – 687.

Ordelheide, Dieter (1998): Externes Rechnungswesen, in: Bitz, Michael u.a. (Hrsg.): Vahlens Kompendium der Betriebswirtschaftslehre, 4. Aufl., München 1998, S. 475 – 586.

Orlitzky, Marc/Schmidt, Frank L./Rynes, Sara L. (2003): Corporate Social and Financial Performance: A Meta-Analysis, in: Organization Studies, (24) 2003, S. 403 – 441.

Oser, Peter/Orth, Christian/Wader, Dominic (2003): Die Umsetzung des Deutschen Corporate Governance Kodex in der Praxis, in: DB, (56) 2003, S. 1337 – 1341.

Osterloh, Margit/Frost, Jetta (2000): Prozessmanagement als Kernkompetenz, 3. Aufl., Wiesbaden 2000.

Ott, Alfred E. (1975): Preistheorie, in: Ehrlicher, Werner u.a. (Hrsg.): Kompendium der Volkswirtschaftslehre, 5. Aufl., Göttingen 1975, S. 114 – 182.

Ott, Klaus/Böing, Christian (2002): Die Umsetzung von Basel II – eine organisatorische Herausforderung für Kreditinstitute aber auch für Kreditnehmer, in: BFuP, (54) 2002, S. 591 – 603.

o.V. (1991): Das Geheimnis des Shareholder Value, in: manager magazin, (21) 1991, S. 132.

o.V. (2000): Wer gehört zu wem?, in: Commerzbank (Hrsg.), 20. Aufl., Frankfurt/Main 2000.

o.V. (2001): Meritum Project : „Guidelines for Managing and Reporting on Intangibles (Intellectual Capital Report)", im Internet: http://www.eu-know.net/tools/MERITUM%20Guidelines.pdf? PHPSESSID=b4da5b0208871c6697d62b70b0ca68ff (Stand: 05.03.2004).

Pape, Ulrich (2000): Theoretische Grundlagen und praktische Umsetzung wertorientierter Unternehmensführung, in: BB, (55) 2000, S. 711 – 717.

Pape, Ulrich (2004): Wertorientierte Unternehmensführung und Controlling, 3. Aufl., Sternenfels und Berlin 2004.

Papendick, Ulric (2003): Tue gutes… und rede darüber, in: manager magazin, (33) 2003, Nr. 6, S. 116 – 124.

Paul, Walter (1993): Umfang und Bedeutung der Investor Relations, in: BFuP, (45) 1993, S. 133 – 162.

Peemöller, Volker H. (2001): Grundlagen der Unternehmensbewertung, Teil A: Wert und Werttheorien, in: Peemöller, Volker H. (Hrsg.): Praxishandbuch der Unternehmensbewertung, Berlin 2001, S. 1 - 14.

Peemöller, Volker H./Spanier, Günter/Weller, Heino (2002): Internationalisierung der externen Rechnungslegung: Auswirkungen auf nicht kapitalmarktorientierte Unternehmen, in: BB, (57) 2002, S. 1799 – 1803.

Pellens, Bernhard (1989): Der Informationswert von Konzernabschlüssen, Wiesbaden 1989.

Pellens, Bernhard (2001a): Publizität, in: Gerke, Wolfgang/Steiner, Manfred (Hrsg.): Handwörterbuch des Bank- und Finanzwesens, 3. Aufl., Stuttgart 2001, Sp. 1742 – 1754.

Pellens, Bernhard (2001b): Internationale Rechnungslegung, 4. Aufl., Stuttgart 2001.

Pellens, Bernhard/Crasselt, Nils/Rockholtz, Carsten (1998): Wertorientierte Entlohnungssysteme für Führungskräfte – Anforderungen und empirische Evidenz -, in: Pellens, Bernhard (Hrsg.): Unternehmenswertorientierte Entlohnungssysteme, Stuttgart 1998, S. 1 – 28.

Pellens, Bernhard/Detert, Karsten (2003): IFRS 1 „First-time Adoption of International Financial Reporting Standards“, in: KoR, (3) 2003, S. 369 – 376.

Pellens, Bernhard/Fülbier, Rolf Uwe/Gassen, Joachim (1998): Unternehmenspublizität unter veränderten Marktbedingungen, in: Börsig, Clemens/Coenenberg, Adolf G. (Hrsg.): Controlling und Rechnungswesen im internationalen Wettbewerb : Kongress-Dokumentation/51. Deutscher Betriebswirtschafter-Tag 1997, Stuttgart 1998, S. 55 – 69.

Pellens, Bernhard/Fülbier, Uwe/Gassen, Joachim (2004): Internationale Rechnungslegung: IFRS/IAS mit Beispielen und Fallstudien, 5. Aufl., Stuttgart 2004.

Pellens, Bernhard/Fülbier, Rolf Uwe/Sellhorn, Thorsten (2001): Immaterielle Werte in der kapitalmarktorientierten Berichterstattung, in: Coenenberg, Adolf G./Pohle, Klaus (Hrsg.): Internationale Rechnungslegung: - Konsequenzen für Unternehmensführung, Rechnungswesen, Standardsetting, Prüfung und Kapitalmarkt, Stuttgart 2001, S. 81 - 114.

Pellens, Bernhard/Hillebrandt, Franca/Tomaszewski, Claude (2000): Value Reporting – Eine empirische Analyse der DAX-Unternehmen, in: Wagenhofer, Alfred/Hrebicek, Gerhard (Hrsg.): Wertorientiertes Management, Stuttgart 2000, S. 177 – 207.

Pellens, Bernhard/Tomaszewski, Claude (1999): Kapitalmarktreaktionen auf den Rechnungslegungswechsel zu IAS bzw. US-GAAP, in: Gebhardt, Günther/Pellens, Bernhard (Hrsg.): Rechnungswesen und Kapitalmarkt, zfbf, Sonderheft Nr. 41, (51) 1999, S. 199 - 228.

Pellens, Bernhard/Tomaszewski, Claude/Weber, Nicolas (2000): Wertorientierte Unternehmensführung in Deutschland - Eine empirische Untersuchung der DAX 100-Unternehmen - , in: DB, (53) 2000, S. 1825 - 1833.

Peltzer, Martin (2003): Deutsche Corporate Governance : Ein Leitfaden, München 2003.

Perridon, Louis/Steiner, Manfred (2002): Finanzwirtschaft der Unternehmung, 11. Aufl., München 2002.

Peschke, Michael A. (1997): Wertorientierte Strategiebewertung : Modell, Konzeption und Umsetzung, Wiesbaden 1997.

Pfaff, Dieter/Bärtl, Oliver (1999): Wertorientierte Unternehmenssteuerung – Ein kritischer Vergleich ausgewählter Konzepte, in: Gebhardt, Günther/Pellens, Bernhard (Hrsg.): Rechnungswesen und Kapitalmarkt, zfbf, Sonderheft Nr. 41, (51) 1999, S. 85 - 115.

Pfeil, Oliver P./Vater, Hendrik J. (2002): „Die kleine Unternehmensbewertung" oder die neuen Vorschriften zur Goodwill- und Intangible-Bilanzierung nach SFAS No. 141 und SFAS No. 142, in: KoR, (2) 2002, S. 66 – 81.

Pfohl, Hans-Christian (1988): Strategische Kontrolle, in: Henzler, Herbert A. (Hrsg.): Handbuch Strategische Führung, Wiesbaden 1988, S. 801 – 824.

Picot, Arnold (1991): Ökonomische Theorien der Organisation – Ein Überblick über neuere Ansätze und deren betriebswirtschaftliches Anwendungspotential, in: Ordelheide, Dieter/Rudolph, Bernd/Büsselmann, Elke (Hrsg.): Betriebswirtschaftslehre und Ökonomische Theorie, Stuttgart 1991, S. 143 – 170.

Picot, Arnold/Dietl, Helmut (1994): Informations(de-)regulierung am Kapitalmarkt aus institutionenökonomischer Sicht, in: Jahrbuch für politische Ökonomie, (13) 1994, S. 113 – 138.

Picot, Arnold/Reichwald, Ralf (1991): Informationswirtschaft, in: Heinen, Edmund (Hrsg.): Industriebetriebslehre, 9. Aufl., Wiesbaden 1991, S. 241 – 393.

Picot, Gerhard (1998): Unternehmenskauf und Restrukturierung, 2. Aufl., München 1998.

Porter, Michael E. (1985): Competitive Advantage – Creating and Sustaining Superior Performance, New York und London 1985.

Porter, Michael E. (1995): Wettbewerbsstrategie : Methoden zur Analyse von Branchen und Konkurrenten, 8. Aufl., Frankfurt/Main und New York 1995.

Porter, Michael E. (1999): Wettbewerbsvorteile : Spitzenleistungen erreichen und behaupten, 5. Aufl., Frankfurt/Main, 1999.

Post, James E./Frederick, William C./Lawrence, Anne T./Weber, James (1999): Business and Society, 9. Aufl., Boston 1999.

Prahalad, C. K./Hamel, Gary (1990): The Core Competence of the Corporation, in: HBR, (68) 1990, Nr. 3, S. 79 – 91.

Prengel, Melanie (2003): Die Auswirkungen des Deutschen Corporate Governance Kodex auf die Investor Relations Arbeit – insbesondere im Internet, Wolfratshausen 2003.

Price Waterhouse (Hrsg.) (1998): Shareholder Value und Corporate Governance – Bedeutung im Wettbewerb um institutionelles Kapital, Price Waterhouse Studienprojekt zum deutschen Kapitalmarkt, Frankfurt/Main 1998.

Pümpin, Cuno (1992): Strategische Erfolgspositionen : Methodik der dynamischen strategischen Unternehmensführung, Bern und Stuttgart 1992.

PwC (Hrsg.) (1997): Pursuing Value: Reporting Gaps in the United Kingdom, im Internet: http://store.barometersurveys.com/pages/valuereporting.php (Stand: 17.09.2003).

PwC (Hrsg.) (1998a): The Information Reporting Gap in the Swiss Capital Markets, im Internet: http://store.barometersurveys.com/pages/valuereporting. php (Stand: 17.09.2003).

PwC (Hrsg.) (1998b): Pursuing Value: The Information Reporting Gap in the U.S. Capital Markets, im Internet: http://store.barometersurveys.com/pages/valuereporting.php (Stand: 17.09.2003).

PwC (Hrsg.) (1998c): Value Reporting in Australia: Improving Competitiveness in Capital Markets, im Internet: http://store.barometersurveys.com/pages/valuereporting.php (Stand: 17.09.2003).

PwC (Hrsg.) (1999a): Value and Reporting in the Insurance Industry, im Internet: http://store.barometersurveys.com/pages/valuereporting.php (Stand: 17.09.2003).

PwC (Hrsg.) (1999b): Value and Reporting in the Banking Industry, im Internet: http://store.barometersurveys.com/pages/valuereporting.php (Stand: 17. 09.2003).

PwC (Hrsg.) (2000): ValueReporting™Forecast 2001, UK 2000.

PwC (Hrsg.) (2001a): ValueReporting™Forecast 2002, UK 2001.

PwC (Hrsg.) (2001b): Harvesting Corporate Value : ValueReporting™ in the Technology Industry, im Internet: http://store.barometersurveys.com/ pages/valuereporting.php (Stand: 17.09.2003).

PwC (Hrsg.) (2001c): Retail & Consumer Reporting in the 21st Century: What the Market Thinks, im Internet: http://store.barometersurveys.com/pages/ valuereporting.php (Stand: 17.09.2003).

PwC (Hrsg.) (2001d): A New Rx for Corporate Disclosure: Realizing Value in the Pharmaceutical and Healthcare Products Industry, im Internet: http://store.barometersurveys.com/pages/ valuereporting.php (Stand: 17.09.2003).

PwC (Hrsg.) (2002a): Casting Value: Improving Corporate Disclosure in the Metals Industry, im Internet: http://store.barometersurveys.com/pages/ valuereporting.php (Stand: 17.09.2003).

PwC (Hrsg.) (2002b): Catalyzing Corporate Disclosure: Extracting Value in the Chemicals Industry, im Internet: http://store.barometersurveys.com/ pages/valuereporting.php (Stand: 17.09.2003).

PwC (Hrsg.) (2002c): Communication Value in the Telecommunications Industry: A Survey of Transparency in External Reporting –2000, im Internet: http://store.barometersurveys.com/pages/valuereporting.php (Stand: 17.09.2003).

PwC (Hrsg.) (2003): Themenpool: Sarbanes-Oxley Act, im Internet: www.pwcglobal.com/de/ger/ins-sol/online-sol/themenpools/tpool_ sarbanes-oxley.html (Stand: 09.07.2003).

PwC (Hrsg.)/Günther, Thomas/Beyer, Dirk (2003): Immaterielle Werte und andere weiche Faktoren in der Unternehmensberichterstattung – eine Bestandsaufnahme, Frankfurt/Main 2003.

Räuber, Dieter (1988): Der Lagebericht, in: BB, (43) 1988, S. 1285 – 1292.

Raffournier, Bernard (1995): The Determinants of Voluntary Financial Disclosure by Swiss Listed Companies, in: The European Accounting Review, (4) 1995, S. 261 – 280.

Ramin, Kurt (2001): Die Bilanz kommt aus dem Internet, in: trend-manager, (o. Jg.) 2001, S. 30 – 34.

Rappaport, Alfred (1986): Creating Shareholder Value: The New Standard for Business Performance, New York und London 1986.

Rappaport, Alfred (1998): Creating Shareholder Value: A Guide for Managers and Investors, 2. Aufl., New York u.a. 1998.

Rappaport, Alfred (1999): Shareholder Value – Ein Handbuch für Manager und Investoren, 2. Aufl., Stuttgart 1999.

Raster, Max (1995): Shareholder-Value-Management : Ermittlung und Steigerung des Unternehmenswertes, Wiesbaden 1995.

Rauschenberger, Reto (2002): Nachhaltiger Shareholder Value, Bern, Stuttgart und Wien 2002.

Richter, Frank/Honold, Dirk (2000): Das Schöne, das Unattraktive und das Hässliche an EVA & Co., in FB, (2) 2000, S. 265 – 274.

Richter, Martin (2000): Gewinnrealisierung bei langfristiger Fertigung, in: Ballwieser, Wolfgang (Hrsg.): US-amerikanische Rechnungslegung, 4. Aufl., Stuttgart 2000, S. 139 – 168.

Richter, Rudolf/Furubotn, Eirik G. (1996): Neue Institutionenökonomik : eine Einführung und kritische Würdigung, Tübingen 1996.

Ringleb, Henrik-Michael/Kremer, Thomas/Lutter, Marcus/Werder, Axel v. (2003): Kommentar zum Deutschen Corporate Governance Kodex : Kodex-Kommentar, München 2003.

Rodewald, Jörg (2001): Lagebericht als Investor-Relations-Instrument – Möglichkeiten und Grenzen aus rechtlicher Sicht, in: BB, (56) 2001, S. 2155 – 2161.

Roland Berger (Hrsg.) (2001): Value up!, Hamburg 2001.

Rolfes, Bernd (1998): Moderne Investitionsrechnung: Einführung in die klassische Investitionstheorie und Grundlagen marktorientierter Investitionsentscheidungen, 2. Aufl., München und Wien 1998.

Rolvering, Andrea (2002): Zwischenberichterstattung börsennotierter Kapitalgesellschaften : eine empirische Untersuchung zur Qualität der Unternehmenspublizität, Berlin 2002.

Roos, Alexander/Stelter, Daniel (1999): Die Komponenten eines integrierten Wertmanagementsystems, in: Controlling, (11) 1999, S. 301 – 307.

Ross, Stephen A. (1977): The Determination of Financial Structure: the Incentive-Signalling Approach, in: BJE, (8) 1977, Spring, S. 23 – 40.

Rubin, Steve (1984): The House of GAAP, in: JoA, (157) 1984, June, S. 122 – 129.

Rudolph, Bernd (1999): Value-at-Risk, in: DBW, (59) 1999, S. 719 – 720.

Rudolph, Bernd (2002): Viertes Finanzmarktförderungsgesetz – ist der Name Programm?, in: BB, (57) 2002, S. 1036 – 1041.

Rühli, Edwin (1994): Die Ressourced-based View of Strategy, in: Gomez, Peter u.a. (Hrsg.): Unternehmerischer Wandel : Konzepte zur organisatorischen Erneuerung, Wiesbaden 1994, S. 31 – 57.

Rühli, Edwin (1996): Unternehmungsführung und Unternehmungspolitik, Band I, 3. Aufl., Bern, Stuttgart und Wien 1996.

Ruhwedel, Franca (2003): Eigentümerstruktur und Unternehmenserfolg : Eine theoretische und empirische Analyse deutscher börsennotierter Unternehmen, Frankfurt/Main u.a. 2003.

Ruhwedel, Franca/Schultze, Wolfgang (2002): Value-Reporting: Theoretische Konzeption und Stand der Umsetzung bei den DAX 100-Unternehmen, in: zfbf, (54) 2002, S. 602 – 632.

Ruhwedel, Franca/Schultze, Wolfgang (2004): Konzeption des Value Reporting und Beitrag zur Konvergenz im Rechnungswesen, in: Controlling, (16) 2004, S. 489 – 495.

Sahner, Friedhelm/Kammers, Heinz (1984): Der Lagebericht – Gegenwart und Zukunft, in: DB, (37) 1984, S. 2309 - 2316.

Saitz, Bernd/Horst, Dieter (2001): Exkurs: Unternehmenswert, Nachhaltigkeit und Wirtschaftsprüfung, in: Figge, Frank/PwC (Hrsg.): Wertschaffendes Umweltmanagement, Frankfurt/Main 2001, S. 34 – 37.

Saitz, Bernd/Wolbert, Joachim (2002): Value Reporting – Einstieg in eine neue Dimension der kapitalmarktorientierten Berichterstattung, in: Controlling, (14) 2002, S. 321 – 326.

Sänger, Henrike (2001): Investor Relations im Internet, Frankfurt/Main u.a. 2001.

Sapusek, Annemarie (1998): Informationseffizienz auf Kapitalmärkten : Konzepte und empirische Ergebnisse, Wiesbaden 1998.

Sattler, Hendrik (2001): Marken und Markenbewertung in deutschen Unternehmen und deren Auswirkungen auf den Kapitalmarkt, in: Knüppel, Hartmut/Lindner, Christian (Hrsg.), Die Aktie als Marke : Wie Unternehmen mit Investoren kommunizieren sollen, Frankfurt/Main 2001, S. 49 - 63.

Schaub, Alexander (2003): Der Sarbanes-Oxley Act – ein Vorbild für die europäische Gesetzgebung, in: KPMG (Hrsg.): Fokus Corporate Governance: Die Rolle der Wirtschaftsprüfer für das Funktionieren der Kapitalmärkte, Berlin 2003, S. 21 – 29.

Schieber, Dietmar (1999): Investor Relations im Internet: Internetangebote börsennotierter Unternehmen im Vergleich, erschienen in: Rosen, Rüdiger v. (Hrsg.): Studien des Deutschen Aktieninstituts, Heft 7, 1999, im Internet: http://www.dai.de/internet/dai/dai-2-0.nsf/dai_publikationen.html (Stand: 09.07.2003).

Schieber, Dietmar (2000): Investor Relations im Internet: Internetangebote börsennotierter Unternehmen im Vergleich, 2. Aufl., erschienen in: Rosen, Rüdiger v. (Hrsg.): Studien des Deutschen Aktieninstituts, Heft 11, 2000, im Internet: http://www.dai.de/internet/dai/dai-2-0.nsf/dai_publikationen.html (Stand: 09.07.2003).

Schierenbeck, Henner (1999): Ertragsorientiertes Bankmanagement, Band 2: Risiko-Controlling und Bilanzstrukturmanagement, 6. Aufl., Wiesbaden 1999.

Schierenbeck, Henner/Lister, Michael (2001): Value-Controlling : Grundlagen Wertorientierter Unternehmensführung, München und Wien 2001.

Schildbach, Thomas (1986): Jahresabschluß und Markt, Berlin u.a. 1986.

Schildbach, Thomas (1998): Harmonisierung der Rechnungslegung – ein Phantom?, in: BFuP, (50) 1998, S. 1 – 22.

Schildbach, Thomas (1999a): Rechnungslegung nach US-GAAP: Hoffnung und Wirklichkeit (Teil I), in: BB, (54) 1999, S. 359 – 365.

Schildbach, Thomas (1999b): Rechnungslegung nach US-GAAP: Hoffnung und Wirklichkeit (Teil II), in: BB, (54) 1999, S. 411 – 415.

Schildbach, Thomas (2000): Ansatz und Bewertung immaterieller Anlagewerte, in: Ballwieser, Wolfgang (Hrsg.): US-amerikanische Rechnungslegung, 4. Aufl., Stuttgart 2000, S. 99 – 113.

Schildbach, Thomas (2002): IAS als Rechnungslegungsstandards für alle, in: BFuP, (54) 2002, S. 263 – 278.

Schinzinger, Francesca (1994): Vorläufer der Nationalökonomie, in: Issing, Otmar (Hrsg.): Geschichte der Nationalökonomie, 3. Aufl., München 1994, S. 15 – 35.

Schmid, Stefan/Kutschker, Michael (2002): Zentrale Grundbegriffe des Strategischen Managements, in: WISU, (31) 2002, S. 1238 – 1248.

Schmidbauer, Rainer (2003): Die Bilanzierung und Bewertung immaterieller Vermögensgegenstände bzw. Vermögenswerte in der deutschen Rechnungslegung sowie nach IAS, in: DStR, (41) 2003, S. 2035 – 2042.

Schmidt, Matthias (2000): Das Konzept einer kapitalmarktorientierten Rechnungslegung : Legitimation, Ableitung einer Sollvorstellung und Brauchbarkeit nationaler sowie internationaler Regelungen, Bielefeld 2000.

Schmidt, Reinhart/May, Axel (1993): Erklärung von Aktienindizes durch Pressemeldungen, in: ZfB, (63) 1993, S. 61-88.

Schmidt, Stefan M. (2001): Corporate Governance in deutschen und amerikanischen Aktiengesellschaften : eine Untersuchung unter besonderer Berücksichtigung der Bedeutung und der Entstehung der Anteilseignerstrukturen, Frankfurt/Main u.a. 2001.

Schmöller, Petra (2001): Kunden-Controlling : theoretische Fundierung und empirische Erkenntnisse, Wiesbaden 2001.

Schneider, Dieter (1997): Betriebswirtschaftslehre, Band 2: Rechnungswesen, 2. Aufl., München und Wien 1997.

Schneider, Dieter (2001): Betriebswirtschaftslehre, Band 4: Geschichte und Methoden der Wirtschaftswissenschaft, München und Wien 2001.

Schneider, Jürgen (2000): Erfolgsfaktoren der Unternehmensüberwachung : Corporate Governance aktienrechtlicher Aufsichtsorgane im internationalen Vergleich, Berlin 2000.

Schnell, Rainer/Hill, Paul B./Esser, Elke (1995): Methoden der empirischen Sozialforschung, 5. Aufl., München und Wien 1995.

Schönborn, Gregor/Steinert, Andreas (Hrsg.) (2001): Sustainability Agenda : Nachhaltigkeitskommunikation für Unternehmen und Institutionen, Neuwied und Kriftel 2001.

Schoenheit, Ingo (2001): Corporate Social Responsibility als neue Anforderung der Finanzmärkte, im Internet: http://www.agenturcafe.de/downloads/imug.pdf (Stand: 09.07.2003).

Schreiber, Ulrich (2000): Die Bedeutung der US-amerikanischen Rechnungslegung für die Besteuerung von Gewinnen und Ausschüttungen, in: Ballwieser, Wolfgang (Hrsg.): US-amerikanische Rechnungslegung, 4. Aufl., Stuttgart 2000, S. 49 - 98.

Schremper, Ralf (2002): Informationseffizienz des Kapitalmarktes, in: WiSt, (31) 2002, S. 687 – 692.

Schruff, Wienand/Nowak, Eric/Feinendegen, Stefan (2001): Ad-hoc-Publizitätspflicht des Jahresergebnisses gemäß § 15 WpHG: Wann muss veröffentlicht werden?, in: BB, (56) 2001, S. 719 – 725.

Schüppen, Matthias (2002): Der Kodex – Chancen für den Deutschen Kapitalmarkt!, in: DB, (55) 2002, S. 1117 – 1119.

Schulte-Mattler, Hermann (2003): Basell II: Das Dritte Konsultationspapier (CP3), in: Die Bank, (o.Jg.) 2003, S. 386 – 393.

Schulz, Michael (1999): Aktienmarketing. Eine empirische Erhebung zu den Informationsbedürfnissen deutscher institutioneller Investoren und Analysten, Sternenfels und Berlin 1999.

Schumann, Jochen (1994): Der Wegbereiter der modernen Preis- und Kostentheorie; in: Issing, Otmar (Hrsg.): Geschichte der Nationalökonomie, 3. Aufl., München 1994, S. 163 – 192.

Schwetzler, Bernhard (2000): Kapitalkosten, in: Fischer, Thomas M. (Hrsg.): Kosten-Controlling: Neue Methoden und Inhalte, Stuttgart 2000, S. 79 - 107.

Seibert, Ulrich (2003): Das 10-Punkte-Programm „Unternehmensintegrität und Anlegerschutz“, in: BB, (58) 2003, S. 693 – 698.

Selch, Barbara (2000): Die Entwicklung der gesetzlichen Regelungen zum Lagebericht seit dem Aktiengesetz von 1965 bis zum KapCoRiLiG von 2000, in: WPg., (53) 2000, S. 357 – 367.

Selch, Barbara (2003): Der Lagebericht : Risikoberichterstattung und Aufstellung nach IDW RS HFA 1, Wiesbaden 2003.

Selchert, Friedrich W. (1999): Die MD&A – ein Vorbild für den Lagebericht?, in: Küting, Karlheinz/Langenbucher, Günther (Hrsg.): Internationale Rechnungslegung, FS Weber, Stuttgart 1999, S. 219 – 237.

Selchert, Friedrich W./Ehrhardt, Martin (1998): Internationale Rechnungslegung : der Jahresabschluss nach HGB, IAS und US-GAAP, München und Wien 1998.

Selchert, Friedrich W./Greinert, Markus (2002a): Der Lagebericht als Informationsinstrument, in: Castan, Edgar u.a. (Hrsg.): Beck'sches Handbuch der Rechnungslegung, Band I, München 2002 (Stand), B 500.

Selchert, Friedrich W./Greinert, Markus (2002b): Aufstellung des Lageberichts, in: Castan, Edgar u.a. (Hrsg.): Beck'sches Handbuch der Rechnungslegung, Band I, München 2002 (Stand), B 510.

Selchert, Friedrich W./Greinert, Markus (2002c): Prüfung des Lageberichts, in: Castan, Edgar u.a. (Hrsg.): Beck'sches Handbuch der Rechnungslegung, Band I, München 2002 (Stand), B 520.

Sengupta, Partha (1998): Corporate Disclosure Quality and the Cost of Debt, in: AR, (73) 1998, S. 459 – 474.

Serfling, Klaus/Großkopff, Anne/Röder, Marko (1998): Investor Relations in der Unternehmenspraxis, in: AG, (43) 1998, S. 272 – 280.

Siebel, Ulf R./Gebauer, Stefan (2001): Prognosen im Aktien- und Kapitalmarktrecht – Lagebericht, Zwischenbericht, Verschmelzungsbericht, Prospekt usw. – Teil II, in: WM, (27) 2001, S. 173 – 220.

Sieben, Günter (1987): Offene Fragen bei der Erstellung und Prüfung des Lageberichts, in: Havermann, Hans (Hrsg.): Bilanz- und Konzernrecht, FS Goerdeler, Düsseldorf 1987, S. 581 – 600.

Siersleben, Kirstin (1999): Investor-Relations-Management : unter besonderer Berücksichtigung deutscher Großbanken, Frankfurt/Main u.a. 1999.

Simon, Hermann (1988): Management strategischer Wettbewerbsvorteile, in: ZfB, (58) 1988, S. 461 – 480.

Skinner, Douglas J. (1994): Why Firms Voluntarily Disclose Bad News, in: JAR, (32) 1994, S. 38 – 60.

Spence, Michael (1973): Job Market Signaling, in: QJE, (87) 1973, S. 355 – 374.

Spence, Michael (1976): Informational Aspects of Market Structure: An Introduction, in: QJE, (90) 1976, S. 591 – 597.

Staehle, Wolfgang H. (1991): Management, 6. Aufl., München 1991.

Stahn, Frank (2000): Der Deutsche Rechnungslegungsstandard Nr. 2 (DRS 2) zur Kapitalflussrechnung aus praktischer und analytischer Sicht, in: DB, (53) 2000, S. 233 – 238.

Starbatty, Nikolaus (2001): Fair Value Accounting gemäß Statement of Financial Accounting Concept No. 7, in: WPg., (54) 2001, S. 543 – 558.

Stauber, Jürgen (2003): Voluntary Value Reporting auf Basis der IFRS/IAS: Grundlagen, Inhalte, qualitative Beurteilung, Diss. Bern 2003.

Steiner, Manfred/Bruns, Christoph (2000): Wertpapiermanagement, 7. Aufl., Stuttgart 2000.

Steiner, Manfred/Hesselmann, Christoph (2001): Messung des Erfolgs von Investor Relations, in: Achleitner, Ann-Kristin/Bassen, Alexander (Hrsg.): Investor relations am Neuen Markt : Zielgruppen, Instrumente, rechtliche Rahmenbedingungen und Kommunikationsinhalte, Stuttgart 2001, S. 97 – 118.

Steiner, Manfred/Starbatty, Nikolaus (2003): Basel II und die Bedeutung von Ratings, in: zfo, (72) 2003, S. 20 – 26.

Steiner, Manfred/Wallmeier, Martin (1999): Unternehmensbewertung mit Discounted Cash Flow-Methoden und dem Economic Value Added-Konzept, in: FB, (1) 1999, S. 1 – 10.

Steinmann, Horst/Schreyögg, Georg (1997): Management, 4. Aufl., Wiesbaden 1997.

Stewart, G. Bennett (1991): The Quest for Value: The EVA™ Management Guide, New York 1991.

Stoffels, Mario (2002): Umweltorientierte Investor-Relations, Lohmar und Köln 2002.

Strack, Rainer/Villis, Ulrich (2001): RAVE™: Die nächste Generation im Shareholder Value Management, in: ZfB, (71) 2001, S. 67 – 84.

Streim, Hannes (1994): Die Generalnorm des § 264 Abs. 2 HGB – Eine kritische Analyse, in: Ballwieser, Wolfgang u.a. (Hrsg.): Bilanzrecht und Kapitalmarkt, FS Moxter, Düsseldorf 1994, S. 391 – 406.

Streim, Hannes (1995): Zum Stelllenwert des Lageberichts im System der handelsrechtlichen Rechnungslegung, in: Elschen, Rainer u.a. (Hrsg.): Unternehmenstheorie und Besteuerung, Wiesbaden 1995, S. 703 – 721.

Streim, Hannes (2000): Die Vermittlung von entscheidungsnützlichen Informationen durch Bilanz und GuV – Ein nicht einlösbares Versprechen der internationalen Standardsetter, in: BFuP, (52) 2000, S. 111 – 131.

Strenger, Christian (2003): Corporate Governance und Anteilseigner, insbesondere institutioneller Anleger, in: Hommelhoff, Peter/Hopt, Klaus J./Werder, Axel v. (Hrsg.): Handbuch Corporate Governance – Leitung und Überwachung börsennotierter Unternehmen in der Rechts- und Wirtschaftspraxis, Köln und Stuttgart 2003, S. 697 – 713.

Strieder, Thomas (2002): Abgrenzung der Regelberichterstattung von der Ad-hoc-Publizität, in: FB, (4) 2002, S. 735 – 739.

Strieder, Thomas (2004): Erläuterungen zum Deutschen Corporate Governance Kodex, in: FB, (6) 2004, S. 13 – 27.

Stubenrath, Michael/Löbig, Michael (2002): Zur Notwendigkeit von Rechnungslegungsstandards für die Internet-Berichterstattung, in: DB, (55) 2002, S. 1333 – 1339.

Sturm, Norbert (2003): Environmental Scorecard – Ein Konzept zur Unterstützung der Implementierung und Aufrechterhaltung von Umweltmanagementsystemen, in: Controlling, (15) 2003, S. 597 – 605.

Sünner, Eckart (2003): Auswirkungen des Sarbanes-Oxley Act im Ausland, in: Der Konzern in Recht und Wirtschaft, (1) 2003, S. 268 – 271.

SustainAbility/UNEP (Hrsg.) (2002): Trust Us: The Global Reporters 2002 Survey of Corporate Sustainability Reporting, Knightsbridge 2002.

Suter, Reto (2000): Corporate Governance & Management Compensation : Wertsteigerung durch Lösung des Manager-Investoren-Konflikts, Zürich 2000.

Sveiby, Karl Erik (1997): The new organizational wealth: managing and measuring knowledge-based assets, San Francisco 1997.

Sveiby, Karl Erik (1998): Wissenskapital – das unentdeckte Vermögen : immaterielle Unternehmenswerte aufspüren, messen und steigern, Landsberg/Lech 1998.

Swoboda, Peter (1994): Betriebliche Finanzierung, 3.Aufl., Heidelberg 1994.

Täubert, Anne (1998): Unternehmenspublizität und Investor-Relations : Analyse von Auswirkungen der Medienberichterstattung auf Aktienkurse, Münster 1998.

Talaulicar, Till (2002): Der Deutsche Corporate Governance Kodex: Zwecksetzungen und Wirkungsprognosen, Diskussionspapier 2002/8, in: Wirtschaftswissenschaftliche Dokumentation – Fakultät VIII – Technische Universität Berlin, Berlin 2002.

Teece, David J. (2000): Strategies for Managing Knowledge Assets: the Role of Firm Structure and Industrial Context, in: Long Range Planning, (33) 2000, S. 35 – 54.

Teece, David J./Pisano, Gary/Shuen, Amy (1997): Dynamic Capabilities and Strategic Management, in: SMJ, (18) 1997, S. 509 – 533.

Theile, Carsten (2003): Erstmalige Anwendung der IAS/IFRS, in: DB, (56) 2003, S. 1745 – 1752.

Theissen, Manuel R. (2003): Herausforderung Corporate Governance, in: DBW, (63) 2003, S. 441 – 464.

Tiemann, Karsten (1997): Investor Relations : Bedeutung für neu am Kapitalmarkt eingeführte Publikumsgesellschaften, Wiesbaden 1997.

Toutenburg, Helge (2000): Induktive Statistik : Eine Einführung mit SPSS für Windows, 2. Aufl., Berlin u.a. 2000.

Ulrich, Peter/Fluri, Edgar (1995): Management, 7. Aufl., Bern, Stuttgart und Wien 1995.

Uzík, Martin/Weiser, M. Felix (2003): Kapitalkostenbestimmung mittels CAPM oder MCPM™? – Eine empirische Untersuchung für den deutschen Kapitalmarkt -, in: FB, (5) 2003, S. 705 – 718.

Verrecchia, Robert E. (2001): Essays on Disclosure, in: JAE, (32) 2001, S. 97 – 180.

Vielmeyer, Uwe (2004): Risikoorientierte Unternehmenspublizität : Theorie und Empirie, Frankfurt/Main u.a. 2004.

Volkart, Rudolf (1998): Shareholder Value & Corporate Valuation, Zürich 1998.

Volkart, Rudolf/Labhart, Peter (2001): Investor Relations als Wertsteigerungsmanagement, in: Kirchhoff, Klaus Rainer/Piwinger, Manfred (Hrsg.): Die Praxis der Investor-Relations : effiziente Kommunikation zwischen Unternehmen und Kapitalmarkt, 2. Aufl., Neuwied und Kriftel 2001, S. 134 - 151.

Volkart, Rudolf/Labhart, Peter/Suter, Reto (1998): Unternehmensbewertung auf «EVA»-Basis, in: STH, (72) 1998, S. 355 – 366.

Wagenhofer, Alfred (1990): Informationspolitik im Jahresabschluß : Freiwillige Informationen und strategische Bilanzanalyse, Heidelberg 1990.

Wagenhofer, Alfred/Ewert, Ralf (2003): Externe Unternehmensrechnung, Berlin und Heidelberg 2003.

Wagenhofer, Alfred/Hörmann, Franz (2001): Berichterstattung über wertorientierte Unternehmensführung, in: iwp (Hrsg.): Wirtschaftsprüfer Jahrbuch 2001, Wien 2001, S. 227 – 263.

Wagenhofer, Alfred/Pirchegger, Barbara (1999): Die Nutzung des Internet für die Kommunikation von Finanzinformationen, in: DB, (52) 1999, S. 1409 – 1416.

Wasser, Gerd (1976): Bestimmungsfaktoren freiwilliger Prognosepublizität: Eine empirische Untersuchung auf der Basis eines Modells zur Bewertung des Informationsgehalts veröffentlichter Unternehmungsprognosen, Düsseldorf 1976.

Watrin, Christoph (2001): Sieben Thesen zur künftigen Regulierung der Rechnungslegung, in: DB, (54) 2001, S. 933 – 938.

Weber, Claus-Peter (2001): Risikoberichterstattung nach dem E-DRS 5, in: BB, (56) 2001, S. 140 – 145.

Weber, Jürgen (1999): Einführung in das Controlling, 8. Aufl., Stuttgart 1999.

Weber-Grellet, Heinrich (1996): Bilanzrecht im Lichte, Bilanzsteuerrecht im Schatten des EuGH, in: DB, (49) 1996, S. 2089 – 2092.

Weiber, Rolf/Adler, Jost (1995): Informationsökonomisch begründete Typologisierung von Kaufprozessen, in: zfbf, (47) 1995, S. 43 – 65.

Weidekind, Sabine-Sophie (1994): Finanzierungsmarketing : Übernahme marketingwissenschaftlicher Überlegungen für das Finanzmanagement, Wiesbaden 1994.

Weiss, Heinz-Jürgen/Heiden, Matthias (2000): Shareholder und Bondholder – Zwei Welten oder Partner?, in: BB, (55) 2000, S. 35 – 41.

Weiß, Ralf (2002): Unternehmensführung in der modernen Reflexion : Global Corporate Citizenship, Gesellschaftsstrategie und Unternehmenskommunikation, Marburg 2002.

Welge, Martin K./Al-Laham, Andreas (1992): Strategische Planung, Wiesbaden 1992.

Welge, Martin K./Al-Laham, Andreas (2001): Strategisches Management, 3. Aufl., Wiesbaden 2001.

Welker, Michael (1995): Disclosure Policy, Information Asymmetry, and Liquidity in Equity Markets, in: CAR, (11) 1995, S. 801 – 827.

Wendlandt, Klaus/Knorr, Liesel (2004): Der Referentenentwurf des „Bilanzreformgesetzes“, in: KoR, (4) 2004, S. 45 – 50.

Wendlandt, Klaus/Vogler, Gerlinde (2003): Bilanzierung von immateriellen Vermögenswerten und Impairment-Test nach Überarbeitung von IAS 36 und IAS 38, in: KoR, (3) 2003, S. 66 – 74.

Werder, Axel v./Talaulicar, Till/Kolat, Georg L. (2003): Kodex Report 2003: Die Akzeptanz der Empfehlungen des Deutschen Corporate Governance Kodex, in: DB, (56) 2003, S. 1857 – 1863.

Wichels, Daniel (2001): Gestaltung der Kapitalmarktkommunikation bei Wachstumsunternehmen : eine empirische Untersuchung zum Informationsbedarf von Finanzanalysten in der Automobilindustrie, Wiesbaden 2001.

Wiedmann, Harald (2003): Vorwort, in: KPMG (Hrsg.): Fokus Corporate Governance: Die Rolle der Wirtschaftsprüfer für das Funktionieren der Kapitalmärkte, Berlin 2003, S. 7 – 9.

Wilhelm, Jochen (1983): Marktwertmaximierung – ein didaktisch einfacher Zugang zu einem Grundlagenproblem der Investitions- und Finanzierungstheorie, in: ZfB, (53) 1983, S. 516 – 534.

Willeke, Clemens (2004): Der E-DRS 20 „Lageberichterstattung“ – ein Fortschritt?, in: StuB, (6) 2004, S. 359 – 365.

Williamson, Oliver E. (1987): The Economic Institutions of Capitalism: Firms, Markets, Relational Contracting, New York u.a. 1987.

Winkeljohann, Norbert (2003): Basel II und Rating: Auswirkungen auf den Jahresabschluss und dessen Prüfung, in: WPg, (56) 2003, S. 385 – 396.

Witt, Peter (2003): Corporate Governance-Systeme im Wettbewerb, Wiesbaden 2003.

Wolbert, Joachim (2003): Der Aufsichtsrat sollte mit den Augen des Vorstands sehen können, in: FAZ v. 07.07.2003, S. 20.

Wolf, Klaus (2003a): Anmerkungen zur Risikoberichterstattung vor dem Hintergrund der aktuellen Entwicklungen im Value Reporting, in: DStR, (41) 2003, S. 1989 – 1095.

Wolf, Klaus (2003b): Risikomanagement im Kontext der wertorientierten Unternehmensführung, Wiesbaden 2003.

Wollmert, Peter (1995): IASC-Rechnungslegung : Synopse zu den handelsrechtlichen Vorschriften, Stuttgart 1995.

Wollmert, Peter/Achleitner, Ann-Kristin (2002): Konzeption der IAS-Rechnungslegung, in: Baetge, Jörg u.a. (Hrsg.): Rechnungslegung nach International Accounting Standards (IAS) : Kommentar auf der Grundlage des deutschen Bilanzrechts, 2. Aufl., Loseblatt, Stuttgart 2002, Teil A, Kapitel II.

Wüstemann, Jens (1999): Generally Accepted Accounting Principles : Zur Bedeutung und Systembildung der Rechnungslegungsregeln der USA, Berlin 1999.

Wurl, Hans-Jürgen/Ries, Andreas (2004): Inhaltliche und formale Gestaltung der externen Kommunikation junger Wachstumsunternehmen – Probleme und Lösungsansätze, in: DB, (57) 2004, S. 2169 – 2173.

Wysocki, Klaus v. (1999): DRS 2: Neue Regeln des Deutschen Rechnungslegungs Standards Committee zur Aufstellung von Kapitalflussrechnungen, in: DB, (52) 1999, S. 2373 – 2378.

Xiao, Zezhong/Jones, Michael John/Lymer, Andy (2002): Immediate Trends in Internet Reporting, in: EAR, (11) 2002, S. 245 – 275.

Zabel, Martin (2002): IAS zwingend für Konzern- und Einzelabschluss?, in: WPg, (55) 2002, S. 919 – 924.

Zemelka, Christoph (2002): Value Reporting als normatives Modell zur Integration nicht-finanzieller Kennzahlen in die strategische Kapitalmarktkommunikation, im Internet: http://eldorado.uni-dortmund.de:8080/FB15/lg4/forschung/2002/Zemelka;internal&action=buildframes.action (Stand: 20.02.2004).

Ziegler, Andreas/Rennings, Klaus/Schröder, Michael (2002): Der Einfluss ökologischer und sozialer Nachhaltigkeit auf den Shareholder Value europäischer Aktiengesellschaften, ZEW Discussion Paper No. 32, im Internet: ftp://ftp.zew.de/pub/zew-docs/dp/dp0232.pdf (Stand: 09.07.2003).

Ziegler, Bernd (1998): Geschichte des ökonomischen Denkens, München und Wien 1998.

Zimmermann, Gebhard/Wortmann, André (2001): Der Shareholder-Value-Ansatz als Institution zur Kontrolle der Führung von Publikumsgesellschaften, in: DB, (54) 2001, S. 289 – 294.

Zülch, Hennning (2004): Das IASB Improvement Project – Wesentliche Neuerungen und ihre Würdigung, in: KoR, (4) 2004, S. 153 – 167.

* Der Artikel wurde der EBSCO-Volltextdatenbank im HTML-Format entnommen, weshalb in der vorliegenden Arbeit keine Seitenzahlen verwendet werden.

## Verzeichnis der Gesetze, Verordnungen, Verwaltungsanweisungen

120. Bundesgesetz: Universitätsgesetz 2002 sowie Änderungen des Bundesgesetzes über die Organisation der Universitäten und des Bundesgesetzes über die Organisation der Universitäten der Künste, in: BGBl. für die Republik Österreich, I 2002, S. 1267.

AktG: Aktiengesetz vom 06.09.1965, BGBl. I 1965, S. 1089, mit allen späteren Änderungen einschließlich der Änderungen durch das TransPuG vom 19.07.2002.

BilKoG: Gesetz zur Kontrolle von Unternehmensabschlüssen (Bilanzkontrollgesetz - BilKoG) vom 15.12.2004, BGBl. I 2004, S. 3408.

BilReG: Gesetz zur Einführung internationaler Rechnungslegungsstandards und zur Sicherung der Qualität der Abschlussprüfung (Bilanzrechtsreformgesetz - BilReG) vom 04.12.2004, BGBl. I 2004, S. 3166.

Börsenordnung für die Frankfurter Wertpapierbörse: Gruppe Deutsche Börse, Stand: 01.01.2003.

BörsG: Börsengesetz vom 21.06.2002, BGBl. I 2002, S. 2010.

BörsZulV: Verordnung über die Zulassung von Wertpapieren zum amtlichen Markt an einer Wertpapierbörse (Börsenzulassungs-Verordnung) vom 09.09.1998, BGBl. I 1998, S. 2833, mit allen späteren Änderungen einschließlich der Änderungen durch Art. 20 Viertes Finanzmarktförderungsgesetz vom 21.06.2002.

DCGK: Deutscher Corporate Governance Kodex in der Fassung vom 21. Mai 2003, im Internet: http://www.ebundesanzeiger.de (Amtlicher Teil) (Stand: 17.02.2004).

DRS 1: Deutscher Rechnungslegungs Standard Nr. 1 (DRS 1): Befreiender Konzernabschluss nach § 292a HGB, bekannt gemacht durch das BMJ am 22.07.2000 im Banz.

DRS 2: Deutscher Rechnungslegungs Standard Nr. 2 (DRS 2): Kapitalflussrechnung, bekannt gemacht durch das BMJ am 31.05.2000 im Banz.

DRS 2-10: Deutscher Rechnungslegungs Standard Nr. 2-10 (DRS 2-10): Kapitalflussrechnung von Kreditinstituten, bekannt gemacht durch das BMJ am 31.05.2000 im Banz.

DRS 2-20: Deutscher Rechnungslegungs Standard Nr. 2-20 (DRS 2-20): Kapitalflussrechnung von Versicherungsunternehmen, bekannt gemacht durch das BMJ am 31.05.2000 im Banz.

DRS 3: Deutscher Rechnungslegungs Standard Nr. 3 (DRS 3): Segmentberichterstattung, bekannt gemacht durch das BMJ am 31.05.2000 im Banz.

DRS 3-10: Deutscher Rechnungslegungs Standard Nr. 3-10 (DRS 3-10): Segmentberichterstattung von Kreditinstituten, bekannt gemacht durch das BMJ am 31.05.2000 im Banz.

DRS 3-20: Deutscher Rechnungslegungs Standard Nr. 3-20 (DRS 3-20): Segmentberichterstattung von Versicherungsunternehmen, bekannt gemacht durch das BMJ am 31.05.2000 im Banz.

DRS 4: Deutscher Rechnungslegungs Standard Nr. 4 (DRS 4): Unternehmenserwerbe im Konzernabschluss, bekannt gemacht durch das BMJ am 31.12.2000 im Banz.

DRS 5: Deutscher Rechnungslegungs Standard Nr. 5 (DRS 5): Risikoberichterstattung, bekannt gemacht durch das BMJ am 29.05.2001 im Banz.

DRS 5-10: Deutscher Rechnungslegungs Standard Nr. 5-10 (DRS 5-10): Risikoberichterstattung von Kredit- und Finanzdienstleistungsinstituten, bekannt gemacht durch das BMJ am 30.12.2000 im Banz.

DRS 5-20: Deutscher Rechnungslegungs Standard Nr. 5-20 (DRS 5-20): Risikoberichterstattung von Versicherungsunternehmen, bekannt gemacht durch das BMJ am 29.05.2001 im Banz.

DRS 6: Deutscher Rechnungslegungs Standard Nr. 6 (DRS 6): Zwischenberichterstattung, bekannt gemacht durch das BMJ am 13.02.2001 im Banz.

DRS 7: Deutscher Rechnungslegungs Standard Nr. 7 (DRS 7): Konzerneigenkapitel und Konzerngesamtergebnis, bekannt gemacht durch das BMJ am 26.04.2001 im Banz.

DRS 10: Deutscher Rechnungslegungs Standard Nr. 10 (DRS 10): Latente Steuern im Konzernabschluss, bekannt gemacht durch das BMJ am 09.04.2002 im Banz.

DRS 12: Deutscher Rechnungslegungs Standard Nr. 12 (DRS 12): Immaterielle Vermögenswerte des Anlagevermögens, bekannt gemacht durch das BMJ am 22.10.2002 im Banz.

DRS 15: Deutscher Rechnungslegungs Standard Nr. 15 (DRS 15): Lageberichterstattung, bekannt gemacht durch das BMJ am 26.02.2005 im Banz.

E-Transparenz-Richtlinie: Vorschlag für eine Richtlinie des Europäischen Parlaments zur Harmonisierung der Transparenzanforderungen in Bezug auf Informationen über Emittenten, deren Wertpapiere zum Handel auf einem geregelten Markt zugelassen sind, und zur Änderung der Richtlinie 2001/34/EG, im Internet: http://europa.eu.int/eur-lex/de/com/pdf/2003/com2003_0138de01.pdf (Stand: 25.08.2003).

EMAS-VO: Verordnung (EWG) Nr. 1836/93 des Rates vom 29. Juni 1993 über die freiwillige Beteiligung gewerblicher Unternehmen an einem Gemeinschaftssystem für das Umweltmanagement und die Umweltbetriebsprüfung, ABlEG L 168 vom 10.07.1993, S. 1.

EMAS-VO II: Verordnung (EG) Nr. 761/2001 des Europäischen Parlaments und des Rates vom 19.03.2001 über die freiwillige Beteiligung von Organisationen an einem Gemeinschaftssystem für das Umweltmanagement und die Umweltbetriebsprüfung (EMAS), ABlEG L 114 vom 24.04.2001, S. 1.

EU-Umwelt-Empfehlung: Empfehlung der Europäischen Kommission vom 30. Mai 2001 zur Berücksichtigung von Umweltaspekten in Jahresabschluss und Lagebericht von Unternehmen: Ausweis, Bewertung und Offenlegung, ABlEG L 156, S. 33ff.

Fair-Value-Richtlinie: Richtlinie 2001/65/EG des Europäischen Parlaments und des Rates vom 27.09.2001 zur Änderung der Richtlinien 78/660/EWG, 83/349/EWG und 86/635/EWG des Rates im Hinblick auf die im Jahresabschluss bzw. im konsolidierten Abschluss von Gesellschaften bestimmter Rechtsformen und von Banken und anderen Finanzinstituten zulässigen Wertansätze, ABlEG L 283 vom 27.10.2001, S. 28ff.

FinDAG: Gesetz über die Bundesanstalt für Finanzdienstleistungsaufsicht (Finanzdienstleistungsaufsichtsgesetz) vom 22.04.2002, BGBl. I 2002, S. 1310.

HGB: Handeslgesetzbuch vom 10.05.1987, RGBl. 1897, S. 219, mit allen späteren Änderungen einschließlich der Änderungen durch das TransPuG vom 19.07.2002.

IAS-Verordnung: Verordnung (EG) Nr. 1606/2002 des Europäischen Parlaments und des Rates vom 19.07.2002 betreffend die Anwendung internationaler Rechnungslegungsstandards, ABlEG L 243 vom 11.09.2002, S. 1ff.

IDW PS 202: Die Beurteilung von zusätzlichen Informationen, die von Unternehmen zusammen mit dem Jahresabschluss veröffentlicht werden (Stand: 17.11.2000), in: IDW (Hrsg.): IDW Prüfungsstandards (IDW PS), IDW Stellungnahmen zur Rechnungslegung (IDW RS), IDW Standards (IDW S) einschließlich der dazugehörigen Entwürfe IDW Prüfungs- und Rechnungslegungshinweise (IDW PH und IDW RH), Düsseldorf 2003 (Stand: 10. Ergänzungslieferung September 2003).

IDW PS 350: Prüfung des Lageberichts (Stand: 26.06.1998), in: IDW (Hrsg.): IDW Prüfungsstandards (IDW PS), IDW Stellungnahmen zur Rechnungslegung (IDW RS), IDW Standards (IDW S) einschließlich der dazugehörigen Entwürfe IDW Prüfungs- und Rechnungslegungshinweise

(IDW PH und IDW RH), Düsseldorf 2003 (Stand: 10. Ergänzungslieferung September 2003).

IDW PS 820: Grundsätze ordnungsmäßiger Durchführung von Umweltberichtsprüfungen (Stand: 30.09.1999), in: IDW (Hrsg.): IDW Prüfungsstandards (IDW PS), IDW Stellungnahmen zur Rechnungslegung (IDW RS), IDW Standards (IDW S) einschließlich der dazugehörigen Entwürfe IDW Prüfungs- und Rechnungslegungshinweise (IDW PH und IDW RH), Düsseldorf 2003 (Stand: 10. Ergänzungslieferung September 2003).

IDW PS 900: Grundsätze für die prüferische Durchsicht von Abschlüssen (Stand: 01.10.2002), in: IDW (Hrsg.): IDW Prüfungsstandards (IDW PS), IDW Stellungnahmen zur Rechnungslegung (IDW RS), IDW Standards (IDW S) einschließlich der dazugehörigen Entwürfe IDW Prüfungs- und Rechnungslegungshinweise (IDW PH und IDW RH), Düsseldorf 2003 (Stand: 10. Ergänzungslieferung September 2003).

IDW RS HFA 1: Aufstellung des Lageberichts (Stand: 14.12.2001), in: IDW (Hrsg.): IDW Prüfungsstandards (IDW PS), IDW Stellungnahmen zur Rechnungslegung (IDW RS), IDW Standards (IDW S) einschließlich der dazugehörigen Entwürfe IDW Prüfungs- und Rechnungslegungshinweise (IDW PH und IDW RH), Düsseldorf 2003 (Stand: 10. Ergänzungslieferung September 2003).

InsO: Insolvenzordnung vom 05.11.1994, BGBl. I 1994, S. 2866, mit allen späteren Änderungen einschließlich der Änderungen durch das Gesetz zur Neuregelung des internationalen Insolvenzrechts vom 14.03.2002, BGBl. I 2003, S. 345.

KapAEG: Gesetz zur Verbesserung der Wettbewerbsfähigkeit deutscher Konzerne an Kapitalmärkten und zur Erleichterung der Aufnahme von Gesellschafterdarlehen (Kapitalaufnahmeerleichterungsgesetz) vom 20.04. 1998, BGBl. I 1998, S. 707.

KapCoRiLiG: Gesetz zur Durchführung der Richtlinie des Rates der Europäischen Union zur Änderung der Bilanz- und der Konzernbilanzrichtlinie hinsichtlich ihres Anwendungsbereichs (90/605/EWG), zur Verbesserung der Offenlegung von Jahresabschlüssen und zur Änderung anderer handelsrechtlicher Bestimmungen (Kapitalgesellschaften- und Co-Richtlinie-Gesetz) vom 24.02.2000, BGBl. I 2000, S. 154.

KonTraG: Gesetz zur Kontrolle und Transparenz im Unternehmensbereich vom 27.04.1998, BGBl. I 1998, S. 786.

Maßnahmenkatalog der Bundesregierung zur Stärkung der Unternehmensintegrität und des Anlegerschutzes vom 25.02.2003 (sog. 10-Punkte-Programm), im Internet: www.bundesfinanzministerium.de/Anlage17029/

Massnahmenkatalog-der-Bundesregierung-zur-Staerkung-von-Unternehmensintegritaet-und-Anlegerschutz.pdf (Stand: 12.01.2004).

Modernisierungsrichtlinie: Richtlinie 2003/51/EG des Europäischen Parlaments und des Rates vom 18.06.2003 zur Änderung der Richtlinien 78/660/EWG, 83/349/EWG, 86/635/EWG und 91/674/EWG über den Jahresabschluss und den konsolidierten Abschluss von Gesellschaften bestimmter Rechtsformen, von Banken und anderen Finanzinstituten sowie von Versicherungsunternehmen, ABlEG L 178 vom 17.07.2003, S. 16ff.

RefE-BilKoG: Referentenentwurf des Gesetzes zur Kontrolle von Unternehmensabschlüssen (Bilanzkontrollgesetz), im Internet: www.bmj.bund.de/images/11723.pdf (Stand: 20.02.2004).

RefE-BilReG: Referentenentwurf des Gesetzes zur Einführung internationaler Rechnungslegungsstandards und zur Sicherung der Qualität der Abschlussprüfung (Bilanzrechtsreformgesetz - BilReG), Stand: Dezember 2003, im Internet: www.bmj.bund.de/images/11736.pdf (Stand: 20.02. 2004).

RegE-BilKoG: Entwurf eines Gesetzes zur Kontrolle von Unternehmensabschlüssen (Bilanzkontrollgesetz - BilKoG), im Internet: www.bmj.bund.de/media/archive/655.pdf (Stand: 23.06.2004).

RegE-BilReG: Entwurf eines Gesetzes zur Einführung internationaler Rechnungslegungsstandards und zur Sicherung der Qualität der Abschlussprüfung (Bilanzrechtsreformgesetz - BilReG), im Internet: www.bmj.bund.de/media/archive/654.pdf (Stand: 23.06.2004).

RegE-UMAG: Regierungsentwurf eines Gesetzes zur Unternehmensintegrität und Modernisierung des Anfechtungsrechts (UMAG), im Internet: www.bmj.bund.de/media/archive797.pdf (Stand: 08.07.2005).

RegE-VorstOG: Regierungsentwurf eines Gesetzes über die Offenlegung der Vorstandsvergütungen (Vorstandsvergütungs-Offenlegungsgesetz – VorstOG), im Internet: www.bmj.bund.de/media/archive/951.pdf (Stand: 08.07.2005).

Regelwerk Neuer Markt: Gruppe Deutsche Börse, Stand: 01.07.2002.

Schwellenwertrichtlinie: Richtlinie 2003/38/EG des Rates vom 13.05.2003 zur Änderung der Richtlinie 78/660/EWG über den Jahresabschluss von Gesellschaften bestimmter Rechtsformen hinsichtlich der in Euro ausgedrückten Beträge, ABlEG L 120 vom 15.05.2003, S. 22ff.

SMAX-Teilnahmebedingungen: Gruppe Deutsche Börse, Stand: 01.07.2000.

Transparenz-Richtlinie: Richtlinie 2004/109/EG des Europäischen Parlaments und des Rates vom 15.12.2004 zur Harmonisierung der Transparenzanforderungen in Bezug auf Informationen über Emittenten, deren Wertpapiere zum Handel auf einem geregelten Markt zugelassen sind, und zur Änderung der Richtlinie 2001/34/EG, ABlEG L 390 vom 31.12.2004, S. 38ff.

TransPuG: Gesetz zur weiteren Reform des Aktien- und Bilanzrechts, zu Transparenz und Publizität (Transparenz- und Publizitätsgesetz) vom 19.07.2002, BGBl. I 2002, S. 2681.

VerkProspG: Wertpapier-Verkaufsprospektgesetz vom 09.09.1998, BGBl. I 1998, S. S. 2701, mit allen späteren Änderungen einschließlich der Änderungen durch Art. 5 Viertes Finanzmarktförderungsgesetz vom 21.06.2002.

Viertes Finanzmarktförderungsgesetz: Gesetz zur weiteren Fortentwicklung des Finanzplatzes Deutschland (Viertes Finanzmarktförderungsgesetz) vom 21.06.2002, BGBl. I 2002, S. 2010.

WpHG: Gesetz über den Wertpapierhandel (Wertpapierhandelsgesetz) vom 09.09.1998, BGBl. I 1998, S. 2708, mit allen späteren Änderungen einschließlich der Änderungen durch Art. 4 Gesetz zur Änderung des Mineralölsteuergesetzes und anderer Gesetze vom 23.07.2002, BGBl. I 2002, S. 2778.

WpÜG: Wertpapiererwerbs- und Übernahmegesetz vom 20.12.2001, BGBl. I 2001, S. 3822 mit allen späteren Änderungen einschließlich der Änderungen durch Art. 15 Gesetz zur Änderung des Rechts der Vertretung durch Rechtsanwälte vor den Oberlandesgerichten vom 23.07.2002.

Kolibri 360 GmbH
Ferdinand-Jühlke-Straße 7
99095 Erfurt, Deutschland
produktsicherheit@kolibri360.de

Druck:
CPI Druckdienstleistungen GmbH
im Auftrag der
Kolibri 360 GmbH
Ferdinand-Jühlke-Str. 7
99095 Erfurt